内容更全面　方法更实用　技巧更丰富　讲解更透彻

中国股市获利实战技法全操练

从入门到精通

江　河◎编著

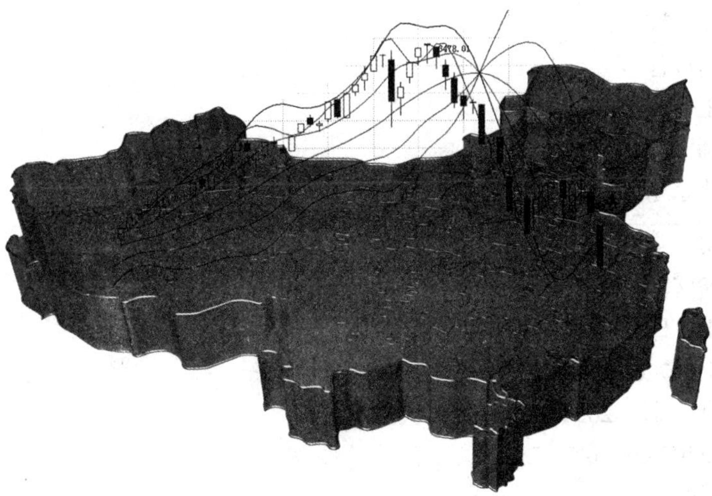

北京联合出版公司
Beijing United Publishing Co.,Ltd.

图书在版编目（CIP）数据

中国股市获利实战技法全操练：从入门到精通 / 江河编著．
—北京：北京联合出版公司，2015.8（2024.1 重印）
ISBN 978-7-5505-5836-5

Ⅰ.①中…　Ⅱ.①江…　Ⅲ.①股票投资—基本知识
Ⅳ.① F830.91

中国版本图书馆 CIP 数据核字（2015）第 175200 号

中国股市获利实战技法全操练：从入门到精通

编　　著：江　河
出 品 人：赵红仕
责任编辑：王　巍
封面设计：韩　立
图文制作：北京东方视点数据技术有限公司

北京联合出版公司出版
（北京市西城区德外大街 83 号楼 9 层　100088）
德富泰（唐山）印务有限公司印刷　新华书店经销
字数 650 千字　720 毫米 × 1020 毫米　1/16　28 印张
2015 年 8 月第 1 版　2024 年 1 月第 3 次印刷
ISBN 978-7-5502-5836-5
定价：68.00 元

前言

证券市场风云变幻，股市跌涨无常，如何在市场中把握机会成为赢家，是股民关心的话题。事实上，在股市中，股民最大的风险不是市场风险，而是股民自身的知识和技术风险。许多股民经不住诱惑，在对股票知识一知半解甚至半知不解的情况下，仓促入市，风险从一开始就高悬在他们的头顶。因此，对于股民来说，通过练习掌握必要的股票知识，熟悉必要的操作技巧，是有效规避股市风险的重要前提。有了这个前提，任何时候都有赚钱的机会，既可以在牛市中轻松大笔赚钱，在熊市中同样也能如鱼得水。这就好比海上的惊涛骇浪在一般人看来是不可接近的，但熟习水性的弄潮儿却可以在其中自由嬉戏。股民必须明白，在股市中赚钱有大势的因素，但更重要的是股民本身的素质，这既包括他所掌握的基本理论知识，也包括其在练习中积累的实战经验。这些理论和经验的组合才是股民驰骋股市最根本的保障。总之，股市是一个充满风险的场所，股票操作也是一项非常复杂的工作，股民当务之急是通过练习学会客观冷静地看待股市，认真、细致地分析股市，准确、合理地把握股市。当你用自己辛勤劳动挣来的钱去炒股的时候，千万要对自己的投资行为负责，切不可盲目入市，随意买卖股票。只有深刻地认识股市、认识自己，把交易看作一种修炼，提升自己，适应市场，才能在交易中获得真正的成功。泡沫不可怕，政策的调整不可怕，熊市也不可怕，没有知识、没有理论、没有方法才最可怕。股市中不相信眼泪，只相信能力和技巧。

为了帮助广大中国股民通过一套系统、全面的练习切实提高自身的炒股素质，从而尽量避免投资失利，尽快成为股市赢家，我们特精心设计、编写了这本融股市基本理论知识与股市强化训练为一体的《中国股市获利实战技法全操练：从入门到精通》。本书本着循序渐进的原则，从投资者刚接触股市出发，一步步引导投资者真正掌握股市的操盘技巧，达到学以致用的目的，实现从股市门外汉到股市操盘高手的飞跃。书中总结了投资者在股市中遇到的各种问题，从看盘、选股、跟庄到K线图形、技术图形、趋势线、移动平均线，再到成交量知识、买卖点、仓位控制、股民在股市中的疑难问题以及给股民的特殊提醒，还有炒股软件的应用。可以说，不管你是新手还是老股民，无论你是做短线、中线、长线，本书都会结合股市走势图，为你提供最实用的操作指南。

作为用于强化训练类的书，本书最大的特点就是案例多、习题多。本书的图形470多幅，几乎囊括了沪深股市20多年来有代表性的K线走势和技术图形；本书根据当前股市实战要求，设计了440多道新颖、具有挑战性的题目，以判断题、填空题、简答题等形式出现，这些题目均来自股市实战第一线，实用化程度很高，几乎将所有重要的知识点都总结在内。这样，读者在阅读本书后，就能做到一举两得，既能复习、巩固以前所学到的知识，又能通过模拟实战训练进一步提高自己的炒股水平，真正做到记得住、用得上，学有所获。本书资料翔实、图文并茂，语言通俗易懂，方法简单实用，集启发性、操作性、实用性于一体，它既可以帮助新股民学习股市操作技巧，也可以帮助老股民通过强化训练来提高操盘水平，又可作为证券咨询公司培训员工、股民的重要参考资料，是一本不可多得的股票操练实用工具书，是一盏指引股民在茫茫股海中不断取得投资胜利的明灯。机会是无限的，资金却是有限的，做好充分的知识准备是入主股市前的必修功课。希望本书能够抛砖引玉，帮助投资者提高实战水平。

需要说明的是，中国股市正处于高速发展时期，对日新月异的各类情况我们不可能一览无余，本书中所述的知识点也不一定是一成不变的。所以，投资者在学习应用的时候，一定要灵活，提高自己的应变能力，结合这些知识和方法最终总结出适合自己的炒股方法。我们相信练则明，练则通，练则精，练则赢，只要你认真学习、灵活掌握，就一定会在风云变幻的股市中获得理想的收益。如果你因本书而获得股票投资的收益，那将是编者最大的欣慰。

目录

第一章
选股操练

大凡做股票的人都会有这样的一个感觉，在股市中，最使人感到困惑的就是如何选股。何以如此呢？因为选股的标准一直在变，从最初的“选股如选妻”到“选股如选美”，再到后来的“选股如选大众情人”。变来变去，越变越使人感到不可捉摸，越变越使投资者觉得一头雾水。其实，万变不离其宗，不管如何变化，一些选股的基本方法、技巧是不会变的，掌握了这些方法和技巧，投资者就能以不变应万变，选股也不再是难事。

第一节　选股心理与认知

选股应该博爱

真正的股票投资人一定是拥有博爱情怀的。很多时候，股民们纠结于某只或某几只股票不能自拔，导致频频在股市中吃亏碰壁。这种股票“单相思”的情结，往往不能带给股民们任何好运。相反的，那些“处处留情”，或说是心存博爱情怀的投资者，却能无往不利。他们从不计较一城一地的得失，选了就认，出了就不再逗留，有勇有谋，游刃有余，潇洒至极。这不是一种输赢无所谓的态度，而是明白了选股就应该胸怀宽容，爱其美，容其丑。

当然，单纯靠感觉在股市里行走是行不通的，只有投入大量真实的情感才会获得丰厚的回报。美国《管理学会期刊》的一项研究发现，实际上，“感情用事”的炒股人士往往能作出更好的决定。相信任何状况下，迷信、闭门造车的选股态度一定不能成功。下面这则小故事，虽为虚构，却能见其一斑。

王先生为了炒股悉心钻研易经八卦、奇门遁甲。一日晚饭后，一家三口人坐在一张长沙发上看电视。看着看着王先生突然把大腿一拍，惊喜的叫道："好兆头，好兆头！明天股市肯定要涨。"说着便喜滋滋地走进厨房。给自己泡了一杯好茶。当他端着茶杯回到客厅，只见妻子将3岁的独生子抱在怀里，便大惊失色地叫了起来："完了，完了！明天股市非跌不可。"

夫人娇嗔骂道："一会儿说涨，一会儿说跌，发什么神经病呢？"

王先生无奈地解释说："原先我们三人并排坐在沙发上，你坐在我和儿子中间。这种K线组合是典型的'两阳夹一阴'，预示明日大盘必涨无疑。谁知在我出去倒茶的时候，你把儿子抱在了怀里，这是明显的'长阴包阳'的组合，明日股市怎么能不跌呢？"

轻轻一笑之后，须深思，为何我们明知这种冒险投机之术无益于做好股票的投资，却总是在思想上受其束缚？

股票是个有灵性的"家伙"，你对它好，它会回报你更多。以一颗博爱之心，勇敢地在股市中投放热情和爱心，方为取胜之道。

任何股票都有机会

股票通常可分为大盘股、小盘股，高价股、低价股，强庄股、弱庄股，热门股、冷门股，等等。在这些分类中，很多股民通常会选择低价股、强庄股、热门股、小盘股，他们认为只有这些股票才能给自己带来盈利的机会。但事实上，投资者的这种看法是有成见的，因为一些大盘股、高价股、弱庄股、问题股等身上也同样存在着巨大的赚钱机会，关键是投资者有没有眼光和能力捕捉到这些股票。

以宝钢股份（600019）为例，其流通股本超过5亿，是正宗的大盘股，但其盈利能力并没有因为其属于大盘股而下降。如图1—1所示。

再比如说，高价股贵州茅台（600519），2007年5月16日，其股价为93.58元，这种价格的股票在很多股民眼中已经是名副其实的高价股，但其股价却在高价之上开出了另一个高价，2007年12月28日，其股价飞涨至230.00元。如图1—2所示：

所以，股民们一定要明白，在股市中，任何股票都有赚钱的机会，我们对股票的分类，诸如，大盘股、小盘股、高价股、低价股等并不妨碍股票的赚钱能力，关键是股民要锻炼自己的选股能力，将真正能够赚钱的股票选出来。

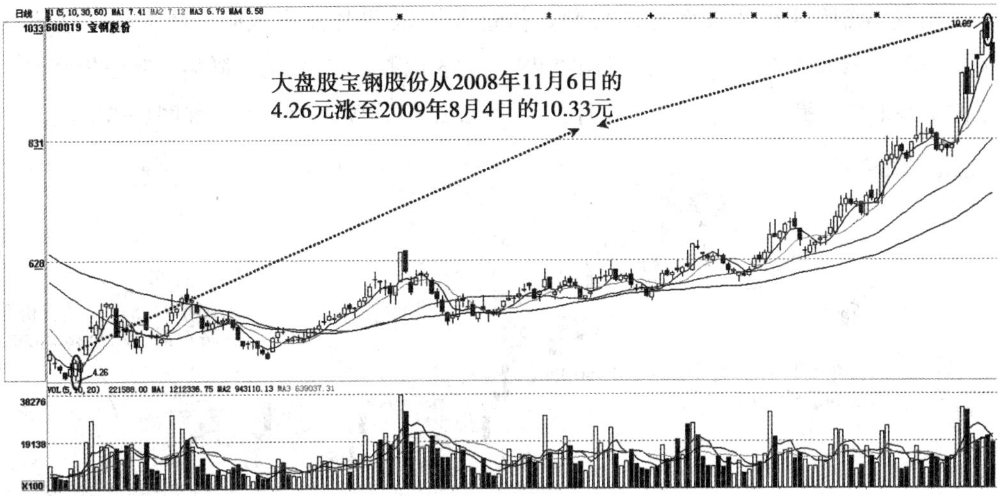

图 1—1

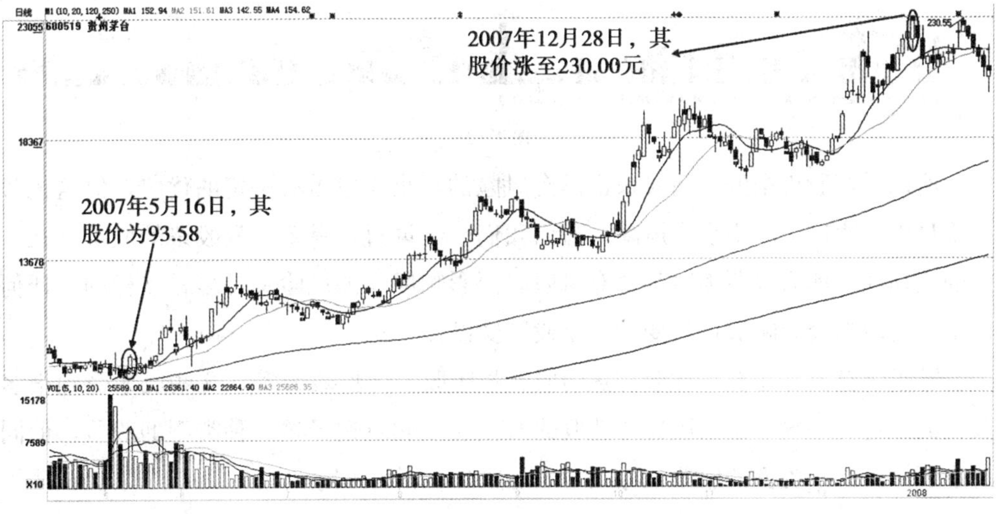

图 1—2

任何股票都有风险

我们已经知道，股市中，任何股票都有盈利的机会，同样，任何股票也都会有风险。

股票的风险是由于股价的波动造成的，也就是说，任何一只股票，只要其价格存在波动性，那么风险就不可能避免。

股市中，有些股民偏爱小盘股，就市盈率而言，相同业绩的个股，小盘股的市盈率会比中盘股和大盘股要高，特别在市场疲软时，小盘股机会较多。因此小盘股的独特优势在某个阶段是显而易见的。

虽然小盘股存在比较明显的优势，但这并不表明其没有风险。比如说，浩宁达（002356）其股价在2010年4月7日的时候，一路上涨至49.51元。随后，其股价开始了一波下跌走势，最低跌至2010年7月5日的28.28元，跌幅达43%。如图1—3所示：

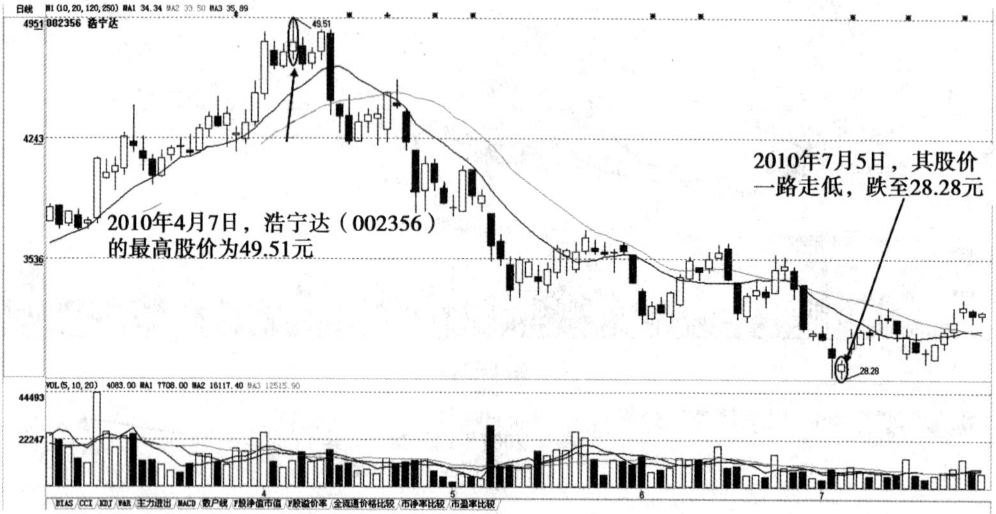

图1—3

所以说，股市中的任何股票都是有风险的，小盘股虽有一定的优势，但这优势并不足以说明这类股不会有风险。前面我们已经说过，只要一只股票的股价存在一定的波动性，那么股票随时都会有风险。而影响股价的风险又是多种多样的，任何因素的变动都会影响股价的变动，令股民受损。

除了小盘股，还有绩优股、热门股、强庄股、低价股等等，这些股票受到很多股民的欢迎。一般来说，股民在选股的时候应该侧重选择这几种类型的股票，但同时也要注意这些类型的股票也存在一定的风险，不可不防。

股东（持有非流通股）的获利途径

严格来说，股东指的是所有持有公司股票的投资者，不论其持股数量的多少。这里我们主要说的是持有非流通股的股东。

非流通股指中国证券市场上的上市公司中不能在交易市场上自由买卖的股票，包括国家股、国有法人股、内资及外资法人股、发起自然人股，等等。不能自由买卖也就意味着股价的上升和下跌和这些持有非流通股的股东没有关系。所以，持有这类股票的股东一般很少关心股价的波动。

这类股票除了流通权与流通股不一样外，其它权利和义务都是完全一样的。非流通股也不是完全不能买卖，但买卖的前提是通过拍卖或协议转让的方式来进行，同时必须获得证监会的批准，交易才能算生效。

那么，在股票不能流通的前提下，股东怎么获得回报呢？一般来说，主要有以下几种获利的途径：

1. 分红派息。

一般持有非流通股的股东的持股成本是很低的，通过长期的分红派息也可以获取丰厚的收益。

2. 抵押股权。

控股股东可以用手中持有的非流通股抵押给银行，从而筹措到巨额资金。

非流通股东和流通股东在某种程度上是对立的，特别是在控股股东图谋圈钱的时候。控股股东控制着上市公司的价值，所以投资者要密切关注控股股东的一举一动，彻底搞清他们的底细和意图。从这一层面来说，选股也就意味着选控股股东，投资者要选择那些与上市公司同舟共济、实力强大、管理水平高、拥有较高诚信度的控股股东。

股民（持有流通股份）的获利途径

持有流通股的投资者即我们平常所说的股民。股民分为庄家和散户两种，而庄家就是我们通常说的主力。所有股民，无论是主力还是散户都无法对上市公司的决策产生决定性的影响，所以，股民最主要的获利途径为我们平常说的高抛低吸，即从股价的价格差中获得利润。

首先来说主力。主力一般都拥有巨额的资金，他们对股价的走向、升跌具有一定的操纵性，在某种程度上甚至可以说，主力是股价的决定者。

而散户就不同了，散户不管是在资金量上还是信息来源上都不能与主力相提并论，他们是股价波动的被动承受者。

主力的获利途径主要是盯住散户，想方设法来操控股价并诱导散户的观念、情绪和买卖行为。需要建仓时，就会采取诱空的方式，获取散户手中的筹码。需要清仓时，就采取诱多的方式，骗取散户手中的现金，让散户承接他们的出货。

而对散户来说，主要的获利途径也是盯紧主力，看透主力的手法，熟悉主力的手段，最终达到跟庄的目的，这样就能增加自己的获利机会。

股票的强流动性与弱流动性

股票的最大价值就是其流动性，流动就意味着变现，如果股票不能流动，股票不能变成现金，那么，这种股票的吸引力就会急剧下降。

股票的流动性分为强流动性和弱流动性。强流动性的股票成交活跃，不断有大笔成交；而弱流动性的股票成交稀疏，很长时间才有极少的买单，因为承接盘相当虚弱，一旦沽售筹码，股价必然受到重挫。

股票的流动性跟其流通盘的大小成正比。流通盘小，流动性就弱；流通盘大，流动性就会相应增强。一般来说，热门股的流动性强，冷门股的流动性弱；股价泡沫化的股票流动性弱，股价处于安全区的股票流动性强。

流动性的强弱对于主力很重要，流动性越强，对主力越有利，这样他们在建仓的时候，就可以吸纳足够的廉价筹码；而出货时，则可以很方便地将筹码出空。

所以说，投资者在选择股票的时候，一定要选择那些流动性强的股票，避免选择那些流动性弱的股票。

股票因人而异

股市中，投资者常常会有这样的疑问：为什么都是同样的股票，我赔钱了，他却赚钱了呢？其实这个问题很好回答，持股人的心态、知识、素质不一样，即使同样的股票，持有的结果也是不同的。

老王是个急性子，什么事都要求立竿见影。照理说，老王的这种性格非常不适合炒股，但他还有一个“优点”，就是执着，他偏不信邪，他觉得自己怎么就不能炒股？于是，在家人的一片反对声中，老王还是拿出了自己的一部分积蓄，风风火火地进了股市。

老刘是个不急不躁的人，和老王是工友，没事的时候养养花、逗逗鸟，日子过得悠然自得。老刘退休之前就一直在股市中转悠，因为老刘性格不急不躁，所以，很多年以来，他在股市中也小赚了一些，虽说不足以让他大富大贵，但最起码能让他退休以后的日子过得更好一点。由于老刘的股龄长，在股市中颇有斩获，因此得了个“股神”的称号。

老王找到老刘，希望老刘能帮自己推荐只股票。老刘见老王一脸决心，于是就将自己现在持有的一只自己认为还不错的股票推荐给了老王。

老王回家后很得意地向家人炫耀，自己得到了老刘的帮助，一定能够让他们大开眼界。

老王买了这只股票后，就天天盯在电脑前，可一个星期过去了，这只股票还是温温吞吞的，也涨不了多少。老王急匆匆地去找老刘，却发现老刘提着鸟笼子正在遛达呢！老王这下急了，上前一把抓住老刘说：“唉呀，你怎么还有心思遛鸟呢，你说的那股票连涨都不涨。”

老刘一听，笑着说："老王啊，别心急啊，你就安心地放在里面吧，有你赚钱的时候。"

老王这个急性子哪里听得进去，回家后左思右想，想不通老刘为什么就不着急。

又一个星期过去了，股票还是没有达到老王的预期，老王这次也不再请教老刘了，他觉得老刘那个慢性子能赚什么钱啊，亏得大家还叫他"股神"。于是，老王就果断地将自己的股票卖出了。

就在老王卖出后的第三个交易日，这只股票就像吃了兴奋剂似的，股价蹭蹭地往上蹿，眼瞅着老刘又一次赚了大钱，而自己却与财富擦肩而过，老王彻底地傻眼了。

投资者的性格不同，会影响炒股的结果，一般来说，急躁、偏执、懦弱、追求完美这几种性格都不适宜炒股。就像股民们常说的，炒股就是炒心态，性格最终决定着人的心态，拥有这几种性格的人，一般都不太懂得心理调适，没有一颗平常心，对挫折的防御、对突变的应付都缺乏应有的认识和分析，更缺乏心理承受能力，最容易造成经常性或突发性的"急性炒股综合症"，轻者怨天尤人、长吁短叹，产生恐惧、幻觉、焦虑、妄想等心理障碍，重者精神完全崩溃，进而引发精神疾病或自寻短见。

同样，一个人对股票知识的掌握也决定着他最终能否盈利。就像你让一个一年级的孩子做初中生的练习题，得到的答案可想而知。

素质，主要指的也是一个人的心态问题，是一个人在遇到失败、挫折之后，还能保持冷静的一种能力。没有这种能力的人最好的办法就是远离股市。

所以说，不同的人即使持有同样的股票，最终的结果也是迥然不同的。

股票因市而异

股票因市而异主要指的是个股的盛衰与大盘的走势有着直接的关系。当大盘处于牛市的时候，几乎所有的个股都会出现比较大的涨幅。比如说 2007 年大盘的走势，在这一年的大牛市中，几乎所有持股的人都赚了个盆满钵满。

图 1—4 是上证综指 2007 年的走势图，从走势图上，我们可以清楚地看到，从 2006 年 10 月份至 2007 年 10 月 16 日，整个上证指数一直呈上涨趋势，指数也从 1672.88 点飙升至 6124.04 点。在这种大盘向好的情况下，个股的涨势也是非常可观的。如图 1—5 所示。

同样，当大盘指数软弱无力的时候，个股的价格也是惨不忍睹的。比如受金融

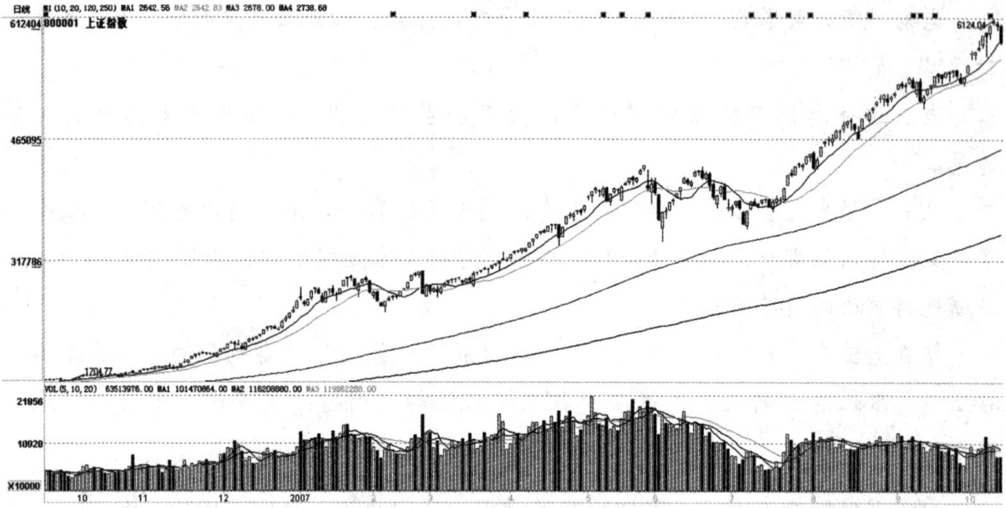

图 1—4

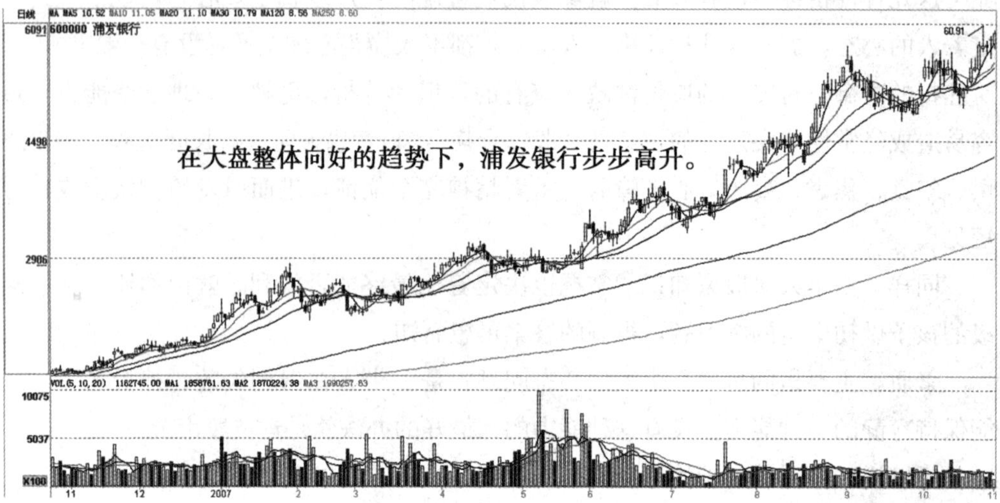

图 1—5

危机的影响，大盘指数从 2007 年 10 月 16 日的 6124.04 点跌至 2008 年 10 月 28 日最低点 1664.93 点。如图 1—6 所示：

同样是浦发银行，在大盘指数疲软的时候，该股的股价也从最高价 61.97 元下跌至 10.77 元，重新跌回 2006 年水平。如图 1—7 所示：

这就是大势对个股的影响，所以，投资者在决定炒股之前一定要明白眼前的大势，在对大势充分了解的前提下再选择个股，这样才能更好地把握住盈利的机会。

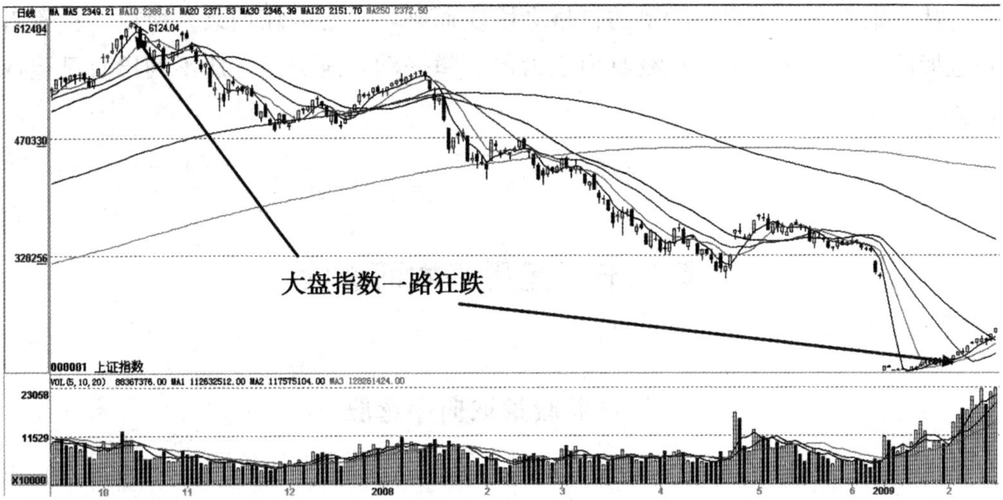

图 1—6

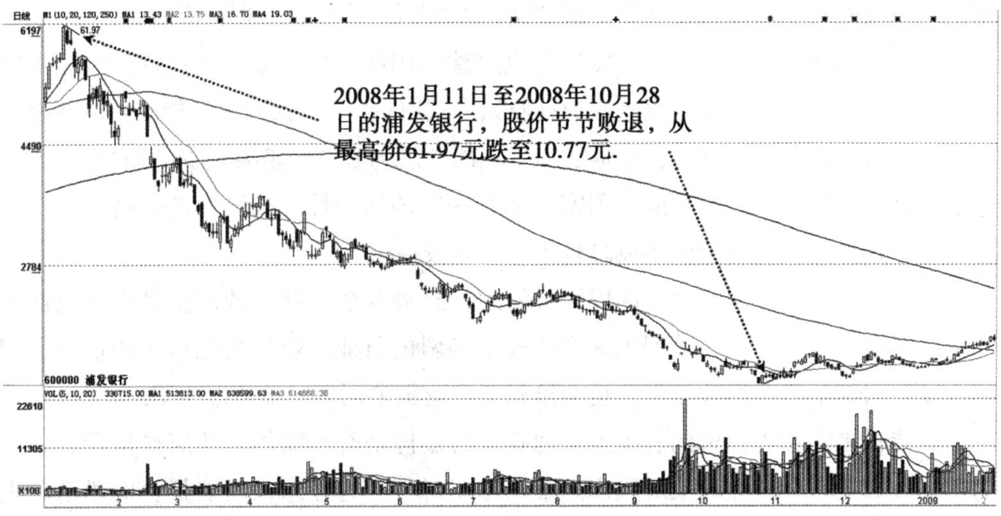

图 1—7

股票因庄而异

中国股市自 1994 年 8 月以来庄股林立，可以说，中国的股市就是主力的股市。于是，选庄也就成为投资的重中之重，能够及时发现一只实力非常强大的庄股，投资者就可以享受一段“搭便车”的乐趣，这是投资者获取成功的一条捷径。

但也有例外的情况，有的投资者好不容易跟上了庄，但收获的却不是利润，而是亏损。究其原因，有可能是因为投资者本身投资经验的缺乏，但另一种可能也不能排除，主力本身实力很弱，以至于在后市中已经无力控制股票的走势。跟上这种弱庄股，迎接投资者的就是亏损。

从一定意义上来说，股票的价格会因庄而兴，也会因庄而衰，所以，投资者在选股的时候，就一定要重视盘内主力的一举一动，避免因选庄不利给自己造成损失。

第二节 运用基本面选股

从产业政策取向中选股

产业政策是政府为了实现一定的经济和社会目标而对产业的形成和发展进行干预的各种政策的总和。产业政策的功能主要是弥补市场缺陷，促进资源有效配置；保护幼小民族产业的成长；熨平经济震荡；发挥后发优势，增强适应能力。

政府会选择一些对社会经济发展起决定性作用的支柱行业，在投资、资源配置等方面给予优先保证，在税收（减免征收）、贷款优惠（低息或无息贷款）以及财政补贴方面给予倾斜。如能源、交通、通讯业的落后为我国经济发展的“瓶颈”，这些行业都被列为优先发展的行业，国家将会有一定的保护性、鼓励性的扶持措施。从长远看，选择这些行业的股票风险较小、收益较稳定。

一个国家的政策取向对于国民经济的运行态势及产业结构的调整具有决定性的作用。反映到股市当中，受到国家产业政策倾斜的行业，容易得到市场的认同。相反，某一时期的行业调控政策，也会给相关产业带来厄运，迫使股价下跌。

一般说来，主力投资的着眼点，和政策的扶持是有关联的，政府扶持什么，主力就做什么股票。产业政策对股市的影响源于对某个行业未来发展机会的激活，主力一定会抓这些机会，因此只要留心政策走向，便不难发现主力的踪迹。

2009年，国家划拨4万亿救市资金直接刺激了基建板块，有力拉升大盘，同时带动了相关板块的活跃，造就了半年涨幅60%的牛市。可见，政策的向好和利空，会毫不掩饰地反映在股市的跌宕起伏之中。这也表明，产业政策是投资者在选股过程中所必须关注的指标之一。

从行业的发展前景选股

股市是动态发展的，“买股票就是买未来的前景”是投资者必须树立起来的正确观念。挑选股票永恒不变的原则就是行业。如果行业不景气，那么上市公司再好的微观背景也难有作为。相反，如果行业发展迅速，上市公司又属行业龙头，那么投资收益自然就是十分可观了。

看行业前景选股，从行业前景中寻找黑马，是投资者在股海大浪中规避风险，获取高额利润的一条重要途径。

行业和人一样，是具有生命周期的。行业的生命周期大致要历经创业期、成长期、稳定期和衰退期四个阶段。

1. 初创期。

随着社会的发展，不断会有新兴行业涌现出来，逐渐取代传统行业在国民经济中的地位。处于初创阶段的行业，缺乏成熟的技术和成功的经验，产品鲜为人知，市场需求量小，生产未形成规模，单位成本较高，行业利润很低甚至出现亏损。在这个阶段，行业中的企业数量很少，所承担的风险较大。

这一时期，由于行业利润低、风险高，人们极少关注这类行业，其股价也偏低。此时，投资者应对行业的性质和社会经济形势进行综合的分析，从而对该行业的未来前景作出正确的预测，一旦发现其具有远大前景就应逐渐加大投资，待发展到成长期、稳定期之后，将会获得股息和价差两部分的高额回报。

2. 成长期。

在初创末期，随着技术趋于成熟，市场需求扩大，产品成本降低，利润不断上升，行业便进入成长期。在成长期，行业中厂商的数量大为增加，竞争日益加剧，优胜略汰。在这一阶段，行业的利润很高，但风险也很大，股价容易大起大落。

3. 稳定期。

随着市场需求趋于饱和，产品的销售增长率减慢，盈利的机会减少，整个行业便开始步入稳定期。这一阶段，少数大企业控制了整个行业，它们经过上一阶段的激烈竞争，已成为资金实力雄厚、财务状况良好、竞争力强的一流企业，行业利润因垄断而达到了很高的水平，而风险也相对降低，公司股票价格稳定上升。

各个行业稳定期的时间长短不一，一般来说，技术含量高的行业稳定阶段历时较短，而公用事业行业稳定阶段持续的时间则较长。

4. 衰退期。

当一个行业发展到最后阶段，随着新产品和大量替代品的出现，原行业市场需求和产品销售开始下降，某些厂商开始向其他行业转移资金，致使原行业出现厂商数目减少、利润下降的情况，此时，便进入衰退期。衰退行业的股票价格平淡或有所下跌，那些因产品过时而遭淘汰的行业，股价会受到非常严重的影响。

投资者在选择股票的时候，最好是在其处于成长后期或稳定期的时候介入，这个时期的企业拥有雄厚的竞争实力和强大的抗风险能力，反映在股市中就是其股票价格具有明显的上涨势头。

总而言之，“发展才是硬道理”，行业的生命周期对于投资者选股来说，具有极为重要的意义。

从上市公司的经营战略中选股

公司经营战略是企业面对激烈的变化与充满严峻挑战的环境，为求得长期生存和不断发展而进行的总体性谋划。它是企业战略思想的集中体现，是企业经营范围的科学规定，同时又是制订规划（计划）的基础。经营战略是在符合和保证实现企业使命的条件下，在充分利用环境中存在的各种机会的基础上，确定企业同环境的关系，规定企业从事的经营范围、成长方向和竞争对策，合理地调整企业结构和分配企业的全部资源。经营战略具有全局性、长远性和纲领性，它从宏观上规定了公司的成长方向、成长速度及其实现方式。由于经营战略决策直接牵涉到企业的未来发展，其决策对象是复杂的，所面对的问题常常是突发性的、难以预料的。因此，对公司经营战略的评价比较困难，难以标准化。一般可以从以下几方面进行：

1. 通过公开传媒资料、调查走访等途径了解公司的经营战略，特别是注意公司是否有明确、统一的经营战略；

2. 考察和评估公司高级管理层的稳定性及其对公司经营战略的可能影响；

3. 公司的投资项目、财力资源、研究创新、人力资源等是否适应公司经营战略的要求；

4. 在公司所处行业市场结构分析的基础上，进一步分析公司的竞争地位，是行业领先者、挑战者，还是追随者，公司与之相对应的经营战略是否适当；

5. 结合公司产品所处的生命周期，分析和评估公司的产品策略是专业化还是多元化；

6. 分析和评估公司的竞争战略是成本领先、别具一格，还是集中一点。

从上市公司的经营业绩选股

从上市公司的经营业绩中寻找投资机会是选股的基本策略。但是，很多投资者持有的各种绩优股，不但没有赚钱，甚至还出现了亏损，究其原因主要有以下四个方面：

1. 绩优股在短时期内未必会有收益。

从长远来看，绩优股肯定是有投资价值的，投资者只要在相对低位买进，日后就一定能获得丰厚的投资回报，但短期而言就不一定了。因为股票市场并不是只有投资力量，还存在着投机力量。当投机力量大于投资力量时，一些符合投机要求的股票就会成为市场追逐的热点，这时，具有投资价值的股票反而会遭受冷落。

2. 绩优股真假难辨。

一些“绩优股”并非真正意义上的绩优股，它们在经营上获得的优异成绩，或是经过包装实现的，或是通过与大股东关联交易实现的。这些股票价格扬升，并非是市场对其投资价值的挖掘，而是市场的误判。因此一旦其“绩优”外衣被市场剥去，股票价格必然回落。

3. 上市公司业绩受到外部环境的影响。

一些绩优上市公司经营状况受外部环境的影响很大，当外界环境向好时，其经营业绩就处于明显上升状态；当外界环境变坏时，其经营业绩就处于明显的下降状态。

4. 上市公司业绩增长趋缓。

一些绩优上市公司经过连年的高速发展，已处于相对稳定的发展阶段，因此，当其业绩不再像以前那样高速增长时，反映到股价上就会出现宽幅震荡和下跌。

当然，凡事只要知道原因就能找到解决问题的办法。投资者可以从以下三个方面着手操作绩优股：

1. 对一些真正具有投资价值的绩优股，长期持有，操作上采用逆向思维，逢低吸纳，越跌越买；

2. 警惕虚假的绩优股以及业绩过分依赖外部环境的绩优股；

3. 对处于稳定阶段的上市公司绩优股票，敬而远之，观望为宜。

从上市公司的人员素质选股

股市中有一句经典谚语：“选股要选董事长”，这种说法有一定道理。众所周知，董事长是企业的法人代表和经营决策的掌舵人，选好了董事长就等于选对了具有长期投资价值的股票。当然，决定一个公司经营成败的还包括董事长以外的优秀管理层。公司经营管理者在管理活动中起主导性、实质性的作用，他们是企业的神经中枢，负责企业一切重大经营管理事项的决策。如果他们素质不高，能力不够，导致决策出现严重的错误，将会对企业造成致命的打击。

这样看来，选股离不开对上市公司领导人及管理层的考量。投资者可以从以下几个方面作出评判：

1. 权威部门和同行对上市公司领导人的评价。

在关注权威部门和同行的评价时，投资者要把握两点：一是评价的部门或同行越多，越有参考价值；二是评价的时间越近，可信度就越高。

2. 企业领导人的个人经历及才能。

个人经历包括：年龄、教育背景，在公司的提拔情况、负责范围，在社会和工作上的贡献以及人格品质、人际关系等。工作经历丰富、知名度高、人际关系好、事业心强并曾有良好经营业绩的企业领导人，一般具有洞察市场、胜人一筹的领导才能。

3. 企业领导人是否制定过行之有效的战略方针。

企业领导人高瞻远瞩的战略目光与计划往往决定一个公司的命运。在当今技术更新加速、竞争日益激烈的情况下，公司的战略方针已成为考察公司管理与高层领导能力的一个重要组成部分。

4. 除了董事长外，考察上市公司的管理层队伍也是至关重要的。

公司核心领导层的知识结构、学历水平、管理经验和技术、性格特征等因素都会影响企业的发展。

投资者可以通过财经报刊、互联网查询、阅读财务报表等途径来了解上市公司董事长的相关资料及董事会成员的资格、学历和人员变动情况。特别是新董事长或新领导班子上任后，上市公司的经营思路、经营业绩有何变化。要了解这方面内容，需要把几年的年报、中报集中起来，相互对照、比较。只有这样才能作出准确的判断。

第三节　运用市场面选股

从市场热点中选股

事物总是在不断变化之中，股市也一样在不断地推陈出新。因此，每一轮多头行情都会出现一些新的市场热点。股市中的热点就是一群联袂上行的个股，也叫“热门股”，涨幅榜的前列大多是它们的身影。

捕捉市场热点，需要敏锐的感觉和深邃的洞察力，要在热点形成之初及早抓住，而不要等到人尽皆知时才后知后觉，否则就失去了获利的最佳机会，因为在热点最朦胧的那段时间入市获取的利润才最丰厚。

在实际操作中，热点对于投资者分析市场具有如下意义：

1. 热点会吸引主力资金介入。

热点能够聚集主力的资金，决定市场运行的方向。因此，要把握好市场方向就要找准市场热点。

2. 采用热点选股可以提高获利效率。

稍有经验的人都知道，一般情况下，每一波行情中热点板块和热点龙头股上涨最快，幅度最大。而非热点股要么不涨，要么涨幅明显落后于大盘。

3. 热点容易被发现。

由于每当热点出现时媒体都会集中予以报道，所以该类个股比较容易发现。

热点酝酿的过程就是主力资金介入的过程，一般来说，热点酝酿的时间越长，热点能够持续的时间就越长。市场热点从形成到结束通常有三个阶段：

1. 单一热点发动行情，此阶段，热点一般持续的时间较长；

2. 单一热点扩散到多极热点，其持续的时间较短；

3. 热点转移与消退阶段，这个过程会更短。

一般而言，当所有板块被轮番炒过之后，大盘就会进入休整期，以孕育等待下一个单极热点出现，如此循环往复。有些热点因为所在行业辐射范围广、群众基础好，市场主力会反复加以利用，直到无利用价值时抛弃。一些投资者不懂得其中奥妙，吃这类“热点”的亏最大。

投资者在跟市场热点寻找投资机会时必须明白，市场不会有永远的热点，“盛极而衰”的自然法则，同样适用于股市。

从股本规模中选股

所谓的股本规模就是我们平常说到的大盘股、中盘股和小盘股。流通股本在1亿股以上的个股称为大盘股；在5000万股至1亿股之间的称为中盘股；不到5000万股的称为小盘股。

一般来说，大盘股企业成长性和股本扩张能力较差，且盘大不易炒作，因此，股性一般比较呆板；小盘股企业成长性较好，股本扩张能力强，而且易于炒作，股性比较活跃；中盘股的活跃度介于大盘股和小盘股中间，既不特别活跃，也不是特别呆板，属于比较沉稳的类型。如果排除其他因素，单从市盈率方面考虑，小盘股的市盈率要比中盘股高，中盘股要比大盘股高。

但是从炒作的角度来说，大盘股和中盘股适合大资金进出，在大级别多头市场中，实力机构和大资金常偏重于中、大盘股。特别是从选择市场龙头股的角度来说，业绩优秀的大盘股更合适，因为它对指数影响大，控制这些个股就能起到四两拨千斤的作用，而这是小盘股难以达到的效果。因此，在牛市中充当主流热点板块领头羊的，一般都是中、大盘股，而在小级别的反弹行情或盘整市道中，小盘股才有可能在局部范围里短暂的担当起领头羊角色。

当我们明白了这个道理后，作为普通投资者就可以这样选股：在大级别的多头行情中，应倾向于挑选一些在市场已有表现，但还没有大涨过并有市场潜力的大盘股和中盘股；在盘整市道或小级别行情中，应倾向于选择一些市场潜力较大，并已走出底部的小盘股或中小盘股。

从行业板块分析中选股

中国市场经济发展尚不完善，企业创新能力有待提高，这导致同一行业中企业产品同质化严重，在很大程度上可以相互替代，因而同一行业间企业往往联系紧密。

根据各行业中企业的数量、产品的属性、价格控制程度等因素，可将行业分成四种类型：完全竞争、不完全竞争、寡头垄断和完全垄断。投资者应该将注意力放在具有一定垄断性的行业和公司上，这类企业由于其垄断地位，在限定范围内拥有自主定价权，利润水平较高。

任何行业都要经历一个由成长到衰退的发展演变过程，这便是行业的生命周期，即便是垄断行业也不例外。

只有了解行业兴衰、演变的现象及影响因素，寻找投资回报丰厚的行业板块，才能为投资者的决策指明方向。影响行业兴衰的主要因素有技术进步、国家产业政策、产业组织创新、社会习惯的改变以及经济全球化等。

从行业板块分析选股，就是要顺应产业结构演进的趋势，对处于不同产业周期的企业采用不同的投资方式，还要充分理解国家政策，把握投资机会。

同一行业上市公司的股票具有强烈的联动性。当某一行业成为热点之后，该行业的个股大多数会呈现明显的上涨趋势。尤其是行业中的老大，往往具有指标性的作用。通常，在多头行情中的领头股，到大势趋势反转之后，便成为抗跌的好股票。

投资者应当经常去审视各行业板块股票的表现形态，摆脱弱势行业的股票，换入强势行业的股票。

总而言之，掌握行业动向，对行业板块进行合理分析，是投资者不可忽略的选股要诀。

从区域板块分析中选股

我国经济发展不平衡，不同区域经济发达程度不同，各区域有自己的优势行业。同一区域的企业股票价格会表现出某种联动性，所以投资者在选股时应对区域板块进行必要的分析。

区域分析的重点可以放在两个方面：

1. 东、中、西部地区行业差异化。

东部地区经济最为发达，企业管理水平和技术水平较高，市场竞争也最激烈，技术型和资本密集型行业优势大，股价表现好；西部经济较落后，管理与技术水平低，目前的盈利水平可能低于同类型的东部企业，资源型、基础设施型行业有优势；中部地区经济位于两者之间，是两者交流、竞争的地区，区域特色就稍微逊色。区域板块是对以上上市公司所处不同区域进行的划分，并将处于同一区域的上市公司进行归总的板块，比如厦门板块、海南板块、上海浦东板块等。

2. 国家的区域经济干预政策。

出于国民经济持续发展考虑，国家会不定期出台一些区域经济干预政策，这些政策会在很大程度上影响区域板块的走势。2009 年 1 月 7 日国务院召开常务会议，审议并原则通过《珠江三角洲地区改革发展规划纲要（2008—2020）》，赋予珠三角新的战略定位。受益于此，大龙地产、华业地产、粤宏远 A 等多只珠三角概念股逆势上扬，表现活跃，成交量放大，甚至出现大单吃筹的现象，一举突破了均线系统的压制。

由此可见，区域板块已经成为最佳的主题投资机会，投资者可以多加关注。

从股东人数变动中选股

上市公司股东人数多，说明筹码分散、散户多；反之，则说明筹码集中、机构控盘程度高。

筹码由集中开始分散，往往就是主力机构派发出货阶段；反之，筹码由分散逐步集中，则是主力振荡吸筹，大规模建仓的阶段。

很多实战经验表明，上市公司股东人数由集中到极度分散，或者由分散到极度集中，总是会给投资者带来很多机会。比如说，自 2008 年第三季度以来，在整个股市中，凡是股东人数由分散到急剧集中的上市公司，其股价绝大多数涨幅在 200%～350%之间。作为上市公司业绩披露报告中的一项重要内容，股东人数的变化应该引起投资者的重视。

一般来说，股东户数增减变化与股价中期的涨跌幅呈现负相关。即股东户数增加，股价往往表现低迷或者涨幅远落后于大盘；相反，股东户数减少，股价往往涨幅居前或相对抗跌。

所以，建议投资者，在结合公司基本面变化的基础上仔细分析股东变化情况，这样制定的投资策略才更为稳妥。

从大股东变动中选股

股东的变化在一般情况下意味着公司经营范围和经营方式的改变，特别是在中国现有的市场条件下，股东的变化常常成为市场炒作的导火索，尤其是当主力知道散户投资者会关注股东变化情况来了解市场动向时，更会采用使用多个账户，制造股东人数增加、筹码分散的假象，掩护主力悄悄建仓。

俗话说，魔高一尺，道高一丈，散户投资者必须学会对付主力的办法，据此选股才能使自己获利。

什么办法能达到“魔高一尺，道高一丈”的效果呢？办法就是留心观察上市公司前 10 名股东的持股情况。一般来说，前 10 名股东的资料是很难隐蔽的，留心里面的变化，你完全可以从中发现主力的动向。

你可以通过上市公司的年报、中报、配股或增发后的股份变动公告来了解前 10 大股东的持股情况。

一般来说，前 10 大股东所占的流通股比率呈显著增加趋势，说明筹码在迅速集中，演变成强庄股的可能性就很大，将来这类股票涨幅就比较可观。

从主力坐庄中选股

在股市这个财富高速流动的场所，有一股巨大的力量，往往会把股市搅得天翻地覆，这就是主力。通俗地讲，主力是指股市中资金实力雄厚的机构、社会团体或个人大户，他们以市场为敌手，通过拥有的大资金，利用各种手段影响和操纵股市和股价的涨跌，以图获取丰厚的利润。

散户投资者对于主力在股市上翻江倒海可以说是爱恨交加，既想依靠主力获得厚利，又怕主力掏空自己口袋里的钱，于是就有了“防火防盗防主力”和“主力就是希望，就是金钱”的矛盾说法。

其实，对主力要客观看待。谁进入股市都有一个非常明确的目的——赚钱。主力更是这样，只要有利可图，他们就无孔不入，无所不为，动辄斥资上亿控盘，然后一路狂拉，最后大举派货。在这里，散户没必要过分谴责主力的控盘行为（当然违规的不法行为除外，对于此种行为不仅要谴责，还应要求管理层对其进行监控和处罚），关键是要与庄共舞，巧妙利用主力赚钱。

散户要想从众多的股票中选择出一只庄股，首先就必须要明白这只股票中到底有没有主力的介入。

一只股票里面到底有没有主力介入，需要根据各方面情况综合分析。有的散户喜欢通过小道消息确定主力是否存在。这是一个办法，但准确率非常低，甚至会上当受骗。除非是主力的亲朋好友，否则恐怕很难了解其动态。因此从市场中听到的关于主力的消息，比如“揭秘”、“据传”之类，多半是不正确的或是“事后的先见之明”。更何况，即便是亲朋好友，主力也不见得会告诉他们自己的“作战计划”。所以，只有从多方面进行综合考察，才能最终确定主力的存在与否，进而选择出适合自己的庄股。

通常而言，如果出现以下迹象，则有主力介入的可能：

1. 交易行为表现异常。

庄股走势经常出现的几种情况是，股价莫名其妙地低开或高开，尾盘拉高收盘价或偶尔出现较大的买单或抛单，人为做盘迹象非常明显。如果，盘中走势时而出现强劲的单边上扬，突然又大幅下跌，起伏剧烈，（这种现象在行情末期尤其明显）说明主力控盘程度已经非常高。

2. 股价容易暴涨暴跌。

坐庄的基本过程就是先拼命将股价推高，或者同上市公司联系，通过送股等手段造成股价偏低的假象；在获得足够的空间后开始出货，并且利用投资者抢反弹或者除权的机会连续不断地抛出以达到获取厚利的目的，其结果就是股价暴涨后长期下跌。

3. 成交量经常忽大忽小。

主力无论是建仓还是出货都需要有成交量配合，有的主力会采取底部放量拉高建仓的方式，而庄股派发时则会造成放量突破的假象借以吸引跟风盘从而达到出货目的。另外，主力也经常采用对敲的方式转移筹码或吸引投资者注意。无论哪一种情况都会导致成交量的急剧放大。同时由于庄股的筹码主要集中在少数人手中，其日常成交量会呈现极度萎缩的状况，从而在很大程度上降低股票的流动性。

如图 1—8 所示，青海华鼎（600243）2010 年 8 月 30 日的成交量为 421.21 万股，9 月 2 日的成交量为 1824.76 万股，在 9 月 8 日的时候，成交量又降到 451.48 万股，成交量极不规则，忽高忽低。

4. 个股的行情往往逆市而动。

一般股票走势都是随大盘同向波动，但庄股的表现却与众不同。在建仓阶段，逆市拉抬便于快速拿到筹码；在洗盘阶段，利用先期收集到的筹码，不理会大盘走势，对敲打压股价，造成技术上破位，引起市场恐慌，进一步增加持筹集中度；在拉升阶段，由于浮筹稀少，逆市上涨不费吹灰之力，其间利用对敲等违规虚抬股价手法，股价操纵易如反掌，而且逆市异军突起，反而容易引起市场关注，培植跟风操作群体，为将来顺利出货埋下伏笔；到了出货阶段，趁大势企稳回暖之机，抓住

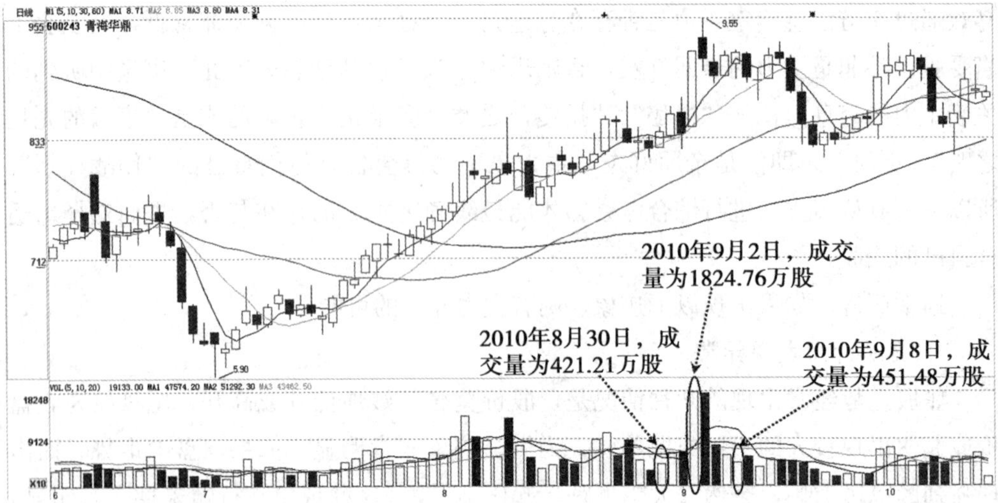

图 1—8

大众不再谨慎的心理，借势大幅震荡出货，待到货出到一定程度，就上演高台跳水反复打压清仓的方式，直至股价从哪里来再到哪里去。

5. 股东人数变化比较大。

通常来说，长庄黑马股都是筹码集中度较高的股票。主力吸筹就是筹码从分散趋向集中的过程，此时股价上涨；主力派发则是筹码从集中转向分散，股价趋于下跌。根据上市公司年报或中报中披露的股东数量可以看出庄股的股价完成一个从低到高，再从高到低的过程，实际也是股东人数从多到少，再从少到多的过程。不过，庄股在股东名单上通常表现为有多个机构或个人股东持有数量相近的社会公众股。因为主力要想在达到控盘目的的同时，又避免出现一个机构或个人持有的流通股超过总股本 5%的情况，就必须利用多个非关联账户同时买进，这种做法也给市场的有效监管增添了难度。

6. 利空或利多消息对股价影响反常。

在公正、公开、公平信息披露制度下，市场股价会有效反映消息面的情况，利好消息有利于股价上涨，反之亦然。然而，庄股则不然，主力往往与上市公司联手，因此上市公司有什么样的消息，事前主力都了然于胸。它甚至会私下蓄意制造所谓的利空、利好消息，借此达到不可告人的目的。例如，为了能够尽快完成建仓，它会人为散布不利消息，进而运用含糊其辞的公告动摇投资者的持股信心。又如，待到股价涨幅惊人后，以前一直不予承认的利好传闻却最终兑现，但股价却出现滞涨，最终落得个暴跌。

知道了主力介入的迹象，你就可以比别人更早地知道哪些股票有主力介入，并及时跟进“搭车”，从而获得收益！

第四节　运用心理面选股

从排行榜中选股

排行榜是炒股软件根据涨跌幅、量比、委比等排列出来的，比如说，日涨跌幅排行榜、即时涨跌排行榜、板块分类涨跌排行榜、地区分类涨跌排行榜等。在选股前，投资者可以利用排行榜中涨升情况，更快地找出整个大市中的龙头股。

一般来说，我们主要从涨幅榜、量比榜和委比榜上来选择，具体的研判分析技巧如下：

1. 从涨幅榜来研判。

（1）看涨幅榜上的个股是否属于当前的热点。

方法有以下两种：

首先查看该个股的板块是否属于当前的热点板块，如果是，则表明该股的上涨符合市场热点的潮流，投资者可以积极关注。

其次看涨幅榜上有没有与该股同属于一个板块的个股。有时候，板块之间的联动效应会起到很大的作用，如果在涨幅榜上的前 30 只个股中，有 10 只同属于一个板块，那么，投资者就要相当关注，因为这种现象表明该股属于市场中崛起的热点。

（2）研判个股迅速上涨的原因。

个股上涨的原因对股价能否持续上涨有一定的影响。一般来说，受消息影响而上涨的个股往往持续性不强，缺乏长久获利的空间，所以，投资者一定要谨慎。而对于不同题材引起的股价上涨则需要投资者具体情况具体对待。

2. 从量比榜来研判。

量比是当日成交量与前五日成交均量的比值，量比越大，说明当天放量越明显。股市中资金的运动决定了个股行情的性质，资金的有效介入是推动股价上升的原动力，涨幅榜上的个股在未来能否继续保持强势，在很大程度上与之前的资金介入有紧密的联系。所以，量能的积聚过程非常重要，只有在增量资金充分介入的情况下，个股行情才具有持续性，而量比的有效放大，则在一定程度上反映了量能积聚的程度。

3. 从委比榜来研判。

委比是用以衡量一段时间内买盘与卖盘相对强弱的指标。它的计算公式为：

委比＝（委买手数－委卖手数）÷（委买手数＋委卖手数）×100％

其中，委买（卖）手数是指现在所有个股委托买入（卖出）五档的总数量。委比数值的变化范围在－100％至＋100％之间。委比值越大，说明市场买盘越强劲；委比负值越大，说明市场的抛盘越强劲。

需要提醒投资者注意的是，在利用委比榜进行分析的时候，要结合涨幅榜中的量比，这样得出的结果才会更有参考价值。

用“比价效应”选股

所谓用“比价效应”选股就是指在同类型股票中通过诸如经营业绩、流通股本、募集资金所投入项目等方面的直观比较，选择一只最佳股票的选股方式。

2010年7月15日，全球最大的IPO中国农业银行上市了，农行的发行价格定在2.74元。对于逢新必炒的中国股市来说，农行的上市遭到爆炒。那么理性分析的话，投资者究竟应不应该在此时购进该股呢？现在我们用比价效应来分析一下。

工、农、中、建四大行在业务上有同质性，在财务指标上也都差不多，所以，比价效应的作用使得农行的股价与其他三大行相匹配。从价位上看，建行的股价最高，在5元左右，而工行在4.30元左右，中行最低在3.60元左右，但这三个股票的市盈率都在8倍出头一点。根据农行的盈利水平，如果按8.8倍市盈率发行，那么其发行价为2.30元，显然农行的发行价并不是这样计算的。如果不按市盈率作为基准，就按照市净率来作为比较基准，如果将市净率定为1.8倍至2.2倍，那么农行的发行价就可以达到3.02元至4.07元，显然，如果发行价定在这个区间，作为发行人和承销商是比较满意的。但对于投资者而言，是否要参与农行的申购和上市后的买卖，就要取决于价格。农行在二级市场上的合理定价应该在中国银行股价之下，如果农行在3元左右发行，申购者上市还有差价可赚，但如果发行价靠近了现行的中国银行股价（中国银行的股价2010年7月15日为3.45元），上市后破发的概率就较大。而农行上市的发行价定在了2.74元，投资者此时申购的话，还是有价差可赚的。

通过对该股的分析，我们可以看到比价效应在选股中的重要性。一般来说，具体的比价关系主要有几下几种：

1. 与同一炒作题材之间的个股比价，选择股价较低的个股。
2. 用技术指标作参考标准，选择股价超跌的个股。
3. 与同一地域板块间的个股比价，选择股价较低的个股。
4. 与前期的成交密集区比价，选择股价超跌的个股。

5. 与相同股本规模及类似股本结构间的个股比价，选择股价较低的个股。

6. 与同一行业间的个股比价，选择股价较低的个股。

7. 股本结构中有B股和H股的，要B股和H股比较，特别是要进行价格比较。

8. 与前期的历史高位比较，选择股价超跌的个股。

投资者在选股时除要综合考虑以上的比价关系外，还要注意以下要点：

1. 要注意底部成交量的变化，放量收小阳，缩量收小阴的股票，或是连续小阳的股票，后市的投资机会较大。

2. 在突破密集区缩量回调后介入，可使资本的有效回报率更高。

3. 要注意市盈率和市净率这两项指标，其中市盈率低于25倍，或市净率低于3倍的股票值得投资。

4. 选择仍处于底部的股票。

从死亡板块中选股

在股市中，某些板块的股票由于种种原因，一直没有大资金参与，导致股价长期沉寂，一直无所作为，逐渐从人们的视野中消失，这种类型的股票就被称为“死亡板块”。一般来说，人们对死亡板块都很忌讳，谁都不愿意和这种股票打交道。可古人云：“山不转水转，水不转人转。”又说：“三十年河东，三十年河西。”一切都是相对的，相对面在一定的条件下会相互转化，这也适用于股市。熊股熊到被市场遗忘，就会成为“死亡板块”。当大家对它彻底失去信心时，它就会绝处逢生，被市场主力相中，一旦“时机成熟”，各种题材不请自来，主力再借题发力，这些被遗忘的股票，由熊转牛也就顺理成章了，因此，死亡板块绝对是一个淘金的好地方。

以福耀玻璃（600660）为例，该股自2004年至2006年9月26日，基本上处于沉寂状态，股价在两年内基本上没有什么变化，成为典型的冷门股。但从2007年开始，这只压根儿让人看不起的股票却让很多投资者大跌眼镜。得益于汽车行业的高速增长，其股价一路上扬，从2006年9月26日的7.56元涨至2007年4月24日的24.50元。如图1—9所示：

从福耀玻璃的走强，我们可总结出如下规律：

1. 个股的走强，首先必须以该行业进入快速发展期为基础，业绩的增长是股价上升的前提条件，也就是说，“死亡板块”复苏的标志，是行业的复苏。

2. 一般来说，股价沉寂的时间越长，其反转之后，股价的上升空间就越广阔。投资者可以在死亡板块中给股票排队，看在这些股票中跌了一年的有几个，两年，三年甚至五年的有几个，将那些跌的时间最长的个股挑选出来，作为重点关注对象。

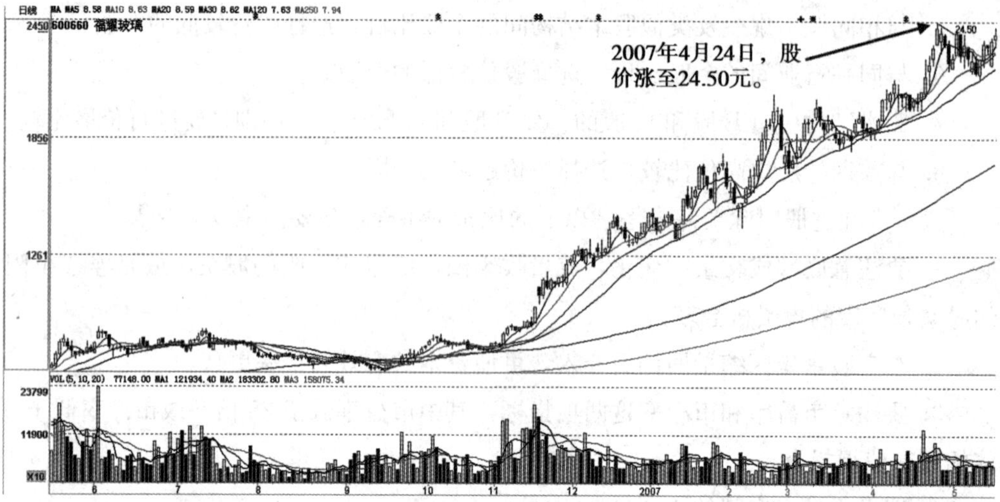

图 1—9

3. 找到这些跌了很久的股票之后，不要立即买进，而要对它们进行研究，此时要掌握两个原则：一确定该股已经有主力在参与了，二当该股在向上突破时买进一些，但量不要太大，因为一般积弱已久的股票在第一次向上突破时以假突破居多，要等到该股形成上升趋势后，方能大胆买进。

4. 在死亡板块中掘金，还要注意该股的流通市值，以及隐藏的热点、题材等等，一般来说，流通市值低的个股会比较容易得到主力的青睐。

第五节　运用技术面选股

从 K 线图形中选股

股市是一个高风险的市场，这主要体现在选股上。一旦选错了股票，投资者将一败涂地。为了把好选股关，我们已经从基本面、市场面、心理面作了多层次的分析，现在再来分析怎样运用技术面来选股。技术分析是一种古老的分析方法，旨在研究价格行为，从而作出关于股价未来走向的判断。

在技术分析中，我们经常用到的有 K 线图形、技术图形、均线图形以及趋势线图形四种。

现在我们首先来分析如何利用 K 线图形来选股。

K 线图又称蜡烛图，起源于日本十八世纪德川幕府时代（1603～1867 年）的米市交易，用来计算米价每天的涨跌。因其标画方法具有独到之处，人们把它引入股票市场价格走势的分析中。经过 300 多年的发展，目前它已经广泛应用于股票、期货、外汇、期权等证券市场。

K 线图能够全面透彻地反映市场的真正变化，从 K 线图中，投资者既可看到股价（或大市）的趋势，也可以了解到每日市况的波动情形。

不同的 K 线图形代表了不同的含义，有些 K 线图形的出现，就是在向投资者发出买进信号，比如说“曙光初现”，它就是强烈的买进信号。如图 1—10 所示：

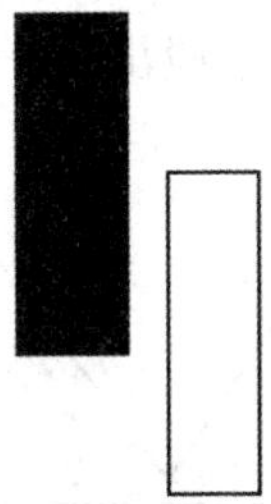

曙光初现

图 1—10

“曙光初现”的意思就是黑暗的长夜已经过去，股价即将迎来黎明。从技术上来分析，该形态出现以后，暗示着股价已经见底或者已经到了阶段性的底部，回升的可能性很大。如图 1—11 所示，凯乐科技（600260）在 2009 年 12 月 23 日出现曙光初现图形之后，股价走出了一波上涨的行情。

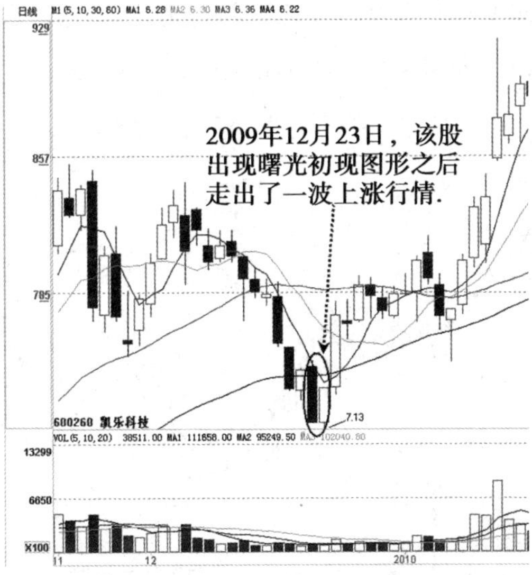

图 1—11

在走势图中，还有很多 K 线图形一旦出现，就表示是强烈的买进时机。投资者通过对这些 K 线图形的把握，可以大大减少选股的失误。具体哪些图形的出现是买进信号，投资者可以参考本书第三章 K 线操练，在该章中，我们为投资者作了详细的解答，本章就不再一一赘述。

从技术图形中选股

技术图形就是我们平常所说的诸如“W 形”、“V 形”、“头肩形”等等。

在股票走势中，只要股价形成这种图形，就会出现历史重演的局面。如图 1—12 所示“V 底”，这种图形如果出现在跌势中，则说明股价即将出现反转，而且涨幅将非常可观。投资者如果发现某只个股出现了这种走势，即可跟进，把握住机会。

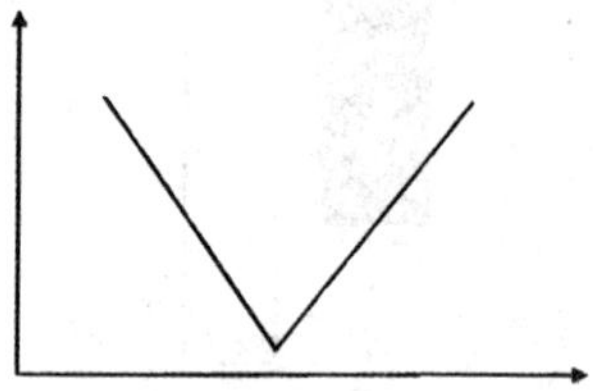

V底

图 1—12

“V 形”是炒股过程中比较常见的、力度极强的技术图形，是一种强烈的反转信号。它一般都在股价经过一段较长时间的下跌之后出现较大的利好消息时出现，这时股价拐头向上而且有相当一段的持续性。因此在走势图上形成了一个 V 字。一般来说，这种形态确认后，其潜能是相当惊人的，所达到的上升幅度也不可测算。比如说，歌华有线（600037）在经过一轮下跌行情之后走出了“V 底”的图形，股价开始了一波上涨行情。如图 1—13 所示：

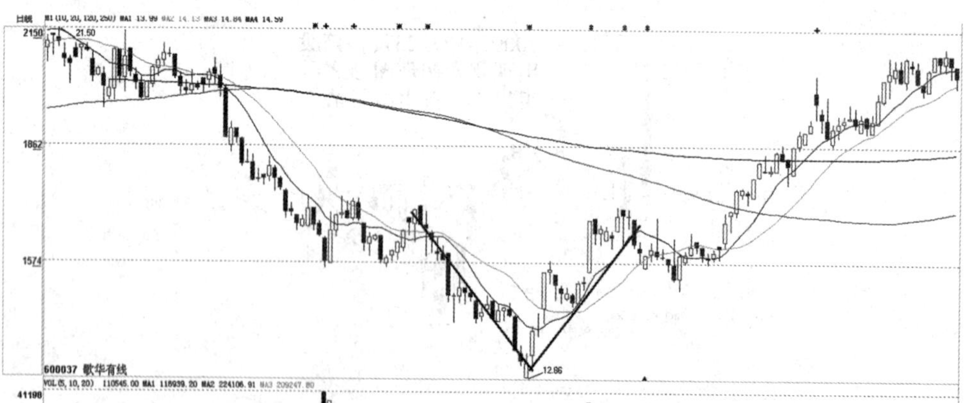

图 1—13

技术图形同样也分为很多种，在此我们只列举“V 底”的例子来向投资者说明。关于技术图形的分析，投资者可以参考本书第四章，那里有对技术图形选股的详细分析。

从均线图形中选股

均线是移动平均线的简称，它是将一段时间内的股票成交价格进行算术平均所形成的线，表明了一段时间内购买股票的平均成本。均线给投资者带来了很大的方便，因为如果你已经知道了市场的平均成本，自然也就对市场上的供求关系有了一个基本的了解，这样在选股的时候，就可以以此来判断个股的走势强弱，进而决定采取何种操作策略。

一般来说，均线有分钟均线、小时均线、还有以日、周、月、年等不同时间单位做成的各种均线。它直观、易懂，是除 K 线以外，使用频率最广泛、准确率也较高的一种技术分析方法，对中小投资者来说，是一种绝佳的分析工具。

均线可以分为短期均线、中期均线和长期均线三种。短期均线有 3 日均线、5 日均线和 10 日均线等。其中广泛使用的是 5 日均线和 10 日均线。

中期均线有 20 日均线、30 日均线和 60 日均线等。一般来说，30 日均线是被经常使用的。

长期均线有 100 日均线、120 日均线、150 日均线、200 日均线、250 日均线等等。较常用的是 120 日均线和 250 日均线。

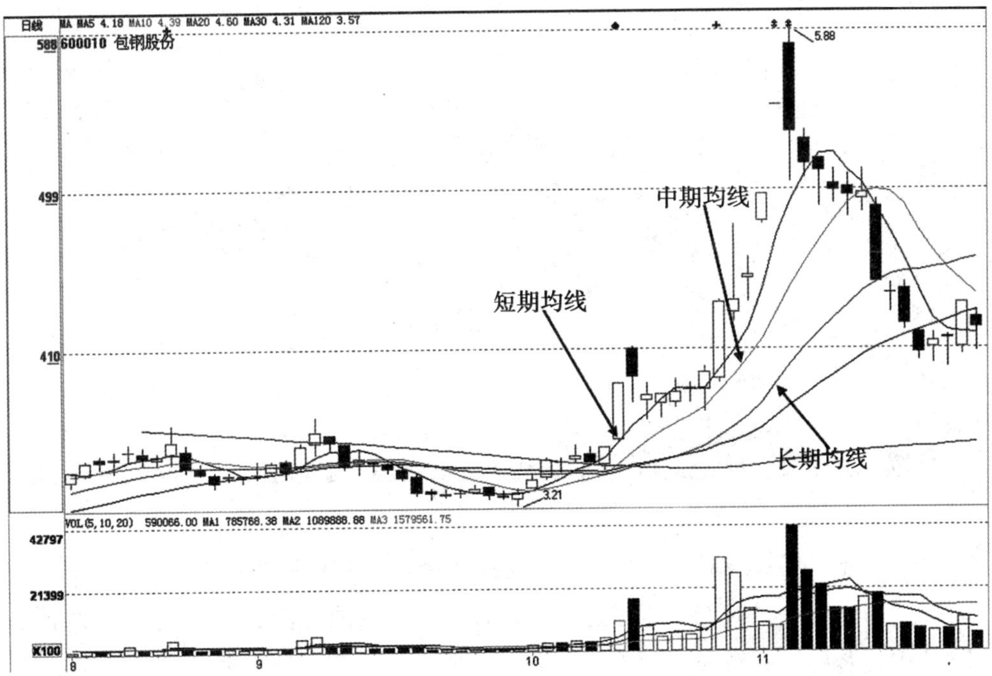

图 1—14

一般来说，均线图形的分析都是结合短期、中期和长期均线来进行的。下面我们通过一个例子来详细了解如何通过均线图形来选股。如图 1－14 所示，此图形名为多头排列，是一个短期、中期和长期均线排列的组合，这种图形一般多出现在涨势中，最上面的一根是短期均线，中间一根是中期均线，最下面的一根长期均线，这三根均线呈向上的弧状。这种形态是一种看多信号，一旦某只个股出现了这种均线组合，说明后市继续看涨，投资者可以跟进。

关于均线图形的详细分析，投资者可以参考本书第五章。

从趋势线图形中选股

投资者都熟悉这样一句话，做股票一定要“顺势而为”，不能“逆势而动”，这里的“势”指的是大的方向和趋势，也就是股票价格运动的方向。

趋势为何？道氏理论认为，一个价格在运动中，如果其每个波峰和波谷都相应地高于前一个波峰和波谷，称为上涨趋势。相反，如果其包含的波峰和波谷都低于前一个波峰和波谷，就称为下跌趋势。如果后面的波峰与波谷都基本与前面的波峰和波谷持平，就称为震荡趋势，或者横盘趋势。

判断趋势最直观的方式是依靠趋势线。如图 1－15 所示。在上涨行情中，两个以上低点的连线以及下跌行情中两个以上高点的连线，称为上升或下降趋势线。

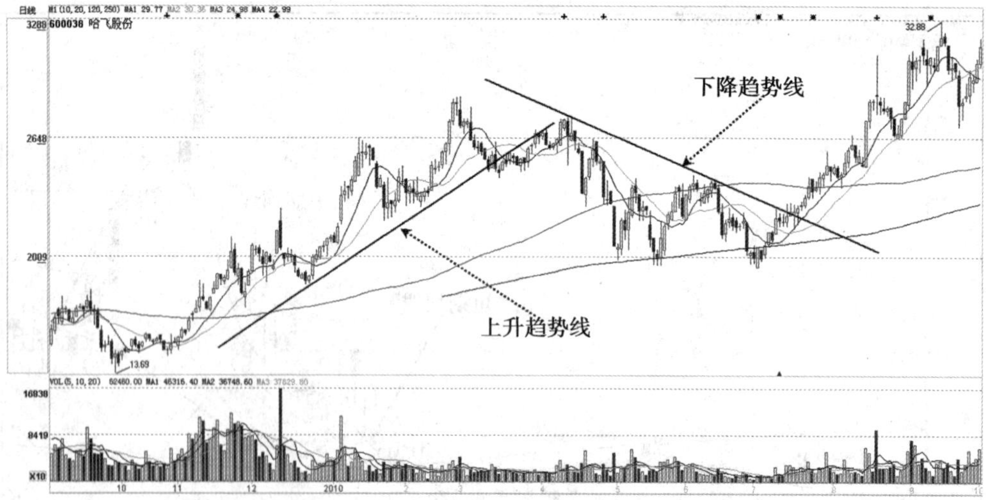

图 1－15

通常，上升趋势线对股价起一定的支撑作用，上升趋势线一旦形成，股价将在趋势线上方运行一段时间。根据这一原理，我们可选取在上升趋势线上方的个股。因为上升趋势线能够对股价的上升起到一定的支撑作用，所以股价一旦跌破此线，很可能将不会延续此前的走势，而出现反转，在利用趋势线选股的时候，一定要选择运行在趋势线上方的股票。

一般来说，上升趋势线的买入时机主要有以下几个：

1. 在上升趋势线附近买入。

首先确认自己画出的上升趋势线满足以下条件：

（1）有上升趋势存在，即存在两个依次上升的低点。

（2）画出直线后，落在此线上的点越多越好，因为这表明趋势线更可靠、有效。

（3）该条直线延续的时间越长，越有效。

上升趋势线形成后，股价将沿这条趋势线运行。但在沿这条线往上运行的过程中，股价可能会有短暂的回调，很多时候都会回落至趋势线附近，有些更将股价砸至趋势线下。投资者在选股时，如果能确认趋势线有效，可在上升趋势线附近短、中线介入。

2. 中期上升趋势中，在股价回调不破上升趋势线又止跌回升时买入。

在中期上升趋势中，股价的低点和高点都不断上移，将其不断上移的两个明显低点连成一条向右上方倾斜的直线，便是上升趋势线，它将成为股价回档时的支撑。当股价每次回调至该线不破该线又止跌回升时，便是上升趋势中的短线买入时机。

运用此种方法操作时应注意：

（1）股价回调至上升趋势线时，成交量应呈现缩量，否则上升趋势线难以支撑股价。

（2）实际操作时应根据具体情况变化适时修正上升趋势线。

在下降趋势线中，投资者要选择那些放量向上突破下降趋势线的个股买入。在此要注意：

1. 有时候，在股价突破下降趋势线时，成交量并没有随之放大，这可能是短期的反弹，股价可能又回到下降趋势线以下，原有下降趋势并没有改变。

2. 当股价向上突破下降趋势线后，有时候又会反转向下，但是在向下的过程中，股价并没有跌破下降趋势线，随后股价又反转上涨，此时就是买进时机。

第六节　选股难题分解练习

从新股中选股

“逢新必炒”是中国股市长期以来的习惯，新股炒作是市场的永恒热点。上档无套牢筹码、没有套利盘的巨大抛压、上市第一天没有涨跌幅限制，这些因素决定了新股的涨跌幅度必将远远高于大盘。而当市场不景气或者正从跌势转入升势时，新股也最容易被主力用来调动人气，起到领涨的作用，成为市场的领头羊，带领大盘从一个高峰冲上另一个高峰，其炒作收益远远大于一般老股票。很显然，新股中存在极大的投资机会，因此，如果投资者能够把握好时机，利润将极为惊人。那么如何从新股中选出质地比较好的股票呢？投资者可以参考以下几个方面：

1. 考察介入资金的性质是立足于中线运作，还是短线炒作。

对于中线庄家而言，由于其运作时间较长，建仓手法存在较多变化，是否存在投资机会关键取决于筹码的集中程度；对于短线庄家而言，只要持有该新股的部分筹码就可进行操作了，这类股票往往在短期内就会有较大的升幅。关于介入资金的性质可以从新股的基本面以及该股形态方面进行判断，从目前新股的运作方式来看，以中线资金为多。

2. 新股首日上市主力的介入程度。

是否有主力机构在主动吸筹，以及吸筹的力度如何，是判断新股未来走势的重要标准，这便要求投资者观察盘中成交情况以及股价运行是否具有方向性和持续性。有机构收集的股票，这些特征比较明显。特别是新股前 15 分钟的走势，一般来说，若开盘成交量换手率达到 5％以上，同时前 10 分钟拉出阳线，并且换手率达到 15％以上，那么，该股就有主力介入。此时投资者可以在该股随后回档时介入，当天可能就会有较好的收益。

3. 新股此时所处的市场氛围以及指数的相对位置。

（1）当大盘处于下跌的末端，进入筑底阶段时，市场人气低迷，新股开盘价较低，一般在 50％以下，甚至接近发行价，投资者可以选择此类的股票在横盘的时候买进，一旦大盘反弹，这只股票很可能会领涨。

（2）当大盘处在上升阶段，此时新股为平开高走，投资者可以考虑积极建仓进场。

（3）当大盘处在上涨末期，新股开盘价位很高，此时风险最大，一旦大盘从高位下跌，该类股票跌幅最大，这时的新股最好不要涉及，以免深度被套。

（4）当大盘处于下跌阶段时，新股为高开低走，这时的获利机会极小，不宜参与，最好等到大盘进入下跌末期的筑底阶段后，再考虑进场抄底。

短线黑马怎么选

短线黑马指的是只能在一段时间内远远跑赢大盘，而且持续时间不长（一般来说不会超过三个月，甚至有可能是几个星期、几天）的股票。这种短线黑马涨势持续的时间短，因为其涨势凶猛，所以一旦完成了短期内的猛涨，就会见顶回落，跌起来也是异常凶猛。一般来说，短线黑马股具有如下特征：

1. 股票的质地比较差，价位很低。

2. 是典型的冷门股。

3. 虽然是冷门股，但在未来的走势中也有一定的上涨空间。

4. 虽然是冷门股，但因为一些市场因素，出现了让市场看好的新题材。

5. 在新题材的刺激下，其股价会步步走高。

6. 股价很容易出现回落，回落的速度也非常快。

7. 股价回落后，又会重新沦为冷门股。

短线黑马股快起快跌，只有少数极有经验的投资者能够捕捉住，绝大部分的投资者因为不了解短线黑马的特征，又缺乏技术操作的手段，而在追逐短线黑马过程中遭受到不同程度的伤害，有的深度套牢，有的血本无归。但捕捉短线黑马也是有可能的，以下方法能够为投资者提供一些帮助：

1. 从公开信息中寻找短线黑马。

政治局势的好坏不仅会直接影响到经济运行的状况，还会对投资信心产生直接的影响。不但大的政治环境，连国家的各种调控政策、信息也会引起股市的动荡。也就是说，只有掌握了收集和利用信息的本领，才有可能发现黑马。

对于个股来说，黑马的蛛丝马迹隐藏在上市公司所发公告和股本结构的变化中，比如资产置换、收购公告、股权转让公告等等。新股东与上市公司之间进行的资产置换，往往是新股东将优良资产与上市公司的劣质资产进行的置换，这样必然反映在股价上。而近年来的大黑马几乎都是股权转让一手促成的，投资者应该对这类变更信息予以更多的关注。

2. 通过均量线寻找短线黑马。

成交量和股价这两个名词对于投资者来说应该是再熟悉不过的了。如果你有每天看盘的习惯，会发现股价是一只股票发展现状的直接反应，而成交量则体现出投资者对于股价变化的心理承受能力。投资者可能不知道，在大盘中巧用能体现量价关系的均量线和 KDJ 指标，是一种最简单、最有效的捕捉黑马的办法。用此种方法把握个股短期走势，有很高的成功率，能够为投资者快速套利提供绝好的机会。

在股市里流传着这样一句话：量前价后。一只股票成交量上发生的变化能准确地说明它是否有黑马的潜质。总体上讲，一只股票如果当日成交量突破了 5 日均量线，就说明此股日后有上涨的可能性，而如果当日该股出现了日成交量上穿 5 日均量线和 25 日均量线，并且 5 日均量线上穿 25 日均量线的情况，投资者应该立刻建仓跟进，因为这绝对是快速套利的契机。

3. 在排行榜中寻找短线黑马。

沪深二市都有每日涨幅排行榜，从中很容易就可以发现黑马股的踪影。对于投资者来说，通过排行榜寻找黑马是个既简单便捷又有一定准确率的办法。打开大智慧、同花顺等股票分析软件，让我们开始在排行榜上寻找黑马吧。

第一步，从涨幅排行榜开始，筛选标准为：如果现在是牛市，大盘不断上行，那涨幅标准至少定为5%；而如果大盘是处于震荡调整的过程中，则涨幅标准必须要比大盘幅度大。得出结果后便可以进行下一步。

第二步，看量比排行榜，标准至少是2，即量比放大超过2倍，当然量比越大越值得关注。现在将两个结果相互比对，找出交集，得出新的结果，进入下一步。

第三步，依次看所剩股票的K线图，筛选标准是：5日均线必须带量上扬，前期的K线走势要有上升趋势，最近出现了一次放量。将通过这三个条件的股票列出，进入下一步。

第四步，观察剩余股票的KDJ指标，如果有形成低位金叉或者正在强势区域运行的股票，那么恭喜，带有短线攻击能力的黑马股有可能已经被你找到了。

中线黑马怎么选

中线黑马股指的是能远远跑赢大势，寿命短则半年至一年，长则三年至五年的一种黑马。由于中线黑马股涨跌具有周期性的特点，所以其上涨和下跌时就像鸭子在水里打圈圈，隔三岔五总要表演一番。

一般来说，中线黑马都具有如下特征：

1. 股票质地比较好。

股票质地好，才能呈现出不断涨升的趋势，比如说，贵州茅台（600519）从2006年的42元附近涨到了2008年的230元，翻了将近6倍；中国船舶（600150），从2007年1月份的30元附近涨到了2007年10月的300元，涨了9倍；山东黄金（600547），从2006年11月份的27元附近涨到了2008年1月份的239元，涨幅达9倍等等。诸如此类的中线黑马股，如果质地不是很好，是不会呈现出这种爆发式增长的。股票质地过硬是成为中线黑马股的根本条件。

2. 常会周期性地跑赢大盘，在某一个时期走在大势前头，后来慢慢冷下来，过了一段时间，又会跑在大势前头，周而复始，直到潜在题材用尽。

3. 在未来的走势上有足够的上涨空间。

4. 行业处于上升期。

选中线黑马股的标准非常重要，有淘汰标准、基本标准和参考标准三种。从符合基本标准的里边把含有淘汰标准的去掉，就叫筛选，有选还要有筛，筛就是把有瑕疵的个股筛掉，做到精选个股，宁精勿滥。

1. 淘汰标准。

淘汰标准有：ST及业绩差的、股价涨幅过大的、股价在高位有放量出货嫌疑的、有问题的。

2. 基本标准。

基本标准有：人均市值要在200～600之间，这要灵活，一般在长期熊市之后，人均市值在70以上也可，在大牛市中后期人均市值在600以上也行；获利盘在90%以上。

3. 参考标准。

参考标准有：筹码集中度要好，可以有扩散但不要太多；换手率要小于3%；有主力不断加仓；近两三年没有大幅炒作过。

长线黑马怎么选

股谚云：机会是跌出来的，大跌大买，小跌小买，不跌不买。确实每次大跌都会为投资者提供低吸的良机，大跌之后买入正是获取厚利的最佳时机。一般来说，股市经过大跌，股价都会被拦腰斩断，可以说，很多个股已经跌出了机会。后期如果大盘企稳，它们又会重拾升势，走出一波漂亮的上升行情。那么，哪些个股是需要我们去捕捉的大黑马呢？下面分析一下如何寻找长线的大黑马。

长线黑马指的是在一个较长的时期内能远远跑赢大盘的黑马。尽管从短期看，它有可能表现不佳，但长线黑马能在几年、十几年甚至几十年内为投资者带来丰厚的回报。正因为长线黑马有这样一个特点，所以它涨时就会犹犹豫豫，跌时也不显山露水，但几年累计下来涨幅非常惊人，平时涨跌貌不惊人，但几年下来小树苗却已经长成参天大树了。一般来说，长线黑马股有如下特征：

1. 在行业竞争中处于领先地位，市场占有率逐年增大。

2. 在排行榜上名列上市公司前列。

3. 有鲜明的、过硬的主营产品。

4. 在股市的上涨中能起到领涨的作用。

5. 股价随着公司经营业绩的增长同步增长。

6. 主力炒作是长期作战。

7. 股价不会出现较快及较大的回落，呈现出很好的抗跌性。

在股市行情一路下跌之后，是挑选长线黑马的好时机。那么，怎样才能选到一只长线黑马呢？

1. 选择一个好的行业或板块，该行业一定要有良好的发展前景：比如有政府的支持、受益于科技的发展等等。

2. 在行业或板块里面找出几只龙头股，龙头股往往起着领头的作用，涨幅一般大于同类个股。

3. 看这类个股业绩以后会不会增长，有没有良好的预期，更进一步缩少选股对象。最后，看该类个股股价是不是偏低，是不是走稳了，最终选出你喜欢的股票，然后一路耐心持有，不到设定的目标位，绝不轻易出手。

涨停股票怎么选

投资者在选择涨停股票的时候，可以从以下几方面来考虑：

1. 看股票涨停的时间，一般来说，最先涨停的要比尾盘涨停的好。

在交易日中，第一个封涨停的最好，时间最好限制在 10 点 10 分以前。因为一些短线跟风盘会十分注意当天出现的机会，前几个涨停最容易吸引短线盘的目光，而且股票在一开盘就能涨停，说明有主力在其中活动，这种涨停也是主力有计划地进行拉高。如果这只股票在技术形态上的表现也很理想，那么第二个交易日的获利也就有了保障。

如果上午停牌，下午复牌后在 13：15 分以前封涨停的个股也是相当不错的。一般来说，能在开盘不久就涨停的股票本身的吸引力是很大的，下午涨停要比上午涨停的吸引力相对小一些。其它时间段涨停的股票相对更差一些。

2. 看第一次封涨停时的换手率，通常换手率小的要比大的好。

通常当大盘处于弱市和盘整市时普通股换手率要低于 2%，ST 股要低于 1%；在大盘处于强势时这个换手条件可以适当放宽，对龙头股也可以适当放宽。但无论在何种情形下，换手率都不能超过 5%，包括涨停被打开后又被封住的情况。这些对换手率的限定实际是限定当天已经获利的买盘数量和抛压的大小，这时获利盘越小、抛压越小，第二天的上攻余地也就相应越大。

3. 分析个股的形态，盘整一段时间后突然涨停的比连续上涨后再拉涨停的好；连续大跌后以涨停方式开始反弹的也可以；主力仓位重的比主力仓位轻的好；

4. 看大盘的情况，如果大盘急跌，破位的就更不好，有涨停也不要追。

通常，大盘破位下跌对主力和追涨盘的心理影响巨大，主力的拉高决心相应减弱，追涨盘也停止追涨。主力在没有承接盘的情况下，会在第二天立刻出货，因此在大盘破位急跌时最好不要追涨停。而在大盘处于波段上涨时，涨 10%的机会比较多，总体机会多，追涨停可以胆大一点；在大盘波段弱市时，要特别小心；在大盘盘整时，趋势不明，可以以个股形态、涨停时间早晚、分时图表现为依据决定是否追涨停。

5. 看分时图上的涨停气势，涨停时气势强的比气势弱的好。

在看分时图的时候，首先要注意均价线，如果均价线在开盘后保持上涨，股价上涨的希望会很大；第二，看分时图里股价从盘整到冲击涨停的距离，如果盘整区离涨停的距离在5%以内，那么股票就比较好，盘整区离涨停比较远的个股，最好不要选；第三，看分时图里的成交分布，一般来说上涨的时候成交量要放大，但也要适当，如果过分放量的话，则说明主力心态不好，这种个股最好不要选；第四看委托盘，真要涨停的股票，一般显示出来的买进委托盘不会比委托卖出盘大，因为主力的真正买盘是及时成交的，而那种很大的买盘托着股价慢慢上涨的个股，基本可以认定是主力在出货，不能追进。

最佳庄股怎么选

股市中流传着这样一种说法："有量就有庄，量庄不分家"。顾名思义，凡是有较大成交量的股票必然有主力在里面活动，这是因为如果没有主力，单靠散兵游勇的零星买卖，成交量不可能获得有效的放大。个股成交量的变化在没有主力资金的有效介入时，是没有任何意义可言的。而一旦有主力资金介入，个股K线的形态组合与成交量的各种变化状态，都会处在控盘主力的全面操控之下。这时从盘口语言到各个阶段量价关系的变化均会残留许多主力做盘的痕迹和破绽，有经验的投资者便能够及时发现主力的动向，准确判断主力的操作意图，踏准主力运作的节奏，轻松地从中获取收益。下面介绍了几种选择最佳庄股的方法，希望能对投资者有所帮助。

1. 从内外盘中寻找庄股。

从内外盘中寻找主力是投资者经常用到的一种寻庄技法。通过外盘、内盘数量的大小和比例，不难发现主动性的买盘多还是抛盘多，并在很多时候可以掌握主力动向，因此可以算作一个较为有效的寻庄指标。

看待内盘和外盘首先需要认清股价处于什么位置，根据股价处于相对高位还是相对低位来作出选择。如果股价经过了较长时间的下跌后处于较低位置，成交量极度萎缩，此后，成交量温和放大，当日外盘数量增加，大于内盘数量，那么股价可能即将触底反弹，投资者应该选择有此类表现的个股。

2. 从市场气氛中选择最佳庄股。

主力在操纵个股时，往往借助市场形势，甚至为了掩护自己的意图而刻意制造有利的氛围。因此，投资者在跟庄时要学会通过市场气氛寻找主力踪迹。

大庄股的消息面特点为：低位全是利空消息，导致散户投资者心情悲观犹豫，对后市不抱希望；高位全是利好，导致散户投资者兴奋乐观，对后市极度看好。而主力操作时与大众心理正好相反，在主力吸筹时，常常会有利空消息传出。如果投资者看到股评家极力唱空，但这只股票的走势分明显示有主力吸货，那么可以积极买进该股，胆子比较大的也可以全仓买进。

任何主力都不会错过活跃的市场氛围，因此，题材股是主力常介入的个股，板块效应也会被主力充分利用。所以，投资者平时要加强对个股的基本分析及炒作题材的分析，借以找出可能被主力介入的个股。除了关注上市公司的各种报道之外，投资者更需注意筹码归向分析，追踪盘面浮码多少。如果发现浮码日益减少，应密切注意，那是主力已经建仓完毕，即将拉升股价的信号，也是投资者选择该股的最佳时机。

3. 从收盘价中寻找庄股。

一些细心的投资者，往往能从收盘价中发现主力的动向。收盘价作为一个历史性数据，是投资者最容易记住的。如果投资者能够在复盘时多注意收盘价的盘面反馈，那么这个数据就变得不再单一，而能够成为投资者寻找最佳庄股的指标。

一般来说，盘面的反馈有以下几种重要的情况。

（1）高空。

高空即上档的卖出价离收盘价较远而买进价接近或等于收盘价。如果尾市大盘明显下跌，那么高空状况的出现是正常的。如果大盘走势平稳而且当天该股的涨跌也基本跟随大盘，那么可以确定该股应该没有主力，或者有主力但它不愿意花大力气护盘，这种股票至少目前一段时间内不会走强于大盘。

（2）低空。

低空指下档的买进价离收盘价较远而卖出价则接近或等于收盘价。高空是一种正常状态，相比之下低空显得相当异常，因为即使大盘尾市明显上涨，投资者也不会一味往上猛追而不在下档挂单，对于此种现象最合理的解释就是盘中有主力在运作。

（3）上下平衡。

所谓上下平衡，就是上下接抛盘大致相等，价位几乎没有空缺。比如收盘价为4元的股票，每高或者低一分钱都有接盘或抛盘，挂出的量也差不多，这是股价走势的真实情况，表明该股没有主力或者主力并没有在收盘价上花工夫。

最佳大盘股怎么选

大盘股指的是市值总额达50亿元以上的大公司所发行的股票，大盘股公司通常为银行、房地产、有色、造船、钢铁、石化类公司。

通常有经验的投资者都会形成这样一种观念：小盘股好炒，大盘股股性呆滞。所以，在选股时，很多投资者往往钟情于小盘股。从企业的基本面来说，投资者作这样的选择似乎有一定的道理，因为一来小盘股的成长空间比较大，扩张性比较强，而且比较容易被收购、重组；二来小盘股只用少量的资金就能达到控盘的目的，这对于那些资金量比较小的主力来说也是一个不小的诱惑，由于小盘股容易被主力控盘，所以跟风的人自然不在少数。

虽然一直以来很多投资者都极力推崇小盘股，但是这并不表明大盘股没有投资价值。一些大盘股的涨幅虽然落后股指，股价一直在底部区域徘徊，但估值的巨大差异也使得大盘股具有了买入的理由，单是大盘股便宜这个优点就足以吸引大资金的注意。就目前我国的现状来看，很多大盘股都属于国家支柱产业，其业绩相对稳定，虽然缺乏炒作题材，但在应对通胀方面却有更大的优势，这些企业完全有理由成为投资者的核心资产，持有 5 年或者 10 年，获取长期而稳定的收益。

总的说来，大盘股能产生令人惊讶的回报，但并不是说在大盘股里遍地是黄金。实际上，在大盘股中还存在不少的劣质品，只有少数的大盘股才能助你在股市中赚大钱，这就需要投资者用自己的慧眼去识别。投资者在选大盘股的时候，一定要注意以下几个方面：

1. 股价是否已经处于底部。

2. 涨跌幅度是否远远小于股指。

3. 成交量是否出现了极度的萎缩。

4. 上市公司所处的行业是否在景气周期内，是否会持续一段时间。

5. 是否已经完成了底部的吸筹。

最佳小盘股怎么选

在沪深二市中，很多老牌机构投资者都对小盘股情有独钟，而许多机构投资者的发家史也是从买进小盘股开始的，他们选择股票的第一条件就是流通盘子是否属于小盘股。小盘股获利能力强，股本扩张性好，适合控盘，对应的机构投资者多。即使业绩不佳，也容易获得外力的利润支持。从国内股市的发展来看，小盘低市值个股历来就是黑马的“摇篮”，每次行情中，都有小盘低市值的个股成为大黑马。

而当前，精选最佳小盘股的技巧是：

1. 选择业绩在 0.60 元以上，而且行业前景明朗的个股。

2. 一般来说，总股本小于 1 亿（或流通盘低于 5000 万）的袖珍股，后市具有更强的股本扩张能力。

3. 中价股（低于 20 元）一旦有高送转或业绩提升，后市就会有上涨的潜力。

4. 技术面符合强势特征，具有通道支持和密集区支持要素。

其实每个人的眼光不一样，对于品种的选择就需要投资者自己衡量。要记住的是：只低买，不追高。在选择优质小盘股的时候，有个风险不得不说，那就是当分红方案低于预期的时候股价会出现震荡，但是一般不会影响其整体趋势。一旦有破坏趋势的迹象出现，则需要止损或回避。

作为中小投资者，不管你是看报纸，还是看电视，都不要盲目信别人说的股票。凡事先思考，起码要寻找出符合自己操作的方式方法，否则吃苦的还是自己。

最佳超跌股怎么选

随着股市的发展，其庞大的起落造就了许多新名词，超跌股就是其中之一。超跌股，顾名思义，指的是连续下跌或价格低廉的个股。

股票超跌有两种类型，一种是个股本身基本因素变化所导致的超跌，如利润完成情况太差、配股方案不佳等；另一种是技术性的超跌，即大市下行时，其跌得更深更快，或新股上市生不逢时，价格定位太低等。

不管是哪种类型的超跌股，在未来的走势中，或早或晚都会出现一个补涨行情。补涨行情的出现可能是因为超跌本身提供了股市中最有上涨潜力的因素——低价位；也可能是因为介入超跌股的实力大户及股票发行公司设法进行自救；还有可能是因为导致超跌的恶劣因素被改善以至转好，等等。

不管是哪种因素导致超跌股情形的好转，都为投资者带来了一定的投资机会，那么投资者应该怎么来选择一些具有短线爆发力，而又具有中长期投资潜力的超跌股呢？我们可以从以下几个方面来考虑。

1. 个股形成超跌的原因。

一只股票出现超跌，一定有原因，或者是该公司基本面出现了问题，或者是行业环境出现了变化，或者是主力资金不足以支撑股价，从而出逃而形成超跌。基本上，由这些原因造成超跌的个股，投资者还是谨慎选择为好。

也有一些超跌股，并不是由业绩转变，行业变化或者主力资金出逃造成的，而是在大盘持续调整期间缩量下跌，形成的股价下探，在这种情况下，一旦主力资金进行托盘，股价将很快回升。而由这类原因造成的超跌股往往是黑马的摇篮，投资者应该加以关注。

2. 股价是否出现新低，成交量有无变化。

寻找有价值超跌股，最起码的一点就是股价的超跌，这里的超跌往往指那些股价已经创出新低的个股，股价越是创新低，后期爆发潜力就越强。这里，投资者要注意，超跌股在爆发前，往往会出现连续性的不明显放量，这是股价爆发前的征兆之一。

综合上面的分析，投资者在寻找把握超跌股时，要看准三点：

风险是否已经释放；

股价是否真的超跌；

是否具有一定成长性。

当投资者真的抓住了超跌黑马的时候，也要注意不要贪心过度，50%的利润空间就必须要考虑了结。

最佳问题股怎么选

在中国的股市中，有一个奇怪的现象：一些质地很好的股票很少被市场炒作，而一些质地很差的股票却常常被市场炒得火热。这引出了一个话题，就是问题股中也能跑出黑马。

哪些股票属于问题股呢？一般来说，问题股会呈现出以下几个特征：

1. 走势处在持续阴跌中，后市不被看好。
2. 成交量很小。
3. 市场口碑很差。
4. 股价明显低于同类股票的价格。

很多投资者看到这类股票往往避之唯恐不及，但细细分析，在这些问题股中也有绝佳的投资机会。那么，投资者该如何从这些问题股中选出未来能够上涨的股票呢？

1. 股票没有退市风险的。
2. 大股东实力很强的。
3. 上市公司所发生的危机并没有影响到公司基本生存的。
4. 利好消息开始出现的。
5. 股价已经作出了过度反应的。比如说，某只个股已经连续很多天跌停，这说明股价已经对利空消息做出了深度消化，即将见底了。
6. 成交量开始放大，显示有资金开始介入的。

最佳热门股怎么选

股市上有句话：新手求稳妥，老手炒热门。所谓热门股就是在特定时间内走红的股票，它们或是成长股，或是供求紧张的个股，或是有潜力的小型股。从成交量上看，热门股每天成交的金额，一般都在当天股票总成交金额排名中的前30名以内。

热门股代表了市场的热点和焦点，也是一般所称的"主流股"。因为有较多投资者买进卖出，所以通常会有较大的涨跌幅度，因此不论是短线操作还是中期投资，热门股都不失为一种好的选择。

热门股存在不断更替的情形，这是因为影响股价的因素较多，比如政治、经济、军事、社会等。这些因素影响到社会相应部门、行业或公司，让它们受损或受益，而这些损益反映到股市上，就导致股价的相应波动。

由于热门股具有不断交替的特性，因此没有一只热门股可以永远走红，它在主宰股市一段时间后必然会退化，并被其他热门股代替。因此，投资者选择热门股时，应该关注两个方面：首先要预测哪一类股票在最近一段时间内会走红；其次要尽可能提早判断当前的热门股是否会退化、何时退化。

一般来说，一只股票成为热门股前会有以下先兆：

1. 不利消息甚至利空消息出现时股价并不下跌，利好消息公布时股价大涨。

2. 股价不断攀升，成交也随之趋于活跃。

3. 各种股票轮流上涨，形成向上比价的情势。

那么，应该如何选择热门股呢？投资者可以参照以下几个方面：

1. 根据经济周期的循环来选择。

根据经济周期循环理论，判断当前经济总形势处于周期的哪一阶段，确定在这种经济形势的影响下会产生的热点。举例来说，当经济处于衰退阶段时，各类公司盈利能力普遍减弱，但消费并没有停止，因而消费部门情况相对较好，热门股就有可能在消费领域出现；而在经济复苏阶段，人们竞相扩大生产规模，生产企业的情况相对较好，热门股也就因此可能出现在生产部门。

2. 根据投资者的心态来选择。

个股的走势也是投资者心态的一种反映，比如投资者担心通货紧缩，这一忧虑会很快反映到自己的投资行为上，进而影响到股票价格。若能敏锐把握投资者的想法，了解投资者所关心的事，选择热门股就不是难事了。

3. 经常进行技术分析。

选定热门股后，应进行技术分析以验证判断正确与否。如通过K线图、指标等技术分析，看结果是否和自己的判断相符，如果技术分析显示该股走势较好的话，那么投资者就可以选择该股。

应该指出的是，热门股涨得快，跌得也快，其价格往往脱离公司业绩。因此，在选择购买这类股票时应慎重，最好不要买进太多，更不要全仓买入。

最佳冷门股怎么选

在股市打拼，最激动人心、投资者最希望出现的结果，自然是赶上热点，获取短线厚利。然而，并非人人都能把握热点、驾驭热点，对处于相对弱势的普通投资者而言更是这样。

那么，普通投资者，是否就注定要处于弱势、被动地位而成不了赢家呢？回答是否定的。与风靡一时的“热门股”相比，“冷门股”其实也是座难得的“金矿”。只要把握得当，操作“冷门股”的收益不一定比“热门股”差。操作“冷门股”注意事项：

1. 要注意品种选择和总量控制。

2. 一般情况下，要选择那些基本面较好、调整幅度较大、未被市场爆炒过、自己长期跟踪、股性较为熟悉的股票。同时，要采取逢低分批方式买入，一旦出现失误，也能降低自己的损失。

3. 注意选择那些公司经营没有出现重大危机，经营和成长前景没有出现恶化迹象的个股。

4. 选择那些股价没有出现被主力推高现象的个股。

5. 选择那些成交量渐渐放大走出低迷迹象的个股。

牛市怎么选股

牛市中大盘的走势是整体向上的，大部分个股都会上涨，投资者仅要求获利，难度应该不是太大。但如果想有不菲的收益，就要费点心思，精心选股。

1. 选择超强势股。

超强势股在牛市中犹如顺风扬帆、高速前进。超强势股一般有以下几个特点：

（1）公司基本面情况有重大变化或情况良好。

（2）该股在拉升前有一段较长的蓄势过程。

（3）社会公众对该股评价甚高。

（4）介入机构实力强大。

2. 选择龙头股。

龙头股是股市的灵魂和核心，牛市中的龙头股更是起到带领大盘冲锋陷阵的作用，往往会在整个牛市中一直向上不回头，一旦龙头股涨势乏力，牛市也就快到尽头了。投资者只要跟定龙头，一般均可收获不菲，而且风险较小。这一选股思路简单、易行，尤其对散户投资者来说，可操作性极强。

抓龙头股需要良好的看盘能力，敏锐的嗅觉和果断的决策。一般来说，龙头股具有如下三个显著特点：

一是涨势迅猛，二是巨量换手，三是相对低价。

在股市中，龙头股几乎清一色全是中低价位的股票。这是因为每一波行情的龙头股在启动之际，都经过了大幅或中幅的调整，大盘一般都处在相对低位。

大盘的每个波段都有各自的“领头羊”，每个龙头行情的终结，则意味着一个上升波段的结束。于是，就有了“龙头一倒，大家拉倒”的说法。因此密切关注“龙头股”的走势，对研判大盘的运行趋势有着重要的意义。

而且这些龙头个股都具有板块联动效应，能起到以点带面的作用，带动市场人气，促使行情向纵深发展。由于它们涨幅巨大，在对大盘作出短期趋势能够向上的判断之后，即使错过了该股启动之初的最佳介入时间，也不要紧。只要在该股拉升途中，即短期涨幅没有超过20%以上时大胆杀入，并且注意及时了结，同样可以获得一定的收益。

熊市怎么选股

每个投资者都希望能天天牛市，好让自己大赚一笔，但事实上，永远的牛市根本不存在，熊市总是会来的。其实，熊市虽然不如牛市赚钱的机会多，但只要你知道如何在弱市中选择最有潜力的股票，也能大赚一笔。

俗话说，强市选股易，弱市选股难，但也并非没有机会。以下三种个股最容易在弱市中有所表现，投资者可以加以关注：

1. 低市值，小盘子的个股。

流通股本在5000万，价位在16元以下的个股，在弱市中常常被主力青睐。由于流通市值小，大资金持有后股价的可控性强，再加上总股本不大，公司结构简单，具备重组、经营转型等题材可供主力炒作。因此，这类个股往往就是大资金在弱市中最佳的避风港。

2. 弱市中上市的新股。

此类个股在低迷时期上市，由于人气涣散，一级市场投资者急于压低股价进行套现，所以此时正是主力机构大力收集筹码的最佳时机。主力将筹码快速收集完成之后，往往会出现一波快速拉升。

3. 股价跌至30日均线未有效击破并有所回升的个股。

强庄驻守的个股一般不会有效击破30日均线，因为30日均线也叫做主力成本线，所以当股价跌至此位置时，主力大多会选择护盘，促使其股价止跌回升。此类股票企稳上攻时便是最佳买入时机。

虽说有盈利机会，但在熊市中选股，应坚持谨慎原则，总体上调低收入预期。评估某只股票是否有投资价值时，也应根据当时的市场情况和平均市盈率水平来确定。

盘整市怎么选股

盘整市道中，大盘一般在一个箱体中运行，上有顶、下有底，上下振荡，这时可以选择走势与大盘相仿的个股，进行一些短线操作。

这类个股典型的形态是矩形，如果在矩形的早期，能够预计到股价将按矩形进行调整，那么就可以在矩形的下界线附近买入，在矩形的上界线附近抛出，来回作短线的进出，如果矩形的上下振幅较大，则这种短线收益也很可观。

反弹市道中怎么选股

当大盘从谷底反弹时，正是投资者买进的好时机，但哪些股票在反弹中涨得比较快、涨幅比较大，是投资者迫切需要解决的问题。这里有几项原则供参考：

1. 一般来说，当股价滑落时，跌幅最深的反弹较为迅速、也较为凶猛，即压得很、弹得高。

2. 某一板块或个股被冷落或压抑的时间越长，股价低于价值的幅度越大，越可能成为新的热点。

3. 主力深套其中的个股，反弹力度大。

4. 在沉寂的股市中，率先带领大盘反弹的领头股票，反弹力度大。

第七节　如何选到适合自己的好股

你最熟悉哪些股票

黄先生可以说是中国股市发展不折不扣的见证者。金融专业科班出身的他，在大学时代就对股票产生了浓厚的兴趣。与靠小道消息在股海拼杀的大多数投资者不同，黄先生充分利用金融专业的优势开始了对投资市场的潜心研究。大学毕业之后他才正式入市成为股民中的一员。17 年来，他凭借自己的独立分析挖掘出多只潜力股，每逢市场大跌也能置身事外，逆市盈利，在股市中实现了自身资产至少一百倍的增长。人们都很好奇黄先生是怎么做到的？“总结起来很简单，只选择自己熟悉的、能把握的股票。”黄先生的答案和“股神”巴菲特的选股原则不谋而合。

从真正踏入股票市场开始，只选择自己熟悉的、能把握的股票就成了黄先生行之有效的选股方法，他说：“其实我并不会利用太多技术分析，就是找自己能理解的上市公司，即我能方便地找到它的公开信息、并了解它产业前景的公司”。

“投资就像爬山”，如果你不熟悉山路，就会心里打鼓，前面的未知山路总是让你害怕；但如果你熟悉这条山路，或者“头驴”非常熟悉这条山路，爬山的人心里就会安定得多。这句话在告诉投资者，不管你是老股民还是新股民，在选股的时候，都一定要选择自己熟悉的股票。因为在投资过程中，选好股票是降低风险、增加盈利的重要一步。但是选股是一项非常复杂的技巧，不是一时半会能够学会的，而选择自己最熟悉的股票，则可以降低时间成本和风险成本，无疑是一种好的选择。

那些投资大师，如彼得·林奇、沃伦·巴菲特等都坚持做自己熟悉的股票。林奇认为，购买自己不熟悉甚至一无所知的企业的股票是一件非常危险的事情。自己投资理念是，最好的选股工具是我们的眼睛、耳朵和尝试。他很自豪地表示，他的很多关于股票的绝妙主意都是在逛杂货铺或者和家人朋友闲聊时产生的。由此可见，每个人都具备这样的能力。我们可以通过看电视，阅读报纸杂志，或者收听广播得出第一手分析资料。我们身边存在各种上市公司提供的产品和服务，如果这些产品和服务能够吸引你，那么提供它们的上市公司也会进入你的视野。对于大多数没有行业背景的投资者而言，最容易熟悉的股票就是那些消费类或与之相关的上市公司的股票。

20 世纪 90 年代，美国科技股曾经辉煌一时，有的公司甚至创下了市盈率 500 倍的惊人纪录，可见其股价的高涨。但是彼得·林奇却对这些创造奇迹的高科技股票退避三舍。他说：“一直以来，我都是技术的厌恶者，我个人的经验表明，只有那些不盲目追赶潮流的人才能成为成功的投资者。”事实也正如林奇所说，他成了最成功的投资者。

“股神”巴菲特，和林奇一样，也秉承着“不熟不做”的原则。当网络股疯狂上涨的时候，由于自己不了解，巴菲特始终没有将资金投资在网络科技股上。结果在网络科技泡沫破裂的时候，他躲过了一劫。

其实，因为熟悉，对于公司基本面分析的偏颇几率就会很小，投资者就可以把精力放在技术分析和股性特点上，这样，就能更清楚地知道什么时候处在高位该卖出，什么时候处在低位该买进，避免了盲目性。因此在选股的时候，投资者要尽量选择自己最熟悉的股票。

什么操盘手法你最拿手

俗话说，熟能生巧。在选股的时候，除了根据企业的基本面和技术面来选股以外，你还可以根据自己最熟悉、最擅长的操盘手法来选股。举个例子来说，如果你擅长跟庄，那么在选股的时候，就可以选择那些被主力打压、拉升，主力行为特征比较明显的股票。

一般来说，大部分投资者经常用到的操盘手法无非有以下几种：轻仓操盘手法、追涨操盘手法、抢反弹的操盘手法、顺势操盘手法、逆势操盘手法等。

1. 擅长轻仓操盘手法的投资者，在选股的时候，可以选择以下几种类型的股票：

（1）正在大力上涨的股票。

（2）强庄操纵的股票。

（3）涨幅喜人的股票。

2. 擅长追涨操盘手法的投资者，在选股的时候，可以选择以下几种类型的股票：

（1）有强庄在其中活动的股票。

（2）强势涨升的股票。

（3）在盘整期间但即将向上突破的股票。

3. 擅长抢反弹操盘手法的投资者，在选股的时候，可以选择以下几种类型的股票：

（1）处在上升通道中的股票，但要注意，要在该股跌破 10 日均线的时候才能进入。

（2）已经经过主力洗盘的股票。

（3）急速下跌严重的超跌股。

（4）受到短期利空打击的股票。

4. 擅长顺势操盘手法的投资者，在选股的时候，可以选择以下几种类型的股票：

（1）依然处在上升通道中，上升趋势依然明显的股票。

（2）已经回调到基本位的股票。

（3）底部特征已经相当明显的股票。

5. 擅长逆势操盘手法的投资者，在选股的时候，可以选择以下几种类型的股票：

（1）出现连续暴跌的股票。

（2）遇到重大利空打击，引发抛盘涌出，股价下跌惨不忍睹的股票。

你的风险承受能力如何

股市的风险，就是买入股票后在预定时间内不能以不低于买入价将股票卖出，以致发生套牢，且套牢后的股价收益率达不到同期银行储蓄利率的可能性。

由于股票的价格始终都在变化，股市的风险就处于动态之中。当股价相对较高时，套牢的可能性就大一些，股价收益率要低一些，其风险就大一些；而当股票价格处于较低水平时，套牢的可能性就小一些，股价收益率要高一些，其风险就小得多。所以股票的风险随着股价的上升而增大，随着股价的下降而逐渐释放。

虽然有多种方法来规避股票投资的风险，但由于其价格的不可测性，只要进入股市，无论是老股民还是新股民，是大户或是散户，都必须做好随时承担风险的准备。因此，要想在股市中分得一杯羹，就必须根据自己的风险承受能力来选股，否则等待自己的只能是因风险承受能力不足而遭受损失。

投资者的风险承担能力因各人条件不同而有所差异，它包括年龄、阅历、文化水平、职业、经济收入、心理素质等诸多因素。

1. 年龄。

通常年龄与风险承受能力是成反比的，年龄越大风险承受能力也就越小。如果你是正处在壮年时期的投资者，那么可以选择一些风险较大、收益较高的股票。如果你是五十岁或者五十岁以上的投资者，就要考虑自己老年生活的保障，选择一些风险相对较小的股票。

2. 阅历。

一个人的阅历也能影响他的风险承受能力。通常来说，如果一个人的经历非常丰富，见多识广，他就会有一个广阔的胸襟，凡事看得开，想得比较通透，这样的人风险承受能力会较高。而那些经历不太丰富的人，通常只闭塞在自己的一个小空间内，会养成爱钻牛角尖的性格，这种人的风险承受能力会较弱一些。

3. 文化水平。

文化水平反映了一个人的受教育程度。一般来说，受教育程度较高的人，其心理素质和理解力都会更好一些，对风险的应变能力会比较强；而文化水平较低且对股票的相关知识及操作技巧了解甚少，各方面信息闭塞，消息来源仅局限于股市、股民或正规刊物，参与股票投资时间不长，缺乏实际操作经验，社会关系简单，不熟悉经济、金融及企业管理方面的人，其风险承受能力要弱一些。

4. 职业。

职业也能影响一个人的风险承受能力。如果你的职业能够让人用更广阔的眼光看待整个宏观经济甚至国际经济形势，那么，你的风险承受能力显然要更高一些。

5. 经济收入。

投资，得到的是钱，投进去的当然也是钱。如果你的经济收入不仅能够保证你的基本温饱甚至还有很多的闲钱，那么，你的风险承受能力就比较好。因为即使发生了一些亏损，也不会影响你的正常生活。而那些收入很少，甚至只够温饱的人的风险承受能力显然就要小很多了，因为一旦发生亏损，他的生存就会受到影响。

通常，如果你的资金小于5万元的话，建议只选一只股票；

如果你的资金在5万元至10万元之间的话，可以选择两只股票；

如果你的资金在10万元以上，可以选择三只以上的股票。

遵循这个原则虽然不能保证不亏损，但可以使你在发生亏损之后不影响正常的生活。

6. 心理素质。

一般来说，性格内向，为人处事谨小慎微，平日里比较吝啬，把钱看得很重，对股票投资的风险无心理准备，市场稍有波动便惶惶不可终日，买了怕跌，卖了怕涨，一旦投资套牢，亏了本，心理负担比较重的投资者的风险承受能力要弱一些。而那些性格开朗、豁达，不计较一时得失，情绪乐观，一旦在股票投资中遭受局部损失，也能够“拿得起，放得下”，重整旗鼓，以利再战的人的风险承受能力要好一些。

对于以上的六个问题，如果你的答案大多是肯定的，则表明你的风险承受能力较强，如果否定的答案多于肯定的答案，则意味着你对风险的承受能力比较弱。

风险承受能力较强者，比较适宜于股票投资；风险承受能力较差者，应尽量抑制自己的投资冲动，一般应先熟悉股票市场的基本情况，掌握一些基本的投资知识及技巧。如果一定要入市炒股，可暂时投入少量资金，以避免股票投资风险给自己带来难以承受的打击，影响正常的工作及生活。

你的资金性质如何

从资金的性质上来看，投资者的资金分为短期资金和长期资金。通常短期资金指的是你在一年之内可能会用到的资金，相当于活期存款之类的资金；而长期资金指的是你在一年或者三五年之内都不太可能会用到的资金，相当于定期存款之类的资金。一般来说，如果你的资金性质是短期的，那么就必须遵守稳健的操作策略，可以选择以下几种类型的股票：

1. 比较强势的股票。

2. 在短期内比较活跃的股票。

3. 即将出现大幅上涨的股票。

4. 即将成为市场热点的股票。

5. 那些经过盘整即将向上突破的股票。

如果你的资金性质是长期的，那么，可以选择一些基本面良好，股价正处在低位的股票，最好是选择一些大盘股，因为大盘股的地位也决定了其具有良好的成长性，投资者可以长期持有。当然，这并不是说，投资者要长期持有某只股票的话就一定要买大盘股，小盘股也一样，只要股票的基本面向好，投资者就可以放心地长期持有。

你的投资时间如何

目前股市中，大部分都是兼职投资者，也就是说，大家大部分都是在利用业余时间炒股，并没有非常专业的投资知识以及炒股技能。对于这样的投资者，在选股时可以遵循以下原则：

1. 要非常注重公司的基本面。

2. 要注重股价变化的基本趋势。

3. 要注意，一定不能投资在短线上，选股的着眼点要定位在中长线。因为短线的盈利机会虽大，但风险非常高，非专业类投资者能够承受风险的能力也要保守估计，所以中长线是最佳选择。

当然，如果你是职业投资者，那么选择的余地就很大了，可以说，你可以选择任何类型的股票，只要该股的风险以及价位在自己的承受能力范围之内。

第八节　各种典型的错误选股行为

K 线图是万能的

在资本市场中，我们不难发现有很多投资者最拿手的就是分析 K 线图，其隐含的意思是，他是个聪明人，可以根据现有的 K 线图来预测股票未来的走势。K 线图的确能够在预测股价未来的走势中起到一定的作用，但如果想单纯地只依靠对 K 线图的分析就预测出股市未来的走向，那就单一、荒唐了点。其实，你很容易就可以发现这种想法的缺点。你随便在盘中翻出一只你所不熟悉的市场或股票过去的走势图，以任何一天为截止日，预测未来10～30年股价的走势，你就会惊讶地发现，其实自己一向引以为豪的K线分析并不是十分管用。当然，这和投资者本人的分析能力有关，但也和K线图的单一性有关。买股票并不像买白菜一样，挑挑拣拣，即使买到了不好的，也不过是赔上几块钱。如果股票挑不好，就会有很大的亏损。一只股票的涨跌同时和无数因素有关，虽然它的走势能反映在K线图上，但如果不去深究造成这种现象背后的原因，那么，只知道这个现象是没有多大作用的。只有现象和原因你都明白了，选错股票的几率才会减小。所以，千万不要单纯地以为K线分析就能决定一切，而要和其他因素一起结合起来分析，这样结果才能更准确一些。

总在幻想黑马股

黑马股是指价格可能脱离过去的价位而在短期内大幅上涨的股票，它是每一个炒股的人都渴望的。虽然人人都渴望，但黑马股可不是想要就能得到的。股市中有句谚语说“黑马股是可遇而不可求的”，再加上黑马股的数量极少，而且投资者的炒股技能参差不齐，所以从数千只股票中寻找黑马股的难度可想而知。

可是，很多投资者并不死心，他们认为自己是最应该骑上黑马的人。于是就整天盯在盘中反复研究，反复思考，结果一只股票都没买进过。在他们看来，自己并没有等到真正的黑马股，所以一直处在观望、研究阶段。

这种做法是偏颇的，有很多投资者就是因为这种情况错过了黑马股，或者自己手中持有的就是一只黑马股，只是在分析研究的过程中没有察觉到，结果统统过早地放弃了。直至某一天，它脱缰而出，摇身一变成为众多投资者争相追捧的黑马股时，才深感后悔，为先前错失大好机会而跺足叹息。

其实，投资赚钱并不一定非要骑上黑马才能做到，很多股票即使不是黑马也一样能让你赚到“买棵葱蒜”的钱，只是很多投资者看不上这点小钱，他们一心想要赚大钱，殊不知，大钱都是由许多的小钱累积起来的。所以，不要看不起这些小钱，也不要总幻想着骑上黑马，不管是不是黑马，能让你赚到钱不就行了吗？正如人们常说的“不管黑猫白猫，能抓住耗子的就是好猫。”

冒险闯入陌生股

炒股求财，成为大赢家，靠的就是较高的胜算。赚钱把握的大小跟投资者是否熟悉投资对象有着密切的关系，越透彻了解某只股票的底细，就越看得准其股价的未来走势，这样赚钱的把握自然就越高。

可是很多投资者在选股和准备换股的过程中，首先想到的不是自己熟悉的，或曾经买卖过的股票，而是完全陌生的股票。人总是有这样一种猎奇的心态，越是自己不熟悉的就越感兴趣，可这种心态在投资中的危害是相当大的，它很容易让你踩中地雷。

因为陌生，所以摸不透股票中控盘主力的操纵手法，操盘习惯，以及其坐庄思路。这样操盘失误非常容易发生。如此一来，即使该陌生股客观上上涨的机会很大，也不一定能给投资者带来可喜的回报。

当然我们并不是提倡因循守旧的观念，只是说，不要毫无准备地进入自己陌生的领域。要选择新的股票进行投资不是不可，但是在选择前最好充分熟悉这只股票。

频繁更换股票

炒股分为炒短线、中线和长线。很多投资者不喜欢炒中长线，在他们看来，中长线的获利时间太长了，自己没有那么多的耐性。抱有这种想法的投资者完全可以炒短线。但很多投资者误解了短线的概念，在他们眼里，炒作短线就是要经常地进出，频繁地换股。其实，这种想法是有失偏颇的，因为每一只股票都有它独特的个性，上升和下跌的原因也千差万别。要准确了解一只股票的全部特性并不是一件很容易的事情，既费神又费时。有时候，一只股票，至少要有两三年的时间才能摸清其脾性，如果投资者在选了一只股票后，感觉不满意就轻易决定换股，那么就等于是将过去自己所付出的辛勤工作和成果完全作废，重新开始新路。而重新开始的路途并没有经过任何积累，结果只能是在原地踏步，自己的投资观念也不会有很大的进步。同时频繁更换股票会大大降低投资者的成功率，而每一次的失手都会重挫投资信心。所以，投资者一定要摒弃这种频繁换股的心态，把主要精力全部集中在一只或两只股票上，这样才能有效提高自己的炒股水平。

迷信股评推荐

很多投资者十分喜欢根据股评的意见操作股票，因为他们认为这种方法省了自己动脑、费力研究的时间，又能赚到钱，无疑是一条致富的捷径。《经济半小时》曾有一个统计："新入市的投资者在第一年大约有60%以上听股评推荐买卖股票。"就这一数据，在很多人眼里都显得过于保守，事实上，听从荐股买卖股票的人还要多得多。不管这一数据是否准确，至少说明，在中国的股市中，有一大部分人是被股评牵着鼻子走的。

实际上这一做法是很愚蠢的，我们可以仔细思考一下，如果股评家能够点石成金，为什么不自己悄悄买进，反而告诉素不相识的人，自己却一天到晚辛辛苦苦到处赶场作股评?

事实证明，股评家们的意见往往是毫无意义的。美国的一个咨询公司曾经作过一个统计，股评家们在 1999 年到 2000 年底所推荐的股票，普遍有较大的跌幅，而他们没有推荐的股票却均有不同程度的上涨。所以说有些股评专家并不能够很好地预测后市。

事实上不要说股评家，就连最具专业的基金经理也不行，在基金业非常发达的美国，如果以标准普尔指数作为参照物的话，各共同基金真正最后跑赢大市的，也不超过总额的 2%。

虽然由一个结果来说明股评专家们的建议有时候的确很不准确，但很多投资者却认为三个臭皮匠顶一个诸葛亮，即使股评的水平不高，但如果集思广益的话也能令投资者获益。其实这种想法也是错误的，有句俗话说的好："两杯五十度的水加在一起还是五十度，永远不等于一百度"，所以，投资者在炒股过程中一定不要盲目迷信股评。

没有风险警觉

股市有风险这谁都知道，但在真正炒股的过程中，很多人却将这种风险意识抛诸脑后，忽略了股价极有可能出现忽然的暴跌。

不论是什么资金，最后的目的都是赚钱，股市和生意场上一样，都是以最终实际的现金收入作为实际利润。一仓库的货物，也就是说即使你有 100 万元的股票，没有实现变现，那也不叫利润。在没有拿到真正的利润之前，就一定要当心，风险随时都有可能发生。无论什么时候，都要牢记风险的存在。鲁莽不是勇气，谨慎不是懦弱，任何时候都要保持清醒。一跌就看到 1000 点那不叫风险意识，同样一涨就直奔万点也不是风险意识，设置止损止赢点才是风险意识。设置的好坏要看水平和经验，但不设置就是没有风险意识，是最危险的。

不肯承认选错

俗话说，不怕错就怕不肯认错。任何人做任何事都不可能永远正确，是人都会犯错误的，更何况是在炒股这样一件自己不太在行的事情中。犯错并不可怕，可怕的是明知道自己选错了股票，但就是不承认，太过于相信自己，结果满盘皆输。

还有一种不肯承认自己选错股票的行为就是明知自己选错了，但就是不甘心。

即使错了也不甘心放弃手中的股票，还怀抱着一丝希望，不肯采取补救措施，结果最后不得不承担更大的亏损。

所以，在选股的过程中，一旦发现自己选错了，就一定要及时采取补救措施，如果补救已经来不及，那就要及时离场，只有这样才能减少不必要的亏损。

心存股票偏见

偏见常常使人看不见事实的真相，对股票心存偏见则会错过最好的入市时机，使投资者很难准确判断未来趋势的必然走向。对某只或某类股票心存偏见的投资者绝对称不上一个合格的股票玩家，在股市中自然也不会有可喜的成绩。

一般来说，投资者对股票的偏见常常有以下几种情形：

1. 大盘股、ST股、问题股、冷门股常常被众多投资者打入冷宫，关注和买入的意愿相当淡薄。

2. 特别讨厌某一只或某一类股票，从来都不关注，即使这些股票常常会有可喜的成绩。

3. 投资者在某一只或某一类股票上曾经损失惨重，于是就产生了“一朝被蛇咬，十年怕井绳”的态度，从此以后对这类股票置之不理。

对股票心存偏见只能让自己错失投资良机，要知道任何股票在任何时候都有赚钱的机会，关键不是股票好不好，而是炒股的人会不会买，会不会卖。所以，在炒股的过程中，投资者一定要摒弃这种偏见。

本章习题：选股操练的测试与练习

综合练习

一、判断题。

1. 一般来说，大盘股的盈利机会要低于小盘股，同样大盘股的风险也要低于小盘股。（ ）

2. 只有炒作绩优股才有盈利机会，其他股票不需要关注。（ ）

3. 流动性的强弱对于投资者来说很重要，流动性越强，对投资者就越有利。所以，投资者在选择股票的时候一定要选择那些流动性强的股票，避免选择那些流动性弱的股票。（ ）

4. 所谓的股本规模就是我们平常说到的大盘股、中盘股和小盘股。流通股本在

1亿股以上的个股称为大盘股；5000万股至1亿股的个股称为中盘股；不到5000万股的个股称为小盘股。（ ）

5. 从委比榜上选股，委比数值的变化范围一般在－100％至＋100％之间。委比值越大，说明市场买盘越强劲；委比负值越大，说明市场的抛盘越强劲。（ ）

6. 选股的时候，最好选那些强庄股，超跌股一定要放在禁选范围内。（ ）

7. 如果对股票的基本面分析不是特别擅长的话，就可以潜心研究技术面的分析，尤其是K线图的分析，研究到位了，也能帮投资者获利丰厚。（ ）

8. 通常有经验的投资者都会形成这样的一种观念：小盘股好炒，大盘股股性呆滞，所以，在选股时，很多投资者往往钟情于小盘股。（ ）

9. 作为普通投资者在选股时可以作出这样选择：在大级别的多头行情中，应倾向于挑选一些在市场已有表现，但还没有大涨过并有市场潜力的大盘股和中盘股。在盘整市道或小级别行情中，应倾向于选择一些市场潜力较大，并已走出底部的小盘股或中小盘股。（ ）

10. 通常来说，长庄黑马股都是筹码集中度较高的股票。主力吸筹就是筹码从分散趋向集中的过程，此后股价上涨；主力派发则是筹码从集中转向分散的过程，股价趋于下跌。（ ）

二、填空题。

1. 如果要从股东人数的变化中来发现庄股，那么就一定要注意观察（ ）股东的变化情况。

2. 行业的兴衰犹如人的生命一样，是有一定周期的。行业的生命周期一般要历经（ ）、（ ）、（ ）和（ ）四个过程。

3. “选股要选董事长”。在考量上市公司领导人的时候，需要了解其年龄、教育背景，在公司的提拔情况、负责范围，在社会和工作上的贡献以及（ ）、（ ）等个人经历。

4. 选择涨停的股票首先要看股票涨停的时间，一般来说，最先涨停的要比尾盘涨停的好。在交易日中，第一个封涨停的最好，时间最好限制在（ ）以前。

5. 从内外盘中寻找庄股时首先需要认清股价处于什么位置，当股价出现了（ ），投资者应该选择有此类表现的个股。

6. 一般来说，当不利消息甚至利空消息出现时股价并不下跌，利好消息公布时股价大涨的称为（ ）。

7. 通常，投资者经常用到的操盘手法主要有（ ）、（ ）、（ ）、（ ）和（ ）五种。

8. 当大盘从谷底反弹时，股价（ ）的反弹较为迅速，也较为凶猛，即压得很、弹得高。

9. 如果从涨幅排名榜中选择短线黑马，那么其涨幅一定不能小于（ ）；而如果大盘是处于震荡调整的过程中，则涨幅标准必须（ ）。

10. 股票超跌有两种类型，一种类型是（ ），另一种是（ ）。

三、问答题。

1. 请简要回答如何才能识别出一只股票中有主力介入？

2. 请简要回答如何才能从新股中选出质地比较好的股票？

3. 请分别说出短、中、长线黑马股分别有什么特征？

4. 请说出你在炒股过程中最容易犯的几种典型的错误，结合自身的实际情况，说明应根据什么来选择适合自己的股票。

5. 请简要说明如何精选小盘股？

6. 请简要回答如何对一家公司的经营战略进行评价？

7. 请简要回答如何从“比价效应”中选股？

8. 请简要回答从市场热点选股的实战意义以及热点的形成过程？

9. 通常，投资者在选股的时候会选择热门股，殊不知，冷门股如果选对了也是一座难得的金矿，请问，投资者应该如何从冷门股中选出未来会大涨的股票呢？

参考答案

一、判断题。

1. 错误。不一定。大盘股属于长线投资，如果投资者能够坚持数十年的话，总利润不会比小盘股的利润低；同样，大盘股因为盘子比较大，在流通上会有一定的限制，风险也并不一定小于小盘股。所以这种说法是不准确的，要结合每只股票的不同情况来分析，不能单纯地说是小盘股风险大，或者小盘股盈利多。

2. 错误。通常，绩优股从长线来看，会有比较好的收益，但是短期内就未必能够立竿见影。因为股票市场并不是只有投资力量在发挥作用，还存在着投机力量。当投机力量大于投资力量时，一些符合投机要求的股票就会成为市场追逐的热点，这时，具有投资价值的股票反而会遭受冷落。

3. 正确。

4. 正确。

5. 正确。

6. 错误。超跌股也是有盈利机会的，如果投资者能够把握住入市的最佳时机，也一样能够获利。

7. 错误。K 线图能帮投资者获利不假，但在分析一只股票的时候，一定要结合基本面等其他因素一起分析，这样得到的结果才更准确。单一的只靠K线图的分析是很片面的。

8. 正确。

9. 正确。

10. 正确。

二、填空题。

1. 前10名大股东。

2. 初创期、成长期、稳定期、衰退期。

3. 人格品质、人际关系。

4. 10点10分。

5. 较长时间的数轮下跌，股价处于较低位置，成交量极度萎缩。

6. 热门股。

7. 轻仓操盘手法、追涨操盘手法、抢反弹的操盘手法、顺势操盘手法、逆势操盘手法。

8. 跌幅最深。

9. 5%，要比大盘幅度大才行。

10. 个股本身基本因素变化所导致的超跌；技术性的超跌，即大市下行时，其跌得更深更快，或新股上市生不逢时，价格定位太低等。

三、问答题。

1.

通常而言，如果出现以下迹象，则有主力介入的可能：

（1）交易行为表现异常。

（2）股价容易暴涨暴跌。

（3）成交量经常忽大忽小。

（4）个股的行情往往逆市而动。

（5）股东人数变化比较大。

（6）利空或利多消息对股价影响反常。

2.

选择质地较好的新股，投资者应当遵循以下原则：

（1）当大盘处于下跌的末段，进入筑底阶段时，市场人气低迷，新股开盘价较低，一般在50%以下，甚至一些股票接近发行价，投资者可以选择此类股票买进，一旦大盘反弹，这类股票将有很大可能会领涨。

（2）当大盘处在上升阶段，新股为平开高走，投资者可以考虑积极进场建仓。

(3) 当大盘处在上涨末段，新股开盘价位很高，此时新股风险最大，一旦大盘从高位下跌，该类股票跌幅最大，这时的新股最好不要涉及，以免深度被套。

(4) 当大盘处于下跌阶段时，新股为高开低走，这时的获利机会极小，不宜参与，最好等到大盘进入下跌末段的筑底阶段后，再考虑进场抄底。

3.

短线黑马股的特征如下：

(1) 股票的质地比较差，价位很低；

(2) 是典型的冷门股；

(3) 虽然是冷门股，但在未来的走势中也有一定的上涨空间；

(4) 虽然是冷门股，但因为一些市场因素，出现了让市场看好的新题材；

(5) 在新题材的刺激下，其股价会步步走高；

(6) 股价很容易出现回落，回落的速度也非常快；

(7) 股价回落后，又会重新沦为冷门股。

中线黑马都具有如下特征：

(1) 股票质地比较好。股票质地好，才能呈现出不断增长的趋势。

(2) 常会周期性地跑赢大盘，在某一个时期走在大势前头，后来慢慢冷下来，过了一段时间，又会跑在大势前头，周而复始，直到潜在题材用尽；

(3) 在未来的走势上有足够的上涨空间；

(4) 行业处于上升期；

长线黑马股有如下特征：

(1) 在行业竞争中处于领先地位，市场占有率逐年增大；

(2) 在排行榜上名列上市公司前列；

(3) 有鲜明的、过硬的主营产品；

(4) 在股市的上涨中能起到领涨的作用；

(5) 股价随着公司经营业绩的增长同步增长；

(6) 主力炒作是长期作战；

(7) 股价不会出现较快及较大的回落，呈现出很好的抗跌性。

4.

在炒股过程中常见的典型错误有以下几种：很多投资者认为K线图是万能的、总是在幻想黑马股、总是冒险选择一些自己陌生的股票、频繁更换股票、迷信股评荐股、没有风险警觉性、不肯承认选错股票、心存对股票的偏见。

投资者在选股的时候一定要结合自身情况来选股，比如说，选择自己最熟悉的股票、根据自己最常用的操盘手法来选股、根据自己的风险承受能力来选股、根据自己的资金性质来选股、根据自己的投资时间来选股等等。

5.

(1) 选择业绩均在 0.60 元以上，而且行业前景明朗的个股。

(2) 一般来说，总股本小于 1 亿（或流通盘低于 5000 万）的袖珍股，后市具有股本扩张能力。

(3) 中价股（低于 20 元）一旦有高送转或业绩提升，后市就会有上涨的潜力。

(4) 技术面符合强势特征，具有通道支持和密集区支持要素。

其实每个人的眼光不一样，对于品种的选择就需要投资者自己衡量。要记住的是：只低买，不追高。在选择优质小盘股的时候，有个风险不得不说，那就是当分红方案低于预期的时候股价会出现震荡。但是一般不会影响其整体趋势。一旦有破坏趋势的品种出现，则需要止损或回避。

6.

对公司经营战略的评价比较困难，难以标准化。一般可以从以下几方面进行：

(1) 通过公开传媒资料、调查走访等途径了解公司的经营战略，特别是注意公司是否有明确、统一的经营战略；

(2) 考察和评估公司高级管理层的稳定性及其对公司经营战略的可能影响；

(3) 公司的投资项目、财力资源、研究创新、人力资源等是否适应公司经营战略的要求；

(4) 在公司所处行业市场结构分析的基础上，进一步分析公司的竞争地位，是行业领先者、挑战者，还是追随者，公司与之相对应的经营战略是否适当；

(5) 结合公司产品所处的生命周期，分析和评估公司的产品策略是专业化还是多元化；

(6) 分析和评估公司的竞争战略是成本领先、别具一格，还是集中一点。

7.

一般来说，具体的比价关系主要有几下几种：

(1) 与同一炒作题材之间的个股比价，选择股价较低的个股。

(2) 用技术指标作参考标准，选择股价超跌的个股。

(3) 与同一地域板块间的个股比价，选择股价较低的个股。

(4) 与前期的成交密集区比价，选择股价超跌的个股。

(5) 与相同股本规模及类似股本结构的个股比价，选择股价较低的个股。

(6) 与同一行业间的个股比价，选择股价较低的个股。

(7) 股本结构中有 B 股和 H 股的，要和 B 股和 H 股比较，特别是要进行价格比较。

（8）与前期的历史高位比较，选择股价超跌的个股。

8.

在实际操作中，热点对于投资者分析市场具有如下意义：

（1）热点会吸引主力资金介入。

（2）采用热点选股可以提高获利效率。

（3）热点容易被发现。

由于每当热点出现时媒体都会集中予以报道，所以该类股比较容易发现。

热点酝酿的过程就是主力资金介入的过程，一般来说，热点酝酿的时间越长，能够持续的时间就越长。市场热点从形成到结束通常有三个阶段：

（1）单一热点发动行情，此阶段，热点一般持续的时间较长；

（2）单一热点扩散到多级热点，其持续的时间较短；

（3）热点转移与消退阶段，这个过程会更短。

一般而言，当所有板块被轮番炒过之后，大盘就会进入休整期，以孕育等待下一个单极热点出现，如此循环往复。

9.

（1）操作“冷门股”，要注意品种选择、总量控制。一般情况下，要选择那些基本面较好、调整幅度较大、未被市场爆炒过、自己长期跟踪、股性较为熟悉的股票。操作时，采取逢低分批方式买入，一旦出现失误，也能降低自己的损失。

（2）注意选择那些公司经营没有出现重大危机，经营和成长前景没有出现恶化迹象的个股。

（3）选择那些股价没有出现被主力推高现象的个股。

（4）选择那些成交量渐渐放大走出低迷迹象的个股。

第二章
看盘操练

看盘是投资者在炒股过程中必不可少的一个环节。对于任何一个投资者来说，看盘水平的高低都会直接影响其盈利水平，因此，投资者一定要掌握一些关于看盘的技巧，学会解读盘口语言。

第一节　看盘能力高低决定能否赚钱

解读盘口语言，找到核心机密

盘口语言不是简单的买卖盘观察，而是价量配合、分时主攻盘量能、下跌时的量能变化状况等种种现象的综合。

1. 成交密集区的计算。很多投资者在看盘时对一些分析软件中 01 的价位非常关注，其实 01 是在分时中的撮合成交的综合，看不出具体的买卖概况，常常是多笔成交一起体现。真正在实战中我们要观察换手主要堆积在哪些价位，即 02 的价位成交。热门股中应该对一些品种的价位密集区间作统计，这才是实用的支撑位和阻力位。首先要知道主力做盘，不会把自己套住，所以我们算出密集区后，回调时这些曾经密集换手的区间，将是观察股价是否得到支撑的窗口。而一个攻盘品种一旦长时间在一个价位密集区下徘徊，始终无法穿越的时候，采取高抛的策略就没有什么不妥，靠近成交堆积区应该尽快出脱手中的筹码。

2. 挂单。

它的真正含义是“当天布局”，即主流资金当天控制即时股价波动区域的窗口。

如，主流资金在什么价位挂大单，上压下托的位置。关注点是在这个价位上是否有主动性买卖盘的出现。投资者一定要关注此时关键位置的即时买卖盘和重心，它充分体现了主流资金的控制意图：放弃与力争。如大盘不好个股挂单被瞬间击破，要看是大单还是散户投资者的抛单，以及下落的幅度，然后看能否瞬间收回、缩放量能是否真实。分析即时当天主流资金的挂单布局意图，是洗盘吸货还是拉高出货，这需要结合股价日 K 的相对位置高、低来研判。

3. 下影线。

下影线表示下方有主动买盘支持，但在实际操作中，很多下影线是具体品种在尾市拉升造就的。这里需要注意尾市拉高本身就是种较弱的拉抬，下影线太长，可能是主力给你廉价筹码，而更多的时候则是主力不怀好意，设置陷阱，俗话说：便宜没好货，投资者对此应该有清醒的认识。

4. 分笔即时成交。这是主力使用资金量的充分体现，包括一些手法——对敲、打高、拉高、推高等，关注点：主力在关键位置，如当天或近几天的密集成交区的资金放缩情况和一分钟成交笔数的增减。一分钟成交笔数的增减是散户投资者与主力心态的充分体现，也是判断主流资金出货进货的即时窗口。

5. 看热点转换情况。

通过观察当日涨跌幅排行榜第一版个股，判断是长线资金在积极运作还是短线资金在游荡式冲击。通常涨幅第一版多为价值型个股，则表明是中长线性质的资金在入市，可中长线跟随该类个股，此时大盘涨升态势往往也能维持一段时间；而涨幅第一版如果多为小盘壳资源股，则通常是短线热炒资金介入，该类个股的强势表现往往无法扭转大盘的疲态，因此，跟随这些个股宜用短线速战速决战术，且入市之前先设好止损点。

对于任何一个投资者来说，看盘水平的高低都会直接影响其操作效果，因此，投资者一定要关注盘口的各种动向，学会解读盘口语言。

了解盘口常见术语

1. 洗盘。

洗盘是主力操纵股市，故意压低股价的一种手段。具体操作表现为，为了拉高股价获利出货，先有意制造卖压，迫使低价买进者卖出股票，以减轻拉升压力。

2. 跳空高开。

跳空高开指的是开盘价格超过上个交易日最高价格的现象。如：某只股票上一个交易日的最高价格为 15 元，这个交易日一开盘，其价格就超过 15 元，达到了

15.50元，这就是跳空高升。

3. 跳空低开。

跳空低开指的是开盘价格低于上个交易日最低价格的现象。如：某只股票上一个交易日最低价格为15元，这个交易日一开盘，其价格就低于15元，低开为14.50元，这就是跳空低开。

4. 跳空缺口。

跳空缺口指的是开盘价格低于上个交易日最高价格或开盘价格低于上个交易日最低价格的空间价位。如：某只股票，上个交易日最高价格为10元，这个交易日一开盘，价格就达到了10.50元，跳空缺口空间价位为0.50元，此为向上的跳空缺口。又如某股，上个交易日最低价格为10元，这个交易日一开盘，价格就低开为9.50元，跳空缺口空间价位为0.50元，此为向下的跳空缺口。

5. 高开。

高开指的是开盘价超过上个交易日收盘价但未超过最高价的现象。如：某只股票上个交易日收盘价为10元，最高价为10.82元。这个交易日一开盘，价格就达到了10.50元，超过上个交易日收盘价0.50元，但没有超过上个交易日最高价，即：没有发生跳空缺口高开的现象，此为高开。

6. 低开。

低开指的是开盘价低于上个交易日收盘价但未低于最低价的现象。如：某只股票上一个交易日的最低价格为9.30元，收盘价为10.02元。这个交易日一开盘，价格就低开为9.50元，低于上个交易日收盘价0.52元，但没有低于上个交易日最低价，此为低开。

7. 平开。

平开指的是某股票的当日开盘价与前一交易日收盘价持平的情况。

8. 均价。

均价指的是现在时刻买卖股票的平均价格。若当前股价在均价之上，说明在此之前买的股票大都处于盈利状态。否则，即为亏损状态。

9. 崩盘。

崩盘即证券市场上由于某种原因，出现了大量抛出，导致证券市场价格无限度下跌，不知跌到什么程度才可以停止。

10. 护盘。

股市低落、人气不足时，机构投资大户大量购进股票，防止股市继续下滑的行为。

11. 掼压。

用大量股票将股价大幅度压低，以便低成本大量买进。

12. 盘档。

一是当天股价波动幅度很小，最高与最低价之间不超过 2%；二是行情进入整理，上下波动幅度也不大，持续时间在半个月以上。

13. 获利盘。

获利盘一般是指股票交易中，能够卖出赚钱的那部分股票。

看盘高手必备的六大兵器

自古以来，大凡有成就的英雄都有与之相匹配的一件兵器，比如说，吕布的方天画戟、关羽的青龙偃月刀、张飞的丈八蛇矛、赵云的青釭剑……可见，赤手空拳是不现实的。闯荡股市也一样，如果你想在其中更胜人一筹，也得准备几件像样的“兵器”。比如说，功能强大的分析软件，全面真实的投资资讯等等。

1. 功能强大的分析软件。

分析软件是每个投资者必备的兵器，没有好的分析软件，你就无法详细地看盘，进而得出准确的分析结果，也就很难把握股市现状和其他投资者以及主力的想法。所以，一款功能强大的看盘软件无论如何也是要必备的。

2. 全面真实的资讯。

炒股的战争实际上就是一场信息战，股市中，谁先掌握了消息谁就赢得了主动权。虽然投资者不必非得强求知道上市公司的内幕消息，但最起码可以通过一些权威的杂志和网上的新闻总结分析出有利的消息。

3. 虚心接受各种经典的投资理财图书的指导。

牛顿说，我能看得远，是因为站在巨人的肩膀上。炒股也一样，一定要学会站在前人的肩膀上，学习前人成功的经验。当然，这并不是要求投资者不加筛选的学习。在学习的过程中，你一定要选择那些真正对自己有利的书籍，而不是眉毛胡子一把抓，只要是关于投资学的书，也不管书里的内容是否值得学习，拿来就用。这种学习的方式是非常不可取的。学习，就要取长补短，根据自己实际缺失的内容来学习，有选择性地看一些投资类的书籍，比如《新股民快速套利 98 招》、《一眼看穿庄家》、《短线套利实战技法》、《新股民十天入门》等等。抱着这种谨慎的学习态度，你才能够学到真正的知识，减少投资过程中的失误。

4. 设置投资禁区。

在投资过程中，一定有某些类型的股票是你所不熟悉、不懂的，对于这样的股票，最好的办法就是列为禁区，不管它是好是孬，都不碰。学学巴菲特那种不动摇的决心，或许就能减少很多不应有的损失。

5. 耐心等待的心态。

只捕捉自己有把握的机会，只买卖自己熟悉的股票，只使用自己最拿手的操盘手法，这些都需要投资者有足够的耐心，等待时机的出现。炒股，千万要记住，宁可错失千万次机会，也不误入一次陷阱。

6. 确保本金不损失。

投资，谁都想赚钱，但并不是人人都能赚得到钱，股市大赢家和大输家之间唯一的区别就是大赢家不管赚多赚少，总能守住自己的本金。而大输家则不然，他们带着赌徒的心态，输了就想要翻本，结果越赔越多，最终无力回天。

所以，不管发生什么，一定要记住，保住本金，才是你最应该注意的。

决定看盘赚钱的八大关键点

1. 选择最优质的股票。

一般来说，优质股票的升势是很强劲的，通常操盘不需要用多大力就可赚到钱。这就要求投资者在选股的时候，一定要认真分析自己熟悉的股票的基本面、技术面、当前是否有能促使股价上升的消息等等，千万不要急躁，粗粗选只股票急于买进，极易买错。若买到绩差股，无论你的操盘水平有多高，都一定会亏钱，只不过高手亏钱少。

2. 选到恰当的入市时机。

选中一只基本面、技术面都很好的优质股之后，还要选择最佳的入市时机，因为时机不对也可能会使投资者错过最佳的赚钱机会，比如说，需要等待很长时间才能获利；虽然是好股票，但选择的入市时机是在股价的高位，股价以后的走势已经很难超越这个价位了……所以，在选定优质的股票后，一定要认真选择入市的时机。

3. 调节入市节奏和最大仓位。

很多炒股者脑海里根本就没有入市节奏的概念。他们往往是在一个价位或在同一天里，急匆匆地用掉全部资金。等发觉买错的时候，却已经无法改正了。

4. 了解上市公司的公开信息。

通常，掌握的信息越全面、越真实，就越有利于投资者准确评估上市公司的投资价值和预测股价的中短期走势。所以，投资者一定要通过各种途径掌握所必需的信息。记住，信息就是金钱和价值，信息越全面对自己就越有利。

5. 果断。

买的时候谨慎，卖的时候一定要果断。通常，股民们都会抱有这样的心态，输了的想赢回来，赢了的想再赢一点，于是就一直犹豫在什么时候卖出，结果赢钱的亏了本，赔钱的被套在了高位，自食犹豫的苦果。

卖出的时机如果选择得很漂亮，就可以在赔钱时减少一些损失，在赢钱时扩大利润，提高资金的使用率，所以，在盈利的时候，一定要果断地卖出。

6. 不贪。

有赚就是福，不要总抱怨赚的少。试想套牢的话，不是更霉气。

7. 不赌。

做任何事情都是为了成功，而不是自找苦吃。没有很大的把握取得成功就不要炒股，用赌的策略和手法肯定会亏大钱。

8. 看透主力的惯用招式。

在某种意义上讲，炒股就是同主力的一场战争。盘内主力永远是散户投资者最直接、最危险的对手。他们躲藏在暗处，没有敏锐的感觉和丰富的实战阅历，很难识破其招术。

培养良好的盘感

投资股票需要良好的盘感。盘感是通过训练获得的，训练盘感，可以从以下几个方面进行：

1. 将复盘与自己的选股方法结合起来找准目标股。复盘后，投资人会从个股的趋同性发现大盘的趋势和板块。

2. 认真分析涨跌幅排名靠前的个股之所以走强或走弱的原因，发现买入（卖出）信号。

3. 明确了解盘中主力上拉、抛售、护盘等动作的实际表现，了解量价关系是否正常。

4. 找出一些经典底部启动个股走势的案例，加强条件反射训练。

5. 快速浏览动态大盘。

复盘的实质是静态回看市场全貌，查漏补缺的过程，主要明确的是主力资金进出情况、行业和板块的联动效应、大盘涨跌原因等。

其步骤是：

1. 看两市涨跌幅榜。

（1）对照大盘走势，与大盘比较强弱，了解主力的参与程度，包括其攻击、护盘、打压、不参与等可能情况，了解个股量价关系是否正常，主力拉抬或打压时的动作、真实性以及目的用意。了解一般投资者的参与程度和热情。

（2）了解当日 K 线在日 K 线图中的位置、含义。再看周 K 线和月 K 线，在时间、空间上了解主力参与程度、用意和状态。

(3) 仔细看涨跌幅前两版，了解个股走强、即将出逃等不同状态。

(4) 挑出处于底部攻击状态的个股，观察日 K 线、周 K 线、月 K 线所经历的时间和空间、位置等情况良好的，剔除控盘严重的庄股和主力介入不深及游资阻击的个股，再看一下基本面，调看一下最新的调研报告，符合的收入自己的自选股。

2. 看自己的自选股。

观察是否如自己预想的在走，检验选股方法，做好投资规划。

3. 看大盘走势。

主要了解收盘和成交量的情况，与上一交易日比较，量价关系是否正常，在日 K 线的位置，看整个日 K 线整体趋势，判断是否可以参与个股，能否出现中线波段。

经过反复的复盘训练，投资者可以加快速度，翻阅个股时不需要全看，只看涨跌前后几版、权重股、自选股等就可以了。

第二节　看透走势图里的玄机

观其大略——大盘走势图

1. 大盘分时走势图。

大盘当日动态走势图就是大盘的分时走势图。如图 2—1 所示：

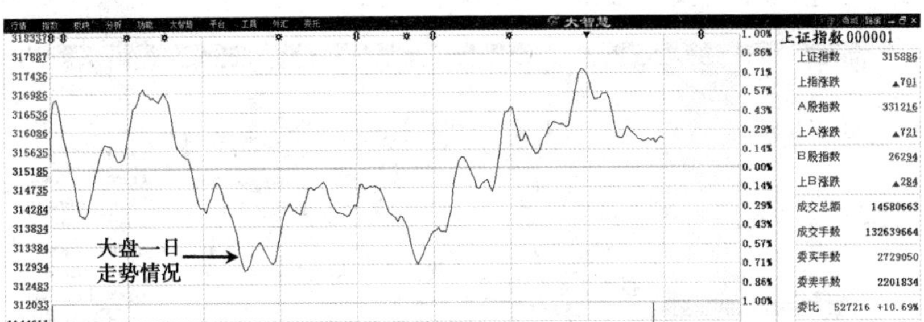

图 2—1

这是一张经过技术处理的图片，所以颜色与一般炒股软件显示图片相比有偏差。下面就此图加以说明：

（1）黑线（软件中表现为白色）表示上证指数，即上海证券交易所综合指数的当日走势情况。

（2）蓝色线柱（软件中表现为黄色）表示每分钟的成交量，单位为手。最左边一根特长的线是集合竞价时的交易量，后面是每分钟出现一根。

（3）成交总额指的是当日交易成功的总金额，以万元为单位。

（4）成交手数指的是当日交易成功的股票总数，以手为单位。

（5）委买手数指的是当前所有个股委托买入前五档的手数总和。

（6）委卖手数指的是当前所有个股委托卖出前五档的手数总和。

（7）委比指的是买、卖手数之差与委买、卖手数之和的比值，它是衡量买、卖力量强弱的一种技术指标，其计算公式是：

委比＝（委买手数—委卖手数）÷（委买手数＋委卖手数）×100％

委比值的变化范围在－100％～＋100％之间。一般来讲，当委比数值正值很大的时候，就说明买方力量比卖方强，股指上涨概率较大；当委比为负值的时候，就说明卖方力量比买方强，股指下跌概率较大。

2. 大盘K线走势图。

当你进入“大盘分时走势”界面以后，双击分时走势界面就可以进入大盘的K线图形。按上下键可以扩大缩小图形，按左右键可以移动查看历史K线。按ESC键就可以退回大盘分时走势。如果在大盘的分时图形和K线之间进行切换，可以按F5键。

股票分析软件所显示的大盘K线走势图一般由三部分画面组成，最上面的画面是日K线走势图，中间的画面是成交量显示图，下面的画面是某个技术指标图形（技术指标可根据需要切换）。如图2—2所示：

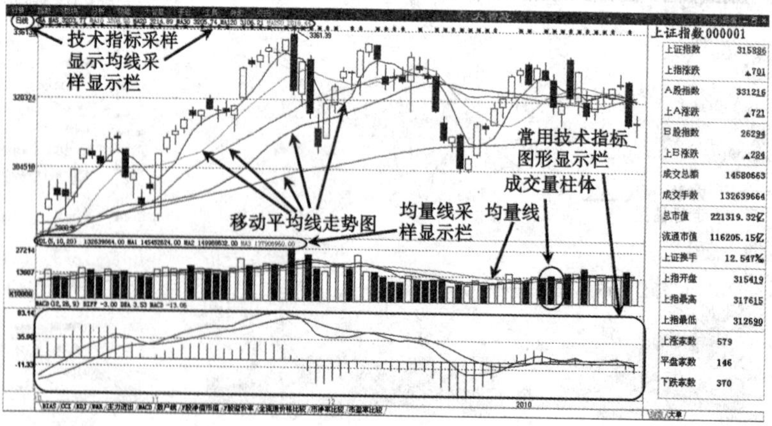

图2—2

以下是此图的具体分析：

（1）技术指标采样显示栏。

技术指标采样显示栏中的时间周期和技术指标，可以根据需要更改参数。如本栏中显示的是“日线”，则表示整幅图的变动是以日为单位的，图中所看到的 K 线走势图就是日 K 线走势图，成交量就是一日成交量，技术指标走势图也就是日走势图。其它情况可以依此类推。一般我们常见和使用最多的是日 K 线图。

（2）移动平均线采样显示栏。

移动平均线线采样显示栏可以显示三个不同时间周期的移动平均线在该日的数值。例如，本栏最前面的“MA5 3203.77”，表示的含义是，最后一个交易日的上证指数 5 日均线收于 3203.77 点。其它均线表示含义与此相同。

（3）移动平均线走势图。

常用的有 6 条移动平均线（简称“均线”），分别采用不同颜色表示。什么颜色表示什么均线，在“移动平均线采样显示栏”有明确提示。例如：MA5 3203.77（字体显示为黄色）、MA10 3208.98（字体显示为紫色）、MA20 3214.89（字体显示为绿色），则表明 5 日均线为黄色，10 日和 20 日均线分别为紫色和绿色。

（4）均量线采样显示栏。

均量线采样显示栏显示几种不同时间周期的均量线在某日内的数值。如该栏中显示“VOL（5，10，20）”，表示图中所取时间周期分别为 5 日、10 日、20 日，后面的 MA1 145452624.00 表示最后一个交易日的 5 日平均量为 145452624 手。

（5）均量线。

均量线是以一定时期成交量的算术平均值连成的曲线，其原理和使用方法同均线。

（6）成交量柱体。

绿色柱体表示大盘指数收阴时的成交量，红色柱体表示大盘指数收阳时的成交量。

（7）常用技术指标显示栏。

本栏可以根据采样需要任意选择技术指标，如 MACD、RSI、KDJ、SAR、BOLL 等。具体选择方法可以参照不同股票分析软件的使用说明。

3. 预测大盘走势。

股票基本知识掌握还不够全面的投资者，一般会觉得大盘如“神龙”，见首不见尾，无法预测其未来走势。实际上，在读懂大盘，即看懂大盘分时走势图和大盘 K 线走势图后，你会发现大盘是可以预测的。以下介绍几种技巧，仅供参考。

（1）从板块的轮动效应预测大盘走势。

大盘的涨跌是有层次和秩序的，其中最直观的便是板块轮动效应。板块有地域、概念和行业三种类型。对于地域板块，只有当国家政策明确表示支持时才可以作为参考，如2010年世博会的举办促成了“上海世博板块”；行业板块受业内企业自身效益及成长潜力影响大；概念板块在短期内有一点刺激效应，长期作用不大，而且个股走势没有趋同性，如2009年甲流概念股得到市场的大力追捧。

如果你细心观察就会发现大盘的涨跌，是由其中一两个板块带领的，而其他的都是配合这一两个板块的表演。当所有板块轮动一遍后，大盘将进入整理期，酝酿下一轮行情。

（2）从实时的政策消息透视大盘短期走势。

股票市场有个特点，就是对信息的消化能力特别强。重大的利好或利空政策会对整个股票市场造成剧烈的影响，甚至一些虚假消息也能带来股市的巨大震荡。2010年1月20日，市场上开始流传关于国家紧缩信贷的消息，这直接导致市场应声而下，很多股票的跌幅超过5%，大盘指数也直接跳水，拉出长达百点的大阴线。股市消化信息能力强还有一个标志就是提前感知消息并进行消化，等到消息真正公布时，股市反而没有多少反应了。

（3）从分红政策确定大盘的波段走势。

股票的价值决定价格，所有股票的价格就构成了大盘指数。分红是股东最喜欢的事情。上市公司的分红额度越大，对大盘影响越大；反之越小。

（4）从短期市场动向判断大盘短期走势。

比如，新股发行特别是大盘权重股的上市，将给大盘指数造成很大的影响。一般新股都会上涨，而且上市首日不限涨跌幅，如果权重值高的话，将会带动大盘指数上涨。因此，投资者必须要重视市场已经确定的基本短期动向。

（5）从市场人气来判定大盘的短期走势。

这种方法虽不具有科学依据，却异常准确。市场人气可以通过证券营业部大、中户室的人流量，所有人对股票市场前景的乐观程度，营业部的股民开户数量，与股票无关人士对股票的议论等现象来推测。

（6）从大盘权重股的走势惯性来分析大盘的短期走势。

大盘的走势是由个股联合推动的，其中权重股，将在很大程度上影响大盘的走势。比较热门的权重股有“石化双雄”（中国石化和中国石油）、中国神华、大秦铁路、万科A股、工商银行、中信证券、长江电力、中国联通、宝钢股份、中国人寿、华能国际、保利地产等等。

（7）从集合竞价预测大盘当日走势。

集合竞价体现了多空双方的基本意愿，对预测大盘当日走势具有重要的定性作用。当日开盘价高过前一交易日收盘价开盘（简称“高开”），且成交量放大，说明做多意愿较强，尾盘收阳概率较大；当日开盘价低于前一交易日收盘价（简称“低开”）开盘，且成交量缩小，则说明做空意愿强烈，当日尾盘收阴概率较大。

各个击破——个股走势图

1. 个股分时走势图。

个股分时走势图（如图 2—3 所示）。

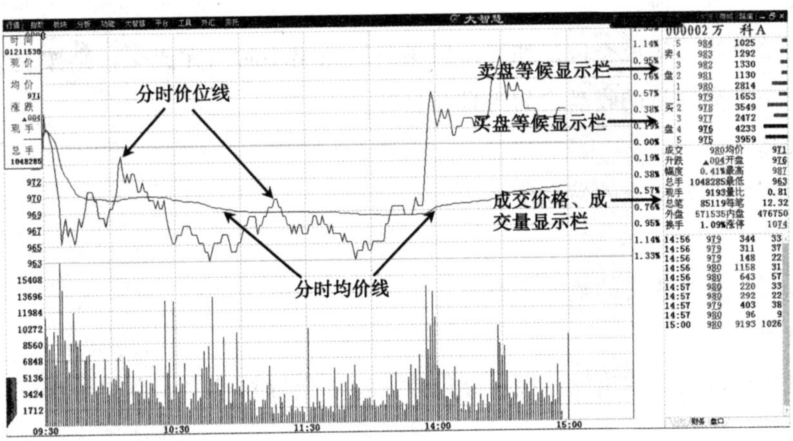

图 2—3

下面对该图作详细说明。

（1）分时价位线。

分时价位线表示该股票的分时成交价格。

（2）分时均价线。

分时均价线表示该股票的当日已交易的平均价格。

（3）卖盘等候显示栏。

该栏中卖 1、2、3、4、5 表示依次等候卖出。按照“价格优先，时间优先”的原则，谁卖出的报价低谁就优先排在前面，如果卖出的报价相同，谁先报价谁就排在前面，而这个过程都由电脑自动计算，绝对保证公平和客观。

1、2、3、4、5 后面的数字为价格，再后面的数字为在该价格上等候卖出的股票总手数。比如该栏显示：“1 9.80 2814”表示第一排等候卖出的报价是 9.80 元，共有 2814 手股票，即有 281400 股在这个价位等候卖出。

（4）买盘等候显示栏。

该栏中 1、2、3、4、5 表示依次等候买进，规则是谁买进的报价高谁就优先排在前面，如买进的报价相同，谁先报价谁就排在前面。比如显示：“1 9.79 1653”，表示在第一排等候买入的报价为 9.79 元，共有 1653 手，即有 165300 股在这个价位等候买进。

（5）成交价格、成交量显示栏。

①均价。

开盘到现在买卖双方成交的平均价格。

计算公式为：均价＝成交总额÷总成交量。收盘时的均价为当日交易均价。

②开盘。

即当日的开盘价。

开盘价是第一笔成交价。如开市后某只股票半小时内无成交，则按上交所规定以该股上一个交易日的收盘价为当日开盘价。

③最高。

当日买卖双方成交的最高价格。

④最低。

当日买卖双方成交的最低价格。

⑤量比。

衡量相对成交量的指标，代表每分钟平均成交量与过去5个交易日每分钟平均成交量之比。

量比是投资者分析行情短期趋势的重要依据之一。量比数值大于1表明当前成交量较5日均量有所放大；若量比数值小于1，则表明当前成交量与5日均量相比在缩小。投资者在实战中要想运用好量比，最好的办法是把量价结合分析，以提高投资准确率。

⑥成交。

当日的最新一笔成交价。

⑦升跌。

当日该股上涨和下跌的绝对值，以元为单位。图中的表示涨跌，小三角形尖头朝上表示上涨，尖头朝下表示下跌。例如升跌栏显示“升跌▲0.04”，表示当日该股上涨了0.04元。

⑧幅度。

从开盘到现在上涨或下跌的幅度。若幅度为正值，数字显示为红色，表示上涨；若幅度为负值，数字显示为绿色，表示下跌。幅度的大小用百分比表示。收盘时涨跌幅度即为当日的涨跌幅度。如幅度栏显示：“幅度0.41％（红色字体）”，表示该股当日涨幅为0.41％。

⑨总手。

从开盘到当前的总成交手数。收盘时“总手”表示当日成交的总手数。如显示：“总手85119”表明当日该股一共成交了85119手，即8511900股。

⑩现手。

最新一笔成交的手数。在盘面的右下方为即时的每笔成交明细，红色向上的箭头表示以卖出价成交的每笔手数，绿色箭头表示以买入价成交的每笔手数。

（6）内、外盘显示栏。

①外盘。

主动性买盘，就是按市价直接买进后成交（在现手栏显示为向上红箭头代表的成交量）的总手数，成交价为卖出价。

②内盘。

主动性卖盘，就是近市价直接卖出后成交（在现手栏显示为向下绿箭头表示的成交量）的总手数，成交价为买入价。

如果外盘比内盘大且股价上涨，说明很多人在购买股票；如果内盘比外盘大，而股价下跌，说明很多人在抛售股票。

外盘比内盘大出很多，而股价处于低位，表明主力正在逢低吸货，股价随时可能暴涨；当股价处于高位，明细中大卖单不多，表明该股人气旺盛，仍有冲高的可能；如果内盘与外盘相比，明显多很多，极有可能是主力在出货，投资者最好避而远之。

2. 个股K线走势图。

个股K线走势图从周期上可以分为5分钟K线图、15分钟K线图、30分钟K线图、60分钟K线图、日K线图、周K线图、月K线图。图2—4是万科A（000002）的日K线走势图，其看法可以参阅“大盘K线走势图”和“个股分时走势图”。

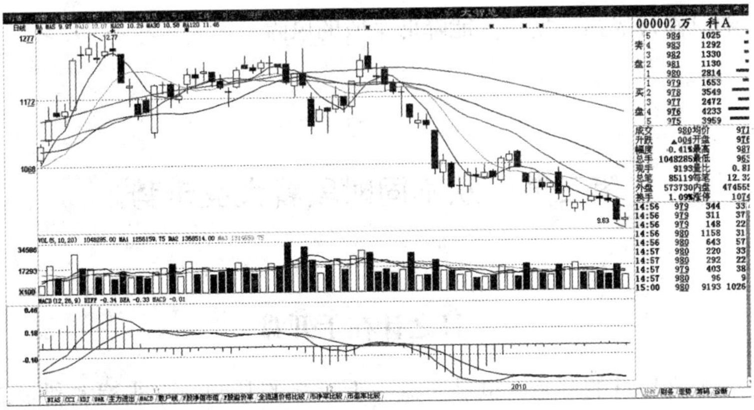

图2—4

海纳百川——大盘与个股的关系

海纳百川，有容乃大。在股市里，大盘就像大海，而个股只是一条条河流。

大盘是个股的参考，也是所有个股整体走势的反映。在大盘崩溃的时候，业绩再好的龙头股票也会受到恐慌盘影响而大幅下挫；而在大盘一片光明的时候，垃圾股都可以点燃激情。所以一直存在“看大盘做个股”的规律，判断好大盘是股市套利的捷径。

个股的走势，也会反作用于大盘。个股，尤其是大盘指标股的涨跌会相应地带动大盘和其所在分类指数的涨跌。当出现个股独立于大盘走势的情况时，投资者应该关注该股与大盘的关联度。这种股票要么是有自己的行业特点和运行规律，要么是庄股。

大盘和个股的关系是互为因果、互为变化的。

资深的投资者都知道，当大盘处于熊市时，个股总体都是向下的，炒作个股能够获利的机会很小；当大盘处于牛市时，个股总体都是向上的，炒作个股能够获利的机会至少有六七分的把握。当大盘处于熊市的相对低位时，将有较大的波段反弹现象发生，此时个股的机会可以提高；当大盘处于牛市的相对高位时，将遭遇大的获利抛压，产生波段回落，个股的盈利机会随之下降。只有大盘在狭小空间震荡盘整时，个股的炒作机会才会短暂的脱离大盘的影响。

牛市中，一波上升浪潮来临，投资者应该把握机遇，轻大盘重个股。因为这种行情下，依然有不少个股会跑不赢大盘，只有重视个股，才会在大势下跌时从容而退。当大趋势不好的时候，投资者只能控制仓位，不可轻率的利用大仓位博弈，以身犯险。

个股的炒作远比大盘要复杂得多。大盘是所有个股的集合体，主要的风险来自于系统的风险，消息面的变化，是有迹可循的。个股则存在较多不确定的因素，其风险的存在要受多方面的影响。在实战中，只有在掌握个股技术操作的同时，顾及市场因素的冲击，随时修订操盘计划，才能降低个股的风险。

第三节　从不同时段看大盘走势

一日之计在于开盘

开盘是一个交易日的开始，也是大盘一天走势的基调，除非特大利多或利空消息刺激，否则当日内一般不会发生高强度的震动和大比例的逆反走向。

集合竞价是每个交易日第一个买卖股票的时机，机构大户借集合竞价跳空高开拉高“出货”，或跳空低开打压“入货”。开盘价一般受前一交易日收盘价影响，若前一交易日股指、股价以最高位报收，第二个交易日开盘往往跳空高开，即开盘股指、股价高于前一交易日收盘股指、股价；反之，若前一交易日股指、股价以最低价收盘，次日开盘价往往跳空低开。跳空高开后，如高开低走，开盘价就会成为当日最高价，股民手中若有前一交易日收于最高价之“热门股”，应参加集合竞价“出货”，卖出价可大于或等于前一交易日收盘价（最高价）。若热门股前一交易日收盘价低于最高价，已出现回落，可以略低于前一交易日收盘价出货。

此外，若投资人准备以最低价抓暴跌之热门股，抢反弹，也可以参加集合竞价，因为前一交易日暴跌的以最低价收盘之股票，今日开盘价可能是今日最低价。

但是，当9：25集合竞价出现时，投资人若发现手中“热门股”缺口很大且伴随成交量巨放，应立即以开盘价之卖出价出货，以免掉入多头陷阱而被套牢。此时，一般不应追涨买入“热门股”。反之，若“热门股”集合竞价跳空缺口不大，成交量较大，经分析仍会上行，又有最新利好消息、传言配合，有可能冲破上档阻力位，可考虑在冲破阻力位后追涨买入或回档至支撑位时买入；若开盘价靠近支撑位，可立即买入。

9：30～10：00为修正开盘。若大幅高开则有一定幅度拉回，大幅低开则会适当上调。之后，大盘得到修正再按照各自的走势运行。由于人为的拉抬和打压，开盘指数与股价都有一定的泡沫性，此时进场风险很大，必须等到修正开盘，消除盘面盲点后，才能看清大盘的真实情况。一旦开盘两极分化且迟迟未见修正迹象，则可立即确认大盘强弱和收盘涨跌走势。

投资者还要注意开盘三线。开盘三线是指开盘后三个阶段的指数线位置。若以10分钟为一计算单位，则盘面涨跌情况是：开盘三线在9：40、9：50和10：00始终在开盘平行线上方游动，且一波比一波高，为涨势盘面；开盘三线一路走低，始终在平行线下方且与平行线的距离越拉越大，必为跌势。

开盘三线还有一些不很明显的态势也要注意。如开盘三线二上一下和一下二上仍趋涨势，而开盘三线一上二下或二下一上则趋跌势。投资者宜密切注视开盘三线变化，灵活掌握，及时做出准确判断。

多空盘中精彩对决

在沪、深两市每个交易日的4小时时间里，除早盘和尾盘外，盘中时间占据了中间的3个小时。它具体还可分为下面几个时段：

1. 9：30～10：00是第二次出入货时机，更是出脱“热门股”、购进“暴跌股”的最好时机。

2. 11：30，收盘前盘是买卖股票的第三次机会，若上午走势随成交量的放大不断上扬，应立即出货。

3. 下午 1：30 开盘后观察上午炒作的热门股走势，若成交量大，而股价却徘徊不上，可能是主力在出货，应小心。

4. 2：00～2：30，沪市“平仓盘”时间，股价往往会出现当日最高价、次高价。因为上午透支买入的机构大户要拉高出货，此时为第四次出货良机。

短短的 3 个小时，盘中却是刀光剑影，杀气冲天。具体说来多空双方在盘中的较量可分为三个阶段：

1. 多空搏斗。

在开盘拉开股市的大幕后，多空双方登台亮相，正式交手。双方搏斗的激烈程度可以从股指、股价波动的频率看出。若股指、股价长时间平行，表明双方无心恋战、退出观望。多空双方的胜败除依赖自身实力（资金、信心、技巧）外，还要考虑消息和人气。

2. 多空决胜。

多空双方激烈的争斗，最终将打破僵局，让大盘走势出现明显倾斜。若多方占优，则步步推高；若空方占优，则每况愈下。占优方将会乘胜追击，继续扩大战果；另一方见大势已去，抵抗力明显减弱。此时往往是进出货的最佳时机。投资者可以从以下三方面的表现来分析双方决胜的态势：

（1）指标股。

指标股历来是多空双方争夺的重点。指标股涨势强劲，大盘无下跌之理；指标股萎靡不振，大盘必然下沉。

（2）涨跌家数。

若大盘普跌、个股疯涨，个股与大盘表现形成极大反差，则表明资金过于集中于个股，会使大盘失血，造成恶性循环。若涨家多于跌家，且分布平均，涨家势众，空方无隙可乘，则收盘指数上涨；反之空方占优，终成跌势。辨别多空力量的最佳时机为收盘前一小时，即多空决胜后期，前期涨跌转换频繁，参考价值不大。

（3）波动次数。

股指波动振幅大、次数多，是涨跌形势转换的契机。一般当日内有 7 次较大波动，则有反转机会。

3. 多空强化。

多空强化是盘中的最后冲刺阶段，此时形势明朗，会出现强者更强、弱者更弱的局面。观察方法就是取 14：30 前盘中出现的最高点和最低点的平均值为标准，若股指高于平均值，则涨势会进一步强化，尾市有望高收；反之，则往往导致“杀尾盘”的出现。

尾盘预测未来走势

尾盘的重要性在于其既可有效地回顾前市，又能起到预测后市的作用。尾盘半小时是多空一日搏斗的总结，历来深受投资者重视。

从尾盘预测后市可以从以下几个方面进行：

1. 尾市收红，且出现长下影线，这是探底获支撑后的反弹，第二个交易日以高开居多，投资者可以考虑跟进，“买在最后一分钟”可以避免当日行情的风险。当然，有时候尾盘拉升却带来第二个交易日股价冲高无力，其原因如下：

（1）主力实力不够。

由于主力实力有限，无法操纵股价一路高歌猛进，只好利用有限的资金在尾盘迅速拉高，减少抛压盘带来的资金消耗。

（2）筹码不够集中。

由于盘内筹码过于分散，主力只好通过盘中震荡达到收集筹码和洗盘的目的。

（3）股价已经跌至主力的成本以下。

股价过低，不仅会增加主力收集筹码的难度，还会让其他主力乘虚而入，这是主力无法容忍的，因此他便会迅速拉高股价回到自己的成本区域。

（4）打击散户信心。

在市场平均成本附近来回拉锯易挫伤散户的持股信心，达到逐渐收集散盘的目的。如果第二个交易日出现这种情况，投资者应该快速套现离场。

如图 2—5 所示，该股上午开盘后，经过短暂的多空搏斗开始一路震荡走软。它在下午 14：15 分之后开始发力，很快就把股价拉起，这时大盘也开始走强，整个盘面大

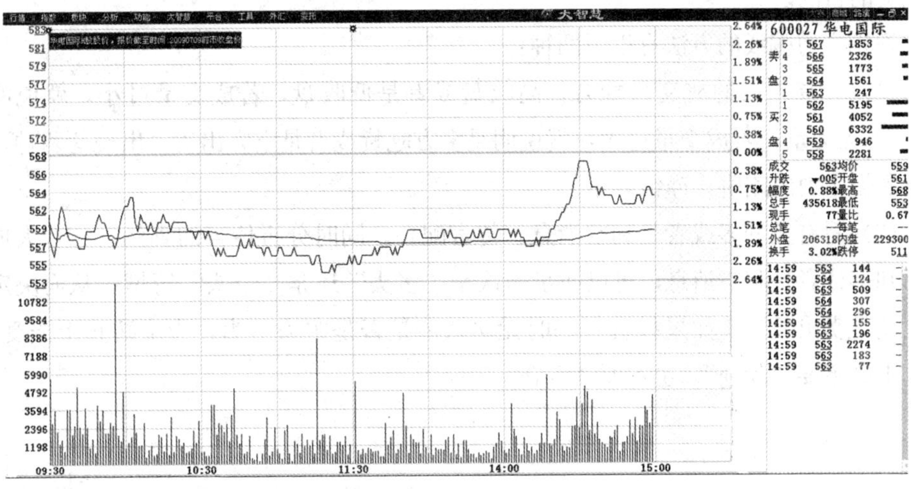

图 2—5

部分个股都出现了拉高的现象。最后收盘的时候，股价收于开盘价之上。实际操作过程中，投资者如果遇到这种情况，为了降低当天操作的风险，可以在收盘前的一两分钟买进。出现这种情况的股票，一般第二天开盘就会有一个冲高的过程，可以快速套利。

2. 尾市收黑，出现长上影线，上档压力沉重，第二个交易日低开低走概率较大，投资者可适当减磅。

3. 涨势中尾市放巨量，第二个交易日开盘可能会遭遇抛压，股价上涨的可能性很小。跌势中尾市放巨量，是由恐慌性的抛售造成的，这是大盘即将跳水的信号，此时切不可心急入场。

4. 跌势中尾盘有小幅拉升，涨势中尾盘有小幅回落，此为修正尾盘，并无任何实际意义。

鉴于尾盘的重要性，多空双方一般都会从收盘股指、股价这两方面进行激烈的争夺，其中必须引起投资者特别注意的有以下两点：

1. “星期一效应”与“星期五效应”。

星期一收盘股指、股价收阳线还是阴线，对全周交易的影响较大。多（空）方首战告捷，往往会乘胜追击，投资者应予以关注。

星期五是一个特别的交易日，其后有两天休市，很难预料在此期间会发生什么事件冲击股市，存在较大的系统性风险，投资者应当选择降低仓位，谨慎入市。

2. 主力骗线。

主力经常借助技术指标骗线，在尾盘放大单故意拉高或打压收盘股指、股价，造成第二个交易日跳空高开或者是低开，从而达到第二个交易日拉高出货或者是低开压价吃货的目的。

识别主力骗线的方法有以下两种：

（1）看有无大的成交量配合，高收盘或者是低收盘，若成交量过小，就说明多（空）方无力量；若成交量过大，就说明是多方吃货或者是空方出货。出现这两种情况就要警惕主力的陷阱，谨慎入市。

（2）看有无利多或者是利空消息、传言配合，同时分析传言的真伪。结合大成交量、利多或者是利空消息，可以初步确认是“多头”还是“空头”行情，从而决定是买入还是卖出股票。如果投资者一时无法认清是否是主力所为，为了防止上当受骗，操作中既不要“满仓”，也不要“空仓”。

第四节　从盘面细节看大盘走势

盘面上关键要看六点

1. 趋势。

一般情况下，大盘会顺着某一趋势运行，直到政策面、宏观经济面发生重大变化。趋势的运行存在“惯性”作用，局势骤然改变的可能性不大。

2. 股指走势。

观察和分析股指在开盘后第一个回合走势的特征和本质，可以把握多空力量对比，对于预测大盘后期走势具有重要意义。具体需要观察三个方面：

(1) 高低点的相对位置、移动方向和形态。

(2) 股指涨落时的量能变化及关键点位的成交量表现。

(3) 股指涨落的力度、幅度及流畅性。

分析中还需要注意两点：

(1) 判断的依据必须建立在对股指历史“全真”数据和图表的统计、分析基础之上，有一定的概率保证，而不是理论推导和主观臆测。

(2) 决定股指走势的因素比较复杂，只有当各要素共振幅度偏大时才会更加可靠。

3. 成交量。

量在价先，说明成交量对股指及其走势具有决定性作用。股指的上扬和下挫一般会有相应的成交量来烘托，尤其是在股指上行过程中，成交量需要有所放大，才能维持上行态势。

4. 均线。

根据均线的走向，或平行，或相交，投资者应该做出相应的操作。股指在长时间的上涨后，应该警惕 5 日均线下穿 10 日均线；若 10 日均线下穿 30 日均线，就应该卖出股票，至少应该减持；若 30 日均线掉头下行，则应果断离场；若投资者在第一次均线死叉时没能出逃，那么大盘 K 线形成双头或双顶时，就是最后的逃命机会了。反之，在股指长时间下跌后，如出现 5 日均线上穿 10 日均线的情况，就是较佳的短线买点；10 日均线上穿 30 日均线应是中长线买点；如果股指能沿 5 日、10 日均线上行而不破 30 日均线，则捂股乃是上策，直至大盘见顶。

5. 阻力位和支撑位。

阻力位是股价在上升时可能遇到压力，从而反转下跌的价位。支撑位是股价在下跌时可能遇到支撑，从而止跌回稳的价位。阻力越大，股价上行越困难；而支撑越强，股价越跌不下去。

确认阻力位与支撑位几种方法：

(1) 心理形成的支撑位和阻力位。

由于投资者的心理作用，一些整数位常会成为上升时的重要阻力和下降时的重要支撑，如 1400、1500、1700 点等，在个股价位上，像 10 元、20 元大关等。

(2) 移动平均线形成的支撑位和阻力位。

移动平均线是什么？就是 MA 指标。简单地说凡是 5、10、20、30、60、120、250 日均线都是可以作为阻力线和支撑线的，这些线在股价下方，构成的是支撑；在股价上方，将成为阻力。

(3) 趋势线形成的支撑位和阻力位。

趋势线形成的支撑或压力与 MA 平均线的原理基本一致。

(4) 前期的高点位是阻力位，上次到此位下调，说明该价位抛压较重，此次冲击此点还会受到抛压影响，因此还是阻力位。前期的低点则是支撑位。

(5) 密集交易区形成的支撑位与阻力位。

交易密集区的价位，如果在股价上方，将是阻力位，股价反弹时会受到抛压影响；反之，在股价下方，则是支撑位。

(6) 当日开盘价。

高开后走低，因竞价时积累在开盘价处大量卖盘，因而在反弹至开盘价时，会遇到明显阻力；若开盘后走高，则在回落至开盘价处时，因买盘沉淀较多，支撑便较强。

(7) 前一交易日收盘价。

当日低开，表明卖意甚浓，反弹过程中，随时会遭到新抛盘的打击，在接近前一日收盘时，开盘初期积累的卖盘也会发生作用，使得多头轻易越不过这道关；当日高开，价格冲高回落后，在前一交易日收盘处也能得到较强的支撑。

一般来说，阻力位和支撑位在股价运行的时候，也是可以互换的。如果重大的阻力位被有效突破，那么，该阻力位反过来将变成未来重要的支撑位；反之，如果重要的支撑位被有效击穿，则该价位反而变成今后股价上涨的阻力位了。

6. 现手和总手数以及换手率。

现手是指一只股票最近的一笔成交量。股市中最小交易量是 1 手，即 100 股。

例如：如果甲下单 6 元买 100 股，乙下单 6.01 元卖 300 股，当然不会成交。6 元就是买入价，6.01 元就是卖出价。

这时，有丙下单 6.01 元买 200 股，于是乙的股票中就有 200 股卖给丙了（还有 100 股没有卖出去），这时候，成交价是 6.01 元，现手就是 2 手即 200 股，显示 2，显示的颜色是红的。

接着，如果有丁下单 6 元卖 200 股，于是甲和丁就成交了，成交价是 6 元，成交了 100 股，现手是 1，颜色是绿的。

在盘面的右下方为即时的每笔成交明细，红色向上的箭头表示以卖出价成交的每笔手数，绿色箭头表示以买入价成交的每笔手数。

总手就是当日开始成交一直到当下为止总成交股数。收盘时“总手”，则表示当日成交的总股数。如：“总手 367425”出现在收盘时，就说明当日该股一共成交了 367425 手，即 36742500 股。

有时总手数是比股价更为重要的指标。

总手数与流通股数的比称为换手率，它说明持股人中有多少人是在当天买入的。换手率高，说明该股买卖的人多，容易上涨。但是如果是刚上市的新股，却出现特大换手率（超过 50%），则常常在第二天就会下跌，所以最好不要买入。然而值得注意的是，换手率较高的股票，往往也是短线资金追逐的对象，投机性较强，股价起伏较大，风险也相对较大。

在实战过程中，根据换手率对操作的具体指导作用，可以把换手率分为三类。

（1）逆转换手率。

如果一只股票的日换手率超过了 10%，市场成交异常火爆，人气极度狂热或悲观，表明行情即将逆转。

（2）加速换手率。

如果日换手率在 1%～10%之间，往往表明该股的交易市场比较活跃、买卖盘积极，原来的趋势将得以加速发展。3%左右的日换手率往往是短线拉升的必备条件，达不到这一换手率的上涨属于无量反弹，行情难以持续，宜卖不宜买；达到或超过这一换手率的上涨属于行情刚刚启动，短线将继续强势上涨，宜买不宜卖。

（3）观望换手率。

如果日换手率低于 1%，表明某只股票的市场交易情况非常低迷，未来的涨跌情况很不明朗，投资者最好不要轻易介入，出场观望是较好的选择。一般而言，这种情况往往发生在下跌末期或筑底阶段，发生在顶部的情况极为罕见。

对于高换手率，投资者应该关注其出现的相对位置。如果个股长时间低迷后出现放量，且较高的换手率能够维持几个交易日，则一般可以看作是新增资金介入较为明显的迹象，此时高换手率的可信度比较高，此类个股未来的上涨空间相对较大，同时成为强势股的可能性也很大；如果个股是在相对高位出现高换手率而成交量突然放大，一般成为下跌前兆的可能性较大，且多伴随有个股或大盘的利好出台，此时，已经获利的筹码会借机出局，顺利完成派发，“利好出尽是利空”就是在这种情形下出现的。

盘面上不可忽略的五个细节

1. 开盘上冲。

无量平开盘，然后一路上涨，这种走势称为“开盘上冲”。

无量而且平开盘，说明大盘比较平静而且个股也没有基本面方面的变化。正常情况下，股价应该跟随大盘波动，但随后的一路上冲违背了这一规律，说明盘中应该有主力在刻意运作。

常见的一种“开盘上冲”走势过程是，股价开始上冲时上下挂单都很少，成交量也不大；上冲几分钟以后接单开始不断增加；最后会出现大抛单将下档的几档大接单一下子砸掉的情况。

开始上冲过程说明市场依然非常平静，小单不断，而主力并没有刻意挂单，开盘态势一路延续；接单增加说明开盘态势吸引了一些市场的买单，其中也混杂着一些主力“佯买”；最后的大抛单，可能是某张大卖单砸出来的，也可能是主力自己砸出来的。

如果“大抛单”是由市场的大单砸出来的，接单量会减少，股价下挫；有准备的主力会重新挂单，来推测市场大卖单是否持续；当市场大卖单持续出现时，主力会选择放弃，反之有可能继续推高股价。

如果“大抛单”是由主力自己砸出来的，那么可以肯定开始的拉高只是为了减仓。根据一般的市场心理分析，这种可能性较大。面对这种情况，投资者应当持币观望。

2. 放量涨停。

放量涨停就是在股价涨停的情况下成交放出了大量。促成这种现象原因有以下几个：

（1）该股一定有主力在其中运作，它对上市公司本身比较了解，对于公司何时推出预盈公告非常清楚；

（2）该主力愿意让市场在目前价位跟进，这是比较常见的现象。

投资人经常会碰到一些股票，尽管其中也有主力，但还是愿意让市场在一些很低的价位跟进。主力愿意而且很明显的是故意做出成交量来吸引市场的跟进，可能是由于其仓位已经达到预期的要求，无法再增加仓位，但持有的仓位并没有达到控盘的程度；也有可能是因为主力已经被套牢，即使再增加部分仓位也无法把成本有效地降下来。由于股价的涨停并非尾市的偷袭造成，因此主力在历史低价区企图拉高出逃的可能性不大。

3. 主力的痕迹。

庄股的判断有很多，比如观察其走势是否独立于大盘，观察盘中是否有大手笔的接抛盘等。但有时这些判断毫无用处，而像十大流通股东名单等小细节却更为重要。

如果十大股东全部都是筹码不多的个人账户，在满足某种条件时，主力仍然可能隐藏其中。这需要对当期十大股东作出动态的分析。十大股东名单在上市公司公告中每季度都会变化一次，投资者将连续几个季度的名单进行对照，如果有三个以上的账户持股数量频繁变动，则可以判断这家股票有主力。依据就是主力不可能在一季度的交易中一点也不动。一旦大盘拉出阳线，即使是半死的主力也会奋力拉升。这种小规模的拉升一般会选择筹码较多的账号，以便操作，所以前十位的账号持股数量会发生变化。

4. 瞬间跳水。

个股瞬间跳水现象出现的频率并不低，其触发因素有很多，如个股股价、基本面、主力参与度以及大盘的变化等。

大盘指数上涨，说明股价整体上涨。当然大盘指数只是平均数，其中还是会有个股下跌的情况。如果个股出现跳水，投资人可以假定这次跳水是从瞬间砸掉下档的大笔接单开始的，跳水同时会伴有较大的成交量。随着大盘指数的上涨，一方面，买方下档接单会增加，其中既有市场的接单也有主力的单子，股价跳水后至少市场的接单会全部成交；另一方面卖方心理价位提高，因此其中出现的几笔巨大的抛单将多个价位的接单悉数砸掉是非正常的市场卖单。导致股价跳水的大卖单来自两方面：盘中主力和某张大单子（可能属于基金、私募或者大户）。主力如果愿意，就会有源源不断的卖单出来；而某张大单子采取逆势跳水的方式，说明这是其最后的筹码，一次性的卖单。

投资人可以通过跳水后的成交量以及股价的走势分析出跳水背后的黑手。如果跳水后的成交量缩小，股价却瞬间回位甚至继续跟上指数，说明是主力在减仓但仍然运作股价；如果跳水后的成交量依然不小，股价略有回升或者继续下跌，说明是主力在大量出货；如果跳水后成交量恢复原状，股价仍在低点随指数起伏，说明跳水只是某张大单子所为。

5. 强势股尾市弱化。

当大盘大跌的行情出现时，一些强悍的个股能顶住不跌甚至逆势上涨，而其中并没有消息面的变化，很显然，是有主力在运作。但有时候，这些个股却在临近收盘时出现走弱的态势。

有一点可以明确，主力当天增加了不少仓位，其目的在于出货、维护股价或者未来继续拉升股价。为了出货或维护股价而增加仓位，除非上档有巨大的抛压盘，否则主力一定会尽力做高收盘价。一般情况下，主力不会刻意拉高某一天的收盘价，特别是在主力还没有大量出货的阶段。如果收盘价非常容易往上做却没有收高，那么未来继续拉升股价就是主力的目的。而收盘价是否容易被操纵，要看上面的卖盘，卖盘越小，主力容易将收盘价做高。

盘面分析的四个要素

1. 量价匹配。

从成交量柱状线与对应价格的变化可以判断量价匹配是正匹配还是负匹配。具体是，成交量柱状线由短逐步趋长，价格也同步走高，表明推高动能不断加强，是正匹配，可跟进；反之，价格上涨，成交量柱状线却在萎缩，是负匹配，无量空涨，短线还会回调。同样，当成交量柱状线由短逐步趋长，价格不断下滑，表明有大户、机构在沽出，是危险信号，通常大势短期很难再坚挺；成交量柱状线不断萎缩，指数却飞速下滑，是买盘虚脱的恐慌性下跌，在弄清原因的情况下，短线介入，会获利丰厚。另外，成交量柱状线急剧放大，股价却既未上攻又未下滑，可能是主力在洗盘，投资者宜观望；当成交量柱状线放大，股价却逐步下滑，说明主力在减磅；反之当成交量柱状线放大后持续萎缩，期价却不断下滑，有可能是主力在震仓，此时投资者应“抱紧自己的仓位”，不要轻易抛出股票。

2. 股价异动。

如果在盘口分时图中事先没有征兆，却突然出现飙升或跳水走势，就称为异动走势。这时候，投资者应该快速搜寻各大交易所的价格走势，浏览各类新闻，尽快查明原因。例如节假日，由于中国市场的假期与国外并不相同，因此在中国市场放假期间国外市场仍处于交易状态，而这段真空期外盘价格走势会对国内市场的影响，使得节假日附近的走势充满了不确定性；出于风险规避的考虑，谨慎的投资者会选择空仓，这是节假日来临前市场普遍的心态；出于预期考虑，小资金会在假日前对境外市场作出判断，而主力考虑的则是重大战略的部署问题，即在某种情况下采取何种方式更有利于自己，在节后影响明朗的情况下掌握更大的主动。

3. 主力控盘。

外盘走势和国内市场的最新消息都会在开盘阶段有所体现，一般来说，这种信息对国内市场的影响在 5 分钟之内会表现最为明显，之后会逐步淡化，在大约半小时后，形成一种平衡的格局。但由于趋势惯性的影响，中小资金仍会继续进场参与，并将这种热情保持一段时间。利用外盘走势的影响，并配合国内走势的特点，市场主力会打出一个合理的开盘价格，之后，随着主力行动的逐步淡化，市场转而进入自我消化阶段。续盘阶段的走势完全由市场主力的操作风格和操作思路所决定。单边市中的成交量会比平时大很多，这是由市场价格幅度的扩大引来短线资金的积极参与而造成的。

如果续盘阶段有明显趋势，其价格波动和成交量变化会更加剧烈，并可能形成全天最活跃的交投空间。如果续盘阶段无明显趋势，其行情也会从低迷中苏醒过来，转为逐渐活跃。在预期的影响下，主力资金会发动一波短期行情，这会对第二天的开盘造成冲击。收盘阶段要特别留意对重要消息的整体消化情况，对消息反应迟钝的情形是关注的重中之重。

4. 变盘征兆。

市场发生变盘前，呈现的一些预兆性的特征：

(1) 大部分个股的股价波澜不兴，缺乏大幅度盈利的波动空间。

(2) 投资热点平淡，既没有强悍的领涨板块，也没有聚拢人气的龙头个股。

(3) 增量资金入市犹豫，成交量明显趋于萎缩，并且不时出现地量。

(4) 指数在某一狭小区域内保持横盘震荡整理走势，市场处于上下两难境地，涨跌空间均有限。

(5) 表现在K线形态上，就是K线实体较小，经常有多个或连续性的小阴小阳线，并且其间经常出现十字星走势。

(6) 市场人气涣散，投资者观望气氛浓厚。至于变盘的结局究竟是向上突破还是破位下行，则取决于多种市场因素。

(7) 上涨中的多空平衡要观察市场能否聚集新的做多能量来判断向上突破的可能性，而下跌中的多空平衡比较容易形成向上变盘。

(8) 触发向上变盘的因素是主流热点板块在盘中是否有大笔买卖单异动，关注板块中的龙头个股是否能够崛起。如果仅仅是冷门股补涨或超跌股强劲反弹，往往不足以引发向上变盘。

(9) 通常大盘指标股的异动极有可能意味着市场将出现向上变盘的可能。

从盘面判断大势的心法口诀

1. 换手强大。

要想涨，先有量。由跌转涨量先强，百分之三是标准，盘跌它涨转强量，百分之五不能追，要等回拉靠线莫心慌！十五以上要谨慎，三十以上要提防，三日没有新高现，只买不卖没商量。

2. 转强追涨。

要想涨，先有量。一日长量先看看，二日长量要紧张，三日长量是反转，马上追涨没商量！先放量，后缩量，放量过顶先别慌，MACD 跟得上，投资人就是那主升浪，横盘整理不用愁。量缩下影八分一，马上买进就会涨。

3. 震荡上行。

震荡上行不用急，阴阳相间好有趣。阳量长，阴量短。阴量最小三分一，5 日上叉 40 日，震荡上行开始了；5 日下叉 40 日，还有回头望月时；5 日反叉 40 日，绝佳冲高卖出时。

4. 盘中买卖。

集合竞价很重要，盘中更要量跟上，量比超过 2.5，主力开始动手了。上来先冲 3.5，千万别急乱追涨，回落不缩量，反身再冲上，打横走一走，买它没商量。放量上，再缩量。过不过顶看二样。上冲角度要更陡，单笔买量更要强，不然就算冲顶过，也是卖它没商量。上冲超过 7%，不追宁等它涨停。涨停之后若打开，能否封上看开单，单笔开板过万手，就算再封也卖出。盘中买卖关键点，一是量来二是线。

第五节　盘口是买卖双方的真实战场

上压板和下托板

上压板指的是大量的委托卖盘挂单，而下托板则是大量的委托买盘挂单。无论是上压还是下托，其最终目的都是为了让主力更好地操纵股价，诱惑散户投资者去跟风。

股票处于不同的价格区间时，上压板和下托板的作用是不同的。

在股价上涨途中，如果上方出现上压板，个股运行到此处不能放量吃掉这笔卖单，往往就会受挫调整。股价如果再想涨上去，除非放量吃掉大卖单或者这笔卖单主动撤掉。

一般而言，上压板与下托板都是主力为了控制股价而采取的操盘方法。

股价在碰到上压板时往往会停止上涨的步伐，如果主力改变策略，又想让股价涨上去，就会主动撤掉这笔大卖单，没有巨大的压力，股价的上涨就会容易得多。如果股价上涨途中遭遇的上压板被撤掉，或有较大的买盘将它吃掉，那么股价上涨的可能性非常大，投资者可以开始准备建仓。否则就是主力在压制股价，为洗盘或者出货打基础，这时投资者应该谨慎小心，不应轻易入场。

股价下跌时碰到下托板，同样是主力的把戏。主力为了稳住股价，往往会在下面放上数量较大的买盘，买盘的出现顶住了盘中连续出现的抛盘，因此股价往往会停止下跌。如果股价近期下跌幅度较大，而当天股价也有较大的跌幅，这时在低位出现了下托板，投资者可以考虑逢低介入。

当然，精明的主力有时也会利用下托板进行洗盘，让散户投资者认为下托板是为了掩护主力出货，引起散户投资者的恐慌，从而纷纷斩仓。散户离场的同时，主力却悄悄地利用巨量的下托板建仓，然后一举拉升股价。

静态挂单与动态挂单

依据挂单后的成交效果，整个挂单系统可以分为静态挂单和动态挂单。

所谓静态挂单就是高于第一买进价的卖单或者低于第一卖出价的买单，这些单子无法在挂出后的第一时间成交，只能被动等待下家来接单。

所谓动态挂单是指卖出价低于或等于第一买进价的卖单或者是买进价高于或者等于第一卖出价的买单，这些单子一进入交易报价系统立刻就会出现部分或者全部成交。它也称为主动性买单和卖单。

各种买卖盘

1. 买盘与卖盘。

买卖双方的出价与数量构成盘口表现中的买盘和卖盘，投资者能够直接看到的是“买一至买五”和“卖一至卖五”的买卖委托以及“内盘”、“外盘”和“委比”、“量比”等概念。

这几项都是目前盘中多、空力量对比的指标。如果即时的成交价是以“委卖”价成交的，说明买方也即多方愿以卖方的报价成交，“委卖价”成交的量越多，说明市场中的“买气”即多头气氛越浓。如果“委卖价”与“委买价”价格相差很大，说明追高意愿不强，惜售心理较强，多空双方处于僵持状态。

以“委卖价”实现的成交量称为“外盘”，俗称“主动买盘”。反之，以“委买价”实现的成交量称为“内盘”，也称“主动卖盘”。可见，当“外盘”大于“内盘”时，反映了场中买盘承接力量强劲，走势向好；“内盘”大于“外盘”时，则反映场内卖盘汹涌，买盘难以抵挡，走势偏弱。

通过卖盘、买盘数量的大小和比例，投资者通常可以发现主动性的买盘多还是主动性的抛盘多，并发现主力动向，是一个较有效的短线指标。

但有时，外盘大，股价并不一定上涨；内盘大，股价也未必就会下跌。投资者应清醒地看待这一指标，防止被主力欺骗。以下实践经验供投资者参照：

(1) 主力用几笔买单将股价拉至一个相对的高位，然后在股价小跌后，在买 1、买 2 挂买单，造成一些投资者误判股价会下跌，纷纷以叫买价卖出股票；主力却分步挂单，将抛单通通接走。这种先拉高后低位挂买单的手法，常会显示内盘大、外盘小，待投资者上当抛盘后，主力接足筹码迅速推高股价。

(2) 股价经过了较长时间的数浪上涨，处于较高价位，成交量巨大，不能再继续增加，当日内盘数量大于外盘，股价将可能下跌。

(3) 主力用几笔抛单将股价打至较低位置，然后在卖 1、卖 2 挂卖单，自己再吃掉自己的卖单，造成股价暂时横盘或小幅上升；此时外盘将明显大于内盘，使投资者误认为主力在吃货，而纷纷买入，结果第二个交易日股价继续下跌。

(4) 股价经过了较长时间的数浪下跌，处于较低价位，成交量极度萎缩。此后，成交量温和放量，当日外盘数量大于内盘，股价将可能上涨，此种情况较可靠。

总而言之，买卖盘、内外盘的大小对判断股票的走势有一定帮助，投资者一定要同时结合股价所处的位置和成交量的大小来进行判断，而且更要注意股票走势的大形态，千万不要因为过分注重细节而忽略了大局。

2. 主动性买盘和卖盘。

投资者可以通过主动性买盘和主动性卖盘来研判主力的真正动向。主动性买盘就是对着卖盘一路买，每次成交时箭头为红色，委卖单不断减少，股价不断往上走。在股价上扬的过程中，抛盘开始增加，如果始终有抛盘对应着买盘，每次成交箭头为绿色，委买单不断减少，使得股价逐渐往下走，就是主动性的卖盘。投资者注意不要逆市操作，否则很容易吃亏。

3. 主力买卖盘与散户买卖盘。

主力的买盘和卖盘多数数量较大、价位比较集中；散户的买盘和卖盘数量较少、价位比较分散。主力盘是行情的主导力量，按照“二八定律”即市场中主力盘占市场总成交的 20%，散户占 80%，但是这 20%的主力盘却能够起到决定性的作用。

4. 隐性买卖盘。

隐性买卖盘是指在买卖成交中，有的价位并未在委买卖挂单中出现，却在成交一栏里出现了。隐性买卖盘经常隐含主力的踪迹。连续出现单向整数隐性买单，而挂盘并无明显变化，一般多为主力拉升初期的试盘动作或派发初期激活追涨跟风盘的启动盘口。

一般来说，上有压板，而出现大量隐性主动性买盘（特别是大手笔），股价不跌，则是大幅上涨的先兆。下有托板，而出现大量隐性主动性卖盘，则往往是主力出货的迹象。

5. 扫盘。

在涨势中常有大单从天而降，将卖盘挂单连续悉数吞噬，即称扫盘。在股价刚刚形成多头排列且涨势初起之际，若发现有大单一下子连续地横扫了多笔卖盘，则预示主力正大举进场建仓，是投资者跟进的绝好时机。

各种大单

1. 下跌后的大手笔买单。

股票在经历了连续的下跌以后，主力会接连挂出巨大买单护盘，但这并不意味着该股后市要止跌了；某些情况下，股价护是护不住的，主力的护盘往往表明其真正实力的欠缺。此时，该股股价有极大的可能会继续下降，但投资者可留意该股，因为一旦市场转强，这种股票往往一鸣惊人。

2. 盘整时的大单。

一直处于平稳运行中的个股，若股价突然被快速拉起，或突然跌停，往往是主力在试盘。向下砸盘，是在试探基础的牢固程度，然后再决定是否拉升。该股如果一段时期总收下影线，则向上拉升可能性大，反之出逃可能性大。

3. 低迷期的大单。

当个股长期低迷，卖盘上连续挂出巨大抛单（每笔经常上百、上千手），买单则比较少时，如果有大笔资金进场，将大量压单吃掉，可视为是主力的建仓动作。注意，此时的压单并不一定是有人在抛空，也有可能是主力在利用自己的筹码在造量吸引注意。

资金流向

资金流向判断准确，对分析大盘走势和个股操作都具有重要的意义。“热点”其实就是资金集中流向的个股和板块。

资金流向的热点是指每天成交额排行榜前 20 至 30 名的个股，观察的重点是这些个股是否具备相似的特征或集中于某些板块，占据成交榜的时间是否够长。

选股时要注意资金流向的波动性，这可以从涨跌幅榜观察出来。大资金的进场与闲散资金的进场有所不同：大资金更善于挖掘有上升空间的投资品种；而游资是否集中进场，更多地取决于当时大盘行情是否向好。大资金进出场的时间一般会早于小资金进出场的平均时间。

资金流向对行情拐点的判断十分重要。相对低点时大资金是否进场、行情是否会转折、个股的选择上究竟是选热点短炒还是打埋伏等大资金抬轿等，都与资金流向的判断分不开。所以投资者在分析股票市场时，应该把资金流向分析摆在第一位。

第六节　制定操盘预案

自己有把握吗

军营里有这样一句耳熟能详的话——“不打无准备之仗”，意思是，要想取得战斗的胜利，就必须做好充分的准备，如果准备不充分，打起仗来十有八九是要吃亏的。投资炒股也不例外，同样需要周密部署，精心准备，只有这样，才能稳操胜券。换句话说，就是投资者对自己此次的炒股计划有没有十足的把握。

1. 对心态的把握。

炒股就是对投资者心态的一个考验，我们知道，无论做任何一件事情，保持良好的心态都是非常重要的。

投资有苦有乐，既会面临股市下跌的煎熬，又能在股市的上涨中享受欢愉。若你的情绪像天气一样易变，股价上涨时心情高昂，下跌时悲观失意，寝食不安，这肯定不是一个好的心态。

所以，投资者一定要对自己的心态有一个把握，明白自己是否能够承受股市的猛涨或者猛跌。如果你的回答是肯定的，那么投资的心态就很不错。

2. 对资金的把握。

有了心理准备还不够，还需资金准备。资金准备是炒股的基础，它就像打仗需要充足的弹药。不过，需要注意的是，投资的资金应当是自己闲置不用的钱。这样不会因为借钱投资而承受支付利息和本金受损的双重压力，即使股票暂时的表现不如人意，也不会过于焦虑，更不会出现急于归还借款而赔钱出局的情况。

3. 对投资目标的把握。

树立了好的投资心态，也有了备用的资金，还需要确定自己的投资目标，即投资者想通过投资实现短期、中期还是长期目标。有了目标，就等于有了行动的计划，奋斗的方向。

目标的制定需要结合家庭情况，包括养老计划、子女教育计划、旅游消费计划等。短期计划制订后，需要短期的操作策略相配合，快的可能 3～5 天，慢的也就 3、5 个月，最多半年到 1 年。但这种投资目标只适合股市出现巨幅震荡时采用，否则很难实现既定目标。

4. 对年龄的把握。

炒股是一项风险很大的投资活动，如果你正处于 30 岁的壮年时期，那么可以选择一些收益比较大的股票来投资。

如果你的年龄在 50 岁以上或者已经退休了，那么，风险承受能力自然变弱，在投资中不防增加点风险小、收益稳定的股票，这样，你对未来能够到手的收益就会更有把握一些。

炒股就一定要有把握，如果你对上面的几个方面都准备好了，决定在股海中游历一番，那么，就可以继续行程了。

搞清楚当前你的整体盈亏情况

在股市中，我们不难见到这种现象：投资者买了很多只股票，某天股票 A 为他盈利 1000 元，他欣喜若狂。第二天，股票 A 继续为他盈利 1000 元，他更加高兴。可是他所买的股票 B 却在一天内让他亏掉了 1500 元。

这种现象相信很多投资者都遇到过，这时，我们就不能单纯地说其盈利是 2000 元或者 500 元，而是要看其整体的盈亏情况。

一般来说，炒股者的整体盈亏主要有以下几种：

1. 盈利大于 20%。
2. 盈利大于 10%且小于 20%。
3. 盈利小于 10%。
4. 亏损大于 20%。
5. 亏损大于 10%且小于 20%。
6. 亏损小于 10%。

如果你的整体盈亏属于上面的几种情况之一，那么可以选择以下的几种操作方案：

1. 如果盈利大于 20%，你可以将仓位控制在 40%左右，如果你对市场的前景看好，可以将仓位调整到 75%左右。

2. 如果盈利大于 10%且小于 20%，那么可以将仓位控制在 65%左右，如果此时的走势依然被看好，那么可以继续加仓操作，这个仓位就由你自身的承受能力来决定。

3. 如果此时盈利小于 10%，那么，你可以全仓买卖。

4. 如果此时亏损大于 20%，不要着急地买进卖出，而是应该认真总结自己失败的原因，制订接下来的操作计划。如果此时亏损大于 10%且小于 20%，那么，你应该立即建仓，仓位最好控制在 30%左右，而且应该认真总结自己失利的原因，以及制定接下来的操作策略。

搞清楚你现在的整体仓位

仓位是指投资者实际投资占实有投资资金的比例。举个例子来说：你有10万用于炒股，现在只用了4万元，那么，仓位就是40%；如你全买了股票，就是满仓；如你全部卖出股票，就是空仓。

一般来说，如果市场比较危险，随时可能跌，那么就不应该满仓，而应该半仓或者保持更低的仓位。

一般来说，平时仓位都应该保持在半仓状态，就是说，留有后备军，以防不测。只有在市场非常好的时候，可以短时间的满仓。

能根据市场的变化来控制自己的仓位，是炒股非常重要的一个能力，如果不会控制仓位，就像打仗没有后备部队一样，会很被动。

科学的建仓、出场行为在很大程度上可以规避风险，使资金投入的风险系数最小化。虽然从理论上来讲负面因素也可能带来利润的适度降低，但股票市场是高风险投资市场，确定了资金投入必须考虑安全性问题，保障原始投入资金的安全性才是投资的根本，在原始资金安全的情况下获得必然的投资利润，才是科学、稳健的投资策略。

搞清楚当前大盘基本趋势

大盘的趋势无非是三种：牛市、熊市、盘整。这是从大的方面来看的，如果细分的话，还可以将牛市分为牛市初期，牛市中期和牛市晚期；熊市同样可以分为熊市初期、熊市中期和熊市晚期。

1. 牛市。

如果此时的大盘是在牛市初期的话，投资者可满仓操作；中期的话可重仓；晚期的话一定要减仓。

2. 熊市。

如果此时大盘正处于熊市初期，投资者可以轻仓甚至是空仓；中期的话可轻仓；晚期的话就要重仓或者满仓。

3. 盘整。

若大盘此时正处于盘整时期，那么投资者最好的操作策略就是观望。

搞清楚买入的依据

通常，我们做什么事情都是有一个原因的，选股也一样，投资者买入股票的理由不外乎以下几种：

1. 小盘股。
2. 上升通道完美。
3. 热门股。
4. 上市公司业绩好。
5. 有强庄入驻。
6. 政策利好。
7. 股评的推荐。
8. 技术指标看多。
9. 严重超跌。
10. 重组题材。
11. 蓝筹股。
12. 有配股和送股的题材。

需要提醒投资者的是，无论你是以什么理由买入的，都不要忘记看此时的股价是否已经作出了过度的反应，而且在持股的过程中，一定要谨慎操作，防范风险。

搞清楚继续持股的理由

一般而言，投资者继续持股的理由有以下几种：

1. 股价的涨幅不大。
2. 股价只出现了暂时性的回调。
3. 股价下探的空间不大。
4. 股价即将出现大的底部。
5. 亏损没有超出自己的预期。
6. 重大转折点还没有出现。
7. 主力还没有出局。
8. 还没有出现巨额的成交量。
9. 股价还没有见顶。

在炒股过程中，不管持股的理由是什么，投资者都一定要记住，继续持股并不意味着死守，一定要根据具体行情的升跌，适当地控制持仓的比例，同时要密切留意最新资讯的变化，随时检讨自己持仓的理由是否充分。

可以重仓操盘吗

大家都知道重仓操作是一种“赌博”，惨痛的教训数不胜数，一般来说，重仓造成的亏损至少是其带来收益的10倍以上。

是赌博就有其诱人的一面，重仓也一样，假如你现在重仓持有股票，即使涨幅较小，所赚绝对数亦相当可观。假若轻仓，要赚同样数目的利润，则需在很高的涨幅下才能实现。两相比较，显然较小涨幅更容易实现。

由于其带有赌博的特性，所以在究竟要不要重仓操作的问题上，就一定要认真对待。通常，我们认为在以下几种情况下，投资者可以谨慎选择重仓：

1. 牛市即将来临。

2. 大盘仍处于历史性的底部。

3. 个股依然处在安全期内。

4. 个股属于垄断性行业。同时股价尚未被疯狂炒作。

5. 行业或公司正处在景气周期高速成长阶段，但股价还没过分反应。

6. 上市公司业绩稳定，运营健康，目前其股价低迷仅仅是受到大盘走熊的影响。

投资者一定要注意，上述的几种情况我们认为可以重仓，但在具体应用的时候，也要综合自己的操盘能力和承受能力谨慎选择。另外在选股上也要注意，因为大盘向好，也并不代表所有的个股都会向好，如果投资者在大盘向好的情况下却选择了一只与大盘走势相反的个股重仓操作，那么，得到的将是巨大的亏损。

什么情况下应该保持空仓

股市总是在涨涨落落、起起伏伏中前进，而投资者又只能通过低处买入、高处卖出才能实现盈利，所以如果只是一味地持有不动，就犹如坐上了过山车，上去下来，处处被动，终点又回到起点。

上市公司的脸，阴晴不定，变化多端。一旦将钱圈到了手，一年盈利，二年持平，到第三年就亏损了……这样的上市公司屡见不鲜，比比皆是。对于投资者来说，持这类股票就只有血本无归，伤痕累累。

为什么会这样呢？究其原因是因为投资者不懂得空仓为何物。空仓顾名思义就是将你手中所持有的股票全都卖了。

兵法有云："三十六计，走为上策"。当你的账面盈利时，应及时获利了结，空仓等待。但一般投资者往往还抱有很大的期望，希望上涨一点，再上涨一点，结果就在投资者正期盼股价继续上涨的时候行情结束了，股价掉头向下，迎接投资者的就是套牢。

当股票已经出现下跌的时候，投资者应该果断空仓。但很多投资者往往期待股价反弹一点，再反弹一点，结果不仅没有反弹，却越等越跌，越跌越等，投资者的情绪也从期望转为后悔，从后悔直至绝望。

很多时候，投资者要想在股市中盈利，就要学会怎样空仓，怎样离场，将已经即得的利益拿到手，这才叫本事。

什么情况必须轻仓

轻仓指的是资金和股票相比，资金份额占多，股票资金占总资金三分之一以下。一般来说，如果投资者遇到以下几种情形，应该轻仓操作：

1. 大盘走势转弱。
2. 对个股的走势没有把握。
3. 大盘方向不明。
4. 大盘虽接近底部，但尚未确定。
5. 大盘处于下跌中期。
6. 大盘极差，但个股质地很好，且离底部不远。

设立止损位

通常来说，止损对于投资者的操作而言相当重要，因为大多数套牢者都是没有及时止损而造成的。如果能够果断地止损，也就只伤皮毛，不伤筋骨，翻身的机会很大，如果深度套牢折损过半，想翻身就势比登天了，这就是止损的重要性。

但关于止损位的设置，则莫衷一是。有的设为买入价的5%或10%；有的设为跌破某一均线（或5日、或10日、或30日等等）；有的设为某一整数价，譬如说10.65元买的一旦跌破10元就走；还有的设定一个心理价位，一旦股价跌破自己的心理价位立刻抛出。

以上这些止损的方法都是可行的，只不过投资者在选择的时候，一定要根据自身的情况来决定使用哪一种。一般来说，止损位的设置应该根据该股运行的趋势来确定，不能一概而论，这叫具体情况具体分析。放之四海而皆准的具体止损位设置法是不存在的，但有些原则却是通用的，比如某股下跌空间较大时应该止损，下跌空间很小时可不止损，主力虚晃一枪时（指主力未出货）不须止损，主力已走坚决止损。

投资者在设置止损位的时候一定要记住一个原则，那就是要基于你对该股股价运行趋势的大体把握来谈止损。如果心里一点底都没有，那么虽然并不一定会赔钱，但买入本身就是一种错误。

设立止盈位

止盈说白了就是要克制永无止境的贪念，在获利时果断卖出。通常，止盈的方法有两种：

1. 静态止盈。

静态止盈是指设立具体的盈利目标位，一旦到达目标位，坚决止盈，这是克服贪念的重要手段。

许多投资者总是担心，到达目标位后就卖出可能会错过后市行情中更高的卖出价格。这种情况是客观存在的，在实际操作中很多时候会出现卖出后还有更高卖出价的情况。但是，投资者如果贪心到试图赚取每一分利润，不懂得适时放手，风险将是巨大的。

静态止盈位就是所谓的心理目标位，其设置主要依赖于投资者对大势的理解和对个股的长期观察。它确定的止盈位基本上是静止不变的，当股价涨到该价位时，立即获利了结。

这种止盈方法适合于中长线投资者，即投资风格稳健的投资者。进入股市时间不长、对行情研判能力较弱的新手，通常要适当降低止盈位的标准，提高操作的安全性。

2. 动态止盈。

动态止盈是指当投资的股票已经有盈利时，由于股价上升形态完好或题材未尽等原因，投资者认为个股还有继续上涨的动力，因而继续持股，一直等到股价出现回落，当达到某一标准时，再获利卖出的操作。

止盈中最重要的心理要求就是要有卖出的决心。当股价出现滞涨或回落时，处于盈利阶段的投资者不可能无动于衷，也不可能不了解止盈的重要性，所缺少的是止盈的决心。因此，投资者在止盈时不能犹豫不决贻误时机，一定要立即停止继续盈利的操作。如果说，止盈是保证资金市值稳定增长的基础，那么，决心就是有效实施的基础。

第七节　不同情况下的操盘技巧

反弹操盘——如何成功抢到反弹

当市场处于长期下降通道中时，虽然风险较大，个股机会较小，但也不可能是只跌不涨的单边下跌行情，因此期间总有一些短暂的反弹出现，有时候个股还有巨大的涨幅。所以，我们总是可以看到，在一个阶段性的反弹中，会有一批涨幅在50%以上的个股。这对投资者来说，是阶段性介入的好时机，只是对这种机会的把握存在相当大的风险。那么，有哪些方法能够让投资者成功抢到反弹呢？

1. 对大盘的把握。

对于股票投资者而言，最好是在大盘股指反弹期间进行个股机会的把握，这种顺势操作将大大提高个股投资的成功率，同时操作把握难度也较低。一般来说，当市场出现急跌之后往往会有相对幅度的反弹行情，但下跌趋势中横盘的走势则要注意回避。

所以，投资者在抢反弹的时候首先要对大盘有一个准确的判断。当股指出现快速持续性下跌，已经逼近长期下降通道的下轨或者击破下轨的时候，市场往往随时会出现反弹，应准备介入。

2. 对个股的把握。

一般而言，当市场开始反弹的时候，就应参与那些反应最为强烈的品种，在反弹当天参与可以介入领涨的品种。当然，从基本面上也要关注当时市场最为活跃的题材和热点，同时结合技术上股价的表现，因为最先启动的个股往往股价反弹的高度最大。

3. 对买入时机的把握。

抢反弹过早，容易造成套牢；抢反弹过迟，往往会错过稍纵即逝的买入价位，从而失去机遇。抢反弹应坚持不追高的操作原则，因为抢反弹具有一定的风险，盲目追高会使自己陷入被动的境地，相反逢低买入一些暴跌过后的超跌股，可以使自己把握进出自由的主动权。

4. 对卖出时机的把握。

许多投资者常常被反弹急风骤雨式的拉升所迷惑，以为是新一轮牛市启动了，历史上尽管有过反弹最后演化为反转的先例，但出现的几率很小，往往需要市场环境等多方面因素配合才行。绝大多数报复性反弹会在某一重要点位遇阻回落，当反弹接近阻力位时，要提高警惕，踏空的投资者不能随意追涨，获利的投资者要及时获利了结。

同时，牢记下面这些原则对抢反弹也大有裨益。

1. 降低盈利预期。

即使是那些最强势的个股，在扣除进出成本之后，预期的盈利空间也一般都不会超过 20%，至于非强势品种能达到 10%就相当不错了。因此，在弱市行情中抢反弹，盈利的要求是要大大降低的，要特别遵守止盈纪律，否则很有可能被套。

2. 趋势不明时不参与反弹。

当股市下跌趋势已经形成或运行于标准的下跌趋势通道中时，投资者不宜抢反弹，此时抢反弹，无异于火中取栗、得不偿失。

3. 要设置具体的止损价位，做好止损的心理预备。

反弹并非市场已经完全转强，因此在参与反弹时应该坚持安全第一、盈利第二的原则，一定要设置止损位，当股价到达预定价位时马上果断卖出。

4. 不宜满仓操作。

在弱市中抢反弹，要根据市场环境因素，确定适当的资金投入比例，贸然重仓或满仓参与反弹，是不合时宜的，一旦研判失误，将损失巨大。

追涨操盘——如何追涨才最安全，利润最丰厚

但凡炒股的人，都想抓住一只涨停的个股。恐怕再也没有比抓到一只涨停股更激动人心的了。“今天两市只有××只涨停板，我持有的股票就有×只涨停。”“××股票，昨天刚买，今就涨停……”喜形于色的投资者，无不流露出抓住涨停板时的激动心情。

同一件商品好不好销，主要取决于供求关系，买的人多，它就会供不应求，还能卖个好价钱；买的人少，价格就会下跌。股票如商品，炒股如经商。当投资者纷纷看好某一股票时，就会导致这只股票供不应求。开始时，大家互相抬价，争相抢购。后来，买的人越来越多，大家就干脆在涨停价的位置上排队等候，行情交易系统显示出来的数据就会只有买家，没有卖家，这就是股票涨停板的由来。

敢追涨停，甚至在股票涨停后仍敢“排队”等待买入的投资者，都希望能顺利买进，并封住涨停，第二天再大涨。如果你期望这样的结果，就一定要注意如下操作方法：

1. 目标要明确。

追逐涨停板，往往充满变数。但不管怎么变，目标不能变。计划“一个板走”，就得“一个板走”，“两个板走”就得“两个板走”，切忌患得患失，否则只能错失良机。在明确盈利目标的同时，还要设立“止损位”。对追逐涨停板后可能出现的风险、能够承受的损失事先要想清楚，给追逐涨停板股票划一道“底线”，只要一冲破这道“底线”，就要坚决离场，把风险限制在可控范围内。

2. 品种要选对。

股谚常说，“功夫在盘前，而非盘中”。对准备追逐的涨停板的投资者来说，原则上要选自己熟悉的品种。如果品种不熟悉，也要在追逐前加以必要的研究，做到心中有数。只有在追逐前了解清楚待买股票的基本面，才能做到镇定自若，轻松操作。

3. 时机要选好。

在时机的选择上，务必要第一时间（第一只涨停板）买入、启动初期（尽量不要在涨停价上买）买入、开盘或急跌时（不要在急冲过程中）买入。

值得注意的是：追涨停要“重势不重价”。很多投资者在追涨停的过程中，会被个股基本面分析影响，有时会认为这不是一个绩优股而放弃买进。这种做法是错误的，

因为追涨停重要的是趋势，这和买白马股重视业绩好坏的特点是不一样的。

另外，任何涨升行情都不可能一帆风顺，都必然要面对各种压力。即使是涨停股的上涨行情，仍然会有出现曲折的时候。因此投资者在积极操作的同时仍然不能忽视风险，要适当注意资金的管理与仓位的控制。

涨停股的快速上涨能给投资者带来丰厚的利润，但是另一方面，因为其涨幅比较大，一旦转弱，下跌的速度也是很快的。因此，如果发现涨停股失去其上涨的“势”时，必须果断止损和止盈。

短线操盘——如何捕捉瞬间出现的机会

每一个投资股市的人目的都很单纯，既非想出名、行善，也不是想为交易所和券商打工，更不是来游戏和赌博，而仅仅是为了赚钱。在股市中要想取得较高的收益有两种途径：一是长期持有较为单一的股票，伴随上市公司的不断发展从中获利，这就是我们所说的长线投资；二是积少成多，短期高频地买进卖出，通过抓住波段里的上升空间来进行滚动操作，提高资金运作的效率，让收益像滚雪球一样越滚越大，虽然每次只赚三五个点，但长年累月下来也可以收获颇丰，这就是我们所说的短线投资。

作为一个投资者，如何才能捕捉到瞬间出现的机会呢？这就需要对短线操作时机有一个非常准确的把握。

那么，如何判断当日是否有短线操作的机会呢？这就需要投资者利用几分钟的时间来判断大盘走势的强弱，掌握进行短线操作时大盘应具备的条件。

1. 当日涨幅排行榜。

（1）当日涨幅排行榜中如果前十名的个股涨幅都小于3%，则表明市场处于极弱势，大盘的短线投资环境不好。此时，投资者最好不要进行短线操作，以免资金被套。

（2）当日涨幅排行榜中如果前十名的个股涨幅都大于4%，则表明市场处于强势，大盘提供的短线操作环境一般。此时，短线操作可以择机介入强势目标个股。

（3）当日涨幅排行榜中，如果有5只以上的股票涨停，表明市场处于超级强势，大盘提供的短线操作环境十分良好。此时，投资者可以选择目标个股坚决展开短线操作。

（4）当日涨幅排行榜中如果没有个股涨停，且涨幅大于5%的股票少于3只，则表明市场处于弱势，大盘没有为个股表现提供条件。此时，短线操作需根据目标个股的情况小心进行。

2. 涨跌个股家数的大小对比。

（1）如果大盘上涨，同时上涨个股家数多于下跌个股家数，说明大盘涨势真实，处于强势，此时投资者可以积极进行短线操作；如果大盘上涨，下跌个股家数反而多于上涨个股家数，说明这种涨势靠不住，有主力机构在故意拉抬指标股，大盘属于虚涨，此时的短线操作要分外小心。

（2）如果大盘下跌，同时下跌个股家数多于上涨个股家数，说明大盘跌势自然真实，大盘处于弱势，在这种形势下，投资者可以停止短线操作，离场观望；如果大盘下跌，但下跌个股家数却少于上涨个股家数，说明有主力机构在故意打压指标股，大盘跌势为虚跌，此时的操作可视目标个股具体情况小心展开。

收益与风险是成正比的，高收益必然伴随着高风险。短线操作具有高风险的特征，因此在短线操作中，必须要有明确的操作原则，制定铁的纪律并且严格遵守，只有这样，才能最大限度地减少短线操作风险，获取丰厚的短线收益。以下是短线操作必须要坚守的几个重要原则：

1. 永不满仓。

短线交易永远不要满仓操作。短线交易最大仓位到底设定为多少才算合适，不同的人有不同的标准，比如有些人仓位达到总资金的85%，即认为达到了最大仓位。不满仓操作的原因，是因为每天都会有好股票出现，每天都有短线买进股票的机会。如果没有资金，即使你看到了好股票也没法买进。好股票留给投资者购入的机会是很短暂的，在你出货筹备资金的同时，可能会眼睁睁地看着股票价格被拉了起来。面对错失的购入机会，你只能懊悔不已。对于想进行短线操作的投资者来说，仓位的安排可以按照三分之一的基本仓，三分之一的短线仓，三分之一的现金这样的仓位和资金布局来安排。

2. 不频繁操作。

许多人认为短线投资者就应该频繁地在股市里进进出出，其实这是对短线操作的误解。事实上，虽然每天都有许多上涨的股票，但在一般情况下，大多数股票的上涨都是随机的，能够通过短线技术分析确认上升趋势的股票并不多。某只股票今天出现在涨幅榜里，明天就有可能出现在跌幅榜中。正如言多必失一样，频繁地进行短线操作，最终肯定有“马失前蹄”的时候，因为好运气不可能永远地陪伴着你。因此投资者要谨慎地对待自己的每一次操作，特别是在对行情不能正确把握的时候，更应该停止操作，离场观望与休息，切忌盲目操作。

3. 重时而不重股。

短线操作的时机选择非常重要。因为投资追求的是参与股票盘整之后的拉升，尽量降低参与后股票回调的可能性，所以要求投资者经得起诱惑，把握住大的形势。总体来讲，短线买入时机要满足以下几个条件：大盘长期或短期的启动上行；有效突破上升阻力位；主动性买盘明显放大，交易额迅速增加；该股处于热点板块或者有重大利好题材。

短线“重时而不重股”的另一个原因是当大行情来临，大市活跃，成交量不断放大，个股涨幅较大并有多只个股涨停时，短线操作起来相对容易。当出现经济热点且其中有龙头股时，适时地抓龙头是降低风险的不错选择。没有买到龙头股而只买了基本面一般的股票时，只要介入时机选得好，仍然可以快速获利。

因此短线操作必须有耐性，能够气定神闲地等待介入时机到来。短线投资的大忌是心浮气躁、瞎猜乱撞，这样会使投资者丧失最起码的判断力，致使短线决策出现重大失误。投资者在等待时机期间，并不是无所事事的，而应该注意行情变动，时时分析思考，“该出手时就出手，不该出手时不要乱出手”。

4. 不追高。

高开3%以上的股票不宜追高，因为后面还会有低点，低点一般在9：40分以后出现。股市开盘后，要观察其第一个波形，在大盘回调的时候下买单，正好可以成交。

长线操盘——如何在一年内获得50%的收益

作为整个国民经济体系中举足轻重的一极，中国股市已步入了长期健康发展的快车道，其国民经济“晴雨表”的功能也将不断得到真正体现。在未来股市不断向上突破的整体趋势中，出现调整甚至大幅调整，都应被看作是正常的技术回档和修正。只要中国整体经济长期向好的趋势不变，支持股市长期上涨的动力就始终存在。当然，随着股指的不断盘升，股市泡沫会难以避免地出现，因此也可以说，未来几年，中国股市必将在对泡沫化的长期争论中不断前行。但有一点可以肯定，那就是，中国股市的长期繁荣才刚刚开始。2007年到2008年的大幅度调整，从股市的整体发展来看只是一段小插曲，如果投资者现在就裹足不前，甚至轻言退出市场，那无疑是极其愚蠢的，这样的举动只会丧失一生中最好的投资机会。

既然中国股市的整体走势良好，那么选择怎样的投资方式便成为投资者应该慎重考虑的问题。股市中有句俗语：“长线是金，短线是银”，理论上说，短线投资利润最高，其次为中线投资，再次才是长线投资。但历史经验证明，股市中只有极少一部分人可以准确地把握好短线波段的整体走势，在底部买进，顶部卖出，大多数投资者都是在股价较高时追高买入，在股价刚下跌时捂股不动，股价下跌至相对低点时杀跌退出。由于短线投资风险高，操作起来比较难，而所获利润有很大部分得作为交易成本扣除，所以，就平均获益能力来计算，短线投资利润并不高。而长线投资相对风险较低，只需要投资者买入基本面良好而价值被严重低估的优质股票，长期持有，便可通过复利增长的神奇魔力获得高额利润。资金的复利增长为长期投资者提供了较好的依据，“股神”巴菲特显然了解其中奥妙，他的投资年平均复利增长率为28.4%，他已经成为全球的超级富豪。

既然长线投资能够带来如此丰厚的回报，那么投资者具体应该如何操作呢？

1. 对大趋势的把握。

投资界有一种较为普遍的说法：股市是宏观经济的风向标。即使是发展尚不完善的中国股市也不例外。股市是整个国民经济的重要组成部分，它在宏观经济的大环境中发展，同时又服务于宏观经济发展的需要。证券市场发展的历史和无数成功者的经验表明，宏观经济的发展趋势，即国民经济的总体走向和结构变化，影响着长线投资的收益。

如果投资者认清了宏观经济的大环境，在操作上就不会犯高位建仓、低位割肉的错误，而能够根据宏观经济形势顺势而为。因此，投资者在进行长线布局之前必须先看清宏观经济形势。如果对宏观经济形势有了一个正确的认识与预测，顺势而为，至少已经取得了一半的成功。

2. 对上市公司基本面的把握。

投资者进入股市，虽然表面上买的是股票，但实质上买的是公司价值，因为价值是真实、理性的，其抗跌性较强，而价格可能是虚化的，它可能是人为吹高或主力做出来的，故其风险很大，投资者不应盲目追随股价去买价格的变化，而应判断上市公司是否有值得购买的价值。判断上市公司是否有购买价值最基本的工具便是基本面分析。基本面分析是指对宏观经济、行业和公司基本情况的分析，包括对公司经营理念策略、报表等的分析。投资者通过对上市公司基本面进行价值分析，便可以从中找出将会引领市场下一波涨势的大牛股。

3. 结合行情调整选股策略。

股市总是潮涨潮落、波动起伏，投资者也应该跟随市场行情的调整，改变自己的长线选股策略。很多投资者在制定长线投资策略时，往往偏爱沿用曾经获得成功的选股经验和投资策略，而不愿意伴随市场的变化而改变，这就让其不能获取稳定持续的长期收益。股市中有这么一种说法，“牛市重势，熊市重质”，说的便是长线选股的基本规律。所谓“牛市重势”，是指当市场行情转好，步入稳定的上升轨道时，投资者应当选择更有盈利机会的强势股，而“熊市重质”则是指当股市处于持续低迷的下跌行情中，长线投资者应转变思维，选择基本面优异、成长性良好的蓝筹绩优股介入。

顺势操盘——如何跟市场风向同向买卖

股民们常挂在口头上的一句话叫“顺势而为”。股市中的顺势而为主要是指在操作上要注重大盘运行的趋势，并以此作为投资选择的方向。因为，市场能载舟，亦能覆舟，它可让投资者满载而归，亦可让投资者一败涂地。许多投资者在一波中级行情宣告结束后，仍然不顾及市场已转势，依然搏杀其中，逆势持仓，结果身陷套牢的困境中。

那么，投资者要顺的是什么势呢?

1. 顺应大盘的趋势。

顺应大盘的趋势就是要在大盘向好或者平稳时才入市。大盘连续破位大跌时什么股都不炒，盘也不看，彻底空仓休息，这个时候硬要入市，那不叫炒股，叫赌博，十赌九输。顺大势还有层意思就是要密切注意政策动向。前段时间政策面发出“微调”信号，大部队都在往回撤，如果你还往前冲，那么套牢就是免不了的。

2. 顺应热点。

每段行情都会有热点板块出现，板块中第一个涨停股通常是龙头，第一时间介入，收益一般相当可观。热点的把握一是多关注媒体信息，二是要结合盘面进行判断。

比如说 2010 年 9 月份，“超级细菌”的出现，使得医药板块再次受到资金的热捧，股价被疯狂推高，9 月 13 日同仁堂（600085）等医药股纷纷涨停，其中白云山 A（000522）跳空高开，疯涨 8.27%，仁和药业（000650）同样跳空高开，上涨 5.84%。

3. 顺应人气。

人气旺盛的地方和市道，资金随人气而聚散离合，入市踊跃，持筹者也愿意锁仓不动，这时投资者应顺势跟进或持仓。所以投资者应选择市场活跃的市道和个股积极进场吃进。当人气消逝，投资者信心逐渐淡薄，甚至完全丧失时，要果断离场。

4. 顺应上市公司的发展趋势。

企业的生命周期与人的生命一样，大致要经历青少年期、中壮年期和老年期三个状态。在选股的时候就一定要顺应上市公司的辉煌和失败。一般来说，应当选择位于青少年期的股票介入，因为其前景比较广阔。

5. 顺个股股性。

正如不同的人，个性不同一样，每只股票的股性也是不同的。投资者不能凭自己的主观意识将之描绘成“千人一面”的形式。比如说，某只股票股性呆滞，虽然大盘走势向好，但如果此时你只注重大盘而忽视该股的股性，那么，到头来可能颗粒无收。当某只股票活跃，呈强走势时，常常逆大市而动，大市跌它启动，大市涨它回调，投资者同样应顺其股性才能踏准其波动节奏。

逆势操盘——如何与市场主流反向买卖

虽然俗话说，顺势者昌，逆势者亡。但在股市中，顺者能昌，逆者有时也能昌。关键是你要“逆”对时机，“逆”对对象。比如说，一直处于下跌通道中的某只股票，某天有了上升的迹象，而且上市公司基本面良好，也处于成长期，这时候就可逆势而为，买进该股。

一般来说，逆势操作要比顺势操作的难度大，但其存在的盈利机会同样更大，投资者只要时机选对，操作方法得当，成功的概率就会比较高。通常，在出现以下三种情况时，投资者可以选择逆势操作：

1. 大盘物极必反时。

通常，当大盘涨势一片大好的情况下，最好不要随意加仓，而要逆势操作，分批减仓。而当大盘跌到一定程度时就不要再盲目离场，而要逆势操作，逢低加仓。

2. 个股否极泰来时。

所谓否极泰来，是指当某只个股并没有利好消息刺激，涨幅突然扩大，与大盘和其它个股的涨幅明显拉开距离时，要逆势操作，及时减仓。同样，如果某只股票并无利空消息的刺激，跌幅突然扩大，就要逆势操作，适量加仓。

在逆势中，投资者还需要掌握以下几点操作技巧，为自己的投资再加上一层保险。

技巧一：随时捕捉强势股。

无论大盘是调整还是大跌，都不是针对所有个股来说的，所谓"熊市有牛股，牛市有熊股"，就是这个道理。一般来说，主力资金被套、个股基本面良好、强庄股特立独行的风范都是孕育大跌中个股行情的主要特点，这些类型的个股都是市场中强势股的重要组成部分。投资者可以在频繁进入两市涨幅榜前 50 名的个股中寻找，并在相应个股没有放量的时候快速追盘，在主力出货前逃跑。

技巧二：牢记并执行操作纪律。

只要一只股票继续向上的攻击力消失，特别是成交量异常放大，不管它的业绩如何，基本面情况怎么样，都必须离场——这是短线操作钢铁般的纪律，一定要牢记并执行。

技巧三：有涨早追，有跌早杀。

一般来说，任何个股的启动，都会有惯性上冲的潜力，如果某只个股在经过大跌之后，出现了突破的时机，就要果断出击；如果某只个股经过长时间的上涨，最好做好卖出的准备。

陷阱操盘——如何识破陷阱，躲避亏钱大厄运

古谚云：兵不厌诈。投资市场是一个悄然无声、厮杀残酷的战场，它虚虚实实、真亦假、假亦真，投资者需智勇双全、镇定自若，方能战胜主力、战胜市场、识破陷阱。

说到底，是谁设下这一个又一个的陷阱诱导投资者呢？毋庸置疑，是主力。主力是制造陷阱的唯一力量，因为只有他们才有实力来制造陷阱，所以，我们常说，股市里处处有陷阱。

主力为什么要设置陷阱呢？股民炒股，就是冲着利字去的，主力也不例外。所以，他们在股市中设置陷阱通常有以下几种目的：

1. 低价吸筹。

2. 消除浮码。

3. 顺利出货。

4. 以利拉抬。

主力在设置陷阱的时候会充分利用散户投资者判市测股的理念和逻辑，引起他们情绪上的大幅波动，让他们产生负面极端情绪：极度恐慌、烦躁不安等等。人在股市，身不由己，投资者往往会在慌乱中一脚踏空，跌入主力预挖的陷阱，一口吞咽了内藏鱼钩的肉饵，导致亏损累累。

通常，我们所见到的陷阱可分为以下六种：

1. 股评陷阱。

股评家非圣人，怎能无错？况且个别缺乏职业操守的股评家与主力串通一气，收受其好处费，鼓吹某股的投资价值值得长线投资。

所以，投资者应提高警惕，一般不要跟随股评去买卖，只把股评家的推荐当成参考即可。

2. 成交量陷阱。

通常意义上，价跌量减、价升量增为技术多头信号；放量下跌、缩量上涨为技术空头信号。

陷阱的启示意义恰好相反，放量下挫收阴乃震仓洗盘之举，说明主力彪悍，即将大幅度拉抬涨升，后市理应看高一线；缩量上扬，揭示浮筹减少，筹码集中度高，主力几乎完全控盘，投资者理应坚定持股待涨的信心。

3. 假突破陷阱。

这种陷阱一般发生在主力准备派货阶段。其特征通常是顺应技术操作，当跟风盘蜂拥而至，形成强大买盘时，主力便暗中迅速逆势派货。投资者如果中招，就要有壮士断腕的勇气，及时纠正错误，否则后果将极其严重。

4. 概念、题材陷阱。

这类陷阱往往表现为过分渲染概念题材的价值和想象空间，仅靠热情推动股价的涨升。

5. 破位下跌陷阱。

庄股经过一波快速上扬行情后，累积了许多获利筹码，短线客的账面亦有些利润，如果再次强行上攻，势必造成浮筹增加，抛压沉重。此时，主力就会故意在高位展开洗盘，待浮躁的投资者失去耐心迫不及待地获利了结之后再推高股价。

那么，投资者应该如何对待主力的陷阱呢？

1. 保持冷静的头脑，尤其是股价在没有大势和利好消息的支持下忽然加速上涨的时候，最好的办法是冷处理。

2. 在行动上，投资者可以慢一步，而不是要紧随其后，因为陷阱停留时间一般不会很长。

3. 反其道操作。这种策略主要适用于投资者已经识别出了主力的陷阱。此时最好的方法就是反其道行之，将计就计，这样一定能跟上主力的步伐。

4. 注重把握大趋势，忽略短期的波动。

过度关注短暂的小波动、小趋势，很容易为陷阱的假象所干扰，而作出错误的选择。所以，投资者一定要把关注点放在大势上，要有宏观大趋势的意识。

组合操盘——如何掌握史上最赚钱的炒股手法

组合操盘，简单通俗点说，就是不要把鸡蛋放在同一个篮子里。这在投资领域已经被奉为经典。投资炒股，仅买一只股票，如果这只股票大涨，你会赚很多；但如果这只股票大跌，你同样会损失很多。如果你同时买 10 只股票，它们虽然不太可能每只都大涨，但也不太可能每只都大跌。照这样计算，10 只股票涨跌互相抵消之后，结果一般都会是小赚或者小赔。如此一来，分散投资使得结果的不确定性变小，这也就意味着风险降低了。

分散投资的目的是进行风险抵消，享受更安全的平均收益。分散投资可以是投资工具上的分散，也可以是投资区域的分散，还可以是投资时点的分散。

1. 投资工具的分散。

要达到风险抵消的目的，只是多买几种投资工具是不够的，还要尽量同时购买联动性小的资产。实际上，资产间的联动性才是影响投资组合风险的主要因素，而且，随着购买投资工具种类的增加，资产间的联动性对整体投资组合的风险影响将越来越大。

比方说，一些人为了分散投资，用十万元买了十几只股票，但是买的都是金融板块的，这就起不到减小风险的作用。因为同一种板块的股票买十几种，就好比买了很多不同品种的鸡蛋放在同一个篮子里，看似品种不同，但由于太过相似而没有了区分的意义，最终所能达到的分散风险的效果将是有限的。因为所有投资的联动性很大，投资组合中A股票下跌时，很可能B股票和C股票也一起下跌。

但如果我们同时投资的对象包括股票、债券、货币市场工具、房地产等，则分散风险的效果会好很多。也就是说，在分散投资的时候，所选产品之间的联动性越小，分散风险的效果也就越好。

对个人投资者而言，量化地评判资产间联动性是非常困难的，长期来看，资产的联动性还会随时间而变化。在这种情况下，投资者可以利用投资专家的优势，让他们去评判各资产类别及一个资产类别中各投资工具间的联动性，从而进行合理搭配，以减少整体投资组合的风险。

2. 投资区域的分散。

投资区域的分散是指将眼界放开点，最好是适度投资一些另类股票和海外股票。所谓另类股票是指石油、农产品、黄金商品、房地产等类型的股票；海外股票指的是海外市场的股票，比如美国市场、亚太市场、欧洲市场、南美市场等。通常不同市场的运动方向是不一致的，比如新兴市场与已发展多年的成熟市场、美元区市场与欧元区市场等，由于其内在推动因素不同，通常关联度较低。所谓东边不亮西边亮，这至少可以防止一荣俱荣，一损俱损，从而降低风险。

3. 投资时点上的分散。

投资时点上分散是指，如果是大额的投资，且投资对象是高风险的投资工具，最好不要一次性买进或者卖出。

择时是非常困难的，即使对专业投资人士来说也是这样，更不要说一般投资者了。如果恰巧买在高点或者卖在低点就很麻烦，分批买入则可以大幅降低这种风险。

本章习题：看盘操练的测试与练习

综合练习

一、判断题。

1. 10：00～10：30为修正开盘时间。若大幅高开则有一定幅度拉回，大幅低开则会适当上调。（ ）

2. 阻力位是指股价在上升时可能遇到压力，从而反转下跌的价位。支撑位是指股价在下跌时可能遇到支撑，从而止跌回稳的价位。阻力越大，股价上行越困难；而支撑越强，股价越跌不下去。通常，阻力位和支撑位是不能互换的。（ ）

3. 下影线表示下方有主动买盘支持，但在实际操作中，很多下影线是具体品种在尾市拉升、造就的。这里需要注意尾市拉高本身就是种较弱的拉抬，下影线太长，可能是主力给你廉价筹码。（ ）

4. 获利盘一般是指股票交易中，能够卖出赚钱的那部分股票。（ ）

5. 委比是委买、卖手数之差与委买、卖手数之和的比值，它是衡量买、卖力量强弱的一种技术指标。（ ）

6. 关注主力在关键位置，如当天或近几天密集成交区的资金放缩情况和五分钟成交笔数的增减。五分钟成交笔数的增减是散户投资者与主力心态的充分体现，也是判断主流资金出货进货的即时窗口。（ ）

7. 平开指的是当天的开盘价和收盘价处在同一个位置。（ ）

8. 洗盘是主力操纵股市的一种手段，当主力想获利了结的时候，就会采取此手段。（ ）

9. 假如某只股票的收盘价是 15 元，在第二个交易日其开盘价为 15.5 元，这种现象被称之为高开。（ ）

10. 均价指的是现在时刻买卖股票的平均价格。若当前股价在均价之上，说明在此之前买的股票大都处于盈利状态。否则，即为亏损状态。（ ）

二、填空题。

1. （ ）是每个交易日第一个买卖股票的时机，机构大户借集合竞价跳空高开拉高“出货”，或跳空低开打压“入货”。

2. 开盘三线是指开盘后三个阶段的指数线位置。若以 10 分钟为一计算单位，则盘面涨跌情况是（ ）。

3. 由于投资者的心理作用，一些整数位置常会成为上升时的重要阻力，如（ ）、（ ）、（ ）点等，在个股价位上，如（ ）元、（ ）元大关。

4. 很多投资者在看盘时对一些分析软件中的（ ）的价位非常关注，其实（ ）是在分时中撮合成交的综合，看不出具体的买卖概况，常常是多笔成交一起体现。真正在实战中我们要观察的是换手主要堆积在哪些价位，即（ ）的价位成交，热门股中应该对一些品种的价位密集区间做统计，这才是实用的支撑位和阻力位。

5. 掼压指的是（ ）。

6. 盘档有两层含义，分别是（ ）和（ ）。

7. （ ）的真正含义是“当天布局”，即主流资金当天控制即时股价波动区域的窗口。

8. （ ）指的是证券市场上由于某种原因，出现了证券大量抛出，导致证券市场价格无限度下跌，不知到什么程度才可以停止。

9. 总手指的是（ ）。

10. 外盘指的是（ ），内盘指的是（ ）。

三、简答题。

1. 请简要回答如何才能成功抢到反弹？抢反弹的时候应该遵循哪些原则？

2. 请简要回答多空双方在盘中较量的三个过程？

3. 开盘是序幕，盘中是过程，盘尾是定论。鉴于尾盘的重要性，多空双方一般都会从收盘股指、股价这两方面进行激烈的争夺，其中必须引起投资者特别注意的有哪两点？

4. 换手率可以简单地分为哪几种？

5. 通常，主力可以利用外盘、内盘的数量来进行欺骗。你能列举几种常见的情况吗？

6. 在沪、深两市每个交易日的 4 小时时间里，盘中时间占据了中间的 3 个小时。请简要回答盘中具体还可分为哪几个时段？

7. 请简要回答在实际操作中如何追涨停板？

8. 风险和收益是相对的，短线操作的风险相对长线来说要大，那么，投资者如果进行短线操作的话，怎么做才能将风险降到最低呢？

9. 投资者应该如何进行长线操作呢？

10. 请简要回答各种大单的含义及意义。

参考答案

一、判断题。

1. 错误。每个交易日的修正开盘时间一般是 9：30～10：00。

2. 错误。一般来说，阻力位和支撑位在股价运行的时候，也是可以互换的。如果重大的阻力位被有效突破，那么，该阻力位反过来将变成未来重要的支撑位；反之，如果重要的支撑位被有效击穿，则该价位反而变成今后股价上涨的阻力位了。

3. 错误。下影线太长更多的时候是主力不怀好意，设置陷阱，这就是人们常说的：便宜没好货，好货不便宜。

4. 正确。

5. 正确。

6. 错误。一分钟。

7. 错误，平开指的是当天的开盘价和前一日的收盘价持平的情况。

8. 错误。洗盘是主力故意压低股价的一种手段。在具体操作的时候，为了拉高股价获利出货，先有意制造卖压，迫使低价买进者卖出股票，以减轻拉升压力。

9. 正确。

10. 正确。

二、填空题。

1. 集合竞价。

2. 开盘三线在 9：40、9：50 和 10：00 始终在开盘平行线上方游动，且一波比一波高，为涨势盘面；开盘三线一路走低，始终在平行线下方且与平行线的距离越拉越大，此为跌势无疑。

3. 1400、1500、1700 点等，在个股价位上，像 10 元、20 元大关等。

4. 01，01，02。

5. 用大量股票将股价大幅度压低，以降低成本大量买进。

6. 当天股价波动幅度很小，最高与最低价之间不超过 2%；行情进入整理，上下波动幅度也不大，持续时间在半个月以上。

7. 挂单。

8. 崩盘。

9. 从开盘到当前的总成交手数。

10. 主动性买盘，就是按市价直接买进后成交（在现手栏是向上红箭头代表的成交量）的总手数，成交价为卖出价；主动性卖盘，就是按市价直接卖出后成交（在现手栏里向下绿箭头表示的总手数）的筹码，成交价为买入价。

三、简答题。

1.

（1）对大盘的把握。

投资者在抢反弹的时候首先要对大盘有一个准确的判断，当股指出现快速持续性下跌，已经逼近长期下降通道的下轨或者击破下轨的时候，市场往往随时会出现反弹，应择机介入。

（2）对个股的把握。

在反弹当天可以介入领涨的品种。从基本面上也要关注当时市场最为活跃的题材和热点，同时结合技术上股价的表现，因为最先启动的个股其股价往往反弹的高度最大。

（3）对买入时机的把握。

坚持不追高的操作原则，逢低买入一些暴跌过后的超跌股，把握进出自由的主动权。

（4）对卖出时机的把握。

当反弹接近阻力位时，要提高警惕。踏空者不要随意追涨，获利者应及时出货了结。

投资者在抢反弹时应遵循以下原则：

（1）降低盈利预期。

强势股预期的盈利空间一般不要超过20%；非强势品种盈利10%就应知足。

（2）趋势不明时不参与反弹。

当股市下跌趋势已经形成或运行于标准的下跌趋势通道中时，投资者不宜抢反弹。

（3）要设置具体的止损价位，做好止损的心理预备。

反弹并非市场已经完全转强，因此一定要设置止损位，当股价到达预定价位时应果断卖出。

（4）不宜满仓操作。

在弱市中抢反弹，要根据市场环境因素，选择适当的资金投入比例。

2.

（1）多空搏斗。

双方搏斗的激烈程度可以从股指、股价波动的频率看出。若股指、股价长时间平行，表明双方无心恋战、退出观望。多空双方的胜败除依赖自身的实力（资金、信心、技巧）外，还要考虑消息和人气两个因素。

（2）多空决胜。

经过双方激烈的争斗，最终僵局被打破，大盘走势出现明显倾斜。若多方占优，则步步推高；若空方占优，则每况愈下。占优方将会乘胜追击，继续扩大战果；另一方见大势已去，抵抗力明显减弱。

（3）多空强化。

多空强化是盘中的最后冲刺阶段，此时形势明朗，会出现强者更强、弱者更弱的局面。观察方法就是以14：30前盘中出现的最高点和最低点的平均值为标准，若股指高于平均值，则涨势会进一步强化，尾市有望高收；反之，则往往导致“杀尾盘”的出现。

3.

（1）“星期一效应”与“星期五效应”。

星期一收盘股指、股价收阳线还是阴线，对全周交易的影响较大。因为多（空）方首战告捷，往往会乘胜追击，连接出现数根阳线或者是阴线，所以投资者应予以警惕。

星期五之后，紧接着两天休市，这期间所发生的政治、经济事件难免会对市场产生影响，为了回避可能存在的系统性风险，大多的投资者会选择降低仓位。

（2）主力骗线。

主力经常借助技术指标骗线，在尾盘放大单故意拉高或打压收盘股指、股价，造成第二个交易日跳空高开或者是低开，从而达到第二个交易日趁股价拉高出货或者是低开压价吃货的目的。

要想看清尾盘是否存在主力的骗线行为，可以使用下面的方法：

①看有无大的成交量配合，警惕主力的陷阱，谨慎入市。

②看有无利多或者是利空消息、传言配合，同时分析传言的真伪。为了防止上当受骗，操作中既不要“满仓”，也不要“空仓”。

4.

(1) 逆转换手率。

如果一只股票的日换手率超过了10%，市场成交异常火爆，人气极度狂热或悲观，表明行情即将逆转。

(2) 加速换手率。

如果日换手率在1%～10%之间，往往表明该股的交易市场比较活跃、买卖盘积极，原来的趋势将得以加速发展。3%左右的日换手率往往是短线拉升的必备条件，达不到这一换手率的上涨属于无量反弹，行情难以持续，宜卖不宜买；达到或超过这一换手率的上涨属于行情刚刚启动，短线将继续强势上涨，宜买不宜卖。

(3) 观望换手率。

如果日换手率低于1%，表明某只股票的市场交易情况非常低迷，未来的涨跌情况很不明朗，投资者最好不要轻易介入，出场观望是较好的选择。一般而言，这种情况往往发生在下跌末期或筑底阶段，发生在顶部的情况极为罕见。

5.

(1) 主力用几笔买单将股价拉至一个相对的高位，然后在股价小跌后，在买1、买2挂买单，造成一些投资者误判股价会下跌，纷纷以叫买价卖出股票；主力却分步挂单，将抛单通通接走。这种先拉高后低位挂买单的手法，常会显示内盘大、外盘小，待投资者上当抛盘后，主力接足筹码迅速推高股价。

(2) 股价经过了较长时间的数浪上涨，处于较高价位，成交量巨大，并不能再继续增加，当日内盘数量大于外盘，股价将可能下跌。

(3) 主力用几笔抛单将股价打至较低位置，然后在卖1、卖2挂卖单，自己再吃掉自己的卖单，造成股价暂时横盘或小幅上升；此时外盘将明显大于内盘，使投资者误认为主力在吃货，而纷纷买入，结果第二个交易日股价继续下跌。

(4) 股价经过了较长时间的数浪下跌，处于较低价位，成交量极度萎缩。此后，成交量温和放量，当日外盘数量大于内盘，股价将可能上涨，此种情况比较可靠。

6.

(1) 9：30～10：00是第二次出入货时机，更是出脱“热门股”、购进“暴跌股”

的最好时机。

（2）11：30，收盘前买卖股票的第三次机会，若上午走势随成交量的放大不断上扬，应立即出货。

（3）下午1：30开盘后观察上午炒作的热门股走势，若成交量大，而股价却徘徊不上，可能是主力在出货，应小心。

（4）2：00～2：30，沪市“平仓盘”时间，股价往往会出现当日最高价、次高价。因为上午透支买入的机构大户要拉高出货，此时为第四次出货良机。

7.

（1）目标要明确。

追逐涨停板，应明确盈利目标，及时获利出局；还要设立“止损位”，以控制风险。

（2）品种要选对。

追逐涨停板，要选自己熟悉的品种，进行必要研究，了解其基本面。

（3）时机要选好。

追逐涨停板，应在第一时间介入，买在启动初期、开盘或急跌之时。

8.

（1）永不满仓。

短线交易永远不要满仓操作，可以按照三分之一的基本仓，三分之一的短线仓，三分之一的现金这样的仓位和资金布局来安排。

（2）不频繁操作。

频繁地进行短线操作，最终肯定有“马失前蹄”的时候，因为好运气不可能永远地陪伴着你。因此投资者要谨慎地对待自己的每一次操作，特别是在对行情不能正确把握的时候，应该停止操作，离场观望与休息，切忌盲目操作。

（3）重时而不重股

短线操作的时机选择非常重要，其必要条件有：大盘长期或短期的启动上行；有效突破上升阻力位；主动性买盘明显放大，交易额迅速增加；该股处于热点板块，或者有重大利好题材。

（4）不追高。

高开3%以上的股票不宜追，因为后面还会有低点，低点一般在9：40分以后出现。股市开盘后，要观察其第一个波形，在大盘回调的时候下买单，正好可以成交。

9.

（1）对大趋势的把握。

股市是宏观经济的风向标。宏观经济的发展趋势，即国民经济的总体走向和结构变化，影响着长线投资的收益。这要求投资者认清宏观经济的大环境，顺势而为。

（2）对上市公司基本面的把握。

判断上市公司是否有购买价值最基本的工具便是基本面分析。基本面分析是指对宏观经济、行业和公司基本情况的分析，包括对公司经营理念策略、报表等的分析。投资者通过对上市公司基本面进行价值分析，便可以从中找出将会引领市场下一波涨势的大牛股。

（3）结合行情调整选股策略。

“牛市重势，熊市重质”，说的便是长线选股的基本规律。所谓“牛市重势”，是指当市场行情转好，步入稳定的上升轨道时，长线投资者应当选择更有盈利机会的强势股；而“熊市重质”则是指当股市处于持续低迷的下跌行情中时，长线投资者应转变思维，选择基本面优异、成长性良好的蓝筹绩优股介入。

10.

（1）下跌后的大手笔买单。

如果某只股票在经历了连续的下跌以后，在“买一”、“买二”、“买三”档挂出了出现大手笔的买单挂出，这种情况可以判断为主力的护盘动作。主力的护盘往往表明其真正实力的欠缺，此时，该股股价有极大的可能会继续下降。但投资者可留意该股，因为一旦市场转强，这种股票往往一鸣惊人。

（2）盘整时的大单。

某只一直处于平稳运行中的个股，若在某天股价突然被快速拉起，或者突然跌停，往往是主力在试盘，向下砸盘，是在试探基础的牢固程度，然后再决定是否拉升。该股如果一段时期总收下影线，则向上拉升可能性大，反之出逃可能性大。

（3）低迷期的大单。

当某只股票长期低迷，某日股价启动，卖盘上挂出巨大抛单（每笔经常上百、上千手），买单则比较少时，如果有资金进场，将大量压单吃掉，可视为主力的建仓动作。注意，此时的压单并不一定是有人在抛空，可能是主力自己的筹码在造量吸引注意。

第三章
K 线操练

在股市实战和操盘技巧中，K 线分析无疑是最重要的一环。从 K 线图形中，投资者可以捕捉到买卖双方力量对比的变化，还可以分析预测股价的未来走势，把握买进卖出的最佳时机。显然，对 K 线的分析已经成为投资者必须懂得的一门技巧，它已经成为投资者在股市中争取主动，把握胜机的基础。

第一节　K 线概述

K 线图源于日本德川幕府时代，它被当时日本米市的商人用来记录一天、一周或一月中米价涨跌行情，后来因其细腻独到的标画方式而被引入到股市及期货市场。

K 线图有直观、立体感强、携带信息量大的特点，能充分显示股价趋势的强弱、买卖双方力量平衡的变化，较准确地预测后市走向，是现今应用较广泛的技术分析手段。

在股市实战中，K 线分析无疑是最重要的一环。从 K 线图中，投资者可以捕捉到买卖双方力量对比的变化，还可以分析预测股价的未来走势，把握买进卖出的最佳时机。经过海内外投资者长时期的研究，K 线理论已成为一种具有完整形式和相当扎实理论基础的股票分析技术。

K 线又称阴阳线或阴阳烛，它能将每一个交易日开盘与收盘的涨跌以实体的阴阳线表示出来，并将交易中曾出现的最高价及最低价以上、下影线的形式直观地反映出来（见图 3—1)，从而使投资者对变化多端的股市行情一目了然。K 线最大的优点是简单易懂而且运用起来十分灵活，最大的特点是忽略了股价在变动过程中各种纷繁复杂的因素，而将其基本特征展现在投资者面前。

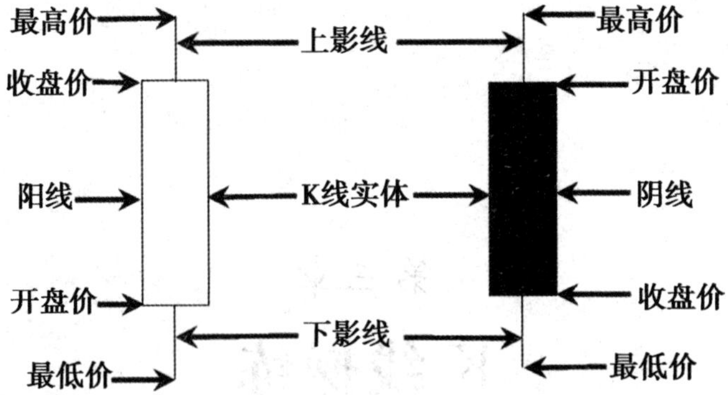

图 3—1

K 线从形态上分可分为阳线、阴线和同价线 3 种类型。

1. 阳线。

阳线是指收盘价高于开盘价的 K 线，阳线按其实体大小可分为大阳线、中阳线和小阳线。如图 3—2 所示。

图 3—2

2. 阴线。

阴线是指收盘价低于开盘价的 K 线，阴线按其实体大小也可分为大阴线、中阴线和小阴线。如图 3—3 所示。

图 3—3

3. 同价线。

同价线是指收盘价等于开盘价，两者处于同一价位的一种特殊形式的 K 线，同价线常以“十”字形和“T”字形表现出来，故又称十字线、T 字线。同价线按上、下影线的长短、有无，又可分为长十字线、十字线和 T 字线、倒 T 字线、一字线等。如图 3—4 所示。

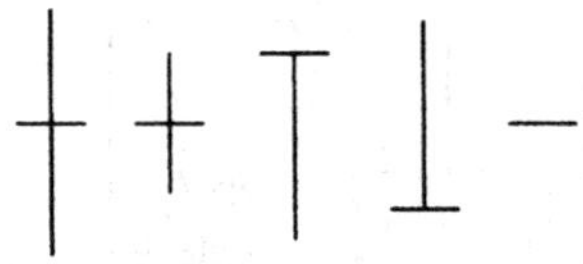

图3—4

K线从时间周期上，可分为5分钟K线、15分钟K线、30分钟K线、60分钟K线、日K线、周K线、月K线、年K线。这些K线各有不同的作用。例如，5分钟K线、15分钟K线、30分钟K线、60分钟K线反映的是股价超短期走势，日K线（即我们经常在证券节目和报刊杂志上看到的一种K线），反映的是股价短期走势，周K线、月K线、年K线反映的是股价中长期走势。

K线的绘制方法基本上是相同的，即取某一时段的开盘价、收盘价、最高价、最低价进行绘制。例如日K线，只要找到一日内的开盘价、收盘价，最高价和最低价，就能把它绘制出来。

K线所包含的信息是极为丰富的。以单根K线而言，一般上影线和阴线的实体表示股价的下压力量，下影线和阳线的实体则表示股价的上升力量；上影线和阴线实体比较长说明股价的下跌动量比较大，下影线和阳线实体较长则说明股价的扬升动力比较强。如果将多根K线按不同规则组合在一起，又会形成不同的K线组合，它们能向投资者传达买进或者卖出的信号。

K线是一种特殊语言，投资者可以从K线阴阳变化中寻找规律，并借此判断股价未来的走势。

第二节　K线一览表

大阳线

大阳线是股价走势图中常见的K线，其基本形态如图3—5所示：

大阳线的特征主要有以下三点：

1. 无论股价处于什么位置都有可能出现。

2. 阳线实体越长，则力量越强；反之，则力量越弱。

3. 在涨停板制度下，最大的日阳线实体可达当日开盘价的20%，即以跌停板开

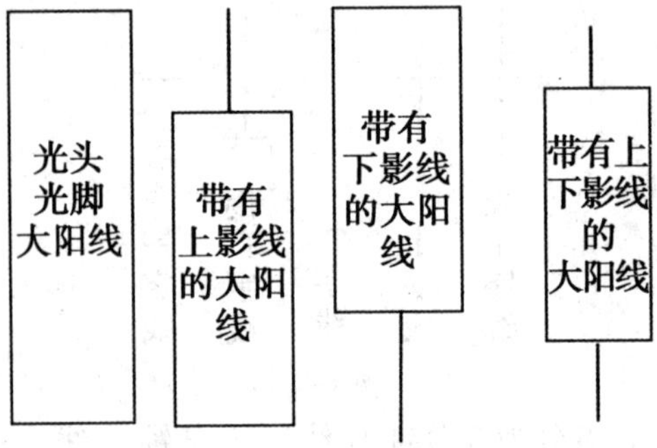

图 3—5

盘，涨停板收盘。

大阳线由于低开高收的格局，本身就有向好的意味，它表示买盘相当强劲，后市看涨，但在不同时期，应区别对待。

1. 在连续下跌的情况下出现大阳线，表示多头力量极为强大，应该买进。

2. 长期盘整之后出现大阳线，表示多头终于战胜空头，可果断跟进。如图 3—6 所示：

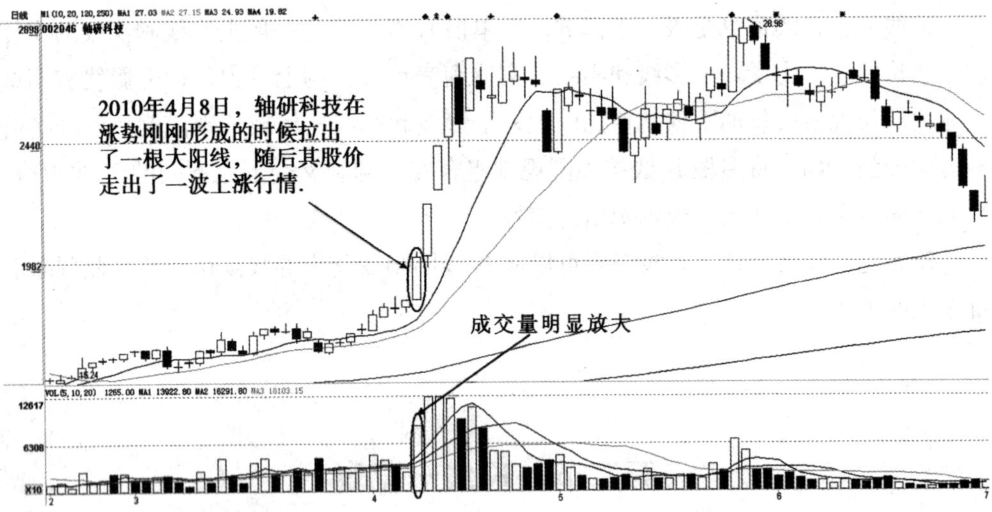

图 3—6

3. 在股价经过连续上扬的情况下拉出大阳线，应谨慎对待，以持币观望为佳。因为此时如果出现放量则多为逃命长阳，获利盘纷纷套现了结，股价即将大跌。如图 3—7 所示：

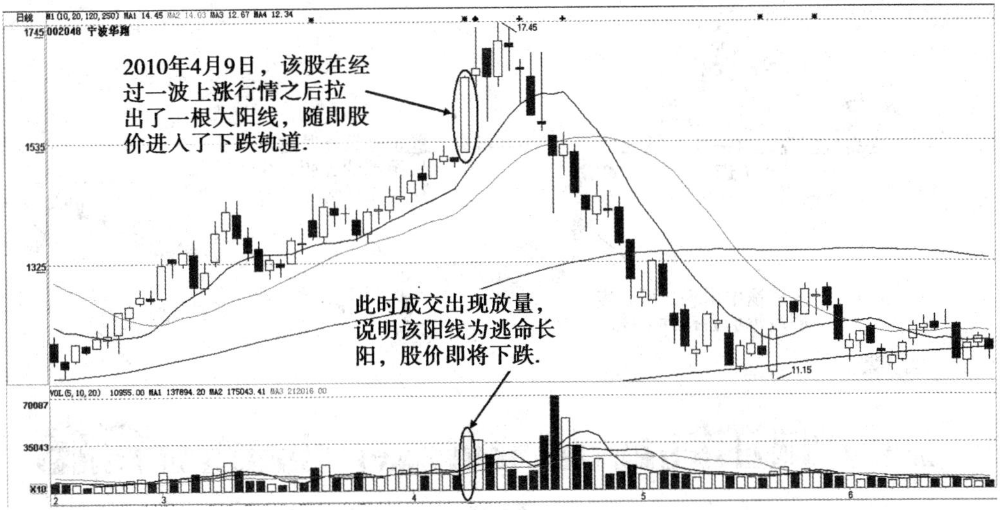

图 3—7

大阴线

大阴线也是股价走势图中常见的 K 线，其基本形态如图 3—8 所示：

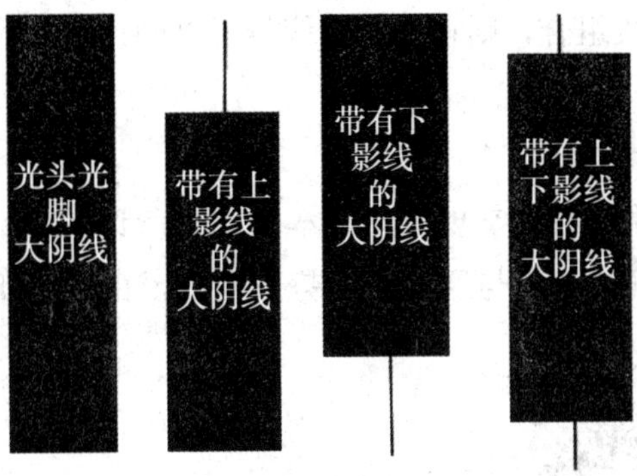

图 3—8

光头光脚大阴线（又称长黑线）上下没有影线（或上下影线很短），是股价走势图中常见的 K 线，它表示最高价与开盘价相同（或略高于开盘价），最低价与收盘价一样（或略低于收盘价）这种图形表明从一开始，卖方就占优势，股市处于低潮，握有股票者不限价疯狂抛出，造成恐慌心理，市场呈一面倒的局势，直到收盘，价格始终下跌，表示强烈的跌势。

大阴线的力度大小，与其实体长短成正比，即阴线实体越长，则力度越大，反之，则力度越小。大阴线的出现对多方来说是一种不祥的预兆。但也不能一概而论，并不是所有的大阴线都是后市看淡的信号，大阴线出现在不同的阶段其含义也是不同的。如图 3—9 所示：

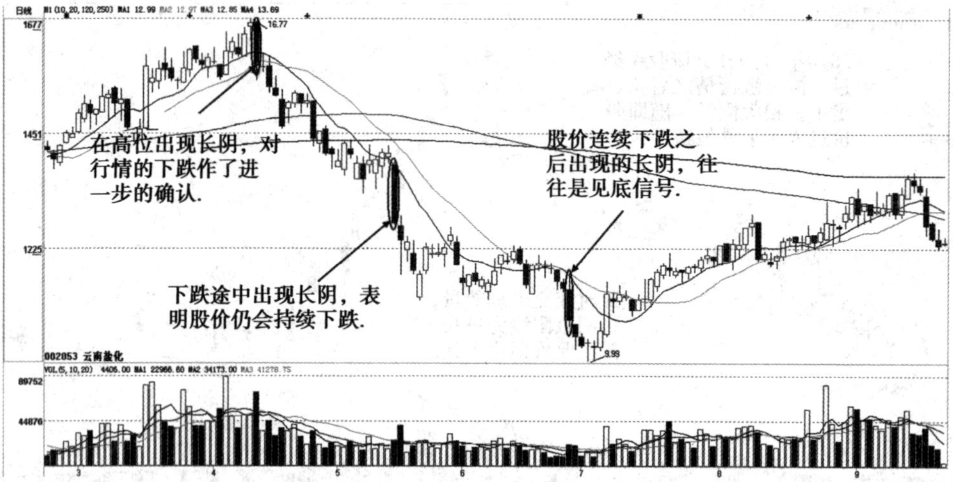

图 3—9

大阴线分成如下六种：

1. 顶部大阴线。

顶部大阴线通常发生在上升趋势末期，是空头资金在高价位击败多头资金，或多头主力出货的结果，不一定伴随着成交量的放大。如果这根大阴线与其之前的 K 线构成某种看跌型 K 线组合，则顶部反转信号可以确认。此时投资者能够做的只有尽快停损离场。

2. 突破大阴线。

突破大阴线往往伴随着跳空现象，基本上就是所说的“标志性阴 K 线”，会带动均线族反转，从而开始一段与原上升趋势方向相反的新的下降趋势。如图 3－10 所示：

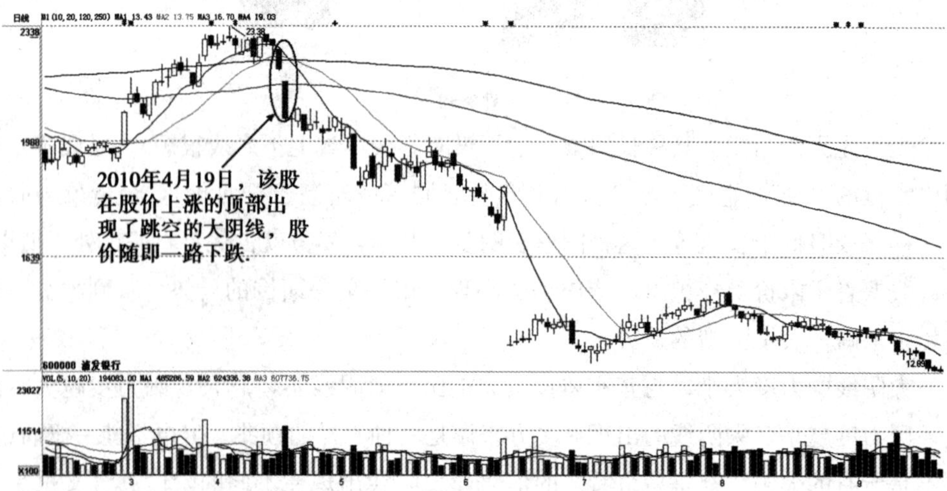

图 3—10

3. 加速大阴线。

加速大阴线一般发生在下降趋势运行途中，既是对下降趋势的推动，也是对下降趋势的验证。

4. 底部大阴线。

在行情超跌时出现，也叫“最后大阴线”，它往往出现在跌势漫长、跌幅巨大的下降趋势的末尾加速期，实体长度至少为其之前阴线的 3～5 倍，同时相对于均线族存在超出经验极限值的负乖离率。一般它不宜单独作为判断底部的依据，需要得到下一根 K 线的确认。

5. 横盘大阴线。

横盘大阴线指的是行情处于无趋势横向盘整状态，但期间发生的 K 线组合却是大阳大阴交替。如果这种情形发生在相对高位或跌势中途，且阴线的数量和长度占上风，则有继续下跌之可能。

6. 反叛大阴线。

反叛大阴线是指行情正式暴涨前空头的最后反扑，或上升趋势运行中突然出现的反叛型大阴线，通常这样的大阴线会被漫漫涨跌所吞噬，直到价格创出新高。如果该阴线伴随着大得异常的成交量，往往是一种预警，提示头部就在前方不远处。

锤头线

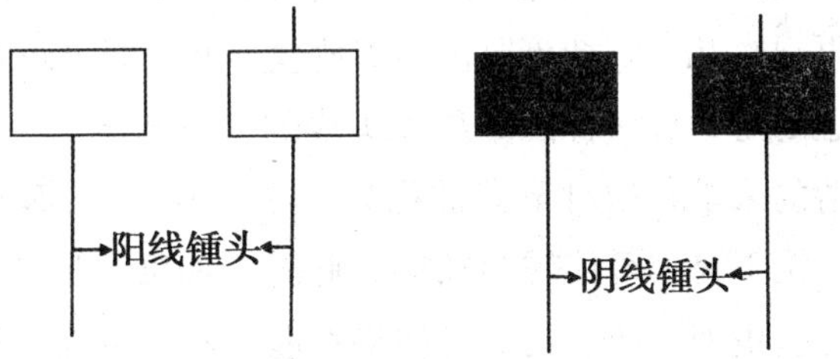

图 3—11

锤头线（如图 3—11 所示）有如下特征：

1. 出现在跌途中。

2. 阳线（亦可以是阴线）实体很小，一般无上影线（即使有也很短），但下影线很长。

3. 见底信号，后市看涨。

锤头实体与下影线比例越悬殊，越有参考价值。如果锤头线与“早晨之星”同时出现，见底信号就更加可靠。通常，在下跌过程中，尤其是在股价大幅下跌后出现锤头线，股价转跌为升的可能性较大。这里要注意的是，“锤头线”止跌回升的效

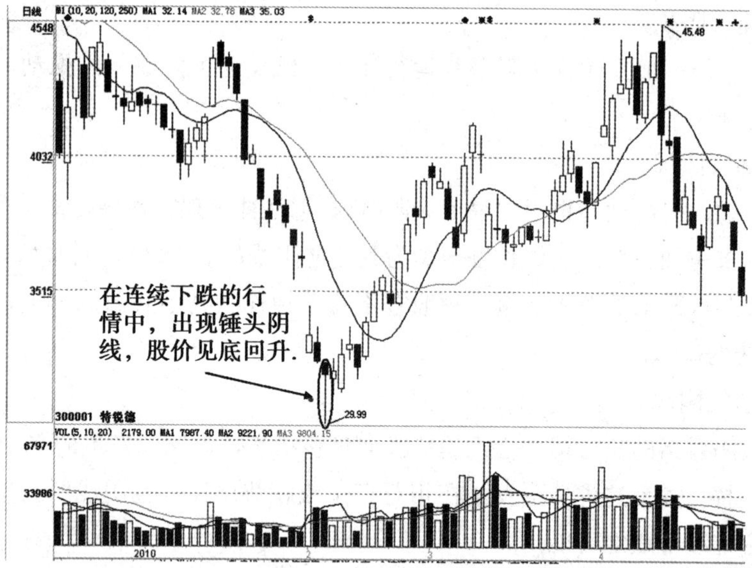

图 3—12

果如何，与下列因素有密切关系：

1. 锤头实体越小，下影线越长，止跌作用就越明显。

2. 股价下跌时间越长，幅度越大，锤头线见底信号就越明确。

3. 锤头线有阳线锤头与阴线锤头之分，作用意义相同，但一般说来，阳线锤头力度要大于阴线锤头。

在下跌行情中见到锤头线，激进型的投资者可试探性地做多，稳健型的投资者可在锤头线出现后再观察几天，如果股价能够放量上升，即可跟着做多。

值得投资者注意的是，有一种图形和锤头线的形态基本上一致，但区别在于它通常出现在上涨行情的末端，这种形态被称为“吊颈线”。该 K 线的出现意味着股价的涨势已经到头，接下来很可能转为跌势。此时，如果“吊颈线”是以阴线形式出现，则下跌的可能会更大一些。投资者如果在股价经过一波上涨行情之后遇到这种 K 线，一定要提高警惕，不管后市如何，都要先行减仓，一旦股价向下，应立即清仓出局。

倒锤头线

顾名思义，“倒锤头线”就是将“锤头线”倒置过来，如图 3—13 所示：

“倒锤头线”一般出现在下跌途中，其阳线（阴线）实体很小，上影线大于或等于实体的两倍，一般无下影线，少数会略有一点下影线，属于见底信号，说明后市即将上涨，其实体与上影线比例越悬殊，信号越有参考价值。如“倒锤头”与“早晨之星”同时出现，见底信号就更加可靠。投资者在遇到这种 K 线形态的时候，可

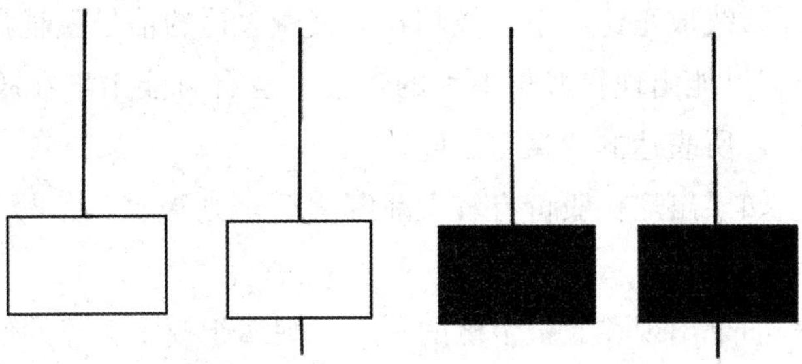

图 3—13

适量逢低吸纳。

这里投资者要将“倒锤头线”和“射击之星”区分开来。“射击之星”与“倒锤头线”则的形态基本相同，区别在于“射击之星”出现在股价的上涨行情中，而“倒锤头线”则出现在股价的下跌行情中。

“射击之星”有如下三个特征：

1. 此前存在一个明显的上升趋势。

2. 在股价上升过程中出现一根带上影线的小实体并向上跳空高开。

3. 上影线的长度至少是实体长度的两倍；下影线短到可以忽略不计。

“射击之星”如果在高位出现，行情下跌的可能性较大。

一根 K 线要成为“射击之星”，必须满足以下两个基本条件：

1. K 线实体要很小，阴线、阳线均可，但上影线要很长（是 K 线实体二倍以上）。如若有下影线，则必须很短。

2. 该图形必须出现在上升趋势中，且已有一段较大的涨幅。

一般来说，股价在经过一轮升势之后出现“射击之星”，必是后市已经失去了上升的能力，多方抵抗不住空方的打击，股价随时都会见顶回落。所以说，投资者如果在股价经过一波上涨行情之后遇到这种图形，应以退出观望为主。

T 字线

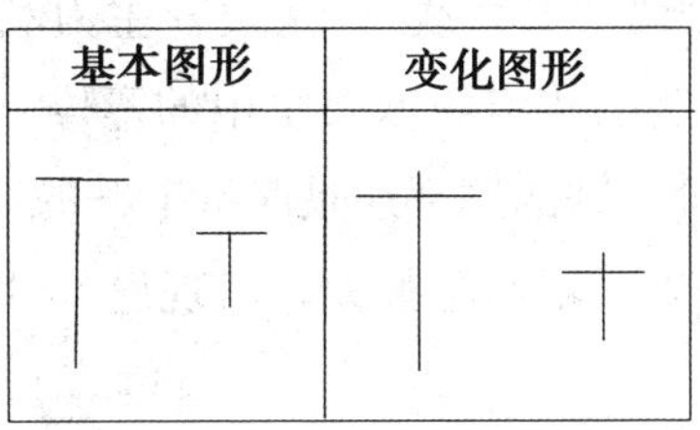

图 3—14

“T 字线”又叫“蜻蜓线”，形状如图 3－14 所示。它表示开盘价、收盘价和全交易日最高价相同，K 线上只有下影线而无上影线，即使有也是很短很短。“T 字线”信号强弱与下影线成正比，下影线越长，其所表达的信号就越强。

“T 字线”既有可能出现在股价上涨的途中，也有可能出现在股价下跌的途中，它出现的位置不同，所表达的含义也不同。

1. “T 字线”如果出现在股价有较大涨幅之后，则为见顶信号，表明后市即将下跌。

2. “T 字线”如果出现在股价上涨的途中，则属于技术上涨的信号。

3. “T 字线”如果出现在股价有较大跌幅之后，则为见底信号，表明后市即将反弹。

4. “T 字线”如果出现在股价下跌的途中，则有可能是一种继续下跌的信号。

为什么“T 字线”表达的含义会有如此大的区别呢？这是因为“T 字线”是一种庄家线，它完全是由主力控盘造成的。

1. 股价经过大幅度上涨后，在高位拉出“T 字线”，其实就是主力为了掩护高位出货释放的一枚烟雾弹。它会给散户造成一定的错觉，让他们认为这不过是股价拉升过程中主力的一种洗盘行为，于是，在不明真相的情况下追涨买入，结果股价下跌，导致被套其中。

2. 出现在股价上涨途中的的“T 字线”，才是真正的主力洗盘动作。那么，投资者如何区别该图形出现的阶段是股价上涨途中还是股价上涨的高位呢？

(1) 要看股价上升的幅度，如果股价上升幅度很大，那么，属于高位“T 字线”的可能将非常大，反之，则属于上涨途中出现的“T 字线”。

(2) 要看“T 字线”出现之后，股价的重心是上移还是下沉。如果上移，则是主力利用 T 字线洗盘；如果下沉，则是主力利用“T 字线”出货。

3. 股价在连续下跌后出现“T 字线”，表明了主力在低位建仓后利用先抑后扬的“T”字线走势来稳定军心的迫切心情。如果这种止跌信号被市场认同，主力就会在“T 字线”后面拉出几根阳线，或让盘面演化成阴阳交错的攀升走势。如果股价出现这种走势，大致可以判断出主力拉升的意图，投资者可以适量买进。

4. 股价在下跌过程中出现“T 字线”，是被套主力利用“T 字线”走势制造一种止跌企稳的假象，以此来吸引买盘，派发手中的筹码。这里，投资者同样要区分“T 字线”的位置，是在股价下跌的底部还是股价下跌的途中，方法如下：

(1) 要看涨跌幅度，如果跌幅已经很大，出现底部“T 字线”可能性较大，反之，则可能性较小。

(2) 看“T 字线”出现之后股价重心是上移还是下沉。如果上移，很有可能是主力利用“T 字线”稳定军心，正策划一轮上攻行情，那么这个“T 字线”就是见底回升的信号，投资者可以考虑买进；如果下沉，则有可能是主力为投资者设置的一个多头陷阱，这个“T 字线”就是继续下跌的信号，股价在这之后仍会有较大跌幅，投资者一定要耐心观望，绝不可盲目买进。

总之，“T 字线”可以真实地反映出主力的意图来，投资者只要能够精确地分析出“T 字线”出现的时间、位置，再结合其他技术分析指标，就能识破主力的阴谋，最终达到与庄共舞的目的。

上档倒 T 字线

基本图形	变化图形

图 3－15

“倒 T 字线”又称“下跌转折线”其形态如图 3－15 所示。它表明在空方打击下，多方已无力将股价推高，股价将要反转下跌，此时投资者以退出观望为宜。“倒 T 字线”一旦被市场认同，股价下跌势在必行。它对多方打击力度的强弱与其形成的时间长短有很大关系，形成的时间越长，威力就越大。

“倒 T 字线”在下跌末期出现是买入信号，特别是末期下跌三连阴后出现“倒 T 字线”或者二黑夹一红后出现“倒 T 字线”，更是一个非常好的切入点。如果在上涨途中出现，表示后市将继续看涨；如果在下跌途中出现，则继续看跌。一般来说，如果“倒 T 字线”上影线越长，力度越大，信号越可靠。

一字线

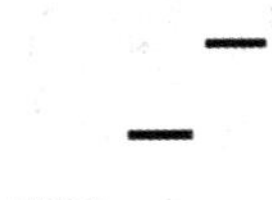

图 3－16

“一字线”，如图 3－16 所示。因其开盘价、收盘价、最高价以及最低价粘合在一起，形成一字状而得名，它没有上下影线或者上下影线极其短，也就是我们平常说的以涨停板或者跌停板开盘，全天基本都在涨停或者跌停板上成交，直到收市。

对于“一字线”投资者一定要给予充分地关注。

1. 如果“一字线”出现在股价的上涨初期，往往反映该股有重大利好，被一些先知先觉者捷足先登。

通常在涨势中出现“一字线”的话，股价上涨的可能性会很大。因此，在涨势初期如果出现“一字线”，投资者可积极做多，如果当日没有买进。可在第二天积极买进，但也要注意，如果股价已经连续出现了好几个“一字线”，为规避风险，投资者应以谨慎为主。

2. 如果“一字线”出现在股价的下跌初期，往往说明该股有重大利空或者股价被爆炒过了头，主力率先出逃。

跌势中一旦形成“一字线”，继续下跌的可能性会非常大，投资者应果断清仓出局，如果第一天没来得及卖出，第二天一定要及时卖出。但要注意，如果股价已接连出现几个“一字线”，就不宜继续杀跌。

长十字线

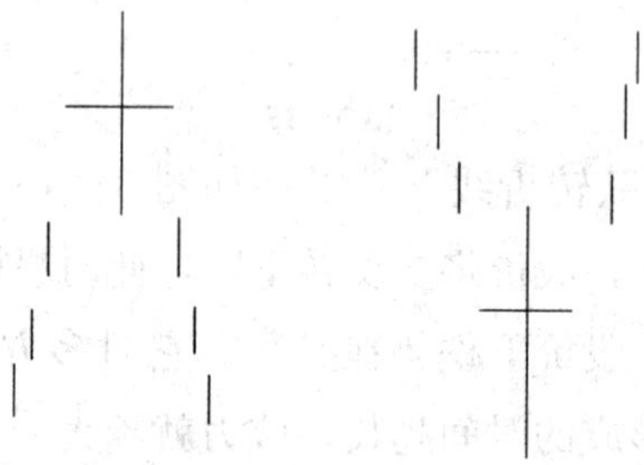

图 3—17

“长十字线”的开盘价和收盘价相同，成为一字，但最高价和最低价却拉得很开，因此与“十字线”相比，其上下影线都很长。其形状如图 3—17 所示。

如果在涨势中出现“长十字线”，尤其是股价有了一段较大涨幅之后，则股价见顶回落的可能性极大，投资者应及时出局。如果在股价上涨的途中出现，后市被看好，股价继续上涨的可能性很大。

在跌势中出现“长十字线”，尤其是股价有了一段较大跌幅之后，股价见底回升的可能性极大。如果是在下跌途中出现，则意味着股价继续下跌的可能性很大。

一般来说，“长十字线”和“短十字线”的意义是相同的，但“长十字线”的信号可靠程度要比后者高很多，投资者在遇到这种图形时，一定要特别注意。

螺旋桨

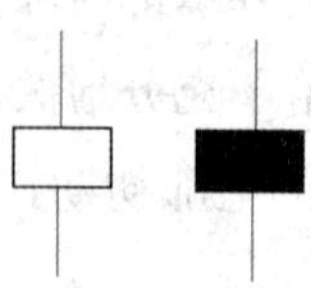

图 3—18

“螺旋桨”，如图 3－18 所示，是指那些在 K 线组合上经常出现的、K 线实体较小，上下影较长的图形，它是一种转势信号。简单来说，如果这种图形出现在上升行情中，并且是在一段较大的涨幅之后，所起的作用是领跌；反之，如果出现在下跌行情中，尤其是一段较大的跌幅之后，所起的作用是领涨。

具有“螺旋桨”特征的个股如果绝对价位不高，基本面还可以，没有股本扩张的历史，就称为“螺旋桨王”。一般情况下，“螺旋桨王”是盘整市中机会较大的个股。

能够形成“螺旋桨”K 线的个股通常大部分筹码都已经集中在主力资金手中。在大势不是特别低迷的情况下，这类个股非常容易出现较大的升幅，沪深两市中出现的涨幅翻倍的黑马绝大多数出自这个行列。这种个股的最大优势是在大盘跌势中比较抗跌，一旦有利好配合反应也较迅速，是中小资金分批投入实战的良好目标。

在实战中，无论是大盘或个股，一旦大幅上涨后出现这样的 K 线，且随后几根 K 线在其下影线部位运行，那么头部就基本形成了，下跌的可能性就非常大，应果断止损。如果随后的 K 线在它的上影线部位运行，它有可能是上升途中的过渡形式，是一种上升中的中继形态，投资者应持股观望。

有一点需要提醒投资者，如果在“螺旋桨”之后以横盘形式出现了几个小阴、小阳线，可结合 5 日均线变化情况再观察 2～3 天再决定是否买卖。

曙光初现

“曙光初现”K 线组合，形状如图 3－19 所示，是由两根走势完全相反的较长 K 线构成，前一天为阴线，后一天为阳线。第二天阳线向下跳空低开，开盘价远低于前一天的收盘价；但后一天的收盘价却高于前一天的收盘价，并且阳线的收盘价深入第一根阴线的实体部分中，几乎达到前一天阴线实体的一半左右。

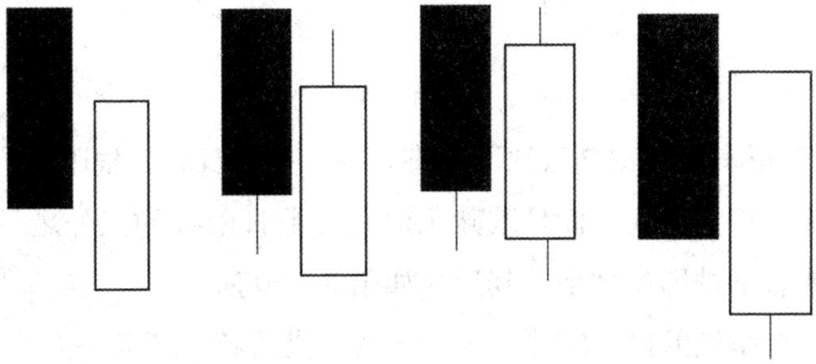

图 3－19

顾名思义，“曙光初现”的意思就是黑暗的长夜已经过去，股价即将迎来黎明。从技术上来分析，该形态出现以后，股价通常已经见底或者已经到了阶段性的底部，回升的可能性很大，投资者此时可以考虑买进一些股票，适量做多。

这里要提醒投资者，“曙光初现”在熊市中应用时，要加上一个附加条件，那就是“曙光初现”中阳线的最低价必须是13个交易日以来的最低价，这主要是用于避免投资者在熊市中贸然追高，增大操作风险。但是，如果市场趋势向好，股市运行在牛市行情中时，投资者则不必过于拘泥这条规则。因为，牛市中股价涨多跌少，如果强调买入13天以来的最低价，就会错失良机。

在实战中，利用“曙光初现”的时候，要抓住以下两个关键点：

1. 阳线的实体部分愈长表示力度越大。

2. 阳线的实体部分应超越阴线实体部分一半以上才有意义。

在运用“曙光初现”选股时要注意以下几点：

1. 成交量的变化。

伴随K线组合形态同时出现缩量，表明股价已经筑底成功。

2. 股价所处的阶段。

如果在个股涨幅很大的时候，出现这种K线组合，则骗线的可能性很大。

3. 出现“曙光初现”K线组合形态后，如果股价立即展开上升行情，则力度往往并不大。相反，出现“曙光初现”后，股价若有一个短暂的蓄势整理过程，往往会爆发强劲的上涨行情。

乌云盖顶

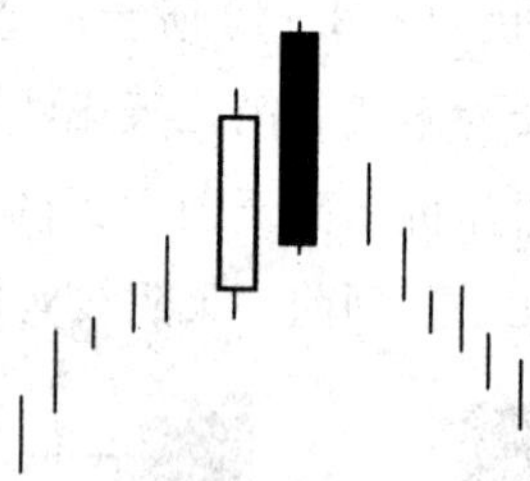

图 3－20

“乌云盖顶”形态又称“乌云线”形态，前一交易日收一根阳线，第二个交易日高开低走，形成一根大阴线，而且跌破了前一交易日阳线的三分之一，且有放量迹象，说明调整或者下跌即将到来。其形状如图3－20所示。

第一天是一根坚挺的白色实体，第二天的开盘价超过了第一天的最高价，（也就是说超过第一天的上影线的顶端），但是股价却在收盘时接近当日的最低价，并且收盘价明显地向下扎入到第一天白色实体的内部。第二天的黑色实体向下穿进第一天白色实体的程度越深，该形态构成顶部反转的可能性就越大。

“乌云盖顶”属于一种见顶回落的转势形态，遇到这种图形的时候，投资者可以参考以下几点进行操作：

1. 在“乌云盖顶”形态中，第二个交易日阴线实体的收盘价向下插入第一个阳线实体的程度越深则该形态构成股价运动顶部的机会越大。如果阴线实体覆盖了第一个交易日整个阳线实体，那就形成了看跌吞没形态，这就好比月亮遮住太阳的全部形成了“日全食”。

在“乌云盖顶”形态中，阴线实体仅仅向下覆盖了阳线实体的一部分，这就好比月亮只遮住太阳的一部分形成了“日偏食”。

从这一点来说，“日全食”的反转信号比“日偏食”更具有技术意义。但是，如果在第三个交易日出现了一根长长的阳线实体，并且其收盘价超过了前两个交易日的最高价，那么就可能预示着新一轮上攻行情的到来。

2. 在“乌云盖顶”形态中，如果第二个交易日阴线实体的开盘价高于某个重要的阻力位，但是最终又未能成功突破该阻力位，那么就有可能是多头乏力，无力控制局面。

3. 如果在第二个交易日开盘的时候交易量非常大，那么就可能形成“胀爆”现象。具体来讲，如果当开盘价创出新高的同时出现大量的成交，那么就可能意味着很多新的买家终于下定决心进场了，但是随后的局面是空头的抛售。于是过不了多久，这群为数众多的新多头就会意识到他们登上的这条船原来是“泰坦尼克号”。

旭日东升

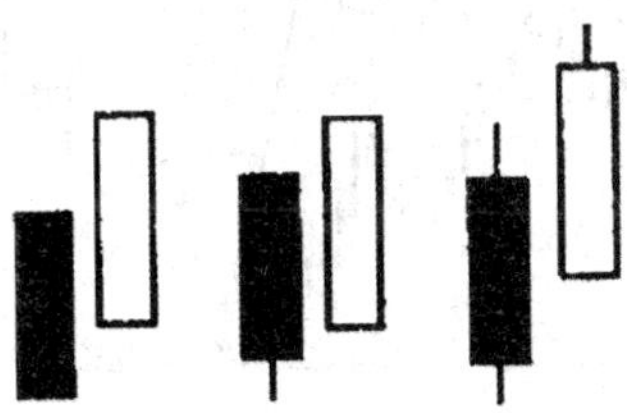

图3—21

“旭日东升”出现在连续下跌的行情中，首先会出现一根大阴线或者是中阴线，然后紧接着出现一根高开高收的大阳线或者中阳线。如图3—21所示。阳线的收盘价高于阴线的开盘价，说明股价经过连续下跌，空方已经无力继续打压，多方奋起反抗，并以得胜终结，后市的前景已经变得十分光明。

倾盆大雨

“倾盆大雨”的K线组合是一阳一阴，与旭日东升相反。如图3—22所示。它

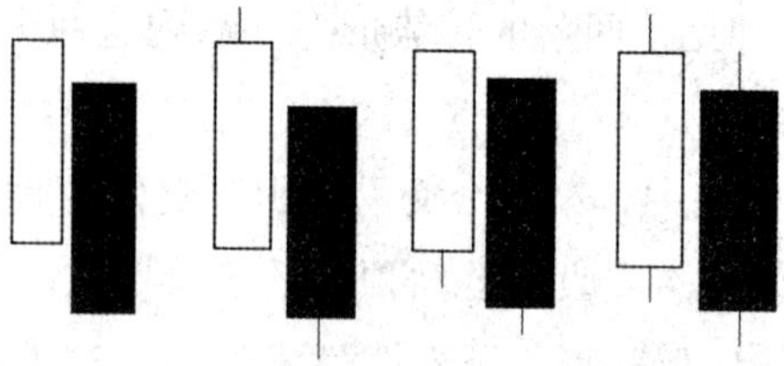

图 3—22

一般出现在股价有了一段升幅之后，先出现一根大阳线或者中阳线，接着出现了一个低开低收的大阴线或者中阴线。这种图形的出现意味着股价将会出现下跌的走势，投资者最好退出观望。

当然，这种图形出现以后，并不是说股价就一定会下跌，也有特殊情况存在，比如说，主力利用这种手段进行洗盘。但这种情况比较少见，大多数情况下，这种图形的出现就意味着后市将转为跌势，投资者一定要谨慎。

早晨十字星

“早晨十字星”又名“希望之星”，通常出现在股价连续下跌的过程中，由 3 根 K 线组成，第一根 K 线为阴线，第二根 K 线为十字线，第三根 K 线为阳线。第三根 K 线的收盘价已经深入第一根阴线实体之中。如图 3—23 所示：

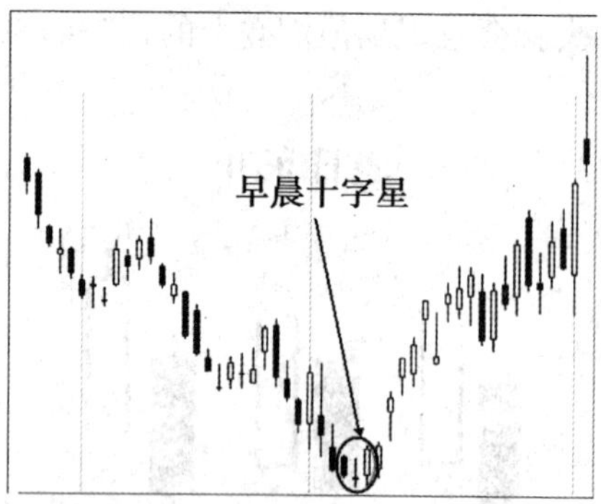

图 3—23

“早晨十字星”的出现说明股价经过大幅回落之后，做空能量已经大量释放，股价无力再创新低，这是明显的大势转向信号。投资者如果见到这种图形，可以适量买进。

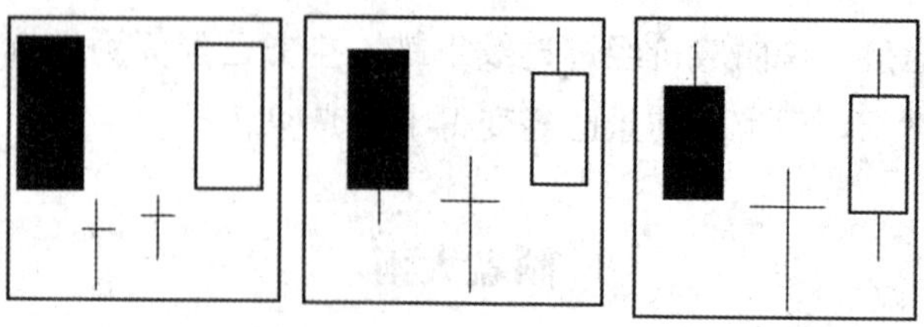

图 3—24

“早晨十字星”的标准形态如图 3－23 所示，其还有三种变异形态也要注意，如图 3－24 所示：

黄昏十字星

“黄昏十字星”与“早晨十字星”的含义相反，它一般出现在股价经过一波涨幅之后。第一天股价在上升途中出现一根实体较长的阳线，第二天出现向上跳空开盘，开盘价与收盘价相同或者非常接近，而且留有长长上下影线从而形成十字星，接着第三天股价拉出了一根向下的阴线，这就是“黄昏十字星”，如图3－25 所示：

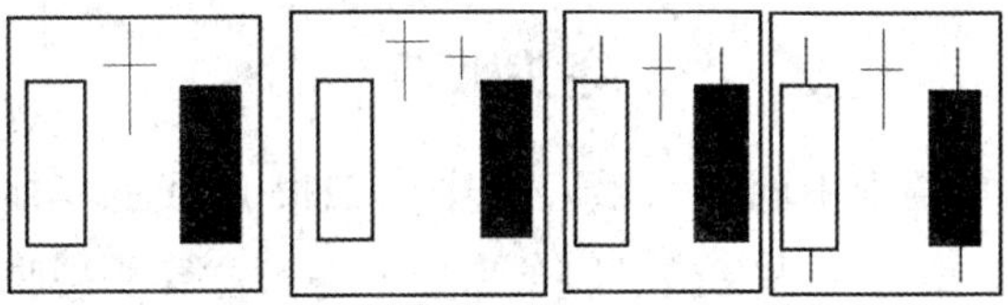

图 3－25

“黄昏十字星”的出现意味着股价已经见顶或者离顶部不远了，此时大势开始由升转跌，一轮下跌行情即将开始，投资者应及时离场。

身怀六甲

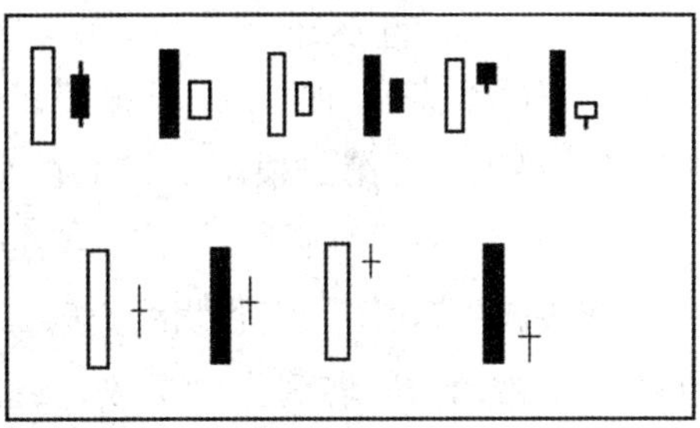

图 3－26

“身怀六甲”图形由一根较长的 K 线和一根较短的 K 线组成，从图形上来看很像一个孕妇，因此得名，也叫孕线。图 3－26 中，最后一幅图中较短的 K 线是十字线，因此也有很多人将这种图形称为“底部十字胎”。

从图形中，我们可以总结出，一个被称为“身怀六甲”的图形，第二根 K 线必须比第一根 K 线短，换言之，第一根 K 线必须能够包容第二根 K 线，这样的图形才能被称为“身怀六甲”。

“身怀六甲”是一种转势信号，它可以出现在股价上升途中，也可以出现在股价下跌途中。如果其出现在上升途中，则表示股价在随后的走势中即将出现下跌；如果其出现在跌势中，则意味着股价在随后的走势中将要展开一波上涨行情。

投资者在运用该形态时应注意以下几方面问题：

1. 成交量。

该K线形态最理想的成交量变化是前一个交易日成交量有效放大，而后一个交易日成交量又迅速萎缩，并且如果行情继续调整，成交量也随之减少，这表示后市行情出现反转的可能性较大。

2. 股价或指数。

出现该K线形态后，股价一般会有一个短期整理的过程，使得原来大幅震荡的走势逐渐平稳，然后再寻求突破方向，投资者在方向确认后介入比较稳妥。

穿头破脚

“穿头破脚”是指两根不同的K线，其中第二根K线的实体部分完全地吞没了第一根K线的实体，既穿了头又破了脚，所以被称为“穿头破脚”。其图形如图3—27所示：

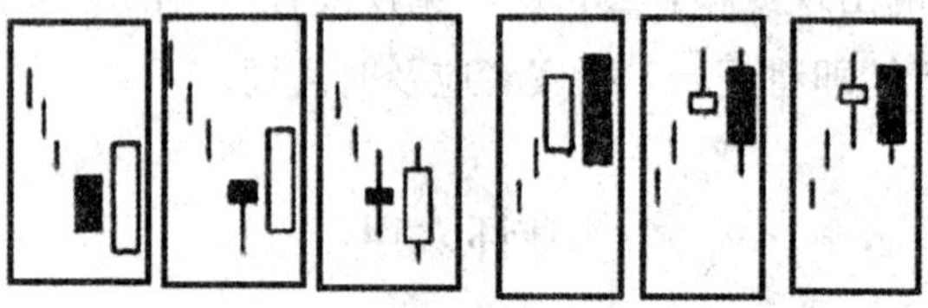

图 3—27

在上升趋势当中，当第二根阴线完全吞吃了第一根阳线的实体，形成顶部“穿头破脚”，后市看跌。在下降趋势当中，第二根阳线完全吞吃了第一根阴线的实体，形成底部“穿头破脚”，后市看涨。

在低位出现阳包阴的“穿头破脚”，第一天收阴线，第二天低开后高走，完全收复了第一天的失地，显示多方由被动防守转为主动进攻，后市多方将强势拉升。高位出现阴包阳“穿头破脚”，寓意刚好相反。

“穿头破脚”一般是这样形成的，大盘或个股经过长时间的下跌之后，突然有一天，股价跳空低开，空方的力量非常凶猛，但是股价在低开后并没有继续下探而是出现了快速的上涨，并一举吞没了前面的K线，形态上好像这根阳线完全包住了前面的阴线，形同一个人抱着一个孩子，是一种典型的见底信号。它经常出现在下跌末端，但有时也出现在整理形态快结束的时候。出现在下跌末端往往预示着空方力量的衰竭，出现在整理形态的末端，则意味着最后一次洗盘。

“穿头破脚”的使用方法很简单：

1. 在股价下跌的低位，如果出现阳包阴“穿头破脚”，同时阳线对应的成交量出现了明显的放大，那么后市上攻的力度要更强一些，特别是股价连续下跌之后，投资者可以放心买入。

2. 在股价运行的高位区域如果出现阴包阳的“穿头破脚”，说明抛压沉重，行情见顶，如果对应着天量，则印证了天量天价，投资者应该果断逃顶，至少应该减仓操作。

无论是底部“穿头破脚”还是顶部“穿头破脚”，在使用过程中投资者都应注意两个原则：

1“穿头破脚”两根 K 线的长度越悬殊，转势的力度就愈强。如果第二根 K 线长度远远超出第一根 K 线，则说明多空双方力量对比发生逆转，转势的可能性更大。

2. 第二根 K 线包容前面的 K 线愈多，转势机会就越大。所以，投资者在实践中要养成这样的思维方式，只要看到一阳包数阴或一阴包数阳的 K 线组合，就要提高注意。

平底

平底，简单点说，就是底部相持平的意思。如图 3—28 所示：

图 3—28

平底是股价见底回升的信号，如果它出现在股价一轮大幅度的下跌之后，则后市上涨的可能性非常大，投资者见到这种 K 线组合的时候，可适量买进。

平顶

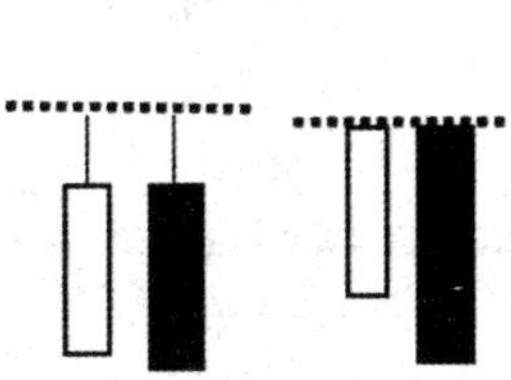

图 3—29

平顶与平底正好相反，是指临近几根 K 线的最高价几乎都在同一位置，其属于转势信号，一般出现股价上涨了一定幅度之后，其后股价回落的可能性很大。如图 3—29 所示。

平顶如果和其他 K 线组合，如，“穿头破脚”、“吊颈线”等同时出现，那么股价下跌的可能性会更大。此时，投资者最好是离场出局。

圆底

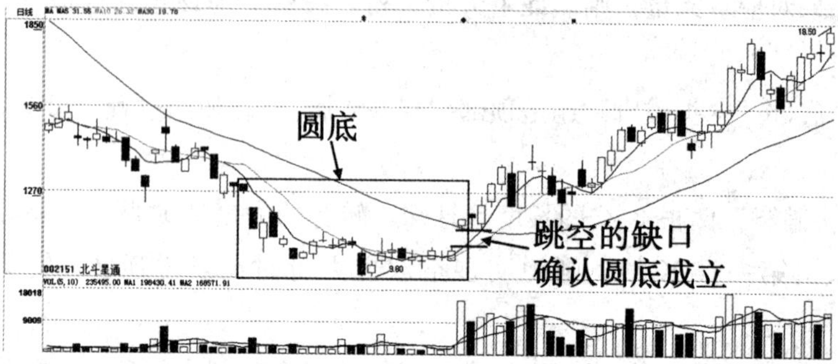

图 3—30

圆底的形状如图 3—30 所示，其特征主要有以下几点：

1. 股价的走势呈现为圆底形状。

2. 在圆弧内的 K 线多为小阴小阳线。

3. 最后要以上升缺口来确认圆底形态的成立。

圆底形态一般多出现在下跌或者横盘整理时，它意味着市场做空力量已是强弩之末，后市转为升势的可能性增大，投资者可适当做多。

圆顶

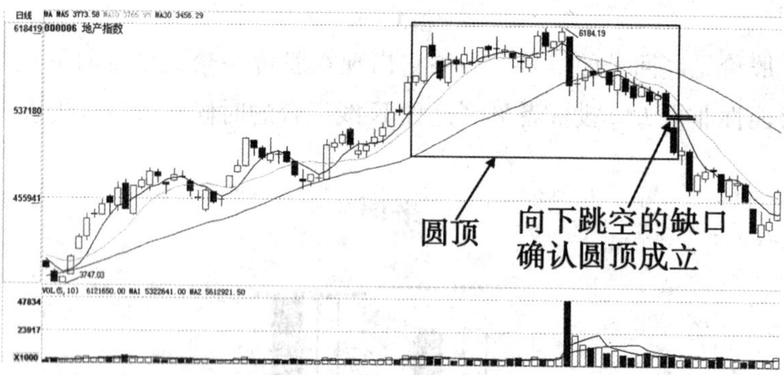

图 3—31

圆顶是与圆底相反的走势形态，如图 3—31 所示。其特征如下：

1. 股价的走势必须构成一个圆弧形状。

2. 圆弧内的 K 线多为小阴小阳线。

3. 要以下跌的缺口来确认圆顶形态的成立。

圆顶一般出现在股价大幅上涨之后，意味着多方已经无力冲高，后市转为跌势的可能性加大，投资者要尽量做离场准备。

塔形底

图 3—32

“塔形底”，因其形状像个倒扣的塔顶而得名，是一种表示股价见底回升信号的K 线组合，其形状如图 3－32 所示，一般出现在股价下跌趋势中。在下跌行情中，股价先拉出一根长阴线，然后跌势开始减缓，出现一系列的小阳线或小阴线，随着跌势一步步地减慢，最后窜出一根长阳线，阳线的收盘价超过或接近前面的大阴线的最高价。

一般来说，股价在低位形成“塔形底”后，如若有成交量的配合，往往会有一段较大的涨势出现，因此，投资者可在此时抓住机会跟进做多。

塔形顶

“塔形顶”与“塔形底”的形态正好相反，其出现在上涨行情中，股价首先拉出一根长阳线，然后涨势开始变缓，出现了一连串的小阳线或者小阴线，之后出现了一根向下倾斜的大阴线或者中阴线，“塔形顶”的形态完成。如图 3－33 所示：

图 3—33

“塔形顶”的出现意味着行情开始转为下跌趋势，投资者如果遇到这种图形应及时离场，以免股价下跌给自己带来损失。

红三兵

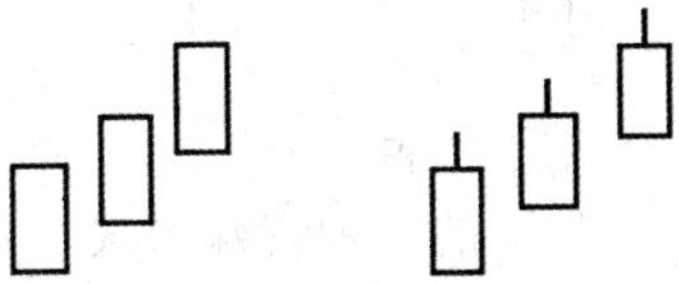

图 3—34

“红三兵”为股价在底部区域，经过较长时间的盘整，连续拉出的三根阳线，如

图 3—34 所示。其主要特征如下：

1. 在股票运行过程中连续出现三根阳线，每天的收盘价高于前一天的收盘价。

2. 每天的开盘价在前一天阳线的实体之内。

3. 每天的收盘价在当天的最高点或接近最高点。

一般来说，这种组合出现在股价经过较长时间的盘整之后，如果此时的成交量也明显放大，则是股价重新启动的前奏，投资者应该密切关注。

黑三兵

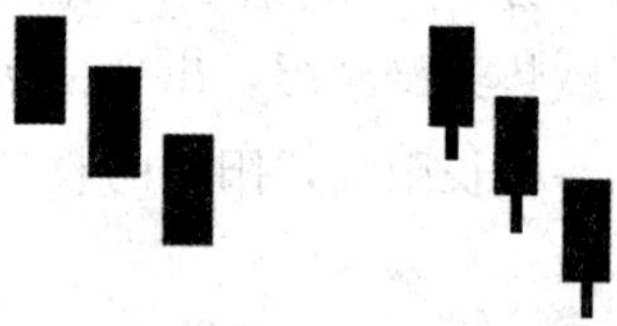

图 3—35

“黑三兵”K 线组合也叫“绿三兵”，由 3 根小阴线组成，其最低价一根比一根低。因为这三根小阴线像三个穿着黑色服装的卫兵在列队，故名为“黑三兵”。如图 3—35。

“黑三兵”可出现在涨势中，也可出现在跌势中，其所处的趋势不同及在趋势中的位置不同位置都具有不同的技术含义。在行情上升时，尤其是在股价有了较大升幅之后出现，预示着行情即将转为跌势。如果在下跌行情中，股价已经有了一段较大跌幅或连续急跌后出现，表示探底行情短期内即将结束，并有可能转为一轮升势。因此，投资者见到“黑三兵”后，可根据“黑三兵”出现的位置，决定操作策略，简单点说就是在上涨行情中出现“黑三兵”，要考虑做空；在下跌行情中出现“黑三兵”，要考虑做多。

三个白色武士

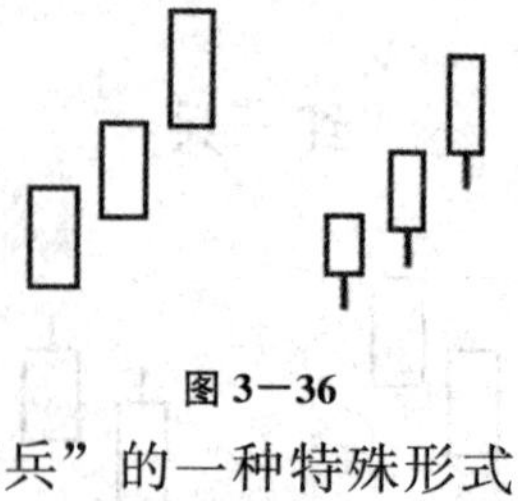

图 3—36

“三个白色武士”是“红三兵”的一种特殊形式。它与“红三兵”的主要区别是，“三个白色武士”图形的第三根阳线要比“红三兵”的第三根阳线的力度大。如图 3—36。

在涨势初期或者股价横盘整理后出现“三个白色武士”，表示股价已经充分换手，积累了一定的上升能量，继续上涨的可能性较大。因此投资者见到“三个白色武士”后可考虑适当买进。

升势停顿

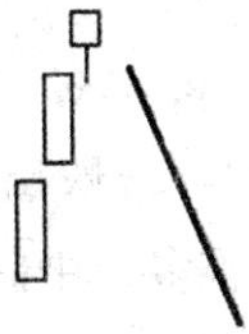

图3—37

“升势停顿”的形状如图3—37所示，其特征是：

1. 出现在涨势中。

3. 由三根阳线组成。

3. 前两根是大阳线或中阳线。

4. 第三个是实体很小的阳线。

在上涨行情中，连续出现两根相对较长的阳线之后，第三根阳线实体忽然缩得很小，预示升势可能停顿。“升势停顿”出现在涨势中，尤其是股价已有了很大升幅之后，表明做多的后续力量已经跟不上，股价随时会出现回落，投资者应考虑适时做空。

升势受阻

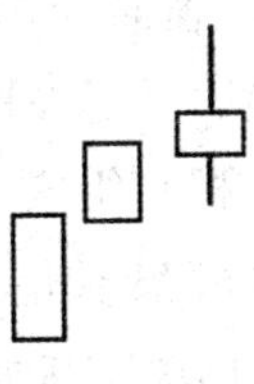

图3—38

“升势受阻”的形态如图3—38所示，其特征是：

1. 出现在涨势中。

2. 由三根阳线组成。

3. 三根阳线的实体越来越小，最后一根阳线的上影线很长。

“升势受阻”三根阳线的实体呈现逐渐缩小的态势，给人一种虎头蛇尾的感觉。最后一根K线的上影线很长，表明上档抛压沉重，多方力量明显不足，推高股价已显得力不从心。当“升势受阻”出现在涨势中，尤其是股价已有一段涨幅后，后市行情一般看跌，投资者最好出局观望。

冉冉上升形

图 3—39

“冉冉上升”图形如图 3－39 所示，一般出现在盘整的后期，由若干小 K 线组成，一般不少于八根，其中以小阳线居多，中间也可以夹杂两到三根小阴线或者十字线，整个 K 线的排列呈现出向上倾斜状，属于见底信号，后市看涨。这种信号在初期虽然升幅不大，但它往往是股价大涨的前兆，如果此时的成交量也呈明显放大的趋势，那么股价大涨的可能性会非常大。所以，千万不要小看这种小幅度的上涨，如遇到这种图形，可以适当做多，日后股价如果出现拉升，再继续跟进。

绵绵阴跌形

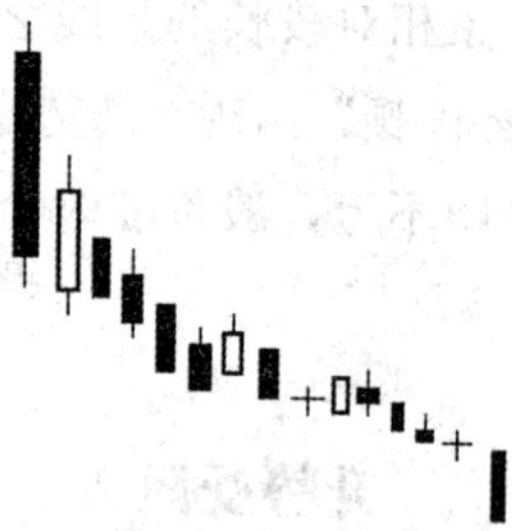

图 3—40

“绵绵阴跌形”（如图 3－40 所示）与“冉冉上升形”的图形正好相反，它由一组向下倾斜的小 K 线（一般不少于 8 根）组成，其中以小阴线居多，中间也可夹着一些小阳线。这种 K 线走势每天的跌幅都不大，但犹如绵绵细雨下个不停。虽然前期跌势不明显，但它反映出后市的走势极不乐观，股价很有可能长期走弱。这就是股市中那句经典名言：急跌不可怕，最怕就是阴跌。阴跌往往下跌无期，对多方杀伤相当厉害，所以，投资者要对这种“绵绵阴跌”的行情保持高度警惕，空仓者不轻易加入，持仓者应及时停损离场。

徐缓上升形

“徐缓上升形”，形态如图 3－41 所示，一般多出现在涨势初期，连续出现几根小阳线，随后出现一、两根中、大阳线，这表明多方力量正在逐步壮大，后市虽有

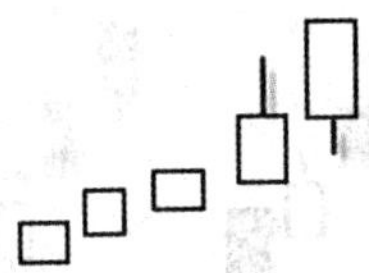

图 3－41

波折，但总趋势是向上的，投资者可适量跟进。

徐缓下降形

图 3－42

“徐缓下降形”，形态如图 3－42 所示。一般出现在下跌行情初期，连续出现了几根小阴线，随后又出现了一到两根中阴或者长阴线，这表明空方的力量正在逐渐壮大，后市虽有反弹，但总的下跌趋势已经形成，只是时间的早晚而已。所以遇到这种图形，投资者最好及时出局。

上升抵抗形

图 3－43

“上升抵抗形”，形态如图 3－43 所示。一般出现在股价上涨的过程中，连续跳空开盘，收出众多阳线，其中夹杂着少量阴线，但这些阴线的收盘价均比前一根 K 线的收盘价高。

股价在上升的过程中出现这种图形，意味着买方力量逐渐增强，日后股价将会继续上涨，投资者可考虑适当买进。

下降抵抗形

“下降抵抗形”，如图 3－44 所示，基本特征有以下几点：

1. 股价在高位区横盘，忽然某一天连续跳空低开，收出众多阴线。

2. 阴线实体一般可大可小，但是以中阴线和大阴线居多。

3. 在下跌的阴线中夹杂着少量阳线，但这些阳线均为低开上行，收盘价均比前

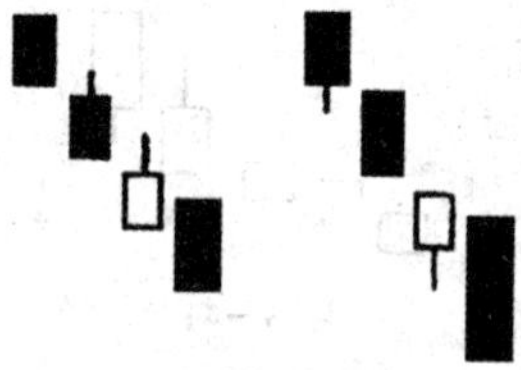

图 3－44

一根 K 线收盘价要低。

需要说明的是，这种 K 线图形中出现的阳线是多方不甘心束手就擒的表现，但此时总的下降趋势已成定局，多方已经无力回天。

这种图形会给投资者一种错觉，认为此时的股价已经反弹，结果买进后被套。所以，投资者遇到这种图形的时候，千万不要抢反弹，而要以观望为主，如果阳线之后，股价第二天收出一根阴线，那么一定要及时卖出。

高位并排阳线

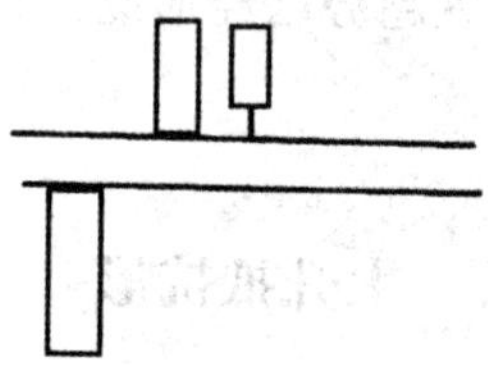

图 3－45

“高位并排阳线”出现在行情上涨的途中，两个有着大约相同开盘价格的阳线跳空升起，与上一日的阳线之间形成了一个缺口，由于向上跳空的两根阳线的开盘价格几乎是相同的，所以它们被称为“并排阳线”，或“升势恋人”。如图 3－45 所示。

“高位并排阳线”的出现，意味着股价将会继续上涨，其上跳的缺口一般会成为股价上涨的一个支撑区。但要注意，如果股价在回落的时候跌破了支撑区，也就是缺口这一区域，投资者就要当心了，因为这有可能会使后市逆转，投资者应该停损离场。

低位并排阳线

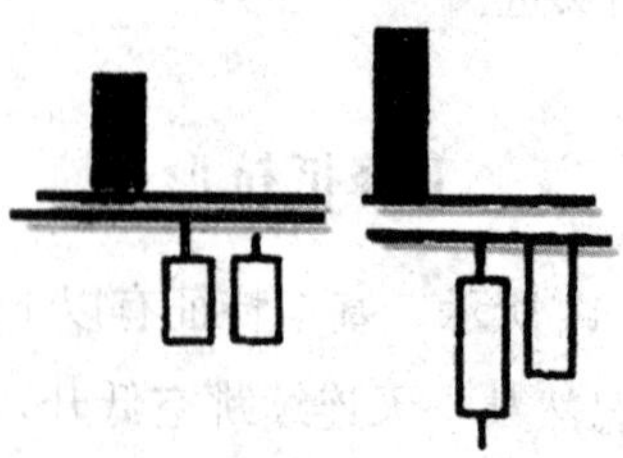

图 3－46

“低位并排阳线”的形态如图 3－46 所示，其特征是：股价经过一段时间的下跌，出现了一根跳空低开的阳线，至收盘时仍留下一个缺口，紧接着又出现一根与之并列的阳线，成交量也随之逐渐放大。“低位并排阳线”一般出现在股价下跌行情中，意味着股价已经见底或者阶段性见底，属于股价即将转势的信号，因此，投资者可适量做多。

上档盘旋形

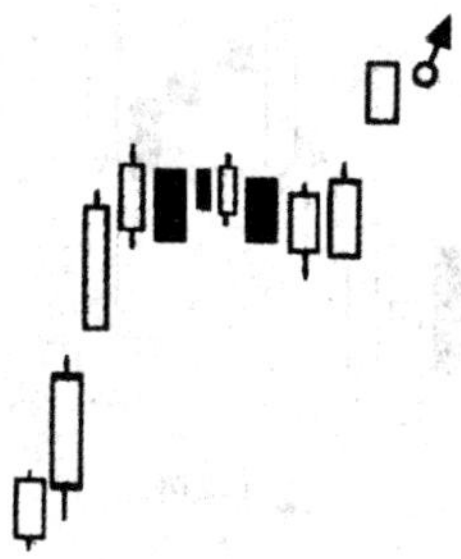

图 3—47

图 3—47 所示为“上档盘旋形”，一般出现在上涨行情中，首先拉出一根或者数根有力度的大阳线，随后股价停滞不前，出现了一系列的小阴小阳线。一般来说上档整理的合理时间为 5～10 天。如果盘整时间过长就说明上升无力，很有可转为跌势；如果整理时间较短，说明多方在消化掉浮筹后，积极做多，股价便会向上继续拉升。

所以当股价上扬后出现“上档盘旋形”时，投资者可以依据上档盘整日子的长短来调整自己的投资策略，见机行事。

低档盘旋形

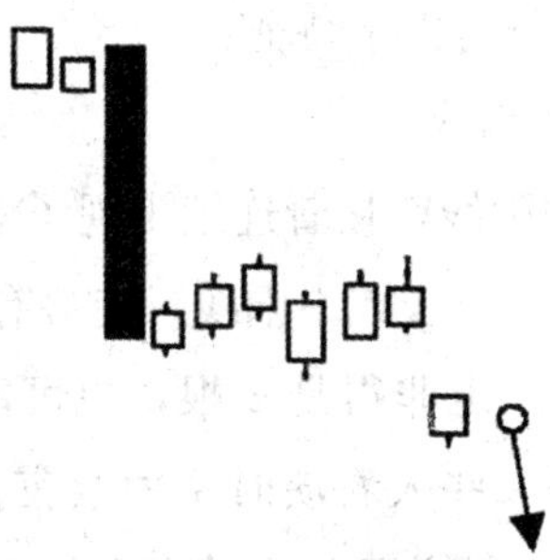

图 3—48

“低档盘旋形”，如图 3—48 所示，一般出现在股价下跌的行情中，其特征是当股价经过一轮下跌进入小阳小阴的横向整理时，突然出现一根跳空下跌的阴线将前面的整理局面打破。

"低档盘旋形"的出现，预示着新一轮跌势的开始，表明前面小阴小阳的整理不过是跌势中的盘整而已。投资者在见到这种图形的时候要及时减仓，避免下跌所带来的损失。

上升三部曲

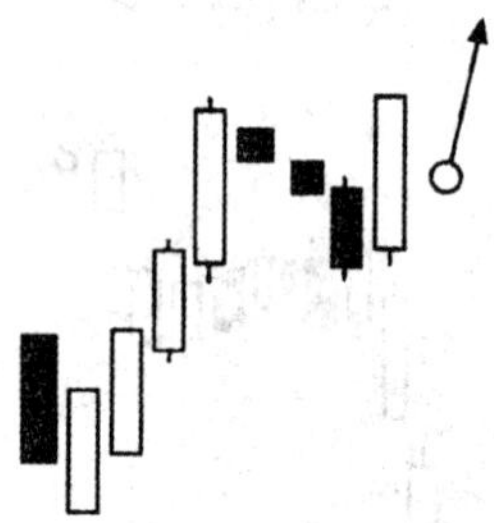

图 3—49

"上升三部曲"又名"上升三法"，还可以称为"升势三鸦"，如图 3—49 所示。其特征是股价经过一段时期的上涨，在一根大阳线或是中阳线之后，连续出现了三根小阴线，但三根小阴线都没有跌破前面这条大阳线的开盘价，并且成交量也开始减少，随后又出现了一根大阳线。

"上升三部曲"的出现意味着多方在积蓄力量，伺机上攻。这种图形很容易给投资者造成错觉，误以为股市已经开始转为跌势了，于是着急出货，结果股价第二天反弹。所以，当走势图上出现这种三连阴的走势时，投资者一定要谨慎，要注意观察股价下一步的走势，如果发现股价在第二天开始向上运行，就要积极做多。

这里有一个小窍门帮投资者很快地认清"上升三部曲"的形态。一般来说，如果股价走势不出意外的话，在"上升三部曲"出现之后，股价都会形成一轮较大的升势。标准的"上升三部曲"具有以下特征：

1. 由大小不等的 5 根 K 线组成。

2. 先拉出一根大阳线或中阳线，接着连续出现了 3 根小阴线，但都没有跌破前面的开盘价，随后出现了一根大阳线或中阳线，走势有点类似英文字母的"N"字。

具体来说，中间的阴线不一定非得是 3 根，也可能是 4 根、5 根或多根。小阴线是主力清洗浮筹的手段，当一些人看淡时主力会突然发力，再拉出一根大阳线，并宣告震仓洗盘暂告一个段落，接着开始发动向上的攻势。

下降三部曲

"下降三部曲"又被称为"下降三法"或"降势三鹤"，其特征是股价在下跌的

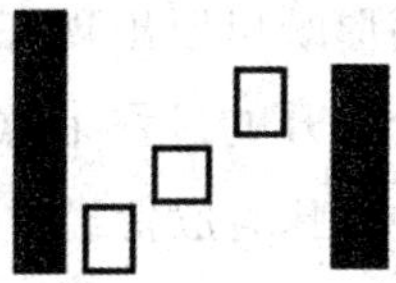

图 3—50

途中出现了一根实体较长的阴线，随后连续拉出三根向上走的实体较小的阳线。但紧接着又出现了一根实体较长的阴线，把前面的三根小阳线全部吃掉了。

“下降三部曲”的出现意味着多方虽然想反抗，但是在空方的打击下节节败退，这预示股价将会进一步向下滑落，投资者应及时减仓。

和“上升三部曲”一样，在走势图上我们很难发现如图 3—50 那样标准的上升三部曲，其中间的阳线实体有可能是 3 根，但也有可能是 4 根或者 5 根，它们都是标准图形的变异，投资者一定要活学活用，不要生搬硬套。

两阳夹一阴

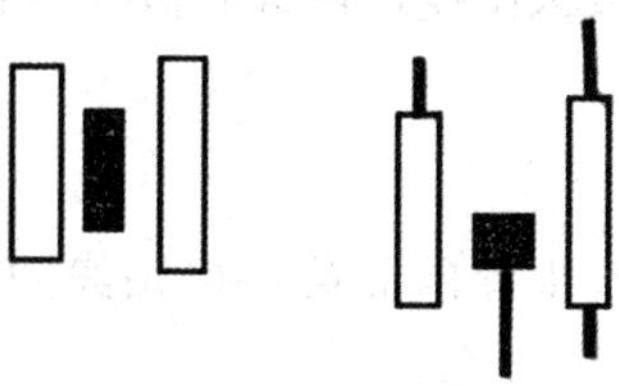

图 3—51

“两阳夹一阴”的特征是，左右两边都是阳线，中间是阴线，三根 K 线所处的中间位置几乎在同一水平面上，通常，两根阳线的实体要比阴线的实体长。如图 3—51 所示。

这种形态既可能出现在上涨行情中，也可能出现在下跌行情中。出现在上涨行情中，尤其是上涨初期，意味着股价将会继续上涨；出现在下跌行情中，意味着股价将暂时止跌，有可能见底回升。

两阴夹一阳

图 3—52

“两阴夹一阳”图形的基本形态是左右两边是阴线，中间是一根阳线，两根阴线的实体要比阳线的实体长。如图 3—52 所示。

和“两阳夹一阴”一样，此图形既可以出现在股价上升的过程中，也可以出现在股价下跌的过程中。出现在股价上升的过程中意味着股价涨势已到尽头，股价有可能见顶回落；出现在下跌过程中意味着股价经过短暂的修整，将会继续下跌。

多方尖兵

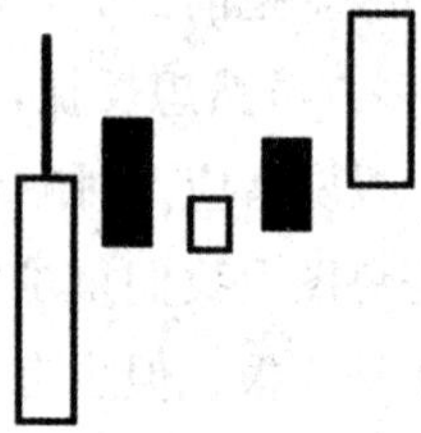

图 3－53

由图 3－53 可知，“多方尖兵”具有以下特征：

1. 在上升途中，特别是在上升初期出现更有实战意义。

2. 第一根 K 线为中阳线或大阳线，带有上影线，上影线一般为阳线实体的 1/3 左右。

3. 随后股价回落整理。

4. 当多方发动进攻，股价上穿前面第一根阳线的上影线时，就形成“多方尖兵”的 K 线组合。

一般说来，“多方尖兵”的出现，表明股价将继续上涨，但是短期均线系统一定要多头排列，同时有成交量的放大。对投资者而言，看到这种图形如果跟着做多，往往会抓住获利的机会。

空方尖兵

图 3－54

“空方尖兵”出现在股价在下跌的过程中，空方遇到多方的反抗，出现了一根下影线，股价随之反弹，但空方很快又发动了一次攻势，股价就穿越了前面的下影线。

由图 3－54 可知，“空方尖兵”的出现意味着股价仍会继续下跌。投资者见此 K 线图形应适时做空，以减少股价继续下行带来的风险。

上涨二颗星

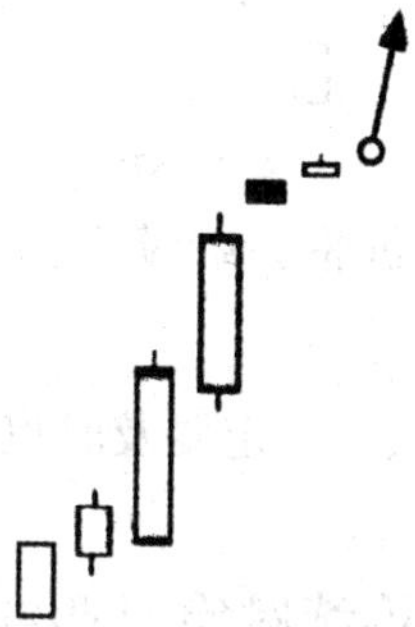

图 3—55

“上涨二颗星”一般出现在连续上涨的行情中，在大阳线或者中阳线的上方出现了两根小 K 线。这两根小 K 线可以是两个小阳线，可以是一个小阳线和一个小阴线，也可以是两个小小的十字线。如图 3—55 所示。

“上涨二颗星”的出现是可信度极高的买进时机，股价展开新一轮上升行情的可能性会很大，此时如果成交量出现明显放大，那么，投资者可以适量增加仓位，持筹待涨。

下跌三颗星

图 3—56

图 3—56 所示为“连续下降三颗星”，一般出现在股价下跌的过程中，K 线图上连续出现了三根小阴小阳线，这种图形的出现表明股价仍处于弱势，仍有下跌的可能，此时投资者最好离场观望。

连续跳空三阳线

图 3—57 所示为“连续跳空三阳线”，一般出现在股价上涨的过程中，多头气势高昂，连续跳空高开，拉出了三根阳线。但是由于多方用尽了最后的力气，因此空方趁机组织力量反攻时，多方无力抵抗。如果在上涨途中出现了这种图形，投资者

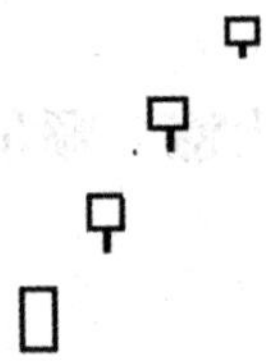

图 3－57

一定要警惕，因为它并不表明股价将会继续上涨，相反，它往往意味着股价即将下跌。

投资者在见到这种图形的时候，一定要及时离场。

连续跳空三阴线

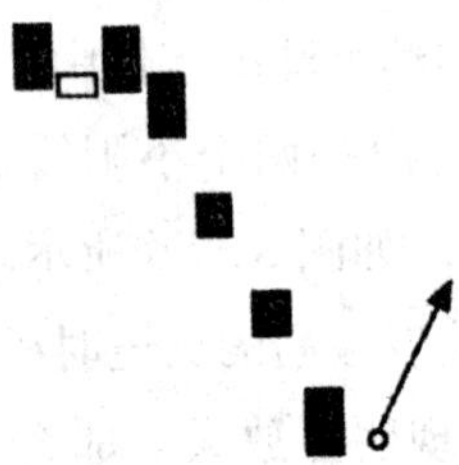

图 3－58

“连续跳空三阴线”（如图 3－58）是在股价下跌途中出现的，它往往表明股价已经见底，是强烈的买进信号，如果股价在之后拉出了一根或者两根阳线，及时回补下跌的第三个缺口，说明多方反攻在即，股价上涨的可能性将大大增加。

投资者在遇到这种信号时可适量买进一些股票，持筹待涨。

跳空上扬形

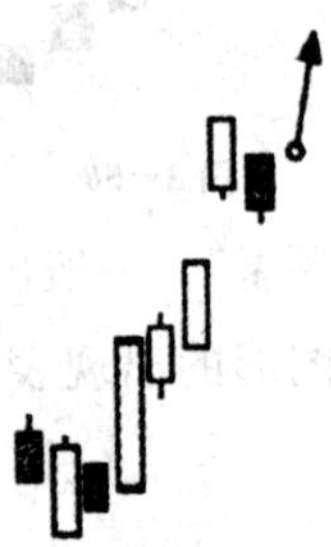

图 3－59

在股价上涨过程中，出现了一根跳空上扬的阳线，但第二天不涨反跌拉出一根阴线，不过它的收盘价收在前一根 K 线跳空处附近，缺口没有被填补，这种 K 线组合图形叫“跳空上扬形”，又称“升势鹤鸦缺口”，形状如图 3－59 所示。

该形态说明股价在攀升的过程中遇到了一些麻烦，但经过多方努力，克服或战胜了这一挫折，继续把股价往上推高。

该 K 线组合多出现在涨势初期、中期，行情有可能出现两种发展模式：

1. 股价经过一段时期盘整后再度上扬。

2. 股价经过短暂调整就开始发力上攻。

但不管何种模式，在上涨初期、中期出现这种 K 线组合均预示股价会继续往上攀升。

下档五阳线

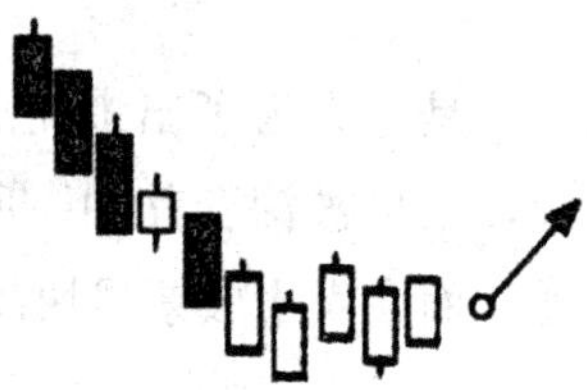

图 3－60

“下档五阳线”的形态特征是：在下跌持续一段时期后，K 线图连续出现了 5 条阳线（有时可能是 6 条、7 条），表示在此价位多方的承接力量较强（见图 3－60）。“下档五阳线”的出现，预示着股价可能已经见底或者到了一个阶段性底部，是一种买入信号。此时，投资者可逢低适量买进，风险不大，短线获利机会较多。

下降覆盖线

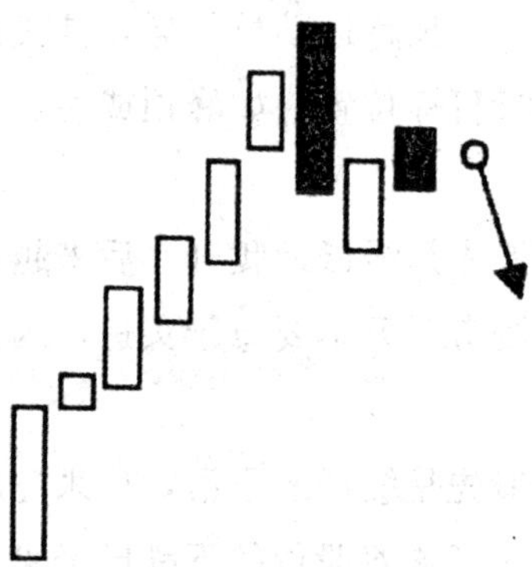

图 3－61

“下降覆盖线”的形状如图 3－61 所示，其特征是，在上升行情中，首先出现了一根“穿头破脚”的阴线，第二天收出了一根阳线，但紧接着又收出了一根低收的阴线，这就构成了“下降覆盖线”。

这种形态属于见顶信号，暗示上涨行情已经到头，股价下挫的可能性非常大，投资者最好停损离场。

倒三阳

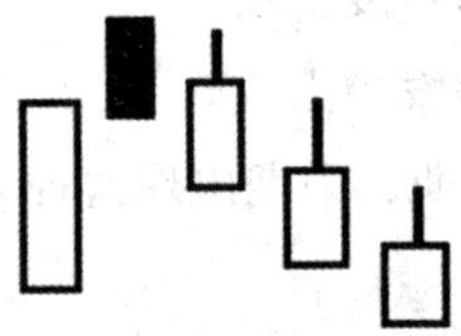

图 3－62

“倒三阳”（如图 3－62）的基本特征是股价连续拉出了三根阳线，但其走势却是连续下跌的。

这种图形一般出现在庄股上，是主力为了出逃而故意放出的烟雾弹。很多投资者见到这种图形之后就积极做多，结果被深套其中。所以投资者在遇到这种图形的时候，一定不要受到阳线的迷惑，而应卖出股票尽快离场。

加速度线

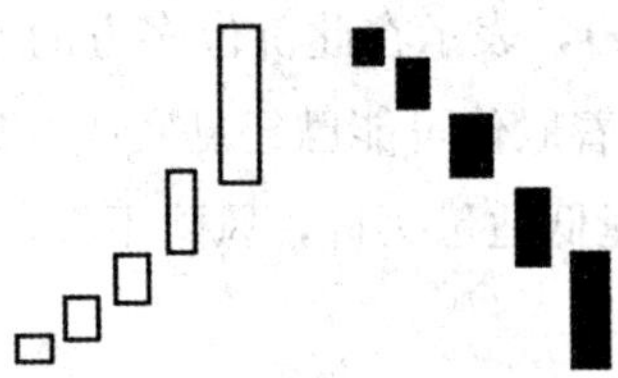

图 3－63

“加速度线”，意即它像一个长跑运动员一样，越接近终点步伐越快。股市走势有时也和长跑一样，越是接近目标位置，如峰顶或谷底，涨幅或跌幅越大。其形态如图 3－63 所示。

在上升行情中，一些个股先是缓慢地爬升，后来越涨越快，接连拉出很有力度的中阳线或大阳线，这时投资者千万不要急于买进，因为这是一种见顶信号，预示着上升行情已经走到了尽头。

在下跌行情中，一些个股先是缓慢地下滑，后来越跌越快，接连拉出很有力度的中阴线或大阴线。这种形态意味着股价的下跌已经见底，即将反弹。此时投资者应该多看少动，待股价回升的时候，再准备买入。

镊子线

“镊子线”（如图 3－64）既可以出现在股价上涨的过程中，也可以出现在股价下跌的过程中。涨势中的“镊子线”，中间那根 K 线几乎位于左右两根 K 线的

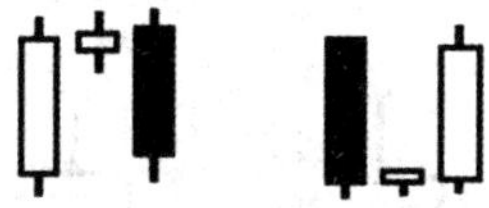

图 3－64

顶部，而且三根 K 线的最高价处在差不多同一个价位。跌势中的“镊子线”，中间那根 K 线几乎位于左右两根 K 线的底部，而且三根 K 线的最低价差不多处在同一个价位。

该形态出现在股价上涨的途中，尤其是有了一段较大涨幅之后，往往预示着股价将会见顶回落；反之，出现在跌势中，尤其是有了一段较大跌幅之后，往往预示着股价会见底回升。

这种图形出现在涨势中，投资者就要进行减仓操作，出现在跌势中，可适量买进。

尽头线

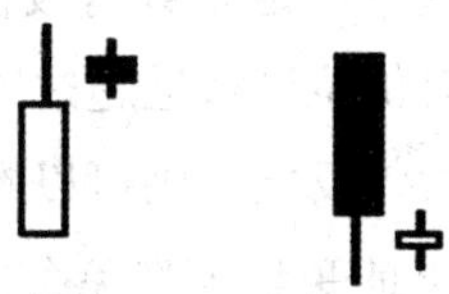

图 3－65

在上升趋势中，原行情进展得相当顺利，一般都认为这个趋势会进行下去，结果在一根长阳线的右方却出现了一根完全涵盖在上影线范围内的短十字或小阴线（小阳线）。反之在下跌行情中，大阴线后第二个交易日收出一根完全涵盖在下影线范围内的短十字或小阳线（小阴线）。这就构成了“尽头线”，其形状如图 3－65 所示。

“尽头线”是转势信号，当它出现在上涨行情中的时候，意味着股价即将下跌，投资者要考虑减仓操作。反之，当其出现在下跌行情中的时候，往往预示着股价即将迎来上涨行情，投资者可适量跟进。

通常来说，标准的“尽头线”出现概率不高，投资者所见大多都是不太标准的“尽头线”。如果第二根 K 线的上下影线较长，但实体较短，且完全被第一根 K 线的影线所包容，那么就可以看作是“尽头线”。“尽头线”的变异图形并不影响它传达的转市信号，对投资者的参考意义非常大。

搓揉线

“搓揉线”是由一根 T 字线和一根倒 T 字线组成，形状如图 3－66 所示。这种

图 3－66

图形一般出现在庄股上，因为能对股价进行搓揉的非主力莫属。主力做出这种动作的目的有两个，一个是洗盘，另一个是变盘。

在上涨行情中，尤其是上涨初期出现“搓揉线”，一般都是主力在清洗浮筹，以减轻上行压力，此时投资者可适量跟进。

在上涨行情的末期，尤其是股价有了很大涨幅之后出现“搓揉线”，一般都是主力在通过上下震荡搅乱投资者的视线，以达到高位出货的目的。换言之，当股价在上涨的高位区出现“搓揉线”的时候，投资者就要警惕主力出货，此时很有可能要变盘。

要区分主力是在洗盘还是变盘就一定要看清股价的涨幅，如果股价在很短的时间内就上涨了好几倍，或是其绝对价位已远远超过同类性质股票的股价，那么，“搓揉线”代表变盘的可能性就非常大，反之，则可以看成洗盘。

但是利用涨幅来判断是洗盘还是变盘，难免会发生错误。比如说，一个超强的个股往往涨势难以预料，这时就很难断定其涨势是否已经过大。此时，你可以用以下几点来判断：

1. 从上下影线来判断。

如果是上涨途中洗盘，T 字线和倒 T 字线的影线一般都较短，为小 K 线形态；而上涨末端的变盘，其影线都很长。

2. 从成交量上来判断。

如果是上涨途中洗盘，成交量较少；而上涨末端的变盘，成交量很大。

本章习题：K 线操练的测试与练习

综合练习

一、判断题。

1. 图 3－67 中的 a 图形和 b 图形所表示的意义是相同的。（ ）

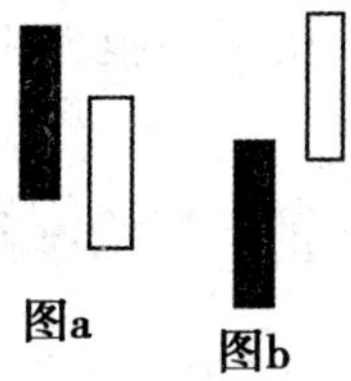

图 3－67

2. 一般来说，长阳线可以出现在任何阶段，长阳线的出现预示着股价即将上涨，投资者可以进行看多操作。（　）

3. “射击之星”的形态与“倒锤头线”的形态基本相同，区别在于“射击之星”出现在股价的上涨行情中，而“倒锤头线”出现在股价的下跌行情中。（　）

4. 如图 3－68 所示，图中箭头所指的图形为平顶。（　）

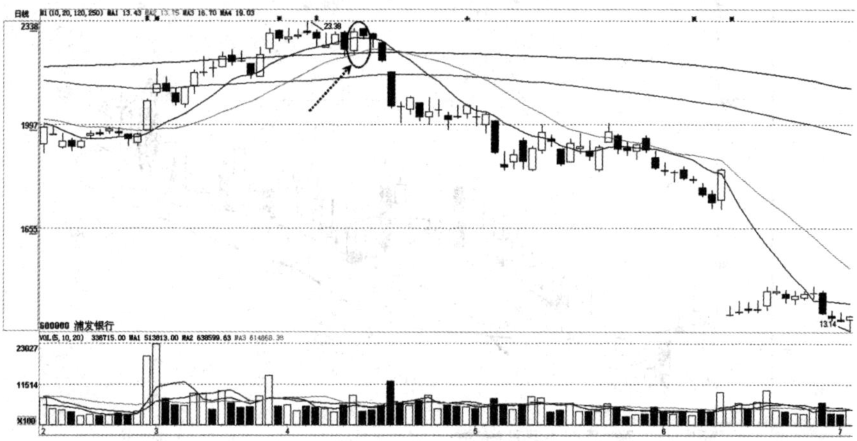

图 3－68

5. “射击之星”的上影线与 K 线实体比例越悬殊，信号就越有参考价值。（　）

6. 在股价下跌的过程中，尤其是股价经过大幅度的下跌后出现了“连续跳空三阴线”，是股价继续下跌的信号。（　）

7. 如图 3－69 所示，此图形为“冉冉上升形”。（　）

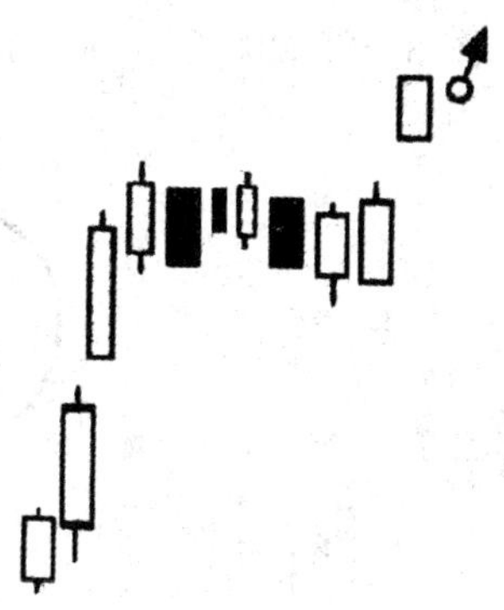

图 3－69

8. 股价在连续大幅上升之后，拉出一根大阳线，成交量急剧放大，是卖出信号。（ ）

9. 在高位出现“T 字线”，长长的下影线，表示接盘能力很强，股价还会大幅上扬。（ ）

10. “穿头破脚”包容前面的 K 线越多，则转势信号越强。（ ）

二、填空题。

1. 如图 3—70 所示，图中圆圈内的 K 线形态为（ ），其基本特征是（ ），遇到这种 K 线形态，投资者应该（ ）。

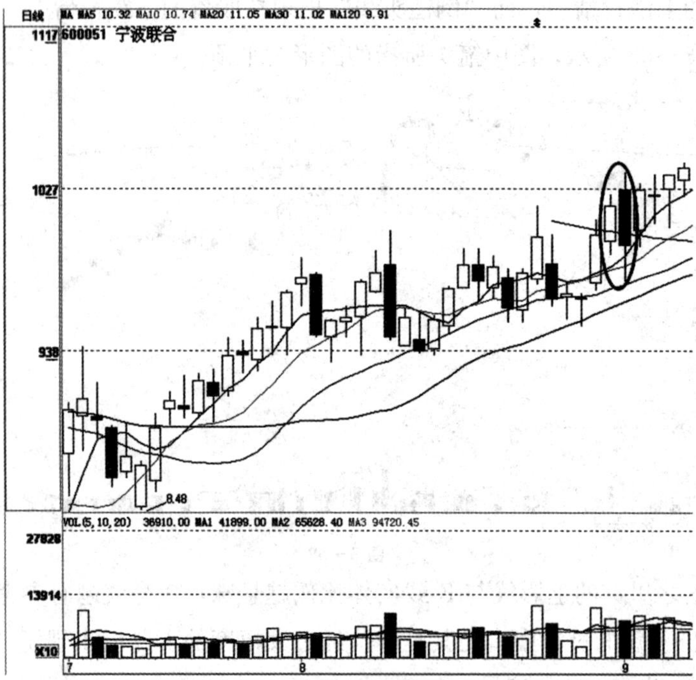

图 3—70

2. 图 3—71 和 3—72 分别是（ ）形态和（ ）形态，图 3—71 的特征是（ ），所表示的含义是（ ）；图 3—72 的特征是（ ），所表示的含义是（ ）。

图 3—71

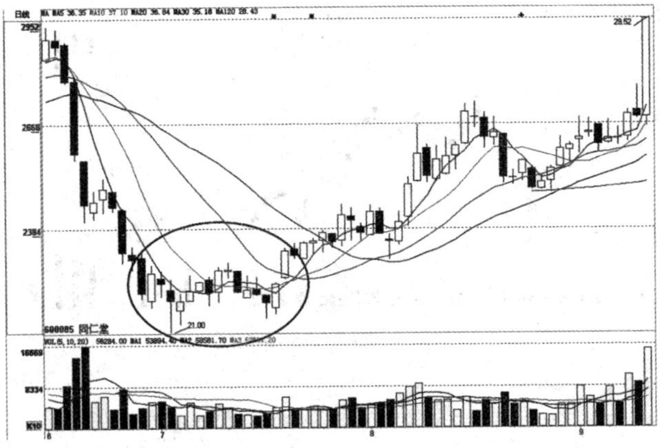

图 3—72

3. 图 3—73 中的图形是（　），投资者遇到这种图形应该（　）。

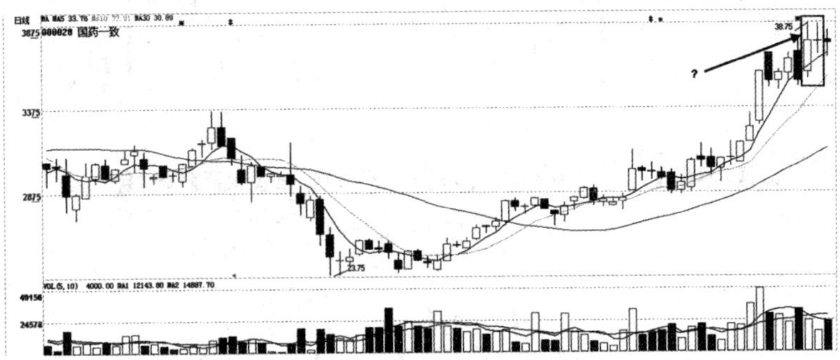

图 3—73

4. 请你写出与下列 K 线相对立的 K 线组合。

倒锤头线（　）高位并排阳线（　）绵绵阴跌形（　）

上档倒 T 字线（　）曙光初现（　）上升三部曲（　）

连续跳空三阴线（　）塔形顶（　）早晨十字星（　）

5. 以下五幅图中，属于多方攻击刚开始的 K 线形态有（　），它们的名称分别是（　）。

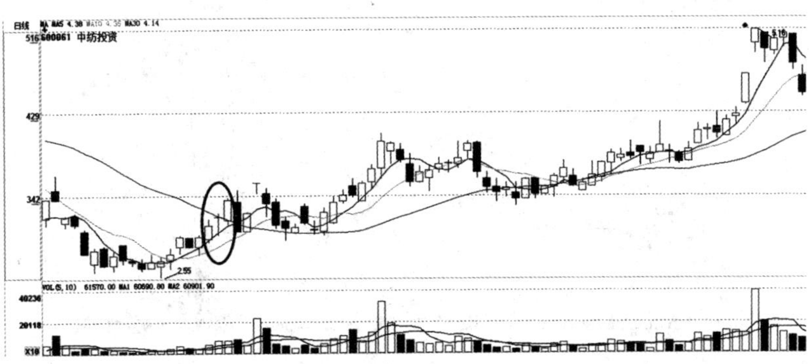

图 3—74

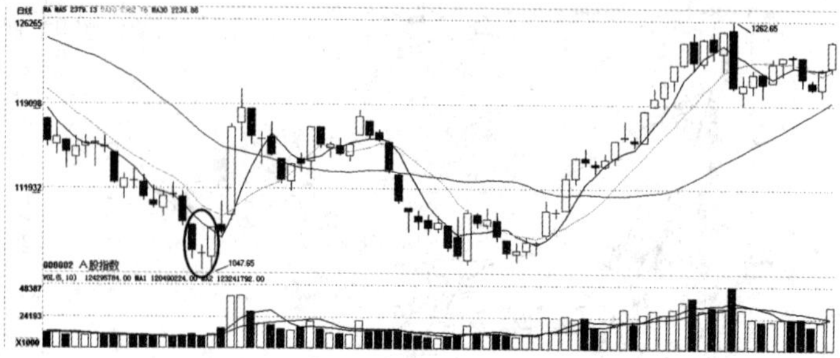

图 3—75

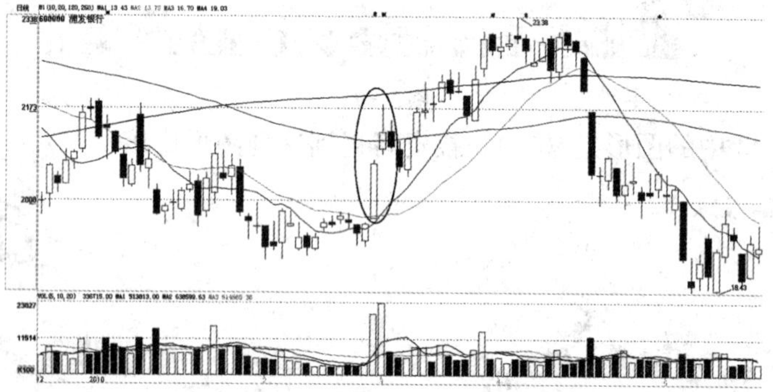

图 3—76

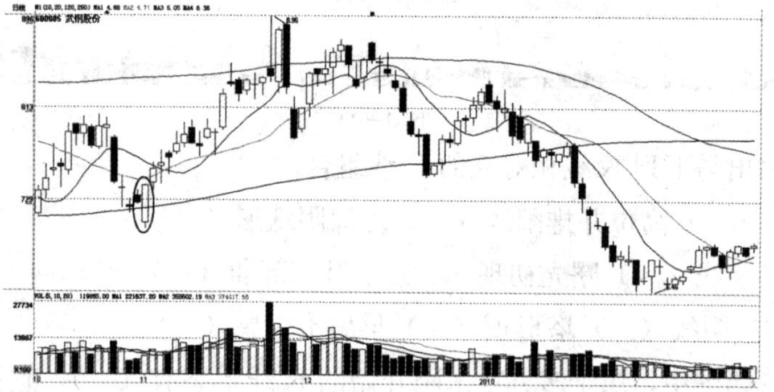

图 3—77

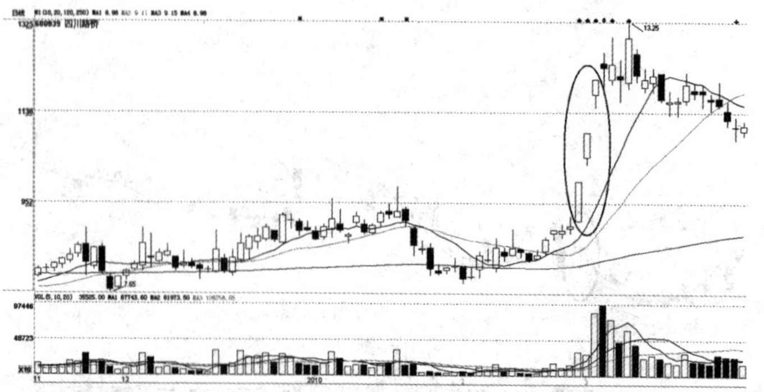

图 3—78

6. 图 3—79 的 K 线形态既是（　）又是（　）。

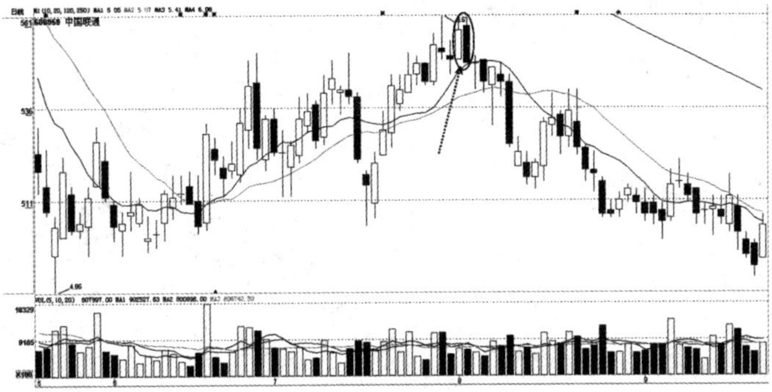

图 3—79

7. 如图 3—80 所示，图中圆圈内的 K 线形态是（　）。它在跌势中，尤其是在股价大幅下挫的情况下出现，是（　）的信号。

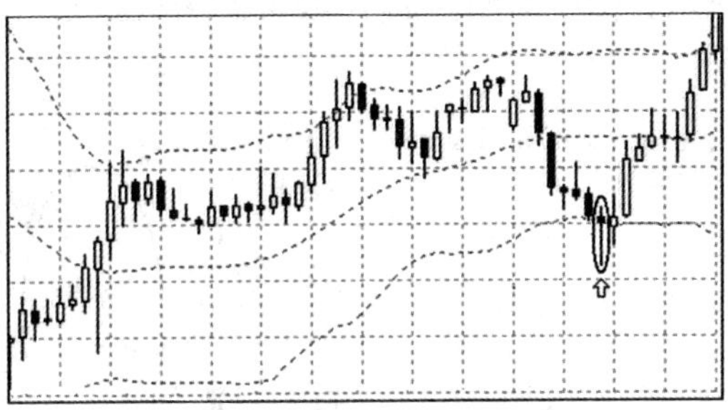

图 3—80

8. 如图 3—81 所示，图中圆圈内的 K 线形态为（　）。如果该形态出现在涨势中，投资者应该（　）；如果出现在跌势中，投资者应该（　）。

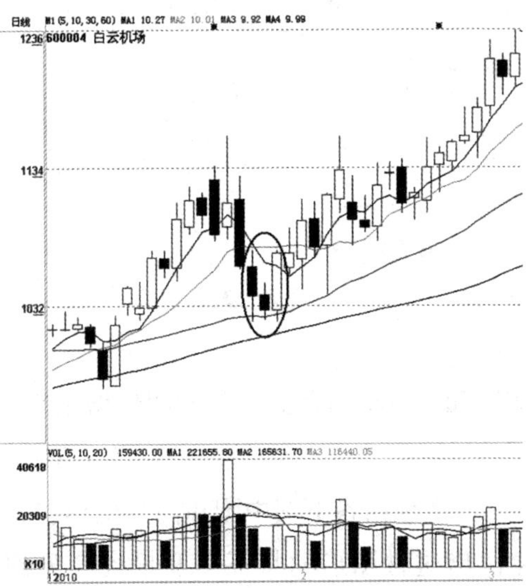

图 3—81

9. 如图 3－82 所示，图中圆圈内的 K 线形态是（　），这种 K 线形态是典型的（　）信号，遇到这种形态，投资者应该（　）。

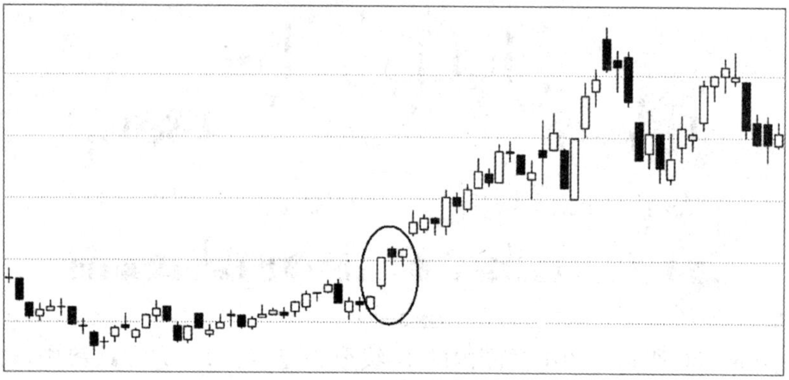

图 3－82

10. 如图 3－83 所示，图中圆圈内的 K 线形态为（　）。这种 K 线形态出现在涨势中，投资者（　）。

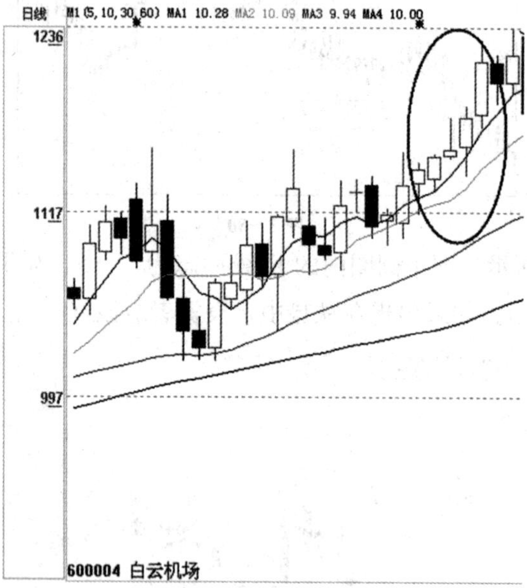

图 3－83

三、简答题。

1. 请你将“红三兵”和“三个白色武士”的图形做出来，并说明两者的特征和区别。

2. 仔细观察图 3－84，请你回答下图中圆圈内的图形包含几组 K 线组合，它们分别被称为什么？请你说出这种图形的特征以及投资者见到这种图形后应该如何操作？

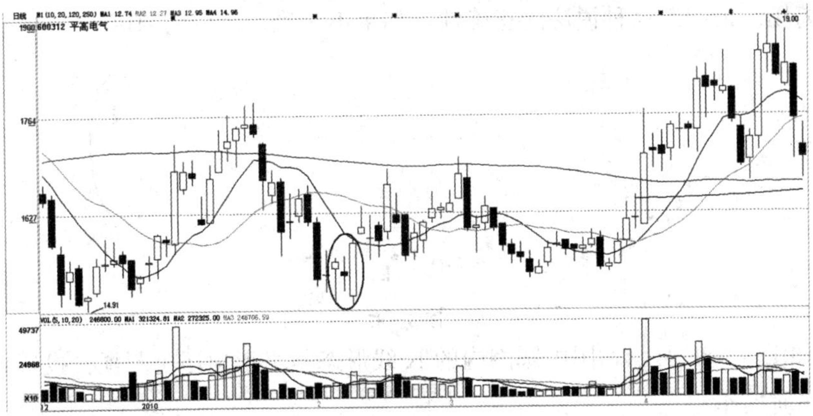

图 3—84

3. 请你说出图 3—85 中的 K 线形态是什么，这种 K 线形态有什么特征，投资者见到这种形态后要如何操作？

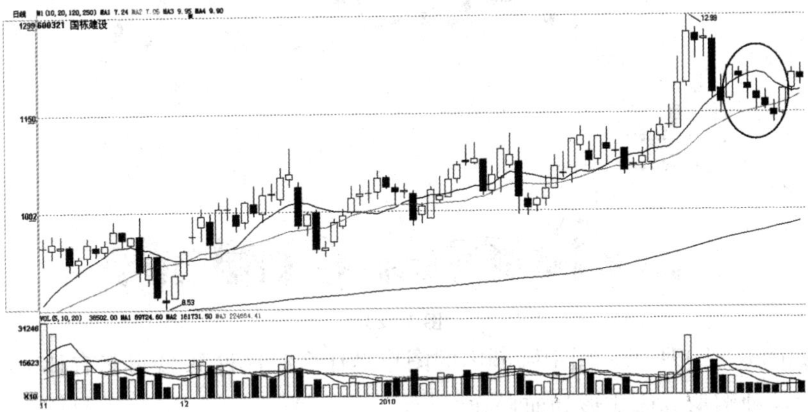

图 3—85

4. 投资者甲说，如果走势图中出现了图 3—86 中的这种形态，应该积极做多，否则就会错失良机。请回答，投资者甲的说法是否正确，如果不正确请说明原因。

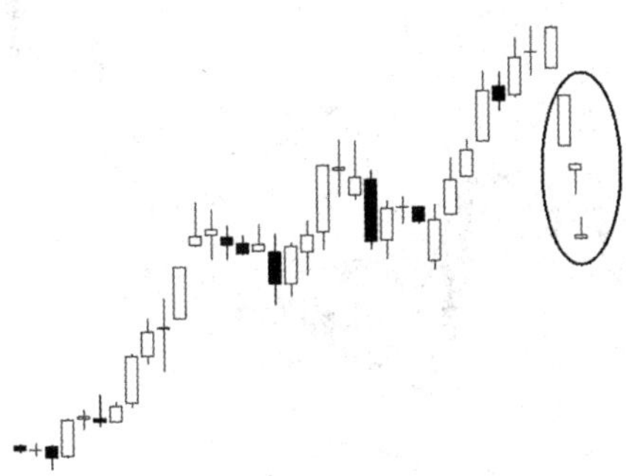

图 3—86

5. 图 3—87 中的图形为“连续跳空的阳线”，它意味着多方已经用尽了最后的力气，此时空方趁机组织力量反攻，多方已经无力抵抗。因此，投资者此时应该尽快清仓离场。请判断这种说法的正确性，如果不正确，请说明原因。

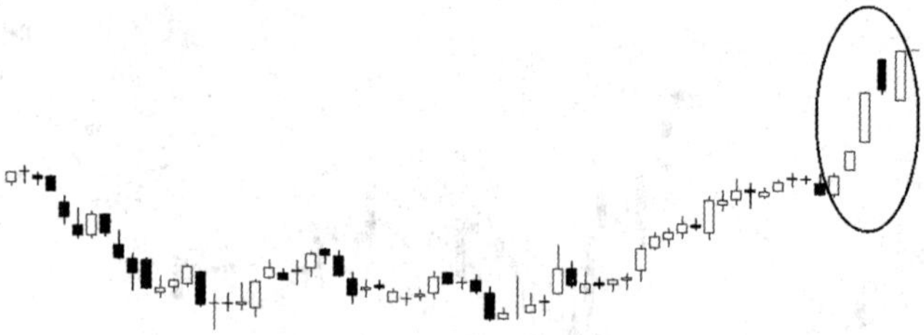

图 3－87

6. 如图 3－88 所示，图中圆圈内的 K 线形态是塔形顶还是圆顶？投资者见此图形应该如何操作？

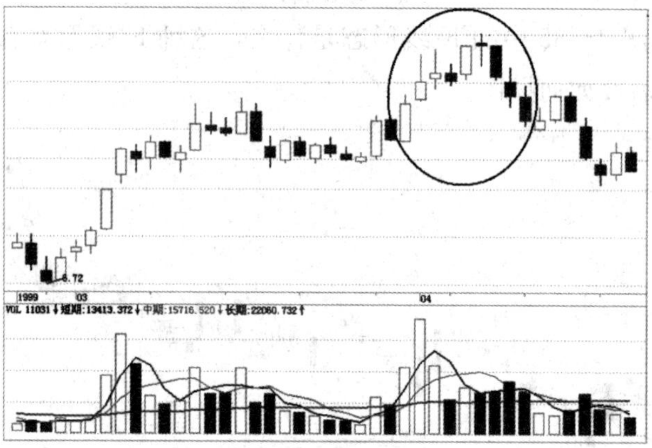

图 3－88

7. 如图 3－89 所示，图中圆圈内的图形是什么？这种 K 线形态有什么特征？投资者遇到这种图形具体应该如何操作？

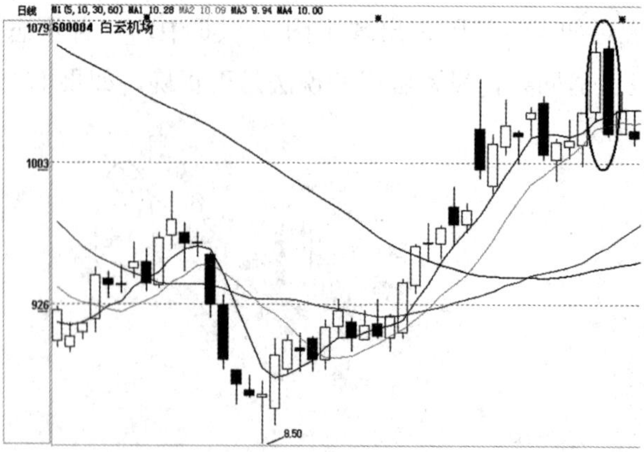

图 3－89

8. 如图 3－90 所示，请你指出图中圆圈内大阴线的名称是什么，这种 K 线形态出现后意味着什么，投资者应该如何操作？

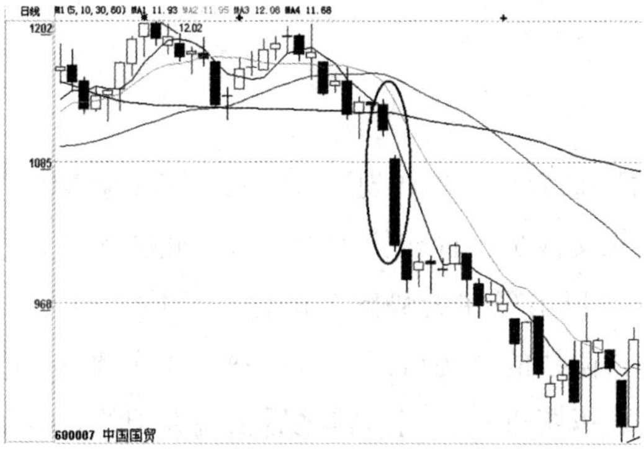

图 3—90

9. 如图 3—91 所示，图中圆圈内的 K 线形态是什么？这种形态的特征是什么？见到此图形后，投资者应该如何操作？

图 3—91

10. 如图 3—92 所示，该股一直处在横盘整理时期，某天忽然出现了一根光头光脚的大阳线。很多投资者据此认为主力即将要拉升，该股日后一定会大涨。也有投资者认为，这种图形的出现，是主力放出的烟雾弹，该股日后不会出现大的涨幅，一定还会处在横盘整理阶段。请问，这两种说法哪种正确，为什么？

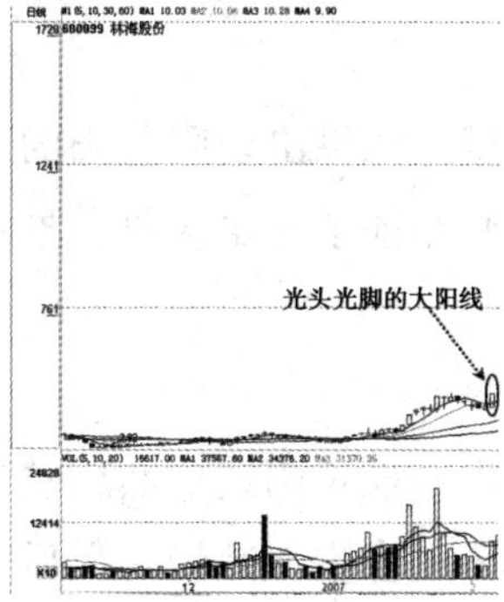

图 3—92

参考答案

一、判断题。

1. 正确。图 a 的形态为“曙光初现”，图 b 的形态为“旭日东升”，它们都属于底部形态，所表达的意义都是一种转势信号，所以此题正确。

2. 错误。长阳线可以出现在走势图中的任何阶段，但并非在所有的阶段出现，投资者都可以做多。长阳线的情况可以分为三种：在连续下跌的情况下出现大阳线，表示多头力量强大，可以买进；长期盘整之后出现大阳线，表示多头终于战胜空头，也可跟进；如果大阳线出现在股价连续上扬的情况下，应谨慎对待，持币观望为佳。

3. 正确。

4. 正确。

5. 正确。

6. 错误。“连续跳空三阴线”的出现往往意味着股价已经见底，是强烈的买进信号，如果股价在此之后拉出了一根或者两根阳线能及时回补下跌的第三个缺口，说明多方反攻在即，股价上涨的可能性将更大。投资者在遇到这种信号的时候可适量买进一些股票，持筹待涨。

7. 错误。此图形为“上档盘旋形”。

8. 正确。

9. 错误。表示主力洗盘痕迹明显，股价有可能转升为跌。

10. 正确。

二、填空题。

1. 图中的 K 线形态为“穿头破脚”，其基本特征为在上升趋势中，第二根阴线完全吞吃了第一根阳线的实体。见到这种形态，投资者的操作策略为：

（1）在股价下跌的低位，特别是股价连续下跌之后，如果出现阳包阴“穿头破脚”，同时阳线对应的成交量出现了明显的放大，那么后市上攻的力度要更强一些，投资者可以放心买入。

（2）在股价运行的高位区域，如果出现阴包阳的“穿头破脚”，说明抛压沉重，行情见顶，如果对应着天量，则印证了天量天价，投资者应该果断逃顶，至少应该减仓操作。

2. “塔形底”和“圆底”。

在下跌行情中，股价先拉出一根长阴线，然后跌势开始减缓，随之又出现一系列的小阳线或小阴线，随着跌势一步步地减慢，最后窜出一根长阳线，阳线的收盘价超过或接近前面的大阴线的最高价。

“塔形底”是一种表示股价见底回升信号的 K 线组合，一般出现在股价下跌趋势中。一般来说，股价在低位形成“塔形底”后，如若有成交量的配合，往往会有一段较大的涨势出现，因此，投资者可抓住机会跟进做多。

“圆底”的特征主要有以下几点：

(1) 股价的走势呈现为圆底形状。

(2) 在圆弧内的 K 线多为小阴小阳线。

(3) 最后要以上升缺口来确认“圆底”形态的成立。

“圆底”形态一般多出现在下跌或者横盘整理时，它意味着市场做空力量已是强弩之末，后市转为升势的可能性增大，投资者可以适当做多。

3. “尽头线”。当它出现在上涨行情中的时候，意味着股价即将下跌，投资者要考虑减仓操作。反之，当其出现在下跌行情中的时候，往往预示着股价即将迎来上涨行情，投资者可适量跟进。

4. “射击之星”，“低位并排阳线”，“冉冉上升形”。

“T 字线”，“乌云盖顶”，“下降三部曲”。

“连续跳空三阳线”，“塔形底”，“黄昏十字星”。

5. 3－74“两阳夹一阴”，3－75“镊子线”，3－76“跳空上扬形”，3－77“穿头破脚”，3－79“连续跳空三阳线”。

6. “平顶”，“穿头破脚”。

7. “倒锤头线”，见底回升。

8. “镊子线”，出现在涨势中，投资者就要进行减仓操作；出现在跌势中，投资者就可适量买进。

9. “上涨两颗星”，买进信号，遇到这种形态，投资者可适量加仓，持筹待涨。

10. “加速度线”，千万不要急于买进，因为这种形态如果出现在涨势中是一种见顶信号，预示着上升行情已经走到了尽头。

三、简答题。

1.

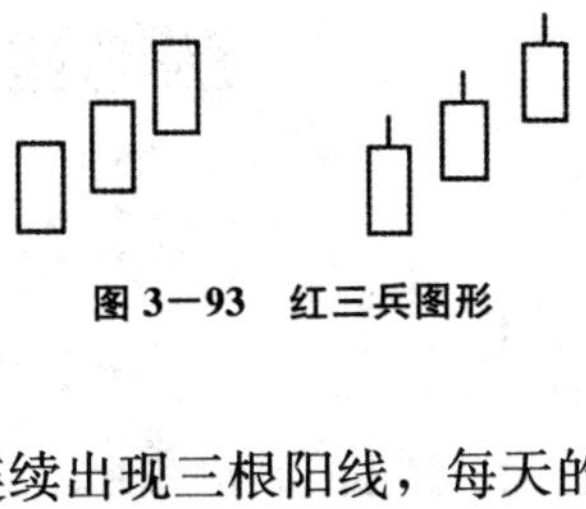

图 3－93　红三兵图形

“红三兵”的特征：

(1) 在股票运行过程中连续出现三根阳线，每天的收盘价高于前一天的收盘价。

(2) 每天的开盘价在前一天阳线的实体之内。

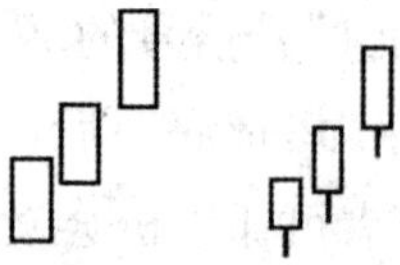

图 3－94　三个白色武士图形

(3) 每天的收盘价在当天的最高点或接近最高点。

“三个白色武士”是“红三兵”的一种特殊形式。它与“红三兵”的主要区别是，“三个白色武士”图形的第三根阳线要比“红三兵”第三根阳线的力度大。

2.

圆圈内包含两组 K 线组合，从整体上看，整个圈内的 K 线组合是“平底”，分开来看，后两根一阴一阳的 K 线组合又形成了“穿头破脚”形态。

“平底”是股价见底回升的信号，如果它出现在股价经过一轮大幅度的下跌之后，那么股价随后上涨的可能性会非常大，投资者见到这种 K 线组合的时候，可适量买进。

“穿头破脚”是指两根不同的 K 线，其中第二根 K 线的实体部分完全地吞没了第一根 K 线的实体，既穿了头又破了脚，所以被称为“穿头破脚”。

在股价下跌的低位，特别是股价连续下跌之后，如果出现“阳包阴穿头破脚”，那么后市上攻的力度要更强一些，投资者可以放心买入。

在图中，“平底”组合和“穿头破脚”相叠加，它发出的信号要比单一 K 线组合的见底信号可靠得多，投资者面对这种叠加信号，可放心买进。

3.

图中的 K 线形态为“上升三部曲”。“上升三部曲”的出现意味着多方在积蓄力量，伺机上攻。这种图形很容易给投资者造成错觉，误以为股市已经开始转为跌势了，于是着急出货，结果股价第二天反弹，投资者错失良机。所以，当走势图上出现这种走势时，投资者一定要谨慎，要注意观察股价下一步的走势，如果发现股价在第二天开始向上运行，就要积极做多。附“上升三部曲”出现后股价后市的走势图。见图 3－95。

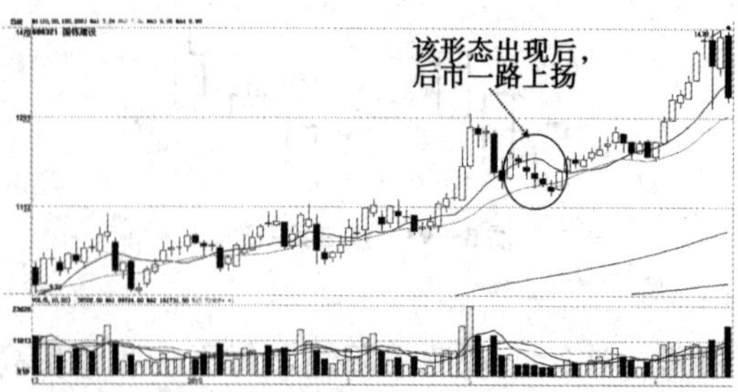

图 3－95

4.

甲的说法不正确，此 K 线形态为“倒三阳”，“倒三阳”的基本特征是股价连续拉出了三根阳线，但其走势却是连续下跌的。这种图形一般出现在庄股上，是主力为了出逃而故意放出的烟雾弹。很多投资者见到这种图形之后就积极做多，结果被深套其中。所以投资者在遇到这种图形的时候，一定不要受阳线的迷惑，而应卖出股票尽快离场。附“倒三阳”出现后该股走势图，见图 3－96：

图 3－96

5.

这种说法不正确，因为图中的形态并非跳空的阳线，而是“上升抵抗形”的 K 线形态。它意味着买方力量在不断增强，日后股价仍会继续上涨，有些个股有可能还会加速上涨。投资者见到这种形态之后，应考虑适量买进。附“上升抵抗形”出现以后，该股走势图，见图 3－97：

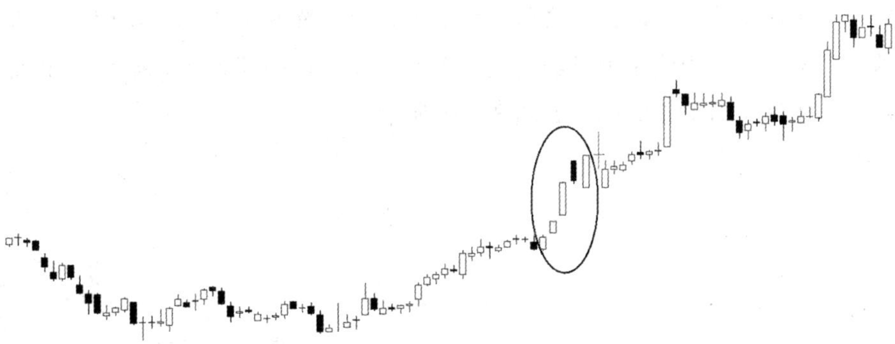

图 3－97

6.

图中的 K 线形态不是“圆顶”，而是“塔形顶”。投资者见此图形，可适时做空，另觅更好的投资机会。

7.

图中的 K 线形态为“倾盆大雨”。一般出现在股价有了一段升幅之后，先出现一根大阳线或者中阳线，接着出现了一个低开低收的大阴线或者中阴线。这种图形的出现意味着股价将会出现下跌的走势，投资者最好退出观望。

当然，这种图形出现以后，也并不是说股价就一定会下跌，也有特殊情况存在，比如说，主力利用这种手段进行洗盘。但这种情况比较少见，大多数情况下，这种图形的出现就意味着后市将转为跌势，投资者一定要谨慎。

8.

图中圆圈内的K线形态为“突破大阴线”，它往往伴随着跳空现象，基本上就是所说的“标志性阴K线”，会带动均线族反转，从而开始一段与原上升趋势方向相反的新的下降趋势。投资者见此图形最好及时出局，以免股价继续下跌带来更大的损失；没有进场的投资者此时最好以观望为主。

9.

图中的K线形态为“搓揉线”。它由一根T字线和一根倒T字线组成，一般出现在庄股上，因为能对股价进行搓揉的非主力莫属。主力做出这种动作的目的有两个，一个是洗盘，另一个是变盘。

在上涨行情中，尤其是上涨初期出现的“搓揉线”，一般都是主力在清洗浮筹，以减轻上行压力，此时投资者可适量跟进。

在上涨行情的末期，尤其是股价有了很大涨幅之后出现“搓揉线”，一般都是主力在通过上下震荡搅乱投资者的视线，以达到高位出货的目的，投资者需要提高警惕。

10.

第一种说法正确。该股横盘之后出现了一根光头光脚的大阳线，成交量随之放大，这是看涨信号，说明主力已经吸足了筹码，拉升的时机已到。附该股出现“光头光脚”大阳线之后的走势图，如图3—98所示：

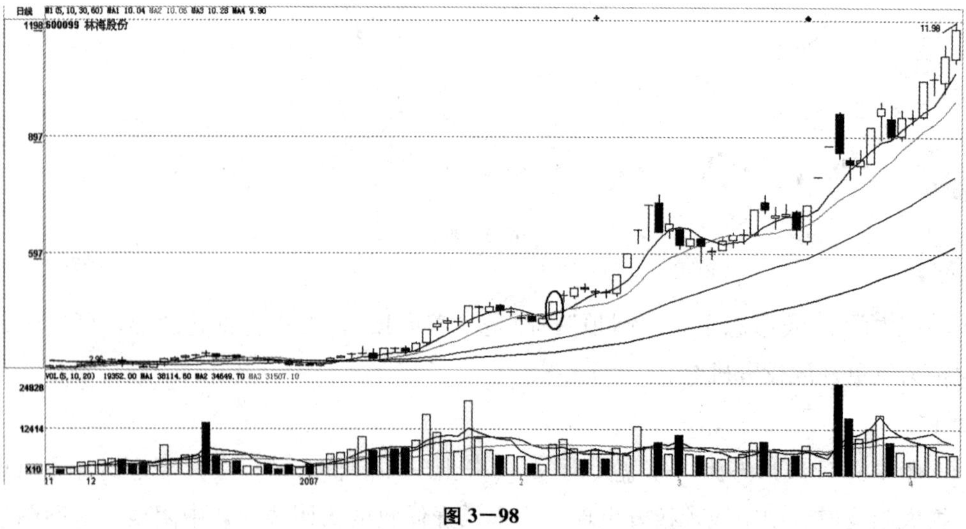

图3—98

投资者如果遇到这种 K 线走势，可按照下面的方法操作：如果你是激进型的投资者，可在拉出大阳线，成交量放大后的第二个交易日就买进一些筹码，一旦股价站稳 10 日均线，即可加码追进；如果你是稳健型的投资者，可以不必着急，等到股价站稳 10 日均线以后再买进，这样风险相对来说会小很多。

第四章
技术图形操练

在股市实战中，技术图形分析是又一种重要的分析手段。股市中的技术图形好比气象台的卫星云图，你能看懂它，就能知道股价日后的运行方向以及是应该买进还是卖出。投资者要想在风险很高的股市中生存和赚钱，就必须对股市中的技术图形有个全面透彻的了解。

第一节　技术图形概述

世界上任何股市中的任何股票，只要其在交易，时间一长就会在走势图上形成各种不同的图形，比如我们所说的“W 形”、“V 形”、“头肩形”等等，这些图形就属于技术图形。

只要股指或者股价形成这种技术图形，后期走势就几乎可以确定。比如说，如果在跌势中出现了“V 形”走势，那么，股价反转上升的可能性将会非常大，而且上涨的幅度也非常可观。投资者在走势图中发现这种形态，一定要把握住机会。

只要炒股的人，无人不知技术图形分析的重要性。几百年来，很多人凭借着技术图形为自己赢得亿万身家，也有很多不懂技术分析的人，最终成为股市的输家。所以掌握好技术图形分析是驰骋股市的重要法宝。

一般来说，技术图形主要分为两种，一种是反转形态，另一种是整理形态。

所谓反转形态就是，只要出现这种走势，后市将会发生反转，股价运行的方向会有所改变，或从上升趋势转为下降趋势，或从下降趋势转为上升趋势。比较熟悉的反转形态主要有头肩型反转、W 形反转、V 形反转、圆形反转、岛形反转、缺口性反转等。

所谓整理形态指的是股价在出现这种图形以后，会寻求向上或者向下的突破。整理形态可以分为三种情况：

1. 股价经过整理呈上升趋势，这种形态的图形主要有上升三角形、下降楔形、上升旗形，等等。

2. 股价经过整理呈下跌趋势，这种形态的图形主要有下降三角形、上升楔形、下降旗形，等等。

3. 股价经过整理之后多空双方处于势均力敌的状态，这种形态的图形主要有收敛三角形、矩形等。

在股市实战中，技术图形就好像是导航仪，如果你能看懂它，那么就会知道应该朝着哪个方向前进，是该买进还是卖出。我们常说，识大势者赚大钱。所谓的大势也就是技术图形的分析，能看懂股市技术图形的人就是一个识大势的人。

但在学习技术图形的时候，也一定要注意实战，千万不要只停留在理论阶段，理论和实践相结合才能发挥技术图形的巨大威力。

技术图形并不神秘，它的变化是有规律的。只要掌握住它的变化规律，投资者就能让它成为自己手中的投资利器。

总之，当投资者对各种技术分析图形的变化规律都认识、掌握后，判断大势、买卖股票就潇洒自如了。

第二节　技术图形一览表

头肩底

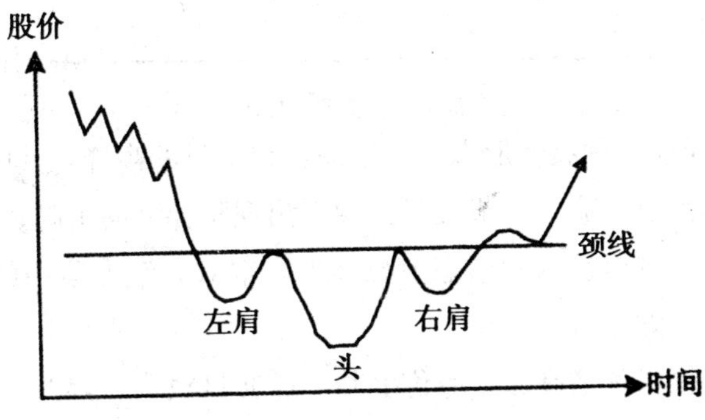

图 4—1　头肩底反转

“头肩底”形态是一种典型的反转形态，它又称“倒转头肩式”。形成“左肩”

时，股价下跌，成交量相对增加，接着为一次成交量较小的次级上升。随后股价再次下跌且跌破上次的最低点，成交量再次随着下跌而增加，且较“左肩”反弹阶段时的交投增多——形成“头部”；从“头部”最低点回升时，成交量有可能增加。当股价回升到上次的反弹高点时，出现第三次的回落，这时的成交量很明显少于“左肩”和“头部”，股价跌至“左肩”的水平时，便稳定下来，形成“右肩”。最后，股价正式策动一次升势，且伴随成交量增加，当其冲破颈线阻力时，成交量更显著上升，整个形态便告成立。如图 4—1 所示。

“头肩底”形态向我们传达出这样的信息：过去的长期性趋势已经扭转过来，股价虽然在一次又一次地下跌，但很快将掉头反弹，此时的股市中，看多的力量正在逐渐增多；一旦两次反弹的高点阻力线（颈线）被打破，则表明看多的一方已完全把空方击倒，买方代替卖方完全控制整个市场。

“头肩底”是极具预测威力的形态之一，一旦获得确认，升幅大多会多于其最少升幅。换句话说，一旦“头肩底”成立，就表示股市最恶劣的阶段已经过去，最低的价位已经出现，即使再跌幅度也不会太大。市场正凝聚一种支持力和买意，一旦价位穿破颈线，就是一个极佳的入货讯号。

头肩顶

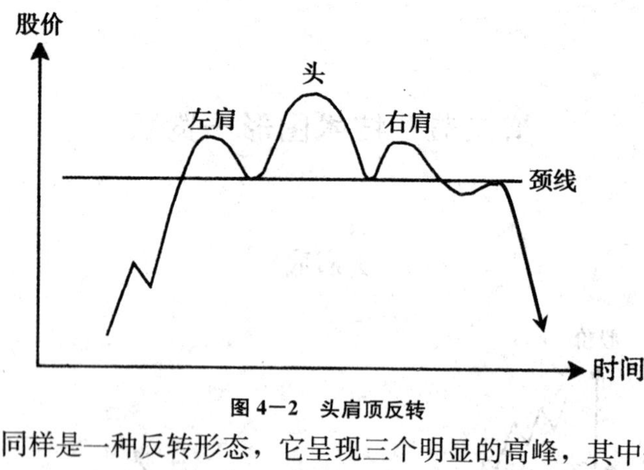

图 4—2　头肩顶反转

“头肩顶”同样是一种反转形态，它呈现三个明显的高峰，其中位于中间的一个高峰较其他两个的高点略高，在成交量方面，出现阶梯型的下降。如图 4—2 所示。

在炒股时，我们可以从这一形态中观察到多空双方激烈争夺的情况，它是观察股市不容忽视的技术性走势。

刚开始，市场投资热情高涨，股价上升，成交量放大，经过一次短期的回落调整后，那些错过上次升势的人开始买进，股价继续上升，而且越过上次的高点，从走势上来看，股市表现乐观。但此时成交量已大不如前，表明买方的力量在减弱中，那些对前景没有信心和获利回吐的人，或是在回落低点买进作短线投机的人纷纷沽出，于是股价再次回落。

股价的第三次上升，为那些后知后觉错过了上次上升机会的投资者提供了机会，但此时的股价已经不可能上升到上次的高点。在这一阶段，成交量下降，而股市的乐观情绪也已经扭转，迎接股市的将是一次大幅度的下跌。

这是一个长期性趋势的转向形态，通常会在牛市的尽头出现。当最近一个高点的成交量较前一个高点降低时，就暗示“头肩顶”可能出现；当第三次回升股价没法升至上次的高点，且成交量继续下降时，有经验的投资者就会把握机会沽出。当“头肩顶”颈线被击破时，就是一个真正的沽出讯号，虽然股价和最高点比较，已回落了相当的幅度，但跌势才刚刚开始，未出货的投资者应尽快沽出。

当颈线被跌破后，我们可根据这一形态的最少跌幅量度方法预测股价会跌至哪一水平。量度的方法是：从“头部”的最高点画一条垂直于颈线的线，然后在“右肩”突破颈线处，向下量出同样的长度，由此量出的价格就是该股将下跌的最小幅度。

双底

一只股票持续下跌到某一平台后出现技术性反弹，但回升幅度不大，时间亦不长，股价再次下跌，当跌至上次低点时获得支撑，再一次回升，这次回升时成交量大于前次反弹时成交量。这就是“双重底”，简称“双底”，因为股价在这段时间的移动轨迹就像字母 W，所以，这种走势又称 W 走势。如图 4—3 所示：

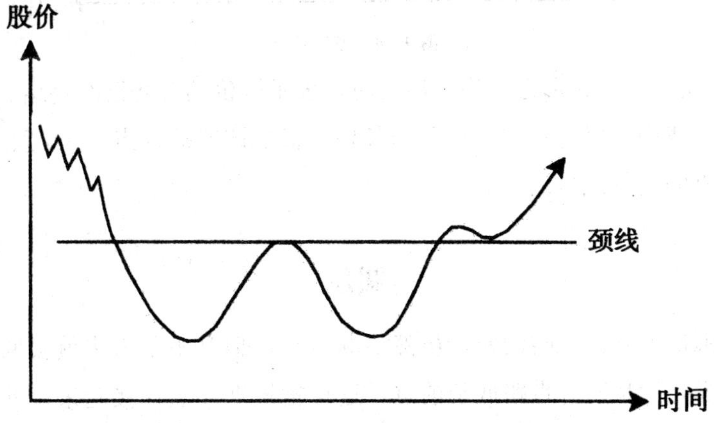

图 4—3　双底反转

“双底”是一个反转形态。当出现“双底”时，即表示跌势告一段落。通常它出现在长期性趋势的底部，所以当“双底”形成的时候，我们就可以断定“双底”的最低点就是该股的底部了。“双底”的颈线被冲破，就是一个入货的讯号。

在使用“双底”形态选股的时候要注意，并非所有的“双底”信号都是反转信号，也不排除有可能是整理形态。如果两个底点出现时间非常近，且它们之间只有一个次级上升，那么这样的形态大部分属于整理形态，股价将继续朝原方向前进。相反地，若两个底点产生时间相距甚远，且中间经过几次次级上升，那么反转形态形成的可能性较大。

双顶

一只股票上升到某一价格水平时，出现大成交量，股价随之下跌，成交量减少。接着股价又升至与前一个价格几乎相等的顶点，成交量也随之增加，但较上一个高峰的成交量少，然后第二次下跌，这就是“双重顶”，简称“双顶”，因为其股价的移动轨迹就像字母 M，所以又称 M 头走势。如图 4—4 所示：

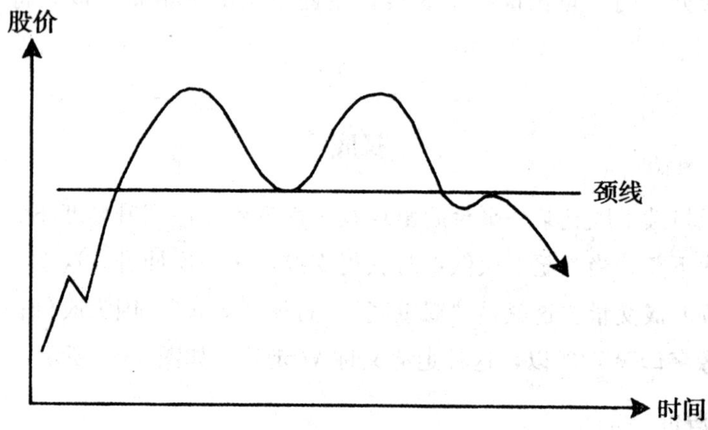

图 4—4　双顶反转

“双顶”是一个反转形态。当它出现时，表示股价的升势已经终结。所以当“双顶”形成时，我们可以肯定“双顶”的最高点就是该股的顶点，“双顶”跌破颈线，就是一个可靠的出货讯号。

圆顶

股价呈弧形上升，此时的股价虽然不断升高，但升不了太多就会回落，先是新高点较前点高，后是回升点略低于前点，这样把短期高点连接起来，就形成一圆弧顶，简称“圆顶”，它是一种典型的反转形态。如图 4—5 所示：

经过一段买方力量强于卖方力量的升势之后，买方趋弱或仅能维持原来的购买力量，使涨势缓和，而卖方力量却不断加强，最后双方力量均衡，股价保持没有上

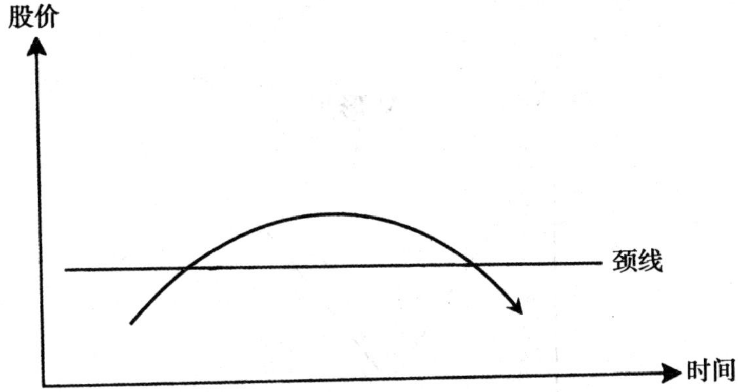

图 4—5　圆弧顶反转

下的静止状态。当卖方力量超过买方，股价就回落，说明一个大跌即将来临，且未来下跌之势会转急转大，那些先知先觉者会在形成“圆顶”前离市。

但并非所有“圆顶”形成之后，都会马上伴随着股价的下跌，有时候股价会反复横向发展形成徘徊区域，这徘徊区称作“碗柄”。一般来说，股价突破这个“碗柄”后，就会朝着预期中的跌势发展。

圆底

圆形形态在股价的顶部和底部都会出现，在底部时表现为股价呈弧形下跌，初时卖方的压力不断减轻，成交量持续下降，但买入的力量仍畏缩不前，于是股价虽然下跌，但幅度缓慢而细小，趋势曲线渐渐接近水平。在底部时买卖力量达到均衡状态，因此仅有极小的成交量。然后需求开始增加，价格随之上升，最后买方完全控制市场，价格大幅上扬，出现突破性的上升局面。成交量方面，初时缓慢地减少到一个水平，然后又增加，形成一个圆弧底，简称“圆底”。这一形态显示一次巨大的升市即将来临，投资者可以在“圆底”升势转急之初追入。如图4—6所示：

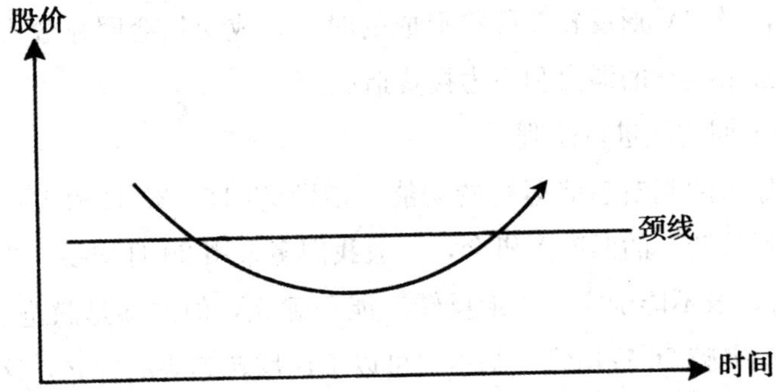

图 4—6　圆弧底反转

V形

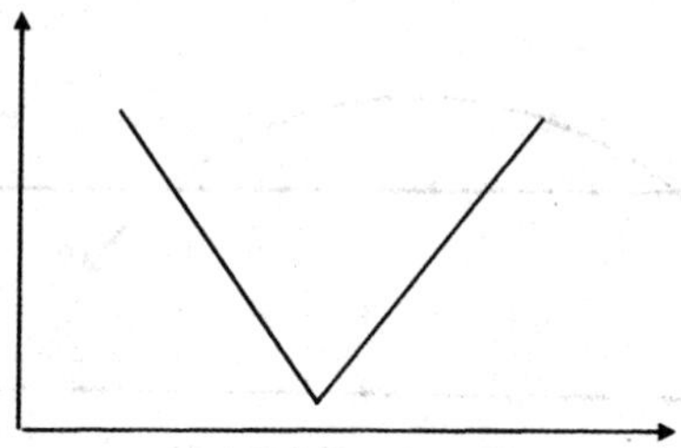

图4—7 V形

“V形”是炒股过程中比较常见的、力度极强的反转形态，往往出现在市场剧烈波动之时，在价格底部区域只出现一次低点，随后股价就改变原来的运行趋势，向相反方向剧烈变动。如图4—7所示。

“V形反转”是一种强烈的上涨信号，它的出现一般都是股价经过一段较长时间的下跌，极度发泄后，随后出现了较大的利好消息，这时股价拐头向上而且有相当一段的持续性。因此在走势图上形成了一个V字。

一般来说，“V形反转”出现的征兆并不明显，其出现的速度会非常快，可以说呈现出的是一种失控的形态。不过形态完成后潜能相当惊人，所达到的上升或下跌幅度不可测算，且转势一经形成，可确认性较高，具有十分重要的实战意义。

那么，投资者要如何准确地把握住“V形反转”带来的机会呢？在此，我们总结了以下几点：

1. 涨跌幅度。

一般来说，股价在短期内的涨跌幅度越大、动力越强，出现“V形反转”的可能性也就越大。如果有超过5%以上的巨阳或巨阴出现，就是很好的配合证据。

2. 价量配合。

通常而言，当“V形反转”即将形成的时候，成交量会明显放大，尤其转势前后是由最后一批杀跌盘的涌出和主力接货造成的。

3. 结合中长期均线进行研判。

均线具有显著的判断趋势运行的功能，借助20日、30日和120日均线，可较准确把握“V形反转”的两次大机会，一般我们多采用20日均线。当股价第一次突破20日均线时，虽不能确定“V形反转”能否确立，但这却是激进者的做多信号，一旦出现第二次突破20日均线，基本上可以确认反转趋势的成立，这是稳健型投资者的做多信号。

倒置V形

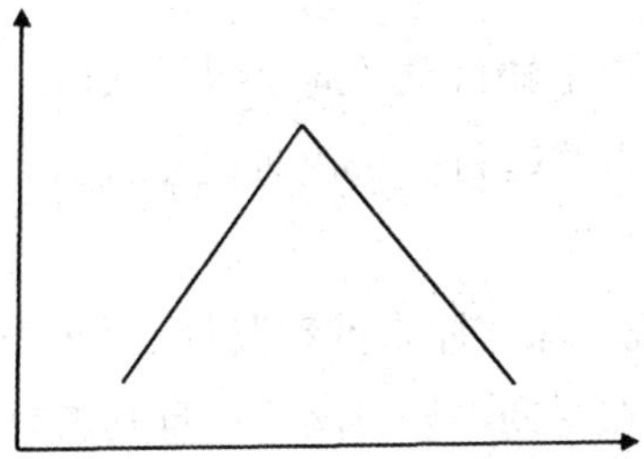

图4—8　倒置V形

“倒置V形”一般出现在股价上涨过程中，股价上涨的速度越来越快，突然乌云压城，出现了快速的下跌，其形状像一个倒置的V形。如图4—8所示。

在股价上涨的过程中如果出现这种形态，则预示着股价即将暴跌，属于典型的卖出信号。

在炒股过程中遇到这种形态，投资者一定要立即止损离场。

向上跳空缺口

图4—9　向上跳空缺口

在技术分析中，缺口占有非常重要的地位。当股价跳空高开，在前一交易日的最高价上方留下了没有成交的价格区域，且一直到收盘时，这个没有成交的价格区域仍然保留着，或部分保留着，缺口就诞生了。

“向上跳空缺口”（如图4—9）一般出现在涨势中，其发生的阶段不同，技术含义也完全不一样。股价突破阻力开始上升时出现的缺口，对日后股价上升具有决定性的影响，被股民们形象地称为突破性缺口，它会产生势如破竹的气势，这足以说明多方发动的攻势之强大。一般而言，形成突破缺口时都伴有放大的成交量，这时成交量越大，股价日后上升的潜力也就越大。

“向上突破缺口”形成后，如几天内不被封闭，说明多方抢占上升时机，此后股价将会强劲上升。随后出现的第二个缺口是“向上持续缺口”，顾名思义，它表明股价将沿着原来上涨的势头持续下去。

“向上持续缺口”的出现，表明多方力量十分强大，它可以帮助投资者估计未来市势发展的潜力。

在股价上升中出现的第三个缺口是“向上竭尽缺口”。股价在急速上升后，市场多方力量到了最后冲刺阶段，这时再一次出现跳空高开，于是就形成了第三个向上跳空缺口，即“向上竭尽缺口”。

“向上竭尽缺口”的出现意味着原来推动股价上升的力量发挥将尽，大势即将逆转。一般来说，这种缺口会在短期内被封闭，一旦其被封闭，就会引发一轮跌势。

当了解了各种缺口的特征以后，怎样操作就一目了然了。当“向上跳空缺口”出现，并伴有较大成交量时，应毫不犹豫地买进；当“向上持续缺口”出现时，应继续做多，持股待涨；当“向上竭尽缺口”出现时，应谨慎持股，特别是当它的出现伴随有成交量的急剧放大时，更要保持高度警惕，空仓的投资者此时不可追涨，持筹的投资者为安全起见可先派发一些筹码，如发现股价开始掉头向下，应立即将股票抛空离场。

必须提醒投资者的是，虽然“向上跳空缺口”的出现意味着股价将出现一波上涨行情，但要注意此时的缺口不能被封闭，如果缺口被封闭，那么，它对股价的支撑作用就会消失，还有可能对股价的下跌起助跌的作用。因此，不管是哪种类型的“向上跳空缺口”，一旦被封闭，就要注意，不能再继续看多，而要适时做空，规避短期风险。

向下跳空缺口

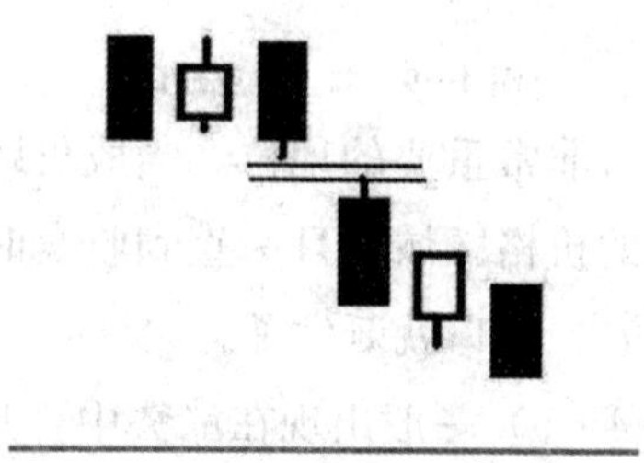

图 4—10 向下跳空缺口

“向下跳空缺口”（图 4—10）出现在跌势中，根据其发生的阶段不同，又可分为“向下突破缺口”、“向下持续缺口”和“向下竭尽缺口”。这三个缺口的技术含义是完全不同的，“向下突破缺口”的出现，说明大势已发生逆转，由原来的升势转为跌势，而这个跌势刚刚开始，下跌的空间还很大。所以，投资者在看到这种缺口的时候，要及时做空，尽量做到退出观望。

“向下持续缺口”的出现，说明市场做空力量仍很强，股价还将继续下跌。这时投资者要保持做空思维，继续持币观望。

“向下竭尽缺口”的出现说明市场已面临最后一跌，空方力量将穷尽，一旦空方不能有效地打击多方，下跌的态势就即将反转。股市是个充满变数的战场，因此，在空方力量不济时，多方肯定会趁机反击，而“向下竭尽缺口”的出现，为多方的反击提供了极佳的机会，如不出意外，这个“向下竭尽缺口”在几天内就会被多方封闭。但是这里需要提醒投资者的是“向下竭尽缺口”被封闭后，并不意味着股价马上就要见底回升，在这期间多方和空方还有一番殊死搏斗，如果多方封闭这个向下竭尽缺口后，后续力量跟不上，那么，股价仍有可能被空方再次打下去。所以，在遇到“向下竭尽缺口”时，投资者可以按以下思路进行操作：有筹码的此时不宜再割肉做空；如果缺口被多方封闭，持币的可试着做多，适量买些筹码，等股价冲破下降压力线，成交量放大，并步入上升通道后再追加筹码跟进。

同“向上跳空缺口”一样，“向下跳空缺口”无论是“向下突破缺口”，还是“向下持续缺口”，如果在短期内被多方封闭，就极易出现有利于多方的上升和盘局走势，这时投资者不能再盲目看空，可采取一种谨慎看多的姿态参与运作。

底部岛形反转

图 4—11　底部岛形反转

“岛形反转”是技术分析图形中的一个重要反转形态，它出现后，股票走势往往会转，也就是说，投资者在看到这种形态后，要及时作出买入（底部）或卖出（顶部）决定。“岛形反转”分为“顶部岛形反转”（如图 4—12）和“底部岛形反转”（如图 4—11）。

股价在经过一段时间的持续下跌后，某日突然跳空低开留下一个下调缺口，随后几天股价继续下沉，但股价自下跌到某低点后又突然峰回路转，向上跳空开始急速回升，这个向上跳空缺口与前期下跌跳空缺口，基本处在同一价格区域的水平位置附近，使低位争持的区域在 K 线图上看来，就像是一个远离海岸的孤岛，这就是“底部岛形反转”形态。

“底部岛形反转”形成时常会伴随着很大的成交量。如果成交量很小，这个“底部岛形反转”图形就很难成立。“底部岛形反转”的形成表明股价已见底回升，市势将从跌势转化为升势。

虽然这种转势并不会一帆风顺，多空双方会有一番激烈的争斗，但总的形势将有利于多方。通常，在底部发生“岛形反转”后，股价会出现激烈的上下震荡，但多数情况下，股价在下探至上升缺口处会嘎然止跌，然后再次发力向上。

投资者面对这种“底部岛形反转”的个股，应首先想到形势可能已经开始逆转，不可再看空了。对于激进型的投资者来说，可在“岛形反转”后向上跳空缺口的上方处买进，而稳健的投资者可在股价急速上冲回探向上跳空缺口获得支撑后再买进。

在买进的时候要注意，当股价回探封闭了向上跳空缺口时，不应买进，而应以观望为主。因为向上跳空的缺口一旦被封闭，后市将会转弱。

但也有特殊情况，很多股票在“底部岛形反转”向上跳空缺口被封闭后，股价并没有重现跌势，而是重新发力上攻。这是“底部岛形反转”的向上跳空缺口与一般的向上跳空缺口一个不同之处。

所以说，投资者对那些填补向上跳空缺口之后，再度发力上攻跃上跳空缺口上方的个股要继续加以密切关注，持筹的仍可做多，空仓的可适时跟进。这里要注意的是，对填补向上跳空缺口后，股价继续下沉的个股不可再看多了，而应及时停损离场观望。

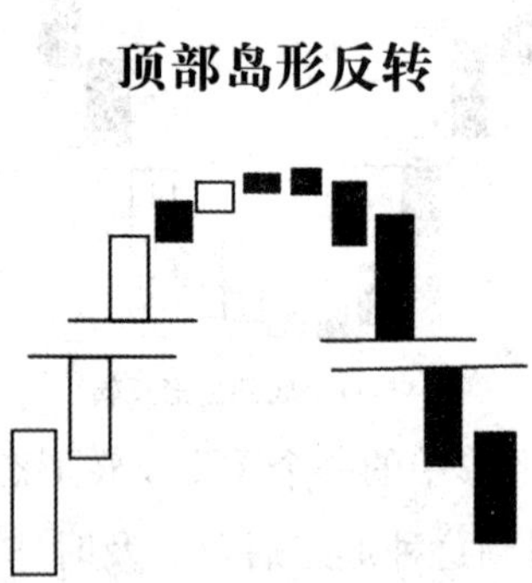

图 4—12　顶部岛形反转

股价在持续上升一段时间后，某日出现跳空缺口加速上升，随后股价在高位徘徊，不久却以向下跳空缺口的形式下跌，而这个下跌缺口和向上跳空缺口，基本处在同一价格区域的水平位置附近，使高位争持的区域在 K 线图上看来，就像是一个远离海岸的孤岛形状，这就是“顶部岛形反转”形态。这种形态常常出现在长期或中期性趋势的顶部，表示趋势的逆转。

“顶部岛形反转”一旦确立，说明近期行情向淡已成定局，此时持筹的投资者只能认输出局，如果继续持股必将遭受更大的损失。而空仓的投资者最好不要再过问该股，即使中途有什么反弹，也尽量不要参与，可关注其他一些有潜力的股票，另觅良机。

上升三角形

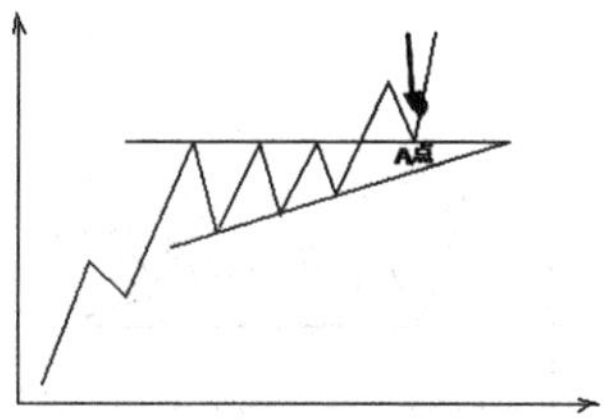

图 4—13 上升三角形

“上升三角形”（见图 4—13）一般在股价的上涨途中出现，股价上涨的高点基本上处于同一位置，但回落的低点却不断上移，如果将上边的高点和下边的低点分别用两条直线连在一起，则形成了一个向上倾斜的三角形。“上升三角形”在形成的过程中成交量会不断减少，上升阶段成交量较大，而下跌时的成交量较小。

“上升三角形”到最后都会选择向上突破，但必须注意的是，“上升三角形”向上突破时，一般都伴随较大的成交量，无量往上突破可能是假突破，投资者此时不可贸然进入。另外需要说明的是，“上升三角形”越早往上突破，则后劲越足，那些迟迟不能突破的三角形很可能是主力为悄悄出货而设置的陷阱。一旦主力完成自己的目标，“上升三角形”非但不会突破，还有可能演变成“双顶”形态，股价下跌就不可避免。

出现“上升三角形”，意味着股价在蓄势上扬，是典型的买进信号。在实际操作中，投资者可在股价突破上档压力线，小幅回落，再次发力创新高之后（图中所标示的 A 点）跟进。

下降三角形

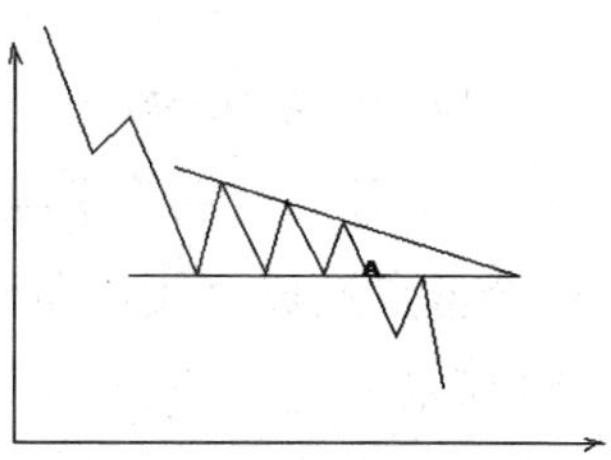

图 4—14 下降三角形

“下降三角形”（见图 4—14）一般出现在股价下跌的过程中，股价反弹的高点在不断下移，但其回落的低点却处于同一水平位置上。如果用两条直线将上边的高点和下边的低点连在一起，则形成了一个向下倾斜的三角形。

出现这种形态，意味着股价盘整下挫，属于典型的卖出信号。股民可以在其跌破支撑线后（图中表示的 A 点）坚决停损离场。

底部三角形

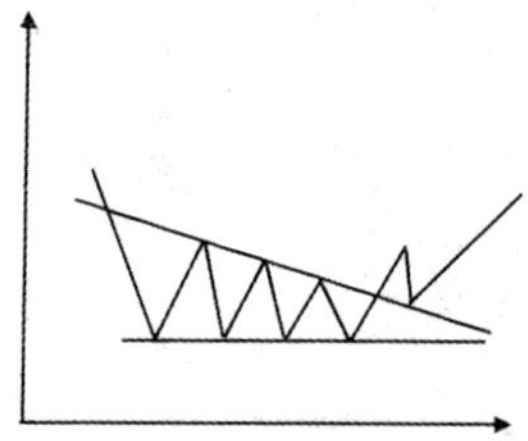

图 4—15　底部三角形

“底部三角形”（见图 4—15）是在股价下跌的过程中形成的，股价在三次探底时，几乎在相同的价位获得支撑，但股价每次探底反弹的高点却不断下移，股价经过第三次探底之后，反弹的力度加强，冲过了压力线，并立于压力线的上方。在向上突破之后，还会有一次小小的回抽。

这种形态的出现意味着股价在筑底回升，属于典型的买进信号。在实际操作中，投资者不能盲目做空，要随时注意观察其成交量的变化。如果成交量放大，股价冲破压力线，就可以买进；如果股价在反抽之后再创新高，就可以加仓。

扩散三角形

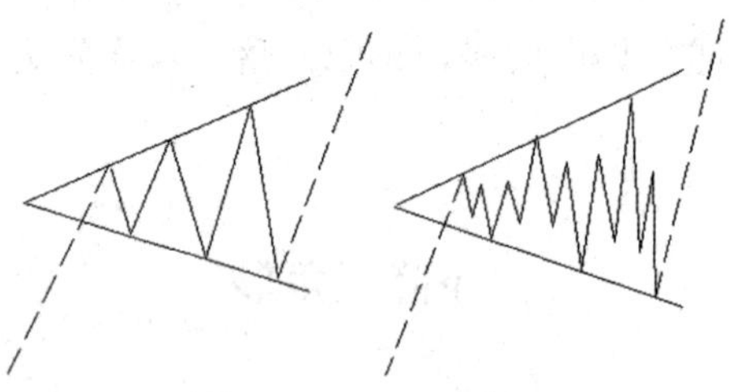

图 4—16　扩散三角形

“扩散三角形”出现在涨势中，上升的高点越来越高，而下跌的低点越来越低，如将两个高点连成直线，再将两个低点连成直线，即可形成一个喇叭状的形态，这就是“扩散三角形”。如图 4—16 所示。

“扩散三角形”一般出现在投机性很强的个股上。当股价上升时，投资者受到市场热烈投机气氛或谣言的感染，疯狂地追涨，成交量急剧放大；而下跌时，则盲目杀跌，因此，股价的涨跌幅度非常大。

“扩散三角形”是大跌的先兆。当投资变得毫无理智时，其蕴含的风险之大也就不言而喻，而“扩散三角形”正是投资者过度投机心理在走势图上的反映，它暗示升势已经穷尽，下跌一触即发。

面对“扩散三角形”，投资者的操作策略只有两个字——退出，因为此时投资盈利机会很小，风险却很大，一旦股价向下击破“扩散三角形”的下边线，将可能引发一轮跌势，逃之不及的人，很可能被深度套牢。

因此，持币者以观望为宜，持股者最好进行减仓操作，一旦发现“扩散三角形”往下突破，应及时把股票全部卖出，停损离场。

这里需要补充一点，虽然“扩散三角形”经常是以下跌告终，但也会有特殊情况出现，尤其是当上边线不是向上倾斜而是水平发展的时候，股价可能向上突破，展开一轮升势。

处于“扩散三角形”形态时，很多投资者认为如果此时把筹码抛掉，不是吃亏了吗？其实这种担心是多余的。因为一般来说，“扩散三角形”以向下突破的居多，在“扩散三角形”即将形成的时候卖出股票，总是对的时候多，错的时候少；另外，“扩散三角形”如果要向上突破，事先也会露出蛛丝马迹。通常的表现是，在形态内的第三次下跌时，成交量会出现迅速萎缩，这说明市场情绪正在发生变化，投资者的持股信心已趋稳定，这与“扩散三角形”最后阶段成交量急剧放大正好相反。随后股价会在这种形态的上边线稍作停留，或者进行一次小幅回调，下跌明显无力。在对这些情况进行确认之后，才可以说，此时的“扩散三角形”有可能发生变异，向上突破。如果投资者发现了这种异向，再决定买进也不迟。

收敛三角形

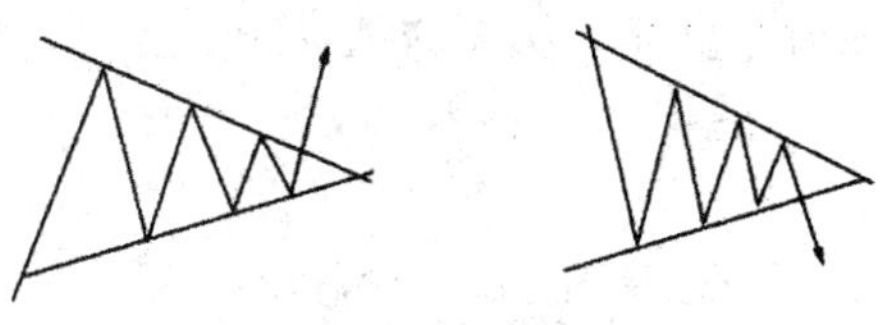

图 4—17　收敛三角形

“收敛三角形”也叫“对称三角形”，是股市中比较常见的整理形态。

“收敛三角形”是由一段时期的价格波动所形成的，其在一定区域的波动幅度逐渐缩小，即每轮波动的最高价都比前次低，而最低价都比前次高，呈现出收敛压缩图形，将这些短期高点和低点分别以直线连接起来，就形成了一个相当对称的三角形，并且这个对称三角形的成交量，随股价波幅的递减而递减，三角形的顶点区域往往是敏感的最后变盘时机。如图 4—17 所示。

“收敛三角形”是因为多空双方的力量在该段价格区域内势均力敌，暂时达到平衡状态而形成。股价从第一个短期性高点回落后，很快便被买方推动回升，但多方的力量对后市没有太大的信心，或是对前景有点犹疑，因此股价未能回升至上次高点便掉头再一次下跌；在下跌的阶段中，那些沽售的投资者不愿以太低价贱售或是对前景仍存有希望，所以回落的主动性卖压不强，股价未跌到上次的低点便告回升，多空双方犹豫性的争执，使得股价的上下波动范围日渐缩窄，所以形成了此形态。

这种形态的最佳买卖点为突破三角形上下边之时，其次为反抽之时。

在判断这种形态的买卖点时，要注意在三角形顶端突破时的成交量。如果成交量能有效放大，说明向上突破是真实可信的，如果是向下突破时放量，则预示着该股可能会出现空头陷阱，往往很快会恢复为上涨行情；如果在三角形顶端突破时的成交量处于萎缩状态，那么证明向下突破是真实可信的，而缩量向上的突破大多是假突破。因此，当大盘产生突破性行情时，投资者可以根据量能的变化研判大盘最终的发展趋势。

另外还要注意大盘突破后的回调。“收敛三角形”突破后通常有回调走势，如果在短时间内能迅速结束回调走势，并且不跌破原来的顶点位置，说明大盘向上突破是有效的。如果“收敛三角形”突破后股指无力上攻，回调时轻易跌破顶点位置，则说明大盘向上突破是无效的。

此外，投资者还要注意这种形态规模的大小。一般情况下“收敛三角形”的形成时间越长，构成规模较大，一旦向上突破，相应的理论上涨空间也较大。但这并不说明“收敛三角形”的规模越大越好，如果出现了长达数年的“收敛三角形”走势，则在实际操作上就没有多少效果了，因为三角形的走势反映了投资者的一种短期投资心态，而投资者是不可能会受到几年前的心态影响的。一般由数月时间构筑的“收敛三角形”的突破力度最强，深赤湾A（000022）就是个例子。

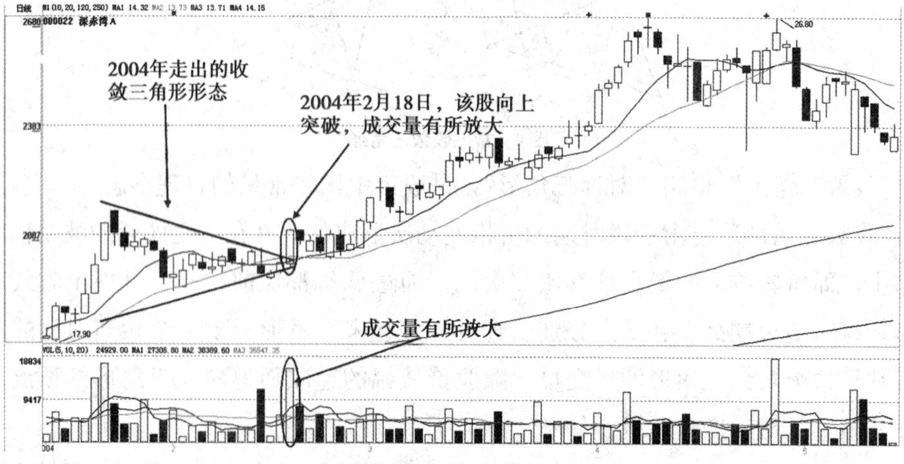

图4—18

图 4－18 是深赤湾 A（000022）在 2004 年初走出的收敛三角形，该股在 2 月 18 日向上突破时，成交量同步放大，证明这种突破有效，值得跟进，其后该股一路上行，让投资者收益颇丰。

上升楔形

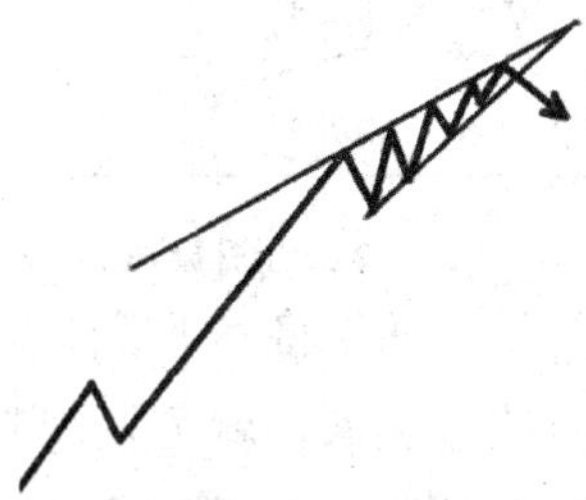

图 4－19 上升楔形

“上升楔形”（如图 4－19）常在跌市的回升阶段出现，表示尚未跌至底部，只是一次技术性反弹，当其下线跌破后，就是沽出讯号。上升楔形，不仅会将新上升的涨幅跌掉，还会跌得更多，因为尚未见底。

“上升楔形”的出现一般是诱多陷阱，属于卖出信号，一旦遇到这种形态，千万不要被股价低点的上移所迷惑，应以持币观望为宜；如果股价向下突破，投资者就要立即卖出，因为股价跌破下线支撑后就会出现急跌。

下降楔形

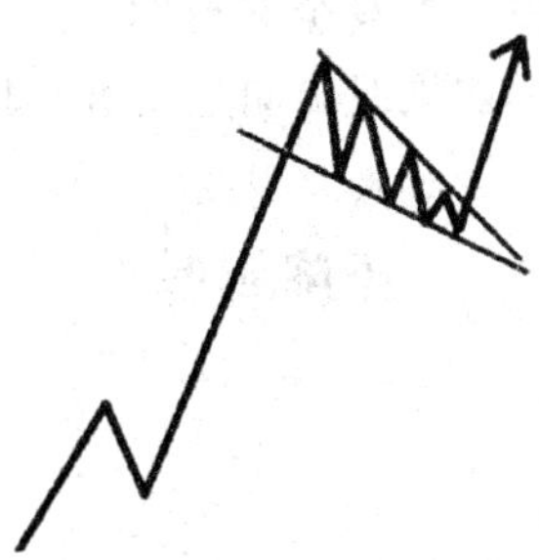

图 4－20 下降楔形

“下降楔形”（如图 4－20 所示）通常在中、长期升市的回落调整阶段中出现，显示升市尚未见顶，这仅是升后的正常调整现象。一般来说，“下降楔形”形态大多会向上突破，当其上线阻力突破时，就是一个买入讯号。

“下降楔形”的出现是诱空陷阱，属于买进信号。此时投资者不要被股价低点的下移所迷惑，要警惕这是市场主力的诱空行为，投资者可以静待股价向上突破时再追加筹码跟进。

上升旗形

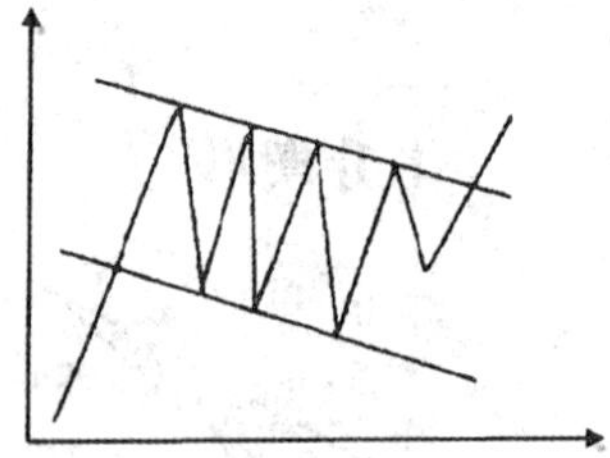

图 4—21　上升旗形

股价上升后走出一轮下跌行情，如果将其下跌走势中反弹的高点用直线连起来，再将下跌走势中回落的低点用直线连起来，就可发现其图形像一面挂在旗竿上迎风飘扬的旗子，这种走势因此被称为“上升旗形”。如图 4—21 所示。

无论中国股市还是海外股市，在上升途中出现“上升旗形”走势都是很正常的。其道理很简单，股价上升到一定阶段，获利筹码太多，作为控盘主力为了减轻股价的上行压力，必然要采取震荡洗盘的动作，而“上升旗形”正适应了主力洗盘的需要，故投资者对此用不着惊慌。

在股市历史中，一些大牛股往往经过“上升旗形”整理后，夯实股价，走出了令人咋舌的攀升行情；而一些中小散户由于不了解“上升旗形”的走势特征，股价一跌，就赶紧将股票卖出，把煮熟的鸭子弄飞了，这是很可惜的。可见，了解“上升旗形”的特征和技术含义对投资者操作而言有多么重要。

所以，投资者遇到这种形态，千万不要被股价低点下移所迷惑，要警惕这是市场主力诱空行为，再静观其变，如果股价向上突破，投资者可追加筹码跟进。

下降旗形

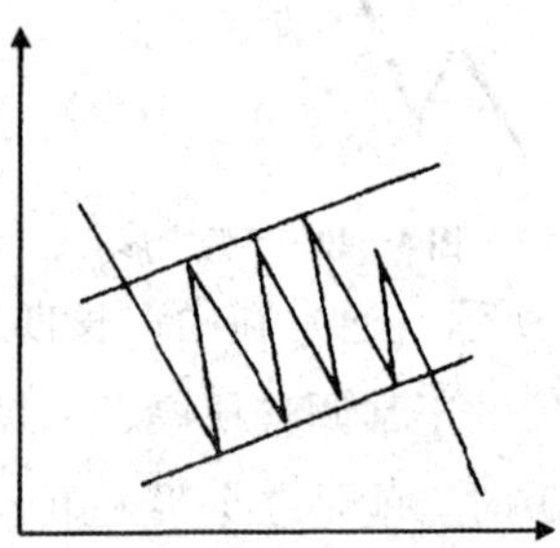

图 4—22　下降旗形

“下降旗形”多在跌势中出现，虽然整理期间的指数高低点不断上移，但成交量却无法随之放大，从而形成量价背离时，最容易出现“下降旗形”。如图 4—22

所示。

如果遇到这种形态，投资者可以在指数跌破上升趋势线支撑时卖出。

矩形

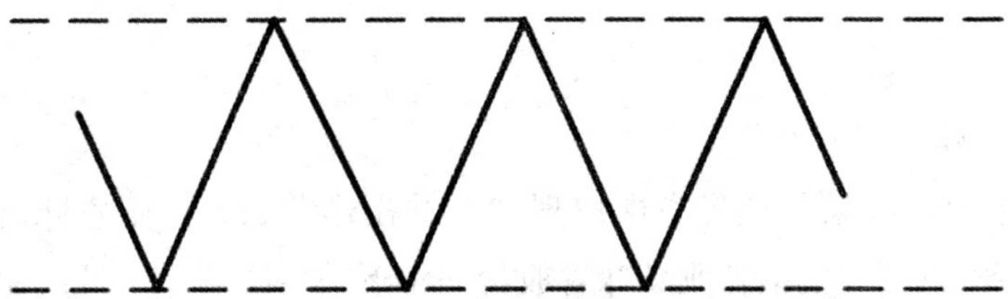

图 4—23 矩形

“矩形”又称“长方形”、“箱形盘整”。矩形的特征是：如果将股价横盘时出现的两个最高点用直线连起来，再把两个最低点也用直线连起来，即可画出一个长方形，即矩形，如图 4—23 所示。

此时，股价就在这个矩形内不断上下波动，当股价上升到矩形的上边线时就往下回落，而回落到矩形的下边线时就往上弹升，直到一方力量耗尽，股价就会选择一个向上或向下的方向突破。

矩形属于整理形态，整理的结果究竟是向上还是向下，要根据当时多空力量对比而定。

它给投资者的信号是：耐心、冷静、观望。当了解矩形的特征之后，就知道该如何操作了。一般来说，只要股价仍在矩形范围内上下运动，就应以观望为主，要做到这一点就要经得起诱惑，严格遵守矩形的操作规范。比如说，股价在向上波动的时候，会拉出许多阳线，出现价升量涨的情况，很多投资者看到这种情况，也不管此时股价有没有突破上边线就一味地买进了。因为在他看来，这是一个很好的赚钱机会。但买进后才发现，股价碰到矩形的上边线之后就冲不上去了，而是转而向下，继续在矩形内上下波动。此时，由于自己的急躁，投资者就陷入了相当被动的局面：想要卖出，但此时的股票已经被套住，虽然套得不深，但要割肉又不甘心；不卖出的话，又怕股价在矩形整理之后往下突破，损失更大，真是左右为难。

所以说，对于矩形这种整理形态而言，投资者最佳的做法就是耐心等待，以观望为主，并抱定一个宗旨：只要股价一天不向上突破矩形的上边线，就一天不买进。另一方面，如果股价在矩形整理后往下突破矩形的下边线，手里持有该股的投资者应该毫不犹豫地清仓离场，这也是投资者面对矩形走势必须要遵守的一个操作要领，必须认真对待。

本章习题：技术图形操练的测试与练习

综合练习

一、判断题。

1. 一般来说，如果整理形态中出现“上升楔形”的话，则意味着股价将会上涨，出现“下降楔形”的话，则意味着股价即将下跌。（ ）

2. 如果股价在回落之后再创新高时，成交量反而比前一次的小，当它再次回落后，第三次向上冲击但无力升越第二个高点时，则要警惕形成“头肩顶”的走势。（ ）

3. 在“双底”即“W 底”形态中，如果其形成的时间少于一个月，则说明这种形态上涨信号的可靠程度差。（ ）

4. 对于“底部岛形反转”的个股，一旦其向上跳空的缺口被封闭，投资者可抓住机会跟进。（ ）

5. 在走势图中，一旦出现向上跳空的缺口，投资者即可马上跟进。（ ）

6. 如图 4－24 所示，图中所标示的形态为“收敛三角形”。（ ）

图 4－24

7. “上升三角形”常在跌市的回升阶段出现，表示尚未跌至底部，只是一次技术性反弹而已，当其下限跌破后，就是沽出讯号。（ ）

8. 如图 4－25 所示，图中圆圈内的图形已经放量上攻突破矩形的压力线。（ ）

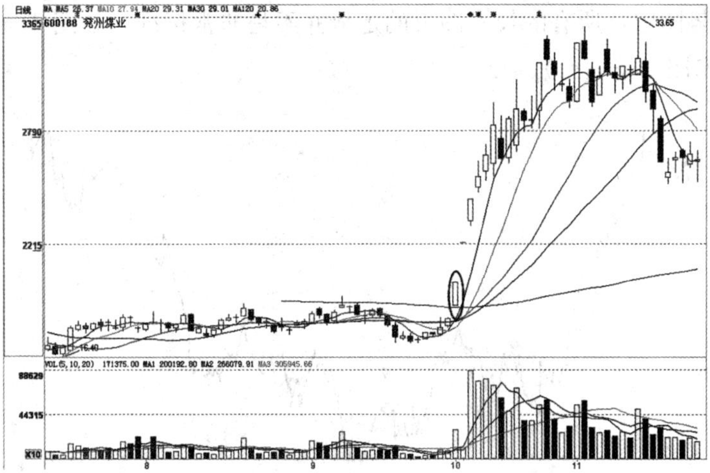

图 4—25

9. 一般来说，“圆底”形成的时间比较长，过早地买入只能将资金压死。因此，必须等连续出现几天小阳线，而成交量不断减少时再买进。（ ）

10. “头肩底”形态中有两个最佳买入点，第一个是在刚刚突破颈线时，这属于比较激进的买进点；第二个是在回抽颈线止跌回升处，这属于比较稳健的买入点。（ ）

二、填空题。

1. 如图 4—26 所示，图中箭头所指的区域是向下（ ）缺口，该缺口的形成表明股价将（ ）。

2. 在图 4—26 中，还包含着一个（ ）缺口，此缺口对行情有（ ）作用，此时投资者应该保持（ ）。

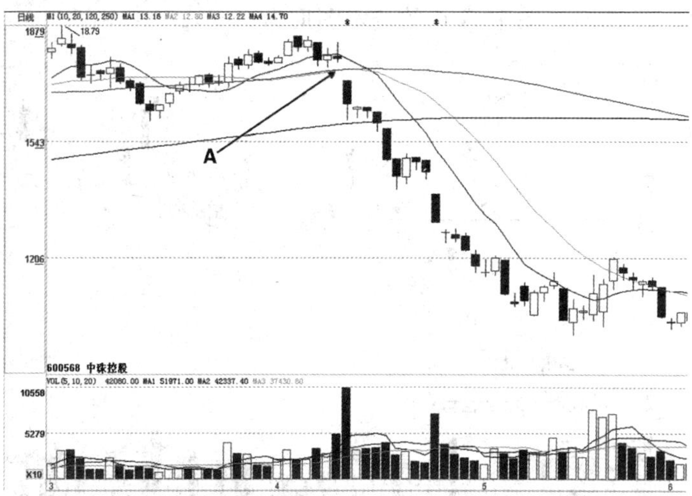

图 4—26

3. 在走势图中，所有的技术图形的走势并不是非常标准，如图 4—27 所示，走势图中的技术图形是（ ）。

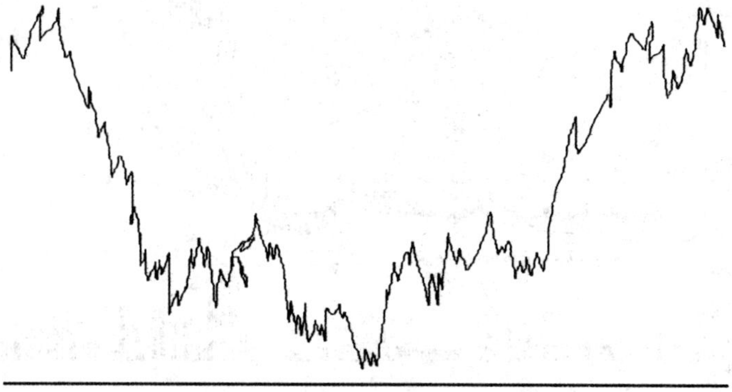

图 4—27

4. 如图 4—28 所示，图中的技术图形为（ ），此种形态的最佳买点为（ ）。

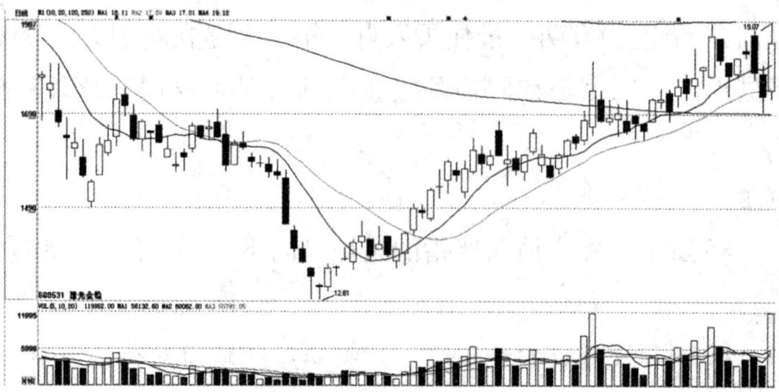

图 4—28

5. 如图 4—29 所示，图中 A 点的技术图形为（ ）。

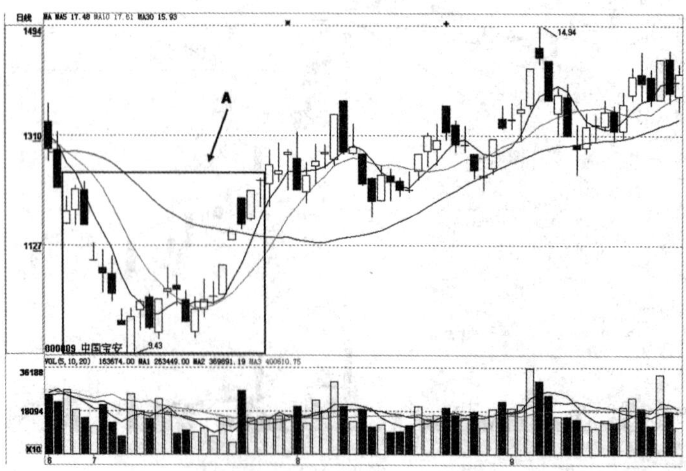

图 4—29

6. 如图 4－30 所示，图中的技术图形为（ ），其最佳的买点有（ ）和（ ）。在图中用字母标示。

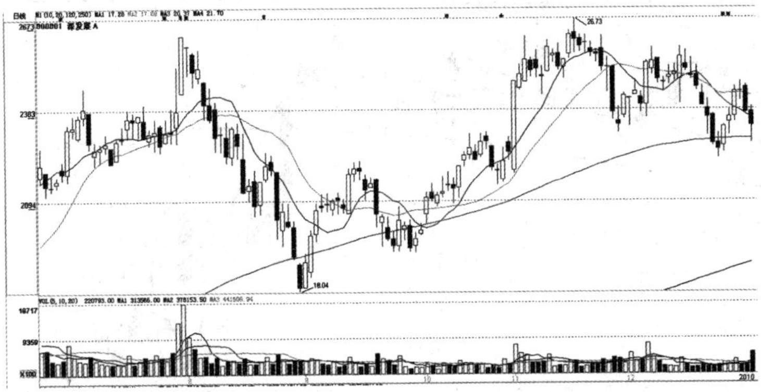

图 4－30

7. 如图 4－31 所示，图中的技术图形为（ ），一般来说，这种图形的构筑时间比较（ ），但一旦该图形成，常会走出一轮（ ）行情。对投资者来说，抓住入市时机非常重要，此时如果成交量的变化也是一个（ ），那么股价再次向上突破时即为最佳买点。

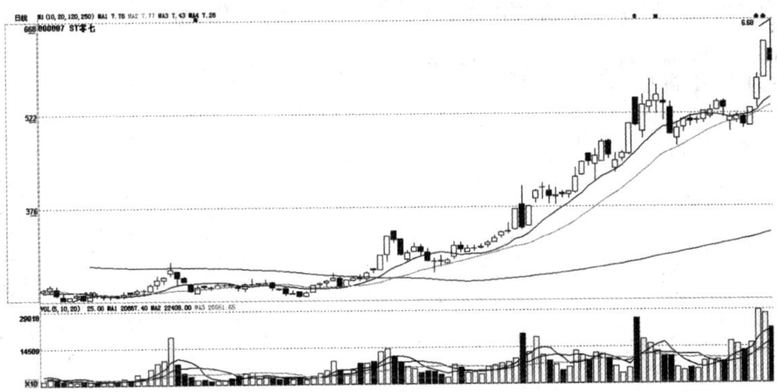

图 4－31

8. 如图 4－32 所示，图中圆圈内出现了一个（ ），多方趁势将股价一路推高。

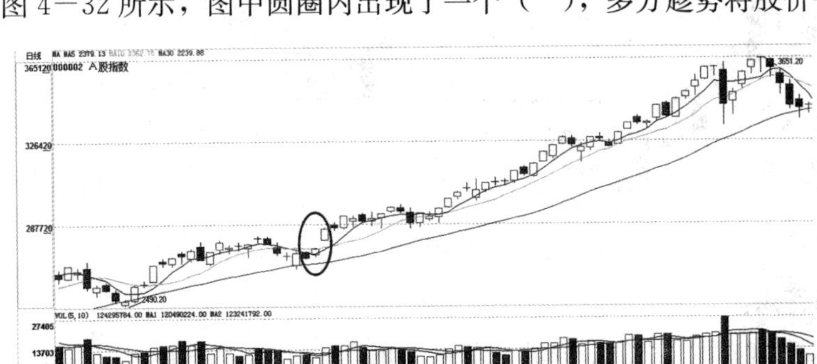

图 4－32

9. 如图 4—33 所示，图中圆圈内的缺口是向下（　）缺口，此缺口的出现意味着股价还将继续下跌。

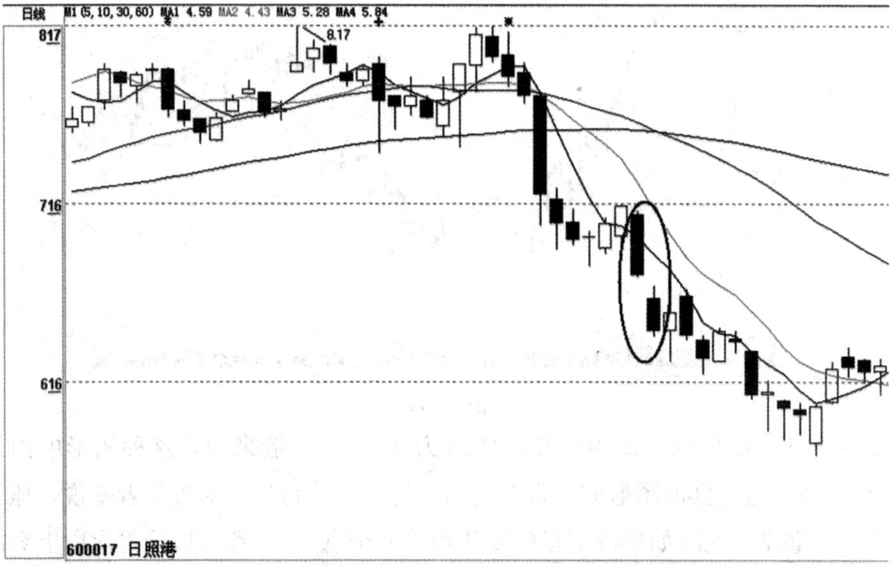

图 4—33

10. 如图 4—34 所示，该股经过下跌后一路上扬，形成了一个（　）走势。

图 4—34

三、简答题。

1. 请仔细观察图 4—35，回答下面的问题：图中的“上升旗形”所在的位置是哪里，请标示出来。说明“上升旗形”有何特征。

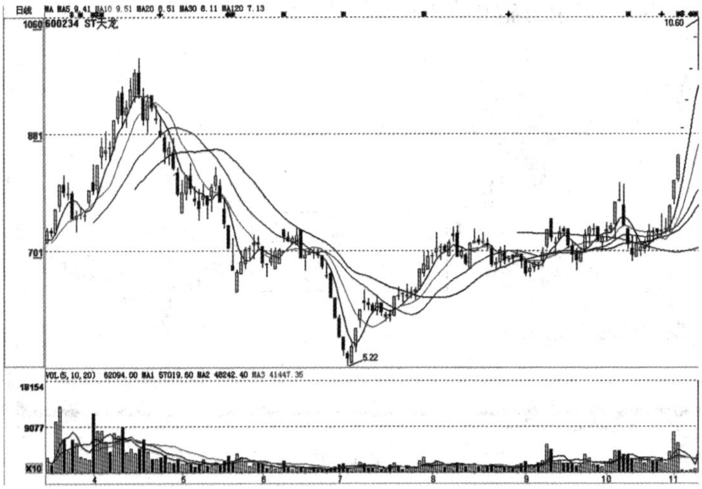

图 4—35

2. 请仔细观察图 4—36，说明 A 点走势转弱的原因？

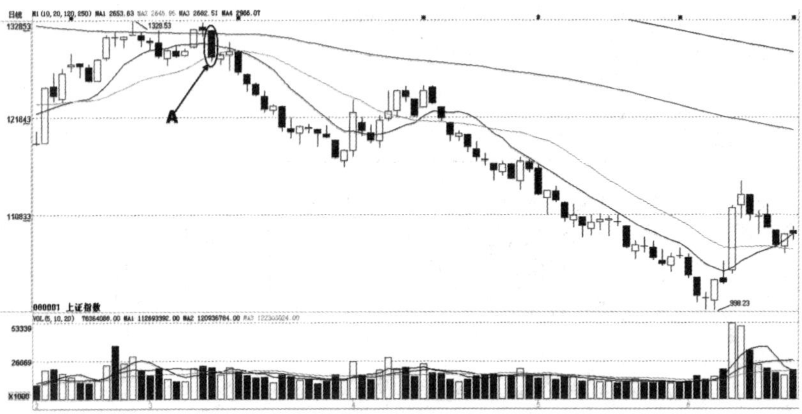

图 4—36

3. 看图 4—37，说明图中方框内的图形是什么？请说明此时的最佳卖点在哪里？

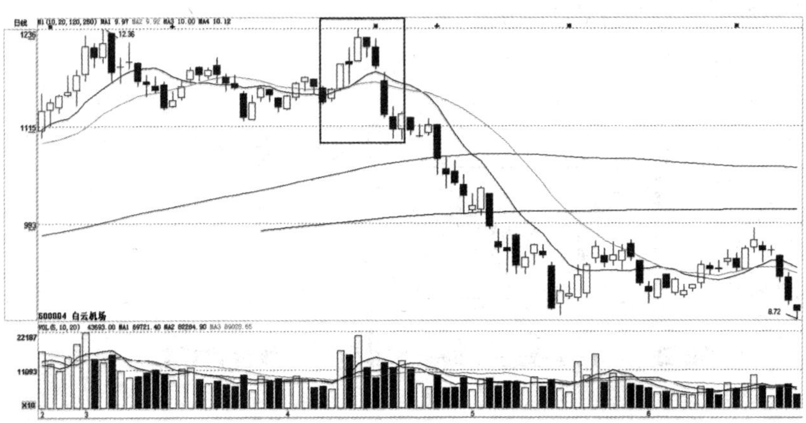

图 4—37

4. 看图 4—38，图中方框中的图形是“头肩底”还是“矩形图”为什么。

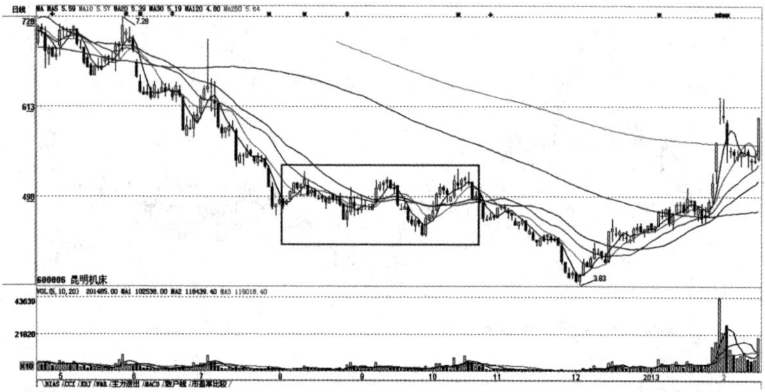

图 4—38

5. 看图 4—39，说明图中方框内的图形是什么技术形态？它有何特征，这种形态出现后，后市一般会朝何方向发展，并从图上指出何处是跌破支撑线的地方。

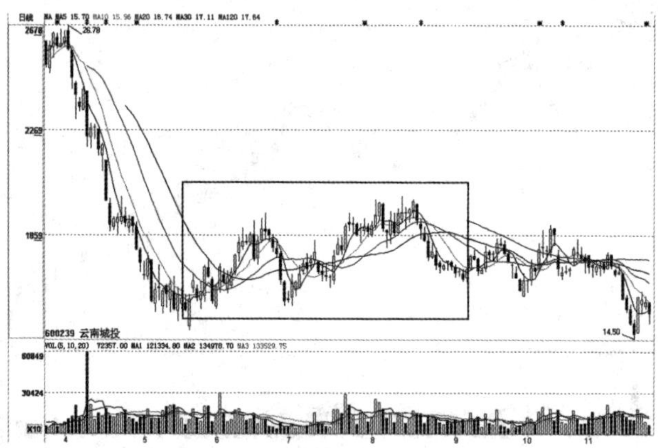

图 4—39

6. 看图 4—40，在图中标出该走势图中的技术图形，并标出其压力线和支撑线，说明何处是投资者买进的最佳时机。

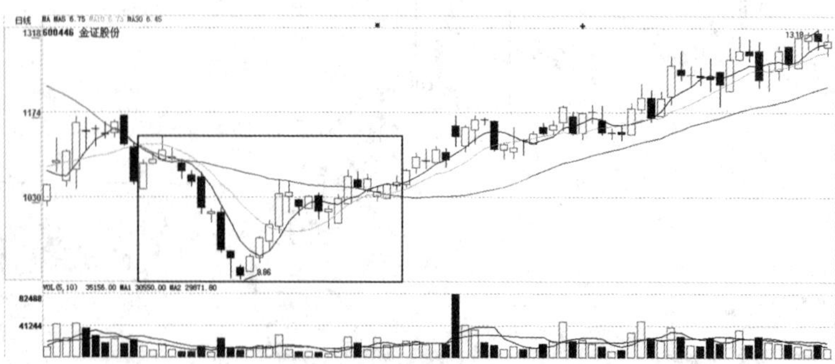

图 4—40

7. 看图 4—41，图中方框内的图形是不是“倒置 V 形”，这种图形的基本特征是什么。

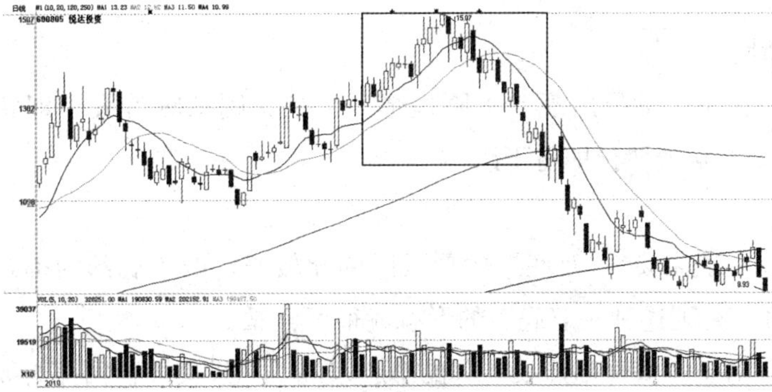

图 4—41

8. 如图 4—42 所示，该股在某一个交易日收出了一根中阴线，很多投资者认为这是股价即将下跌的征兆，于是纷纷出货。但投资者王先生却没有急于卖出股票，他说只要股价第二个交易日向上，他就全仓买进。请问，这两种说法哪种正确？为什么？

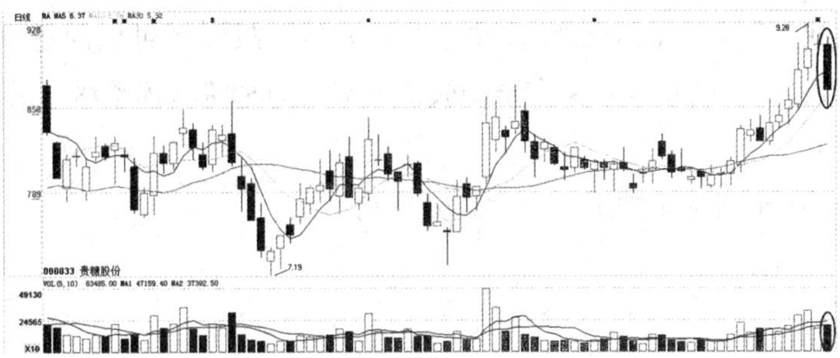

图 4—42

9. 如图 4—43 所示，该股在走势图上出现了向上跳空的缺口。从技术分析中，我们可以看出，此缺口为向上突破性缺口，这个缺口是典型的买进信号，而此时并没有出现所谓的竭尽性缺口，所以，此时可以买进一些股票。请问，这种说法正确吗？为什么？

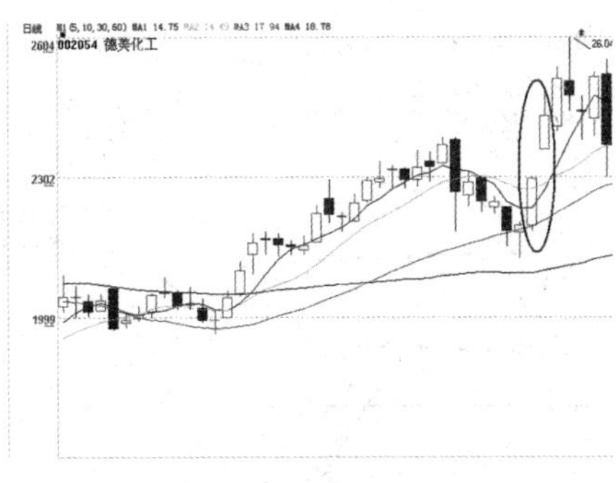

图 4—43

10. 请你简要回答“矩形”的特征以及投资者见到该图形后具体应该怎样操作？

参考答案

一、判断题。

1. 错误。图形中如果出现“下降楔形”的话，则意味着股价即将上涨，出现“上升楔形”则意味着股价即将下跌。

2. 正确。

3. 正确。一般来说，“双底”的形成时间比较长，两个底部的构筑时间一般不能少于一个月，否则这种“双底”的形态就很不可靠。

4. 错误。对于“底部岛形反转”的个股来说，如果其股价回探封闭了向上跳空缺口时，应不要买进，以密切观望为主。因为如果向上跳空的缺口一旦被封闭，后市将会转弱。

5. 错误。“向上跳空缺口”虽然是买进信号，但因为其出现的阶段不同又分为“向上突破性缺口”、“向上持续性缺口”和“向上竭尽性缺口”。一般来说，出现“向上突破性缺口”和“向上持续性缺口”的时候，投资者可以跟进。但如果出现“向上竭尽性缺口”，则意味着原有推动股价上涨的力量将发挥殆尽，后市即将转弱，此时不宜进场。

6. 错误。图中所标示的形态为“上升三角形”。

7. 错误。“上升楔形”。

8. 正确。

9. 错误。必须等到连续出现几天小阳线，成交量同步温和放大时买进。

10. 正确。

二、填空题。

1. 突破性，下跌。

2. 向下持续性，助跌，谨慎的态度，以观望为主。

3. “头肩底”形态。如图 4—44 所示：

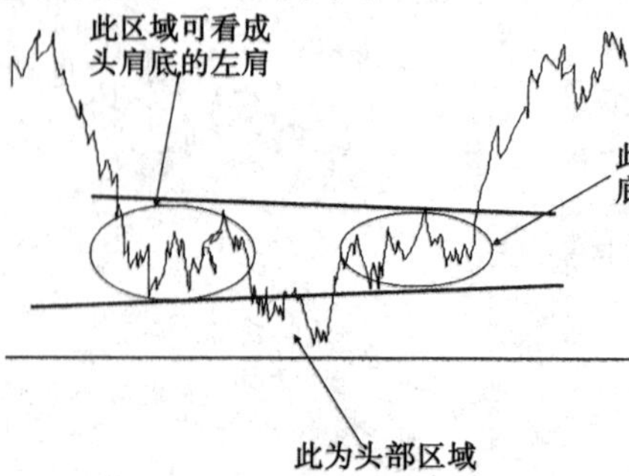

图 4—44

4. “V 形”，此时的最佳买点为图 4—45 中的 A 点。

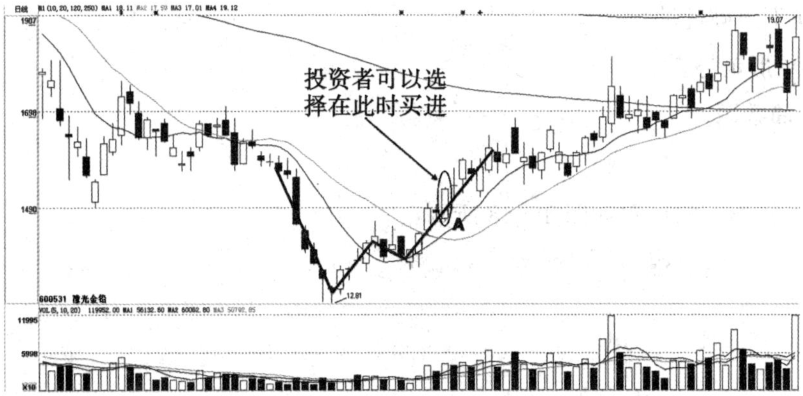

图 4—45

5. “底部岛形反转”。

6. “双底”形态。两处买点分别是图 4—46 中的 A 点和 B 点。

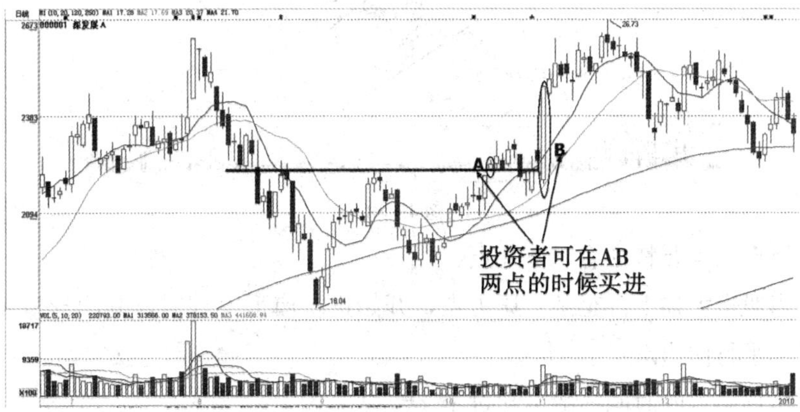

图 4—46

7. “圆底”形态，长，上涨，圆弧形。

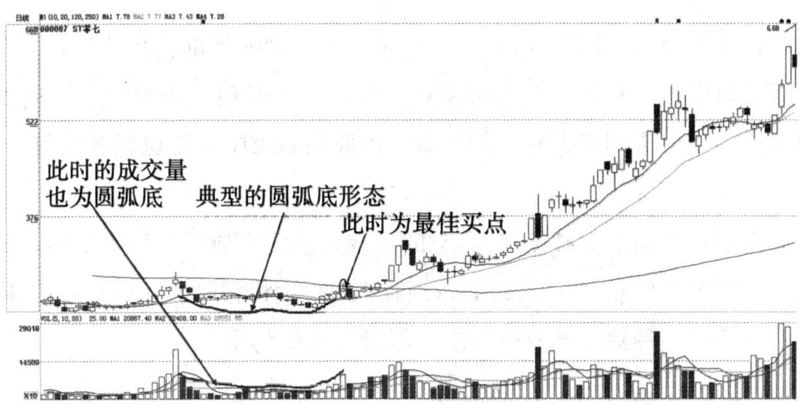

图 4—47

8. 向上突破性缺口。

9. 向下突破性缺口。

10. V形走势。

三、简答题。

1.

“上升旗形”的位置如图 4—48 所示：

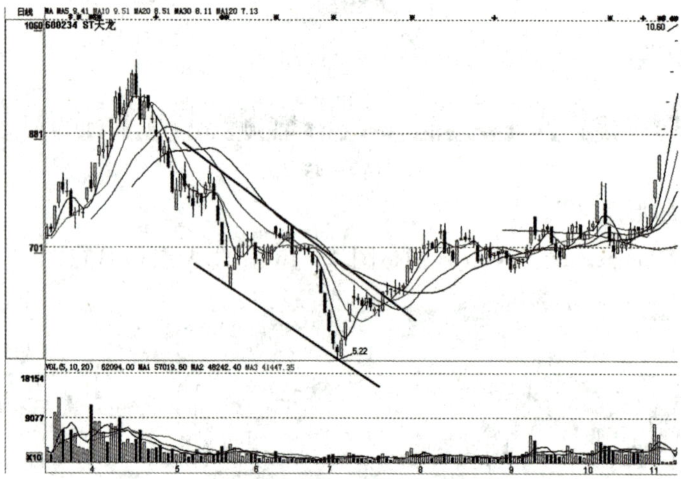

图 4—48

上升旗形的主要特征有以下几点：

(1) 当股价大幅上升至某一压力点，开始进行旗形整理时，其图形呈由左向右下方倾斜的平行四边形。

(2) 旗形整理的时间一般不超过 15 天。

(3) 一旦旗形整理结束，股价就要向上突破，继续向上攀升。

2.

图中的技术图形为“圆弧顶形态”，它是一个典型的顶部转势信号，一旦顶部构筑完成，下跌速度将非常快。A 点所在的位置是“圆弧顶”构筑完成之后的一条阴线，此时多方的气势遭到空方有力的压制，该股在后市中看淡也就在预料之中了。

3.

图中的图形是“向下突破缺口”。它的出现，说明走势已经发生逆转，原来的升势已经结束，接下来的将是一轮跌势，现在跌势才刚刚开始，下跌的空间还很大，因此，投资者看见这种缺口要及时做空，尽量以观望为主。

4.

方框内的图形是“矩形”形态。从图 4—49 中可以看到，将股价的高点 d、e、f

三点连起来，再将低点 a、b、c 三点连起来，即可画出一个长方形，股价就在这个长方形的宽度中不断上下波动，所以其属于矩形整理形态。因为该股在经过一段整理之后，最终选择了向下突破，所以准确地说，该图形属于“矩形”形态。

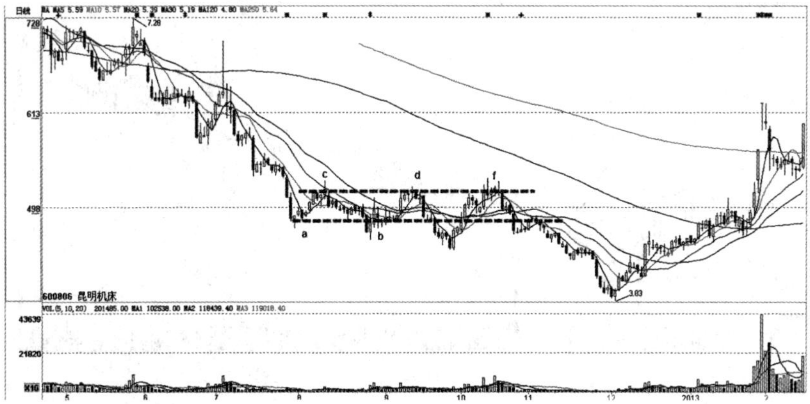

图 4—49

5.

该图中的技术形态是“上升楔形”。

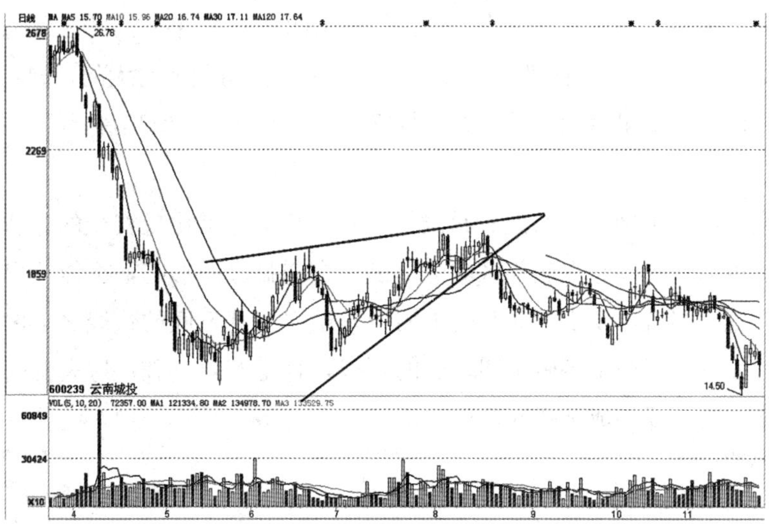

图 4—50

它的形成是股价在经过一段时间大幅下跌之后，出现强烈的技术性反弹，当股价弹升到某个高点的时候，掉头回落。不过这种回落较为轻微缓和，因此股价在没有跌到上次低点之前就得到支撑而上升，并且越过上次高点，形成一浪高于一浪的趋势。把两个高点用直线连接起来，就是“上升楔形”。

“上升楔形”是整理形态，最终以向下突破居多。投资者在见到这种形态的时候要明白，它虽出现了一定的反弹，但并不能改变股价下跌的大趋势，所以，一定要谨慎，持筹的投资者可以适当减少筹码，如果股价跌破了下边线的支撑一定要及时离场。

6.

该图 4－51 中的形态为“收敛三角形”，如图所示：

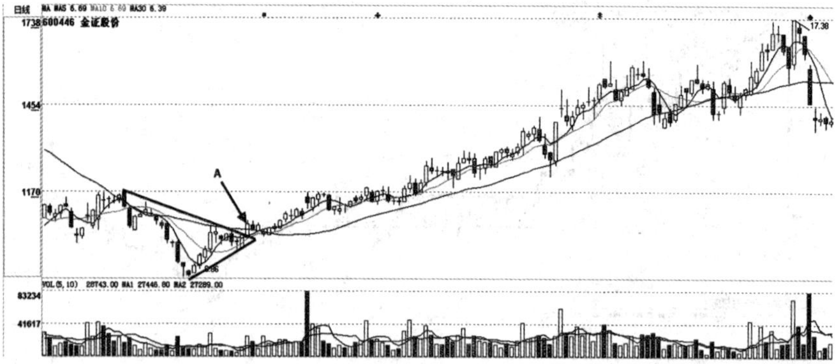

图 4－51

其压力线和支撑线分别为上下两条虚线，A 点是投资者买进的最佳时机。

7.

图中方框区域内的形态是“倒置 V 形”。它的出现是股价经过一波快速上涨后又快速下跌，从而在头部形成一个尖顶，像一个倒写的 V 字，因此被称为“倒置 V 形”。这种形态通常在几日内即可形成，其下跌的幅度将是非常大的，晚卖出一步损失都将非常惨重。如果遇到这种形态，投资者一定要及时抛空出局。

8.

王先生的看法正确，他的做法看似很危险，其实还是比较安全的。从该股的走势图上我们可以看到，它在底部区域走出了一个圆弧底的形态，虽然拉出了一根中阴线，但仔细观察就可发现，此时的中阴线是站立在圆弧底的颈线之上的，也就是说，此时的股价已经向上突破了圆弧底的颈线，且是有效突破，这表明一轮上涨行情即将到来。附该股形成圆弧底之后的走势图 4－52：

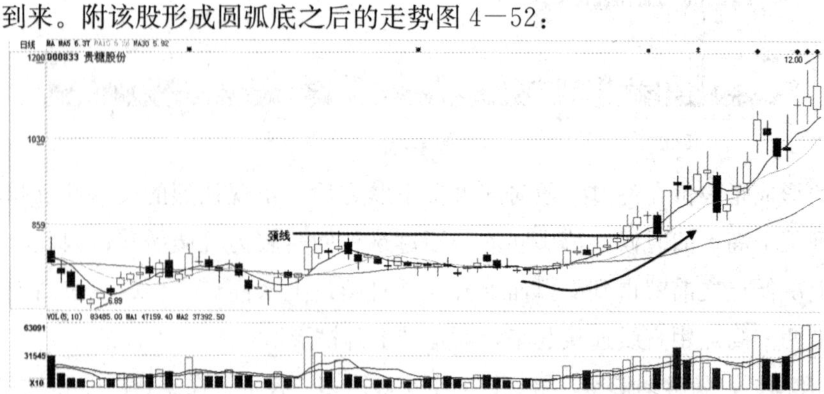

图 4－52

9.

这种说法不正确。从走势图中，我们可以看到的确出现了向上突破性缺口，而它也确实是典型的买进信号。但是，投资者要注意，缺口形成跳空的时候是不能被封闭的，一旦缺口被封闭，助涨就会变成助跌，市势就会发生变化。从该股的走势图中我们可以看到，在出现缺口之后，股价拉出了一根阴线，这跟阴线的下影线补上了缺口，所以，此时的股价不会再继续之前的涨势，反而会下跌。所以，此时买进股票的做法是错误的。附该股缺口被封闭之后的走势图 4—53：

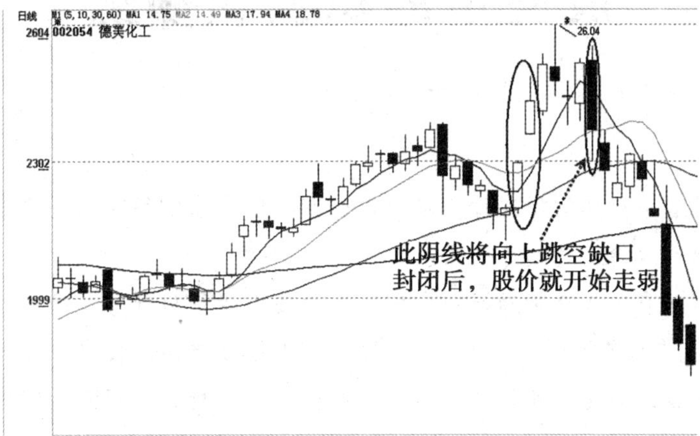

图 4—53

10.

“矩形”又称“长方形”、“箱形盘整”。矩形的特征是：如果将股价横盘时出现的两个最高点用直线连起来，把两个最低点也用直线连起来，即可画出一个长方形。股价就在这个矩形内不断上下波动，当股价上升到矩形的上边线时就往下回落，而回落到矩形的下边线时就往上弹升，直到一方力量耗尽，股价就会选择一个向上或向下的方向突破。

投资者最佳的做法就是耐心等待，以观望为主，并抱定一个宗旨，只要股价一天不向上突破矩形的上边线，就一天不买进。另一方面，如果股价在矩形整理后往下突破矩形的下边线，手里持有该股的投资者应该毫不犹豫地清仓离场。

第五章
成交量的识别和操练

成交量是股市行情的温度计、晴雨表；它控制和影响股价的上升和下降；它的技术研究是研判股价变化趋势的根基。

本章通过对有关成交量知识的介绍，提示投资者伺机建仓，依成交量的变化操作，避免出现“只赚指数不赚钱”的情况。如果投资者使用技术方法判断股价走势时不考虑成交量的变化，就是舍本逐末，任何技术分析方法预测的准确性都将大打折扣。

第一节　成交量：拉动股市行情的关键杠杆

成交量（VOL）与成交额（AMOUNT）

成交量，通俗点讲就是某只股票在一段时间内，买方买进了多少股（或者说是卖方卖出了多少股），它以单边的交易来计算。举个例子来说，某只股票当日成交量显示为7000股＝70手（1手＝100股），就表示买卖双方达成协议共交易了7000股，即买方买进了7000股，同时卖方卖出了7000股。但如果计算交易量，则按双边计算，买方7000股加卖方7000股，当日交易量计为14000股。

了解了成交量的含义，那么什么是成交额呢？成交额就是某只股票每笔成交股数乘以成交价格的金额总和。成交量只是单纯地体现了这只股票的交投活跃程度，而成交额则代表了这只股票所涉及的资金力度的大小。同样的成交量，股价越高，操作这只股票所需要的资金便越多。

成交金额这一参数常用于大盘分析，它排除了大盘中各种股票因为价格高低不同所形成的干扰，直接地反映出了市场中参与的资金量多少，成交金额这一参数使得对于大盘总体的交投情况（即股票市场的总体交投情况）具有了以时间为坐标的纵向可比性。通常所说的两市大盘数百亿元的成交量就是指成交金额。对于一般个股来讲，如果股价变动幅度很大，用成交的股票数量（即个股成交量）或换手率就难以反映出主力资金的进出情况，而用成交额就能比较准确地反映出这一情况。

成交量代表了什么

1. 成交量是市场供求状况的直接体现。

成交量能最直接、最简单地反映出市场的供需情况。在某一段时间内，某只股票在某一个价格区间内的成交量，能够最直接地反映出买卖双方在这个点位对股票价格的认可程度。

作为一种供需表现，成交量表明了市场中参与者的多寡程度。正如美国著名的投资专家格兰维尔所说，成交量是股市的元气，持续活跃的成交量带来的是持续活跃的资金流，没有一定的成交量保证，股票市场便犹如一潭死水，很难拍打出激动人心的浪花。

通常，造成股价涨跌的原因有很多，比如政策的刺激，上市公司内部发生变化，投资者对后市预期发生改变，等等。当由于某些原因股票出现严重的供求失衡时，股价上便产生了涨停板或跌停板，由于封板的形态不同，成交量便会出现放量或缩量。

2. 成交量是推动股价涨跌的动力。

根据量价分析的一般原理，价位上升，伴随而来的应是成交量的放大，虽然公司的基本面情况、经济、政策因素等均会影响到股票的走势，但归根结底，决定涨跌的还是来自市场本身的买卖活动，重大的利好和利空只有通过买卖盘力量发生转变才能体现出来。

3. 成交量是股价走势的先兆。

成交量，蕴含了丰富的交易信息。尤其是多日成交量的不同组合，对于预测股票的后期走势有着极为重要的作用。

成交量的功能

股市的涨跌，说到底是供求关系变化造成的。当股市的筹码供大于求时，股价或者指数就以下跌的形式来求得多空双方的平衡；反之，当股市的筹码供小于求时，股价或者指数就以上涨形式使多空力量逐渐趋向一致。而最能反映股市供求关系的就是成交量。

一般来说，当股价或者指数处于低位时，成交量增加，就会使供小于求，引起股价或者指数的上涨；当股价或者指数处于高位时，成交量减少，就会使供过于求，引起股价或指数的下跌。可见，成交量最基本的功能就是真实地反映股市供求关系的变化，从而帮助投资者制定正确的买卖策略。

成交量另一个功能是可以观察多空换手是否积极，行情将向什么方向演变。如果成交量放大，说明多空双方的换手量在增加，这样行情就会出现较大的起伏，或是上涨或是下跌；如果成交量减少，或持平，行情波动通常就会趋缓，甚至处于不上不下的状态。

第二节　量价关系分析要诀

这里所说的量价关系分析是对股市成交量与股票价格的相互作用关系进行重点分析。股市成交量与股票价格之间存在着诸多因果关系，成交量是股价的先行指标，分析成交量的变化，可以预测股价的动向。美国投资大师格兰维尔指出："成交量才是股市的元气，而股价只是成交量的反映罢了，成交量的变化是股价变化的前兆。"

一般而言，股价的上涨与下跌，都要有相应的成交量来与之配合。当股价变化和成交量变化出现矛盾时，意味着市场形势即将逆转。

需要注意的是，涨停板状态下，没有成交量，并不意味着涨势难以维持，有可能是持股者等着卖高价，买方买不到股票造成的成交量不明显，下一个交易日买方还会发动攻势，追买会让上涨势头得以持续；相反，放量涨停，卖出的人增加，涨势被打破，形势逆转。出现跌停，买方意愿减弱，成交缩量，跌势会持续；如果中途被打开，成交量放大，说明买方介入，止跌有望。

以下逐一介绍九种不同的量价关系及其市场指导意义。

量增价涨

1. 在涨势初期出现，可判为上涨信号，应该寻机做多。

2. 在上涨趋势中途出现，说明市场做多动能充足，应及时跟进做多。

3. 股价处于高位，或远离均线，成交量增速过快，为反转信号，不可盲目做多。

4. 在下跌趋势中出现，多为反弹，套牢者可止损。如果成交量不能持续放大，反弹行情有可能将告结束。

5. 在跌势末期出现，多头出击，上涨后仍有回调迹象，应持仓观望。

6. 在整理行情末期出现，如果有交易量配合，是向上突破信号，应择机介入。

量增价平

1. 在涨势初期或者中期出现，是主力吸筹建仓，一旦股价迈入上升，均线呈多头排列，就应择机做多。

2. 在涨势末期出现，是主力托盘出货，应做离场准备。

3. 在跌势初期或者中期出现，下跌整理后，后市仍有下跌的空间，应观望。

4. 在下跌末期出现，有主力多头介入的迹象，后市有望企稳回升，做买入准备。

5. 在整理行情出现，买盘增加，后市可能上涨，可逐步进场做多。

量增价跌

1. 在涨势初期、中期出现，是主力打压震仓行为，只要价格回档不破 30 日均线，则中线仍可以继续持仓做多。

2. 在涨势末期出现，是反转信号，应卖出。

3. 下跌趋势中出现，表明做空力量强大，建议空仓。

4. 在底部出现，为反转信号，可配合其他指标适时建仓。

5. 在整理行情出现，是向下突破信号，应卖出。

量平价涨

1. 在股价上升初期出现是上涨信号，后市看好可择机介入。

2. 在股价上升途中，中小成交量维持的量平是行情持续信号，应继续持有，适当加仓。

3. 在涨势后期出现，为停涨信号，投资者应做好沽空离场的准备。

4. 在下跌和盘整行情中出现，属于正常反弹，仍有探底可能，建议观望。

量平价平

量平价平表明多空双方势均力敌，市场将继续盘整行情，投资者应观望，不要急于投资，待趋势明朗时再作决定才是明智之举。

量平价跌

1. 在上涨趋势初中期出现，获利盘的大量出现会给股价上升造成很大的压力，应以观望为主。

2. 在高位出现则说明主力在暗中出货，应沽出离场。

3. 在跌势中出现，行情将会继续下跌，应空仓观望。

量缩价涨

1. 在价格上升初期出现，上升无量配合，可能仍要回调，应注意观察。

2. 量缩价涨一般表明市场人气较差，成交不活跃，是看跌信号，应谨慎做多。

3. 在顶部出现，是转为下跌的信号，应做离场准备，择机逢高沽出。

4. 若主力已深度控盘，也可以少量的成交拉动股价。此时，如果股价能有规则地沿均线运动，可适量介入。

量缩价平

1. 在上涨行情初期出现，市场不振，后市方向和空间不明，应空仓观望。

2. 在上升趋势中途出现，一般为横盘整理，是主力为洗去浮筹和以后拉升扫除障碍，后市看好，应以做多为主。

3. 在下跌中出现，表明反弹无力，后市看淡，空仓。

4. 在跌势末期，成交量缩至最小，市场底部已近，交易者应做好买入的准备。

5. 在整理态势中出现，应继续观望。

量缩价跌

1. 在上升行情中途出现，是正常回档，后市仍然看好，可以积极做多。

2. 在高位出现，如果成交量迅速缩小，则主力还在其中，后市仍可看好，可跟进做多。如果成交量不规则缩小，则很可能主力已出货到尾声，后市看空，应卖出。

3. 在下跌行情中出现，股价将继续下跌，应择机做空。

4. 在跌势后期出现，行情近期有可能反弹。

5. 在盘整态势中出现，将很难突破，应退出观望。

第三节 成交量背后的真实信息

成交量——主力迷惑散户的惯用手法

通常，如果主力坐庄的话，都不会喜欢有太多的跟风盘，因为那样自己的坐庄成本就会增大，获利就会减少。为了能够赶走跟风盘，主力除了使用一些技术图形来骗线外，还经常用成交量来迷惑散户投资者。

通常，散户都很注重成交量的变化，而主力手握大量筹码，又深谙散户的思维习惯，这就给了他们一个通过制造虚假的成交量信息来欺骗大众的机会。

1. 对倒。

“对倒”又可称为“对敲”，是主力常用的手法。它就是主力利用自身的大量交易账号，将自己左手里的筹码倒进右手。主力通过对倒可以制造出有利于自己的价位，吸引散户跟进或卖出。

通常，这种对倒的方式都被主力用在建仓的阶段。当股价经过长时间大幅下跌处于低位时，主力开始建仓，在走势上表现为，股票往往和大盘不同步，股价以小阴小阳沿 10 日均线持续上扬，走势明显好于大盘，这说明主力在拉高建仓，然后出现成交量放大并且股价持续阴线下跌，这时下跌所产生的大成交量就是主力利用“对倒”来打压股价。这是主力在建仓时通过制造虚假成交量以迷惑散户的一个典型事例。

2. 量价齐升。

这种方式常常出现在主力拉升的阶段。一般来说，主力在拉升过程中如果其控盘较轻，为了达到最好的拉升效果，就会通过这种手法制造大成交量以来吸引市场的关注，通过散户的加入，和散户形成“共振”，从而实现拉升的幅度，保证拉升的成功。

有时候主力已经在低位收集了市场中的较多筹码，然而这个价位仍离主力成本较近，为了不让更多散户加入进来一起获利，这时的上涨或称拉升，多是“默默无闻”的。通过观察成交量异动等指标，投资者发觉其股价离底部已经很远，主力这时通过大量对倒拉升、加上散户的力量制造了“量价齐升”的假象，往往能起到边出货边拉升的良好效果，因为主力出货并不是像市场上想象的那样拉到最高点后，筑个“顶”再出货。

3. 对倒震仓。

对倒震仓的方式一般会出现在主力震仓、洗盘的阶段。当股价再上一个新台阶后，为了甩掉跟风客，主力往往会采用对倒震仓的方式使一些短线客下马。

当股价再次携量上涨，主力利用自己手中的最后余筹反复地制造上涨、下跌的震荡效果，筹码开始越来越多地分布在散户手里，而在这个价位介入的散户又无利可图，当主力出货几近完成，股价也就开始了雪崩之路。

通过上面的论述我们可以发现，主力在做一只股票的时候，在不同的阶段会制造不同的成交量假象。所以对于散户投资者而言，最重要的就是要通过成交量的变化、结合股价的位置来分析主力的意图，这样才能做到心中有数，稳中获利。

成交量的变动能够反映市场走势及个股主力动向

不同的股票背后有不同的主导资金，市场的走势就是大资金博弈的结果。这种结果会直接体现在交投结果即成交量上。

主力在介入一只个股后，其意图肯定是获利出局，那么主力的意图在建仓、拉高、洗盘、出货这几个环节是如何通过成交量暴露出来的？

1. 在建仓阶段。

主力要想在建仓阶段完全隐藏踪迹，需要花费很长的一段时间，至少一年或者半年，但时间越长，其所需承受的大盘上涨带来的高位建仓的风险就越大。所以，一般情况下，主力不会花费太长的时间来建仓。但主力的资金巨大，它短时间的介入某只股票肯定会改变其原有的股票供求情况促使股价上涨，而此时成交量也必然会放大。

2. 在拉升阶段。

如果股价仅仅随大势沉浮，而且在成交量上也没有突出的地方，那我们可以忽略主力的存在。然而在大部分个股拉升的过程中我们看到的情况不是这样，因此可以确定，有主力在其中活动。这时可以结合股价原来底部的成交量情况来分析，若发现底部有大量获利盘在股价大幅上涨后仍没有涌出，那表明，主力已经控盘较重了。

3. 在出货和洗盘阶段。

在出货和洗盘阶段，成交量也会反映出主力的意图，比如说某天股价出现滞涨，成交量放大，说明主力出货意图明显。如果股价随后的走势出现下跌并伴随着成交量的萎缩，就说明，主力基本上已经出完货，接下来，股票的走势将会与大盘同步。

放量与缩量背后的真实信息

1. 放量。

放量，顾名思义就是成交量较前一段时间明显放大。比如说，昨天全天的成交量是 2 亿，今天忽然变成了 5 亿，就是放量。而如果今天变成了 2.3 亿，就不算是放量。

股市操作中经常发现有些个股走势出现异动，例如成交量突然成倍增大，短期就实现巨量换手等，此时主力的意图要么是出货，要么是换庄，投资者可根据放量出现的位置、K 线形态等方面来判别：

(1)“放量滞涨”，不祥之兆。若成交量放出大量，股价却在原地踏步，通常为主力对倒作量吸引跟风盘，表明主力去意已决，后市不容乐观。

(2) 下跌途中放量连收小阳，需谨防主力构筑假底部，跌穿假底之后往往是新一轮跌势的开始。

(3) 高位放量下挫，是股价转弱的一种可靠信号，投资者宜及时止损。

2. 缩量。

通常来讲，成交量缩小是市场交投清淡的结果，它带来的是盘整或对原有趋势的修正，如果原有的趋势已经确立，缩小的成交量将很难改变原有价格趋势。在正常情况下的多头走势可以概括为“价涨量升，价跌量缩”。

缩量多发生在一次上涨或下跌的大趋势之内，它表明趋势将会延续。在个股身上，主力加入后，只能造成放量的假象，而无法做到缩量。所以，通过大盘或个股的缩量，投资者可以更真实地解读市场信息和个股情况。

第四节　真假成交量：不可不知的成交量陷阱

何为真假成交量

所谓的真成交量是指在此股的当日交易中，没有主力或某些大资金持有者通过对倒，制造假交易数量；而假成交量则相反，它含有对倒的“水分”。假成交量往往混迹于真成交量之中，让投资者难辨真假。

股市中有一个格言，成交量是不会骗人的。大多数情况下的确如此，但也有例外，因为这种分析并没有把“主力”这个对股价走势起决定作用的因素考虑进去。

比如：只有量增才能价涨，无量则无价；成交量萎缩则股价就不会大幅下跌，因为成交量的萎缩意味着抛盘的减少，而抛盘的减少正是市场空头行情转弱或结束的标志；长时间盘整的股票放量突破盘整向上涨升时，放量突破意味着上攻行情的出现；股价在高位放巨量后股价一定还会创新高，因为高位的巨量表明股价在高位仍有大量买盘，这些买盘的存在，会让股价再创新高。

如果投资者在实践中把股票成交量的变化作为重要的观察对象，并按照上述分析进行操作，就会发现这些成交量理论不仅会骗人，而且常会成为主力设置陷阱的最佳办法，让一些对量价关系、技术分析似懂非懂的人上当受骗，并深受其害。

所以，投资者在实际操作中，一定要克服上述分析理论带来的局限性，从而更准确地把握主力动向。

成交量陷阱分析 1——对倒放量拉升出货

主力常用的手法是在久盘以后，见强行上攻难以见效，长期盘整下去又找不到做多题材，甚至还有潜在的利空消息，于是为了赶快脱身，就采取对倒自己筹码的方式，造成成交量放大的假象，引起投资者关注，诱使投资者盲目跟进。

这时，在股价推高的过程中，许多追涨的人就接下了主力大量的卖单。而那些在追涨时没有买到股票的投资者，就将买单挂在那里，更加强了买盘的力量，为主力出货提供了机会。主力就是这样利用量增价升这一普遍被投资者认可的原则，制造假象，达到了出货的目的。如图 5－1 所示：浪潮软件（600756）的股价在 2009 年 4 月短短 12 个交易日中就从 6 元上涨至 17.88 元，就是主力运用对倒手法造就的。

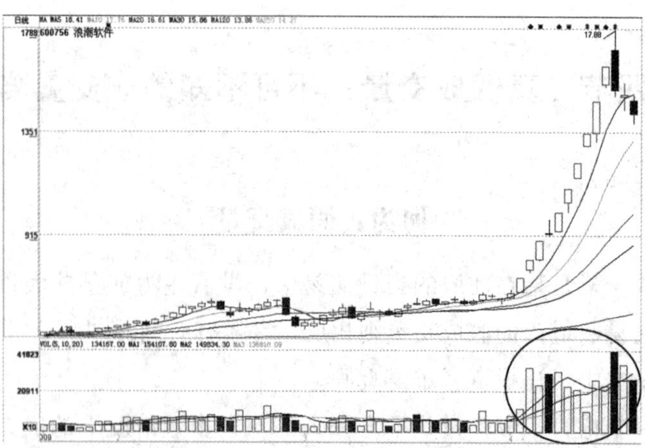

图 5－1

成交量陷阱分析 2——对倒放量打压建仓

人们常说散兵坑是非常安全的，这是因为炮弹不太可能再次炸在同一个弹坑内，所以，上次爆炸留下来的弹坑往往成为很多人的藏身之处。

在量价研判中，股价在筑底成功的时候往往也会形成一个散兵坑。股价处于小幅震荡上行的慢牛趋势初期或中期，成交量有所放大、换手率也小幅增加，突然股价出现快速下挫，但在一至两天或一周左右的时间，又重拾升势，再一次回到原有的上升趋势中，在图形上便会形成股价散兵坑，散兵坑出现之际将是十分难得的买入时机。如图 5—2 所示：北辰实业（601588）在 2008 年 12 月 23 日，股价拉出几根阴线，开始下跌，到 2009 年 2 月 6 日，走出了散兵坑的形态，随后，股价便开始一波上涨行情。

图 5—2

但在实际操作中，很多投资者往往会在这时候空仓出局。在他们的概念里，股价经过一轮上升趋势，猛然出现这种图形，是股价即将下跌的前兆，所以纷纷清仓出局。

事实上，这种形态是主力在拉升之前的洗盘，目的是要将大部分浮动筹码全部清洗出去。所以，投资者在走势图上见到这种形态之后，一定要谨慎，不要盲目看空。

那么，这种图形，最适合投资者的买点在哪里呢？对投资者来说，有两个买点：一是在散兵坑之内；另一个买点是在散兵坑出现并已重返上升趋势之际，这时虽已失去了最低价买入的时机，但却是最有效的，因为股价重返上升趋势时空头陷阱已被确认，这就是人们常说的甘蔗还是中间段的最甜。

成交量陷阱分析3——缩量阴跌的背后

成交量萎缩往往意味着抛压在减弱，属于正常的价量配合关系。然而许多累计升幅巨大的个股主力机构就借助投资者的这种惯性思维，利用缩量阴跌的方式，缓慢出货，让高位套牢的投资者产生缩量不会深跌的麻痹思想，丧失警惕性，错过及时止损出局的绝佳机会，一步步掉入深套的陷阱。

成交量陷阱分析4——借利好放量大涨

一般当个股在公布中报、年报业绩优异之时，以及重大利好消息或题材出现之前，主力机构都能提前掌握并提前推升股价，一旦利好消息兑现，散户们纷纷看好买进的时候，个股放量上涨，主力则趁机减仓或出货，诱导散户上当。

成交量陷阱分析5——借利空大幅杀跌

这种情况往往出现在大盘和个股已经持续下跌一段时间之后，一旦出现利空消息，主力经常喜欢采取放大利空效应，利用大手笔对敲的方式来打压股价，刻意制造恐慌性破位下行或大幅杀跌，诱导持股心态不稳的投资者抛售股票，以达到自己借机快速收集筹码的目的。当主力在建仓后震仓洗盘时也经常采取这种手法。

成交量陷阱分析6——逆市放量上涨

有些个股本身随大盘同步下跌，或逆市抗跌，构筑平台整理，某一天在大势放量下跌，个股纷纷翻绿之时，却逆势飘红，放量上攻，形成“万绿丛中一点红”的现象，很是吸引众人眼球，这时候，许多投资者会认为，该股敢于逆势上扬，一定是有潜在的利好，或者有大量新资金入驻，于是大胆跟进。不料该股往往只有一两天的短暂行情，随后反而加速下跌，致使许多在放量上攻当日跟进的人被套牢。

第五节　结合成交量进行逆势选股的几种方案

逆市缩量平台选股方案

此类逆市形态，一定要特别强调平台要缩量，这是该形态中最关键的一点。因为在大盘下跌等多重压力之下该股仍能够企稳，并且出现缩量，只有两种可能：一是有主力在场，所以该股的走势不随大盘而动；二是主力已经达到了相对的控盘程度，所以才能在缩量的情况下保持股价不下跌。

此时，对投资者而言，可以首先淘汰主力高度控盘且股价在相对高位的逆市股票，最好介入逆市股中风险不是特别大，还在调整市中的股票，这样对自己比较有利。

此类个股一旦在大盘企稳时开始突破，拉升时往往逐步连续性放量，因为此前的平台缩量其实是成交量的累积阶段。从成交量的转换原理看，后面阶段有个成交量的释放期，这恰好与拉升期需要放量的要求相辅相成。

在操作策略上，投资者可等待出现连续放量突破时及时买入，这时虽然不是介入的最低点，但却是最安全点。

逆市温和放量选股方案

逆市温和放量股的形态特征主要有：逆市小幅拉升，累计升幅不大，一般在10%左右，成交量温和放大，但换手率不大，一般最高在5%左右。此类逆市股往往是短线品种，在突破时一般放大成交量，连续拉长阳。操作上，投资者可选择以下时机介入：

1. 温和放量拉升一旦出现中阳以上大成交量，并突破盘升轨道时，可大胆介入，其强烈的惯性会为短线带来丰厚的利润。

2. 在结束缩量平台调整后，初步温和放量拉升即碰到大盘打压但又能盘稳者，可介入。此类个股往往是大盘反弹中的龙头板块或个股。特别在短期大盘暴跌当日，经过平台缩量后再放量开始突破拉升的进攻型股票，往往是最佳的短线龙头股。

本章习题：成交量操练的测试与练习

综合练习

一、判断题。

1. 成交量就是买卖双方卖出和买进数量的总和。（ ）

2. 成交量能够最直接地反映出买卖双方在这个点位对股票价格的认可程度。（ ）

3. 一般来说，只要出现量增价涨，后市就一定会被看好。（ ）

4. 底部出现量增价跌，为反转信号，可配合其他指标适时建仓。（ ）

5. 量平价平表明多空双方势均力敌，市场将继续盘整行情，投资者应观望，不要急于投资，待趋势明朗时再作决定才是明智之举。（ ）

6. 价格上涨，成交量反而缩小，表明股价即将展开一波上涨行情，后市看好。（ ）

7. 上升行情中途出现量缩价跌，是正常回档，后市仍然看好，可以积极做多。（ ）

8. “一般来说，成交量是不会骗人的”这句话是有失偏颇的。（ ）

9. 股票的价格持续性下挫，而成交量却没有同步有效放大，就说明市场投资者并没有形成一种“一致看空”的空头效应。这种情况，多是控盘主力开始逐渐退出市场的前兆。（ ）

10. 若成交量放出大量，股价却在原地踏步，通常为主力对倒作量吸引跟风盘，表明主力去意已决，后市不容乐观。（ ）

二、填空题。

1. 成交额的含义是（ ），成交量体现了（ ），而成交额代表了（ ）。

2. 出现逆势缩量只有两种可能，一种是（ ），另一种是（ ）。

3. 逆势温和放量的特征有（ ）。

4. 所谓的真成交量指的是（ ），假成交量指的是（ ）。

5.（ ）多发生在一次上涨或下跌的大趋势之内，它的出现表明趋势将延续。

6. 高位放量下挫，这是股价（ ）的一种可靠信号，投资者宜（ ）。

7. 成交量的基本功能有（ ）和（ ）两种。

8. 主力常常在久盘以后，见强行上攻难以见效，长期盘整下去又找不到做多题材，甚至还有潜在的利空消息，于是为了赶快脱身，就会采取（ ）的方式，造成成交量放大的假象，引起短线客关注，诱使投资者盲目跟进。

9. 一般来说，散兵坑的两个买点分别是（ ）和（ ）。

10.（ ）往往出现在大盘和个股已经持续下跌一段时间之后，主力经常用此来刻意制造恐慌性破位下行或大幅杀跌，诱导持股心态不稳的投资者纷纷抛售股票，以达到主力借机快速收集筹码的目的。

三、简答题。

1. 成交量代表了什么？

2. 一般来说，主力会采取哪几种成交量假象来迷惑投资者？

3. 主力的意图是如何通过成交量暴露出来的？

4. 请简要回答成交量的陷阱大概有哪几种？

5. 请简要回答量缩价涨对实际操作的指导意义?

6. 请简要回答量增价平对实际操作的指导意义?

7. 请简要回答放量与缩量的真实含义?

8. 请简要说明量增价涨对实际操作的指导意义?

9. 请简要回答量缩价跌对实际操作的指导意义?

10. 请简要回答逆势缩量和逆势温和放量的选股方案?

参考答案

一、判断题。

1. 错误。成交量指的是买方买进了多少股票。而题1说的是交易量。

2. 正确。

3. 错误。如果量增价涨出现在高位,就有可能是一个危险的信号。

4. 正确。

5. 正确。

6. 错误。量缩价涨一般表明市场人气较差,成交不活跃,是看跌信号,应谨慎做多。

7. 正确。

8. 正确。

9. 正确。

10. 正确。

二、填空题。

1. 成交额就是某只股票每笔成交股数乘以成交价格的金额总和。成交量只是单纯地体现了这只股票的交投活跃程度,而成交额则代表了这只股票所涉及的资金力度大小。

2. 一是有主力在场,所以该股的走势不随大盘而动;二是主力已经达到了相对的控盘程度,所以能在缩量的情况下保持股价不下跌。

3. 逆市小幅拉升,累计升幅不大,一般在10%左右,成交量温和放大,但换手率不大,一般最高在5%左右。此类逆市股往往是短线品种,在突破时一般放大成交量,连续拉长阳。

4. 所谓的真成交量是指在此股的当日交易中,没有主力或某些大资金持有者通过对倒,制造假交易数量;而假成交量则相反,它含有对倒的“水分”。

5. 缩量。

6. 转弱,及时止损。

7. 成交量最基本的功能就是真实地反映股市供求关系的变化，从而帮助投资者制定正确的买卖策略。成交量另一个功能是观察多空换手是否积极，行从而判断情将向什么方向演变。

8. 对倒放量拉升。

9. 一是在散兵坑之内；另一个是在散兵坑出现并已重返上升趋势之际，这时虽已失去了最低价买入的时机，但却是最有效的，因为此时空头陷阱已被确认。

10. 借利空大幅下跌。

三、简答题。

1.

（1）成交量是市场供求状况的直接体现。

在某一段时间内，某只股票在某一个价格区间内的成交量，能够最直接地反映出买卖双方在这个点位对股票价格的认可程度。

（2）成交量是推动股价涨跌的动力。

归根结底，决定涨跌的因素，还是来自市场本身的买卖活动，重大的利好和利空只有通过买卖盘力量发生的转变才能体现出来。

（3）成交量是股价走势的先兆。

成交量，蕴含了丰富的交易信息。尤其是多日成交量的不同组合，对于预测股票的后期走势有着极为重要的作用。

2.

（1）对倒。

“对倒”又可称为“对敲”，是指主力利用自身的大量交易账号，将自己左手里的筹码倒进右手。主力通过对倒可以制造出有利于自己的价位，吸引散户跟进或卖出。

（2）量价齐升。

这种方式常常出现在主力拉升的阶段。主力通过制造大成交量来吸引市场的关注，通过散户的加入，和散户形成“共振”，从而实现拉升的幅度、保证拉升的成功。

（3）对倒震仓。

对倒震仓的方式一般会出现在主力震仓、洗盘的阶段。当股价再上一个新台阶后，为了甩掉跟风客，主力往往会采用对倒震仓的方式使一些短线客下马。

3.

（1）在建仓阶段。

主力的资金巨大，它短时间的介入某只股票肯定会改变其原有的股票供求情况促使股价上涨，而此时成交量也必然会放大。

（2）在拉升阶段。

若发现底部有大量获利盘在股价大幅上涨后仍没有涌出，可知主力已经控盘较重了。

（3）在出货和洗盘阶段。

在出货和洗盘阶段，成交量也会反映出主力的意图，比如说某天股价出现滞涨，成交量放大，说明主力出货意图明显。如果股价随后的走势出现下跌并伴随着成交量的萎缩，就说明，主力基本上已经出完货，接下来，股票的走势将会与大盘同步。

4.

（1）对倒放量拉升出货。

主力采取滚打自己筹码的方式，造成成交量放大的假象，引起投资者关注而盲目跟进，

（2）对倒放量打压建仓。

股价处于小幅震荡上行的慢牛趋势初期或中期，成交量有所放大、换手率也小幅增加，突然股价出现快速下挫，不久，股价便又重拾升势。

（3）缩量阴跌的背后。

主力机构借助投资者的惯性思维，利用缩量阴跌的方式，缓慢出货，让高位套牢的投资者产生缩量不会深跌的麻痹思想，丧失警惕性，错过及时止损出局的绝佳机会。

（4）借利好放量大涨。

一般当个股在公布中报、年报业绩优异之时，以及重大利好消息或题材出现之前，主力机构都能提前掌握而提前推升股价，一旦利好消息兑现，散户们纷纷看好买进的时候，股价放量上涨，主力则趁机减仓或出货，诱导散户上当。

（5）借利空大幅杀跌。

这种情况往往出现在大盘和个股已经持续下跌一段时间之后，一旦出现利空消息，主力经常喜欢采取放大利空效应，利用大手笔对敲的方式来打压股价，刻意制造恐慌性破位下行或大幅杀跌，诱导持股心态不稳的投资者抛售股票，以达到自己借机快速收集筹码的目的。

（6）逆市放量上涨。

有些个股逆势飘红，放量上攻，形成“万绿丛中一点红”的现象，让投资者会误认为有潜在的利好，或者有大量新资金入驻其中，于是大胆跟进，结果被套牢。

5.

（1）在价格上升初期出现，上升无量配合，可能仍要回调，应注意观察。

（2）量缩价涨一般表明市场人气较差，成交不活跃，是看跌信号，应谨慎做多。

（3）在顶部出现，是转为下跌的信号，应做离场准备，择机逢高沽出。

（4）若主力已深度控盘，也可以少量的成交拉动股价。此时，如果股价能有规则地沿均线运动，可适量介入。

6.

（1）在涨势初期或者中期出现，是主力吸筹建仓，一旦股价迈入上升，均线呈多头排列，就应择机做多。

（2）在涨势末期出现，是主力托盘出货，应做离场准备。

（3）在跌势初期或者中期出现，下跌整理后，后市仍有下跌的空间，应观望。

（4）在下跌末期出现，有主力多头介入的迹象，后市有望企稳回升，做买入准备。

（5）在整理行情出现，买盘增加，后市可能上涨，可逐步进场做多。

7.

（1）放量。

放量，顾名思义就是成交量较前一段时间明显放大。

放量一般具有以下三种意义：

①“放量滞涨”，后市不容乐观。

②下跌途中放量连收小阳，需谨防主力构筑假底部，往往是新一轮跌势的开始。

③高位放量下挫，是股价转弱的一种可靠信号，投资者宜及时止损。

（2）缩量。

通常来讲，成交量缩小是市场交投清淡的结果，它多发生在一次上涨或下跌的大趋势之内，表明趋势将会延续。在个股身上，主力加入后，只能造成放量的假象，而无法做到缩量。通过大盘或个股的缩量，投资者可以更真实地解读市场信息和个股情况。

8.

（1）在涨势初期出现，可判为上涨信号，应该寻机做多。

（2）在上涨趋势中途出现，说明市场做多动能充足，应及时跟进做多。

（3）股价处于高位，或远离均线，成交量增速过快，为反转信号，不可盲目做多。

（4）在下跌趋势中出现，多为反弹，套牢者可止损。如果成交量不能持续放大，反弹行情有可能将告结束。

（5）在跌势末期出现，多头出击，上涨后仍有回调迹象，应持仓观望。

（6）在整理行情末期出现，如果有交易量配合，是向上突破信号，应择机介入。

9.

（1）在上升行情中途出现，是正常回档，后市仍然看好，可以积极做多。

（2）在高位出现，如果成交量迅速缩小，则主力还在其中，后市仍可看好，可跟进做多。如果成交量不规则缩小，则很可能主力已出货到尾声，后市看空，应卖出。

（3）在下跌行情中出现，股价将继续下跌，择机做空。

（4）在跌势后期出现，行情近期有可能反弹。

（5）在盘整态势中出现，将很难突破，应退出观望。

10.

（1）逆市缩量平台选股方案。

投资者可以介入逆市股中风险不是特别大，还在调整市中的股票，等待出现连续放量突破时及时买入，这时虽然不是介入的最低点，但却是最安全点。

（2）逆市温和放量选股方案。

①温和放量拉升一旦出现中阳以上大成交量，并突破盘升轨道时，可大胆介入，其强烈的惯性会为短线带来丰厚的利润。

②在结束缩量平台调整后，初步温和放量拉升即碰到大盘打压但又能盘稳者，可介入。特别在短期大盘暴跌当日，经过平台缩量后再放量开始突破拉升的进攻型股票，往往是最佳的短线龙头股。

第六章
其他技术指标操练

技术指标的掌握不在于多，而在于精。如果使用的技术指标过多，买卖信号就会互相矛盾，同时，也不易学深学透。正是考虑到这些因素，我们在向投资者推荐指标的时候，抱着宁缺毋滥的原则，对众多技术指标做了层层筛选，最后精选出了一些比较管用的技术指标希望能够助投资者一臂之力。

第一节　趋势线图形操练

什么是趋势线

在股市中投资者对趋势线有一种形象说法，叫作“一把直尺闯天下”，意即你只要有一把直尺就能画出趋势线，看清股价运行的趋势，做到在上升趋势中看多、做多，在下降趋势中看空、做空。这样就能在股市中把握住一些大的机会，少犯一些原则性的错误，从而就有可能成为股市中的大赢家。

所谓趋势线就是上涨行情中两个以上的低点的连线以及下跌行情中两个以上的高点的连线，前者被称为上升趋势线，后者被称为下降趋势线。上升趋势线的功能在于能够显示出股价上升的支撑位，一旦股价在波动过程中跌破此线，就意味着行情可能出现反转，由涨转跌；下降趋势线的功能在于能够显示出股价下跌过程中回升的阻力线，一旦股价在波动中向上突破此线，就意味着行情可能会止跌回涨。

在画趋势线的时候，首先要找到两个高低水平不同并有一定间距的高点（或低点），并由此试探性地画出下降（或上升）的直线。如果是画上升支撑线，则价格离第二个低点要有一定的距离，如接近或超过前一阻力位时，趋势线才可认可，画下降阻力线情况则相反。第三个低点（或第三个高点）的出现则是对趋势线有效性的验证。

通常，价格变动的速率可能会加快或放慢，幅度可能会扩大或缩小，所以，在一定的情况下，趋势线也应该随之作出相应的调整，以便使趋势线尽可能适应现期的价格变化。

投资者在画趋势线时应注意以下几点：

1. 趋势线根据股价波动时间的长短分为长期趋势线、中期趋势线和短期趋势线。长期趋势线应选择长期波动点作为画线依据，中期趋势线则是中期波动点的连线，而短期趋势线建议利用30分钟或60分钟K线图的波动点进行连线。

2. 画趋势线时应尽量先画出不同的实验性线，待股价变动一段时间后，保留经过验证能够反映波动趋势、具有分析意义的趋势线。

3. 趋势线的修正。

以上升趋势线的修正为例，当股价跌破上升趋势线后又迅速回到该趋势线上方时，应将原使用的低点之一与新低点相连接，得到修正后的新上升趋势线，能更准确地反映出股价的走势。

4. 趋势线不应过于陡峭，否则很容易被横向整理突破，失去分析意义。

在研判趋势线时，应谨防主力利用趋势线做出的“陷阱”。一般来说，在股价没有突破趋势线以前，上升趋势线是股价每一次下跌的支撑，而下降趋势线则是股价每一次回升的阻力。股价突破趋势线时，收盘价与趋势线应有3%以上的差价，并且有成交量的配合。股价在突破趋势线时，如果出现缺口，反转走势极可能出现，并且股价走势有一定的力度。股价突破下降趋势线的阻力而上升时，一般需大成交量的配合，而股价向下突破上升趋势线时，成交量一般不会放大，而是在突破后几天内急剧放大。

趋势线的作用

趋势线简单、易学，它在分析大盘或个股的走势，特别是中长期走势时有非常重要的作用。现在我们通过例子来说明趋势线在分析股价运行中所起的作用：

如图6—1所示，该图是上证指数2007年和2008年的K线走势图，从图中可看出上证指数在跌破上升趋势线后就开始走弱，而后大半年的时间就在下降趋势线的压制下一直往下寻底。可见，用趋势线分析股市中长期走势可谓一目了然，这是其他技术分析方法所不及的。

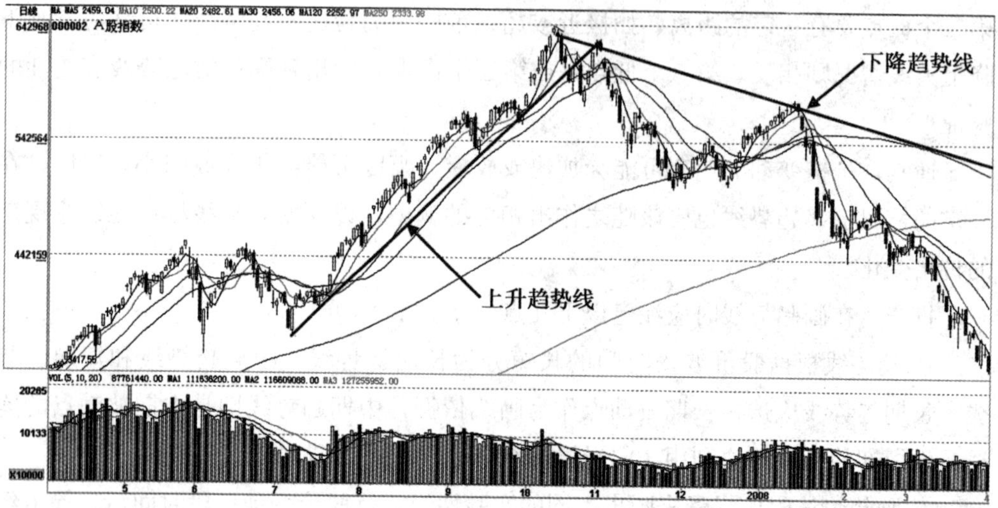

图 6—1

趋势，是不以人的意志为转移的，它是自然界一切事物发展的方向。市场趋势也有其自身的规律，涨势形成不得不涨，同样跌势形成不得不跌。这也就是趋势线分析何以能对股市走势的判断有如此重要作用的道理所在。

美国华尔街证券市场有一句名谚：不要与趋势抗衡。这句话告诉投资者，炒股，一定要顺应潮流，跟着趋势走。所以，在股市中，看清长期趋势，分清中期趋势，不为短期趋势的反向波动所迷惑，是每一个要想在股市中生存、发展的投资者必须认真对待的。

趋势线的分类

趋势线有以下三种分类方法：

1. 按照趋势线的方向来看，可以分为“上升趋势线”和“下降趋势线”。

上升趋势线是将最先形成或最具有代表意义的两低点连接而成的一条向上的斜线，以此揭示股价或指数运行的趋势是向上的；下降趋势线是将最先形成或最具有代表意义的两高点连接而成的一条向下的斜线，以此揭示股价或指数运行的趋势是向下的。

2. 按照趋势线的速度来看，可以分为“快速趋势线”和“慢速趋势线”。

快速趋势线运行速度比慢速趋势线快，维持时间比慢速趋势线短。一般来说，快速趋势线揭示了股价或指数的短期趋势，是激进型投资者做多、做空的一个重要依据。而慢速趋势线，揭示了股价或指数的长期趋势，是稳健型投资者做多、做空的一个重要依据。正因为快速趋势线和慢速趋势线有着各自不同的特点，因此投资者常把它们合在一起组成“快慢趋势线组合”进行对照分析，这样就比单纯的用一根趋势线分析股价走势好得多。

3. 按照趋势线的时间长短可以分为“长期趋势线”、“中期趋势线”和“短期趋势线”三种。

长期趋势线是连接两大浪谷底或峰顶的斜线，时间跨度为几年，它对股市的长期走势将产生很大影响；中期趋势线是连接两中浪谷底或峰顶的斜线，跨度时间为几个月，甚至在一年以上，它对股市的中期走势将产生很大影响；短期趋势线是连接两小浪谷底或峰顶的斜线，时间跨度不超过 2 个月，通常只有几个星期，甚至几天，它对股市的走势只能起到短暂影响。

为了让投资者对长期、中期和短期趋势线有个形象、直观的了解，我们在此以上海电力（600021）2009 年 4 月 8 日至 2010 年 1 月 7 日的 K 线走势图，看看长期、中期和短期趋势线对该股走势各自所起的不同影响。如图 6—2 所示：

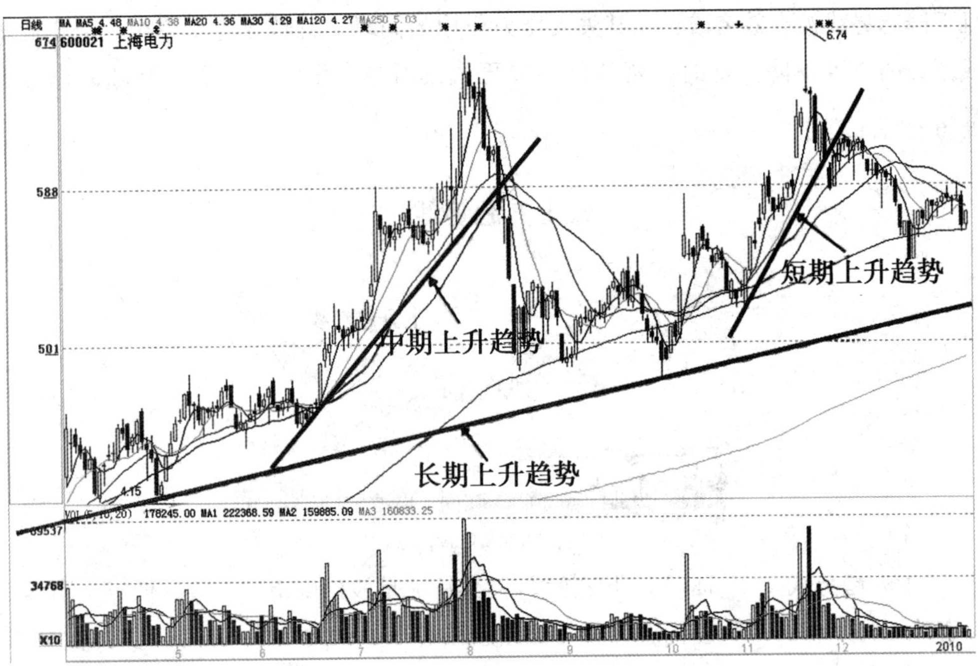

图 6—2

从上面图中可清楚地看出，以 2009 年 4 月 8 日的 4.15 元至 2009 年 9 月 29 日的 5.05 元画出的长期趋势线，一直在支持着该股向上运行，这就能解释为什么 2009 年 4 月份以来该股一直处于上升阶段。另外，从图中我们也可以看到，以 2009 年 6 月 19 日至 2009 年 7 月 29 日低点为连线的中期趋势线，对该股在一个月内的中期走势产生了重大影响。最后，我们来看短期趋势线，该图中的短期趋势线可以画出很多，我们这里只画了一根。从这根短期趋势线可以看出，它对股价的涨跌只起到短暂的影响，作用比较有限。

趋势线的基本操作方法

上升趋势线揭示了股价或指数的运行趋势是向上的，它对股价或指数的上升具有支撑作用，因而它又被称为“上升支撑线”。所以，只要不出现上升趋势线被有效突破的现象，即股价或指数正处于上升趋势中，投资者尽可放心地一路看多。

当然，如果上升趋势线被有效突破，那么，它就失去了支撑作用，反而转变为压力线，压制着股价或者指数的再度上升。这时投资者就不能再继续看多、做多，而要进行减仓操作，寻机退场。

下降趋势线揭示了股价或指数的运行趋势是向下的，它对股价或指数的上升具有压制作用，因而它又被称为“下降压力线”。也就是说，只要不出现下降趋势线被有效突破，股价或指数就会一直处于下降趋势中，投资者应该一路看空。当然，一旦下降趋势线被有效突破，在其失去压力作用的同时，就转变为支撑线，阻止股价或指数的再度下降。这时投资者就不能再继续看空、做空，而要做好随时做多的准备。

上升趋势线

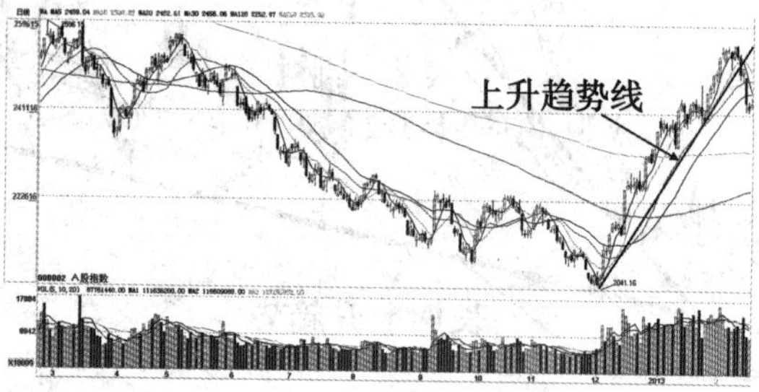

图 6—3　上升趋势线

“上升趋势线”，又称“上升支撑线”，其特征是股价或指数回落的低点呈明显上移态势，如果将两个具有代表意义的低点连接起来，就会形成一条向上的斜线。如图 6—3 所示。

上升趋势线揭示了股价或指数运行的趋势是向上的，它对股价的上升具有积极的支撑作用。这种上升趋势会使越来越多的投资者积极看多，坚定看多的信心。它的出现，表示多方的气势越来越强，空方的气势越来越弱，是一个明显的做多信号。

通常，上升趋势形成后，股价或指数会出现一段较好的涨势。所以，当股价一直在上升趋势线的上方运行时，投资者如果积极看多，一般都能获得较好的收益。当然，积极看多的前提一定是股价没有跌破上升趋势线。

下降趋势线

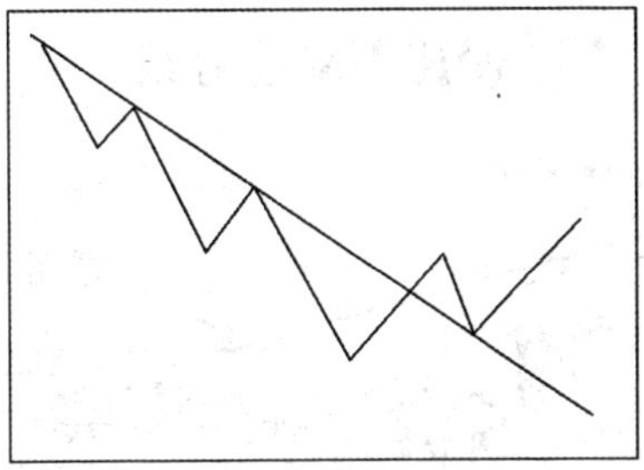

图 6—4　下降趋势线

“下降趋势线”，又称“下降压力线”，其特征是股价或指数回落的低点呈明显的下移态势，如果将最具有代表意义的两个高点连接起来，就会形成一条向下的斜线。如图 6—4 所示。

下降趋势线揭示了股价或指数运行的方向或趋势是向下的，它对股价或指数的上升具有强烈的压制作用。这会使越来越多的持股投资者转向看空、做空，也会越来越强化持币投资者观望的心理。它的出现，表示空方的气势越来越强，多方的气势越来越弱，是一个明显的做空信号。

一般而言，下降趋势形成后，股价或指数就会出现持续下跌的行情。所以，投资者见到股价或指数在下降趋势线的下方运行时，一定要坚持看空。当然，前提是股价或指数没有向上突破下降趋势线。

慢速上升趋势线

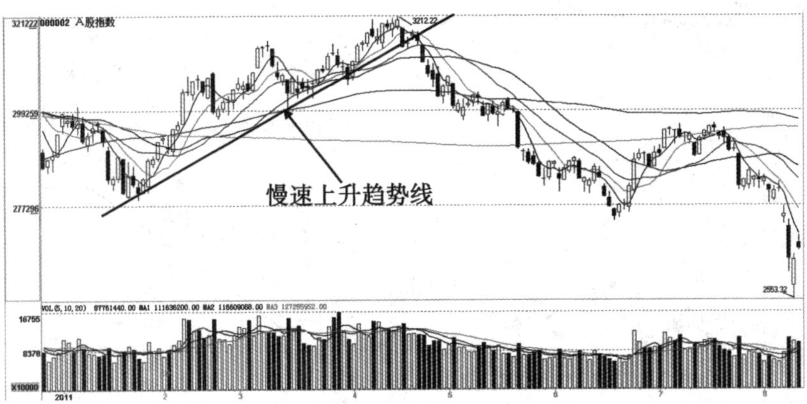

图 6—5　慢速上升趋势线

“慢速上升趋势线”（图 6—5）的实质是中长期的上升趋势线，它出现在以慢速上升趋势线为主的快慢趋势线组合中，维持时间比快速上升趋势线长。慢速上升趋势线揭示了股价或指数运行的中长期趋势是向上的，其对股价或指数的上升具有长期的支撑作用。

慢速下降趋势线

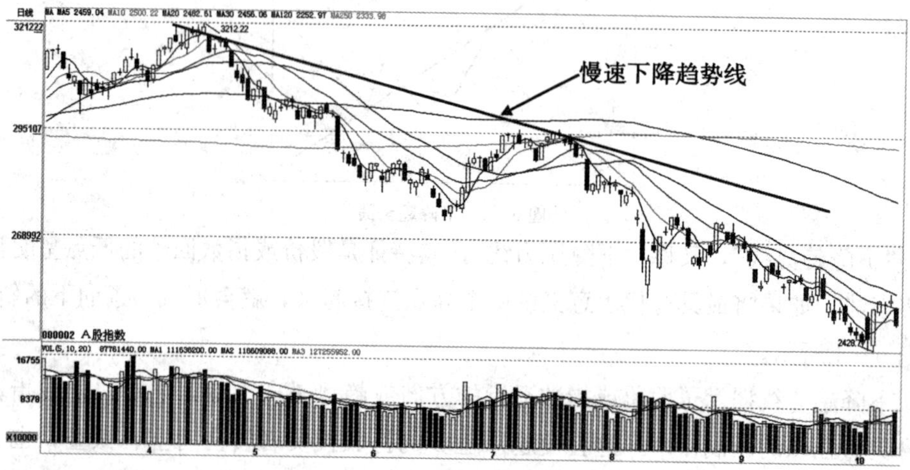

图 6—6 慢速下降趋势线

“慢速下降趋势线”（图 6—6）的实质是中长期的下降趋势线，它出现在以慢速下降趋势线为主的快慢趋势线组合中，维持时间比快速下降趋势线长。慢速下降趋势线揭示了股价或指数运行的中长期趋势是向下的，其对股价或指数的上升具有一定的压制作用。

快速上升趋势线

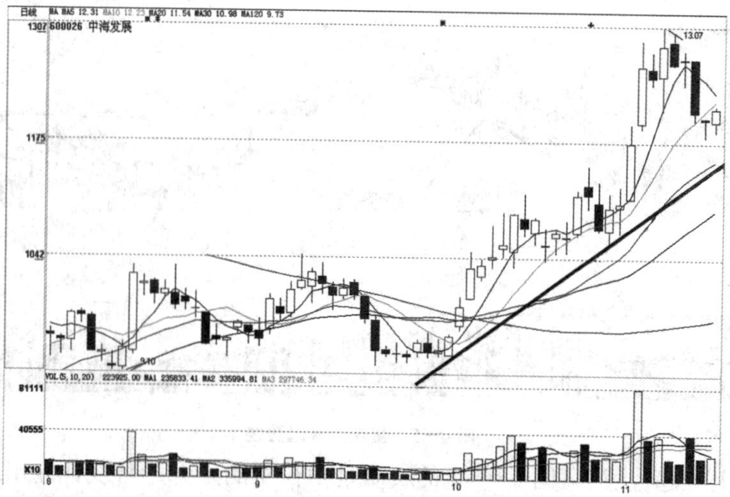

图 6—7 快速上升趋势线

“快速上升趋势线”的实质就是短期上升趋势线，它既可出现在以慢速上升趋势线为主的快慢趋势线组合中，又可出现在以慢速下降趋势线为主的快慢趋势线组合中，其维持时间比慢速趋势线短。如图 6—7 所示。

快速上升趋势线揭示了股价或指数运行的短期趋势是向上的，对股价或指数的短期上升走势具有一定的支撑作用。

但投资者一定要注意，如果想把握住快速上升趋势线，最好以慢速上升趋势线为主，因为这时候股价或指数总体呈现出上升趋势，行情比较容易把握。

如果以慢速下降趋势线为主的话，风险将会很大，稍有不慎，就会被套牢。

所以，我们建议投资者，当快速上升趋势线出现在以慢速下降趋势线为主的快慢趋势线组合中时，不宜看多、做多，最好是持币观望。即使你是激进型投资者，对市场变化又十分敏感，也只可用少量资金买进股票，持股待售。

快速下降趋势线

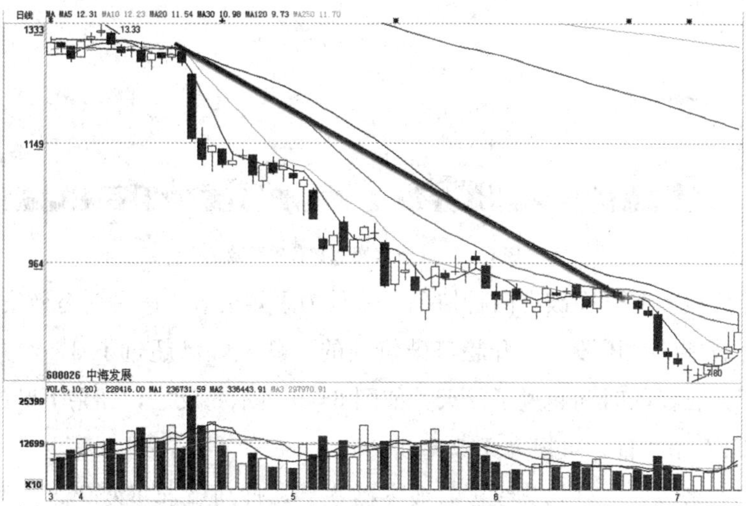

图 6—8　快速下降趋势线

快速下降趋势线的实质就是短期下降趋势线，如图 6—8 所示。它既可出现在以慢速下降趋势线为主的快慢趋势线组合中，又可出现在以慢速上升趋势线为主的快慢趋势线组合中，其维持时向比慢速趋势线短。

快速下降趋势线揭示了股价或指数运行的短期趋势是向下的，对股价或指数的短期走势具有压制作用。

这里投资者一定要注意，并不是所有的短期下降趋势线出现以后都必须看空。如果短期下降趋势线出现在以慢速上升趋势线为主的走势中，投资者可以不必急于看空。

如果快速下降趋势线出现在以慢速下降趋势线为主的走势中，投资者最好及时停损离场。

所以，当快速下降趋势线出现在以慢速上升趋势线为主的快慢趋势线组合中，除非你是激进型投资者，对市场变化又十分敏感，可适时做空。否则，在这种时候不宜看空、做空，应不理会短期波动，持股待涨。

上升趋势线被有效突破

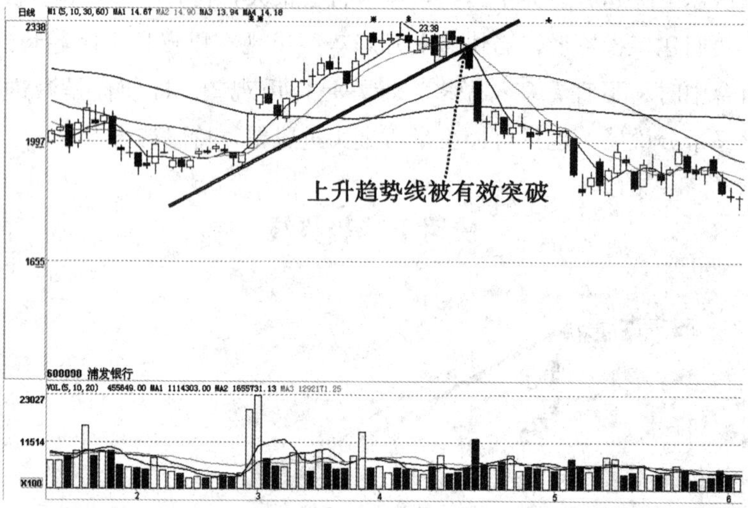

图 6—9 上升趋势线被有效突破

上升趋势线被向下突破有两种情况，一种为无效突破，一种为有效突破。

有效突破指的是该股与上升趋势破位处的下跌差幅已超过了 3%，并且股价在上升趋势下方收盘的时间超过了 3 天，如图 6—9 所示。反之，如果下跌的差幅不及 3%，或时间不满 3 日，可视为无效突破。

从技术上来说，上升趋势线被有效突破之后，性质就起了变化，由原来对股价或指数起支撑作用，转变为起压力作用，压制股价或指数的再度上升。

上升趋势线被有效突破之后，形势对多方非常不利，所以，投资者以退出观望，远离危险之地为佳。当然，上升趋势线没有被有效突破，则另当别论。

下降趋势线被有效突破

根据趋势线理论，当股价或指数往上穿过下降趋势线超过 3 日，且幅度在 3% 以上，即可视为下降趋势线被有效突破。如图 6—10 所示。

一般来说，不管是大盘还是个股，在有效突破下降趋势线之后，都说明做空的

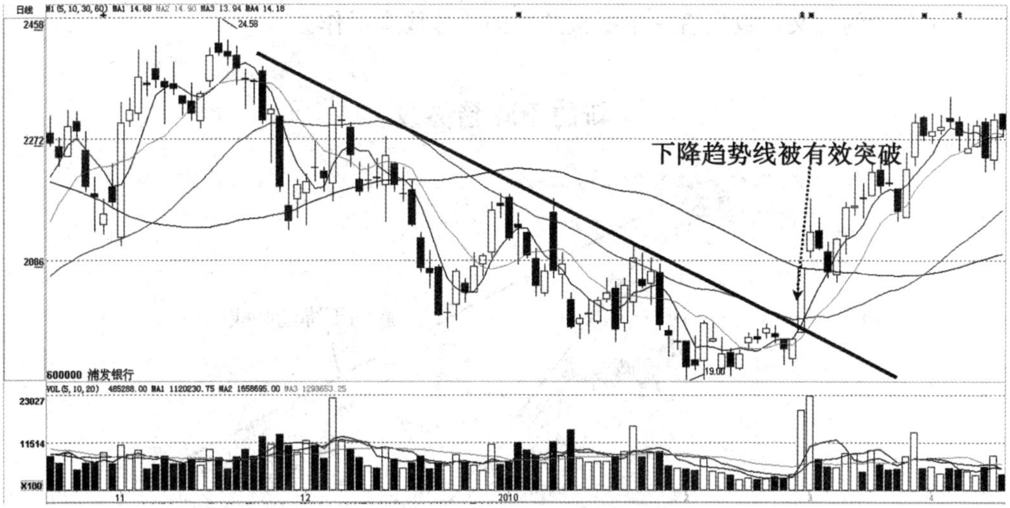

图 6—10 下降趋势线被有效突破

能量已经得到充分释放，股价或指数会止跌或者暂时止跌。如果此时再形成一根上升趋势线，那么股价或指数很有可能就此出现止跌扬升的行情。

新的上升趋势线

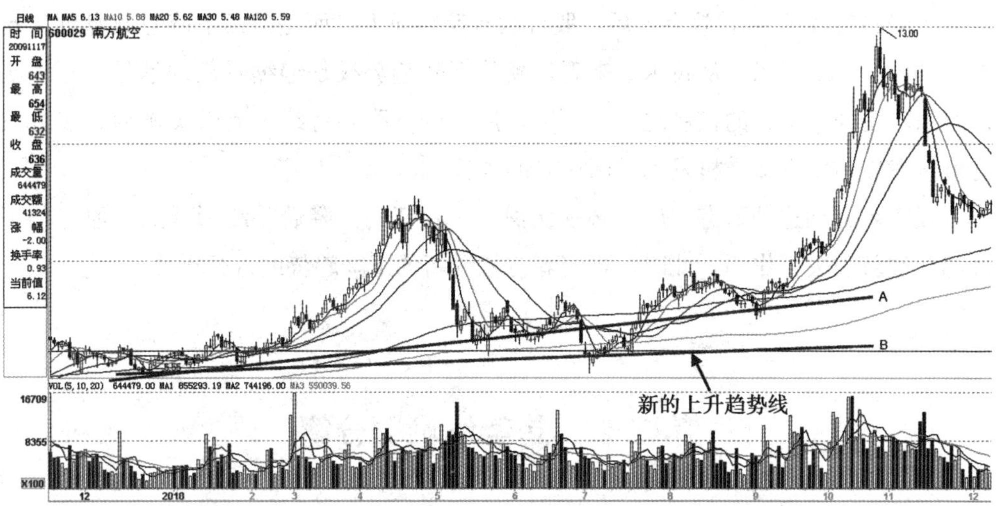

图 6—11 新的上升趋势线

原来的上升趋势线 A 被向下突破后，股价没有反转向下，而是继续上升且收盘创出了新高。从技术上来说，新的上升趋势线是做多信号，无论大盘或者个股在新的上升趋势形成后往往都会有一段较好的升势出现。如图 6－11 所示，在新的上升趋势线形成之后，股价上升的势头是十分明显的。

需要提醒投资者注意的是，在新的上升趋势线形成之后，原来的上升趋势线就失去了参考的意义，投资者一定要按照新的趋势线来操作。

新的下降趋势线

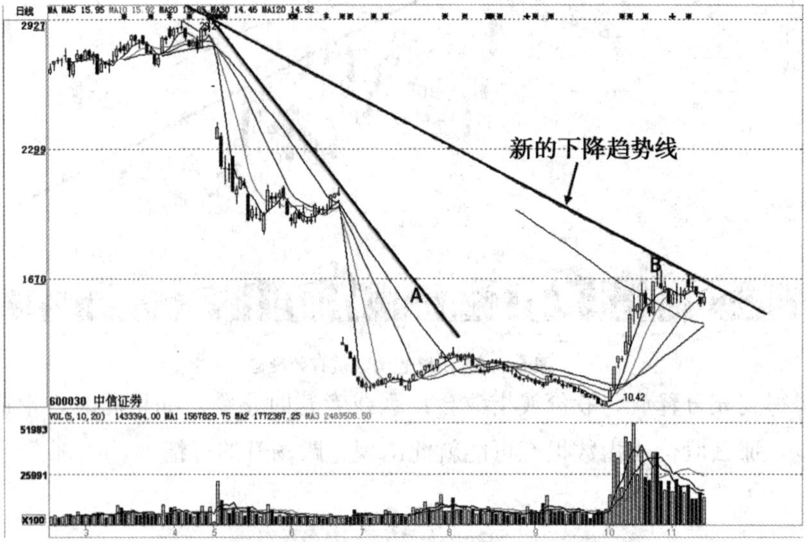

图 6—12　新的下降趋势线

下降趋势线 A 被有效突破后，股价没有反转向上，而是继续下降且收盘创出新低，如图 6—12 所示。从技术上来看，新的下降趋势线是继续看跌的信号。它表明此时市场正处于空方的控制之下，所以，原先的下降趋势线被有效突破后，多方没有继续发威，空方却乘机发动了新一轮的攻势。

投资者见到这种形态之后，必须认识到，在新的下降趋势线形成后，原有的下降趋势线就失去了作用。此时，投资者应依据新的下降趋势线进行操作。

第二节　趋势线难题分解

指数正处于上升趋势中而股价却处于下跌趋势中

很多投资者都有一个这样的疑问：为什么明明处于牛市中，而自己所持有的股票却一直在亏损呢？要回答这个问题，我们就要从指数和个股的趋势线来分析。

如图 6—13 和 7—14 所示，7—13 是上证指数 2007 年的走势图，典型的牛市，7—14 是大盘处于牛市时宁波联合（600051）的走势图。从图中我们可以看到，当

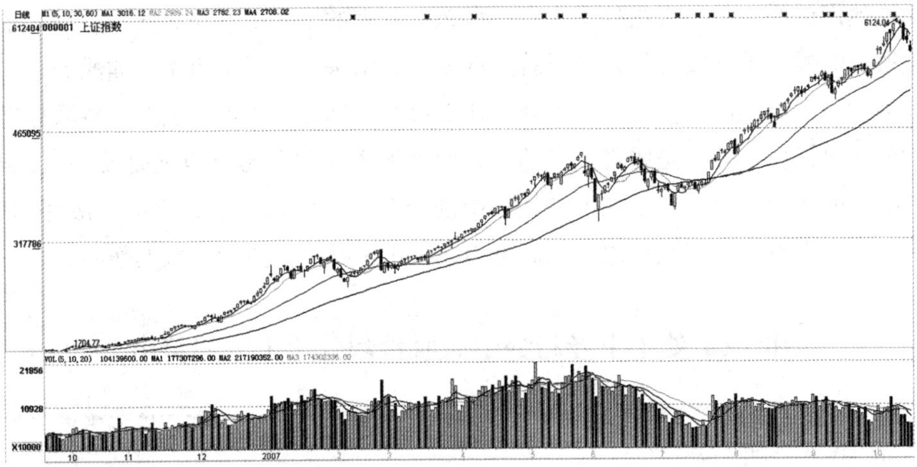

图 6—13

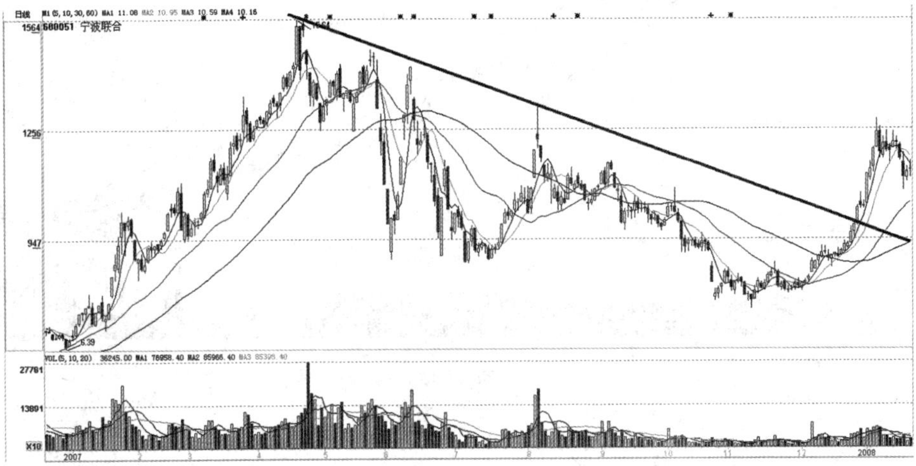

图 6—14

指数处于牛市的时候，个股却正处于下跌的趋势中。为什么会出现这种现象呢？如果我们能解释这种现象，那么，投资者在牛市中却一直处于亏损的状态的问题也就迎刃而解了。

随着规模的扩大，股市中齐涨齐跌的时代已经过去了，也就是说，个股的涨跌已经不完全跟随大盘的走势了，因此牛市熊股和熊市牛股屡见不鲜。

相信很多投资者都了解二八法则。它告诉我们，在任何事物中，起主要作用的都只占 20%，而余下的 80%占次要地位。股市也不例外，在多达两千只股票的沪深股市中，只有 20%的股票是涨势凌人的，其余 80%的股票一般都表现平平，甚至会出现股票逆大势而下跌的情况。

由此，我们可以知道，当大盘处于上涨的趋势中时，并不是所有的个股都会上涨，相反，上涨的个股只占 20%。但很多投资者在实际操作过程中，并未遵循这个原则，他们认为，只要大盘处于牛市，那么，所有的个股都将与之齐头并进，于是，在选股的时候，根本没有经过分析就乱选一气，结果买到了牛市中的熊股。

因此一个成熟的投资者，无论处在什么市场，即使在牛市中也要坚持顺势操作。所谓的顺势操作，并不是顺着大盘的势，而是顺着个股的势，也就是要买正处于上升趋势中的个股，而对于处在下跌趋势中的个股，在其跌势未尽之前，最好不要轻易买入，否则有可能越跌越深，最后沦为在牛市中赚了指数亏了钱的伤心人。

指数正处于下降趋势中而股价却处于上升趋势中

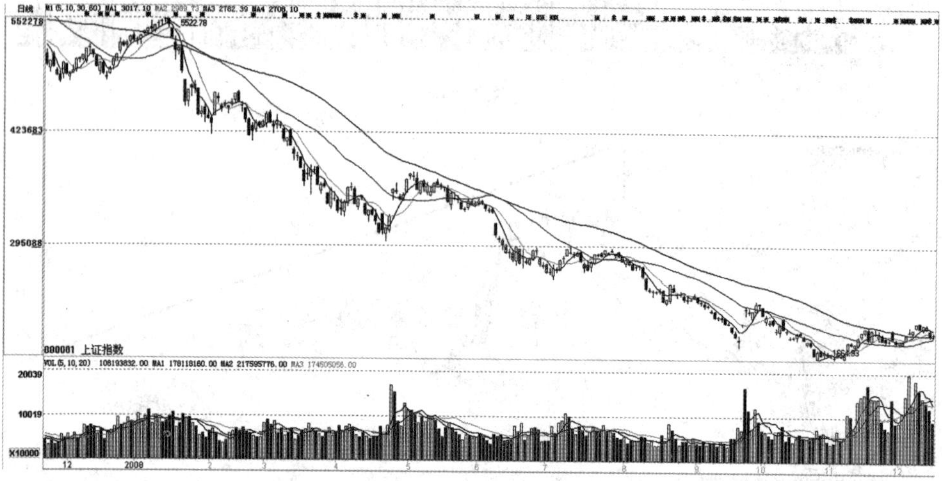

图 6—15

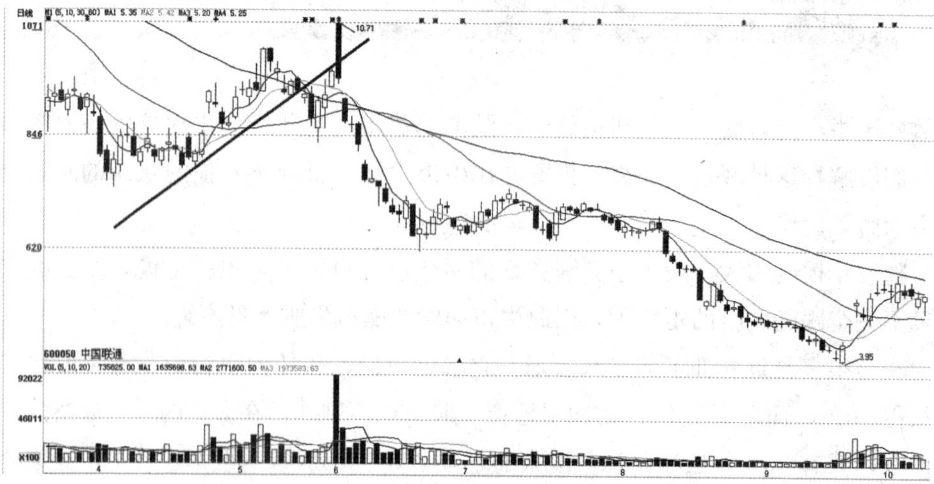

图 6—16

如图 6—15 所示，大盘在 2008 年一路下跌，个股（如图 6—16）中国联通（600050）虽然在 2008 年 4 月份的时候走出了一段上涨的行情，但很快，受大盘整体局势看淡的影响，股价突破上升趋势线之后，开始了进一步的下跌。

投资者首先应该明白，当大盘处于空头市场的时候，做任何股票，包括正在上升通道中的股票都要冒很大的风险。这些在上升通道中的股票说不定什么时候来个补跌，那就惨了。因此，我们主张，持币的投资者要耐得住寂寞，不轻易买进这些股票。但是，我们也必须承认这样一个事实：在大盘不断翻绿的情况下，一些能逆市上涨的强势股，说不定蕴藏着某种潜在的利好题材，日后会有一个出色的表现。

因此，手里持有这种股票的投资者可采取谨慎做多的策略。方法是：只要手中股票的价格能在上升趋势线上方运行，就一路持股；但一旦发现股价跌破上升趋势线，跌幅超过3%，或连续三天都收盘在上升趋势线的下方，就先退出观望。

有的投资者有疑问了，为什么在多头市场和空头市场中操作股票的原则是不一样的呢？这是因为前者整体局势看好，而后者整体局势看淡，如果等个股向下有效突破之后再离场，股价有可能已经跌得很惨了。

还有很重要的一点，那就是炒股者的人气，熊市中，人气十分散淡，一旦确认个股向下有效破位，就可能出现无人接盘的现象。所以，投资者在熊市中选股一定要非常谨慎。

第三节　平滑异同移动平均线（MACD）的识别与练习

“拒绝死叉”的识别与练习

投资者也许经常在股票交易中听到这样一个形象生动的名词：“死叉”。往往当一只个股出现这种现象便意味着多头在布置陷阱准备出货。那么什么是“死叉”呢？所谓“死叉”就是一根时间短的均线在上方向下穿越时间长一点的均线，然后这两根均线方向均朝下，反之则为“金叉”。一般来说，“死叉”是卖出信号，而“金叉”是买入信号，但这需要结合均线系统的组合时间周期来判断是短线买卖还是中线波段买卖。特别需要注意的是，均线交叉之后两根均线的方向如果不是一致朝上或者朝下的，那就是普通的均线交叉，而不是“死叉”或者“金叉”。

如图6—17、7—18所示，“死叉”具体到MACD指标中，就是DIFF指标（短期移动平均线）向下交叉DEA指标（长期移动平均线），而“金叉”是DIFF指标向上交叉DEA指标。

一般说来，MACD指标出现“死叉”是典型的卖出信号，而“拒绝死叉”则是

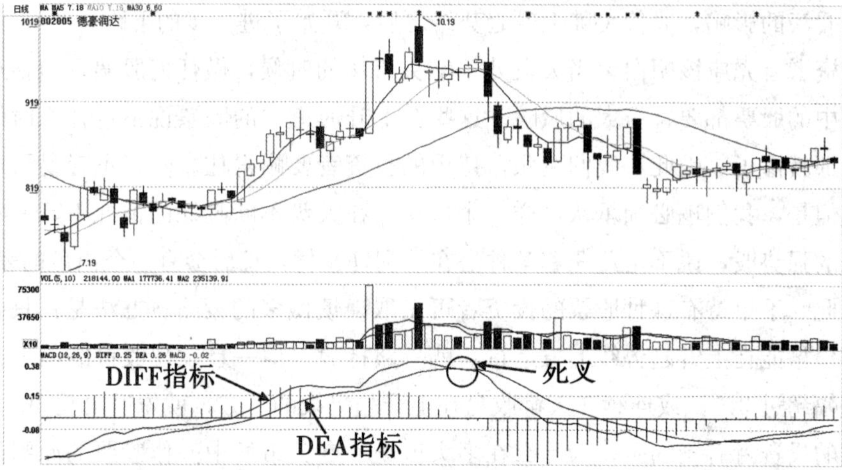

图 6—17

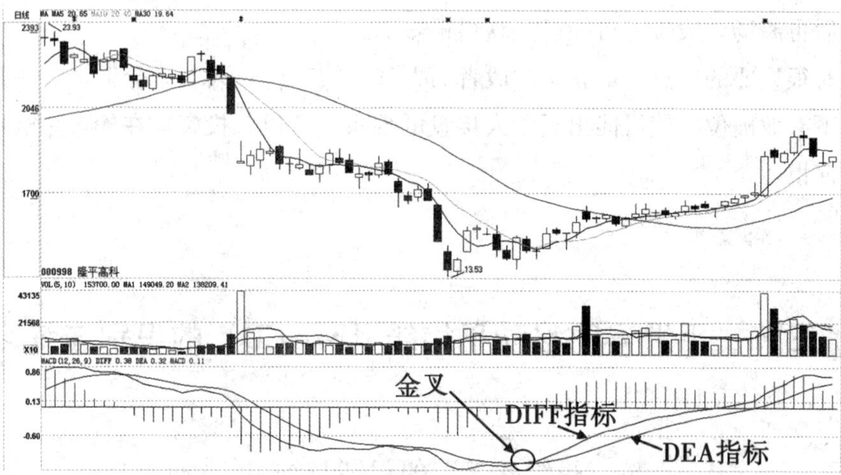

图 6—18

短线套利的黄金买点。如图 6—19 所示，所谓“拒绝死叉”，是指当 DIFF 指标在向上交叉 DEA 指标，并保持向上的势头运行一段时间后，会累积一定的获利盘。在这个时候，主力必将选择把获利的跟风盘“洗”出局，而洗盘的结果就是股价短时间内大幅下跌。股价下跌，导致 DIFF 指标也会缓慢向下，但由于股价向上运行的趋势没有改变，DEA 指标仍然会缓慢向上，当它与 DIFF 指标即将产生“死叉”的时候，往往会出现股价回调结束，主力大力抬升股价，为自己出货做准备的情况，这就导致 DIFF 指标在即将“死叉”DEA 指标的时候反身向上运行，这种现象被形象地称为“拒绝死叉”。随着“拒绝死叉”现象的出现，股价不但必然会向上运行，而且价格一般至少能攀升至前期头部。因此，当 MACD 指标出现“拒绝死叉”时，就是投资者入场的最好时机。

从具体操作上来说，当投资者发现 MACD 指标即将“死叉”的时候，就应该引

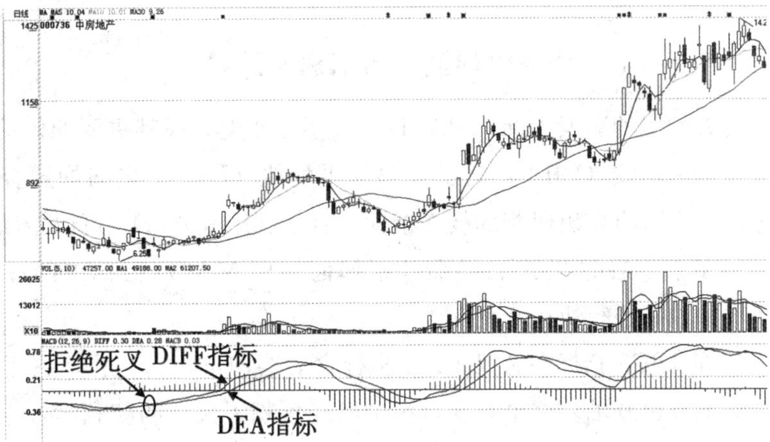

图 6—19

起重视，随时准备介入。一般情况下，敢于冒险的投资者可以提前介入，只要每天关心指标不死叉就可以了，而保守点的投资者可以在 MACD 指标“拒绝死叉”出现并反身向上的一瞬间介入，这样，至少能够保证当天快速套利。事实上，有些股票每次 MACD 指标即将死叉的时候都会反身向上，当投资者掌握了这样的走势以后，完全可以从容介入，直到这一规律不再存在为止。

我们举例来看，如图 6—20 所示，该股在 2008 年 12 月 1 日 DIFF 指标向下逼近 DEA 指标，有“死叉”的危险，结果却在第二个交易日被展开拉起，反身向上，形成了“拒绝死叉”的形态。投资者如果此时入场，便能以 7.65 元的最低价抄底，并在 2008 年 12 月 11 日股价攀升至前期最高点 10.50 元时卖出，从容实现快速套利。无独有偶，在 2009 年 4 月 9 日，该股再次出现“拒绝死叉”的 MACD 形态，股价由最低的 11.12 元暴涨至 4 月 16 日的 15.20 元，涨幅达 36%。

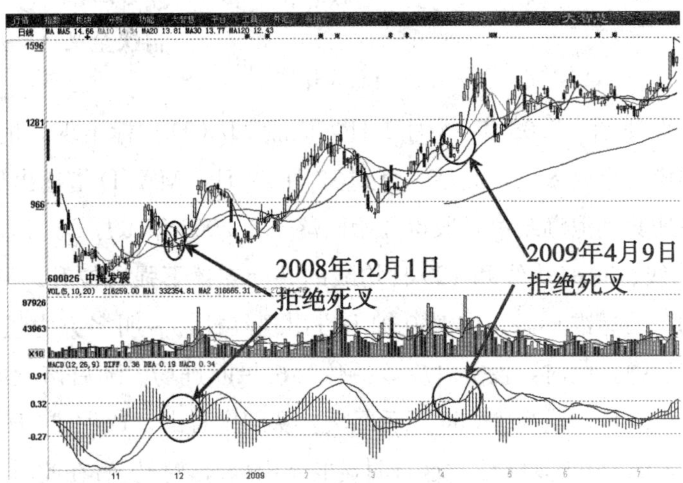

图 6—20

“空中加油”的识别与练习

作为投资者常用的数据指标，MACD在股票操作上有极其重要的作用。它是一项利用短期移动平均线（DIFF）与长期移动平均线（DEA）之间的聚合与分离状况，对买进、卖出时机作出研判的技术指标。有效利用MACD，可以帮助投资者实现快速套利的梦想。在这里我们详细分绍如何使用MACD指标中的一种特殊情况——“空中加油”进行快速套利。

MACD中的DIFF指标在金叉DEA指标之后会向上运行，在运行了一个时间段后有可能向上穿过0轴。这个时候，盘中已经累积了大量的获利盘，主力会选择适当的时机将跟风获利的散户“洗”出局，而洗盘的结果就是股价下跌。由于股价下跌，DIFF指标也会缓慢向下；而主力在洗盘完成后肯定会吸货拉升股价，因此DEA指标仍会向上运行。当它与DIFF指标交叉便形成死叉，此时如果股价在重要的支撑点获得有力支撑，DIFF指标便会在0轴以上再次金叉DEA指标，这就是我们所说的“空中加油”（如图6－21）。

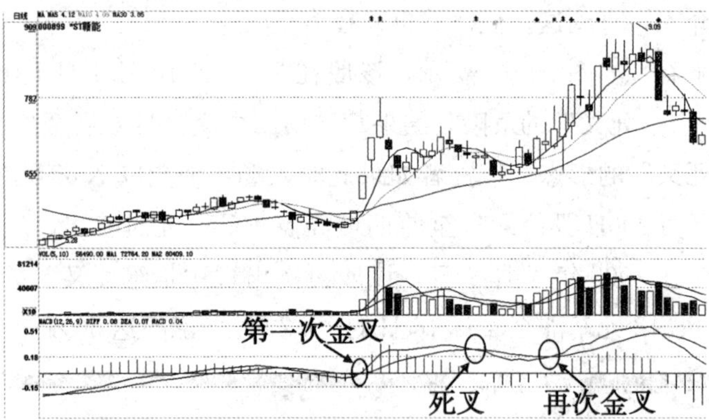

图6—21

如图6－22所示，2008年12月1日，该股MACD指标出现“拒绝死叉”，这便是投资者的第一个介入点，此后一直到12月22日，MACD指标出现“死叉”为止，第一波快速套利浪潮结束，股价开始回落。在2009年1月20日，该股在10日均线、20日均线、30日均线和120日均线的共同支撑下强力拉升，MACD指标出现“空中加油”的标准形态，同时0轴上方出现红柱，表明多方力量开始占上风，股价马上会有反弹。此时，投资者应该抓住时机果断进场，随后该股放量上涨，直到2009年2月23日，摸高13.56元后回落。从图中看出，12月26日的阴线下穿5日均线，同时MACD出现绿柱，这是明显的卖出信号，投资者在此时卖出便可产现快速套利。

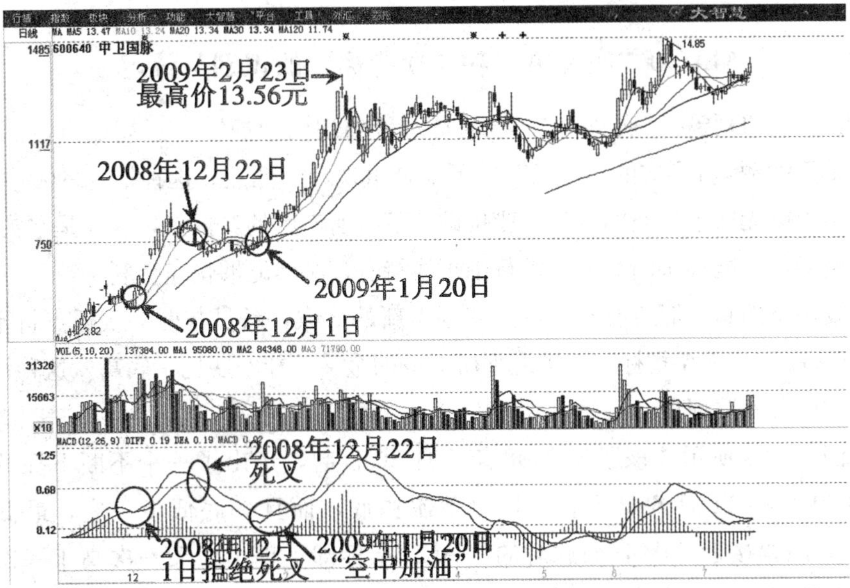

图 6—22

再比如，宏达股份（600331）。它在 2009 年 3 月 19 日第一次金叉，出现第一个短线介入点，于 4 月 8 日回调后至 4 月 13 日出现“空中加油”形态，迅速拉升。不过股价拉升速度过快，而且没有强力支撑点的支撑，已经超越前期头部位置，这样的介入风险性很大，因为股票的上涨是没有规律的，对于谨慎的投资者而言，这样的“空中加油”很难把握，如果已经进入最好在股价跌破 5 日均线的时候选择离场，套现观望（如图 6—23）。

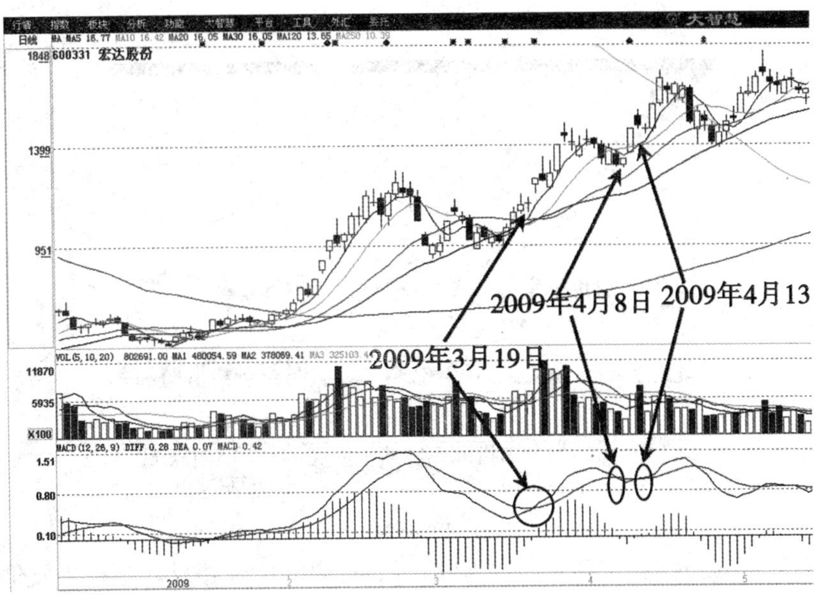

图 6—23

MACD“底背离”和“顶背离”的识别与练习

所谓MACD指标“底背离”，指的是股价出现两个或三个近期低点，而DIFF指标与DEA指标所形成的“金叉”并不配合出现新的低点。这种情况的发生说明，空方实际上已无向下做空的能量，股价破位下行所产生的新低点，往往是空头陷阱，此时投资者如果能够果断买入，进行中短线持有，必然能够快速套利。

需要注意的是，股价有时虽然没有创出新的低点，只是与前一次低点持平，然而DIFF指标与DEA指标在0轴之下所形成的金叉，却一底比一底高，这种情况仍然属于“底背离”现象。

如图6—24所示，该股自2008年7月30日起，走出了一个不断下探的大跌势，到2008年11月6日为止，连续数次探底，而且一底低于一底，最低收于4.10元，跌幅接近70%，而此时的MACD指标却呈现出金叉一次高于一次的态势，这是明显的“底背离”现象，预示着该股将有较大力度的反弹甚至加速上涨势头，投资者此时完全可以放心大胆地进入抄底，必能快速套利。随后，该股出现MACD指标双线合一，表明该股正在酝酿突破，投资者此时可以耐心等待。2008年11月7日，MACD双线呈现向上开口，该股的向上突破势头显露无疑，这是投资者的黄金买点。此后，该股发力上攻，连拉7根阳线，从11月6日的最低价4.10元直飙至11月19日的最高价5.95元，涨幅达45%。事实证明，MACD指标的底背离预示着个股的下跌势头终止，上升通道即将打开，是典型的抄底信号。

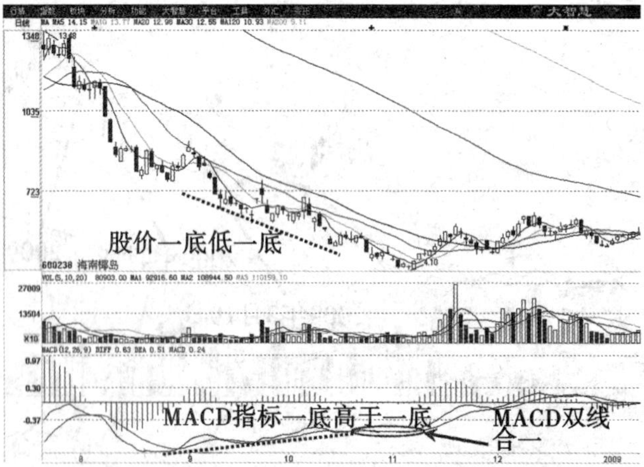

图6—24

而所谓MACD指标“顶背离”，则与“底背离”恰好相反，是指当股价一波比一波高时，相对应的DIFF指标和DEA指标所形成的交叉点却一点比一点低，这种背离现象的出现，意味着股价运行趋势即将发生反转，同时要进行深幅的下跌，所以当 MACD 指标第一次形成“顶背离”时，投资者就应高度警觉，进行减仓操作或卖出筹码。如遇特殊情况，又发生了第二次“顶背离”，应果断地清仓离场，因为连续的“顶背离”往往意味着个股崩盘。

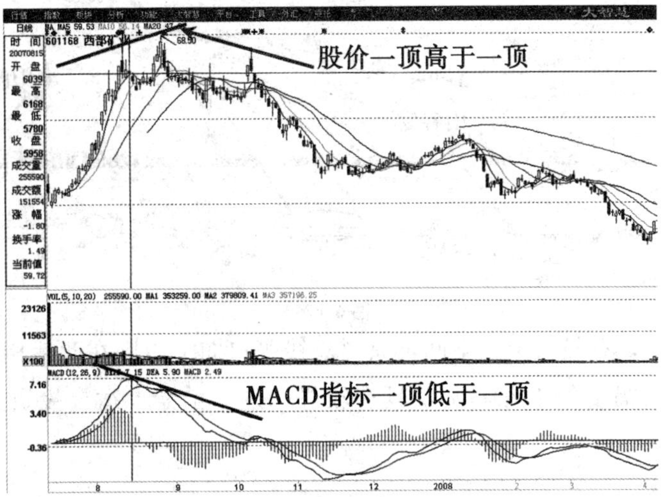

图 6—25

如图 6—25 所示，西部矿业（601168）自 2007 年 7 月开始掀起一波快速拉升狂潮，股价一顶高于一顶，于 2007 年 8 月 28 日再创新高：68.50 元，可是与此格格不入的是 MACD 指标却呈现出明显的“顶背离”态势，一顶低于一顶，这预示着股价即将深幅下跌。该股此后便一路下滑，不断创出新低，直到 2008 年 11 月 4 日方才随着大盘回暖止跌回升，最低价位是 5.30 元，跌幅竟高达 92%。投资者如果在实战中看见类似 MACD 形态，不要犹豫，应迅速在高点将筹码抛出，否则必将被套。

MACD 双线合一的识别与练习

在选股时，选择 MACD 指标中 DIFF 指标和 DEA 指标双线合一的个股，风险相对较低，是一种相对安全的选股方法，因为其技术指标相当容易掌握，所以适合投资者借鉴。

如图 6—26 所示，DIFF 指标和 DEA 指标双线合一所出现的位置一般有三处：山谷底、安全区和半山腰。

1. “山谷底”。

如果 DIFF 指标和 DEA 指标在 0 轴以下较远处双线合一，就好像处于两山之间的山谷深处，我们就其称为“山谷底”MACD 指标双线合一，此时个股的股价位于

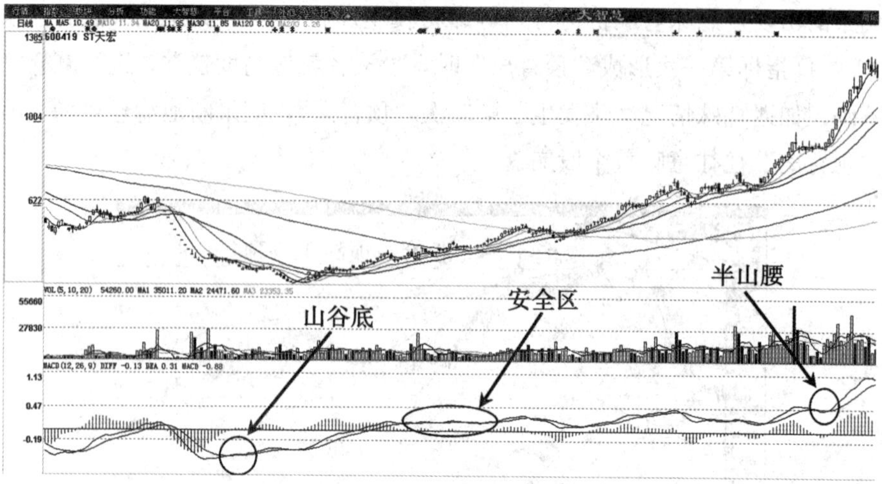

图 6—26

相对的历史低点，有较大上升空间，只要双线张口向上，则在此后相当长一段时间内，会出现较大幅度的上涨趋势，具有较好的发展前景，适合投资者进行中长线投资。

2. “安全区”。

如果 DIFF 指标和 DEA 指标在 0 轴附近不远处双线合一，就好像在爬山过程中出现的一条没有坡度的平坦山路，可以称之为“安全区”MACD 指标双线合一，此时股价已经有所攀升，但远未达到顶峰，在平台之中横盘，没有大幅度的上下波动。只要 MACD 双线张口向上，则会出现较为缓慢的上涨趋势，多空双方力量相差不大，搏斗中多方占优，但优势并不明显。如果个股出现这样的 MACD 走势，则适合投资者进行中短线投资，利润略低但风险也小。

3. “半山腰”。

如果 DIFF 指标和 DEA 指标在 0 轴以上较高处双线合一，从图形上看就好像登山者已经爬上半山腰，稍作休息准备最后的冲刺，则称之为“半山腰”MACD 指标双线合一。此时多头在安全区内已经积蓄了充足的上行能量，一旦双线开口向上则会以摧枯拉朽之势向空头发起猛攻，股价会在极短时间内出现巨大涨幅，这是投资者短线操作的黄金买入点，短期内会给投资者带来巨大收益，只是此种情形风险较大，一旦多头力量衰竭，空头便会发起反攻，而股价也会像雪崩一样急剧下跌。所以投资者在操作时务必快进快出，切莫贪心。

上述现象便是我们所说的 MACD 双线合一的三种不同情况，需要注意的是所谓的双线合一并不要求 DIFF 指标的数值一定要与 DEA 指标的数值完全相等（重叠），只要非常接近就可以了。这种技术指标的构造过程一般说明该股已经面临突破，往上突破和往下突破均有可能，所以此时投资者不宜急于介入，以免判断错误导致资金损失。只有当 DIFF 指标和 DEA 指标明显向上张口，而 DIFF 指标同时又大于 DEA 指标数值时，才是最佳的介入时机。

一般说来，追求资金安全、偏爱长线的投资者应该选择“山谷底”MACD 双线合一型个股；而喜欢冒险、偏爱短线的投资者除了可以选择“山谷底”型和“安全区”型 MACD 双线合一的个股外，还可以用超短线的手法去追击“半山腰”MACD 双线合一的个股，但务必要快进快出。

如图 6－27 所示，2009 年 1 月 12 日至 2 月 3 日，该股出现了 MACD 双线合一现象，说明该股正在酝酿突破，不过突破方向尚不确定。此时切莫心急买入，可能随之而来的不是暴涨而是暴跌。2 月 4 日，该股的 DIFF 指标和 DEA 指标向上张口，该股的向上突破势头显露无疑，这是是黄金买点。此后，该股发力上攻，从 2 月 5 日的最低点 4.44 元直飙至 2 月 26 日的最高点 7.49 元，涨幅达 68%。但是 2 月 26 日当天，收出长上影线，表明多头力量已经是强弩之末，空头开始组织反抗，这是一种明确的短线卖出信号。

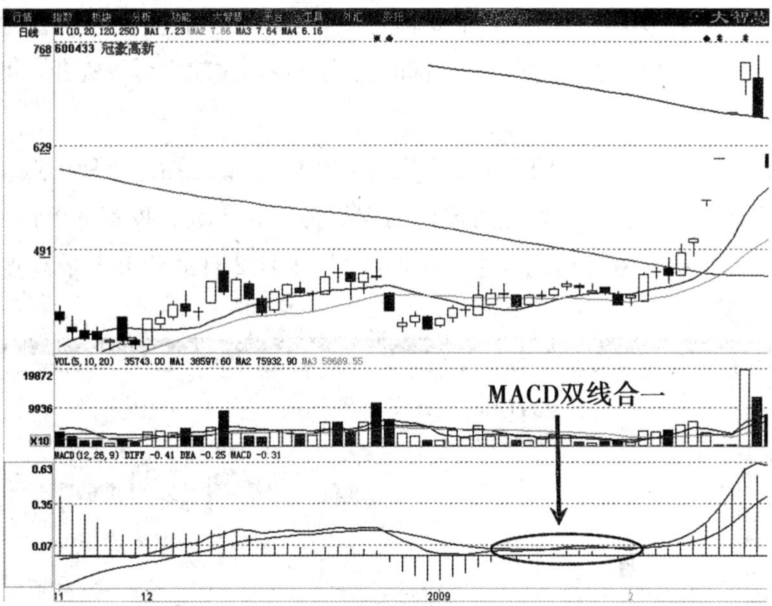

图 6－27

一旦某只个股出现 MACD 双线合一现象，则说明该股正面临突破，主力正加紧运作，这时投资者可以先行观望，等双线明显往上张口时再果断介入。出现这种技术指标的个股爆发力通常强劲，但一旦往下调头也会大跌，所以介入这类个股最好参考 5 日、10 日和 20 日均线等超短线指标。一般来说，如果这类个股的 20 天、30 天和 60 天等均线呈多头排列，投资者便可以大胆介入，否则较为稳妥的方式是以中线心态介入“山谷底”MACD 双线合一的个股。

DIFF 指标上穿 0 轴的识别与练习

当 DIFF 指标由下往上穿越 0 轴的时候，表明一个多头市场的扬升即将开始，市场的性质将由连续下跌的空头市场进入到不断上升的多头市场。DIFF 指标上穿 0 轴的那一天会特别引起主力的重视，它是短线操作快速套利难得的买点。投资者应该在股价回调到 5 日平均线时逢低吸纳，必要时可以追涨（如图 6－28）。

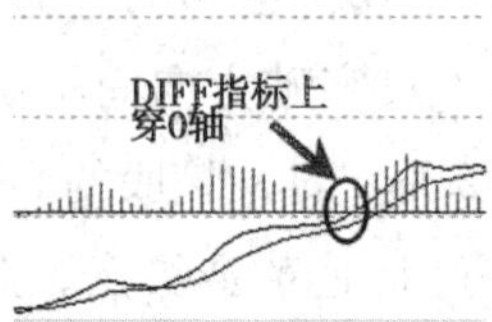

图 6－28

如图 6－29 所示，中国国航（601111）在 2009 年 3 月 13 日，DIFF 指标与 DEA 指标“金叉”，从这一天起，该指标就开始了缓慢上升之路，引起投资者的高度注意。不过此时 DIFF 指标还处于 0 轴之下，谨慎些的投资者可以暂时观望。三个交易日之后，DIFF 指标上穿 0 轴，同时红柱出现，这就告诉投资者，可以大胆介入了。

再来看看 5 日均线，从图上可以看出，自 3 月 11 日之后，该股的股价一直在 5 日均线之上运行，说明 5 日均线对股价的支撑力度相当大，投资者可以放心入场。随后该股一路上扬，而且出现巨量，于 2009 年 4 月 2 日股价升至最高点 7.12 元，涨幅高达 61%。

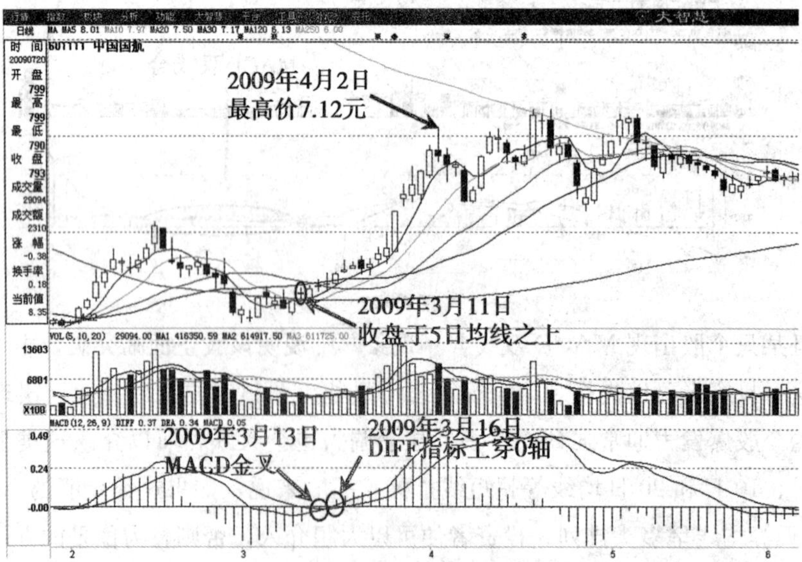

图 6－29

第四节　其他几种常用的技术分析指标的识别与练习

人气指标（AR）和意愿指标（BR）

人气指标（AR）和意愿指标（BR）都是以分析历史股价为手段的技术指标，其中人气指标较重视开盘价格，从而反映市场买卖的人气；意愿指标则较重视收盘价格，反映的是市场买卖意愿的程度，两项指标分别从不同角度对股价波动进行分析，达到追踪股价未来动向的目的。

1. 人气指标（AR）的基本原理。

人气指标（AR）又称买卖气势指标，是反映市场当前情况下多空双方争斗结果的指标之一。市场人气旺则多方占优，买入活跃，股价上涨；反之，人气低落，交易稀少，人心思逃，则股价下跌。AR 选择的市场均衡价位是每个交易日的开盘价，分别比较当天最高价、最低价，来反映市场买卖人气。以最高价到开盘价的距离描述多方向上的力量，以开盘价到最低价的距离描述空方向下的力量。

（1）人气指标的计算公式。

AR＝N 日内（H－O）之和÷N 日内（O－L）之和

其中：H＝当日最高价；L＝当日最低价；O＝当日开市价

N 为公式中的设定参数，一般为 26 日。

（2）人气指标的基本应用法则。

①AR 值以 100 为中轴，即买卖气强弱相等。当 AR 值在±20（即 80～120 区间）波动时，属盘整行情，股价走势比较平稳，不会出现剧烈波动，投资者可相机行事。

②AR 值走高时表示行情活跃，人气旺盛，过高则表示股价进入高价区，应选择时机退出，AR 值的高度没有具体标准，一般来说，当 AR 值上升到 150 以上时，可视为卖出信号，股价可能出现回落。

③AR 值走低时表示人气衰退，过低则暗示股价可能跌入低谷，可考虑伺机介入，一般 AR 值跌至 60 以下时，股价有可能随时反弹上升，若低于 50，则属于严重超卖，反弹力度加大。

④从 AR 曲线可以看出一段时期的买卖气势，并具有先于股价到达峰顶或跌入谷底的功能，观图时主要凭借经验，以及与其他技术指标配合使用。

2. 意愿指标（BR）的基本原理。

意愿指标是以前一交易日收市价为基础，分别与当日最高、最低价相比，通过一定时期收市价在股价中的地位，反映市场买卖意愿的程度。意愿指标的计算公式为：

BR＝N 日内（H－CY）之和÷N 日内（CY－L）之和

其中：CY＝前一交易日收市价，N 为公式中的设定参数，一般设定值同 AR 一致。

（2）意愿指标的基本应用法则。

①BR 值的波动较 AR 值敏感，当 BR 值在 70—150 之间波动时，属盘整行情，应保持观望。

②BR 值高于 400 时，股价随时可能回档下跌，应择机卖出；BR 值低于 50 时，股价随时可能反弹上升，应择机买入。

一般情况下，AR 可以单独使用，BR 则需与 AR 并用，才能发挥效用，因此，在同时计算 AR、BR 时，AR 与 BR 曲线应绘于同一图内，AR 与 BR 合并后，应用及研判的法则如下：

1. AR 和 BR 同时急速上升，意味股价峰位已近，持股者应注意及时获利了结。

2. BR 比 AR 低，且指标低于 100 时，可考虑逢低买进。

3. BR 从高峰回跌，跌幅达 1.2 时，若 AR 无警戒讯号出现，应逢低买进。

4. BR 急速上升，AR 盘整小回时，应逢高卖出，及时了结。

威廉指数（W％R）

威廉指标（W％R），又叫威廉超买超卖指标，由拉瑞·威廉于 1973 年首创，属于分析市场短期买卖趋势的技术指标，与随机指标的概念类似。其意义是表示某天的收盘价在过去一定天数全部价格范围中的相对位置，其作用是揭示市场超买与超卖的状态。它最早被应用于期货市场，后来在股票市场得到普遍应用。

威廉指数计算公式与强弱指数一样，计算出的指数值在 0 至 100 之间波动，不同的是，威廉指数的值越小，市场的买气越重，反之，市场卖气越浓。应用威廉指数时，一般有以下几点基本法则：

1. 当 W％R 线达到 80 时，市场处于超卖状态，股价走势随时可能见底。因此，80 的横线一般称为买进线，投资者在此可以伺机买入；相反，当 W％R 线达到 20 时，市场处于超买状态，走势可能即将见顶，因此 20 的横线被称为卖出线。

2. 当 W％R 从超卖区向上爬升时，表示行情趋势可能转向。一般情况下，当

W％R突破50中轴线时，市场由弱市转为强市，是买进的讯号；相反，当W％R从超买区向下跌落，跌破50中轴线后，可确认强市转弱，是卖出的讯号。

3. 由于股市气势的变化，超买后还可再超买，超卖后亦可再超卖，因此，当W％R进入超买或超卖区后，行情并非一定立刻转势。只有确认W％R线明显转向，跌破卖出线或突破买进线，方为正确的买卖讯号。

4. 在使用威廉指标对行情进行研判时，最好能够同时使用强弱指数配合验证。同时，当W％R线突破或跌穿50中轴线时，亦可用以确认强弱指数的讯号是否正确。因此，投资者如能正确应用威廉指标，发挥其与强弱指数在研制强弱市及超买超卖现象时的互补功能，就可得出对大势走向较明确的判断。

动量线指标（MOM）

动量线（MOM）是表示一段时间内股价涨跌变动的比率，它将每日动量值连为曲线形成动量线，该指标属于超买超卖型指标。

动量线研究股价在波动过程中各种加速、减速、惯性作用以及股价由静到动或由动转静的现象，它根据股价波动情况围绕中心线周期性往返运动，反映股价波动的速度，借以判断股价的“峰顶”和“谷底”，其理论基础是价格和供需量的关系。运用动量线时，结合动量线移动平均线使用，通常可以取得更好的效果。

1. MOM指标的计算公式为：

MOM＝C－Cn

其中：C为当日收市价，Cn为N日前收市价，N为设定参数，钱龙系统默认的动量线天数参数为12日，动量线平均线参数为6日。

2. MOM指标的应用法则。

MOM的超买超卖界限随个股不同而不同，使用者须自行界定，一般以0轴为中心线，0轴的上、下方分成六等份的超买超卖区，分别为＋1、＋2、＋3和－1、－2、－3。

（1）极端行情：12日MOM＞＋3时，股价强劲上升，强势特征显著，投资者不必急于沽售，可等待指标出现顶背离时再卖出；12日MOM＜－3时，股价持续回落，弱势特征显著，投资者不可轻易抢反弹，应等待指标出现底背离时再择机买入。

（2）中级行情：12日MOM＞＋2时，波段性上升行情可能结束；12日MOM＜－2时，波段性下跌行情可能结束。

（3）短线行情：12日MOM上升至＋1时，股价面临调整压力；12日MOM下跌至−1时，股价面临反弹要求。

此外，通常用25日MOM来研判中线行情，以0轴为中心线，当25天MOM >0轴时，表明目前处于中线多头行情；当25天MOM<0轴时，表明目前处于中线空头行情。同时，投资者也可以利用移动平均线应用规则，通过动量线与动量线平均线的位置关系进行分析。

相对强弱指数（RSI）

RSI（相对强弱指数）指标是判断买卖力强弱程度的一种技术分析指标，可以用来预测股价未来的趋势，通过计算一定时期内股价平均收盘涨数、平均收盘跌数及其变化的关系，来分析市场买卖双方的强弱程度。一般情况下，很多投资者和专家都十分看重个股或大盘的RSI指标。当个股或大盘的RSI指标值出现高位钝化时，他们一般会以此来决定是否抛出手中的股票或看淡后市。反之，若个股或大盘的RSI指标值跌至20以下，许多投资者会把这当作买入信号。

对某种股票的过度买入称之为超买，反之，对于某种股票的过度卖出则称之为超卖。股市上，经常会出现因某种消息的传播而使投资者对大盘或个股作出强烈的反应，以致引起股市或个股过分的上升或下跌，于是便产生了超买超卖现象。当投资者的情绪平静下来以后，超买超卖所造成的影响会逐渐得到适当的调整。因此，超买之后股价会出现一段回落；超卖之后，股价则会出现相当程度的反弹。

一般可以把RSI指标超过70的认为是超买，在30以下的认为是超卖。但对于变化起伏比较剧烈的市场，或有理由认为能够形成趋势行情的市场，可以设定RSI指标在80以上的为超买区，在20以下的为超卖区。

由于RSI指标实用性很强，因而被多数投资者所喜爱。虽然，RSI指标可以领先其他技术指标提前发出买入或卖出信号，但投资者应当注意，它同样也会发出误导的信息。由于多方面的原因，该指标在实际应用中也存在盲区。RSI指标只是从某一个角度观察市场后给出的一个信号，所能提供给投资者的只是一个辅助的参考，并不意味着市场趋势就一定向RSI指标预示的方向发展。尤其在市场剧烈震荡时，投资者更应参考其他指标进行综合分析，不能简单地依赖RSI的信号来作出买卖决定。

在“牛市”和“熊市”的中间阶段，RSI值升至90以上或降到10以下的情况时有发生，此时指标钝化后会出现模糊的误导信息，若依照该指标操作可能会出现失误，错过盈利机会或较早进入市场而被套牢。很多投资者都曾经买到过超级黑马股，它们后来走出了翻番，甚至翻两番的大行情，可惜的是，买过这些大牛股的投资者几乎无人持股到最后，都在中途退场。原因很简单，就是他们太过注重 RSI 指标，一旦发现该指标过高时无不获利了结、离场观望。

一般而言，RSI 值在 40 到 60 之间研判的作用并不大。按照 RSI 的应用原则，当 RSI 从 50 以下向上突破 50 分界线时代表股价已转强；RSI 从 50 以上向下跌破 50 分界线则代表股价已转弱。但实际情况却经常让投资者一头雾水，有时股价由强转弱后却不跌，由弱转强后却不涨。这是因为在常态下，RSI 会在大盘或个股方向不明朗而盘整时，率先整理完毕并出现走强或走弱的现象。

如图 6—30 所示，中水渔业（000798）在 2009 年 2 月结束横盘，多头开始拉升股价。具有戏剧性的是，多头刚开始发力，RSI 指标就出现了大于 80 的预警信号，此时如果投资者过于相信 RSI 指标，不参考别的技术指标，在此抛出手中筹码，就会错过一整个上升段，从而懊悔不已。此后，随着多头的持续发力，该股股价一路扬升，2009 年 2 月 23 日摸高至 7.57 元，此时的 RSI 指标再一次大于 80，这才是真正的出局点。由此例可以看出，投资者在运用 RSI 指标进行交易时，务必要和成交量、量价关系、MACD 等其他指标结合起来使用，单独使用 RSI 指标有时会得到错误的信息。

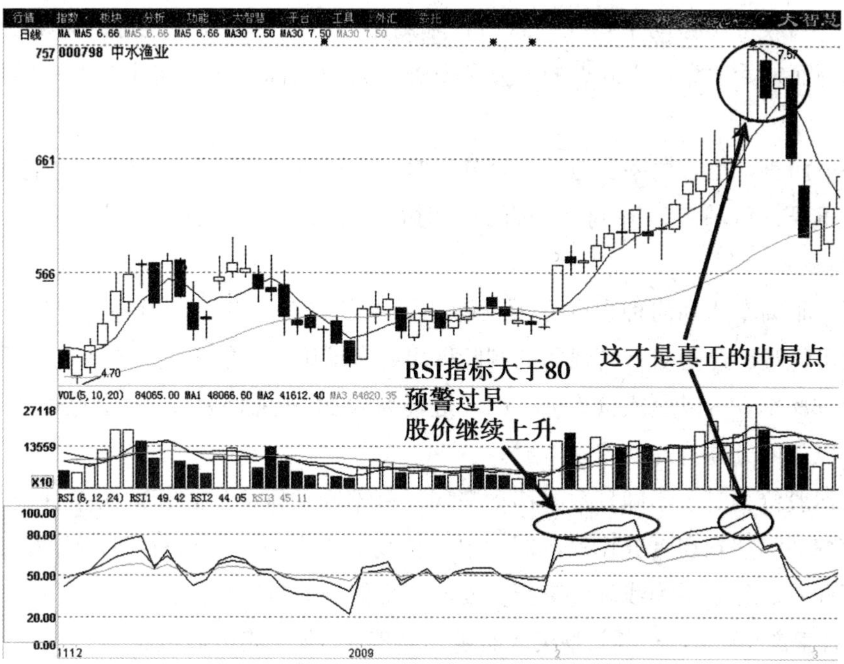

图 6—30

RSI 指标的应用十分广泛，在掌握了该指标的基本应用原则后，还应在市场中多加观察和体会，才能逐渐加深对 RSI 特性的了解和认识，更好地用该指标来指导实际操作。

乖离率（BIAS）

乖离率，简称Y值，是移动平均原理派生的一项技术指标，其功能主要是通过测算股价在波动过程中与移动平均线出现偏离的程度，从而得出股价在剧烈波动时因偏离移动平均趋势而可能造成的回档或反弹，以及股价在正常波动范围内移动而形成继续原有趋势的可信度。

乖离度的测市原理建立在如果股价偏离移动平均线太远，不管在其上或其下，都有可能趋向平均线这一原理上。而乖离率则表示股价偏离趋向指标的百分比值。

1. 计算公式。

Y值＝（当日收市价－N日内移动平均收市价）÷N日内移动平均收市价×100％

其中，N为设定参数，可根据选用的移动平均线日数设立，分别用以研判短、中、长期走向，一般分定为6日，10日和60日。

2. 运用原则。

乖离率分正乖离和负乖离。当股价在移动平均线之上时，其乖离率为正，反之则为负，当股价与移动平均线一致时，乖离率为0。随着股价走势的强弱和升跌，乖离率周而复始地穿梭于0点的上方和下方，其值的高低对未来走势有一定的测市功能。

一般而言，正乖离率涨至某一百分比时，表示短期间多头获利回吐可能性很大，为卖出讯号；负乖离率降到某一百分比时，表示空头回补的可能性很大，为买入讯号。

对于乖离率达到何种程度方为正确之买入点或卖出点，目前并没有统一标准，使用者可凭观图经验对行情强弱的判断得出综合结论。一般来说，在大势上升市场，如遇负乖离率，可以顺跌价买进，因为进场风险小；在大势下跌的走势中如遇正乖离，可以待回升高价时，出脱持股。

虽然股价相对于不同日数的移动平均线有不同的乖离率，但除去暴涨或暴跌会使乖离率瞬间达到高百分比外，短、中、长线的乖离率一般均有规律可循。以下是根据不同日数移动平均线乖离率指标发出买卖信号的参考数据：

6日乖离率：小于－3％是买入时机，大于3.5％是卖出时机；

10日乖离率：小于－4.5％是买入时机，大于5％是卖出时机；

60日乖离率：小于－10％是买入时机，大于10％是卖出时机。

动向指数（DMI）

动向指数（DMI）又叫移动方向指数或趋向指数，属于趋势研判的技术性指标，其基本原理是通过分析股票价格在上升及下跌过程中供需关系的均衡点，即供需关系受价格变动之影响而发生由均衡到失衡的循环过程，从而提供对趋势判断的依据。

动向指数在应用时，主要是分析上升指标＋DI（PDI），下降指标－DI（MDI）和平均动向指数 ADX 三条曲线的关系，其中＋DI 和－DI 两条曲线的走势关系是判断出入市的讯号，ADX 则是对行情趋向的判断讯号。

动向指数是一种对股价趋势的分析工具，因此采集一定天数的平均指标更能反映市场趋势。平均指标的采样天数过多，指数摆动会过于平滑，采样天数过少，指数摆动又过于敏感，因此一般以 14 日采样作为运算的基础天数。

14 日的±DM 即±DM14 为 14 天的±DM 之和。计算上升指标和下降指标分别是将其上升的动向值和下降的动向值除于真实波幅值。即：

＋DM14＝＋DM14÷波幅 TR14。

－DM14＝－DM14÷波幅 TR14

1. 上升指标＋DI 和下降指标－DI 的应用法则。

（1）走势在有创新高的价格时，＋DI 上升，－DI 下降。因此，当图形上＋DI14 从下向上递增突破－DI14 时，显示市场内部有新的多头买家进场，愿意以较高的价格买进，因此为买进讯号。

（2）相反，当－DI14 从下向上递增突破＋DI14 时，显示市场内部有新的空头卖家出货，愿意以较低价格沽售，因此为卖出讯号。

（3）当走势维持某种趋势时，＋DI14 和－DI14 的交叉突破讯号相当准确，但走势出现牛皮盘档时，应将＋DI14 和－DI14 发出的买卖讯号视为无效。

2. 平均动向指标 ADX 的应用法则。

（1）趋势判断。

当行情走势朝向单一方向发展时，无论是涨势或跌势，ADX 值都会不断递增。因此，当 ADX 值高于上日时，可以断定当前市场行情仍在维持原有趋势，即股价会继续上涨，或继续下跌。特别是当＋DI14 与 ADX 同向上升，或－DI 与 ADX 同向上升时，表示当前趋势十分强劲。

（2）牛皮市判断。

当走势呈牛皮状态，股价新高及新低频繁出现，＋DI 和－DI 愈走愈近，反复交叉时，ADX 将会出现递减。当 ADX 值降至 20 以下，且出现横向移动时，可以断定市场为牛皮市。此时趋势无一定动向，投资者应持币观望，不可依据±DI14发出的讯号而入市。

（3）转势判断。

当ADX值从上涨高点转跌时，显示原有趋势即将反转，如当前处于涨势，表示跌势临近，如当前处于跌势，则表示涨势临近。此时±DI有逐渐靠拢或交叉之表现。ADX在高点反转数值无一定标准，一般以高度在50以上转跌较为有效。观察时，ADX调头向下，即为大势到顶或到底之讯号。当走势维持某种趋势时，+DI14和-DI14的交叉突破讯号相当准确，但当走势出现牛皮盘档时，应将+DI14和-DI14发出的买卖讯号视为无效。

在使用动向指数DMI的时候，要掌握以下三个基本要领：

1. +DI、-DI和ADX这几个指标，一定要结合起来使用，同时还要配合其他技术指标共同研判。

2. DI上升、下降的幅度均在0至100之间。+DI值逐步放大，-DI值缩小，说明多头开始发力，股指可能会提高，投资者可以建仓。反之，若空方实力强，-DI值逐步放大，+DI值逐步缩小，股指会下落，投资者应该减仓。投资者可根据+DI、-DI的变化趋向，摸清多空双方的实力，择机而动。

3. 如果+DI大于-DI，在图形上则表现为+DI线从下向上穿破-DI线，这反映了股市中多方力量加强，股市开始上升，为买进时机。如果-DI大于+DI，在图形上则表现为-DI线从上向下穿透+DI线，反映股市中空头正在进场，股市有可能低走，是卖出的时机。如果+DI和-ID线交叉且幅度不宽时，表明股市进入盘整行情。投资者可以观察一段，伺机行事，不宜过早操作。

腾落指数（ADL）

腾落指数（ADL）是以股票每天上涨或下跌的家数作为计算与观察的对象，通过了解股市人气状况，探测股市内在的资金动能是强势还是弱势，研判股市未来动向的技术性指标。

腾落指数只反映大势的走向与趋势，不对个股的涨跌提供讯号。由于股价指数在一定情况下受制于权重大的个股，因此当这些个股发生暴涨或暴跌时，股价指数则可能反应失真，从而给投资者提供不确切的信息。腾落指数则可弥补这类缺点，看图时应将二者联系起来共同分析。

一般情况下，股价指数上涨，腾落指数也随之上升，股价指数下跌，腾落指数也随之回落，在二者趋同的情况下，可以对升势或跌势予以确认。但如股价指数异动而腾落指数横行，或两者反方向波动，不能互相印证，则说明大势不稳，不宜贸然入市。

1. 计算公式。

腾落指标（ADL）= $\sum$（上涨家数−下跌家数）

2. 应用法则。

（1）股价指数持续上涨，腾落指数随之上升，表明股价可能将继续上升。

（2）股价指数持续下跌，腾落指数随之下降，表明股价可能将继续下跌。

（3）股价指数上涨，腾落指数却下降，表明股价可能回落。

（4）股价指数下跌，腾落指数却上升，表明股价可能回升。

（5）股市处于多头市场时，腾落指数呈上升趋势，其间如突然出现急速下跌现象，接着又立即拐头向上，创下新高，则表明行情有可能再创新高。

（6）股市处于多头市场时，腾落指数呈现下降趋势，其间如突然出现上升现象，接着又掉头下跌，突破原先低点，则表明下跌趋势将延续并创出新低。

一般来说，在多头市场里，要维持上升走势一定要有热点，热门板块大涨小跌，而其余股票则采取轮涨的方式上扬时，上升的趋势是十分稳定的。如果K线上升而腾落指数下降，则表明大盘的上升趋势已有所偏离，而涨势不均匀并非是件好事，通常在连续出现这种背离现象时，大势将会逆转。

反之，在空头市场中，K线下降，但腾落指数掉头向上，则表明多头主力企图以点的攻击增强面的扩张，既然大多数股票已回升，那么大盘的反转也为期不远了。

心理线（PSY）

心理线，简称PSY，是从股票投资者买卖趋向的心理方面对多空双方的力量对比进行探索。

PSY心理线通过一段时间内收盘价涨跌天数的多少探究市场交易者的内心趋向，并以此作为买卖股票的参考。通常认为，一段时间内，上涨是多方的力量，下跌是空方的力量，PSY的取值是上涨天数占该段总天数的比率，以此来描述多空双方的力量对比。

1. PSY的计算公式及参数。

PSY＝A÷N×100％

其中：N——选取的总天数

A——在这N天中股价上涨的天数

判断上涨和下跌均以收盘价为标准。PSY参数的选择较为灵活，一般选择参数为 10 或大于 10。应该注意的是，参数选得越大，PSY 的取值范围越集中，越平稳，参数选得小，PSY 取值范围上下的波动就大。从多空对比来看，PSY 以 50 为中心，50 以上为多方市场，50 以下是空方市场。

2. PSY 的应用法则。

在盘整局面，PSY 的取值应该在中心 50 的附近，上下限一般定为 25 和 75。PSY 取值在 25 至 75 之间，说明多空双方基本处于平衡状态。如果 PSY 的取值超出了这个平衡状态，就是超买或超卖。

PSY 的取值如果太高或者太低，都是行动的信号。一般说来，如果出现 PSY＜10 或 PSY＞90 这两种极度低和极度高的情况，投资者可以果断地采取买入或卖出的行动。

PSY 的取值在第一次进入采取行动的区域时发出的信号，往往容易出错，第二次出现的行动信号才更为可靠，投资者可等到第二次信号出现时，再行动。

涨跌比率（ADR）

涨跌比率指标的英文全称是 Advance Decline Ratio，故称为 ADR 指标，和 ADL 指标一样，它是专门研究股票指数走势的中长期技术分析工具。

1. ADR 指标原理。

ADR 指标是对一定时期内上市交易的全部股票中上涨家数和下跌家数进行比较，并得出上涨和下跌之间的比值，通过衡量多空双方的变化来判断未来股票市场整体的走势。

2. ADR 指标计算方法。

选择一个适当的日期为基期（通常大多从一段行情的底部或顶部开始计算），其基期数字为零。除了当天股价持平的股票不予计算外，以 10 天为单位（注），将每天上涨的股票家数相加，另外亦将每天下跌的股票家数相加，再将两者相除。即：

10 天 ADR 涨跌比率＝10 天内上涨股票家数之和÷10 天内下跌股票家数之和。

ADR 指标与 ADL 指标不同，它不仅有日 ADR 指标，还有周 ADR 指标、月 ADR 指标和年 ADR 指标，甚至被精细化到分钟 ADR 指标等多种类型。

ADR 指标参数的选择在 ADR 技术指标研判中占有重要的地位，不同的参数选择对行情的研判可能带来不同的结果。

3. ADR 指标研判标准。

ADR 指标的研判标准一般集中在 ADR 数值的取值范围和 ADR 曲线与股价综合指数曲线的配合等方面。投资者需要注意以下两点：

（1）ADR 指标数值的取值范围。

①ADR 指标数值 0.1～1.5，在正常区域内。

②ADR 指标数值小于 0.5 时，为超卖现象，意味着行情有可能止跌上涨，应提高警觉，择机介入。

③ADR 指标数值大于 1.5 时，为超买现象，表示买盘过度热络，行情有可能止涨回跌，持股者应提高警觉，伺机卖出。

（2）ADR 指标曲线与股价综合指数曲线的配合。

①ADR 指标曲线向上攀升，股价综合指数曲线也同步上升，两者趋势一致，短期内股价指数仍将看涨。

②ADR 指标曲线继续下跌，股价综合指数曲线也同步下跌，两者趋势一致，短期内股价指数仍将看跌。

③如果 ADR 涨跌比率下跌，但股价指数却上升，两者出现背离，股价指数可能将止涨回跌，投资者应该考虑卖出。

④如果 ADR 涨跌比率上升，但股价指数却下跌，两者出现背离，股价指数可能将止跌反弹，投资者应适时买进。

能量潮（OBV）

OBV 是美国投资专家格兰维尔创建的，其中文全名为：累积能量线，也可形象地称它为能量潮，它的理论基础是“能量是因，股价是果”，即股价的上升要依靠资金能量源源不断地输入才能完成。它通过统计成交量变动的趋势来推测股价趋势，是将成交量值予以数量化并制成趋势线，配合股价趋势，从价格的变动及成交量的增减关系，推测出市场多空方面的气氛。

OBV 以“N”字型为波动单位，许许多多的“N”型波构成了 OBV 的曲线图，我们称一浪高于一浪的“N”型波为“上升潮”，至于上升潮中的下跌回落则称为“跌潮”。为弥补对股价分析的不足之处，对股票市场未来趋势进行准确研判，掌握 OBV 指标的应用原则是很有必要的。

1. 当 OBV 能量潮指标不断上升，而股价却下跌不止，创下一个新低点时，说明做空的动能已经得到释放，表示有买盘逢低介入，后市反弹有望，为买进信号。

2. 当 OBV 横向走平超过三个月时，需注意随时可能有大行情出现。投资者此时在操作上可以结合其它指标或大盘的走势来研判该股后期的走势。

3. 当股价在不断下跌而 OBV 能量潮指标也同步缓慢下降时，表示该股后市看空，投资者持币观望为上。如果 OBV 能量潮指标在不断地下降，而股价却在不断上升，意味着上升的能量不足，表示市场上买盘无力，为卖出信号，投资者此时要卖出手中持有股票，没有持有股票的投资者应尽量回避，不宜盲目追涨。

4. 当股价不断上涨而 OBV 能量潮指标也同步缓慢上升时，表示该股可以继续看好，投资者手中的股票仍可持有。如果股价和 OBV 都在短时间内暴升，则表示能量即将耗尽，股价可能会反转。

由于运用 OBV 的走势可以看出主力量能变化，从而推导出主力运作的过程及意图变化，显示当期不寻常的筹码在市场中所处的价位，因此，对 OBV 的研判可以帮投资者领先一步掌握大盘或个股在突破后的发展方向。

不过，应当注意的是，OBV 能量潮指标在应用的过程中，也有一定的局限性：

1. OBV 线是短线操作技术的重要判断方法，仅涉及价和量的技术因素面，与基本因素毫不相关，因此适用范围仅限于短线操作，而不适用于长线投资。

2. 如果某日股市总成交值或个股成交量庞大，当日股价波动亦大，但最后加权股价指数或收盘价却与前一日相同，OBV 线的累积数也与前一交易日相同，那么就这种线而言，表示这一日没有什么信号。这是该指标的重大缺陷。

超买超卖指标（OBOS）

超买超卖指标（OBOS）是一种衡量股市涨跌气势的分析工具，是通过计算涨跌家数的相关差异性，来研判大盘指数未来走向的指标。

OBOS 指标的原理主要是对投资者心理面的变化作为假定，认为当股市大势持续上涨时，必然会使部分敏感的主力机构获利了结，从而诱发大势反转向下，而当大势持续下跌时，又会吸引部分先知先觉的机构进场吸纳，触发向上反弹行情。

因此，OBOS 指标逐渐向上并进入甚至超越正常水平时，即代表市场的买气逐渐升温并将最终导致大盘超买现象。

同样，OBOS 指标持续下跌，则导致超卖现象。

对整个股票市场而言，由于 OBOS 指标在某种程度上反应了部分市场主力的行为模式，因此在预测上，当大盘处于由牛市向熊市转变时，OBOS 指标理论上具有领先大盘指数的能力；而当大盘处于由熊市向牛市反转时，OBOS 指标具有理论上稍微落后于大盘指数的缺陷，但从另一个角度看，它可以真正确认大盘的熊转牛是否有效。

1. 计算公式。

N 日 OBOS 值＝N 日内股票上涨累计家数－N 日内股票下跌累计家数

参数设置：计算公式中 N 为待设定参数，通常参数值为 10。

2. 应用原则。

（1）OBOS 指标的买卖信号：大多数情况下，OBOS 指标是在−80 至 80 之间波动的，这时候，指标没有研判意义。当 OBOS 指标进入超买超卖区以后，甚至进入严重超买超卖区时所发出的反转信号才是有效的。如果这时候 OBOS 指标出现反转，并突破 6 日 OBOS 指标均线和 0 轴线，就是明确的买卖时机。

（2）将指数运行和 OBOS 指标联系起来分析，当指数运行方向与 OBOS 指标的运行方向相同时，表明市场发展趋势将加强，如果两者均向上运行，则意味着后市行情可看多；如果两者同时下降，则意味着后市行情需看淡。

（3）当指数与 OBOS 指标的运行方向相反，出现走势相背离时，投资者要注意大势随时可能反转。假如指数持续往上，而 OBOS 线却朝下走，此种背离现象表明大多数小盘股已经走软，市场可能会趋向弱势。假如 OBOS 线持续向上，而指数却向下滑落，表示市场即将反转向上。

（4）指数严重超卖时，往往是市场中难得出现的历史性底部。指数与个股不同之处在于，它难以被主流资金任意操控，因此它的严重超买超卖信号，往往比个股更加真实可靠。但观察大盘是否严重超买超卖时不能使用普通的常见指标，而要重点参考指数专用指标。其中，计算原理相近，并且各具特色，能够相互补充的 STIX、涨跌比率 ADR、腾落指数 ADL 是三种常用的专用指数指标。当分析大盘是否见历史性的重要顶部和底部位置时，一定要结合这三种指标配合使用，共同研判。

宝塔线（TOW）

宝塔线指标以不同颜色的棒线来区分股价或指数涨跌，它以收盘价或收盘指数作为参照，当股价上涨时，画为红线（或白线），当股价下跌时，画为绿线（或黑线），主要通过棒线翻红或翻绿的变化情况来研判股价未来的涨跌趋势。

1. 宝塔线翻红之后，后市往往有机会延伸一段上升行情，视为买入信号。

2. 宝塔线翻绿之后，后市通常将延伸一段下降行情，视为卖出信号。

3. 当行情处于盘整阶段时，常常出现小幅翻红或翻绿的现象，可不予理会。

4. 当股价处于高位时出现长绿向下突破时应果断了结。

宝塔线指标也可设置参数，通常设为 3 日（或 5 日），当收盘价高于前 3 日（或 5 日）最高价时，视为买入信号。当收盘价低于前 3 日（或 5 日）最低价时，视为卖出信号。在实践过程中，投资者还总结出“三平底（顶）翻红（绿）为买入（卖出）时机”等经验。

由于宝塔线指标应用法则较为简单，且操作指向明确、客观，就是根据股价高低点反转进行判断，因此投资者很容易掌握。

不过，值得注意的是，虽然宝塔线指标能起到一定的“过滤”作用，但和其他指标一样不可能杜绝“骗线”的困扰，如行情在高位出现调整，宝塔线翻绿发出卖出信号，在下跌一段后可能翻红而发出买入信号，但此时很有可能是下跌途中的小幅反弹，后市仍有继续下跌的可能。因此，投资者在使用宝塔线的时候应结合 K 线、移动平均线及成交量等因素综合研判，以便更好地把握买卖时机。

本章习题：其他技术指标操练的测试与练习

综合练习

一、判断题。

1. 上升趋势线指的是上涨行情中两个或者两个以上高点的连线，下降趋势线指的是下跌行情中两个或者两个以上低点的连线。（ ）

2. 一般来说，在画趋势线的时候，不应该过于陡峭，否则就很容易被横向整理突破，失去分析的意义。（ ）

3. 一般来说，在股价没有突破趋势线以前，上升趋势线是股价每一次下跌的支撑，下降趋势线则是股价每一次回升的阻力。（ ）

4. 股价突破趋势线时，收盘价与趋势线应有 5%以上的差价，并且有成交量的配合。（ ）

5. 上升趋势线揭示了股价或指数的运行趋势是向上的，它对股价或指数的上升具有支撑作用，因而它又被称为“上升支撑线”。所以，只要不出现上升趋势线被有效突破的现象，即股价或指数正处于上升趋势中，投资者尽可放心地一路看多。（ ）

6. 一般来说，出现快速上升趋势线，投资者也可以尽可能地看多。（ ）

7. 一般来说，如果出现了有效突破，那么当前的行情就即将反转。（ ）

8. 通常，如果指数处于上升趋势中，那么，股价也一定会处于上升趋势中。（ ）

9. “死叉”的出现往往是多头正在布置陷阱准备出货。（ ）

10. 一般来说，新的上升趋势线形成之后，原来的上升趋势线就失去了参考的意义，投资者一定要按照新的趋势线来操作。（ ）

二、填空题。

1. 有效突破指的是该股与上升趋势破位处的下跌差幅已超过了（ ），并且股价在上升趋势下方收盘的时间超过了（ ）天。反之，如果下跌的差幅不及（ ），或时间不满（ ）日，可视为无效突破。

2. MOM（动量线指标）的超买超卖界限随个股不同而不同，使用者须自行界定，一般以（ ）为中心线，（ ）的上、下方分成六等份的超买超卖区，分别为+1、+2、+3和-1、-2、-3。

3. 当行情处于（ ）时，宝塔线常常出现小幅翻红或翻绿的现象，可不予理会。

4. 宝塔线指标可设置参数，通常设为（ ），当收盘价高于前（ ）的最高价时，视为买入信号。当收盘价低于前（ ）的最低价时，视为卖出信号。

5. 当W％R线突破或跌穿（ ）时，亦可用以确认强弱指数的讯号是否正确。

6. 一般来说，AR可以单独使用，BR则需与AR并用，才能发挥效用，当AR和BR（ ）时，意味股价峰位已近，持股时应注意及时获利了结。当BR比AR低，且指标低于（ ）时，可考虑逢低买进。

7. 一般来说，当BR值高于（ ）时，股价随时可能回档下跌，应选择时机卖出；BR值低于（ ）时，股价随时可能反弹上升，应选择时机买入。

8. 动向指数在应用时，主要是分析上升指标（ ），下降指标（ ）和平均动向指数（ ）三条曲线的关系。

9. 乖离率，是（ ），其功能主要是（ ）。

10. 能量潮的理论基础是（ ）。

三、简答题。

1. 趋势线的分类有哪几种？

2. 请简要回答上升趋势线和下降趋势线的特征，及投资者应该如何操作？

3. 投资者如果在走势图上发现“拒绝死叉”这种图形，应该如何操作呢？

4. 请简要回答什么是“空中加油”形态。

5. 请简要回答什么是MACD的“底背离”和“顶背离”。

6. 什么是涨跌比率？涨跌比率的运用方法是什么？

7. 什么是超买超卖指标？其运用原则是什么？

8. 什么是心理线？心理线的应用原则是什么？

9. 什么是宝塔线以及其应用的原则是什么？

10. 什么是动量线指标，其应用原则是什么？

参考答案

一、判断题。

1. 错误。上升趋势线指的是上涨行情中两个或者两个以上低点的连线，下降趋势线指的是下跌行情中两个或者两个以上高点的连线。

2. 正确。

3. 正确。

4. 错误。3%。

5. 正确。

6. 错误。快速上升趋势线要结合慢速趋势线来看，如果是以慢速上升趋势线为主，那么就可以尽可能地看多，如果是以慢速下降趋势线为主，那么最好的办法就是以慢速趋势线为主进行操作。

7. 正确。

8. 错误。

9. 正确。

10. 正确。

二、填空题。

1. 3%，3，3%，3。

2. 0 轴，0 轴。

3. 盘整阶段。

4. 3 日或 5 日，3 日或 5 日，3 日或 5 日。

5. 50 中轴线。

6. 同时急速上升，100。

7. 400，50。

8. +DI；-DI；ADX

9. 移动平均原理派生的一项技术指标，通过测算股价在波动过程中与移动平均线出现偏离的程度，从而得出股价在剧烈波动时因偏离移动平均趋势而造成可能的回档或反弹，以及股价在正常波动范围内移动而形成继续原有趋势的可信度。

10. “能量是因，股价是果”，即股价的上升要依靠资金能量源源不断的输入才能完成。它通过统计成交量变动的趋势来推测股价趋势，是将成交量值予以数量化并制成趋势线，配合股价趋势，从价格的变动及成交量的增减关系，推测出市场多空方面的气氛。

三、简答题。

1.

趋势线有以下三种分类方法：

（1）按照趋势线的方向来看，可以分为“上升趋势线”和“下降趋势线”。

（2）按照趋势线的速度来看，可以分为“快速趋势线”和“慢速趋势线”。

（3）按照趋势线的时间长短可以分为"长期趋势线"、"中期趋势线"和"短期趋势线"三种。

2.

（1）上升趋势线。

"上升趋势线"，又称"上升支撑线"，其特征是股价或指数回落的低点呈明显上移态势，如果将两个具有代表意义的低点连接起来，就会形成一条向上的斜线。

通常，当股价一直在上升趋势线的上方运行时，投资者如果积极看多，一般都能获得较好的收益。当然，积极看多的前提一定是股价没有跌破上升趋势线。

（2）下降趋势线。

"下降趋势线"，又称"下降压力线"，其特征是股价或指数回落的低点呈明显的下移态势，如果将最具有代表意义的两个高点连接起来，就会形成一条向下的斜线。

投资者见到股价或指数在下降趋势线的下方运行时，一定要坚持看空。当然，前提是股价或指数没有向上突破下降趋势线。

3.

一般说来，MACD 指标出现"死叉"是典型的卖出信号，而"拒绝死叉"则是短线套利的黄金买点。

从具体操作上来说，当投资者发现 MACD 指标即将"死叉"的时候，就应该引起重视，随时准备介入。一般情况下，敢于冒险的投资者可以提前介入，只要每天关心指标不死叉就可以了，而保守点的投资者可以在 MACD 指标"拒绝死叉"出现并反身向上的一瞬间介入，这样，至少保证当天能够快速套利。

4.

MACD 中的 DIFF 指标在金叉 DEA 指标之后会向上运行，在运行了一个时间段后有可能向上穿过 0 轴。这个时候，盘中已经累积了大量的获利盘，主力会选择适当的时机将跟风获利的散户"洗"出局，而洗盘的结果就是股价下跌。由于股价下跌，DIFF 指标也会缓慢向下；而主力在洗盘完成后肯定会吸货拉升股价，因此 DEA 指标仍会向上运行。当它与 DIFF 指标交叉便形成死叉，此时如果股价在重要的支撑点获得有利支撑，DIFF 指标便会在 0 轴以上再次金叉 DEA 指标，这就是我们所说的"空中加油"。

5.

所谓 MACD 指标"底背离"，指的是股价出现两个或三个近期低点，而 DIFF 指标与 DEA 指标所形成的"金叉"并不配合出现新的低点。这种情况的发生说明，空方实际上已无向下做空的能量，股价破位下行所产生的新低点，往往是空头陷阱，此时投资者如果能够果断买入，进行中短线持有，必然能够快速套利。

需要注意的是，股价有时虽然没有创出新的低点，只是与前一次低点持平，然而DIFF指标与DEA指标在0轴之下所形成的金叉，却一底比一底高，这种情况仍然属于“底背离”现象。

而所谓MACD指标“顶背离”，则与“底背离”恰好相反，是指当股价一波比一波高时，相对应的DIFF指标和DEA指标所形成的交叉点却一点比一点低，这种背离现象的出现，意味着股价运行趋势即将发生反转，同时要进行深幅的下跌，所以当MACD指标第一次形成“顶背离”时，投资者就应高度警觉，进行减仓操作或卖出筹码。如遇特殊情况，又发生了第二次“顶背离”，应果断地清仓离场，因为连续的“顶背离”往往意味着个股崩盘。

6.

涨跌比率指标的英文全称是Advance Decline Ratio，故称为ADR指标，该指标是对一定时期内上市交易的全部股票中上涨家数和下跌家数进行比较，并得出上涨和下跌之间的比值，能过衡量多空双方的变化来判断未来股票市场整体的走势。

ADR指标运用：

ADR指标的研判标准一般集中在ADR数值的取值范围和ADR曲线与股价综合指数曲线的配合等方面。投资者需要注意以下两点：

（1）ADR指标数值的取值范围。

①ADR指标数值0.1～1.5，在正常区域内。

②ADR指标数值小于0.5时，为超卖现象，意味着行情有可能止跌上涨，应提高警觉，择机介入。

③ADR指标数值大于1.5时，为超买现象，表示买盘过度热络，行情有可能止涨回跌，持股者应提高警觉，伺机卖出。

（2）ADR指标曲线与股价综合指数曲线的配合。

①ADR指标曲线向上攀升，股价综合指数曲线也同步上升，两者趋势一致，短期内股价指数仍将看涨。

②ADR指标曲线继续下跌，股价综合指数曲线也同步下跌，两者趋势一致，短期内股价指数仍将看跌。

③如果ADR涨跌比率下跌，但股价指数却上升，两者出现背离，股价指数可能将止涨回跌，投资者应该考虑卖出。

④如果ADR涨跌比率上升，但股价指数却下跌，两者出现背离，股价指数可能将止跌反弹，投资者应适时买进。

7.

超买超卖指标（OBOS）是一种衡量股市涨跌气势的分析工具，是通过计算涨跌家数的相关差异性，来研判大盘指数未来走向的指标。

其应用原则有以下几点：

(1) OBOS 指标的买卖信号：当 OBOS 指标进入超买超卖区以后，甚至进入严重超买超卖区时所发出的反转信号才是有效的。如果这时候 OBOS 指标出现反转，并突破 6 日 OBOS 指标均线和 0 轴线，就是明确的买卖时机。

(2) 将指数运行和 OBOS 指标联系起来分析，当指数运行方向与 OBOS 指标的运行方向相同时，表明市场发展趋势将加强，如果两者均向上运行，则意味着后市行情可看多；如果两者同时下降，则意味着后市行情需看淡。

(3) 当指数与 OBOS 指标的运行方向相反，出现走势相背离时，投资者要注意大势随时可能反转。假如指数持续往上，而 OBOS 线却朝下走，此种背离现象表明大多数小盘股已经走软，市场可能会趋向弱势。

(4) 指数严重超卖时，往往是市场中难得出现的历史性底部。

8.

心理线，简称 PSY，是从股票投资者买卖趋向的心理方面对多空双方的力量对比进行探索。

PSY 心理线通过一段时间内收盘价涨跌天数的多少探究市场交易者的内心趋向，并以此作为买卖股票的参考。通常认为，一段时间内，上涨是多方的力量，下跌是空方的力量，PSY 的取值是上涨天数占该段总天数的比率，以此来描述多空双方的力量对比。

在盘整局面，PSY 的取值应该在中心 50 的附近，上下限一般定为 25 和 75。PSY 取值在 25 至 75 之间，说明多空双方基本处于平衡状态。如果 PSY 的取值超出了这个平衡状态，就是超买或超卖。

PSY 的取值如果太高或者太低，都是行动的信号。一般说来，如果出现 PSY＜10 或 PSY＞90 这两种极度低和极度高的情况，投资者可以果断地采取买入或卖出的行动。

PSY 的取值在第一次进入采取行动的区域时发出的信号，往往容易出错，第二次出现的行动信号才更为可靠，投资者可等到第二次信号出现时，再行动。

9.

宝塔线指标以不同颜色的棒线来区分股价或指数涨跌，它以收盘价或收盘指数作为参照，当股价上涨时，画为红线（或白线），当股价下跌时，画为绿线（或黑线），主要通过棒线翻红或翻绿的变化情况来研判股价未来的涨跌趋势。

(1) 宝塔线翻红之后，后市往往有机会延伸一段上升行情，视为买入信号。

(2) 宝塔线翻绿之后，后市通常将延伸一段下降行情，视为卖出信号。

（3）当行情处于盘整阶段时，常常出现小幅翻红或翻绿的现象，可不予理会。

（4）当股价处于高位时出现长绿向下突破时应果断了结。

投资者在使用宝塔线的时候应结合 K 线、移动平均线及成交量等因素综合研判，以便更好地把握买卖时机。

10.

动量线（MOM）是表示一段时间内股价涨跌变动的比率，它将每日动量值连为曲线形成动量线，该指标属于超买超卖型指标。

MOM 指标的应用法则。

MOM 的超买超卖界限随个股不同而不同，使用者须自行界定，一般以 0 轴为中心线，0 轴的上、下方分成六等份的超买超卖区，分别为＋1、＋2、＋3 和－1、－2、－3。

（1）极端行情：12 日 MOM＞＋3 时，股价强劲上升，强势特征显著，投资者不必急于沽售，可等待指标出现顶背离时再卖出；12 日 MOM＜－3 时，股价持续回落，弱势特征显著，投资者不可轻易抢反弹，应等待指标出现底背离时再择机买入。

（2）中级行情：12 日 MOM＞＋2 时，波段性上升行情可能结束；12 日 MOM＜－2 时，波段性下跌行情可能结束。

（3）短线行情：12 日 MOM 上升至＋1 时，股价面临调整压力；12 日 MOM 下跌至－1 时，股价面临反弹要求。

此外，通常用 25 日 MOM 来研判中线行情，以 0 轴为中心线，当 25 天 MOM＞0 轴时，表明目前处于中线多头行情：当 25 天 MOM＜0 轴时，表明目前处于中线空头行情。同时，投资者也可以利用移动平均线应用规则，通过动量线与动量线平均线的位置关系进行分析。

第七章
跟庄操练

投资者对于主力在股市上翻江倒海可以说是爱恨交加，既想依靠主力获取利益，又怕主力掏空自己口袋里的钱，于是有了“防火防盗防主力”和“主力就是希望，就是金钱”两种互相矛盾的说法。在这里，投资者没必要过分谴责主力的控盘行为，关键是散户要与庄共舞，巧妙利用主力赚钱。

第一节　跟庄的脚步从建仓开始

主力建仓最钟情的三种股票

一般来说，主力坐庄的第一步就是找到适合自己炒作的目标股票，所以，投资者在跟庄的时候，就要揣测主力的想法，站在主力的立场思考问题，看主力最青睐什么样的股票，而不是从自己的喜好出发选择股票。

通常，主力在选择操作对象的时候，首先考虑的是该股是否有“炒作价值”，而不是该股是否有投资价值。所谓的“炒作价值”，一般来说，具有以下特点：

1. 启动前的价位比较低，一般来说不会高于 10 元。

价格低是主力实现低成本收集的有利条件，有利于今后大幅度拉高，实现翻几倍的目标。这是主力考虑的第一个因素。通常 20 元的股票要翻几倍很难，30 元以上的就只剩下鱼尾巴了，投资者去跟风啃一口还可以，主力要建仓，不拉赚不了钱，拉了没人敢跟，还是赚不了钱，没有人会做这种冤大头。

2. 股权较为分散，第一大股东持股比例低于 30%，便于主力吸筹建仓。

3. 基本面有改观的潜力。

只有基本面差，人人避之唯恐不及，才能给主力人弃我取的机会；若基本面优异，市价自然不菲，且市场都看好其前景，进行“长线投资”，主力难以吸到货，股价自然难以走强。

根据这些特点，主力最有可能选择的股票有以下几种：

1. 价值低估股。

在任何市场状况之下，总有一些股票的价值被低估，有时低估程度还会非常严重。价值低估必然导致价值回归，所以那些价值被低估的股票经常会成为主力吸纳的首选目标。如武汉塑料（000665）从 2008 年 11 月 4 日的 2.19 元启动，到 2010 年 11 月 8 日的 18.64 元，涨幅高达 751%。(见图 7—1)。

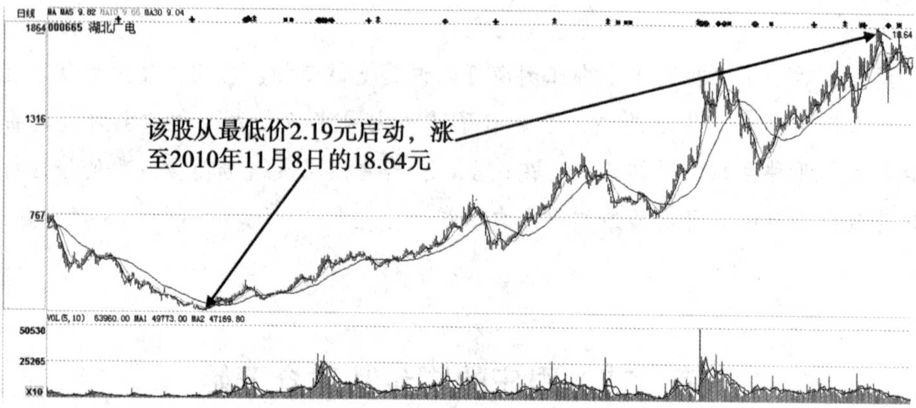

图 7—1

2. 冷门问题股。

有些股票由于存在这样或那样的问题备受市场冷落，主力便人予我取，在较低价位吸纳大量筹码，成为坐庄对象。如因涉嫌多项违法违规与虚假信息披露而被中国证监会列为 2007 年查处的第一大案的杭萧钢构（600477），却于 2007 年 2 月 14 日连续拉出了十多个涨停，股价翻了两倍多，主力操纵之疯狂与凶猛，令人震惊(见图 7—2)。

3. 题材股。

股票有无炒作题材，是主力选股的一个重要标准。股票只有题材丰富，才会产生主力登高一呼，市场万众响应的局面，主力才能在高位顺利出货。几年以来沪深股市较受市场青睐的题材主要有送配题材、收购题材、资产重组题材以及现在的西部概念题材、生物制药题材、两会题材等。

两会题材主要包括农业、新能源、电子信息、生物科技等政策性扶持行业的股票。2010 年的两会题材股中核科技（000777），在两会后，开始了一段横盘整理，

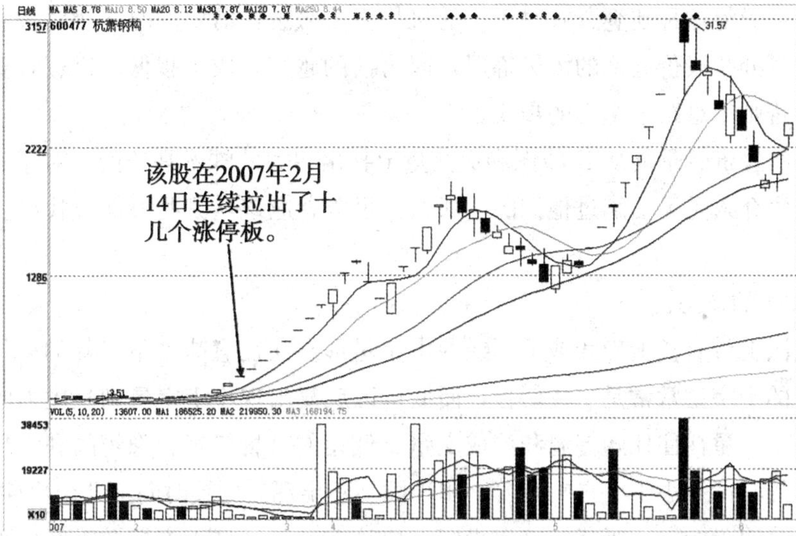

图 7—2

随后股价一路上涨，从 2010 年 3 月 3 日的 22.43 元涨至 11 月 5 日的 43.80 元，涨幅达 95％。如图7—3 所示：

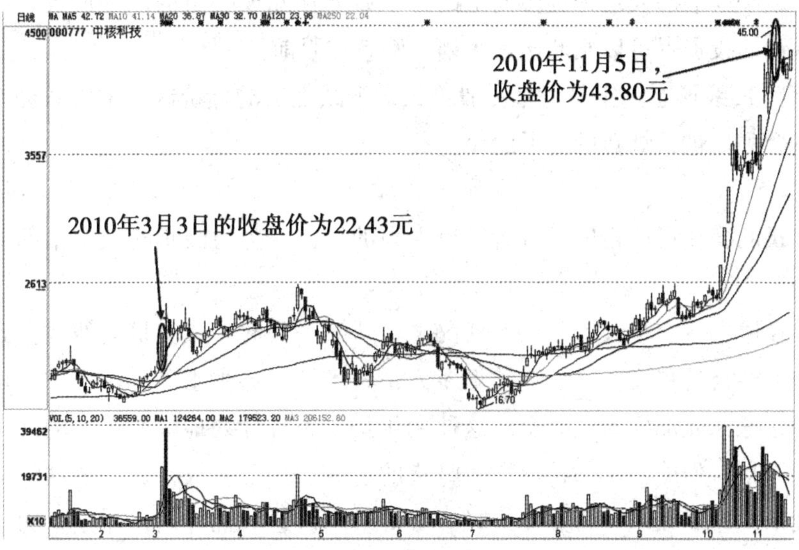

图 7—3

跟庄，当然要跟主力坐的庄，所以，投资者必须要对主力的选股特点和习惯有一个深入的了解，然后，在此基础上，才能谈何时介入，用什么方法介入。

底部悄悄建仓

主力这种悄悄建仓的手段，主要针对的是冷门股。冷门股的成交量一般都很小，主力在建仓时，采用小量多买的手法，蹑手蹑脚地悄悄进入。

悄悄地吸筹这种建仓方式对于大的机构主力来说，需要的时间相对较长。主力绝不会放过处于股价底部的大量筹码，因为捞的越多，成本越低。投资者要有足够的耐心，否则很难跟上主力的步伐。

敏锐的投资者是能从K线图和成交量上找出主力的蛛丝马迹的。对于看盘高手来讲，主力介入是无法瞒过他们的。那么，投资者应该从哪些方面来找出主力的蛛丝马迹呢?

1. K线的形态。

K线图上带有长上影线或下影线的十字星形态往往意味着不寻常的事情。高价区带巨量的十字星常常是出货信号，而低价区反复出现小十字星则是主力吸货的痕迹。这些十字星往往伴随着温和的成交量、低迷的市场气氛、隐约的利空传闻和散户们失望的心情。小十字星夹杂着小阴小阳不断出现，延续时间达几个星期或更长，这便是十分明确的主力吸货痕迹。投资者应该在这一区域下方勇敢吸纳，不要被市场的悲观气氛吓倒。

吸货区的末段，浮动筹码已非常稀少，主力不得不将股价稍稍推高，以便吸到更多的货。K线形态表现为逐步向上的小阳线，伴随成交量的温和放大，股价悄悄上升。敏锐的投资者可以判断出，大幅上涨就在眼前了。

吸货型K线形态一定是发生在股价长期下跌之后的低价区，主力只会在低价区吸筹，不会去接被人炒热的烫手山芋。

2. 成交量。

成交量的变化可以帮助投资者揪出主力的尾巴。主力吸货时成交量的变化一般有两种情况：

(1) 在原本成交量极度萎缩的情况下，从某一天起，成交量突然放大到某个温和但不引人注目的程度，之后连续很多天一直维持在这个水平，每天成交量极为接近，而不是像原先那样时大时小。这种变化是主力有计划地吸货造成的。把这些成交量累加起来，便能大概估计出主力吸货的多少、是否吸够了。一般这样的进货过程要持续两个星期以上，否则无法吸够低价筹码。这一批筹码往往是主力最宝贵的仓底货，不会轻易抛出。

(2) 如果某只股票成交量突然温和而有规律地递增，同时股价也小幅走高，那几乎可以肯定，有主力在迫不及待地进货，股价大幅攀升的日子已经很近了。

例如，郑州煤电（600121）在2006年中一直没有好的行情，不受投资者重视，但是到年底的时候，就显现出主力介入的迹象，从日K线图上可以看出主力在悄悄地吸筹。该股果然在2007年大幅飙升（见图7—4）。

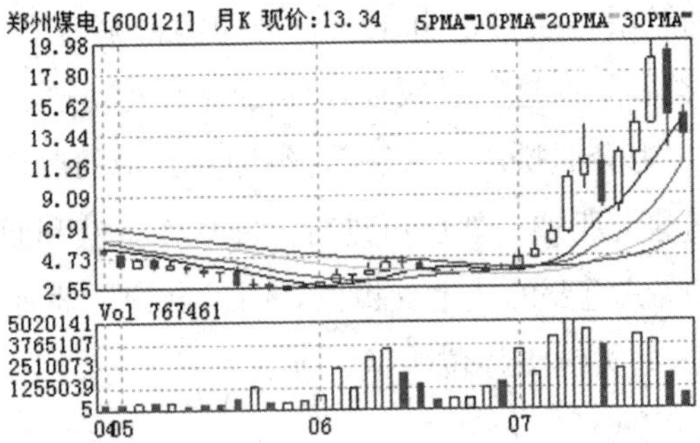

图 7—4

3. 消息面。

当主力在悄悄吸筹的时候，他们往往会借助消息面来做掩护。消息面的沉默或利空都可以引发投资者的悲观情绪，进而急于出货脱险，这样，主力才能顺利建仓，吸到足够的筹码。

逢高打压建仓

逢高打压建仓又称打压式吸筹建仓，是指股价还在下跌的时候，主力就开始介入个股进行操作，整个下跌过程就是其建仓过程。主力在建仓过程中，会运用早期吃进的一部分筹码，不计成本地大幅度向下砸盘，以便打压股价。随着股价的持续下跌，主力可以逐步增加吸筹量，并且到下跌的最后时段，他一见到筹码就会吃进，直到达到目标仓位。

采用打压吸筹方式建仓的主力，资金实力都是非常强大的。因为主力边建仓边打压股价，所以在整个吸筹过程中，股价一直呈现出下跌的状态。主力一般会选择大盘处于弱势下跌的时候，对一些有利空消息发布的个股进行打压吸筹，充分利用大盘弱势和利空消息不断打压股价，实现目标仓位。

主力这种打压式的吸筹方式有点像“趁火打劫”。当大盘或板块人气极度悲观或者个股有利空袭来的时候，市场恐慌气氛正浓，下档又无人承接，此时主力已在下档埋伏了大单子，假意以小单子投出来“抛砖引玉”，吸引关注同时打击持股散户的心理防线，最终迫使散户不得不忍痛割肉。

主力打压个股的目的是将大多数的筹码卖给自己，大多数投资者看到股价下跌而且带着成交量，都会“缴械”出逃，这正中主力下怀！

主力采用打压式吸筹建仓的方式主要有以下几种情况：

1. 利用利空消息打低股价吸筹。

市场或个股的利空消息往往是股价下挫的“重磅炸弹”。主力会充分利用这枚“炸弹”迫使投资者吐出筹码，自己进行低价收购。

比如说，ST类的股票，通常是由于上市公司内部财务状况或其它状况出现异常而被特别处理的一类股票。这些股票往往伴随着重大利空而生，最终难逃下跌的命运。这种情况下，主力会假扮成“菩萨”，给深陷其中的散户送去“关怀”和“温暖”，以低微成本收购这类股票，然后再进行大肆炒作，获利回吐。

2. 让大盘及个股跌破重要的技术支撑位，引发散户的恐慌性抛售，也是主力打压吸货的惯用招式。这些关键支撑位包括：

（1）技术指标的支撑位。

（2）均线系统的支撑位。

（3）上升或下降趋势线的支撑位。

（4）各种技术形态的颈线位，如“头肩顶”或“圆弧顶”等头部形态的颈线位。

（5）上升通道的下轨线。

（6）大型缺口的下边缘线。

（7）前期密集成交形成的支撑区。

主力资金通过对这些支撑位的瞬间有力击穿，造成股价已经破位，后市下跌空间巨大的假象，让散户们作出错误的投资决策，将手中的股票低价斩仓卖出。

3. 利用大盘调整之际，趁机不断打压股价进行吸筹。

大盘的调整期，也是主力顺势压价吸筹的绝佳时机。对于陷入跌潮中的股票，主力不仅不会出手相救，反而会落井下石，使其跌得更加厉害。当这些个股跌得面目全非时，就是各路主力纷纷出动抢购便宜货的时间。

4. 构筑各种顶部形态。

至于靠分析技术图形在股市中游荡的散户，主力也能对症下药，在个股中刻意操纵股价画图，在形态上构筑头肩顶、圆弧顶、M形顶、尖顶、多重顶等形态，诱导散户抛出手中筹码，而自己则在低位吸筹。

5. 个股业绩逊于预期，成为打压股价的大棒。

上市公司公布年报、中报期间，有些上市公司业绩难以令人满意，甚至会出现负增长的现象。投资者看到自己精心挑选的金凤凰变成秃头鸡，只得忍痛把金砖以破铜烂铁的价格大甩卖，这往往令主力眉开眼笑。

2009年，海虹控股（000503）公布半年报，该股业绩出现了“倒着涨”的现象，吓得胆子小的投资者落荒而逃，股价提前大缩水，主力趁机大肆吸货。在2009年9月9日，该股拉出一根长阳线，成交量放大，随后开始了一波上涨行情。如图7—5所示：

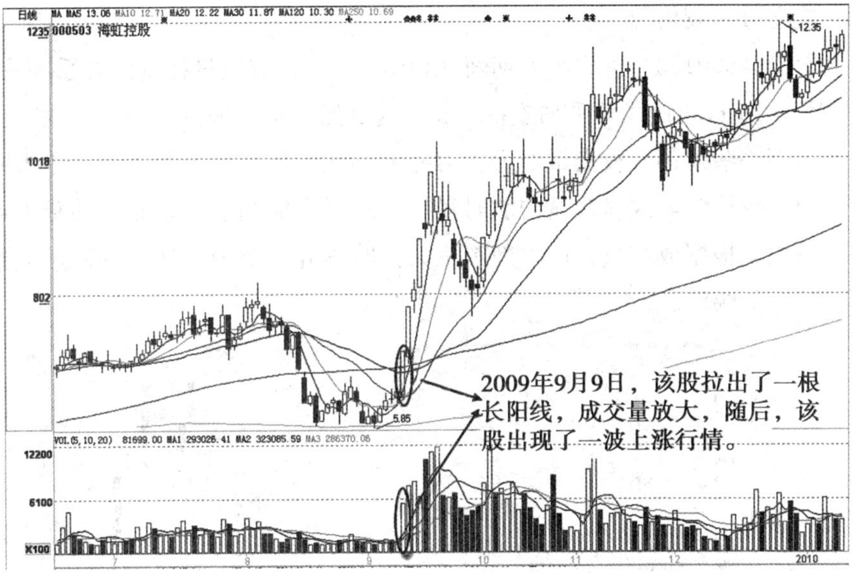

图 7—5

震荡洗盘建仓

震荡洗盘建仓又称为长期震荡整理式建仓，通常用在绩优股上。由于绩优股的基本面良好，受关注的程度高，一旦股价出现异动，马上就会吸引一些人跟风，因此主力无法在短时间内囤积足够多的货，只能望“扬”兴叹。如果主力采用打压方式建仓，那么用于打压的筹码很有可能有去无回。在这种情况下，主力就会选择长期震荡整理的方式吸筹：在大盘上涨的时候在上档的阻力位处放上虚张声势的大卖单，适时阻止股价的上涨，吓走多头；在股价下跌的时候，在下档分批埋上小买单，吸纳筹码；在跌到关键位置时，在支撑位上放上大买单，吓跑空头。

这样的操作手法使股价在主力设定的范围内浮动，主力可尽情吸筹；同时，主力还可以利用买卖单的主动权操纵股价回归平台，不给机构和散户留一点获利空间，然后静观他们因耐不住寂寞而纷纷廉价抛售手中的股票。

长期震荡整理式建仓有以下几种表现形式：

1. 横盘型建仓。

这种形式表现为主力在某一价位上横刀立马，把抛单照单全收。此时主力只让这匹马“埋头吃草”，不让其“抬头看路”，股价稍稍冒头主力便一棍打下。若有压价抛售的，主力便趁机大捡便宜货。此时的马儿，全身皆“黑”，一般人是难以发觉的，但仔细观察，也可发现蛛丝马迹：

（1）K 线图上阴阳相间，甚至多次出现十字星。

（2）成交量比较均匀。

建发股份（600153）主力吸筹期间（如图 7－6），成交量柱状图几乎齐头并进，5 日均量线与 10 日均量线几乎粘连在一起，这显然不是一般的投资者所为。狡猾的狐狸总会留下一些痕迹，成交量即为主力掩饰不住的尾巴。一般来说，主力吸货时的成交量都比较均匀，或呈明显的涨时量增、跌时量缩的态势，聪明的猎人可紧盯住其尾巴不放。根据成交量，可以判断主力何时进驻，实力如何，进而可大致推测出其可能拉升的幅度。

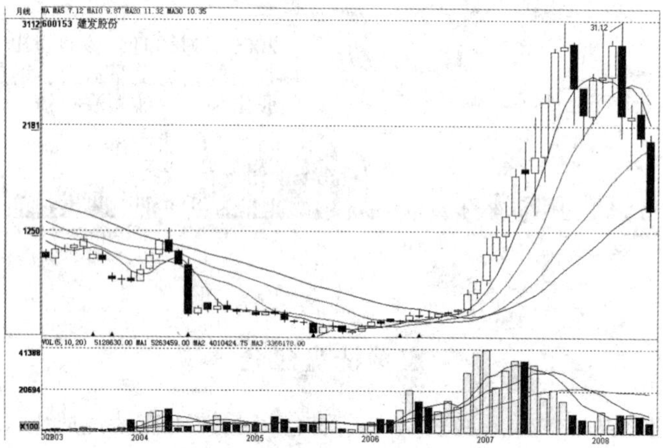

图 7－6

2. 反弹型建仓。

反弹型建仓是主力经常采用的一种节省时间的建仓方法。股价衰落，散户惜筹不肯出货，为了节省时间，主力操纵股价反弹，诱出廉价筹码。这种手法利用了市场散户“反弹出货”的心理。

采用反弹方式建仓，每一次的反弹高点都比前一次的打压点高。从 K 线走势图上看，股价都经过一波下跌行情并且已经基本没有继续下跌的动力。其表现为先是收出一根或几根大阴线，又很快收出一根大阳线，将前面的一根或几根阴线实体全部覆盖住，或者是连续收出小阳线实体，也有可能是收出止跌的十字形形态。股价的中心呈现出不断向上移动的走势形态。

股价反弹时，成交量就会呈现放大的现象，在主力打压股价让其回落的过程，成交量会呈现缩量的现象。对于采用反弹方式建仓的个股，做短线或者做中长线的散户都是大有可为的。短线采取高抛低吸的策略获取差价利润，一定要把握好每一次的反弹高点和回落时的低点，并且要准确地判断出主力建仓完毕的时间；做中长线的散户，可以在主力每次向下打压股价时，跟随主力慢慢地吃进筹码然后静静地等待主力的拉升行情。

3. 箱体型建仓。

主力建仓是有目的、有计划的行为。主力在介入某只股票后，会在某一个价格高点挂上大量卖单，给股价上行带来很大的压力。同时，主力也会在某一个价格低点挂上大量买单，使股价在一个箱体内做小幅震荡整理，K 线图上的走势几乎呈一条横线运行。一些散户由于经不住股价长时间横盘震荡整理的考验，就会抛出手中的筹码，而主力恰好趁机吸入，逐步完成建仓工作。当然，对长期低位震荡的个股有无主力伏兵，也要结合基本面来分析。一般来说，这种建仓方式主力主要用于新股、次新股、盘子较小的个股等。只有充分控盘，主力才能任意操纵股价，做到多高也没有人敢投反对票。

低位抬高建仓

低位抬高建仓又叫拉高式吸筹建仓，就是在股价上涨的过程中建仓，在盘面上表现为股价走出一波上涨行情。大多数冷门股或长期下跌的股票都可成为主力拉高建仓的目标。主力建仓时，股价呈现出略微上升的态势，整个股价上升的过程就是主力建仓的过程。主力迅速从股价低位推高股价，有时以涨停板的逼空式建仓方法，让股价向上冲破上档所有阻力位，成交量这时放出天量，建仓完成。这种建仓方式往往暗示着该只股票背后蕴藏着重大的利好题材，并且后势还将有巨大的升幅。

主力之所以选择拉高式建仓一般是出于以下几种情况：

1. 短线主力的快速获利手段。一般，股价有序攀升阶段，一些散户就会忍不住获利出逃，正好中了主力拉高吸筹的圈套。

2. 主力不得已而为之。对某些质地优良的个股，主力软硬兼施散户还是死捂着不放，不得已提价收购。

3. 制造市场人气，配合大盘和板块炒作。主力故意把股价炒得炙手可热，吸引散户过来抢购。

拉高式建仓的确会导致散户的误判，让他们误以为主力拔高出货，主力却趁势吸筹，“暗渡陈仓”，为自己赢得拉升战机。这样一来，主力会投入较高成本，但由于大盘牛市方兴未艾，个股背后又有重大题材和利好，因此在拉高建仓的背后，个股就会存在更大的涨幅。

拉高建仓又存在两种形式：

1. 短庄快速建仓。

短线游庄，俗称“大鳄”。短庄的目标大都是那些流通盘较小、易于控盘的个股。短庄敞开大门，大肆提价收购，吸引散户“获利为安”，迅速完成建仓过程。主力拉升吸货过程短暂，散户无法分清主力是在吸货还是冲高派发。这种越卖越涨的狂热气氛，会吸引追高买盘的杀入。短庄有以下几个特征：

（1）换手率高，短时间内会接连出现大的买卖盘。

（2）股价起伏大。短庄凭借时间短来控制成本，一般会在短期内进行大幅的洗盘调整。

（3）市场炒作氛围较好，常常形成明显的板块效应。

投资者跟踪短庄时应该用逆向思维，追跌杀涨，暴跌可买，暴涨则卖。

2. 台阶式建仓。

与短庄营造的股市大起大落的情势不同，面对质地优良的个股，持有者会牢牢地握在手里死活不卖，这样主力很难在低位吸到充足的筹码，只得逐步提高收购价，在走势图上看起来就像一个个台阶一样往上走，所以叫做台阶式建仓。

对台阶式上扬的个股，宜耐心一路持有，让平时作威作福的主力当当轿夫。

如果投资者经过判断，得知主力是在采用拉高式建仓，一定要有耐心，别把送上门的财神硬推出门。一般来说，这类股票后市将会有很大的上涨空间。

把握主力建仓的时机

主力在选定自己的操作对象和操作方法之后，还要制定详细的介入时机，因为它直接关系到操作能否取得成功。通常，为了降低持仓成本，主力会耐心等待利空消息或大盘底部的出现。利空消息在任何时候都可能会发生，但在每年年末、两次报表披露之际，或在重要的政策底部、技术关口时出现的更多。而大盘底部出现的机会很小，大底每年可能就出现一两次。

总的来讲，主力的建仓时机有以下几个：

1. 股价超跌有反弹要求时。

对短线庄家来说，这时候入场会事半功倍。价值被严重低估的超跌股，有着强烈的反弹要求，众多股民焦急地等待着反弹出货的良机。这时，主力在下跌接近尾声时主动买套，股价一企稳，短线抄底盘会蜂拥而入，主力很快就能将股价拉高。如果大盘处于盘整市道或上升市道对主力更有利。

2. 年报公布之际。

这个时候主力吸货的方法属于借利空吸货。如果上市公司提前放出业绩下滑、年报出现亏损等朦胧利空传闻，将造成股价一路下跌，市场悲观的局面。在正式公布年报时，股价的下跌加剧，这时，主力全线进场，不但容易吸纳筹码，而且不易被发现，有时甚至会被散户误以为已经止损出局了。

3. 年末。

此时，股市受众多传闻、消息的影响比较大，波动剧烈。如管理部门要进行财务税收大检查，政府部门要相继召开各主导领域的工作会议，以确保年底计划的实现，并安排下一年度的发展计划等等。而且，年内出现低点的机会也较大，建仓相对容易。即使跨年度持仓，胜算仍较高。

4. 宏观经济处于低谷有启动迹象时。

宏观经济运行到低谷时，市场萧条，居民购买力下降，消费意愿及投资意愿不强，股市也受其影响走下坡路。此时，经过漫漫长夜，大多数散户尚未摆脱下跌的阴影，对前景一味看淡，真正能够看到曙光的只有极少数成熟的散户，主力则乘机在底部收集筹码。当散户觉醒过来，指数已高，主力正好借人气旺盛之际顺势拉抬，套现获利。

5. 重要政策底部。

当大盘跌至重要的整数关口，尤其是政策底部时，主力已经做好了建仓的准备，场内外相互配合诱空，使散户恐慌无比，斩仓割肉，叫苦连天。场外主力则在人气最为悲观的时候，“大马路上捡便宜”，将卖单通通吃掉，大摇大摆进场。以沪市为例，1997 年 9 月，大盘下探至 1025 点，1998 年 8 月，大盘下探至 1043 点，1999 年 5 月，大盘下探至 1047 点后，都在 1000 点政策性底部受到强有力支撑，并且引发了中级以上的爆发行情，尤其是“5・19”的井喷式行情更加令人注目，这一切都离不开主力的活动。

6. 公司业绩有大幅改观而未被市场发现时。

主力同上市公司有密切联系，可以近水楼台先得月，虽然消息尚未公布，但主力已提前获知，此时逢低吸纳，日后坐享其成。这类股票随着价值被发现，价格会有一个回归过程，市场把此作为题材来炒作，认同度较高，主力不需要费很多周折。

K 线图暴露主力轨迹

K 线图是股市无声的语言，投资者可以根据 K 线图中的价格走势及成交量变化，对主力的意图作出较准确的判断。在此，我们介绍怎样根据图形判断主力是否吸货。

1. 扇形走势。

扇形走势实际上是由两个圆底组成的，价位先形成一个圆底，然后上升，不久又回落再次形成圆底，不过这次的底比上次的高。两个圆底组成的图形就好像一把中国的扇子，所以形象地称为扇形走势。

例如海油工程（600583）2006 年 10 月份至 12 月份的 K 线走势图就是扇形走势，见图 7—7：

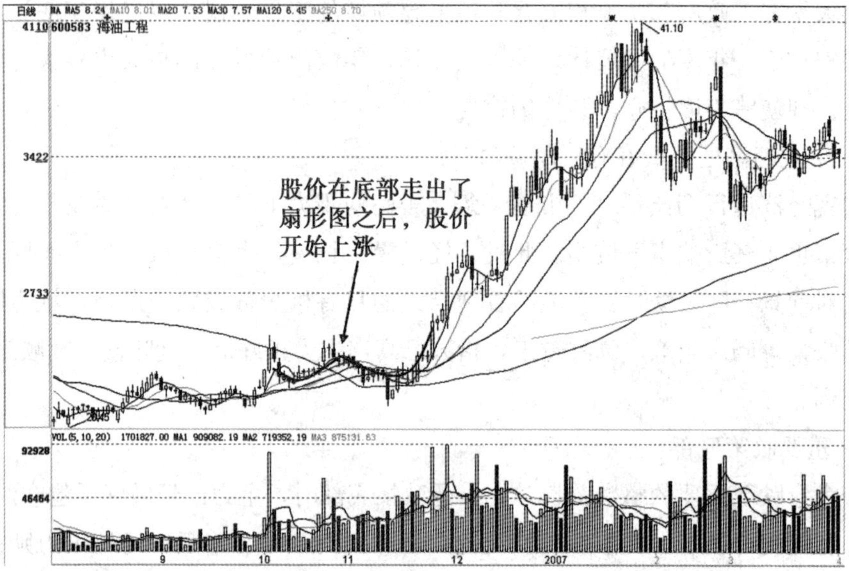

图 7—7

扇形走势由两个圆底组成，其意义与圆底相同，只是主力收集力度更强劲罢了。在扇形走势中，第一个圆底表示行情已经形成正等待上升，但主力吸筹尚不够，他不想股价那么早便急升，所以将价位压低形成第二个圆底。当然，形成第二个圆底的另一个原因，就是好消息正在酝酿，但仍未证实。

2. 横盘走势。

横盘走势，即价格走势呈横线形状。横盘形成，最常见的原因就是主力正在收集或派发。如果是在低位形成横盘，大多是主力正在悄悄收集，他不想价位升上去，以免提高吸筹成本。所以，股价低时会进货，高时又会压价，价位暂时未能上升，形成一条横线形状。

对投资者来说，遇到横盘走势，应该注意：

（1）密切注视，不要走神，因为股价一旦突破横盘，涨幅是很惊人的。

（2）如果股价突破横盘，向上发力，则是一个强烈的买进信号，要趁机进货，越迟价位越高。相反，横盘之后价位突破向下，要趁早出货，越慢价位会越低。

（3）一般来说，横盘时间越久，向上或向下突破的威力越大，升跌幅越厉害；反之，升跌幅就越小。

（4）横盘打破之后，不管是升还是跌，如果此时的成交量出现明显放大，则说明推动升跌力量也很强大，狂升狂跌的可能性非常大。

例如太原刚玉（000795）从 2010 年 6 月 9 日至 2010 年 8 月 25 日的走势图，就是典型的横盘走势，见图 7—8：

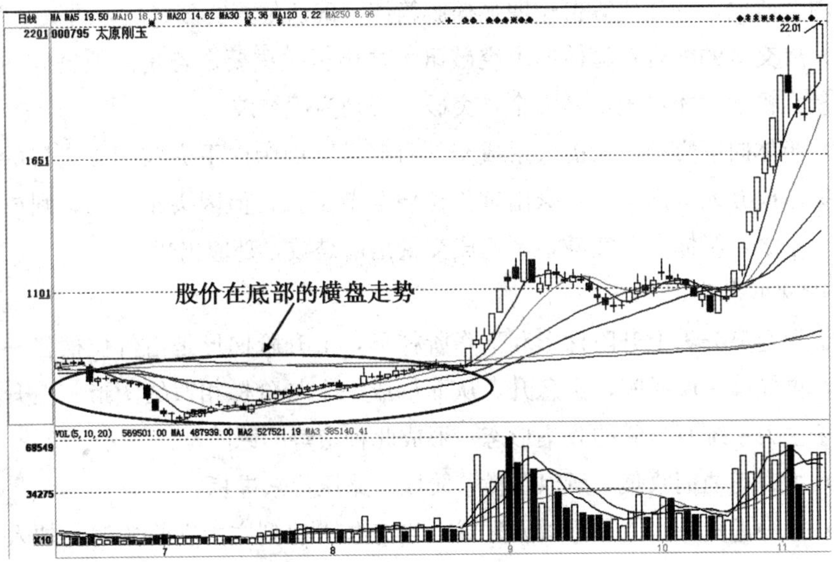

图 7—8

3. 箱体。

箱体走势是一种密集区域，只是相比之下，走势有次序，升跌都在一个长方形范围内。

就箱体形成原因来说，主力的压价入货或托价出货最易表现为箱体走势。比如，当主力事先得知利好消息后，会秘密收集筹码。为避免价位上升得太快，导致收集不到足够的筹码或提高收集成本，主力会在某个既定价位入货，在某个价位扮演卖家，使不知就里的投资者不但不敢跟进，还认为走势不佳，不耐烦地出货了事。

相反，当主力事先得知这只股票的坏消息后，会趁未公布之时，趁高出货，但当跌到某个价位时，又扮演买家，象征性买些，托住价位，只要有人买，主力就卖。托住价位来出货，价位当然不会大跌，但又不会升高，因为一升，主力就派发，所以就形成一个箱体走势图。

判断箱体走势图究竟是入货还是出货，有两个标准，一是看箱体图形是出现在底部还是在股价有一段上升之后，如果出现在底部，则主力吸货可能性大，否则，出货可能性大；二是看盘中走势，通过分时走势图判断哪是压价入货，哪是托价出货，因为，压价入货，多为急跌后缓慢爬升，托价出货则多为急升缓跌，跌时量并不缩小。

若遇到箱体走势图，投资者应该注意：

(1) 当箱体形态突破时，向上突破是上升讯号，理应买入；向下突破，是出货讯号，理当卖出。

（2）箱体形态有时也会出现假突破，价位在向上或向下突破后，只三两天又回到箱体内。所以，一定要等价位明显摆脱箱体，确认是真突破之后，再决定跟入。

（3）成交量的配合在箱体向上突破讯号之中至关重要。若是向上突破的话，只有成交量大幅增加才可确认是一个真突破，否则为假突破。

（4）箱体向下突破，无需大手成交就可确认。因为向下突破而无支持的话，可能是买家已放弃入货念头，卖家出货价位便节节下挫，但因买家力弱，则成交量不增反减。总之，箱体向下突破，不论成交量是增是减，都应出货。

4. 阶梯形走势。

阶梯形走势分为上升阶梯形和下降阶梯形，上升阶梯形是指价位横移一段时间后急升，再横移一段时间，再急升，从而形成一个与阶梯相似的图形。上升阶梯形走势属于主力系统有步骤的收集形态。形成此种走势的原因是：

（1）主力正悄悄收集，所以在横移阶段一路压价来进货。

（2）这种进货不可能总不被人发觉，当有些人感到主力在收集时，加入买家行列，所以股价呈直线式上升。

（3）当价位急速上升之后，需暂时消化一段时间，但主力仍然不肯罢休，一路接下获利回吐盘，于是价位不跌落，出现横移走势。

（4）横移一段时间后，仍未吸够筹码，加上又有外部资金加入，于是价位再次以直线式上升，如此反复。

如永泰能源（600157）2008年11月至2009年4月的K线走势图，就是典型的阶梯形，见图7—9：

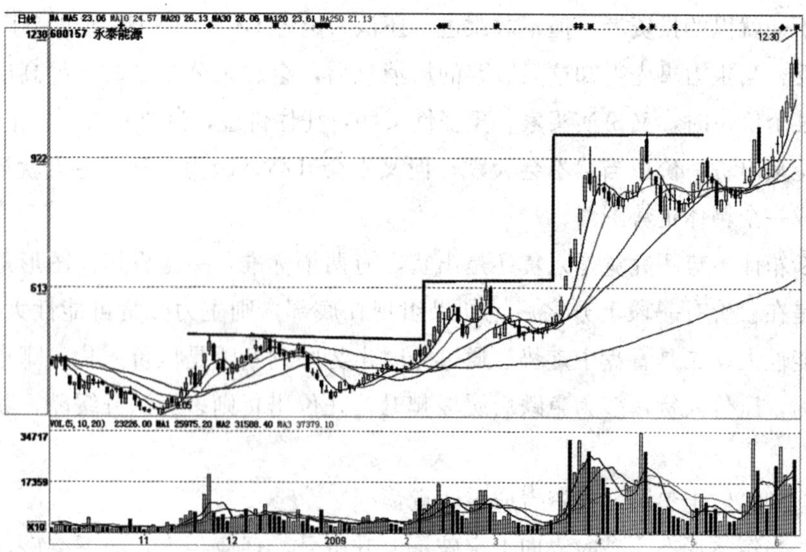

图7—9

上升阶梯形是主力系统收集形成的，而下跌阶梯形是主力有秩序派发形成的。主力一段段派发，在下跌横移时托住价位来出售，使价位在跌后横移，横移一段时间后，卖盘始终庞大，再次使价位直线下滑，主力又托住价位来出售，如此反复直至全部清仓。显然，对于上升阶梯形，散户一经发现，应早日跟进；相反，一旦发现下跌阶梯形，应早日脱身。

5. 圆底。

通常圆底是这样形成的：股价自高位回落一段时间后，开始上升，但它不是立即上升，而是在低位缓缓上升，在图形上形成一个圆形的底部。例如 2006 年 7 月至 11 月武钢股份（600005）的 K 线走势图，就是典型的圆底形，见图 7—10：

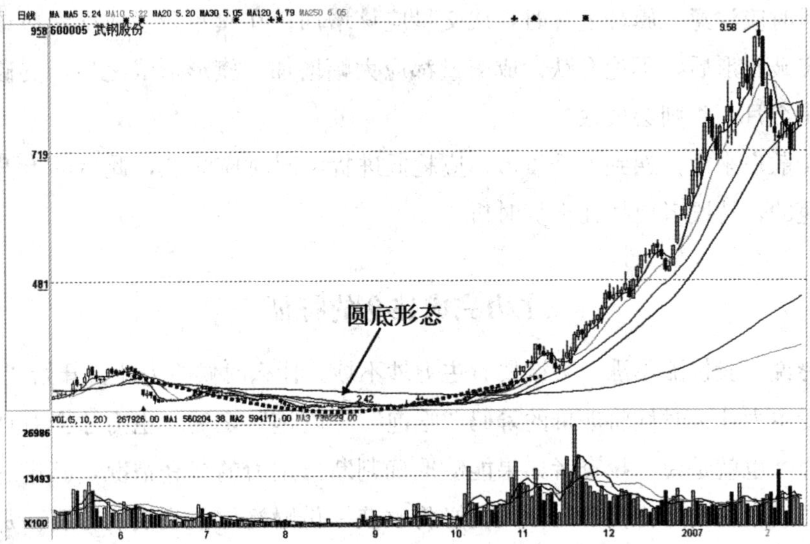

图 7—10

圆底形态形成原因：

（1）圆底或是从高位跌下来或是主力尚未吸够货，大市处于盘整期主力打压后形成。反正价格下跌一段后，抛盘减小，主力慢慢收集，不急于推高股价。

（2）成交量也通常与股价图形走势吻合：初跌时，恐慌，成交量大；然后，随着抛压减轻，成交量随之缩小；当主力还要多收集些时，不得不慢慢抬高价格，于是圆底右边成交量也随价格轻微上升而不断放大；突破圆底时，成交量应持续放大。

既然圆形底往往预示主力收集，那么，一旦收集完成，该股就会有巨大的升幅，因此，投资者在突破圆底并有成交量配合时，应该果断介入。

6. 旗形。

股价旗形走势，指股价突然急升，拉出一根旗杆，然后由这个价位作轻微的有次序的下跌，下跌时的高位与价位之间划上两条短暂的趋势线，就在图形上形成了旗形。

形成旗形走势的原因：

(1) 受到某些利好消息刺激，股价急剧上升，形成旗杆。

(2) 利好未落实，于是有人获利回吐。

(3) 主力未吸够货，仍想在低价时多吸纳些，于是压价入货，但由于已引起少数精明散户注意，因而也跌不到哪里去。

(4) 利好消息终于兑现，价位想压也压不下去，就以消耗性形式向上突破。

(5) 上升之后，往往是最后一波，很快就会急速回落。

分析时应注意，旗杆上升时，成交量应该增加；在旗布阶段成交量应该大幅减少；在突破旗形后，不论升跌，成交量都应大幅增加。旗形形成之后，突破时间不应超过 1 个月，否则会失效。

对于散户来说，遇到上升旗形，应趁低进货，同时应注意，此后的上升或回落都是迅速的，持股者要抓住出货时机。

主力完成建仓的特征

股谚说，股价涨不涨，关键要看主力炒不炒。什么时候主力才会开始“炒”，关键是要看主力什么时候将廉价的筹码“吃饱”。“吃饱”之后，主力才会有炒作的激情和动力。也就是说，投资者如果能够准确判断出主力的持仓情况，盯牢一只建仓完毕的庄股，在其即将拉升时介入，必将收获一份财富增值裂变的惊喜。那么，投资者如何才能判定主力已经完成建仓呢。

一般来说，主力在建仓完毕时，具有以下特征：

1. 盘口信息。

盘口是分析主力控盘程度的重要窗口。主力建仓完成与否，都可以通过盘口信息来作出准确的判断。

(1) 拉升时的大卖单。

一只股票在不涨不跌时，挂出大卖单比较正常。如果股价刚开始拉升，就出现较大的卖盘，有时甚至是先挂出卖盘，而后才出现上涨，就说明有异常。这时，如果卖盘不能被吃掉，就说明主力吸筹不足，或者不想发动行情；如果卖盘被逐渐吃掉，且上攻的速度不是很快，多半说明主力已经完成了建仓，对该股相对控盘了，他既想上攻，又不想再吃进更多的筹码，因此拉升股价的速度会慢一些，希望散户帮助吃掉一些筹码。

（2）下跌时的承接盘。

若主力建仓的筹码不足，其在洗盘时就不希望损失更多的筹码，因而下跌时，低位会有一定的承接盘，这是主力自己卖给自己。有时，主力甚至会先挂出承接盘再启动下跌动作。如果主力已经控制了较多的筹码，那么股价下跌时，卖盘基本上是真实的，低位不会主动挂出大的承接盘。如果主力不承接低价位的筹码，其目的就是为了减少仓位，以便为下一波拉升做准备。

2. K线图。

（1）日K线图走势独立于大盘。

一般情况下，在市场中，大盘可以看作是个股走势的风向标，大盘涨时，个股也涨；大盘下跌，个股也跌；大盘呈平衡震荡趋势，个股也随之表现为上下震荡。然而在市场中，如果某些个股"目"无大盘，走势我行我素、独来独往，走出独立的行情，那表明主力已经基本控制该股，并且已经完成了建仓工作。

（2）股价放小量且拉出大阳线。

主力进入目标股，在经过一定时间与空间的收集工作后，如果某日用较小的资金就能使股价涨停，那表明市场极大多数筹码已经流入了主力手中，其已具备了绝对的控盘能力，能够在市场中随心所欲地画走势图，这也说明主力筹码的收集工作，已经进入尾声，或者结束了。

（3）K线走势起伏且成交量萎缩。

主力在收集筹码的末期，为了洗掉市场中的获利盘，便会使用少量筹码来做走势图。从日K线上分析，股价起伏不定，在一个箱体内做震荡走势，上涨到箱顶止涨，下跌到箱底止跌。在分时走势图上，震荡幅度更大，走势似波浪式的翻腾，成交稀疏，只有在上涨或下跌时，才会有人有意挂出单子，明显给人以股价被控制的感觉。

3. 分时走势。

相比于主力介入程度不高的股票，主力相对控盘的股票，表现出的分时走势比较流畅自然，成交也比较活跃。而主力完全控盘的股票，股价的涨跌很不自然，平时买卖盘较小，成交稀疏，只有在上涨或下跌时，才会有人有意挂出单子，明显给人以股价被控制的感觉。

4. 消息面。

利空消息是测试主力强弱、建仓是否完毕的试金石。在市场中，突发性的利空，会使主力措手不及，因为此时主力手中的筹码极多，进退极不方便。从利空消息袭来当日的盘面中可以看到，开盘后抛盘很多而接盘更多，不久抛盘减少，股价企稳。这是由于主力害怕散户捡到廉价的筹码，只能在不利的市场环境中艰难护盘，维持股价不下跌。这也说明主力的建仓工作已经完成。

主力持仓成本的核算方法

主力坐庄就像是做生意一样，也有投资成本，其利润是用最后收入减去成本后的余额。投资者应该多关注庄股的获利空间，若庄股获利较少，甚至股价低于主力的坐庄成本，那么散户此时买入，获利前景较为可观；若现在的价位主力已有丰厚的利润，那么散户此时入场一般不会有太大的收益，因为此时主力不会再处心积虑地拉抬股价，而开始考虑出货了。所以计算主力的成本有助于投资者判断其下一步的行动方向。

然而，并非所有成本都能计算，诸如拉升、出货、资金拆借、公关交际、人员费用等成本是无法计算的，一般能够估算的只是主力的持仓成本。主力持仓成本的计算方法大概有以下几种。

1. 通用方法。

主力的持仓成本＝（最低价＋最高价＋最平常中间周的收市价）÷3

选择吸货期内的最低价、最高价及最平常中间周的收市价相加，然后除以 3，这是比较简单实用的一种方法。

一般吸货持仓时间越长，利息、人工、公关、机会成本等越多，这时总成本要略微上浮 15％左右；如果主力持仓时间达到两三年，则总成本在计算以上浮 20％～35％为宜。

2. 计算换手率

换手率＝成交量÷流通盘×100％

用换手率来计算主力的持仓成本是最直接、最有效的办法。对于老股，在出现明显的大底部区域放量时，可作为主力持仓的成本区，具体的计算方法是：计算每日的换手率，直到统计的换手率达到 100％为止，此时的市场平均价就是主力持仓的成本区。对于新股，很多主力选择在上市首日就大举介入，一般可将上市首日的均价或上市第一周的均价作为主力的成本区。

3. 测算平均价。

主力若通过长期震荡整理方式来收集筹码，则底部区间最高价和最低价的平均值就是其筹码的大致成本价格。此外，圆形底、潜伏底等也可以用此方法测算持仓成本。主力若是通过拉高来吸筹，成本价格会更高一些。

一般而言，中线庄家建仓时间大约为 40～60 个交易日，即 8～12 周，取其平均值为 10 周，从周 K 线图上，10 周的均价线可认为是主力的成本区，这种算法有一定的误差，但偏差不会超过 10％。作为主力，其操盘的个股升幅最少为 50％，多数为100%。一般而言，一只股票从一波行情的最低点到最高点的升幅若为100%，则主力的正常利润是10%。我们把主力的成本算出以后即可知道主力的最低目标价位，不管道路是多么曲折，投资者迟早都会到达这个价位，因为主力若非迫不得已，绝不会亏损离场。

4. 测算最低价。

在最低价位之上成交密集区的平均价就是主力持仓的大致成本，通常其幅度高于最低价的15%～30%。

5. 测算股价。

以最低价为基准，低价股在最低价以上0.5～1.5元左右，中价股在最低价以上1.5～3.0元左右，高价股在最低价以上3.0～6.0元左右为主力的大致成本范围。

6. 测算新股成本。

（1）新股上市后，股价的运行一直保持较为强势的特征，如果在连续几个交易日股价总体向上，换手频繁，并且一周之内换手达到了100%以上，那么，股票的平均价格就大致接近主力的成本。

（2）对于上市当日换手率就能超过60%的新股而言，定是有主力埋伏其中大肆吸货，且短期内便可接近目标仓位，因而大致可以判断出，主力的成本价就在上市首日开盘价与收盘价的平均值附近。一旦主力完成收集过程，日后的拉抬幅度往往是首日收盘价与开盘价之平均值的2～3倍，甚至4～5倍。投资者如果在此区域进货，持股3个月乃至半年以上，常有惊人的获利。

（3）上市首日换手率不足50%的新股，主力成本一般在60日均线与120日均线之间。大多数主力收集筹码不可能集中于一个交易日，上市首日若未能收集够筹码，主力则需要一定的时间吸货。对于大多数刚上市的新股，主力如果立即拉高吸货，往往成本较高，所以需要慢慢吸筹。大多数主力收集筹码一般需要2～4个月甚至更长时间，收集完毕之后，在大势适度活跃时择机拉抬，发动一波行情。因此，60日均线与120日均线之间的价位往往是主力的成本区域，投资者在这个区域择机介入，取胜的把握较大。

7. 测算老股成本。

（1）冷门老股的主力成本在底部区域、箱形震荡最高价与最低价的均值处。

对于股价深跌、利空充分的个股，主力会采用反复拉抬、打压的手法，获取持股人手中的廉价筹码，等待时机拉升获利。投资者在主力设计的震荡箱体中位或箱底进货埋伏，将来主力筹码收集完毕必定发力上攻，涨幅会非常可观。

（2）慢牛股主力成本通常在10日均线与30日均线之间的黄金通道内。

有些朝阳行业潜力股，主力因看好该股基本面，在里面长期驻守，耐心运作，只要该股基本面不发生重大变化，主力就不会出局。其走势特点是：股价依托10日均线或30日均线震荡上行，缓慢攀升，主力手法不紧不慢，不温不火，股价偏离均线过远则回调，技术整理几天，当碰到30日支撑线时就上行，成交量既不放得过大，也不萎缩的太小，始终保持一个比较适中的水平。这种慢牛股的主力成本区域就在10日均线与30日均线之间。投资者在此区域适当进货，赚钱的概率极大。

主力持仓量的核算方法

了解计算主力持仓量的方法，可以帮助投资者很好地判断主力目前的坐庄阶段和坐庄实力。最简单的一个道理：一只庄股如果处于建仓阶段，投资者就应该适时跟进；如果是到了出货阶段，就应该敬而远之。主力的持仓量关系到其能否顺利操盘。一般控盘率达不到20%，是不可能坐庄的；控盘量在20%～40%，股票股性活跃，浮筹较多，上涨空间较小，拉升难度较大；控盘量在40%～60%，就达到了相对控盘，这种股票的活跃程度会更好，拉升空间更大；控盘量超过60%，则活跃程度较差，但空间巨大，也就是所谓的绝对控盘，出没无常的“黑马”股大多产生在这种控盘区。一般来讲控盘程度越高，主力介入的资金量越大，个股日后的获利空间也越大。投资者在跟庄过程中，若要保持优势，就要对主力的持仓总量进行准确判断。

通常，从主力介入的那天开始到大规模拉升之前总成交量的30%可粗略地判断为主力的持仓总量。这是一种简单易行的方法。

另外，在实践中，还可以用以下几种方法具体估算主力仓位的轻重。

1. 分析吸货期。

主力的持仓量=吸货期×每天成交量（忽略散户的买入量）

对吸货期很明显的个股，主力持仓量的简单算法是将吸货期内每天的成交量乘以吸货期。

2. 计算换手率。

主力仓位轻重用换手率来计算是一种最直接、最有效的办法。低位成交活跃、换手率高，而股价涨幅不大的个股，通常是主力在吸货，此间换手率越大，主力吸筹就越充分．投资者可重点关注这类个股。

计算主力自建仓到开始拉升这段时间的换手率，参考周K线图的K线均线系统由空头转为多头排列，可证明有主力介入，周MACD指标金叉可以认为是主力开始建仓的标志，这是计算换手率的起点。

股价在上涨时，主力所占的成交量比率大约是30%，而股价在下跌时，主力所占的成交量比率大约是20%。股价上涨时放量，下跌时缩量，假设放量：缩量＝3∶1，可以得出一个推论：假设前提为上涨时换手率为300%，则下跌时的换手率应是100%，这段时间总换手率为400%，依次可以得出主力在这段时间内的持仓量＝300%×30%－100%×20%＝70%，即主力在换手率达到400%时，持仓比例能达到70%，也就是每换手100%时，持仓比例为70%÷400%×100%＝17.5%。

当总换手率达到200%时，主力就会加快吸筹，拉高建仓，因为此时筹码已不多，这是短线介入的良机。而当总换手率达到300%时，主力基本已吸足筹码，接下来会急速拉升或强行洗盘，投资者应从盘口去把握主力的意图和动向，切忌盲目冒进使得投资从短线变为中线。在平时的看盘中，投资者可跟踪分析那些在低位换手率超过300%的个股，然后综合其日K线、成交量及其他技术指标来把握介入的最佳时机。

一般说来，随着股价上涨，成交量就会同步放大。而某些主力控盘的个股随着股价上涨，成交量反而缩小，股价往往能一涨再涨，对这些个股投资者可重势不重价。对于主力持有大量筹码的个股，在其上涨的过程中，只要不放量，就可以一路持有。

第二节　跟庄获利在于拉升阶段

主力拉升有何特征

股市中，获利是投资者的首要目的，没有任何一个人会说自己的投资不是以获利为目的。而任何的获利，都建立在高抛低吸的基础上，所以，拉升就成了主力获利必不可少的步骤，换句话说，如果主力在坐庄的过程中，没有将股价拉升，那么，他获利的可能性相对较低。

严格来讲，主力的拉升是有多种性质特点的，如整理拉升、中继拉升、价差拉升、出货拉升等，有时候某种性质特点非常明显，有时候几种性质特点交织在一起很难分辨，这就是股市的复杂性。主力拉升最根本的目的当然是为了获利，但在战术方面也是有所考虑的。

1. 随着运作过程的延长，主力意图和某些商业秘密泄露的可能性也越来越大，这样将造成许多不必要的麻烦和损失，股价的拉升，可以在很大程度上避免这些。

2. 股价的拉升，可以提升股票形象，凝聚市场人气，吸引散户投资者参与，为日后的出货打下了较好的基础。

3. 由于在建仓、整理、洗筹等环节投入了大量的资金，如果不拉升股价完成出货任务，成本将会大大增加。

主力在拉升阶段有如下特征：

1. 拉升前的盘面特征。

（1）股价几乎不随大盘走势波动，形成自己的独立走势，在大盘震荡的时候尤其如此。

（2）买卖盘价位间隔很大，能明显看到某几个重要价位上有较大的买卖盘把守，其他价位上几乎没有挂盘。

（3）成交量分布极不规则，平时成交较少，偶尔放出巨量，而这些巨量均靠主力的对倒产生。

（4）在大盘急跌时抛盘较少，而且股价基本上不跌，突然一笔大抛单将价格打低很多个档位，之后仍然很少出现抛单。

（5）该股并不太受场外投资者的关注。

2. 拉升时的盘口特征。

（1）庄股在启动初期，经常会出现连续逼空的行情。随着行情的展开，成交量也会连续放大，这是股价拉升突破初期阻力的一个盘面现象。对主力来说，时间比资金更重要，因此他们采用了用空间换时间的手法快速拉升股价。同时，快速拉升股价容易产生暴利效应，能更好地起到诱惑投资者的作用。

（2）在个股分时走势图上，经常可以看到股价在开盘后不久，或者是在收盘前几分钟出现突然拉升的现象。如果股价在开盘后 30 分钟内即拉到涨停，则有利于主力以较少的资金达到拉升股价的目的。主力开盘拉涨停时，股价大多都离底部区域不远，一旦这时股价涨停，会引起场外短线资金介入，从而降低自己拉升的成本。尾市拉升，则属主力刻意所为，其目的是为了显示自己的实力，吸引投资者注意和跟风，或者是为了做出 K 线图以及好的技术形态。

（3）有主力入主的个股，行情一旦启动，走势将明显独立于大盘或者板块的其他个股，这种现象多发生在大势较好的时候，此时大盘表现较好，能够吸引场外资金的介入。有了一定的人气支撑，一旦这类个股走强于大盘，将会吸引更多的投资者跟风。

（4）为了配合主力对个股的大幅拉升，媒介或者机构会不断地传出有关这类个股的利好题材，以此来吸引不明真相的投资者跟风。同时，主力还会故意制造出较大的成交量，使得盘面呈现价增量升的走势，以吸引投资者进场。

（5）当股价上攻时，经常会在买卖盘前三的位置上挂出大单，成交量也会大幅增加。随着股价的不断上涨，主力挂出来的买卖价位也会不断上移，有些个股的股价在分时走势图上会沿着 45 度或大于 45 度的角度上涨。

（6）实力强大的主力，会挂出不同价位的大买单，封死股价下跌的空间，投资者要买进，就只能按卖一的价格成交，这样无形之中就帮助主力推升了股价。

（7）短线庄家拉升最关键的是借大盘向好的时候造势。主力快速和大幅拉升股价的现象，大多发生在尾盘，操作手法简单，主要是以狠、快为主，为的是在拉升阶段避免大量追风盘的介入，直到最后达到主力理想的价格目标时，才会亮起绿灯放行。

（8）中长线庄家拉升，由于其对目标个股的坐庄周期较长，对目标利润定得也比较高，往往目标个股达到高度控盘的程度。因此，其拉升股价时，分时盘面走势通常表现出独立于大盘的走势，拉升手法呈现出碎步推升的态势，一轮拉升需要的时间往往都比较长。当主力操作到后期，涨幅也会越来越大，K 线走势图上呈现出来的上升角度越来越陡峭，成交量也越来越大。这类股票要么在高位慢慢横盘出货，要么就是等待除权，在股价相对便宜时再出货。

主力拉升选何良机

主力拉升的目的是为了获利，这就要求主力必须谨慎选择拉升的时机，也就是股市中所谓的“天时、地利、人和”。通常，如果选错了拉升时机，那么主力之前所做的各种努力都将前功尽弃，而如果选择了良好的拉升时机，就会事半功倍，甚至获取超出自己预料的利润。举个例子来说，1999 年“5·19”行情中，早已潜伏在网络科技股中的主力纷纷拉高股价，短短一个多月，许多个股都拉升了 100%以上，为以后出货留出了充分的空间；又如 2000 年的长牛行情中，主力在网络股、低价题材股、ST 股、次新股中轮番炒作，肆意拉抬股价，最后个个都大胜而归。具体来说，主力最喜欢选择以下几种时机拉升股价：

1. 有重大利好消息出台。

凭借重大利好消息出台的绝佳时机拉升股价，是主力惯用的一种手法，这也是政策市场和消息市场的重要特征。利好消息包括个股业绩、分红时间、收购兼并、经营方针、国内外大事及国家有关政策等，又分为市场面和公司基本面两方面的利好。主力在拉升股价时，一般会借发布利好消息来刺激股价攀升，同时也促使散户积极买进，以便和主力一起把股价拉起来，对于收购题材的炒作，几乎全靠消息配合。所以，利好消息发布的时候，就是主力疯狂拉升的最佳也是最后时机，哪怕大势在狂泻，也会不惜一切地拉升。为此主力就会想方设法把消息分成几个部分，分几次发布，把一个题材反复地进行炒作，从而控制股价多次上下震荡，这也就是说，主力要刻意创造多次拉升的机会。

2. 热点板块形成时。

如果主力要隐蔽地对目标股价进行拉升，一般就会选择大盘处于强势时，此时正是热门股板块表现的黄金时刻。我国的股票市场，一直以来都有板块联动的规律。如果主力操盘的个股是跟市场热点相关的股票，那么就能顺利的实现隐蔽地拉升股价这一目的。而且这还将吸引更多资金流入这个板块中，市场人气旺盛，便于主力把股价拉高，降低拉升成本。

3. 股市大势向好时。

主力在大势向好时拉升股价，就是“顺势而为”。在大势向好的情况下，市场人气旺盛，场外资金进场比较积极。主力在这个时候采取拉升股价的动作，就会引起场外资金的高度关注，把它们吸引进来，帮主力把股价推高。对于实力雄厚的主力来说，由于他锁定个股流通筹码50%以上，所以拉升容易，难的是如何派发这么多的筹码。因此主力一般喜欢选择大势即将飙升之前拉升。

大盘加速上升的时候，市场人气高昂，场外资金会不断介入，这时主力的拉升不但操作轻松，而且可以达到事半功倍的效果，主力可以用较低的成本达到成功拉升股价的目的。

4. 市场低迷期。

在低迷市、微跌市或牛皮市时，人气散淡、成交萎缩，多数人持币观望。若哪只个股中的主力敢脱颖而出，使股价拔地而起，甚至逆势放量上扬，市场往往称之为“黑马股”或“强庄股”，跟风资金很容易冲动追涨。这种时机比较少见，投资者还是要审慎对待。

5. 借助高比例配送的题材。

股票分配方案本身就是主力的一个炒作题材。主力可以利用股票除权的缺口效应、低价效应让众多散户将股价的走高与填权补缺口联系起来。因为市场中有一股热衷于炒作除权股票之风，散户会认为除权的股票有潜在的填权要求。除权后的股票价格相对较低，尤其是经过大比例配送之后，这会让散户认为捡了廉价股票，主力再根据市场情况来决定下一步的操作计划，比如为了填权拉升，激活市场跟风盘加入。

这种方法主要是利用了投资者“贪便宜”心理，而这正是绝大多数人难以克服的普遍心理。

6. 构筑有利图形。

为了引起市场的关注，并诱导散户的积极参与，主力一般都会绘制出一幅漂亮的股价走势图形。有的时候，主力会把个股走势图形以及各项指标做得非常漂亮，于是市场上一大批“痴迷”技术分析的“股痴”就会适时给予利好点评。当主力把这些图形和技术指标构造完毕启动拉升程序时，往往会吸引技术派散户疯狂跟风，而这些跟风者更好地帮助庄家把股价推高。因此，在拉升股价之前构筑有利图形，对主力而言具有很好的市场效果。

主力拉升如何试盘

股市中，常常会出现一种假突破的形态，即主力吸足筹码后先大幅冲高再回落，短线跟进者立刻被套，但只要你一割肉该股却很快止跌回升，迅速展开主升段。这个假突破可称为主力总攻前的“实战演习”，也就是试盘。

通过试盘，主力可以确定今天是否适合拉升，这是主力确保自己拉升成功的一种必要的准备工作。在试盘时，主力的招式往往虚实不定，有时欲涨先跌，有时以退为进，走势扑朔迷离，让散户难辨真伪。比如说，某只股票经过长期盘整，突然收一根放量长阳，技术上呈突破走势，按经典理论此时是最好的介入时机。但是在技术派人士纷纷抢买之际，该股却很快冲高回落，重返平台盘整，让“馋嘴”的技术派买个最高价。此种走势通常为主力大规模进攻前的一次演习，以此判断跟风盘的多少、市场抛压的大小。

一般来说，主力在吸货过程中试盘主要有三个目的：①看盘中是否已有主力，以免对做；②决定究竟采取哪种吸货方式——是拉高吸货还是打压吸货；③看看筹码安定性好坏，是否到了拉抬时机。

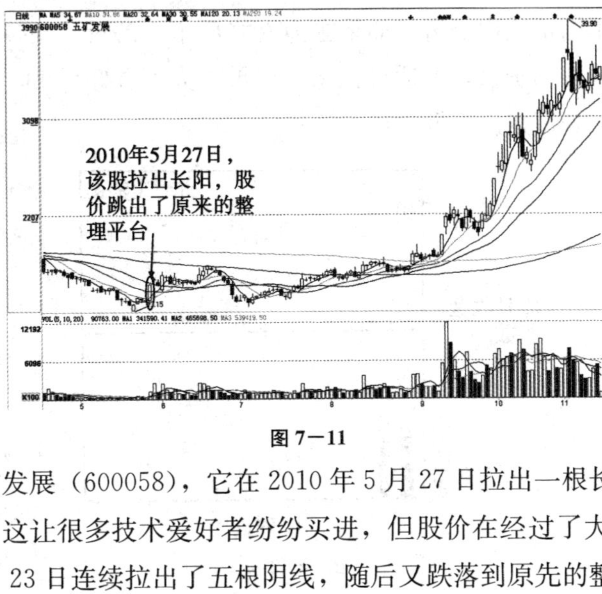

图 7—11

比如说五矿发展（600058），它在 2010 年 5 月 27 日拉出一根长阳线，跳出了原先的整理平台，这让很多技术爱好者纷纷买进，但股价在经过了大约一个月很小的上涨后，在 6 月 23 日连续拉出了五根阴线，随后又跌落到原先的整理平台上。由此可以看出，主力此前拉出的那根大阳线实属试盘行为。该股从6月23日后又开始了一段整理行情，在9月8日又拉出了一根长阳线之后，才开始了一波真正的上涨行情。如图7—11所示：

一般来说，主力在开市时会通过主动下买单或卖单压低或拉高股价再观测市场反应，测试盘中卖压程度及追价意愿，以决定是该拉抬、洗盘、护盘或出货。

我们来看试盘的几种情况及主力采取的对策。

1. 如图7—12，主力开高之后，散户追涨意愿不强，盘中表现为价涨量缩。主力此时硬拉很费劲，而且可能出现资金方面的问题。因此，主力若不看好后市，可能反手做空；而刚吸完计划筹码的主力，则可能会只守不攻，或联络上市公司和传媒放出利好消息，或等待大市升温时搭顺风车，总之，会等待合适时机。

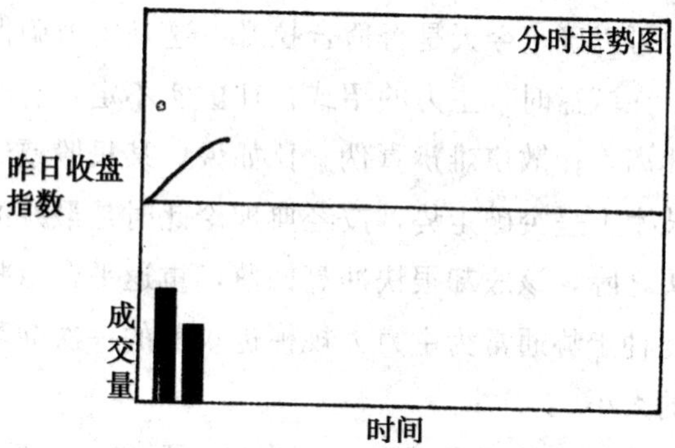

图7—12

2. 如图7—13，当日，主力为了测试该日的卖压，利用开盘时抛出一笔筹码，将股价压了下来。如果随后出现的下跌超过主力预期幅度且成交量放大，则说明当日卖压重，散户不因价跌而惜售。如果主力看好后市，已吸了些筹码，则当日或继续收集或洗盘，或被动护盘，不适合拉抬；如果主力不看好后市，可能先拉高，然后出脱手中持股，到尾盘反手做空。

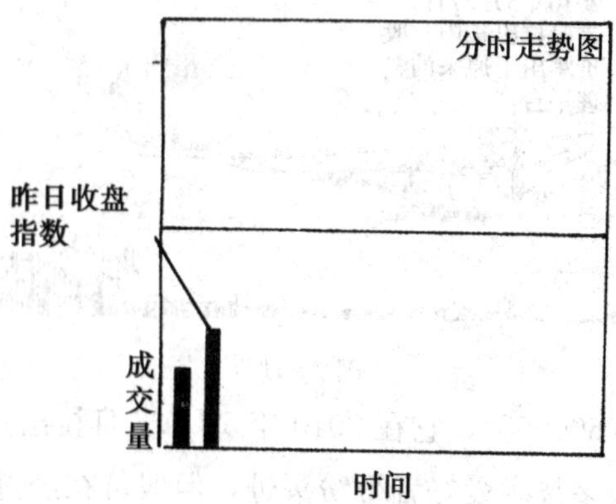

图7—13

3. 如图 7—14，主力为了测试散户追高意愿强弱，往往会做出强势开盘价。如果散户看好后市，踊跃购买，表现为价涨量增那么主力往往会拉抬股价，再往上做一波行情。

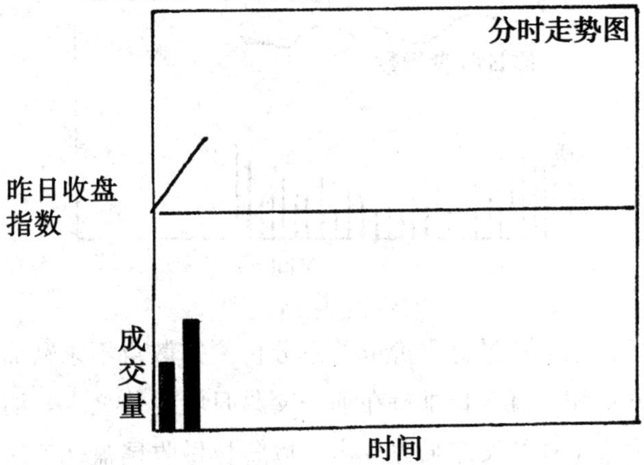

图 7—14

4. 如图 7—15，为测试散户持股意愿，主力在开盘时先低价抛出一笔筹码，随后股价缓慢下滑，回档幅度也不深，且下跌量缩。这说明散户惜售，不愿追杀。如果主力看淡后市，当日可拉高后再出货；如果看好后市，可以顺势拉抬，不会再往下洗盘，因为此时浮码已较少，自己抛出去的筹码都不一定能以原价买回来。

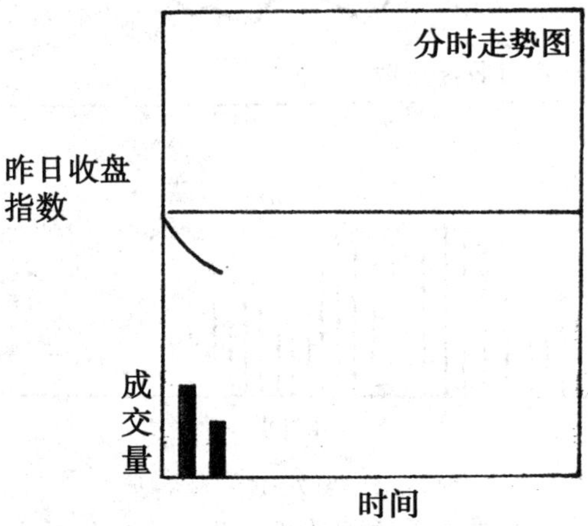

图 7—15

5. 如图 7—16，主力根据盘中价量关系变化了解到散户急于出脱持股，追高意愿弱，盘面表现为价涨量缩、价跌量增的背离走势，且价位始终在前一交易日收市价以下波动，盘势极弱无疑。若是已有相当涨幅，而后市不看好，主力或是制造利好掩护出货，或是先跑为快。若筹码未吸够，后市看好，主力会打压进货。若后市看好，主力已吸够筹码，也只能采取守势，等待时机。

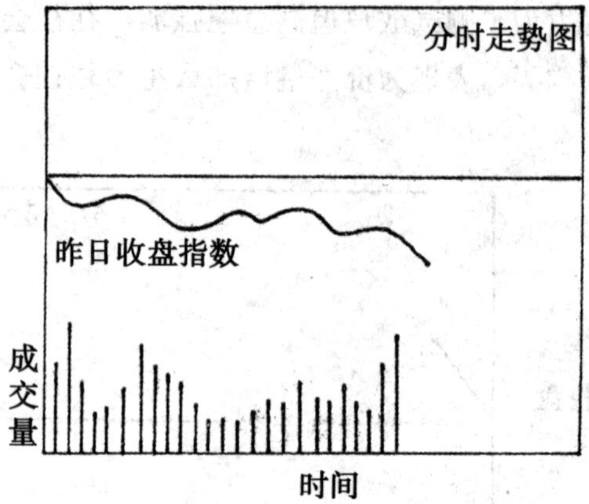

图 7—16

6. 如图 7—17，主力通过盘中价量关系分析测知散户不杀跌而追涨的心理，盘中价涨量增，价跌量缩，且全日维持在前一交易日收盘价之上，明显属强势盘。有鉴于此，主力在后市中往往发起强力攻击，以急拉做收尾盘轧死短空，以刺激明日买气。

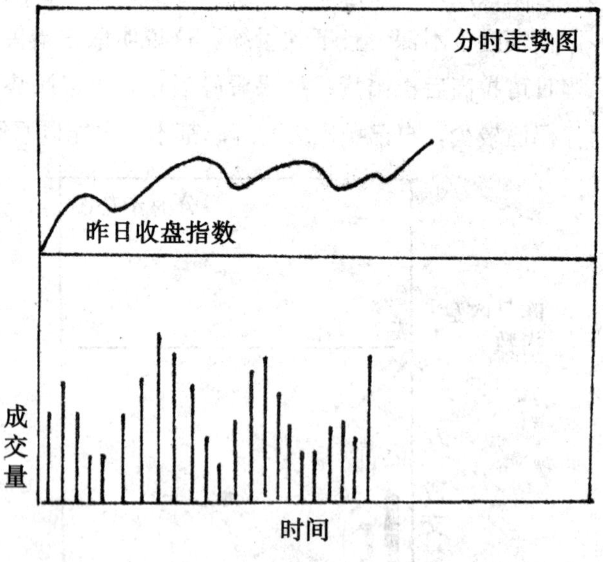

图 7—17

通过对主力试盘策略和操作手法的认识，投资者在跟庄的时候就不会轻易被主力欺骗，也就不容易犯错了。

主力拉升的几种方式

股市中多数人的本性是追涨，如果大盘稳步上扬，市场人气聚集，增量资金纷纷进场，主力拉升就能够吸引大量的追风买盘，从而用少量的资金达到“四两拨千斤”的功效，成功地拉升股价。一般来说，主力在拉升过程中都会根据自身的实力、市场及股票的具体情况采用不同的拉升方式，但总的来说主要有以下三种。

1. 阶梯式拉升。

阶梯式拉升是一种步步为营、稳扎稳打的操作手法。主力先期逐步收集筹码，利用利好消息或市场良好的气氛，拉升一个台阶，而后横盘整理一段时间，迫使那些没有耐心的持股者出局，然后再把股价推高。采用这种阶梯式拉高股价的庄股，其K线走势图上的日K线呈现出阶梯状。

主力运用这种阶梯式的拉升，对不同的散户会产生不同作用。大多数看不懂主力意图的短线散户，在股价连续盘升的过程中，突然看到股价停顿不前，就会担心它回落，持股信心也会动摇；有些散户在小有获利的情况下，甚至会选择卖出手中的筹码，落袋为安；长期看好该股的散户会选择这个时候进场逐利。这些效果对主力来说都是希望看到的，前者属于浮筹，后者对主力后期的拉升会起到很好的帮助作用，节省了主力的拉升成本。

在拉升过程中，成交量会逐步温和放大，而当股价停顿休整时，成交量会明显的缩小。在股价拉升阶段，会伴随着成交量的放大，同时K线图上也会时不时的出现中阳线或是大阳线，并且每次拉升的高点，都要高于前一次拉升的高点，每次回落形成的低点，都要高于前一次回落形成阶梯时的低点。这表明股价的重心整体上是不断向上移动的，每次拉高时的上升角度，一般都会维持在30°以上。

主力采用阶梯方式拉升股价，由于在拉升中会有一个形成阶梯的过程，这就给投资者带来了进场操作的机会。具体的操作策略有以下两种：

（1）投资者手中已经持有该股票时，如果其判断能力比较强，技术功底比较扎实，那么在这个过程中，可以进行短线波段操作，赚取其中的差价。需要注意的是：一般在每次拉高的后期，都会出现放量冲高回落的现象，或者是收盘时收出一根放量的阴线，这时股价很可能就会进入回落阶段，或者是横盘震荡构筑台阶。

（2）投资者持币关注此类股票，并寻找机会进场时，只要把握回落时出现的止跌信号，如十字星等，就可以果断地进场操作了。

2. 震荡式拉升。

震荡式拉升主要采取高抛低吸的方法，以波段操作博取利润差价为目的，以时间换取空间为手段进行运作。其主要特征是股价拉升一段距离后，就会调整一段时间，有非常明显的边拉升边洗盘的特点。采用这种方式拉升股价，主力可以不断地降低持仓成本，调整筹码结构，同时也缩小了散户的盈利空间，提高了其持仓成本。

震荡式拉升一般有以下几个特征：

（1）每次震荡产生的低点，都不会低于前一次震荡时下探的低点，并且在拉升前期，股价的重心是逐步往上移动的。

（2）成交量的特征是股价向上震荡时放量，股价向下回落时缩量。

（3）在箱体震荡的区域中，股价每次向上冲到前一次高点或高点附近时，就会有一股抛压盘出现，把股价往下打压，同样股价每次下探到前一次下探的低点或低点附近时，也同样会有一股很大的买盘力量把股价拉起来。

主力通过震荡式的拉升，可以获得散户的廉价筹码，使筹码集中到自己手里，并且可以在震荡过程中消化前期的套牢筹码，同时促使后期的跟风盘获利回吐，让流通筹码在某个区域充分换手，以不断提高市场持有者的总体成本。因为，每个市场的参与者都是抱着盈利的目的进来的，有些甚至抱的是不赚钱不走人的态度，所以让筹码充分换手，有利于后期进一步拉抬股价。

由于震荡式拉升的股票都会有一定的震荡幅度，这就给投资者带来了高抛低吸的短线投资机会。对于中长线投资者来说，如果把握好了机会，也可以在每次震荡的下限逐步吸纳相对廉价的筹码。

3. 旱地拔葱式拉升。

当主力洗盘完毕，采用连续拉大阳或涨停板的方法迅速推高股价时，就会在K线组合上形成“拔大葱”的形态。这样做，既可以节省资金，缩短拉升时间，又可以打开上升空间。特别是当个股有重大题材即将公布之时，主力往往会迫不及待地用此法拉高股价。采用这种拉升方法的主力一般具有较强的实力，此类K线图上经常会跳空高开形成突破缺口，且短期内一般不会回补，这类股票都有可能成为市场中的黑马。

这种方式多出现在中小盘股，通常具备投资价值或有诱人的利好题材作为支持，市场基础良好。这些个股对主力来讲比较容易控制筹码。旱地拔葱式拉升在日K线图上经常会呈现出连续跳空高开的现象，股价有时也会形成多个向上突破的跳空缺口，并且这些缺口在短期内一般不会被回补。采用旱地拔葱方式拉升的股票，一旦进入拉升阶段，其股价涨幅都是非常大的，并且拉升的速度也非常快，一般来说，采用旱地拔葱式拉升的股票，短期内的上涨幅度都在50％以上。

如图7－18，2010年9月30日，盘整了3个月的兖州煤业（600188）在向上跳空拉出一根长阳线后，开始放量上攻。股价最高拉升到33.65元，与拉升前一天的收盘价18.35元相比涨幅达83％。

如果散户在主力拉升股价时没来得及跟进，并且接下来几天股价一开盘就出现涨停的现象，根本无法进场买入，也不用着急。采用旱地拔葱式拉升的股票，一开始进入拉升阶段时，上涨的速度都是非常快的，但经过一段快速拉高后，主力都会

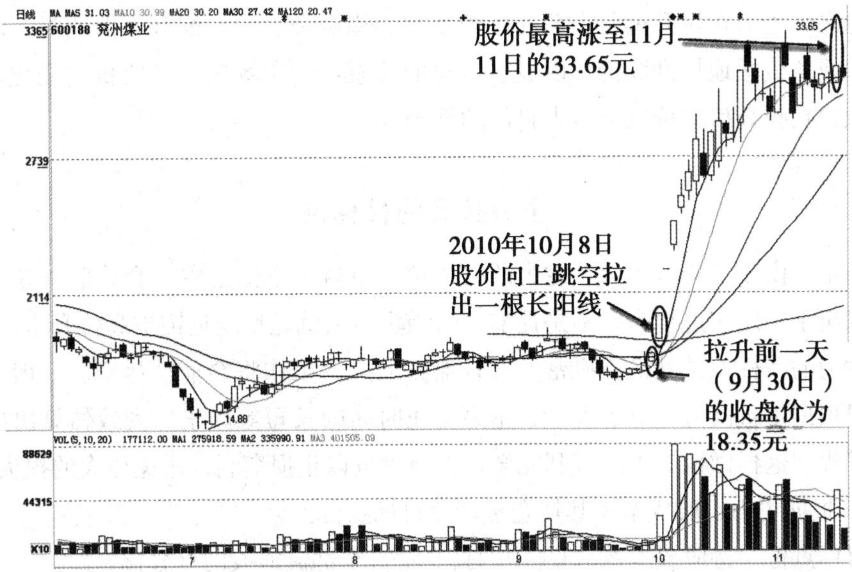

图 7—18

让股价有一个回落的动作，或是让股价停滞不前，进行短暂的休整和洗盘。如果股价选择回落方式洗盘的话，回落的幅度最多是在 5 日和 10 日均线之间，散户可以在这个价格区间进场操作。如果股价是横盘休整的话，投资者可在股价再次放量上攻时进场操作。

4. 推土机式拉升。

采用推土机方式拉升股价时，日 K 线走势上会呈现出直线上升的形态。有的时候，分时走势上可以看见下方有大量的买单出现，这是实力强大的主力为了封住股价的回落空间而挂出的，随后主力就会逐步把股价往上拉升；主力拉升一段时间后，还常常故意打压一下股价，让它稍稍回落，以吸引买盘逢低吸纳，然后再将股价拉上去。采用这种方式的主力，实力一般比较强大，在出货的时候，他还会利用上市公司题材的配合来做掩护。

投资者在跟庄时，操作上需要注意选择好进场的时机，进场后也要保持良好的心态。在股价开始稳步攀升的时候，散户就可以跟进，当股价开始出现放量上冲时，就是最佳的买入时机。采用推土机式拉升股票，在刚开始进入拉升阶段时，股价的上涨速度都是比较慢的，成交在短时间内也得不到有效的放大，所以此时进场的投资者一定要有耐心。

股价在上涨的过程中，有时会有小幅的震荡，只要股价回落时不放量，拉升就没有进入尾声，投资者可以继续持有。如果股价出现放量回落，而以阴线报收，就应该引起注意，一旦第二天没有被拉起来，并且是继续放量下跌，就应该果断出局，获利了结。

总之，主力在拉升过程中总的原则就是利用资金实力，配合个股题材，利用各种手法或急或缓地拉升股价，以吸引散户的注意，让市场接受其股价的变化，最终说服散户在拉高后的价位上接走自己的筹码。

主力拉升的目标位

通常，由于投资者不清楚主力的目标位，也就是不知道主力会将股价拉升到多高，以至于在跟庄过程中，不是提前下轿赚头不大就是反应迟钝被高位套牢。

主力的目标位是其最高机密，一旦泄露前期的工作将会前功尽弃。一般，投资者可以根据市价高低、盘子大小、主力坐庄时间的长短等因素，大致估算出庄股可能的升幅，这样做也许不能获利完全，但至少可以止损套利，避免更大的损失。

1. 根据主力持股成本及其持仓量计算目标点位。

目标点位＝持股成本×（1＋主力持仓量占全部流通股的百分比×2）。

如主力持仓成本是10元，持仓量是30％，那最低拉升目标就是10×（1＋30％×2）＝16元。

如主力持仓成本是10元，持仓量是50％，那最低拉升目标就是10×（1＋50％×2）＝20元。

一旦把握了主力的目标价位，就要耐心忍受股价涨跌的煎熬，与庄同行。需要注意的是，主力坐庄是一个复杂的过程，需要天时、地利、人和的有机配合，当外部环境或内部情况发生变化时，主力也可能调整目标位，甚至提前撤庄，对此投资者须综合其他指标进行判断，切忌机械刻板。

2. 小盘股上升空间广阔。

流通盘越大上升需要的能量越多，升幅自然受到限制，而真正升幅能翻几番的庄股，其流通盘大都在2000万股～3000万股之间。

3. 坐庄时间越长升幅越可观。

庄家有短线、中线、长线庄家之分。短线庄家控制的筹码不多，有10％的升幅即可达到坐庄目标，行情极难把握；中线庄股在升幅达到100％左右时会遇到较大的阻力，属于高风险区；一些长线庄股，如湘火炬、合金股份、南通机床等累计升幅高达10倍。投资者可从走势图上观察主力坐庄的长短，若某股主力介入很早且一直没有出货迹象，可推算此主力的目标较远大。

第三节　玩转主力洗盘的游戏

主力洗盘意图

通常，主力在进入拉升阶段之前或者在拉升过程中都会进行震仓洗盘，因为只有经过充分的震仓洗盘，浮动筹码才基本上得以清洗，主力在拉升的过程中才能得心应手。

对于投资者来说，每个人都想骑黑马，但通常的情况是爬上了黑马却坐不稳。很多投资者都有这样的经历：本来持有一只可以赚大钱的股票，却因走势太可怕而斩仓离场，然而刚刚斩仓，股价却飞一样涨起来，似乎就差我们手中这一股，你不抛它就不涨。其实这种现象并不是偶然的，因为就算主力吸饱了筹码也不可能一味地盲目拉高股价，让短线客无惊无险地大赚主力的钱，这在逻辑上是不可能成立的，也是投下了巨资的主力无法容忍的，因此主力洗盘是在所难免的。

归纳起来主力洗盘主要有以下几个目的：

1. 清洗底部的获利盘。

如果主力在吸筹之后一味拉高，必然会遭受沉重的获利抛压，增加拉高派发的难度，因此主力必须经过洗盘，将盘中一些不坚定分子的底部筹码震出来，以减轻上行压力。

2. 使主力有差价可做。

通过高抛低吸获取一笔可观的差价收益，从而降低持仓成本，也增加了新的套牢一族，使浮筹在跟风者手中具有相对稳定性，一举两得。这样，既增添了其后主力拉升股价的信心和勇气，拉大获利空间，又让市场弄不清主力的持仓成本，辨不清今后主力的出货位置。

3. 摆脱跟风的短线客。

在主力吸筹阶段，一些精明的散户可能对主力的动向有所察觉而及时跟进，这是主力所不能容忍的，主力只能让这些跟风短线客有小利可图，而不允许他们在自己费力的拉升中坐享其成。因此必须通过洗盘，把短线客的筹码洗出来。

4. “教育”跟庄者以后不要轻易抛售该股票。

主力通过洗盘使跟庄者“吃一堑，长一智”，以后不轻易抛出，而情愿被套，主力则可以从容地“胜利大逃亡”，使散户即使上当受骗，也始终蒙在鼓里，“心甘情愿”地帮主力“站岗放哨”。这是洗盘的重要任务。

5. 吸引新的投资者入市跟风。

洗盘，其实也是一种股票的换手。主力需要不断地有新的投资者入市跟风接盘，从而提高市场的平均持股成本，以增强新入市者筹码的稳定性，减轻股价继续上行的压力。

成交量——判断主力意图的重要依据

在众多的技术分析指标中，最基本的是价格与成交量。量价关系的基本原理是“量是因，价是果；量在先，价在后”，也就是说，成交量是股价变动的内在动力，由此股民们推导出了多种量价关系的规则，用于指导具体的投资。

但在具体应用的过程中，投资者会发现，有时根据量价关系来买卖股票，会出现失误，尤其是在根据成交量变化判断主力是在出货还是在洗盘方面失误率更高。很多投资者不是错把洗盘当成出货，过早卖出，从而痛失获利良机，就是误将出货当成洗盘，该出手时不出手，痛失出货良机。那么，如何根据成交量的变化正确地判断出主力的进出方向，或者说，如何根据成交量的变化，准确地判断出主力是在出货还是在洗盘呢？

通常来说，当主力尚未准备拉抬时，股价的表现往往非常沉闷，成交量的变化也非常小，此时不能断定主力的意图。但一旦主力放量拉升，其行踪就会暴露，研究成交量的变化也就具有非常重要的实际意义。此时如果能够准确地捕捉到主力洗盘的迹象并果断介入，往往能在较短的时间内获取非常理想的收益。实践证明，根据成交量变化的以下特征，可以对强庄股的主力是不是在洗盘作出较为准确的判断：

由于主力的积极介入，原本沉闷的股价在成交量明显放大的推动下变得活跃起来，出现了价升量增的态势。然后，主力为了给以后的大幅拉升扫平障碍，不得不将短线获利筹码强行洗去，这一行为在K线图上表现为阴阳相间的横盘震荡。

洗盘时股价快速走低，但成交量无法持续放大，在重要支撑位会缩量盘稳，表明从下方获得支撑；由于盘面浮码越来越少，股价回升不一定需要成交量的配合，但关前止步后不再放量下挫，而是对前期高点跃跃欲试。

在主力洗盘时，作为研判成交量变化的主要指标能量潮（OBV）、均量线也会出现一些明显的特征，主要表现为，出现巨量大阴时，股价的5日、10日均量线始终保持向上运行，说明主力一直在增仓，股票交投活跃，后市看好。另外，成交量的量化指标OBV在股价高位震荡期间，始终保持向上，即使瞬间回落，也会迅速拉起，并能创出近期新高，说明单从量能的角度看，股价已具备大幅上涨的条件。

判断是否洗盘，还要关注基本面的因素和股价的潜质。如果公司基本面良好，股票价格有一定的支撑，大幅下跌的可能性很小，基本可以判断这是主力在进行洗盘。

主力洗盘手法

股价突破后主力常常有震仓洗盘的行为，因为他不希望那些短线的不坚定分子在未来的走势中搅局。股价涨到一定程度时会有获利回吐，主力也会为减轻将来拉升中的抛压顺势打压，这就是震仓洗盘。主力震仓洗盘的手法总结起来主要有以下几种：

1. 边拉边洗式洗盘。

这是市场主力经常采用的一种洗盘方法，即非打压，也非横盘，而是将洗盘融于拉高之中，这往往会产生轰动效应。其手法是，主力每日放量拉升股价，然后主动将部分获利回吐，使市场的获利盘跟风涌出，造成股价回落，在日 K 线图上留下较长的上影线。这样主力在拉高股价的同时又达到了洗盘的目的，并在高位锁定了相当的筹码，第二个交易日再如法炮制。这种手法好处较多，可以使市场人气凝聚不散，吸引短线客驻留其中，积极参与高抛低吸的操作，同时也使市场持仓成本逐级增高，为日后出货创造条件。

2. 上下震荡式洗盘。

这种手法较为常见，即维系一个波动区间，并让投资者摸不清主力的炒作节奏。这种方法兼有打压式洗盘和横盘整理式洗盘的优点，一方面考验散户的胆量，另一方面考验散户的耐心。在这种双重考验下，散户往往会乖乖地交出手中的筹码。

这种洗盘手法的特征为：

（1）价格波幅比横盘整理大，比打压式洗盘小。

（2）一日之内价格震幅比较大。

（3）经常出现阴阳 K 线相间的情形，而且隔日收盘价反差比较大。

3. 打压式洗盘。

打压式洗盘手法适用于流通盘较小的绩差类个股。由于购买小盘绩差类个股的散户投资者，绝大多数都抱有投机心理，所以这类个股的稳定性较差。这些散户投资者常常一脚门里，一脚门外，时刻准备逃跑。而看好该股的新多头由于其基本面较差，大多都不愿意追高买入，而静待逢低吸纳的良机。鉴于持筹者不稳定的心态和新多头的意愿，控盘主力，往往会利用散户对个股运作方向的不确定性，打压股价，促使股价快速下跌，充分营造市场环境背景转换所形成的空头氛围，强化散户投资者的悲观情绪，促进其持有筹码的不稳定性，同时也激发持筹者在实际操作过程中的卖出冲动，扰乱他们正常的投资心理，使他们的悲观情绪达到白热化状态。主力通过控盘快速打压，采用心理诱导的战术，促进市场筹码快速转化，达到洗盘的目的。

4. 横盘整理式洗盘。

这种洗盘表现为：主力在拉升过程中突然停止做多，让股价进行盘横整理，使缺乏耐心者出局，这种洗盘方法一般持续时间相对较长。由于这种股票背后隐藏着很大利好，主力惜售，不愿损失筹码洗盘，只有用时间来化解低位获利盘，完成洗盘。

在横向震荡中主力不让自己的筹码流出，还在平稳的控盘中获得洗出的筹码。在K线图中表现为：小阴小阳在K线箱体中震荡，股价盈利与亏损之间徘徊，成交量规则性萎缩，主力有计划的控盘。

以上所列洗盘方式各异，但都有一个共同点，就是在行情发动之前让跟风者出局，或使散户在拉升过程中低抛高追，并不时利用各种传闻加以配合，投资者要谨慎识别。

总的来说，洗盘阶段就是主力折磨散户持股者的阶段，也是散户最难忍受的阶段。许多人就是在这一阶段中落入主力的陷阱，抛出了本来可以赚大钱的股票，而悔恨不已。当你理解并看穿了主力的洗盘手法，掌握了主力洗盘阶段线图的特征，又有顽强的心理承受力时，主力洗盘对你来说就只不过是个小把戏了，你大可以抱着股票睡觉去了。

主力刻意打压如何判断

在大多数情况下，股票的价格都会在某一多空相对平衡的区间内徘徊，随着股市整体趋势的演变而相应地提高或降低其多空平衡区的空间。但当增量资金对个股施加作用时，股价就会偏离其多空平衡区，从而产生质变。当主力完成建仓，就会推高股价，便于将来高位派发出货；而当主力还没有充分建仓时，一般会采用刻意打压的方法，逢低进货。

如果一只股票已经到了跌无可跌的境地，仍然在遭到肆意的打压，那这时做空的动力来自何方，空方的动机何在，就值得投资者反思了。有时主力的刻意打压行为往往能从反面揭示个股的投资价值，从而给散户提供最佳的建仓时机。主力是否刻意打压，主要从以下几方面判断：

1. 根据走势的独立性来判断。

如果大盘处于较为平稳的阶段或者跌幅有限的正常调整阶段，股价却异乎寻常地破位大幅下跌，又没发现任何引发下跌的实质性原因，则说明主力正在有所图谋地刻意打压。

2. 根据成交量来判断。

当股价下跌到一定阶段时，投资者由于亏损幅度过大会逐渐停止交易，成交量会逐渐缩小，直至出现地量水平。这时如果有巨量砸盘或者大手笔的委卖盘压在上方，股价却没有受到较大影响，则表明这是主力在恐吓性打压。

3. 根据移动成本分布的情况判断。

主要是通过对移动筹码的平均成本和三角形分布进行分析，如果发现该股票的获利盘长时间处于较低水平，甚至短时间内没有什么获利盘，股价仍然遭到空方的肆意打压，则可以断定这是主力的刻意打压行为。

4. 根据均线系统与乖离率判断。

股价偏离均线系统过远、乖离率的负值过大时，往往会向 0 值回归，这时如果有资金仍不顾一切地继续打压，则可视为刻意打压行为。

主力洗盘时的盘口变化

主力在其操盘过程中一定会制造出盘面疲弱的假象，甚至凶狠的跳水打压，又会在关键技术位上护盘，目的就是为了吓走信心不足的散户，同时还要让另外一批看好后市的人进来，以达到垫高平均持股成本的目的。具体地说，主力洗盘的时候有以下几种盘口现象：

1. 洗盘之初涨幅不大，洗盘中跌幅也不深，而且会常常出现带上下影线的十字星，股价一般维持在主力持股成本的区域之上。

2. 股价下跌时成交量无法持续放大，在重要的支撑位会缩量企稳，上升途中成交量缓慢放大。

3. 当盘面浮筹越来越少，最终向上突破放出大量，表明洗盘完成，新的升势开始。

4. 大幅震荡，阴线阳线夹杂出现，市势飘忽不定；成交量较无规则，但有逐渐缩小的趋势。

5. 股价一般维持在 10 日平均线之上，常常在眼看就要破位的时候获得支撑。

6. 有控盘要求的主力，多有复合洗盘动作，或者诱空充分吃货，洗盘的盘口现象也不同，如果时间充足，可能在日 K 线上产生不同的形态，如果时间紧迫，可能在分时走势图上产生不同的形态。

7. 股价下跌时主力多会与大势或技术配合，比如空头陷阱，跌破重要的支撑位，但破位后跌势并不延续。

8. 洗盘之初都做出一种顶部的假象。

9. 洗盘末期都有缩量和主力惜售动作。

10. 在整个洗盘的过程中不会出现利好消息，散户持股心态不稳。

主力洗盘结束如何判断

通过前面的分析我们已经知道主力在坐庄的过程中，必须要经过洗盘的环节，能够识别主力意图的投资者完全可在主力洗盘时趋利避害，也就是说，在股价出现一定涨幅之后，先行退出，等主力的洗盘动作完成之后，再介入跟庄。经过洗盘，短线风险已经释放，买价亦较便宜，且洗盘的结束往往意味着新一轮拉升的开始，此时买入可以达到买入即涨的效果。那么，投资者如何才能判断出主力的洗盘马上就要结束了呢？

1. 缩量之后再放量。

部分主力洗盘时将股价控制在相对狭窄的区域内反复震荡整理，主力放任股价随波逐流，成交量跟前期相比明显萎缩，某天成交量突然重新放大，表明沉睡的主力已开始苏醒，此时即可跟进。

2. 在股价下跌的后期成交量大幅萎缩。

这是洗盘即将结束的明显信号。出现这种情况表明抛盘枯竭，获利盘、套牢盘、斩仓盘、场外买盘全部出局，浮动筹码基本清除干净，留下的都是意志坚定的持股者。他们不会为各种震荡致亏的可能所吓倒，也不会为获取到手的绳头小利所诱惑。无奈，主力只有奖励他们，让他们在今后的行情中赚到盆满钵满，而信心动摇的投资者是赚不到大钱的。

3. 回落后构筑小平台，均线由持续下行转向平走、再慢慢转身向上。

洗盘都表现为股价向下调整，导致技术形态转坏，均线系统发出卖出信号，但股价跌至一定位置后明显受到支撑，每天收盘都在相近的位置，洗盘接近结束时均线均有抬头迹象。

4. 下降通道扭转。

有些主力洗盘时采用小幅盘跌的方式，让在大盘创新高的过程中该股却不断收阴，构筑一条平缓的下降通道。股价在通道内慢慢下滑，某天出现一根阳线，股价下滑的势头被扭转，慢慢站稳脚跟，表明洗盘已近尾声。

第四节　止步在主力出货之前

主力出货为获利

炒股的盈利是最终握在手中的现金而非手中持有了多少股票，因此无论你的账面显示盈利多么丰厚，如果没有把它变成现金，那么，都将只是一个美丽的泡影。对于主力来说也一样，不管持有多少股票，最终都必须要将手中的股票变成现金。因此，主力会通过拉涨、打压等手段的结合使用，将手中的筹码顺利派发出去，形成出货套现的事实。

通常，主力出货的成功建立在散户投资者的失败之上。如果散户投资者不失败，主力自己就会失败。主力最后的成功具有极大的煽动性、欺骗性和偶然性。即使主力拼命地努力，也不是必然能圆满成功。主力要坐庄成功，就必须完成资金转换为筹码、再由筹码变换为资金的循环演变。之前主力的建仓、拉高、洗盘等一系列操作，无论做得多好，都不是最后的投资成功。最后巨大的兑现动作，才是主力重中之重，也是投资成功的最后目的。主力介入一只股票，从吸筹建仓到拉升、洗盘，都是只要自己不懈努力，就能基本掌握的控盘动作，而只有出货动作不是这样，如果跟风者不买，主力就无法卖出。尤其是在出货时期，主力出多进少，要想有十分的把握更是具有极高的难度。在中国股市中失败的主力大概有半数，问题都出在派发出货环节上。如果大量的筹码不能兑现，主力只能自拉自唱、自作自受，而且持续的时间越长，风险越大。所以，主力最后能做的就是想尽办法使跟风者在主力出货期间上当买进。

一般来说，主力只有把股价拉到 30%的高度，才基本脱离成本区，有获利空间。主力在坐庄时，不论是大盘，还是个股，一旦出现不利会马上应变展开出逃的动作。在大局不好，山雨欲来风满楼的关键时刻，主力便会采用狠毒、快捷、打压、不计成本、横扫一切的方法仓惶弃庄逃命离场。这对不明真相的跟风者杀伤力非常大。这也是散户投资者跟庄最应该注意的地方。

例如，上海机场（600009）2010 年 1 月份顶部的走势图。股价在高位形成顶部后，出现了小幅度的下跌，随后，在高位开始了将近三个月的横盘调整。这个横盘就是主力用来出货的。主力维持股价不跌让散户以为股价还会上涨，然后在散户的期待中，达到出货的目的而溜之大吉，随后股价大幅下跌，见图 7—19：

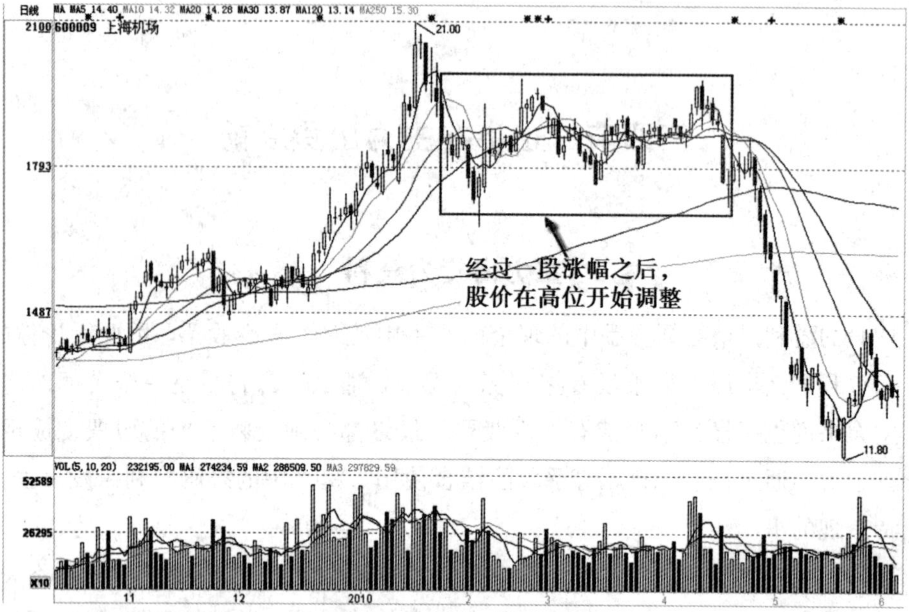

图 7—19

主力出货择良机

主力出货的目的就是为了实现巨大的兑现动作，但他在出货的时候也会讲究时机，因为派发出货是主力坐庄的重中之重，是能否成功的关键，所以，主力在出货前都会非常谨慎，选择最好的时机完成出货。但不排除有一些特殊情况迫使主力快速出货，这时候，主力一般没有多少选择的余地，只能就近寻找机会派发出货。由此，我们可以得出，主力出货的情况一般可以分为两种：主动出货和被动出货。主动出货是指主力在人气最旺的时候顺势出货；被动出货是指情况发生变化，主力不得不被迫出货。

1. 人气最旺的时候派发出货，即主动出货。它有以下几种情况：

（1）难得利好消息出现，引来大量的买盘。

（2）上市公司基本面达到历史最好水平，是主力全身而退的好机会。

（3）大盘的人气已上升到极点，买盘汹涌，是大规模套现的最好时机。

（4）股价已经达到主力的目标价位。

2. 情况发生变化，主力被迫出货套现，即被动出货。它有以下几种情况：

（1）主力团队发生内讧，有人提前出逃，而其他人也被迫卖出。

（2）大盘转势，无法拉抬，必须暂时套现，等待更佳时机。

（3）丑闻曝光，引来无数抛盘，股价发生崩盘，主力自己也不得不卖出。

（4）主力资金出现问题，必须不计成本地卖出套现。

（5）资金到期必须套现归还。

（6）上市公司基本面恶化，出现大问题，必须套现。

（7）行业利空政策突然出台，不得不改变初期设想，紧急出货。

主力出货有征兆

跟上一支强庄股可以说是一件非常可喜的事情，它会令你户头上的资金不断增长。然而，跟上庄只是买进了未来有升值潜力的股票，尽管你的账面上盈利喜人，但如果没有及时将账面利润变为现实利润，一旦大盘或主力“变脸”，账面利润就会化为乌有，甚至会被套牢。所以，及时套现是跟庄操作至关重要的一环，否则将是空欢喜一场。

为了能够保证自己既得的利益，投资者就要敏锐地察觉主力出货的前兆。这虽然不是一件很容易的事情，但通过以下五个方面，投资者还是可以对主力出货的征兆有一个基本的了解。

1. 股价该涨不涨。

在形态、技术、基本面都向好的情况下股价不涨，就是主力要出货的前兆。如图7—20所示：湖南投资（000548）在2007年8月7日做出了一个极具诱惑性的突破冲高动作，股价创下新高21.59元，此时的成交量也明显放大。从理论上来说，第二个交易日股价应该继续上涨的，结果不仅没涨，还从高位降下来，这就是主力出货前的征兆，随后股价果然连续暴跌。这就是形态上要求上涨，结果不涨。

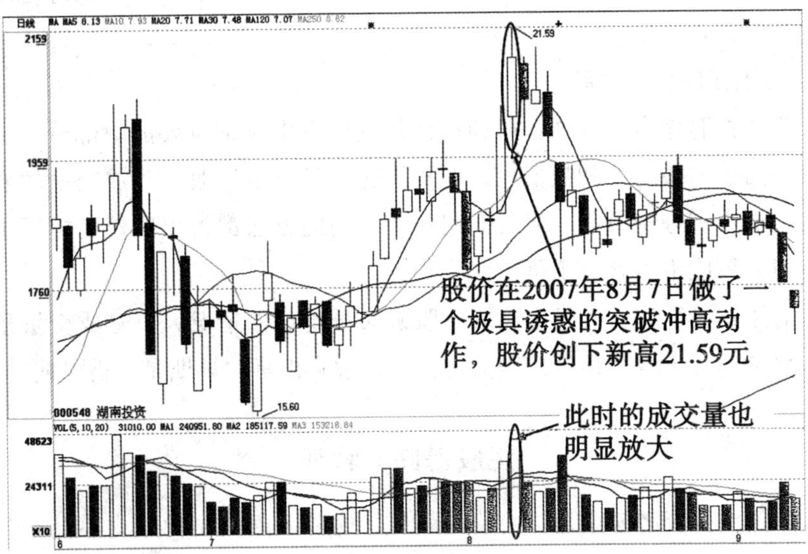

图7—20

公布了利好消息，基本面要求上涨，结果不涨，也是主力出货的前兆。

2. 放量不涨。

不管在什么情况下，只要是放量不涨，就基本可确认是主力准备出货。比如说，合众思壮（002383）在2010年9月6日出现了放量，但股价不涨反跌。这基本上就可以确定是主力在出货，随后，股价果然开始下跌。如图7—21所示：

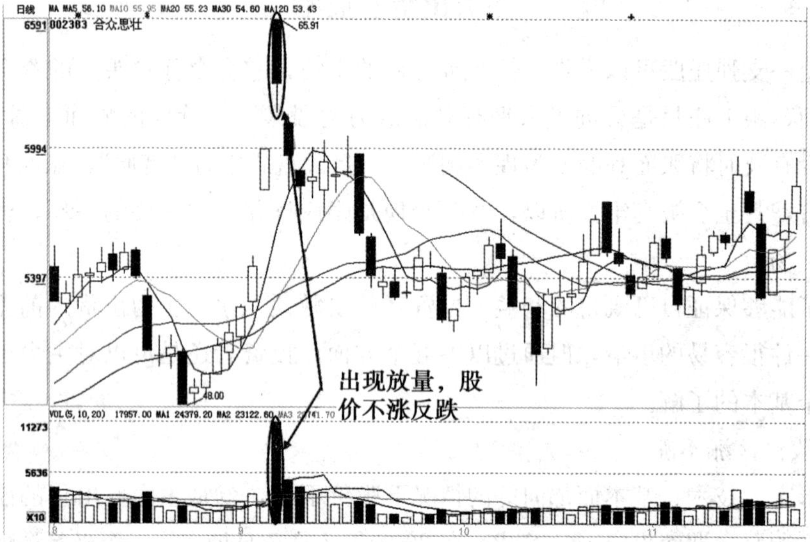

图7—21

3. 正面消息增多。

当报刊、电视、广播电台里的利好消息增多时，散户就要非常小心。上涨过程中，媒体上一般见不到多少消息，但是如果正面的宣传开始增加，利好不断，说明主力已萌生退意，要出货了。

4. 主力坐庄的目标达到。

主力坐庄都有周密的计划，盈利目标是其计划中非常重要的一部分。尽管我们不知道主力希望的最终盈利是多少，但我们还是可以根据股价和成交量的变化大致分析主力的成本和理论收益。当我们用几种不同的方法都得出股价已接近主力目标位的结论时，可能主力就该出货了。

如果有了这些征兆，一旦出现股价跌破关键价位的情况，不管成交量是不是放大，都应该考虑卖出股票出逃。因为对主力来说，出货的早期是不需要成交量的。

庄股暴跌有特征

庄股暴跌对投资者来说是最可怕的噩梦，这种凶狠的出货方式甚至不会给投资者出逃的机会，投资者只能眼睁睁地看着自己的资金大幅缩水。在以前的暴跌庄股中，银广夏、世纪中天、正虹科技等都是著名的例子，栽在这些股票上的投资者数不胜数。因此，我们有必要对庄股暴跌的特征进行分析，以帮助投资者及时规避风险。一般来说，庄股暴跌主要有以下几点特征：

1. 技术特征明显。

这种股票破位下跌后连续几天成交量放大却是收阴线。后面的K线图都是严重受压于均线系统。这种股票经过暴炒后，在高位出现“避雷针”图形。

2. 持股高度集中。

暴跌庄股中主力往往持有大量的流通股份，持股集中度远远高于其他个股。根据2003年一季度的季报显示，庄股暴跌前，股东人数较少，人均持股市值较高。

例如，百科药业截至2003年3月31日，股东总人数为6134户（其中还包括国家股东和法人股东数，因数量极少，可忽略不计），流通股数是17111万股，人均持股约2.79万股，人均持股市值约31.19万元。根据深圳交易所公布的持股集中度数据显示，该公司持股超过1万股的投资者持有的股数占总股数的比例达到了95.70%。

3. 前期涨幅巨大。

大部分个股经过大幅炒作后，股价已经在高位。主力和跟风者同时想要获利了结，兑现“纸上富贵”，空方力量开始占上风。比如宏源证券（000562）从2010年10月8日的16.40元开始上涨，到10月26日股价下跌前的23.20元，股价在短短13个交易日内涨幅已达41%，如图7—22所示。

巨大的涨幅意味着巨大的利润，这使得股价的运行具有相当的不确定性，主力随时都有可能在任何价位兑现利润。因为即使是跳水价都远远高出成本价的现实，为庄股的跳水提供了必要的空间。

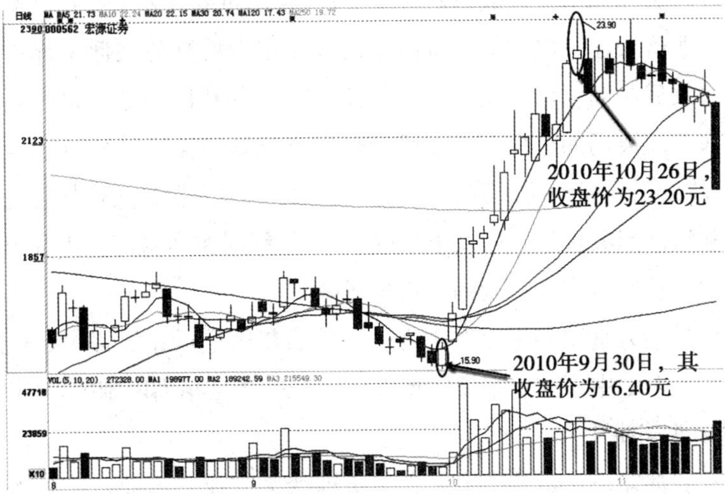

图7—22

4. 没有业绩支持。

暴跌是对于个股价值的回归，业绩越差价格越高的个股越有暴跌的理由。市盈率（市价/每股收益）、市净率（市价/净资产）是判断个股业绩的一个重要依据。

主力出货方式多

股谚说，“会买是徒弟，会卖是师傅”。对于主力来说，这条谚语同样适用。当股价达到预期价位后，能够顺利出货的，才算坐庄成功，而要想顺利出货，天时、地利、人和三个条件缺一不可。天时，就是大盘的走势，只有在大盘行情火爆、成交活跃的时候，才能顺利出货；地利，就是上市公司的消息配合，包括业绩、送股、重组，和其他一切利好；人和，就是操盘手的做盘水平，这是出货最关键的一环，但却不是惟一的。主力出货时会千方百计地吸引买盘。吸引买盘首先是要吸引注意力，在最后出货之前必须有大的涨幅，出货过程中必须有大的振幅，争取天天都出现在活跃股排行榜上；其次是盘中快速震荡，和震仓时差不多，争取经常上 5 分钟排行榜；第三是做大成交量，成交量大本身就吸引注意，大量的成交可以掩盖主力的出货操作，也可以吸引炒短线的大资金进入。但是，现在的散户也不是那么好骗的，如果没有基本面的支持，他们是不会轻易跟风买入的。所以主力会制造题材、提供想像空间，让人觉得买了之后还有数倍的利润可赚，最终诱导散户购买。主力在吸引买盘，完成出货的过程中，主要会采用以下四种方式：

1. 利用反弹出货。

主力在完成一段中级出货动作后，巨大的坐庄利润已经兑现。这时主力会利用手中最后的筹码迅速往下打压股价砸穿 30 日均线的重要技术支撑位在高位套牢跟风盘。同时由于股价快速下跌的短期乖离率巨大，主力就顺势在低位补进筹码做反弹行情获取该股最后利润，彻底完成出货任务。在走势图上表现为 30 日均线弯头向下发出主力彻底弃庄离场的逃命信号，股价毫无支撑跌破关键技术位置。股价大幅向下远离 30 日均线后具备产生反弹行情的乖离条件，主力会再次进场补进筹码打扫战场赚取反弹利润。当股价反弹触及下压的 30 日均线时主力就离场出局对该股作最后的告别。从此，该股将进入漫漫的下跌长河中。

反弹出货是主力常用的出货方法之一。虽然在这个运作过程中，往往股价还有不小的差价，但对于中小散户来说，要抓住这个机会是相当困难的，同时风险巨大。

2. 设置多头陷阱出货。

投资者一般都知道，重要阻力关口一破即变为支撑，因而，冲破阻力位就成为相信技术分析的广大投资者的操盘准则，于是主力就会制造这种假突破，诱使投资者进场，自己乘机派发出货。

例如，宝钢股份（600019）2010 年 9 月 6 日，拉出一根长阳线一举突破箱形整理，这让爱好技术面分析的投资者认为是买进的好时机，但随后 9 月 8 日股价开始下跌，见图 7—23：

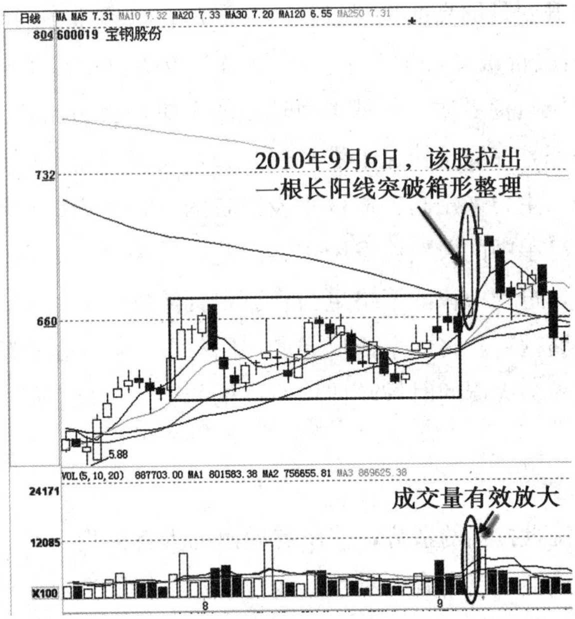

图 7—23

主力利用这种方式出货的时候，还会充分利用涨停的机会。他们会通过对股价的快速拉升，使场外观望的投机者禁受不住股价快速上涨的诱惑而入场，让已获利的股民也因利润的快速增值而产生惜售心理。主力通常在这个时候以巨量的买单将股价封至涨停，从而使多头买入激情达到高潮，使更多的跟风投机资金纷纷涌入。

由于国内采取时间优先和价格优先的原则成交，因而即使在涨停价格的挂单是一致的，无法比出高低，时间上也仍有先后之分。首先时间上处在前列的是主力的巨量买单，排在后面的是中小散户的跟风盘。然后，主力采用明修栈道、暗渡陈仓的方法悄悄撤下挂在前面的买单，再将这些买单后继续跟风盘的后面。如此一来，涨停板上的巨量买单数量并无变化，甚至还有增多，主力却可以以小批量的卖单，逐步将手中的筹码过渡给排列在第一时间段内的散户投资者。这种涨停出货的手段既能卖上一个好的价格，又不会引起一般投资者的警觉，可谓一箭双雕，因而也是市场中最常见的出货方式之一。

3. 利用除权出货。

主力控盘的庄股，经过长期炒作，大部分筹码已被高度锁定，成交量十分稀少，很难吸引散户跟风，正所谓高处不胜寒，此时要完成出货绝非易事。而股价一旦经过除权之后，就会回到相对低位。事实上，经过除权之后，股价仍处于高位，只是许多人不明真相，以为是刚从底部启动，盲目跟风，结果成为主力拉高出货的牺牲品。

4. 快速打压出货。

主力将股价拉升到足够高的位置以后，为了尽快清空手中的筹码，会通过横向的K线上影线拉高股价准备随时出货，只要盘口有买盘就对准买盘进行果断的打压，出脱筹码。打压出货更适用于基本面较差的个股，因为此类个股的参与者绝大多数都抱着投机心态，在股价快速上涨的过程中，又奢望卖个更高的价钱，极少有人会主动出手。如果主力采用高位震荡手段出货的话，由于散户资金较小，比较灵活，反而会造成自己手中的股票派发困难。因此相对来说主力采用快人一步，趁投机散户好梦未醒时，抢先抛售的策略更为合适，具体操作方法是：首先套住高位介入的跟风盘，再一路抛售，将敢于抢反弹者一网打尽。此手法讲究的是迅猛，利用大盘或者个股人气极为火爆的时候，使用回马枪的手法，反手做空，令众多散户猝不及防！

5. 不断震荡出货。

主力通过反复洗盘拉抬的造势，使所有抛出的人都后悔，而回调进场和持股不动的散户都赚钱。这样，当所有人对此都深信不疑，持股者不愿抛，拿钱者纷纷进场，把出货当洗盘回调时，主力就找到了出货良机。主力持仓比较高，不可能在短时间内全部抛出手中筹码，此时就要采用震荡出货法。采用这种出货方法，主力需要有大盘和人气的配合。主力完成收集等程序，将股价推至一定高度后完成派发较为困难，于是他便高抛低吸，或利用利好消息制造震荡行情，并在大市走好之际，推高股价并大举派发。这种出货方式所需时间较长，常用于大盘股或重要指标股的出货操作。

主力的高明之处在于将对大众情绪的调控与自己的炒作手段巧妙地结合起来。在吸货阶段，为让散户看空，就利用传媒唱空，以便吸到廉价筹码。在拉抬和洗盘的初期，为让散户对升势半信半疑，就在每次洗盘结束后都向上突破。到中后期，散户多头心态越来越明确和强烈，升不愿抛，跌当成吸纳的好时机，此时养多（培养散户的死多头心态）成功，主力出货已没有人与他争跑道，同时，他抛出的股票尽数为多头承接，套现成功。

震荡出货的K线图通常体现为较有规则的图形，如大三角形、双重顶、三重顶与头肩顶等。如果同期大盘的走势亦呈此类规则图形震荡，则主力派发相对容易，否则就需要利多消息来配合主力的行动。

这种出货方式的优势是隐蔽性强，市场气氛乐观以及没有大的利空消息。这使主力有充裕的时间在高位派发，从而获利丰厚。对散户来说，优点是考虑时间可以比较长，不至于稍纵即逝，错过战机；缺点是具有迷惑性，出的早，很久不见跌，会怀疑原先判断的正确性，如果错误判断是洗盘，重新入市，就会落入多头陷阱。

主力采用震荡出货方式的个股，股价虽然总体不涨，但由于震荡剧烈，短线机会比较多。没有经验的散户，看到股价暴跌之后又很快止跌，而且出现有利的上涨，迅速回到前期高位乃至突破前期高位，会感到买进的风险不大，希望股价还能再创新高。前期被轧空的散户，这是还对股价拉升抱有希望，希望自己在这轮行情中赚到钱，因此看到如此快速的拉升，以为机会来了，于是疯狂买入。主力因此暂时得以维持住人气，稳住了买盘，顺利实现出货。

洗盘出货有不同

前面我们已经分析过洗盘，也分析过出货，但在实际操作中，许多散户却极易把主力的洗盘当出货，把出货当洗盘，结果卖出的股票一路狂升，死捂的股票却一跌再跌，深度被套，以至于在经济上造成损失外，心态也会受挫。

洗盘只是想甩掉不坚定的短线跟风盘，并不是要吓跑所有的人。主力洗盘是股价在上升中途所进行的技术性整理，其目是通过整理换手，清洗掉市场内的获利筹码，使市场内的持股成本趋于一致。洗盘的结果是大量的筹码被主力战略性地锁定，从而导致市场内的浮动筹码大量减少。洗盘会使筹码进一步集中。洗盘现象在技术上的具体表现是随着整理股价波动的幅度逐渐减小，成交量快速萎缩，股价在中长期均线附近被控盘，盘面浮动筹码稀少，成交量低迷。

主力出货的目的是尽量吸引买盘，通过各种手段稳定其他持股者的信心，而自己却在尽量高的价位上派发手中尽量多的股票。出货的结果与洗盘恰恰相反，出货会导致市场筹码由原来的“集中锁定状态”逐渐变为“分散状态”。随着筹码的逐渐分散，盘面“浮动筹码”的数量必然增加，其具体表现是成交量在较长的时间内始终无法萎缩，并且始终保持较为活跃的状态，盘面浮动筹码很多，而且消息面会有很多朦胧的题材或利好消息配合。

弄清主力洗盘和出货的区别是十分关键的，其直接关系到散户在此只个股上的获利率。那么，主力洗盘和出货到底有什么不同，散户如何区别呢？

1. 从K线形态方面区别。

在日K线形态上主力是出货还是洗盘表现的最为明显。一般洗盘时的走势常常以长线实体的大阴线出现，而出货的时候往往会在股价正式破位之前，出现一连串的小阳线，使得投资者对后市抱有期望。

前面说过主力洗盘的目的仅想甩掉不坚定的跟风盘，并不是要吓跑所有的人，否则他就要去买更多的筹码了。他必须让一部分坚定者仍然看好此股，仍然跟随他，帮他锁定筹码，所以在洗盘时，某些关键价是不会跌穿的，这些价位往往是上次洗盘的起始位置，这是由于上次已洗过盘的价位不需再洗，也就是不让上次被洗出去的散户有空头回补的价差。这就使K线形态有十分明显的分层现象。

而主力出货则以卖出手中大量的股票为第一目的，不会守护关键位，这导致K线价位失控，毫无层次可言，一味下跌。

2. 区别洗盘和出货还可以从成交密集区来区别。洗盘还是出货往往与成交密集区有一定的关系，当股价从底部区域启动不久，处于离低位成交密集区不远的位置时，出现洗盘的概率较大；如果股价逼近上档套牢筹码的成交密集区时遇到阻力，那么，出现出货的概率比较大。

3. 从持续时间上区别。

上涨途中的洗盘持续时间不长，一般5至12个交易日就结束，因为时间过长的话，往往会被散户识破，从而乘机大量建仓。而出货的时候，股价即使超出这个时间段以后，仍然会表现出不温不火的震荡整理走势或缓慢阴跌走势。

4. 从重心移动来区别。

重心是否下移是判别洗盘与出货的显著标志。主力洗盘是把图形做难看，不想让其他人买到便宜货，所以日K线无论收乌云线、大阴线、长上影、十字星，或连续四五根阴线甚至更多，但重心始终不下移，即价位始终保持。

5. 从盘口方面来区别。

主力出货时在卖盘上是不挂大卖单的，下方买单却很大，显示委比较大。造成买盘多的假象，或下方也无大买单，但上方某价位却有“吃”不完的货，或成交明细中常有大卖单卖出而买单却很弱，导致价位下沉无法上行。

主力洗盘时在卖盘上挂有大卖单，造成卖盘多的假象。在主力对敲下挫时是分不清是洗盘还是出货的。但如在关键价位，卖盘很大而买盘虽不多却买入（成交）速度很快，笔数很多，股价却不再下挫，多为洗盘。

在盘口方面，散户还可以具体从价格、成交量、尾盘异动等方面来分析区别。

（1）从成交量的变化来区别。

洗盘的成交量特征是缩量，随着股价的破位下行，成交量持续不断地萎缩，常常能创出阶段性地量或极小量。主力出货时成交量的特征则完全不同，在股价出现滞涨现象时成交量较大，而且，在股价转入下跌走势后，成交量依然不见明显缩小。

（2）从尾盘异动的情况来区别。

洗盘时一般在尾盘常常会出现异动，例如：股价本来全天走势非常正常，但临近尾盘时，却会突然遭遇巨大卖盘打压。而主力出货时尾盘出现异动的现象相对要少得多。

（3）从价格变动的情况来区别。

洗盘的目的是为了恐吓市场中的浮动筹码，所以其走势特征往往符合这一标准，即股价的跌势较凶狠，用快速、连续性的下跌和跌破重要支撑线等方法来达到洗盘的目的。而出货的目的是为了清仓套现，所以，其走势特征较温和，通常以一种缓慢的下跌速率来麻痹散户的警惕性，使散户在类似“温水煮青蛙”的跌市中，不知不觉地陷入深套。

区别主力震仓与出货就是在与主力斗智斗勇。主力经常做出经典技术中认为应做空的K线、K线组合、形态来达到洗盘的目的；又做出经典技术中认为应做多的K线、K线组合、形态来达到出货的目的。但万变不离其宗，只要深刻了解K线及其市场含义，而不是仅有其形而无其神，就能把握主力的意图。当然，主力的洗盘与出货方法仍在不断地推陈出新，手法也越来越凶悍，只有在具备扎实基本功的前提下，及时地去研究思考、适应，方能在操作上获得成功。

第五节　拆穿主力做盘的把戏

急拉涨停——风口浪尖休高兴

一般来说，如果股价因为上市公司公布重大利好或主力纷纷买入，而大幅向上攀升，就会形成涨停。当某只股票涨停后以涨停价格买入的买单数量高达数百万时，要打开较困难，散户要想买入该股只有以涨停价格排队等待买入，通常难以买到。涨停对主力和机构较为有利，他们先用大笔买单把价格推高到涨停再用大笔买单封住涨停，就能够在行情看好的情况下，优先买入股票；当封住涨停的买单高达几百万股甚至上千万股时，常常形成第二个，甚至第三个涨停板。

大家都觉得涨停板的出现，代表着此股强势特征明显，后市很看好。其实涨停板，恰恰也是最危险的，主力常利用这种方法进行出货，因为这样既可以卖到好价钱，又可以不吓跑接货者。只有资金链断裂，急着出货的主力，才会用杀跌的方法出货。当一只股票，在相对高位出现涨停，而且成交量很大，换手率很高时，要查看分时图，如果一天中涨停被打开很多次，每次打开都有很多量放出，这种涨停板绝对不能跟。因为在没有重大利好的情况下，市场资金不可能将股价推向涨停板。

大家要记住，涨停板一定是主力打上去的。如果主力想将股价封上涨停，散户是不可能有能力打开的，而且一般散户在涨停板也不会抛出，那么此时打开涨停板的只能是主力自己。可是已封上涨停，主力为什么又要打开呢？如果大家以这种思路想下去，再配合成交量和股价所在位置，主力出货意图就一目了然了。

那么，对于散户投资者来说，面对突然涨停的股票该怎样操作呢？投资者明白主力在涨停下玩的把戏后，一旦有大笔卖单涌出，主力出货迹象明显，就应抢在主力卖出前，以低于主力卖出价格0.1元或0.2元争先卖出。若自己不幸以涨停价格买入被套其中，第二天也以主动认赔离局为好。主力面对你这样精明的对手，只能自叹弗如了。

1. 涨停股的卖出时机。

（1）追进后的股票如果三日不涨，则应予以抛出，以免延误战机或深度套牢。

（2）会看均线者，当5日均线走平或转弯时可立即抛出股票；MACD指标中红柱缩短或走平时应立即抛出。

（3）一段行情低迷时期无涨停股，一旦强烈反弹或反转要追第一个涨停的，因为后市该股极可能就是领头羊，即使反弹也较其他个股力度大很多。

（4）不看技术指标，如果第二天30分钟左右又涨停的则大胆持有；如果不涨停，则上升一段时间后，股价平台调整数日时应立即抛出，也可第二天冲高抛出。

2. 买入涨停后第二天的操作手法。

（1）开盘就继续涨停，可不急于抛出，但要死盯着买一上的买盘数量。一旦买盘数量迅速减少，则有打开的可能，此时应立即抛售，获利了结。如果一直涨停至收盘，则可以继续持股至第三天再考虑。

（2）平开后迅速一跌，应乘反弹逢高择机出货。

（3）低开高走，应紧盯盘面，一旦出现涨势疲软（指股价回调下跌1%），则立即填单抛售。

（4）低开低走，应乘反弹逢高择机出货。

（5）平开高走，应紧盯盘面，一旦出现涨势疲软（指股价回调下跌1%），则立即填单抛售。

（6）高开高走，应紧盯盘面，一旦出现涨势疲软（指股价回调下跌1%），则立即填单抛售。

（7）高开低走（涨幅在3%以上），应立即抛售，并以低于买三的价格报单。因为按照价格优先的原则，可以迅速成交，且成交价也一般会高于自己的报价。

3. 涨停板出局技巧。

（1）参照分时系统、15分或30分钟MACD一旦出现小红柱，应立即出局。

（2）止跌涨停、龙头涨停或尾市跳水涨停等后市利润较大的涨停，参照30分钟的30日均线，当其走平或高位震荡，应立即出局。

（3）第二天5分钟内见前一日收盘价，无论盈亏，应立即出局。

突然跌停——悬崖绝谷莫着急

投资者在跟庄的过程中，有可能会遇到忽然跌停的股票，这时候投资者是买还是卖呢？要决定是买还是卖，投资者一定要首先判断主力此时的意图，根据主力的操作意向决定自己的行动。主力在操作中的手法虽然千变万化，但仍有一定的规律可循，掌握其规律可使散户减少失误，增加盈利的机会。主力把股票打到跌停的目的不外乎两种：派发出货或者洗盘吸筹。

1. 主力利用跌停派发出货。

散户跟庄时，最大风险就是主力采取“自杀式”突然跌停出货，跟风者若不迅速以跌停价排队抛出，将被主力狠狠套在高价区。

主力能顺利完成跌停出货，主要是利用散户抢反弹的心理。抢反弹是许多散户短线炒作的一个惯用手法。当某只股票突然大幅度地下挫甚至跌停时，按大跌后一般会有大涨的规律，许多散户就会冲进去买入，准备以后反弹时抛出，以获取短线利润。这种想法不能说没有道理，也确实有许多短线高手因此赚了大钱，但是，这是火中取栗、空中接刀的游戏，其风险相当大，许多散户也因此被套牢。尤其是当主力在狂炒某只股票后，由于获利丰厚，往往采取跌停板出货手法，在连续三日跌停之后打开跌停，诱使散户认为反弹来临，大举跟进，结果把散户套在半山腰。

2. 主力利用跌停洗盘吸筹。

在强势市场里，主力会选择有利空袭击的个股，破坏技术和走势形态，引起止损盘抛售；或采取炸弹的形式，促使日K线上阴线越跌越快，越跌越大，加大持股者的心理压力，引起投资者不抛售下跌空间将会无限的恐惧感。白炽化状态时主力以大单封住跌停，这时散户的抛盘竞相而至，待散户抛盘达到一定程度时，主力釜底抽薪，采取撤单形式撤走自己的卖单，然后以实质性的买单大肆吸收上档的抛盘，达到快速建仓的目的。

对于散户来说，一直处于跌停的股票，如果先跌停后打开或低开后上升，且放量打开跌停，即为买入机会。由于股价一路杀跌，量缩，现在又跌停再打开表示杀跌的人少，多方已开始反攻，当放量打开跌停后且稳步上升，表示主力已回头杀入。

对于大多数投资者来说，在跌停的时候买入是有一定风险的，必须先判断主力是什么意图。如果确定要介入，一定要非常谨慎，可采用分批增量的操作方法。比如，一次跌停时先买 1000 股，再跌停时再买 2000 股，跌停打开时买入 3000 股，这样跌停反弹后很快就可能获利。

开盘诡计——真假难分勿妄动

开盘价往往决定着股票一天的走势，也是投资者关注的重点。一般来说，主力都会在开盘价上做文章，以对投资者做出有利自己的引导。开盘主要有三种情况，低开、平开和高开。通常情况下，这三种方式代表了主力想要打压、进行整理、和拉升的主基调，当然这三种可能完全可以出现相反的走势，这还需要对 K 线形态进行整体分析。在这里，我们主要讨论主力做盘的特殊手法：大幅低开和大幅高开。

1. 股票大幅低开。

某股票的当日开盘价低于前一交易日收盘价的情况称为低开。这是主力做盘的特殊手法之一。他往往会在盘前半分钟突然挂出一笔大卖单，把股价砸至很低位。主力这样做的目的一般有以下几种：

（1）主力在出货。

（2）新一轮的下跌行情即将开始。

（3）主力在诱空，达到洗盘的目的。

（4）可能是股票的最后一跌，底部马上将出现。

一般来讲，反转发生时或发生后的向下跳空为突破跳空，代表着一个旧趋势的结束和一个新趋势的开始。如果跳空发生在顶部，就是趋势将反转向下的重要信号。但是，如果某只个股跳空低开，然后再低走，就会收出十分明显的跳空阴线，一般投资者都很容易看得出这是出货信号，不会上当。所以，主力就发明了一种掩人耳目的新方法去诱导散户，其具体做法是以跌停板的价格低开，然后再稍微拉高一点，这样 K 线图上就显示为阳线，但股价其实是下跌的，这便是我们所要说的留下跳空缺口的向下破位阳线。这其实也是主力的出货手法之一，主要意图是使不明真相的散户误以为该类股票已经见底，于是纷纷入场抢便宜货，但是，他们却白抢了，因为该股日后继续下跌。

那么散户该如应对主力的这种大幅低开呢?

（1）如果是主力在进行出货，则不要抢反弹，逢高及时卖出筹码。

（2）如果是主力在进行洗盘，则在底部及时介入。

（3）如果是一轮下跌行情的开始，应尽快卖出手中的筹码。

2. 股票大幅高开。

高开有两种可能：第一，有准备的高开。这种现象在股价强势拉升过程中较常见，因个股所处的不同运行阶段有差异，这种有准备的高开具有鲜明的目的性。第二，没有准备的高开。市场出现较强烈的求大于供的现象，导致股价以市场行为自然的高开，这种现象经常出现在突发性利好的时候。例如，2001 年 11 月 16 日降低印花税的公布，对整个市场来说，是系统性利好，市场有较强的短暂的买进需要，因此当日大多数股价明显高开，属于一种突然性利好导致的高开。

对于有准备的高开，主力主要想达到如下目的：

（1）完成强势洗盘。

这是在强势市场里比较多见的快速洗盘方法，主力利用刻意的高开后回落整理，在日 K 线图上形成显而易见的大阴线，从而让一些信心不足的散户及早离场。

（2）为出货做准备。

前期已持续好转，但没有足够的升幅，在大势短线上涨趋势较强时，在确实买盘的推动下，股价出现高开高走。例如 2002 年 1 月 31 日的中视传媒（600088），内蒙宏峰（000594）（现为国恒铁路）等，主力运用高开的手法，营造上涨的气氛，目的是引起市场的注意，使更多的投资者参与，免得自己唱独角戏。这种高开也是主力为出货做准备。

（3）这是主力的一种较为普遍的试盘现象，目的是试探一下获利盘的反应，以便作出决策，为日后的上攻行情铺路。例如平高电气（600312）2001 年 4 月 10 日早市突然高开，然后回落至正常区域做整理，至收盘时只是微涨，但却收出了一根巨幅高开的实体中阴线。第二个交易日及其后的一个交易日，该股不涨不跌，只是上下震荡，收出两个十字星。在连收两个十字星后，该股连拉两阳，创出历史新高。

那么对于散户来说该怎样应对这种大幅的高开呢？

（1）如果主力是在利用高开回落的手法震仓洗盘，散户要有耐心，逢低吸纳筹码。

（2）如果确认是主力在竭力营造上涨的氛围，避免自己唱独角戏，为出货做准备，持有该股的散户就应该赶快减仓，或者暂时持有，但随时保持高度的警惕，一有风吹草动就抛掉筹码。

（3）如果确认是主力在试盘，散户就可以持股待涨或者快速跟进买入。

尾盘陷阱——善恶莫测宜远观

在分时走势图上接近于尾市收盘时，如果股价突然有所异动，出现较大幅度的涨跌或震荡，就会使全天的日 K 线形态发生较大改变，从而对短期 K 线组合产生较大影响，进而改变短线技术分析的结论。出现这些情况的时候，投资者就可以判断是主力在收盘时做了手脚。

一般来说，主力收盘时特殊手法表达的含义为：当日接近收盘时股价突然快速下跌，而第二个交易日放量低开高走，是短线上涨的信号；反过来说，当日接近收盘时股价突然快速上涨收于高位，第二个交易日高开低走，是短线下跌的信号。

1. 收盘前瞬间下砸——在全日收盘前半分钟（14：59）突然出现一笔大卖单，减低很大价位抛出，把股价砸至很低位。

主力这样做的目的：由于大部分技术指标都以收盘价计算，改变收盘价就可以直接改变这些技术指标的数值，但同时又不对全天其它时间的交易产生较大影响。所以主力会选择在收盘时进行打压。具体来说，其目的为：

（1）使股价第二日能够高开并大涨而跻身涨幅榜，吸引投资者的注意。

（2）操盘手把股票低价位卖给自己或关联人。

（3）使日 K 形成光脚大阴线、十字星等较“难看”的图形，使持股者恐惧而达到震仓洗盘的目的。

2. 收盘前瞬间拉高——在全日收盘前半分钟（14：59）突然出现一笔大买单加几角甚至 1 元、几元把股价拉至很高位。

主力这样做的目的：由于主力资金实力有限，这样做能用较少资金而使股价收盘在较高位或突破具有强阻力的关键价位，尾市“突然袭击”，瞬间拉高。假设某股 12 元，主力欲使其收在 13 元，若上午就拉升至 13 元，为把价位维持在 13 元高位至收盘，就要在 13 元接下大量卖盘，需要的资金量必然非常大，而尾市偷袭由于大多数人未反应过来，反应过来也收市了，无法卖出，主力因此达到目的。

那么，对于散户来说，该如何应对主力的这种收盘手法呢？

1. 主力在收市前几分钟用几笔大单放量拉升，刻意做出收市价，在周五时最为常见。主力这样做的目的是，吸引股评免费推荐，诱导投资者以为主力拉升在即，周一开市，大胆跟进。这时，散户不宜贸然介入。

2. 临收盘时放量打压，造成当日 K 线为长阴线，但第二天即轻松涨回。这是典型的震仓洗盘行为，如果此时 30 日均线为明显的上行趋势，股价涨幅并不是很大，就可认定是主力在打压，目的是震仓洗盘，以收集更多的廉价筹码。这时，散户可以大胆跟进。

对于主力收盘特殊手法的技术分析，往往比较复杂，因为它出现的原因是多种多样的，有一种简化的办法就是将这根 K 线从日 K 线图中去掉，然后看日 K 线走势图，这样得出的结论往往会客观一点。

瞬间放量——一定有鬼须注意

通常，看到忽然放量，投资者都会意识到这有可能是跟进的大好机会，但也要注意，这也可能是主力的陷阱。究竟忽然放量出现的原因是什么，这还要看主力的真正意图，通常来说，忽然放量主力有两种意图：出货或者拉升。

许多技术派分析师认为，成交量是不会骗人的。成交量的大小与股价的升跌成正比关系，比如说量增才能价涨、量缩价不会大跌、长期盘整的股票带量突破盘局常意味着主力要拉高、股价高位放巨量后一定还会创新高等。不可否认，这些观点有一定的道理，但在某些情况下，成交量不仅会骗人，而且会成为主力将计就计设置的陷阱。

例如久盘突然放量是典型的“出货陷阱”之一。这里讲的久盘有的是指股价在炒高了相当大幅度后的高位盘整，有的是炒高后再送配股票除权后的盘整，还有的是中报或年报公告前不久的盘整。

通常的情况是，主力在久盘以后知道强行上攻难以见效，为了赶快脱身，便采取对敲的方式，造成成交量放大的假象，然后在推高的过程中，让许多追涨的人接下的大量卖单。这样那些在追涨时没有买到股票就将买单挂在那里的人，便加强了买盘的力量，并为主力出货提供了机会。主力就这样利用量增价升这一普遍被人认可的原则，制造假象，达到出货目的。

主力对敲的手法通常有两种，最常用的是使用两条交易跑道，同时对某一只股票发出买卖指令，价位与数量大致相同，这时主力不预先挂单，因此有时大家在盯盘中会发现，委托盘中的买单、卖单的量都很小，成交盘中却突然冒出大笔的成交。另一种手法就是主力事先在委托盘中挂出一笔大单，然后一路打下去或买上来，迅速吃掉预埋的委托单，从而造成虚假的成交量。

由于许多散户经常孤立地、静止地看待成交量，即只注重当日的成交量与价位，主力就投其所好，大量地利用对敲制造骗量和骗线。又由于对敲与普通的大手成交具有相同的形式，比较容易隐蔽，难于判别，因此常常给投资者造成麻烦。我们认为，研判主力对敲主要应该从成交量的放大情况以及价量配合的情况入手，主力对敲最直接的表现就是成交量的增加，但是由于掺杂了人为操纵的因素在里面，这种放量会很不自然，前后缺乏连贯性。在价量配合上也容易脱节。具体实践中，散户可以用以下几种方法甄别：

1. 从每笔成交上看，单笔成交手数较大，经常为整数，例如100手、500手等等，买盘和卖盘的手数都较接近，出现这样的情况，通常买卖方都是同一人，亦即是对敲行为。

2. 在邻近的买卖价位上并没有大笔的挂单，但盘中突然出现大手笔成交，此一般为主力的对敲盘。

3. 股票刚启动上攻行情不久，涨幅不大，当天突然以大笔的成交放量低开，且跌幅较大。这是主力通过对敲强行洗盘的行为。

4. 在实际操作中，投资者要特别注重均价、均量的作用。当不同区间的均量、均价相距很远时，很有可能是主力对敲所致，风险增加，投资者一定要加倍谨慎小心。

5. 股价无故大幅波动，但随即又恢复正常，如股价被一笔大买单推高几毛钱，但马上又被打回原形，K 线图上留下较长的上影线，这种情况多为主力的对敲行为。

6. 上一交易日成交并不活跃的股票，当天突然以大笔的成交放量高开，这是典型的主力对敲行为，目的是为了控制开盘价格。

7. 当股价出现急跌，大笔成交连续出现，有排山倒海之势，往往是主力为洗盘故意制造恐怖气氛。这种大手成交的放量下跌是主力的对敲行为。

8. 当各档卖挂单较小，随后有大笔的买单将它们全部扫清，但买单的量过大，有杀鸡用牛刀之感，且股价并未出现较大的升幅，这种上涨状态的大手成交是主力的对敲行为。

9. 整日盘中呈弱势震荡走势，买卖盘各档挂单都较小，尾盘时突然连续大手成交拉升。这是主力在控制收市价格，为明天做盘准备，也是典型的主力对敲行为。

10. 股价突然放量上攻，其间几乎没有回档，股价线一路攀升，拉出一条斜线，明显有人为控制的痕迹，往往是主力对敲推高股价，伺机出货。这种走势一般还会持续，尾盘往往以跳水告终，人称“小猫钓鱼”，上钩就被套。

11. 从成交量上看，短期成交量成倍放大而股价涨幅有限的个股，通常为主力对敲所致。另外，有些个股短期升势较快，但成交夸张地放出巨量，这些量中的水分较大。

12. 实时盘中成交量一直不活跃，突然出现大手成交，这种成交可能只有一笔或连续的几笔，但随后成交量又回到不活跃的状态。这种突发性的孤零零的大手成交是主力的对敲行为。

分析对敲盘需要耐心的长时间连续观察，结合大盘情况和个股的价位以及消息面等情况综合分析。一旦学会观察和把握对敲盘，就好像是掌握了主力的脉搏，但前提是你要有足够的耐心。

突然放量的应对策略：

1. 如果在高位突然放量，是主力在逐步造顶，应随时准备出货。

2. 放量的同时，如果股价也跟着飙升，则可以适当买入，但要防止主力出逃；如果股价跟着大跌，则要及时逃离。

3. 如果发现主力在通过对敲的手法制造成交量，就要保持足够的谨慎。

4. 如果是在底部突然放量，则是行情开始的征兆，要大举建仓。

突然缩量——未必真实要看清

突然缩量是一种很值得投资者重视的技术指标变化情况。它对处于不同阶段个股的发展趋势有重要的预示指导意义。下面我们分几种情况进行分析：

1. 突然缩量上涨。

市场上有这样一种认识，认为股价的上涨必须要有量能的配合，如果是价涨量增，则表示上涨动能充足，预示股价将继续上涨；反之，如果缩量上涨，则视为无量空涨，量价配合不理想，预示股价不会有较大的上升空间或难以持续上行。

实际情况其实不然，具体情况要具体分析。典型的现象是上涨初期需要价量配合，上涨一段后则不同了。主力控盘个股的股价往往越是上涨成交量反而越萎缩，当再次放量上涨或高位放量滞涨时反而预示着要出货了。

股价的上涨根本没有抛盘，因为大部分筹码已被主力锁定了，在没有抛压的情况下，股价的上涨并不需要成交量，许多大牛股涨幅的很大一部分都在缩量空涨这一阶段。典型的如 * ST 康达（000048），曾在牛市中，多次出现无量空涨状态。当然这种缩量空涨之前，必然有一个放量震荡逐渐形成明朗上升趋势的过程。因此，这种缩量空涨并不是坏事，只要无量，其主力资金的结构就明显没有改变，一般而言行情会持续向好，直到成交量改变，使行情性质发生改变为止。

2. 突然缩量下跌。

投资者一般认为，放量下跌是一个危险信号，缩量下跌却显示空方能量不足，危险不大，其实，缩量下跌往往更加不妙。对个股而言，高位持续震荡放巨量，突然再放巨量暴跌，必然有强劲的反弹，之后即突然缩量下跌，如果你以为该股有主力在托盘，成交量萎缩，主力难以出局或许还要托盘，行情还可看好，那就错了。一方面没有理由保证主力资金就绝对不会被套牢，另一方面在成交量萎缩之前的高位震荡放量过程中，主力资金到底玩了什么花招还很难断定，因而许多强势庄股在缩量阴跌之后，后期往往跌势漫漫，更重要的是它往往看起来下跌幅度不大，给人一种下有支撑的错觉，投资者心理上也很能够承受这种小幅下跌，不料这是钝刀子割肉，初看起来没什么危险，过一段时间回头一望，已经滑下崇山峻岭。因此，对大震荡之后缩量阴跌的股票要保持高度的警觉。这些股票往往会跌到叫持有者绝望、叫欲买者失望、最终被人遗忘的程度。

通常而言，股价在下跌过程中缩量是正常现象，一是没有接盘因此抛不出去，二是惜售情结较高没有人肯割肉。实战中往往出现缩量阴跌天天跌的现象，只有在出现恐慌性抛盘之后，再次放量才会有所企稳。其实放量下跌说明抛盘大的同时接盘也大，反而是好事，尤其是在下跌的末期，显示出有人开始抢反弹。

总之，不管是缩量空涨或者缩量阴跌，往往都代表一种趋势，只要成交量萎缩的特征不改变，行情的性质往往也会延伸，但是成交量突然之间发生了巨变，则以前所有判断行情的基础条件，比如基本面、技术面、主力资金、市场热点结构等等都得重新审视，绝对不能因惰性而沿用前期的判断定势。比如无量空涨之后，再放巨量飙升或者突然震荡放巨量下跌；比如缩量阴跌之后，突然低位放巨量震荡，行情必须以此为起点重新判断，很可能行情的性质正在发生改变，很可能行情已经涨过头或者跌过头。通常来说，行情在漫长的缩量阴跌之后，第一次放量往往还很难扭转颓势，并且这种成交量往往也仅是在成交量图上显示出一根长长的红柱，只是相对前期成交量放大若干倍，绝对成交量巨变并未出现，行情还有反复；但如果反复震荡，不断放量，行情在低位持续较长时间，则要将成交量累积起来看。不管上行突破，还是下行突破，这样的行情都需要引起注意。成交量趋势不变，行情趋势延伸；成交量改变，行情需要重新判断。这不仅是研究缩量个股趋势的重要依据，也是研究放量个股趋势的重要前提。

第六节　享受主力为你抬轿

跟短线庄

一般来说，跟短庄的好处在于能够较快地获利，资金的周转速度也比较快，但是收益大的同时，投资者也必须承担较长线庄大的风险，所以，这就要求投资者必须有高超的技巧。

1. 要正确判断出股价的走势，尤其是短期内的走势，对近阶段股价的总体趋势要有一个准确的认识。通常，如果在近段时间内没有出现重大的利好或者利空，大盘的方向是不会改变的。因此，短期走势不可能摆脱总体趋势的方向。

2. 看市场是否有热点。

一般来说，大盘的大幅波动都受市场热点影响，在没有市场热点的情况下，大盘基本处于盘局。在市场热点转换较快的情况下，大盘呈现震荡行情。

3. 看技术指标。

大盘如果处在箱体震荡或是盘局时，技术指标能帮你较直接地作出判断，而且各项指标较为一致。但在剧烈行情中，技术指标不起作用。

4. 看成交量是否发生较大变化。

如大盘在下跌途中，成交量增大，表明将加速下探；如急剧萎缩，则表明有望趋稳。如果大盘是在上升途中亦同此理，呈正比反应；如果成交量不大，大盘则按原来趋势缓慢延伸。

因此，散户在跟短线庄操作时应注意以下策略：

1. 资金投入要集中。

股票最多不能超过两种，资金应集中投入，一般在90%～100%，这样才有利于跟踪观察，才可能取得较高回报。

2. 低位突然放量时应立即跟进。

散户操作应突出一个“快”字，没有必要作基本面分析，只要有量就行，既然主力要做，就一定会有题材。

3. 要设立止损点。

再精明的投资者也难免看走眼，出现判断失误的时候，所以设立止损点是一个防止长线被套的措施，尤其是对散户而言，止损点一般定在10%较为合理。

4. 要注重热点转移。

强势市场有一个热点轮转的特征，短线炒家必须紧扣市场脉搏，注意观察下一板块的启动迹象，以免延误时机。

5. 上涨20%时就卖出。

一般来说，如果没有发生特大变故，主力炒作的最低目标价位应在20%～50%。作为散户不能贪高，应及时获利出货，将利润落袋为安。

跟中线庄

跟中线庄家就要采取中长期投资策略，具体来说可从以下几方面进行：

1. 研判中期走势。

一般来说，决定股市中线走势的关键在于政策面的指导，因为一切经济活动都必须服从政治的需要。所以，领会政策导向是把握中线行情的主要脉络。当政府鼓励大家投资的时候，股市绝对不会坏；当市场投机气氛较浓，大力强调提高风险意识时，股市也基本到顶。散户要绝对相信宏观经济政策的调控能力。

2. 要看市场投资者的信心。

市场的波动是靠人的买卖行为发生的，而买卖行为则是由投资者对股市的认识来决定的。这种对股市的认识往往有一个渐进的过程，不会一下子逆转过来。所以，一段中级行情也是由信心的逐步丧失或逐步树立来推动的，投资者对此要具备敏锐的观察力。

3. 研判供求关系情况的变化。

在一般情况下，影响股市的供求关系，当一定的时间内供大于求时，股价就会下跌；而当求大于供时，股价就会上涨。因此把握好资金面增减情况与新股扩容的矛盾所产生的变化，是估计中期走势的一大要素。

根据对中期走势的研判，投资者应采取以下策略：

1. 中线炒作应在有量盘整时介入。

如不注意几角钱的差价，很可能就是在买套时抄底成功。

2. 跟庄要注重所选股票的业绩和成长性。

中报行情应注重绩优股，因为绩优股始终是报表行情的热点，主力也会借题发挥；而年报行情应注重次新股，尤其是资本公积金高、股本较小、业绩又不错的股票，因为这类股题材丰富，易受市场追捧。

3. 买股要集中在一只股票上，资金最好为 80%，留 20%资金作配股之需。

4. 做足波段，不轻易退出。

只要该股的基本面情况没有变化，不管它的短线涨跌，坚决持股不放，待大盘见顶时再卖出。

5. 一年之中只做一两波行情，即年报行情和中报行情。如中间另有特别利好消息刺激股市时，也不要放弃，应积极跟进。

跟长线庄

投资者跟长线庄就必须测估长线的发展趋势，具体来说，主要从以下几方面考虑：

1. 看政治环境是否稳定，经济是否发展，对一个时期的政治局面和经济预期要有一个大概的认识。

2. 看经济处在什么阶段。

经济发展有其自身的发展周期性，同时又受外部条件的影响。因此，测估股势的长期趋向，应考虑到目前所处时期是经济复苏期还是衰退期，以及国民经济增长与衰退状况，如处于复苏期，则可大胆介入，否则应谨慎处之。

3. 看世界经济形势的情况。

每个国家的经济发展都不是完全独立的，它与世界经济和地区性经济有密不可分的联系，很难想像在全世界经济处于衰退时有哪一个国家经济还在快速增长，这是不现实的。所以，进行长线投资还必须对世界经济格局有一个大体的认识。

4. 还要考虑股市周期性的影响。

股市周期与经济周期虽相差不大，但有一个滞后性。所以，做长线投资者在介入这个市场以前，应对目前股市处在牛市的末期还是熊市的末期作一番了解，前者不能跟进，后者则可介入。

从事股市长线投资跟长线庄，必须采取以下策略：

1. 平时可以不理会股价的波动，但中报及年报时应注意上市公司送配方案，以免错过配股时间。

2. 在基本面条件没有发生根本变化的情况下，无论主力如何炒作，都不轻易抛售股票，下决心捂股，中间也坚决不做差价，直到自己设定的价位方才出货。

3. 入市时间应选择市场较为清淡时，因为这样可以避免高位套牢。

4. 选择股票应以公用事业板块中的能源股为最佳，因为这类股票不存在行业风险，只是业绩好与差的差别，亏损的可能性极小。

投资者跟庄，最主要的还是要选择长线庄家，因为这类主力实力强大，一般不会受挫。同时还由于跟上了一波大行情至少是中级行情，投资者的收益将是很可观的。此外，主力炒大市所借助的手段往往是炒作大盘股板块、新板块或龙头股板块，投资者较易于鉴别，加上主力进出货量大，时间长，投资者可以从容应对。

底部放量后马上进场

“成交量无法骗人”这句话有一定道理。主力在建仓、拉升、出货等阶段，可以用多种技术指标的变化来蒙骗投资者，但无论怎么变化，成交量总是会透漏出他们的意图。因为一只股价要涨，必须有主动性的买盘积极介入，也就是说，买的人多了，股价自然上升；反之，大家都争先恐后地不惜成本卖，股价就下跌。这种变化能够通过成交量的变化清晰地表现出来。所以，股价上升，必定有成交量配合，说明主力在大量购入股票，投资者此时应紧紧跟上。这里投资者要掌握一个基本原则：一只股票在底部长期横盘三个月或半年左右，某天成交量突变放大，是进场的良机，因为主力很可能开始行动了。投资者在此方面一定注意：股价在底部放量甚至震荡都要敢于进货，耐心持股；而股价一旦大幅拉升，成交量放大受阻，甚至股价破位，则必须走人，千万不能久留。

如：中海发展（600026）在 2010 年 8 月 16 日，成交量忽然由前一天的 768.12 万股增至 3928.51 万股。此后成交量每天都逐级放大，股价开始上升，此时投资者就应积极建仓，见图 7—24：

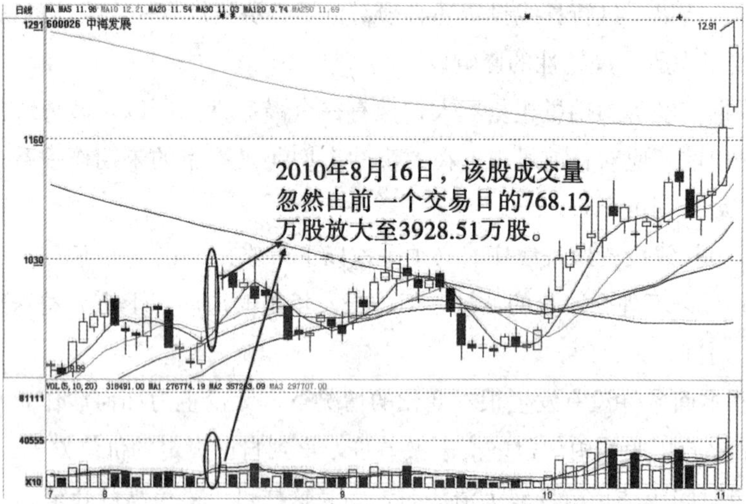

图 7—24

还有航天机电（600151），该股在 2006 年 4 月 7 日突然放量，当日最高价为 7.28 元，最低价为 6.02 元。此后几天，6.02 元的最低点虽未被击穿，但股价一直未突破 7.28 元的高点。直至 4 月 21 日，该股一开盘便发力上冲，很快突破高点，此时如果断介入，上午 11 时即封于涨停，随后仅用 8 个交易日就翻了一倍。此后该股最高飙升至 22 元，涨幅惊人，见图 7—25：

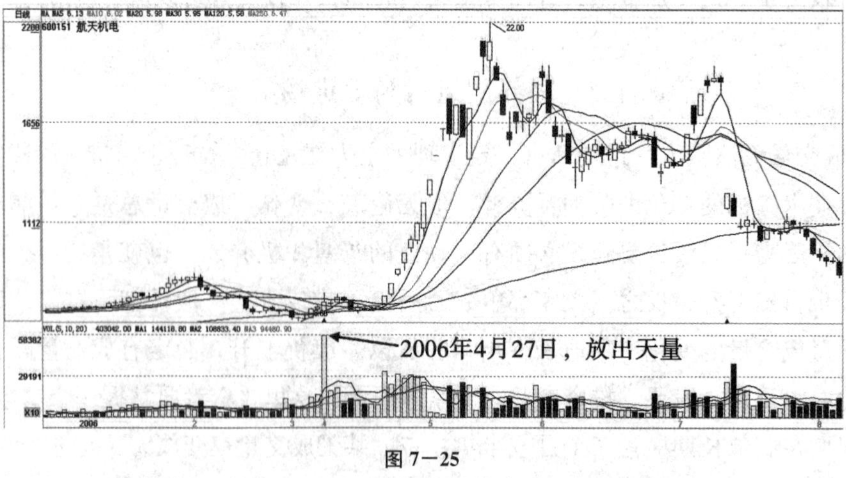

图 7—25

因此根据这种原则，投资者如果在某只股票长期横盘的时候发现该股出现了放量，则可考虑跟上，与庄共舞。

可以说，股市中最安全的买股方法就是买进那些在底部放量的股票，因为这往往是主力拉升的前奏。即使这种底部放量的股票在短期内谈不上是什么强势股，但当其从底部向上上升到一定高度时自然也就成为市场所关注的强势股了。而此时，早在底部放量时即已买进股票的投资者已赚了一大截利润了。在股票底部放量后进场，对投资者来说起码具有如下三点好处：

1. 最大限度地赚取股市的利润，达到与庄共舞的目的。

因为是底部介入的，所以投资者不必担心股价上升过程中的回档，可以大胆地持仓将股票持有到主力在最后的快速拉升时派发。当然，如果你能波段操作的话，还可以在这一上升的过程中采取高抛低吸的手法来回避回调的风险，从而进一步提高自己的收益。

2. 免受套牢之苦。

底部放量往往是股价将要向上启动的一种标志，纵然放量后股价再度回调，那空间也是十分有限的，投资者不必为套牢担忧，纵然是真的不幸被套住了，那被套牢的时间与空间也是有限的。

3. 免受长时间的股价盘整之苦。

一些股票进入底部区域后，往往还有一个漫长的缩量盘整过程。这一过程股价起伏不大，投资者置身其中犹如置身牢笼一般，寂寞难受。而如果是底部放量的股票，它所体现出来的是主力难耐寂寞了，是底部形成或将要筑成的一种信号。如果此时介入其中，纵然股价再度调整，那盘整的时间也将是相对有限的。

发现主力破绽快出手

俗话说，是人就有弱点，主力也是人，只要他进行操盘，就一定会有蛛丝马迹露出来，投资者只要能够抓住主力的破绽，就能成为跟庄的赢家。

其实，投资者学习跟庄技术的目的就是为了锻炼寻找主力破绽的技能，并且训练找到破绽之后快速准确作出决策的能力。主力破绽只在瞬间，因此并不容易找，况且投资者在找主力破绽的时候，主力也在找散户投资者的破绽并且付之于操盘行为，使之形成绝杀。因此分析技术运用在实战中并非想像中的那么简单，它对使用者各方面提出了极高的要求。散户投资者只有尽量减少自己的破绽，而多去细心观察，捕捉主力的破绽，才能在股市取得长远的胜利。

前面我们已经说过，主力只要操作就一定会有蛛丝马迹漏出来，这些都是操盘手不经意间留下的，这些破绽主要有：

1. 由于主力想吸引买盘，于是对敲放量吸引投资者，但是由于并非真实买入，仅是自买自卖不增加仓位，因此重心不明显上行。

2. 由于主力想建仓，但是害怕别人跟风，盘口经常做阴线，但重心却一直上行。

3. 由于主力在底部大量收集筹码，盘口变得很轻，因此创了新高也能不放量。

4. 由于主力想出货，但是害怕别人跟着出，所以经常做阳线，但是重心却一直下行。

5. 股价急速大跌很快又回复前期高位，由于这样做会增加主力成本（低抛高吸），如果出现了，主力花了成本就要有更大的收获，所以还会再做。

6. 由于主力想吸引卖盘，于是对敲放量，并且收出很多恐怖的K线，例如十字星、倒T字、乌云线等，但是由于并非真正出货，因此重心不明显下跌。

7. 由于是洗盘，主力并不想低位丢失过多筹码，因此洗盘要么重心下行不多，要么下行很多，但只是瞬间打压，随即股价得到大力拉升。

破绽是偶然出现的、瞬间的，是主力被逼无奈或者不小心留下的。因此这些出现破绽的时间点就是散户投资者作买卖决定的时刻。散户一定要注意，抉择的时机是一个“点”，而不是连续的。因此，发现破绽要果断出手。

主力出货时勿抢反弹

对于散户投资者来说，主力出货时的反弹千万不要抢，因为这是主力为了全部出货而故意制造的市场跟买风。特别是控盘庄股，更不宜抢反弹。这类庄股无论是否经历了深幅回调，都不适宜抢反弹，因为，控盘庄股经过长期的运作，主力成本极为低廉，即使经过大幅度地跳水，仍然有暴利可图。对这类个股，投资者最好敬而远之，不要为了贪图可望不可及的暴利，而冒火中取栗的风险。

靠抢反弹赚钱来弥补以前的割肉损失是一种非常危险的心态。散户一定要牢牢记住：决不轻易抢反弹，水平高的朋友，可用少量资金快进快出抢反弹。如果不幸套牢也必须在第一时间斩仓止损出局，这是炒股铁律。绝对不能对该股票抱有上涨的幻想，继续持有或逢低买进。同时经常抢反弹也会养成不注重操盘质量的盲目随意操作的恶习。这将使你永远不能晋升为炒股高手。

面对主力出货时的反弹，投资者可采取如下策略：

1. 头天抢进去，过两三天没实质性反弹动静，则必须割肉出来，否则将越套越深。

2. 尽量不参与抢反弹。

3. 如果抢进去，第二天即使只有微利，也必须及时了结，赌一把侥幸就走，绝不可太贪心。

4. 如果实在忍不住诱惑，抱着赌一把的心态去参与，就要做好亏损的准备。

到了目标位及时下轿

一个窃贼的儿子看到父亲年事已高，心想，如果父亲不能再干这一行，除了我之外，还有谁能负担这个家的生计？我必须学会这套本领。

他把这个想法告诉了父亲，父亲同意他的看法。有一天夜里，这位父亲带着儿子到一个大宅子去，凿穿围墙，进入屋内，打开了一个大箱子之后，叫儿子爬进去捡些值钱的东西出来。

儿子刚一爬进箱子，盖子就被父亲盖上了，并且牢牢地上了锁。接着这位父亲走到天井中去大声敲门，吵醒了宅内一家大小之后，便从墙上的洞口溜走了。

住户在惊慌中点亮了蜡烛，却发现窃贼已经逃走了。窃贼的儿子一直待在牢牢锁住的箱里，想着他狠心的父亲，心中觉得非常气愤。

突然他脑中灵光一闪，便发出一阵像老鼠咬东西的声音，这家人于是赶紧叫女仆拿蜡烛前来查看箱子。等盖子上的锁一被打开，困在箱子里的他一跃而出，吹熄了烛火，推开女仆，便向外奔逃。这家人在他后头追赶。他注意到路旁有一口井，随手搬起一块大石头丢进井里。于是追赶他的人都围在井边，试图寻找掉进井里的窃贼。

就在这个时候，他安全地回到了家里。他不停地埋怨父亲害他险些脱不了身。他父亲说："别生气，儿子，先告诉我你是怎么逃出来的。"当儿子说了自己逃脱的全部经过后，父亲说："这就对了，你已经学会了做贼的本领了。"

寓言里贼父亲有他的道理，不会逃就不能成贼。跟庄炒股也一样，不会逃顶就赚不到钱，甚至会血本无归。在股市，即使你的股票赚了钱，只要这一分钟没卖掉，下一分钟就有亏钱的可能。所以，会卖，会跑，会逃才是本事，才是优秀散户起码的标准。那么，对于散户来说，如何判断逃顶的最佳时点呢？

1. 从均线系统上确认。

一只股处于上升后期时，就要时刻注意5日线的变化，随时警惕变盘的可能。其实，5日线下穿10日线，就是一个最好的卖点；倘5日线又下穿了20日线，说明上升趋势已经破坏，是第二个卖点；当5日线下穿了30日线，前面的形态几乎就可以说是头部了，此时，应该反弹逃命，此时不逃，恐怕以后的机会就很少了。

2. 从辅助技术指标上确认。

股市上有许多技术指标都能确认头部，像常用的RSI强弱指标，以及MACD平滑移动平均线等。当然，确认头部的技术指标还有很多，单一的认定一种技术指标有时并不准确，只有全面地、综合地分析，才能得出正确的判断。

3. 从上升趋势线上确认。

股市上的每一次行情，虽然其上升斜率不同，却都有一条上升趋势线在支撑着股价向上运行。然而，即使再牛的股，总有物极必反的时候，一旦这条上升趋势线跌破，且在跌破之前伴有大的成交量涌出，说明这极有可能是个头部。

4. 从换手率上确认。

一只股票从吸货到拉升再到出货，进出都会伴有大的换手率。当股价拉升到一定高度，市场会利好频传，然而，当一只股票日换手率达到其流通股的20%时，就要引起警惕，当日换手率连续三天超过10%，股价又在一个区间滞涨，那么，就应毫不犹豫地卖出股票。

有些庄股应极力回避

对散户投资者来说，跟庄可以赚大钱，但并非所有的庄都能跟。有些主力要极力回避，特别是跳水的庄股。因为在庄股跳水的若干次连续跌停中，几乎是无量暴跌，身陷其中的投资者几乎没有出逃的机会，只能眼睁睁地看着资金市值急速缩水。凡是不幸持有跳水股的投资者，均遭受了毁灭性的打击。因此，散户投资者有必要根据这些跳水庄股的共性特征，运用合理的投资策略，规避市场风险。

1. 运作时间太长的老庄股要回避。

主力经过长期运作，却不能把握机会抽身退出的，说明这些主力的坐庄手法比较落后和不合时宜。而且，长时间坐庄必然消耗大量的时间成本，无论主力怎样勉强支撑，一旦遭遇财税检查或资金链中某一环节脱落，那么，跳水将是必然的结果。

2. 资金链断裂的庄股一定要回避。

跳水庄股大多存在资金链断裂的现象，有相当比例的庄股跳水是出于这种原因。股市行情的日益低迷，扩容的加速和宏观调控方面的因素，造成市场中的存量资金趋于紧张，导致部分庄股资金链断裂。

3. 没有业绩支撑的庄股一定要回避。

虽然好多庄股跳水和资金链有关，但是投资者也要注意上市公司的业绩因素，对于既没有成长性又没有业绩支撑的庄股，其股价向价值回归是顺理成章的，散户要注意回避。

4. 涨幅巨大的庄股一定要回避。

有些庄股累计涨幅甚至超过200%、300%，巨大的利润意味着股价的运行具有相当的不确定性，主力随时都有可能在任何价位兑现利润，散户应注意回避此类庄股，特别是其中涨幅过大时公布种种利好题材消息的，更要坚决回避。

强庄大树底下好乘凉

跟庄要跟强庄，这是股市格言。主力有炒大市的主力、炒板块的主力、炒个股的主力、有券商庄家、上市公司庄家等等。在众多的主力中，跟什么庄才能赚到最多的钱，承担最小的风险呢？我们说，跟庄就应跟大庄、强庄。

主力大庄由于资金量大，上百点空间仅够转身，所以它一露面，大市起码有一个中级行情，我们跟大主力进出，起码能吃到一段中线行情，利润较有保障；而跟其它的主力，就很难预计了，可能出现的仅是一个小行情，为证券公司白打工；甚至主力看错市，落得与主力一起被套的局面，偷鸡不成蚀把米。由于强庄实力雄厚、眼光独到、操作策略高，所以根本不会出现这类问题。具体来说，跟强庄的优势体现在下面几点：

1. 强庄进出场明显，利于投资者操作。

股海有主力强庄在翻云覆雨，与没有主力在场有较明显的区别，你会感觉大盘像被一只无形的手控制着。例如有人利用中石化、马钢股份等的变化，在分时图上画出一个W底和M顶，成交量明显增加；有人在拉尾市或打尾市；大市沿着一个上升通道有规律地上升，而这一切都发生在市场气氛非常悲观的时候。这都是大资金介入股市的特征。

大资金进场需要一定的时间，大部队的运动与小部队、游击队截然不同，它是很难掩人耳目的。这是主力强庄的弱点。只要你留意多观察几天，不为悲观气氛迷惑，是不难看到主力大鳄入“股海”时掀起的波浪的。

大资金的离场一定也会留下它的行动轨迹，翻开图表看这几年中级和大行情的结束，都有明显的头部，或者是头肩项，或者是双顶，又或者是三樽头等等。

2. 跟强庄风险较小。

投资者跟强庄相对来说风险较小，这主要体现在两个方面：

(1) 强庄有足够的时间看准才做。中级行情，一般都有20天左右，大行情更要持续近两个月。在低位，强庄大资金进场吸筹码需要的时间较长，散户就有充足的时间了解情况，看准了再跟进也不迟。同样，在顶部，强庄大资金撤退也要一段时间，所以你可以多看几天，看准了再逃走，此时仍会在一个相对高位，仍可以有利润。

(2) 由于中级行情有三成左右的升幅，只要你没有跑进跑出，没有白交手续费，没有利润断层，即使迟入货，晚出货，仍有利可图。万一操作出错，仍有机会保本逃出。相当的升幅，提高了操作允许出错的范围，比起小行情风险要小很多。

3. 强庄对时机把握得很准确。

主力是进行深入细致研究后，确认坐庄获利有机可乘时，才“下海”的。我们跟它入场，无需花大量时间和精力去研究这一系列令人头痛的问题，而只需回答一个简单的问题：主力大鳄进场没有？跟着主力入场，既轻松又准确，不会有错。主力的撤退肯定事先做好了安排，会把握适当的时机。

该弃庄时坚决弃庄

有跟庄，就会有弃庄，没有人会一直跟着庄。主力出货的时候，跟庄的散户也要跟着出货，不能死守在顶部。还有，跟庄的过程往往会有许多意外，充满许多变数。当这些意外、变数出现的时候，散户就要作出判断和选择。如果情况确实恶化，就要坚决地弃庄，不要抱有幻想，犹豫不决。

一般来说，当下面这些情况已经发生或者即将发生时，就是要弃庄的时候。

1. 利好出尽之时，就是弃庄之日。

在股市中，由于信息的不对称性，主力有时利用掌握的信息在低位开始悄悄进货，并一路推高。等到消息证实时，反而是主力逢高派发的好时机，这种情况被市场称为“见光死”。

因此，当股价已连续上涨非常大的幅度后，出利好消息反而容易形成头部。这时是散户弃庄的好机会。

2. 国家政策突然发生逆转，不利于主力再拉抬股价。

中国股市是一个新兴的市场，政策调控将直接影响股市，在历史的走势中，可以看到许多头部是由政策调控造成的。例如 1995 年停止国债、期货交易，造成 5.18 行情的大幅上涨；数日后公布新股上市额度，股指形成头部，大幅下跌。还有，2007 年的“5.30”暴跌，也是由于国家提高印花税而引起。

因此，散户要想跟庄成功，就必须把握住政策导向，广泛搜集政策信息，并精心分析这些政策信息，通过政策面的微小变化，及时发现管理层的调控意图，领先一步。

3. 股票技术形态严重恶化时，要及时弃庄。

(1) 当 K 线图在高位出现 M 头、头肩顶、圆弧顶和倒 V 字等明显的顶部形态时，要及时弃庄出逃。

(2) 周 KDJ 指标在 80 以上，形成死亡交叉，是弃庄离场的重要信号。

(3) 当股价已经过数浪上升，涨幅已大时，如 5 日移动平均线从上向下穿 10 日移动平均线，形成死亡交叉，要及时弃庄。

（4）MACD指标在高位形成死亡交叉或M头，红色柱状不能继续放大，并逐渐缩短时，要马上弃庄离场。

（5）在K线图上，当在高位日K线出现穿头破脚、乌云盖顶、高位垂死十字等股价见顶的信号时，就是弃庄的时候。

（6）当长期上升趋势线被股价向下突破时，必须弃庄出局。

散户在弃庄时要坚决果断，一旦发现信号，要坚决卖出，决不能手软和抱有幻想。即使是卖错了，也没有关系。因为，股价通常运行在头部的时间非常短，因此买入的机会非常多，而卖出的机会往往只有一次大大少于在底部的时间，一旦弃庄不坚决，很可能被长期套牢。

4. 股市进入疯狂状态时，也就是弃庄的时候。

当散户大厅人山人海，进出极不方便的时候；

当你周围的人都争相谈论已经挣了大钱的时候；

当散户大厅全都是新面孔的时候；

当证券交易所门口自行车极多，没有地方停放的时候；

当想买证券类报纸、杂志而买不着的时候；

当一个股市新手都敢给你推荐股票，并说这是庄股，目标位要拉到多高多高的时候；

当卖冰棍的老太太都来买股票的时候；

当大型股评报告会人满为患的时候；

当证券交易所工作人员服务态度极端不好的时候；

当开户资金大幅提高了再提高的时候。

以上现象出现时，往往是主力大肆出货的时候，也是市场顶部形成的时候，投资者要急流勇退，赶快弃庄。

5. 当媒体大肆吹捧某只庄股时，就是该弃庄的时候。

散户在跟庄时，除了要关注上述列举的情况外，还应关注媒体的宣传报道。一般来讲，在市场低迷时，个别媒体对机构介入业绩和成长性良好的个股的报道往往不被投资者所重视，而当该股股价有一定的涨幅，特别是涨幅较大时，媒体的报道甚至鼓噪越来越多，此时你要当心，股价处于高位时的大肆宣传，往往是主力出货前的引诱或烟幕弹，也许大肆宣传之后紧接就是大幅的下跌。这时候就要坚决弃庄。

6. 题材炒作完毕之前就要弃庄。

主力拉升股票最主要是利用题材。通常，这种题材股是不会维持太长时间的，主力在有限的时间内拉升股价，诱使散户跟风，使买者抱有侥幸心理。

你必须意识到，要在题材即将兑现的时候立即出局，而不宜等到题材兑现再出局。

很多散户往往这时舍不得出局，总想再挣点。事实证明，不提前出局，非常危险。

不要和主力比套

在跟庄的过程中，我们常常会听到一些散户投资者将“主力也还没出局呢”这句话挂在嘴边，在他们眼里，只要主力还没有出局，那么这只股票即使被套也是相对安全的，因为主力依靠其雄厚的资金实力和丰富的操作经验，总能把自己解套并最终实现盈利，跟风套牢庄盈利不在话下。

其实，跟了“被套庄”，风险也不小。即使投资者有幸确认了看好的这只股票存在“被套庄”，但要坐轿仍然颇为辛苦。机构坐庄受到资金成本、信息等方面的压力，总是希望能够尽快实现盈利。因此，被套若不是其刻意洗盘所为，就是在运作过程中出现了一些棘手的问题，比如资金短缺、无法托盘、上市公司的题材出现了变化、炒作受到了证监会的审查等。因此，对于被套庄来说，套住自己的原因是多方面的，有些消息可能会导致机构坐庄计划的全面变更或者中止。散户投资者如果仍然坚持己见，套牢的更有可能是自己。

进入股市中的投资者都希望能“与庄共舞”，但“与庄比套”则不应成为散户追求的目标。其实，就像“与庄共舞”一样，散户投资者也是很难“与庄共套”的，因此，“与庄比套”也只是散户们一厢情愿的事情。其原因如下：

1. 虽然有一些动作迟缓的主力确实被套，但他们远比散户主动得多。他们还有大量的资金可以用来进行自救，比如通过向下砸盘，然后在更低的价位上捡取筹码，从而摊低成本或者将股价控制在某个区间来回做差价，从而达到解套的目的。

2. 在一些散户套牢的股票上面，主力未必是套牢的。主力的成本对于众多的散户来说始终都是一个未知数，特别是在经过了多次的高抛低吸后，主力的成本其实已经很低很低，有的甚至接近于零成本。因此尽管散户们已经套牢了，但主力却还是满仓的获利盘，主力之所以还未出局，只不过是希望能够寻找到一个更好的出货机会，获得更高的利润而已。

3. 也有一些主力出于战略性的考虑，往往不会将自己手中的筹码出光，而是留有一定的筹码，以便为将来的行情做准备。因此，这样的主力纵然还在盘中，也不会在盘中做出积极的努力，相反有时他们还会利用手中的筹码进行砸盘。这种情况下的主力已经不能称为真正意义上的主力。

4. 在一些看似主力被套的股票上面其实主力早已逃之夭夭。俗话说：道高一尺，魔高一丈。散户与主力的关系，其实就和这“道”与“魔”的关系一样。虽然，散户对技术指标的钻研越来越透彻，对主力常用的出货手法也有着进一步的了解；

但是，主力也在不断地改变着自己的出货手法，而反技术指标操作更是他们在操作中常用的。比如，拉阳线出货、高位平台出货、杀跌停板出货等。因此，当散户们认为主力还在盘中的时候，可能主力早已安全撤离了。

因此，对于散户投资者来说，一旦发现行情逆转，不管主力是否还在盘中，都及时清仓出局，才是最正确的做法。如果你指望主力来救自己，还不如自己救自己，保住本金，指望下一轮行情早点到来。

本章习题：跟庄操练的测试与练习

综合练习

一、判断题。

1. 主力在选择炒股对象的时候，首要考虑的不是该股是否有投资价值，而是该股是否有炒作价值。（ ）

2. 通常，如果在短期内某只个股的换手率很高，筹码也由散户开始向主力集中，则表明长线庄家已经在开始快速建仓。（ ）

3. 如图 7—26 所示，图中圆圈内的图形是典型的横向 K 线形态，这种形态的出现意味着主力此时有可能正在收集筹码。（ ）

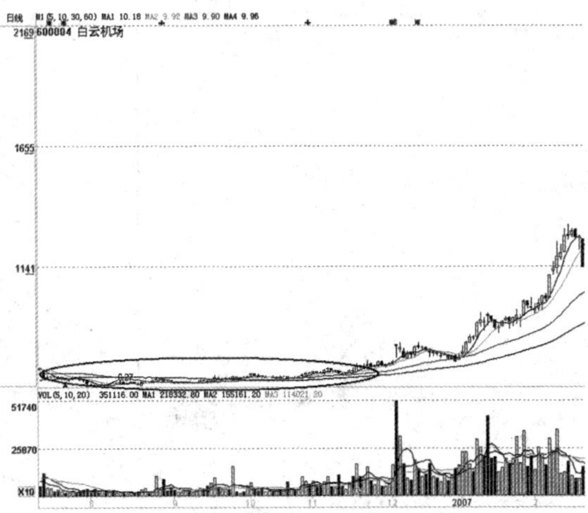

图 7—26

4. 以股价最低价作为基准，低价股上浮 0.50～1.50 元；中价股上浮 1.50～5.00 元；高价股上浮 5.00～7.00 元。这是一种非常简单地计算主力成本的方法。（ ）

5. 如图 7—27 所示，如果 K 线图上出现这种跳空高开形成上攻的缺口，且短线

不予回补，则说明主力此时正在拉升股价。（　）

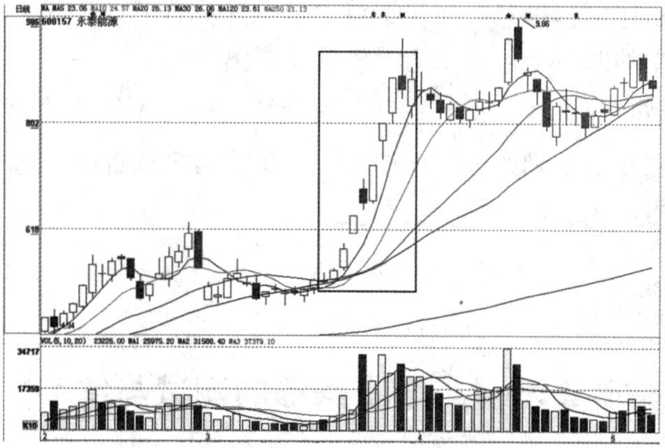

图 7—27

6. 如果此时出现了难得的利好消息，而且上市公司的基本面也很好，那么投资者最好是握紧手中的股票，等待一个好时机再卖出。（　）

7. 一般来说，越是时间长的庄股盈利的机会就越大，所以在选股的时候，一定要选择时间比较长的庄股。（　）

8. 通常，不管是缩量空涨或者缩量阴跌，往往都代表一种趋势，只要成交量萎缩的特征不改变，行情的性质往往也会延伸，不会有太大的改变。（　）

9. 如图 7—28 所示，图中的 K 线走势一连数天拉出了长阳线，投资者一定要把握住机会，及时跟进。（　）

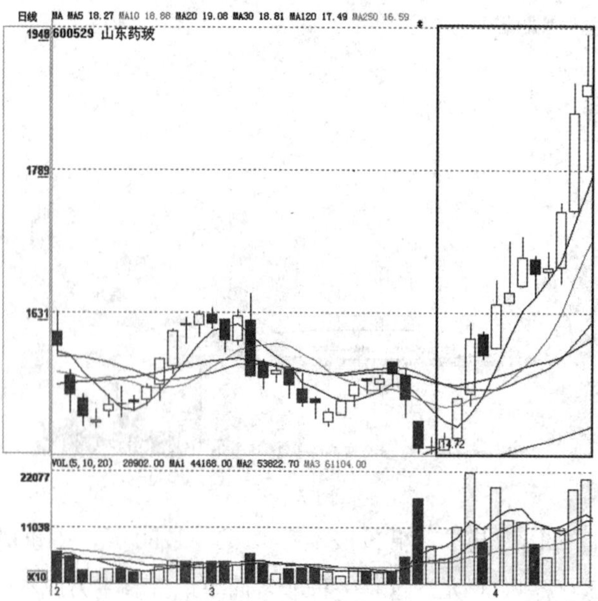

图 7—28

10. 通常，当主力完成了一段中级出货动作后，巨大的坐庄利润已经兑现。这时主力会利用手中最后的筹码迅速往下打压股价砸穿30日均线的重要技术支撑位，在高位套牢跟风盘。（　）

二、填空题。

1. 对于有炒作价值的股票，通常在启动之前，其股价最好不要超过（　）元。

2. （　）建仓是主力最常用到的一种建仓手段，它能够最大限度地降低主力的建仓成本。

3. 如果K线图上很长一段时间内都是阴阳相间的图形，并且多次出现了（　），则表明主力正在横盘建仓。

4. 如果某只股票成交量突然温和而有规律地递增，同时股价也小幅走高，这种迹象表明主力正在（　）。

5. 如果股票在高位盘整或者是送配股票除权后的盘整时成交量有所放大，投资者应该（　）。

6. 通常，当股价下跌到一定阶段时，成交量会逐渐缩小，直至出现地量水平，这时如果有巨量或者大手笔的委卖盘压在上方，股价却没有受到较大的影响，则表明（　）。

7. 通常，如果一只股票在底部长期横盘三个月或半年左右，某天成交量（　），则是进场的良机，因为主力很可能开始行动了。

8. 主力在建仓时，连续大手笔地吃进某股票，平均每笔成交会不断呈现较大值，一般在（　）之间。

9. 一般来说，投资者每次进场操作的时候，最好选择在（　）进入，以减少风险。

10. 通常，相对于放量下跌来说，（　）是一个更危险的信号。

三、简答题。

1. 请你简要回答哪些股票将会成为主力优选的炒作对象？

2. 请简要回答，根据什么来判定主力已经完成了建仓的动作？

3. 请简要回答如何来计算主力拉升的目标位？

4. 请问，投资者如何区分主力究竟是在洗盘还是在出货？

5. 请问，有哪几种庄股是投资者在跟庄过程中一定要回避的？

6. 请简要回答跟短线庄、中线庄和长线庄的技巧。

7. 通常，只要主力操盘就一定会有破绽，请指出，主力所出现的破绽主要有哪几种？

8. 在跟庄的过程中每个人都有被套的可能，当然“套牢”程度有轻有重，“解套”之方法也应有所不同。请说出几种我们常用到的解套策略。

9. 请简要回答，散户投资者应该如何应付主力的洗盘动作？

参考答案

一、判断题。

1. 正确。

2. 错误。这种迹象表明短线庄家开始快速建仓。

3. 正确。

4. 错误。以股价最低价作为基准，低价股上浮 0.50～1.50 元；中价股上浮 1.50～3.00 元；高价股上浮 3.00～6.00 元。这是一种非常简单地计算主力成本的方法。

5. 正确。

6. 错误。一旦出现了难得的利好消息，而且此时上市公司的基本面也很好，那意味着主力要全身而退，所以，此时投资者最佳的操作方略就是找到最佳点及时卖出。

7. 错误。通常，如果主力经过长期运作，却不能把握机会抽身退出的，这说明这些主力的坐庄手法比较落后和不合时宜。而且，长时间坐庄必然消耗大量的时间成本，无论主力怎样勉强支撑，一旦遭遇财税检查或资金链中某一环节脱落，那么，跳水将是必然的结果。

8. 正确。

9. 错误。虽然巨大的涨幅意味着巨大的利润，但这也使得股价具有相当的不确定性，主力随时都有可能在任何价位兑现利润。所以在遇到这种情况的时候，投资者最好以观望为主。

10. 正确。

二、填空题。

1. 10 元。

2. 打压式建仓。

3. 十字星。

4. 主力在迫不及待地进货，股价大幅攀升的日子已经很近了。

5. 及时出货，因为这是主力利用成交量做出来的典型的出货陷阱。

6. 表明主力在恐吓性打压。

7. 忽然放大。

8. 700 至 1500。

9. 波谷底部。

10. 缩量下跌。

三、简答题。

1.

通常，主力在选择炒股对象的时候，首要考虑的是该股是否有炒作价值，而不是该股是否有投资价值。最有可能成为主力选择坐庄的股票有以下几种：

（1）价值低估股。

在任何市况之下，市场上总有一些股票的价值被低估，有时低估程度还非常严重。价值低估必然导致价值回归，所以那些价值被低估的股票经常会成为主力吸纳的首选目标。

（2）冷门问题股。

有些股票由于存在这样或那样的问题而备受市场冷落，有些主力便人予我取，在较低价位吸纳大量筹码，成为坐庄对象。

（3）题材股。

股票有无炒作题材，是主力选股的一个重要标准。股票只有题材丰富，才会产生主力登高一呼，市场万众响应的局面，主力才能在高位顺利出货。

2.

一般来说，具备了下述特征之一就可初步判断主力已锁定筹码，建仓进入尾声：

（1）K线走势起伏不定，而分时走势图剧烈震荡，成交量极度萎缩。

（2）放很小的量就能拉出长阳或封死涨停。

（3）突遇利空，股价能快速企稳。

（4）K线走势我行我素，不理会大盘而走出独立行情。

3.

投资者可以根据市价高低、盘子大小、主力坐庄时间的长短等因素，估算出庄股可能的升幅。

（1）主力成本越大越需向上拓展空间。

投资者观察目前价位主力是否有获利空间，若主力获利非薄，自然可放心持股。

具体来说，散户可根据下面的公式大概估算主力的拉升目标位：

目标点位＝持股成本×（1＋主力持仓量占全部流通股的百分比×2）。

（2）小盘股上升空间广阔。

流通盘越大上升需要的能量越多，升幅自然受到限制，而真正升幅能翻几番的庄股，其流通盘大都在2000万股～3000万股之间。

（3）坐庄时间越长升幅越可观。

庄家有短线、中线、长线之分。短线庄家控制的筹码不多，有10%的升幅即可达到坐庄目标，行情极难把握；中线庄股在升幅达到100%左右时会遇到较大的阻力，属于高风险区；一些长线庄股累计升幅高达10倍。投资者可从走势图上观察主力坐庄的长短，若某股主力介入很早且一直没有出货迹象，可推算此主力的目标较远大。

4.

洗盘只是想甩掉不坚定的短线跟风盘，其结果会使筹码进一步集中。

而主力出货的目的是尽量吸引买盘，通过各种手段稳定其他持股者的信心，而自己却在尽量高的价位上派发手中尽量多的股票。出货的结果与洗盘恰恰相反，出货会导致市场筹码由原来的“集中锁定状态”逐渐变为“分散状态”。

（1）从K线形态方面区别。

在日K线形态上主力是出货还是洗盘表现的最为明显。一般洗盘时的走势常常以长线实体的大阴线出现，而出货的时候往往会在股价正式破位之前，出现一连串的小阳线，使得投资者对后市抱有期望。

（2）从成交密集区来区别。洗盘还是出货往往与成交密集区有一定的关系，当股价从底部区域启动不久，处于离低位成交密集区不远的位置时，出现洗盘的概率较大；如果股价逼近上档套牢筹码的成交密集区时遇到阻力，那么，出现出货的概率比较大。

（3）从持续时间上区别。

上涨途中的洗盘持续时间不长，一般5至12个交易日就结束，因为时间过长的话，往往会被散户识破，从而乘机大量建仓。而出货的时候，股价即使超出这个时间段以后，仍然会表现出不温不火的震荡整理走势或缓慢阴跌走势。

（4）从重心移动来区别。

重心是否下移是判别洗盘与出货的显著标志。主力洗盘是把图形做难看，不想让其他人买到便宜货，所以日K线无论收乌云线、大阴线、长上影、十字星，或连续四五根阴线甚至更多，但重心始终不下移，即价位始终保持。

（5）从盘口方面来区别。

主力出货时在卖盘上是不挂大卖单的，下方买单却很大，显示委比较大。造成买盘多的假象，或下方也无大买单，但上方某价位却有“吃”不完的货，或成交明细中常有大卖单卖出而买单却很弱，导致价位下沉无法上行。

主力洗盘时在卖盘上挂有大卖单，造成卖盘多的假象。在主力对敲下挫时是分不清是洗盘还是出货的。但如在关键价位，卖盘很大而买盘虽不多却买入（成交）速度很快，笔数很多，股价却不再下挫，多为洗盘。

5.

（1）运作时间太长的老庄股要回避。

主力经过长期运作，却不能把握机会抽身退出的，说明这些主力的坐庄手法比较落后和不合时宜。而且，长时间坐庄必然消耗大量的时间成本，无论主力怎样勉强支撑，一旦遭遇财税检查或资金链中某一环节脱落，那么，跳水将是必然的结果。

（2）资金链断裂的庄股一定要回避。

跳水庄股大多存在资金链断裂的现象，有相当比例的庄股跳水是出于这种原因。股市行情的日益低迷，扩容的加速和宏观调控方面的因素，造成市场中的存量资金趋于紧张，导致部分庄股资金链断裂。

（3）没有业绩支撑的庄股一定要回避。

虽然好多庄股跳水和资金链有关，但是投资者也要注意上市公司的业绩因素，对于既没有成长性又没有业绩支撑的庄股，其股价向价值回归是顺理成章的，散户要注意回避。

（4）涨幅巨大的庄股一定要回避。

有些庄股累计涨幅甚至超过 200％、300％，巨大的利润意味着股价的运行具有相当的不确定性，主力随时都有可能在任何价位兑现利润，散户应注意回避此类庄股，特别是其中涨幅过大时公布种种利好题材消息的，更要坚决回避。

6.

跟短线庄的技巧：

（1）资金投入要集中。

股票最多不能超过两种，资金应集中投入，一般在 90％～100％，这样才有利于跟踪观察，才可能取得较高回报。

（2）低位突然放量时应立即跟进。

散户操作应突出一个“快”字，没有必要作基本面分析，只要有量就行，既然主力要做，就一定会有题材。

（3）要设立止损点。

再精明的投资者也难免看走眼，出现判断失误的时候，所以设立止损点是一个防止长线被套的措施，尤其是对散户而言，止损点一般定在 10％较为合理。

（4）要注重热点转移。

强势市场有一个热点轮转的特征，短线炒家必须紧扣市场脉搏，注意观察下一板块的启动迹象，以免延误时机。

（5）上涨 20％时就卖出。

一般来说，如果没有发生特大变故，主力炒作的最低目标价位应在 20％～

50%。作为散户不能贪高，应及时获利出货，取得切实成果。

跟中线庄的技巧：

(1) 中线炒作应在有量盘整时介入。

如不注意几角钱的差价，很可能就是在买套时抄底成功。

(2) 跟庄要注重所选股票的业绩和成长性。

中报行情应注重绩优股，因为绩优股始终是报表行情的热点，主力也会借题发挥；而年报行情应注重次新股，尤其是资本公积金高、股本较小、业绩又不错的股票，因为这类股题材丰富，易受市场追捧。

(3) 买股要集中在一只股票上，资金最好为80%，留20%资金作配股之需。

(4) 做足波段，不轻易退出。

只要该股的基本面情况没有变化，不管它的短线涨跌，坚决持股不放，待大盘见顶时再卖出。

(5) 一年之中只做一两波行情，即年报行情和中报行情。如中间另有特别利好消息刺激股市时，也不要放弃，应积极跟进。

跟长线庄的技巧：

(1) 平时可以不理会股价的波动，但中报及年报时应注意上市公司送配方案，以免错过配股时间。

(2) 在基本面条件没有发生根本变化的情况下，无论主力如何炒作，都不轻易抛售股票，下决心捂股，中间也坚决不做差价，直到自己设定的价位方才出货。

(3) 入市时间应选择市场较为清淡时，因为这样可以避免高位套牢。

(4) 选择股票应以公用事业板块中的能源股为最佳，因为这类股票不存在行业风险，只是业绩好与差的差别，亏损的可能性极小。

7.

主力所漏出的破绽主要有：

(1) 由于主力想吸引买盘，于是对敲放量吸引投资者，但是由于并非真实买入，仅是自买自卖不增加仓位，因此重心不明显上行。

(2) 由于主力想建仓，但是害怕别人跟风，盘口经常做阴线，但重心却一直上行。

(3) 由于主力在底部大量收集筹码，盘口变得很轻，因此创了新高也能不放量。

(4) 由于主力想出货，但是害怕别人跟着出，所以经常做阳线，但是重心却一直下行。

(5) 股价急速大跌很快又回复前期高位，由于这样做会增加主力成本（低抛高吸），如果出现了，主力花了成本就要有更大的收获，所以还会再做。

(6) 由于主力想吸引卖盘，于是对敲放量，并且收出很多恐怖的K线，例如十字星、倒T字、乌云线等，但是由于并非真正出货，因此重心不明显下跌。

(7) 由于是洗盘，而并不想低位丢失很多筹码，因此洗盘要么重心下行不多，要么下行很多，但只是瞬间打压，随即股价得到大力拉升。

8.

(1)“分批解套”策略。

将“套牢”个股分批卖出，但于卖出同时，另行补进其他强势股。

(2)“咬紧牙关，壮士断腕”策略。

咬紧牙关，及时斩仓，以求尽量减少损失。“套牢”影响情绪，寝食难安，斩仓更要决绝。

(3)“向下摊平”策略。

随股价下挫幅度扩大反而加码买进，以待股价回升。

(4)“汰弱择强，换庄操作”策略。

忍痛将弱势股脱手，换进市场中有强庄进驻的“强势股”，以期弥补损失。

(5)“守株待兔”策略。

前提条件是该股本质不差，而且还要能输得起时间，如果资金不是借贷的，没有太大的机会成本，就完全可以采用这种通过时间消化股市风险的方法。

9.

(1) 必须要熟悉股价的运行规律，在哪个环节，股价将如何行动，要有起码的常识，心中有数，就不会无原则地急躁。

(2) 要尊重趋势，只要股票的趋势向好，没有迹象表明行情异常，就坚定信心，一直持有下去。

(3) 要随时准备纠正错误。

散户对于主力的洗盘，应该耐得住“寂寞”。即使判断失误，过早的卖，也要马上返身再买。

(4) 要有良好的心态。

散户要应对主力的洗盘，就必须开发出自己的“反洗盘术”。而反洗盘的首要任务，就是要调整心态，赚钱要以月计、以季计，甚至是以年计，而绝非以日计、以周计。天天都梦想着赚钱，往往总是亏损。

第八章
买卖点操练

股市投资，最主要的利润来源就是赚取股票的差价，也就是大家所谓的“低买高卖”。在股市中生存，最大的风险来自于不知道何时买进，何时卖出。因此，能否掌握股票的买卖机会，直接影响到股市投资的成败。本章将通过各种分析技术全方位地讲解，指导投资者如何把握个股的买卖点。

第一节　K线买点

底部形态的买进时机

把握底部形态的买进时机，对于投资者至关重要，是投资者能否获利以及获利大小的关键。股市中，比较重要的底部形态主要有V底、W底、头肩底和圆弧底。

1. V底买进形态。

如图8—1所示，该股在出现V底形态之后，走出了一波上涨的行情。一般在该形态形成之后，股价都会有一个反抽回探的过程，如果此时的成交量出现萎缩，那么，当股价再次拉升的时候，就是买进的最佳时期，见图中标示的最佳买入点。

V形底，有时也称为“尖底”，通常是由于恐慌性抛售，股价跌到了偏离股票内在价值的低位，是报复性上涨的结果。这种形态的底部股价具有很大的爆发力，它往往是在重大利好消息来临时或是在严重的超卖情况下产生，形成短期内价格的剧烈运动。由于V形底的形成时间较短，走势发生反转具有一定的突然性和不可测性，把握起来很难，参与风险相对较大。但是这种形态的爆发力很强，如把握得好，

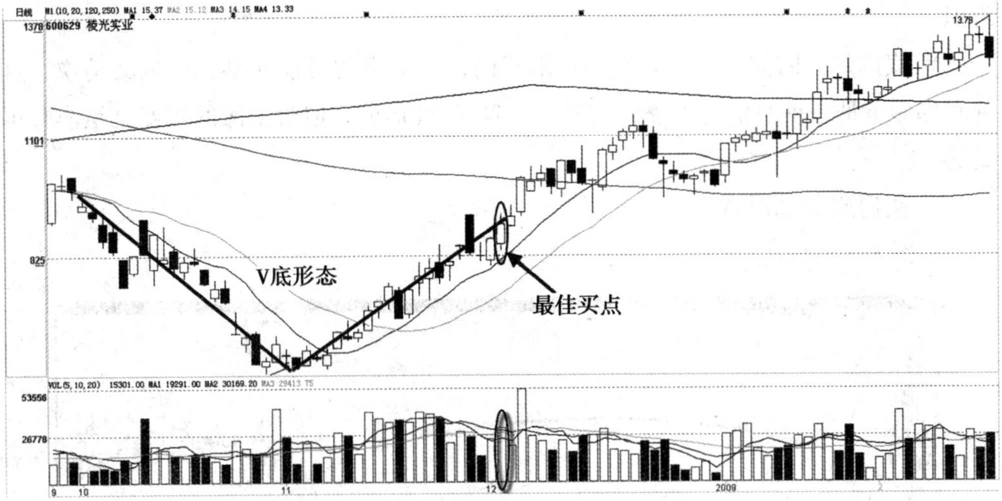

图 8—1

可以在短期内获取不菲利润。

V 形底主要出现在股价上涨了一定幅度之后，当然也不排除股价经过一轮下跌行情之后的底部，会出现这种形态。如果股价在上涨中途出现这种形态，最大的可能就是主力在故意打压股价震仓。

2. W 底买进形态。

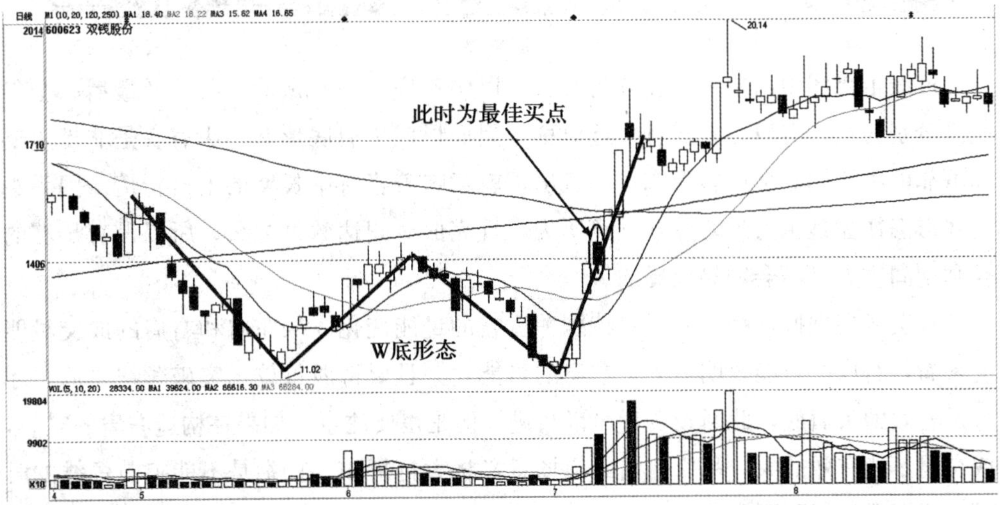

图 8—2

如图 8—2 所示，双钱股份（600623）在经历了一波下跌行情之后出现了双底形态的走势，此后便走出了一波上涨行情。当股价从第二个底部开始反转到前一次反弹的高点时就会放量上涨，此时就是买点，如图中箭头所标示的位置就是最佳买点。

W 底，也称双重底，是指股价在运行过程中，在 K 线走势图上形成了两次底部，连续两次下跌的低点大致相同。这种形态在股市中出现较为频繁，同时也易于辨识。

W 底的形成时间比较长，但一旦形成的话，上涨的可能非常大。也就是说，这种底部形态是一种股价将上涨的信号。一旦 W 底形成，股价上涨的幅度也是非常可观的。

3. 头肩底买进形态。

如图 8—3 所示：

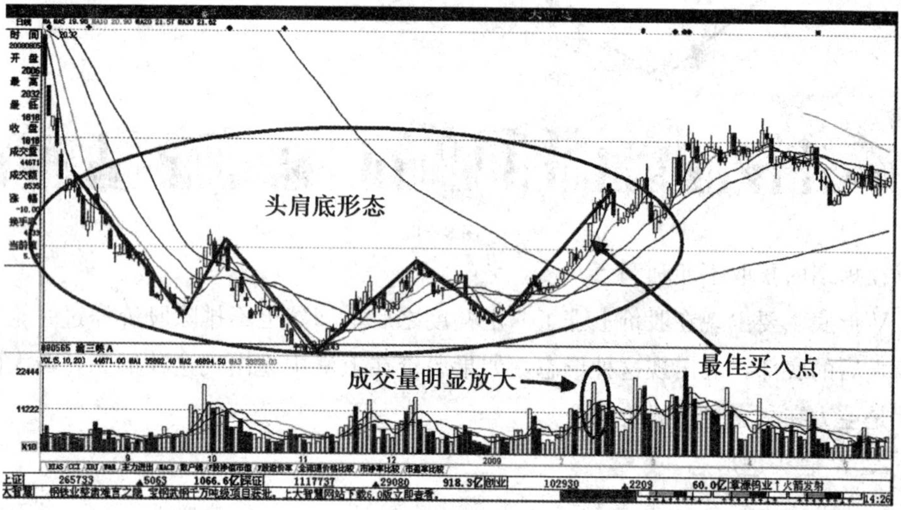

图 8—3

K 线走势图中出现三个连续的谷底，以中谷底（头）最深，第一及最后一个谷底（分别为左、右肩）较浅且接近对称，因而形成头肩底形态。头肩底是非常重要和可靠的中长期底部反转形态，一旦出现就意味着将有中长期的上升行情。因为头肩底形态往往是主力吸筹建仓刻意所为，且完成时间达数月之久，所以没有足够的获利空间主力是不会轻易出局的。

投资者在把握这种信号时要特别关注它的量能变化。从左肩和右肩的成交量能上来看，右肩的量能要明显大于左肩的量能，并且要待股价放量突破颈线之后，才算是有效的头肩底，此时投资者可以买进。但是也要注意，如果在构造右肩的时候，成交量不能有效放大，那么，它的市场意义将大打折扣，特别是不能突破颈线的时候，投资者最好不要参与。

4. 圆弧底买进形态。

如图 8—4 所示，该股在股价处于低位区域时出现了圆弧底形态的走势。

圆弧底形态属于一种盘整形态，多出现在价格底部区域，是极弱势行情的典型特征，其形态表现在 K 线图中宛如锅底状，与 K 线圆弧底形态相对应，成交量也会形成相应的盆状形态。

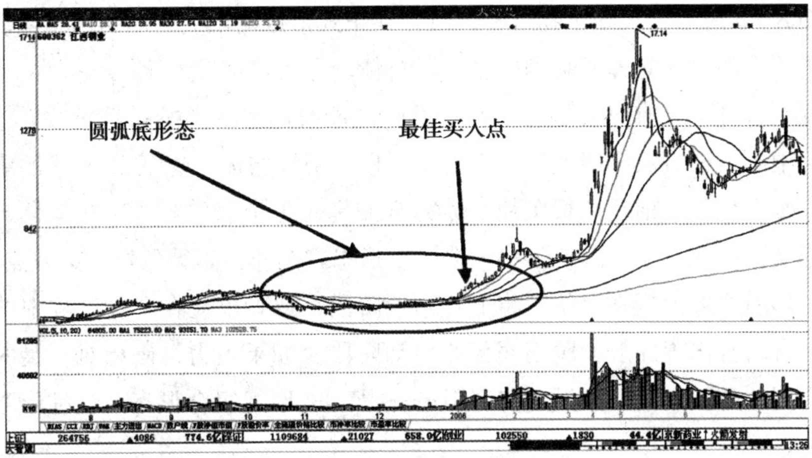

图 8—4

圆弧底的形成是股价在经过一段时间的快速下跌之后，空方力量减弱，股价下跌速度明显减缓，成交量递减，使股价难以深跌，随后逢低卖盘逐步增加，成交量也温和放大，股价缓慢爬升，最后股价向上突破出现急升，成交量也快速放大。

圆弧底是重要的反转信号，形成的时间一般较长，容易辨认。一旦出现了圆弧底形态的特征，通常便是市场的底部。圆弧底形态通常是大型投资机构吸货区域，由于其炒作周期长，故在完成圆弧底形态后，涨升的幅度也是惊人的。

一旦股价突破了圆弧底的颈线，投资者就可以放心大胆地买入，特别是放量突破颈线时，是稳健型投资者的最佳买入点。

特殊形态的买点

1.“两阳夹一阴”形态。

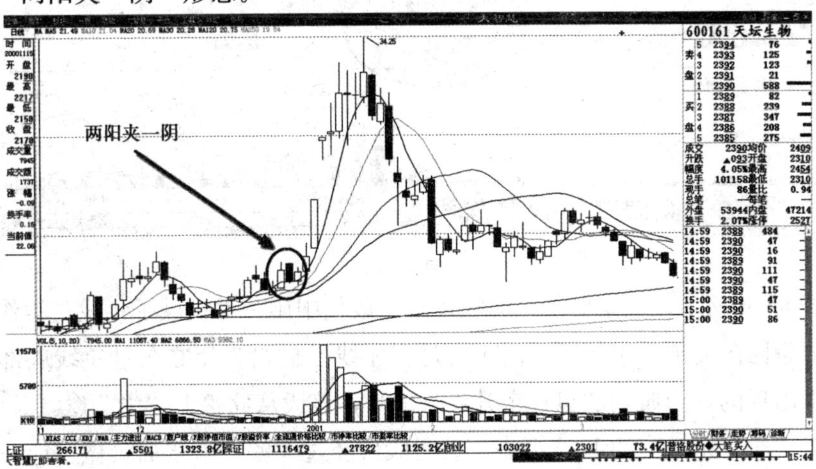

图 8—5

如图 8—5 所示，天坛生物（600161）在正式形成两阳夹一阴的形态之后，正式往上突破，走出了一轮非常猛烈的主升段行情。

“两阳夹一阴”（有时会是三阳夹一阴）的 K 线形态由三根 K 线组成，第一根与第三根是中阳线或者大阳线实体，中间是一根小阴线实体，这三根 K 线的中心几乎处于同一水平位置，前后两根阳线实体完全或是几乎全部包容了阴线实体。它是个股即将起飞的征兆，是一种典型的强势上攻形态，是非常难得的短线买入点位。

这种形态一般出现在股价即将上破箱顶阶段，或者出现在上攻过程中的中途换档阶段，有时会出现在股价脱离底部的启动阶段。如果主力筹码相对不足的话，他们有时会把“两阳夹一阴”做成“三阳夹一阴”的 K 线组合形态，这种形态同样具上攻动力。

在实际操作中，一旦两阳夹一阴的 K 线组合形态明显构成，不管是空仓者还是刚被震出仓者，均可立即半仓介入，另外半仓可待该股的价格创出新高后再次介入。

投资者在遇到这种形态的个股时，也要注意，介入这类个股的前提是均线系统必须正好形成多头排列。

2. “旭日东升”形态。

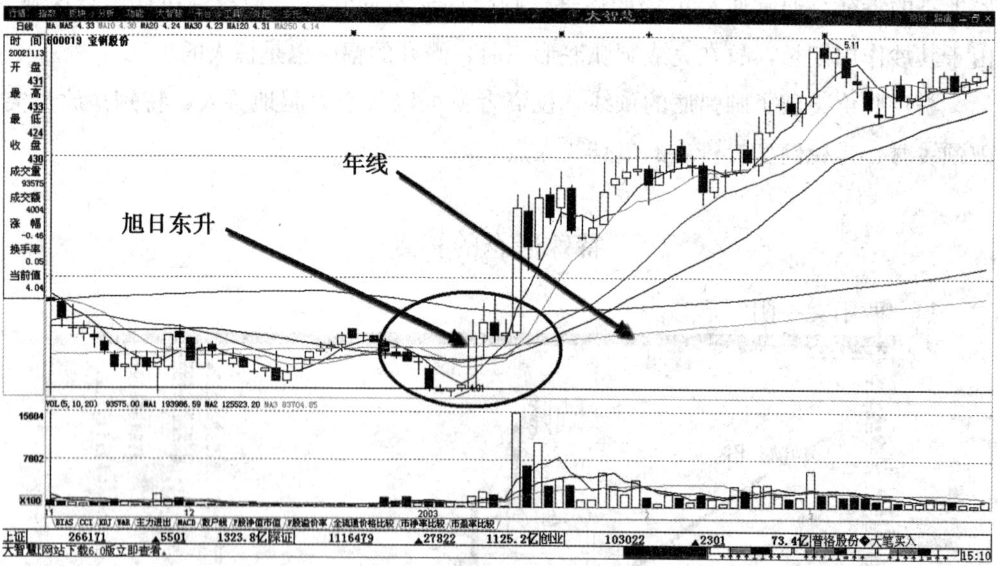

图 8—6

如图 8—6 所示，宝钢股份（600019）以放量中阳一举突破了年线，稍作休整之后，以放量巨阳突破了半年线，由于这是在年线已横盘半年之久且年线底部抬高的背景之下出现的，为典型的旭日东升买入信号，该股从此踏上“牛”途。

出现“旭日东升”的 K 线形态，表明股价经过大幅下跌之后，做空能量已经大量释放，股价无力再创新低，有触底回升的迹象。这是一种明显的底部买入信号。

“旭日东升”的市场意义为：如果股价始终在年线之下滑跌，则始终不会有向上攻击的爆发力；当股价放量突破年线时，有可能成为向上转势的信号；如果股价能在年线之上企稳，则转势向上的把握更大。

实战中有三种情况都可称之为“旭日东升”：

1. 有时股价分几次上冲年线，其中有一根阳线最终能冲稳在年线之上，这根阳线就称之为旭日东升。

2. 当股价长期在年线之下滑跌，有一天突然放量冲过年线并收盘收在年线之上，这一根阳线也称之为旭日东升。

3. 当股价长期在年线之下横向震荡，有一天突然放量冲过年线并收盘收在年线之上，这一根阳线也可之为旭日东升。

旭日东升的买入时机有二：

1. 在出现旭日东升之际逢低买入，最好在出现旭日东升的当天收盘前积极买入，比如图中放量中阳的旭日东升。

2. 在旭日东升出现后上攻途中出现回档时，可在 10 日或 20 日均线附近逢低吸纳，只要股价仍保持原始上升趋势，就不失为较好的介入时机。

投资者也要注意，旭日东升的买入时机只适用于那些上市超过一年的个股，特别是前期已经过长期、深幅调整的个股，对上市时间短的新股、次新股并不适用，对一些呈波段式走势的个股，此法的参考价值亦不大。同时旭日东升出现时个股普遍已有一定的涨幅，即使该形态并不能保证能买到最低点，但一般是长期升势的低位区，若及时介入，持股一段时间一般都会有所斩获。

3. “出水芙蓉”形态。

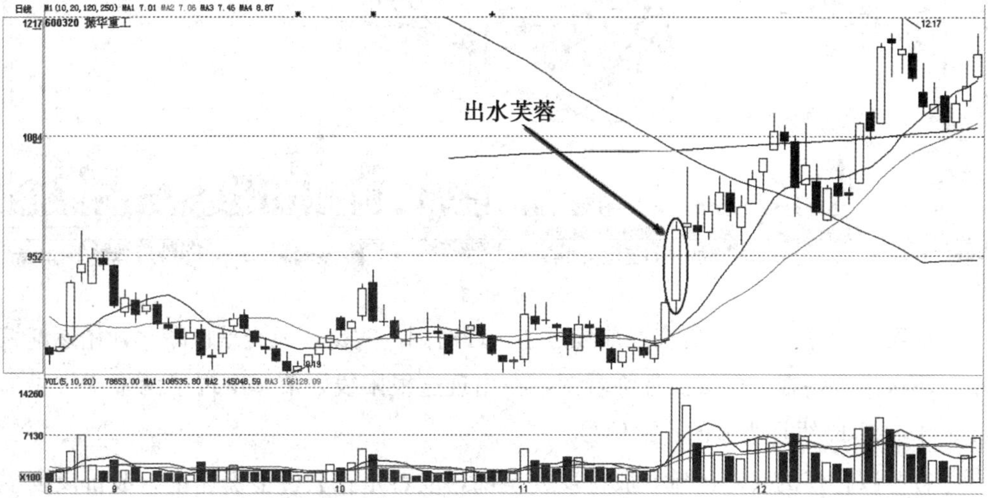

图 8—7

如图 8—7 所示，振华重工（600320）在底部收出一根大阳线，这根大阳线同时向上穿越 5 日、10 日及 20 日三条均线，第二个交易日股价再次拉出一根大阳线，并且是典型的向上跳空的大阳线，股价远远走出了原来的整理平台，强劲拉升，由此可见“出水芙蓉”的巨大威力！

“出水芙蓉”就像潜伏在水中的荷花一样，一晚之后突然高高地浮出水面。股价也一样，当某只个股已处于低迷的走势之中时，突然出现快速拉高，收出了漂亮的大阳线，这种形态就是“出水芙蓉”。出现这种走势，意味着股价将会迎来一波上涨行情。

“出水芙蓉”出现时，如果 5 日均线向上穿越 10 日均线，同时 20 日均线保持上倾，则说明股价后市上涨可能性极大。此时投资者可在股价回抽至 5 日均线附近时低吸，一旦 5 日均线向上穿越 20 日均线，且成交量配合理想，则股价有望进一步上攻，轻仓者还可考虑伺机加码跟进。

当然，在具体操作过程中也应该注意，如果“出水芙蓉”形态出现后，成交量没有有效放大，就要保持警惕。

4. 震荡型阳线。

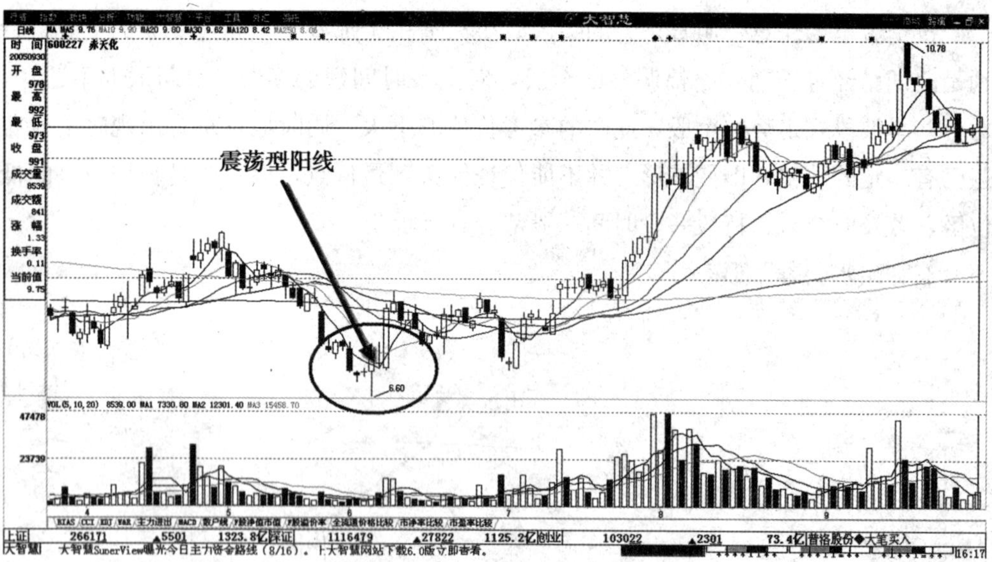

图 8—8

如图 8—8 所示，股价在之前经过了一段时间的震荡，成交量也随之开始逐渐缩小，不久出现一根大阳线。仔细看图，在出现这根阳线之前，出现了两根十字星 K 线，十字星 K 线是明显的止跌信号。

在下跌行情的底部区域，股价反复筑底，或者是在股价上涨途中，股价反复震荡整理，此后，突然拉出一根带有长长下影线的阳线，或者是一根光头光脚的大阳线，这种走势形态，即为震荡型阳线，是一种看涨的信号。出现这种形态时，投资者不宜做短线，而应以做波段的思路来进行操作。

经典买点信号

上涨插入线

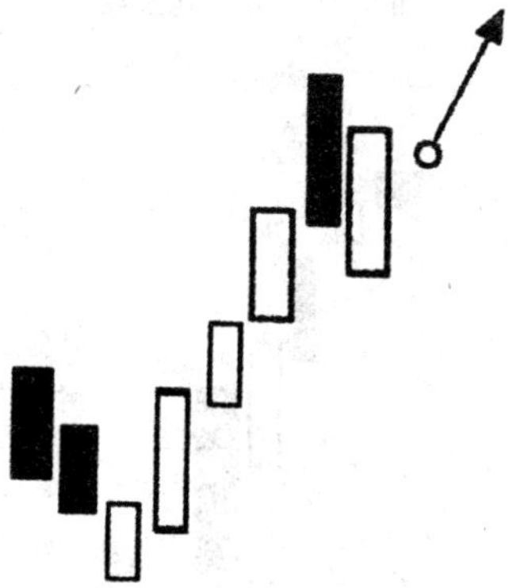

图 8—9　上涨插入线

如图 8—9 所示，在行情震荡走高之际，出现一条覆盖前一交易日阴线的下降阳线，这是短期的回调，行情看涨，是最佳介入时机。

超越覆盖线

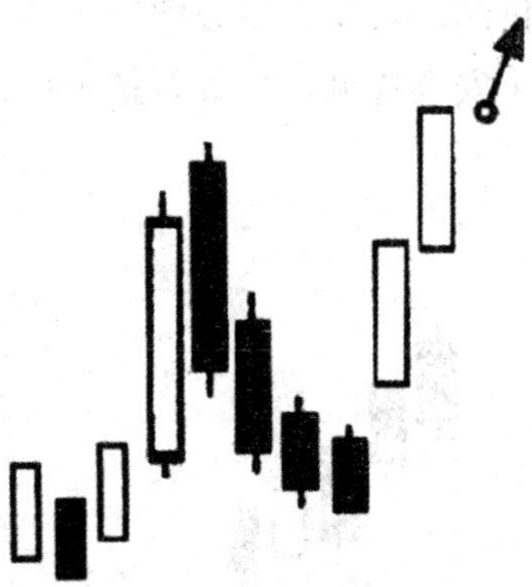

图 8—10　超越覆盖线

如图 8—10 所示，行情上涨途中若是出现覆盖线，表示已达天价区，此后若是出现创新天价的阳线，代表行情有转为买方的迹象，将会继续上涨，为最佳买点。

最后包容线

如图 8—11 所示，在连续的下跌行情中出现小阳线，隔日即刻出现包容的大阴线，代表筑底完成，行情即将反弹。虽然图形呈弱势走向，但空方已经力尽，行情必定止跌回升，为最佳买点。

图 8—11　最后包容线

反弹线

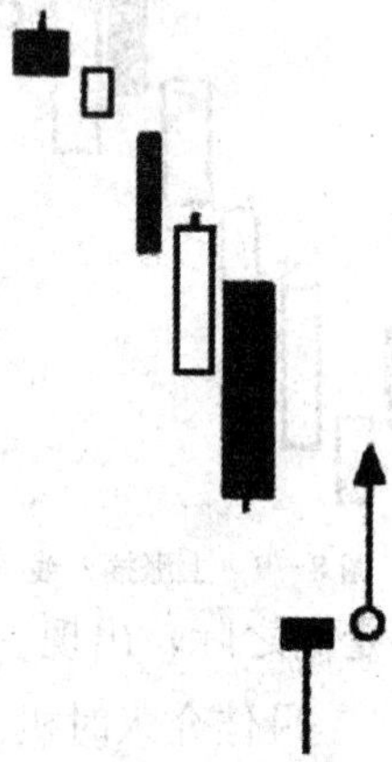

图 8—12　反弹线

如图 8—12 所示，在底价圈内，行情走势图中出现了带有长长下影线的锤头线形态时，即为买进时机。为了安全起见，可等行情反弹回升之后再买进。若无重大利空出现，行情必定反弹。

反弹阳线

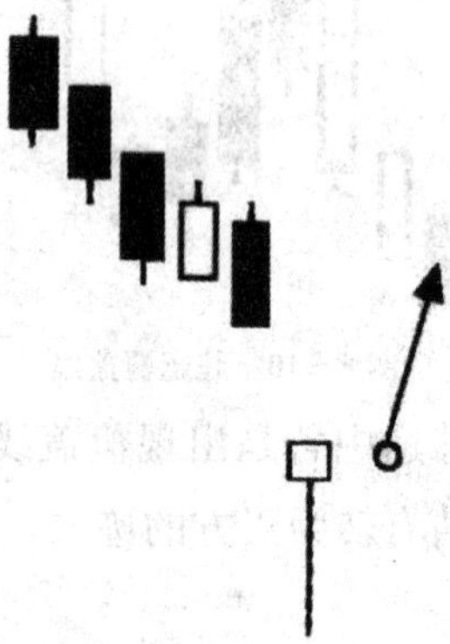

图 8—13　反弹阳线

如图 8—13 所示，确认行情已经跌得很深，某一天出现了带有长长下影线的阳线形态，即“反弹阳线”时，表示低档已有主力大量承接，行情将反弹而上，此为最佳买进信号。

下档五条阳线

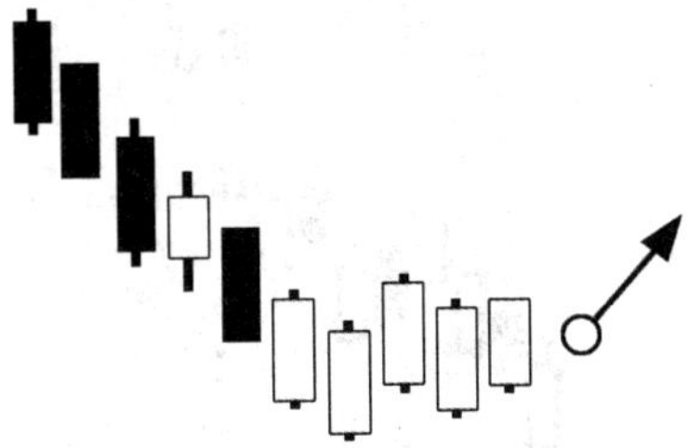

图 8—14　下档五条阳线

如图 8—14 所示，在底价圈内出现五条阳线，暗示逢低接手力道不弱，底部形成，即将出现反弹，此处为最佳买点。

阴线孕育阴线

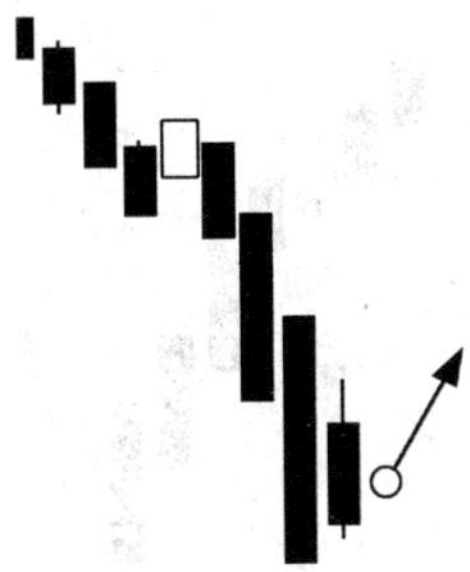

图 8—15　阴线孕育阴线

如图 8—15 所示，在下跌行情中，出现大阴线的第二个交易日，出现一条完全包容在大阴线内的小阴线，显示卖盘出尽，下跌势头趋缓，即将触底反弹，为最佳买点。

舍子线

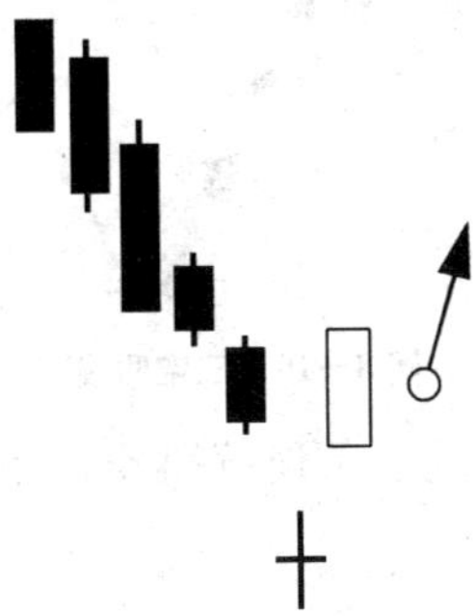

图 8—16　舍子线

如图 8—16 所示，在大跌行情中，跳空出现十字星形态，这暗示着筑底已经完成，股价即将迎来反弹，此时为最佳买点。

向上跳空阴线

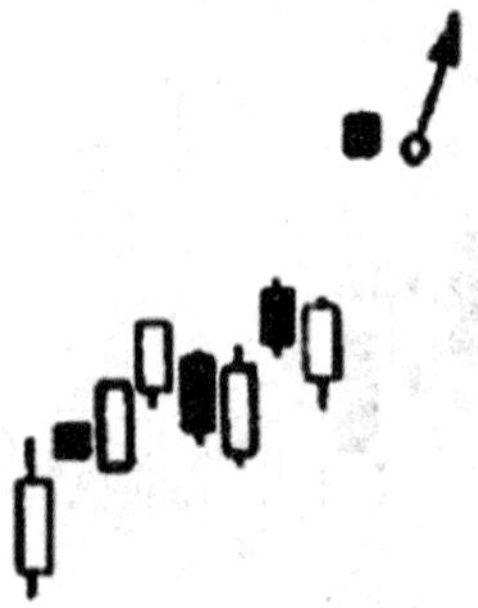

图 8—17　向上跳空阴线

如图 8—17 所示，此图形虽不代表大行情出现，但有约可持续七天左右的涨势，为买进时机。

三条大阴线

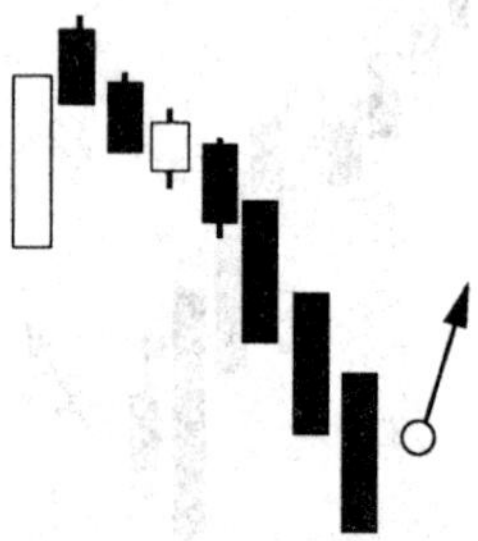

图 8—18　三条大阴线

如图 8—18 所示，在下跌行情中出现三条连续大阴线，是行情陷入谷底的征兆，行情将有所转变，价格上扬，则可以买入。

三空阴线

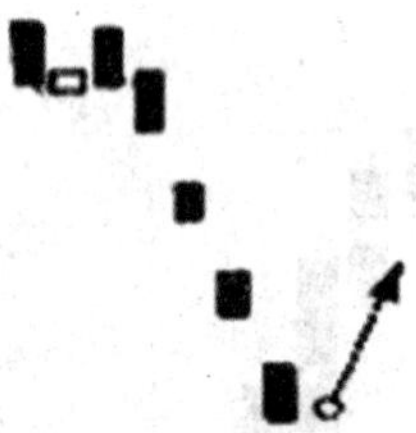

图 8—19　三空阴线

如图 8—19 所示，当行情出现三条连续跳空的下降阴线时，预示着行情即将触底反弹，是强烈的买进信号。

五条阴线后一条大阴线

如图 8—20 所示，当阴阳交错拉出五条阴线后，出现一条长长的大阴线，可判断股价已到底部，若隔日高开，即可视为反弹的开始，可伺机买入。

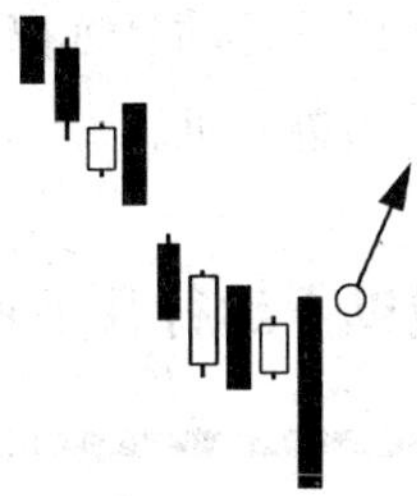

图 8—20　五条阴线后一条大阴线

二条插入线

图 8—21　二条插入线

如图 8—21 所示，此图形暗示逢低接手力道强劲，行情因转盘而呈上升趋势，为买进时机。

连续下降三颗星

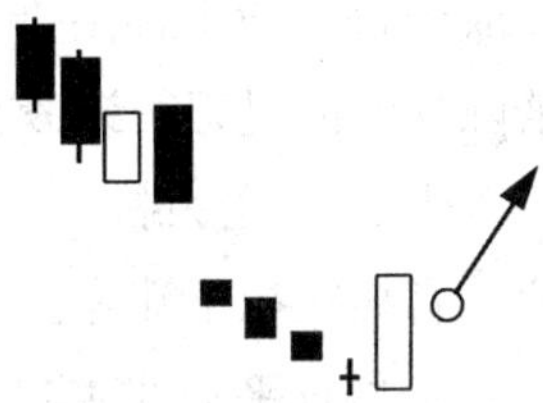

图 8—22　连续下降三颗星

如图 8—22 所示，股价一路下行至一低档位置盘整，接着跳空连续出现三条小阴线，这是探底的前兆。如果第四天出现十字线，第五天出现大阳线，则可确认筑底已经完成，价格将反弹向上，为买进时机。

第二节　分时买点

在股价与日均线中寻找买点

我们在分时走势图中可以很清晰地发现两条重要线索，一条是股价线，另一条是日均线。下面让我们由两者的走势关系入手，分别从股价在日均线以下运行且平均线平缓移动时、股价在日平均线以下运动且远离日平均线时以及股价在日平均线以上运行时这三种情况来寻找最佳买进时机。

股价在日均线以下运行且平均线平缓移动

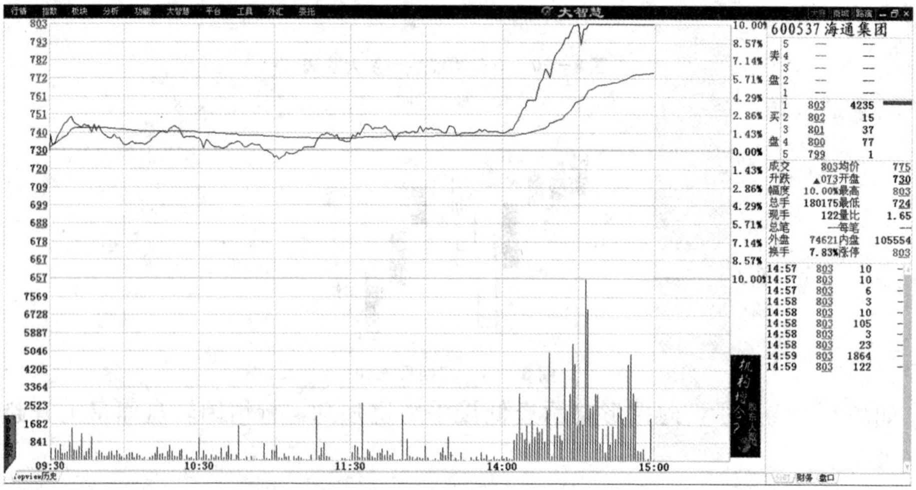

图 8—23

如图 8—23 所示，开盘后该股经过一段上冲后开始回落，随后股价回落到日平均线以下震荡运行，这是主力清除浮筹的过程。该股在 14 点左右再次下行至日平均线，并得到支撑开始放量突破日平均线，主力拉升意图明显，此时是最佳买入点。随后由于多头力量巨大，该股股价直接被拉至涨停。

如果股价在日平均线以下运行，当日平均线走势平稳，并且该股从平均线以下开始调头向上放量突破日平均线，说明多方在发起攻击，投资者应该抓住机会进场建仓。

股价在日平均线以下运行且远离日平均线

如图 8—24 所示，该股低开高走后，回落却无量的配合，说明恐慌性的抛盘并不多，这只是主力洗盘的一种手段而已。股价再次下穿日均线时放出巨量，则明显属于主力快速打压股价。随后股价远离日平均线一路下行，在 11 点位置附近横盘调整。下午开盘后，该股开始掉头向上，由于巨量支持，股价一路拉升，尾盘时回调盘整。

在上述走势中，股价在日平均线下面运行，且远离日平均线；一旦股价掉头向上，就是投资者的最佳买入点。

在实际操作中，投资者需要结合大盘情况进行理性分析。如果大盘处于低迷时

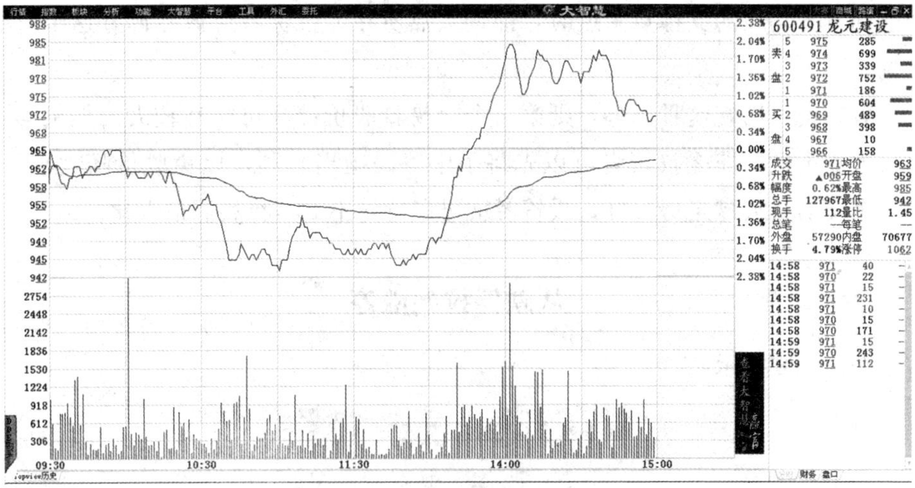

图 8—24

期，那么就要控制好仓位，最好只用一小部分资金参与这种走势的短线操作。还要注意个股的价格处于高位还是相对底部，若是前者，投资者最好不要进场操作；遇到后者，可以大胆进场。

股价在日平均线以上运行

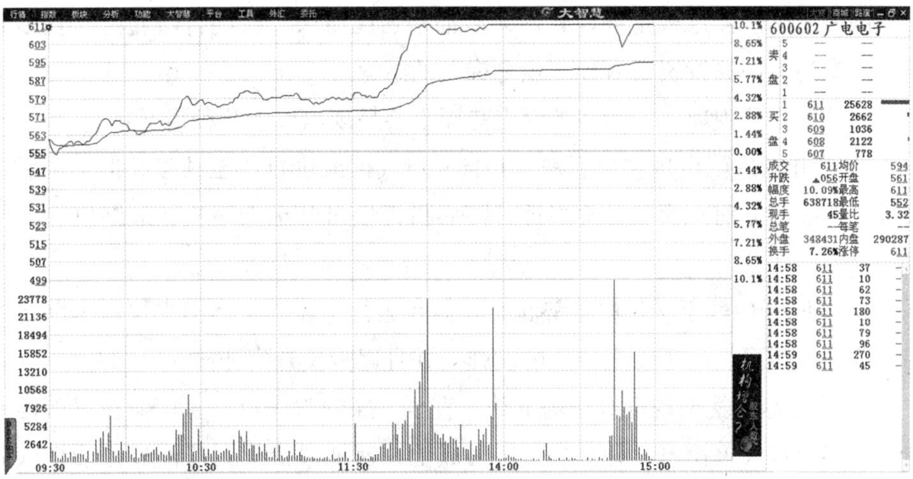

图 8—25

如图 8—25 所示，该股小幅高开后回落，一度跌破前一交易日的收盘价，随后上冲至日均线开始震荡。在 10 点左右股价回落至日均线并得到支撑，此时便是最佳买入时机。随后股价开始拉高，并一直处于日均线之上平稳移动。在下午开盘后该股出现了放量的拉升动作，直接拉至涨停。

当个股股价运行于日平均线以上，且日平均线是平稳向上运行时，此时每次股价回落到日平均线的支撑点附近时，都是买点所在，投资者应该把握好这个时机建仓入场。

一般来说，出现这种态势，则第二个交易日股价冲高可能性较大。如果第二个交易日大盘走低，那么投资者可以先将手中筹码抛出套利，以免股价随大盘下行；若第二个交易日大盘走势良好，投资者就可以持筹不动，将利润最大化。

从跌停拉到涨停

如图 8－26 所示：

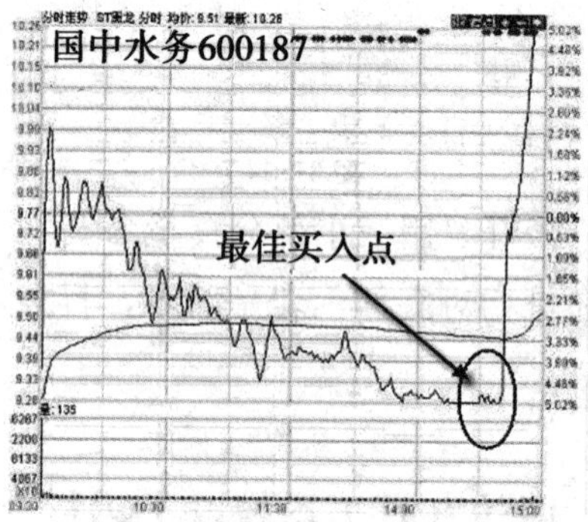

图 8－26

从跌停拉到涨停这种走势现象，大多都是强庄所为，后期行情看涨，且多数是大涨，让参与其中的投资者有种“坐电梯”的感觉。

出现这种走势现象，一般在分时走势图上会呈现出以下几种情况：

1. 股价开盘后就出现快速下跌，并且一口气把股价打压至跌停。但不久后，股价又被快速拉起至前一天收盘价附近，随后再慢慢盘升至涨停板，最终以涨停价格收盘。

2. 股价刚开始处于平稳的走势状态，但在运行中途，突然出现快速下跌，直至下探到跌停板位置，而后出现快速的反弹，并且逐步拉升到涨停。

3. 股价开盘后就出现逐级震荡下跌，直至下探到跌停板位置。但在尾市接近收盘前，突然出现大单拉盘，并且是一气呵成地快速把股价拉到涨停板，最终以涨停价格收盘。图 8－26 中的个股就是这种情况。

对于激进型的投资者来说，可以在股价从跌停板开始放量拉高时买进一部分筹码，但一定要注意，此时的拉升一定要有明显的大单拉抬股价，并且是连续的买单把股价从跌停板附近迅速拉起，而且此时委卖处的挂单在逐步地减少。而对于稳健型的投资者来说，可以在股价第二天开盘后出现走强时买进。有些凶悍的主力会在第二天继续打压股价，此时在分时走势图上就会呈现出快速回落的走势。

一旦股价在快速回落时受到强大的买盘支撑，就可以大胆地买进，这是一个很好的买进时机。

早盘冲高

如图 8－27 所示：

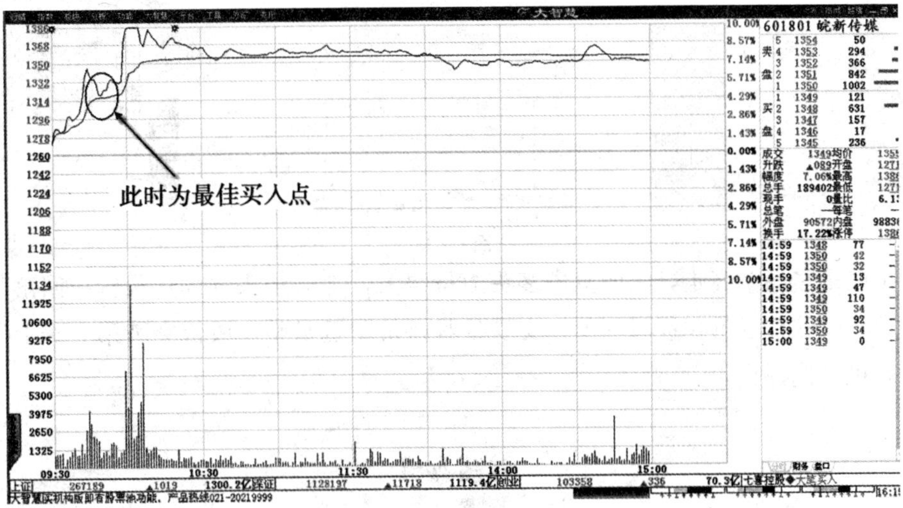

图 8－27

当市场突发利好消息时，股价会以高盘开出或者是平盘开出，买单不断涌出，把股价逐步推高，有的甚至还会出现大单向上调高几个价位把股价直线拉起，此形态即早盘冲高形态。这种情况出现时，投资者就要认真分析此利好消息的“含金量”，如果确实是能够支撑股价上涨的利好消息，那么股价还有上行的空间，如果不是，投资者就要谨慎对待了。

事实上，个股出现这种形态，绝大部分都是主力有预谋制造的，预示股价后期走势将会迎来一波上涨行情。

实际操作时，如果股价一开盘就出现大幅度拉升，远离了均线，投资者不要着急入场，因为在这种情况下，一般还会有一个回探的过程。投资者可以等待回探以后受到支撑并再次向上运行的时候买进。

高开高走

如图 8－28 所示，该股小幅高开高走，随后回落至前一交易日收盘价附近盘整。在 10 点 10 分左右，该股终于企稳上涨，很轻松地突破了第一高点，成交量放大，股价上涨坚决，数次冲上涨停。尾盘回调时受到日均线的支撑，再次走高。

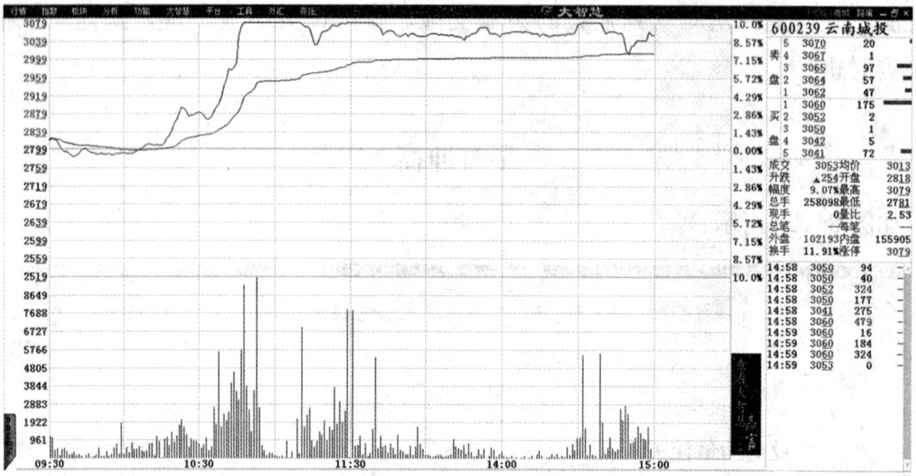

图 8—28

个股早盘高开高走，表明盘中多头力量强大，上升势头强劲，股价在回落的过程中没有跌破开盘价，或者在前一交易日收盘价附近盘整，股价突破第一次上涨高点时就可以选择买入。

震荡盘升

如图 8—29 所示：

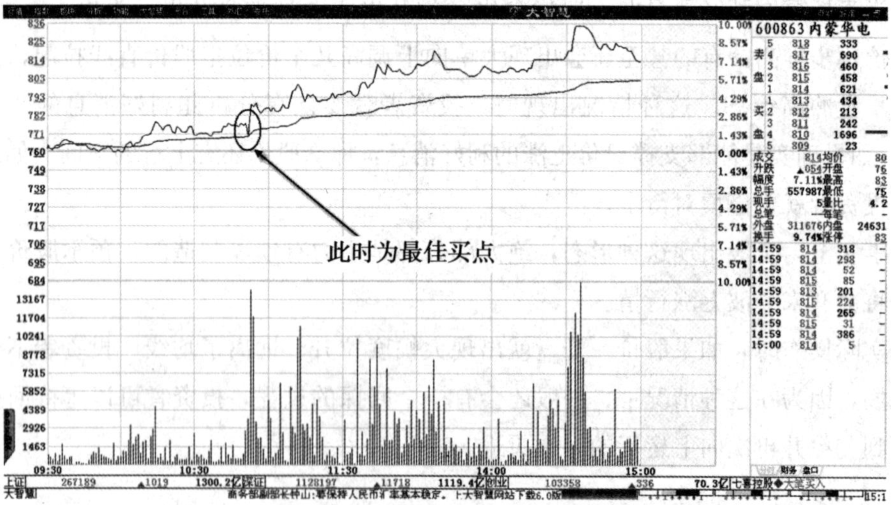

图 8—29

震荡盘升的走势一般出现在股价刚刚启动之后的上涨途中，或者是在上涨中途经过一段整理之后再次上涨时。出现这种走势，说明做多力量在逐步地向上攻击，空方的做空力量不断减弱。如果后市买盘表现很积极的话，那么股价将会迎来一波上涨行情。

在实际操作中，如果遇到一只个股处于震荡盘升阶段，成交明细中不断显示主动性的买单，吃单现象明显，那么，激进型的投资者可以入场分批买进筹码；稳健型的投资者可观察第二个交易日走势后再决定是否跟进，若第二个交易日开盘即走强，就应果断加仓。

这种震荡盘升的走势，在个股分时走势图上有以下几种形态：

1. 先围绕均线小幅度震荡，然后再以均线为依托逐步震荡向上盘升。

股价开盘后，先出现小幅度的震荡，盘中的买卖盘都比较稀少。维持一段时间的这种走势以后，股价就会慢慢活跃起来，买盘也有所增加。此时的股价就会慢慢呈现出震荡盘升的走势，股价运行的重心会明显向上移动，均线呈现出向上运行的趋势，并且始终托举着股价向上盘升。

2. 阶梯型的震荡向上。

阶梯型的震荡上行比小幅逐步盘升更加一目了然。其走势表现为一段小幅盘整之后，快速陡然直上，随后平台整理一段时间，等分时均线运行上来后，股价再次急速攀升。主力将这种手法反复运用几次后，则当日股价走势即呈现阶梯状。

低开高走

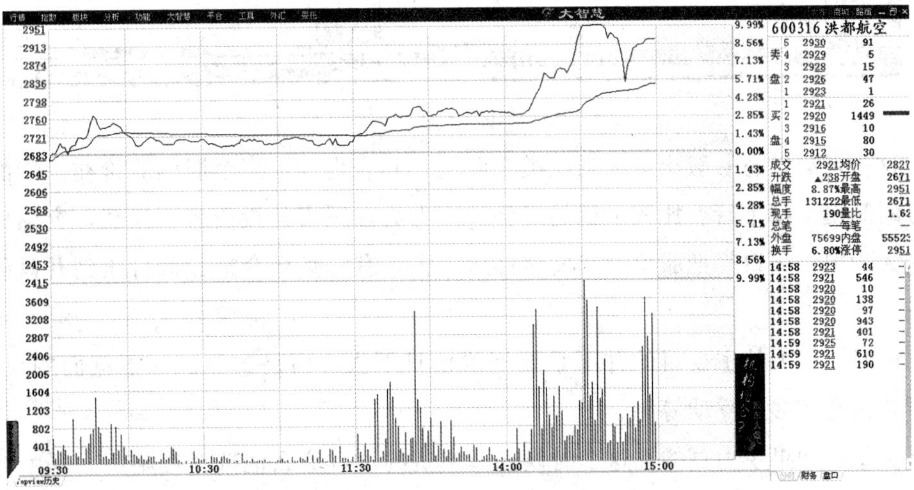

图 8—30

如图 8—30 所示，该股股价早盘低开高走，上涨突破前一交易日收盘价后，出现短暂回调但并未跌破前一交易日收盘价，而是在日均线附近反复震荡。此时，买点就潜藏在每一次震荡的下端。从图中可以看到，下午开盘后，股价向上突破日均线，特别是 14 点之后，该股呈现出放量快速上涨的态势。

出现这种低开高走的走势，一般都是主力洗盘的动作。大部分投资者看见股价低开，就会认为股价会继续下跌，从而被主力清洗出局。如果在行情已经上涨了很大幅度时出现这种走势情况，那么就要谨慎，不要轻易进场操作。因为这种情况很有可能是主力制造的假象，为了吸引跟风盘接盘以达到出货的目的。

尾市快速打压

如图 8—31 所示：

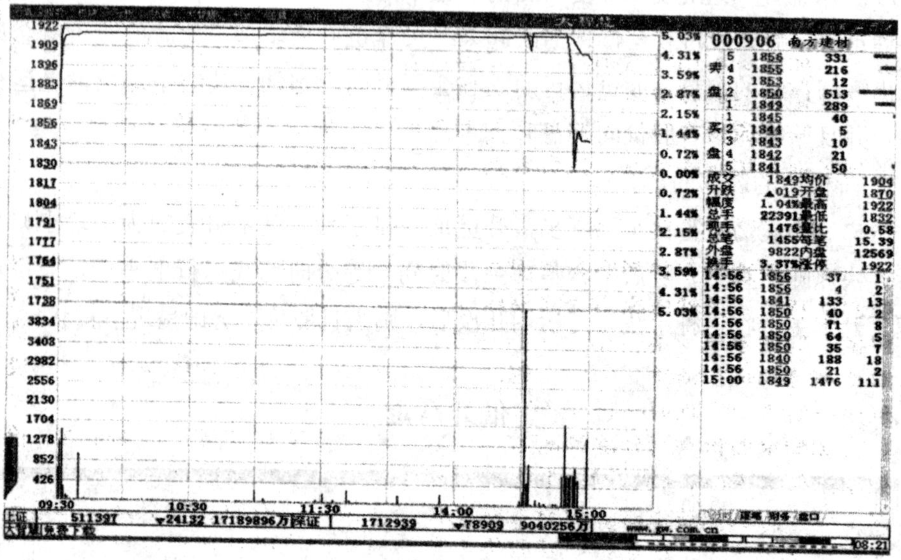

图 8—31

这种走势形态一般出现在强庄类个股上。其表现为：当个股的股价在一天的大部分时间里，都维持着比较平稳的走势，主力会在尾市趁投资者不注意，突然抛出几笔大卖单，一口气把股价大幅度地打压下去，有的甚至会把股价打压到开盘价格附近。

此时，主力的主要目的并不是要把股价打下去，而是想测试一下盘面的反应，看看是否有较多的浮动筹码。

试想，如果主力真的在这个时候选择出货的话，那么他选择在尾市大幅度打压股价就等于告诉散户自己要出货了。此时，散户已经明白主力的意图了，怎么可能为主力接货，没有散户为主力接货，主力的坐庄就是失败的。所以这种形态的出现决不是主力在出货，而是主力在试盘。

投资者在遇到这种走势的个股时一定要加以留意，以便寻找买入时机。一般来说，如果股价在第二天出现快速回落的话，那么只要股价在回落过程中受到了强大买盘的支撑，投资者就可以大胆买进。

尾市快速拉升

如图 8－32 所示：

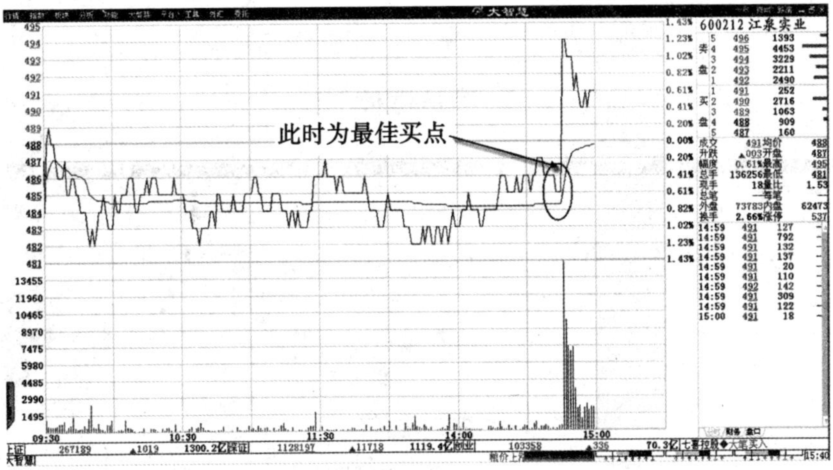

图 8－32

投资者在看盘的过程中，经常会看到一些个股在下午 2：30 之前的走势都比较平淡，有的甚至还表现出非常低迷的状态，即便大盘走势不错的时候，它的表现也让人非常失望。但是到了收盘前半小时，或者是几分钟的时候，它的股价却突然飙升，呈现出直线型上涨趋势，让投资者措手不及。

在实际操作中，处于长期盘整阶段的股价突然在尾市发力上攻，最大的可能就是主力在有意拉升股价。如果第二个交易日股价继续走强，便是最佳进场时机。有经验的投资者也可于股价尾市上扬当天买入，则获利更大。

主力在尾盘拉抬股价主要有两个原因：

1. 引起场外资金的注意。

尾市出现急拉，必然会引来众多投资者关注的目光，甚至会吸引一部分投资者跟风建仓。这是主力最愿意看到的，因为无论其目的在于拉升还是出货，都希望有场外资金进来，去推高股价，这样主力就可以节省很多拉盘的资金。

2. 主力利用有限的资金推高股价。

有些主力资金实力不是很强，采用尾市拉升股价的手法，就能有效防止获利盘的出逃，避免股价因此出现回落需去托盘。第二个交易日，主力只要稍微让股价高开，看到股价继续上涨的投资者，就会打消抛售的念头。

盘尾拉升是实战中经常遇到的问题，研究其意义及应对的办法，可以更好地把握买卖时机，提高收益，减少损失。

第三节　成交量买点

缩量涨停

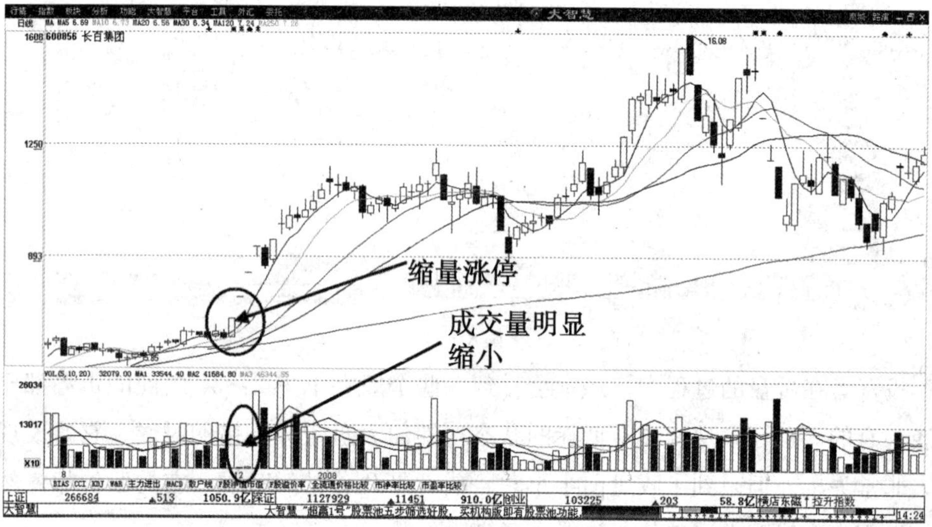

图 8－33

如图 8－33 所示，该股经过停顿整理之后拉出了一根上涨的大阳线，成交量却明显缩小，出现了这种缩量涨停的形态。

缩量涨停这种走势形态一般出现在股价上涨的中途，或者是股价经过洗盘后再次启动的时候。出现这种走势，特别是一开盘就涨停，标志着股价后期将会迎来一波大行情。这种情况尤其会在 ST 类个股中出现。

如果个股在股价不断盘升的中途，突然出现开盘就涨停并且成交缩量的走势，或者是开盘后股价一路走高，不久后就被封在涨停板上，在一天的交易中成交量都很稀少，那么无论这种走势是在股价不断盘升的过程中出现，还是在股价经过整理之后出现，都预示着股价即将迎来一波上涨行情。投资者在实际操作过程中遇到这种走势的个股时，一定要高度重视，把握好买入的机会。

当股价在洗盘之后出现一根放量上涨的大阳线，并且紧接着就出现这种缩量涨停的走势时，投资者当天就可以果断地在涨停板排队买进。

当股价在上涨中途突然出现一开盘就涨停的走势时，只要盘中的抛盘很稀少，也就是说股价涨停后很少有人卖出，那么，投资者就要大胆地买进。

主力送红包

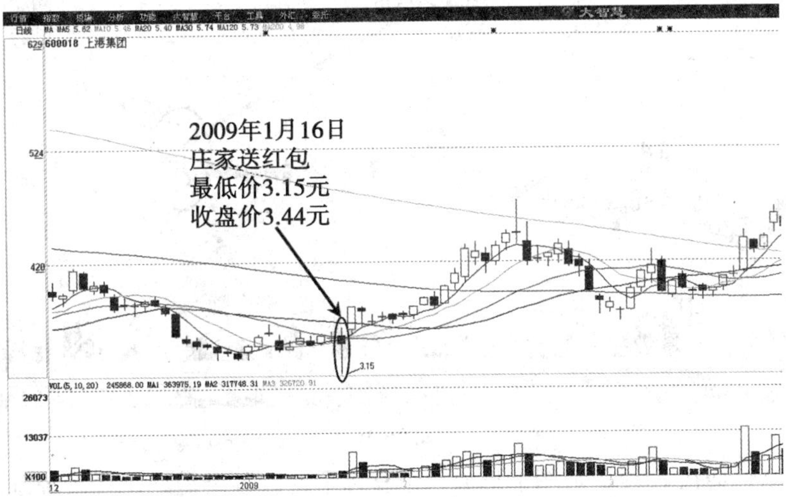

图 8—34

如图 8—34 所示，该股在收盘前突然异动，大笔的卖单一度将股价砸到跌停板处，但是收盘时却并未跌停。这说明有主力从中洗盘，意在吓走跟风的散户。实际操作中，如果发现这种情况，且股价不是在高位上，投资者便可以果断地进场建仓，这是快速套利的最佳买点。

当一只股票在相对低位或者上涨的过程中，突然成交放量，股价随之迅速下跌，甚至出现跌停，随即又出现大买单直线拉抬股价，这种 K 线形势就是主力在给你“送红包”，后市必有大行情。出现第一次大买单的时候，投资者就应该果断进场，跟庄获利。

洗盘之后的放量

如图 8—35 所示，该股在经过一波上涨行情之后，出现了整理洗盘的走势。经过一段时间的洗盘整理之后，股价拉出了一根放量上涨的大阳线，而后该股走出了一波上涨的行情。

主力在操纵一只个股的时候，洗盘是必不可少的过程，洗盘过程完成后，股价就会继续走出上涨行情。因此，投资者如果能够把握住洗盘结束后的拉升过程，将会获得不少的收益。

主力的洗盘手法很多，这里主力采用的是横盘手法，让股价长时间维持在一个平台上，利用幅度很小的震荡来清洗那些浮动筹码，耐心不足的投资者看到股价长时间没有什么大作为就会抛售，从而让看好后市的投资者进来，股价经过长时期的

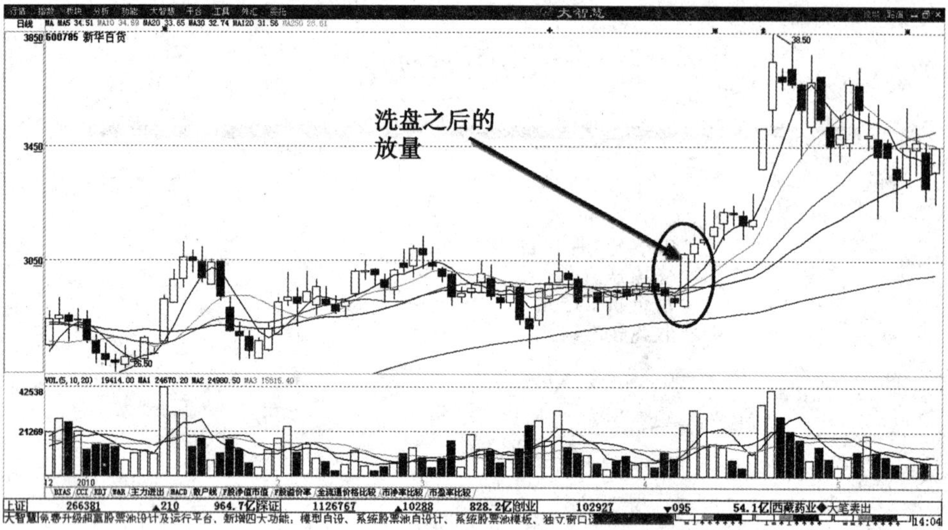

图 8—35

小幅度震荡，会在 K 线走势图上形成一个整理平台，各个短期均线系统基本上处于走平的状态。

当洗盘接近尾声之后，主力就会拉出一根放量向上突破的阳线，让股价脱离这个调整平台。这根放量阳线的出现，基本上宣告此次整理告一段落，股价将会迎来新一轮上涨行情。

对于投资者来说，可以在股价出现放量上涨的当天临近收盘前几分钟入场买进，也可以在出现放量上涨后分批买进，等待第二天股价出现走强后再补仓，后者是较为稳健的操作策略。

整理之后的底部放量

如图 8—36 所示，该股长时期处于横盘整理状态，成交量也萎缩，股价的波动范围不大。随着股价长时期的震荡，大部分的均线都趋于走平的状态，有些甚至还会粘合在一起。

整理之后底部出现放量这种走势形态，往往是股价启动的前兆。这种走势意味着主力经过长时间收集筹码的过程，已经达到了一定程度的控盘量。此时主力会突然打破股价原本低迷的状态，使股价出现放量上涨。

股价在底部区域整理一段时间之后，由于长时间没有行情，股价的波动范围也不大，很多投资者都会觉得无利可图，一般很少有人会去关注它。此时，主力突然开始拉抬股价，一般都是先发力拉出一根放量的大阳线，有的甚至还会进入涨幅排行榜的前列，从而引起市场对它的关注。

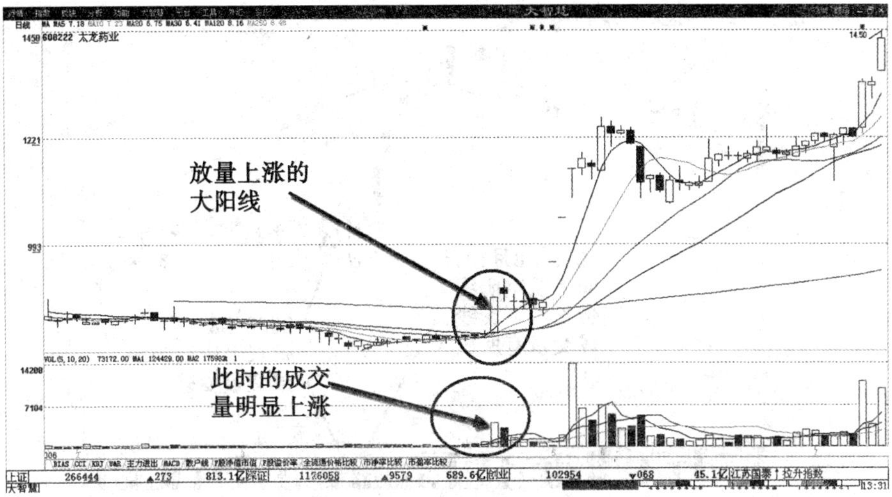

图 8—36

在实际操作中，如果遇到这种长期在底部区域震荡的个股，就要对它进行密切跟踪，看它何时放量向上突破。

如果股价在某一天出现放量上涨，投资者就要注意观察盘中的抛压情况。如果盘中的抛压很小，那么激进型的投资者可以适当地入场买进，稳健型的投资者可以在收盘前几分钟确认能收出一根大阳时买进。

收出大阳线走势的第二天，如果股价出现回落的话，只要在回落的过程中不放量就不用担心，一旦在回落之后受到支撑，并且盘中买单表现得很积极的话，就应该果断地入场，把握买入良机。

第四节　K线卖点

向下跳空阴接阳

如图 8—37 所示，该股连续拉出 7 条阴线，股价大幅下跌，随后向下跳空收出一条带长长下影线的类似十字星的阴线实体，同时成交量有所放大。长下影线意味着多头力量开始显现，个股有反弹趋势。不过第二个交易日缩量，收出一条带较长上影线的阳线，这条阳线将前一交易日阴线全部覆盖。

这种走势形态大多出现在股价处于下跌通道的过程中。很多投资者会认为这是股价出现了反弹，从而盲目地入场去抢反弹，最后导致被套其中。在股价下跌的过程中出现这种形态，标志着股价将会继续下跌，当天股价出现上涨只是一种技术性

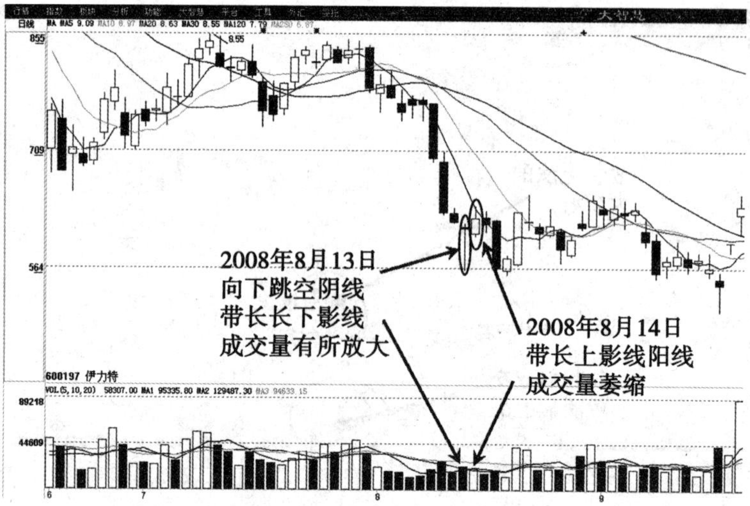

图 8－37

的修复。

在实际操作中，当股价在明显的下跌趋势中出现这种走势形态时，持有该股的投资者应该趁反弹止损出局，不要对后市抱有什么幻想，因为之后股价往往会出现更大幅度的下跌。

特别是在出现阳线并伴有放量的情况下，投资者更应该果断地清仓出局，因为此时放出来的成交量，大部分来自于主力所抛售的筹码。

场外的投资者在遇到这种走势形态的个股时，千万不要仅仅看到这根阳线就盲目地入场操作，如果股价真正出现反弹或者是反转行情，那么股价的上涨不可能只是一两天的行情，投资者应该等待行情确认后再入场参与操作。

大阴盖阳

如图 8－38 所示，该股股价在较长时间上涨之后，在高位出现了一根大阴线，这根大阴线将前一日收出的阳线实体全部覆盖。

当股价运行在高位区域时，出现这种覆盖线走势形态，必须引起投资者的高度重视，因为股价处于此位置时，只要有一点风吹草动，盘中的获利筹码就会一拥而出，从而导致股价出现回落，甚至引发快速下跌。此时，投资者就应该先出局，从而回避股价可能大幅回落带来的投资风险。

股价出现大幅度高开之后，一旦盘中出现连续性的抛单，反应快的投资者可以果断卖出，这是一个比较好的卖出时机，因为此时股价回落的可能性相当大，其风险远大于收益。

一旦股价运行到重要技术位置时收出一根长长的大阴线，特别是在出现放量

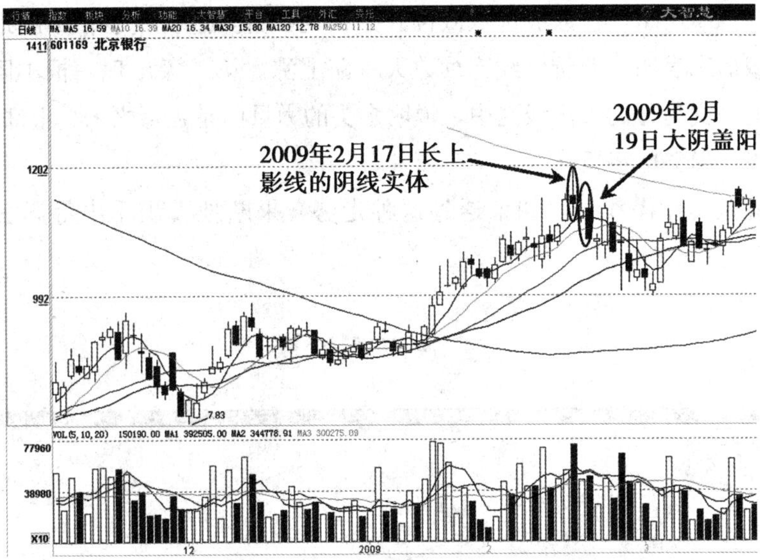

图 8－38

的情况下，投资者如果在盘中没有及时止盈出局的话，那么应该在收盘前先卖出了结。

如果是在股价经过大幅度上涨之后的高位区域出现这种走势，特别是在带量的情况下，那么此时无论是否盈利，都应该清仓出局，最迟也应该在收盘前果断斩仓出局。

大阳生小阳

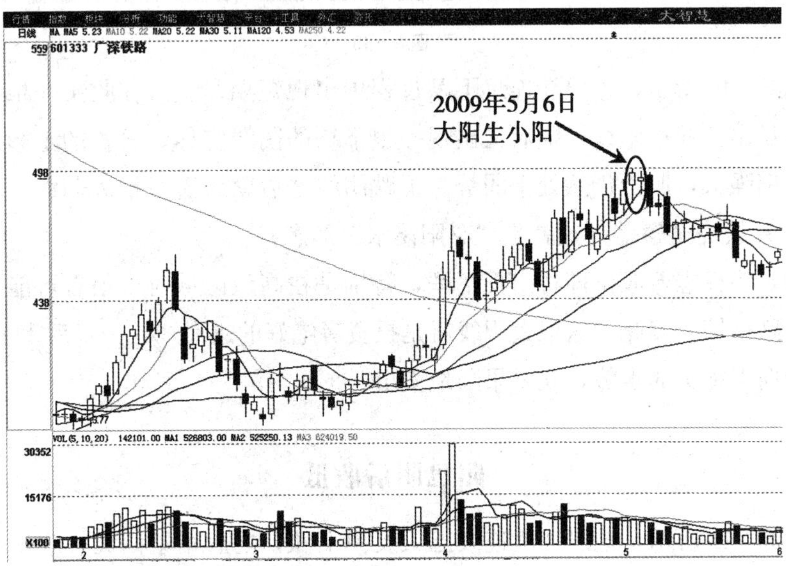

图 8－39

如图 8－39 所示，该股股价从低位开始快速拉升，成交量也在不断地放大。图中圆形区域形态表明，股价已经连续数天一路上涨。第二天出现一根小阳线，并完全孕育在前一交易日的大阳线之中，说明多头的力量已是强弩之末，上涨缺乏动力，买盘不积极，形势即将反转。

投资者在实际操作中，如果遇到这种走势，果断地卖出手中筹码套现，实为上策。

夕阳溪水

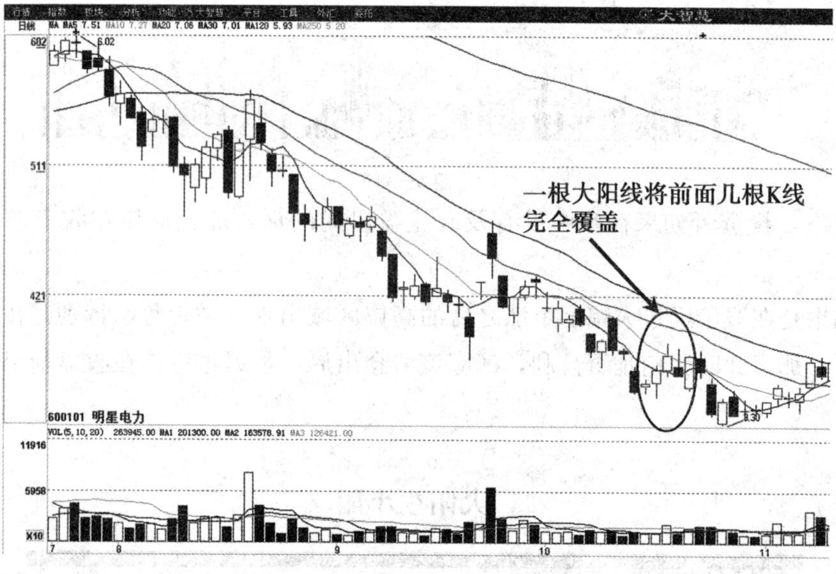

图 8－40

如图 8－40 所示，该股在连续下跌过程中出现短期盘整，在收出一根大阴线之后，连续拉出三根小阳线，随后又出现一根下跌的阴线实体。较长的上影线说明空方力量依旧强大，股价仍然处于弱势。下跌阴线之后紧跟着一根大阳线，基本上把前几天的 K 线完全覆盖，这就是“夕阳溪水”形态。

这种走势标志着股价即将出现下跌，特别是在高位区域时，很有可能会引发大幅度的下跌行情。因此，这根大阳线就是投资者绝好的逃命线，一旦后市上涨无力，股价出现向下掉头的走势，就要果断地卖出。

阳包阴后收低

如图 8－41 所示，该股一度连续五天反弹上涨，之后稍事回调，收出一根带下影线的阴线实体。接着又拉出一根长阳线，把前一交易日收出的阴线全部覆盖，且

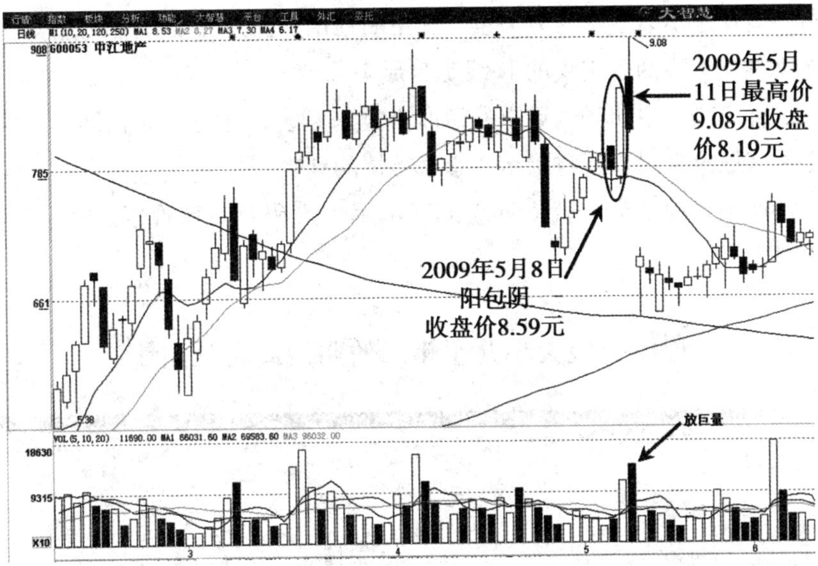

图 8—41

伴随着成交量的放大。长阳线之后，第二个交易日股价高开冲顶，尾盘收阴，说明此时卖盘涌出，获利盘回吐比较严重，股价即将迎来下跌行情。投资者遇到这种走势形态，便应该卖出手中持有的筹码，避险观望。

跳空下降两条阴线

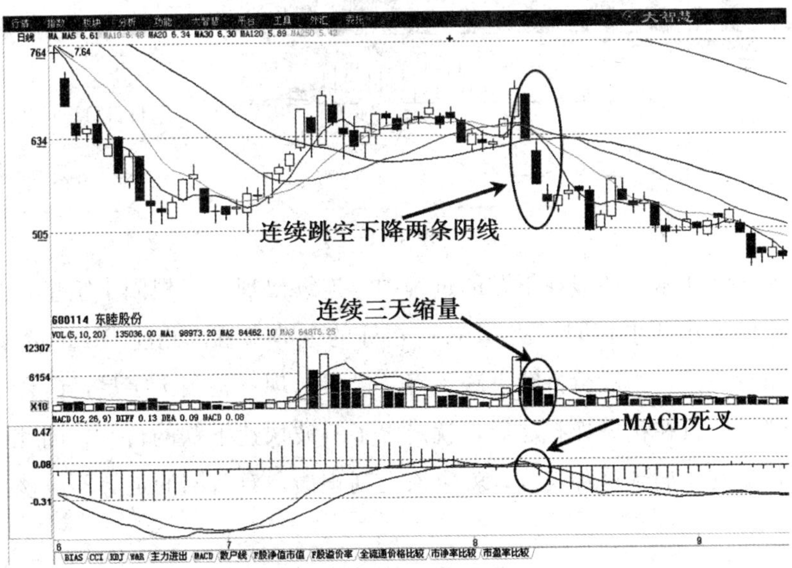

图 8—42

如图 8—42 所示，该股经过长时间的上涨之后，股价已被大幅度拉高，此时盘中积累了相当多的获利筹码，这些筹码随时都有可能一拥而出。随着股价不断地上涨，做多动能在逐步衰退，空方力量却在不断地增加。连涨之后该股进入下降通道，出现了连续跳空下降两条阴线的K线走势形态。

出现这种走势，说明场内看空的持股者越来越多，标志着股价即将结束上涨行情。在高位区域出现时，还将预示着暴跌行情的到来。

投资者遇到这种走势，就应该立即卖出手中筹码，离场观望。哪怕是有亏损，也应该止损出局。

连续三根大小几乎相同的阴线或者是阳线

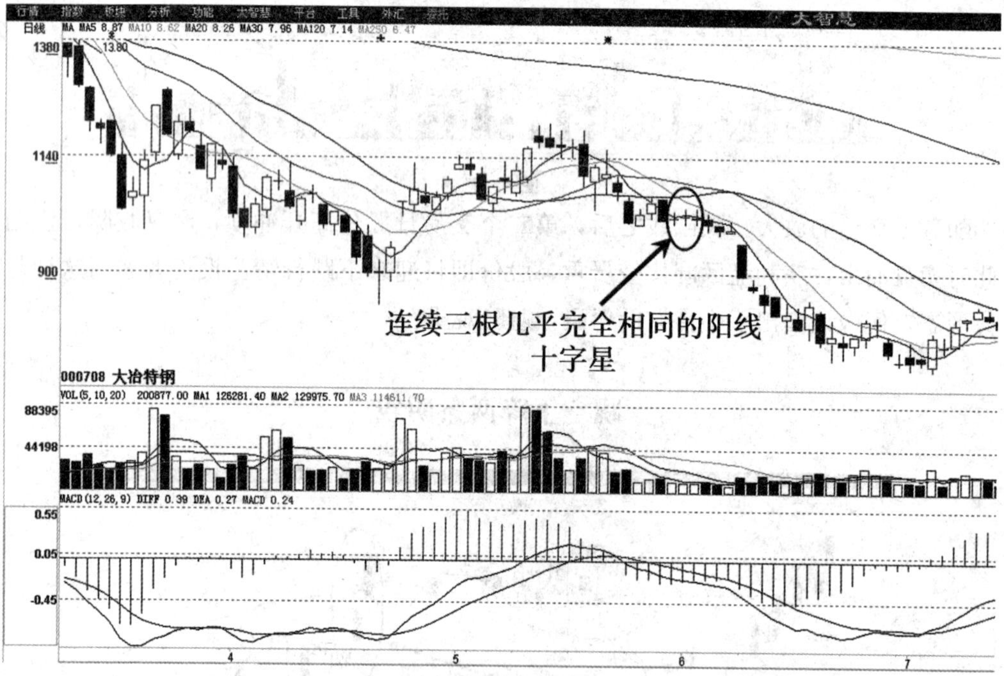

图 8—43

如图8—43所示，该股在下跌的过程中，连续出现了三根阳十字星，并且这三根阳十字星的大小几乎相同。从MACD指标的走势来看，此前DIFF指标与DEA指标已经出现死叉，为股价持续下跌预警。虽然出现三根阳十字星，但还是无法扭转行情走势，股价在稍做挣扎之后，就走出了一波快速下跌的行情。因此，投资者在实际操作过程中遇到这种走势，就应该立刻止损，对后期的走势不应该抱有什么幻想。

如果在下跌行情中，投资者发现手中某只股票连续拉出三根大小几乎相同的阴线或是阳线，不要犹豫，应立刻卖出手中的筹码，因为价格将会进一步探底，让你蒙受更大损失。

连续跳空后收阴线

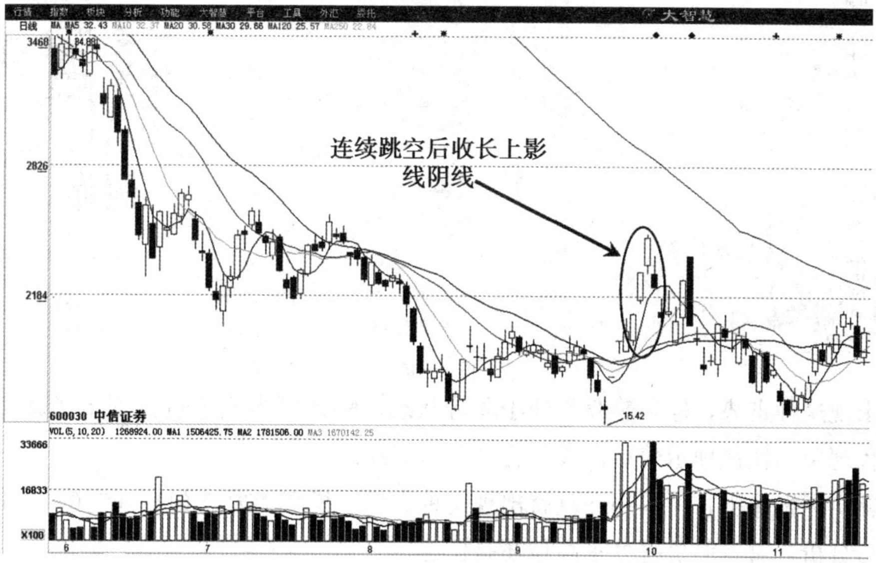

图 8—44

如图 8—44 所示，该股在一浪接一浪的跌潮后横盘调整，随后放量拉升，连续向上跳空。在连续三个交易日出现跳空后收出一条带长长上影线的阴实体。

在这个过程中，主力不断地采用对倒的手法将股价拉高，投资者在分时走势图上可以看到，股价时常会出现直线式的拉高，盘中也经常会出现大单吃进的现象。这种情况必然吸引大量的短线追风盘，造成股价连续向上跳空的走势。一旦后续跟风盘不足，股价就难以持续上涨。投资者此时应该果断卖出手中筹码，离场观望。

第五节　分时卖点

早盘反弹遇阻再次下跌

如图 8—45 所示，该股低开低走，并出现快速下滑，但随后不久出现回拉，在股价回升到分时均线附近时受到阻力而回落，并且是一触到分时均线就调头向下。出现这种走势，标志着盘中的做多动能不足，空方占据了主导权。股价连续几次反弹到分时均线附近都受到阻力而回落，每次反弹的力度都比前一次弱，随后股价一直在分时均线的压制下运行。这种走势，即是早盘反弹遇阻再次下跌。

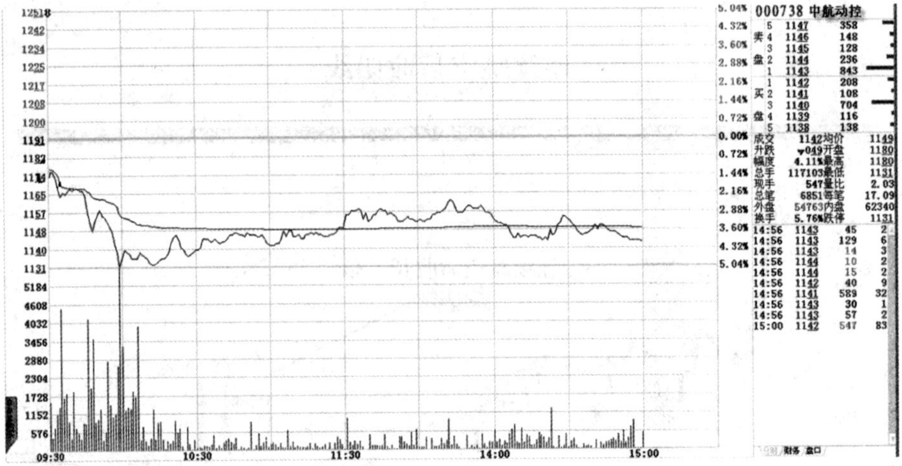

图 8－45

出现这种走势，标志着股价处于弱势状态，特别是当股价运行到市场高位时出现这种现象，往往预示着后市股价将会反转下跌。

在实际操作中，如果一开盘就出现这种走势，投资者要立刻打开它的 K 线走势图进行分析，看看股价是处于高位还是低位。

如果股价处于长期上涨的高位，那么一旦股价出现低开后反弹到分时均线附近受阻回落，就要果断地卖出，因为股价后市出现下跌的概率相当大。

如果在快速反弹阶段，特别是当股价反弹到重要技术关口附近，如 30 日、60 日均线或者是年线附近时，出现这种走势，那么就标志着股价反弹力度在减弱，盘中的解套盘在不断涌出。在受到阻力的情况下，股价很有可能会结束反弹而反转下跌，因此，在这种情况下，投资者就应该先卖出。

当股价运行到高位区域时，一旦出现这种走势形态，如果在高位区没来得及卖出，那么当股价在收盘时跌破 5 日均线的支撑后，就应该果断地卖出，因为此时的风险已经远远大于收益。

早盘冲高回落跌破均线

如图 8－46 所示，开盘后，该股股价快速上冲，在分时走势图上呈现出直线式的上涨，股价远离分时均线，上冲幅度一般在 1%左右。从分时盘口来看，股价这种上冲动作一般都是由一两手大买单吃进所导致的。但股价冲高之后很快就出现回落，并且是快速回落，同时直接击穿分时均线的支撑，直至跌破前一天的开盘价。在这个过程中，分时均线也迅速调头向下。出现这种走势，一般被称为早盘冲高回落跌破均线。

这种走势，往往是主力的诱多之计，意在通过早盘的影响力来迷惑散户入场接

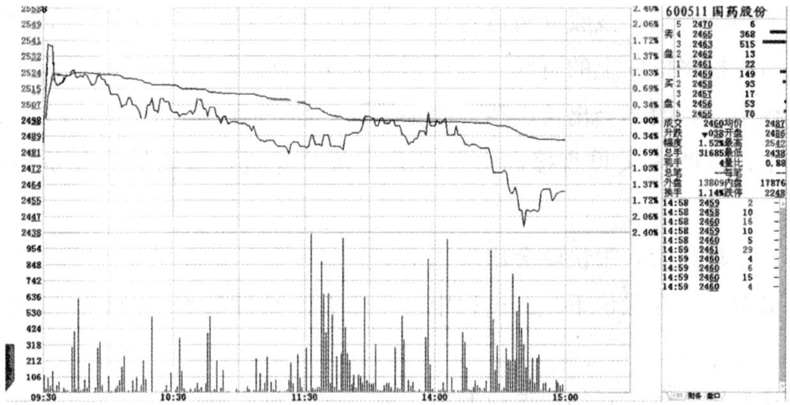

图 8－46

盘。因为很多投资者认为，股价开盘后能够冲高走强的话，就会有更大的上涨空间，因此迫不及待地追进，结果追进以后，股价开始回落，并且一直跌破分时均线，从而被套牢在里面。这种走势往往出现在股价上涨的高位区域，或者是出现在股价上涨到阶段性高点时。

在实际操作中，如果在股价运行的高位区域出现这种走势，只要股价冲高回落后跌破了分时均线，就应该立即卖出。

如果在股价冲高过程中，或者是在股价跌破分时均线时，没有来得及卖出的话，那么当股价反弹到前一天收盘价附近受到阻力无法继续上涨时，就应该果断卖出。

如果投资者在上午没有卖出，那么在收盘前确认股价即将跌破 5 日均线的支撑时，就要无条件地卖出，哪怕是有亏损也要清仓出局。

直线式快速冲高

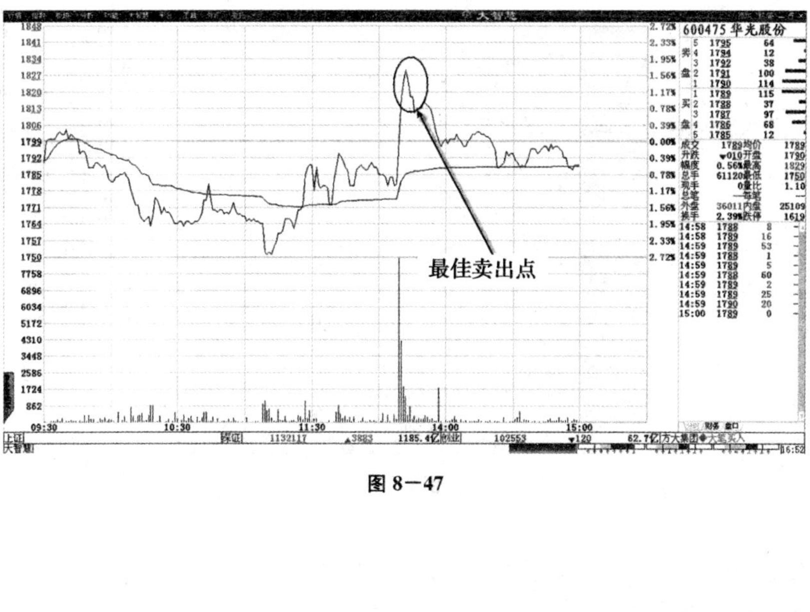

图 8－47

如图 8－47 所示，该股价格运行到上午 11：00 以后，盘中突然出现快速冲高，股价呈现出一根坚挺向上的直线，这时股价上升的幅度一般都在 2%以上。在股价上升的过程中，一般不会出现震荡，而是一口气拉上去，在成交明细上会出现主动性的大买单，这些大买单直接向上跳高几个价位吃进，从而导致股价出现迅速的上升。

股价迅速拉高后，很快就会出现回落，并且在随后的走势里，呈现出逐步震荡下跌的走势形态。在股价下跌的过程中，不断有主动性的卖单抛售，股价的重心逐步下移。

出现这种突然袭击式的快速拉升后，股价一般都会随之出现回落，并且回落的速度和幅度都会比较大。当投资者遇到股价出现这种分时走势时，不要去追高，反而要考虑先卖出。

如果是做短线的话，那么无论此时股价处于什么位置，只要股价出现快速拉高远离分时均线后，调头向下，就要立即卖出。这里需要注意的是，所谓远离分时均线，一般是指股价快速上涨后，距离分时均线在 1.5 个百分点以上。

如果这种走势是出现在股价上涨的高位，那么无论做短线还是做中长线，一旦股价快速上冲远离分时均线后，调头向下，就要果断地卖出清仓，这是一个很好的卖点。

如果在股价上冲的过程中没有来得及卖出，那么在临近收盘前，一旦股价冲高回落的走势已成定局，就要果断地卖出，不要对后市抱有任何幻想。

午后放量冲高后震荡回落

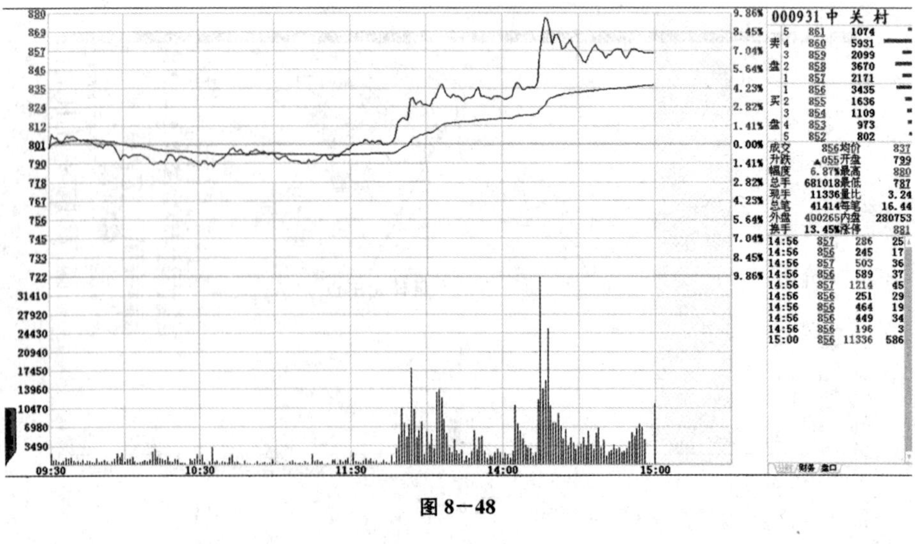

图 8－48

如图 8—48 所示，该股开盘后运行比较平稳，上下波动的幅度一般不超过 2%，成交量也比较稀少。但在午后，开始出现向上拉升。在拉升的过程中，股价呈现出震荡向上的走势，有时也呈现出推土机式的拉升。在股价拉升的过程中，成交量出现快速放大。

但随着股价的不断盘升，主动性买盘却开始减弱，股价在冲高后出现回落，在回落的过程中买盘也不是很积极。虽然股价回落后出现了反弹，但每次的反弹力度都要比前一次弱，几乎每一次震荡回落的低点都要低于前一次的低点。股价在分时走势图上出现这种走势形态，标志着股价上涨乏力，第二天面临回落的风险。

这种走势，一般出现在股价上涨的高位。股价在买盘的推动下不断向上盘升，但是午后买盘不断地减弱，并且上档的压力在逐步地显现，从而导致股价上涨受阻，随后股价就出现震荡向下运行的走势。出现这种走势，标志着股价面临下跌的风险。

在实际操作中，当股价出现放量拉高的走势时，投资者要立刻打开该股的 K 线走势图进行分析，如果股价此时处于长期上涨的高位，就要做好随时卖出的打算。一旦股价放量冲高无力，调头向下，就要立刻卖出。

在股价调头向下时，如果没有来得及卖出的话，收盘前一定要找到机会卖出，因为股价在回落过程中重心会不断下移，每一次的反弹高度都低于前一次的反弹高度，不能对后市抱有什么幻想。另外，出现这种走势，至少标志着股价第二天会出现下跌，因此必须在收盘前卖出。

这种走势出现在股价反弹过程中，如果遇到重要技术压力线，那么一旦股价触及压力线并伴有大量抛单的出现，就应该立刻卖出，这是一个很好的卖点，没必要等到股价出现明显的回落后再卖出，因为在此位置出现这种走势，绝大部分股票都会继续出现回落，反弹行情会告一段落。

午后回落跌破均线

如图 8—49 所示，该股在开盘后呈现出逐步震荡向上盘升的走势，在这个过程中成交比较活跃，股价基本上在分时均线之上运行。投资者如果仔细观察盘面，就会发现在股价震荡向上的过程中，不断有主动性的卖单出现，虽然不是很明显，但总的来说主动性的卖盘要大于主动性的买盘。

当股价运行到午后，盘中的上涨动力开始逐步减弱，股价出现滞涨，盘中的抛盘也在不断地增加，随后股价就开始震荡向下运行。在这个过程中，买盘显得比较稀少，股价呈现出逐步下行的状态。当股价下探到分时均线附近时受到一定的支撑，但最终支撑线还是没能把股价托住，股价迅速击破了分时均线的支撑，股价呈现直

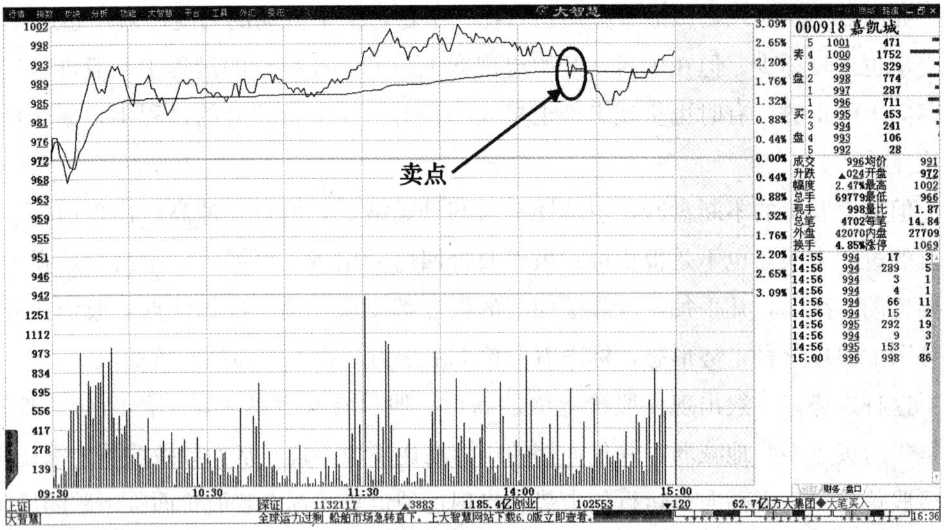

图 8—49

线式的下探，此时盘中出现恐慌性的抛盘。这种形态即为午后回落跌破均线。

出现这种现象，标志着股价经过上午的上涨后，盘中积累了不少获利筹码，这些获利者的持股信心出现动摇，午后纷纷抛售了结，从而导致股价出现回落，并且跌破了均线的支撑。这种走势预示着第二天股价将会走弱，甚至出现下跌的行情。

在实际操作中，投资者要结合个股的 K 线图，分析股价是否处于高位。如果是，就要果断卖出股票。如果股价在此时已经跌破了分时均线支撑，最好能够清仓出局；如果来不及卖出，在股价再次回拉到分时均线附近受到阻力，无法继续向上运行时，就要坚决卖出。

在股价上冲重要关口，如上面分析过的 60 日均线时出现这种走势，投资者应该先出局。如果股价早盘震荡向上而午后出现回落，股价一旦跌破分时均线，投资者就要果断卖出，中线投资者可以采取减仓措施，回避后市股价回探的风险。

在股价快速反弹的过程中，特别是在连拉大阳线后出现这种走势时，一旦股价跌破分时均线的支撑就要立刻卖出。此时出现的这种走势，标志着做多能量即将耗尽，后市股价将会出现快速回落。

尾盘冲涨停后回落

如图 8—50 所示，该股在下午 2：00 之前，股价一直都处于震荡之中，但震荡幅度不是很大，大部分时间是围绕分时走势图上的均线上下运行。在震荡过程中，成交量呈现出萎缩的现象，盘中买卖并不是很积极。当运行到下午 2：00 之后，突然盘中出现一股力量，将股价大幅度拉高，并且是快速拉起，投资者根本来不及作

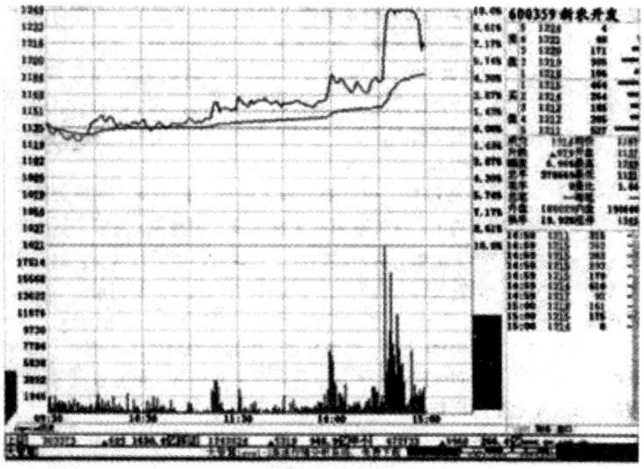

图 8－50

出反应，股价就被拉至涨停板上。在快速拉升的过程中，成交量也迅速放大，盘中连续出现大买单吃进的现象，这些大买单基本上都在千手以上。

股价被快速拉至涨停后，会在涨停板上停留一段时间。在这段时间里，盘中的卖单不断涌出，成交量同样呈现出放大的现象。随后不久，股价在大量卖盘的抛压下出现了快速回落。在股价回落的过程中，很少有主动性买盘出现，股价呈现出直线式下跌。截至收盘时，股价仍然未被拉回到涨停板上。这种走势就是盘尾冲涨停后的回落。

这种走势在股价冲高的过程中往往是快速拉起，给投资者一种股价相当强势的感觉，成交量也迅速放大，但股价拉高后又迅速回落。出现这种走势，一般都预示着第二天股价将会下跌。

在实际操作中，遇到这种走势的个股时，如果从短线操作的角度出发，那么无论此时股价处在什么位置，一旦股价在涨停后出现大量的抛单，只要涨停板被打开，就要迅速卖出，不要等待股价回落了再卖出。在股价运行到高位时，如果出现这种尾市拉涨停后快速回落的走势，那么应该立即卖出，只要股价出现放量掉头向下，就要果断地出局。如果在当天没有来得及卖出，那么股价第二天开盘后一旦出现走弱的话，就应该立即卖出。

尾市泻盘

如图 8－51 所示，该股在上午的运行中，一直处于震荡的走势，成交量时大时小，盘中偶尔会出现快速的冲高，但很快就出现回落。当股价运行到下午 2：00 左右，出现一波杀跌，同时伴随成交量的快速放大。股价跌破分时均线后，就一直处于弱势，截至收盘时股价依旧没有出现反弹，最终以大阴线报收。出现这种走势，就称为尾市泻盘。

一般，在股价上涨的高位区域或高位横盘时都可能会出现这种走势，它标志着

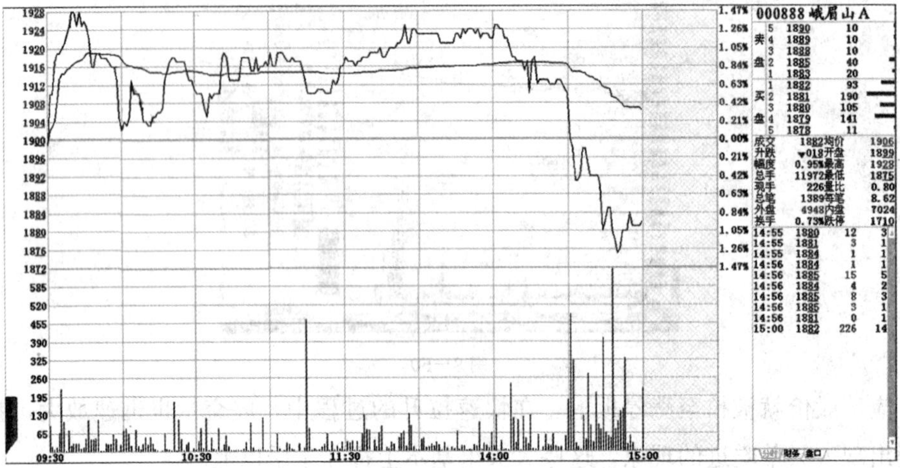

图 8－51

盘中出现了恐慌性抛盘，从而导致股价在尾市出现非理性的下跌。无论什么原因导致这种恐慌性的抛盘，都会影响股价后期的走势，至少会影响到第二天的股价走势，让它大幅度低开。因此，在遇到这种走势时，投资者一定要注意防范风险。

在实际操作中，如果这种走势是受到突然的利空消息刺激而形成的，那么就要认真分析这种消息的真伪，并且分析该消息是否会影响股价的长期走势。如果确定利空消息会给股价后市带来影响，那么无论股价是处于哪个阶段，都应该立即卖出。

如果尾市泻盘不是由于利空消息的突然刺激引发，那么就要结合该股的 K 线走势图进行分析。如果此时股价处于长期上涨的高位区域，就应该果断地清仓出局。

如果股价是在高位区域出现快速拉高之后回落，并且在下午的运行中股价重心逐步下移，那么只要股价在回落的过程中买盘表现不积极，稳健型的投资者就可以立即卖出，不必等到股价在尾市出现泻盘后再卖出。

一旦股价在运行到高位区域时出现这种走势，并且跌破 5 日均线的支撑，投资者就要无条件地卖出，哪怕是被套了也要斩仓出局，因为这是最后的逃命机会。

第六节　成交量卖点

下跌中的放量阴线

如图 8－52 所示，该股在经过一段时间的下跌之后，下跌速度放缓，甚至出现了横盘震荡的走势。但该股在经过横盘震荡之后，某一天突然放量下跌，并且最终

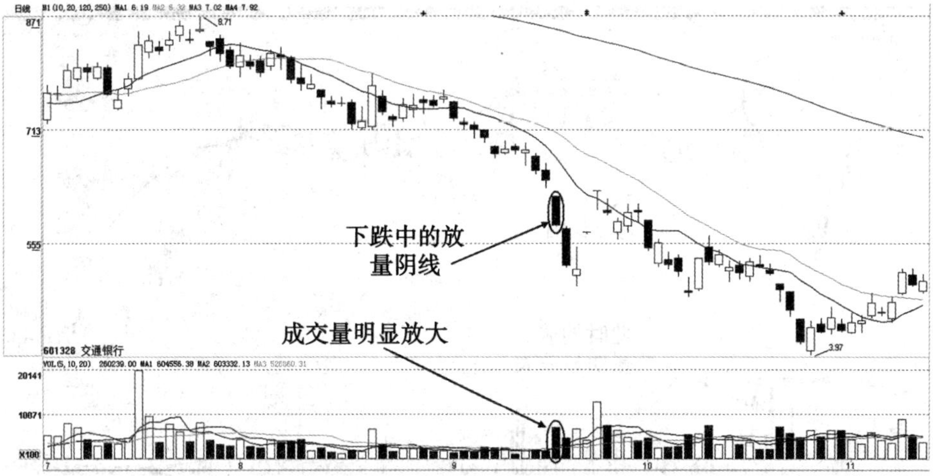

图 8—52

收出一根阴线。这种走势就称为下跌中的放量阴线，预示着盘中出现了恐慌性的杀跌。

这种走势有时也会出现在个股上涨之后的回落过程中。无论哪一种情况，都预示着股价将会继续下跌，甚至将会出现大幅度的下挫。

在实际操作中，如果股价在下跌通道中出现横盘整理的走势后，突然出现这种放量阴线，只要股价向下跳空并且跌破这个整理平台，那么一开盘就要卖出。

当股价出现这种走势时，开盘后呈现出逐步震荡向下的走势，并且买盘表现得很稀少，那么可以断定股价会继续下跌，因此必须立刻卖出。

出现这种放量下跌的走势后，有些个股会出现一个反弹的过程，但当股价反弹到分时均线时，就会遇到阻力回落，此时是一个逃命的机会，投资者应该果断清仓出局。

高位放量长阴

如图 8—53 所示，该股经过一波大幅度的上涨之后，运行到了市场的高位区域，这时场内持股者的信心开始动摇，场外资金也转为以观望为主，使得股价在高位出现滞涨现象。在该股的 K 线图上，可以看到很多小阳小阴的走势形态。某一天，该股突然大幅度高开，但开盘之后就出现了大量的抛售筹码，股价出现回落，并且在股价回落过程中抛盘不断增加，买盘却很稀少，截至收盘时收出一根长长的阴线，成交量也出现明显的放大，有时，甚至放出巨量。这种走势，就称为高位放量长阴。

这种走势表明，股价经过大幅度的上涨之后，盘中积累了大量的获利筹码，这

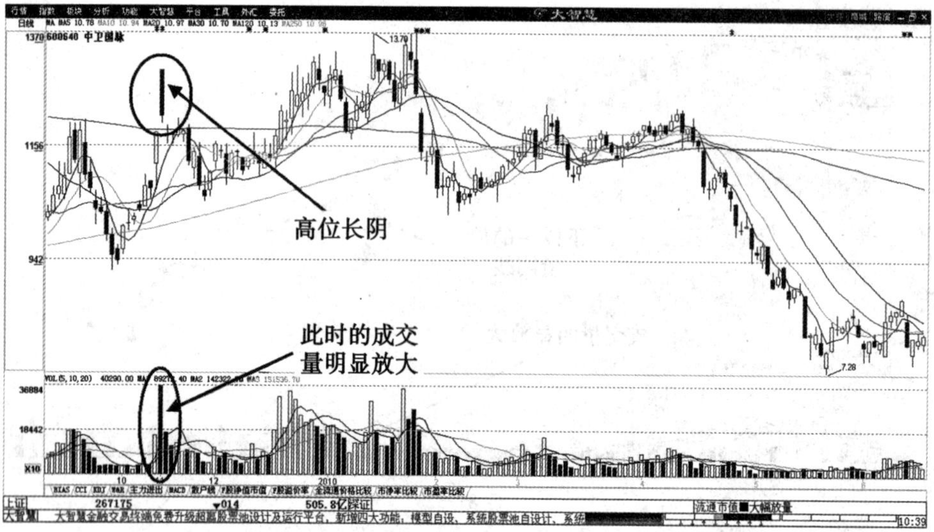

图 8—53

些获利筹码看到盘中出现滞涨现象之后，蜂拥而出，引发大量的抛盘。这就预示着股价后期将会进入下降通道。

在实际操作中，投资者如果发现在某一阶段股价突然加速上涨，并且连续拉出大阳线，就要时刻警惕。一旦股价在某一天出现大幅度高开低走，并且抛盘很严重，就要立刻清仓出局，不要等到大阴线形成后再卖出。如果股价是在高位区域出现大幅度高开低走，十有八九都会收出一根放量的大阴线，并且基本上可以断定这种走势是主力在采用拉高的手法出货。

股价运行到市场高位时，如果收出一根放量的大阴线，将前面的一根甚至几根K线实体全部覆盖，就应该立刻卖出，不要对后市抱有任何幻想。

如果投资者在收出放量大阴线的当天没有来得及卖出，那么第二天股价开盘后一旦走弱，就要果断卖出；如果第二天股价出现冲高走势，那么在冲高受阻后，要立刻卖出，这是一个比较好的逃命机会，此时最好不要幻想股价后市还会上涨。

高位放量上吊线

如图 8—54 所示，股价经过大幅度的上涨之后，突然出现加速上涨，拉出长阳线，有些个股甚至会连续拉出长阳线。股价加速上涨不久后，突然某一天股价出现大幅度的高开，但股价开盘后就一路下跌，回补了当天向上跳空的缺口，收盘前股价出现了回拉，最终收出一根带下影线的阴线，当天的开盘价格就是当天的最高价格，同时成交量也出现明显的放大。这种走势形态，就称为高位放量上吊线。

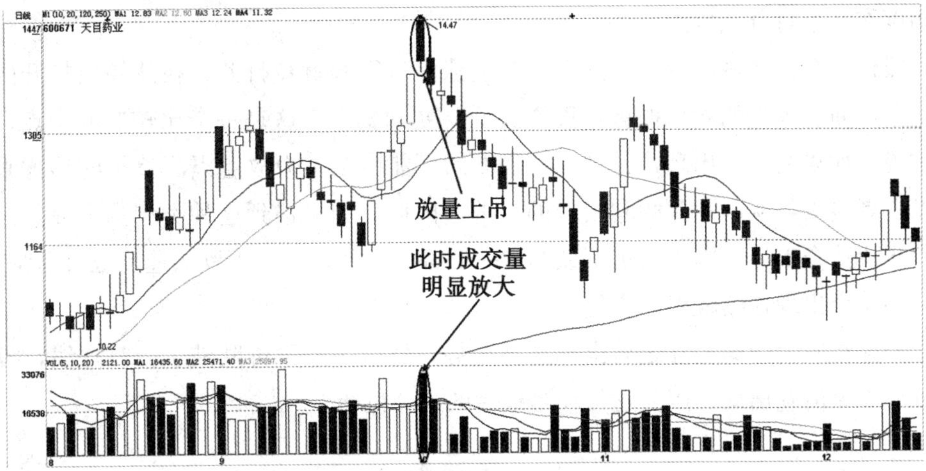

图 8—54

如图 8—55 所示，有些个股运行到高位区域后出现一波回落，在回落整理之后，股价突然向上大幅度跳空高开，有的甚至是以涨停的形式开盘，但在大幅度高开后，股价就开始出现回落，试图回补向上跳空的缺口。在股价回落的过程中，成交量也出现明显的放大，盘中不断有主动性的卖盘出现，相反很少看到有主动性的买盘出现。截至收盘时，收出一根带长长下影线的阳线。这种走势形态，也可以称之为高位放量上吊线。

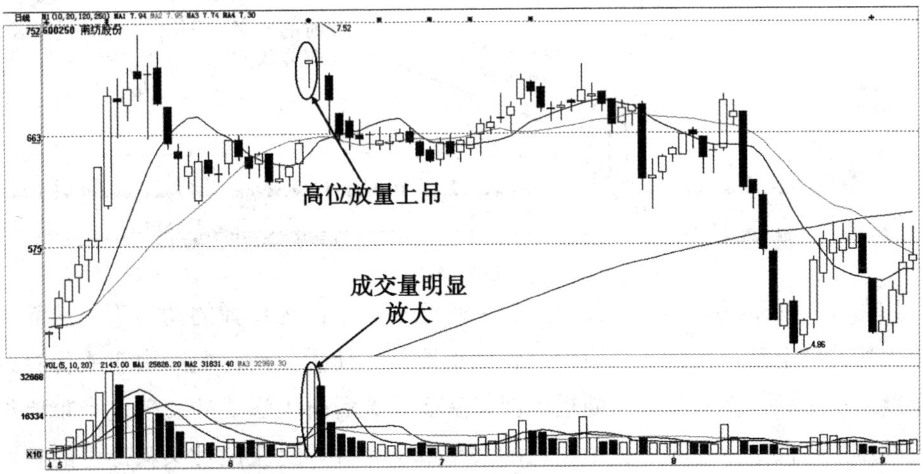

图 8—55

从上述两幅图中，我们可以看出，形成此上吊线的可以是阳线，也可以是阴线，无论是阳线还是阴线，都标志着股价上涨动力在减弱，盘中的抛盘在不断地涌出，预示着股价后市很可能会出现回落。

实际操作中，在股价上涨到高位区域遇到这种大幅度高开的个股时，一旦股价高开后出现走弱的迹象，就应该果断地卖出。这里所指的大幅度高开，一般是指高开幅度在 3 个百分点以上。

股价在高位区域出现开盘涨停，并且涨停板很快就被打开，在涨停板打开的过程中，不断有大量的卖单抛售，投资者就要立刻卖出，这是一个比较好的卖点。一般来说，如果在盘中出现这种现象，最大的可能就是主力故意以涨停板的形式来诱惑投资者接盘，从而达到顺利出货的目的。因此，如果遇到这种类型的个股，投资者要尽快清仓出局，因为后市下跌幅度一般都相当大，并且下跌的速度也会非常快，有的甚至会出现连续跌停的走势。

如果在股价加速上涨之后出现这种走势，那么一旦股价跌破了分时均线，投资者就要立刻清仓出局，因为这往往是最后的逃命机会。

颈线放量冲高回落

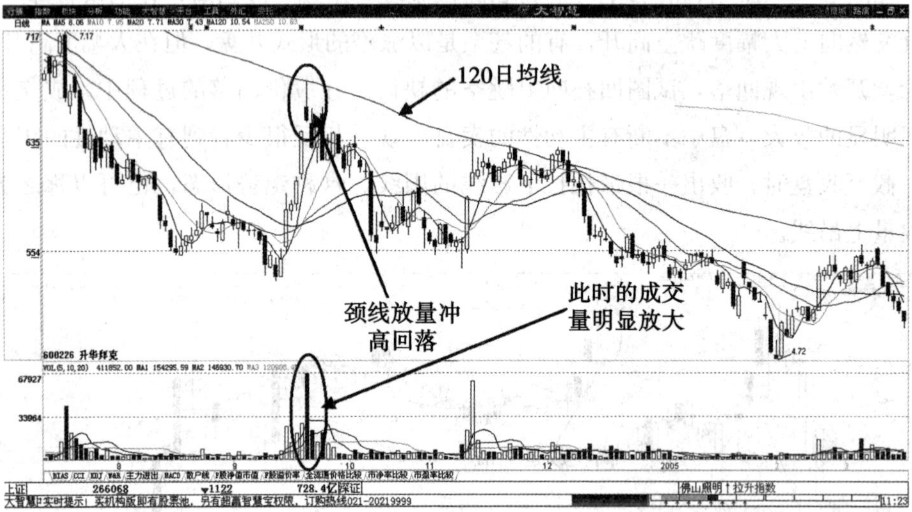

图 8－56

如图 8－56 所示，当股价经过一轮下跌之后，会因为反弹的动力不足从而导致股价无法持续上涨，特别是当股价反弹到重要技术压力位时。此时由于股价经过一定幅度的反弹后，做多动能不断被消耗，从而导致股价无法成功突破这个重要技术位置的压力而回落。此时，盘中出现的大量成交，并不是主动性买盘产生的，而是由于获利回吐盘的抛售导致的。这种走势，就称为颈线放量冲高回落。这里所说的颈线是指压力线，如 30 日均线、60 日均线、120 日均线等。

出现这种走势，股价的 K 线表现形式为收出放量的阴线，有时也会收出放量的阳线，但无论是收阳线还是收阴线，都会带有比较长的上影线，并且其预示的市场意义都是上档压力比较大，后市将会进入休整，甚至是下跌的走势。

在实际操作中，当股价运行到前期高点区域出现放量冲高就要时刻注意，一旦股价快速冲高后远离分时均线，随之出现上涨无力向下调头，投资者就要果断卖出，不必等到股价回落后再卖出。出现这种走势，当日绝大部分都会收出一根放量冲高回落的K线。因此，一旦股价冲高无力，就要抢先卖出，先知先觉才能卖个好价钱。

如果投资者在股价冲高的时候，没有来得及卖出，那么当股价临近收盘前确定会收出放量回落的K线时，就要果断地卖出。

特别是当股价快速上涨到前期套牢区域出现这种走势形态时，如果投资者在第一天没有来得及卖出，那么当股价跌破5日均线时，要无条件地清仓出局，哪怕是有亏损也要斩仓出局。

放量滞涨

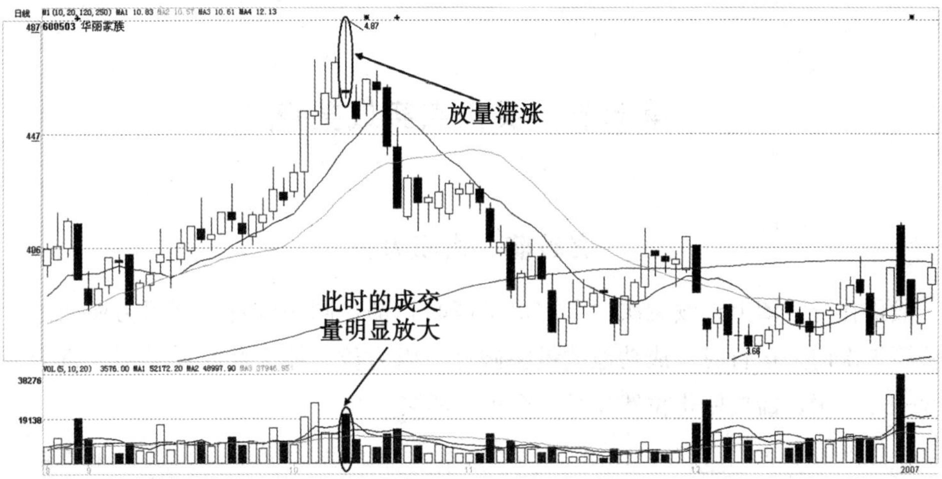

图 8－57

如图8－57所示，在股价上涨过程中，随着股价的不断上涨，获利盘也在不断地增加。突然有一天股价出现大幅度的低开后放量冲高，在冲高的过程中，股价上冲的最高价要高于前一天的最高价，但股价冲高后，很快就出现了回落，并以低于前一个交易日的收盘价格报收，K线走势图上收出一根带长长上影线的阴线。这种走势，就称为放量滞涨。

这种走势会出现在股价经过大幅度上涨的高位区域，但无论出现在哪个位置，都标志着股价上涨遇阻，上档压力很大，股价面临着调整，甚至是进入下跌行情的可能。

在实际操作中，如果这种形态出现在股价运行的高位区域，投资者就要时刻做好卖出的准备，一旦股价在冲高过程中受到强大的阻力后调头向下，就要果断地卖出，这是一个绝佳的卖出机会。出现这种走势的个股，股价绝大部分都会有一个快速冲高的过程，或者是先震荡走高，然后突然出现快速拉高，此时成交量迅速放大。当大量的对倒盘将股价迅速拉高至远离分时均线时，一旦股价上冲无力调头向下，就是卖出的好时机。

出现这种走势的个股，一般在收盘时，股价都会收在5日均线附近，有的甚至会收在5日均线之下，此时5日均线呈现走平的态势。如果投资者在股价冲高的时候没有来得及卖出，那么此时就要立刻卖出，不要对后期的走势有什么幻想。

如果投资者在上述情况下没有卖出的话，那么一旦股价第二天出现低开，特别是出现向下跳空低开并且直接跌破5日均线的支撑时，就要无条件地卖出，这是最后的逃命机会。第二天出现这种走势，标志着股价开始进入下跌通道，如果此时不卖出，后市将会被套得更深。

第七节　买卖点实战要点

突破前一次阻力位

股价在分时图上连续两次向上震荡走高时，都在同一位置受到阻力而回落，但股价第三次向上运行时，成功地放量突破这一阻力位，那么此时就是买入机会。如图8—58所示，箭头所指位置就是一个很好的买点。

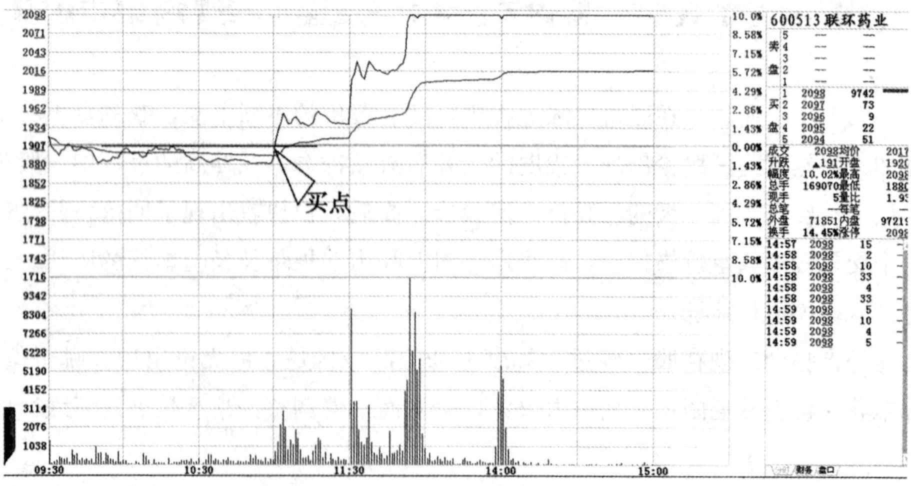

图8—58

在此，投资者要注意以下几个方面：

1. 开盘后，股价应处于震荡向上运行的走势。

2. 此时 K 线图上的股价不能位于高位区。

当满足上述条件后，一旦股价放量突破前两次阻力位置时就是买点，投资者可以果断买进。

芝麻开花节节高

股价在分时走势图上呈现出阶梯式的上涨，每一个阶梯都高于前一个阶梯，并且在每一个阶梯中，股价都会出现震荡的走势，但震荡幅度都不大，成交量也呈现出萎缩的态势。出现这种走势，标志着股价后市将会向上运行。股价每次向上攀登一个台阶时，都是买入的机会。如图 8—59 所示：

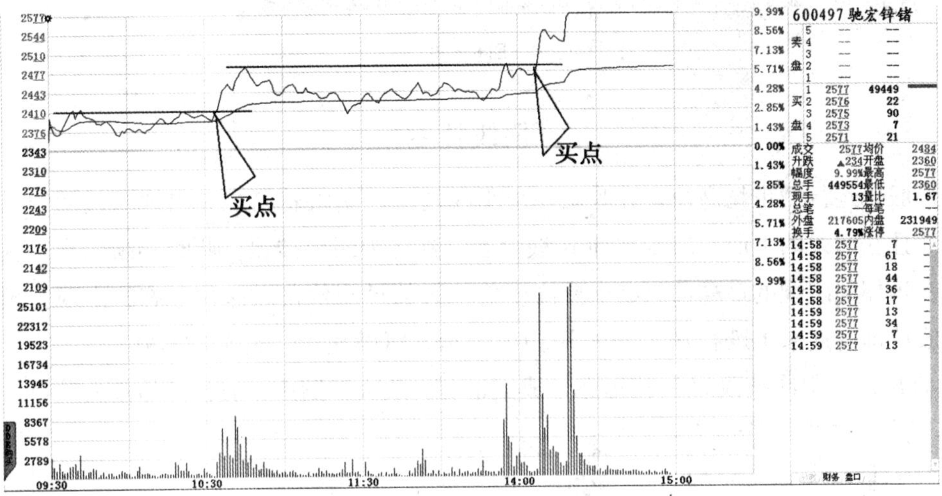

图 8—59

在此分时走势图中，股价每一次突破整理平台的时候，都是买入时机。需要注意的是，此时股价不应处于长期上涨的高位区，并且股价在分时走势图中出现震荡时必须是缩量的。

低点不断上移

股价在分时走势图上震荡向上运行，股价的重心不断地向上移动，与此同时，股价的低点也在不断地上移。这种走势只要不是出现在股价运行的市场高位，就代表盘中买盘积极，后市看涨。

出现这种走势时，股价的重心必须是不断上移的，并且股价不是处于高位区域。投资者如果在分时图上发现这种走势的个股，那么股价每次震荡回落后，向上反弹时的低点都是买点。如图 8—60 中箭头所示位置。

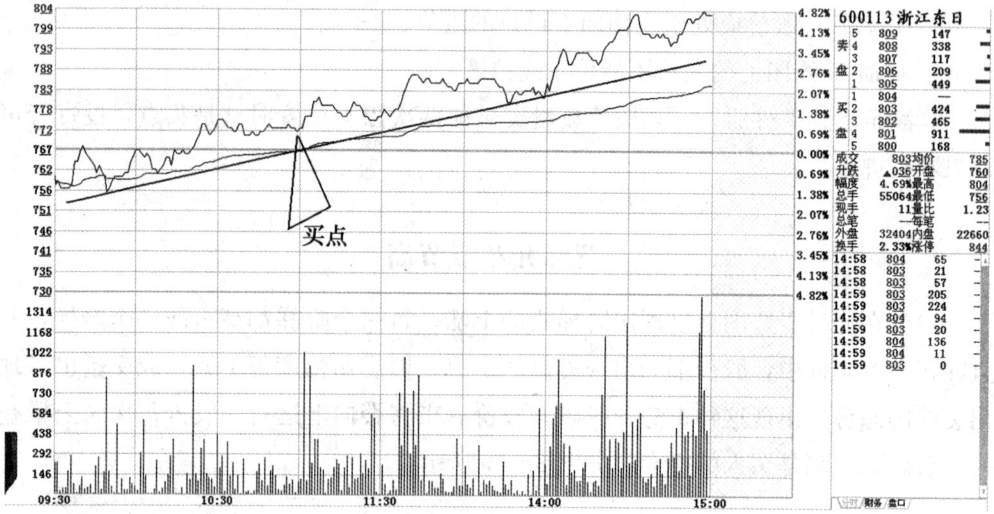

图 8－60

阴线挂顶

股价运行到市场高位，在收出一根阳线之后，紧跟着第二天出现一根阴线，高高地挂在阳线的上面，出现这种 K 线形态，称之为阴线挂顶。此时必须注意，这根挂在顶端的阴线的最高价格必须要高于前一天的最高价格。这种形态的出现，预示着股价即将迎来下跌行情。如图 8－61 所示，氯碱化工（600618）在 2010 年 3 月 10 日出现了阴线挂顶的 K 线形态，成交量明显放大，随后，股价开始步入跌势。

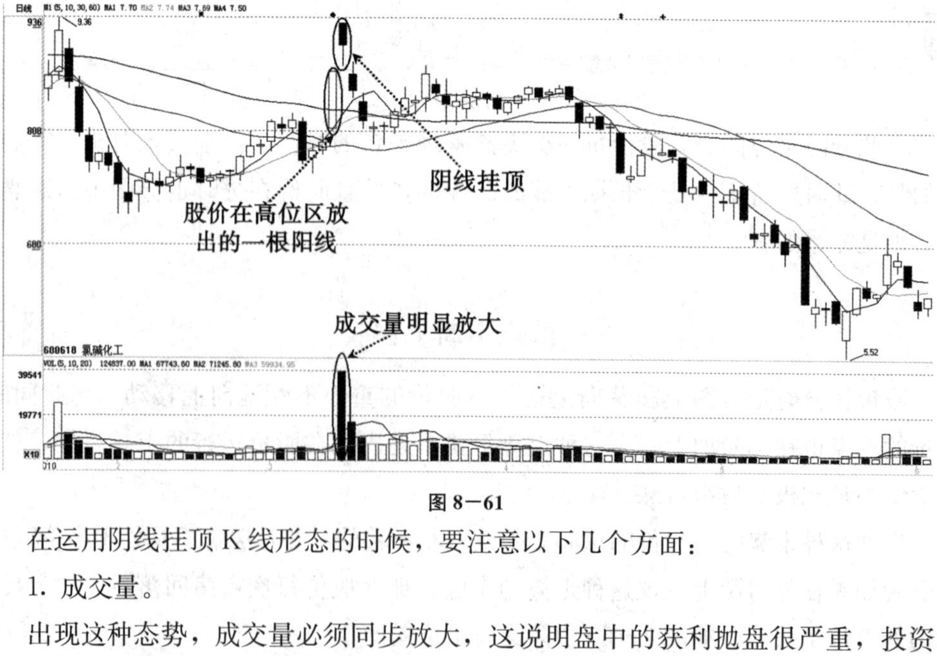

图 8－61

在运用阴线挂顶 K 线形态的时候，要注意以下几个方面：

1. 成交量。

出现这种态势，成交量必须同步放大，这说明盘中的获利抛盘很严重，投资者应该立即清仓出局，因为后市出现大幅度下跌的可能性会很大。

2. 股价。

在出现阴线挂顶的当天，股价可以高开，也可以低开，甚至是平盘开出。如果出现大幅度高开，并且收盘时的价格低于前一天的收盘价，那么后期出现大幅度下跌的信号就更加强烈。投资者应该立刻斩仓出局，果断一点的投资者可以在股价冲高受阻时清仓出局，犹豫不决的投资者可以在股价收盘前果断卖出，千万不能在收盘时还犹豫不决。

3. 均线。

要特别注意股价是否已经跌破 5 日均线，一旦股价跌破 5 日均线的支撑，没来得及卖出的投资者此时一定要坚决卖出，不要再有任何犹豫。

两根天线

在股价经过大幅度上涨的高位区域，连续出现两根带长长上影线的 K 线，并且这两根 K 线的上影线的最高点基本上相等，这种走势形态，就称之为“两根天线”。如图 8－62 所示，王府井（600859）的股价经过大幅上涨之后，在高位出现了两根天线的 K 线形态，随后股价开始走低。

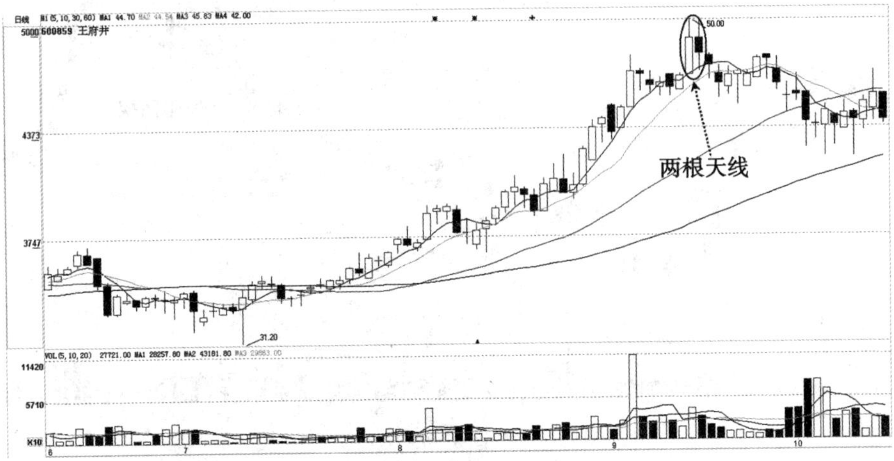

图 8－62

在使用这种 K 线形态的时候要注意以下几方面：

1. 在出现这种形态后的第二个交易日，也就是出现第二根带有上影线的 K 线之后的第二个交易日，如果股价收出了一根阴线，就标志着股价即将迎来下跌行情，此时投资者应该把握好卖出的机会。

2. 出现这种形态，K 线所带的上影线越长，中后市下跌的信号就越强烈。

3. 这种形态的出现必须是股价在经过大幅上涨之后的高位区，这样后市下跌的信号才更有效。

4. 如果投资者在股价走低的时候没来得及卖出，那么一旦股价跌破 5 日均线，最好清仓出局。

5. 如果出现这种走势的第二天收出一根大阳线，并且创出新高，那么投资者可以先持股观望，但要时刻注意风险。一旦股价出现上涨无力、冲高回落的走势，就应该先卖出以规避风险。

长阴回探

当股价反弹运行到重要技术压力线，如 30 日、60 日、120 日均线等附近时出现向上突破，并且股价突破之后站在这个技术压力线之上；但很快就出现一根大阴线将前面的一根甚至几根 K 线实体全部覆盖，并且股价跌回到这个重要的技术压力线之下，这种走势，就称之为长阴回探。如图 8－63 所示，＊ST 北人（600860）就是一个典型的长阴回探的例子。股价出现这种走势后，虽然不一定代表股价将出现大幅度的下跌行情，但至少预示着股价将会出现回落。因此，投资者遇到这种走势类型的个股时，一定要注意防范风险。

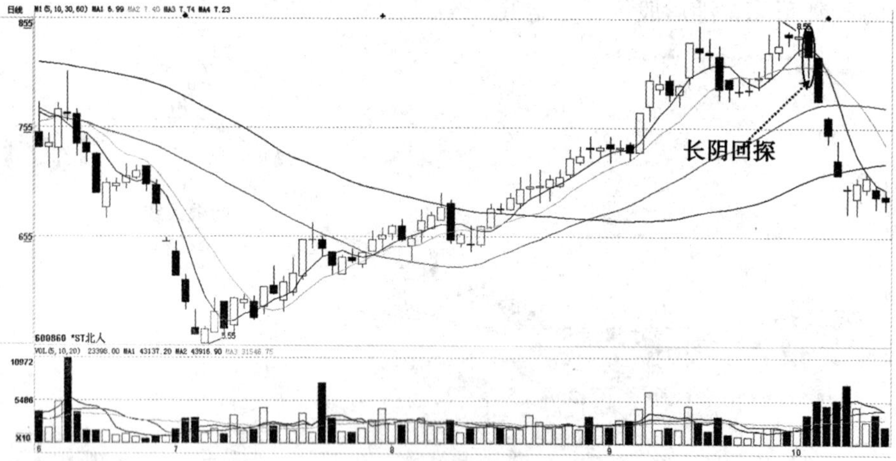

图 8－63

投资者在运用这种 K 线形态的时候要注意以下几方面：

1. 这根长阴线的收盘价格必须跌破重要的技术压力线，也就是说收盘价要在这个重要压力线之下。

2. 出现这种长阴回探的走势时，这根阴线必须至少覆盖掉前一天收出的 K 线实体，覆盖的 K 线实体越多，后市下跌的可能性以及幅度就越大。

3. 如果股价是在快速反弹中突破上面的压力线后出现这种长阴回探的 K 线形态，那么后市股价出现下跌回落的可能性就更大，并且下跌的幅度一般也会比较大。

4. 如果同时满足以上条件，那么投资者在收盘前就应该先清仓出局，特别是短线投资者。中长线投资者卖出后，可以等到股价回落之后受到支撑时再买回来。果断一点的投资者可以在股价回落的过程中，看到下档买盘很稀少时就果断卖出，没有必要等到股价跌破这个重要技术压力线才卖出。

大阳之后连拉三阴

股价处于长期上涨的高位区域，或者股价经过快速反弹处于阶段性高点时，出现了一根阳线，之后又连续收出了三根阴线，并且最后一根阴线的收盘价格收在前面大阳线的开盘价附近，甚至是收在这根阳线的开盘价之下，这种K线形态就称为大阳之后连拉三阴。这种形态标志着股价后期将会出现回落甚至是下跌行情，如果是在股价运行的高位区域出现这种形态，那么股价下跌的可能性更大。如图8－64所示，华域汽车（600741）就曾拉出这样的形态。

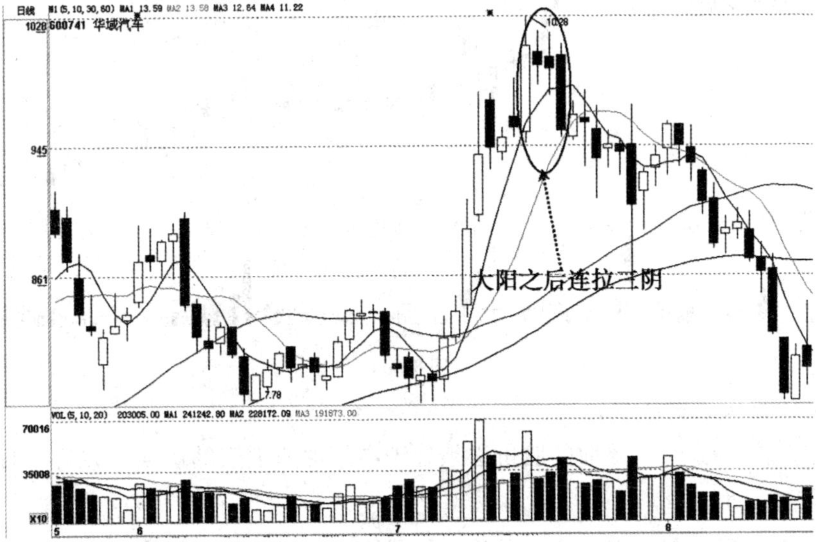

图8－64

投资者在使用这种K线形态的时候要注意以下几方面：

1. 如果股价在上涨中途出现这种三连阴的走势后，第四天收出一根大阳线，将这三根阴线实体全部覆盖掉，并且创出新高，而且这三根阴线没有跌破5日均线的支撑，那么投资者可以继续持股，因为出现这种走势，股价后期还会有一定的上涨空间。

2. 如果三根阴线的最高价都没有超过前面那根阳线的最高点，就说明股价的上涨动力已经明显出现衰退，特别是三根阴线的高点逐次降低时，投资者在第三天收盘之前三根阴线形态基本确认时，就应该清仓出局。

上吊线之后的阴线

有些个股经过一轮缓慢上涨，会进入一段加速上涨的行情。股价经过这段加速上涨的行情后，突然在某一天收出一根上吊阳线，紧跟着的第二天又收出一根阴线，并且这根阴线的收盘价格低于前一天收出上吊阳线时的收盘价格，这种走势，就称为上吊之后的阴线。股价在加速上涨之后出现这种 K 线形态，标志着股价即将迎来一波下跌行情。出现阴线的当天量能越大，后市发生暴跌的可能性就越大。如图 8—65 所示，华银电力（600744）在收出上吊线之后的阴线形态之后，股价开始步入下跌行情中。

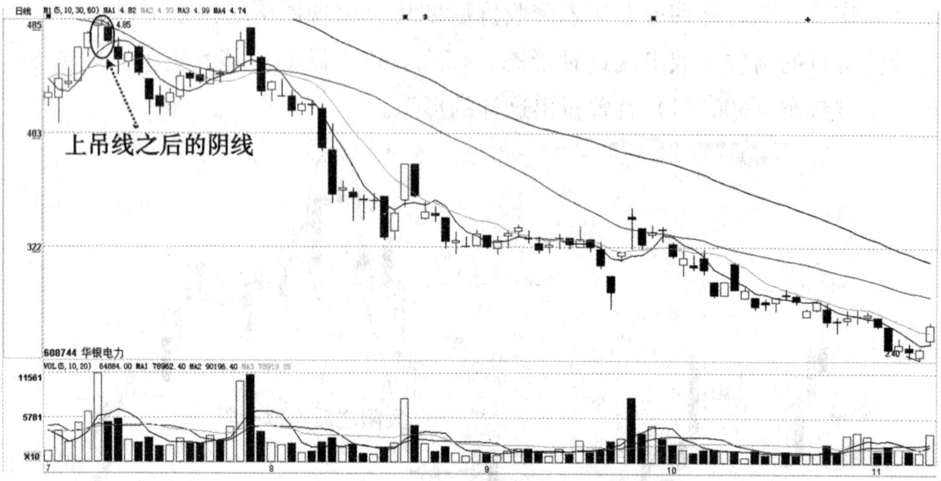

图 8—65

在此，投资者要注意：

1. 出现这种走势，该股的股价必须处于高位加速上涨的后期，并且 5 日均线和 10 日均线正在向上运行。

2. 出现这种走势的第二个交易日，如果股价出现一根阴线，就意味着上涨行情几乎已经结束，此时，投资者应该及时卖出。

3. 出现这种走势后，如果 5 日均线走平，那么无论是短线投资者还是中长线投资者，都要立刻卖出，不要对后市抱有任何幻想。

整理后的放量长阳

股价在底部区域经过充分的整理之后，或者股价在上涨的中途经过一段时间的整理之后，突然某一天收出一根放量上涨的长阳线将股价拉离整理平台，这种走势，就称为整理后的放量长阳。无论是在底部区域，还是在股价上涨中途的整理阶段，出现这种走势，都标志着股价即将进入上涨通道，投资者应该把握其中的买入机会。如图 8—66 所示：

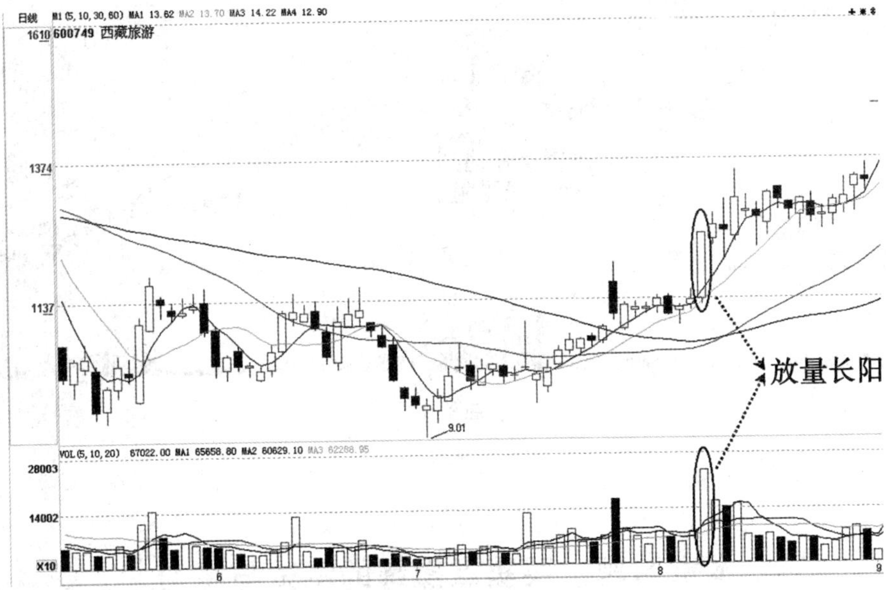

图 8—66

在出现这种 K 线形态之后，投资者还要注意以下几个方面：

1. 股价必须经过了一段时间的整理。
2. 出现这种形态之前必须出现明显的缩量。
3. 出现放量长阳线的当天，成交量至少是前一天成交量的一倍。

如果投资者在大盘中发现满足以上三个条件的放量长阳，就可以在收盘的时候果断买进。

快速反弹遇半年线受阻

股价经过一波大幅度的下跌之后，出现一波快速的反弹行情，并且反弹的幅度比较大，一般都在 20%以上。但当股价反弹到半年线附近时受到了阻力而回落，股价第二天继续上冲半年线，依然受到了阻力冲高回落，最终也没能站稳在半年线之上。出现这种走势，预示着股价在半年线附近遭遇到了强大的阻力，股价需要反复震荡才能消化此处的压力，因此很有可能会出现快速的回探行情，投资者要及时把握卖出的机会。如图 8—67 所示，湘潭电化（002125）在快速反弹遇半年线受阻后，走出了一波下跌行情。

稳健型的投资者在股价第一天上冲半年线受阻时就应该卖出，激进型的投资者可在股价第二天冲高回落时卖出，最晚在收盘前就应该卖出。

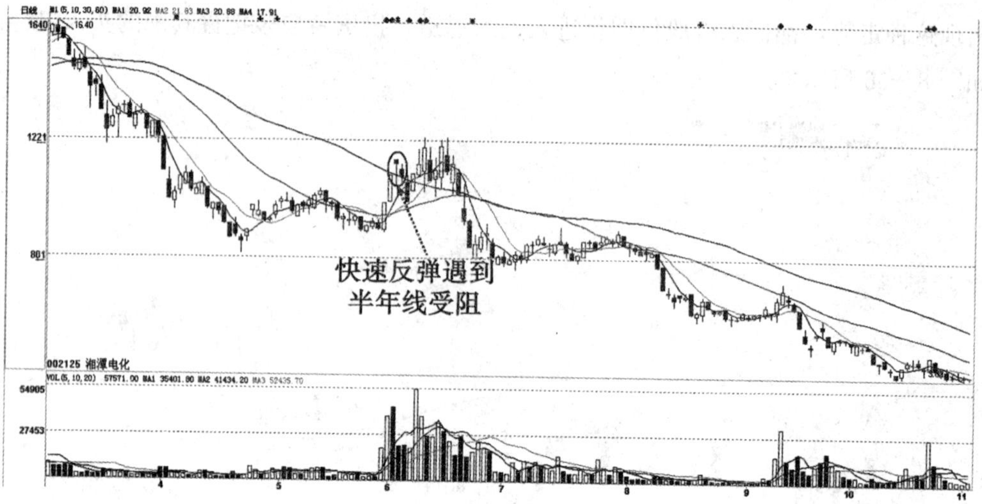

图 8—67

本章习题：买卖点操练的测试与练习

综合练习

一、判断题。

1. 不管是长线投资还是短线投资，如果能够把握住底部启动行情的话，投资收益都将是非常可观的。（ ）

2. V 底也称尖底，这种形态在大盘中经常出现，它形成的时间比较长，因而具有很大的爆发力，一旦形成，其收益将是非常可观的。（ ）

3. 通常，W 底的最佳买入点是股价从第二个底部开始反转到前一次反弹的高点时。（ ）

4. 圆弧底形态也被称为价格“休眠期”，这是因为在短时间内买方难以汇集买气，价格无法上涨，加之此时多头元气大伤，只有停留在底部长期休整，以恢复元气，行情呈极弱势。持仓人不愿割肉，多头也不愿意介入。所以，此形态被称为价格“休眠期”。（ ）

5. 如果股价在日平均线以下运行，当日平均线走势平稳，并且该股从平均线以下开始调头向上放量突破日平均线时，说明多方正在发起进攻，但多方的实力仍不敌空方，所以，投资者一定不要着急进场。（ ）

6. 股价在日均线以下运行且远离日均线，遇到这种形态的分时走势图，投资者要结合当时大盘的情况进行理性分析。如果大盘处于低迷时期，那么就要控制好仓位，最好只用一小部分资金参与这种走势的短线操作。如果此时个股的价格处于高位区域，也就是说经过大幅度上涨之后出现这种走势，投资者最好不要进场操作。如果此时个股股价是处于底部，或者是股价刚刚启动的初期，那么就可以大胆进场。（ ）

7. 如图 8—68 所示，图中圆圈内的图形虽然经过了几个涨停板，但在涨停板之后拉出了一根大阴线，此时投资者不宜进场操作。（ ）

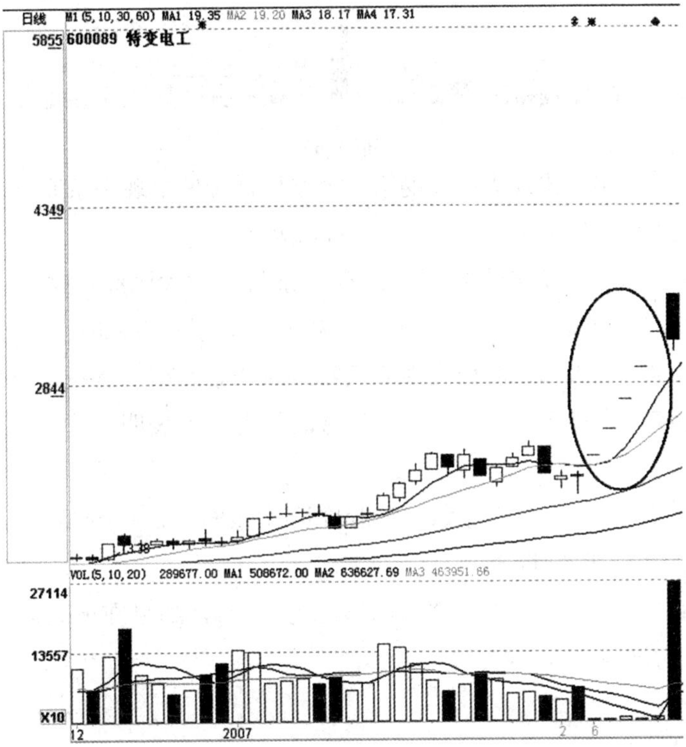

图 8—68

8. 投资者如果在走势图上发现了大阳盖阴的形态，要积极买进，因为这是一种典型的买进信号。（ ）

9. 在实际操作中，如果遇到午后回落跌破均线的走势图，要看其 K 线图，看股价是否处于高位，如果是，就要果断卖出股票。（ ）

10. 通常，出现阴线挂顶这种形态之后，如果成交量也明显放大，投资者一定要及时卖出股票，因为这是一种典型的股价见顶信号。（ ）

二、填空题。

1. 如图 8—69 所示，图中圆圈内的形态为（ ），这是一种典型的（ ），投资者见此图形应该（ ）。

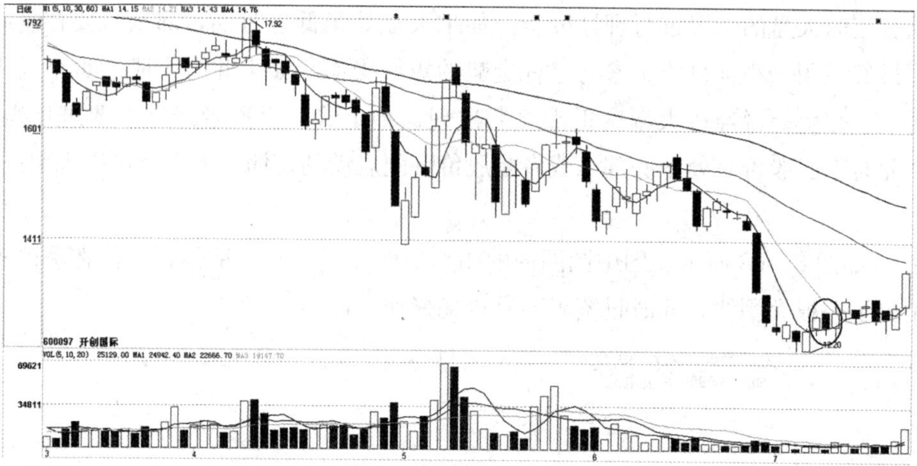

图 8－69

2. 在下跌行情中，出现大阴线的第二个交易日行情呈现一条完全包容在大阴线内的小阴线，这种形态为（ ），显示（ ），为（ ）。

3. 当阴阳交错拉出五条阴线后，出现一条长长的大阴线，这种形态为（ ），可判断此时（ ），如果隔日高开，即可视为（ ），投资者此时（ ）。

4. 如果投资者在看盘的时候发现某只股票的开盘价高于前一天的开盘价，开盘后股价继续走高，这种形态为（ ），出现这种走势，表明盘中（ ）力量强大，（ ）势头强劲。

5. 主力通过（ ）的洗盘手法，让股价长时间维持在一个平台上。通常，经过这种洗盘手法之后，股价将会（ ）。

6. 如图 8－70 所示，图中圆圈内的形态为（ ），如果在下跌通道中出现这种形态，投资者应该（ ），因为（ ）。

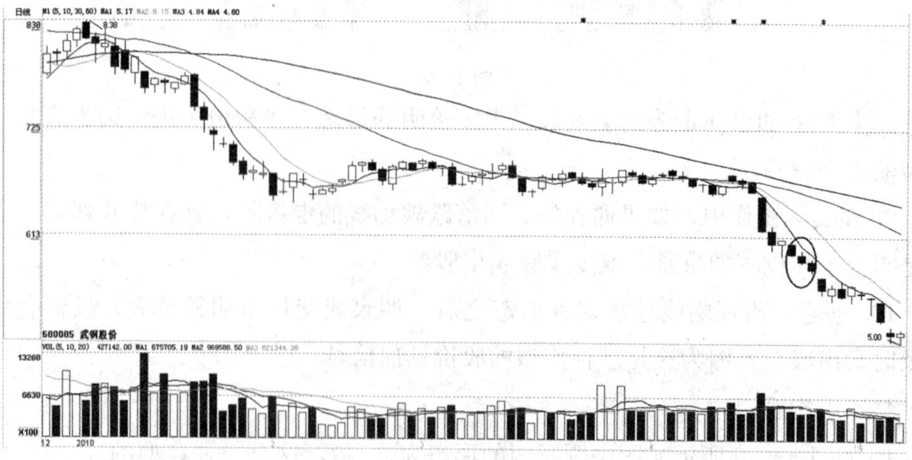

图 8－70

7. 通常，如果分时图上出现午后放量冲高后震荡回落的分时走势图，投资者应该在（ ）卖出。

8. 尾市泻盘一般出现在（ ）。

9. （ ）一般多出现在下跌通道中，或者出现在（ ），但不管是哪种情况，都预示着股价将会继续下跌，甚至会出现大幅度的下挫。

10. 如图 8－71 所示，图中圆圈内的形态为（ ），这种形态的出现预示着（ ），投资者此时应该（ ）。

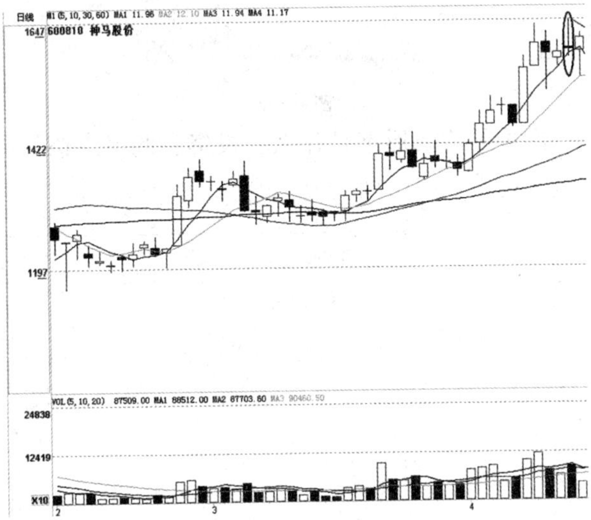

图 8－71

三、简答题。

1. 看图 8－72，请说出图中圆圈内的形态是什么？该形态有什么特征？

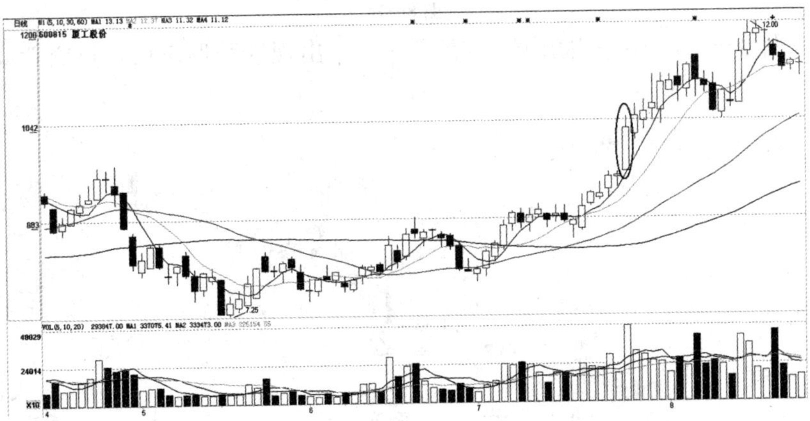

图 8－72

2. 看图 8－73，图中的走势图有什么特征，遇到这种走势图投资者应该如何操作？

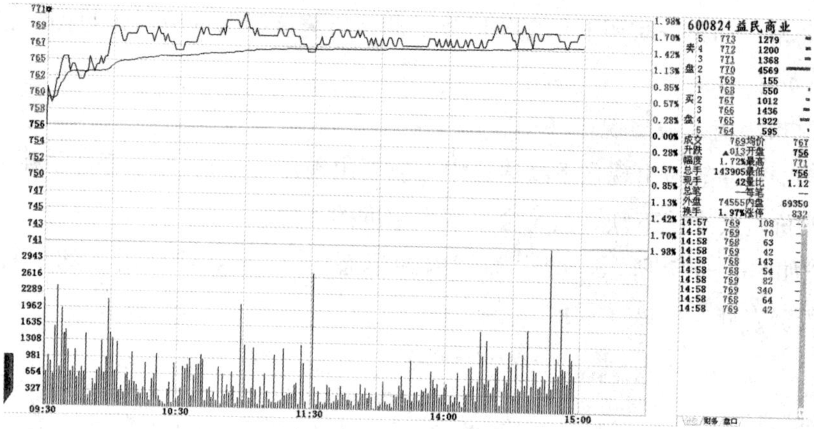

图 8—73

3. 看图 8—74，图中的均线形态是什么？投资者此时应该如何操作？另外，请在图中标出最佳买点（卖点）。

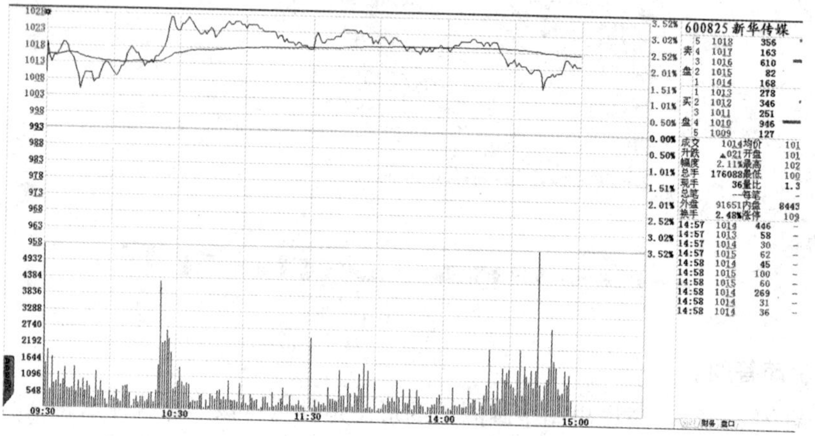

图 8—74

4. 看图 8—75，图中圆圈内的形态是什么？出现这种形态后，投资者应该如何操作？

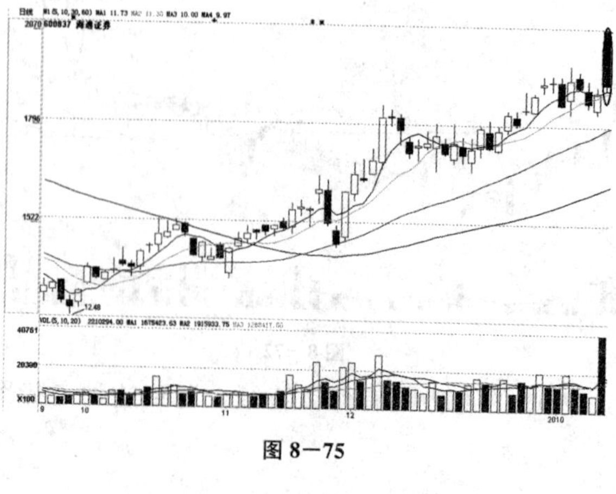

图 8—75

5. 看图 8—76，图中圆圈内的形态是什么？遇到这种 K 线形态后，投资者应该怎样操作？

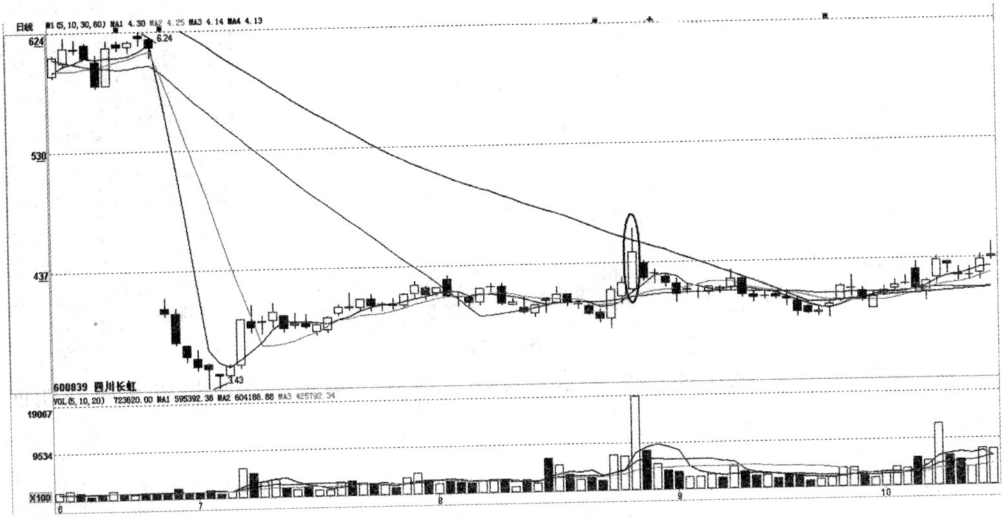

图 8—76

6. 请你简要回答，“主力送红包”的 K 线形态的特征，并说明投资者遇到这种形态之后应该如何操作？

7. 看图 8—77，图中的 K 线形态是什么？投资者此时应该如何操作？

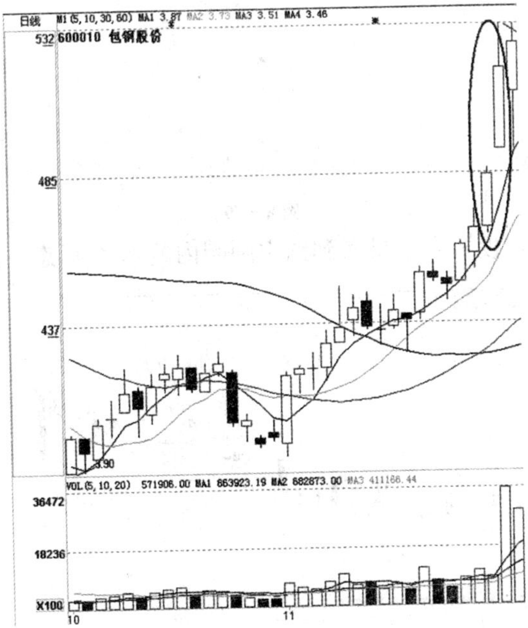

图 8—77

8. 看图 8—78，图中分时走势图的名称是什么，遇到这种走势图，投资者应该如何操作？

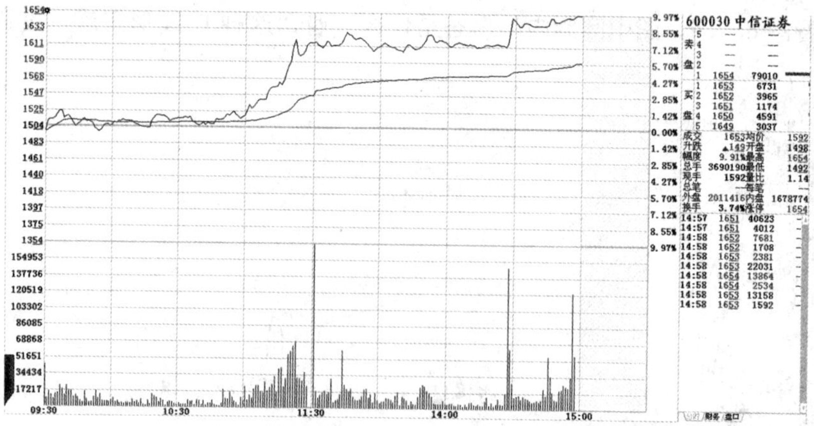

图 8—78

9. 看图 8—79，图中的走势形态是什么，遇到这种走势图，投资者应该如何操作？

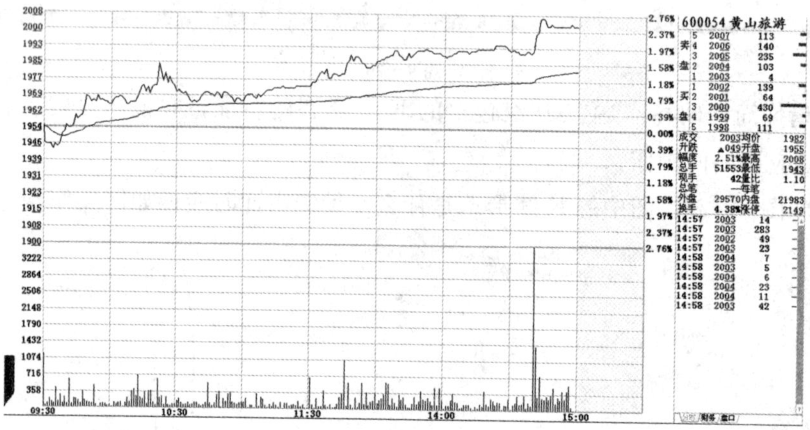

图 8—79

10. 看图 8—80，投资者如果遇到图中圆圈内的 K 线形态，应该如何操作？

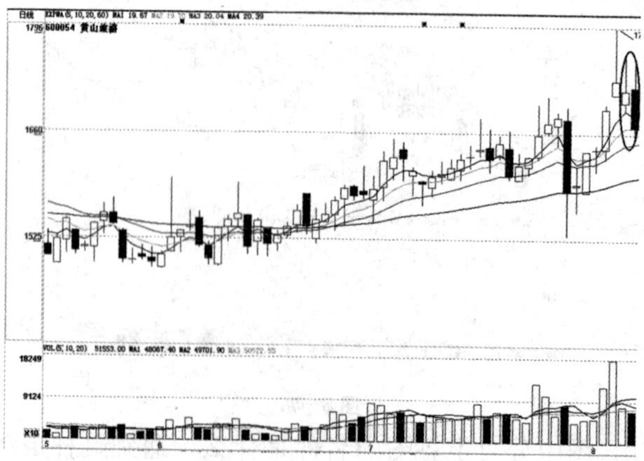

图 8—80

参考答案

一、判断题。

1. 正确。

2. 错误。这种形态形成的时间是比较短的，通常带有不可测性和突然性。

3. 正确。

4. 正确。

5. 错误。这种形态出现时，投资者应该抓住机会进场买进。

6. 正确。

7. 错误。圆圈内的形态为缩量涨停，是典型的买进信号，投资者应积极做多。附该股出现缩量涨停后的走势图：

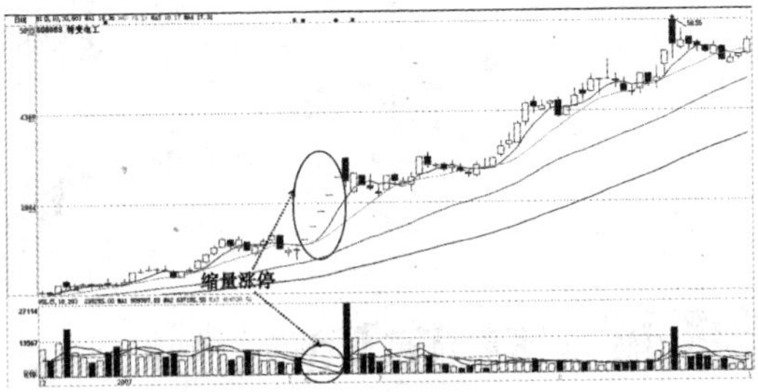

图 8—81

8. 错误。大阳盖阴是一种典型的卖出信号，这种形态出现意味着该股即将迎来下跌行情。

9. 正确。

10 正确。

二、填空题。

1. 图中圆圈内的形态为两阳夹一阴，这种是一种典型的买进信号，投资者见此图形应该积极做多。附该股出现此种形态之后的走势图（图 8—82）：

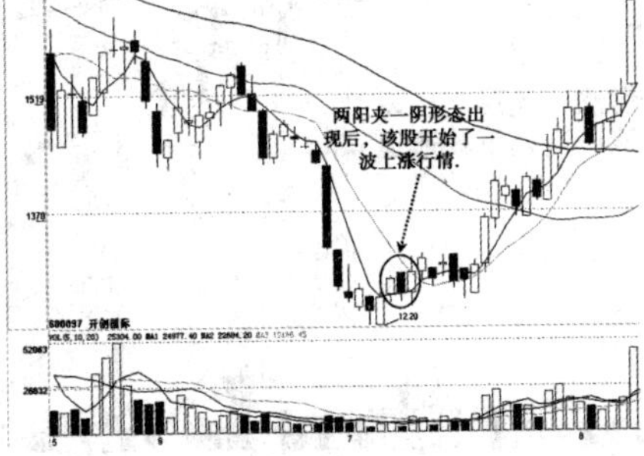

图 8—82

2. 阴线孕育阴线，显示卖盘出尽，有转盘的迹象，将反弹，为最佳买点。

3. 五条阴线后的一条大阴线，已到底部，如果隔日高开，即可视为反弹的开始，可以买入。

4. “高开高走”，出现这种走势，表明盘中多头力量强大，上升势头强劲。

5. 横盘。股价将会迎来一轮上涨行情。

6. 连续三根几乎相等的阴线，及时清空筹码，因为此时的股价会再往下探底。附出现这种形态之后该股的走势图（图 8—83）：

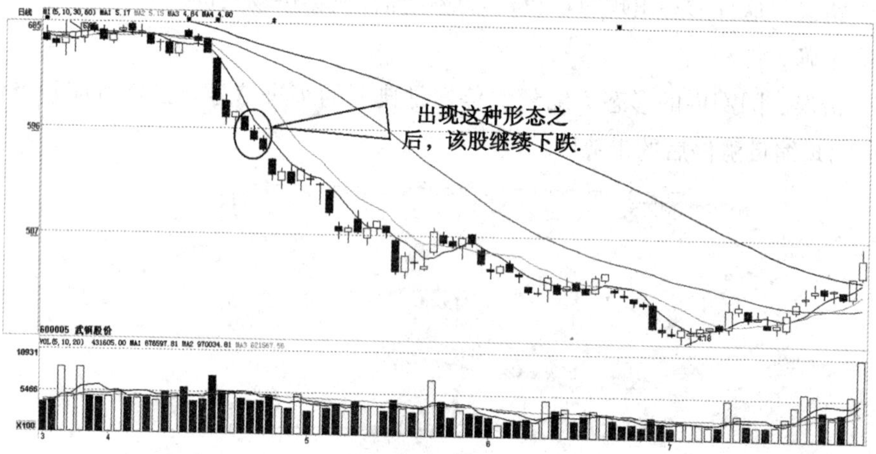

图 8—83

7. 股价放量冲高无力调头向下时积极卖出。

8. 股价上涨的高位区域。

9. 下跌中的放量阴线，出现在股价经过上涨之后的回调过程中。

10. 放量滞涨。股价面临着调整或者进入下跌通道，此时投资者最好立即卖出股票，不要对后市抱有幻想。附该形态出现后该股走势图（图 8—84）：

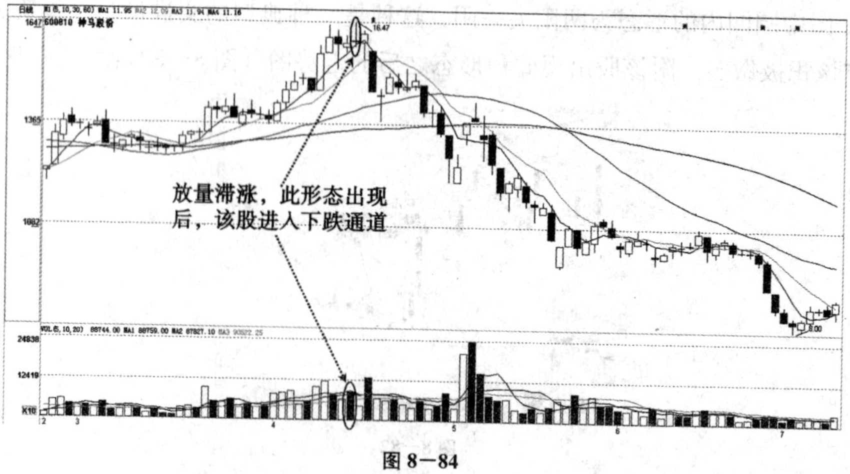

图 8—84

三、简答题。

1.

该形态为“出水芙蓉”。它就像潜伏在水中的荷花一样，一夜之后突然高高地浮出水面。股价也一样，当某只个股已处于低迷的走势之中时，突然出现快速地拉高，收出了漂亮的大阳线，这种形态就是“出水芙蓉”。

“出水芙蓉”出现在股价经过一轮下跌行情，开始在底部进行充分的横盘蓄势之后。由于股价长时间处于横盘蓄势状态，所以会导致大部分的均线粘合在一起，但长期均线不会粘合在一起，股价就在这些短期均线上下来回震荡。某一天，股价突然发力收出一根大阳线，并且是向上跳空的大阳线，紧跟着股价在第二天再次拉出一个大阳线，并且是向上跳空的大阳线，使得股价远远脱离了原来的整体平台。出现这种走势，意味着股价将会迎来一波上涨行情。

“出水芙蓉”出现时，如果5日均线向上穿越10日均线，同时20日均线保持上倾，则说明股价后市上涨可能性极大。此时股民可在股价回抽至5日均线附近时低吸，一旦5日均线向上穿越20日均线，且成交量配合理想，则股价有望进一步上攻，轻仓者还可考虑伺机加码跟进。

2.

此走势图为股价在日均线以上运行。一般来说，如果在走势图中出现这种走势，第二天的股价大部分都会冲高。如果第二天大盘走低，那么投资者可以先将手中筹码抛出套利，以免股价随大盘下行；如果第二天大盘走势良好，那么投资者可以持筹不动，将利润最大化。此外，如果大盘运行平稳，那么每次股价回落到日平均线的支撑点附近时，都是买点所在，投资者应该把握好这个时机建仓入场。

3.

午后回落跌破均线。在股价处于上涨趋势时，某一天股价在分时走势图上呈现出逐步震荡向上盘升的走势，股价基本上在分时均线之上运行，在这个过程中，成交量也逐渐放大。细心的投资者此时可以发现，在股价震荡向上的过程中，不断有主动性的卖单出现，虽然不是很明显，但总的来说主动性卖盘要大于主动性买盘。

当股价运行到午后，盘中的上涨动力开始逐步减弱，股价出现滞涨，盘中的抛盘也在不断地增加，随后股价就开始震荡向下运行。在这个过程中，买盘显得比较稀少，股价呈现出逐步下行的状态。当股价下探到分时均线附近时受到一定的支撑，但最终支撑线还是没能把股价托住，股价迅速击破了分时均线的支撑，呈现直线式的下探，此时盘中出现了恐慌性的抛盘。这种形态即为午后回落跌破均线。

在分时走势图上出现午后回落跌破均线这种走势，标志着股价经过上午的上涨后，盘中积累了不少获利筹码，这些获利者的持股信心出现动摇，午后纷纷抛售了结，从而导致股价出现回落，并且跌破了均线的支撑。出现这种现象，预示着第二天股价将会走弱，甚至出现下跌的行情。

在实际操作中，如果遇到这种走势的个股时，要看此时的K线图，看股价是否处于高位，如果是，就要果断卖出股票。如果股价在此时已经跌破了分时均线支撑，最好能够清仓出局，如果来不及卖出，在股价再次回拉到分时均线附近受到阻力，无法继续向上运行时，就要坚决卖出。因为此时出现的这种走势，标志着做多能量即将耗尽，后市股价将会出现快速回落。附最佳卖点图（图8—85）：

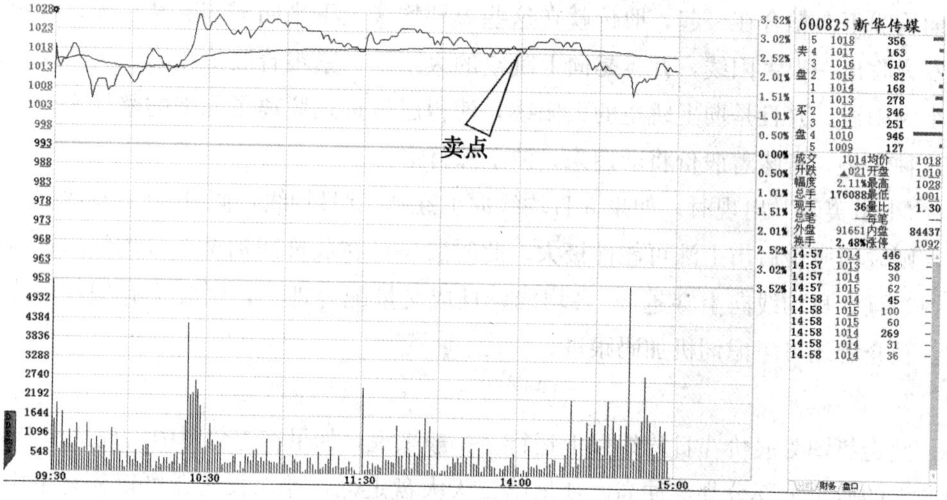

图8—85

4.

图中的K线形态为高位放量上吊线。

股价经过大幅度的上涨之后，突然出现加速上涨，拉出长阳线，有些个股甚至会连续拉出长阳线。股价加速上涨不久后，突然某一天股价出现大幅度的高开，但股价开盘后就一路下跌，回补了当天向上跳空的缺口，收盘前股价出现了回拉，最终收出一根带下影线的阴线，当天的开盘价格就是当天的最高价格，同时成交量也出现明显的放大。这种走势形态，就称为高位放量上吊线。

形成此上吊线的可以是阳线，也可以是阴线，无论是阳线还是阴线，都具有同等的市场意义，预示着股价后市将会出现下跌走势。

在实际操作中，如果在股价上涨到高位区域遇到这种大幅度高开的个股时，一旦股价高开后出现走弱的迹象，就应该果断卖出。

如果股价在高位区域时出现开盘涨停，并且涨停板很快就被打开，在涨停板打开的过程中，不断有大量的卖单抛售，投资者就要立刻卖出，这是一个比较好的卖点。一般来说，如果在盘中出现这种现象，最大的可能就是主力故意以涨停板的形式来诱惑散户接盘，从而达到主力顺利出货的目的。因此，如果遇到这种类型的个股，最好是尽快清仓出局，因为后市下跌幅度一般都相当大，并且下跌的速度也会非常快，有的甚至会出现连续跌停的走势。

如果在股价加速上涨之后出现这种走势，那么一旦股价跌破了分时均线，投资者就要立刻清仓出局，因为这往往是最后的逃命机会。附该股出现高位放量上吊线后的走势图（图 8－86）：

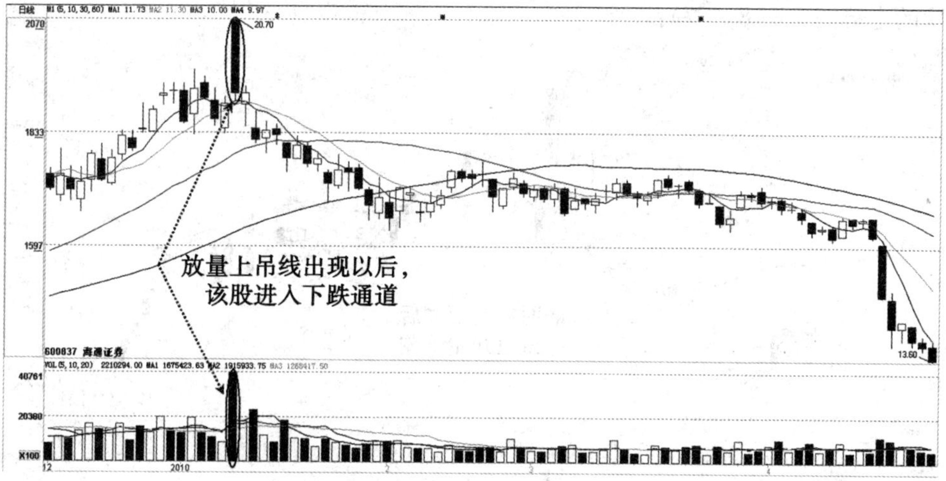

图 8－86

5.

图中的 K 线形态为整理之后的底部放量，出现这种走势形态，往往意味着股价将会上涨。这种走势说明主力经过长时间收集筹码的过程后，已经达到了一定的控盘量。此时主力会突然打破股价原本低迷的状态，使股价出现放量上涨。

在实际操作中，如果遇到这种长期在底部区域震荡的个股时，就要对它进行密切的跟踪，看它何时放量向上突破。

如果股价在某一天出现放量上涨，投资者就要注意观察盘中的抛压情况。如果盘中的抛压很小，那么激进型的投资者可以适当地入场买进，稳健型的投资者可以在收盘前几分钟确认能收出一根大阳时买进。

收出大阳线走势的第二天，如果股价出现回落的话，只要在回落的过程中不放量就不用担心，一旦在回落之后受到支撑，并且盘中买单表现得很积极的话，就应该果断地入场，这是一个买入的好时机。

6.

当一只股票在相对低位或者上涨的过程中，突然有大成交量出现，而且在成交之后，股价迅速下跌，但随后又有大买单将股价直线拉起，这种走势在日 K 线图上会留下长长的下影线。如果投资者在股市里遇见这种情况的K线走势，那么恭喜你，这是主力在给你“送红包”。主力将股价压低洗盘吸筹，然后快速拉升出货，而对于投资者来说，在股价快速下跌后，出现大买单时，便是最好的买点。

7.

向上跳空高开。这种形态出现说明多方力量开始衰竭，股价上升空间减少，而空方开始发力放量，投资者此时应该卖出手中筹码，离场观望。附该股出现这种形态后的走势图（图8－87）：

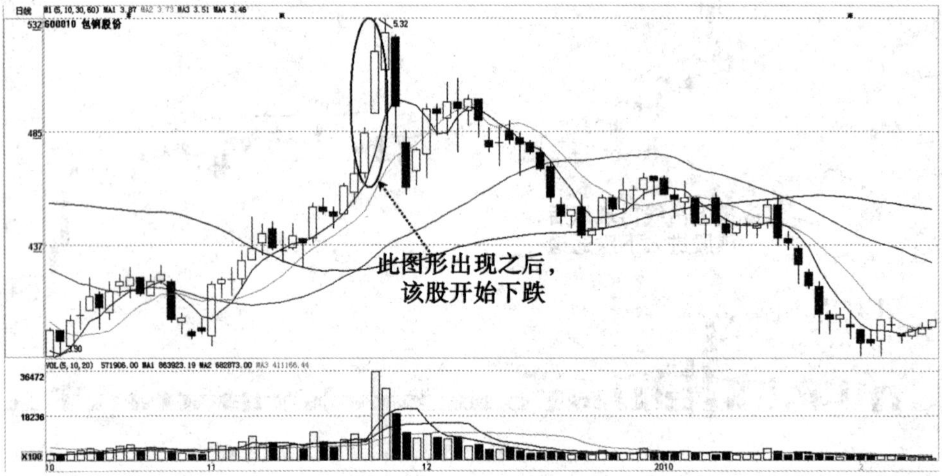

图 8－87

8.

“芝麻开花节节高”。

股价在分时走势图上呈现出阶梯式的上涨，每一个阶梯都高于前一个阶梯，并且在每一个阶梯中，股价都会出现震荡的走势，但震荡幅度都不大，成交量也呈现出萎缩的态势。出现这种走势，标志着股价后市将会向上运行。股价每次向上攀登一个台阶时，都是买入的机会。

9.

低点不断上移。

股价在分时走势图上震荡向上运行，股价的重心不断地向上移动，与此同时，股价的低点也在不断地上移。这种走势只要不是出现在股价运行的市场高位，就代表盘中买盘积极，后市看涨。

出现这种走势时，股价的重心必须是不断上移的，并且股价不是处于高位区域。投资者如果在分时图上发现这种走势的个股，那么股价每次震荡回落后，向上反弹时的低点都是买点。

10.

图中圆圈内的 K 线形态为“两根天线”。

在股价经过大幅度上涨的高位区域，连续出现两根带长长上影线的 K 线，并且这两根 K 线的上影线的最高点基本上相等，这种走势形态，就称之为“两根天线”。

如果投资者在股价走低的时候没来得及卖出，那么一旦股价跌破 5 日均线，最好清仓出局。如果出现这种走势的第二天收出一根大阳线，并且创出新高，那么投资者可以先持股观望，但要时刻注意风险。一旦股价出现上涨无力、冲高回落的走势，就应该先卖出以规避风险。

第九章
股市操作疑难问题解答

股市中的问题很复杂，特别是股市操作中一些似是而非的疑难问题更是使人伤透脑筋。本章就将一些投资者在操作过程中经常会遇到的疑难问题整理出来，从细节上给这些问题一个答案。希望能减少投资者在炒股过程中的犯错几率。

第一节　K 线运用技巧疑难问题解答

股市操作难题之 1——关于强势 K 线的问题

在炒股实践中，很多投资者尽管对 K 线比较熟悉，但如果是多空双方斗争比较激烈的时候，就会频频出错。其实，造成这种困境的主要原因可能是投资者对强势 K 线缺乏了解。

强势 K 线，简单点说，就是转市信号比较强烈的 K 线形态，它会对整个大盘或者个股的走势产生重要的影响。强势 K 线既可以是强烈的看多 K 线形态，比如说“蛟龙出海”；也可以是强烈的看空 K 线形态，比如说“断头铡刀”。强势 K 线可以反映出市场主力的意图，进一步向投资者暗示后市的走向。

所以，很多炒股高手在关注 K 线形态的同时，会更关注强势 K 线的动态，这也是他们能够正确把握股市趋势的一个重要原因。

股市操作难题之 2——关于大阴线和大阳线的问题

K 线的形态，少说也得有几十种，很多人被这几十种 K 线弄得晕头转向，何况在这些 K 线形态中，还有长相非常相似的，更是把投资者弄得云里来雾里去的。那么，有没有一种简单的 K 线形态可以帮助投资者规避风险，掌握买进时机呢？

当然有，答案就是大阴线和大阳线。

一般来说，阴线和阳线的力度与其长短是成正比的，也就是说，阴线或者阳线的实体越长，其所表现出来的力度也就越大，反之，则越小。在本书的第三章，我们已经具体介绍过大阳线和大阴线的具体应用。在这里我们主要提醒投资者的是大阴线和大阳线的运用时机。

在弱势行情中如果出现大阳线，很多投资者都会认为这是转市信号，但买进之后却常常被套牢。这主要是因为在弱势行情中，主力常常会利用大阳线来为自己做掩护，达到出货的目的。很多不明就里的投资者因此上当。

与之相反的是，在强势行情中如果出现了大阴线，投资者往往不顾一切看空，其实，在此处出现的大阴线完全是投资者做多的良机，千万不要盲目看空。关于这一点，投资者还可以参照第三章第二节中的对大阴线的介绍来具体操作。

在强势市场中，如果遇到大阳线，就要敢于追涨，如果不追涨就等于放弃了大好的投资机会。

股市操作难题之 3——关于 K 线长下影线的问题

在走势图上，我们常常会发现带有长长下影线的 K 线，它们有什么意义呢？

1. 在下跌过程中，遇到重要的支撑线，并出现带长下影线的 K 线，后市就有一定的升幅。

2. 在上升通道中，出现带长下影线的 K 线，一般后市仍能盘升。

3. 从一个相对高位，股价开始往下跌，虽然 30 日均线仍然呈现多头排列，但只要带长下影线的 K 线是阴线，且在 5 日、10 日均线之下，后市仍以盘跌为主。

4. 在底部横盘较长时间后，出现带长下影线的阳线，通常后市有 5%左右的升幅。

5. 高位除权后整理时间不够的，出现带长下影线的 K 线，后市仍以盘整为主。

6. 在下降通道中或者在股价刚从一个相对高位开始下跌时，出现带长下影线的 K 线，且收盘价在 5 日、10 日均线之下，后市仍以做空为主。若出现带长下影线的阴线，那就更要看空、做空。

7. 如果股价正在盘跌，尾市却被大手笔买盘拉起而出现带长下影线的 K 线，那么第二天一般仍会下跌。

8. 高位横盘后出现带长下影线的 K 线，则少碰为妙。如果紧接着拉升，并伴随成交量的放大则应坚决出局。

股市操作难题之 4——关于见顶 K 线的问题

在实际操作中常常会发现这样的问题，那些一直被认为是见顶信号的 K 线形态却在我们卖出股票后，无声无息地涨了上去。这让很多投资者一头雾水，明明出现了见顶信号，为什么会再次上涨呢？这就要求投资者学会分辨这些K线形态是否是真正的见顶信号。

1. 看股价在接下来三天内的走势。

通常，如果在某个阶段出现了见顶的K线形态，投资者先不要着急卖出，可以观察接下来三天股价的走势。如果三天内股价的走势是向上的，说明多方已经处于优势地位，上涨将有可能继续；如果股价的走势转弱，说明空方占了优势，股价在接下来的走势中会转弱，投资者应该看空。

2. 看成交量。

一般来说，如果出现了K线见顶信号，将会出现成交量的放大，有的时候甚至还会是天量，这种情形说明见顶的可能将会在75%以上。

3. 看均线和趋势线。

如果出现见顶信号后，股价触及了年线和下降趋势线，那么，见顶信号极为强烈，应该卖出。

4. 看大盘和同类板块的走势。

如果个股出现见顶的K线形态，大盘此时也已见顶，个股下跌的可能性将会非常大。

当某只股票出现见顶K线时，与之同类的板块中有很多个股已出现下跌，那么，该股见顶的可能性将为80%，投资者应该考虑及时卖出。

股市难题操作之5——关于相似的K线形态的问题

在操作中，相似的K线是我们经常遇见的。有时候，看着这个K线形态，我们认为它是A形态，便按照A形态进行了操作，结果最后的事实证明它属于B形态，应该按照B形态来操作才正确。

这种情况很常见，因为K线形态在具体实际情况中发生了变化。我们介绍的都是些K线形态的基本图形，但在实际情况中，并不是所有的图形都会是非常标准的形态。

要想区分这种情况，投资者就要准确掌握这些形态的主要特征。例如，走势图上出现了“⊥”这样的K线图形。有投资者说这种形态是“射击之星”，也有投资者认为这种形态是“螺旋桨”。那么，究竟该形态是什么呢？这就需要从其主要特征入手辨别：“射击之星”的主要特征是拥有长长的上影线，但没有下影线；而“螺旋桨”的主要特征是拥有长长的上下影线。而该图形，下影线几乎没有，所以，此形态不能认定为“螺旋桨”。由此我们可以说，该形态属于“射击之星”。

总之，如果在走势图上区分图形的话，首先要结合其标准形态来看，其次要根据其主要特征来判断。这样就能减少在辨别过程中的失误了。

第二节　均线、趋势线运用技巧疑难问题解答

股市操作难题之 1——关于多头排列的问题

在第五章中，我们讲述了关于多头排列的问题。在讲解中，我们曾经提到过，只要均线呈现出多头排列，投资者就可积极看多，因为这是股价即将大幅上涨的信号。这样的讲解给投资者造成了一定的误会，认为只要均线出现多头排列，就可积极看多。

事实上，均线出现多头排列，投资者是否要积极看多，还要看均线出现的时机。

如果此均线形态出现在大盘企稳或者走势良好的情况下，投资者就可以采取长期看多的操作策略。

而如果此形态出现在大盘走弱的行情中，买进信号就不是特别准确，在这种情况下，投资者的操作策略一定要服从大盘的长期走势，可采取短期看多，长期看空的策略。

股市操作难题之 2——关于趋势线画法的问题

在实际操作中，我们发现投资者在画趋势线的时候，有的以最高价和最低价作为基点；有的以收盘价或者开盘价来作为基点，究竟哪种画法才正确呢?

这个问题在很多参考书上都没有一个明确的说法。

其实，关于趋势线的画法，有一个原则，投资者一定要遵守，那就是你所画的趋势线必须能覆盖它所涉及范围内的全部价格体系。如果能够完全覆盖，那么趋势线就画对了；如果不能完全覆盖，那么趋势线就是错的。

因此，投资者在画趋势线的时候，要灵活一些。我们以画一条下降趋势线为例，其画法是，先以某一时间内的最高价为基点画一条下降趋势线，然后以此阶段的收盘价为基点再画一条趋势线。

投资者认真观察这两条趋势线，如果此时以最高价画出的趋势线能够覆盖它所涉及到范围内的全部价格体系，则说明这条趋势线是市场正常交易产生的；如果此时以收盘价为基点画出的趋势线能够覆盖全部价格体系，就说明，这条趋势线是市场认可的，那条以最高价画出的趋势线有可能是主力刻意做盘做出来的。

同理，在画上升趋势线的时候也应采取这种方法。也许这种方法比较麻烦，但不得不说，这是到目前为止最准确的一种，投资者可以多使用几次，习惯了之后就会发觉，其实这种方法并不麻烦，反倒能给自己带来意想不到的收获。

股市操作难题之3——关于判断趋势线真假突破的问题

趋势线的有效突破，我们在第七章中已经作了解答，现在就趋势线的真假突破问题再给投资者作一些补充。

趋势线的突破对买入、卖出时机的选择具有重要的分析意义。因此，搞清趋势线的突破，是有效突破还是无效突破，对投资者而言至关重要。如果看错了损失是很大的。那么，如何才能避免判断失误呢?

为了避免判断失误，投资者可以观察每天的收盘价，当收盘价突破了趋势线的时候，我们才说这种突破为有效突破。

比如说，某天的股价曾经向上冲破下降趋势线，但收盘价却仍然处于下降趋势线的压制下。这说明多方曾经努力向上突破，但空方实力太强，多方始终没有战胜空方，致使股价回落，没有冲破下降趋势线。这种突破，就属于无效突破，此时，下降趋势线的压制作用仍然有效，股价还将继续下跌。

但是，如果某一天，个股的收盘价向上冲破下降趋势线，我们就可以认为这种突破为有效突破，投资者从股价突破的那一刻起，就可以保持积极看多的心态了。一旦股价在其后三天的走势中一路上涨，就可积极看多。假如此时的成交量也出现了放大，说明此时市场对股价的运动方向有信心，投资者就可以跟进。

第三节　其他技术指标运用技巧疑难问题解答

股市操作难题之1——关于地量的操作策略问题

在股市中，如果弱市时大盘连续出现地量，投资者应该如何操作呢?

要回答这个问题，投资者须从两方面来考虑：一个是技术面，另一个是基本面。

从技术上说，在弱市中，如果出现了地量，将会有极大的可能引起反弹。但此时投资者要注意基本面的变化。技术面如果没有基本面的支持，最终将是昙花一现，不会带来长久的利润，只是引诱投资者的陷阱。

一般来说，如果股价受到基本面重大利好政策或重大利好题材的支持，而且技术面出现了严重的超跌或者地量地价，那么此时的反弹将是最有力度的。

根据以往的经验，投资者看到大盘连续地量时可以按以下方式操作：

1. 基本面利好有时处于隐性状态，一时很难看出，当技术性反弹超寻常地不断走强时，就要注意后面是否有重大利好政策或者利好题材的支持，如果有，投资者就可适时调整自己的操作策略，将持股的时间延长，并根据盘面实际走势决定进退的时机。

2. 一般来说，在大盘走弱的情况下，如果缺乏基本面支持，技术性反弹一般不会持续太长时间，这种反弹中途夭折的可能性非常大。所以，投资者如果遇到这种反弹，一般不要抱有太大的希望，在操作上要及时止盈，逢高减仓，形势如果发生变化，就要及时止损离场。

股市操作难题之2——关于“破位”的问题

日常股市投资操作中，我们常会遇到有关“破位”的问题，也就是股指、股价跌破重要技术位，比如：技术形态的破位、高位盘整区的破位、技术指标的破位、重要点位的破位、中长期均线的破位，等等。

破位既有可能是中长期转势，此时破位需要止损；也有可能是中短期调整，破位之后股价急跌，反而有利于快速见底，也就是常说的“不破不立”。因此，针对不同情况的破位，应对方法也会不同。

1. 技术形态的破位。

技术形态的破位主要包括：技术形态的颈线位（主要是三重顶、双顶、头肩顶等等的颈线位）；底边线（主要是箱体、三角形的底边线）；上升趋势线（某个上升趋势中的低点连线）。

上述技术形态一旦破位，往往意味着原来上升趋势的终结，后市将以反复回调为主，此时以止损为宜。

关于止损的时机，投资者可选在破位之后出现反抽时。至于破位之后回调的时间与深度，主要取决于技术形态的大小，形态越大、持续时间越长，破位之后调整的空间也会越大。

2. 高位盘整区的破位。

这主要是针对一些在高位长期盘整的庄股而言，一般来说，这些个股一旦以大阴线、向下跳空缺口、跌停板等方式跌破盘整区，就是“跳水运动”的开始，杀伤力极大。因此，投资者在出现破位的第一时间就应斩仓出逃，虽然此时已有了一些损失，但马上止损离场可以避免日后遭受更大的损失。

3. 技术指标的破位。

技术指标众多，破位之后的意义也各不同，例如MACD指标属于中线指标，一旦在高位死叉意味着股价将出现一轮中级调整；再如布林线指标的下轨破位。一般说，研判是否会跌破布林线下轨，需要综合研判技术指标、板块运动、缺口、供求关系、政策面等众多要素。如果这些要素均对空方有利，则破位之前逢高减磅就成了必然的选择。但是，下轨被跌破，往往意味着短线抄底的时机出现。只是波段性调整中的下轨破位，同熊市急跌中的布林线下轨破位有区分而已。

4. 重要点位的破位。

大盘在历史上出现的重要底部，具有强烈的技术意义和心理意义。在未跌破之前，给人的感觉是调整不到位，还未到抄底的时机，一旦破位，通常会引发大量抄底资金的涌入，股指反而容易见底。此时的破位，有可能是市场出现转机的信号。投资者在破位前需防风险，一旦破位后则要考虑如何把握机遇，而不再是一味杀跌了。

5. 中长期均线的破位。

中长期均线的破位，一般意味着转势，日后调整的空间将会比较大。例如中期均线（30日、60日均线）一旦被跌破，表明已出现波段性高点，此时中线宜出局；长期均线（120日、250日均线）一旦被跌破，表明该股已展开熊市循环，此时长线宜离场。当然，实战中也会经常出现假破位的情况，由于突发性利空或是主力机构刻意打压，股价短暂跌破重要均线支撑又很快收复，这属于诱空，一般牛市中波段性调整出现此类情况较多，原先出局的投资者不妨再杀个回马枪。

股市操作难题之3——关于支撑位与阻力位的问题

支撑位是指在股价下跌时可能遇到支撑，从而止跌回稳的价位。阻力位则是指在股价上升时可能遇到压力，从而反转下跌的价位。

实战中有两种支撑位和阻力位，一种是市场实际的密集成交区形成的，另一种是心理价位。对于前一种，如果市场的密集成交区在当前价位之上，那么该区域就会在股价（或指数）上涨时形成阻力，这就是所谓的“套牢盘”。反之，如果市场当前的价位在历史密集区之上，那么该密集区就会在股价（或指数）下跌时形成支撑。至于心理价位，则通常是对指数而言的。比如对上证指数的一些整数关口，如1900点会形成心理上的阻力或支撑位。

在股价运行时，阻力与支撑是可以相互转换的。具体地说，如果重大的阻力位被有效突破，那么该阻力位会变成未来重要的支撑位；反之，如果重要的支撑位被有效击穿，则该价位会变成今后股价上涨的阻力位。

对某只个股而言，如果股价轻松越过了前期密集成交区，则往往是主力控盘程度较高的标志。同时由于股价在突破阻力位后，上方已无套牢盘，上升空间被打开，这种股票是短线介入的极好品种。而股票跌破密集成交区后，密集成交区就产生大量套牢盘，股价一旦止跌回升，这些投资者就会产生解套卖出的意愿，大量的卖出对股价上升形成一定的阻力，叫阻力位。

股市操作难题之4——关于使用技术图形的问题

在炒股实践中，我们常常发现这样一个问题，很多人对技术图形非常熟悉，讲起来头头是道，但在实际应用中却屡战屡败，为什么会出现这样的问题呢？

据我们分析，问题可能出在以下两个方面：

1. 注意技术图形形成的时间。

一般来说，技术图形反应的时间越长，可靠性就越高。比如说，我们平时很常见的“双底”形态，在第四章我们介绍它的时候曾经说过，“双底”形态形成的时间越长，其转势的可能性就越大。一个形成时间很短的双底，顷刻之间就可能变成“双头”，你还没反应过来就已经被深套其中。

所以，投资者在使用技术图形的时候，一定要注意技术图形形成的时间，时间越长，就越可靠，对投资者就越有利。

2. 注意技术图形是否有效突破。

在运用技术图形进行分析的时候，一定要注意看此形态是否完成了有效突破。通常，我们建议投资者，如果在走势图中发现了某种有利的技术图形，一定不要着急买进，要耐心等待，看这种图形最后是否能够有效突破，如果没有，就不能按照这种形态的意义盲目操作。

怎样才算完成有效突破呢？我们以“双底”为例，假如某天股价突破了“双底”的颈线，且三天内股价出现了连续的上升，就是有效突破。

如果股价没有有效突破，投资者按此图形来操作，就很容易发生错误。

第四节　趋势投资运用技巧疑难问题解答

股市操作难题之1——关于逆向思维的问题

炒股，我们经常说要顺势而为，但又常常提到逆向思维。这令很多投资者不解，到底是应该顺势还是逆向，这两者难道不是相互矛盾吗？要顺势如何逆向，要逆向如何顺势？

其实，顺势和逆向并不矛盾。之所以会觉得矛盾，是因为有些投资者没有深刻领会两者的真正含义。

顺势，简单的理解，就是要顺应大趋势，也就是股市的运行方向。比如说现在大盘或个股正处于上升阶段，就要以看多为主；如果大盘或个股处于下降趋势中，就要以看空为主。

顺势，还要求投资者顺应市场的热点，比如，现在的市场热点在大盘股上，你就可以对大盘股进行看多；如果此时的热点在小盘股上，你就可以对小盘股进行看多。

这就是我们所谓的顺势操作。那么，逆向思维呢？

中国有句老话叫做“物极必反”，意思是说，事物发展到了极端，就要朝着相反的方向前进。股市也不例外，当大盘的上涨达到了一定的程度，必然会下跌；当下跌到了一定的程度，就必定会上涨。

此时，如果抱有这种逆向思维，你将能根据现在的行情判断出大盘以后的走势，进而调整自己的操作策略。

从某一方面来说，逆向思维是包含在顺势里面的。运用逆向思维预测出大盘的走势，当大盘疯涨的时候，采取看空操作。每一次的事实都证明，大涨之后必有大跌，此时如果大盘急转直下，那么，你就赢得了先机。

顺势操作和逆向思维都是股市操作的重要原则，但一定要辩证地看。当市场的情绪还没有达到高度一致的时候，做股票就得顺势操作；只有当市场情绪极度亢奋或者极度悲观的时候，逆向思维才有用武之地。

所以说，顺势操作与逆向思维是不矛盾的。关于这个问题，投资者可以在实际操作中慢慢领会。

股市操作难题之2——关于“重大盘，轻个股”的问题

股市中，我们常常会听到“重大盘，轻个股”和“轻大盘，重个股”两种不同的观点。有投资者认为这两种说法是矛盾的，在实际操作中，只能选择其中之一。

其实，这种说法是错误的，因为“重大盘，轻个股”和“轻大盘，重个股”并不矛盾。为什么这样说呢？因为“重大盘，轻个股”和“轻大盘，重个股”是分别使用在不同阶段的。

“重大盘，轻个股”的意思是指个股涨跌要看大盘的走势。大盘向好，个股上涨；大盘走弱，个股遭殃。俗话：“覆巢之下，岂有完卵。”这句话用在股市中，意

思是如果大盘连续下跌，那么将会有80%以上的个股中也处于下跌趋势中。当大盘连续上涨的时候，个股也将有80%是上涨的。说得简单点，就是在大盘整体向好的情况下，投资者的操作策略可以是“重大盘，轻个股”。

当然，投资者也要注意，我们说“轻个股”并不是要你不加任何分析就盲目买进个股。这样也是非常不科学的。因为即使大盘整体向好，仍然会有20%的个股是下跌的，如果你不加分析、选择，没准就摊上了那20%，结果大盘上涨，个股亏损。

“轻大盘，重个股”与之相反，它的意思是指投资者在选股的时候，可以不依照大盘的走势来选择。这里包含两种情况：

1. 你是价值投资者。

我们都知道价值投资关注的是上市公司的基本面，通过对上市公司各方面的分析得出该股是不是有投资的价值。这时候，你的关注点应是上市公司，也就是个股，就可以忽略大盘的走势了。

2. 此时的大盘处于熊市中。

当大盘处于熊市的时候，最好的做法是不炒股。当然，对于那些非常想在熊市中捞金的投资者来说，不让他们炒股似乎有些不太现实。前面我们已经说过，即使大盘整体下跌，也会有20%左右的个股是逆市而上的。这就需要投资者采取“轻大盘，重个股”的操作策略了。

因为此时大盘处于熊市，投资者就要积极研究个股的基本面、技术面以及宏观经济政策是否对该股有利，或者说有没有政策性利好消息的刺激。这样通过对个股仔细深入的分析，没准也能买到一只熊市中的牛股。

所以说，上述两种说法都是正确的。要提醒投资者的是，如果你是一个新股民，最好采取“重大盘，轻个股”的操作策略，同时，心理承受能力不太好的投资者最好也选择这种方式进行操作。

股市操作难题之3——关于底部买进时机的问题

炒股者几乎都知道如果能在底部买进，那盈利将会是非常可观的。但现实的情况是，很多人明明是从底部买进了，却常常被套牢。是哪个环节出了问题呢？

这主要是因为投资者选择的并不是真正的底部。从价值层面看，股市创新低，市盈率降低，股价与净资产之间的差价缩小，股市风险自然也就减少了，这或许是投资的机会到了。

但问题是，究竟降到什么程度才是最低的呢？举个例子来说，2003年，大盘经过一波下跌行情，降到了低点1307.40点，随后股价上涨，最高涨至2004年4月7

日的 1783.01 点。随后股价又开始了一波下跌行情，2004 年 9 月 14 日，股价降到了历史性的低点 1300.36 点，此时很多投资者认为可以买进了，因为股价已经创出了历史新低，但事实却是，买进后，股价进一步下跌，一直跌到了 2005 年 6 月 6 日的 998.23 点。此时，很多投资者已经对大盘失去了信心，认为股价还会继续下跌，于是纷纷出局。但结果是，自此股价开始一路上涨，涨至了 2007 年 10 月 16 日 6124.04 点的历史新高。

从上面的例子，我们可以看出，只有当股市首次创历史新低的时候，才是买进的最佳时机，如果股价创出了新低，但还在下跌，再次创新低，就不能做多，只能做空，卖出股票是比较好的选择。

可见，投资者如果仅仅依据所谓的“股市创新低”盲目买进，往往会带来很大的风险。

所以，投资者要研究的不是“股价创新低”，而是股价是否创出了历史新低。

股市操作难题之 4——关于阶段性底部的问题

投资者都希望能够准确地判断出个股的阶段性底部，以便选择到一个比较好的参与机会。但在实际操作中又存在着较大的困难，往往由于判断失误导致被套。在此，我们简单介绍阶段性底部的普遍特点或规律，以供投资者参考。

1. 对市场走势进行判断。

对市场走势的判断，也就是对该股现在是处于上涨过程中的阶段性底部还是下跌过程中的短期底部进行判断。处于上涨过程中的底部一般在跌稳之后将再度发力向上走高，往往会有更大的涨幅；而下跌过程中的底部则是一个积蓄新的做空能量的过程，之后将再度向下走低。

由于后期的走势不同，投资者的参与时机也是不同的。前者即使选择时机不好，但以持股为主后期盈利仍然可期，而后者参与时点的选择非常重要，一旦发现判断错误，就要马上离场，以避免遭受更大的损失。

2. 对个股趋势的判断。

一般来说，呈上升趋势的个股都是那种股价持续创出历史新高的品种，也就是长期走牛的品种。一般而言，这类个股股价跌破其最高价位的 50%以上出现反弹，就属于上涨过程中的阶段性底部。

这类个股股价的下跌是为了消化获利筹码，减轻今后上涨过程中的压力，同时积蓄更多的向上能量。

如果是那种跌幅在 20%附近就企稳的品种，则是短期的调整底部，但如果大幅急跌，其调整时间和空间都将是较长和较大的，一般情况下都会有半年以上的调整。

呈下降趋势的个股就是那种股价不断创出新低的品种，也就是不断探底的品种。这类个股的短期止跌仅仅是由于空方能量释放充分后下跌动能不足导致的，有的会出现一定的反弹后再进行新的下跌，有的则是横盘一段时间后再度下跌。

如果前期跌幅过大，一般会出现一定的反弹，但如果前期的跌幅较小，往往其阶段性的底部仅仅是横盘走势，之后又再度走低。

所以股价长期呈下降趋势的个股，没有一定经验的投资者最好不要参与反弹，因为风险太大。

股市操作难题之5——关于炒短线的问题

炒短线一定要快进快出，尤其是在熊市中，投资者卖出一定要果断，否则，下场只有一个，那就是认赔出场。

俗话说，知易行难，很多投资者在获利之后，唯一的想法不是快出，而是再涨一点，再涨一点，结果可想而知。这就是为什么很多投资者炒短线，炒过来炒过去，把自己炒得一败涂地的原因。

炒短线首先要有精湛的炒股技巧，能够从技术图形上发现看多信号和看空信号。另外，还需要做到雷厉风行，眼疾手快，敢舍，这才是最主要的。

但我们常常看到有些短线客，只进不出，上涨获利舍不得卖出，想赚得更多，结果是涨上去又跌下来，乘了一次“电梯”，甚至由赚变亏，由短线投资被迫变成长线投资，最后是股票越做越多，成了收藏家。还有的投资者买进后就出现了亏损，于是希望以后能够反弹解套，甚至不断加仓，结果越补越套，越套越多，最后不得不深陷其中。

所以，短线投资的原则之一是见好就收，忌贪、忌拖。这就需要投资者克服患得患失的心态，见好就收，将自己的性格锻炼成适合做短线的性格。

第五节　选股疑难问题解答

股市操作难题之1——关于价值投资的问题

投资市场上不同的投资理论五花八门，但经得起考验的理论并不多，其中巴菲特推崇的“价值投资法”至今仍被股民们所津津乐道。

在格兰姆的《有价证券分析》中，虽然有对价值投资的详细阐述，但对于中小投资者来说，最重要的是掌握其核心：内在价值和实质价值。

内在价值指的是一家企业在其余下寿命中可以产生的现金的折现值。实质价值就是股票的价格。价值投资的概念是在一家公司的市场价格相对于它的内在价值大打折扣时买入其股份。

虽然内在价值的理论定义非常简单也非常明确，都知道按照这种方法买入股票，肯定会非常赚钱，但让普通投资者失望的是它的评估到目前为止，还没有一种明确的计算方法，连把价值投资运用到极致的巴菲特都没有具体方法，所以说它是个模糊的概念，而且股票价格总是变化莫测的，股票的内在价值也是变化莫测的。

虽然内在价值的评估始终是一个模糊的问题，但以巴菲特为代表的前辈大师们还是提供了一些“定性”的评估指标：

1. 没有公式能计算公司的真正价值，唯一的方法是彻底了解这家公司。

2. 去偏爱那些不需一再投入大量现金却能持续产生稳定现金流的投资产品。

3. 目标就是以一个合理的价格买进一家容易了解且其未来 5 年、10 年乃至 20 年的获利都很稳定的公司。

价值投资很深奥，现在价值投资慢慢为国人所接受，很多人依然跟着大师走。但是，有很多投资者并没有因为价值投资而获得收益。这是因为，在运用价值投资法的过程中，投资者对其产生了如下误解，从而降低了这一方法的运用效果。

1. 价值投资都是长期投资。

尽管价值投资经常是长期投资，但“经常”和“都是”二者的区别犹如白天与黑夜。如果股价在很短的时间内就反映甚至高估其价值，此时卖出就是短期投资，时间的长短不是衡量价值投资的唯一标准。当然，价值投资者所从事的短期投资与根据股价波动进出的短线投机或所谓的波段操作有本质的区别，前者有安全的边际保护，后者就没有，错了就赔钱。

2. 价值投资就是买便宜股票。

早期的价值投资的确就是买便宜股票：低价格、低市盈率、低市净率，甚至股价大幅低于公司净流动资产，而对公司的品质要求不高。巴菲特称之为“雪茄烟蒂投资法”。然而价值投资也在“与时俱进”，在核心思想保持不变的情况下，逐渐分化发展为不同的风格。在价值低估或价格合理的时候投资于具有扩张价值的企业，成为价值投资目前最具有代表性的方法。

3. 价值与成长完全被分割。

把价值和成长对立起来，区分所谓“价值投资”和“成长投资”、“价值股”和“成长股”、“价值型基金”和“成长型基金”，也是最常见的误会和最流行的谬误之一。

任何投资的价值都是未来现金流量折成现值的结果，因为价值与成长之间没有理论上的差异，他们在结合点上并不能完全被切割开。也就是说，价值与成长之间“情意绵绵”，有些投资者不问青红皂白“挥刀斩情丝”的做法，无异于是“棒打鸳鸯”。

总之，价值投资法的要点就是把握其内在价值，努力寻找物超所值的股票。价值投资法是一种有效的股票投资方法。它除了是一个投资方法之外，更是一种投资哲学，投资者一定要深刻领会其内涵，这样才能赢得更多的财富。

股市操作难题之2——关于对上市公司管理层判断的问题

一般来说，我们在评判一个上市公司的价值时，常常会重点研究该公司的经营状况、产品结构、行业发展前景、财务状况、市场竞争等因素。但很多投资者却常常忽略一个非常重要的因素——对企业管理团队进行了解和分析。

为什么说对企业管理团队的分析和了解最重要呢？俗话说：“人是决定一切的因素，世界上因为有了人，才变得精彩。”每个人由于成长环境、社会阅历的不同，都有自已的脾气、秉性和处事原则。一个积极向上、团结和谐、敬业守信的经营团队是企业成功的首要前提。如果这个团队变化不定、表里不一，甚至尔虞我诈、相互倾轧，那么，这样的企业是很难保持平稳发展的。

曾经有一个股市高手，在提到自己如何选股时说：“在选股之前，我都会打电话到我即将购买股票的上市公司，如果接电话的人非常有礼貌，对于我的问题也不厌其烦，那么，即使他们的股票在这段时间内的表现不是特别令人满意，我也会选择他们。因为一个待客有礼，不会拒绝回答问题的公司，其管理一定是非常严格的，一个管理严格、人际和谐的企业其发展才能更好。”

因此，投资者在对上市公司进行研究的时候，千万不要忘了这个很重要的因素。

股市操作难题之3——关于“只选第一，不选第二”的问题

“只选第一，不选第二”是很多投资者的选股原则，但也有很多投资者对之一窍不通。现在我们就具体分析一下如何根据“只选第一，不选第二”来选股。

用这种方式选股，投资者就要将具体关注点放在上市公司所处的行业中，要选择在整个行业中排名第一的公司，不选排名第二的。

根据价值投资的理念，行业第一往往是含金量最高，最有投资价值的公司。而且股市的经验也告诉我们，很多龙头股往往是行业的第一名。比如说，贵州茅台(600519)。它在整个酿酒行业中可以说是第一名，受2007年金融危机的影响，其股价从最高价230.55元降至2008年11月7日的84.20元。随后，经过一段整理行情，该

股出现了一波上涨行情，其股价从 84.20 元涨至 2010 年 11 月 5 日的 163.98 元。

所以，“一心一意锁定行业的龙头股，只选第一，不选第二”，已经成为股市大赢家价值投资选股的一个重要法则。

要提醒投资者的是，我们所说的行业第一并不一定是规模最大、也不一定是知名度最高的企业，而是具有如下特点的企业：

1. 每股年度收益增长最快。

2. 股权回报利润最多。

3. 销售增长率以及产品销售价格表现最好。

通常，拥有上述这些特点的公司一般都拥有超强的产品与服务，能够从竞争对手那里夺取更多的市场份额。

另外，投资者在寻找行业排名第一的股票时，要注意回避景气度衰弱的行业，不选周期性见顶的行业。投资者只有找到行业兴旺，同时在行业中排名第一，价值又被市场低估的股票，才能把握好盈利的机会。

股市操作难题之 4——关于选“黑马”的问题

大盘涨跌是股市发展的必经阶段，而无论哪个阶段的股市都存在许多有发展潜力和投资价值的黑马。在牛市中快速套利是投资者都拥有的美好梦想，那么怎样才能从涨势中找到让你心仪的黑马呢？下面我们就分为六点来具体研究一下。

1. 题材股。

涨势中对利好消息敏感，一些并不确切的消息也会刺激投资者蜂拥追随。这时你如果抱着原来的财务报表，认为只有老牌绩优股才是心中唯一的对象，那么就会错失很多快速套利的机会。在好消息朦胧入耳时就建仓进场，待正式消息公布后减仓出货，是驾驭黑马的惯用手法。

2. 新股。

在大幅上涨的趋势中，股市的人气很旺，证监会通常会较为频繁地批准一些新股上市，用以降低市场上投机的程度。但是这时新股已不再起打压股价的作用，反而成为大盘涨升的推动者。在新股上市的初期，即第一蜜月期，往往是投资者入市的好时机，随后通过一段时间的盘整、消化，在第二蜜月期由于抛压较轻仍然属于只要买了就能赚钱的阶段。敢于申购新股并且运气不错申购成功的投资者在牛市中肯定赚得盆满钵溢。

3. 突破天价的股。

所谓天价说的是该股上市发行以来的历史最高价位。涨势中如果该股能挑战天价，并屡破天价，那么无疑会扶摇直上，是股民理想中的黑马。如果它能领跑于大势和其它个股，说明它的股价还有很大的上升空间。

4. 小盘股。

俗话说，龙伏蛇动，在股市上升趋势中，大盘股虽说肯定也会有一些涨幅，但终究不是投资者快速套利的炒作对象，只能成为长线投资的压盘筹码。而小盘股股价低，流通盘小，一旦有主力进驻，价格非常容易飙升。根据亚洲股市的经验，黑马股常常是小盘股，中国人也喜欢投机小盘股。举个例子来说，2009 年上半年，大盘在 6 个月里上涨 60%。而其中最为人所熟知的黑马小盘股 *ST 九发（600180，流通盘 7987 万股），风光无限地连续拉出 30 个涨停，大涨 310.23%，在当时全部 A 股中涨幅排名第十，属于不折不扣的黑马。

5. 有大手成交的个股。

要寻找“黑马”，必须学会看盘。如果某只个股出现成交大单，抛出筹码被大户一扫而光，成交量不断放大，股价稍有回档，便有人追进，那么这种股票很可能成为“黑马”。

6. 利空出现后不跌的个股。

玩过股票的人都知道，消息对投资者有很大的心理暗示作用，利空消息往往会导致股价急泻。然而有些股票与坏消息遭遇后，股价却坚挺不跌，有的甚至还能逆势上扬。这时就必须分析：

（1）消息是否确实。

（2）是不是实质性利空。

（3）股价可能已在此前提前反应。

如有以上几种情况，股价未下跌甚至逆势上扬，那么“黑马”就和你近在咫尺了。

以上六点也许并不能得到所有投资者的认同。确实，在股票市场上我们只须认同一条原则——市场永远是对的。在上涨行情中，投资者只有随着市场走，方能找到真正的“黑马”。

第六节　大盘异动的疑难问题解答

股市操作难题之 1——关于如何看盘才能快速获利的问题

投资者往往可以在买卖股票时发现，有某段时间做多或者做空都比较有机会，而且比较容易实现快速套利的目标。个中奥妙就在于两个字：趋势，说白了就是大盘的走向。那么投资者在看盘时有什么需要注意的呢？

1. 集合竞价后的股价和成交额。

必须注意集合竞价后的股价和成交额，看股价高开还是低开。集合竞价的高低，决定于市场的意愿和投资者的信心，比如期待今天的股价是上涨还是下跌。成交量则表示参与买卖的人数，集合竞价时的成交量，往往对一天之内成交的活跃程度有很大的影响。

2. 开盘半小时之后股价的变动方向。

一般来说，如果股价开得太高，在半小时内就可能会有回落；反之，如果股价开得太低，在半小时内就可能会回升。这时成交量的大小就成为了重要的指标，如果高开后却不回落，同时伴随着成交量的放大，就预示着这只股票具备上涨的可能。看股价时，股票现在的价格固然重要，但也绝不能忽视了前一天的收盘价、当日开盘价、当前最高价和最低价、涨跌幅度等，这样才能看出现在的股价处在一个什么位置，股价是在上升还是在下降，是否有买入的价值。从一般意义上说，投资者不可贪便宜去买价格下跌的股票，而应该等它止跌以后再买。如果要买股价上涨的股票，千万要谨慎，不要追高，以免被套。

如图 9—1 所示，中国国航（601111）在股价高开之后，10 点之前并没有回落到开盘价的位置，而是继续震荡走高，这说明股价走势处于强势当中。从图 9—2 的日 K 线走势上，我们可以看出此时的股价处于一个持续上升的阶段，上升动力强劲，同时出现这种走势的，投资者可以在 10 点之后进场买进。

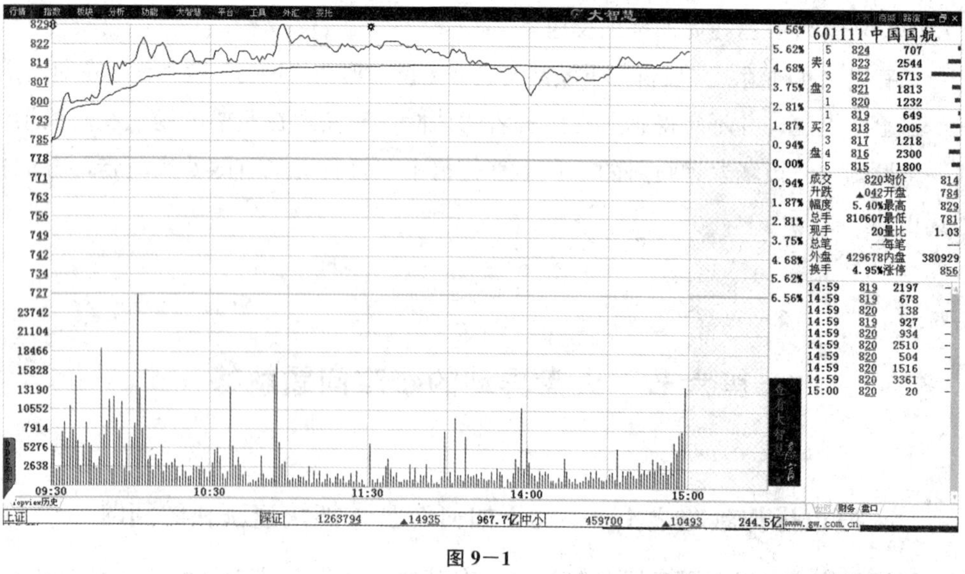

图 9—1

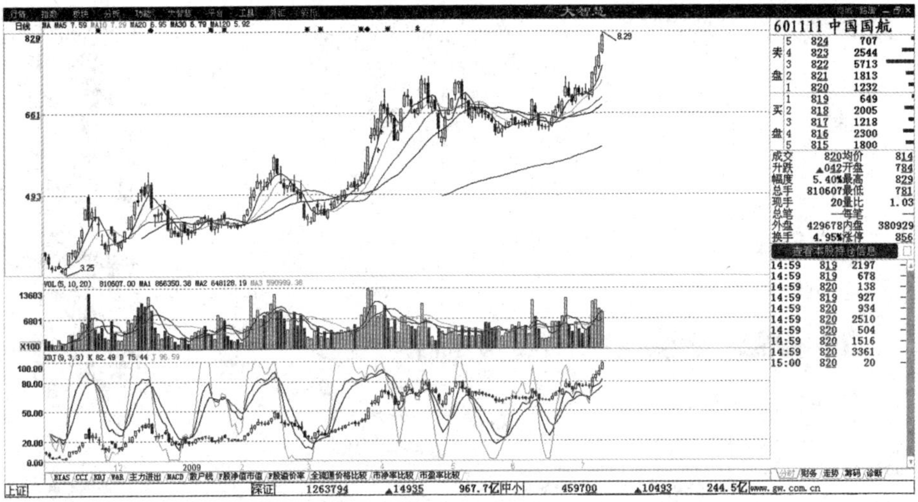

图 9—2

如图 9—3 所示，上实发展（600748）股价在低开之后，一路下行，一直没有回升到开盘价的位置，这就说明股价走势相当疲软，投资者信心缺乏，出现这种走势时不应该进场操作。而从图 9—4 的日 K 线走势图上也可以看到，此时股价已经处于顶部，有下降的趋势，加上走势疲软，因此我们可以判断这只股票还会沿着原来的趋势继续下跌。

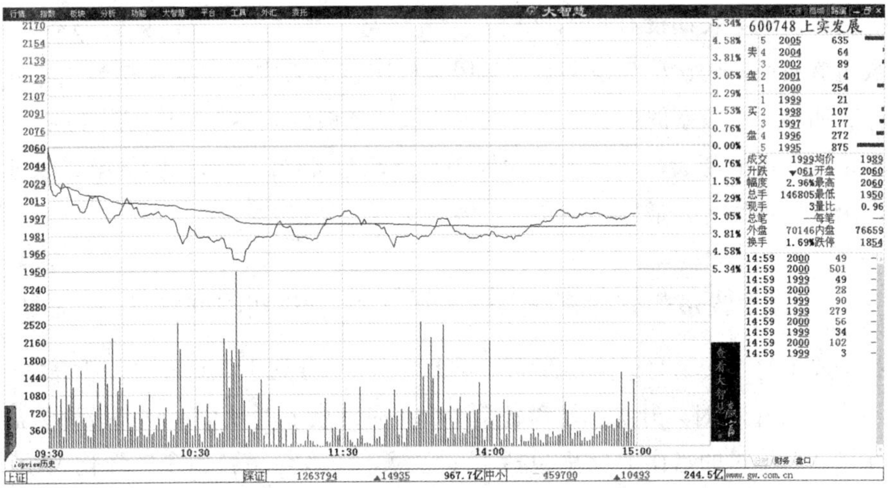

图 9—3

由于股价变动比较频繁，往往一个交易日之内就有几次升降波动，因此投资者应该学会观察目标股是否和大盘的走向一致，如果走向一致，那么盯住大盘就是盯住这只股票的最好选择了，可以在大盘上升到高点时卖出股票，在大盘下降到相对低点时买入股票。这样做虽然不能保证买卖的利润最大化，但至少可以保证卖出的是相对高价，买入的是相对低价，而非卖在相对低价，买在相对高价。

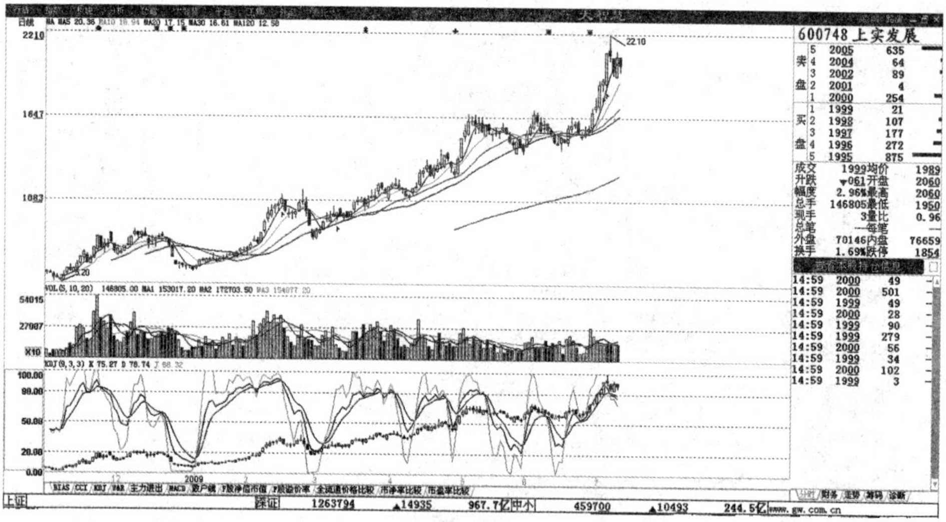

图 9－4

股价的变化主要是由买卖双方的力量对比所决定的，那么如何判断买方力量和卖方力量孰大孰小呢？这就要用到一个方法：对比买卖手数。如果卖方现手数多，就是说卖方力量大于买方，这时最好不要轻易介入。现手的意思是刚刚完成的一次成交的大小，现手累计数就是总手数，总手数也叫作成交量，有时它是比股价更为重要的指标。如果连续有大成交量出现，那就说明该股票有很多人关注，股票成交活跃。同样，如果长期没有见到比较大的成交量，那就暗示着这只股票不怎么样。总手数与流通股数的比称为换手率，是用来说明持股人中有多少人是当天买入的一个指标。如果一只股票的换手率高，就说明买卖该股的人多，股价容易上涨。但是，如果不是刚上市的新股，却出现特大换手率（超过 55%），那么股价第二天通常会下跌，出现这种情况，最好不要介入，因为这可能是主力洗盘。

股市操作难题之 2——关于盘中套利的问题

我国股市每个交易日的交易时间从早上 9 点 30 分到 11 点 30 分，下午 13 点到 15 点一共是 4 个小时，开盘和尾盘各是半个小时，剩下的 3 个小时都被称为盘中时间。在这 3 个小时的盘中时间里包括了多空搏斗、多空决胜和多空强化三个阶段，这三个阶段对投资者来说是相当重要的，其中蕴含着很多快速套利的机会，让我们分而论之。

1. 多空搏斗。

在股市里，有人将开盘的半个小时比作是拉开一日股价走势的序幕，那么盘中的 3 个小时就可以看作是多空双方正式交手的开始。如果指数、股价波动的频率高、幅度大，则表明多空双方的搏斗很激烈。如果指数、股价长时间波动很微妙，大盘几乎走平，那就表明买卖双方都非常谨慎，多头空头力量相当而且无心恋战。多空双方的胜败，除依赖自身的实力如资金、信心、技巧外，还必须将消息和人气两个因素纳入到考虑的范围之内。在这个阶段，由于大盘走势未见分晓，股市前途未卜，所以最好持币观望，不要轻易入场，以免被套。

2. 多空决胜。

这个阶段是指多空双方经过一轮激烈搏斗之后，已经把僵局打破，大盘走势出现了明显的倾斜。这个阶段一般分为两种情况：如果多方力量强于空方，指数和股价就会被步步推高；反之，如果空方赢得了胜利，那么指数和股价就会不断下行。占据优势的一方肯定会乘胜追击，将自己的战果不断扩大。而另一方见大势已去，为了保存力量便会放弃抵抗。这个时候就是进出的最佳时机。如果太过心急过早进行操作，就容易判断失误；而如果没有及时把握操作时机，就会眼睁睁看着快速套利的机会从手中溜走而后悔不已。

多空决胜的组成要素一般有以下三个：

（1）大盘指标股的表现。

如果大盘指标股涨势强劲，那么大盘就没有理由下跌；如果大盘指标股萎靡不振，那么大盘就必然会下跌。多头指标股若沦为空头指标股，则大盘就会加速下跌。所以大盘指标股是多空双方争夺的重点。

（2）涨跌家数。

大盘普跌的时候某些个股飙涨，是不祥之兆，对大盘走势有害无益。由于个股与大盘表现形成极大的反差，资金过于集中于个股，就会使大盘严重失血，并且会造成恶性循环。上涨家数多于下跌家数，并且分布平均，说明多方占据优势，空方无隙可乘，收盘指数上涨的可能性大；反之，空方占据优势时，大盘就会处于跌势。观察股市涨跌家数，辨别多空力量强弱的最佳时间一般为收盘前的一个小时，即多空决胜后期。此时多空搏斗基本已经分出胜负，投资者可以通过判断大盘走势进行股票操作，而之前的多空决胜前期由于搏斗激烈，涨跌转换频繁，故对于投资者而言参考价值不大。

（3）波动次数。

股指波动震幅大，并且来回波动的次数多，如果发生在下跌的趋势中，说明接下来的走势将趋于上涨；如果发生在上涨趋势中，说明接下来的走势将会趋于下跌。一般情况下，一个交易日中，有 7 次以上的较大波动，就预示着有快速套利的机会。

3. 多空强化。

将 14 点 30 分即尾盘前盘中出现的最高点和最低点描出，取其中间值为标准。如果此时指数在中间值和最高点中间，则涨势会进一步得到强化，尾市有望收高。

如果此时指数在中间值和最低点之间，则往往会导致“杀尾盘”的情况出现。

多空强化是盘中多空双方交手的最后一幕，此时的盘中形势已经一目了然。到尾盘时一般会出现强者更强、弱者更弱的局面。

股市操作难题之3——关于大盘分时走势图的问题

投资者在股市进行股票交易时，阅读行情通常是通过看大盘即时走势图实现的，因为从这些基本图形中可以判断大盘走势，并确定买卖人气。所以了解主要图形及指标含义对投资者显得非常重要，同时也是投资者掌握看盘技巧与进行技术分析的基础知识。

大盘指数即时分时走势图包括以下几个指标：

1. 黄色曲线和白色曲线。

黄色曲线：大盘不含加权的指标，即不考虑股票盘子的大小，而将所有股票对指数影响看作相同而计算出来的大盘指数。

白色曲线：表示大盘加权指数，即证交所每日公布媒体常说的大盘实际指数。

参考黄白二曲线的相互位置可知：

（1）当大盘指数上涨时，黄线在白线之上，表示流通盘较小的股票涨幅较大；反之，黄线在白线之下，说明盘小的股票涨幅落后大盘股。

（2）当大盘指数下跌时，黄线在白线之上，表示流通盘较小的股票跌幅小于盘大的股票；反之，盘小的股票跌幅大于盘大的股票。

2. 黄色柱线和红绿柱线。

黄色柱线在红白曲线图下方，用来表示每一分钟的成交量，单位是手（每手等于100股）。在红白两条曲线附近有红绿柱状线，是反映大盘即时所有股票的买盘与卖盘在数量上的比率。红柱线的增长缩短表示上涨买盘力量的增减；绿柱线的增长缩短表示下跌卖盘力度的强弱。

收盘指数为中轴与黄、白线附近有红色和绿色的柱线，这反映了大盘指数上涨或下跌强弱程度。红柱线渐渐增长，表示指数上涨力量增强；缩短，上涨力量减弱。绿柱线增长，表示指数下跌力量增强；缩短，下跌力量减弱。在大盘即时走势图的最下边，有红绿色矩形框，红色框愈长，表示买气愈旺；绿色框愈长，卖压愈大。

3. 委买委卖手数。

这个数值代表即时所有股票买入委托下三档和卖出上三档手数相加的总和。

4. 委比数值。

它是委买委卖手数之差与之和的比值。当委比数值为正值大的时候，表示买方力量较强，股指上涨的几率大；当委比数值为负值的时候，表示卖方的力量较强，股指下跌的几率大。

大盘即时走势图是对大盘的直接反映，只要投资者时刻关注这个指标变动，并掌握其含义，就能做到顺势而为。

股市操作难题之4——关于指数运行规律的问题

既然大盘的运行有一定的规律，那么指数也就不可避免地存在着同样的运行循环规律。如果投资者能够清醒地认识该规律，就能从盲目无助中挣脱出来，避免犯一些系统错误。

从表面上看，中国股市的运行轨迹变幻莫测，其实仔细研究分析其从诞生到现在的全部轨迹，就会发现计划性特征非常明显，且有较为简单的规律。具体说来，沪深股市的周期运行规律始终是：地量、放量或者暴跌、突破、盘升、飞涨、暴跌、震荡、轮跌、地量。

从这一规律，我们可以看出，它和股市的周期循环是一致的，只是所用的指标，也就是风向标不同罢了。所以，这里又特意作为一个小节单提出来，为投资者寻找股市的规律做进一步的参考。

那么，投资者在参照这一指标时，具体要注意哪些呢?

1. 在盘升阶段注意处于上升通道的股票。

2. 放量或者暴跌的时候应注意最新股和低位筹码集中股。

3. 在震荡和可能出现的反弹中坚决出货，这点是最重要也一定要做的。如果你因为任何原因下不了手，就找一个信任的朋友代替自己执行，这一刀你必须砍下去，否则后面将很有可能会要你的命。

4. 在突破阶段应注意低位价涨量增的股票与热门题材股。

5. 地量的时候指标股与低价超跌股有小机会，前期强势股风险很大。

6. 在暴跌时应少量抢前期涨幅不大的绩优滞涨股的反弹。

7. 轮跌阶段应该彻底地休息，不见连续的成交量放出和股灾出现，不要手痒。在这个阶段，技术再高也没用，通杀，一个也跑不掉；然后是融资开始发生困难的地量，要等到血流成河，你认为已经很低了又大跌的时候再说。只有当你已经绝望，快跳水的时候，利好才会认为可以了，该涨了。

8. 在飞涨的阶段注意两梯队短线操作强势冷门股与新题材庄股。

无论是股市运行规律还是指数循环规律，都是抓住大势的关键，只要了解股市当前所处的生命周期，就可以对大盘走势作出准确的判断。

本章习题：股市操作疑难问题的测试与练习

综合练习

一、判断题。

1. 很多时候，投资者对K线判断失误，是因为对强势K线缺乏了解。（ ）

2. 通常，如果在走势图中发现了长阳线，最好能够及时跟进，因为长阳线的出现意味着股价即将上涨。（ ）

3. 通常K线的实体部分越长，其所表示的信号就越强烈。（ ）

4. 在下跌过程中，遇到重要的支撑位，并出现带长下影线的K线，后市仍以下跌为主。（ ）

5. 通常，当出现了见顶或者见底的形态后，投资者要静等三天再进行操作比较稳妥。（ ）

6. 一般来说，投资者如果在走势图中发现了多头排列，就要积极看多。（ ）

7. 通常，画趋势线就要以收盘价或者开盘价作为基点。（ ）

8. 我们所指的有效突破是说股价某天冲破了趋势线的压制，这种突破才是有效突破。（ ）

9. 一般来说，对上市公司进行分析研究的时候，管理层是投资者不能忽略的重要因素。（ ）

10. 炒短线需要技巧，更重要的是投资者的心态，投资者一定要是个雷厉风行，不会患得患失的人。（ ）

二、填空题。

1. 在下降通道中或者在股价刚从一个相对高位开始下跌时，出现带长下影线的K线，且收盘价在（ ）日、（ ）日均线之下，后市仍以做空为主。若出现带长下影线的阴线，那就更要看空、做空。

2. 价值投资的核心是（ ）和（ ）。

3. （ ）的高低，决定于市场的意愿和投资者的信心。

4. 一般来说，如果股价（ ），同时伴随着成交量放大的情况，这就预示着这只股票具备上涨的可能。

5. 黄色曲线指的是（ ）。

6. 白色曲线指的是（ ）。

7. （ ）是委买委卖手数之差与之和的比值。

8. 对于新股民来说，在选择操作策略的时候最好选择（ ）。

9. 一般来说，我们所说的顺势指的是（ ）。

10. 委买委卖手数代表（ ）。

三、简答题。

1. 在盘中时间里包括了多空搏斗、多空决胜和多空强化三个阶段，这三个阶段对投资者来说是相当重要的，其中蕴含着哪些快速套利的机会？

2. 投资者在看盘的时候需要注意哪些问题？

3. 请简要回答怎样才能从涨势中找到黑马股？

4. 价值投资有哪些误区？

5. 如何判断阶段性底部？

6. “重大盘，轻个股”和“轻大盘，重个股”分别在什么阶段使用？

7. 在使用技术图形的时候应该注意哪两方面的问题，以减少技术图形判断上的失误？

8. 一般来说，不同的情况的破位，应对方法也不同。请举例说明。

9. 请简要回答，投资者如何区别K线形态是否见顶？

10. 请阐述关于下影线的意义。

参考答案

一、判断题。

1. 正确。

2. 错误。

3. 正确。

4. 错误。后市将会有一定的升幅。

5. 正确。

6. 错误。如果大盘在走弱的情况下出现多头排列，投资者就一定要谨慎。

7. 错误。也可以以最高价或者最低价来作为基点，要视情况来定。

8. 正确。

9. 正确。

10. 正确。

二、填空题。

1. 5日和10日。

2. 内在价值和实质价值。

3. 集合竞价。

4. 高开后却不回落。

5. 黄色曲线表示大盘不含加权的指标，即不考虑股票盘子的大小，而将所有股票对指数影响看作相同而计算出来的大盘指数。

6. 白色曲线表示大盘加权指数，即证交所每日公布、媒体常说的大盘实际指数。

7. 委比数值。

8. 重大盘，轻个股。

9. 顺应大盘的趋势。

10. 即时所有股票买入委托下三档和卖出上三档手数相加的总和。

三、简答题。

1.

（1）多空搏斗。

在这个阶段里由于大盘走势未见分晓，股市前途未卜，所以最好持币观望，不要轻易入场，以免被套。

（2）多空决胜。

这个时候就是进出的最佳时机。如果太过心急过早进行操作，就容易判断失误；而如果没有及时把握操作时机，就会眼睁睁看着快速套利的机会从手中溜走而后悔不已。

（3）多空强化。

多空强化是盘中多空双方交手的最后一幕，此时的盘中形势已经一目了然。到尾盘时一般会出现强者更强、弱者更弱的局面。

2.

（1）集合竞价后的股价和成交额。

必须注意集合竞价后的股价和成交额，看股价高开还是低开。集合竞价的高低，决定于市场的意愿和投资者的信心，比如期待今天的股价是上涨还是下跌。成交量则表示参与买卖的人数，集合竞价时的成交量，往往对一天之内成交的活跃程度有很大的影响。

（2）开盘半小时之后股价的变动方向。

一般来说，如果股价开得太高，在半小时内就可能会有回落；反之，如果股价开得太低，在半小时内就可能会回升。这时成交量的大小就成为了重要的指标，如果高开后却不回落，同时伴随着成交量的放大，就预示着这只股票具备上涨的可能。

3.

（1）题材股。

涨势中对利好消息敏感，一些并不确切的消息也会刺激投资者蜂拥追随。在好消息朦胧入耳时就建仓进场，待正式消息公布后减仓出货，是驾驭黑马的惯用手法。

（2）新股。

在新股上市的初期，即第一蜜月期，往往是投资者入市的好时机，随后通过一段时间的盘整、消化，在第二蜜月期由于抛压较轻仍然属于只要买了就能赚钱的阶段。敢于申购新股并且运气不错申购成功的投资者在牛市中肯定赚得盆满钵溢。

（3）突破天价的股。

所谓天价说的是该股上市发行以来的历史最高价位。涨势中如果该股能挑战天价，并屡破天价，那么无疑会扶摇直上，是投资者理想中的黑马。如果它能领跑于大势和其他股，说明它的股价还有很大的上升空间。

（4）小盘股。

小盘股股价低，流通盘小，一旦有主力进驻，价格非常容易飙升。根据亚洲股市的经验，黑马股常常是小盘股，中国人也喜欢投资小盘股。

（5）有大手成交的个股。

要寻找“黑马”，必须学会看盘。如果某只个股出现成交大单，抛出筹码被大户一扫而光，成交量不断放大，股价稍有回档，便有人追进，那么这种股票很可能成为“黑马”。

（6）利空出现后不跌的个股。

4.

（1）价值投资都是长期投资。

时间的长短并不是衡量价值投资的唯一标准。

（2）价值投资就是买便宜股票。

在价值低估或价格合理的时候投资于具有扩张价值的企业，成为价值投资目前最具有代表性的方法。

（3）价值与成长完全被分割。

任何投资的价值都是未来现金流量折成现值的结果，因为价值与成长之间没有理论上的差异，他们在结合点上并不能完全被切割开。

5.

（1）对市场走势进行判断。

处于上涨过程中的底部一般在跌稳之后将再度发力向上走高，往往会有更大的涨幅；而下跌过程中的底部则是一个积蓄新的做空能量的过程，之后将再度向下走低。

（2）对个股趋势的判断。

一般来说，呈上升趋势的个股都是那种股价持续创出历史新高的品种，也就是长期走牛的品种。一般而言，这类个股股价跌破其最高价位的50%以上出现反弹，就属于上涨过程中的阶段性底部。

6.

“重大盘，轻个股”的意思是指个股涨跌要看大盘的走势，就是在大盘整体向好的情况下，投资者的操作策略可以是“重大盘，轻个股”。当然，投资者也要注意，“轻个股”并不是要你不加任何分析就盲目买进个股。

“轻大盘，重个股”则与之相反，它的意思是指投资者在选股的时候，可以不依照大盘的走势来选择。这里包含两种情况：

（1）你是价值投资者。

我们都知道价值投资关注的是上市公司的基本面，通过对上市公司各方面的分析得出该股是不是有投资的价值。这时候，你的关注点应是上市公司，也就是个股，就可以忽略大盘的走势了。

（2）此时的大盘处于熊市中。

即使大盘整体下跌，也会有20%左右的个股是逆市而上的。这就需要投资者积极研究个股的基本面，技术面以及宏观经济政策是否对该股有利，或者说有没有政策性利好消息的刺激，也就是要采取“轻大盘，重个股”的操作策略。

7.

（1）注意技术图形形成的时间。

一般来说，技术图形反映的时间越长，可靠性就越高。

所以，投资者在使用技术图形的时候，一定要注意技术图形形成的时间，时间越长，就越可靠，同时对投资者就越有利。

（2）注意技术图形是否有效突破。

在运用技术图形进行分析的时候，一定要注意看此形态是否完成了有效突破。通常，我们建议投资者，如果在走势图中发现了某种有利的技术图形，一定不要着急买进，要耐心等待，看这种图形最后是否能够有效突破，如果没有，就不能按照这种形态的意义盲目操作。

8.

（1）技术形态的破位。

技术形态一旦破位，往往意味着原来上升趋势的终结，后市将以反复回调为主，此时以止损为宜。

（2）高位盘整区的破位。

高位盘整区出现破位，投资者在第一时间就应斩仓出逃，虽然此时已有了一些损失，但马上止损离场可以避免日后遭受更大的损失。

（3）技术指标的破位。

技术指标众多，破位之后的意义也各不同，这就需要投资者根据不同技术指标的含义来具体分析，因为技术指标的含义不同，其破位后所发出的信号也是不同的。

（4）重要点位的破位。

此时的破位，有可能是市场出现转势的信号。投资者在破位前需防风险，一旦破位后则要考虑如何把握机遇，而不再是一味杀跌了。

（5）中长期均线的破位。

中长期均线的破位，一般意味着转势，日后调整的空间将会比较大。

9.

（1）看股价在接下来三天内的走势。

通常，如果在某个阶段出现了见顶的K线形态，投资者先不要着急卖出，可以观察接下来三天股价的走势。如果三天内股价的走势是向上的，说明多方已经处于优势地位，上涨将有可能继续；如果股价的走势转弱，说明空方占了优势，股价在接下来的走势中会转弱，投资者应该看空。

（2）看成交量。

一般来说，如果出现了K线见顶信号，将会出现成交量的放大，有的时候甚至还会是天量，这种情形说明见顶的可能将会在75%以上。

（3）看均线和趋势线。

如果出现见顶信号后，股价触及了年线和下降趋势线，那么见顶信号极为强烈，应该卖出。

（4）看大盘和同类板块的走势。

如果个股出现见顶的K线形态，大盘此时也已见顶，个股下跌的可能性将会非常大。

当某只股票出现见顶K线时，与之同类的板块中有很多个股已出现下跌，那么，该股见顶的可能性将为80%，投资者应该考虑及时卖出。

10.

（1）在下跌过程中，遇到重要的支撑线，并出现带长下影线的K线，后市会有一定的升幅。

（2）在上升通道中，出现带长下影线的K线，一般后市仍能盘升。

（3）从一个相对高位，股价开始往下跌，虽然30日均线仍然呈现多头排列，但只要带长下影线的K线是阴线，且在5日、10日均线之下，后市仍以盘跌为主。

（4）在底部横盘较长时间后，出现带长下影线的阳线，通常后市有5%左右的升幅。

（5）高位除权后整理时间不够的，出现带长下影线的K线，后市仍以盘整为主。

（6）在下降通道中或者在股价刚从一个相对高位开始下跌时，出现带长下影线的K线，且收盘价在5日、10日均线之下，后市仍以做空为主。若出现带长下影线的阴线，那就更要看空、做空。

（7）如果股价正在盘跌，尾市却被大手笔买盘拉起而出现带长下影线的K线，那么第二天一般仍会下跌。

（8）高位横盘后出现带长下影线的K线，则少碰为妙。如果紧接着拉升，并伴随成交量的放大则应坚决出局。

國家社科基金重大招標項目“中外《史記》文學研究資料整理與研究”階段性成果

陝西師範大學優秀學術著作出版資助

史記論文

（中册）

〔清〕吴見思　編撰
劉彦青　整理
張新科　審定

陝西師範大學出版總社　西安

越王句踐世家

越王句踐,其先禹之苗裔,而夏后帝少康之庶子也。封于會稽,以奉守禹之祀。文身斷髮,披草萊而邑焉。後二十餘世,至于允常。|越以前不通中國,無事可序也。允常之時與吳王闔廬戰而相怨伐。允常卒,子句踐立,是爲越王。|入得簡淨。

元年吳王闔廬聞允常死乃興師伐越。越王句踐使死士挑戰,三行至吳陳,呼而自剄。吳師觀之,越因襲擊吳師,吳師敗于檇李,射傷吳王闔廬。闔廬且死,告其子夫差曰:"必毋忘越。"頓住,且接越事。

三年,句踐聞吳王夫差,日夜勒兵,且以報越,越欲先吳未發,往伐之。范蠡諫曰:"不可。臣聞兵者,凶器也,戰者逆德也,爭者事之末也。陰謀逆德,好用凶器,試身於所末,三句排下,即以奇峭語接,好。上帝禁之,行者不利。"越王曰:"吾已決之矣。"遂興師。吳王聞之,悉發精兵擊越,敗之夫椒。越王乃以餘兵五千人,保棲于會稽。吳王追而圍之。

越王謂范蠡曰:"以不聽子,故至於此,爲之奈何?"蠡對曰:"持滿者與天,定傾者予人,節事者以地。卑辭厚禮以遺之,不許,而身與之市。"排三句,下亦以奇峭語接,不説明更好。句踐曰:"諾。"乃令大夫種行成於吴,膝行頓首,曰:"君王亡臣句踐,使陪臣種,敢告下執事:句踐請爲臣,妻爲妾。"一篇大詞命,只兩語明透之極。吴王將許之。子胥言於吴王曰:"天以越賜吴,勿許也。"種還,以報句踐。句踐欲殺妻子,燔寶器,觸戰以死。欲作行成,先作一颺,是反踢法也。種止句踐曰:"夫吴太宰嚭,貪,可誘以利請間行言之。"於是句踐乃以美女寶器,令種間獻吴太宰嚭。嚭受,乃見大夫種於吴王。種頓首言曰:"願大王赦句踐之罪,盡入其寶器。不幸不赦,句踐將盡殺其妻子,燔其寶器,五千人觸戰,必有當也。"因上勢又作一颺。嚭因説吴王曰:"越以服爲臣,若將赦之,此國之利也。"吴王將許之。又作一頓。子胥進諫曰:"今不滅越,後必悔之。句踐賢君,種、蠡良臣,若反國,將爲亂。"吴王弗聽,卒赦越,罷兵而歸。丨寫行成事,數折方結。

句踐之困會稽也,喟然歎曰:"吾終於此乎?"種曰:"湯繫夏臺,文王囚羑里,晉重耳犇翟,齊小白犇莒,其卒王霸。由是觀之,何遽不爲福乎?"丨罷兵後,不直接嘗膽事倒插會稽一段,結上引下,章法之妙。

吴既赦越,間接。越王句踐反國,乃苦身焦思,置膽於坐,坐臥即仰膽,飲食亦嘗膽也。曰:"女忘會稽之恥邪?"身自耕作,夫人自織,食不加肉,衣不重采,折節下賢人,厚遇賓客,振貧弔死,"與百姓同其勞。丨伏一段,爲報吴張本。欲使范蠡治國政,蠡對曰:"兵甲之事,種不如蠡;鎮撫國家,親附百姓,蠡不如種。"於是舉國政屬大夫種,而使范蠡與大夫柘稽行成,爲質於吴。先提種、蠡者非衡量種、蠡也,此時正需鎮撫,故種留;尚不用甲兵,故蠡行也。二歲,而吴歸

蠡。丨

句踐自會稽歸，間接。七年，拊循其士民，士民欲用以報吴。大夫逢同諫曰："國新流亡，今乃復殷給，繕設備利，吴必懼，懼則難必至。且鷙鳥之擊也，必匿其形。今夫吴兵加齊、晉，怨深於楚、越，名高天下，實害周室，德少而功多，必淫，自矜。爲越計，莫若結齊親楚附晉以厚吴。吴之志廣，必輕戰。是我連其權，三國伐之，越承其弊，可克也。"句踐曰："善。"丨伐吴事，刻刻陰謀，節節頓住，情事如此，文法如此，此第一頓。

居二年，吴王將伐齊。子胥諫曰："未可。臣聞句踐食不重味，與百姓同苦樂。此人不死，必爲國患。吴有越，腹心之疾，齊與吴，疥瘲也。願王釋齊先越。"吴王勿聽，第二頓。遂伐齊，敗之艾陵，鹵齊高、國以歸讓子胥。子胥曰："王毋喜！"王怒，子胥欲自殺，王聞而止之。寫子胥自殺，亦先作一颺。越大夫種曰："臣觀吴王，政驕矣，請試嘗之貸粟，以卜其事。"請貸，吴王欲與，子胥諫勿與，王遂與之，越乃私喜。子胥言曰："王不聽諫，後三年，吴其墟乎！"丨第三頓。太宰嚭聞之，乃數與子胥爭越議，因讒子胥曰："伍員貌忠而實忍人，其父兄不顧安能顧王？讒人之言，如許宛曲。王前欲伐齊，員彊諫，已而有功用是反怨王。王不備伍員，員必爲亂。"與逢同共謀，讒之王。王始不從，殺子胥，又作一颺。乃使子胥於齊，聞其託子於鮑氏，王乃大怒，兩颺之後，忽爾逼入。曰："伍員果欺寡人！"欲反，使人賜子胥屬鏤劍以自殺。子胥大笑曰："我令爾[1]父霸，我又立若，若初欲分吴國半予我，我不受已，今若反以讒誅

[1] 爾，中華書局本《史記》作"而"。

我。五"我"字,六"若"字,歷落緊峭。嗟乎嗟乎,一人固不能獨立!"又跌出一波。報使者曰:"必取吾眼置吳東門,以觀越兵入也!"又跌出一波,凡作三跌,愈緩愈緊。○此數語,《吳世家》《伍傳》已詳,此又以簡峭取勢,風雲千變之妙。於是吳任嚭政。|第四頓。

居三年,句踐召范蠡曰:"吳已殺子胥,導諛者眾,可乎?"對曰:"未可。"第五頓。

至明年春,吳王北會諸侯於黃池,吳國精兵從王,惟獨老弱與太子留守。句踐復問范蠡,蠡曰"可矣"。乃發習流二千,教士四萬人,君子六千人,諸御千人,伐吳。吳師敗,遂殺吳太子。吳告急於王,王方會諸侯於黃池,懼天下聞之,乃祕之。吳王已盟黃池,乃使人厚禮以請成越。越自度亦未能滅吳乃與吳平。|第六頓。

其後四年,越復伐吳。吳士民罷弊,輕鋭盡死於齊、晉。而越大破吳,因而留圍之,三年,凡伐吳事作六頓,至此撇入。吳師敗越遂復棲吳王於姑蘇之山。吳王使公孫雄肉袒膝行而前,請成越王曰:"孤臣夫差,敢布腹心,異日嘗得罪於會稽,夫差不敢逆命,得與君王成以歸。今君王舉玉趾而誅孤臣,孤臣惟命是聽,意者亦欲如會稽之赦孤臣之罪乎?"行成詞,越質吳婉各自成妙。句踐不忍,欲許之。范蠡曰:"會稽之事天以越賜吳吳不取。今天以吳賜越,越其可逆天乎?即用伍胥舊語,一折明透。且夫君王蚤朝晏罷,非爲吳邪?謀之二十二年,一旦而棄之可乎?二折。且夫天與弗取,反受其咎。'伐柯者其則不遠',君忘會稽之厄乎?"三折。明透之極。句踐曰:"吾欲聽子言,吾不忍其使者。"范蠡乃鼓進兵曰:"王已屬政於執事,使者去,不者且得罪。"吳使者泣而去。句踐憐之,乃使

人謂吳王曰:"吾置王甬東,君百家。"吳王謝曰:"吾老矣,不能事君王!"遂自殺。乃蔽其面,曰:"吾無面以見子胥也!"并帶收完吳事。越王乃葬吳王,而誅太宰嚭。|

句踐已平吳,乃以兵北渡淮,與齊、晉諸侯,會于徐州,致貢於周。周元王使人賜句踐胙,命爲伯。句踐已去,渡淮南,以淮上地與楚,歸吳所侵宋地於宋,與魯泗東方百里。當是時,越兵横行於江、淮東,諸侯畢賀,號稱霸王。|極寫越之盛,爲會稽吐氣,一虚一盈,天之道也。

范蠡遂去,自齊遺大夫種書曰:"蜚鳥盡,良弓藏;狡兔死,走狗烹。越王爲人,長頸鳥喙,可與共患難,不可與共樂。子何不去?"書詞奇矯,爲人用熟不覺其妙。種見書,稱病不朝。人或讒種且作亂,越王乃賜種劍曰:"子教寡人伐吳七術,寡人用其三而敗吳,其四在子,四字其阧。子爲我從先王試之。"語奇矯刻入。種遂自殺。|自首至此是一篇。

句踐卒,子王鼫與立。|王鼫與卒,子王不壽立。|王不壽卒,子王翁立。|王翁卒,子王翳立。|王翳卒,子王之侯立。|王之侯卒,子王無彊立。|

王無疆時,越興師,北伐齊,西伐楚,與中國爭彊。當楚威王之時,越北伐齊,齊威王使人説越王曰:"越不伐楚,大不王,小不霸。兩句正文下即疾轉。圖越之所爲不伐楚者,爲不得晉也。二轉晉即韓、魏也。韓、魏固不攻楚。三轉。韓之攻楚,覆其軍,殺其將,則葉、陽翟危;魏亦覆其軍,殺其將,則陳、上蔡不安。四轉。故二晉之事越也,不至於覆軍殺將馬汗之力不效。五轉。所重於得晉者何也?"反掉一句結轉折快利如風又是一種筆法。越王曰:"所求於晉者,不至頓刃接兵,而況于攻城圍邑乎?荅覆軍殺將。願魏以聚大梁之下,願齊之試兵南陽莒地,以聚常、剡之境,則方城之外不南,淮、泗之間不東,商、於、析、酈、宋胡之地,夏路以左,不足以備秦,江南、泗上不足以待越矣。叠句一氣瀉下,勢如建瓴。則齊、秦、韓、魏得志於楚也,是二晉不戰而分地,不耕而獲之。不此之爲,而頓刃於河山之間,以爲齊秦用,所待者如此其失計,奈何其以此王也!”齊使者曰:“幸也越之不亡也!吾不貴其用智之如目見豪毛,而不見其睫也。一轉。今王知晉之失計,而不自知越之過,是目論也。二轉。王所待於晉者,非其汗馬之力也,又非可與合軍連和也,將待之以分楚衆也。三轉。今楚衆已分,何待於晉?”口舌快利,如風之旋,如刃之截。越王曰:“奈何?”曰:“楚三大夫張九軍,北圍曲沃、於中,以至無假之關者,三千七百里,景翠之軍,北聚魯、齊、南陽,分有大此者乎?一轉。且王之所求者,鬬晉楚也;晉楚不鬬,越兵不起,是知二五而不知十也。二轉。此時不攻楚,臣以是知越大不王,小不霸。復讐、三轉。龐、長沙,楚之粟也;竟澤陵,楚之材也。越窺兵通無假之關,此四邑者不上貢事於郢矣。四轉。臣聞之,圖王不王,其敝可以伯。然而不伯者,王道失也。故願大王之轉攻楚也。”一句收。

於是越遂釋齊而伐楚。楚威王興兵而伐之,大敗越,殺王無彊,盡取故吳地,至浙江,北破齊於徐州。而越以此散,諸族子爭立,或爲王,或爲君,濱於江南海上,服朝於楚。

後七世至閩君摇,佐諸侯平秦。漢高帝復以摇爲越王,以奉越後。東越閩君,皆其後也。丨越事完。○王無彊至此是一篇。

范蠡事越王句踐,范蠡附傳。既苦身戮力,與句踐深謀二十餘年,竟滅吴,報會稽之恥,北渡兵於淮,以臨齊、晉,號令中國,以尊周室,句踐以霸,而范蠡稱上將軍。越事已詳,入范傳只作現成説。還反國,范蠡以爲大名之下,難以久居,且句踐爲人,可與同患,難與處安,爲書辭句踐曰:"臣聞主憂臣勞,主辱臣死。昔者君王辱於會稽,所以不死,爲此事也。今既以雪恥,臣請從會稽之誅。"書詞亦詳婉。句踐曰:"孤將與子分國而有之。不然,將加誅于子。"范蠡曰:"君行令,臣行意。"只六字妙!乃裝其輕寶珠玉,自與其私徒屬,乘舟浮海以行,終不反。於是句踐表會稽山,以爲范蠡奉邑。丨完范蠡伯越事。

范蠡浮海出齊,變姓名,自謂鴟夷子皮,耕於海畔,苦身戮力,父子治産。居無幾何,致産數千[①]萬。齊人聞其賢以爲相。范蠡喟然歎曰:"居家則致千金,居官則至卿相,此布衣之極也。久受尊名,不祥。"應前,是范蠡一生學問。乃歸相印,盡散其財,以分與知友鄉黨,而懷其重寶,閒行以去,止于陶,以爲此天下之中,交易有無之路通,爲生可以致富矣。於是自謂陶朱公。一頓。復約要,父子耕畜,廢居,候時轉物,逐什一之利。居無何,則致貲累巨萬。天下稱陶朱公。丨自稱陶朱公,天下稱陶朱公,作兩層寫。

朱公居陶,生少子。爲後棄財之故,先點明一句,伏。少子及壯,而朱公中男殺人,囚於楚。朱公曰:"殺人而死,職也。然吾聞千金之子,不死於市。"不説明。告其少子往視之。即"不死市"之故,與"莊生云云"也。乃裝黄金千溢,置褐器中,載以一牛車。偏于細事詳寫。且遣其少子,丨且頓住,下乃另起一峯。朱公長男固請欲行,朱公

---

① 千,中華書局本《史記》作"十"。

不聽。長男曰:"家有長子,曰家督,今弟有罪,大人不遣,乃遣少弟,是吾不肖。"欲自殺。其母爲言曰:"今遣少子,未必能生中子也,而先空亡長男,奈何?"未必真自殺,未必真亡長男,爲不得已遣長男之故爾。朱公不得已而遣長子,不了。爲一封書遺故所善莊生,曰:"至,則進千金于莊生所,聽其所爲慎無與爭事。"更不了。長男既行,亦自私齎數百金。先伏一句。

至楚,莊生家負郭,披藜藋[1],到門,居甚貧。然長男發書,進千金,如其父言。莊生曰:"可疾去矣,慎毋留!即弟出,勿問所以然。"丨愈不了了。三段俱作不了語。先爲後文伏脈,有欲行又止之妙。長男既去,不過莊生而私留,以其私齎獻遺楚國貴人用事者。又伏住不了。

莊生雖居窮閻,然以廉直聞於國,自楚王以下皆師尊之。始點明莊生。及朱公進金,非有意受也,欲以成事後,復歸之以爲信耳。故金至,謂其婦曰:"此朱公之金。有如病不宿,誠[2]後復歸,勿動。"就事論事,莊生反覆小人耳,然或奇士也,故史公內爲周旋一筆。而朱公長男,不知其意,以爲殊無短長也。丨又外爲長男寫一筆,頓住,一路疑團,寫得鶻深。

莊生間時入見楚王,言"某星宿某,此則害於楚"。楚王素信莊生,曰:"今爲奈何?"莊生曰:"獨以德爲可以除之。"楚王曰:"生休矣,寡人將行之。"王乃使使者封三錢之府。亦不了了。楚貴人驚告朱公長男曰:"王且赦。"忽然而來。曰:"何以也?"曰:"每王且赦,常封三錢之府。昨暮王使使封之。"乃明封庫之故。朱公長男

① 藋,中華書局本《史記》作"藿"。
② 誠,中華書局本《史記》作"誡"。

以爲赦,弟固當出也,重千金,虚棄莊生,無所爲也,應殊無短長。乃復見莊生。莊生驚曰:"若不去邪?"長男曰:"固未也。初爲事弟,弟今議自赦,故辭生去。"莊生知其意欲復得其金,曰:"若自入室取金。"長男即自入室取金,持去,獨自歡幸。欲得金,莊生知其欲得金,入室取金,兩人情事默會。〇"獨自歡幸"爲重棄金之故,亦不說出。

莊生羞爲兒子所賣,乃入見楚王曰:"臣前言某星事,王言欲以修德報之。今臣出,道路皆言陶之富人朱公之子殺人,囚楚,其家多持金錢賂王左右,故王非能恤楚國而赦,乃以朱公子故也。"楚王大怒曰:"寡人雖不德耳,奈何以朱公之子故而施惠乎!"令論殺朱公子,明日遂下赦令。朱公長男竟持其弟喪歸。丨"竟"字奇,若以爲固然者妙。

至,其母邑人盡哀之,唯朱公獨笑,"盡哀""獨笑",相映成致。曰:"吾固知必殺其弟也!轉。彼非不愛其弟,顧有所不能忍者也。殺弟之故,先說大槩不說明頓住。是少與我居,見苦爲生難,故重棄財。至如少弟者生而見我富,乘堅驅良,逐狡兔,豈知財所從來,故輕去之,非所惜吝。殺弟之故尚不說明且列其事,再頓。前日吾所爲欲遣少子,固爲其能棄財故也。而長者不能,故卒以殺其弟,事之理也,無足悲者。兩頓之後,一句即明,一路疑團,至此始豁。吾日夜固以望其喪之來也。"丨又找一句以信其必然。

故范蠡三徙,成名於天下,非苟去而已,所止必成名。所重在成名,不重在致財,故又此點明。卒老死於陶,故世傳曰陶朱公。丨與上"自稱陶朱公","天下稱陶朱公",兩句相應。

太史公曰:禹之功大矣,漸九川,定九州,至于今諸夏艾安。及苗裔句踐,苦身焦思,終滅彊吳,北觀兵中國,以尊周室,號稱霸王。句踐可不謂賢哉！蓋有禹之遺烈焉。范蠡三遷皆有榮名,名垂後世。臣主若此,欲毋顯得乎！

戰國諸公,喜談吴越閒事,故《左》《國》而外,與《吴越春秋》《越絕書》,闡發已盡。即史公《吴世家》及《伍子胥傳》,亦既詳悉矣。故《越世家》另換一種簡峭轉折筆仗,收束刪削,畧存大意,更爲明淨,輕妙。〇王無彊一段純是策士之言,以轉折勝,如陂塘千頃。清而不佻。〇范蠡畧其大事,反以少子殺人一段作致,節節頓住,語語不了。後乃三瀉即明,益見其妙！

鄭世家

鄭桓公友者,周厲王少子,而宣王庶弟也。宣王立二十二年,友初封于鄭。丨封三十三歲,百姓皆便愛之。幽王以爲司徒。和集周民,周民皆說,河雒之間,人便思之。世系中另是一種序法。爲司徒一歲,一歲頂爲司徒下,見王室之亂,非桓公之罪也。幽王以褒后故,王室治多邪,諸侯或畔之。於是桓公問太史伯曰:"王室多故,予安逃死乎?"太史伯對曰:"獨雒之東土,河濟之南,可居。"一頓。公曰:"何以?"對曰:"地近虢、鄶,虢、鄶之君,貪而好利,百姓不附。今公爲司徒民皆愛公,公誠請居之,虢、鄶之君,見公方用事,輕分公地。公誠居之,虢、鄶之民,皆公之民也。"正意已完,下又生出兩峯。公曰:"吾欲南之江上,何如?"對曰:"昔祝融爲高辛氏火正,其功大矣,而其于周,未有興者,楚其後也。周衰,楚必興。句。興,句。非鄭之利也。"公曰:"吾欲居西方何如?"對曰:"其民貪而好利,難久居。"兩段一煩一簡,妙!公曰:"周衰,何國興者?"對曰:"齊、秦、晉、楚乎?夫齊,姜[1]姓,伯夷之後也,伯夷佐堯,典禮。

① 姜,底本作"妥",疑誤,據校本改。

秦,嬴姓,伯翳之後也,伯翳佐舜懷柔百物。及楚之先,皆嘗有功于天下。而周武王克紂後,成王封叔虞於唐,其地阻險,以此有德,與周衰竝,亦必興矣。"桓公曰:"善。"又泛論一段,天下後世事,如指諸掌,文亦緊鍊。於是卒言王,東徙其民雒東,而虢、鄶果獻十邑,竟國之。|"國之"字奇。

二歲,犬戎殺幽王於驪山下,并殺桓公。鄭人共立其子掘突,是爲武公。

武公十年,娶申侯女爲夫人,曰武姜。生太子,寤生,生之難,及生,夫人弗愛。後生少子叔段,段生易,夫人愛之。|二十七年,武公疾。夫人請公,欲立段爲太子,公弗聽。|是歲,武公卒,寤生立,是爲莊公。|

莊公元年,封弟段于京,號太叔。祭仲曰:"京大於國,非所以封庶也。"莊公曰:"武姜欲之,我弗敢奪也。"段至京,繕治甲兵,與其母武姜,謀襲鄭。|二十二年,段果襲鄭,武姜爲內應。莊公發兵伐段,段走。伐京,京人畔段,段出走鄢。鄢潰,段出奔共。於是莊公遷其母武姜於城潁[1],誓言曰:"不至黃泉,毋相見也。"居歲餘,已悔,思母。潁谷之考叔,有獻於公,公賜食。考叔曰:"臣有母,請君食賜臣母。"莊公曰:"我甚思母,惡負盟,奈何?"考叔曰:"穿地至黃泉,則相見矣。"於是遂從之見母。|此段固不如《左》佳,然刪繁爲簡,正見煅煉之妙。

二十四年,宋繆公卒,公子馮奔鄭。鄭侵周地,取禾。|二十五年,衛州吁弒其君桓公,自立,與宋伐鄭,以馮故也。|二十七

① 潁,中華書局本《史記》作"潁"。

年，始朝周桓王。桓王怒其取禾，弗禮也。丨二十九年，莊公怒周弗禮，與魯易祊、許田。丨三十三年，宋殺孔父。丨宋事插序。三十七年，莊公不朝周，周桓王率陳、蔡、虢、衛，伐鄭。莊公與祭仲、高渠彌，發兵自救，王師大敗。祝聸射中王臂。祝聸請從之，鄭伯止之曰："犯長且難之，況敢陵天子乎？"乃止。夜令祭仲問王疾。丨

三十八年，北戎伐齊，齊使求救，鄭遣太子忽，將兵救齊。齊釐公欲妻之，忽謝曰："我小國，非齊敵也。"時祭仲與俱，勸使取之，曰："君多內寵，太子無大援，將不立，三公子皆君也。"句倩。所謂三公子者，太子忽、其弟突，次弟子亹也。丨即三公子句帶出忽、突、亹三人，即伏下案，何等便。

四十三年，鄭莊公卒。初祭仲甚有寵于莊公，莊公使爲卿；公使娶鄧女，生太子忽，使祭仲爲公娶鄧女也。故祭仲立之，是爲昭公。

莊公又娶宋雍氏女，生厲公突。倒插法。雍氏有寵于宋。宋莊公聞祭仲之立忽，乃使人誘召祭仲，而執之，曰："不立突，將死。"亦執突以求賂焉。祭仲許宋，與宋盟。以突歸，立之。昭公忽聞祭仲以宋要立其弟突，九月辛亥，忽出奔衛。己亥，突至鄭，句。立，句。是爲厲公。丨

厲公四年，祭仲專國政。厲公患之，陰使其壻雍糾，欲殺祭仲。糾妻，祭仲女也，知之，謂其母曰："父與夫孰親？"母曰："父一而已，人盡夫也。"女乃告祭仲，祭仲反殺雍糾，戮之於市。厲公無奈祭仲何，添一句詳。怒糾曰："謀及婦人，死固宜哉！"丨夏，厲公出居邊邑櫟。祭仲迎昭公忽，六月乙亥，復入鄭，即位。丨

秋，鄭厲公突，因櫟人，殺其大夫單伯，遂居之。諸侯聞厲公出奔，伐鄭，弗克而去。丨宋頗予厲公兵，自守於櫟，鄭以故亦不伐

櫟。應完宋事。

昭公二年,自昭公爲太子時,倒插法。父莊公,欲以高渠彌爲卿,太子忽惡之,莊公弗聽,卒用渠彌爲卿。及昭公即位,懼其殺己,冬十月辛卯,渠彌與昭公出獵,射殺昭公於野。祭仲與渠彌,不敢入厲公,乃更立昭公弟子亹爲君,是爲子亹也,無謚號。丨

子亹元年七月,齊襄公會諸侯于首止,鄭子亹往會,高渠彌相從,祭仲稱疾不行。所以然者,亦用倒插法。子亹自齊襄公爲公子之時,嘗會鬭,相仇,及會諸侯,祭仲請子亹無行。子亹曰:“齊强,而厲公居櫟,即不往,是率諸侯伐我,内厲公。我不如往,往何遽必辱,且又何至是!”又插一句,調好。卒行。於是祭仲恐齊并殺之,故稱疾。子亹至,不謝齊侯,齊侯怒,遂伏甲而殺子亹。高渠彌亡歸,歸與祭仲謀,召子亹弟公子嬰於陳而立之,是爲鄭子。丨是歲,齊襄公使彭生醉拉殺魯桓公。丨齊事插序。

鄭子八年,齊人管至父等作亂,弒其君襄公。丨弒君附見。十二年,宋人長萬,弒其君滑公。丨弒君附見。鄭祭仲死。

十四年,故鄭亡厲公突在櫟者使人誘劫鄭大夫甫瑕,要以求入。瑕曰:“舍我,我爲君殺鄭子而入君。”厲公與盟,乃舍之。六月甲子,瑕殺鄭子,及其二子,而迎厲公突,突自櫟復入即位。初,内蛇與外蛇鬭於鄭南門中,倒插法。内蛇死。居六年,厲公果復入。入而讓其伯父原曰:“我亡國外居,伯父無意入我,亦甚矣。”原曰:“事君無二心,人臣之職也。原知罪矣。”遂自殺。厲公於是謂甫瑕曰:“子之事君,有二心矣。”就勢一掉,文致極佳。遂誅之。瑕曰:“重德不報,誠然哉!”

厲公突後元年,齊桓公始霸。丨

五年,燕、衛與周惠王弟頹[1],伐王,王出奔溫,立弟頹爲王。｜六年,惠王告急鄭,厲公發兵擊周王子頹,弗勝,於是與周惠王歸,王居于櫟。｜七年春,鄭厲公與虢叔襲殺王子頹,而入惠王于周。｜

秋,厲公卒,子文公踺立。｜厲公初立,四歲,亡居櫟,居櫟十七歲,復入,立七歲,與亡凡二十八年。｜厲公總序一段,變法。

文公十七年,齊桓公以兵破蔡,遂伐楚,至召陵。｜齊事插序。

二十四年,文公之賤妾曰燕姞,夢天與之蘭,曰:"余爲伯鯈。句。余,句。爾祖也。倒句法倩。以是爲爾子,蘭有國香。"以夢告文公,文公幸之,而予之草蘭爲符。遂生子,名曰蘭。｜有先序近事,倒插前事者以上數段是也。有先序前事,後照映者,此與下無禮文公是也。一處一樣文法。

三十六年,晉公子重耳過,文公弗禮。文公弟叔詹曰:"重耳賢,且又同姓,窮而過君,不可無禮。"文公曰:"諸侯亡公子過者,多矣,安能盡禮之!"詹曰:"君如弗禮,遂殺之;弗殺,使即反國,爲鄭憂矣。"文公弗聽。｜

三十七年春,晉公子重耳反國,句。立,句。是爲文公。｜秋,鄭入滑,滑聽命,已而反與衛,於是鄭伐滑。周襄王使伯犕請滑。鄭文公怨惠王之亡在櫟,而文公父厲公入之,而惠王不賜厲公爵祿,又追序前事。又恐襄王之與衛滑,故不聽襄王請,而囚伯犕。王怒,與翟人伐鄭,弗克。｜冬,翟攻伐襄王,襄王出奔鄭,鄭文公居王于氾。｜三十八年,晉文公入襄王成周。｜

---

① 頹,中華書局本《史記》作"穨"。下同。

四十一年,助楚擊晉。自晉文公之過無禮,故背晉助楚。| 四十三年,晉文公與秦穆公共圍鄭,討其助楚攻晉者,及文公過時之無禮也。應前。初,鄭文公有三夫人,寵子五人,皆以罪蚤死。公怒溉,"溉"字,《左傳》作"瑕"是。逐羣公子。子蘭奔晉,從晉文公圍鄭。時蘭事晉文公甚謹,愛幸之,乃私於晉,以求入鄭爲太子。| 晉於是欲得叔詹爲僇。鄭文公恐,不敢謂叔詹言。詹聞,言於鄭君曰:"臣謂君,君不聽臣,應前。晉卒爲患。然晉所以圍鄭,以詹,詹死而赦鄭國,詹之願也。"乃自殺。鄭人以詹尸與晉。晉文公曰:"必欲一見鄭君,辱之而去。"鄭人患之,乃使人私於秦曰:"破鄭益晉,非秦之利也。"秦兵罷。| 晉文公欲入蘭爲太子,間接。以告鄭。鄭大夫石癸曰:"吾聞姞姓,乃后稷之元妃,其後當有興者。子蘭母其後也。且夫人子盡已死,餘庶子,無如蘭賢。今圍急,晉以爲請,利孰大焉!"遂許晉,與盟,卒而立子蘭爲太子,應前。晉兵乃罷去。

四十五年,文公卒子蘭立,是爲繆公。

繆公元年春,秦繆公使三將,將兵欲襲鄭,至滑,逢鄭賈人弦高,詐以十二牛勞軍,故秦兵不至而還,晉敗之於殽。畧序。初,往年鄭文公之卒也,鄭司城繒賀,以鄭情賣之,秦兵故來。倒插法。三年,鄭發兵從晉伐秦,敗秦兵於汪。|

往年楚太子商臣,弑其父成王代立。| 弑君附見。往年之事,倒插于此,變法。二十一年,與宋華元伐鄭。接上商臣事。華元殺羊食士,不與其御羊斟,怒以馳鄭,鄭囚華元。宋贖華元,元亦亡去。畧序。晉使趙穿以兵伐鄭。|

二十二年,鄭繆公卒,子夷立,是爲靈公。|

靈公元年春，楚獻黿于靈公。子家、子公將朝靈公，子公之食指動，謂子家曰："佗日指動，必食異物。"及入，見靈公進黿羹，子公笑曰："果然！"靈公問其笑故，具告靈公。靈公召之，獨弗予羹。子公怒，染其指，嘗之而出。删得簡直。公怒，欲殺子公。子公與子家謀先。夏，弒靈公。｜鄭人欲立靈公弟去疾，去疾讓曰："必以賢，則去疾不肖；必以順，則公子堅長。"堅者，靈公庶弟，去疾之兄也。又註一句。於是乃立子堅，是爲襄公。｜

襄公立，將盡去繆氏。繆氏者，殺靈公、子公之族家也。與上文同，相配作文法。去疾曰："必去繆氏，我將去之。"乃止。皆以爲大夫。｜

襄公元年，楚怒鄭受宋賂，縱華元，伐鄭。鄭背楚，與晉親。｜五年，楚復伐鄭，晉來救之。｜六年，子家卒，國人復逐其族，以其弒靈公也。｜完弒靈公案。

七年，鄭與晉，盟鄢陵。｜八年，楚莊王以鄭與晉盟，來伐，圍鄭，三月，鄭以城降楚。楚王入自黄門，鄭襄公肉袒掔羊以迎，曰："孤不能事邊邑，使君王懷怒，以及弊邑，孤之罪也。敢不唯命是聽。君王遷之江南，及以賜諸侯，亦唯命是聽。若君王不忘厲、宣王，桓、武公，哀不忍絕其社稷，錫不毛之地，使復得改事君王，孤之願也，然非所敢望也。敢布腹心，唯命是聽。"莊王爲却三十里而後舍。與《楚世家》畧。楚群臣曰："自郢至此，士大夫亦久勞矣。今得國，舍之，何如？"添一句詳。莊王曰："所爲伐，伐不服也。今已服，尚何求乎？"卒去。晉聞楚之伐鄭，發兵救鄭。其來持兩端故遲，比至河，楚兵已去。晉將率，或欲渡，或欲還，卒渡河。莊王聞，還擊晉。鄭反助楚，大破晉軍于河上。｜十年晉來伐鄭，以其

反晉而親楚也。|

十一年，楚莊王伐宋，宋告急于晉。晉景公欲發兵救宋，伯宗諫晉君曰："天方開楚，未可伐也。"乃求壯士，得霍人解揚，字子虎，解揚附傳。誑[1]楚，令宋毋降。過鄭，鄭與楚親，乃執解揚而獻楚。楚王厚賜，與約，使反其言，令宋趣降，三要乃許。於是楚登解揚樓車，令呼宋。遂負楚約，而致其晉君命曰："晉方悉國兵以救宋，宋雖急，慎毋降楚，晉兵今至矣！"楚莊王大怒，將殺之。解揚曰："君能制命，爲義，臣能承命，爲信。受吾君命以出，有死無隕。"莊王曰："若之許我，已而背之，其信安在？"解揚曰："所以許王，欲以成吾君命也。"將死，顧謂楚軍曰："爲人臣，毋忘盡忠得死者！"又借此作波。楚王諸弟皆諫王赦之，於是赦解揚，使歸。晉爵之爲上卿。|解揚事，不入晉、楚世家，反因鄭人一執，附序于此，章法奇變。

十八年，襄公卒，子悼公濆立。|

悼公元年，鄦公惡鄭于楚，悼公使弟睔於楚自訟。訟不直，楚囚睔。於是鄭悼公來與晉平，遂親。睔私於楚子反，子反言歸睔於鄭。|

二年，楚伐鄭，晉兵來救。|是歲，悼公卒，立其弟睔，是爲成公。|

成公三年，楚共王曰"鄭成公，孤有德焉"，使人來與盟。成公私與盟。|秋，成公朝晉，晉曰"鄭私平於楚"，執之。使欒書伐鄭。|四年春，鄭患晉圍，公子如乃立成公庶兄繻爲君。其四月，晉聞鄭立君，乃歸成公。鄭人聞成公歸，亦殺君繻，迎成公。晉兵

---

① 誑，中華書局本《史記》作"誆"。

去。|

十年，背晉盟，盟於楚。晉厲公怒，發兵伐鄭。楚共王救鄭。晉楚戰鄢陵，楚兵敗，晉射傷楚共王目，俱罷而去。|十三年，晉悼公伐鄭，兵于洧上。鄭城守，晉亦去。|

十四年，成公卒，子惲立。是爲釐公。|

釐公五年，鄭相子駟朝釐公，釐公不禮。子駟怒，使廚人藥殺釐公，赴諸侯，曰"釐公暴病卒"。立釐公子嘉，嘉時年五歲，是爲簡公。|

簡公元年，諸公子謀，欲誅相子駟，子駟覺之，反盡誅諸公子。|二年，晉伐鄭，鄭與盟，晉去。|冬，又與楚盟。子駟畏誅，故兩親晉、楚。|註明。三年，相子駟欲自立爲君，公子子孔，使尉止殺相子駟而代之。子孔又欲自立。子產曰："子駟爲不可，誅之，今又效之，是亂無時息也。"於是子孔從之，而相鄭。|

簡公四年，晉怒鄭與楚盟，伐鄭，鄭與盟。楚共王救鄭，敗晉兵。簡公欲與晉平，楚又囚鄭使者。|

十二年，簡公怒相子孔專國權，誅之，而以子產爲卿。|十九年，簡公如晉，請衛君還，而封子產以六邑。子產讓，受其三邑。|二十二年，吳使延陵季子於鄭，見子產，如舊交，謂子產曰："鄭之執政者侈，難將至，政將及子。子爲政，必以禮；不然，鄭將敗。"子產厚遇季子。畧序。二十三年，諸公子爭寵相殺，又欲殺子產。公子或諫曰："子產仁人，鄭所以存者，子產也，勿殺！"乃止。

二十五年，鄭使子產於晉，問平公疾。平公曰："卜而曰實沈、臺駘爲祟，史官莫知，敢問？"對曰："高辛氏有二子，長曰閼伯，季曰實沈，居曠林，不相能也，日操干戈，以相征伐。后帝弗臧，遷閼伯於商丘,主辰,商人是因,故辰爲商星。遷實沈於大夏,主參,唐人是因,服事夏、商,其季世曰唐叔虞。”當武王邑姜方娠,大叔夢帝謂己:‘余命而子曰虞,乃與之唐,屬之參,而蕃育其子孫。’及生,有文在其掌曰‘虞’,遂以命之。及成王,滅唐而國太叔焉。故參爲晉星。”兩對商畧晉詳。由是觀之,則實沈,參神也。昔金天氏有裔子,曰昧,爲玄冥師,生允格、臺駘。臺駘能業其官,宣汾、洮,障大澤,以處太原。帝用嘉之,國之汾川。沈、姒、蓐、黄實守其祀。今晉主汾川而滅之。由是觀之,則臺駘,汾、洮神也。丨實沈臺駘作兩段序,用閼伯允格陪,閼伯實序,允格虚。然是二者,不害君身。山川之神,則水旱之菑,禜之;日月星辰之神,則雪霜風雨不時禜之;若君疾,飲食哀樂女色所生也。”平公及叔嚮曰:“善,博物君子也!”厚爲之禮於子產。丨

二十七年夏,鄭簡公朝晉。丨冬,畏楚靈王之彊,又朝楚,子產從。丨二十八年,鄭君病,使子產會諸侯,與楚靈王盟於申,誅齊慶封。丨

三十六年,簡公卒,子定公寧立。丨秋,定公朝晉昭公。丨

定公元年,楚公子棄疾,弑其君靈王而自立,爲平王。欲行德諸侯,歸靈王所侵鄭地于鄭。丨

四年,晉昭公卒,其六卿彊,公室卑。子產謂韓宣子曰:“爲政必以德,毋忘所以立。”丨畧序。

六年,鄭火,公欲禳之。子產曰:“不如修德。”丨畧序。

八年,楚太子建來奔。丨十年,太子建與晉謀襲鄭。鄭殺建,建子勝,奔吴。丨

十一年,定公如晉。晉與鄭謀誅周亂臣,入敬王于周。丨

十三年，定公卒，子獻公蠆立。｜獻公十三年卒，子聲公勝立。｜當是時晉六卿彊，侵奪鄭鄭遂弱。｜

聲公五年，鄭相子產卒，鄭人皆哭泣，悲之，如亡親戚。子產者鄭成公少子也。爲人仁愛人，事君忠厚。孔子嘗過鄭，與子產如兄弟云。及聞子產死，孔子爲泣曰："古之遺愛也！"兄事子產。｜子產雖已入《循吏傳》，於此再出色一番，若論若贊，妙！

八年，晉范、中行氏反晉，告急于鄭，鄭救之。晉伐鄭，敗鄭軍于鐵。｜

十四年，宋景公滅曹。｜宋事插序。二十年，齊田常弒其君簡公，而常相於齊。｜弒君附見。二十二年，楚惠王滅陳。｜楚事插序。孔子卒。｜

二十六年[①]，晉知伯伐鄭取九邑。｜

三十七年，聲公卒，子哀公易立。｜哀公八年，鄭人弒哀公，而立聲公弟丑，是爲共公。｜共公三年，晉滅知伯。晉事插序。三十年，共公卒，子幽公已立。｜幽公元年，韓武子伐鄭，殺幽公。鄭人立幽公弟駘，是爲繻公。｜

繻公十五年，韓景侯伐鄭，取雍丘。鄭城京。｜

十六年鄭伐韓敗韓兵于負黍。｜二十年，韓、趙、魏立[②]爲諸侯。提綱。｜二十三年，鄭圍韓之陽翟。｜

二十五年，鄭君殺其相子陽。｜二十七年，子陽之黨，共弒繻公駘，而立幽公弟乙爲君，是爲鄭君。｜

---

① 二十六年，中華書局本《史記》作"三十六年"。

② 立，中華書局本《史記》作"列"。

鄭君乙立二年，鄭負黍反，復歸韓。| 十一年，韓伐鄭，取陽城。|

二十一年，韓哀侯滅鄭，并其國。

太史公曰：語有之，"以權利合者，權利盡而交疎"，甫瑕是也。甫瑕雖以劫殺鄭子，內厲公，厲公終背而殺之，此與晉之里克何異？守節如荀息，身死而不能存奚齊。變所從來，亦多故矣！此贊以跌宕勝，因甫瑕以及里克，因以里克而及荀息，杳然無際。

鄭爲小國，間于晉、楚之間，故事務繁多，俱用簡法畧點，如盆花几石，妍媚可觀，另是一種手眼。

趙世家

趙氏之先,與秦共祖。先提一句,下即分。至中衍,爲帝大戊御。其後世,蜚廉有子二人,而命其一子曰惡來,事紂,爲周所殺,其後爲秦。分二支秦一支是客。惡來弟曰季勝,其後爲趙。丨趙一支是主,一束。

季勝生孟增。孟增幸於周成王,是爲宅皋狼。皋狼生衡父,衡父生造父。造父幸於周繆王。造父取驥之乘匹,與桃林盜驪、驊騮、緑耳,獻之繆王。繆王使造父御,西巡狩,見西王母,樂之忘歸。而徐偃王反,繆王日馳千里馬,攻徐偃王,大破之。乃賜造父以趙城,由此爲趙氏。丨二束。

自造父已下六世,至奄父,世系詳。曰公仲,周宣王時伐戎爲御。及千畝戰,奄父脱宣王。奄父生叔帶。叔帶之時,周幽王無道,去周如晉,事晉文侯,始建趙氏於晉國。丨三束。

自叔帶以下,趙宗益興,五世而至趙夙。丨又總一筆,承上起下,乃入趙事,序法詳盡。

趙夙,晉獻公之十六年,伐霍、魏、耿,而趙夙爲將伐霍。霍公求犇齊。晉大旱,卜之,曰"霍太山爲祟"。使趙夙召霍君於齊,復之，以奉霍太山之祀，晉復穰。晉獻公賜趙夙耿。

夙生共孟，當魯閔公之元年也。插魯事，提綱。共孟生趙衰，字子餘。

趙衰卜事晉獻公，及諸公子，莫吉；卜事公子重耳，吉，即事重耳。重耳以驪姬之亂，亡奔翟，趙衰從。翟伐廧咎如，得二女，翟以其少女妻重耳，長女妻趙衰，而生盾。初重耳在晉時，趙衰妻亦生趙同、趙括、趙嬰齊。趙衰從重耳出亡，凡十九年，得反國。重耳爲晉文公，趙衰爲原大夫，居原，任國政。文公所以反國及霸，多趙衰計策，語在《晉》事中。畧序。

趙衰既反晉，晉之妻固要迎翟妻，而以其子盾爲適嗣，晉妻三子，皆下事之。晉襄公之六年而趙衰卒，謚爲成季。趙衰從重耳事畧序，簡核。

趙盾代成季任國政，二年，而晉襄公卒，太子夷皋年少。盾爲國多難，欲立襄公弟雍。雍時在秦，使使迎之。太子母日夜啼泣，頓首謂趙盾曰："先君何罪，釋其適子而更求君？"趙盾患之，恐其宗與大夫襲誅之，廼遂立太子，是爲靈公，發兵距所迎襄公弟於秦者。靈公既立，趙盾益專國政。提一句，爲下宮張本。

靈公立十四年，益驕。趙盾驟諫，靈公弗聽。及食熊蹯胹不熟，殺宰人，持其尸出，趙盾見之。靈公由此懼，欲殺盾。盾素仁愛人，嘗食桑下餓人，反扞救盾，盾以得亡。未出境而趙穿弒靈公，而立襄公弟黑臀，是爲成公。趙盾復反，任國政。君子譏盾"爲正卿，亡不出境，反不討賊"，故太史書曰"趙盾弒其君"。趙盾事亦畧序，以有《晉世家》在也。晉景公時，而趙盾卒，謚爲宣孟子朔嗣。

趙朔,晉景公之三年,朔爲晉將下軍救鄭,與楚莊王戰河上。朔娶晉成公姊爲夫人。先提一句。

晉景公之三年,大夫屠岸賈欲誅趙氏。又提一句,下乃入事,穿插明白。初趙盾在時,夢見叔帶持要而哭,甚悲;已而笑,拊手且歌。盾卜之,兆絕而後好。趙史援占之曰:“此夢甚惡,非君之身,乃君之子,然亦君之咎。至孫,趙將世益衰。”插入一段。屠岸賈者,間接。始有寵於靈公,及至於景公,而賈爲司寇,將作難,乃治靈公之賊,以致趙盾,寫出私意。徧告諸將曰:“盾雖不知猶爲賊首。以臣弑君,子孫在朝,何以懲罪?請誅之。”韓厥曰:“靈公遇賊,趙盾在外,吾先君以爲無罪,故不誅。一轉。今諸君將誅其後,是非先君之意。二轉。而今妄誅。妄誅謂之亂臣。三轉。有大事而君不聞,是無君也。”屠岸賈不聽。韓厥告趙朔趣亡,朔不肯,曰:“子必不絕趙祀,朔死不恨。”韓厥許諾稱疾不出。賈不請而擅與諸將攻趙氏於下宮,不請擅與,伏下案。殺趙朔、趙同、趙括、趙嬰齊,皆滅其族。

趙朔妻成公姊,間接。章法之妙!有遺腹,走公宮匿。頓住,下插嬰、臼。趙朔客曰公孫杵臼,杵臼謂朔友人程嬰曰:“胡不死?”一客一友人,已分厚薄,伏下。程嬰曰:“朔之婦有遺腹,若幸而男,吾奉之;即女也,吾徐死耳。”又頓住,下入索兒事。居無何,而朔婦免身生男。屠岸賈聞之,索於宮中。夫人置兒絝中,祝曰:“趙宗滅乎,若號;即不滅,若無聲。”及索,兒竟無聲。又頓住,下入嬰、臼。已脫,程嬰謂公孫杵臼曰:“今一索不得,後必且復索之,奈何?”公孫杵臼曰:“立孤與死,孰難?”應上“胡不死”。程嬰曰:“死易,立孤難耳。”公孫杵臼曰:“趙氏先君遇子厚,子彊爲其難者,吾爲其易者,一椿大事說得輕倩,妙! 請先死。”頓住。乃二人謀,取他人嬰兒負之,衣以文葆,匿山中。程嬰出,謬謂諸將軍曰:“嬰不肖,不能立趙孤。誰能與我千金,吾告趙氏孤處。”諸將皆喜,許之,發師隨程嬰,攻公孫杵臼。杵臼謬曰:“小人哉程嬰! 昔下宮之難不能死,與我謀匿趙氏孤兒,今又賣我。縱不能立,而忍賣之乎!”一反跌,語氣如生。抱兒呼曰:“天乎! 天乎! 趙氏孤兒何罪? 請活之,獨殺杵臼可也。”又作一反跌段段入妙。諸將不許,遂殺杵臼與孤兒。諸將以爲趙氏孤兒良已死,皆喜。然趙氏真孤乃反在,數語一托,一段文法精神逼現。程嬰卒與俱匿山中。

居十五年,晉景公疾,卜之,大業之後不遂者爲祟。景公問韓厥,厥知趙孤在,乃曰:“大業之後,在晉絕祀者,其趙氏乎? 夫自中衍者,皆嬴姓也。中衍人面鳥噣,降佐殷帝大戊,中衍形事,於此補出。及周天子,皆有明德。下及幽厲無道,而叔帶去周適晉,事先君文侯,至於成公,世有立功未嘗絕祀。今吾君獨滅趙宗,國人哀之,故見龜策。唯君圖之。”景公問:“趙尚有後子孫乎?”韓厥具以實告。於是景公乃與韓厥謀立趙孤兒,一謀匿,一謀立,對照。召而匿之宮中。諸將入問疾,景公因韓厥之衆,以脅諸將,而見趙孤。趙孤名曰武。一段止說趙孤,至此始出名字。諸將不得已,乃曰:“昔下宮之難,屠岸賈爲之,矯以君命,并命群臣。應前。非然,孰敢作難! 一折。微君之疾,群臣固且請立趙後今君有命,群臣之願也。”於是召趙武、程嬰,徧拜諸將,遂反與程嬰、趙武攻屠岸賈,滅其族。復與趙武田邑如故。

及趙武冠,爲成人,程嬰乃辭諸大夫,謂趙武曰:“昔下宮之難,皆能死。我非不能死,我思立趙氏之後。今趙武既立爲成人,復故位,我將下報趙宣孟,與公孫杵臼。”事奇語奇,復得奇筆寫出,妙!趙武啼泣頓首固請,曰:“武願苦筋骨以報子至死,而子忍去我死乎!”程嬰曰:“不可。彼以我爲能成事,故先我死;今我不報,是以我事爲不成。”遂自殺。又借程嬰作餘波,奇險華燦。趙武服齊衰三年,爲之祭邑,春秋祠之,世世勿絕。以上下宫之難是一篇。

趙氏復位十一年,而晉厲公殺其大夫三郤。欒書畏及,乃遂弒其君厲公,更立襄公曾孫周,是爲悼公。晉由此大夫稍彊。|四束。大夫稍強,正爲趙氏有國張本。

趙武續趙宗二十七年,晉平公立。平公十二年,而趙武爲正卿。|十三年,吳延陵季子使於晉,曰:“晉國之政卒歸於趙武子、韓宣子、魏獻子之後矣。”|趙武死,謚爲文子。

文子生景叔。景叔之時,齊景公使晏嬰於晉,晏嬰與晉叔向語。嬰曰:“齊之政,後卒歸田氏。”叔向亦曰:“晉國之政,將歸六卿。六卿侈矣,而吾君不能恤也。”|兩段爲趙氏有國張本。

趙景叔卒,生趙鞅,是爲簡子。|

趙簡子在位,晉頃公之九年,簡子將合諸侯戍於周。其明年,入周敬王於周,辟弟子朝之故也。

晉頃公之十二年,六卿以法誅公族祁氏、羊舌氏,分其邑爲十縣,六卿各令其族爲之大夫。晉公室由此益弱。|五束。晉室益弱,正爲趙氏之地。

後十三年,魯賊臣陽虎來奔,趙簡子受賂,厚遇之。

趙簡子疾,五日不知人,大夫皆懼。醫扁鵲視之,句。出,句。董安于問。扁鵲曰:“血脈治也,而何怪!在昔秦繆公嘗如此,七日而寤。寤之日,告公孫支與子輿曰:‘我之帝所甚樂。吾所以久者,適有學也。帝告我:"晉國將大亂,五世不安;其後將霸,未老而死;霸者之子,且令而國男女無別。"'公孫支書而藏之,秦讖於是出矣。獻公之亂,文公之霸,而襄公敗秦師於殽,而歸縱淫,此子之所聞。今主君之疾,與之同,不出三日,疾必閒,句。閒句。必有言也。"先借秦事作證,如小說攤頭,妙甚!

居二日半,簡子寤。語大夫曰:"我之帝所甚樂,與百神遊於鈞天,廣樂九奏萬舞,不類三代之樂,其聲動人心。有一熊欲來援我,帝命我射之,中熊,熊死。又有一羆來,我又射之,中羆,羆死。帝甚喜,賜我二笥,皆有副。吾見兒在帝側,帝屬我一翟犬,曰:'及而子之壯也,以賜之。'帝告我:'晉國且世衰,七世而亡,嬴姓將大,敗周人於范魁之西,而亦不能有也。今余思虞舜之勳,適余將以其胄女孟姚,配而七世之孫。'"董安于受言而書藏之。以扁鵲言告簡子,簡子賜扁鵲田四萬畝。中一段實序。

他日簡子出,有人當道,辟之不去,從者怒,將刃之。當道者曰:"吾欲有謁於主君。"從者以聞。簡子召之,曰:"譆,句。吾有所見子,句。晰也。"句。蓋日吾有一處曾見子矣,甚明晰也,然記不起,是遇夢中人語,妙!當道者曰:"屏左右,願有謁。"簡子屏人。當道者曰:"主君之疾,臣在帝側。"簡子曰:"然,有之。子之見我,我何爲?"反問,妙!是問夢中人語。當道者曰:"帝令主君射熊與羆,皆死。"反從夢中人說出,妙畫情事。簡子曰:"是,句。且何也?"當道者曰:"晉國且有大難,主君首之。帝令主君滅二卿,夫熊與羆,皆其祖也。"簡子曰:"帝賜我二笥皆有副,何也?"前是夢中人說,此從簡子說,錯綜之妙!當道者曰:"主君之子,將克二國於翟,皆子姓也。"簡子曰:"吾見兒在帝側,帝屬我一翟犬,曰'及而子之長以賜之'。

夫兒何謂以賜翟犬?”法變。當道者曰:“兒,主君之子也。翟犬者,代之先也。主君之子且必有代。及主君之後嗣,且有革政而胡服,并二國於翟。”簡子問其姓,而延之以官。當道者曰:“臣野人,致帝命耳。”遂不見。簡子書藏之府。一夢凡作三段序。一段借秦事證,一段夢中事,一段問夢中人事始句句解明章法妙!

異日姑布子卿見簡子,簡子徧召諸子相之。子卿曰:“無爲將軍者。”簡子曰:“趙氏其滅乎?”子卿曰:“吾嘗見一子於路,殆君之子也。”簡子召子毋恤。毋恤至,則子卿起曰:“此真將軍矣!”簡子曰:“此其母賤,翟婢也,奚道貴哉?”子卿曰:“天所授,雖賤必貴。”一節。自是之後,簡子盡召諸子與語,毋恤最賢。虛。簡子乃告諸子曰:“吾藏寶符於常山上,先得者賞。”諸子馳之常山上,句。求,句。無所得。毋恤還,曰:“已得符矣。”簡子曰:“奏之。”毋恤曰:“從常山上臨代,代可取也。”簡子於是知毋恤果賢,乃廢太子伯魯,而以毋恤爲太子。|此又借姑布子卿、借藏符事作兒賜翟犬餘波,以終上章之義。○以上簡子夢是一篇。

後二年,晉定公之十四年,范、中行作亂。明年春,簡子謂邯鄲大夫午曰:“歸我衛士五百家,吾將置之晉陽。”邯鄲,范、中行之地。午許諾,歸而其父兄不聽,倍言。趙鞅捕午,囚之晉陽。乃告邯鄲人曰:“我私有誅午也,諸君欲誰立?”遂殺午。范、中行事有數節,殺午是一節。趙稷、涉賓,以邯鄲反。晉君使籍秦圍邯鄲。邯鄲反,是二節。荀寅、范吉射與午善,不肯助秦,而謀作亂,董安于知之。荀范作亂是三節。十月,范、中行氏伐趙鞅,鞅奔晉陽,晉人圍之。圍晉陽是四節。范吉射、荀寅仇人魏襄等,謀逐荀寅,以梁嬰父代之。”逐吉射,以范皋繹代之。魏襄謀逐是五節。荀躒言於晉侯曰："君命大臣，始亂者死。今三臣始亂，而獨逐鞅，用刑不均，請皆逐之。"荀躒請皆逐是六節。十一月，荀櫟、韓不佞、魏哆，奉公命以伐范、中行氏，不克。范、中行氏反伐公，公擊之，范、中行敗走。伐范、中行是七節。丁未，二子奔朝歌。二子奔是八節。韓、魏以趙氏爲請。十二月辛未，趙鞅入絳，盟於公宮。趙鞅入盟是九節。其明年，知伯文子謂趙鞅曰："范、中行雖信爲亂，安于發之，是安于與謀也。晉國有法，始亂者死。夫二子已伏罪，而安于獨在。"趙鞅患之。安于曰："臣死，趙氏定，晉國寧，吾死晚矣。"遂自殺。趙氏以告知伯，然後趙氏寧。殺董安于是十節。

孔子聞趙簡子不請晉君，而執邯鄲午，保晉陽，故書《春秋》曰"趙鞅以晉陽畔"。無数事縮作數百言，頭緒秩然。

趙簡子有臣曰周舍，好直諫。周舍死，簡子每聽朝，常不悦，大夫請罪。簡子曰："大夫無罪。吾聞千羊之皮，不如一狐之腋。諸大夫朝，徒聞唯唯，不聞周舍之鄂鄂，是以憂也。"簡子由此能附趙邑而懷晉人。六束。

晉定公十八年，趙簡子圍范、中行于朝歌，中行文子奔邯鄲。明年，衛靈公卒。簡子與陽虎，送衛大子蒯聵於衛，衛不內，居戚。

晉定公二十一年，簡子拔邯鄲，中行文子奔柏人。簡子又圍柏人，中行文子、范昭子，遂奔齊。趙竟有邯鄲、柏人。完邯鄲事。范、中行餘邑入於晉。趙名晉卿，實專晉權，奉邑侔於諸侯。｜七束。趙氏漸大。

晉定公三十年，定公與吳王夫差爭長於黄池，趙簡子從，晉定公卒長吳。定公三十七年卒，而簡子除三年之喪，期而已。｜是歲，越王句踐滅吳。｜越事插序。

晉出公十一年,知伯伐鄭。趙簡子疾,使太子毋恤,將而圍鄭。知伯醉,以酒,灌擊毋恤。毋恤群臣請死之。毋恤曰:"君所以置毋恤,爲能忍詢。"然亦慍知伯。知伯歸,因謂簡子,使廢毋恤,簡子不聽。毋恤由此怨知伯。由慍而怨,以漸而深。

晉出公十七年,簡子卒,太子毋恤代立,是爲襄子。

趙襄子元年,越圍吴。襄子降喪食,使楚隆問吴王。

襄子姊,前爲代王夫人。簡子既葬,未除服,北登夏屋,請代王。使廚人操銅枓,以食代王及從者,句。行斟,句。陰令宰人各以枓擊殺代王,及從官,遂興兵平代地。應上常山寶符事。其姊聞之,泣而呼天,摩笄自殺。代人憐之,所死地名之爲摩笄之山。遂以代封伯魯子周爲代成君。伯魯者,襄子兄故太子。太子蚤死,故封其子。丨又點明應上。

襄子立四年,知伯與趙、韓、魏,盡分其范、中行故地。晉出公怒,告齊、魯,欲以伐四卿。四卿恐,遂共攻出公。出公奔齊,道死。知伯乃立昭公曾孫驕,是爲晉懿公。知伯益驕。請地韓、魏,韓、魏與之。請地趙,趙不與,以其圍鄭之辱。點明接上。知伯怒,遂率韓、魏攻趙。趙襄子懼,乃奔保晉陽。

原過從,句。後,句。至於王澤,見三人,自帶以上可見,自帶以下不可見。與原過竹二節,莫通。曰:"爲我以是遺趙毋恤。"原過既至,以告襄子。襄子齋[1]三日,親自剖竹,有朱書曰:"趙毋恤,余霍泰山山陽侯天使也。三月丙戌,余將使女反滅知氏。女亦立我百邑,余將賜女林胡之地。至於後世,且有伉王,亦黑,龍面而

---

[1] 齋,中華書局本《史記》作"齊"。

鳥噣,鬢麋髯頿,大膺大胸,修下而馮,左衽界乘,奄有河宗,至于休溷諸貉,南伐晉别,北滅黑姑。”文筆奇幻。襄子再拜,受三神之令。

三國攻晉陽,歲餘,引汾水灌其城,城不浸者三版。城中懸釜而炊,易子而食。群臣皆有外心,禮益慢,唯高共不敢失禮。襄子懼,乃夜使相張孟同,私於韓、魏。韓、魏與合謀,以三月丙戌,三國反滅知氏,共分其地。晉陽只畧寫,反借神書事出色。因韓、魏二傳詳,故别作機杼也。於是襄子行賞,高共爲上。張孟同曰:“晉陽之難,唯共無功。”襄子曰:“方晉陽急,群臣皆懈,惟共不敢失人臣禮,是以先之。”於是趙北有代,南并知氏,彊於韓、魏。遂祠三神於百邑,使原過主霍泰山祠祀。|八束,趙氏益強。

其後娶空同氏,生五子。襄子爲伯魯之不立也,不肯立子,且必欲傳位與伯魯子代成君。成君先死,乃取代成君子浣,立爲太子。襄子立三十三年卒,浣立是爲獻侯。

獻侯少即位,治中牟。

襄子弟桓子逐獻侯,自立於代,一年卒。國人曰“桓子立非襄子意”,乃共殺其子,而復迎立獻侯。

十年,中山武功①初立。十三年,城平邑。十五年,獻侯卒,子烈侯籍立。

烈侯元年,魏文侯伐中山,使太子擊守之。六年,魏、韓、趙皆相立爲諸侯,追尊獻子爲獻侯。|九束。自初起至立侯,凡九段收束。

烈侯好音,謂相國公仲連曰:“寡人有愛,可以貴之乎?”公仲

① 功,中華書局本《史記》作“公”。

曰："富之可，貴之則否。"烈侯曰："然。夫鄭歌者槍、石二人，吾賜之田，人萬畝。"公仲曰："諾。"不與。一頓。居一月，烈侯從代來，問歌者，田。公仲曰："求，句。未有可者。"二頓。有頃，烈侯復問。公仲終不與，三頓。乃稱疾不朝。番吾君自代來，謂公仲曰："君實好善，而未知所持。今公仲相趙，於今四年，亦有進士乎？"公仲曰："未也。"番吾君曰："牛畜、荀欣、徐越，皆可。"公仲乃進三人。及朝，烈侯復問："歌者田，何如？"公仲曰："方使擇其善者。"四頓。忙中又插一句，文法不板。牛畜侍烈侯以仁義，約以王道，烈侯逌然。明日，荀欣侍以選練舉賢，任官使能。明日，徐越侍以節財儉用，察度功德。所與無不充，君說。兩"明日"相對作姿。烈侯使使謂相國曰："歌者之田且止。"官牛畜爲師，荀欣爲中尉，徐越爲內史，賜相國衣二襲。

九年，烈侯卒，弟武公立。武公十三年，卒，趙復立烈侯太子章，是爲敬侯。是歲魏文侯卒。魏事插序。

敬侯元年，武公子朝作亂，不克，出奔魏。趙始都邯鄲。

二年，敗齊於靈丘。三年，救魏於廩丘，大敗齊人。四年，魏敗我兔臺。築剛平以侵衛。五年，齊、魏爲衛攻趙，取我剛平。六年，借兵於楚，伐魏，取棘蒲。八年，拔魏黄城。九年，伐齊。齊伐燕，趙救燕。十年，與中山戰于房子。

十一年，魏、韓、趙共滅晉，分其地。伐中山，又戰于中人。十二年，敬侯卒，子成侯種立。

成侯元年，公子勝與成侯爭立，爲亂。二年，六月雨雪。三年，大戊午爲相。伐衛，取鄉邑七十三。魏敗我藺。四年，與秦戰高安，敗之。五年，伐齊於鄄。魏敗我懷。攻鄭敗之，以與韓，韓與我長子。六年中山築長城。中山事插序。伐魏,敗涿澤,圍魏惠王。七年,侵齊,至長城。與韓攻周。八年,與韓分周以爲兩。九年,與齊戰阿下。十年,攻衛取甄。十一年,秦攻魏,趙救之石阿。十二年,秦攻魏少梁,趙救之。十三年,秦獻公使庶,長國伐魏少梁,虜其太子、座。丨秦事插序。魏敗我澮,取皮牢。成侯與韓昭侯遇上黨。十四年,與韓攻秦。十五年,助魏攻齊。

十六年,與韓、魏分晉,封晉君以端氏。

十七年成侯與魏惠王遇葛孽。十九年,與齊、宋會平陸,與燕會阿。二十年,魏獻榮椽,因以爲檀臺。二十一年,魏圍我邯鄲。二十二年,魏惠王拔我邯鄲,齊亦敗魏於桂陵。二十四年,魏歸我邯鄲,與魏盟漳水上。秦攻我藺。二十五年,成侯卒。公子緤,與太子肅侯爭立,緤敗,亡奔韓。

肅侯元年,奪晉君端氏,徙處屯留。二年,與魏惠王遇於陰晉。三年,公子范襲邯鄲,不勝而死。四年,朝天子。六年攻齊,拔高唐。七年公子刻攻魏首垣。十一年,秦孝公使商君伐魏,鹵其將公子卬。秦事插序。趙伐魏。十二年,秦孝公卒,商君死。秦事插序。十五年,起壽陵。魏惠王卒。魏事插序。

十六年,肅侯遊大陵,出於鹿門,大戊午扣馬曰:“耕事方急一日不作,百日不食。”只兩句佳勝。肅侯下車謝。

十七年,圍魏黄,不克。築長城。

十八年,齊、魏伐我,我決河水灌之,兵去。二十二年,張儀相秦。趙疵與秦戰敗,秦殺疵河西,取我藺、離石。三十三年[1],韓舉

① 三十三年,中華書局本《史記》作“二十三年”。

與齊、魏戰，死於桑丘。

二十四年，肅侯卒。秦、楚、燕、齊、魏出銳師，各萬人，來會葬。子武靈王立。以上俱散序至武靈王後，又復生色矣。

武靈王元年，陽文君趙豹相。梁襄王與太子嗣，韓宣王與太子倉，來朝信宮。武靈王少，未能聽政，博聞師三人，左右司過三人。及聽政，“未能聽政”“及聽政”作兩節對。先問先王貴臣肥義加其秩；加秩肥義是一事。國三老年八十，月致其禮。致禮三老是一事。

三年，城鄗。四年，與韓會於區鼠。五年，娶韓女爲夫人。爲惠后先伏。

八年，韓擊秦不勝而去五國相王，趙獨否，曰：“無其實，敢處其名乎！”簡淨。令國人謂己曰“君”。

九年，與韓、魏共擊秦，秦敗我，斬首八萬級。齊敗我觀澤。十年秦取我西都及中陽。齊破燕。燕相子之爲君，君反爲臣。十一年，王召公子職於韓，立以爲燕王，”使樂池送之。十三年，秦拔我藺，鹵將軍趙莊。楚惠[①]王來過邯鄲。十四年，趙何攻魏。

十六年，秦惠王卒。秦事插序。王遊大陵。他日，王夢見處女，鼓琴而歌，詩曰：“美人熒熒兮，顏若苕之榮。命乎命乎，曾無我嬴！”歌詩清倩。異日王飲酒樂，數言所夢，想見其狀。若宋玉賦中語。吳廣聞之，因夫人而內其女娃嬴。孟姚也。孟姚甚有寵於王，是爲惠后。

十七年，王出九門，爲野臺，以望齊、中山之境。

十八年，秦武王與孟說，舉龍文赤鼎，絕臏而死。趙王使代相

① 惠，中華書局本《史記》作“魏”。

趙固,迎公子稷于燕,送歸,立爲秦王,是爲昭王。

十九年,春正月,大朝信宮。召肥義與議天下,五日而畢。先虛寫一筆作引,是一篇文字起處。王北畧中山之地,至于房子,遂之代,北至無窮,西至河,登黄華之上。又虛寫一段,不便出胡服事,文情悠宕之妙。召樓緩謀曰:“我先王因世之變,以長南藩之地,屬阻漳、滏之險,立長城,又取藺、郭狼,敗林人於荏,而功未遂。一段自度。今中山在我腹心,北有燕,東有胡,西有林胡、樓煩、秦、韓之邊,而無彊兵之救,是亡社稷,奈何?一段度人。夫有高世之名,必有遺俗之累。吾欲胡服。”一句即入,便住。樓緩曰:“善。”胡服一篇,亦作四節寫。先是樓緩一節。〇胡服之議,說第一遍,語意簡陗,點頭會意是親臣密謀語。群臣皆不欲。

於是肥義侍,王曰:“簡、襄主之烈,計胡、翟之利。爲人臣者,寵,有孝悌長幼順明之節,通,有補民益主之業,此兩者,臣之分也。一轉。今吾欲繼襄主之跡,開於胡、翟之鄉,而卒世不見也。二轉。爲敵弱,用力少而功多,可以毋盡百姓之勞,而序往古之勳。三轉。夫有高世之功者,負遺俗之累;有獨智之慮者,任驁民之怨。今吾將胡服騎射,以教百姓,而世必議寡人,奈何?”即與樓緩之言而加詳焉。〇胡服之議,說第二遍,語氣畧縱。肥義曰:“臣聞疑事無功,疑行無名。王既定負遺俗之慮,殆無顧天下之議矣。一轉。夫論至德者,不和於俗,成大功者,不謀於眾。二轉。昔者舜舞有苗,禹袒裸國,非以養欲而樂志也,務以論德而約功也。三轉。愚者闇成事,智者覩未形,則王何疑焉。”即樓緩之對,亦加詳焉。王曰:“吾不疑胡服也,吾恐天下笑我也。狂夫之樂,智者哀焉;愚者所笑,賢者察焉。世有順我者,胡服之功,未可知也。雖驅世以笑我,胡地中山,吾必有之。”胡服之議,說第三遍,語簡節緊,是大臣坐論語。於是遂胡服矣。以上兩反兩復,至此一頓,若決意胡服,無他議矣。孰知又有公子成一節哉?文情之妙。○肥義是第二節。

使王緤告公子成曰:“寡人胡服,將以朝也,亦欲叔服之。先點後轉。家聽於親,而國聽於君,古今之公行也。子不反親,臣不逆君,兄弟之通義也。今寡人作教易服,而叔不服,吾恐天下議之也。二轉。制國有常,利民爲本;從政有經,令行爲上。明德先論於賤,而行政先信於貴。即上意而語加陗。○三轉。今胡服之意,非以養欲而樂志也;事有所止,而功有所出,事成功立,然後善也。四轉。今寡人恐叔之逆,從政之經,以輔叔之議。五轉。且寡人聞之,事利國者,行無邪,因貴戚者,名不累,故願慕公叔之義,以成胡服之功。使緤謁之叔,請服焉。”胡服之議說第四遍,悠揚和緩令人易入,是對至親之語。公子成再拜稽首曰:“臣固聞王之胡服也。臣不佞,寢疾未能趨走,以滋進也。王命之,臣敢對,因竭其愚忠。曰:臣聞中國者,蓋聰明徇智之所居也,萬物財用之所聚也,聖賢[1]之所教也,仁義之所施也,《詩》《書》《禮》《樂》之所用也,異敏技能之所試也,遠方之所觀赴也,蠻夷之所義行也。一直滚下,句法如風雨之集,又一種筆法。今王舍此而襲遠方之服,變古之教,易古之道,逆人之心,而佛學者,離中國,故臣願王圖之也。”使者以報。王曰:“吾固聞叔之疾也,我將自往請之。”中又一變。

王遂往之公子成家,因自請之曰:“夫服者,所以便用也;禮者,所以便事也。聖人觀鄉而順宜,因事而制禮,所以利其民,而

---

① 聖賢,中華書局本《史記》作“賢聖”。

厚其國也。一轉。夫翦髮文身,錯臂左衽,甌越之民也。黑齒雕題,卻冠秫絀,大吳之國也。二轉。故禮服莫同,其便一也。鄉異而用變,事異而禮易。三轉。是以聖人,果可以利其國,不一其用;果可以便其事,不同其禮。儒者一師而俗異,中國同禮而教離,況於山谷之便乎? 四轉。故去就之變,知[①]者不能一;遠近之服,聖賢[②]不能同。窮鄉多異,曲學多辯。不知而不疑,異于己而不非者,公焉而衆求盡善也。五轉。今叔之所言者,俗也,吾所言者,所以制俗也。住而復起,一段論理。○六轉。吾國,東有河、薄洛之水,與齊、中山同之,無舟楫之用。客。自常山以至代上黨,東有燕、東胡之境,而西有樓煩、秦、韓之邊,今無騎射之備。七轉。故寡人無舟楫之用,夾水居之民,將何以守河、薄洛之水;變服騎射,以備燕、三胡、秦、韓之邊。八轉。且昔者簡主不塞晉陽以及上黨,而襄主并戎取代以攘諸胡,此愚知所明也。先時中山負齊之彊兵,侵暴吾地,係累吾民,引水圍鄗,微社稷之神靈,則鄗幾於不守也。先王醜之,而怨未能報也。九轉。今騎射之備,近可以便上黨之形,而遠可以報中山之怨。而叔順中國之俗,以逆簡、襄之意,惡變服之名,以忘鄗事之醜,非寡人之所望也。"一段論勢。○胡服之議,說第五遍,始淋漓明暢。公子成再拜稽首曰:"臣愚,不達於王之義,敢道世俗之聞,臣之辠也。今王將繼簡、襄之意,以順先王之志,臣敢不聽命乎!"再拜稽首。乃賜胡服。明日,服而朝。於是始出胡服令也。公子成之後,又一頓,以爲無遺議矣。孰知又有趙文等一段哉? 文章樂事。○公子成是三節。

---

① 知,中華書局本《史記》作"智"。

② 聖賢,中華書局本《史記》作"賢聖"。

趙文、趙造、周紹、趙俊皆諫止王毋胡服,如故法便。省。王曰:“先王不同俗,何古之法?帝王不相襲,何禮之循?先立四句柱。虙戲、神農,教而不誅,黄帝、堯、舜,誅而不怒。及至三王,隨時制法,因事制禮。法度制令,各順其宜,衣服器械,各便其用。一轉。故禮也,不必一道,而便國不必古。聖人之興也,不相襲而王,夏、殷之衰也,不易禮而滅。二轉。然則反古未可非,而循禮未足多也。四轉。且服奇者志淫,則是鄒、魯無奇行也;俗辟者民易,則是吳、越無秀士也。五轉。且聖人利身謂之服,便事謂之禮。六轉。夫進退之節,衣服之制者,所以齊常民也,非所以論賢者也。七轉。故齊民與俗流,賢者與變俱。故諺曰‘以書御者,不盡馬之情,以古制今者,不達事之變’。循法之功,不足以高世;法古之學,不足以制今。子不及也。”胡服之議,説第六遍義嚴而正,詞峭而勁,是對群臣語。一遍是一種語氣,一種文法。遂胡服招騎射。|

二十年,王畧中山地,至寧葭;西畧胡地,至榆中。林胡王獻馬。復寫畧地,應前。歸,使樓緩之秦,仇液之韓,王賁之楚,富丁之魏,趙爵之齊。代相趙固,主胡致其兵。此是胡服之效。○自大朝信宫至此是一篇。

二十一年,攻中山。趙紹爲右軍,許鈞爲左軍,公子章爲中軍,王并將之。牛翦將車騎,趙希并將胡、代趙。與之陘,合軍曲陽,攻取丹丘、華陽、鴟之塞。王軍取鄗、石邑、封龍、東垣。中山獻四邑和,王許之,罷兵。|二十三年,攻中山。二十五年,惠后卒。使周紹胡服,傅王子何。二十六年,復攻中山,攘地北至燕、代,西至雲中、九原。以上戰勝攻取俱胡服之效。

二十七年,五月戊申,大朝於東宫,傳國,立王子何以爲王。

王廟見禮畢,出臨朝。大夫悉爲臣,肥義爲相國,并傅王。是爲惠文王。惠文王,惠後吴娃子也。點應前。武靈王自號爲主父。

主父欲令子主治國,而身胡服將士大夫西北畧胡地,而欲從雲中、九原直南襲秦,寫主父每多氣色,俱用此等句。於是詐自爲使者入秦。秦昭王不知,已而怪其狀甚偉,非人臣之度,使人逐之,而主父馳,已脱關矣。審問之,乃主父也。秦人大驚。主父所以入秦者,欲自畧地形,因觀秦王之爲人也。住一筆矯健。

惠文王二年主父行新地,遂出代,西遇樓煩王於西河,而致其兵。

三年,滅中山,遷其王於膚施。起靈壽,北地方從代,道大通。還歸,行賞,大赦,置酒,酺五日,又暢寫一筆,胡服之效,而極盛則衰矣。封長子章爲代安陽君。章素侈,心不服其弟所立。主父又使田不禮相章也。一頓。事正起反作住筆,妙!

李兑謂肥義曰:"公子章彊壯而志驕,黨衆而欲大,殆有私乎?公子章。田不禮之爲人也,忍殺而驕。田不禮兩對,句法各變。二人相得,必有謀,陰賊起,一出身儌幸。論章、禮只此住。夫小人有欲,輕慮淺謀,徒見其利,而不顧其害,同類相推,俱入禍門。易林佳句。○一段泛説。以吾觀之,必不久矣。子任重而勢大,亂之所始,禍之所集也,子必先患。一段緊入。仁者愛萬物,而智者備禍於未形,不仁不智,何以爲國?一段泛説。子奚不稱疾毋出,傳政於公子成?又一段緊入。毋爲怨府,毋爲禍梯。"終以泛説佳句,竟住。肥義曰:"不可,昔者主父以王屬義也,曰:'毋變而度,毋異而慮,堅守一心,以没而世。'應前,俱以銘賛語作態。義再拜受命而籍之。今畏不禮之難,而忘吾籍,變孰大焉?進受嚴命,退而不全,負孰甚焉?

變負之臣,不容於刑。諺曰‘死者復生,生者不愧’。吾言已在前矣,吾欲全吾言,安得全吾身!句法精綻,下轉。且夫貞臣也,難至而節見,忠臣也,累至而行明。兩“也”字,句法新倩。子則有賜而忠我矣,雖然,吾有語在前者也,終不敢失。”又找一句,明暢。李兌曰:“諾,子勉之矣!吾見子,已今年耳。”奇句。涕泣而出。李兌數見公子成,以備田不禮之事。李兌兩說,一明一暗帶作餘波。

異日肥義謂信期曰:“公子與田不禮,甚可憂也。其於義也,聲善而實惡,此爲人也,不子不臣。兩對,句法換。吾聞之也,姦臣在朝,國之殘也;讒臣在中,主之蠹也。又兩對。此人貪而欲大,內得主,而外爲暴。矯令爲慢,以擅一旦之命,不難爲也,禍且逮國。今吾憂之,夜而忘寐,饑而忘食。盜賊出入,不可不備。自今以來,若有召王者,必見吾面,我將先以身當之,句。無故,句。而王乃入。”信期曰:“善哉,吾得聞此也!”頓住。

四年,朝群臣,安陽君亦來朝。主父令王聽朝,而自從旁觀,窺群臣宗室之禮。見其長子章,傫然也,反北面爲臣,詘於其弟,心憐之,於是乃欲分趙,而王章於代,計未決而輟。中插序事佳,使俗手爲之便移在前,反將李兌、肥義兩節放此下矣。

主父及王游沙丘異宮,公子章即以其徒,與田不禮作亂,詐以主父令召王。肥義先入,殺之。高信即與王戰。公子成與李兌自國至,乃起四邑之兵,入距難,殺公子章及田不禮,滅其黨賊,而定王室。公子成爲相,號安平君,李兌爲司寇。公子章之敗,往走主父,主父開之,前事倒插入。成、兌因圍主父宮。公子章死,公子成、李兌謀曰:“以章故圍主父,即解兵,吾屬夷矣。”乃遂圍主父。令宫中人"後出者夷",宫人中①悉出。主父欲出不得,又不得食,探雀鷇而食之,三月餘而餓死沙丘宫。主父定死,又補一句是一人餓死,空宫無人傳訃,久而後知之也。乃發喪,赴諸侯。

是時王少,成、兑專政,畏誅,故圍主父。結圍主父事。主父初以長子章爲太子,一層。後得吴娃,愛之,爲不出者數歲,生子何,乃廢太子章而立何爲王。二層。吴娃死,愛弛,憐故太子,欲兩王之,猶豫未決,三層。故亂起,以至父子俱死,爲天下笑,豈不痛乎!|中作論贊一段,法變。〇自封長子章至此是一篇。主父死,惠文王立。

立五年,與燕鄚、易。八年,城南行唐。九年,趙梁將,與齊合軍攻韓,至魯關下。及十年,秦自置爲西帝。秦事插序。十一年,董叔與魏氏伐宋,得河陽於魏。秦取梗陽。十二年,趙梁將攻齊。十三年,韓徐爲將,攻齊。公主死。|十四年,相國樂毅,將趙、秦、韓、魏、燕攻齊,取靈丘。與秦會中陽。十五年,燕昭王來見。趙與韓、魏、秦,共擊齊,齊王敗走,燕獨深入,取臨菑。

十六年,秦復與趙數擊齊,齊人患之。蘇厲爲齊遺趙王書曰:

臣聞古之賢君,其德行非布於海内也,教順非洽於民人也,祭祀時享,非數常於鬼神也。甘露降,時雨至,年穀豐熟,民不疾疫,衆人善之,然而賢主圖之。今足下之賢行功力,非數加於秦也;怨毒積怒,非素深於齊也。秦趙與國,以彊徵兵於韓,秦誠愛趙乎?其實憎齊乎?物之甚者,賢主察之。秦非愛趙而憎齊也,欲亡韓而吞二周,故以齊餤天下。恐事之不合,故出兵以劫魏、趙。恐天下畏己也,故出質以爲信。恐

① 宫人中,中華書局本《史記》作"宫中人"。

天下亟反也,故徵兵於韓以威之。聲以德與國,而實伐空韓,臣以秦計爲必出於此。夫物固有勢異而患同者,楚久伐而中山亡,今齊久伐而韓必亡。破齊,王與六國分其利也。亡韓,秦獨擅之。收二周,西取祭器,秦獨私之。賦田計功,王之獲利,孰與秦多?

說士之計曰:"韓亡三川,魏亡晉國,市朝未變,而禍已及矣。"燕盡齊之北地,去沙丘、鉅鹿,斂三百里,韓之上黨,去邯鄲百里,燕、秦謀王之河山,間三百里而通矣。秦之上郡,近挺關,至於榆中者,千五百里,秦以三郡攻王之上黨,羊腸之西,勾注之南,非王有已。踰勾注,斬常山,而守之,三百里而通於燕,代馬胡犬不東下,昆山之玉不出,此三寶者,亦非王有已。王久伐齊,從彊秦攻韓,其禍必至於此。願王孰慮之。

且齊之所以伐者,以事王也;天下屬行以謀王也。燕秦之約成,而兵出有日矣。五國三分王之地,齊倍五國之約,而殉王之患,西兵以禁彊秦,秦廢帝請服,反高平根柔於魏。反巠分、九俞[①]於趙。齊之事王,宜爲上佼,而今乃抵罪,臣恐天下後事王者之不敢自必也。願王孰計之也。

今王毋與天下攻齊,天下必以王爲義。齊抱社稷而厚事王,天下必盡重王義。王以天下善秦,秦暴,王以天下禁之,是一世之名寵,制於王也。

於是趙乃輟謝秦,不擊齊。|

王與燕王遇。|廉頗將,攻齊昔陽,取之。

① 九俞,中華書局本《史記》作"先俞"。

十七年,樂毅將趙師,攻魏伯陽。而秦怨趙不與己擊齊,伐趙,拔我兩城。十八年,秦拔我石城。王再之衛,東陽決河水,伐魏氏。大潦,漳水出。魏冉來相趙。十九年,秦敗我二城。趙與魏伯陽。趙奢將,攻齊麥丘,取之。

二十年,廉頗將,攻齊。王與秦昭王遇西河外。

二十一年,趙徙漳水武平西。二十二年,大疫。置公子丹爲太子。

二十三年,樓昌將,攻魏幾,不能取。十二月,廉頗將,攻幾,取之。"不取""取之"兩應。二十四年,廉頗將,攻魏房子,拔之,因城而還。又攻安陽,取之。二十五年,燕周將,攻昌城、高唐,取之。與魏共擊秦。秦將白起,破我華陽,得一將軍。二十六年,取東胡歐代地。

二十七年,徙漳水武平南。封趙豹爲平陽君。河水出,大潦。

二十八年,藺相如伐齊,至平邑。罷城北九門大城。燕將成安君公孫操弒其王。燕事插序。二十九年,秦、韓相攻,而圍閼與。趙使趙奢將,擊秦,大破秦軍閼與下,賜號爲馬服君。

三十三年,惠文王卒,太子丹立,是爲孝成王。

孝成王元年,秦伐我,拔三城。趙王新立,太后用事,秦急攻之。趙氏求救於齊,齊曰:"必以長安君爲質,兵乃出。"太后不肯,大臣彊諫。太后明謂左右曰:"明謂"好。"復言長安君爲質者,老婦必唾其面。"左師觸龍言願見太后,太后盛氣而胥之。句。入,句。徐趨而坐,自謝曰:"老臣病足,曾不能疾走,不得見久矣。竊自恕,句。而恐太后體之有所苦也,故願望見太后。"一層。文法層層剝入。太后曰:"老婦恃輦而行。"曰:"食得毋衰乎?"曰:"恃粥耳。”曰:“老臣間者,殊不欲食,句。乃彊步,日三四里,句。少益嗜食,句。和於身也。”兩節閒語,楚楚有致。太后曰:“老婦不能。”太后不和之色少解。閒中畧頓。左師公曰:“老臣賤息舒祺最少,不肖而臣衰,竊憐愛之,願得補黑衣之缺,以衛王宮,昧死以聞。”太后曰:“敬諾。年幾何矣?”對曰:“十五歲矣。雖少,願及未填溝壑而託之。”三層。太后曰:“丈夫亦愛憐少子乎?”對曰:“甚于婦人。”太后笑曰:“婦人異甚。”四層。對曰:“老臣竊以爲媪之愛燕后,賢於長安君。”太后曰:“君過矣,不若長安君之甚。”五層。左師公曰:“父母愛子,則爲之計深遠。媪之送燕后也,持其踵,爲之泣,念其遠也,亦哀之矣。兩調好。已行,非不思也,祭祀則祝之曰‘必勿使反’,豈非計長久,爲子孫相繼爲王也哉?”太后曰:“然。”六層。左師公曰:“今三世以前,至於趙主之子孫爲侯者,其繼有在者乎?”曰:“無有。”曰:“微獨趙,諸侯有在者乎?”曰:“老婦不聞也。”七層。曰:“此其近者,禍及其身,遠者,及其子孫。豈人主之子侯則不善哉?位尊而無功,奉厚而無勞,而挾重器多也。今媪尊長安君之位,而封之以膏腴之地,多與之重器,而不及今令有功於國,一旦山陵崩,長安君何以自託於趙?老臣以媪爲長安君之計短也,故以爲愛之不若燕后。”又作兩句點明,截住。太后曰:“諾,恣君之所使之。”於是爲長安君約車百乘,質於齊,齊兵乃出。

子義聞之曰:“人主之子,骨肉之親也,猶不能持無功之尊,無勞之奉,而守金玉之重也,而況於予乎?”丨又借子義作餘波。○自趙王新立至此是一篇。

齊安平君田單,將趙師而攻燕中陽,拔之。又攻韓注人,拔之。二年,惠文后卒。田單爲相。

四年,王夢衣偏裻之衣,乘飛龍上天,不至而墜,見金玉之積如山。又是一個異夢。明日王召筮史敢占之,曰:"夢衣偏裻之衣者,殘也。乘飛龍上天,不至而墜者,有氣而無實也。見金玉之積如山者,憂也。"

後三日,韓氏上黨守馮亭使者至,曰:"韓不能守上黨,入之於秦。其吏民皆安爲趙,不欲爲秦。有城市邑十七,願再拜入之趙,聽王所以賜吏民。"詞命調。王大喜,召平陽君豹告之,曰:"馮亭入城市邑十七,受之何如?"對曰:"聖人甚禍無故之利。"只一句頓住。王曰:"人懷吾德,何謂無故乎?"對曰:"夫秦蠶食韓氏,句。地中絕,句。不令相通,固自以爲坐而受上黨之地也。一轉。韓氏所以不入於秦者,欲嫁其禍於趙也。秦服其勞,而趙受其利,雖彊大不能得之於小弱,小弱顧能得之於彊大乎?豈可謂非無故之利哉?二轉。且夫秦以牛田之水通糧,蠶食上乘倍戰者,裂上國之地,其政行,不可與爲難,必勿受也。"王曰:"今發百萬之軍而攻,踰年歷歲,未得一城也。今以城市邑十七幣吾國,此大利也。

趙豹出,一卸。王召平原君,與趙禹而告之。對曰:"發百萬之軍而攻,踰歲未得一城,今坐受城市邑十七,此大利不可失也。"王曰:"善。"趙豹一反,平原一正,作兩節前詳後畧。乃令趙勝受地,告馮亭曰:"敝國使者臣勝,此一句通名,下乃致詞,非疊句也。敝國君使勝致命,以萬戶都三封太守,千戶都三封縣令,皆世世爲侯,吏民皆益爵三級,吏民能相安,皆賜之六金。"詞命佳。馮亭垂涕,不見使者,曰:"吾不處三不義也:爲主守地,不能死,固不義一矣;入之秦,不聽主令,不義二矣;賣主地而食之,不義三矣。"趙遂發兵取上黨。廉頗將軍軍長平。

七年,廉頗免,而趙括代將。秦人圍趙括,趙括以軍降,卒四十餘萬,皆阬之。王悔不聽趙豹之計,故有長平之禍焉。點明收,應還趙豹。〇以上自王夢至此一篇。

王還,不聽秦,秦圍邯鄲。武垣令傅豹、王容、蘇射,率燕衆,反燕地。趙以靈丘,封楚相春申君。

八年,平原君如楚請救。還,楚來救,及魏公子無忌亦來救,秦圍邯鄲乃解。

十年,燕攻昌壯,五月拔之。趙將樂乘、慶舍,攻秦信梁軍,破之。太子死。而秦攻西周,拔之。徒父祺出。十一年,城元氏,縣上原。武陽君鄭安平死,收其地。十二年,邯鄲廥燒。十四年,平原君趙勝死。

十五年,以尉文封相國廉頗爲信平君。燕王令丞相栗腹約驩,以五百金爲趙王酒,還歸報燕王曰:"趙氏壯者,皆死長平,其孤未壯,可伐也。"一正。王召昌國君樂間而問之。對曰:"趙,四戰之國也,其民習兵,伐之不可。"王曰:"吾以衆伐寡,二而伐一,可乎?"一反跌。對曰:"不可。"王曰:"吾即以五而伐一,可乎?"再跌。對曰:"不可。"一"可伐也",兩"可乎",三"不可",呼應作致。燕王大怒。群臣皆以爲可。又只一"可"字結,不竟其詞,寫怒語妙。燕卒起二軍,車二千乘,栗腹將而攻鄗,卿秦將而攻代。廉頗爲趙將,破殺栗腹,虜卿秦、樂間。

十六年,廉頗圍燕。以樂乘爲武襄君。十七年,假相大將武襄君攻燕,圍其國。十八年,延陵鈞率師,從相國信平君,助魏攻燕。秦拔我榆次三十七城。十九年,趙與燕易土:以龍兑、汾門、臨樂與燕;燕以葛、武陽、平舒與趙。

二十年,秦王政初立。秦拔我晉陽。

二十一年,孝成王卒。廉頗將,攻繁陽,取之。使樂乘代之,廉頗攻樂乘,樂乘走,廉頗亡入魏。子偃立,是爲悼襄王。

悼襄王元年,大備。魏欲通平邑、中牟之道,不成。

二年,李牧將,攻燕,拔武遂、方城。秦召春平君,因而留之。泄鈞爲之,謂文信侯曰:“春平君者,趙王甚愛之,而郎中妬之,故相與謀曰‘春平君入秦,秦必留之’,故相與謀而内之秦也。今君留之,是絕趙,而郎中之計中也。君不如遣春平君,而留平都。春平君者言行信於王,王必厚割趙,而贖平都。”策士常語。文信侯曰:“善。”因遣之。城韓皋。

三年,龐煖將,攻燕,禽其將劇辛。四年,龐煖將趙、楚、魏、燕之鋭師,攻秦蕞,不拔;移攻齊,取饒安。五年,傅抵將居平邑;慶舍將東陽,河外師守河梁。六年,封長安君以饒。魏與趙鄴。

九年,趙攻燕,取貍陽城。兵未罷,秦攻鄴,拔之。悼襄王卒,子幽繆王遷立。

幽繆王遷元年,城柏人。二年,秦攻武城,扈輒率師救之,軍敗死焉。

三年,秦攻赤麗、宜安,李牧率師與戰肥下,卻之。封牧爲武安君。四年,秦攻番吾,李牧與之戰,卻之。

五年,代地大動自樂徐以西,北至平陰,臺屋牆垣大半壞,地坼東西百三十步。六年,大饑,民譌言曰:“趙爲號,平声。秦爲笑。以爲不信,視地之生毛。”諺亦奇。

七年,秦人攻趙,趙大將李牧、將軍司馬尚將,擊之。李牧誅,司馬尚免,趙忽及齊將顔聚代之。趙忽軍破,顔聚亡去。以王遷降。

八年,十月,邯鄲爲秦。

太史公曰:吾聞馮王孫曰:“趙王遷,其母倡也,嬖於悼襄王。悼襄王廢適子嘉,而立遷。遷素無行,信讒,故誅其良將李牧,用郭開。”豈不謬哉!秦既虜遷,趙之亡大夫共立嘉爲王,王代,六歲,秦進兵破嘉,遂滅趙以爲郡。

《趙世家》一篇,俱寫趙事,其中文法,段段奇勝,讀之不覺其長。○王遷出處,不寫傳中,反於贊中點出。○前有簡子一夢,後又有武靈王一夢、孝成王一夢,通篇以夢相照耀,咄咄怪事,何其多也!

魏世家

魏之先,畢公高之後也。畢公高與周同姓。武王之伐紂,而高封於畢,於是爲畢姓。其後絕封爲庶人,或在中國,或在彝狄。丨世系莫考,故序得約畧。其苗裔曰畢萬,事晉獻公。

獻公之十六年,趙夙爲御,畢萬爲右,以伐霍、耿、魏,滅之。以耿封趙夙,以魏封畢萬,爲大夫。丨趙陪,魏正。卜偃曰:"畢萬之後必大矣,萬,滿數也;魏,大名也。以是始賞,天開之矣,天子曰兆民,諸侯曰萬民。今命之大,以從滿數,其必有眾。"丨初畢萬卜事晉,遇屯之比。辛廖占之曰:"吉。《屯》固《比》入,吉孰大焉其必蕃昌。"丨因卜偃,復引出辛廖,兩層照耀。

畢萬封十一年,晉獻公卒,四子爭更立,晉亂。而畢萬之世彌大,從其國名,爲魏氏。一束。生武子。魏武子以魏諸子事晉公子重耳。晉獻公之二十一年,武子從重耳出亡。十九年,反,重耳立爲晉文公,而令魏武子襲魏氏之後,封列爲大夫,治於魏。丨序世系淵源,如江河濫觴,漸漸增大。生悼子。

魏悼子徙治霍。丨生魏絳。

魏絳事晉悼公。悼公三年,會諸侯。悼公弟楊干亂行,魏絳僇辱楊干。悼公怒曰:"合諸侯以爲榮,今辱吾弟!"將誅魏絳。或說悼公,悼公止。省文。卒任魏絳政,使和戎、翟,戎、翟親附。悼公之十一年,曰:"自吾用魏絳,八年之中,九合諸侯,戎、翟和,子之力也。"賜之樂,三讓,然後受之。徙治安邑。丨約法簡淨,但賜樂無來歷。魏絳卒,謚爲昭子。生魏嬴。丨嬴生魏獻子。

獻子事晉昭公。昭公卒,而六卿彊,公室卑。丨

晉頃公之十二年,韓宣子老,魏獻子爲國政。晉宗室祈氏、羊舌氏,相惡,六卿誅之,盡取其邑,爲十縣,六卿各令其子爲之大夫。獻子與趙簡子、中行文子、范獻子,並爲晉卿。丨六卿分晉之漸。

其後十四歲,而孔子相魯。提綱。後四歲,趙簡子以晉陽之亂也,而與韓、魏共攻范、中行氏。丨魏獻子生魏侈。魏侈與趙鞅,共攻范、中行氏。丨初云共攻范中行氏矣,又找曰攻范、中行氏者,魏獻子之子侈也,因以趙鞅陪之,作兩層寫,變法。

魏侈之孫曰魏桓子,與韓康子、趙襄子,共伐滅智伯,分其地。丨省文,以《趙世家》詳也。

桓子之孫曰文侯都。魏文侯元年,秦靈公之元年也。與韓武子、趙桓子、周威王同時。丨忽扯秦、周、韓、趙,同點一句,變法。

六年,城少梁。丨十三年使子擊圍繁、龐,出其民。丨十六年伐秦,築臨晉元里。丨

十七年伐中山,使子擊守之,趙倉唐傅之。子擊逢文侯之師田子方於朝歌,引車避,下謁。田子方不爲禮。子擊因問曰:"富貴者驕人乎?且貧賤者驕人乎?"子方曰:"亦貧賤者驕人耳。"且"字"亦"字,呼應佳。夫諸侯而驕人,則失其國,大夫而驕人則失其家。貧賤者,行不合,言不用,則去之楚、越,若脱躧然,奈何其

同之哉!"子擊不懌而去。|刪潤簡淨。西攻秦,至鄭而還,築雒陰、合陽。|

二十二年,魏、趙、韓列爲諸侯。|提綱。

二十四年,秦伐我,至陽狐。|

二十五年,子擊生子罃。|

文侯受子夏經藝,客段干木,過其閭,未嘗不軾也。秦嘗欲伐魏,或曰:"魏君賢人是禮,國人稱仁,上下和合,未可圖也。"文侯由此得譽於諸侯。|省文。

任西門豹守鄴,而河内稱治。|省文。

魏文侯謂李克曰:"先生嘗教寡人曰'家貧則思良妻,國亂則思良相'。今所置非成則璜,二子何如?"李克對曰:"臣聞之,卑不謀尊,疎不謀戚。臣在闕門之外,不敢當命。"文侯曰:"先生臨事勿讓。"李克曰:"君不察故也。居視其所親,富視其所與,達視其所舉,窮視其所不爲,貧視其所不取,五者足以定之矣,何待克哉!"文侯曰:"先生就舍,寡人之相定矣。"李克趨而出,過翟璜之家。復生一波。翟璜曰:"今者聞君召先生而卜相,果誰爲之?"李克曰:"魏成子爲相矣。"一句斷定故從奇入。翟璜忿然作色曰:"以耳目之所覩記,臣何負于魏成子?西河之守,臣之所進也。君内以鄴爲憂,臣進西門豹。君謀欲伐中山,臣進樂羊。中山已拔,無使守之,臣進先生。君之子無傅,臣進屈侯鮒。|於五事中,抽出達視其所舉,而所與所親,亦在其中,暗與前應。○翟璜意中,只重臣進,先生一句,餘三人皆陪也。臣何負於魏成子!"兩無負是怒詞,絕肖。李克曰:"且子之言克於子之君者,豈將比周以求大官哉?比周,正荅其臣進先生一句。君問而置相'非成則璜,二子何如?'克對曰:'君不

察故也。居視其所親,富視其所與,達視其所舉,窮視其所不爲,貧視其所不取,五者足以定之矣,何待克哉!' 重述一遍,以見非薦克,亦是解臣進先生一句也。是以知魏成子之爲相也。又斷一句,下乃解明,故作奇勢也。且子安得與魏成子比乎?魏成子以食祿千鍾,什九在外,什一在內,是以東得卜子夏、田子方、段干木。此三人者,君皆師之。子之所進,五人者君皆臣之。一折意盡,論亦明透。子惡得與魏成子比也?" 丨又找一句,以應前"魏成子爲相"兩句。翟璜逡巡再拜曰:"璜,鄙人也,失對,願卒爲弟子。"

二十六年,虢山崩壅河。丨

三十二年,伐鄭。城酸棗。敗秦於注。丨三十五年,齊伐取我襄陵。丨三十六年,秦侵我陰晉。丨

三十八年,伐秦,敗我武下,得其將識。丨是歲文侯卒,子擊立,是爲武侯。丨

魏武侯元年,趙敬侯初立,公子朔爲亂,不勝,奔魏,與魏襲邯鄲,魏敗而去。丨

二年,城安邑、王垣。丨

七年,伐齊,至桑丘。丨九年,翟敗我於澮。使吳起伐齊,至靈丘。齊威王初立。丨齊事插序。

十一年,與韓、趙三分晉地,滅其後。丨省文。

十三年,秦獻公縣櫟陽。丨秦事插序。十五年,敗趙北藺。丨

十六年,伐楚,取魯陽。丨武侯卒,子罃立,是爲惠王。

惠王元年,初,武侯卒也,子罃與公中緩爭爲太子。公孫頎自宋入趙,自趙入韓,先說趙而後說韓也。故下與趙合軍,暗序。謂韓懿侯曰:"魏罃與公中緩爭爲太子,君亦聞之乎?今魏罃得王錯,挾

上黨,固半國也。奇句。因而除之,破魏必矣,不可失也。"懿侯說,乃與趙成侯合軍并兵,以伐魏,戰于濁澤,魏氏大敗,魏君圍。趙謂韓曰:"除魏君,立公中緩,割地而退,我且利。"韓曰:"不可。殺魏君,人必曰暴;割地而退,人必曰貪。不如兩分之。魏分爲兩,不彊于宋、衛,則我終無魏之患矣。"數語曲盡。趙不聽。韓不說,以其少卒夜去。惠王之所以身不死,國不分者,二家謀不和也。若從一家之謀,則魏必分矣。故曰"君終無適子,其國可破也"。丨忽插斷語,史公摭來,不及刪削耳。

二年,魏敗韓于馬陵,敗趙于懷。丨三年,齊敗我觀。五年,與韓會宅陽城。武堵爲秦所敗。丨六年,伐取宋儀臺。九年,伐敗韓於澮。與秦戰少梁,虜我將公孫痤取龐。丨秦獻公卒,子孝公立。丨秦事插序。

十年,伐取趙皮牢。丨彗星見。丨十二年,星晝墜,有聲。丨

十四年,與趙會鄗。丨十五年,魯、衛、宋、鄭君來朝。丨十六年,與秦孝公會杜平。侵宋黄池,宋復取之。丨

十七年,與秦戰元里,秦取我少梁。圍趙邯鄲。丨十八年,拔邯鄲。趙請救於齊,齊使田忌、孫臏救趙,敗魏桂陵。丨

十九年,諸侯圍我襄陵。築長城,塞固陽。丨

二十年,歸趙邯鄲,與盟漳水上。丨二十一年,與秦會彤。趙成侯卒。丨二十八年,齊威王卒。中山君相魏。丨

三十年,魏伐趙,趙告急齊。齊宣王用孫子計,救趙,擊魏。魏遂大興師,使龐涓將,而令太子申爲上將軍。過外黄,外黄徐子,謂太子曰:"臣有百戰百勝之術。"突入。太子曰:"可得聞乎?"客曰:"固願效之。"曰:"太子自將攻齊,大勝并莒,則富不過有魏,

貴不益爲王。若戰不勝齊,則萬世無魏矣。此臣之百戰百勝之術也。"太子曰:"諾,請必從公之言而還矣。"客曰:"太子雖欲還,不得矣。突入,又起一峯。彼勸太子戰攻,欲啜汁者衆。太子雖欲還,恐不得矣。"又勒一句,緊峭。太子因欲還,其御曰:"將出而還,與北同。"太子果與齊人戰,敗於馬陵。齊虜魏太子申,殺將軍涓,軍遂大破。|

三十一年,秦、趙、齊共伐我,秦將商君,詐我將軍公子卬,而襲奪其軍,破之。秦用商君,東地至河,而齊、趙數破我,安邑近秦,於是徙治大梁。以公子赫爲太子。|

三十三年,秦孝公卒,商君亡秦歸魏,魏怒不入。三十五年,與齊宣王會平河[①]南。

惠王數敗於軍旅,頂上數節。卑禮厚幣以招賢者。鄒衍、淳于髡、孟軻,皆至梁。梁惠王曰:"寡人不佞,兵三折於外,太子虜,上將死,國以空虚,以羞先君宗廟社稷,寡人甚醜之,叟不遠千里,辱幸至敝邑之庭,將何以利吾國?"孟軻曰:"君不可以言利,若是。夫君欲利,則大夫欲利,大夫欲利,則庶人欲利,上下爭利,國則危矣。爲人君,仁義而已矣,何以利爲!"|

三十六年,復與齊王會甄。|是歲,惠王卒,子襄王立。|

襄王元年,與諸侯會徐州,相王也。追尊父惠王爲王。|

五年,秦敗我龍賈軍四萬五千于雕陰,圍我焦、曲沃。予秦河西之地。|

六年,與秦會應。秦取我汾陰、皮氏、焦。|魏伐楚,敗之陘

① 河,中華書局本《史記》作"阿"。

山。丨七年，魏盡入上郡于秦。秦降我蒲陽。丨八年，秦歸我焦、曲沃。丨

十二年，楚敗我襄陵。諸侯執政與秦相張儀會齧桑。丨十三年，張儀相魏。丨魏有女子，化爲丈夫。丨秦取我曲沃、平周。丨

十六年，襄王卒，子哀王立。丨張儀復歸秦。丨

哀王元年，五國共攻秦，不勝而去。丨

二年，齊敗我觀津。丨五年，秦使樗里子，伐取我曲沃，走犀首岸門。丨六年，秦求立公子政爲太子。與秦會臨晉。丨七年，攻齊。與秦伐燕。丨

八年，伐衛，拔列城二。衛君患之，如耳見衛君曰："請罷衛[①]兵，免成陵君，可乎？"衛君曰："先生果能，孤請世世以衛事先生。"如耳見成陵君曰："昔者魏伐趙，斷羊腸，拔閼與，約斬趙，趙分而爲二，所以不亡者，魏爲從主也。今衛已迫亡，將西請事於秦。與其以秦醳衛，不如以魏醳衛，語奇意透。衛之德魏，必終無窮。"成陵君曰："諾。"先見成陵君，後見魏王，作兩節寫。如耳見魏王曰："臣有謁於衛。衛故周室之別也，其稱小國，多寶器。今國迫於難，而寶器不出者，其心以爲攻衛醳衛。語更省，更奇。不以王爲主，故寶器雖出，必不入于王也。前以順說，此以反擊。臣竊料之，先言醳衛者必受衛者也。"意調俱妙！如耳出，成陵君入，以其言見魏王。前以兩節寫，此以兩段應。魏王聽其說，罷其兵，免成陵君，終身不見。丨

九年與秦王會臨晉。張儀、魏章，皆歸於魏。丨魏相田需死，

① 衛，中華書局本《史記》作"魏"。

楚害張儀、犀首、薛公。楚相昭魚謂蘇代曰:"田需死,吾恐張儀、犀首、薛公,有一人相魏者也。"代曰:"然相者欲誰而君便之?""欲誰相者"倒句。昭魚曰:"吾欲太子之自相也。"代曰:"請爲君北必相之。"昭魚曰:"奈何?"對曰:"君其爲梁王,代請説君。"文章之幻。昭魚曰:"奈何?"對曰:"代也從楚來,昭魚甚憂曰:'田需死,吾恐張儀、犀首、薛公,有一人相魏者也。'代曰:'梁王長主也,必不相張儀。徑斷定妙!張儀相,必右秦而左魏。犀首相,必右韓而左魏。薛公相,必右齊而左魏。梁王長主也,必不便也。'王曰:'然則寡人孰相?'預擬一"王曰",文幻如此。代曰:'莫若太子之自相。太子之自相,是三人者,皆以太子爲非常相也,皆將務以其國事魏,欲得丞相璽也。以魏之彊,而三萬乘之國輔之,魏必安矣。故曰:莫若太子之自相也。'"前作一頓,此數語句一趨而下,其勢甚緊。遂北見梁王,以此告之。太子果相魏。|預擬一篇文章,後只一句點明,另是一種文法。

十年,張儀死。|十一年,與秦武王會應。|十二年,太子朝于秦。秦來伐我皮氏,未拔而解。|十四年,秦來歸武王后。|十六年,秦拔我蒲反、陽晉、封陵。|十七年,與秦會臨晉。秦予我蒲反。|十八年,與秦伐楚。|二十一年,與齊、韓共敗秦軍函谷。|

二十三年,秦復予我河外及封陵爲和。|哀王卒,子昭王立。|

昭王元年,秦拔我襄城。二年,與秦戰,我不利。|三年,佐韓攻秦,秦將白起敗我軍伊闕二十四萬。|六年,與秦河東地,方四百里。|芒卯以詐重。|空着一語甚奇。七年,秦拔我城大小六十一。|八年,秦昭王爲西帝齊湣王爲東帝,月餘皆復稱王,歸帝。

丨齊、秦事插序。九年,秦拔我新垣、曲陽之城。丨

十年,齊滅宋,宋王死我溫。丨齊、宋事插序。十二年,與秦、趙、韓、燕共伐齊,敗之濟西,湣王出亡。燕獨入臨淄。與秦王會西周。丨

十三年,秦拔我安城。兵到大梁去。丨十八年,秦拔郢,楚王徙陳。丨秦、楚事插序。

十九年,昭王卒,子安釐王立。丨

安釐王元年,秦拔我兩城。丨二年,又拔我二城,軍大梁下韓來救,予秦溫以和。丨三年,秦拔我四城,斬首四萬。丨四年,秦破我及韓、趙,殺十五萬人,走我將芒卯。魏將段干子,請予秦南陽以和。蘇代謂魏王曰:"欲璽者,段干子也,欲地者秦也。今王使欲地者制璽,使欲璽者制地,先立兩句,下互兩句,文法佳峭。魏氏地不盡則不知已。且夫以地事秦譬猶抱薪救火,薪不盡,火不滅。"又兜數語,俱以緊峭勝。王曰:"是則然也。雖然,事始已行,不可更矣。"對曰:"王獨不見夫博之所以貴梟者,便則食不便則,止矣。今王曰'事始已行,不可更',是何王之用智不如用梟也?"丨俱以峭語勝。

九年,秦拔我懷。丨十年,秦太子外質於魏死。丨十一年,秦拔我郪丘。

秦昭王謂左右曰:"今時韓、魏,與始孰彊?"對曰:"不如始彊。"王曰:"今時如耳、魏齊,與孟嘗、芒卯孰賢?"對曰:"不如。"王曰:"以孟嘗、芒卯之賢,率彊韓、魏以攻秦,猶無奈寡人何也。今以無能之如耳、魏齊而率弱韓、魏以伐秦,其無奈寡人何亦明矣。"一正一反,兩跌。左右皆曰:"甚然。"中旗馮琴而對曰:馮琴,《國

策》作"推琴"。"王之料天下過矣。當晉六卿之時,知氏最彊,滅范、中行,又率韓、魏之兵,以圍趙襄子於晉陽,決晉水以灌晉陽之城,不湛者三版。知伯行水,魏桓子御,韓康子爲參乘。知伯曰:'吾始不知水之可以亡人之國也,乃今知之。'汾水可以灌安邑,絳水可以灌平陽。魏桓子肘韓康子,韓康子履魏桓子,奇峭之語,情事適合。肘足接于車上,而智氏地分,更奇峭。身死國亡,爲天下笑。今秦兵雖彊,不能過智氏;韓、魏雖弱,尚賢其在晉陽之下也。此方其用肘足之時也,收語更爲緊峭,令人聳然。願王之必勿易也!"於是秦王恐。|

齊、楚相約而攻魏,魏使人求救于秦,冠蓋相望也,而秦救不至。魏人有唐雎者,年九十餘矣,先點一句。謂魏王曰:"老臣請西説秦王,令兵先臣出。"魏王再拜,遂約車而遣之。唐雎到,入見秦王。秦王曰:"丈人芒然,乃遠至此,甚苦矣!正爲其九十也。夫魏之來求救數矣,寡人知魏之急已。"唐雎對曰:"大王已知魏之急,而救不發者,臣竊以爲用策之臣無任矣。一轉。夫魏一萬乘之國也,然所以西面而事秦,稱東籓,受冠帶,祠春秋者,以秦之彊,足以爲與也。二轉。今齊、楚之兵,已合於魏郊矣,而秦救不發,三轉。亦將賴其未急也。四轉。使之太急,彼且割地而約從,王尚何救焉?五轉。必待其急而救之,是失一東藩之魏,而彊二敵之齊、楚,則王何利焉?"此段以轉折明透勝。於是秦昭王遽爲發兵救魏。魏氏復定。|

趙使人謂魏王曰:"爲我殺范痤,吾請獻七十里之地。"魏王曰:"諾。"使吏捕之,圍而未殺。痤因上屋騎危,故作奇語危語。語使者曰:"與其以死痤市,不如以生痤市。奇語亦危語也。有如痤死，趙不予王地，則王將奈何？故不若與先定割地，然後殺痤。”魏王曰：“善。”痤因上書信陵君曰：“痤，固[①]魏之免相也，趙以地殺痤，而魏王聽之，有如彊秦亦將襲趙之欲，則君且奈何？”一折明透。信陵君言於王而出之。｜

魏王以秦救之故，間接。欲親秦而伐韓，以求故地。無忌謂魏王曰：

秦與戎翟同俗，有虎狼之心，貪戾，好利，無信，不識禮義德行。苟有利焉，不顧親戚兄弟，若禽獸耳，此天下之所識也，非有所施厚積德也。一轉。故太后，母也，而以憂死；穰侯，舅也，功莫大焉，而竟逐之；兩弟無罪，而再奪之國。三段三變法。此於親戚若此，而況於仇讐之國乎？二轉。今王與秦共伐韓，而益近秦患，臣甚惑之。而王不識，則不明，群臣莫以聞，則不忠。三轉。

今韓氏以一女子，奉一弱主，內有大亂，外交彊秦魏之兵，王以爲不亡乎？四轉。韓亡，秦有鄭地，與太梁鄰，王以爲安乎？五轉。王欲得故地，今負彊秦之親，王以爲利乎？六轉。

秦非無事之國也，韓亡之後，必將更事，更事必就易與利，就易與利，必不伐楚與趙矣。七轉。是何也？夫越山踰河，絕韓上黨，而攻彊趙，是復閼與之事，秦必不爲也。若道河內，倍鄴、朝歌，絕漳滏水，與趙兵決於邯鄲之郊，是智伯之禍也，秦又不敢。伐楚，道涉山谷，行三千里，而攻冥阸之塞，所行甚遠，所攻甚難，秦又不爲也。若道河外，倍大梁，右蔡、

① 固，中華書局本《史記》作“故”。

左召陵,與楚兵決於陳郊,秦又不敢。兩"不爲"字、兩"不敢"字不變而變,章法跌蕩。故曰秦必不伐楚與趙矣,八轉。又不攻衛與齊矣。九轉。只找一句,繁簡相參之妙。

夫韓亡之後,兵出之日,非魏無攻矣。十轉。秦固有懷、茅、邢丘,城垝津以臨河内,河内共、汲,必危;有鄭地,得垣雍,決熒澤水,灌大梁,大梁必亡。王之使者出過而惡安陵氏於秦,秦之欲誅之久矣。秦葉陽、昆陽與舞陽鄰,聽使者之惡之,隨安陵氏而亡之,繞舞陽之北以東臨許,南國必危,國無害已?十一轉。

夫憎韓,不愛安陵氏,可也;夫不患秦之不愛南國,非也。異日者秦在河西,晉國,去梁千里,有河山以闌之,有周韓以間之。從林鄉軍以至於今,秦七攻魏,五入囿中,邊城盡拔文臺墮,垂都焚,林木伐,麋鹿盡,而國繼以圍。又長驅梁北,東至陶衛之郊,北至平監。所亡於秦者,山南山北,河外河内,大縣數十,名都數百。秦乃在河西晉,去梁千里,而禍若是矣,十二轉。又況於使秦無韓,有鄭地無河山而闌之,無周韓而間之,去大梁百里,禍必由此矣。兩段一正一反對。○十三轉。

異日者,從之不成也,楚、魏疑而韓不可得也。十四轉。今韓受兵三年,秦撓之以講,識亡不聽,投質於趙,請爲天下鴈行頓刃,楚、趙必集兵,十五轉。皆識秦之欲無窮也,非盡亡天下之國而臣海内,必不休矣。十六轉。是故臣願以從事王,王速受楚趙之約,趙挾韓之質,以存韓而求故地,韓必效之。此士民不勞而故地得其功多於與秦共伐韓,而又與彊秦鄰之禍也。一句收束俱盡。○十七轉。

夫存韓安魏而利天下，此亦王之天時矣[①]。通韓上黨於共、甯，使道安成，出入賦之，是魏重質韓以其上黨也。今有其賦足以富國。韓必德魏，愛魏，重魏，畏魏，韓必不敢反魏，五"魏"字聲勢磊落。是韓則魏之縣也。十八轉。魏得韓以爲縣，衛、大梁、河外必安矣。十九轉。今不存韓，二周、安陵必危，楚、趙大破，衛、齊甚畏，天下西鄉而馳秦，入朝而爲臣不久矣。|一篇文字作十九轉，頓折不窮，如懸江河，雄辨可愛。

二十年，秦圍邯鄲，信陵君無忌，矯奪將軍晉鄙兵以救趙，趙得全。無忌因留趙。|二十六年，秦昭王卒。秦事插序。

三十年，無忌歸魏，率五國兵攻秦，敗之河内[②]，走蒙驁。魏太子增質於秦，秦怒，欲囚魏太子增。或爲增謂秦王曰："公孫喜固謂魏相曰'請以魏疾擊秦，秦王怒，必囚增。魏王又怒擊秦，秦必傷'。今王囚增，是喜之計中也。故不若貴增而合魏，以疑之於齊、韓。"語亦簡透。秦乃止增。

三十一年，秦王政初立。|秦事插序。

三十四年，安釐王卒，太子增立，是爲景湣王。|信陵君無忌卒。|

景湣王元年，秦拔我二十城，以爲秦東郡。|二年，秦拔我朝歌。|衛徙野王。|衛事插序。三年，秦拔我汲。|五年，秦拔我垣、蒲陽、衍。|十五年，景湣王卒，子王假立。|

王假元年，燕太子丹使荊軻刺秦王，秦王覺之。|燕、秦事插序。

① 矣，中華書局本《史記》作"已"。
② 内，中華書局本《史記》作"外"。

三年,秦灌大梁,虜王假,遂滅魏,以爲郡縣。

太史公曰:吾適故大梁之墟,墟中人曰:"秦之破梁,引河溝而灌大梁,三月城壞,王請降遂滅魏。"說者皆曰:魏以不用信陵君,故國削弱,至於亡,余以爲不然。天方令秦平海内,其業未成,魏雖得阿衡之佐,曷益乎?

前後亦只平敘提綱,中間摭數事出色,其删潤處,是史公筆力。

韓世家

韓之先，與周同姓，姓姬氏。其後苗裔事晉得封於韓原，曰韓武子。韓之世系獨不詳。武子後三世，有韓厥，從封姓爲韓氏。|

韓厥，晉景公之三年，晉司寇屠岸賈將作亂，誅靈公之賊趙盾。趙盾已死矣，欲誅其子趙朔。韓厥止賈，賈不聽。厥告趙朔，令亡。朔曰："子必能不絕趙祀，死不恨矣。"韓厥許之。及賈誅趙氏，厥稱疾不出。程嬰、公孫杵臼之藏趙孤趙武也，厥知之。| 趙朔存孤事，只畧點，《趙世家》已詳也。

景公十一年，厥與郤克將兵八百乘，伐齊，敗齊頃公於鞍，獲逄丑父。於是晉作六卿，而韓厥在一卿之位，號爲獻子。| 分晉之始。

晉景公十七年，病，卜大業之不遂者爲祟。韓厥稱趙成季之功，今後無祀，以感景公。景公問曰："尚有世乎？"厥於是言趙武，而復與故趙氏田邑，續趙氏祀。|

晉悼公之十年[①]，韓獻子老。| 獻子卒，子宣子代。宣子徙居州。|

---

① 十年，底本作"七年"，疑誤，據校本改。

晉平公十四年,吳季札使晉,曰:“晉國之政,卒歸于韓、魏、趙矣。”丨亦只略點。晉頃公十二年,韓宣子與趙、魏,共分祁氏、羊舌氏十縣。丨晉定公十五年,宣子與趙簡子侵伐范、中行氏。丨宣子卒,子貞子代立。貞子徙居平陽。丨

貞子卒,子簡子代。丨簡子卒,子莊子代。丨莊子卒,子康子代。丨康子與趙襄子、魏桓子,共敗智伯,分其地,地益大,大於諸侯。丨滅智伯事只略點。

康子卒,子武子代。丨武子二年,伐鄭,殺其君幽公。丨十六年,武子卒,子景侯立。丨

景侯虔元年,伐鄭,取雍丘。丨二年,鄭敗我負黍。丨

六年,與趙、魏俱得列爲諸侯。丨以上晉事,以後乃韓事。

九年,鄭圍我陽翟。丨景侯卒,子列侯取立。丨

列侯三年,聶政殺韓相俠累。丨九年,秦伐我宜陽,取六邑。丨十三年,列侯卒,子文侯立。是歲魏文侯卒。丨魏事插序。

文侯二年,伐鄭,取陽城。伐宋,到彭城,執宋君。丨七年,伐齊,至桑丘。丨鄭反晉。丨九年,伐齊,至靈丘。丨十年,文侯卒,子哀侯立。丨

哀侯元年,與趙、魏分晉國。丨晉始滅。二年,滅鄭,因徙都鄭。丨

六年,韓嚴弒其君哀侯。而子懿侯立。丨

懿侯二年,魏敗我馬陵。丨五年,與魏惠王會宅陽。丨九年,魏敗我澮。丨十二年,懿侯卒,子昭侯立。丨

昭侯元年,秦敗我西山。二年,宋取我黄池。魏取宋。丨魏事插序。六年,伐東周,取陵觀、邢丘。丨

八年,申不害相韓,修術行道,國内以治,諸侯不來侵伐。|

十年,韓姬弑其君悼公。|十一年,昭侯如秦。|二十二年,申不害死。|二十四年,秦來拔我宜陽。|

二十五年,旱,作高門。屈宜臼曰:“昭侯不出此門,何也?不時。吾所謂時者,非時日也,人固有利不利時。語則雖新,理則實有,失時之人,可爲一歎。昭侯嘗利矣,不作高門。往年秦拔宜陽,今年旱,昭侯不以此時卹民之急,而顧益奢,此謂‘時絀舉嬴[①]’。”二十六年,高門成,昭侯卒,果不出此門。|子宣惠王立。|

宣惠王五年,張儀相秦。|八年,魏敗我將韓舉。|十一年,君號爲王。與趙會區鼠。|十四年,秦伐敗我鄢。|

十六年,秦敗我修魚,鹵得韓將鰒、申差於濁澤。韓氏急,公仲謂韓王曰:“與國非可恃也。今秦之欲伐楚久矣,王不如因張儀爲和於秦,賂以一名都,具甲,具甲,具甲兵以待其後多一“而”字更明。與之南伐,楚,此以一易二之計也。”韓王曰:“善。”乃警公仲之行,將西購於秦。楚王聞之,大恐,召陳軫告之。陳軫曰:“秦之欲伐楚久矣,今又得韓之名都一,而具甲,秦韓并兵而伐楚,此秦所禱祀而求也。今已得之矣,楚國必伐矣。先作一縱,三句跌落下即折轉。王聽臣,爲之警四境之内,起師言救韓,命戰車滿道路,發信臣,多其車,重其幣,使信王之救己也。二轉。縱韓不能聽我,韓必德王也,必不爲鴈行以來,是秦韓不和也,兵雖至,楚不大病也。三轉。爲能聽我,絶和於秦,秦必大怒,以厚怨韓。四轉。韓之南交楚,必輕秦;輕秦,其應秦必不敬:是因秦、韓之兵,而免楚國之患也。”四

① 嬴,中華書局本《史記》作“羸”。

段委曲商量，愈折愈透。楚王曰："善。"乃警四境之內，興師言救韓。命戰車滿道路，發信臣，多其車，重其幣。謂韓王曰："不穀國雖小，已悉發之矣。願大國遂肆志於秦，不穀將以楚殉韓。"韓王聞之，大悦，乃止公仲之行。公仲曰："不可。夫以實伐我者，秦也，以虛名救我者，楚也。王恃楚之虛名，而輕絕彊秦之敵，王必爲天下大笑。一轉。且楚韓非兄弟之國也，又非素約而謀伐秦也。已有伐形，因發兵言救韓，此必陳軫之謀也。二轉。且王已使人報於秦矣，今不行，是欺秦也。夫輕欺彊秦，而信楚之謀臣，恐王必悔之。"亦作三段轉折，與上一樣文法，議亦極透。韓王不聽，遂絕於秦。秦因大怒，益甲伐韓大戰，楚救不至。韓十九年，大破我岸門。太子倉質於秦以和。|"敗我修魚"至此爲一段。

二十一年，與秦共攻楚，敗楚將屈丐，斬首八萬於丹陽。是歲宣惠王卒，太子倉立，是爲襄王。|

襄王四年，與秦武王會臨晉。其秋，秦使甘茂攻我宜陽。|五年，秦拔我宜陽，斬首六萬。秦武王卒。|六年，秦復予[1]我武遂。|九年，秦復取我武遂。|十年，太子嬰朝秦而歸。|十一年，秦伐我取穰。與秦伐楚，敗楚將唐眛。|

十二年，太子嬰死。公子咎、公子蟣虱，爭爲太子。時蟣虱質於楚。蘇代謂韓咎曰："蟣虱亡在楚，楚王欲內之甚。今楚兵十餘萬，在方城之外，公何不令楚王築萬室之都，雍氏之旁，韓必起兵以救之，公必將矣。公因以韓楚之兵，奉蟣虱而內之，其聽公必矣，必以楚韓封公也。"咎不欲內蟣虱，反作欲內蟣虱一縱。韓咎從

① 予，中華書局本《史記》作"與"。

其計。

楚圍雍氏，所謂築都于雍氏也。韓求救於秦。秦未爲發，使公孫昧入韓。公仲曰："子以秦爲且救韓乎？"對曰："秦王之言曰'請道南鄭、藍田，出兵於楚，以待公'，殆不合矣。"不救韓而道鄭入楚，其言迂緩，故曰不合。公仲曰："子以爲果乎？"對曰："秦王必祖張儀之故智。"先提一句，下敘。楚威王攻梁也，張儀謂秦王曰：'與楚攻魏，魏折而入於楚，韓固其與國也，韓固魏之與國，亦入楚也。是孤秦也。不如出兵以到之，"到"字不可解，《國策》作"勁"，是下仝。魏楚大戰秦取西河之外以歸。'以上梁事也。今其狀陽言與韓，其實陰善楚。公待秦而到，必輕與楚戰。楚陰得秦之不用也，必易與公相支也。"得"字作"知"字解，句法詳婉。公戰而勝楚，遂與公乘楚，施三川而歸。公戰不勝楚，楚塞三川守之，公不能救也。竊爲公患之。策秦事完。司馬庚三反於郢，甘茂與昭魚遇於商於，其言收璽，實類有約也。"又泛出一段，寫秦楚之交，若隱若現，又作一逼，使人神動，妙！公仲恐曰："然則奈何？"曰："公必先韓而後秦，先身而後張儀。公不如亟以國合於齊楚，齊楚必委國於公。公之所惡者，張儀也，其實猶不無秦也。"於是楚解雍氏圍。丨

蘇代又謂秦太后弟芊戎曰："公叔伯嬰，恐秦楚之內蟣虱也，公何不爲韓求質於楚？楚王聽，入質子於韓，則公叔伯嬰知秦楚，之不以蟣虱爲事，必以韓合於秦楚。秦楚挾韓以窘魏，魏氏不敢合於齊，是齊孤也。公又爲秦求質子於楚，楚不聽，結怨於韓。韓挾齊魏以圍楚，楚必重公。公挾秦楚之重，以積德於韓，公叔伯嬰必以國待公。"作兩層對峙，語簡而意遠，與前一樣文法。於是蟣虱竟不得歸韓。此方是爭嗣主意。韓立咎爲太子。丨以上爭太子是一段。

齊、魏王來。|

十四年,與齊、魏王共擊秦,至函谷而軍焉。|十六年,秦與我河外及武遂。|襄王卒,太子咎立,是爲釐王。|

釐王三年,使公孫喜率周、魏攻秦。秦敗我二十四萬,虜喜伊闕。|五年,秦拔我宛。|六年,與秦武遂地二百里。|十年,秦敗我師于夏山。|十二年,與秦昭王會西周,而佐秦攻齊。齊敗湣王出亡。|十四年,與秦會兩周間。|二十一年,使暴鳶救魏,爲秦所敗,鳶走開封。|

二十三年,趙、魏攻我華陽。韓告急於秦,秦不救。韓相國謂陳筮曰:"事急願公雖病,爲一宿之行。詞令佳語。"陳筮見穰侯。穰侯曰:"事急乎?故使公來。"陳筮曰:"未急也。"故作一縱。穰侯怒曰:"是可以爲公之主使乎?夫冠蓋相望,告敝邑甚急,公來言未急,何也?"陳筮曰:"彼韓急則將變而佗從,以未急,故復來耳。"只一句,以簡勝多之妙!穰侯曰:"公無見王,請令發兵救韓。"八日而至,敗趙、魏于華陽之下。|是歲釐王卒,子桓惠王立。|

桓惠王元年,伐燕。|九年,秦拔我陘城汾旁。|十年,秦擊我於太行,我上黨郡守,以上黨郡降趙。|十四年,秦拔趙上黨,殺馬服子卒四十餘萬於長平。|十七年,秦拔我陽城、負黍。|二十二年,秦昭王卒。|二十四年,秦拔我城皋、滎陽。|二十六年,秦悉拔我上黨。|二十九年,秦拔我十三城。|

三十四年,桓惠王卒,子王安立。|

王安五年,秦攻韓,韓急,使韓非使秦,秦留非,因殺之。|

九年,秦虜王安,盡入其地,爲潁州郡。韓遂亡。

太史公曰:韓厥之感晉景公,紹趙孤之子武,以成程嬰、公孫杵臼之義,此天下之陰德也。韓氏之功,于晉未覩其大者也。然與趙、魏終爲諸侯十餘世,宜乎哉!

此篇亦平平序事耳,中間止與秦伐楚,及韓咎爭太子兩段,是出色處,俱用《國策》姿致,如游絲從風嫋嫋雲外,另成一種色澤。

田敬仲完世家

陳完者,陳厲公佗之子也。完生,周太史過陳,陳厲公使卜完,卦得《觀》之《否》:“是爲觀國之光,利用賓于王。此其代陳有國乎?不在此而在異國乎?非此其身也,在其子孫。若在異國,必姜姓。姜姓,四嶽之後。物莫能兩大,陳衰,此其昌乎?”|此篇以兩卜筮照應,故先從卜筮起,是起手大段,兼概通篇。

厲公者,陳文公少子也,其母蔡女。先序陳完,倒序陳厲公,是《田世家》體,非《陳世家》體也。文公卒,厲公兄鮑立,是爲桓公。桓公與佗異母。及桓公病,蔡人爲佗殺桓公鮑,及太子免,而立佗,爲厲公。厲公既立,娶蔡女。蔡女淫于蔡人,數歸,厲公亦數如蔡。桓公之少子林,怨厲公殺其父與兄,乃令蔡人誘厲公而殺之。林自立,是爲莊公。故陳完不得立,爲陳大夫。序厲公、莊公,止爲陳完爲大夫一,句,歸至本題。厲公之殺,以淫出國,故《春秋》曰“蔡人殺陳佗”,罪之也。|又閒找一筆若不爲陳完者,妙。

莊公卒,立弟杵臼,是爲宣公。宣公十一年,殺其太子禦寇。禦寇與完相愛,恐禍及己,完故奔齊。序宣公事,亦爲完奔齊註脚,以後交過排場陳事不復序矣。齊桓公欲使爲卿,辭曰:“羈旅之臣,幸得免負擔,君之惠也不敢當高位。"桓公使爲工正。齊懿仲欲妻完,卜之,占曰:"是謂鳳皇于飛和鳴鏘鏘。有嬀之後,將育于姜。五世其昌,竝於正卿。八世之後,莫之與京。"丨"卿"音"腔","京"音"姜",古韻叶。〇前以卜筮起,此以卜筮照應,以上畧同《陳世家》。卒妻完。完之奔齊,齊桓公立十四年矣。點明年分,以齊事接陳。

完卒,謚爲敬仲。仲生穉孟夷。敬仲之如齊,以陳字爲田氏。丨奔齊一。

田穉孟夷,生湣孟莊,田湣孟莊,生文子須無。田文子事齊莊公。丨事莊公二。

晉之大夫欒逞,作亂於晉,來奔齊,齊莊公厚客之。晏嬰與田文子諫,莊公弗聽。

文子卒,生桓子無宇。田桓子無宇,有力,事齊莊公,甚有寵。丨甚有寵三。以上田事與齊事夾序,然俱歸到田事住,是《田世家》體也,後同。

無宇卒,生武子開,與釐子乞。田釐子乞,事齊景公,爲大夫,其收賦稅於民,以小斗受之,其粟予民,以大斗,行陰德於民,而景公弗禁。由此田氏得齊衆心,宗族益彊,民思田氏。晏子數諫景公,景公弗聽。已而使於晉,與叔向私語曰:"齊國之政其卒歸於田氏矣。"丨政歸田①氏四。

晏嬰卒後,范、中行氏反晉。晉攻之急,范、中行請粟於齊。田乞欲爲亂,樹黨於諸侯,乃說景公曰:"范、中行數有德於齊,齊不可不救。"齊使田乞救之,而輸之粟。丨先爲作亂作引。

景公太子死,後有寵姬曰芮子,生子荼。景公病,命其相國惠

① 田,底本作"世",疑誤,據校本改。

子,與高昭子,以子荼爲太子。景公卒,兩相高、國立荼,是爲晏孺子。而田乞不説,欲立景公佗子陽生。陽生素與乞歡。晏孺子之立也,陽生奔魯。田乞偽事高昭子、國惠子者,每朝,代參乘,言曰:"始諸大夫不欲立孺子。孺子既立,君相之,大夫皆自危,謀作亂。"又紿大夫曰:"高昭子可畏也,及未發,先之。"諸大夫從之。田乞、鮑牧與大夫,以兵入,公室,攻高昭子。昭子聞之,與國惠子救公。公師敗。田乞之衆,追國惠子,惠子奔莒,遂反殺高昭子。晏孺子奔魯。

田乞使人之魯,迎陽生。陽生至齊,匿田乞家。請諸大夫曰:"常之母有魚菽之祭,幸而來會飲。"會飲田氏。田乞盛陽生橐中,置坐中央。發橐,出陽生,曰:"此乃齊君矣。"大夫皆伏謁。將盟立之,田乞誣曰:"吾與鮑牧謀共立陽生也。"鮑牧怒曰:"大夫忘景公之命乎?"諸大夫欲悔,陽生乃頓首曰:"可則立之,不可則已。"鮑牧恐禍及己,乃復曰:"皆景公之子,何爲不可!"遂立陽生於田乞之家,是爲悼公。乃使人遷晏孺子於駘,而殺孺子荼。悼公既立,田乞爲相,專齊政。丨專齊政五。

四年,田乞卒,子常代立,是爲田成子。

鮑牧與齊悼公有郄,弒悼公。齊人共立其子壬是爲簡公。田常成子與監止,俱爲左右相,相簡公。田常心害監止,監止幸於簡公,權,弗能去。於是田常復修釐子之政,以大斗出貸,以小斗收。應前。齊人歌之曰:"嫗乎采芑,歸乎田成子!"全以卜詞、謠詞作致。齊大夫朝御鞅諫簡公曰:"田、監不可竝也,君其擇焉。"君弗聽。

子我者,監止之宗人也,常與田氏有郄。田氏疏族田豹,事子我,有寵。子我曰:"吾欲盡滅田氏適,以豹代田氏宗。"豹曰:"臣於田氏,疏矣。"不聽。已而豹謂田氏曰:"子我將誅田氏,田氏弗先,禍及矣。"子我舍公宫,田常兄弟四人,乘如公宫,欲殺子我。子我閉門。簡公與婦人飲檀臺,將欲擊田常。太史子餘曰:"田常非敢爲亂,將除害。"簡公乃止。田常出,聞簡公怒,恐誅,將出亡。田子行曰:"需,事之賊也。"田常於是擊子我。子我率其徒攻田氏,不勝出亡。田氏之徒,追殺子我,及監止。

簡公出奔,田氏之徒,追執簡公於徐州。簡公曰:"蚤從御鞅之言,不及此難。"田氏之徒,恐簡公復立而誅己,遂弒簡公。簡公立四年而殺。於是田常立簡公弟驁,是爲平公。平公即位,田常爲相。相平公六。亦大畧同《齊世家》,稍爲明淨。

田常既殺簡公,懼諸侯共誅己,乃盡歸魯、衛侵地,西約晉、韓、趙、魏氏,南通吴、越之使,修功行賞,親於百姓,以故齊復,定。丨定齊七。若爲齊功,實爲田序也。

田常言於齊平公曰:"德施,人之所欲,君其行之;刑罰,人之所惡,臣請行之。"行之五年,齊國之政皆歸田常。田常於是盡誅鮑、晏、監止及公族之彊者,監止已死,此乃四族之強者耳。一句貫。而割齊自安平以東,至瑯琊,自爲封邑。封邑大於平公之所食。丨政皆歸田常,封邑大于平公八。

田常乃選齊國中女子,長七尺以上,爲後宫。後宫以百數,而使賓客舍人,出入,後宫者不禁。及田常卒,有七十餘男。丨忙中插此閑事,正爲田氏醜詆。夫吕易嬴,牛易馬,安知未得齊前田氏不先滅于他族哉?史公于亂臣賊子所以深惡之也。

田常卒,子襄子盤代立,相齊。常謚爲成子。丨

田襄子既相齊宣公,三晉殺智伯,分其地。襄子使其兄弟宗

人，盡爲齊都邑大夫，與三晉通使，且以有齊國。丨且有齊國九。

襄子卒，子莊子白立。田莊子相齊宣公。丨莊子相齊宣公十。宣公四十三年，伐晉，毀黄城，圍陽狐。明年，伐魯、葛，及安陵。明年，取魯之一城。丨内有強臣外肆征伐，所謂臘豕之自肥也，可爲浩歎。

莊子卒，子太公和立。田太公相齊宣公。丨太公和相宣公十一。宣公四十八年，取魯之郕。丨明年，宣公與鄭人會西城。伐衛，取毌丘。丨宣公五十一年，田會自廩丘反。丨

宣公卒，子康公貸立。貸立十四年，淫於酒婦人，不聽政。太公乃遷康公於海上，食一城，以奉其先祀。丨遷康公十二。明年，魯敗齊平陸。丨

三年，太公與魏文侯會濁澤，求爲諸侯。魏文侯乃使使言周天子，及諸侯，請立齊相田和爲諸侯周天子許之。康公之十九年，田和立爲齊侯，列於周室，紀元年。丨列爲諸侯十三，以上姜齊事完，交入田齊傳。

齊侯太公和立，二年，和卒，子桓公午立。桓公午五年秦、魏攻韓，韓求救於齊。齊桓公召大臣而謀曰："蚤救之，孰與晚救之？"騶忌曰："不若勿救。"段干朋曰："不救則韓且折而入於魏，不若救之。"田臣思曰："過矣，君之謀也！秦、魏攻韓，楚、趙必救之，是天以燕予齊也。"騶忌之意反從田思臣口中說出，奇。桓公曰："善"。乃陰告韓使者而遣之。韓自以爲得齊之救，因與秦、魏戰。楚、趙聞之，果起兵而救之。齊因起兵襲燕國，取桑丘。丨

六年，救衛。桓公卒，子威王因齊立。是歲，故齊康公卒，絕，無後，奉邑皆入田氏。丨遂移齊國十四。田氏移國，作十四節引入，所謂履霜堅冰之漸也。

齊威王元年,三晉因齊喪,來伐我靈丘。|三年,三晉滅晉後而分其地。|晉事插序,正爲與田氏一樣也。六年,魯伐我,入陽關。晉伐我,至博陵。|七年,魏[①]伐我,取薛陵。|九年,趙伐我,取甄。|

威王初即位以來,不治,委政卿大夫,九年之間,諸侯竝伐國人不治。於是威王召即墨大夫而語之曰:“自子之居即墨也,毀言日至。然吾使人視即墨,田野闢民人給,官無留事,東方以寧。是子不事吾左右以求譽也。”封之萬家。召阿大夫語曰:“自子之守阿,譽言日聞。然使使視阿,田野不闢,民貧苦。昔日趙攻甄,子弗能救。衛取薛陵,子弗知。是子以幣厚吾左右以求譽也。”是日烹阿大夫,及左右嘗譽者,皆并烹之。遂起兵西擊趙、衛,敗魏於濁澤,而圍惠王。惠王請獻觀以和解,趙人歸我長城。於是齊國震懼,人人不敢飾非,務盡其誠。齊國大治。諸侯聞之,莫敢致兵于齊二十餘年。|序事亦徑淨。

騶忌子以鼓琴見威王,威王説而舍之右室。須臾,王鼓琴,騶忌子推戶入,曰:“善哉鼓琴!”先一贊。王勃然不說,去琴按劍,次一不悅,寫得聲色俱妙。曰:“夫子見容未察,何以知其善也?”騶忌子曰:“夫大弦濁以春溫者,君也;小弦廉折以清者,相也;攫之深,醳之愉者,政令[②]也;鈞諧以鳴,大小相益,回邪而不相害者,四時也:吾是以知其善也。”四句説琴理,妙!王曰:“善語音。”一解。騶忌子曰:“何獨語音,夫治國家而弭人民皆在其中。”一解之後復一逼。王又勃然不說,又接一不説,聲色俱妙。曰:“若夫語五音之紀,信未有

① 魏,中華書局本《史記》作“衛”。

② 令,底本作“今”,疑誤,據校本改。

如夫子者也。若夫治國家而弭人民,又何爲乎絲桐之間?”語雋而不弱。騶忌子曰:“夫大弦濁以春溫者,君也;小弦廉折以清者,相也;攫之深,而舍之愉者,政令也;鈞諧以鳴,大小相益,回邪而不相害者,四時也。即以前四句說政理,一字不換妙!夫復而不亂者,所以治昌也;連而徑者,所以存亡也:又添兩句不板。故曰:“琴音調而天下治。夫治國家而弭人民者,無若乎五音者。”總琴與政雙收,兩者調勝。王曰:“善。”

騶忌子見三月,而受相印。丨淳于髡見之曰:“善說哉!髡有愚志,願陳諸前。”騶忌子曰:“謹受教。”淳于髡曰:“得全全昌,失全全亡。”騶忌子曰:“謹受令,請謹毋離前。”淳于髡曰:“狶膏棘軸,所以爲滑也,然而不能運方穿。”騶忌子曰:“謹受令,請謹事左右。”淳于髡曰:“弓膠昔幹,所以爲合也,然而不能傅合疏罅。”騶忌子曰:“謹受令,請謹自附於萬民。”淳于髡曰:“狐裘雖弊,不可補以黄狗之皮。”騶忌子曰:“謹受令,請謹擇君子,毋雜小人其間。”淳于髡曰:“大車不較,不能載其常任;琴瑟不較,不能成其五音。”騶忌子曰:“謹受令,請謹修法律而督姦吏。”寫兩人機鋒相當,心靈相照,語語奇妙若可解,若不可解,字字精綻。淳于髡說畢,趨出,至門,而面其僕曰:“是人者吾語之微言五,其應我,若響之應聲,是人必封不久矣。”寫淳于心服,正爲騶忌出色。居期年,封以下邳,號曰成侯。丨從淳于所言帶入封邑事,筆墨湊泊。

威王二十三年與趙王會平陸。二十四年與魏王會田於郊。魏王問曰:“王亦有寶乎?”威王曰:“無有。”梁王曰:“若寡人國小也,尚有徑寸之珠,照車前後各十二乘者,十枚,奈何以萬乘之國而無寶乎?”威王曰:“寡人之所以爲寶與王異。吾臣有檀子者,使守南城,則楚人不敢爲寇東取,泗上十二諸侯皆來朝。吾臣有朌子者,使守高唐,則趙人不敢東漁於河。吾吏有黔夫者,使守徐州,則燕人祭北門,趙人祭西門,徙而從者七千餘家。吾臣有種首者,使備盜賊,則道不拾遺。將以照千里,豈特十二乘哉!"梁惠王慙,不懌而去。丨此段句法奇俊。

二十六年,魏惠王圍邯鄲,趙求救於齊。齊威王召大臣而謀曰:"救趙孰與勿救?"騶忌子曰:"不如勿救。"段干朋曰:"不救則不義,且不利。"威王曰:"何也?"對曰:"夫魏氏并邯鄲,其於齊何利哉? 且夫救趙而軍其郊,是趙不伐而魏全也。故不如南攻襄陵以弊魏,邯鄲拔,而乘魏之弊。"威王從其計。騶忌、段干朋云云,昔以爲姜齊桓公,此爲田齊、威王;所救者,昔以爲韓,今以爲趙;所襲者,昔以爲燕,今以爲魏。相去年遠,是史公集古史而傳聞之不同,未及删也,大約是威王事爲正。

其後成侯騶忌,與田忌不善,公孫閲謂成侯忌曰:"公何不謀伐魏,田忌必將。戰勝有功,則公之謀中也;戰不勝,非前死,則後北而命在公矣。"陗語。於是成侯言威王,使田忌南攻襄陵。十月,邯鄲拔,齊因起兵擊魏,大敗之桂陵。於是齊最彊於諸侯,自稱爲王,以令天下。丨

三十三年,殺其大夫牟辛。丨

三十五年,公孫閲又謂成侯忌曰:"公何不令人操十金,卜於市,曰'我田忌之人也。吾三戰而三勝,聲威天下。欲爲大事,亦吉乎,不吉乎'?"卜者出因令人捕爲之卜者驗其辭於王之所。田忌聞之,因遂率其徒①襲攻臨淄,求成侯不勝而犇。丨自騶忌鼓琴至

① 中華書局本《史記》作"因率其徒"。

此爲一段。

三十六年，威王卒，子宣王辟疆立。|

宣王元年，秦用商鞅。周致伯於秦孝公。|

二年，魏伐趙。趙與韓親，共擊魏。趙不利戰於南梁。宣王召田忌復故位。韓氏請救於齊。宣王召大臣而謀曰："蚤救，孰與晚救？"騶忌子曰："不如勿救。"田忌曰："弗救，則韓且折而入於魏，不如蚤救之。"孫子曰："夫韓、魏之兵未弊而救之，是吾代韓受魏之兵，顧反聽命於韓也。且魏有破國之志，韓見亡，必東面而愬於齊矣。吾因深結韓之親，而晚承魏之弊，則可重利而得尊名也。"宣王曰："善。"乃陰告韓之使者而遣之。韓因恃齊，五戰不勝，而東委國於齊。齊因起兵，使田忌、田嬰將，孫子爲師，救韓、趙以擊魏，大敗之馬陵，殺其將龐涓，虜魏太子申。此即前二說之意何相同如此？然前段質，中段峭，後段詳析，各具一文法。其後三晉之王，皆因田嬰朝齊王於博望，盟而去。|

七年，與魏王會平阿南。明年，復會甄。魏惠王卒。|明年，與魏襄王會徐州，諸侯相王也。十年，楚圍我徐州。十一年，與魏伐趙，趙決河水灌齊、魏，兵罷。|十八年，秦惠王稱王。秦事插序，爲諸侯相王故也。

宣王喜文學游說之士，自如騶衍、淳于髡、田駢、接予、慎到、環淵之徒，七十六人，皆賜列第爲上大夫，不治而議論。是以齊稷下學士復盛，且數百千人。|

十九年，宣王卒，子湣王地立。|

湣王元年，秦使張儀與諸侯執政會於齧桑。|三年，封田嬰于薛。四年，迎婦於秦。|七年，與宋攻魏，敗之觀澤。|

十二年,攻魏。楚圍雍氏,秦敗屈丐。蘇代謂田軫曰:"臣願有謁於公,其爲事甚完,使楚利公,成爲福不成亦爲福。辭意楚楚,下出奇峰。今者臣立於門,客有言曰魏王謂韓馮、張儀曰:先出兩"曰"字作設詞妙!'煮棗將拔,齊兵又進,子來救寡人則可矣;不救寡人,寡人勿[1]能拔。'此特轉辭也。秦、韓之兵,毋東旬餘,則魏氏轉韓從秦,秦逐張儀,交臂而事齊楚,此公之事成也。"田軫曰:"奈何使無東?"一折。對曰:"韓馮之救魏之辭,必不謂韓王曰'馮以爲魏',必曰'馮將以秦韓之兵,東卻齊宋馮因摶三國之兵,乘屈丐之弊,南割於楚,故地必盡得之矣'。張儀救魏之辭,必不謂秦王曰'儀以爲魏',必曰'儀且以秦韓之兵,東距齊宋,儀將摶三國之兵,乘屈丐之弊,南割於楚,名存亡國,實伐[2]三川而歸,此王業也'。兩"必不謂"、兩"必曰",字句不換,作兩比,而中氣折蕩。公令楚王與韓氏地,使秦制和,謂秦王曰又下一"曰"字作設詞。'請予韓地,而王以施三川,韓氏之兵不用,而得地於楚'。韓馮之東兵之辭且謂秦何?曰'秦兵不用而得三川,伐楚韓以窘魏,魏氏不敢東,是孤齊也'。張儀之東兵之辭且謂何?曰'秦韓欲地而兵有案,聲威發于魏,魏氏之欲不失,齊楚者有資矣'。又設兩"且謂何",相對兩"比",作折宕,更妙!魏氏轉秦韓,爭事齊楚,楚王欲而無與地,公令秦韓之兵不用而得地,有一大德也。秦韓之王,劫於韓馮、張儀,而東兵以狥服魏,公常執左券以責于秦韓,此其善於公,而惡張子多資矣。"丨一段俱以設詞,兩兩蹙起,宛曲波折,如聽面談,且有面談所不能盡者,文筆靈妙如此。

---

① 勿,中華書局本《史記》作"弗"。

② 伐,底本作"代",疑誤,據校本改。

十三年，秦惠王卒。秦事插序。二十三年，與秦擊敗楚於重丘。丨二十四年，秦使涇陽君質於齊。丨二十五年，歸涇陽君于秦。孟嘗君薛文入秦，即相秦。文亡去。丨二十六年，齊與韓魏共攻秦，至函谷軍焉。丨二十八年，秦與韓河外以和，兵罷。丨二十九年，趙殺其主父。丨弑君附見。齊佐趙滅中山。丨

三十六年，王爲東帝，秦昭王爲西帝。蘇代自燕來，入齊，見於章華東門。齊王曰："嘻，善，子來！秦使魏冉致帝，子以爲何如？"對曰："王之問臣也卒，而患之所從來微，願王受之而勿備稱也。受之而稱之，不必久稱也。秦稱之，天下安之，王乃稱之，無後也。且讓爭帝名，無傷也。秦稱之，天下惡之，王因勿稱，以收天下，此大資也。以兩對意，中間以三"也"字、五"之"字，作致。且天下立兩帝，王以天下爲尊齊乎？尊秦乎？"王曰："尊秦。"曰："釋帝，天下愛齊乎？愛秦乎？"王曰："愛齊而憎秦。"又蹴出兩峯。曰："兩帝立，約伐趙，孰與伐桀宋之利？"王曰："伐桀宋利。"又蹴出兩峯。對曰："夫約鈞，然與秦爲帝，而天下獨尊秦而輕齊，釋帝則天下愛齊而憎秦，伐趙不如伐桀宋之利，承上一卷意已收完，下又折出詳盡。故願王明釋帝以收天下，倍約賓秦，無爭重，而王以其間舉宋。夫有宋，衛之陽地危；有濟西，趙之阿東[①]國危；有淮北，楚之東國危；有陶、平陸，梁門不開。釋帝而貸之以伐桀宋之事，國重而名尊，燕楚所以形服天下，莫敢不聽，此湯武之舉也。敬秦以爲名，而後使天下憎之，此所謂以卑爲尊者也。願王孰慮之。"說得明晰詳盡。於是齊去帝，復爲王，秦亦去帝位。丨

① 東，底本作"車"，疑誤，據校本改。

三十八年,伐宋。秦昭王怒曰:"吾愛宋,與愛新城、陽晉同。韓聶與吾友也,而攻吾所愛,何也?"蘇代爲齊謂秦王曰:"韓聶之攻宋,所以爲王也。齊彊,輔之以宋,楚、魏必恐,恐必西事秦,是王不煩一兵不傷一士無事而割安邑也,此韓聶之所禱於王也。"秦王曰:"吾患齊之難知。一從一衡,其說何也?"對曰:"天下國令齊可知乎?一折好。齊以攻宋,其知事秦以萬乘之國自輔,不西事秦則宋治不安。中國白頭游敖之士,皆積智欲離齊秦之交,伏式結軼西馳者,未有一人言善齊者也,伏式結軼東馳者,未有一人言善秦者也。颺兩句。何則?皆不欲齊秦之合也。何晉楚之智,而齊秦之愚也!又頓四句。晉楚合必議齊秦,齊秦合必圖晉楚,請以此決事。"一颺一頓之下,緊接兩句,說事明快。秦王曰:"諾。"於是齊遂伐宋,宋王出亡,死於溫。齊南割楚之淮北,西侵三晉,欲以并周室,爲天子。泗上諸侯鄒魯之君,皆稱臣,諸侯恐懼。|

三十九年,秦來伐,拔我列城九。|

四十年,燕、秦、楚、三晉合謀,各出鋭師以伐,敗我濟西。王解而卻。燕將樂毅,遂入臨淄,盡取齊之寶藏器。前無伐燕事,何也?湣王出亡之衛。衛君辟宫舍之,稱臣而共具。湣王不遜,衛人侵之。湣王去,走鄒、魯,有驕色,鄒、魯君弗內,遂走莒。楚使淖齒將兵救齊,因相齊湣王。淖齒遂殺湣王,而與燕共分齊之侵地鹵器。|

湣王之遇殺,接法佳。其子法章,變名姓,爲莒太史敫家庸。太史敫女,奇法章狀貌,以爲非恒人,憐而常竊衣食之,而與私通焉。淖齒既以去莒,莒中人,及齊亡臣,相聚求湣王子,欲立之。法章懼其誅己也,久之,乃敢自言"我湣王子也"。於是莒人共立法章,是爲襄王。以保莒城,而布告齊國中:"王已立在莒矣。"只如此,立王後不序。

襄王既立,立太史氏女爲王后,是爲君王后,生子建。太史敫曰:"女不取媒,因自嫁,非吾種也,汙吾世。"終身不覩君王后。君王后賢,不以不覩故,失人子之禮。|

襄王在莒五年,田單以即墨攻破燕軍,迎襄王於莒,入臨淄。齊故地盡復屬齊。齊封田單爲安平君。|

十四年,秦擊我剛壽。|十九年,襄王卒,子建立。

王建立六年,秦攻趙,齊楚救之。秦計曰:"齊楚救趙,親則退兵,不親,遂攻之。"趙無食,請粟於齊,齊不聽。周子曰:"不如聽之,以退秦兵,不聽,則秦兵不卻,是秦之計中,而齊楚之計過也。一折。且趙之於齊楚,扞蔽也,猶齒之有脣也,脣亡則齒寒。今日亡趙,明日患及齊楚。二折。且救趙之務,宜若奉漏甕,沃焦釜也。三折。以三折作姿致。夫救趙,高義也;卻秦兵,顯名也。義救亡國,威卻彊秦之兵,不務爲此,而務愛粟,爲國計者過矣。"齊王弗聽。秦破趙於長平四十餘萬,遂圍邯鄲。|

十六年,秦滅周。君王后卒。|二十三年,秦置東郡。|二十八年,王入朝秦,秦王政置酒咸陽。|三十五年,秦滅韓。|秦滅韓事插序。三十七年,秦滅趙。滅趙事插序。三十八年,燕使荊軻刺秦王,秦王覺,殺軻。明年,秦破燕,燕王亡走遼東。|破燕事插序。明年,秦滅魏,秦兵次於歷下。|滅魏事插序。四十二年,秦滅楚。|滅楚事插序。明年,虜代王嘉,滅燕王喜。|滅燕事插序。連插六段正爲齊王不助伏案。

四十四年,秦兵擊齊。齊王聽相后勝計,不戰,以兵降秦。秦鹵王建,遷之共。遂滅齊爲郡。天下壹并於秦,秦王政立,號爲皇帝。丨序完滅齊事,後序滅齊之故。始君王后賢,事秦謹,與諸侯信,齊亦東邊海上,秦日夜攻三晉、燕、楚五國,各自救於秦,以故王建立四十餘年不受兵。君王后死,后勝相齊,多受秦間金,多使賓客入秦,秦又多予金,客皆爲反間,勸王去從,朝秦,不修攻戰之備,不助五國攻秦,秦以故得滅五國。五國已亡,秦兵卒入臨淄,民莫敢格者。王建遂降,遷於共。故齊人怨王建不蚤與諸侯合從攻秦,聽姦臣賓客亡其國,歌之曰:"松耶柏耶?住建共者客耶?"丨通篇以卜詞始,以歌詞終。疾建用客之不詳也。丨以咏歎作結,意致不盡。

太史公曰:蓋孔子晚而喜《易》。《易》之爲術,幽明遠矣,非通人達才,孰能注意焉!故周太史之卦,田敬仲完占至十世之後;及完奔齊,懿仲卜之,亦云。田乞及常所以比犯二君,專齊國之政,非必事勢之漸然也,蓋若遵厭兆祥云。贊語亦只以卦詞點,另出一格。丨

田敬仲自陳而來,以至相齊移國,不得不與陳齊之事合敘,故上半篇與《陳世家》《齊太公世家》大畧相同,而校爲明淨,後半篇,純用《國策》筆仗,更覺流麗波折,大破世家呆板之習。○中間騶忌一段更妙。

孔子世家

孔子生魯昌平鄉陬邑。先序地,另一法。其先宋人也,曰孔防叔。防叔生伯夏,伯夏生叔梁紇。紇與顔氏女野合,而生孔子禱于尼丘,得孔子。魯襄公二十二年而孔子生。孔子生作三跌落。生而首上圩頂,故因名曰丘云。字仲尼,姓孔氏。丨始出名字氏。

丘生而叔梁紇死,葬于防山。防山在魯東,由是孔子疑其父墓處,母諱之也。丨因野合故。孔子爲兒嬉戲常陳俎豆,設禮容。丨插閒事。孔子母死,乃殯五父之衢,蓋其慎也。間接。陬人輓父之母,誨孔子父墓,"誨"字好。然後往合葬於防焉。

孔子要絰,丨接上未除喪也。季氏饗士,孔子與往。陽虎絀曰:"季氏饗士,非敢饗子也。"孔子由是退。丨

孔子年十七,通篇以年序,不用周、魯編年,是尊孔子處。○雖依例提出年歲,作挨年序,而中間無年分可序者,則參錯插序于內,如吳問專車之骨未墮會稽,而學琴師襄決不是五十後事也,又在陳歸與一歎前後互出以孔子之事。散見諸書,一時整齊收束,未免有疎漏處。魯大夫孟釐子病且死,誡其嗣懿子曰:"孔丘,聖人之後,滅于宋。其祖弗父何?始有宋,而嗣讓厲公。及正考父佐戴、武、宣公,前止出防叔、伯夏,此又追出兩

代。三命茲益恭故鼎銘云:'一命而僂,再命而傴,三命而俯,循墻而走,亦莫敢余侮。饘於是,粥於是,以餬余口。'銘詞句句排句句峭,循墻句尤奇。其恭如是。接一句應茲益恭。吾聞聖人之後,應聖人之後。雖不當世,必有達者。今孔丘年少好禮,其達者歟?吾即沒,若必師之。"及釐子卒,懿子與魯人南宮敬叔,往學禮焉。孔子十七即有弟子,蓋俎豆禮容習之久矣。是歲,季武子卒,平子代立。|又點魯事照應,收住,下乃總序。

孔子貧且賤。及長,嘗爲季氏史,料量平;嘗爲司職吏而畜蕃息。由是爲司空。總序其官。已而去魯,斥乎齊,逐乎宋、衛,困於陳蔡之間,於是反魯。總序其行蹟。孔子長九尺有六寸,人皆謂之"長人"而異之。魯復善待,由是反魯。|總序其形貌,仍收到反魯結住。

魯南宮敬叔,間接敬叔。言魯君曰:"請與孔子適周。"魯君與之一乘車,兩馬,一豎子,俱適周,問禮,蓋見老子云。"蓋云"皆疑詞,《封禪書》可見。辭去,而老子送之曰:"吾聞富貴者送人以財,仁人者送人以言。吾不能富貴,竊仁人之號,送子以言,曰:"聰明深察而近於死者,好議人者也。博辯廣大危其身者,發人之惡者也。爲人子者,毋以有己,爲人臣者,毋以有己。"兩對復以兩峭語結,妙!孔子自周,反於魯,弟子稍益進焉。|

是時也,晉平公淫,六卿擅權,東伐諸侯;楚靈王兵彊,陵轢中國;齊大而近於魯。魯小弱,附於楚則晉怒;附於晉則楚來伐;不備於齊,齊師侵魯。|兩句晉楚互序,下兩句又找出齊師,東枝西梧湊手不及,妙得情勢,句法亦精彩。○此序魯事,與孔子何與?蓋閒插于此,正與孔子相魯事照應也。

魯昭公之二十年，而孔子蓋年三十矣。紀年二。齊景公與晏嬰來適魯，景公問孔子曰：“昔秦穆公國小處辟，其霸何也？”對曰：“秦國雖小，其志大；處雖辟，行中正。身舉五羖，爵之大夫，起纍紲之中，與語三日，授之以政。以此取之，雖王可也，其霸小矣。”景公說。|

孔子年三十五，紀年三。而季平子與郈昭伯，以鬭雞故，得罪魯昭公，昭公率師擊平子，平子與孟氏、叔孫氏三家，共攻昭公，昭公師敗，奔于齊，齊處昭公乾侯。雖紀宗國事，實孔子適魯之故也，後倣此。其後頃之，魯亂。孔子適齊，爲高昭子家臣，欲以通乎景公。應前景公、晏嬰適魯事。與齊太師語樂，聞《韶》音，學之，三月不知肉味，齊人稱之。

景公問政孔子，孔子曰：“君君，臣臣，父父，子子。”景公曰：“善哉！信如君不君，臣不臣，父不父，子不子，雖有粟，吾豈得而食諸！”他日又復問政於孔子，孔子曰：“政在節財。”景公說，將欲以尼谿田封孔子。晏嬰進曰：“夫儒者滑稽而不可軌法，倨傲自順，不可以爲下；崇喪遂哀，破産厚葬，不可以爲俗；游說乞貸，不可以爲國。自大賢之息，周室既衰，禮樂缺有間。今孔子盛容飾，繁登降之禮，趨詳之節，累世不能殫其學，當年不能究其禮。君欲用之，以移齊俗，非所以先細民也。”後景公敬見孔子，不問其禮。異日，景公止孔子曰：“奉子以季氏吾不能。”以季孟之間待之。齊大夫欲害孔子，孔子聞之。景公曰：“吾老矣，弗能用也。”孔子遂行，反乎魯。|結齊景公一案。

孔子年四十二，紀年四。魯昭公卒于乾侯，定公立。定公立五年，夏季平子卒，桓子嗣立。季桓子穿井得土缶，中若羊，問仲尼

云"得狗"。句法俊永,故以"得狗"作波。仲尼曰:"以丘所聞,羊也。丘聞之,木石之怪夔、罔閬,水之怪龍、罔象,土之怪墳羊。"|

吳伐越,墮會稽,得骨節專車。伐越墮會稽事,在後因兩節異聞,附記于此。吳使使問仲尼:"骨何者最大?"仲尼曰:"禹致群神於會稽山,不曰公侯,而曰群神正應下"神"字。防風氏後至,禹殺而戮之,其節專車,此爲大矣。"吳客曰:"誰爲神?"仲尼曰:"山川之神,足以綱紀天下,其守爲神,社稷爲公侯,皆屬於王者。"山川爲神,社稷爲公侯,皆屬于王者也。客曰:"防風何守?"仲尼曰:"汪罔氏之君守封禺之山,爲釐姓。在虞、夏、商爲汪罔,於周爲長翟,今謂之大人。"客曰:"人長幾何?"仲尼曰:"僬僥氏三尺,短之至也。長者不過十之,數之極也。"奇文,然鵠國之人長三寸日行千里,海鵠吞之,一舉亦千里,得無妄乎?於是吳客曰:"善哉聖人!"|住句法好。

桓子嬖臣曰仲梁懷與陽虎有隙。陽虎欲逐懷,公山不狃止之。其秋,懷益驕,陽虎執懷。桓子怒,陽虎因囚桓子,與盟而醳之。陽虎由此益輕季氏。季氏亦僭於公室,陪臣執國政,是以魯自大夫以下,皆僭,離於正道。結還季氏陽虎不狃。故孔子不仕,退而修《詩》《書》《禮》《樂》,弟子彌眾,至自遠方,莫不受業焉。|歸到孔子。

定公八年,公山不狃不得意于季氏,因陽虎爲亂,欲廢三桓之適,更立其庶孽,陽虎素所善者,句連上。遂執季桓子。桓子詐之,得脱。定公九年,陽虎不勝,奔於齊。是時孔子年五十。|紀年五倒裝,法變。

公山不狃以費畔季氏,使人召孔子。孔子循道彌久,溫溫無所試,"溫溫"字奇。莫能己用,曰:"蓋周文武起豐鎬而王,今費雖

小，儻庶幾乎！”先添數語，作東周註。欲往。子路不説，止孔子。孔子曰：“夫召我者，豈徒哉？如用我，其爲東周乎！”然亦卒不行。|

其後定公以孔子爲中都宰，一年，四方皆則之。由中都宰爲司空，由司空爲大司寇。

定公十年春，及齊平。夏，齊大夫黎鉏言於景公曰：“魯用孔丘，其勢危齊。四字簡淨。”乃使使告魯爲好會，會于夾谷。魯定公且以乘車好往。孔子攝相事，曰：“臣聞有文事者，必有武備，有武事者，必有文備。古者諸侯出疆，必具官以從。請具左右司馬。”定公曰：“諾。”具左右司馬。先伏司馬。會齊侯夾谷，爲壇位，土堦[1]三等，後伏上堦。以會遇之禮相見，應好會。揖讓而登。獻酬之禮畢，齊有司趨而進曰：“請奏四方之樂。”景公曰：“諾。”於是旍旄羽紱[2]、矛戟劍撥，鼓噪而至。寫得一時蜂湧而至，紙上嘩嘩。孔子趨而進，歷階而登，不盡一等，應“土堦三等”。舉袂而言曰：“舉袂”妙。寫急時指麾不得不爾。“吾兩君爲好會，夷狄之樂，何爲於此！請命有司！”有司卻之，不去，則左右視晏子與景公。景公心怍，麾而去之。又作一頓，比《家語》更妙。有頃，齊有司趨而進曰：“請奏宫中之樂。”景公曰：“諾。”優倡侏儒，爲戲而前。與前作兩對，前寫得洶湧，此寫得從容，如親見之。孔子趨而進，歷堦而登，不盡一等，與前對。曰：“匹夫而熒惑諸侯者，罪當誅！請命有司！”有司加法焉，手足異處。景公懼而動，知義不若，歸而大恐，前怍，此懼與恐，作三層寫。告其群臣曰：晏子在内。“魯以君子之道輔其君，而子獨以夷

① 堦，中華書局本《史記》作“階”。下同。

② 紱，中華書局本《史記》作“祓”。

狄之道教寡人,使得罪于魯君,爲之奈何?"有司進對曰:"君子有過,則謝以質,小人有過,則謝以文。語奇。君若悼之,"悼"字又作、懼、恐餘波。則謝以實。"於是齊侯乃歸所侵魯之鄆、汶陽、龜陰之田以謝過。|

定公十三年夏,孔子言於定公曰:"臣無藏甲,大夫無百雉之城。"使仲由爲季氏宰,將墮三都。於是叔孫氏先墮郈。季氏將墮費,公山不狃、叔孫輒率費人襲魯。公與三子入于季氏之宮,登武子之臺。費人攻之,弗克,入及公側。孔子命申句須、樂頎下伐之,費人北。國人追之,敗諸姑蔑。二子奔齊,遂墮費。將墮成,公斂處父謂孟孫曰:"墮成,齊人必至于北門。且成,孟氏之保鄣,無成,是無孟氏也。我將弗墮。"十二月,公圍成,弗克。|

定公十四年,孔子年五十六,紀年六。由大司寇行攝相事,攝相兩見,豈前則攝好會之相事,此則攝國中之相事乎?有喜色。門人曰:"聞君子禍至不懼,福至不喜。"孔子曰:"有是言也。不曰'樂其以貴下人'乎?"於是誅魯大夫亂政者少正卯。與聞國政,三月,粥羔豚者弗飾賈;男女行者別于塗;塗不拾遺;四方之客,至乎邑者,不求有司,皆予之以歸。

齊人聞而懼曰:"孔子爲政,必霸,霸則吾地近焉,我之爲先并矣。盍致地焉?"黎鉏曰:"請先嘗沮之。沮之而不可,則致地,庸遲乎!"語亦流利。於是選齊國中女子,好者八十人,皆衣文衣而舞康樂文馬三十駟,遺魯君。陳女樂文馬於魯城南高門外,季桓①子微服往觀,再三,將受,乃語魯君爲周道游,往觀終日,怠於政事。

① 桓,底本作"恒",疑誤,據校本改。

子路曰："夫子可以行矣。"孔子曰："魯今且郊，如致膰乎大夫，則吾猶可以止。"桓子卒受齊女樂，三日不聽政；句。郊，句。又不致膰俎於大夫。孔子遂行，宿乎屯。而師己送曰："夫子則非罪。"孔子曰："吾歌可夫？"歌曰："彼婦之口，可以出走；彼婦之謁，可以死敗。蓋優哉游哉，維以卒歲！"師己反，桓子曰："孔子亦何言？"師己以實告。桓子喟然歎曰："夫子罪我，以群婢故也夫！"

孔子遂適衛，主於子路妻兄顏濁鄒家。衛靈公問孔子："居魯得祿幾何？"對曰："奉粟六萬。"衛人亦致粟六萬。居頃之，或譖孔子於衛靈公。靈公使公孫余假一出一入。字奇。孔子恐獲罪焉，居十月，去衛。|

將適陳，過匡，顏刻爲僕，以其策指之曰："昔吾入此，由彼缺也。"突然一語，下乃瀉出，另一種文法。匡人聞之，以爲魯之陽虎。陽虎嘗暴匡人，匡人於是遂止孔子。孔子狀類陽虎，拘焉，前無心一語，已中其疑，而貌復類焉，天下事無有如此者，寫得曲至。五日，顏淵後，子曰："吾以汝爲死矣。"顏淵曰："子在，回何敢死！"匡人拘孔子益急，弟子懼。孔子曰："文王既沒，文不在茲乎？天之將喪斯文也，後死者，不得與於斯文也。天之未喪斯文也，匡人其如予何！"孔子使從者爲甯武子臣於衛，然後得去。|

去即過蒲。月餘，反乎衛，主蘧伯玉家。靈公夫人有南子者，使人謂孔子曰："四方之君子，不辱，欲與寡君爲兄弟者，必見寡小君。寡小君願見。"辭令韻致，史公每遇一事，即以一種筆墨副之，妙甚！孔子辭謝，不得已而見之。夫人在絺帷中。孔子入門北面稽首。夫人自帷中再拜，環珮玉聲璆然。即環珮玉寫一筆，韻致之極。孔子曰："吾鄉爲弗見，見之，禮答焉。"子路不說。孔子矢之曰："予所不者,天厭之! 天厭之!”居衛月餘,靈公與夫人同車,宦者雍渠參乘,出,使孔子爲次乘,招搖市過之。孔子曰:“吾未見好德,如好色者也。”於是醜之,去衛,過曹。是歲魯定公卒。

孔子去曹,適宋,與弟子習禮大樹下。宋司馬桓魋欲殺孔子,拔其樹。孔子去。弟子曰:“可以速矣。”孔子曰:“天生德於予,桓魋其如予何!”

孔子適鄭,與弟子相失,孔子獨立郭東門。鄭人或謂子貢曰:“東門有人,其顙似堯,其項類皋陶,其肩類子產,然自要以下,不及禹三寸。纍纍若喪家之狗。”《韓詩外傳》,有“既斂而槨,布器而祭”等語,漢人說經,時代爲近,必有所本,則作芻狗之說是。子貢以實告孔子。孔子欣然笑曰:“形狀,末也。而似喪家之狗,然哉! 然哉!” |

孔子遂至陳,主於司城貞子家。歲餘,吳王夫差伐陳,取三邑而去。趙鞅伐朝歌。楚圍蔡,蔡遷於吳。吳敗越王句踐會稽。| 忽插時事三段以爲經緯。

有隼集於陳廷而死,楛矢貫之,石砮,矢長尺有咫。陳湣公使使問仲尼。仲尼曰:“隼來遠矣,此肅慎之矢也。昔武王克商,通道九夷百蠻,使各以其方賄來貢使無忘職業。於是肅慎貢楛矢,石砮,長尺有咫。先王欲昭其令德,以肅慎矢分大姬,配虞胡公,而封諸陳。分同姓以珍玉,展親;分異姓以遠方職,使無忘服。故分陳以肅慎矢。”又於分矢者註兩句,作兩層寫。試求之故府,果得之。| 妙即在陳故府,配合爲奇。

孔子居陳三歲,會晉楚爭彊,更伐陳,及吳侵陳,陳嘗被寇。孔子曰:“歸與歸與! 吾黨之小子狂簡,進取,不忘其初。”於是孔子去陳。

過蒲,會公叔氏以蒲畔,蒲人止孔子。弟子有公良孺者,以私車五乘從孔子。其爲人長賢,有勇力,謂曰:“吾昔從夫子遇難於匡,今又遇難於此,命也已。吾與夫子再罹難,寧鬬而死。”鬬甚疾。蒲人懼,謂孔子曰:“苟毋適衛,吾出子。”與之盟,出孔子東門。孔子遂適衛。子貢曰:“盟可負耶?”孔子曰:“要盟也,神不聽。”只六字,簡淨。

衛靈公聞孔子來,喜,郊迎。問曰:“蒲可伐乎?”對曰:“可。”靈公曰:“吾大夫以爲不可。今蒲,衛之所以待晉楚也,以衛伐之,無乃不可乎?”孔子曰:“其男子有死之志,婦人有保西河之志。吾所伐者不過四五人。”奇語簡淨。靈公曰:“善。”然不伐蒲。|

靈公老,怠於政,不用孔子。孔子喟然嘆曰:“苟有用我者,期月而已,三年有成。”孔子行。|

佛肸爲中牟宰。趙簡子攻范、中行,伐中牟。佛肸畔,使人召孔子。孔子欲往。子路曰:“由聞諸夫子,“其身親爲不善者,君子不入也”。今佛肸親以中牟畔,子欲往,如之何?”孔子曰:“有是言也。不曰堅乎,磨而不磷;不曰白乎,涅而不淄。我豈匏瓜也哉,焉能繫而不食?”|

孔子擊磬。有荷蕢而過門者,曰:“有心哉,擊磬乎!硜硜乎,莫己知也夫,而已矣!”|

孔子學鼓琴師襄子,十日不進。師襄子曰:“可以益矣。”孔子曰:“丘已習其曲矣,未得其數也。”一頓。有間,曰:“已習其數,可以益矣。”孔子曰:“丘未得其志也。”兩頓,中又作一折。有間,曰:“已習其志,可以益矣。”孔子曰:“丘未得其爲人也。”三頓。有間,曰:“有所穆然深思焉,有所怡然高望而遠志焉。”曰:“丘得其爲人,黯然而黑,幾然而長,眼如望羊,心如王四國,非文王其誰能爲此也!”一路所三層頓折,語句不變,如迷樓宫殿,規制居一,而修廊曲房,一轉一折,别一洞天。師襄子辟席再拜曰:“師蓋云《文王操》也。”

孔子既不得用於衛,將西見趙簡子。至于河而聞竇鳴犢、舜華之死也,臨河而嘆曰:“美哉水,洋洋乎!丘之不濟此,命也夫!”乎夫以韻叶。子貢趨而進曰:“敢問何謂也?”孔子曰:“竇鳴犢、舜華,晉國之賢大夫也。趙簡子未得志之時,須此兩人而後從政。及其已得志,殺之乃從政。丘聞之也,刳胎殺夭,則麒麟不至郊,竭澤涸魚,則蛟龍不合陰陽,覆巢毀卵,則鳳凰不翔。何則?君子諱傷其類也。夫鳥獸之於不義也,尚知辟之,而況乎丘哉!”即以譬喻結,悠然冷雋。乃還,息乎陬鄉,作爲《陬操》以哀之。而反乎衛,入主蘧伯玉家。|

他日靈公問兵陳。孔子曰:“俎豆之事,則嘗聞之,軍旅之事,未之學也。”明日與孔子語,見蜚鴈,仰視之,色不在孔子。孔子遂行,復如陳。

夏,衛靈公卒,立孫輒,是爲衛出公。六月,趙鞅内太子蒯聵于戚。陽虎使太子絻,八人衰絰,僞自衛迎者,哭而入,遂居焉。語簡峭而事盡。冬,蔡遷於州來。是歲,魯哀公三年,而孔子年六十矣。紀年七。齊助衛圍戚,以衛太子蒯聵在故也。|

夏,魯桓釐廟燔,南宫敬叔救火。孔子在陳,聞之曰:“災必于桓釐廟乎?”已而果然。

秋,季桓子病,輦而見魯城,喟然歎曰:“昔此國幾興矣,以吾獲罪于孔子,故不興也。”孔子去相,是治亂關頭,故即季桓子一嘆,遥遥照耀,城郭如故,時事日非,能無泫然乎? 顧謂其嗣康子曰:"我即死,若必相魯;相魯,必召仲尼。"後數日,桓子卒,康子代立。已葬,欲召仲尼。公之魚曰:"昔吾先君用之不終,終爲諸侯笑。今又用之不能終,是再爲諸侯笑。"康子曰:"則誰召而可?"曰:"必召冉求。"於是使使召冉求。冉求將行,孔子曰:"魯人召求,非小用之,將大用之也。"是日孔子曰:"歸乎歸乎! 吾黨之小子狂簡,斐然成章,吾不知所以裁之。""歸"與"嘆"前後兩見。子贛知孔子思歸,送冉求,因誡曰"即用,以孔子爲招"云。

冉求既去,明年,孔子自陳遷於蔡。蔡昭公將如吳,吳召之也。前昭公欺其臣遷州來,後將往,大夫懼復遷,公孫翩射殺昭公。楚侵蔡。|秋,齊景公卒。|

明年,孔子自蔡如葉。葉公問政,孔子曰:"政在來遠附邇。"他日葉公問孔子於子路,子路不對。孔子聞之,曰:"由,爾何不對曰'其爲人也,學道不倦,誨人不厭,發憤忘食,樂以忘憂,不知老之將至'云爾。"|

去葉,反于蔡。長沮、桀溺耦而耕,孔子以爲隱者,使子路問津焉。長沮曰:"彼執輿者爲誰?"子路曰:"爲孔丘。"曰:"是魯孔丘與?"曰:"然。"曰:"是知津矣。"桀溺謂子路曰:"子爲誰?"曰:"爲仲由。"曰:"子孔丘之徒與?"曰:"然。"桀溺曰:"悠悠者天下皆是也,而誰以易之? 且與其從辟人之士,豈若從辟世之士哉!"櫌而不輟。子路以告孔子,孔子憮然曰:"鳥獸不可與同群天下有道,丘不與易也。"|

他日,子路行遇荷蓧丈人,曰:"子見夫子乎?"丈人曰:"四體不勤,五穀不分,孰爲夫子!"植其杖而芸。子路以告,孔子曰:"隱者也。”復往則亡。丨三段俱删得簡淨。

孔子遷于蔡,三歲吳伐陳。楚救陳,軍于城父。聞孔子在陳蔡之間,楚使人聘孔子。孔子將往拜禮,陳蔡大夫謀曰:“孔子,賢者,所刺譏皆中諸侯之疾。今者久留陳蔡之間,諸大夫所設行,皆非仲尼之意。今楚大國也,來聘孔子。孔子用於楚,則陳蔡用事大夫危矣。”於是乃相與發徒役圍孔子于野。不得行,絕糧。從者病,莫能興。孔子講頌弦歌不衰。子路慍見曰:“君子亦有窮乎?”孔子曰:“君子固窮,小人窮斯濫矣。”

子貢色作。孔子曰:“賜,爾以予爲多學而識之者與?”曰:“然。非與?”孔子曰:“非也。予一以貫之。”

孔子知弟子有慍心,乃召子路而問曰:“《詩》云‘匪兕匪虎,率彼曠野’。吾道非邪?吾何爲于此?”以咏詩作三段關合,波瀾洄旋之妙。子路曰:“意者吾未仁耶?人之不我信也。意者吾未知耶?人之不我行也。”兩跌落作致。孔子曰:“有是乎!由,譬使仁者而必信,安有伯夷、叔齊?使智者而必行,安有王子比干?”亦以兩跌落應。

子路出,子貢入見。孔子曰:“賜,《詩》云‘匪兕匪虎,率彼曠野’。吾道非邪?吾何爲于此?”子貢曰:“夫子之道至大也,故天下莫能容夫子。夫子蓋少貶焉?”畧寫用變法。孔子曰:“賜,良農能稼,而不能爲穡,良工能巧,而不能爲順。君子能修其道,綱而紀之,統而理之,而不能爲容。今爾不修爾道而求爲容。賜,而志不遠矣!”數語波折,淵然不窮。

子貢出,顏回入見。孔子曰:“回,《詩》云‘匪兕匪虎,率彼曠野’。吾道非邪?吾何爲于此?”顏回曰:“夫子之道至大,故天下莫能容。雖然,夫子推而行之,不容何病,不容然後見君子! 夫道之不修也,是吾醜也。夫道既已大修,而不用,是有國者之醜也。不容何病,不容然後見君子!”兩句前後鎖結,另一法。孔子欣然而笑曰:“有是哉,顏氏之子! 使爾多財,吾爲爾宰。”

於是使子貢至楚。楚昭王興師迎孔子,然後得免。丨

昭王將以書社地七百里封孔子。楚令尹子西曰:“王之使使諸侯,有如子貢者乎?”曰:“無有。”“王之輔相,有如顏回者乎?”曰:“無有。”“王之將率,有如子路者乎?”曰:“無有。”“王之官尹,有如宰予者乎?”曰:“無有。”四段氣勢蓬勃。“且楚之祖封於周,號爲子男,五十里。今孔丘述三王之法,明周召之業,王若用之,則楚安得世世堂堂方數千里乎? 四疊字,蓋云安得世世有此堂堂千里之地乎? 連得奇。夫文王在豐,武王在鎬,百里之君,卒王天下。今孔丘得據土壤,賢弟子爲佐,非楚之福也。”昭王乃止。其秋楚昭王卒于城父。丨爲不用孔子作註。

楚狂接輿歌而過孔子曰:“鳳兮鳳兮,何德之衰! 往者不可諫兮,來者猶可追也! 已而已而,今之從政者殆而!”孔子下,欲與之言。趨而去,弗得與之言。

於是孔子自楚反乎衛。是歲也,孔子年六十三,而魯哀公六年也。丨紀年八,又總哀公,法變。

其明年,吳與魯會繒,徵百牢。太宰嚭召季康子。康子使子貢往,然後得已。

孔子曰:“魯衛之政,兄弟也。”是時衛君輒父不得立,在外,諸侯數以爲讓。而孔子弟子多仕於衛,衛君欲得孔子爲政。子路曰:“衛君待子而爲政,子將奚先?”孔子曰:“必也正名乎!”子路

曰:"有是哉子之迂也!何其正也?"孔子曰:"野哉由也!夫名不正,則言不順,言不順,則事不成,事不成,則禮樂不興,禮樂不興,則刑罰不中,刑罰不中,則民無所錯手足矣。夫君子爲之必可名,言之必可行。君子於其言,無所苟而已矣。"

其明年,冉有爲季氏將師,與齊戰於郎,克之。季康子曰:"子之於軍旅,學之乎?性之乎?"冉有曰:"學之于孔子。"季康子曰:"孔子何如人哉?"對曰:"用之有名,播之百姓,質諸鬼神而無憾。求之至于此道,雖累千社,夫子不利也。"正破季子之疑與前晏嬰子西之說。康子曰:"我欲召之可乎?"對曰:"欲召之,則毋以小人固之,則可矣。"而衛孔文子將攻太叔,問策於仲尼。仲尼辭不知,退而命載而行,曰:"鳥能擇木,木豈能擇鳥乎!"文子固止。會季康子逐公華、公賓、公林,以幣迎孔子,孔子歸魯。兩事併一節寫,中"而"字用得活。

孔子之去魯凡十四歲而反乎魯。丨總結一句。

魯哀公問政,對曰:"政在選臣。"季康子問政曰:"舉直錯諸枉,則枉者直。"康子患盜,孔子曰:"苟子之不欲,雖賞之不竊。"丨然魯終不能用孔子,孔子亦不求仕。

孔子之時,周室微而禮樂廢,《詩》《書》缺。先總序諸經。追迹三代之禮,序《書傳》,上紀唐虞之際,下至秦繆,編次其事。曰:"夏禮吾能言之,杞不足徵也。殷禮吾能言之,宋不足徵也。句。足,句。則吾能徵之矣。"觀夏殷所損益,曰:"後雖百世可知也,以一文一質。周監二代,郁郁乎文哉。吾從周。"故《書傳》《禮記》自孔氏。先一結完《書》《禮》。

孔子語魯太師:"樂其可知也。始作,翕如,縱之純如,皦如,繹如也,以成。”“吾自衛反魯,然後樂正,《雅》《頌》各得其所。”

古者《詩》三千餘篇,及至孔子,去其重,取可施於禮義,上采契后稷,中述殷周之盛,至幽厲之缺,始于衽席,故曰“《關雎》之亂,以爲《風》始,《鹿鳴》爲《小雅》始,《文王》爲《大雅》始,《清廟》爲《頌》始”。三百五篇,孔子皆弦歌之,以求合《韶》《武》《雅》《頌》之音。禮樂自此可得而述,又一結完《詩》《樂》。以備王道,成六藝。

孔子晚而喜《易》,序《彖》《繫》《象》《説卦》《文言》。讀《易》,韋編三絶。曰:“假我數年,若是,我于《易》則彬彬矣。”|後補完《易》。

孔子以《詩》《書》《禮》《樂》教,弟子蓋三千焉,身通六藝者,七十有二人。如顔濁鄒之徒,頗受業者甚眾。又序一段結上起下。

孔子以四教:接上教事,下一段,皆孔子所以教也。文,行,忠,信。絶四:毋意,毋必,毋固,毋我。所慎:齋,戰,疾。子罕言,利與命與仁。不憤不啟,舉一隅不以三隅反,則弗復也。

其於鄉黨,恂恂似不能言者。其於宗廟朝廷辯辯言,唯謹爾。朝,與上大夫言,誾誾如也;與下大夫言,侃侃如也。

入公門,鞠躬如也;趨進,翼如也。君召使儐,色勃如也。君命召,不俟駕行矣。

魚餒肉敗,割不正,不食。席不正,不坐。食於有喪者之側未嘗飽也。

是日哭,則不歌見齊衰、瞽者,雖童子必變。

“三人行必得我師。”“德之不修,學之不講,聞義不能徙,不善不能改,是吾憂也。”使人歌,善則使復之,然後和之。

子不語:怪、力、亂、神。

子貢曰:"夫子之文章,可得聞也。夫子言天道與性命,弗可得聞也已。"顔淵喟然嘆曰:"仰之彌高,鑽之彌堅。瞻之在前,忽焉在後。夫子循循然,善誘人,博我以文,約我以禮,欲罷不能。既竭我才,如有所立卓爾。雖欲從之,蔑由也已。"達巷黨人童子曰:"大哉孔子,博學而無所成名。"子聞之曰:"我何執?執御乎?執射乎?我執御矣。"牢曰:"子云'不試,故藝'。"丨散序若干節,不見其重複。

魯哀公十四年春,狩大野。叔孫氏車子鉏商,獲獸,以爲不祥。仲尼視之,曰:"麟也。"取之。曰:"河不出圖,雒不出書,吾已矣夫!"顔淵死,孔子曰:"天喪予!"及西狩見麟,曰:"吾道窮矣!"喟然嘆曰:"莫知我夫!"子貢曰:"何爲莫知子?"子曰:"不怨天,不尤人,下學而上達,知我者,其天乎!"

"不降其志,不辱其身,伯夷、叔齊乎!"謂"柳下惠、少連降志辱身矣"。謂"虞仲、夷逸,隱居放言,行中清,廢中權"。"我則異於是,無可無不可。"

子曰:"弗乎弗乎,君子病沒世而名不稱焉。吾道不行矣,吾何以自見于後世哉?"乃因史記作《春秋》,上至隱公,下訖哀公十四年,十二公。據魯,親周,故殷運之三代。約其文辭而指博。故吳楚之君自稱王,而《春秋》貶之曰"子";踐土之會實召周天子而《春秋》諱之曰"天王狩於河陽":推此類以繩當世。貶損之義,後有王者,舉而開之。《春秋》之義行,則天下亂臣賊子懼焉。

孔子在位,聽訟文辭有可與人共者,弗獨有也。至于爲《春秋》,筆則筆,削則削,子夏之徒,不能贊一辭。弟子受《春秋》,孔

子曰:“後世知丘者以《春秋》而罪丘者,亦以《春秋》。”| 又另序《春秋》一段,五經次第不排不遠,或畧或詳,具見筆法。

明歲,子路死于衛。孔子病,子貢請見。孔子方負杖逍遙於門,曰:“賜,汝來何其晚也?”孔子因嘆歌曰:“泰山壞乎!梁柱摧乎!哲人萎乎!”因以涕下。謂子貢曰:“天下無道久矣,莫能宗予。夏人殯于東階,周人於西階,殷人兩柱間。昨暮予夢坐奠兩柱之間,予殆[①]殷人也。”簡畧得妙,意致更遠。後七日卒。

孔子年七十三,紀年九。以魯哀公十六年四月己丑卒。

哀公誄之曰:“旻天不弔,不慭遺一老,俾屏余一人以在位,煢煢余在疚。嗚呼哀哉!尼父,毋自律!”誄詞古勁而韻致。子貢曰:“君其不沒於魯乎!夫子之言曰:‘禮失則昏名失則愆。失志爲昏,失所爲愆。’生不能用,死而誄之,非禮也。稱‘余一人’非名也。”|

孔子葬魯城北,泗上弟子皆服三年。三年心喪畢,相訣而去,則哭,各復盡哀;或復留。唯子贡[②]廬於冢上,凡六年,然後去。弟子及魯人往從冢而家者,百有餘室,因命曰孔里。魯世世相傳以歲時奉祠孔子冢,而諸儒亦講禮鄉飲大射於孔子冢。孔子冢大一頃。故所居堂弟子內,後世因廟,藏孔子衣冠琴車書,至于漢二百餘年不絕。高皇帝過魯以太牢祀[③]焉。諸侯卿相至常先謁,然後從政。於漢世隆重已,如此,可見孔子之大。

孔子生鯉,字伯魚。伯魚年五十,先孔子死。

---

① 殆,中華書局本《史記》作“始”。

② 子贡,中華書局本《史記》作“子贛”。

③ 祀,中華書局本《史記》作“祠”。

伯魚生伋,字子思,年六十二。嘗困於宋。子思作《中庸》。

子思生白,字子上,年四十七。子上生求,字子家,年四十五。子家生箕,字子京,年四十六。子京生穿,字子高,年五十一。子高生子慎,年五十七,嘗爲魏相。

子慎生鮒,年五十七,爲陳王涉博士,死于陳下。

鮒弟子襄,年五十七。嘗爲孝惠皇帝博士,遷爲長沙太守。長九尺六寸。

子襄生忠,年五十七。忠生武,武生延年,及安國。安國爲今皇帝博士至臨淮太守,蚤卒。安國生卬,卬生驩。

太史公曰:《詩》有之:"高山仰止,景行行止。"雖不能至,然心鄉往之。起得惝恍風致。余讀孔氏書,想見其爲人。適魯,觀仲尼廟堂車,服禮器諸生以時習禮其家,余祗回留之不能去云。淵然不盡。天下君王,至于賢人衆矣,當時則榮没則已焉。孔子布衣,傳十餘世,學者宗之。自天子王侯中國言六藝者,折中於夫子,可謂至聖矣!贊語俱作虚寫,流連折宕,一往不窮。

世家序事,總用簡法。此篇只于會夾谷處、學琴處、困陳蔡處,著意寫而其大段則枝葉扶疏、根株盤錯,不必討好,而體局自大。

陳涉世家

陳勝者,陽城人也,字涉。吴廣者,陽夏人也,字叔。吴廣附傳,起即並提。陳涉少時,嘗與人傭耕,輟耕之壟上,悵恨久之,寫得磊落不群,大凡英雄至極貧賤、極富貴時,每多悲傷,此與高祖《大風歌》,襟懷一樣。曰:"苟富貴,無相忘。"傭者笑而應曰:"若爲傭耕,何富貴也?"陳涉太息曰:"嗟乎,燕雀安知鴻鵠之志哉!"丨耕者固不足答,惟有自歎自解而已,寫得邁遠。

二世元年七月發閭左適[1]戍漁陽,九百人屯[2]大澤鄉。陳勝、吴廣,皆次當行,爲屯長。會天大雨道不通,度已失期。失期,法皆斬。陳勝、吴廣乃謀曰:"今亡亦死,舉大計亦死,等死,死國可乎?"陳勝曰:"天下苦秦久矣。吾聞二世,少子也,不當立,當立者,乃公子扶蘇。扶蘇以數諫,故上使外將兵。今或聞無罪,二世殺之。百姓多聞其賢,未知其死也。一段扶蘇。項燕爲楚將,數有功,愛士卒,楚人憐之。或以爲死,或以爲亡。一段項燕。今誠以吾衆詐自稱公子扶蘇、項燕,雙承。爲天下唱,宜多應者。"吴廣以爲

① 適,底本作"道",疑誤,據校本改。

② 屯,底本作"此",疑誤,據校本改。

然。乃行卜。卜者知其指意，曰："足下事皆成，有功。然足下卜之鬼乎！"陳勝、吳廣喜，念鬼，曰："此教我先威衆耳。"卜鬼威衆妙！意中意外，若隱若顯，密謀行徑。乃丹書帛曰"陳勝王"，置人所罾魚腹中。卒買魚烹食，得魚腹中書，固以怪之矣。威衆先作一頓。又間令吳廣之次近所傍叢祠中，夜篝火，狐鳴呼，曰"大楚興，陳勝王"。卒皆夜驚恐。魚書、狐鳴，作兩節寫好。旦日，卒中往往語，皆指目陳勝。|

吳廣素愛人，士卒多爲用者。勝、廣雙提，前已極寫陳勝，此又補寫吳廣。將尉醉，廣故數言欲亡，忿恚尉，令辱之，以激怒其衆。先寫明便於一直趨下。尉果笞廣。尉劍挺，只兩字，尉之裝束、神情，無不現出乃下殺尉，不必別尋器物，妙！廣起，奪而殺尉。陳勝佐之，陳勝首事偏寫廣先殺尉，勝反佐之，妙！并殺兩尉。召令徒屬曰："公等遇雨，皆已失期，失期，當斬。藉第[①]令毋斬，而戍死者固十六七。且壯士不死即已，死即舉大名耳，王侯將相寧有種乎！"字字鋒棱，前是密計，此是昌言。徒屬皆曰："敬受命。"乃詐稱公子扶蘇、項燕，從民欲也。應前。禮[②]右，稱大楚。扶蘇何以稱楚？寫一時草草。爲壇而盟，祭以尉首。|完兩尉事。陳勝自立爲將軍，吳廣爲都尉。雙收勝、廣。攻大澤鄉，收而攻蘄。蘄下，乃令符離人葛嬰將兵狥蘄以東。攻銍、酇、苦、柘、譙皆下之。|畧序相間。行收兵。北[③]至陳，車六七百乘，騎千餘，卒數萬人。攻陳，陳守令皆不在，獨守丞與戰譙門中。弗勝，守丞死，乃入據陳。數日，號令召三老、豪傑，與皆來會

① 第，中華書局本《史記》作"弟"。

② 禮，中華書局本《史記》作"袒"。

③ 北，中華書局本《史記》作"比"。

計事。三老、豪傑皆曰:"將軍身披堅執鋭,伐無道,誅暴秦,復立楚國之社稷,功宜爲王。"陳涉乃立爲王,號曰[①]"張楚"。寫草草之極。

當此時,諸郡縣苦秦吏者,皆刑其長吏殺之,以應陳涉。丨補寫郡縣,爲陳涉添幾許氣勢。文有虚而實者,此類是也。乃以吳叔爲假王,監諸將以西擊滎陽。令陳人武臣、張耳、陳餘,徇趙地,令汝陰人鄧宗,徇九江郡。當此時,楚兵數千人爲聚者,不可勝數。丨

葛嬰至東城,立襄彊爲楚王。嬰後聞陳王已立,因殺襄彊,還報。至陳,陳王誅殺葛嬰。丨順手[②]插入葛嬰,即隨手[③]放倒,省便[④]。○此時陳涉不立,便有許多葛藤,時勢如此,何可輕議古人也?陳王令魏人周市,北徇魏地。丨吳廣圍滎陽。李由爲三川守,守滎陽,吳叔弗能下。丨接假王攻滎陽事,照應。陳王徵國之豪傑與計,以上蔡人房君蔡賜爲上柱國。丨

周文,陳之賢人也,周文附傳。嘗爲項燕軍視日,事春申君,自言習兵陳王與之將軍印,西擊[⑤]。行收兵,至關,車千乘,卒數十[⑥]萬,寫周文暴興之勢,與陳涉對照。至戲,軍焉。秦令少府章邯,免酈山徒人、奴產子,悉發以擊楚大軍,盡敗之。周文敗走,出關,止次曹陽,二三月。章邯追敗之,復走次澠池,十餘日。章邯擊大破

① 曰,中華書局本《史記》作"爲"。
② 手,底本作"于",疑誤,據校本改。
③ 手,底本作"子",疑誤,據校本改。
④ 省便,底本作"者更",疑誤,據校本改。
⑤ 西擊,中華書局本《史記》作"西擊秦"。
⑥ 十,底本作"千",疑誤,據校本改。

之。周文自刎[1]，軍遂不戰。｜四字寫烏合如見。○興也勃焉，散也忽焉，先爲陳王傳一小像。

武臣到邯鄲，自立爲趙王，陳餘爲大將軍，張耳、召騷爲左右丞相。陳王怒，捕繫武臣等家室，欲誅之。柱國曰：蔡賜也。"秦未亡，而誅趙王將相家屬，此生一秦也。"生"字妙！明確新穎。不如因而立之。"陳王乃遣使者賀趙，而徙繫武臣等家屬宮中，而封其[2]子張敖爲成都君，趣趙兵亟入關。趙王將相相與謀曰："王王趙，非楚意也。楚已誅秦，必加兵於趙。計莫如毋西兵，三字矯健。使使北狗[3]燕地以自廣也。趙南據大河，北有燕、代，楚雖勝秦，不敢制趙。若楚不勝秦，必重趙。趙乘秦之弊，可以得志於天下。"趙王以爲然，說利害明淨剿絕。因不西兵而遣故上谷卒史韓廣將兵北狗燕地。

燕故貴人豪傑謂韓廣曰："楚已立王，趙又已立王。燕雖小，亦萬乘之國也，願將軍立爲燕王。"韓廣曰："廣母在趙，不可。"燕人曰："趙方西憂秦，南憂楚，其力不能禁我。且以楚之彊，不敢害趙王將相之家，趙獨安敢害將軍之家！"語更明晰醒決，絕似《國策》文字。韓廣以爲然，乃自立爲燕王。居數月，趙奉燕王母及家屬歸之燕。趙王、燕王恰是一對，故連寫作章法。○韓廣後事，在《羽紀》中，武臣後事，在耳、餘傳中。

當此之時，諸將之狗地者，不可勝數。總收上韓廣、武臣兩段，起周市，接前。周市北狗地至狄，狄人田儋，殺狄令自立爲齊王，以齊

---

① 刎，中華書局本《史記》作"剄"。

② 其，中華書局本《史記》作"耳"。

③ 狗，中華書局本《史記》作"徇"。

反,擊周市。市軍散,還至魏地,欲立魏後故甯陵君咎爲魏王。時咎在陳王所,不得之魏。魏地已定,欲相與立周市爲魏王,周市不肯。使者五反,此向陳王請魏咎之使也。陳王乃立甯陵君咎爲魏王,遣之國。周市卒爲相。丨周市後事,在《魏豹傳》中。

將軍田臧等相與謀曰:"周章軍已破矣,秦兵旦暮至,我圍滎陽城弗能下,秦軍至,必大敗。不如少遣[①]兵,足以守滎陽,悉精兵迎秦軍。今假王驕,不知兵權,不可與計,非誅之,事恐敗。"因相與矯王令以誅吳叔,獻其首於陳王。完吳廣事。〇以同首事之人,誅之而不問,足以決陳勝之亡矣。陳王使使賜田臧楚令尹印,使爲上將。田臧乃使諸將李歸等守滎陽城,自以精兵西迎秦軍於敖倉。與戰,田臧死,軍破。章邯進兵,擊李歸等滎陽下,破之,李歸等死。丨以上諸將,是陳王所遣,以下兩段,則別起一頭,附到陳王與《羽紀》一樣。

陽城人鄧說,將兵居郯,章邯別將擊破之,鄧說軍散,走陳。銍人伍徐,將兵居許,章邯擊破之,伍徐軍皆散,走陳。陳王誅鄧說。丨一段附序鄧說、伍徐。

陳王初立時,陵人秦嘉、銍人董緤、符離人朱雞石、取慮人鄭布、徐人丁疾等,皆特起,將兵圍東海守慶於郯。陳王聞,乃使武平君畔爲將軍,監郯下軍。秦嘉不受命,嘉自立爲大司馬,惡屬武平君。告軍吏曰:"武平君年少,不知兵事,勿聽!"因矯以王命殺武平君畔。丨一段附秦嘉等事。

章邯已破伍徐,間接。擊陳,柱國房君死。丨完蔡賜事,破伍徐實,擊房君虛。章邯又進兵擊陳西張賀軍。陳王出監戰,軍破,張

① 遣,中華書局本《史記》作"遣"。

賀死。

臘月，陳王之汝陰，還至下城父，其御莊賈殺以降秦。陳勝葬碭，謚曰隱王。丨完陳勝事。

陳王故涓人將軍呂臣，爲倉頭軍，起新陽攻陳，下之，殺莊賈，復以陳爲楚。丨應篇首稱大楚，起下孫心楚王。

初陳王至陳，令銍人宋留，將兵定南陽，入武關。留已徇南陽，聞陳王死，南陽復爲秦。宋留不能入武關，乃東至新蔡，遇秦軍，宋留以軍降秦。秦傳留至咸陽，車裂留以徇。丨帶序完宋留事。

秦嘉等聞陳王軍破，出走，乃立景駒爲楚王，引兵之方與，欲擊秦軍定陶下。使公孫慶使齊王，欲與并力俱進。齊王曰："聞陳王戰敗，不知其死生，楚安得不請而立王！"公孫慶曰："齊不請楚而立王，楚何故請齊而立王！句勁而快。且楚首事，當令於天下。"田儋誅殺公孫慶。丨又接秦嘉事，附序，秦嘉後事，在《羽紀》中。

秦左右校復攻陳，下之。呂將軍走，收兵復聚。鄱盜當陽君黥布之兵相收，復擊秦左右校，破之青波，復以陳爲楚。會項梁立懷王孫心爲楚王。丨又接呂臣事附序，呂臣後事，在《羽紀》中。〇陳王死後，茫然無主，諸事雜沓故附序秦嘉、呂臣等事於此，至懷王既立，便交排場陳王之事終矣。前以楚起，此以楚結，章法之妙。

陳勝王凡六月。丨又找一句，非重序陳勝也，以見篇中幾許頭緒，皆六月以內事耳，曾幾何時而世事糾紛，廢興倏忽可爲三歎。已爲王王陳。其故人嘗與傭耕者聞之，之陳，相宮門曰："吾欲見涉。"宮門令欲縛之。自辨數，乃置，不宜①爲通。陳王出，遮道而呼涉。陳王聞之，乃召見，載與俱歸。一邊草野倨侮，一邊皇居嚴密，情事寫盡即借傭

① 宜，校本及中華書局本《史記》作"肯"。

耕者以反形陳王,六月之中,雲泥如此,豈興王之器哉?入宮,見殿屋帷帳,客曰:"夥頤!涉之爲王沈沈者!"一句中驚呆痴拙,字字有之,文心靈妙如此,沈沈還作深邃,根上殿屋帷帳,來。楚人謂多爲夥,故天下傳之,夥涉爲王,由陳涉始。丨偏借閒瑣事,襯貼出色。客出入愈益發舒,二字寫蠢鄉人得意光景,妙絕!言陳王故情。或說陳王曰:"客愚無知,顓妄言輕威。"陳王斬之。從貧賤致身富貴,每不悅貧賤之交,心病坐此,愚者尚自恃故情,輕有干謁幾何不遭按劍哉?諸陳王故人皆自引去,由是無親陳王者。丨一結。陳王以朱房爲中正,胡武爲司過,主司群臣。諸將狥地,句。至,句。令之不是者,繫而罪之,以苛察爲忠。其所不善者,弗下吏,輒自治之。此葛嬰之所以死,武臣等之所以自王也。陳王信用之。諸將以其故不親附,此其所以敗也。兩結傳後接王六月下,又拖兩段,補序陳王所以不久之故,創格。

陳勝雖已死,其所置遣侯王將相竟亡秦,由涉首事也。又補一筆爲陳王吐氣。爲諸侯王、將相提綱,項羽、高祖本紀,耳、餘、黥布等列傳,皆從此出。高祖時,爲陳涉置守冢三十家,碭至今血食。

褚先生曰:地形險阻,所以爲固也;兵革刑罰,所以爲治也。猶未足恃也。夫先王以仁義爲本,而以固塞文法爲枝葉,固塞根地形,文法根刑罰。豈不然哉!吾聞賈生之稱曰:"秦孝公據殽函之固"云云。史公贊偶失,褚先生引賈誼《過秦論》上篇補之,然已見《始皇本紀》後,不重錄。

陳勝首事,是極匆匆之時,千端百緒,各處紛來,一時已難支應。況時止六月事有六月中畢者,有六月不能即序完者。有一時並起,一筆不能雙寫者。倏忽之間如何收合?他却逐件齊入,即隨手放倒,如蜃樓海市,忽有忽無,而中有線索貫串,不見其堆垛,不見其雜沓,筆法絕人。○一傳,除吳廣、周文附傳外,而中插序葛嬰、武臣、張耳、陳餘、鄧宗、周市、蔡賜、韓廣、田臧、李歸、鄧說、伍徐、秦嘉、董緤、朱鷄石、鄧布、丁疾、呂臣、宋留、公孫慶、傭耕人、朱房，共二十二人。有序完者，有不及序完者，有附入他傳中序完者，寫一時草竊情形如見。〇陳王之敗，出諸將故人不親附。諸將故人不親附，則由於傭耕人、朱房。事多，不能於傳中夾序。另於傳後點出，照映通篇。

外戚世家

自古受命帝王，及繼體守文之君，非獨內德茂也，蓋亦有外戚之助焉。總提一句。夏之興也，以塗山，受命。而桀之放也，以末喜。繼體。殷之興也，以有娀，受命。紂之殺也，嬖妲己。繼體。周之興也，以姜原及太任，受命。而幽王之禽也，淫於褒姒。繼體。○序三代，頂受命、繼體之君而一正一反，句法變化。故《易》基《乾坤》，《詩》始《關雎》，《書》美釐降，《春秋》譏不親迎。夫婦之際，人道之大倫也。《禮》之用，唯婚姻爲兢兢。即五經點五段。夫《樂》調而四時和，陰陽之變，萬物之統也。可不慎與？又補出《樂》，以完六經。人能弘道，根上六經。無如命何。起下妃匹。甚哉妃匹之愛，君不能得之於臣，父不能得之於子，況卑下乎！因"命"字起下兩段，通貫全篇。既驩合矣，或不能成子姓；照下惠帝后、薄皇后、陳皇后、慎夫人、尹姬。能成子姓矣，或不能要其終。照下戚夫人、王皇后、栗姬、王夫人、李夫人。豈非命也哉？孔子罕稱命，蓋難言之也。非通幽明之變，惡能識乎性命哉？丨一論冒定全篇。

太史公曰：秦以前尚畧矣，其詳靡得而記焉。丨前列三代，此補出秦。漢興，呂娥姁爲高祖正后，男爲太子。及晚節，色衰愛弛，呂后以本紀畧。而戚夫人有寵,其子如意,幾代太子者數矣。及高祖崩,吕氏夷戚氏,誅趙王,而高祖後宫,唯獨無寵疎遠者得無恙。寵者夷,疏者無恙,正見命之反覆。○伏薄太后案。

吕后長女,爲宣平侯張敖妻,敖女爲孝惠皇后。吕太后以重親故,欲其生子,萬方,終無子,萬方無子,天實爲之。詐取後宫人子爲子。及孝惠帝崩,天下初定,未久,繼嗣不明。於是貴外家,王諸吕,以爲輔,而以吕禄女爲少帝后,欲連固根本,句。牢甚,句。然無益也。"連固根本"足矣,又加"牢甚",再三固結,唯恐不然,是婦人見識,然而有命存焉。

高后崩,合葬長陵。禄、産等懼誅,謀作亂。大臣征之,天誘其統,卒滅吕氏。唯獨置孝惠皇后居北宫。吕氏之僅存者耳。迎立代王,是爲孝文帝,奉漢宗廟。此豈非天邪?非天命孰能當之?|挽上"命"字,通篇俱暗發,此以明應。

薄太后,父吴人,姓薄氏,秦時與故魏王宗家女魏媪通,生薄姬,而薄父死山陰,因葬焉。

及諸侯畔秦,魏豹立爲魏王,而魏媪内其女於魏宫。媪之許負所相,相薄姬,云當生天子。命也。是時項羽方與漢王相距滎陽,天下未有所定。豹初與漢擊楚,及聞許負言,心獨喜,因背漢而畔,中立,更與楚連和。漢使曹參等,擊虜魏王豹,以其國爲郡,而薄姬輸織室。豹已死,漢王入織室,見薄姬有色,詔内後宫,歲餘,不得幸。當生天子,可幸遇矣,偏下織室,下織室,不遇矣,偏内後宫,内後宫,復遇矣,偏不得幸。三番曲折寫天命之靡常。始姬少時,與管夫人、趙子兒相愛,約曰:"先貴,無相忘。"已而管夫人、趙子兒,先幸漢王。又出兩人,襯薄姬,必以薄姬因管、趙進,乃反以一笑成其因緣,命之奇如此。漢王坐河南宫,成皋臺,此兩美人相與笑薄姬初時約。青雲泥塗安可及哉?○深宫曲臺,私語巧笑,默然共會,情神想通,寫得微秀。漢王聞之,問其故,兩人具以實告漢王。漢王心慘然,憐薄姬,是日召而幸之。先笑之,後憐之、幸之寫出意外。薄姬曰:"昨暮夜,妾夢蒼龍據吾腹。"夢已先兆,豈非命乎! 高帝曰:"此貴徵也,吾爲女遂成之。"一幸生男,是爲代王。其後薄姬希見高祖。復不遇矣,孰知禍兮福倚哉?

高祖崩,諸御幸姬戚夫人之屬,吕太后怒,皆幽之,不得出宫。而薄姬以希見故,得出,從子之代,爲代王太后。太后弟薄昭,從如代。

代王立十七年,高后崩。大臣議立後,疾外家吕氏彊,皆稱薄氏仁善,故迎代王,立爲孝文皇帝,而太后改號曰皇太后,弟薄昭,封爲軹侯。

薄太后母亦前死,"亦"字,頂"父死會稽"。葬櫟陽北。於是乃追尊薄父爲靈文侯,會稽郡置園邑三百家,長丞以[①]下吏奉守冢,寢廟上食祠,如法。而櫟陽北亦置靈文侯夫人園,如靈文侯園儀。寫得外家隆重,幾與高帝相同。薄太后以爲母家魏王後,應前。早失父母,其奉薄太后諸魏有力者,於是召復魏氏,及尊賞賜,各以親疎受之。薄氏侯者凡一人。

薄太后後文帝二年,以孝景帝前二年崩葬南陵。以吕后會葬長陵,故特自起陵,近孝文皇帝霸陵。丨序法前後俱一樣住以作章法。○薄氏一侯。

竇太后,趙之清河觀津人也。吕太后時,竇姬以良家子入宫

---

① 以,中華書局本《史記》作"已"。

侍太后。太后出宫人以賜諸王,各五人,竇姬與在行中。竇姬家在清河,欲如趙,近家,請其主遣宦者吏:“必置我籍趙之伍中。”宦者忘之,誤置其籍代伍中。句。籍奏,句。詔可,句。當行。句。竇姬涕泣,句。怨其宦者,句。不欲往,句。相彊,句。乃肯行。句。至代,句。二十字作九句,情事乃盡。代王獨幸竇姬,因遣而請,因請而誤,因誤而怨,乃至獨幸。五層折,因緣福澤,皆在誤中非人之所能爲也。生女嫖,後生兩男。而代王王后生四男。先代王未入立爲帝,而王后卒。後[①]代王立爲帝,而王后所生四男,更病死。孝文帝立數月,公卿請立太子,而竇姬長男最長,立爲太子。立竇姬爲皇后,女嫖爲長公主。不有所廢,其能興乎?純寫天道。其明年,立少子武爲代王,已而又徙梁,是爲梁孝王。

竇皇后親早卒,葬觀津。於是薄太后乃詔有司,追尊竇后父爲安成侯,母曰安成夫人。令清河置園邑二百家,長丞奉守,比靈文園法。隆重外家,遂成故事。

竇皇后兄竇長君,弟曰竇廣國字少君。少君年四五歲時,家貧,爲人所略賣,其家不知其處。傳十餘家,至宜陽,爲其主入山作炭,句。寒,句。臥岸下,句。百餘人,句。岸崩,句。盡壓殺臥者,句。少君獨得脱,句。不死。句。自卜,句。數日,句。當爲侯,死而生,生而侯。人生墮地,生死貴賤,惡能自主哉?又以二十八字,作十短句。從其家之長安。聞竇皇后新立,家在觀津,姓竇氏。廣國,去時,句。雖小,句。識其縣名,句。及姓,句。又常與其姊,句。採桑,句。墮,句。用爲符信,句。上書自陳。竇皇后言之於文帝,召

① 後,中華書局本《史記》作“及”。

見,句。問之,句。具言其故,句。果是。句。又復問他何以爲驗對曰:"姊去我西時,與我決於傳舍中,句。丐沐,句。沐我,句。請食,句。飯我,句。乃去。"是矣,又作一頓,兩層寫,極其曲折。○又作十六短句,此段俱以短句勝。於是竇后持之而泣,泣涕交横下。形容一句。侍御左右皆伏地泣,助皇后悲哀。又於傍人形容一,句,極寫其生死離别、骨肉乍逢,真堪一慟也。乃厚賜田宅金錢,封公昆弟,家於長安。

絳侯、灌將軍等曰:"吾屬不死,命,乃且縣此兩人。兩人所出微,不可不爲擇師傅賓客,又復效吕氏,大事也。"於是乃選長者,士之有節行者,與居。竇長君、少君,由此爲退讓君子,不敢以尊貴驕人。

竇皇后病,失明。文帝幸邯鄲慎夫人、尹姬,皆無[①]子。又點二人,襯一句,所云實命不猶也。孝文帝崩,孝景帝立,乃封廣國爲章武侯。長君前死,封其子彭祖爲南皮侯。吴楚反時,竇太后從昆弟子竇嬰,任俠,自喜,將兵,以軍功爲魏其侯。竇氏凡三人爲侯。竇氏三侯。

竇太后好黄帝、老子言,帝及太子諸竇,不得不讀《黄帝》《老子》,尊其術。

竇太后後孝景帝六歲,建元六年,崩。合葬霸陵。遺詔盡以東宫金錢財物賜長公主嫖。丨與前一樣序,又以遺詔作一波。

王太后,槐里人母曰臧兒。臧兒者,故燕王臧荼孫也。臧兒嫁爲槐里王仲妻,生男曰信,與兩女。而仲死,臧兒更嫁長陵田

① 無,中華書局本《史記》作"毋"。

氏,生男蚡、勝。臧兒長女,嫁爲金王孫婦,生一女矣,而臧兒卜筮之,曰"兩女皆當貴"。因欲奇兩女,乃奪金氏。金氏怒,不肯予決,乃內之太子宮。太子幸愛之,生三女,一男。家常瑣褻,序得楚楚。男方在身時,王美人夢日入其懷。以告太子,太子曰:"此貴徵也。"與蒼龍夢正同。未生,而孝文帝崩,孝景帝即位,王夫人生男。下颺開,又入别事。

先是臧兒又入其少女兒姁,兒姁生四男。

景帝爲太子時,薄太后以薄氏女爲妃。及景帝立,立妃曰薄皇后。皇后無①子,無寵。薄太后崩,廢薄皇后。又點天命,以爲照映。

景帝長男榮其母栗姬。栗姬,齊人也。栗姬附傳。立榮爲太子。長公主嫖,有女欲予爲妃。栗姬妬,而景帝諸美人,皆因長公主見景帝,得貴幸,皆過栗姬,栗姬日怨怒,倒序前事。謝長公主,不許。寫栗姬之禍,凡有數層,妒怨爲根,而不許長公主是第一節。長公主欲予王夫人,王夫人許之。王夫人許長公主,是第二節。長公主怒而日讒栗姬短於景帝,曰:"栗姬與諸貴夫人幸姬會,常使侍者祝,唾其背,奇語。挾邪媚道。"景帝以故望之。長公主讒是第三節。

景帝常體不安,心不樂,屬諸子爲王者於栗姬,曰:"百歲後,善視之。"栗姬怒,不肯應,言不遜。景帝恚,心嗛之,而未發也。景帝嗛之,是第四節。

長公主日譽王夫人男之美,景帝亦賢之,又有曩者所夢日符,計未有所定。王夫人夢日符,是第五節。○一路序栗姬,忘却本傳故乘此回應一筆。王夫人知帝望栗姬,因怒未解,陰使人趣大臣,立栗姬

① 無,中華書局本《史記》作"毋"。

爲皇后。大行奏事畢,曰:"'子以母貴,母以子貴',今太子母無號,宜立爲皇后。"景帝怒曰:"是而所宜言邪!"遂案誅大行,而廢太子爲臨江王。栗姬愈恚恨,不得見,以憂死。大行請立是第六層。逐層寫來,覺閨房衽席,亦有戈矛。其端甚微,其禍甚烈。雖曰人事,亦天道也。卒立王夫人爲皇后其男爲太子,封皇后兄信爲蓋侯。

景帝崩,太子襲號爲皇帝。尊皇太后母臧兒爲平原君。封田蚡爲武安侯,勝爲周陽侯。

景帝十三男,一男爲帝,十二男皆爲王。而兒姁早卒,其四子皆爲王。兒姁序完。王太后長女,號曰平陽公主,次爲南宮公主,次爲林慮公主。

蓋侯信好酒。田蚡、勝貪,巧於文辭。王仲早死,葬槐里,追尊爲共侯,置園邑二百家。及平原君卒,從田氏,葬長陵,置園比共侯園。而王太后後孝景帝十六歲,以元朔四年崩合葬陽陵。王太后家凡三人爲侯。|王氏三侯。〇序法同前,小變,而侯三人獨置在後。

衛皇后字子夫,生微矣。蓋其家號曰衛氏,太史公微詞,直貫至篇末。出平陽侯邑。子夫爲平陽主謳者。武帝初即位,數歲無子。平陽主求諸良家子女十餘人,飾置家。武帝祓霸上還,因過平陽主。主見所侍美人。句。上弗説。句。既飲,句。謳者進,句。上望見,句。獨説衛子夫。拔之儕人之中,豈非命乎!"望見"妙!耳目才及,精神相通。是日武帝起更衣,子夫侍尚衣軒中,得幸。上還坐,驩甚。賜平陽主金千斤。主因奏子夫,奉送入宫。子夫上車,平陽主拊其背曰:"行矣,句。彊飯,句。勉之!句。即貴,句。無相忘。句。"入宫,歲餘,竟不復幸。亦作一頓,兩節寫。武帝擇宫人不中用者,斥出,歸之。衛子夫得見,句。涕泣,句。請出。句。上憐之,句。復幸,遂有身,尊寵日隆。一段又三用短句,一篇以此勝。召其兄衛長君,弟青,爲侍中。而子夫後大幸,有寵,凡生三女,一男。男名據。

初上爲太子時,娶長公主女爲妃。立爲帝,妃立爲皇后,姓陳氏,無子。上之得爲嗣,大長公主有力焉,應前王夫人、栗姬事。以故陳皇后驕貴。聞衛子夫大幸,恚,幾死者數矣。上愈怒。陳皇后挾婦人媚道,其事頗覺,於是廢陳皇后,而立衛子夫爲皇后。

陳皇后母大長公主,景帝姊也,數讓武帝姊平陽公主曰:"帝非我不得立,已而棄捐吾女,壹何不自喜而倍本乎!"平陽公主曰:"用無子,故廢耳。"陳皇后求子,與醫錢凡九千萬,然竟無子。於衛后事中,追序陳后事,於陳后事中,又繳一筆,追序其求子事,總以反襯衛后,而以天命終焉。

衛子夫已立爲皇后,間接。先是衛長君死,乃以衛青爲將軍,擊胡有功,封爲長平侯。青三子,在襁褓中,皆封爲列侯。及衛皇后所謂姊衛少兒,"所謂姊",與"蓋其家號曰衛氏",尖毒乃爾。少兒生子霍去病,以軍功封冠軍侯,號驃騎將軍。青號大將軍。立衛皇后子據爲太子。衛氏枝屬以軍功起家,五人爲侯。|寫一時勃興如此,豈非命乎? ○衛氏五侯。

及衛后色衰,趙之王夫人幸,有子,爲齊王。

王夫人早卒。|而中山李夫人有寵,有男一人,爲昌邑王。

李夫人早卒,其兄李延年,以音幸,號協律。協律者,故倡也。兄弟皆坐姦,族。是時其長兄廣利,爲貳師將軍,伐大宛,不及誅,還,而上既夷李氏,後憐其家,乃封爲海西侯。|

他姬子二人,爲燕王、廣陵王。其母無寵,以憂死。|

及李夫人卒,則有尹婕妤之屬,更有寵。然皆以倡見,非王侯有土之女士[①],不可以配人主也。復序一段,以爲餘波,又借李夫人等,掉一筆,擊動通篇以見諸后皆非功臣之家,而寓慨焉。

褚先生曰:臣爲郎時,問習漢家故事者鍾離生,曰:王太后在民間時,所生子女者,便不如史公深婉。父爲金王孫。王孫已死,景帝崩後,武帝已立,王太后獨在。而韓王孫名嫣,素得幸武帝,承間白言,太后有女在長陵也。突然竟入。武帝曰:"何不早言!"乃使使往先視之,在其家。武帝乃自往迎取之。蹕道,先驅旄騎,出横城門,乘輿馳至長陵。當小市西入里,句。里門閉,句。暴開門,句。乘輿直入此里,句。通至金氏門外,句。止,句。使武騎圍其宅,句。爲其亡走,身自往取不得也。寫武帝一半是好奇。即使左右群臣,入呼求之。家人驚恐,女亡匿内中牀下。扶持出門,寫兒女子情性如見。令拜謁。武帝下車泣曰:"嚄!大姊,何藏之深也!"寫旄旗蹕道是一幅畫圖,乘輿里門,是一篇游記,驚恐亡匿,是一首閨房豔體,色澤姿致,無字不佳。詔副車載之,廻車馳還,而直入長樂宫。行詔門著引籍通到,謁太后。太后曰:"帝倦矣,何從來?"帝曰:"今者至長陵得臣姊,與俱來。亦突然而入。顧曰:"謁太后!"太后曰:"女某邪?"曰:"是也。"太后爲下泣,女亦伏地泣。寫至情之處,便作至情之語。武帝奉酒前爲壽奉錢千萬,奴婢三百人,公田百頃甲第,以賜姊。太后謝曰:"爲帝費焉。"於是召平陽主、南宫主、林慮主,三人俱來謁見姊,又極寫一筆,形容一時傾

① 女士,中華書局本《史記》作"士女"。

倒。因號曰修成君。有子男一人,女一人。男號爲修成子仲,女爲諸侯王王后。此二子,非劉氏,以故太后憐之。又點明一句。修成子仲驕恣,陵折吏民,皆患苦之。

衛子夫立爲皇后,后弟衛青字仲卿,以大將軍封爲長平侯。四子,長子伉,爲侯世子,侯世子常侍中,貴幸。其三弟皆封爲侯,各千三百户,一曰陰安侯,二曰發干侯,三曰宜春侯,貴震天下。天下歌之曰:"生男無喜,生女無怒,獨不見衛子夫,霸天下!"下音户,古韻叶。

是時平陽主寡居,當用列侯尚主。主與左右議,長安中列侯可爲夫者,皆言大將軍可。主笑曰:"此出吾家,常使令騎從我出入耳,奈何用爲夫乎?"左右侍御者曰:"今大將軍姊爲皇后,三子爲侯,富貴振動天下,主何以易之乎?"將衛青貶剝一番,又寫出色一番。於是主乃許之。言之皇后,令白之武帝,乃詔衛將軍尚平陽公主焉。

褚先生曰:丈夫龍變。只四字佳!傳曰:"蛇化爲龍,不變其文;家化爲國,不變其姓。"又釋四句更佳!丈夫當時富貴,百惡滅除,光耀榮華,貧賤之時,何足累之哉!史公多微詞,此則欣羡之矣。

武帝時,幸夫人尹婕妤。邢夫人號娙娥,衆人謂之"娙何"。娙何,秩比中二千石,容華,秩比二千石,虚。婕妤,秩比列侯。常從婕妤,遷爲皇后。皇后亦從遷轉奇。

尹夫人與邢夫人同時並幸,有詔不得相見。更奇。尹夫人自請武帝,願望見邢夫人,寫尹夫人另有一種慧心。帝許之。即令他夫人飾,從御者數十人,爲邢夫人來前。妙。尹夫人前,見之,曰:“此非邢夫人身也。”“身”字妙,容華色澤,皆可假爲,而國色天香,豈能容易也? 帝曰:“何以言之?”對曰:“視其身貌形狀,不足以當人主矣。”於是帝乃詔使邢夫人衣故衣,獨身來前。尹夫人望見之,曰:“此真是也。”只一句,黯然之極更深於泣矣。於是乃低頭俛而泣,自痛其不如也。諺曰:“美女入室,惡女之仇。”以諺語結妙! 下贊語,亦即釋諺語,更妙!

褚先生曰:浴不必江海,要之去垢;馬不必騏驥,要之善走;士不必賢世,要之知道;女不必貴種,要之貞好。三客一主,是漢人子書餘韻。傳曰:“女無美惡,入室見妒;士無賢不肖,入朝見疾①。”美女者,惡女之仇。豈不然哉!

鉤弋夫人,姓趙氏,河間人也。得幸武帝,生子一人,昭帝是也。武帝年七十,乃生昭帝。昭帝立時,年五歲耳。

衛太子廢後,未復立太子。而燕王旦上書,願歸國,入宿衛。武帝怒,立斬其使者於北闕。

上居甘泉宮,召畫工圖畫周公負成王也。倒句,作釋文。於是左右群臣,知武帝意,欲立少子也。兩“也”字折宕,佳。後數日,帝譴責鉤弋夫人。夫人脫簪珥叩頭。帝曰:“引持去,送掖庭獄!”夫人還顧,四字中,多少徘徊凝睇。帝曰:“趣行,女不得活!”寫得絕情無理之中,帶三分愧色,何以體貼至此! 夫人死雲陽宮。時暴風揚塵,百姓感傷。使者夜持棺往葬之,封識其處。

其後帝閒居,問左右曰:“人言云何?”左右對曰:“人言且

---

① 疾,中華書局本《史記》作“嫉”。

立其子,何去其母乎?"帝曰:"然。是非兒曹愚人所知也。往古國家,所以亂也,由主少母壯也。女主獨居驕蹇淫亂,自恣,莫能禁也。武帝亦目擊吕后而爲此言耳,豈盡然哉?女不聞吕后邪?"故諸爲武帝生子者,無男女,其母無不譴死,豈可謂非賢聖哉!昭然遠見,爲後世計慮,固非淺聞愚儒之所及也。謚爲"武",豈虚哉!

齊家治國,王道大端,故陳三代之得失,歸本於六經,而反覆感歎,以天命終焉。一論已冒定通篇。通篇雖列五家,中間隱隱以"天命"二字,挑剔照應,而神情自成一片,與有意挽合者,覺更進一層。○吾嘗讀元微之《苦樂相倚曲》,而悲之曰:"君王夜起猜恨情,荊棘滿懷天未明。未有因由相決絕猶有半年佯煖熱。反將深意喻傍人,指點瑕疵遣潛說。"今於栗姬之事,並不覺其神傷也。○薄氏一侯,竇氏三侯,王氏三侯,衛氏五人以軍功侯,安漢之端,已見於此,史公三致意焉。○篇中多用短句,繁絃促柱,音節更佳,大珠小珠落玉盤,使人聳聽。○褚先生寫美人事,曲折姿致,反勝史公。然未免俊秀香豔,已爲六朝創始,吾正嫌其極意討好處也。○與椒峯陳子,步春東郊,語我曰:"恨《史記》無《美人列傳》,有必更佳。"今讀《外戚世家》,固是一篇《美人列傳》也。但無珠玉鸞鳳、旖旎妥隋等字耳。

楚元王世家

楚元王劉交者,高祖之同母少弟也,字游。|

高祖兄弟四人,長兄伯,伯蚤卒。始高祖微時,嘗辟事,時時與賓客過巨嫂食。嫂厭叔,叔與客來,嫂詳爲羹盡,櫟釜,賓客以故去。已而視釜中尚有羹,高祖由此怨其嫂。瑣俗事,寫得如此文雅,竟用叔嫂字,錯落作致。及高祖爲帝,封昆弟,而伯子獨不得封。太上皇以爲言,高祖曰:"某非忘封之也,爲其母不長者耳。"於是乃封其子信爲羹頡侯。而王次兄仲於代。|序元王也,乃放過,序其兄伯,序其嫂,序其姪,序其兄仲,以串插作致。

高祖六年,已禽楚王韓信於陳,乃以弟交爲楚王,都彭城。始入元王事。即位二十三年卒,子夷王郢立。夷王四年卒,子王戊立。

王戊立二十年冬,坐爲薄太后服,私姦,削東海郡。春,戊與吳王合謀反,其相張尚、太傅趙夷吾諫,不聽。戊則殺尚、夷吾,起兵與吳西攻梁,破棘壁。至昌邑南,與漢將周亞夫戰。漢絕吳楚糧道,士卒饑,吳王走,楚王戊自殺,軍遂降漢。|完王戊事。

漢已平吳楚,孝景帝欲以德侯子,續吳,以元王子禮,續楚。竇太后曰:"吳王,老人也,宜爲宗室順善。今乃首率七國,紛亂天下,奈何續其後!"不許吳,又插入吳事。許立楚後。是時禮爲漢宗正。乃拜禮爲楚王,奉元王宗廟,是爲楚文王。

文王立三年卒,子安王道立。安王二十二年卒,子襄王經立。襄王立十四年卒,子王純代立。王純立,地節二年,中人上書,告楚王謀反,王自殺,國除,入漢爲彭城郡。丨完楚王事。

趙王劉遂者,其父,高祖中子,名友,謚曰"幽"。幽王以憂死,故爲"幽"。高后王呂祿於趙,一歲,而高后崩。大臣誅諸呂呂祿等,乃立幽王子遂爲趙王。丨

孝文帝即位,二年,立遂弟辟彊,取趙之河間郡爲河間王,以爲文王。立十三年卒,子哀王福立。一年卒,無子,絕後,國除,入于漢。丨插入河間王事。

遂既王趙,二十六年,孝景帝時,坐晁錯以適削趙王常山之郡。吳楚反,趙王遂與合謀,起兵。其相建德、內史王悍,諫不聽。遂燒殺建德、王悍,應楚王殺張尚、趙夷吾。發兵,屯其西界,欲待吳與俱西。北使匈奴,與連和攻漢。漢使曲周侯酈寄擊之。趙王遂還,城守邯鄲,相距七月。吳楚敗於梁,不能西。匈奴聞之,亦止,不肯入漢邊。欒布自破齊還,乃并兵,引水灌趙城。趙城壞,趙王自殺,邯鄲遂降。趙幽王絕後。

太史公曰:國之將興,必有禎祥,君子用而小人退。國之將亡,賢人隱,亂臣貴。使楚王戊毋刑申公,遵其言,趙任防與先生,豈有篡殺之謀,爲天下僇哉?一歎。賢人乎,賢人乎!非質有其內,惡能用之哉?二歎。甚矣"安危在出令,存亡在所任",誠哉是言也!三歎。以三層作徘徊感慨。

此以楚王戊、趙王遂,謀反一案,提作合傳,文章亦簡淨平當,止於楚王傳中,帶序巨嫂羹頡之事,以作姿致而已。〇楚、趙事敘完後,忽提出申公防與先生二事,詠歎作贊,而傳內不載蓋絕不經意之文,史公亦必有一番出色也。

荆燕世家

荆王劉賈,諸劉者[①],不知其何屬。丨與後傳闕合。初起時。漢王元年,還定三秦,劉賈爲將軍,接法,但見其將軍耳,不知其何屬也。定塞地,從東擊項籍。丨戰功一。

漢四年,漢王之敗成皋,北渡河,得張耳、韓信軍,軍修武深溝高壘,使劉賈將二萬人,騎數百,渡白馬津,入楚地,燒其積聚,以破其業,無以給項王軍食。已而楚兵擊劉賈,賈輒壁,不肯與戰,而與彭越相保。丨戰功二。

漢五年,漢王追項籍至固陵,使劉賈南渡淮,圍壽春。丨戰功三。還至,使人間招楚大司馬周殷。周殷反楚,佐劉賈舉九江,迎武王黥布兵,皆會垓下,共擊項籍。丨戰功四。漢王因使劉賈將九江兵,與太尉盧綰,西南擊臨江王共尉。共尉已死,以臨江爲南郡。丨戰功五。

漢六年春,會諸侯于陳,廢楚王信,囚之,分其地爲二國。當是時也,高祖子幼,昆弟少,又不賢,欲王同姓以鎮天下,先序封劉賈之根。乃詔曰:"將軍劉賈有功,及擇子弟可以爲王者。"兩句是兩

① 中華書局本《史記》作"荆王劉賈者,諸劉"。

事，一句王劉賈，是主；一句王子弟，是客。群臣皆曰："立劉賈爲荊王，王淮東五十二城；高祖弟交爲楚王，王淮西三十六城。"又點楚王交陪之。因立子肥爲齊王。完擇子弟句。始王昆弟劉氏也。丨總收一句。

高祖十一年秋，淮南王黥布反，東擊荊。荊王賈與戰不勝，走富陵，爲布軍所殺。高祖自擊破布。十二年，立沛侯劉濞爲吳王，王故荊地。丨

燕王劉澤者，諸劉遠屬也。照前。高帝三年，澤爲郎中。丨高帝十一年，澤以將軍擊陳豨，得王黃，爲營陵侯。丨

高后時，齊人田生游乏資，以畫干營陵侯澤。澤大說之，用金二百斤爲田生壽。田生已得金即歸齊。二年，澤使人謂田生曰："弗與矣。"先作一縱。田生如長安，不見澤，而假大宅，令其子求事呂后所幸大謁者張子卿。忽劈開另起一峯，使人惝恍不測，妙！居數月，田生子請張卿臨，親修具。張卿許往。田生盛帷帳共具，譬如列侯。張卿驚。先買定張卿之心。酒酣乃屏人說張卿曰："臣觀諸侯王邸第[1]百餘，先以邸第說起，正借假大宅落下。皆高祖一切功臣。正配呂氏功臣。今呂氏雅故本推轂高帝就天下，功至大，又親戚太后之重。當作太后親戚，倒用便佳。○一層。太后春秋長，諸呂弱，太后欲立呂產爲呂王，王代。二層。太后又重發之，恐大臣不聽。三層。今卿最幸，大臣所敬，何不風大臣，以聞太后，太后必喜。四層。諸呂已王，萬戶侯亦卿之有。五層。層層曲折，妙入情事。太后心欲之，而卿爲內臣，不急發，恐禍及身矣。"又一卷，反振，氣勢俱足。張卿大然之，乃風大臣語太后。太后朝，因問大臣。大臣請立呂

① 第，中華書局本《史記》作"弟"。

產爲呂王。太后賜張卿千斤金,張卿以其半與田生。田生弗受,五百斤,不多于二百斤哉?惠不在多寡,而期于當戹;交不必刎頸,而在乎知心。嗚乎!因説之曰:"呂產王也,諸大臣未大服。今營陵侯澤諸劉,爲大將軍,獨此尚觖望。今卿言太后,列十餘縣王之,彼得王,喜去,諸呂王益固矣。"一副寫來,與劉澤事竟不相涉,乃一句收入,覺通節神氣俱動。張卿入言,太后然之。乃以營陵侯劉澤爲琅邪王。琅邪王乃與田生之國。田生勸澤急行,毋留。出關,太后果使人追止之,已出,即還。丨又作餘波。

及太后崩,琅邪王澤,乃曰:"帝少,諸呂用事,劉氏孤弱。"乃引兵與齊王合謀西,欲誅諸呂。至梁,聞漢遣灌將軍屯滎陽,澤還兵備西界,遂跳驅至長安。"跳驅"字奇。代王亦從代至。諸將相與琅邪王共立代王爲天子。天子乃徙澤爲燕王,乃復以琅邪與齊,復故地。丨

澤王燕二年薨,謚爲敬王。傳子嘉,爲康王。

至孫定國,與父康王姬姦,生子男一人。奪弟妻爲姬。與子女三人姦。定國有所欲誅殺臣肥如令郢人,郢人等告定國,定國使謁者,以他法劾捕,格殺郢人,以滅口。至元朔元年,郢人昆弟,復上書,具言定國陰事,以此發覺。詔下公卿,皆議曰:"定國禽獸行,亂人倫,逆天,當誅。"上許之。定國自殺,國除爲郡。

太史公曰:荊王王也,由漢初定,天下未集,故劉賈雖屬疏,是合傳之旨。然以策爲王,填江淮之間。劉澤之王,權激呂氏,然劉澤卒南面稱孤者三世。事發相重,豈不爲偉乎!

劉賈、劉澤,俱以疏屬得封,故合作一傳。傳體亦只平序。〇出色處是田生一事,縱横出沒,極其奇妙!史公每于此等處著力。其實此等奇事好寫,後世因云史公好奇也。

齊悼惠王世家

齊悼惠王劉肥者,高祖長庶男也。其母外婦也,曰:曹氏。高祖六年,立肥爲齊王,食七十城,諸民能齊言者,皆予齊王。丨序得簡淨。

齊王,孝惠帝兄也。又爲惠帝提一句。孝惠帝二年,齊王入朝。惠帝與齊王燕飲,亢禮如家人。呂太后怒,且誅齊王。齊王懼不得脱,乃用其内史勳計,獻城陽郡,以爲魯元公主湯沐邑。呂太后喜,乃得辭,就國。丨詳《呂后紀》,故此簡畧。

悼惠王即位十三年,以惠帝六年卒。序悼惠王事只此。子襄立,是爲哀王。

哀王元年,孝惠帝崩,呂太后稱制,天下事皆決於高后。二年,高后立其兄子酈侯呂台爲呂王,割齊之濟南郡,爲呂王奉邑。插入諸呂事。

哀王三年,其弟章入宿衛於漢,呂太后封爲朱虚侯,以呂禄女妻之。後四年,封章弟興居爲東牟侯,皆宿衛長安中。

哀王八年,高后割齊琅邪郡,立營陵侯劉澤爲琅邪王。

其明年,趙王友入朝,幽死於邸。三趙王皆廢。丨插入趙事。

高后立諸吕爲三王,擅權用事。又插諸吕事,割齊以封吕台,廢趙以封諸吕,正寫吕后不堪,故下接朱虚侯之忿。

朱虚侯年二十,有氣力,遥接朱虚侯。忿劉氏不得職。嘗入待高后燕飲,高后令朱虚侯劉章爲酒吏。名奇。章自請曰:“臣,將種也,請得以軍法行酒。”高后曰:“可。”酒酣,章進飲歌舞。後有一歌,此用歌引起。已而曰:“請爲太后言耕田歌。”高后兒子畜之,笑曰:“顧而父知田耳。若生而爲王子,安知田乎?”作調笑語,妙!章曰:“臣知之。”太后曰:“試爲我言田。”章曰:“深耕穊種,立苗欲疏,非其種者,鉏而去之。”有意無意,若近若遠,絕妙比興。吕后默然。應前一笑。頃之,諸吕有一人醉,亡酒,應前酒吏、行酒、酒酣,等字。章追,拔劍斬之,而還報曰:“有亡酒一人,臣謹行法斬之。”太后左右皆大驚。應前一笑一默,寫三段,神情俱妙!業已許其軍法,無以罪也。又註明一句。因罷。自是之後,諸吕憚朱虚侯,雖大臣皆依朱虚侯,兩朱虚侯調佳。劉氏爲益彊。丨少作得意語,頓住。

其明年,高后崩。趙王吕禄爲上將軍,吕王產爲相國,皆居長安中,聚兵以威大臣,欲爲亂。又插序諸吕事。朱虚侯章,以吕禄女爲婦,知其謀,乃使人陰出告其兄齊王,欲令發兵西,朱虚侯、東牟侯爲內應,以誅諸吕,因立齊王爲帝。間接朱虚侯,即帶入齊王事。

齊王既聞此計,乃與其舅父駟鈞、伏外家駟鈞。郎中令祝午、中尉魏勃,陰謀發兵。齊相召平聞之,乃發卒衛王宮。魏勃紿召平曰:“王欲發兵,非有漢虎符驗也。而相君圍王,固善。勃請爲君將兵衛,衛王。”召平信之,乃使魏勃將兵圍王宮。勃既將兵,使圍相府。召平曰:“嗟乎!道家之言‘當斷不斷,反受其亂’,乃是也。”遂自殺。一詐召平。於是齊王以駟鈞爲相,魏勃爲將軍,祝午爲內史,悉發國中兵。使祝午東詐琅邪王,又接入琅邪王。曰:"呂氏作亂,齊王發兵,欲西誅之。一句大綱。齊王自以兒子年少,不習兵革之事,願舉國委大王。一句賓。大王自高帝將也習戰事。一句主。齊王不敢離兵,使臣請大王,幸之臨菑,見齊王計事并將齊兵,以西平關中之亂。"總結一段不敢離兵,又入情,妙!琅邪王信之,以爲然,西馳見齊王。齊王與魏勃等,因留琅邪王,而使祝午盡發琅邪國,而并將其兵。一詐琅邪。

琅邪王劉澤,既見欺,不得反國,乃說齊王曰:"齊悼惠王,承悼惠王。高皇帝長子,推本言之,而大王,高皇帝適長孫也,當立。齊王詐琅邪王,只高帝將也一句。琅邪許齊王,只高帝適長孫一句。投入其心,安得不聽,兩邊權術相照。今諸大臣狐疑未有所定,而澤於劉氏,最爲長年,前以年少,此以長年,亦相對。大臣固待澤決計。今大王留臣,無爲也,不如使我入關計事。"齊王以爲然,乃益具車,送琅邪王。一琅邪反詐節節寫來情事俱妙。

琅邪王既行,齊遂舉兵西,攻呂國之濟南。應割濟南封呂王。於是齊哀王遺諸侯王書曰:"高帝平定天下,王諸子弟悼惠王於齊。悼惠王薨,惠帝使留侯張良,立臣爲齊王。惠帝崩,高后用事,春秋高,聽諸呂,擅廢高帝所立又殺三趙王,滅梁、燕、趙,以王諸呂,分齊國爲四。忠臣進諫,上惑亂不聽。今高后崩,皇帝春秋富,未能治天下,固恃大臣諸將。今諸呂又擅自尊官,聚兵嚴威劫列侯忠臣矯制以令天下,宗廟所以危。今寡人率兵入,誅不當爲王者。"全同《呂后紀》。

漢聞齊發兵而西,相國呂產,乃遣大將軍灌嬰,東擊之。灌嬰至滎陽,乃謀曰:"諸呂將兵居關中,欲危劉氏而自立。我今破齊還報,是益吕氏資也。”乃留兵屯滎陽,使使喻齊王及諸侯,與連和,以待吕氏之變,而共誅之。齊王聞之,乃西取其故濟南郡亦屯兵於齊西界,以待約。丨討諸吕,不直指長安,而止爲區區濟南,屯兵待約,此齊王之所以不得立也。

吕祿、吕產,欲作亂關中,應待吕氏之變。朱虚侯與太尉勃、丞相平等誅之。朱虚侯首先斬吕產,遥接朱虚侯事,提一句,歸功朱虚。於是太尉勃等,乃得盡誅諸吕。“乃得”妙!是歸功朱虚尊傳體也。而琅邪王亦從齊至長安。又緊接琅邪一句。

大臣議欲立齊王,而琅邪王及大臣曰:“齊王母家駟鈞,惡戾,虎而冠者也。應前駟鈞。方以吕氏故,幾亂天下,今又立齊王,是欲復爲吕氏也。代王母家薄氏,君子長者;且代王,又親高帝子,於今見在,且最爲長。以子則順,以善人則大臣安。”兩句雙結,勁!於是大臣乃謀迎立代王,而遣朱虚侯以誅吕氏事告齊王,令罷兵。丨琅邪、朱虚,與齊王事合。

灌嬰在滎陽,聞魏勃本教齊王反,既誅吕氏,罷齊兵,使使召責問魏勃。勃曰:“失火之家,豈暇先言大人,而後救火乎!”只一句妙!因退立,股戰而栗,恐不能言者,終無他語。“終無他語”更妙,股栗戰恐,出色寫。灌將軍熟視,笑曰:“人謂魏勃勇,妄庸人耳,何能爲乎!”乃罷魏勃。又插魏勃事。魏勃父以善鼓琴見秦皇帝。波及勃父,奇!及魏勃少時,欲求見齊相曹參,家貧,無以自通,乃常獨早夜掃[①]齊相舍人門外。相舍人怪之,以爲物而伺之,得勃。寫得夭矯。勃曰:“願見相君,無因,故爲子掃,欲以求見。”於是舍人見勃,曹參因以爲舍人。一爲參御,言事,參以爲賢,言之齊悼惠王。

① 掃,中華書局本《史記》作“埽”。下同。

悼惠王召見,則拜爲内史。始悼惠王得自置二千石。及悼惠王卒,而哀王立,勃用事,重於齊相。｜插魏勃事,又因魏勃插序其父、插序其少時事。傳外着色,忙處獨閒,正見才力。

王既罷兵歸,間接。而代王來立,是爲孝文帝。

孝文帝元年,盡以高后時所割齊之城陽、琅邪、濟南郡,復與齊,而徙琅邪王王燕,益封朱虚侯、東牟侯各二千户。收完割地事,并收完琅邪、朱虚、東牟事,多少頭緒至此少結。

是歲齊哀王卒,太子側立是爲文王。

齊文王元年,漢以齊之城陽郡,立朱虚侯爲城陽王,以齊濟北郡,立東牟侯爲濟北王。

二年濟北王反漢誅殺之,地入于漢。｜

後二年,孝文帝盡封齊悼惠王子罷軍等七人,皆爲列侯。

齊文王立十四年卒,無子,國除,地入於漢。｜完齊王事。

後一歲,孝文帝以所封悼惠王子,分齊爲王,齊孝王將閭,以悼惠王子楊虚侯爲齊王。故齊别郡,盡以王悼惠王子:子志爲濟北王,子辟光爲濟南王,子賢爲菑川王,子卬爲膠西王,子雄渠爲膠東王,與城陽、齊凡七王。｜又起一峯,先將城陽、濟北及此續封六王,共八人,提明,後乃次第分序。

齊孝王十一年,吴王濞、楚王戊反興兵西告諸侯曰"將誅漢賊臣鼂錯,以安宗廟"。膠西、膠東、菑川、濟南,皆擅發兵應吴楚。膠東、膠西、菑川、濟南四王,合序。欲與齊,齊孝王狐疑,城守,不聽,三國兵共圍齊。齊王使路中大夫告於天子。順插路中大夫。天子復令路中大夫還告齊王:"善堅守,吾兵今破吴楚矣。"路中大夫至,三國兵圍臨計數重,無從入。三國將劫與路中大夫盟,曰:"若反言,漢已破矣,齊趣下三國,不且見屠。”路中大夫既許之,至城下,望見齊王曰:“漢已發兵百萬,使太尉周亞夫擊破吳楚,方引兵救齊,齊必堅守無下!”三國將誅路中大夫。丨完路中大夫。

齊初圍急,陰與三國通謀,約未定,會聞路中大夫從漢來,喜,及其大臣乃復勸王,毋下三國。居無何,漢將欒布、平陽侯等兵至齊,擊破三國兵,解齊圍。已而復聞齊初與三國有謀,將欲移兵伐齊。齊孝王懼,乃飲藥自殺。景帝聞之,以爲齊首善,以迫劫有謀,非其罪也,齊將、漢將、景帝,一事三層敘。乃立孝王太子壽爲齊王,是爲懿王,續齊後。而膠西、膠東、濟南、菑川王咸誅滅,地入于漢。完膠東、膠西、濟南、菑川四王事。徙濟北王王菑川。丨齊懿王立二十二年卒,子次景立,是爲厲王。

齊厲王,其母曰紀太后。太后取其弟紀氏女,爲厲王后。王不愛紀氏女。太后欲其家重寵,令其長女紀翁主,入王宮,正其後宮,毋令得近王,欲令愛紀氏女。王因與其姊翁主姦。丨一段序齊事。

齊有宦者徐甲,入事漢皇太后。皇太后有愛女曰修成君,修成君,非劉氏,太后憐之。修成君有女,名娥,太后欲嫁之於諸侯,丨一段序漢事,以下漢、齊合序。宦者甲,乃請使齊,必令王上書請娥。皇太后喜,使甲之齊。丨是時齊人主父偃,知甲之使齊,以取后事,又突入一事。亦因謂甲:“即事成,幸言偃女,願得充王後宮。”甲既至齊,風以此事。紀太后大怒曰:“王有后,後宮具備。一層。且甲,齊貧人,句。急,句。乃爲宦者,入事漢,無補益,乃欲亂吾王家!二層。且主父偃何爲者?乃欲以女充後宮!”三層。氣勃舌駛,如親聞見之,妙甚!徐甲大窮,還報皇太后曰:“王已願尚娥,然有一害,恐如燕王。"正序齊事,忽提燕王,令人不可思議,乃即燕王注一句,説入姦姊事,天外飛來,忽然接上,其妙如此。燕王者,與其子昆弟姦,新坐以死,亡國,故以燕感太后。帶序燕王事,客。太后曰:"無復言嫁女齊事。"徐甲用隱語,而太后用懟語。語各不多,情事如見。事浸潯,不得聞于天子。[①] 正忙時,又颺開一句,一頓,若其事已竟者,後乃漸漸引入,事機如此,文機如此。主父偃由此亦與齊有卻。前已斷矣,此又接主父一筆,帶入下文,藕斷絲聯之妙。

主父偃方幸於天子,用事,因言:"齊臨菑十萬戶,市租千金,人衆殷富,巨於長安,此非天子親弟愛子,不得王此。今齊王於親屬益疎。"主父之言分兩半節,上半節兩層,一則齊富,一則親疎。乃從容言:"吕太后時,齊欲反,吴楚時,孝王幾爲亂。今聞齊王與其姊亂。"下半節兩層,一則孝王爲亂,一則齊王姦姊。蓋浸潤之言,決非一時説完,故作兩次寫。於是天子乃拜主父偃爲齊相,且正其事。主父偃既至齊,乃急治王後宫宦者,爲王通於姊翁主所者,令其辭證皆引王。王年少,懼大罪,爲吏所執誅,乃飲藥自殺。絶無後。丨完齊王事。

是時趙王懼主父偃一出廢齊,恐其漸疎骨肉,乃上書,言偃受金,及輕重之短。天子亦既囚偃。公孫弘言:"齊王以憂死,毋後,國入漢,非誅偃,無以塞天下之望。"遂誅偃。丨并帶敘完主父偃事。

齊厲王立五年死,毋後,國入於漢。

齊悼惠王後,尚有二國,城陽及菑川。菑川地比齊。天子憐齊爲悼惠王冢園在郡,割臨菑東,環悼惠王冢園邑,盡以予菑川,以奉悼惠王祭祀。《齊世家》總序完,後又單序六王事,作附傳。

---

① 《漢書》卷三八《高五王傳》作"聞于天子"。

城陽景王章,齊悼惠王子,以朱虚侯與大臣共誅諸呂,而章身首先斬相國呂王產於未央宫。孝文帝既立,益封章二千戶,賜金千斤。孝文二年,以齊之城陽郡,立章爲城陽王。立二年卒,子喜立,是爲共王。

共王八年,徙王淮南。四年,復還王城陽。凡三十三年卒,子建延立,是爲頃王。

頃王二十八[①]年卒,子義立,是爲敬王。敬王九年卒,子武立,是爲惠王。惠王十一年卒,子順立,是爲荒王。荒王四十六年卒,子恢立,是爲戴王。戴王八年卒,子景立,至建始三年十五歲卒。丨以上城陽王附傳。

濟北王興居,齊悼惠王子,以東牟侯助大臣誅諸呂,功少。及文帝從代來,興居曰:"請與太僕嬰入清宫。"廢少帝,共與大臣尊立孝文帝。

孝文帝二年,以齊之濟北郡,立興居爲濟北王,與城陽王俱立。立二年,反。始大臣誅呂氏時,朱虚侯功尤大,許盡以趙地王朱虚侯,盡以梁地王東牟侯。及孝文帝立,聞朱虚、東牟之初欲立齊王故絀其功。及二年,王諸子,乃割齊二郡以王章、興居。章、興居自以失職,奪功。失職絀功之事,至此補序出。章死,而興居聞匈奴大入漢,漢多發兵,使丞相灌嬰擊之,文帝親幸太原,以爲天子自擊胡,遂發兵反於濟北。天子聞之,罷丞相及行兵,皆歸長安。使棘蒲侯柴將軍擊破,鹵濟北王,王自殺,地入於漢爲郡。

後十二年[②],文帝十六年,復以齊悼惠王子安都侯志爲濟北

① 二十八年,中華書局本《史記》作"二十六年",

② 十二年,中華書局本《史記》作"十三年"。

王。十一年,吴楚反時志堅守,不與諸侯合謀。吴楚已平,徙志王菑川。以上濟北王附傳。

濟南王辟光,齊悼惠王子,以勒侯,孝文十六年爲濟南王。十一年,與吴楚反漢。擊破,殺辟光,以濟南爲郡,地入於漢。丨以上濟南王附傳。

菑川王賢,齊悼惠王子,以武城侯,文帝十六年爲菑川王。十一年,與吴楚反,漢擊破,殺賢。

天子因徙濟北王志王菑川。丨以上菑川王附傳。志以[1]齊悼惠王子,以安都侯王濟北。菑川王反,毋後,乃徙濟北王王菑川。凡立三十五年卒,謚爲懿王。子建代立,是爲靖王。二十年卒,子遺代立,是爲頃王。三十六年卒,子終古立,是爲思王。二十八年卒,子尚立,是爲孝王。五年卒,子横立,至建始三年十一歲卒。丨

膠西王卬,齊悼惠王子,以昌平侯,文帝十六年爲膠西王。十一年,與吴楚反。漢擊破,殺卬,地入于漢,爲膠西郡。丨以上膠西王附傳。

膠東王雄渠,齊悼惠王子,以白石侯,文帝十六年爲膠東王。十一年,與吴楚反,漢擊破,殺雄渠,地入于漢,爲膠東郡。丨以上膠東王附傳。

太史公曰:諸侯大國,無過齊,悼惠王以海内初定,子弟少,激秦之無尺土封,故大封同姓,以填萬民之心。及後分裂,固其理也。

此是《齊世家》,因悼惠王始封,遂以名篇耳。故悼惠王數行即了。後插入朱虚侯事、東牟侯事、琅邪王事,與諸吕事,一起一伏,或合或分,扭作一

---

① 以,中華書局本《史記》作“亦”。

圍,層層包裹,其妙不可言喻。〇此文是兩半篇體,前半篇序齊琅邪、朱虚、東牟,後半篇序齊膠東、膠西、菑川、濟北,而中間作小結,以分上下。而後復附城陽六傳,作餘波,以終齊事。〇百忙之中,插入閒事,以爲襯貼,以爲姿致,是史公妙處。此前半插入一魏勃,後半插入一路中大夫,閒閒相對,以爲章法。〇太后嫁女一段,紀太后語、徐甲語、漢太后語。語雖不多,極模擬之妙。

蕭相國世家

蕭相國何者，沛豐人也。以文無害，“無害”，是當時吏事中語，《酷吏傳》多有之，然難解。爲沛主吏掾。丨

高祖爲布衣時，通篇以高祖提綱。高祖爲布衣一。何數以吏事護高祖。丨高祖爲亭長，高祖爲亭長二。常左右之。丨高祖以吏繇咸陽，高祖繇咸陽三。吏皆送奉錢三，何獨以五。丨大文章忽入此瑣細事，然而妙甚。

秦御史監郡者，與從事，常辦[①]之。何乃給泗水卒史事，第一。照功第一。秦御史欲入言徵何，何固請，得毋行。寫何之識見，非庸庸刀筆一流。

及高祖起爲沛公，高祖爲沛公四。何嘗爲丞督事。丨沛公至咸陽，高祖至咸陽五。諸將皆爭走金帛財物之府，分之，何獨先入收秦丞相御史律令圖書，藏之。又寫何之識見，出於諸將。沛公爲漢王，高祖爲漢王六。以何爲丞相。項王與諸侯屠燒咸陽而去。漢王所以具知天下阨塞，戶口多少，彊弱之處，民所疾苦者，以何具得秦圖書也。“具知阨塞”不接于藏書之下，而獨接于屠燒咸陽之下者，蓋蕭何不

---

① 辦，中華書局本《史記》作“辨”。

藏，已爲灰燼矣，阨塞、戶口，何出知哉？此行文之妙也。何進言韓信，漢王以信爲大將軍。語在淮陰侯事中。丨省筆。

漢王引兵東定三秦，高祖定三秦七。何以丞相留，收巴蜀，填撫諭告，使給軍食。是主意，下序功正在此。漢二年，漢王與諸侯擊楚，高祖擊楚八。何守關中，侍太子，治櫟陽。爲法令約束，應後定律令。立宗廟社稷宮室縣邑，輒奏上，句。可，句。許以從事；即不及奏上，輒以便宜施行，上來，句。以聞。丨句。○數語藏却許多事，句法峭拔曲盡。關中事，計戶口，轉漕給軍，漢王數失軍遁去，何嘗興關中卒，輒補缺。上以此專屬任何關中事。丨給軍食，又重詳序。

漢三年，漢王與項羽相距京索之間，高祖與項羽相距九。上數使使勞苦丞相。鮑生謂丞相曰："王暴衣露蓋，數使使勞苦君者，有疑君心也。爲君計，莫若遣君子孫昆弟，能勝兵者，悉詣軍所，上必益信君。"於是何從其計，漢王大說。丨兩大說、一大喜、一大怒、一不懌是傳中關合照應。

漢五年，既殺項羽，定天下，高祖定天下十。論功行封。群臣爭功，歲餘功不決。高祖以蕭何功最盛，封爲酇侯，所食邑多。功臣皆曰："臣等身被堅執鋭，多者百餘戰，少者數十合，攻城畧池[①]，大小各有差。今蕭何未嘗有汗馬之勞，徒持文墨議論，不戰，顧反居臣等上，何也？"高帝曰："諸君知獵乎？"曰："知之。""知獵狗乎？"曰："知之。"兩疊句，作波。高帝曰："夫獵，追殺獸兔者，狗也，而發蹤指示獸處者，人也。作兩疊句。今諸君徒能得走獸耳，句。功，句。狗也。功狗句妙，倒一字便索然。至如蕭何，發蹤指示，句。功，

① 池，校本及中華書局本《史記》作"地"。

句。人也。又作兩疊句妙。折服諸臣處絶不用正語，而諸臣之心已服矣，寫得神化。且諸君獨以身隨我，多者兩三人。今蕭何舉宗數十人皆隨我，功不可忘也。”又在蕭何身上，添一層，仍以功字結。群臣皆莫敢言。丨

列侯畢已受封，及奏位次，高祖定位次十一。皆曰：“平陽侯曹參，身被七十創，攻城畧地，應前。功最多宜第一。”上已撓[①]功臣，多封蕭何，頓一筆。至位次未有以復難之，颺開一筆。然心欲何第一。急折轉一筆，三句作三層寫。關内侯鄂君進曰：“群臣議皆誤。遙接一句，喝住，上三折勢緩，故突然急入。夫曹參，雖有野戰畧地之功，此特一時之事。夫上與楚相距五歲，常失軍亡衆，逃身遁者數矣。兩“數矣”相照。然蕭何常從關中遣軍補其處，非上所詔令召，而數萬衆會，鄂君之言凡三事，補軍是一事。上之乏絶者數矣。夫漢與楚相守滎陽數年，軍無見糧，蕭何轉漕關中，給食不乏。給食是一事。陛下雖數亡山東，上兩“數矣”，此“數”字倒在上，句法變。蕭何常全關中，以待陛下，全關中是一事。此萬世之功也。正應一時之事。今雖亡曹參等百數，何缺於漢？漢得之，不必待以全。柰何欲以一旦之功而加萬世之功哉！“一時”“萬世”，雙收。蕭何第一，上三呼蕭何，正振出此“蕭何第一”。曹參次之。不落去曹參是。”高祖曰：“善。”於是乃令蕭何，賜帶劍履上殿，入朝不趨。

上曰：“吾聞進賢受上賞。蕭何功雖高，得鄂君乃益明。”於是因鄂君故所食關内侯邑封爲安平侯。丨借鄂君以發明蕭何，即因蕭何以帶敘鄂君，連絡之妙。是日，悉封何父子兄弟十餘人，皆有食邑。

① 撓，中華書局本《史記》作“橈”。

乃益封何二千戶,以帝常繇咸陽時何送我獨贏錢二也。|蕭何與高祖布衣相知,一路序事忙,竟未及其前事,故于閒中應還一筆,所謂文生情,情生文也。

漢十一年,陳豨反,高祖自將,至邯鄲。高祖征陳豨十二。未罷,淮陰侯謀反關中,吕后用蕭何計,誅淮陰侯,語在淮陰事中。|進韓信,只點一句,誅韓信,亦只點一句前後照應。

上已聞淮陰侯誅,使使拜丞相何爲相國,益封五千戶,令卒五百人,一都尉,爲相國衛。諸君皆賀,召平獨弔。於傳外插入召平,爲益封事也,乃放過正文,偏接召平種瓜事,文情從天外飛來,夫豈人所能測!召平者,故秦東陵侯。秦破,爲布衣,句。貧,句。種瓜於長安城東,句。瓜美,句。故世俗謂之"東陵瓜",從召平以爲名也。閒事點染,姿致獨絕。召平謂相國曰:間接。"禍自此始矣。以險語入。上暴露於外,而君守於中,非被矢石之事。足見置衛之無謂。而益君封置衛者,以今者淮陰侯新反於中,疑君心矣。夫置衛衛君,非以寵君也。蓋曰"非以寵君也",以防君也,只說半句,而神情逼現。願君讓封弗[①]受,悉以家私財佐軍,則上心說。"相國從其計,高帝乃大喜。|極寫高帝。

漢十二年秋,黥布反,上自將擊之,高祖擊黥布十三。數使使問相國何爲。相國爲上在軍,乃拊循勉力百姓,悉以所有佐軍,如陳豨時。客有說相國曰:"君滅族不久矣。對"前禍自此始"句。夫君位爲相國,功第一,可復加哉?然君初入關中,得百姓心,十餘年矣,皆附君,常復孳孳得民和。上所爲數問君者,畏君傾動關中。今君胡不多買田地,賤貰貸,以自汚?上心乃安。"於是相國從其

① 弗,中華書局本《史記》作"勿"。

計,上乃大説。丨以鮑生一諫引起,此乃以擊陳豨時、擊黥布時召平與客,“上乃大喜”,“上乃大説”,兩兩相對文章以不變爲奇者此也。

上罷布軍歸,民道遮行,上書,言相國賤强買民田宅數千萬。上至,相國謁。上笑曰:“夫相國乃利民!”只一句,妙!竟不説完,而其中含無限喜色,何物文心,能體貼至此。民所上書皆以與相國,寫其得意。曰:“君自謝民。”亦只一句,妙!相國因爲民請曰:“長安地狹,上林中多空地,句。棄,句。願令民得入田,無收藁,爲禽獸食。”上大怒,高帝一肚皮喜色不覺輕露矣,而刻忌之心未化,乃因相國一請,知吾之心事,已爲相國參透,故大説之後,㪷然大怒也,寫得曲致。曰:“相國多受賈人財物,亦爲强買田宅故,硬入一句,以懸坐之。乃爲請吾苑!”乃下相國廷尉,械繫之。數日,王衛尉侍,前問曰:“相國何大罪,陛下繫之暴也?”上曰:“吾聞李斯相秦皇帝,有善歸主,有惡自與。子書佳句。今相國多受賈豎金,而爲民請吾苑,以自媚於民,從來私意,忽自露出,妙!故繫治之。”王衛尉曰:“夫職事苟有便於民而請之,真宰相事,陛下柰何乃疑相國受賈人錢乎!前用短句,此用長句,亦折宕。且轉。陛下距楚數歲,陳豨、黥布反,陛下自將而往,映前兩段。當是時,相國守關中,摇足則關以西,非陛下有也。相國不以此時爲利,今乃利賈人之金乎?又折轉一宕。且又掉轉。秦以不聞其過亡天下,李斯之分過,又何足法哉?陛下何疑宰相之淺也。”王衛尉此段,亦與鄂君相照映。高帝不懌。聞此正論,怒漸釋然,疑終未化,覺介介于胸中,只用“不懌”二字,神情極肖。是日使使持節,赦出相國。相國年老,素恭謹,句。入,句。徒跣謝。“徒跣”與“劍履上殿”對看。高帝曰:“相國休矣!相國爲民請苑,吾不許,我不過爲桀紂主,而相國爲賢相。高帝一肚皮不懌,聲口如見,蓋因“自媚”二字、

"過則歸主"四字,格格未化也。吾故繫相國,欲令百姓聞吾過也。"
"吾"字、"我"字鏗然可聽。

何素不與曹參相能,及何病,孝惠忽接入惠帝。自臨視相國病,因問曰:"君即百歲後,誰可代君者?"對曰:"知臣莫如主。"孝惠曰:"曹參何如?"何頓首曰:"帝得之矣!臣死不恨矣!"丨兩"矣"字疊。

何置田宅,必居窮處,爲家不治垣屋。曰:"後世賢,師吾儉;不賢,毋爲世家所奪。"丨前買田宅本以自汙,誠恐天下後世,不知者,視何爲何如人哉,故回映前事,以見田宅非何意也。

孝惠二年,相國何卒,謚爲文終侯。

後嗣以罪失侯者四世,句。絕,句。天子輒復求何後,句。封,句。續酇侯,功臣莫得比焉。

太史公曰:蕭相國何,於秦時爲刀筆吏,録録未有奇節。及漢興,依日月之末光,何謹守管籥,一篇主意。因民之疾,奉法順流,與之更始。淮陰、黥布等,皆以誅滅,而何之勳爛焉。位冠群臣,聲施後世,與閎夭、散宜生等爭烈矣。

此篇亦順序、平序之文,中間以高帝作經,諸事作緯,前後起伏照應,貫串聯絡,其神采全在兩論功、三説客,及高帝兩大喜、一大悦、一大怒、一不懌,照應點綴,而浩然神氣,行乎其中。〇蕭何帷幄運籌,如所云發蹤指示者,必有實事,乃功狗功人,只從高帝口中一點,即調軍食、守關中,亦只一點。餘於鄂君口中補明,俱不實寫,是豈拘拘行墨者哉!〇何謹守管籥此文亦謹守管籥,一片綿密純妥,無一懈處。〇勝處更在召平種瓜一段,於極忙之中,忽用閒筆;於極濃之中,忽用淡筆。如此文情,惟史公能之。〇蕭何贊,引淮陰黥布,《曹參傳》,復引淮陰,史公蓋傷之矣。

曹相國世家

平陽侯曹參者，沛人也。秦時爲沛獄掾[1]，而蕭何爲主吏，前後以蕭何爲關鍵，故先點蕭何。居縣爲豪吏矣。丨頓一句，妙！若可以豪吏自足矣，而孰知其際會風雲，以至此哉！

高祖爲沛公而初起也，戰功多，恐累墜，故分五段寫，高祖初起，至碭郡，是第一段。參以中涓從。此下戰功爵賞，插和併序，變化錯落。○爵賞一。將擊胡陵、方與，戰功一。攻秦監公軍，大破之。戰功二。東下薛，擊泗水守軍薛郭西。戰功三。復攻胡陵，取之。戰功四。徙守方與。方與反爲魏，擊之。戰功五。豐反爲魏，攻之。戰功六。反爲魏兩對。賜爵七大夫。爵賞二。擊秦司馬尼軍碭東，破之，取碭、狐父、祁善置。戰功七。又攻下邑以西，至虞，擊章邯車騎。戰功八。攻爰戚及亢父，先登。戰功九。遷爲五大夫。爵賞三。北救東阿，擊章邯軍，陷陳，追至濮陽。攻定陶，取臨濟。戰功十。南救雍丘。擊李由軍，北救、南救兩排。破之，殺李由，虜秦候一人。戰功十一。秦將章邯破殺項梁也，沛公與項羽引而東。楚懷王以沛公爲

---

① 掾，底本作"椽"，疑誤，據校本改。

碭郡長,將碭郡兵。於是乃封參爲執帛,號曰建成君。遷爲戚公,屬碭郡。丨爵賞四,插序沛公,作提綱關鎖。

其後,碭郡後,至滅秦是第二段。從攻東郡尉軍,破之成武南。倒句。○戰功十二。擊王離軍成陽南,復攻之杠里,大破之。戰功十三。追北,西至開封,擊趙賁軍,破之,圍趙賁開封城中。戰功十四。西擊秦將楊熊軍於曲遇,破之,虜秦司馬,及御史,各一人。戰功十五。遷爲執珪。爵賞五。從攻陽武,下轘轅、緱氏,絕河津,還擊趙賁軍尸北,破之。戰功十六。從南攻犨,與南陽守齮戰陽城郭東,陷陳,取宛,虜齮,盡定南陽郡。戰功十七。從西攻武關、嶢關,取之。前攻秦軍藍田南,又夜擊其北,秦軍大破,遂至咸陽,滅秦。丨戰功十八。

項羽至,以沛公爲漢王。沛公爲漢王,定三秦,至滎陽,是第三段。漢王封參爲建成侯。爵賞六。從至漢中,遷爲將軍。爵賞七。從還定三秦,戰功十九。初攻下辯、故道、雍、斄。擊章平軍於好畤南,破之,圍好畤,取壤鄉。戰功二十。擊三秦軍壤東及高櫟,破之。戰功二十一。復圍章平,章平出好畤走。戰功二十二。因擊趙賁、內史保軍,破之。戰功二十三。東取咸陽,更命①曰新城。戰功二十四。參將兵守景陵,二十日,三秦使章平等攻參,參出擊,大破之。戰功二十五。賜食邑於寧秦。爵賞八。參以將軍爵賞九。引兵圍章邯於廢丘。戰功二十六。以中尉爵賞十。從漢王出臨晉關。至河內,下修武,渡圍津,東擊龍且、項他定陶,破之。戰功二十七。東取碭、蕭、彭城。擊項籍軍,漢軍大敗走。戰功二十八。參以中尉爵賞十

① 命,中華書局本《史記》作"名"。

一。圍取雍丘。戰功二十九。王武反於黄,程處反於燕,夾序。往擊,盡破之。戰功三十。柱天侯反於衍氏,又進破取衍氏。兩衍氏變。○戰功三十一。擊羽嬰於昆陽,追至葉。還攻武彊,因至滎陽。戰功三十二。參自漢中爲將軍中尉,從擊諸侯,及項羽敗,還至滎陽,凡二歲。丨第三段又總收一筆。○自漢中至此,序其勳勞,更僕如許,乃逆而計之,止二歲事耳,所以深表曹參也。

高祖三年[①],三年後,至平齊,是第四段。拜爲假左丞相,爵賞十二。入屯兵關中。月餘,魏王豹反,以假左丞相,别與韓信東擊魏將軍孫遬軍東張,大破之。因攻安邑,得魏將王襄。擊魏王於曲陽,追至武垣,生得魏王豹。取平陽,得魏王母妻子,盡定魏地,凡五十二城。戰功三十三。賜食邑平陽。爵賞十三。因從韓信擊趙相國夏説軍於鄔東,大破之,斬夏説。戰功三十四。韓信與故常山王張耳,引兵下井陘,擊成安君,而令參還圍趙别將戚將軍於鄔城中。戚將軍出走,追斬之。乃引兵詣敖倉漢王之所。戰功三十五。韓信已破趙,爲相國,東擊齊。參以右丞相爵賞十四。屬韓信,攻破齊歷下軍,遂取臨菑。還定濟北郡,攻著、漯陰、平原、鬲、盧。戰功三十六。已而從韓信擊龍且軍於上假密,大破之,斬龍且,虜其將軍周蘭。定齊,凡得七十餘縣。得故齊王田廣,相田光,其守相許章,及故齊膠東將軍田既。戰功三十七。韓信爲齊王,引兵詣陳,與漢王共破項羽,而參留平齊未服者。丨戰功三十八。

項籍已死,天下定,提綱天下定,至破黥布軍,是第五段。漢王爲皇帝,韓信徙爲楚王,曹參戰功,多從韓信,故夾以韓信提序。齊爲郡。參

---

① 三年,中華書局本《史記》作"二年"。

歸漢相印。高帝以長子肥爲齊王，而以參爲齊相國。爵賞十五。以高祖六年，賜爵列侯，與諸侯剖符，世世勿絕。食邑平陽萬六百三十戶，號曰平陽侯，爵賞十六。除前所食邑。

以齊相國擊陳豨將張春軍，破之。戰功三十九。黥布反，參以齊相國，從悼惠王將兵車騎十二萬人，與高祖會，擊黥布軍，大破之。擊陳豨黥布，是相齊以後事，因戰功提出類序。南至蘄，還定竹邑、相、蕭、留。戰功四十。

參功：凡下二國，魏、齊。縣一百二十二；薛、胡陵、方與等。得王二人，魏王豹、齊王田廣。相三人，趙夏說、齊田光、許章。將軍六人，秦李由、魏王襄、趙戚將軍、齊龍且、周蘭田既。大莫敖、秦。郡守、秦南陽守齮。司馬、秦。候、秦。御史秦。各一人。總結作收，包羅已盡。○上半篇序戰功畢，以下序相業。

孝惠帝元年，除諸侯相國法，更以參爲齊丞相。下半篇，相齊事爲一段。參之相齊，齊七十城。封疆太大。天下初定，反側未安。悼惠王富於春秋，血氣未定，疊三句，見多事之秋，事事與黃老清靜相反。參盡召長老諸生，問以所[①]安集百姓，如齊故俗，八字中，已寓清靜主意，所以推倒一切，直入蓋公。諸儒以百數，言人人殊，參未知所定。聞膠西有蓋公，善治黃老言，使人厚幣請之。既見蓋公，蓋公爲言治道貴清靜而民自定，推此類具言之。省筆。參於是避正堂，舍蓋公焉。其治要用黃老術，故相齊九年，齊國安集，應前安集百姓，曹相國原不欲樹赫赫之功，故黃老易入。大稱賢相。丨黃老清靜，是相業大綱，故借相齊事引起。

---

① 以所，中華書局本《史記》作“所以”。

惠帝二年，蕭何卒。參聞之，告舍人，趨治行，“吾將入相”。先作一頓，寫兩人默然神會處。居無何，使者果召參。參去，屬其後相曰：“以齊獄市爲寄，慎勿擾也。”寄勿擾，不必下句，而清靜神理，已足。後相曰：“治無大於此者乎？”參曰：“不然。夫獄市者，所以并容也，今君擾之，奸人安所容也？吾是以先之。”丨

參始微時，與蕭何善；直追篇首爲主吏時。及爲將相，有郤。有郤不序，爲賢者諱也。至何且死，所推賢唯參。參代何爲漢相國，舉事無所變更，一遵蕭何約束。丨前促裝入相，忽然而來，令人驚疑，至此方補序明，以見兩人相知之深，所見之大，作此一束，上接主吏，下接歌謠，爲通篇關鍵。

擇郡國吏木詘於文辭，重厚長者，即召除爲丞相史。吏之言文刻深，欲務聲名者，輒斥去之。寫清靜相業，斥吏是一節。日夜飲醇酒。卿大夫以[1]下吏，及賓客，見參不事事，來者皆欲有言。至者，來者、至者，參差成妙！參輒飲以醇酒，間之，欲有所言，復飲之，間之，復飲之，更妙！醉而後去，終莫得開說，以爲常。丨飲酒是一段。

相舍後園近吏舍，吏舍日飲歌呼。從吏惡之，無如之何，乃請參游園中，聞吏醉歌呼，從吏幸相國召按之。乃反取酒張坐飲，亦歌呼與相應和。丨此節是足上飲酒一事，而申言之耳。

參見人之有細過，專掩匿覆蓋之，府中無事。丨又一收，總結上文三事，府中無事，則天下無事矣，所以著清靜之效。

參子窋爲中大夫。惠帝怪相國不治事，以爲“豈少朕與”？先寫一句，是惠帝腹中語妙。乃謂窋曰：“若歸試私從容問而父曰：‘高帝新棄群臣，帝富於春秋，君爲相，三字有力，君崩主少，天下安危所繫。

① 以，中華書局本《史記》作“已”。

日飲,無所請事,不事事、府中無事、不治事、無所請事,相呼應。何以憂天下乎?'然無言吾告若也。"又颺一筆,生出姿致。窋既洗沐歸,間侍,自從其所諫參。參怒而笞窋二百,曰:"趨入侍,中大夫也。天下事非若所當言也。"又頓住。至朝時,惠帝讓參曰:"與窋胡治乎?言何與窋事而治之也。乃者,我使諫君也。"參免冠謝,曰:"陛下自察聖武孰與高帝?"上曰:"朕乃安敢望先帝乎!"曰:"陛下觀臣能,孰與蕭何賢?"上曰:"君似不及也。"四句法變,以頓挫作態。參曰:"陛下言之是也。且高帝與蕭何定天下,法令既明,今陛下垂拱,參等守職,遵而勿失,不亦可乎?"惠帝曰:"善。君休矣!"|一路寫用黄老本意,至此方明,是文章結穴處。

參爲漢相國,出入三年。卒,又總一句。謚懿侯。子窋代侯。百姓歌之曰:一朝大事,一篇大文,反以歌辭結出而已,無餘藴矣。"蕭何爲法,覯若畫一;并美蕭何,以見約束可遵也。曹參代之,守而勿失。載其清靜[①],民以寧壹。"|下半篇序相業畢。

平陽侯窋,高后時爲御史大夫。孝文帝立,免爲侯。立二十九年卒,謚爲靜侯。子奇代侯,立七年卒,謚爲簡侯。子時代侯。時尚平陽公主生子襄。時病癘歸國。立二十三年卒,謚夷侯。子襄代侯。襄尚衛長公主,生子宗。立十六年卒,謚爲共侯。子宗代侯。征和二年中,宗坐太子死,國除。

太史公曰:曹相國參攻城野戰之功,所以能多若此者,以與淮陰侯俱。及信已滅,而列侯成功,唯獨參擅其名。感慨之語。○贊語,亦分將相兩半寫。參爲漢相國,清靜,極言合道。然百姓離秦之

① 靜,中華書局本《史記》作"淨"。

酷後，參與休息無爲，故天下俱稱其美矣。

初讀曹相國戰功，戰勝攻取，自然是堅忍豪邁一流人。其治天下也，必以猛濟。而後半清靜黄老，寫得優柔儒懦。爲相者，若另换一種人。作文者，亦另换一種筆。豈非千古奇事，千古奇文！○此文是兩半篇體，前半是戰功，後半是相業。中間局法神理，照應關鍵，原成一片。○序戰功處，不知當如何模寫，他偏不細寫，只，用，攻、擊、守、救、追、圍、戰、下、破之、大破之等字，序其事。又用定、得、取、守、鹵、斬、先登、陷陣①等字，序其功，帶序中涓、七大夫、五大夫、執帛、執珪、建成君、建成侯、將軍、中尉、假左丞相、齊相國，序其爵。而所攻擊，有以地者、以人者、軍者、車騎者、官名者、城名者。序法，或長、或短，或逆上、或順下，或單、或排，錯綜變化，其妙如此。○序相業處，亦不實寫一筆，只就其聘蓋公、趣治行、飲酒歌呼數事，側面背面寫來，而清靜神理，已和盤托出。熟讀數十百過，自能得之。○戰功不詳序，非不欲詳序也，因其事太多，逐節序來，便成拖沓，故用《春秋》書法，一齊點過，而後以黄老清淨，隱隱寫來，已得曹相國一生精神所在。作碑志者，不可不知也。○全篇以蕭何挽合，故首即點蕭何主吏，綰定全神。○一韓信，一蕭何，一蓋公，遂足盡曹相國一生，故贊語中含多少慨歎！○戰功有獨將處、從漢王處、從韓信處、從悼惠王處，一當細看。

① 陷陣，底本及校本均作"陳"，疑誤，據文意改。

留侯世家

留侯張良者,其先韓人也。大父開地,相韓昭侯、宣惠王、襄哀王。父平,相釐王、悼惠王。悼惠王二十三年,平卒。丨帶敘簡。卒二十歲,秦滅韓。良年少,未宦事韓。韓破,良家僮三百人,弟死不葬,悉以家財求客刺秦王,爲韓報仇,以大父、父五世相韓故。丨即報韓總結一句,結上開地平事。

良嘗學禮淮陽。東見倉海君。得力士,爲鐵椎重百二十斤。先出力士,鐵椎後出報韓。"百二十斤",又爲鐵椎生色。秦皇帝東游,良與客狙擊秦皇帝博浪沙中,誤中副車。秦皇帝大怒,大索天下,求賊甚急,爲張良故也。丨點句妙,寫得震驚天下。良乃更名姓,亡匿下邳。頓住,下接下邳事。

良嘗閒從容步游下邳圯上,有一老父衣褐,風致奇。至良所,直墮其履圯下,丨事奇,"至良所"妙!寫得有意無意。顧謂良曰:"孺子下取履!"出語奇。良愕然,一層。欲毆之。二層。爲其老,三層。彊忍,四層。下取履。五層。寫張良心事,十四字,作五層寫。父曰:"履我!"只兩字妙!良業爲取履,因長跪履之。立地變化,寫張良權術。父以足受,"取履","履我","足受",寫老父一段灑落風神,與人自別。笑而去。來得突兀,必有一節奇事在後,乃偏作一颺。良殊大驚,隨目之。又即張良寫一筆,正寫老父之奇也。父去里所,復還,曰:"孺子可教矣。後五日平明,與我會此。"忽然而返,忽然又去,語不了了。良因怪之,跪曰:"諾。"寫張良一段鶻突,而不覺已爲傾倒,極寫張良,極寫老父。五日平明,良往。父已先在,怒曰:"與老人期,後,何也?"去,曰:"後五日,早會。"又作一颺。五日雞鳴,良往。父又先在,復怒曰:"後,何也?"去,曰:"後五日復早來。"一段奇事,躍躍欲觀,又作一颺。五日,良夜未半往。有頃,父亦來,喜曰:"當如是。"一段皆用促節。出一編書,曰:"讀此,則爲王者師矣。後十年興。十三年,孺子見我濟北穀城山下黄石,即我矣。"遂去,無他言,不復見。數段逼至此,文章結冗矣,偏不了了。〇此節夜半来去,悄悄默默,寫有鬼神氣。旦日,視其書,乃《太公兵法》也。良因異之,常習誦讀之。丨一句點明作結,以煩出,以簡收,兵法伏下。

居下邳,遇老父,正下邳事,遥遥寫來,故又點一筆,亦以見良之久于下邳也。爲任俠。項伯常殺人,從良匿。丨伏一句,較羽紀詳,是本傳體。

後十年,陳涉等起兵,良亦聚少年百餘人。一節。景駒自立爲楚假王,在留。良欲往從之,二節是客。道遇沛公。沛公將數千人略地下邳西,遂屬焉。沛公拜良爲廄將。良數以《太公兵法》説沛公,應上《太公兵法》,是老父得力處。沛公善之,常用其策。良爲他人言,皆不省。又借他人襯一句。良曰:"沛公殆天授。"故遂從之,不去見景駒。丨又找結景駒。

及沛公之薛,見項梁。張良説項梁,是從沛公而去,故領一句。項梁立楚懷王。良乃説項梁曰:"君已立楚後,而韓諸公子横陽君成

賢,可立爲王,益樹黨。"項梁使良求韓成,立以爲韓王。以良爲韓申徒,與韓王將千餘人,西畧韓地,得數城,秦輒復取之,往來爲遊兵潁川。|事虛寫。

沛公之從雒陽,南出轘轅,亦以沛公領一句。良引兵從沛公,下韓十餘城,擊破楊熊軍。沛公乃令韓王成留守陽翟,與良[①]俱南攻下宛,|事虛寫。西入武關。沛公欲以兵二萬人擊秦嶢下軍,亦以沛公領一句,見張良始終只從一沛公也。良說曰:"秦兵尚彊,未可輕。臣聞其將,屠者子,賈豎,易動以利。願沛公且留壁,使人先行,爲五萬人具食,益爲張旗幟諸山上,爲疑兵,上啗之以利,此又示之以威。令酈食其持重寶啗秦將。"至此皆張良語,以代敘事,下直接。秦將果畔,欲連和,俱西,襲咸陽,沛公欲聽之。良曰:"此獨其將欲叛耳,恐士卒不從。不從,必危,又作一跌。不如因其解,擊之。"沛公乃引兵擊秦軍,大破之。遂北至藍田,再戰,秦兵竟敗。遂至咸陽,秦王子嬰降沛公。|歸功張良。

沛公入秦宮,宮室帷帳狗馬重寶婦女以千數,意欲留居之。樊噲諫沛公出舍,沛公不聽。良曰:"夫秦爲無道,故沛公得至此。只二語已盡。夫爲天下除殘賊,宜縞素爲資。今始入秦,即安其樂,此所謂'助桀爲虐'。且'忠言逆耳利于行,毒藥苦口利於病',願沛公聽樊噲言。"只就噲言反覆之,妙。沛公乃還軍霸上。

項羽至鴻門下,欲擊沛公,項伯乃夜馳入沛公軍,私見張良,遙接。欲與俱去。良曰:"臣爲韓王送沛公,今事有急,亡去,不義。"乃具以語沛公。沛公大驚,曰:"爲將奈何?"良曰:"沛公誠

---

① 良,底本作"梁",疑誤,據中華書局本《史記》改。

欲倍項羽邪?”反詰一句,是一時情事。沛公曰:“鯫生,教我距關無內諸侯,秦地可盡王,故聽之。”良曰:“沛公自度能郤項羽乎?”又反詰一句。沛公默然,良久曰:“固不能也。今爲奈何?”良乃固要項伯。項伯見沛公。沛公與飲,爲壽,結賓婚。令項伯具言沛公,不敢倍項羽,所以距關者,備他盜也。及見項羽,後解,語在《項羽》事中。|只畧寫,固不如《項羽紀》佳。

漢元年正月沛公爲漢王,王巴蜀。漢王賜良金百鎰,珠二斗,良具以獻項伯。漢王亦因令良厚遺項伯,使請漢中地。項王乃許之,遂得漢中地。漢王之國,良送至褒中,遣良歸韓。良因說漢王曰:“王何不燒絕所過棧道,“何不”妙!若已解者,心領神會,目轉意照,寫兩人嘿契之妙。示天下無還心,以固項王意。”乃使良還。行,燒絕棧道。|只此妙!後人何用紛然。

良至韓,韓王成以良從漢王故,項王不遣成之國,從與俱東。良說項王曰:“漢王燒絕棧道,無還心矣。”乃以齊王田榮反書告項王。項王以此無西憂漢心,而發兵北擊齊。|歸功張良。

項王竟不肯遣韓王,乃以爲侯又殺之彭城。良亡,間行歸漢王,漢王亦已還定三秦矣。復以良爲成信侯,從東擊楚。至彭城,漢敗而還。至下邑,漢王下馬踞鞍,四字作致。而問曰:“吾欲捐關以東等棄之,誰可與共功者?”良進曰:“九江王黥布,楚梟將,與項王有郄;彭越與齊王田榮反梁地:此兩人可急使。而漢王之將,獨韓信可屬大事,當一面。即欲捐之,捐之此三人,則楚可破也。”一直瀉下,踞鞍之時,急語自爾。漢王乃遣隨何說九江王布,而使人連彭越。及魏王豹反,使韓信將兵擊之,亦作一連說下。因舉燕、代、齊、趙。然卒破楚者,此三人力也。|歸功張良。

張良多病，未嘗特將也，常爲畫策臣，時時從漢王。丨前借他人之事，歸功張良是本傳之體，恐人未易曉，故又作一總，以申明之。

漢三年，項羽急圍漢王滎陽，漢王恐，句。憂，句。與酈食其謀橈楚權。食其曰："昔湯伐桀，封其後於杞。武王伐紂，封其後於宋。今秦失德棄義，侵伐諸侯社稷，滅六國之後，使無立錐之地。陛下誠能復立六國後世，畢已受印，此其君臣百姓，必皆戴陛下之德，莫不鄉風慕義，願爲臣妾。德義已行，陛下南鄉稱霸，楚必斂衽而朝。"一路氣勢好。漢王曰："善。趣刻印，一颺。先生因行佩之矣。"

食其未行，又一頓。張良從外來謁。漢王方食，曰："子房前！客有爲我計撓[①]楚權者。"具以酈生語告於子房，曰："何如？"畧寫。良曰："誰爲陛下畫此計者？陛下事去矣。"先作急語一激。漢王曰："何哉？"張良對曰："臣請籍前箸，爲大王籌之。"又作緩語一颺。曰："昔者湯伐桀，而封其後于杞者，度能制桀之死命也。今陛下能制項籍之死命乎？"曰："未能也。""其不可一也。"曰未能也"，是漢王之言，"其不可一也"，是張良之言，蓋張良說完，漢王應之，而張良又接一句也，是夾序之法。武王伐紂，封其後于宋者，度能得紂之頭也。今陛下能得項籍之頭乎？"曰："未能也。""其不可二也。武王入殷，表商容之閭，釋箕子之拘，封比干之墓。今陛下能封聖人之墓，表賢者之閭，式智者之門乎？"曰："未能也。""其不可三也。發鉅橋之粟，散鹿臺之錢，以賜貧窮。今陛下能散府庫以賜貧窮乎？"曰："未能也。""其不可四矣。換矣字，畧變。殷事已畢，偃革爲軒，倒置干戈，覆以虎皮，以示天下不復用兵。今陛下能偃武行文不復用兵乎？"曰："未能也。""其不可五矣。休馬華山之陽，示

① 撓，中華書局本《史記》作"橈"。

以無所爲。今陛下能休馬無所用乎?”曰:“未能也。”“其不可六矣。放牛桃林之陰,以示不復輸積。今陛下能放牛不復輸積乎?”曰:“未能也。”“其不可七矣。以上六條,皆係敷衍,只劈頭一喝,後衍六段,逼出下段耳,其實不重。且天下游士,離其親戚,棄墳墓,去故舊,從陛下游者,徒欲日夜望咫尺之地。今復六國,立韓、魏、燕、趙、齊、楚之後,天下游士,各歸事其主,從其親戚,反其故舊墳墓,陛下與誰取天下乎?其不可八矣。要緊只此一事,說得明暢,且夫楚唯無彊,六國立者,復撓[1]而從之,陛下焉得而臣之?誠用客之謀,陛下事去矣。”又作一掉以足之。漢王輟食吐哺,罵曰:“豎儒,幾敗而公事!”令趨銷印。丨與上回合作趣。

漢四年,韓信破齊,而欲自立爲齊王,漢王怒。張良説漢王,漢王使良授齊王信印,語在淮陰事中。丨省筆。

其秋,漢王追楚至陽夏南,戰不利,而壁固陵,諸侯期不至。良説漢王,漢王用其計,諸侯皆至。語在項籍事中。丨省筆。

漢六年正月,封功臣。良未嘗有戰鬭功,高帝曰:“運籌策帷帳中,決勝千里外,子房功也。張良無實事,故又于此點明。自擇齊三萬戶。”良曰:“始臣起下邳,應前。與上會留,此天以臣授陛下。陛下用臣計,幸而時中,臣願封留,足矣,不敢當三萬戶。”乃封張良爲留侯,與蕭何等俱封。丨又找封功臣一筆。

六年,[2]上已封大功臣二十餘人,其餘,日夜爭功不決,未得行封。上在雒陽南宮,從復道望見諸將往往相與坐沙中語。上曰:“此何語?”留侯曰:“陛下不知乎?此謀反耳。”突起危語、急語,與上

① 撓,中華書局本《史記》作“橈”。

② 中華書局本《史記》无“六年”二字。

同。上曰："天下屬安定，何故反乎？"留侯曰："陛下起布衣，以此屬取天下，今陛下爲天子，而所封皆蕭、曹故人所親愛，而所誅者，皆生平所仇怨。四所字相應，作致。今軍吏計功，以天下不足徧封，此屬畏陛下不能盡封，恐又見疑平生過失及誅，兩折作致。故即相聚謀反耳。"上乃憂曰："爲之奈何？"留侯曰："上平生所憎，群臣所共知，誰最甚者？"上曰："雍齒與我故，數嘗窘辱我。我欲殺之，爲其功多，故不忍。"留侯曰："今急先封雍齒，以示群臣，群臣見雍齒封，則人人自堅矣。"一路俱作匆匆語。於是上乃置酒，封雍齒爲什方侯，而急趣丞相、御史定功行封。亦作匆匆語，方盡情景。群臣罷酒，皆喜曰："雍齒尚爲侯，我屬無患矣。"|

劉敬說高帝曰："都關中。"上疑之。左右大臣，皆山東人，多勸上都雒陽："雒陽東有成皋，西有殽黽，倍河，向伊雒，其固亦足恃。""亦"字妙！留侯曰："雒陽雖有此固，"雖"字應"亦"字。其中小，不過數百里，田地薄，四面受敵，此非用武之國也。夫關中，左殽函，右隴蜀，沃野千里，南有巴蜀之饒，北有胡苑之利，阻三面而守，獨以一面東制諸侯。諸侯安定，河渭漕輓天下，西給京師；諸侯有變，順流而下，足以委輸。此所謂金城千里，天府之國也，序事平盡。劉敬說是也。"於是高帝即日駕，西都關中。|

留侯從入關。留侯性多病，即道引，不食穀，杜門不出，歲餘。|又一總，作一結。

上欲廢太子，立戚夫人子趙王如意。大臣多諫爭，未能得堅決者也。呂后恐，不知所爲。人或謂呂后曰："留侯善用計筴，上信用之。"呂后乃使建成侯呂澤，劫留侯曰："君常爲上謀臣，今上欲易太子，君安得高枕而臥乎？"留侯曰："始上數在困急之中，幸用臣筴。今天下安定,以愛欲易太子,骨肉之間,雖臣等百餘人,何益。”故作一閃。呂澤彊要曰:“爲我畫計。”留侯曰:“此難以口舌爭也。顧上有不能致者,天下有四人。先出四人,後乃序四人之事,妙!四人一。四人者四人二。年老矣,皆以爲上慢侮人,故逃匿山中,義不爲漢臣。然上高此四人。四人三。今公誠能無愛金玉璧帛令太子爲書,卑辭安車,因使辨士固請,宜來。來以爲客,時時從入朝,令上見之,則必異而問之。問之,“見之”“問之”“問之”跌落之妙,如聞其響。上知此四人賢,四人四。則一助也。”於是吕后令吕澤,使人奉太子書,卑辭厚禮,迎此四人。四人五。四人至,四人六。客建成侯所。又一頓,不明了,伏作疑案,妙!

漢十一年黥布反,上病,欲使太子將,往擊之。四人四人七。相謂曰:“凡來者,將以存太子。太子將兵,事危矣。”先作四人商度一番,妙得情事。乃說建成侯曰:“太子將兵,有功,則位不益,太子無功還,則從此受禍矣。有功無功,先平序兩段。且太子所與俱諸將,皆嘗與上定天下,梟將也,今使太子將之,此無異使羊將狼也,皆不肯爲盡力,其無功必矣。又側重無功一段。臣聞‘母愛者子抱’,今戚夫人日夜待御,趙王如意,常抱居前,上曰‘終不使不肖子居愛子之上’,一段從四人口中補出。明乎其代太子位必矣。君何不急請吕后,承間爲上泣,言:‘黥布,天下猛將也,善用兵,今諸將皆陛下故等夷,乃令太子將此屬,無異使羊將狼,莫肯爲用,即用前語少變,妙!且使布聞之,則鼓行而西耳。上雖病,彊載輜車,臥而護之,諸將不敢不盡力。上雖苦,爲妻子自彊。’”反覆宛轉,是牀笫家常語,體貼之妙!於是呂澤立夜見吕后,吕后承間爲上泣涕而言,如四人意。簡俊妙。○四人入。上曰:“吾惟豎子固不足遣,而公自行耳。”於是上自將兵而東，群臣居守，皆送至灞上。留侯病，自彊起，至曲郵，見上曰：“臣宜從，病甚。楚人剽疾，願上毋與楚人爭鋒。”因說上曰：“令太子爲將軍，監關中兵。”又點太子事。上曰：“子房雖病，彊臥而傅太子。”留侯乘機以太子言。高祖即以太子應，寫照應處絕不草草，“彊起”“彊臥”與前“彊載輜車”應。是時叔孫通爲太傅，留侯行少傅事。少頓住，似太子已定矣。

漢十二年，上從擊破布軍歸，疾益甚，愈欲易太子。前少頓，此趁勢又起一峯。留侯諫，不聽，因疾不視事。并放倒留侯，文情逼仄之極。叔孫太傅，稱說引古今，以死爭太子。前叔孫爲太傅事，以爲偶然點次耳，孰知爲此一爭哉，史公正不輕下一筆也。上詳許之，猶欲易之。并放倒叔孫，又作一逼，始逼出四人。及燕，置酒，太子侍。四人從太子，四人九。年皆八十有餘，鬚眉皓白，衣冠甚偉。描寫裝束處極可觀。上怪之，問曰：“彼何爲者？”四人前對，四人十。各言名姓，曰東園公、角[①]里先生、綺里季、夏黄公。前不說明，凡十用“四人”字，一路搖曳，至此忽然點出姓名，耳目一爽，是文家養局之法。上乃大驚曰：“吾求公數歲，公辟逃我，今公何自從吾兒游乎？”補敘前事。四人皆曰：四人十一。“陛下輕士，善罵，臣等義不受辱，故恐而亡匿。竊聞太子爲人，仁孝恭敬，愛士，天下莫不延頸欲爲太子死者，正見四海歸心，奪其氣矣。故臣等來耳。”上曰：“煩公幸卒調護太子。”

四人爲壽已畢，四人十二。趨去。上目送之，情景宛然，正應前一怪，後一指示，俱在此内。召戚夫人，指示四人者，四人十三。曰：“我欲易之，彼四人輔之，四人十四。羽翼已成，難動矣。呂后真而主

① 角，中華書局本《史記》作“角”。

矣。"只一句悲切之至,宛是當時口角,不知何以體貼至此。戚夫人泣,上曰:"爲我楚舞,吾爲若楚歌。"以歌代泣幾與項羽帳中一樣。歌曰:"鴻鵠高飛,一舉千里。羽翮已就,橫絕四海。橫絕四海,當可奈何!雖有矰繳,尚安所施!"歌數闋,戚夫人嘘唏流涕,上起去,罷酒。寫得悲歌宛轉,一座黯然,文情極至。竟不易太子者,留侯本招此四人之力也。丨四人十五。又用五"四人"字,以爲餘波,歸功留侯。

留侯從上擊代,出奇計馬邑下,及立蕭何相國,所與上從容言天下事甚衆,非天下所以存亡,故不著。又畧寫一筆。留侯乃稱曰:"家世相韓,及韓滅,不愛萬金之資,爲韓報讐彊秦,天下振動。今以三寸舌,爲帝者師,封萬戶,位列侯,此布衣之極,於良足矣。借自敘一總,結通篇,照應前後。願棄人間事,欲從赤松子游耳。"乃學辟穀,道引輕身。會高帝崩,吕后德留侯,乃彊食之,曰:"人生一世間,如白駒過隙,何至自苦如此乎!"留侯不得已,彊聽而食。赤松、辟穀,只作餘事,是史傳體。

後八年卒,謚爲文成侯。子不疑代侯。

子房始所見下邳圯上老父,與《太公書》者,後十三年從高帝過濟北,果見穀城山下黄石,取而葆祠之。留侯死,并葬黄石冢。每上冢伏臘,祠黄石。又應授書老父,似有如無,終以不了了倘恍莫測。

留侯不疑,孝文帝五年坐不敬,國除。

太史公曰:學者多言無鬼神,然言有物。至如留侯所見老父予書,亦可怪矣。高祖離困者數矣,而留侯常有功力焉,豈可謂非天乎?上曰:"夫運籌筴帷帳之中,決勝千里外,吾不如子房。"余以爲其人,計魁梧奇偉,至見其圖,狀貌如婦人好女。蓋孔子曰:"以貌取人,失之子羽。"留侯亦云。

留侯一世豪傑,而文字只用平序,固世家之體,而亦以羽紀、蕭傳、噲傳,已極其勝,故此只得約畧其詞耳。然亦簡淨明快,無留滯也。○篇中勝處是老父授書一段居其首,四人羽翼一段居其終,首尾相顧盼,以爲章法。○老父授書,凡用後五日三段,段段頓住。四人羽翼,凡用多少"四人",句句逼出,文法步驟,自有不同。○"老父",贊語以爲鬼物,故夜半縱跡,俱用疑似之筆,真若鬼物在側,森然欲出,故自妙筆。然東坡隱君子一論爲正。○張良借箸一段,雖匆急中語,未暇剪裁,然少覺泛冗。

陳丞相世家

陳丞相平者，陽武戶牖鄉人也。少時家貧，好讀書，便說得有品。有田三十畝，獨與兄伯居。伯常耕田，縱平使游學。寫得伯亦自異，蓋有弟如此，兄自不群也。縱平游學，又高平一層。平爲人長，美色。人或謂陳平曰："貧何食，而肥若是?"其嫂嫉平之不視家生產，曰："亦食糠覈耳。有叔如此，不如無有。"閒寫家常事耳，孰知先爲盜嫂之案，開一面網哉。伯聞之，逐其婦而棄之。丨極寫兄伯。

及平長，可娶妻，兄逐婦，弟娶妻，接寫作致。富人莫肯與者，貧者，平亦耻[①]之。先作一頓。久之，戶牖富人有張負，張負女孫，五嫁而夫輒死，人莫敢娶。平欲得之。又一頓，下插入別事。邑中有喪，平貧，侍喪，以先往後罷爲助。禮所云以筋骨爲禮也。張負既見之喪所，獨視偉平，映人長美色。平亦以故後去。負隨平至其家，家乃負郭，窮巷，以弊席爲門，然門外多有長者車轍。委巷席門，風致自別，不是甘貧樂道，枯寂淡泊一流。張負歸，謂其子仲曰："吾欲以女孫予陳平。"張仲曰："平貧，不事事，一縣中盡笑其所爲，獨奈何予

① 耻，校本作"恥"。下同

女乎?"負曰:"人固有好美如陳平,而長貧賤者乎?"終項視偉,項美色,從此看出。卒予女。爲平貧,乃假貸幣以聘,予酒肉之資以内婦。瑣細事,偏寫楚楚盡致。負誡其孫曰:"毋以貧故,事人不謹。事兄伯如事父,事嫂如母。"平既娶張氏女,齎用益饒,應富人女。游道日廣。丨應長者車轍。

里中社,平爲宰,分肉食甚均。父老曰:"善,陳孺子之爲宰!"倒句。平曰:"嗟乎,使平得宰天下,亦如是肉矣!"丨小小點綴,意邁遠。

陳涉起而王陳,使周市畧定魏地,立魏咎爲魏王,與秦軍相攻於臨濟。陳平固已前謝其兄伯,追述一句,直綰上從學逐婦一段,友愛至情。從少年,往事魏王咎於臨濟。魏王以爲太僕。説魏王,不聽,人或讒之,陳平亡去。丨一亡。

久之,項羽畧地至河上,陳平往歸之,從入破秦,賜平爵卿。項羽之東王彭城也,漢王還定三秦而東,殷王反楚。項羽乃以平爲信武君,將魏王咎客在楚者,項事魏王咎,故與魏客相熟。以往擊降殷王而還。項王使項悍拜平爲都尉,賜金二十鎰。寫陳平往往以金錢相照耀,此二十鎰先爲引起。居無何,漢王攻下殷王。項王怒,將誅定殷者將吏。陳平懼誅,乃封其金與印,寫廉處極廉,便不是無耻黷貨。使使歸項王,而平身間行杖劍,句。亡。再亡。渡河,船人見其美丈夫,獨行,應美色。疑其亡將,要中當有金玉寶器,金寶虚寫。目之,欲殺平。平恐,乃解衣躶,而佐刺船。船人知其無有,乃止。閒處著筆非寫船人也,正見流離之中,丰神自别,以襯陳平。

平遂至修武,降漢,因魏無知,求見漢王,漢王召入。是時萬石君奮爲漢王中涓,受平謁,忽點一萬石君,配魏無知耳。入見平。平等七人俱進,又借七人以陪之,平則有言,六人皆廢,襯法也。賜食。王曰:“罷就舍矣。”平曰:“臣爲事來,所言不可以過今日。”只一句,奇矯。下所言,只暗點過,然有此一句,定非卑之無高論矣。於是漢王與語而説之,問曰:“子之居楚,何官?”曰:“爲都尉。”是日乃拜平爲都尉,使爲參乘,典護軍。寫漢王一見傾心,正極寫陳平也。諸將盡讙曰:“大王一日得楚之亡卒,未知其高下,而即與同載,反使監護軍長者!”又借諸將一襯,以爲讒間之根。漢王聞之,愈益幸平。足見相知之深。遂與東伐項王。至彭城,爲楚所敗。引而還,收散兵,至滎陽,以平爲亞將,屬於韓王信,軍廣武。畧寫。

絳侯、灌嬰等,咸讒陳平,即盡讙之諸將也。曰:“平雖美丈夫,如冠玉耳,又應長人美色,是豈糠覈之肥哉?其中未必有也。臣聞平居家時,盜其嫂;虛事。事魏不容,亡歸楚;歸楚不中,又亡歸漢。實事。今日大王尊官之,令護軍。臣聞平受諸將金,金多者,得善處,金少者,得惡處。虛事,以虛配實曲曲説來,使人可聽,史公乃有此巧言。平,反覆亂臣也,收一句,只説實事,益令人信,則虛者亦實也。願王察之。”漢王疑之,從益愛幸之來。召讓魏無知。無知曰:“臣所言者,能也;陛下所問者,行也。今有尾生、孝己之行,而無益於勝負之數,陛下何暇用之乎?楚漢相距臣進奇謀之士,顧其計誠足以利國家不耳。且盜嫂受金,又何足疑乎?盜嫂受金,無知不辯。”漢王召讓平曰:“先生事魏,不中,遂事楚,而去,今又從吾游,信者固多心乎?”平曰:“臣事魏王,魏王不能用臣説,故去。事項王,項王不能信人,其所任愛,非諸項,即妻之昆弟,雖有奇士,不能用,平乃去楚。聞漢王之能用人,故歸大王。臣躶身來,應躶身刺船。不受金,無以爲資。誠臣計畫,有可采者,顧大王用之;使無可用者,金

具在,請封輸官,應封金歸項王。得請骸骨。盜嫂受金,陳平亦不辯,寫得陳平胸中,天空海闊。”漢王乃謝,一幸、一疑、一謝,寫兩人心知。厚賜,拜爲護軍中尉,盡護諸將。諸將乃不敢復言。|

其後,楚急攻絕漢甬道,圍漢王於滎陽城。久之,漢王患之,請割滎陽以西以和。項王不聽。漢王謂陳平曰:“天下紛紛,何時定乎?”陳平曰:“項王爲人,恭敬愛人,士之廉節好禮者,多歸之。至於行功,爵邑重之,士亦以此不附。今大王慢而少禮,士廉節者不來;然大王能饒人以爵邑,士之頑鈍嗜利無耻者,此豈受金者之言哉？亦多歸漢。誠各去其兩短,襲其兩長,天下指麾則定矣。然大王恣侮人,不能得廉節之士。陳平身居漢廷,親受金謗,且正欲其行金,而偏說嗜利無恥,偏說不能得廉節,與以受金疑人者,何啻天壤! 顧楚有可亂者,彼項王骨鯁之臣,亞父、鍾離眜、龍且、周殷之屬,不過數人耳。大王誠能出捐數萬斤金,行反間,間其君臣,以疑其心,項王爲人意忌信讒,必内相誅。漢因舉兵而攻之,破楚必矣。”漢王以爲然,乃出黄金四萬斤,與陳平,恣所爲,不問其出入。以被讒受金之人,行萬金而不爲僞讓,漢王恣萬金而不爲猜防,正見兩人,何等胸次!

陳平既多以金縱反間於楚軍,宣言諸將鍾離眜等,爲項王將,功多矣,然而終不得裂地而王,應行功重爵邑。欲與漢爲一,以滅項氏,而分王其地。項羽果意不信鍾離眜等。項王既疑之,使使至漢。漢王爲太牢具,舉進。見楚使,即詳驚曰:“吾以爲亞父使,乃項王使!”復持去,更以惡草具進楚使。此不如項紀詳,有致。楚使歸,具以報項王。項王果大疑亞父。亞父欲急攻下滎陽城,項王不信,不肯聽。亞父聞項王疑之,乃怒曰:“天下事大定矣,君王自爲之! 願請骸骨歸!”歸未至彭城,疽發背而死。陳平乃夜出女子二千人滎陽城東門，楚因擊之，"乃"字、"因"字，妙，平敢愚楚，楚甘受愚，正爲亞父一去也。陳平乃與漢王從城西門夜出去。遂入關，收散兵，復東。丨

其明年，淮陰侯破齊，自立爲齊王，使使言之漢王。漢王大怒而罵，陳平躡漢王。畧寫，然只一躡足，心會神傾，反覺意勝。漢王亦悟，乃厚遇齊使，使張子房卒立信爲齊王。封平以戶牖鄉。用其奇計策，卒滅楚。丨奇計虛寫一。常以護軍中尉，從定燕王臧荼。

漢六年，人有上書告楚王韓信反。高帝問諸將，諸將曰："亟發兵，坑豎子耳。"先引諸將作一襯。高帝默然。問陳平，平固辭謝，曰："諸將云何？"又作一頓。上具告之。陳平曰："人之上書言信反，有知之者乎？"曰："未有。"曰："信知之乎？"曰："不知。"先作兩逼成算已定，下再作兩逼，搖曳出來，文情之妙。陳平曰："陛下精兵，孰與楚？"上曰："不能過。"平曰："陛下將用兵，有能過韓信者乎？"上曰："莫及也。"平曰："今兵不如楚精，而將不能及，而舉兵攻之，是趣之戰也，竊爲陛下危之。"一束，且颺開，頓住。上曰："爲之奈何？"平曰："古者天子巡狩，會諸侯。南方有雲夢，陛下第①出僞遊雲夢，會諸侯於陳。陳，楚之西界，信聞天子以好出游，其勢必無事，而郊迎謁。句。謁，句。而陛下因禽之，此特一力士之事耳。"高帝以爲然，乃發使告諸侯，會陳，"吾將南遊雲夢"。上因隨以行。發使方出，上即隨行，正頂上"有知之""信知之"兩語，惟恐其覺也。行未至陳，楚王信果郊迎道中。高帝豫具武士，見信至，即執縛之，載後車。信呼曰："天下已定，我固當烹！"高帝顧謂信曰："若毋

① 第，中華書局本《史記》作"弟"。

聲!句。而反,句。明矣!"武士反接之。遂會諸侯于陳,盡定楚地。|還至,雒陽,赦信以爲淮陰侯,而與功臣剖符定封。"而"字,接得妙,王楚未幾,擒褫接踵,山河帶礪,果如是哉?

於是與平剖符,世世勿絕,爲戶牖侯。平辭曰:"此非臣之功也。"上曰:"吾用先生謀計,戰勝剋敵,非功而何?"平曰:"非魏無知,臣安得進?"上曰:"若子可謂不背本矣。"乃復賞魏無知。|應還魏無知。其明年,以護軍中尉,從攻反者韓王信於代。卒至平城,爲匈奴所圍,七日不得食。高帝用陳平奇計,奇計虛寫二。使單于閼氏,圍以得開。高帝既出,其計秘,世莫得聞。又註明一句。

高帝南過曲逆,上其城,望見其屋室甚大,曰:"壯哉縣!吾行天下,獨見洛陽與是耳。"顧問御史曰:"曲逆戶口幾何?"對曰:"始秦時三萬餘戶,間者兵數起,多亡匿,今見五千戶。"寫帝相厚陳平處,卻于閒中問答見之。於是乃詔御史,更以陳平爲曲逆侯,盡食之,除前所食戶牖。|

其後,常以護軍中尉,從攻陳豨,及黥布。事畧。凡六出奇計,輒益邑,凡六益封。奇計或頗祕,世莫能聞也。六出奇計只虛寫,又註明一句,祕計,即所謂陰謀也。

高帝從破布軍還,病創,徐行,至長安。燕王盧綰反,上使樊噲以相國將兵,攻之。既行,人有短惡噲者。高帝怒曰:"噲見吾病,乃冀我死也。"用陳平謀,而召絳侯周勃受詔牀下曰:"陳平亟馳傳載勃代噲將,平至軍中,即斬噲頭!"二人既受詔,馳傳,未至軍,行計之,曰:"樊噲,帝之故人也,功多,且又乃呂后弟呂嬃之夫,有親,且貴,帝以忿怒故,欲斬之,則恐後悔。寧囚而致上,上自誅之。"層節,曲曲寫來,情事方晰。未至軍,爲壇,以節召樊噲。噲受詔,因反接,載檻車傳詣長安,寫得與韓信一樣,又皆出平計,有幸不幸焉,爲止一嘆。而令絳侯勃代將,將兵定燕反縣。

平行,聞高帝崩,平恐呂太后及呂嬃讒怒,乃馳傳先去。逢使者,詔平與灌嬰屯於滎陽。平受詔,立復馳至宫,哭甚哀,因奏事喪前。呂太后哀之,曰:"君勞,出休矣。"平畏讒之就,因固請得宿衛中。太后乃以爲郎中令,曰:"傅教孝惠。"是後呂嬃讒乃不得行。寫陳平心地靈變。樊噲至,則赦,復爵邑。丨

孝惠帝六年,相國曹參卒,以安國侯王陵爲右丞相,陳平爲左丞相。丨因丞相帶出王陵,因入王陵,作附傳。

王陵者,故沛人,始爲縣豪,高祖微時,兄事陵。陵少文,任氣,好直言。及高帝在沛[①],入至咸陽,陵亦自聚黨數千人,居南陽,不肯從沛公。因兄事也。及漢王之還攻項籍,陵乃以兵屬漢。丨漢已定三秦也。項羽取陵母置軍中,陵使至,則東鄉坐陵母,欲以招陵。陵母既私送使者,泣曰:"爲老妾語陵,謹事漢王。漢王長者也,無以老妾故持二心。妾以死送使者。"遂伏劍而死。項王怒,烹陵母。陵卒從漢王定天下。以善雍齒,雍齒,高帝之仇,而陵本無意從高帝,以故晚封爲安國侯。

安國侯既爲右丞相,間接。二歲,孝惠帝崩。高后欲立諸呂爲王,問王陵,王陵曰:"不可。"問陳平,陳平曰:"可。"又插入陳平,本傳也。呂太后怒,乃詳遷陵爲帝太傅,實不用陵。陵怒,謝疾免,杜門,竟不朝請,七年而卒。丨序完王陵事。

陵之免丞相,呂太后乃徙平爲右丞相,以辟陽侯審食其爲左

① 校本作"及高祖起沛"。

丞相。接陵死，平爲丞相，又因丞相，帶出審食其，作附傳。左丞相不治，常給事於中。｜

食其亦沛人。漢王之敗彭城西，楚取太上皇、吕后爲質，食其以舍人侍吕后。其後從破項籍，爲侯，幸於吕太后。及爲相，居中，百官皆因決事。｜

吕嬃常以前陳平爲高帝謀執樊噲，遥接。數讒曰："陳平爲相，非治事，日飲醇酒，戲婦女。"陳平聞，日益甚。吕太后聞之，私獨喜。寫陳平權術過人。面質吕嬃於陳平曰："鄙語曰'兒婦人口不可用'，顧君與我何如耳。無畏吕嬃之讒也。"｜究①吕嬃事。

吕太后立諸吕爲王，陳平僞聽之。只如此寫，妙！是直筆，是回護，令人自得之。及吕太后崩，平與太尉勃合謀，卒誅諸吕，立孝文皇帝，陳平本謀也。｜誅諸吕事，勃傳已詳，只以議論帶過，忽斷一句，引歸陳平。審食其免相。｜序完審食其事。

孝文帝立，以爲太尉勃，親以兵誅吕氏，功多；陳平欲讓勃尊位，乃病謝。孝文帝初立，怪平病，問之。平曰："高祖時，勃功不如臣平。及誅諸吕，臣功亦不如勃。願以右丞相讓勃。"推出周勃，少抑陳平。於是孝文帝乃以絳侯勃爲右丞相，位次第一；平徙爲左丞相，位次第二。賜平金千斤，二十鎰、萬斤、千斤，正與受金相照。益封三千户。｜六益封之後，又加一等。

居頃之，孝文皇帝既益明習國家事，朝，而問右丞相勃曰："天下一歲決獄幾何？"勃謝曰："不知。"問"天下一歲錢穀出入幾何？"勃又謝不知，汗出沾背，愧不能對。又抑周勃，推出陳平，低昂互

① 究，校本作"完"。

用之法。於是上亦問左丞相平。平曰:"有主者。"上曰:"主者謂誰?"平曰:"陛下即問决獄,責廷尉;問錢穀,責治粟内史。"上曰:"苟各有主者,而君所主者,何事也?"平謝曰:"主臣!陛下不知其駑下,使待罪宰相。宰相者,上佐天子,理陰陽,順四時,下育萬物之宜,外鎮撫四彝諸侯,内親附百姓,使卿大夫各得任其職焉。"孝文帝乃稱善。右丞相大慚,出而讓陳平曰:"君獨不素教我對!"陳平笑曰:"君居其位,不知其任邪?且陛下即問長安中盜賊數,君欲彊對邪?"於是絳侯自知其能不如平遠矣。居頃之,絳侯謝病,請免相,陳平專爲一丞相。丨終歸到陳平,則周勃亦借以一襯,抑客尊主,本傳例也。

孝文帝二年,丞相陳平卒,謚爲獻侯。子共侯買代侯。二年卒,子簡侯恢代侯。二十三年卒,子何代侯。二十三年①,何坐畧人妻,棄市,國除。

始陳平曰:"我多陰謀,是道家之所禁。吾世即廢,亦已矣,終不能復起,以吾多陰禍也。"是一篇奇計秘計結穴處,人之居心,宜何如哉?然其後曾孫陳掌,以衛氏親,貴戚,願得續封陳氏,然終不得。應"終不能復起"。

太史公曰:陳丞相平,少時,本好黄帝、老子之術。方其割肉俎上之時,其意固已遠矣。傾側擾攘楚魏之間,卒歸高帝。常出奇計,救紛糾之難,振國家之患。及吕后時事多故矣,然平竟自脱,定宗廟,以榮名終,稱賢相,豈不善始善終哉!非知謀,孰能當此者乎?

陳曲逆帷幄運籌臣也,所謂奇計六出,必應描寫鋪序,偏只虚寫,如天外雲山,飄渺黛色,而閒閒照應,以道家陰禍終之。其功業在此,其禍敗亦在

① 底本作"三十三年",疑誤,據中華書局本《史記》改。

此。不必序明,而含蘊無窮。○盗嫂受金,是陳平一生瑕玷。而盗嫂不辨,受金不辭,蓋小人汙衊君子,只此財色兩件,不知大丈夫磊落胸襟,原無芥蔕,一聽天下後世諒之,何必與小人爭言,作齪齪廉謹哉!○有受金一事,先有二十鎰,後有萬斤,千斤,通以黄金照耀,滿前阿堵,出入不問,殊不足入陳丞相之眼,況祼身之時,封金歸印,已浮塵一切者哉!○陳平於貧賤,偏寫得極好,蓋落拓之中,絕不狼籍,自有一種高遠之氣,矜貴之姿,與人自別。

絳侯周勃世家

絳侯周勃者，沛人也。其先卷人，徙沛。勃以織薄曲爲生，常爲人吹簫給喪事，材官引彊。丨

高祖之爲沛公初起，以下序戰功爵賞，與《曹相國世家》同。〇沛公初起是第一段。勃以中涓，爵賞一。從攻胡陵，下方與。丨戰功一。方與反與戰，卻適。攻豐。丨戰功二。擊秦軍碭東。還軍留及蕭。復攻碭，破之。丨戰功三。下下邑，先登。戰功四。賜爵五大夫。丨爵賞二。攻蒙、虞，取之。戰功五。擊章邯車騎，殿。戰功六。定魏地。攻爰戚、東緡以往，至栗取之。丨戰功七。攻齧桑，先登。丨戰功八。擊秦軍阿下，破之。追至濮陽，下甄城。攻都關、定陶，襲取宛朐，得單父令。夜襲取臨濟，攻張，以前至卷，破之。丨戰功九。擊李由軍雍丘下。丨戰功十。攻開封，先至城下爲多。丨戰功十一。後章邯破殺項梁，沛公與項羽引兵東如碭。自初起沛還至碭①，一歲二月。丨總上作一束。楚懷王封沛公，號安武侯，爲碭郡長。自碭郡長至滅秦，是第二段。沛公拜勃爲虎賁令，丨爵賞三。以令從，沛公，定魏

① 碭，底本作“得”，疑誤，據校本改。

地。|戰功十二。攻東郡尉於城武,破之。|戰功十三。擊王離軍,破之。|戰功十四。攻長社先登。|戰功十五。攻潁陽、緱氏,絕河津。|戰功十六。擊趙賁軍尸北。|戰功十七。南攻南陽守齮,|戰功十八。破武關、嶢關。破秦軍於藍田,至咸陽,滅秦。|戰功十九。

項羽至,以沛公爲漢王。自漢王至絳侯,是第三段。漢王賜勃爵爲威武侯。|爵賞四。從入漢中,拜爲將軍。爵賞五。還定三秦,至秦,賜食邑懷德。|爵賞六。攻槐里、好畤,最。戰功二十。擊趙賁、內史保於咸陽,最。戰功二十一。北攻漆。擊章平、姚卬軍。西定汧。還下郿、頻陽。圍章邯廢丘。破西丞。擊盜巴軍,破之。攻上邽。東守嶢關。|戰功二十二。轉擊項籍。攻曲逆,最。|戰功二十三。還守敖倉,|戰功二十四。追項籍。籍已死,因東定楚地泗川、東海郡,凡得二十二縣。|戰功二十五。還守雒陽、櫟陽,賜與潁陰侯共食鍾離。|爵賞七。以將軍從高帝,繫反者燕王臧荼,破之易下。所將卒當馳道爲多。|戰功二十六。賜爵列侯,剖符,世世勿絕。食絳八千一百八十戶,號絳侯。|爵賞八。

以將軍從高帝,擊反韓王信于代,自擊韓王信,至代郡九縣,是第四段。降下霍人。以前至武泉,擊胡騎,破之武泉北。轉攻韓信軍銅鞮,破之。還,降太原六城。擊韓信胡騎晉陽下,破之,下晉陽。|戰功二十七。後擊韓信軍於硰石,破之,追北八十里。還攻樓煩三城,因擊胡騎平城下,所將卒當馳道爲多。|戰功二十八。勃遷爲太尉。爵賞九。

擊陳豨,屠馬邑。所將卒斬豨將軍乘馬絺。擊韓信、陳豨、趙利軍於樓煩,破之。得豨將宋最、鴈門守圂。戰功二十九。因轉攻得雲中守遬、丞相箕肆、將勳。定鴈門郡十七縣,雲中郡十二縣。|

戰功三十。因復擊豨靈丘，破之，斬豨，得豨丞相程縱、將軍陳武、都尉高肆。定代郡九縣。∣戰功三十一。

燕王盧綰反，勃以相國，爵賞十。代樊噲將，自相國別將，全得大將各一人，是第五段。擊下薊，得綰大將抵、丞相偃、守陘、太尉弱、御史大夫施，屠渾都。破綰軍上蘭，復擊破綰軍沮陽。追至長城，定上谷十一[①]縣，右北平十六縣，遼西、遼東二十九縣，漁陽二十二縣。戰功三十二。最從高帝得相國一人，丞相二人，陳豨相箕肆，程縱。將軍、二千石各三人；∣陳豨將乘馬絺、宋最、綰將、陳武、陳豨、雁門圂、雲中守遬，綰都尉高肆。別破軍二，破綰軍上蘭沮陽。下城三，薊渾都長城。定郡五，上谷、右北平、遼西、遼東、漁陽。縣七十九，即上谷十一、右北平十六、遼西遼東二十九、漁陽二十三。得丞相、大將各一人。∣綰丞相偃、大將抵。○從高帝，與別將另敘，與《曹世家》微異。

勃爲人木彊敦厚，上半篇序戰功，此乃重序其爲人起。高帝以爲可屬大事。直貫通篇，伏下誅諸吕事。勃不好文學，每召諸生說士，東鄉坐而責之："趣爲我語。"其椎少文如此。∣又描一筆。

勃既定燕而歸，直接上擊綰定燕事。高祖已崩矣，以列侯事孝惠帝。孝惠帝六年，置太尉官，以勃爲太尉。∣十歲，高后崩。吕禄以趙王爲漢上將軍，吕產以吕王爲漢相國，秉漢權，欲危劉氏。先以吕禄吕產並提。勃爲太尉，不得入軍門。陳平爲丞相，不得任事。又以勃與陳平並提。於是勃與平謀，卒誅諸吕，而立孝文皇帝。其語在吕后、孝文事中。∣周勃一生大事，反用省筆，實事虛寫。

文帝既立，以勃爲右丞相，賜金五千斤，食邑萬戶。居月餘，

---

① 十一，中華書局本《史記》作"十二"。

人或說勃曰:“君既誅諸呂,立代王,威震天下,而君受厚賞,處尊位,以寵,久之,即禍及身矣。”勃懼,亦自危,乃謝請歸相印。上許之。丨歲餘,丞相平卒,上復以勃爲丞相。十餘月,上曰:“前日吾詔列侯就國,或未能行,丞相吾所重,其率先之。”乃免相就國。丨一自請歸,一免就國,且歲餘、月餘、十餘月,倏起倏廢,寫功名之際,難處如此。

歲餘,每河東守尉行縣至絳,絳侯勃自畏,恐誅,常被甲,令家人持兵以見之。其後人有上書告勃欲反,下廷尉。廷尉下其事長安,逮捕勃,治之。勃恐,不知置辭。應“木彊少文”。吏稍侵辱之。勃以千金與獄吏,獄吏乃書牘背示之,曰“以公主爲證”。公主者,孝文帝女也,勃太子勝之尚之,故獄吏教引爲證。註一筆。勃之益封受賜,盡以予薄昭。又補一事,逐事序出,安頓甚妙。及繫急,薄昭爲言薄太后,太后亦以爲無反事。文帝朝大后,以冒絮提文帝,寫得入情。曰:“絳侯綰皇帝璽,將兵於北軍,不以此時反,今居一小縣,顧欲反邪!”文帝既見絳侯獄辭,百忙中,仍接上獄吏事,安頓之妙。乃謝曰:“吏事,方驗而出之。”於是使使持節赦絳侯,復爵邑。絳侯既出,曰:“吾常[①]將百萬軍,然安知獄吏之貴乎!”丨仍挽至獄吏結,一毫不放鬆,章法妙!

絳侯復就國。孝文帝十一年卒,謚爲武侯。子勝之代侯。六歲,尚公主不相中,應完尚公主事。坐殺人,國除。絕。丨一歲,文帝乃擇絳侯勃子賢者,河內守亞夫,封爲條侯,續絳侯後。丨接入亞夫,過接之妙。

條侯亞夫,自未侯,爲河內守時,補一句接上。許負相之曰:“君後三歲而侯。侯八歲爲將相,持國秉,貴重矣,於人臣無兩。“貴

① 常,中華書局本《史記》作“嘗”。

重”,頂“持國秉”句,“無兩”,又頂“貴重”句。一意作三句,濃郁鄭重。其後九歲,而君餓死。”“貴重”後,忽接“餓死”,奇!三歲、八歲、九歲,歷歷如見。亞夫笑曰:“臣之兄,已代父侯矣,有如卒,子當代,亞夫何說侯乎?先問侯下乃折入,“何說”字法好!蓋“何以”“何待”等字,皆有希望,“何說侯”,則一句推開,並無紾兄之意,一字之妙如此!然已貴,如負言,又何說餓死?指示我。”因侯與餓死不倫,故不得不問,然問侯輕,問餓死重,此下許負亦止答其餓死也。許負指其口曰:“有從理入口,此餓死法也。”居三歲,應前許負言。其兄絳侯勝之,有罪,孝文擇絳侯子賢者,皆推亞夫,乃封亞夫爲條侯,續絳侯後。丨補序一,段此乃接入。

文帝之後六年,匈奴大入邊。乃以宗正劉禮爲將軍,軍霸上;祝茲侯徐厲爲將軍,軍棘門;以河内守亞夫爲將軍,軍細柳:以備胡。三人,兩虛一實,一正兩陪。上自勞軍。至霸上,及棘門軍,直馳入,將以下騎送迎。先襯一筆。已而之細柳軍,軍士吏被甲,鋭兵刃,彀弓弩,持滿。逐層點次。第一層,軍中吏士。天子先驅至,不得入。第二層,天子先驅至。先驅曰:“天子且至!”軍門都尉曰:“將軍令曰‘軍中聞將軍令,不聞天子之詔’。”居無何,上至,又不得入。第三層天子至。於是上乃使使持節詔將軍:“吾欲入勞軍。”亞夫乃傳言開壁門。壁門士吏謂從屬車騎曰:“將軍約,軍中不得驅馳。”於是天子乃按轡徐行。至營,第四層,天子徐行至營。將軍亞夫持兵揖曰:“介胄之士不拜,請以軍禮見。”天子爲動,改容式車。使人稱謝:“皇帝敬勞將軍。”成禮而去。第五層,天子勞軍,羽儀鹵薄。逐層迤邐而來,紙上殷殷奕奕,如親見之。既出軍門,群臣皆驚。文帝曰:“嗟乎,此真將軍矣!曩者霸上、棘門軍,若兒戲耳,應還霸上棘門。

其將固可襲而虜也。至於亞夫,可得而犯邪?”稱善者久之。又點一筆,極贊亞夫。月餘,三軍皆罷。乃拜亞夫爲中尉。

孝文且崩時,誡太子曰:“即有緩急,周亞夫真可任將兵。”與“周勃可屬大事”對。文帝崩,拜亞夫爲車騎將軍。|

孝景三年,吳楚反。亞夫以中尉爲太尉,東擊吳楚。因自請上曰:“楚兵剽輕,難與爭鋒。願以梁委之,絕其糧道,乃可制。”上許之。先説明,後序出,是明序法。

太尉既會兵滎陽,吳方攻梁,梁急,請救。梁請救一遍。太尉引兵東北走昌邑,深壁而守。太尉一颺。梁日使使請太尉,梁請太尉,二遍。太尉守便宜,不肯往。太尉二颺。梁上書言景帝,景帝使使詔救梁。景帝詔救三遍。太尉不奉詔,堅壁不出,太尉三颺。而使輕騎兵弓高侯等,絕吳楚兵後食道。始點出不救之故。吳兵乏糧,饑,數欲挑戰,終不出。一頓。夜軍中驚,内相攻擊,擾亂,至於太尉帳下。太尉終臥不起。頃之,復定。二頓。後吳奔壁東南陬,太尉使備西北。已而其精兵果奔西北,不得入。三頓。三頓之後,一瀉即下。○不肯往、不奉詔、堅壁不出、終不出、臥不起、不得入,極寫亞夫堅忍。吳兵既餓,乃引而去。太尉出精兵追擊,大破之。前節節頓住,至此一快,是養局之法。吳王濞棄其軍,而與壯士數千人,亡走,保於江南丹徒。漢兵因乘勝遂盡虜之,降其兵,購吳王千金。月餘,越人斬吳王頭以告。凡相攻守三月,而吳楚破平。於是諸將乃以太尉計謀爲是。結收上節,歸到太尉結。由此梁孝王與太尉有郤。|

歸,復置太尉官。|又點梁孝王一句,應上伏下,以作線索。五歲,遷爲丞相,景帝甚重之。|以上寫亞夫興頭事,至此結。景帝廢栗太子,丞相固爭之,不得。景帝由此疏之。|以下寫亞夫失意事,凡五節,

此第一節，迤運而起。而梁孝王每朝，常與太后言條侯之短。丨梁孝王短條侯，是第二節。

竇太后曰："皇后兄王信，可侯也。"景帝讓曰："始南皮、章武侯，先帝不侯，及臣即位乃侯之。信未得封也。"竇太后曰："人主各以時行耳。自竇長君在時，竟不得侯，死後，乃封其子彭祖顧得侯。吾甚恨之。帝趣侯信也！"景帝曰："請得與丞相議之。"丞相議之，亞夫曰："高皇帝約'非劉氏，不得王，非有功，不得侯。不如約，天下共擊之'。今信雖皇后兄，無功，侯之，非約也。"景帝默然而止。丨不封王信，是第三節。

其後，匈奴王徐盧等五人降，景帝欲侯之以勸後。丞相亞夫曰："彼背其主，降陛下，陛下侯之，則何以責人臣不守節者乎？"景帝曰："丞相議不可用。"乃悉封徐盧等爲列侯。亞夫因謝病。景帝中三年，以病免相。丨不侯徐盧等，是第四節。

頃之，景帝居禁中，召條侯賜食。獨置大胾，無切肉，又不置櫡。條侯心不平，顧謂尚席取櫡。景帝視而笑曰："此非不足君所乎？"條侯免冠謝。上起，條侯因趨出。景帝以目送之，曰："此怏怏者，非少主臣也！"丨置胾，取櫡，是第五節，怏怏處，正寫亞夫神情。

居無何，條侯子爲父買工官尚方甲楯五百被，可以葬者。取庸苦之，不予錢。庸知其盜買縣官器，怒，而上變告子，事連汙條侯。書既聞上，上下吏。吏簿責條侯，條侯不對。景帝罵之曰："吾不用也。""不用"者，不消對簿也，口角如見。召詣廷尉。廷尉責曰："君侯欲反邪？"亞夫曰："臣所買器，乃葬器也，何謂反邪？"吏曰："君侯縱不反地上，即欲反地下耳。"險語！奇語！寫得突兀。下獄事，與周勃對。吏侵之益急。初吏捕條侯，條侯欲自殺夫人止之，以故不得死，遂入廷尉。因不食五日，嘔血而死。應九載餓而死。國除。

絕。一歲，景帝乃更封絳侯勃他子堅，爲平曲侯，續絳侯。後十九年卒，謚爲共侯。子建德代侯，十三年爲太子太傅。坐酎金不善，元鼎五年有罪，國除。

條侯果餓死。又點一句。死後，景帝乃封王信爲蓋侯。找一筆，妙甚，以見條侯之死，正坐此也，不說明，句中有眼。

太史公曰：絳侯周勃，始爲布衣時，鄙朴人也，才能不過凡庸。及從高祖定天下，在將相位，諸呂欲作亂，勃匡國家難，復之乎正。雖伊尹、周公，何以加哉！亞夫之用兵，持威重，執堅刃，穰苴曷有加焉！足己而不學，守節不遜，終以窮困。悲夫！贊作兩節，俱一反一覆。

絳侯傳，序戰功處，與《曹相國世家》同。但絳侯從高祖處多，別將止代樊噲一節耳。故總結處，法與《曹相國》異。〇寫絳侯，聞說即危懼處、下獄不知置詞處、出獄自歎處，俱得木彊本意。故絳侯大功，在誅諸呂，立代王一節，乃反不明序，猶寫真者，在頰上三毛，而不在面目軀體也。此文章家剪裁之法，如登山取仄徑，觀美人看鬢雲蟬鈿耳，操翰者不可不知。〇細柳軍營，逐節逐段，細細寫來，如王母下上元時，雲中班螭幢節，逐隊而下，濟楚活現，令千百年後，世移事往，乃開卷而覩，儼然如生。文章至此，可云入神矣。

梁孝王世家

梁孝王武者，孝文皇帝子也，而與孝景帝同母。母，竇太后也。丨四句先提綱，而一篇大意所在。

孝文帝凡四男：長子曰太子，是爲孝景帝；次子武；次子參；次子勝。孝文帝即位二年，以武爲代王，以參爲太原王，以勝爲梁王。丨代、梁兩王附敘，以下接代王參事。二歲徙代王爲淮陽王。武也。以代盡與，太原王號曰代王。參也。參立十七年，孝文後二年卒，謚爲孝王。子登嗣立，是爲代共王。立二十九年，元光二年卒。子義立，是爲代王。十九年，漢廣關，以常山爲限，而徙代王王清河。清河王，徙，以元鼎三年也。以上序完代王參事。

初，武爲淮陽王十年，以下序梁王勝事，仍從武事帶入。而梁王勝卒，謚爲梁懷王。懷王最少子，愛幸異於他子。丨以上序完梁王勝事。〇傳梁王却先序參、勝兩王，變格，而武之從代徙淮陽，從淮陽徙梁，而武爲代王，參亦爲代王，勝爲梁王，武又爲梁王，頭緒紛紛，然一絲不亂。其明年，徙淮陽王武爲梁王。梁王之初王梁，孝文帝之十二年也。梁王自初王通歷已十一年矣。丨總結一句，收完兩王，接入梁王事，是本傳體。

梁王十四年,入朝。十七年,十八年,比年入朝,留,其明年,乃之國。二十一年,入朝。二十二年,孝文帝崩。二十四年,入朝。二十五年,復入朝。|入朝用短句,一頓點過。是時上未置太子也。上與梁王燕飲,嘗從容言曰:"千秋萬歲後,傳於王。"王辭謝。雖知非至言,然心内喜。太后亦然。|又找太后一筆,寫一時情事,默會如此。

其春,吳楚齊趙七國反。吳楚先擊梁棘壁,殺數萬人。梁孝王城守睢陽,而使韓安國、張羽等爲大將軍以距吳楚。吳楚以梁爲限,不敢過而西,與太尉亞夫等相距,三月。吳楚破,而梁所破殺鹵畧與漢中分。|一段序梁功處正爲少揚之。明年,漢立太子。|點一句,與前照應,是梁王失望處。其後梁最親,帝同母弟。有功,距吳楚。又爲大國,居天下膏腴地。地北界泰山,西至高陽,四十餘城,皆多大縣。地方廣闊。

孝王,竇太后少子也,愛之,賞賜不可勝道。太后又鍾愛,總序一段,承上起下。於是孝王築東苑,方三百餘里。廣睢陽城七十里。大治宫室,爲複道,自宫連屬於平臺,三十餘里。得賜天子旌旗,出從千乘萬騎。東西馳獵,擬於天子。出言趕,入言警。招延四方豪傑,自山以東游說之士。莫不畢至,寫梁王盛時事,正爲梁王取禍根本,故極言之耳。齊人羊勝、公孫詭、鄒陽之屬。公孫詭多奇邪計,初見王,賜千金,官至中尉,梁號之曰公孫將軍,間中先插入勝、詭。梁多作兵器弩弓矛數十萬,而府庫金錢且百巨萬,珠玉寶器,多於京師。|俗筆爲之,必寫于詭、勝之前,與築苑等句一齊鋪序矣。史公偏提出此數句,夾詭、勝于中,前後夾序,具見筆力。

二十九年十月,梁孝王入朝。重接上入朝事。景帝使使持節,

乘輿駟馬,迎梁王於關下。既朝,上疏因留,以太后親故。王入則侍景帝同輦,出則同車游獵,射禽獸上林中。梁之侍中、郎、謁者,著籍引,出入天子殿門,與漢宦官無異。|先寫梁王寵眷之隆,正爲後文對照。

十一月,上廢栗太子,竇太后心欲以孝王爲後嗣。前已立太子,梁王絕望,此又廢太子,太后生心,住而復起,又生一波。大臣及袁盎等,有所關說於景帝,竇太后義格,亦遂不復言,以梁王爲嗣事,由此以事祕,世莫知。乃辭歸國。|只約畧點,花香月影,情事默盡,是梁王傳體也。

其夏四月,上立膠東王爲太子。又立太子,梁王又觖望,兩觖望後,恨以生怒,遂入勝、詭之謀也,並非閒筆。梁王怨袁盎及議臣,乃與羊勝、公孫詭之屬,陰使人刺殺袁盎,及他議臣十餘人。逐其賊,未得也。於是天子意梁王,逐賊,果梁使之。乃遣使,冠蓋相望於道,覆按梁,捕公孫詭、羊勝。公孫詭、羊勝匿王後宮。使者責二千石急,梁相軒丘豹,及內史韓安國進諫王,王乃令勝、詭皆自殺,出之。上由此怨望於梁王。非爲殺大臣而怨,爲奪嗣而怨。景帝本不欲,立梁王,於微詞中寫出。梁王恐,乃使韓安國,因長公主,謝罪太后,然後得釋。

上怒稍解,先稍解。因上書請朝。既至關,茅蘭說王,使乘布車,從兩騎入,匿於長公主園。漢使使迎王,王已入關,車騎盡居外,不知王處。太后泣曰:"帝殺吾子!"景帝憂恐。於是梁王伏斧質於闕下謝罪,然後太后、景帝大喜,相泣,復如故。後相泣如故,漸漸合近,欲寫其彊合,正寫其中離也。悉召王從官入關。然景帝益疏王,不同車輦矣。先不同輦。

三十五年冬,復朝。上疏欲留,上弗許。後弗許留,乃漸疏開,情隨事改,外合中離,寫得入骨。歸國,意忽忽不樂。北獵良山,有獻牛足出背上,孝王惡之。六月中,病熱六日卒,謚曰孝王。|

孝王慈孝,每聞太后病,口不能食,居不安寢,常欲留長安,侍太后。太后亦愛之。|又閒序一段,爲"謚孝王"註脚,亦爲"太后愛之"註脚。及聞梁王薨,竇太后哭極哀,不食,曰:"帝果殺吾子!"景帝哀懼,不知所爲。與長公主計之,乃分梁爲五國,盡立孝王男五人爲王,女五人,皆食湯沐邑。於是奏之太后,太后乃說,爲帝加一餐。寫太后始終愛梁王處,以作餘波。

梁孝王長子買,爲梁王,是爲共王;子明,爲濟川王;子彭離,爲濟東王;子定,爲山陽王;子不識,爲濟陰王。先序五王名封,後乃詳序。

孝王未死時,財以巨萬計,不可勝數。及死,藏府餘黄金,尚四十餘萬斤,他財物稱是。|收完前節金錢巨萬。

梁共王三年,景帝崩。共王立七年卒,子襄立是爲平王。

梁平王襄十四年,母曰陳太后。共王母曰李太后。李太后,親平王之大母也。又註一句,閒甚。而平王之后姓任,曰任王后。任王后甚有寵于平王襄。初孝王在時,有罍樽,直千金。孝王戒後世善保罍樽,無得以與人。任王后聞而欲得罍樽。平王大母李太后曰:"先王有命,無得以罍樽與人。他物雖百巨萬,猶自恣也。"任王后絕欲得之。平王襄直使人開府,取罍樽,賜任王后。李太后大怒,漢使者來,欲自言,平王襄及任王后,遮止閉門,李太[①]后與爭門,措指,遂不得見漢使者。李太后亦私與食官長及郎

① 太,底本作"大",疑誤,據校本改。

中尹霸等士通亂，而王與任王后，以此使人風止李太后，李太后內有淫行，亦已。後病薨。病時，任后未嘗請病；薨又不持喪。|一段寫閨房瑣事如畫。

元朔中，睢陽人類犴反者，人有辱其父，而與淮陽太守客出同車。太守客出下車，類犴反殺其仇於車上而去。淮陽太守怒，以讓梁二千石。二千石以下，求反甚急，執反親戚。反知國陰事，乃上變事，具告知王與大母爭樽狀。時丞相以下具①知之，欲以傷梁長吏，其書聞天子。天子下吏驗問，有之。公卿請廢襄爲庶人。天子曰："李太后有淫行，而梁王襄無良師傅，故陷不義。"乃削梁八城，梟任王后首于市。梁餘尚有十城。倒寫一筆，曰分王削城之後，尚餘十城，則孝王之盛時可知。襄立三十九年卒，謚爲平王。子無傷立，爲梁王也。|完梁世事，下附四傳。

濟川王明者，濟川王附傳。梁孝王子，以桓邑侯孝景中六年爲濟川王。七歲，坐射殺其中尉，漢有司請誅，天子弗忍誅，廢明爲庶人。遷房陵，地入于漢爲郡。|濟川事完。

濟東王彭離者，濟東王附傳。梁孝王子，以孝景中六年爲濟東王。二十九年，彭離驕悍，無人君禮，昏暮私與其奴、亡命少年數十人行剽，殺人取財物，以爲好。所殺發覺者百餘人，國皆知之，莫敢夜行。所殺者子上書言。漢有司請誅，上不忍，廢以爲庶人，遷上庸，地入於漢爲大河郡。|濟東事完。

山陽哀王定者，山陽王附傳。梁孝王子，以孝景中六年爲山陽王。九年卒，無子，國除，地入于漢爲山陽郡。|山陽事完。

---

① 具，中華書局本《史記》作"見"。

濟陰哀王不識者,濟陰王附傳。梁孝王子,以孝景中六年爲濟陰王。一歲卒,無子,國除,地入於漢爲濟陰郡。|濟陰事完。

太史公曰:梁孝王雖以親愛之故,王膏腴之地,然會漢家隆盛,百姓殷富,故能植其財貨,廣宮室,車服擬於天子。然亦僭矣。

褚先生曰:臣爲郎時,聞之於宮殿中老郎吏,好事者稱道之也。竊以爲今梁孝王怨望,欲爲不善者,事從中生。蓋曰起于太后也,故下接太后事。今太后女主也,以愛少子故,欲令梁王爲太子。大臣不時正言其不可狀,阿意治小,私說意以受賞賜非忠臣也。齊如魏其侯竇嬰之正言也,何以有後禍?先作一論斷,下乃述竇嬰實語。景帝與王燕見,侍太后飲,景帝曰:"千秋萬歲之後傳王。"太后喜說。竇嬰在前,據地言曰:"漢法之約傳子適孫,今帝何以得傳弟,擅亂高帝約乎!"於是景帝默然無聲。太后意不說。|序完竇嬰正傳事,下忽將成王事扯入相配,絕無過接,奇文。

故成王與小弱弟立樹下,取一桐葉以與之,曰:"吾用封汝。"周公聞之,進見曰:"天王封弟甚善。"成王曰:"吾直與戲耳。"周公曰:"人主無過舉,不當有戲言,言之必行之。"於是乃封小弟以應縣。是後成王沒齒不敢有戲言,言必行之。《孝經》曰:"非法不言,非道不行。"此聖人之法言也。今主不宜出好言於梁王。歸到本意是論斷體。梁王上有太后之重,驕蹇日久,數聞景帝好言千秋萬世之後傳王,而實不行。|語勢未住,忽爾竟住,下又硬入漢法一段,若接不接,奇文。

又諸侯王朝見天子,漢法凡當四見耳。始到,入小見;到正月朔旦,奉皮薦璧玉賀正月,法見;後三日,爲王置酒賜金

錢財物;後二日,復入小見,辭去。凡留長安不過二十日。小見者,燕見于禁門内,飲於省中,非士人所得入也。今梁王西朝,因留,且半歲。入與人主同輦,出與同車。示風以大言,而實不與,間接上文"實不行"句,奇文。令出怨言,謀畔逆,乃隨而憂之不亦遠乎!非大賢人,不知退讓。又論斷數句妙。今漢之儀法,朝見賀正月者,常一王與四侯俱朝見,十餘歲一至。今梁王常比年入朝見,久留。鄙語曰"驕子不孝",非惡言也。又無端插入一段,頓住,下又起一峯,奇文。故諸侯王當爲置良師傅相,忠言之士,如汲黯、韓長孺等敢直言極諫,安得有患害!|忽又頓住,下又入事,奇文。

蓋聞梁王西入朝,謁竇太后,燕見,與景帝俱侍坐於太后前,語言私說。太后謂帝曰:"吾聞殷道親親,周道尊尊,其義一也。安車大駕,用梁孝王爲寄。"景帝跪席舉身曰:"諾。"罷酒出,帝召袁盎諸大臣通經術者,曰:"太后言如是,何謂也?"皆對曰:"太后意欲立梁王爲帝太子。"帝問其狀,袁盎對[①]曰:"殷道親親者,立弟。周道尊尊者,立子。殷道質,質者法天親其所親,故立弟。周道文,文者法地,尊者敬也,敬其本始,故立長子。周道,太子死,立適孫。殷道,太子死,立其弟。"帝曰:"於公何如?"皆對曰:"方今漢家法周,周道不得立弟,當立子。故《春秋》所以非宋宣公。宋宣公死,不立子而與弟。弟受國死,復反之,與兄之子。弟之子爭之,以爲我當代父後,即刺殺兄子。以故國亂,禍不絕。故《春秋》曰'君子大

① 對,中華書局本《史記》作"等"。

居正,宋之禍,宣公爲之’。臣請見太后白①之。”袁盎等入見太后:“太后言欲立梁王,梁王即終,欲誰立?”句法妙甚!蓋“太后言欲立梁王”,袁盎口中所述也。故即急插一句曰“梁王萬一即終,當誰立”乎。太后曰:“吾復立帝子。”袁盎等以宋宣公不立正,生禍,禍亂後五世不絕,小不忍,害大義狀,報太后。前詳此畧。太后乃解說,即使梁王歸就國。此段與竇嬰云云,本是一意。前立梁王,出自帝意,此出自太后意。阻梁王前出自竇嬰,此出自袁盎是一是二,傳聞異詞,故先後雙序。而梁王聞其議出于袁盎諸大臣所,怨望,使人來殺袁盎。袁盎顧之曰:“我所謂袁將軍者也,公得毋誤乎?”刺者曰:“是矣!”刺之,置其劍,劍著身。視其劍,新治。問長安中削厲工,工曰:“梁郎某子,來治此劍。”以此知而發覺之,發使者捕逐之。獨梁王所欲殺大臣十餘人,又補諸傳所未及。文吏窮本之,謀反端頗見。太后不食,日夜泣不止。景帝甚憂之,問公卿大臣,大臣以爲遣經術吏往治之,乃可解。於是遣田叔、呂季主往治之。此二人皆通經術,知大禮。來還,至霸昌廄,取火悉燒梁之反詞,但空手來對景帝。景帝曰:“何如?”對曰:“言梁王不知也。造爲之者,獨其幸臣羊勝、公孫詭之屬爲之耳。謹以伏誅死,梁王無恙也。”景帝喜說曰:“急趨謁太后。”太后聞之,立起坐飡,氣平復。故曰“不通經術,知古今之大②禮,不可以爲三公,及左右近臣。少見之人,如從管中闚天也。”只借梁獄事,贊田叔結,蓋梁事已反覆論斷,故只此住,便覺縹緲無盡。

① 白,底本作“自”,疑誤,據校本改。

② 大,底本作“太”,疑誤,據校本改。

盛衰固有倚伏,嫌怨必有所從來,故至親骨肉之間,有不期然而然者。史公先寫梁之極盛時,極親密時,正爲後文伏案也。後逐節即就事實寫,不多一語,而讀之傷心,思之刻骨。○序梁王耳,先附序代、梁二王,以分頭緒。後帶序濟川四王,以爲照應,首尾本是一轍。○褚先生一篇,是論斷,而頓住處、插入閒事處,局法變化,風神更覺嫵媚,是一篇佳文字也。

五宗世家

孝景皇帝子凡十三人爲王，而母五人，先提總序。同母者爲宗親。｜點明題意。栗姬子曰榮、德、閼于。程姬子曰餘、非、端。賈夫人子曰彭祖、勝。唐姬子曰發。王夫人兒姁子曰越、寄、乘、舜。｜復細點明，作兩層序法。

河閒獻王德，以孝景帝前二年，用皇子爲河閒王。好儒學，被服造次必於儒者。山東諸儒，多從之游。河閒全用褒語。

二十六年卒，子共王不害立。四年卒，子剛王基代立。十二年卒，子頃王授代立。｜

臨江哀王閼于，以孝景帝前二年用皇子爲臨江王。三年卒，無後，國除爲郡。｜

臨江閔王榮，以孝景前四年，爲皇太子，四歲廢，用故太子爲臨江王。

四年，坐侵廟壖垣爲宫，上徵榮。榮行，祖于江陵北門。既已上車，軸折，車廢。江陵父老流涕竊言曰："吾王不反矣！"榮至詣中尉府簿。中尉郅都責訊王，王恐，自殺。葬藍田。燕數萬銜土置冢上，奇事。百姓憐之。應"父老流涕"。"憐之"，亦憐其以故太子，而枉死也。

榮最長,史公微詞。死,無後,國除,地入於漢爲南郡。丨

右三國本王皆栗姬之子也。丨作一層結。

魯共王餘,以孝景前二年,用皇子爲淮陽王。二年,吳楚反破後,以孝景前三年徙爲魯王。好治宫室苑囿狗馬。季年好音,不喜詞[①]辯。爲人吃。

二十六年卒,子光代爲王。初好音,輿馬;晚節嗇,惟恐不足於財。丨微詞,兩王事只虛寫。

江都易王非,以孝景前二年,用皇子爲汝南王。吳楚反時,非年十五,有材力,上書願擊吳。景帝賜非將軍印,擊吳。吳已破,二歲,徙爲江都王,治吳故國,以軍功賜天子旌旗。元光五年,匈奴大入漢爲賊,非上書願擊匈奴,上不許。非好氣力,治宫觀,招四方豪傑,驕奢甚。先序其事,後寫其爲人。

立二十六年卒,子建立爲王。七年自殺。先立案後序事。淮南、衡山謀反時,建頗聞其謀。自以爲國近淮南,恐一日發,爲所並,即陰作兵器,而時佩其父所賜將軍印,載天子旗以出。易王死,未葬,建有所說易王寵美人淖姬,夜使人迎與奸服舍中。及淮南事發,治黨與,頗及江都王建。建恐,因使人多持金錢事,絕其獄。語奇勁。而又信巫祝,使人禱祠妄言。建又盡與其姊弟奸。事既聞,漢公卿請捕治建。天子不忍,使大臣即訊王。王服所犯,遂自殺。國除,地入於漢,爲廣陵郡。

膠西于王端,以孝景前三年,吳楚七國反破後,端用皇子爲膠

① 詞,中華書局本《史記》作"辭"。

西王。端爲人賊戾,先寫其爲人,後序事。又陰痿,一近婦人,病之數月。而有愛幸少年爲郎。爲郎者,頃之與後宮亂,端禽滅之,及殺其子母。數犯上法,漢公卿數請誅端,天子爲兄弟之故,不忍,而端所爲滋甚。有司再請削其國,去大半。端心慍,遂爲無訾省。府庫壞漏,盡腐財物,以巨萬計,終不得收徙。令吏毋得收租賦。端皆去衛,封其宮門,從一門出游。數變名姓,爲布衣,之他郡國。

相、二千石往者,奉漢法以治,端輒求其罪告之,無罪者詐藥殺之。所以設詐究變,彊足以距諫,智足以飾非。相、二千石,從王治,則漢繩以法。故膠西小國,而所殺傷二千石甚眾。從相二千石寫來,其人自出所謂側面反照法也。

立四十七年卒,竟無男代後,國除,地入于漢爲膠西郡。|

右三國本王皆程姬之子也。作第二層結。

趙王彭祖,以孝景前二年,用皇子爲廣川王。趙王遂反破後,彭祖王廣川。四年,徙爲趙王。十五年,孝景帝崩。彭祖爲人巧佞,卑諂足恭,而心刻深。好法律,持詭辯以中人。先寫其爲人,後序事。彭祖多內寵姬,及子孫。相、二千石,欲奉漢法以治,則害于王家。是以接法。每相、二千石至,彭祖衣皁布衣,自行迎,除二千石舍,多設疑事以作動之,得二千石失言,中忌諱,輒書之。二千石欲治者,則以此迫劫;不聽,乃上書告,及汙以姦利事。作四節,宛曲盡情。彭祖立五十餘年,相、二千石無能滿二歲,輒以罪去,大者死,小者刑,以故二千石莫敢治。總結數語,承上起下精綻盡致。而趙王擅權,緊接。使使即縣爲賈人,榷會入,多於國經租稅。以是趙王家多金錢,緊接。然所賜姬諸子,亦盡之矣。一掉即收。彭祖取故江都易王寵姬王建所盜與姦淖姬者爲姬,甚愛之。二十一字爲一句詳盡乃爾。

彭祖不好治宫室、禨祥,好爲吏事。上書願督國中盜賊。常夜從走卒,行徼邯鄲中。諸使過客,以彭祖險陂,莫敢留邯鄲。就過客寫,以見其爲人,反照法,與上一樣。

其太子丹,與其女,及同產姊姦,與其客江充有郤。充告丹,丹以故廢。趙更立太子。|

中山靖王勝,以孝景前三年,用皇子爲中山王。十四年,孝景帝崩。勝爲人,樂酒,好內,有子枝屬百二十餘人。常與兄趙王相非,曰:"兄爲王,專代吏治事。王者當日聽音樂聲色。"趙王亦非之,曰:"中山王徒日淫,不佐天子拊循百姓,何以稱爲藩臣!"借趙王作襯,兩兩相形,法變。

立四十二年卒,子哀王昌立。一年卒,子昆侈代爲中山王。|

右二國本王皆賈夫人之子也。作第三層結。

長沙定王發,發之母唐姬,故程姬侍者。景帝召程姬,程姬有所辟,不願進,而飾侍者唐兒,使夜進。上醉,不知,以爲程姬而幸之,遂有身。已乃覺非程姬也。寫瑣褻事,詳曲甚。及生子,因命曰發。以孝景前二年用皇子爲長沙王。以其母微,無寵,故王卑濕貧國。

立二十七年卒,子康王庸立。二十八年卒,子鮒鮈立,爲長沙王。|只借程姬事約畧寫,不實序。

右一國本王唐姬之子也。|作第四層結。

廣川惠王越,以孝景中二年用皇子爲廣川王。

十二年卒,子齊立爲王。齊有幸臣桑距。已而有罪,欲誅距,距亡,王因禽其宗族。距怨王,乃上書告王齊,與同產姦。自是之後,王齊數上書,告言漢公卿及幸臣所忠等。丨作不了語,因當時事未竟也。

膠東康王寄,以孝景中二年,用皇子爲膠東王。二十八年卒。淮南王謀反時,寄微聞其事,私作樓車鏃矢,戰守備,候淮南之起。及吏治淮南之事,辭出之。寄於上最親,意傷之,發病而死,不敢置後,於是上闻寄。有長子者,名賢,母無寵;少子名慶,母愛幸,寄常欲立之,爲不次,因有過,遂無言。上憐之,乃以賢爲膠東王,奉康王嗣,而封慶于故衡山地,爲六安王。只借上憐王子事,約畧寫,不實序。

膠東王賢立十四年卒,謚爲哀王。子慶爲王。丨

六安王慶,以元狩二年,用膠東康王子爲六安王。丨

清河哀王乘,以孝景中三年,用皇子爲清河王。十二年卒,無後,國除,地入于漢爲清河郡。丨

常山憲王舜,以孝景中五年,用皇子爲常山王。舜最親,景帝少子,驕怠多淫,數犯禁,上常寬釋之。立三十二年卒,太子勃代立爲王。

初憲王舜有所不愛姬,生長男棁。棁以母無寵故,亦不得幸于王。一段。王后修,生太子勃。王內多所幸姬,生子平、子商王,王后希得幸。二段。及憲王病甚,諸幸姬常侍病,故王后亦以妒媢不常侍病,輒歸舍。三段。醫進藥,太子勃不自嘗藥,四段。又不宿留侍病。及王薨,王后、太子乃至。五段。憲王雅不以長子棁爲人數,及薨,又不分與財物。六段。郎或説太子、王后,令諸子與長子棁共分財物,太子、王后不聽。七段。太子代立,又不收恤棁。棁怨王后、太子。八段。瑣細事一齊湊合,作八段寫,簡質詳盡,有法。漢使

者視憲王喪,棁自言,憲王病時,王后、太子不侍,及薨,六日出舍,承上實事。太子勃私姦,飲酒,博戲,擊筑,與女子載馳,環城過市,入牢視囚。事外添出。天子使[①]大行騫,驗王后,及問王勃,一段。請逮勃所與奸諸證左,王又匿之。二段。吏求捕勃太急,三段。使人致擊笞掠擅出漢所疑囚者。四段。又作四段寫。有司請誅憲王后修,及王勃。上以修素無行,使棁陷之罪,勃無良師傅,不忍誅。有司請廢王后修,徙王勃,以家屬處房陵,上許之。

勃王數月,遷于房陵,國絕。月餘,天子爲最親,乃詔有司曰:"常山憲王早夭,后妾不和,適孽誣爭,漢庭公論。陷于不義,以滅國,朕甚憫[②]焉。其封憲王子平三萬戶,爲真定王;封子商三萬戶,爲泗水王。"|應前幸姬子平商。

真定王平,以[③]元鼎四年,用[④]常山憲王子爲真定王。|

泗水思王商,以元鼎四年,用常山憲王子爲泗水王。十一年卒,子哀王安世立。十一年卒,無子。於是上憐泗水王絕,乃立安世弟賀爲泗水王。|

右四國本王皆王夫人兒姁子也。作第四層結。應完前事。其後漢益封其支子爲六安王、泗水王。二國。凡兒姁子孫,於今爲六王。又提出二王,因不在前序內,故又另結一筆也。

太史公曰:高祖時,諸侯皆賦,得自除內史以下,漢獨爲置丞相,黃金印。諸侯自除御史、廷尉正、博士,擬于天子。自吴楚反

① 使,中華書局本《史記》作"遣"。
② 憫,中華書局本《史記》作"閔"。
③ 中華書局本《史記》无"以"字。
④ 用,底本作"川",疑誤,據校本改。

後，五宗王世，漢爲置二千石，去“丞相”曰“相”，銀印。諸侯獨得食租税，奪之權。其後諸侯，貧者或乘牛車也。只作泛論超遠。

前作一總序，點出，後逐段序完，分枝布葉，挈領張綱，楚楚有法，是《史記》中一篇謹嚴文字。○諸傳中有不序者，有先提後序、先序後提者，有借相、二千石諸使過客側面寫者，有只寫其餘事者，種種變法，一節一樣，是小中見大法也。○通篇俱以短勁之句，詳盡宛曲。數行之中，筆無餘事，事無餘情，是史公佳製。

三王世家 缺 褚先生補

“大司馬臣去病,昧死再拜,上疏皇帝陛下:陛下過聽,使臣去病待罪行間。宜專邊塞之思,慮暴骸中野,無以報,乃敢惟他議,以干[①]用事者,誠見陛下憂勞天下,哀憐百姓,以自忘,虧膳貶樂,損郎員。皇子賴天,能勝衣趨拜,至今無號位師傅官。陛下恭讓不恤,群臣私望,不敢越職而言。臣竊不勝犬馬心,昧死願陛下詔有司,因盛夏吉時,定皇子位。唯陛下幸察。臣去病昧死再拜以聞,皇帝陛下。”三月乙亥,御史臣光守尚書令,奏未央宮。制曰:“下御史。”∣

六年三月戊申朔乙亥,御史臣光守尚書令、守尚書令者,即御史光,漢時謂“署”爲“守”,奏事每列銜于本名之下,下少傅臣安同。丞非,下御史書到,言:“丞相臣青翟、御史大夫臣湯、太常臣充、大行令臣息、太子少傅臣安行宗正事,昧死上言:大司馬去病上疏曰:‘陛下過聽,使臣去病,待罪行間。宜專邊塞之思,慮暴骸中野,無以報,乃敢惟他議,以干[②]用事者,誠見陛下憂勞天下,哀憐百姓,以自

① 干,底本作“于”,疑誤,據校本改。

② 干,底本作“于”,疑誤,據校本改。

忘,虧膳貶樂,損郎員。皇子賴天,能勝衣趨拜,至今無號位師傅官。陛下恭讓不卹,群臣私望不敢越職而言。臣竊不勝犬馬心,昧死願陛下詔有司,因盛夏吉時,定皇子位。唯願陛下幸察。'全抄前奏,一字不改。制曰'下御史'。臣謹與中二千石、二千石,臣賀等議:古者裂地立國,並建諸侯,以承天子,所以尊宗廟,重社稷也。今臣去病上疏,不忘其職,因以宣恩,乃道天子卑讓自貶,以勞天下,慮皇子未有號位。臣青翟、臣湯等,宜奉義遵職,愚憧而不逮事。方今盛夏吉時,臣青翟、臣湯等,昧死請立皇子臣閎、臣旦、臣胥爲諸侯王。昧死請所立國名。"

制曰:"蓋聞周封八百,姬姓並列或子、男、附庸。此破"爲諸侯王"也,列侯家之正從此出。禮,'支子不祭'。云並建諸侯,所以重社稷,朕無聞焉。此破"重社稷"也。且天非爲君生民也。朕之不德,海内未洽,乃以未教成者,彊君連城,即股肱何勸?其更議,以列侯家之。"|調韻而句古。"家之"字尤峭。

三月丙子,奏未央宫。重後句者此提綱,後乃奏尾之日月也。"丞相臣青翟、御史大夫臣湯,昧死言:臣謹與列侯臣嬰齊、中二千石二千石臣賀、諫大夫博士臣安等議,曰:伏聞周封八百,姬姓並列,奉承天子。康叔以祖考顯,而伯禽以周公立,咸爲建國諸侯,以相傅爲輔。百官奉憲,各遵其職,而國統備矣。還破"子、男附庸"。竊以爲並建諸侯,所以重社稷者,四海諸侯,各以其職奉貢祭。支子不得奉祭宗祖,禮也。還破"支子不祭"。封建使守藩國,帝王所以扶德施化。陛下奉承天統,明開聖緒,尊賢顯功,興滅繼絕。續蕭文終之後于酇，褒厲群臣平津侯等。昭六親之序，明天地[1]之屬，使諸侯王封君，得推私恩，分子弟戶邑，錫號尊建百有餘國。而家皇子爲列侯，則尊卑相踰，列位失序，不可以垂統于萬世。臣請立臣閎、臣旦、臣胥，爲諸侯王。"三月丙子，奏未央宮。

制曰："康叔親屬有十，而獨尊者，褒有德也。周公祭天命郊，故魯有白牡、騂剛之牲。群公不毛，賢不肖差也。答還康叔、周公。'高山仰之，景行嚮之'，朕甚慕焉。所以抑未成，家以列侯可。"|

四月戊寅，奏未央宮。"丞相臣青翟、御史大夫臣湯，昧死言：臣青翟，等與列侯、吏二千石、諫大夫、博士臣慶等議：昧死奏請立皇子爲諸侯王制曰：'康叔親屬有十，而獨尊者，褒有德也。周公祭天命郊，故魯有白牡、騂剛之牲。群公不毛，賢不肖差也。"高山仰之，景行嚮之"，朕甚慕焉。所以抑未成，家以列侯可。'又全述詔旨。臣青翟、臣湯、博士臣將行等，伏聞康叔親屬有十，武王繼體，周公輔成王，其八人皆以祖考之尊，建爲大國。康叔之年幼，周公在三公之位，而伯禽據國於魯，蓋爵命之時，未至成人。康叔後扞祿父之難，伯禽殄淮彝之亂。即就康叔、魯公，破"其未教成"句。昔五帝異制，周爵五等，春秋三等皆因時而序尊卑。高皇帝撥亂世，反之正，昭至德，定海內，封建諸侯，爵位二等。皇子或在襁[2]褓，而立爲諸侯王，奉承天子，爲萬世法則，不可易。陛下躬親仁義，體行聖德，表裏文武。顯慈孝之行，廣賢能之路。內褒有德，外討彊暴。極臨北海，西湊月氏，匈奴、西域，舉國奉師。輿械之

① 地，中華書局本《史記》作"施"。
② 襁，中華書局本《史記》作"繈"。

費,不賦于民。虛御府之藏,以賞元戎,開禁倉,以賑[1]貧窮,減戍卒之半。百蠻之君,靡不鄉風,承流稱意。遠方殊俗,重譯而朝,澤及方外。故珍獸至,嘉穀興,天應甚彰。今諸侯支子,封至諸侯王,而家皇子爲列侯,臣青翟、臣湯等,竊伏熟計之,皆以爲尊卑失序,使天下失望,不可。臣請立臣閎、臣旦、臣胥,爲諸侯王。"四月癸未,奏未央宮,留中不下。丨又一變法。

"丞相臣青翟、太僕臣賀、行御史大夫事,太常臣充、太子太[2]傅臣安行宗正事,昧死言:臣青翟等,前奏大司馬臣去病上疏,言皇子未有號位,臣謹與御史大夫臣湯、中二千石、二千石、諫大夫、博士臣慶等,昧死請立皇子臣閎等爲諸侯王。陛下讓文武,躬自切,及皇子未教。群臣之議,儒者稱其術,或誖其心。陛下固辭弗許,家皇子爲列侯。臣青翟等,竊與列侯臣壽成等二十七人議,皆曰:以爲尊卑失序。高皇帝建天下,爲漢太祖,王子孫,廣支輔。先帝法則弗改,所以宣至尊也。臣請令史官,擇吉日,具禮儀上,御史奏輿地圖,他皆如前故事。"制曰:"可。"丨

四月丙申,奏未央宮。"太僕臣賀行御史大夫事,昧死言:太常臣充言,卜入四月二十八日乙巳,可立諸侯王。臣昧死奏輿地圖,請所立國名。禮儀別奏。臣昧死請。"

制曰:"立皇子閎爲齊王,旦爲燕王,胥爲廣陵王。"

四月丁酉,奏未央宮。六年四月戊寅朔,癸卯,御史大夫湯下丞相,丞相下中二千石,二千石下郡太守、諸侯相,丞,書從事下當

① 賑,中華書局本《史記》作"振"。
② 太,中華書局本《史記》作"少"。

用者如律令。|

"維六年四月乙巳,皇帝使御史大夫湯,廟立子閎爲齊王曰:於戲,小子閎,受兹青社!朕承祖考,維稽古,建爾國家,封于東土,世爲漢藩輔。於戲,念哉!恭朕之詔,惟命不于常。人之好德,克明顯光。義之不圖,俾君子怠。悉爾心,允執其中,天祿永終。厥有僁不臧,乃凶于而國,害于爾躬。於戲,保國艾民,可不敬與!王其戒之。"|此漢人學《尚書》文字。

"維六年四月乙巳,皇帝使御史大夫湯,廟立子旦爲燕王。曰:於戲,小子旦,受兹玄社!朕承祖考,維稽古,建爾國家,封于北土,世爲漢藩輔。於戲!葷粥氏虐老獸心,侵犯寇盜,加以姦巧邊萌。於戲!朕命將率,徂征厥罪,萬夫長,千夫長,三十有二君,皆來,降旗[1]奔師。葷粥徙[2]域,北州以綏。悉爾心,毋作怨,毋俷德,毋乃廢備。非教士不得從徵。於戲,保國艾民,可不敬與!王其戒之。"|此策少出色。

"維六年四月乙巳,皇帝使御史大夫湯,廟立子胥爲廣陵王。曰:於戲,小子胥,受兹赤社!朕承祖考,維稽古,建爾國家,封于南土,世爲漢藩輔。古人有言曰:'大江之南,五湖之間,其人輕心。揚州[3]保疆,三代要服,不及以政。'於戲!悉爾心,戰戰兢兢,乃惠乃順,毋侗好佚[4],毋邇宵人,維法維則。《書》云:'臣不作威,不作福,靡有後羞。'於戲,保國艾民,可不敬與!王其戒之。"

---

① 旗,中華書局本《史記》作"期"。

② 徙,底本作"徒",疑誤,據校本改。

③ 揚州,中華書局本《史記》作"楊州"。

④ 佚,中華書局本《史記》作"軼"。

太史公曰：古人有言曰"愛之欲其富，親之欲其貴"。故王者疆土建國，封立子弟，所以褒親親，序骨肉，尊先祖，貴支體，廣同姓於天下也。是以形埶彊而王室安。自古至今，所由來久矣。非有異也，故弗論著[①]也。燕齊之事，無足采者。然封立三王，天子恭讓，群臣守義，文辭爛然，甚可觀也，是以附之《世家》。贊亦是褚先生筆。

褚先生曰：臣幸得以文學爲侍郎，好覽觀太史公之列傳。列傳中稱《三王世家》，文辭可觀，求其世家，終不能得。竊從長老好故事者，取其封策書編，列其事而傳之，令後世得觀賢主之指意。

蓋聞孝武帝之時，同日而俱拜三子爲王：封一子於齊，一子於廣陵，一子於燕。各因子才力智能，及土地之剛柔，人民之輕重，爲作策以申戒之。|即根上三策，提序，作一篇之綱。謂王："世爲漢藩輔，保國治民，可不敬與！王其戒之。"此數語三策皆同，故總點于此。夫賢主所作，固非淺聞者所能知，非博聞彊記君子者，所不能究竟其意。至其次序分絕，文字之上下，簡之參差長短，皆有意，人莫之能知。謹論次其真草詔書，編于左方。令覽者自通其意而解說之。

王夫人者，趙人也，忽從王夫人起，妙。與衛夫人並幸武帝，而生子閎。閎且立爲王時，其母病，武帝自臨問之。曰："子當爲王，欲安所置之？"王夫人曰："陛下在，妾又何等可言者。"何等，猶言"何等人"也。帝曰："雖然，意所欲，欲于何所王之？"王夫人曰："願置之雒陽。"武帝曰："雒陽有武庫敖倉，

① 著，中華書局本《史記》作"箸"。

天下衝阨,漢國之大都也。先帝以來,無子王於雒陽者。去雒陽,餘盡可。”王夫人不應。武帝曰:“關東之國,無大於齊者。齊東負海,而城郭大,古時獨臨菑中十萬戶,天下膏腴地,莫盛于齊者矣。”王夫人以手擊頭,謝曰:“幸甚。”閨房私語已定王齊,覺以前詔奏,皆屬虛文。王夫人死,而帝痛之,使使者拜之曰:“皇帝謹使使太中大夫明,奉璧一,賜夫人爲齊王太后。”未立齊王,先賜太后。子閎王齊,年少,無有子,立,不幸早死,國絶,爲郡。天下稱齊不宜王云。

所謂“受此土”者,諸侯王始封者,必受土於天子之社,歸立之以爲國社,以歲時祠之。《春秋大傳》曰:“天子之國,有泰社。東方青,南方赤,西方白,北方黑,上方黄。”故將封于東方者,取青土,封于南方者,取赤土,封于西方者,取白土,封于北方者,取黑土,封于上方者,取黄土。各取其色物,裹以白茅,封以爲社。此始受封于天子者也。此之爲主土。主土者,立社而奉之也。“朕承祖考”,祖者,先也,考者,父也。“維稽古”,維者,度也,念也,稽者,當也,當順古之道也。

齊地多變詐,不習於禮義,故戒之曰“恭朕之詔,唯命不可爲常。人之好德,能明顯光。不圖于義,使君子怠慢。悉若心,信執其中,天禄長終。有過不善,乃凶于而國,而害于若身”。齊王之國,左右維持以禮義,不幸中年早夭。然全身無過,如其策意。

傳曰“青采出於藍,而質青於藍”者,教使然也。|入贊兩句。遠哉賢主,昭然獨見:誡齊王以慎內;誡燕王以無作怨,無俷德;誡廣陵王以慎外,無作威與福。|忽總三段作過文,文法不板。

夫廣陵，在吳越之地，其民精而輕，故誡之曰"江湖之間，其人輕心。揚州保[①]疆，三代之時，迫要，使從中國俗服，不大及以政教，以意御之而已。無侗好佚，無邇宵人，維法是則。無長好佚樂，馳騁弋獵淫康，而近小人。常念法度，則無羞辱矣"。三江、五湖，有魚鹽之利，銅山之富，天下所仰。故誡之曰"臣不作福"者，勿使行財幣，厚賞賜，以立聲譽，爲四方所歸也。又曰"臣不作威"者，勿使因輕以倍義也。

會孝武帝崩，孝昭帝初立，先朝廣陵王胥，厚賞賜金錢財幣，直三千餘萬，益地百里，邑萬戶。

會昭帝崩，宣帝初立，緣恩行義，以本始元年中，裂漢地，盡以封廣陵王胥四子：一子爲朝陽侯；一子爲平曲侯；一子爲南利侯；最愛少子弘，立以爲高密王。

其後胥果作威福，通楚王使者。楚王宣言曰："我先元王，高帝少弟也，封三十二城。今地邑益少，我欲與廣陵王共發兵云。廣陵王爲上，我復王楚三十二城，如元王時。"事發覺，公卿有司，請行罰誅。天子以骨肉之故，不忍致法於胥，下詔書無治廣陵王，獨誅首惡楚王。傳曰："蓬生麻中，不扶自直；白沙在泥中，與之皆黑"者，土地教化使之然也。贊語與前大同。其後胥復祝詛謀反，自殺，國除。

燕土墝埆，北迫匈奴，其人民勇而少慮，故誡之曰："葷粥氏無有孝行而禽獸心，以竊盜侵犯邊民。朕詔將軍往征其罪，萬夫長千夫長三十有二君皆來，降旗奔師。葷粥徙域遠

① 保，中華書局本《史記》作"葆"。

處,北州以安矣"。"悉若心,無作怨"者,勿使從俗以怨望也。"無俷德"者,勿使上背德也。"無廢備"者,無乏武備,常備匈奴也。"非教士不得從徵"者,言非習禮義,不得在于側也。

會武帝年老長,而太[1]子不幸薨,未有所立,而旦使來上書,請身入宿衛於長安。孝武見其書,擊地怒曰:"生子,當置之齊魯禮義之鄉,乃置之燕趙,果有爭心,不讓之端見矣。"於是使使即斬其使者於闕下。

會武帝崩,昭帝初立,旦果作怨而望大臣。自以長子當立,與齊王子劉澤等謀爲叛逆,出言曰:"我安得弟在者! 今立者,乃大將軍子也。"欲發兵。事發覺,當誅。昭帝緣恩寬忍,抑案不揚。公卿使大臣,請遣宗正,與太中大夫公戶滿意、御史二人,偕往使燕,風喻之。到燕,各異日,更見責王。異日更見好。宗正者,主宗室諸劉屬籍,先見王,爲列陳道昭帝實武帝子狀。先見以破其疑。侍御史乃復見王,責之以正法,問:"王欲發兵罪名明白,當坐之。漢家有正法,王犯纖介小罪過,即行法直斷耳,安能寬王。"驚動以文法。王意益下,心恐。後見以伸其法。公戶滿意習于經術,最後見王,稱引古今通義,國家大禮,文章爾雅。謂王曰:"古者天子,必內有異姓大夫,所以正骨肉也;外有同姓大夫,所以正異族也。周公輔成王,誅其兩弟,故治。武帝在時,尚能寬王。今昭帝始立,年幼,富于春秋,未臨政,委任大臣。古者誅罰不阿親戚,故天下治。方今大臣輔政,奉法直行,無敢所阿,恐不能寬王。

[1] 太,底本作"大",疑誤,據校本改。

王可自謹,無自令身死國滅,爲天下笑。”最後喻之以理,一人一樣出色,好! 於是燕王旦乃恐懼服罪,叩頭謝過。大臣欲和合骨肉,難傷之以法。

其後旦復與左將軍上官桀等謀反,宣言曰“我次太子,太子不在,我當立,大臣共抑我”云云。大將軍光輔政,與公卿大臣議曰:“燕王旦不改過悔正,行惡不變。”於是脩法直斷,行罰誅。旦自殺,國除,如其策指。有司請誅旦妻子。孝昭以骨肉之親,不忍致法,寬赦旦妻子,免爲庶人。傳曰“蘭根與白芷,漸之滫中,君子不近,庶人不服”者,所以漸然也。三段俱以成語結,韻致楚楚。

宣帝初立,推恩宣德,以本始元年中盡復封燕王旦兩子:一子爲安定侯;立燕故太子建爲廣陽王,以奉燕王祭祀。

前列詔奏,古勁簡質,猶超後世文移之案。後解三策,拘執迂濫,大開後世訓詁之門。亦是褚先生拙作。

伯夷列傳

夫學者載籍極博,猶考信於六藝。《詩》《書》雖缺,然虞夏之文可知也。伯夷有傳,有詩,所志在神農虞夏,故先閒閒引起。堯將遜位,讓於虞舜。伯夷所重在讓國一節,故先以堯讓天下引起擬人于其倫,是極重伯夷處。舜禹之間,岳牧咸薦,乃試之於位,典職數十年,功用既興,然後授政。示天下重器,王者大統,傳天下若斯之難也。一折。而說者曰:堯讓天下於許由,許由不受,恥之,逃隱。及夏之時,有卞隨、務光者。此何以稱焉?又忽引一許由與卞隨、務光,先爲伯夷襯貼。太史公曰:余登箕山,其上蓋有許由冢云。丨即許由事,不實說殺只作疑詞,下便可攙入本傳,主客乃分不然,便是許由合傳矣。孔子序列古之仁聖賢人,孔子是一篇之主。如吳太伯、伯夷之倫,又請一吳太伯,帶出伯夷若不耑爲伯夷者,是另一法。詳矣。余以所聞由、光義至高,其文辭不少概見,何哉?又回映由、光一筆,繚繞襯貼。文辭,正照下伯夷有傳有詩。

孔子曰:"伯夷、叔齊,不念舊惡,怨是用希。""求仁得仁,又何怨乎?"即以孔子接下。余悲伯夷之意,睹軼詩可異焉。倒提軼詩。其傳曰:始正序伯夷事,蓋伯夷有傳在也。

伯夷、叔齊孤竹君之二子也。父欲立叔齊,及父卒,叔齊讓伯夷。伯夷曰:"父命也。"遂逃去。叔齊亦不肯立而逃之。國人立其中子。於是伯夷、叔齊,聞西伯昌善養老,盍往歸焉。及至,西伯卒,武王載木主,號爲文王,東伐紂。伯夷、叔齊,叩馬而諫曰:"父死不葬,爰及干戈,可謂孝乎?以臣弑君,可謂仁乎?"左右欲兵之。太公曰:"此義人也。"扶而去之。武王已平殷亂,天下宗周,而伯夷、叔齊恥之,義不食周粟,隱于首陽山,采薇而食之。序伯夷實事,平實簡淨,蓋前後多跌蕩,此不得不平實,章法也。及餓且死,作歌。其辭曰:應前軼詩。"登彼西山兮,采其薇矣。以暴易暴兮,不知其非矣。神農、虞、夏,忽焉沒兮,我安適歸矣?于嗟徂兮,命之衰矣!"悲憤歷落,流利抑揚,此歌騷之祖也。遂餓死于首陽山。由此觀之,怨耶非耶?序伯夷止此,即掉轉一筆,接着"怨"字,下發議論。

或曰:"天道無親,常與善人。"若伯夷、叔齊,可謂善人者非邪?積仁絜行如此而餓死!且七十子之徒,仲尼獨薦顔淵爲好學。然回也屢空,糟糠不厭,而卒蚤夭。天之報施善人,其何如哉?盗跖日殺不辜,肝人之肉,暴戾恣睢,聚黨數千人,横行天下,竟以壽終。是遵何德哉?此其尤大彰明較著者也。丨反借夷、齊一宕,引出顔淵、盗跖,作一反一正,以極咏嘆。〇有堯、舜、由、光諸人,故又引顔淵、盗跖二人,照應作章法。若至近世,操行不軌,專犯忌諱,而終身逸樂,富厚累世不絶。或擇地而蹈之,時然後出言,行不由徑,非公正不發憤,而遇禍災者,不可勝數也。又即近世人,一反一正,以足上意,作兩層寫,妙!余甚惑焉,儻所謂天道,是邪非邪?丨又雙結一句以極咏歎,三"非邪"呼應。

子曰:"道不同,不相爲謀",又接孔子,回應"怨希""求仁"兩句。

亦各從其志也。裝一句,作"道不同"註腳。故曰:"富貴如可求,雖執鞭之士,吾亦爲之。如不可求,從吾所好"。"歲寒然後知松栢之後凋"。兩節,正應"各從其志"。舉世混濁,清士乃見。又裝一句,作"松栢後凋"注脚,挽上伯夷。豈以其重若彼,其輕若此哉?丨又以咏歎作一結。

"君子疾沒世而名不稱焉。"又引孔子之言。賈子曰:"貪夫狥財,烈士狥名,夸者死權,眾庶馮生。"引賈子四句烈士一句是主,指伯夷。"同明相照,同類相求。""雲從龍,風從虎,聖人作而萬物覩。"引《易經》五句,聖人一句是主,指孔子。此兩節,將伯夷、孔子合說,直貫至篇末。伯夷、叔齊雖賢,得夫子而名益彰。顏淵雖篤學,附驥尾而行益顯。即所謂同類相求,聖作而物覩也。又點顏淵以陪伯夷,正在有意無意之間,妙!巖穴之士,趨舍有時,若此類名湮滅而不稱,悲夫!一反,應疾沒世而名不稱。閭巷之人,欲砥行立名者,非附青雲之士,惡能施於後世哉?又借名字以詠歎作一結。

通篇純以議論詠歎,回環跌宕,一片文情,極其純密,而伯夷實事,只在中間一頓序過。如長江大河,前後風濤重疊,而中有澄湖數頃,波平若黛,正以相間出奇。〇序伯夷處,全以孔子作主,由、光、顏淵作陪客,組織貫串,照映前後,極其奇肆又極其純密,是史公得意之筆。〇步步頓折,步步呼應,欲止而復起,欲行而又留,如輕雲在天,微風拂之,或卷或舒,婀娜萬態,吾烏乎測之?〇妙處在雜引經傳,層間疊發,而神理自成一片,縱横變化,絕不費手,非史公其孰能之?

管晏列傳

管仲夷吾者，潁上人也。｜少時常與鮑叔牙游，鮑叔知其賢。一篇以鮑叔事作主，故先點鮑叔。管仲貧困，常欺鮑叔，即下分財多自予之類也，世即以爲欺鮑叔耳，然於鮑叔何有哉？鮑叔終善遇之，不以爲言。已而鮑叔事齊公子小白，管仲事公子糾。及小白立爲桓公，公子糾死，管仲囚焉。鮑叔遂進管仲。管仲既用，任政於齊，齊桓公以霸，九合諸侯，一匡天下，管仲之謀也。｜管仲一生事業，只數語畧寫。

管仲曰："吾始困時，嘗與鮑叔賈，分財利，多自與，鮑叔不以我爲貪，知我貧也。此不接於鮑叔善遇之，下乃序完仲事，即借仲語另起一峯，從空插入，章法妙。吾嘗爲鮑叔謀事，而更窮困，鮑叔不以我爲愚，知時有利不利也。吾嘗三仕三見逐於君，鮑叔不以我爲不肖，知我不遭時也。吾嘗三戰三走，鮑叔不以我爲怯，知我有老母也。公子糾敗，召忽死之，吾幽囚受辱，鮑叔不以我爲無恥，知我不羞小節，而恥功名不顯於天下也。忽排五段，前實事既畧，此虛事獨詳。前以緊節勝，此以排語佳。相間成文。〇五"知我"，連絡點綴。生我者父母，知我者鮑子也。"一句收得有力，繳還"知我"字。

鮑叔既進管仲，間接。以身下之。子孫世祿於齊，有封邑者十餘世，常爲名大夫。天下不多管仲之賢，而多鮑叔能知人也。|從閒處折宕，以贊語作結，點還"知"字收。

管仲既任政相齊，間接，一匡九合，前已總序，此又另出一頭，重提再序，局法縱橫，無所不可。以區區之齊，在海濱，通貨積財，富國彊兵，與俗同好惡。是管仲本旨。故其稱曰："倉廩實而知禮節，衣食足而知榮辱，上服度則六親固。四維不張，國乃滅亡。以上用韻。下令如流水之源，令順民心。"故論卑而易行。俗之所欲，因而予之；俗之所否，因而去之。

其爲政也，善因禍而爲福，轉敗而爲功。貴輕重，任權衡。|一部《管子》，收盡數行，搏挖之力，即"因禍爲福"句，借一"因"字，生下三段。桓公實怒少姬，南襲蔡，管仲因而伐楚，責包茅不入貢於周室。桓公實北征山戎，而管仲因而令燕脩召公之政。於柯之會，桓公欲背曹沫之約，管仲因而信之，諸侯由是歸齊。此皆一匡九合中事，又提三段，另序，俱不實寫。故曰："知與之爲取，政之寶也。"|又即以《管子》語結之，繳完上節。

管仲富擬於公室，有三歸、反坫，齊人不以爲侈。管仲卒，齊國遵其政，常彊於諸侯。收完任政相齊一段，即帶下作晏子過文。後百餘年而有晏子焉。|由上接下，蟬聯蛇蜕，《滑稽》《刺客傳》皆用此法。

晏平仲嬰者，萊之夷維人也。事齊靈公、莊公、景公，以節儉力行重於齊。既相齊，食不重肉，妾不衣帛。與管仲三歸反坫對。其在朝，君語及之，即危言；語不及之，即危行。國有道，即順命；無道，即衡命。二十五字，作八句，四節，兩對，俊永包括。以此三世，靈、莊、景也。顯名於諸侯。晏子一生事業，亦只數語，約畧虛寫，與管仲一様。

越石父賢,在縲紲中。晏子出,遭之途,解左驂贖之,載歸。弗謝,入閨。久之,越石父請絶。晏子懼然,攝衣冠謝曰:"嬰雖不仁,免子於厄,何子求絶之速也?"石父曰:"不然。吾聞君子詘於不知己,而信於知己者。一句案。方吾在縲紲中,彼不知我也。一折。夫子既已感寤而贖我,是知己;二折。知己而無禮,固不如在縲紲之中。"三折。曲折而簡盡。晏子於是延入爲上客。丨

晏子爲齊相,句。出,句。其御之妻,從門間而闚其夫。其夫爲相御,擁大蓋,策駟馬,意氣揚揚,甚自得也。既而歸其妻請去。亦先作一縱,石父請絶,御妻請去,作一様寫。夫問其故。妻曰:"晏子長不滿六尺,身相齊國,名顯諸侯。今者妾觀其出,志念深矣,常有以自下者。今子長八尺乃爲人僕御,然子之意,自以爲足,妾是以求去也。"前三折,此以兩對。其後夫自抑損。晏子恠而問之,御以實對。晏子薦以爲大夫。

太史公曰:吾讀管氏《牧民》《山高》《乘馬》《輕重》《九府》,及《晏子春秋》,詳哉其言之也。因二子書已詳言,故史公傳以畧勝。既見其著書,欲觀其行事,故次其傳。至其書,世多有之,是以不論,論其軼事。丨兩人先總,下乃分。

管仲世所謂賢臣,然孔子小之。一轉。豈以爲周道衰微,桓公既賢,而不勉之至王,乃稱霸哉?二轉。語曰"將順其美,匡救其惡,故上下能相親也"。豈管仲之謂乎?丨管仲論完。

方晏子伏莊公尸,哭之,成禮,然後去,一轉。莊公事亦只於贊中點。豈所謂"見義不爲,無勇"者邪?二轉。至其諫説,犯君之顔此所謂"進思盡忠,退思補過"者哉!三轉。兩"所謂"作兩様用,三"豈"

字作三樣用,筆有化工。假令晏子而在,余雖爲執鞭,所忻慕焉。一結。悠然餘韻,"執鞭"暗用御者事。

管仲、晏子,是春秋時第一流人物,功業烜赫一時,操觚之家,不知當如何鋪序。史公偏只用輕清淡宕之筆,而以秀折出之,月影花香,另是一種境界。〇管晏事功只用數語序過,皆於閒處點染,是所同也。乃管子一傳,前邊點過,中嵌鮑叔一段閒文,而後邊散提前事重敘,如青嶂對豁,林花亂發。晏子一傳,前邊點過,竟不重序。後帶越石御妻兩段閒文,即以終篇,如桃花流水,一去杳然。各出一奇妙。〇此篇以風致勝,無一實筆,無一呆筆,純以清空一氣運旋。覺《伯夷傳》猶有意爲文,不若此篇水到渠成,無意於文,而天然成妙。

老莊申韓列傳

老子者,楚苦縣厲鄉曲仁里人也,姓李氏,名耳,字伯陽,謚曰聃。周守藏室之史也。丨序縣、鄉、里、姓、名、字、謚、官,老子獨詳。

孔子適周,將問禮於老子。老子曰:"子所言者,其人與骨皆已朽矣,獨其言在耳。先撇到問禮。且君子得其時則駕,不得其時,則蓬累而行。側不得時句。吾聞之,良賈深藏若虛,君子盛德,容貌若愚。去子之驕氣與多欲,態色與淫志,是皆無益於子之身。凡作三段,語句精綻。吾所以告子,若是而已。"孔子去,謂弟子曰:"鳥,吾知其能飛;魚,吾知其能游;獸,吾知其能走。走者可以爲罔,游者可以爲綸,飛者可以爲矰。先立三句,應三句作三疊。至于龍,吾不能知其乘風雲而上天。吾今日見老子,其猶龍邪!"上三疊此一掉,餘意無盡。

老子修道德,其學以自隱無名爲務。丨因孔子之云,插序老子本旨,作一束。居周久之,見周之衰,乃遂去。至關,關令尹喜曰:"子將隱矣,彊爲我著書。"於是老子乃著書上下篇,言道德之意,五千餘言,而去,莫知其所終。丨著書是一篇大旨,四傳皆以此串。

或曰:老萊子亦楚人也,著書十五篇,言道家之用,與孔子同時云。平空插入一老萊子，又緊接孔子，變化不測。

蓋老子百有六十餘歲，或言二百餘歲，以其脩道而養壽也。丨又接入老子，只虛敘作二束。

自孔子死之後百二十九年，全以孔子作主穿插。而史記周太史儋，見秦獻公，曰："始秦與周合，而離，離五百歲，而復合，合七十歲，而霸王者出焉。"或曰儋即老子，或曰非也，世莫知其然否。又出兩"或曰"，與前"或曰"，層疊歷落，有意無意，妙甚！老子，隱君子也。丨又點一句，作三束。○應"子將隱"句。

老子之子名宗，宗爲魏將，封于段干。宗子注，注子宮，宮玄孫假，假仕于漢孝文帝。而假之子解，爲膠西王卬太傅，因家于齊焉。

世之學老子者，則絀儒學，儒學亦絀老子。"道不同不相爲謀"，豈謂是邪？前以孔子相引，後以孔子相配，以終一篇之旨。李耳無爲自化，清靜自正。丨正根道不同來，而李耳無爲、清靜，另自一家。老子五千文，八字中檃括已盡。○住法峭拔。

莊子者，蒙人也，名周。周嘗爲蒙漆園吏，與梁惠王、齊宣王同時。其學無所不闚，然其要本歸於老子之言。緊接上傳是合傳法。故其著書十餘萬言，應著書。大抵率寓言也。作《漁父》《盜跖》《胠篋》，以詆訿孔子之徒，以明老子之術。雙承上孔子、老子，一客一主，一實一虛。《畏累虛》《亢桑子》之屬，前有老萊子，此有畏累、亢桑，俱只虛序，作顧盼。皆虛語無事實。應寓言。然善屬書離辭，指事類情，用剽剝儒、墨，雖當世宿學不能自解免也。其言洸洋自恣以適己，全以虛致折宕，學莊子。故自王公大人不能器之。丨此句管下楚威王事。

楚威王聞莊周賢,使使厚幣迎之,許以爲相。莊周笑謂楚使者曰:"千金,重利;卿相,尊位也。先作豔慕語,不説盡,下即入喻,妙!子獨不見郊祭之犧牛乎?養食之數歲,衣以文繡,以入太廟。當是之時,雖欲爲孤豚,豈可得乎?子亟去,無污我。我寧游戲污瀆之中自快,無爲有國者所羈,終身不仕,以快吾志焉。"丨只述莊子數語,即以完莊子之事,竟《莊子》之篇,以虚爲實使人不測。

申不害者,京人也,故鄭之賤臣。學術以干韓昭侯,昭侯用爲相。内修政教,外應諸侯,十五年。終申子之身,國治兵彊,無侵韓者。申子只簡序、質序、虚序,另出一法。

申子之學,本於黄老,根老子。而主刑名。著書二篇,號曰《申子》。丨應著書。

韓非者,韓之諸公子也。喜刑名法術之學,而其歸本于黄老。根老子,四家一線,世系不亂。非爲人,口吃,不能道説而善著書。應著書。與李斯俱事荀卿,斯自以爲不如非。傳後死于李斯,先出李斯相照。

非見韓之削弱,數以書諫韓王,韓王不能用。於是韓非疾治國不務修明其法制,執勢以御其臣下,富國彊兵,而以求人任賢,五句作一氣讀。反舉浮淫之蠹,而加之于功實之上。述非子本意。以爲儒者用文亂法,而俠者以武犯禁。寬則寵名譽之人,急則用介胄之士。今者所養非所用,所用非所養。悲廉直不容於邪枉之臣,即上意作兩層寫。觀往者得失之變,故作《孤憤》《五蠹》《内》《外儲》《説林》《説難》十餘萬言。應著書,欲出《説難》,且先將《孤憤》等序出作陪。

然韓非知説之難,爲《説難》書甚具,終死於秦,不能自脱。未出《說難》,先倒一筆,直貫篇末。

《說難》曰:

凡說之難,非吾知之,有以說之難也;又非吾辯之難,能明吾意之難也;又非吾敢橫失能盡之難也。劈頭出三比,先作一掉。凡說之難,在知所說之心,可以吾說當之。此一句,貫下三段,"知"字是一篇之主。

所說出於爲名高者也,而說之以厚利,則見下節而遇卑賤,必棄遠矣。所說出于厚利者也,而說之以名高,則見無心而遠事情,必不收矣。所說實爲厚利,而顯爲名高者也,而說之以名高,則陽收其身而實疏之;若說之以厚利,則陰用其言而顯棄其身。三比,應前三比,而末比則兼兩義,法變。此之不可不知也。丨點"知"字,作一束。

夫事以密成,語以泄敗。未必其身泄之也,而語及其所匿之事,如是者身危。貴人有過端,而說者明言善議以推其惡者,則身危。周澤未渥也,而語極知,說行而有功,則德亡,說不行而有敗,則見疑,如是者身危。夫貴人得計,而欲自以爲功,說者與知焉,則身危。彼顯有所出事,迺自以爲也,故說者與知焉,則身危。彊之以其所必不爲,止之以其所不能已者,身危。三比之後,衍作六比,或長或短,或散或排。故曰:與之論大人,則以爲間己;與之論細人,則以爲鬻權。論其所愛,則以爲借資;論其所憎,則以爲嘗己。徑省其詞,則不知而屈之;汎濫博文,則多而久之。順事陳意,則曰怯懦而不盡;慮事廣肆,則曰草野而倨侮。六段之後,又衍作八比,兩比一變文章樂事。此說之難,不可不知也。丨又點"知"字,作第二束。

凡說之務,在知飾所說之所敬,而滅其所醜。前兩段,俱以"知"字結,此以"知"字起,變法。彼自知其計,此"知"字,作"智"。則無以其失窮之;自勇其斷,則無以其敵怒之;自多其力,則無以其難概之。又排三比。規異事與同計,譽異人與同行者,則以飾之無傷也。有與同失者,則明飾其無失也。又排兩比,俱連下一氣滾去。大忠無所拂辭,悟言無所擊排,乃後申其辯知焉。此所以親近不疑,知盡之難也。得曠日彌久,而周澤既渥,深計而不疑,交爭而不罪,乃明計利害,以致其功,直指是非,以飾其身,以此相持,此說之成也。丨以上俱交淺言深,所以蒙禍,此則交深而言信矣。此一段方正說以下又以譬喻作奇峯。

伊尹爲庖,百里奚爲虜,皆所由干其上也。故此二子者,皆聖人也,猶不能無役身,而涉世如此其汙也,則非能仕之所設也。下有三喻,故先出伊尹、百里兩喻引起,承上起下,作過接。

宋有富人,天雨牆壞。其子曰"不築,且有盜",其鄰人之父亦云,暮而果大亡其財,其家甚知其子而疑鄰人之父。丨昔者鄭武公欲伐胡,乃以其子妻之。因問群臣曰:"吾欲用兵,誰可伐者?"關其思曰:"胡可伐。"乃戮關其思曰:"胡,兄弟之國也,子言伐之何也?"胡君聞之以鄭爲親己而不備鄭。鄭人襲胡,取之。此二說者,其知皆當矣,然而甚者爲戮,薄者見疑。非知之難也,處知則難矣。連出三喻,恐排比難看,故中間一閃以間隔之,仍借"知"字作一小束。

昔者彌子瑕見愛于衛君。衛國之法,竊駕君車者罪至刖。既而彌子之母病,人聞,往夜告之,彌子矯駕君車而出。君聞之而賢之曰:"孝哉,爲母之故而犯刖罪!"與君游果園,彌子食桃而甘,不盡,而奉君。君曰:“愛我哉,忘其口而啗我!”及彌子色衰而愛弛,得罪于君。君曰:“是嘗矯駕吾車,又嘗食我以其餘桃。”故彌子之行,未變於初也,前見賢而後獲罪者,愛憎之至變也。又自作一解,繳完彌子一段。故有愛於主,則知當而加親;見憎于主,則罪當而加疏。故諫說之士不可不察愛憎之主而後說之矣。丨此總收上三喻,繳束通篇意義已盡。

夫龍之爲蟲也,可擾狎而騎也。然其喉下有逆鱗徑尺,人有嬰之,則必殺人。人主亦有逆鱗,說之者能無嬰人主之逆鱗,則幾矣。一篇文字,曲折無窮,猶恐其直,至末又幻作奇峰,另開鑪冶,奇觀妙想,通體皆靈矣。

人或傳其書至秦。即以書接下。秦王見《孤憤》《五蠹》之書,偏不接《說難》。曰:“嗟乎,寡人得見此人,與之游,死不恨矣!”李斯曰:“此韓非之所著書也。”秦因急攻韓。韓王始不用非,及急,應韓不用。乃遣非使秦。秦王悅之,未信用。李斯、姚賈害之,應李斯。毁之曰:“韓非,韓之諸公子也。今王欲并諸侯,非終爲韓,不爲秦,此人之情也。今王不用,久留而歸之,此自遺患也,不如以過法誅之。”秦王以爲然,下吏治非。李斯使人遺非藥,使自殺。韓非欲自陳,不得見。秦王後悔之,使人赦之,非已死矣。

申子、韓子又帶出申子。皆著書,傳于後世,學者多有。余獨悲韓子爲《說難》而不能自脱耳。繳還前不能自脱數語,回環照映。

太史公曰:老子所貴道,虚無,因應,變化於無爲,故著書辭,稱微妙難識。莊子散道德放論,要亦歸之自然。申子卑卑,施之于名實。韓子引繩墨,切事情,明是非,其極慘礉少恩。皆原于道德之意，而老子深遠矣。四論一頭三脚，以老子作主，仍歸到老子結。

文字屈伸自如，變化無所不可。讀之覺鱗鬣東西，烟雲滿紙。史公亦將猶龍乎？吾又烏乎測之也！○四傳以老子提綱，著書字貫，如一棚傀儡，其實一線所穿，提之無不俱動。歸震川亦云："《史記》合傳，古本連書不斷，每人盻斷提行乃小司馬之陋。"誠哉是言也！○莊、申、韓，皆推本老子，而老子又折衷孔子，傳中皆以孔子作主關合，是史公立言之旨。○老、莊二傳，俱以虛致回合，以成妙致，然再加跌宕，反恐其弱。東坡云"江瑤柱雖極爽口，多食則發風動氣"，此之謂也。故接寫申子，便以簡質矯之。而韓非則引《說難》一篇，洋洋灑灑，另作奇觀，妙豈言喻。

司馬穰苴列傳

司馬穰苴者，田完之苗裔也。丨只點一句，並不少序，下即入時事。齊景公時晉伐阿、甄，而燕侵河上，齊師敗績。景公患之。先說時事倥偬，作一逼。晏嬰乃薦田穰苴曰："穰苴，雖田氏庶孽，然其人文能附衆，武能威敵，文武並濟，極言其才，然文一句虛是陪說。願君試之。"景公召穰苴，與語兵事，此下只就武一邊去。大說之，以爲將軍，將兵扞燕晉之師。穰苴曰："臣素卑賤，君擢之閭伍之中，加之大夫之上，士卒未附，百姓不信，人微權輕，願得君之寵臣，國之所尊，以監軍，乃可。"請監軍如許鄭重，不知穰苴之藉重監軍者若何，正以襯後文之一笑也。於是景公許之，使莊賈往。穰苴既辭，與莊賈約曰："旦日，日中，會於軍門。"不說明，妙！穰苴先馳至軍，立表，句。下漏，句。待賈。先裝點一番，寫穰苴①心事。賈素驕貴，以爲將己之軍，而己爲監，不甚急；又颺開一筆，寫莊賈心事。親戚左右送之，留飲。日中而賈不至。穰苴則仆表決漏，又裝點一番，一立一仆，一下一決，寫得濃郁飛舞。入，先待于軍門，此時乃入也。行軍勒兵，申明約束。

① 穰苴，底本作"穰莊"，疑誤，據校本改。

約束既定，又裝點一番，閲不數行，已覺水阻山長，遥遥難待。夕時，立表下漏時，不意其至此也，極寫莊賈不堪。莊賈乃至。穰苴曰："何後期爲？"賈謝曰："不佞大夫親戚送之，故留。"穰苴曰："將受命之日，則忘其家，臨軍約束，則忘其親，援枹鼓之急，則忘其身。先折之，以正論，侃侃之詞，鏗鏘振響。今敵國深侵，邦内騷動，士卒暴露於境，君寢不安席，食不甘味，百姓之命，皆懸於君，後折之以時勢，外而士卒，上而君，内而百姓，人不聊生，便見後期之罪真不可恕。何謂相送乎！"召軍正問曰："軍法期，而後至者，云何？"對曰："當斬。"匆忙中，寫得雍容如禮。莊賈懼，使人馳報景公，請救。正急之中，偏作一頓。既往，未及反，於是遂斬莊賈，以狗三軍。正緩之中，又作一閃。三軍之士皆振慄。請監軍之故，至此始明。久之，景公遣使者，持節赦賈，馳入軍中。前請救一句，以爲因點寵臣之故，空描一筆耳，莊賈既斬，則亦已矣，孰意又生此一波哉？穰苴曰："將在軍，君令有所不受。"問軍正曰："军中不馳，今使者馳，云何？"正曰："當斬。"語與前對。使者大懼。對莊賈懼。穰苴曰："君之使，不可殺之。"乃斬其僕，車之左駙，馬之左驂，以狗三軍。遣使者還報，兩節奇事，寫得踴躍飛動，其妙如此。然後行。計已成，威已行，可以一往而不顧矣。士卒次舍，井竈飲食，問疾醫藥，身自拊循之。悉取將軍之資糧享士卒，身與士卒平分糧食。最比其羸弱者，先示之以法，此結之以恩，具寫將畧。三日，而後勒兵。病者皆求行，爭奮出，爲之赴戰。晉師聞之，爲罷去。燕師聞之，度水而解。兩"聞之"妙，寫恩威並行，不戰而屈直貫至斬莊賈、請監軍一段。於是追擊之，遂取所亡封内故境而引兵歸。未至國，釋兵旅，應行軍勒兵。解約束，應申明約束。誓盟而後入邑。景公與諸大夫郊迎勞師，成禮，然後反歸寢。丨寫得雍容儒雅，亦本文能附衆來。既見穰苴，尊爲大司馬。田氏日以益尊於齊。

已而大夫鮑氏、高、國之屬，害之，譖於景公。景公退穰苴，苴發疾而死。田乞、田豹之徒，由此怨高、國等。其後及田常殺簡公，盡滅高子、國子之族。至常曾孫和，因自立爲齊威王，用兵行威，大放穰苴之法而諸侯朝齊。｜穰苴一篇，只是斬莊賈一節，而未有奇勳茂績，故推及身後王齊，歸功穰苴，是尊傳之法也。

齊威王使大夫追論古者司馬兵法，而附穰苴於其中，因號曰《司馬穰苴兵法》。兵法只帶作餘波。

太史公曰：余讀《司馬兵法》，閎廓深遠，雖三代征伐，未能竟其義，如其文也，亦少褒矣。若夫穰苴區區爲小國行師，何暇及《司馬兵法》之揖讓乎？世既多《司馬兵法》，以故不論，著穰苴之列傳焉。

此篇原止一事，故無串插淩駕之妙。其勝處只在期莊賈，待軍門、立表、仆表、下漏、決漏，故作裝點，如優人扮劇，有聲有色，事事入神。○穰苴之奇奇在兵法，故運籌帷幄，折衝樽俎。斬一莊賈，而二國旋師，寫得揖讓從容，絕無一毫鹵莽氣，自是儒將風流。

孫子吳起列傳

孫子武者齊人也。以兵法見於吳王闔廬。先提兵法。闔廬曰:"子之十三篇,吾盡觀之矣,十三篇作現成序,已藏却孫武前半截事矣。可以小試勒兵乎?"對曰:"可。"闔廬曰:"可試以婦人乎?"忽發此奇想,以成奇致。曰:"可。"於是許之,出宮中美女,得百八十人。孫子分爲二隊,以王之寵姬二人,各爲隊長,皆令持戟。令之曰:"汝知而心與左右手、背乎?"只就心、手、背,出令,是與婦女之言,語亦俊。婦人曰:"知之。"孫子曰:"前,則視心;左,視左手;右,視右手;後,即視背。"只四語,簡淨。婦人曰:"諾。"約束既布,乃設鈇鉞,即三令五申之。於是鼓之右,婦人大笑。先作一颺,有致。孫子曰:"約束不明,申令不熟,將之罪也。"又作一頓。復三令五申,而鼓之左,婦人復大笑。又作一颺。孫子曰:"約束不明,申令不熟,將之罪也;既已明,而不如法者,吏士之罪也。"數語作兩折,有致。乃欲斬左右隊長。吳王從臺上觀,此段美人二隊、寵姬隊長,已極可觀,又從吳王臺上補寫一筆,高臺武幄,另增多少色澤。見且斬愛姬,大駭。趣使使下令曰:"寡人已知將軍能用兵矣。寡人非此二姬,食不甘味,願勿斬也。"又故作一頓。孫子曰:"臣既已受命爲將,將在軍,君命

有所不受。"遂斬隊長二人以狥。用其次爲隊長,於是復鼓之。婦人左右,前後跪起,應前"視心"四句。皆中規矩繩墨,無敢出聲。應"大笑"。○文字寫得儒雅俊秀,是美人布陣語,不是武夫戰鬬語。於是孫子使使報王曰:"兵既整齊,王可試下觀之,唯王所欲用之,雖赴水火,猶可也。"戲事竟可作實用,寫孫武謀畧。吴王曰:"將軍罷休就舍,寡人不願下觀。"寫吴王一肚皮不快活聲口如見。孫子曰:"王徒好其言,不能用其實。"於是闔廬知孫子能用兵卒以爲將。西破彊楚,入郢,北威齊晉,顯名諸侯,孫子與有力焉。|虛事實寫,實事虛寫,此行文之妙。○寫孫武只此試美人一事,是史公好奇處。

孫武既死,就孫武,帶入孫臏。後百餘歲有孫臏。臏生阿鄄之間,臏亦孫武之後世子孫也。孫臏嘗與龐涓俱學兵法。應兵法。龐涓既事魏,得爲惠王將軍,"得爲"二字,寫僥倖。而自以爲能不及孫臏,乃陰使召孫臏。臏至,龐涓恐其賢於己,疾之,則以法刑斷其兩足,而黥之,欲隱勿見。曲折寫龐涓心事,句句作相顧勢。

齊使者如梁,孫臏以刑徒陰見說齊使。齊使以爲奇,竊載與之齊。齊將田忌善而客待之。忌數與齊諸公子馳逐,重射。孫子見其馬足不甚相遠,馬有上、中、下輩。於是孫子謂田忌曰:"君弟重射,重射,重爲射,質即下千金也,《索隱》恐悮。臣能令君勝。"只點一句不明所以,至臨時方說,步驟之妙。田忌信然之,與王及諸公子逐射千金。及臨質,孫子曰:"今以君之下駟與彼上駟,取君上駟與彼中駟,取君中駟與彼下駟。"亦只指事而言,並不說所以勝之故段段脫出,段段咽住,步驟之妙。既馳三輩畢,而田忌一不勝而再勝,至此方明。卒得王千金。於是忌進孫子於威王。威王問兵法,遂以爲師。|應前兵法。

其後魏伐趙，趙急，請救於齊。齊威王欲將孫臏，臏辭謝曰："刑餘之人，不可。"於是乃以田忌爲將，而孫子爲師，居輜車中，坐爲計謀。田忌欲引兵之趙，孫子曰："夫解雜亂紛糾者不控捲，救鬭者不搏撠，批亢擣虚，形格勢禁，則自爲解耳。語奇倔難解說來自妙。今梁趙相攻，輕兵鋭卒，必竭於外，老弱罷於内。君不若引兵疾走大梁，據其街路，衝其方虚，彼必釋趙而自救。是我一舉解趙之圍，而收弊於魏也。"收句醒豁。田忌從之，魏果去邯鄲，與齊戰於桂陵，大破梁軍。丨實事只虚寫。

後十五年[①]，魏與趙攻韓，韓告急於齊。齊使田忌將而往，直走大梁。即用前法，相爲照映。魏將龐涓聞之，去韓而歸，齊軍既已過而西矣。先伏一句，蓋齊走大梁魏師方歸，正踵齊後所以見其滅竈也。孫子謂田忌曰："彼三晉之兵，素悍勇而輕齊，齊號爲怯，善戰者因其勢而利導之。兵法，又點兵法。百里而趨利者，蹶上將，五十里而趨利者軍半至。使齊軍入魏地，爲十萬竈，明日爲五萬竈，又明日爲三萬竈。"亦不說明所以然之故，即用前法。龐涓行三日，大喜，曰："我固知齊軍怯，入吾地三日，士卒亡者過半矣。"減竈之故，反借龐涓口中說出，妙！乃棄其步軍，與其輕鋭，倍日并行逐之。孫子度其行，暮當至馬陵。馬陵道狹，而旁多阻隘，可伏兵，乃斫大樹，句。白，句。而書之曰"龐涓死于此樹之下"。於是令齊軍善射者萬弩，夾道而伏，期曰"暮見火舉而俱發"。布置奇絶，亦不先說明所以。龐涓果夜至斫木下，見白書，乃鑽火燭之。序得頓挫詳盡。讀其書未畢，齊軍萬弩俱發，魏軍大亂相失。龐涓自知智窮兵敗，應自以

① 十五年，中華書局本《史記》作"十三年"。

爲不及孫臏。乃自剄曰："遂成豎子之名！"齊因乘勝，盡破其軍，所留之步軍也。鹵魏太子申以歸。孫臏以此名顯天下，世傳其兵法。|復以兵法，回應前段。

吳起者，衛人也，好用兵。嘗學於曾子，伏一句，後乃詳序。事魯君。齊人攻魯，魯欲將吳起，吳起取齊女爲妻，而魯疑之。吳起於是欲就名，"就名"二字奇。遂殺其妻，以明不與齊也。魯卒以爲將。將而攻齊，大破之。|先序破齊事。

魯人或惡吳起曰："起之爲人，猜忍人也。其少時，家累千金，游仕不遂，遂破其家，鄉黨笑之，吳起殺其謗己者三十餘人，而東出衛郭門。與其母訣，齧臂而盟曰：'起不爲卿相，不復入衛。'遂事曾子。居頃之，其母死，起終不歸。曾子薄之，而與起絕。吳起少時一段事，乃借魯人口中說出，奇妙。起乃之魯，學兵法，前後以兵法實。以事魯君。魯君疑之，似不應稱魯君。起殺妻以求將。序日前事，截住。夫魯小國，而有戰勝之名，則諸侯圖魯矣。一折。且魯衛，兄弟之國也，而君用起，則是棄衛。"應出衛郭門。魯君疑之，謝吳起。|

吳起於是聞魏文侯賢，欲事之。文侯問李克曰："吳起何如人哉？"李克曰："起貪而好色，後云"廉平""節廉"，此云然者，蓋貧士未遇，無所表見之時，往往得此疑于人也，孰知臨財得政，始見大節哉。然用兵，司馬穰苴，不能過也。"於是魏文侯以爲將，擊秦，拔五城。|實事虛序。

起之爲將，與士卒最下者，同衣食。臥不設席，行不騎乘，親裹贏糧，與士卒分勞苦。又略寫其將略。卒有病疽者，起爲吮之。卒母聞而哭之。人曰："子，卒也，而將軍自吮其疽，何哭爲？"母曰:“非然也。往年吴公吮其父,其父戰不旋踵,遂死於敵。吴公今又吮其子,妾不知其死所矣。是以哭之。”丨又抽出一事,以寫其將畧正于中間出色史公長伎。

文侯以吴起善用兵,廉平,盡能得士心,乃以爲西河守,以拒秦、韓。

魏文侯既卒,起事其子武侯。武侯浮西河而下,中流,顧而謂吴起曰:“美哉乎!山河之固,此魏國之寶[①]也!”起對曰:“在德不在險。先立一句。昔三苗氏,左洞庭,右彭蠡,德義不脩,禹滅之。夏桀之居,左河濟,右泰華,伊闕在其南,羊腸在其北,脩政不仁,湯放之。殷紂之國,左孟門,右太行,常山在其北,大河經其南,脩政不德,武王殺之。由此觀之,在德不在險。又疊一句,應前作勢。若君不脩德,舟中之人,盡爲敵國也。”應浮河中流。武侯曰:“善。”

即封吴起爲西河守,甚有聲名。丨西河守作兩段序,蓋前爲守此乃封耳。魏置相,相田文。吴起不悦,謂田文曰:“請與子論功可乎?”田文曰:“可。”起曰:“將三軍,使士卒樂死,敵國不敢謀,子孰與起?”文曰:“不如子。”起曰:“治百官,親萬民,實府庫,子孰與起?”文曰:“不如子。”起曰:“守西河,而秦兵不敢東鄉,韓趙賓從,子孰與起?”文曰:“不如子。”起之能事,借論功一一序明,先極揚之。起曰:“此子三者,皆出吾下[②],而位加吾上,何也?”文曰:“主少國疑,大臣未附,百姓不信,方是之時,屬之於子乎?屬之於我乎?”起默然,良久曰:“屬之子矣。”又借此一少抑之。文曰:“此乃吾

---

① 寶,底本作“實”,疑誤,據校本改。

② “此子三者,皆出吾下”句,底本作“此子三者,皆出吾不”,疑誤,據校本改。中華書局本《史記》作“此三者,子皆出吾下”。

所以居子之上也。"吴起乃自知弗如田文。丨又點一筆,極寫吴起推賢讓能以終揚之。

田文既死,公叔爲相,尚魏公主,而害吴起。公叔之僕曰:"起易去也。"劈頭先入一句,後註。公叔曰:"奈何?"其僕曰:"吴起爲人,節廉而自喜名也。君因先與武侯言曰:'夫吴起,賢人也,而侯之國小,又與彊秦壤界,臣竊恐起之無留心也。'武侯即曰:'奈何?'君因謂武侯曰:'試延以公主,起有留心,則必受之;無留心,則必辭矣。以此卜之。'一節。君因召吴起而與歸,即令公主,怒而輕君。吴起見公主之賤君也,則必辭。"一節疊兩節說來,自是奇計,令人不覺。於是吴起見公主之賤魏相,果辭魏武侯。武侯疑之而弗信也。丨前已說明,只用一點。吴起懼得罪,遂去,即之楚。

楚悼王素聞起賢,至,則相楚。明法審令,捐不急之官,廢公族疏遠者,以撫養戰鬭之士。要在彊兵,破馳說之言縱横者。於是南平百越;北并陳蔡,却三晉;西伐秦。實事虛序。諸侯患楚之彊。兩句一總,此句應撫戰士,與南平百越等。故楚之貴戚,盡欲害吴起。此句應捐官廢公族等。及悼王死,宗室大臣作亂,單接貴戚句。而攻吴起,吴起走之王尸而伏之。擊起之徒,因射刺吴起,并中悼王。悼王既葬,太子立,乃使令尹盡誅射吴起而并中王尸者。坐射起而夷宗死者七十餘家。

太史公曰:世俗所稱師旅,皆道《孫子》十三篇、《吴起兵法》,世多有,故弗論,論其行事所設施者。語曰:"能行之者,未必能言,能言之者未必能行。"孫子籌策龐涓,明矣,然不能蚤救患于被刑。吴起說武侯以形勢不如德,然行之于楚,以刻暴少恩亡其軀。悲夫!

此是兩扇對峙格,故不必關合,而寫來恰是一樣,是合傳體也。○孫子、吴起,與前穰苴,皆稱其兵法。乃穰苴《司馬法》,末點出;《孫子》十三篇,則劈頭先序;而吴起所著兵法篇中竟不復提,只于贊中一點。文無定法,亦無定姿也。○馬陵一段奇事,只用短陗簡淨法序,雖不及火牛奇肆,而情事恰好。

伍子胥列傳

伍子胥者,楚人也,名員。員父曰伍奢。員兄曰伍尚。其先曰伍舉,世系俱于員身上序,另一法。以直諫事楚莊王,有顯,故其後世有名于楚。丨先立一句,直至伐郢鞭尸,俱本於此。

楚平王有太子名曰建,使伍奢爲太傅,費無忌爲少傅。先提伍奢、無忌,平序,後序無忌事。夫奢之有無忌,猶員之有嚭也。隱隱先爲弔動,可爲一歎。無忌不忠於太子建。平王使無忌爲太子取婦於秦,秦女好,無忌馳歸報平王曰:"秦女絶美,王可自取,而更爲太子取婦。"平王遂自取秦女,而絶愛幸之,生子軫。更爲太子取婦。丨頓住,一折。

無忌既以秦女自媚于平王,因去太子而事平王。恐一旦平王卒,而太子立,殺己,乃因讒太子建。又頓住,先提一句,後乃序讒太子事。建母,蔡女也,無寵於平王。平王稍益疎建,使建守城父,備邊兵。又插一段,以爲讒之所由入也。

頃之,無忌又日夜言太子短於王,間接。曰:"太子以秦女之故,不能無怨望,願王少自備也。自太子居城父,將兵,外交諸侯,且欲入爲亂矣。"凡作兩段,一段說內事,一段說外事。平王乃召其太傅伍奢考問之。始接入伍奢事。伍奢知無忌讒太子於平王,因曰:“王獨柰何以讒賊小臣,疏骨肉之親乎?”只約畧寫,然已明透。無忌曰:“王今不制,其事成矣。王且見禽。”亦只約畧寫,更加急迫。於是平王怒,囚伍奢,丨按住伍奢,下序太子事。而使城父司馬奮揚,往殺太子。行未至,奮揚使人先告太子:“太子急去,不然,將誅。”太子建亡奔宋。丨又按住太子事,下序伍奢事,逐段夾序。

無忌言於平王曰:“伍奢有二子,皆賢,不誅,且爲楚憂。可以其父質而召之,不然,且爲楚患。”兩“且爲”作跌法。王使使謂伍奢曰:“能致汝二子則生,不能則死。”只兩句,一正一反,淨峭。伍奢曰:“尚爲人仁,呼必來。員爲人剛戾忍詢,能成大事,八字,可抵子胥一生贊語。彼見來之并禽,其勢必不來。”王不聽,使人召二子曰:“來,吾生汝父;不來,今殺奢也。”亦只兩句,一正一反,相照成法。伍尚欲往,員曰:“楚之召我兄弟,非欲以生我父也,一層。恐有脫者,後生患,故以父爲質,詐召二子。二層。二子去,則父子俱死。三層。何益父之死?往而令讐不得報耳。四層。不如奔他國,借力以雪父之耻,五層。俱滅,無爲也。”忙中急語,故用短節,情事歷歷,業已詳盡,是筆法。伍尚曰:“我知往,終不能全父命。一層。然恨父召我以求生而不往,二層。後不能雪耻,終爲天下笑耳。”三層。員所言者勢,尚所言者情,兩相對照各成其是。謂員:“可去矣!汝能報殺父之讐,我將歸死。”“謂員”二字,是咽住再起,商量已定而決絕之詞,蓋英雄作事,量力度德,計定而行,決不孟浪也,此乃上下兩半篇關鎖處。尚既就執,使者捕伍胥。伍胥貫弓執矢嚮使者,寫一筆作姿致,以見伍員不凡。使者不敢進,伍胥遂亡。聞太子建之在宋,間接太子事。往從之。奢聞子胥之亡也,曰:“楚國君臣且苦兵矣。”先決不來,此決苦兵,作兩層寫。伍尚至楚,楚并殺奢與尚也。丨結完奢、尚事。

伍胥既至宋,間接。宋有華氏之亂,乃與太子建俱奔於鄭。鄭人甚善之。太子建又適晉,晉頃公曰:“太子既善鄭,鄭信太子。太子能爲我內應,而我攻其外,滅鄭必矣。滅鄭而封太子。”太子乃還鄭。事未會,會自私欲殺其從者,從者知其謀,乃告之於鄭。鄭定公與子產誅殺太子建。丨帶序完太子建事。建有子名勝。白公勝附傳,即于此閒中插入,無痕。伍胥懼,乃與勝俱奔吳。到昭關,昭關欲執之。伍胥遂與勝獨身步走,幾不得脱。追者在後。“幾不得脱”,危甚矣,又找“追者在後”,其危愈甚。至江,後有追者,前有大江,正寫其急。江上有一漁父乘船,知伍胥之急,乃渡伍胥。伍胥既渡,解其劍曰:“此劍直百金,以與父。”父曰:“楚國之法,得伍胥者,賜粟五萬石,爵執珪,豈徒百金劍耶!”不受。寫漁父事,不如《吳越春秋》佳,然一篇大傳,漁父只一襯耳,主客之勢,故只可如此寫也。伍胥未至吳而疾,止中道,乞食。乞食事閒,故亦只一點。至於吳,吳王僚方用事,公子光爲將。伍胥乃因公子光以求見吳王。丨亦只畧寫,頓住。

久之,楚平王以其邊邑鍾離,與吳邊邑卑梁氏俱蠶,兩女子爭桑,相攻,乃大怒,至於兩國舉兵相伐。“至於”字好,蓋小隙沉舟,正不必如此也。吳使公子光伐楚,拔其鍾離、居巢而歸。伍子胥說吳王僚曰:“楚可破也。願復遣公子光。”公子光謂吳王曰:“彼伍胥,父兄爲戮於楚,而勸王伐楚者,欲以自報其讎耳。伐楚,未可破也。”伍胥知公子光有內志,欲殺王而自立,未可說以外事,乃進專諸於公子光,退而與太子建之子勝耕於野。亦只約畧寫,不重。

五年,而楚平王卒。初平王所奪太子建秦女,生子軫,及平王卒,軫竟立爲後,是爲昭王。夾序楚事。吳王僚因楚喪,使二公子將兵往襲楚。楚發兵絕吳兵之後,不得歸。吳國內空,而公子光乃令專諸間接專諸。襲刺吳王僚而自立,是爲吳王闔廬。闔廬既立,得志,乃召伍員以爲行人,而與謀國事。丨序吳事,歸到伍員。

楚誅其大臣郤宛、伯州犂,伯州犂之孫伯嚭,亡奔吳,吳亦以嚭爲大夫。丨又乘便插入一伯嚭,天生員,復生嚭,與員俱來爲之一嘆。前王僚所遣二公子將兵伐楚者,間接。道絕不得歸。後聞闔廬弑王僚自立,遂以其兵降楚,楚封之於舒。闔廬立三年,乃興師,與伍胥、伯嚭伐楚,拔舒,遂禽故吳反二將軍。因欲至郢,將軍孫武曰:"民勞未可,且待之。"乃歸。後有伐楚一段大文,偏先作此一颺。事勢如此,文勢如此。〇以上序吳事、楚事、鄭事、晉事、建事、員事、嚭事,紛紜之極,幾非一手可支乃逐層逐遞,一起一伏,或簡或繁,安章頓句,期于妥當而已,此文之以法勝者也。

四年,吳伐楚,取六與潛。五年,伐越,敗之。六年,楚昭王使公子囊瓦將兵伐吳。吳使伍員迎擊,大破楚軍於豫章,取楚之居巢。丨伐楚事在後,前作一颺,此作一引。

九年,吳王闔廬謂子胥、孫武曰:"始子言郢未可入,今果何如?"間接孫武事。二子對曰:"楚將囊瓦貪,而唐、蔡皆怨之。王必欲大伐之,必先得唐、蔡乃可。"闔廬聽之,悉興師與唐、蔡伐楚,與楚夾漢水而陳。吳王之弟夫概,將兵請從王不聽,遂以其屬五千人擊楚將子常。子常敗走,奔鄭。於是吳乘勝而前,五戰,遂至郢。己卯,楚昭王出奔。庚辰,吳王入郢。丨以前寫子胥借力雪恥,楚國苦兵,勸王伐楚則破楚事當極爲子胥鋪序,乃只用夫概出師,吳兵乘勝,一字不及子胥,實處虛寫。

昭王出亡,入雲夢;盜擊王,王走鄖。鄖公弟懷曰:"平王殺我父,我殺其子,不亦可乎!"語簡意盡。鄖公恐其弟殺王,與王奔隨。

吳兵圍隨,謂隨人曰:“周之子孫,在漢川者,楚盡滅之。”語簡意盡插入事只可如此。隨人欲殺王,王子綦匿王,己自爲王,以當之。隨人卜與王於吳,不吉,乃謝吳,不與王。丨又插楚事。

始伍員與申包胥爲交,員之亡也,謂包胥曰:“我必覆楚。”包胥曰:“我必存之。”申包胥事,不序在前,乃于此另起一頭,劈空插入,即帶下入郢鞭尸事,因鞭尸事,即帶下請救事,章法之妙。及吳兵入郢,伍子胥求昭王。既不得,乃掘楚平王墓,出其尸,鞭之三百,然後已。申包胥亡于山中,使人謂子胥曰:“子之報讎,其以甚乎! 吾聞之,人眾者勝天,天定亦能勝人。今子故平王之臣,親北面而事之,今至于僇死人,此豈其無天道之極乎!”伍子胥曰:“爲我謝申包胥曰‘吾日暮途遠,吾故倒行而逆施之’。”先私議一段,應胥、員爲反。於是申包胥走秦告急,求救於秦。秦不許。包胥立於秦廷,晝夜哭,七日七夜,不絕其聲。秦哀公憐之,曰:“楚雖無道,有臣若是,可無存乎!”乃遣車五百乘,救楚擊吳。六月,敗吳兵於稷。會吳王久留楚求昭王,遙接。而闔廬弟夫概,乃亡歸,自立爲王。闔廬聞之,乃釋楚而歸,擊其弟夫概。夫概敗走,遂奔楚。楚昭王見吳有内亂,乃復入郢。封夫概于堂谿,爲堂谿氏。楚復與吳戰,敗吳,吳王乃歸。丨吳王歸,作兩層寫,擊夫概而歸,吳兵未盡歸也,至敗而歸,吳王乃輿盡而反矣。

後二歲,闔廬使太子夫差將兵伐楚,取番。楚懼吳復大來,乃去郢,徙於鄀。丨伐楚又作餘波。當是時,吳以伍子胥、孫武之謀,又照顧孫武一筆。西破彊楚,北威齊晉,南服越人。丨伐楚後,總一段,爲子胥出色,破楚實,威齊、晉,虛,服越在後先於此輕點一句,結楚事,起越事,中間出一齊晉以陪之,令人不覺,文章之妙。

其後四年,孔子相魯。丨點孔子相魯,與世家一樣寫,然此則以子貢之說故也。

後五年,伐越。序越事起。越王句踐迎擊,敗吳於姑蘇,傷闔廬指,軍卻。闔廬病創,將死,謂太子夫差曰:"爾忘句踐殺爾父乎?"夫差對曰:"不敢忘。"是夕,闔廬死。夫差既立爲王,以伯嚭爲太宰,習戰射。丨久忘卻伯嚭,於此接入,是夫差首用之臣。二年後,伐越,敗越于夫湫。越王句踐,乃以餘兵五千人,棲於會稽之上,使大夫種,厚幣遺吳太宰嚭以請和,求委國爲臣妾。吳王將許之。伍子胥諫曰:"越王爲人,能辛苦。今王不滅,後必悔之。"諫詞只具大畧。吳王不聽,吳王不聽一。用太宰嚭計,與越平。丨

其後五年,而吳王聞齊景公死,而大臣爭寵,新君弱,乃興師北伐齊。伍子胥諫曰:"句踐食不重味,弔死問疾,且欲有所用之也。此人不死,必爲吳患。今吳之有越,猶人之有腹心疾也。而王不先越,而乃務齊,不亦謬乎!"吳王不聽,吳王不聽二。伐齊,大敗齊師於艾陵,遂滅鄒魯之君以歸。益疏子胥之謀。丨前後信用嚭計,中間點此一句關合。

其後四年,吳王將北伐齊,越王句踐用子貢之謀,乃率其衆以助吳,而重寶以獻遺太宰嚭。太宰嚭既數受越賂,其愛信越殊甚,日夜爲言於吳王。吳王信用嚭之計。伍子胥諫曰:"夫越,腹心之病,今信其浮辭詐僞,而貪齊。破齊,譬猶石田,無所用之。且《盤庚之誥》曰:'有顛越不恭,劓殄滅之,俾無遺育,無使易種於茲邑。'此商之所以興。願王釋齊而先越;若不然,後將悔之無及。"而吳王不聽,丨吳王不聽三。使子胥於齊。子胥臨行,謂其子曰:"吾數諫王,王不用,應前三不聽。吾今見吳之亡矣。汝與吳俱亡,無益

也。"乃屬其子於齊鮑牧,而還報吴。

吴太宰嚭既與子胥有隙,因讒曰:"子胥爲人,剛暴,少恩,猜賊,與前"剛戾""忍詢"照。其怨望,恐爲深禍也。先逗一句。前日王欲伐齊,子胥以爲不可,王卒伐之,而有大功。子胥恥其計謀不用,乃反怨望。一層。而今王又復伐齊,子胥專愎彊諫,沮毁用事,徒幸吴之敗,以自勝其計謀耳。二層。今王自行,悉國中武力以伐齊,而子胥諫不用,因輟謝詳病不行。王不可不備,此起禍不難。三層。"起禍"五字寫得玲瓏飛舞,指目之處,將平日猜疑浸潤,一齊照出。且嚭使人微伺之,其使於齊也,乃屬其子於齊之鮑氏。四層。夫爲人臣,内不得意,上三層。外倚諸侯,下一層。自以爲先王之謀臣,今不見用,常鞅鞅怨望。挽上"怨望"。願王早圖之。"吴王曰:"微子之言,吾亦疑之。"寫吴王先疑,妙!蓋自古邪臣害正,未有不從其君之疑忌而入者。乃使使賜伍子胥屬鏤之劍,曰:"子以此死。"伍子胥仰天嘆曰:"嗟乎!讒臣嚭爲亂矣,王乃反誅我。我令若父霸。自若未立時,諸公子爭立,我以死爭之於先王幾不得立。若既得立,欲分吴國與①我,我顧不敢望也。然今若聽諛臣言,以殺長者。"一段公子爭立、夫差得立、分吴國事,從子胥口中敘出。乃告其舍人曰:"必樹吾墓上以梓,令可以爲器;而抉吾眼縣吴東門之上,以觀越寇之入滅吴也。"數語一氣磊落。乃自剄死。吴王聞之,大怒,乃取子胥尸,盛以鴟夷革,浮之江中。爲其樹梓、抉眼故也。吴人憐之,爲立祠於江上,因命曰胥山。只就山上閒着一筆,以見吴人之憐,以明伍員之冤。

吴王既誅伍子胥,遂伐齊。齊鮑氏殺其君悼公,而立陽生。

① 與,中華書局本《史記》作"予"。

吳王欲討其賊,不勝而去。其後二年吳王召魯衛之君,會之橐皋。｜其明年,因北大會諸侯於黄池,以令周室。越王句踐襲殺吳太子,破吳兵。吳王聞之乃歸,使使厚幣與越平。後九年越王句踐遂滅吳,殺王夫差;而誅太宰嚭,以不忠於其君,而外受重賂與己比周也。｜誅子胥後,復敘三節,以完宰嚭之案以完子胥觀越入吳之案。

伍子胥初所與俱亡故楚太子建之子勝者,遥接勝事。在於吳。吳王夫差之時,楚惠王欲召勝歸楚。葉公諫曰:"勝好勇而陰求死士,殆有私乎!"惠王不聽。遂召勝,使居楚之邊邑鄢,號爲白公。白公歸楚三年,而吳誅子胥。照映本傳。

白公勝既歸楚,怨鄭之殺其父,乃陰養死士,求報鄭。歸楚五年請伐鄭,楚令尹子西許之。兵未發,而晉伐鄭,鄭請救於楚。楚使子西往救,與盟而還。白公勝怒曰:"非鄭之仇,乃子西也。"句法峭而俊。勝自礪劍,人問曰:"何以爲?"勝曰:"欲以殺子西。"子西聞之,笑曰:"勝如卵耳,何能爲也。"此段删《左傳》而更雋永,有别味。

其後四歲,白公勝與石乞,襲殺楚令尹子西、司馬子綦於朝。石乞曰:"不殺王,不可。"乃刦之。王如高府。石乞從者屈固,負楚惠王亡走昭夫人之宫。葉公聞白公爲亂,率其國人攻白公。白公之徒敗,亡走山中,自殺。完白公事。而鹵石乞,而問白公尸處,不言,將亨。石乞曰:"事成爲卿,不成而亨,固其職也。"終不肯告其尸處。遂亨石乞,｜又附石乞一段作餘波。而求惠王復立之。

太史公曰:怨毒之於人甚矣哉!王者尚不能行之於臣下,況同列乎!先作慨嘆語起。向令伍子胥從奢俱死,何異螻蟻。棄小義,雪大恥,名垂於後世悲夫!一折。方子胥窘於江上,道乞食,志豈嘗須臾忘郢耶？二折。故隱忍就功名非烈丈夫孰能致此哉？白公如不自立爲君者，其功謀亦不可勝道者哉！全以感慨語折宕而出，若不用意，而意已足。

子胥事，於《左傳》《國策》《國語》及《越絕書》《吴越春秋》中，看熟，覺姿致少減。然一篇大傳，兼總條貫，不得不删繁就雅。故以體裁勝，不以韻致勝。讀此傳過，再看吹簫吴市、投金瀨女諸事，便近小說矣，不可不知也。〇此篇只以緊湊貫穿見妙，故子胥諫詞，亦只約畧寫。《莊子》云："指馬之一體而名之，馬不見也；立一馬而馬之百體具矣。"極似此文。〇篇中凡插吴、楚、齊、魯、晉、鄭等事，及太子建、白公勝、伯嚭、申包胥、夫概，而頭緒不亂，腠理不疏。序事之文，不可不熟此等體格。

仲尼弟子列傳

孔子曰"受業身通者七十有七人",皆異能之士也。丨一篇大文字,只此二語作總領。德行:顏淵,閔子騫,冉伯牛,仲弓。政事:冉有,季路。言語:宰我,子貢。文學:子游,子夏。師也僻,參也魯,柴也愚,由也喭,回也屢空。賜不受命而貨殖焉,億則屢中。丨排比《論語》,恰如一章。

孔子之所嚴事:於周,則老子;於衛,蘧伯玉;於齊,晏平仲;於楚,老萊子;於鄭,子產;於魯,孟公綽。數稱臧文仲、柳下惠、銅鞮伯華、介山子然,孔子皆後之,不並世。丨平空先添出許多人,以爲映襯。○以老子、伯玉等,引入弟子列傳,是極尊孔子處。蓋時代參差耳,不然皆在淵、騫之列也,正以破師老聃之謬。

顏回者,魯人也,字子淵。少孔子三十歲。

顏淵問仁,孔子曰:"克己復禮,天下歸仁焉。"

孔子曰:"賢哉回也!一簞食,一瓢飲,在陋巷,人不堪其憂,回也不改其樂。""回也如愚;退而省其私,亦足以發,回也不愚。""用之則行,舍之則藏,唯我與爾有是夫!"

回年二十九,髮盡白,蚤死。孔子哭之慟,曰:"自吾有回,門

人益親。”魯哀公問:“弟子孰爲好學?”孔子對曰:“有顏回者好學,不遷怒,不貳過。不幸短命死矣,今也則亡。”|

閔損字子騫。少孔子十五歲。

孔子曰:“孝哉閔子騫!人不間于其父母昆弟之言。”不仕大夫,不食汙君之祿。“如有復我者,必在汶上矣。”|

冉耕字伯牛。孔子以爲有德行。

伯牛有惡疾,孔子往問之,自牖執其手曰:“命也夫!斯人也而有斯疾,命也夫!”

冉雍字仲弓。

仲弓問政,孔子曰:“出門如見大賓,使民如承大祭。在邦無怨,在家無怨。”

孔子以仲弓爲有德行,曰:“雍也可使南面。”

仲弓父,賤人。孔子曰:“犂牛之子,騂且角,雖欲勿用,山川其舍諸?”|

冉求字子有,少孔子二十九歲。爲季氏宰。

季康子問孔子曰:“冉求仁乎?”曰:“千室之邑,百乘之家,求也可使治其賦。仁則吾不知也。”復問:“子路仁乎?”孔子對曰:“如求。”

求問曰:“聞斯行諸?”子曰:“行之。”子路問:“聞斯行諸?”子曰:“有父兄在,如之何其聞斯行之!”子華怪之,“敢問問同而答異?”孔子曰:“求也退,故進之。由也兼人,故退之。”|

仲由字子路,卞人也。少孔子九歲。

子路性鄙,好勇力,志伉直,冠雄雞,佩豭[①]豚,陵暴孔子。孔子設禮,稍誘子路,子路後儒服委質,因門人請爲弟子。|只如此好,序得文雅之極,長劍石盤,可笑後人之孟浪。

子路問政,孔子曰:"先之勞之。"請益。曰:"無倦。"

子路問:"君子尚勇乎?"孔子曰:"義之爲上。君子好勇而無義則亂,小人好勇而無義則盜。"

子路有聞,未之能行,唯恐有聞。

孔子曰:"片言可以折獄者,其由也與!""由也好勇過我,無所取材。""若由也不得其死然。""衣敝緼袍,與衣狐貉者立,而不恥者,其由也與!""由也升堂矣,未入于室也。"

季康子問:"仲由仁乎?"孔子曰:"千乘之國,可使治其賦,不知其仁。"

子路喜從游,遇長沮、桀溺、荷蓧丈人。

子路爲季氏宰,季孫問曰:"子路可謂大臣與?"孔子曰:"可謂具臣矣。"

子路爲蒲大夫,辭孔子。孔子曰:"蒲多壯士,又難治。然吾語汝:恭以敬,可以執勇;寬以正,可以比衆;恭正以靜,可以報上。"

初衛靈公有寵姬,曰南子。靈公太子蕢聵,得過南子,懼誅,出奔。及靈公卒,而夫人欲立公子郢。郢不肯,曰:"亡人太子之子輒在。"於是衛立輒爲君,是爲出公。出公立十二年,其父蕢聵居外,不得入。子路爲衛大夫孔悝之邑宰。蕢聵乃與孔悝作亂,

① 豭,中華書局本《史記》作"豭"。

謀入孔悝家，遂與其徒襲攻出公。出公奔魯，而蕢聵入立，是爲莊公。縮得簡淨，子路傳中，只好如此寫，不然則強賓壓主矣。方孔悝作亂，子路在外，聞之而馳往。遇子羔出衛城門，謂子路曰："出公去矣，而門已閉，子可還矣，毋空受其禍。"子路曰："食其食者不避其難。"子羔卒去。有使者入城，城門開，子路隨而入。造蕢聵，蕢聵與孔悝登臺。子路曰："君焉用孔悝？請得而殺之。"蕢聵勿聽。於是子路欲燔臺，蕢聵懼，乃下，石乞、壺黶攻子路，擊斷子路之纓。子路曰："君子死而冠不免。"遂結纓而死。

孔子聞衛亂，曰："嗟乎，由死矣！"已而果死。故孔子曰："自吾得由，惡言不聞于耳。"是時子貢爲魯使于齊。|

宰予字子我。利口辯辭。既受業，問："三年之喪，不已久乎？君子三年不爲禮，禮必壞；三年不爲樂，樂必崩。舊穀既沒，新穀既升，鑽燧改火，期可已矣。"子曰："於汝安乎？"曰："安。""汝安則爲之。君子居喪，食旨不甘，聞樂不樂，故弗爲也。"宰我出，子曰："予之不仁也！子生三年，然後免於父母之懷。夫三年之喪，天下之通義也。"

宰我[①]晝寢。子曰："朽木不可雕也，糞土之牆，不可污[②]也。"

宰我問五帝之德，子曰："予非其人也。"

宰我爲臨菑大夫，與田常作亂，以夷其族，孔子恥之。|子我非宰我，前人辨之詳矣。

端木賜，衛人，字子貢。少孔子三十一歲。

子貢利口巧辭，孔子常黜其辯。問曰："汝與回也孰愈？"對

---

① 宰我，中華書局本《史記》作"宰予"。

② 污，中華書局本《史記》作"汙"。

曰:“賜也何敢望回! 回也聞一以知十,賜也聞一以知二。”

子貢既已受業,問曰:“賜何人也?”孔子曰:“汝器也。”曰:“何器也?”曰:“瑚璉也。”

陳子禽問子貢曰:“仲尼焉學?”子貢曰:“文武之道,未墜於地,在人,賢者識其大者,不賢者識其小者,莫不有文武之道。夫子焉不學,而亦何嘗師之有!”|又問曰:“孔子適是國,必聞其政。求之與? 抑與之與?”子貢曰:“夫子溫良恭儉讓以得之。夫子之求之也,其諸異乎人之求之也。”|

子貢問曰:“富而無驕,貧而無諂,何如?”孔子曰:“可也。不如貧而樂道,富而好禮。”

田常欲作亂于齊,憚高、國、鮑、晏,故移其兵欲以伐魯。孔子聞之,謂門弟子曰:“夫魯,墳墓所處,父母之國,國危如此,二三子何爲莫出?”子路請出,孔子止之。子張、子石請行,孔子弗許。“止之”“弗許”,用字輕重恰好。“止之”,其勇過也。“弗許”,其才之不及也。子貢請行,孔子許之。

遂行,至齊,說田常曰:“君之伐魯過矣。夫魯,難伐之國,其城薄以卑,其地狹以泄,其君愚而不仁,大臣僞而無用,其士民又惡甲兵之事,此不可與戰。君不如伐吳。夫吳,城高以厚,地廣以深,甲堅以新,士選以飽,重器精兵,盡在其中,又使明大夫守之,此易伐也。”一反一覆,故作奇論。○難伐易伐,魯以裝頭,吳以住脚,文法變换。田常忿然作色曰:“子之所難,人之所易;子之所易,人之所難。而以教常,何也?”子貢曰:“臣聞之,憂在內者攻彊,憂在外者攻弱。只二語破的。今君憂在內。吾聞君三封而三不成者,大臣有不聽者也。今君破魯以廣齊,戰勝以驕主,破國以尊臣,而君之功不與焉,則交日疎於主。是君上驕主心,下恣群臣,求以成大事,難矣。夫上驕則恣,臣驕則爭,是君上與主有郤,下與大臣交爭也。如此,則君之立於齊,危矣。"難矣""危矣",先作兩對,後乃一滾直下。故曰:不如伐吴。伐吴不勝,民人外死,大臣內空,是君上無彊臣之敵,下無民人之過,孤主制齊者,唯君曰。"田常曰:"善。雖然,吾兵業已加魯矣,去而之吴,大臣疑而,奈何?"子貢曰:"君按兵無伐,臣請往使吴王,令之救魯而伐齊,君因以兵迎之。"田常許之,使子貢南見吴王。

說曰:"臣聞之,王者不絕世,霸者無彊敵,千鈞之重,加銖兩而移。子書佳語。今以萬乘之齊,而私千乘之魯,與吴爭彊,竊爲王危之。且夫救魯,顯名也;伐齊,大利也。以撫泗上諸侯,誅暴齊以服彊晉,利莫大焉。名存亡魯,實困彊齊。智者不疑也。"吴王曰:"善。雖然,吾嘗與越戰,棲之會稽。越王苦身養士,有報我心。子待我伐越而聽子。"子貢曰:"越之勁不過魯,吴之彊不過齊,王置齊而伐越,則齊已平魯矣。且王方以存亡繼絕爲名,夫伐小越而畏彊齊,非勇也。夫勇者不避難,仁者不窮約,智者不失時,王者不絕世,以立其義。今存越,示諸侯以仁,救魯,伐齊,威加晉國,因魯及齊,因齊及吴,因吴及越耳,乃輕輕脱出一"晉"字,已伏下脉,文妙之法。諸侯必相率而朝吴,霸業成矣。且王必惡越,臣請東見越王,令出兵以從,此實空越,名從諸侯以伐也。"逐段脱卸而入。吴王大說,乃使子貢之越。

越王除道郊迎,身御至舍,而問曰:"此蠻夷之國,大夫何以儼然辱而臨之?"子貢曰:"今者吾說吴王以救魯伐齊,其志欲之,而畏越,曰'待吾伐越乃可'。如此,破越必矣。且夫無報人之志,而令人疑之,拙也;有報人之意[1],使人知之,殆也;事未發而先聞,危也。子書佳語。三者舉事之大患。"句踐頓首再拜曰:"孤嘗不料力,乃與吴戰,困于會稽,痛入于骨髓,日夜焦脣乾舌,徒欲與吴王接踵而死,孤之願也。"遂問子貢。子貢曰:"吴王爲人,猛暴,群臣不堪;國家敝于數戰,士卒弗忍;百姓怨上,大臣内變;子胥以諫死,太宰嚭用事,順君之過,以安其私:是殘國之治也。今王誠發士卒佐之,以徼其志,重寶以説其心,卑辭以尊其禮,其伐齊必也。彼戰不勝,王之福矣。戰勝,必以兵臨晉,臣請北見晉君,令共攻之,弱吴必矣。其鋭兵盡於齊,重甲困於晉,而王制其敝,此滅吴必矣。"三"矣"字,作三頓,一節緊一節。越王大説,許諾,送子貢金百鎰,劍一,良矛二。子貢不受,遂行。

報吴王曰:"臣敬以大王之言告越王,越王大恐,曰:'孤不幸,少失先人,内不自量,抵罪于吴,軍敗身辱,棲于會稽,國爲虚莽,賴大王之賜,使得奉俎豆而修祭祀,死不敢忘,何謀之敢慮!'"先是子貢致詞。後五日,越使大夫種,頓首言於吴王曰:後是大夫種致詞,百忙中又插此閒筆,縱恣自如。"東海役臣孤句踐,使者臣種,敢修下吏,問于左右。今竊聞大王將興大義,誅彊救弱,困暴齊而撫周室,請悉起境内士卒三千人,孤請自披[2]堅執鋭,以先受矢石。因越賤臣種,奉先人藏器甲二十領,鈇屈盧之矛步光之劍,以賀軍吏。"吴王大説,以告子貢曰:"越王欲身從寡人伐齊,可乎?"子貢曰:"不可。空人之國,悉人之眾,又從其君,不義。君受其幣,許其師,而辭其君。"吴王許諾,乃謝越王。於是吴王乃遂發九郡兵

---

① 意,中華書局本《史記》作"志"。

② 披,中華書局本《史記》作"被"。

伐齊。

子貢因去之晉，謂晉君曰："臣聞之，慮不先定，不可以應卒，兵不先辨，不可以勝敵。子書佳語。今夫齊與吳將戰，彼戰而不勝，越亂之必矣；與齊戰而勝，必以其兵臨晉。"晉君大恐，曰："爲之柰何？"子貢曰："修兵休卒以待之。"晉君許諾。

子貢去而之魯。仍歸至魯結。吳王果與齊人戰於艾陵，大破齊師，獲七將軍之兵而不歸，果以，兵臨晉，與晉人相遇黄池之上。吳晉爭彊。晉人擊之，大敗吳師。越王聞之，涉江襲吳，去城七里而軍。吳王聞之，去晉而歸，與越戰於五湖。三戰不勝，城門不守，越遂圍王宫，殺夫差，而戮其相。破吳三年，東向而霸。就便完齊、吳、晉、越之事。

故子貢一出，存魯，亂齊，破吳，彊晉，而霸越。子貢一使，使勢相破，十年之中，五國各有變。將五國總收一句，收盡無餘。

子貢好廢舉，與時轉貨貲。貨殖非子貢美事，故只點一句。喜揚人之美，不能匿人之過。常相魯、衛，家累千金，卒終於齊。|

言偃吳人，字子游。少孔子四十五歲。

子游既以[①]受業，爲武城宰。孔子過，聞絃歌之聲。孔子莞爾而笑曰："割雞焉用牛刀？"子游曰："昔者偃聞諸夫子曰：'君子學道則愛人，小人學道則易使。'"孔子曰："二三子，偃之言是也。前言戲之耳。"|孔子以爲子游習于文學。|

卜商字子夏。少孔子四十四歲。

子夏問："'巧笑倩兮，美目盼兮，素以爲絢兮'，何謂也？"子

① 以，中華書局本《史記》作"已"。

曰:"繪事後素。"曰:"禮後乎?"孔子曰:"商始可與言《詩》已矣。"|

子貢問:"師與商孰賢?"子曰:"師也過,商也不及。"|"然則師愈與?"曰:"過猶不及。"|

子謂子夏曰:"女爲君子儒,無爲小人儒。"|

孔子既沒,子夏居西河教授,爲魏文侯師。其子死,哭之失明。|

顓孫師陳人,字子張。少孔子四十八歲。|

子張問干祿,孔子曰:"多聞闕疑,慎言其餘,則寡尤;多見闕殆慎行其餘,則寡悔。言寡尤,行寡悔,祿在其中矣。"|

他日從在陳蔡間,因[1],問行。孔子曰:"言忠信,行篤敬,雖蠻貊之國行也;言不忠信,行不篤敬,雖州里行乎哉?立則見其參於前也,在輿則見其倚于衡,夫然後行。"子張書諸紳。|

子張問士:"何如斯可謂之達矣?"孔子曰:"何哉爾所謂達者?"子張對曰:"在國必聞,在家必聞。"孔子曰:"是聞也,非達也。夫達也者,質直而好義,察言而觀色,慮以下人,在國及家必達。夫聞也者,色取仁而行違,居之不疑,在國及家必聞。"|

曾參南武城人,字子輿。少孔子四十六歲。

孔子以爲能通孝道,故受之業。作《孝經》。死於魯。|

澹臺滅明,武城人,字子羽。少孔子三十九歲。

狀貌甚惡。欲事孔子,孔子以爲材薄。既已受業,退而修行,行不由徑,非公事,不見卿大夫。|

---

① 因,中華書局本《史記》作"困"。

南游至江,從弟子三百人,設取予去就,名施乎諸侯。孔子聞之曰:"吾以言取人,失之宰予;以貌取人,失之子羽。"|

宓不齊字子賤。少孔子四十九歲。

孔子謂"子賤君子哉! 魯無君子,斯焉取斯?"|

子賤爲單父宰,反命於孔子曰:"此國有賢不齊者五人,教不齊所以治者。"孔子曰:"惜哉! 不齊所治者小,所治者大,則庶幾矣。"|"所治者小","所治者大",是兩對句,却一句連上,一句連下,頓分兩樣。鍾伯敬評鮑照《庭梅詩》,以"霜中作花""露中作實""分叶上下"爲奇,而不知史公先有之矣。

原憲字子思。

子思問恥。孔子曰:"國有道穀。國無道穀,恥也。"

子思曰:"克伐怨欲不行焉,可以爲仁乎?"孔子曰:"可以爲難矣,仁則吾弗知也。"|

孔子卒,原憲亡在草澤中①。子貢相衛,而結駟連騎,排黎藿,入窮閻,六字更寫得好,真有車馬來,鳥獸驚之意。過謝原憲。憲攝敝衣冠見子貢。子貢恥之,曰:"夫子豈病乎?"原憲曰:"吾聞之,無財者謂之貧,學道而不能行者謂之病。若憲,貧也,非病也。"子貢慚,不懌而去,終身恥其言之過也。|

公冶長齊人,字子長。

孔子曰:"長可妻也,雖在累紲之中,非其罪也。"以其子妻之。|

南宮括字子容。

問孔子曰:"羿善射,奡蕩舟,俱不得其死然;禹稷躬稼而有天

① 中華書局本《史記》作"原憲遂亡在草澤中"。

下?"孔子弗荅。容出,孔子曰:"君子哉若人! 上德哉若人!""國有道不廢;國無道免于刑戮。"三復"白珪之玷",以其兄之子妻之。|

公晳哀字季次。

孔子曰:"天下無行,多爲家臣,仕於都;唯季次未嘗仕。"|

曾蒧字晳。

侍孔子,孔子曰:"言爾志。"蒧曰:"春服既成,冠者五六人,童子六七人,浴乎沂,風乎舞雩,詠而歸。"孔子喟爾嘆曰:"吾與蒧也!"|

顏無繇字路。路者,顏回父,父子嘗各異時事孔子。

顏回死顏路貧,請孔子車以葬。孔子曰:"材不材,亦各言其子也。鯉也死,有棺而無槨,吾不徒行以爲之槨,以吾從大夫之後,不可以徒行。"|

商瞿魯人,字子木。少孔子二十九歲。

孔子傳《易》于瞿,瞿傳楚人馯臂子弘,弘傳江東人矯子庸疵,疵傳燕人周子家豎,豎傳淳于人光子乘羽,羽傳齊人田子莊何,何傳東武人王子中同,同傳菑川人楊何。何元朔中以治《易》爲漢中大夫。|序其傳述之弟子,是另一法。

高柴字子羔。少孔子三十歲。

子羔長不盈五尺,受業孔子,孔子以爲愚。

子路使子羔爲費郈宰,孔子曰:"賊夫人之子!"子路曰:"有民人焉,有社稷焉,何必讀書,然後爲學!"孔子曰:"是故惡夫佞者。"|

漆雕開字子開。

孔子使開仕，對曰："吾斯之未能信。"孔子説。|

公伯寮字子周。

周愬子路于季孫，子服景伯以告孔子曰："夫子固有惑志寮也，吾力猶能肆諸市朝。"孔子曰："道之將行，命也；道之將廢，命也。公伯寮其如命何！"|

司馬耕字子牛。

牛多言而躁。問仁於孔子，孔子曰："仁者其言也訒。"曰："其言也訒，斯可謂之仁乎？"子曰："爲之難，言之得無訒乎！"|

問君子，子曰："君子不憂不懼。"曰："不憂不懼，斯可謂之君子乎？"子曰："内省不疚夫何憂何懼！"|

樊須字子遲。少孔子三十六歲。

樊遲請學稼，孔子曰："吾不如老農。"請學圃曰："吾不如老圃。"樊遲出，孔子曰："小人哉樊須也！上好禮則民莫敢不敬；上好義則民莫敢不服；上好信則民莫敢不用情。夫如是，則四方之民，襁負其子而至矣，焉用稼！"

樊遲問仁，子曰："愛人。"問智，曰："知人。"|

有若少孔子十三歲。有若曰："禮之用，和爲貴，先王之道，斯爲美。小大由之，有所不行；知和而和，不以禮節之亦不可行也。""信近于義，言可復也；恭近于禮，遠恥辱也；因不失其親，亦可宗也。"|

孔子既沒，弟子思慕，有若狀似孔子，弟子相與共立爲師，師之如夫子時也。他日弟子進問曰："昔夫子當行，使弟子持雨具，已而果雨。弟子問曰：'夫子何以知之？'夫子曰：'《詩》不云乎？"月離于畢，俾滂沱矣。"昨暮月不宿畢乎？'他日月宿畢，竟不雨商

瞿年長無子,其母爲取室。孔子使之齊,瞿母請之。孔子曰:‘無憂,瞿年四十後,當有五丈夫子。’已而果然。敢問夫子何以知此?”有若默然無以應。弟子起曰:“有子避之,此非子之座也!”|序有若獨序逸事另一法。

公西赤字子華。少孔子四十二歲。

子華使于齊,冉子爲其母請粟。孔子曰:“與之釜。”請益,曰:“與之庾。”冉子與之粟五秉。孔子曰:“赤之適齊也乘肥馬,衣輕裘。吾聞君子周急不繼富。”|

巫馬施,字子旗。少孔子三十歲。

陳司敗問孔子曰:“魯昭公知禮乎?”孔子曰:“知禮。”退而揖巫馬旗曰:“吾聞君子不黨,君子亦黨乎? 魯君娶吴女爲夫人,命之爲孟子。孟子姓姬,諱稱同姓,故謂之孟子。魯君而知禮,孰不知禮!”施以告孔子,孔子曰:“丘也幸,苟有過,人必知之。臣不可言君親之惡,爲諱者禮也。”|

梁鱣字叔魚。少孔子二十九歲。|

顔幸字子柳。少孔子四十六歲。|

冉孺字子魯,少孔子五十歲。|

曹邺字子循。少孔子五十歲。|

伯虔字子析,少孔子五十歲。|

公孫龍字子石。少孔子五十三歲。|

自子石已右三十五人,頗有年名,及受業,聞見于書傳。其四十有二人,無年,及不見書傳者,紀于左:|總收作一束。

冉季字子産。|

公祖句兹字子之。|

秦祖字子南。|

漆彫哆字子斂。|

顏高字子驕。|

漆雕徒父。|

壤駟赤字子徒。|

商澤。|

石作蜀字子明。|

任不齊字選。|

公良孺字子正。|

后處字子里。|

秦冉字開。|

公夏首字乘。|

奚容蒧字子晳。|

公堅定字子中。|

顏祖字襄。|

鄡單字子家。|

句井彊。|

罕父黑字子索。|

秦商字子丕。|

申黨字周。|

顏之僕字叔。|

榮旂字子其①。|

① 子其,中華書局本《史記》作"子祺"。

縣成字子祺。|

左人郢字行。|

燕伋字思。|

鄭國字子徒。|

秦非字子之。|

施之常字子恒。|

顔噲字子聲。|

步叔乘字子車。|

原亢籍。|

樂欬字子聲。|

廉潔字庸。|

叔仲會字子期。|

顔何字冉。|

狄黑字晳。|

邽巽字子斂。|

孔忠。|

公西輿如字子上。|

公西蒧字子上。|

太史公曰:學者多稱七十子之徒,譽者或過其實,毁者或損其真,鈞之未睹厥容貌,則論言《弟子籍》,出孔氏古文近是。余以弟子名姓文字,悉取《論語》《弟子問》,並次爲篇,疑者闕焉。

弟子傳多取《論語》,或間取他書,連絡貫串如一章,以見法,而無他奇。蓋聖門之人,原無奇事可寫,而筆墨矜貴,金玉其姿矣。〇子貢一段,獨用史公筆意,將五國事,摶挠脱卸獨露才情。

商君列傳

商君者，衛之諸庶孽公子也，名鞅，姓公孫氏，其祖本姬姓也。丨點得明。鞅少好刑名之學，一篇根本，後"法"字俱本於此。事魏相公叔痤爲中庶子。公叔痤知其賢，未及進。會痤病，魏惠王親往問病，曰："公叔病，有如不可諱，將柰社稷何？"公叔曰："痤之中庶子公孫鞅，年雖少，有奇才，願王舉國而聽之。"王嘿然。王且去，痤屏人言曰："王即不聽用鞅，必殺之，先一正，後一折，險甚，以相激成勢。無令出境。"用秦正伏于此。王許諾而去。公叔痤召鞅謝曰："今者王問可以爲相者，我言若，王色不許我。我方先君後臣，因謂王'即弗用鞅，當殺之'。王許我。汝可疾去矣，且見禽。"前反正一對，此又與前對，作章法。鞅曰："彼王不能用君之言任臣，又安能用君之言殺臣乎？"卒不去。又激轉作勢，另尋一出路住，文法之妙。惠王既去，而謂左右曰："公叔病甚，悲乎！欲令寡人以國聽公孫鞅也，豈不悖哉！"丨又借惠王一歎，回映鞅言，步步顧盼。

公叔既死，公孫鞅聞秦孝公下令國中，求賢者，將修繆公之業，東復侵地，迺遂西入秦，因孝公寵臣景監，以求見孝公。孝公既見衛鞅，語事良久，孝公時時睡，弗聽。先寫一筆。罷，句。而孝公怒景監曰:"子之客,妄人耳,安足用邪!"景監以讓衛鞅。衛鞅曰:"吾說公以帝道,其志不開悟矣。"先作一縱。後五日,復求見鞅。鞅復見孝公,益愈,然而未中旨。少進。罷,句。而孝公復讓景監,景監亦讓鞅。鞅曰:"吾說公以王道,而未入也。又作一縱。請復見鞅。"鞅復見孝公,孝公善之,而未用也。罷而去。孝公謂景監曰:"汝客善,可與語矣。"更進。鞅曰:省景監一問,好!"吾說公以霸道,其意欲用之矣。誠復見我,我知之矣。"又作一縱,欲合未合,妙!衛鞅復見孝公。公與語,不自知厀之前於席也。語數日不厭。景監曰:"子何以中吾君?吾君之驩甚也。"鞅曰:"吾說君以帝王之道,比三代,而君曰:揣孝公意中之言。'久遠,吾不能待。且賢君者,各及其身,顯名天下,安能邑邑待數十百年,以成帝王乎?'故吾以彊國之術說君,君大說之耳。凡作四層,逐層飛颺而入,帝王亦借作波致耳,商君豈帝王之佐哉?蘇子由曰'極言其上以要之',此言是也。然亦難以比德於殷周矣。"丨即因"帝王"字借作掉尾。

孝公既用衛鞅,緊接。鞅欲變法,恐天下議己。衛鞅曰:"疑行無名,疑事無功。且夫有高人之行者,固見非於世;有獨知之慮者,必見敖於民。愚者闇于成事,知者見於未萌。民不可與慮始,而可與樂成。論至德者,不和於俗,成大功者不謀於眾。是以聖人苟可以彊國,不法其故;苟可以利民,不循其禮。"一意作六對,連珠而下,文法佳勝。孝公曰:"善。"甘龍曰:"不然。聖人不易民而教,知者不變法而治。因民而教,不勞而成功;緣法而治者,吏習而民安之。"亦作兩對,一樣。衛鞅曰:"龍之所言,世俗之言也。常人安於故俗,學者溺於所聞。以此兩者居官守法可也,非所與論於法之外也。三代不同禮而王,五伯不同法而霸。智者作法,愚者制焉;賢者更禮,不肖者拘焉。"又四對。杜摯曰:"利不百,不變法;功不十,不易器。法古無過,循禮無邪。"兩對,句法峭勁。衛鞅曰:"治世不一道,便國不法古。故湯武不循古而王,夏殷不易禮而亡。反古者不可非,而循禮者不足多。"三對,通篇以對語終,另一筆致。孝公曰:"善。"以衛鞅爲左庶長,卒定變法之令。

令民爲什五,而相收[①]司連坐。不告姦者腰斬,告姦者與斬敵首同賞,匿姦者與降敵同罰。民有二男以上不分異者,倍其賦。有軍功者,各以率受上爵;爲私鬭者,各以輕重被刑。大小僇力,本業耕織,致粟帛多者,復其身。事末利及怠而貧者,舉以爲收孥。宗室非有軍功論,不得爲屬籍。明尊卑、爵秩、等級,各以差次;名田宅、臣妾、衣服以家次:有功者顯榮,無功者雖富無所芬華。前以多少排對,此用多少"者"字,一句頂一句,連翩而下,眼眸一新。

令既具,未布,恐民之不信,又作一頓。已乃立三丈之木於國都市南門,募民有能徙置北門者予十金。民怪之,莫敢徙。又一頓。復曰"能徙者予五十金"。有一人徙之,輒予五十金,以明不欺。徙木事亦作兩層寫。卒下令。

令行於民,期年,秦民之國都,言初令之不便者,以千數。於是太子犯法。"於是"接得好。太子尚犯法,則不便者多矣。衛鞅曰:"法之不行,自上犯之。"將法太子。太子,君嗣也,不可施刑,刑其傅公子虔,黥其師公孫賈。明日,秦人皆趨令。行之十年,秦民大說,道不拾遺,山無盜賊,家給人足。民勇於公戰,怯於私鬭,鄉邑大治。秦民初言令不便者,有來言令便者,衛鞅曰"此皆亂化之民

① 收,中華書局本《史記》作"牧"。

也",盡遷之於邊城。其後民莫敢議令。丨完出令事。

於是以鞅爲大良造。將兵圍魏安邑,降之。丨居三年,作爲築冀闕宫庭於咸陽,秦自雍徙都之。而令民父子兄弟同室内息者爲禁。而集小都鄉邑聚爲縣,置令、丞,凡三十一縣。爲田,開阡陌封疆,而賦税平。平斗桶權衡丈尺。前一段是禁奸敦本,此一段是立法制度,分作兩段寫,相與照映。行之四年,公子虔復犯約,劓之。每出一令,則威刑一行。公子虔作兩次寫。居五年,秦人富彊,天子致胙於孝公,諸侯畢賀。丨寫此是爲衛鞅彊秦之功。

其明年,齊敗魏兵於馬陵,虜其太子申,殺將軍龐涓。其明年,衛鞅説孝公曰:"秦之與魏,譬若人之有腹心疾,非魏并秦,秦即并魏。何者?魏居嶺阨之西,都安邑,與秦界河,而獨擅山東之利。利則西侵秦,病則東收地。今以君之賢聖,國賴以盛。而魏往年大破於齊,諸侯畔之,可因此時伐魏。魏不支秦,必東徙。東徙,秦據河山之固,東鄉以制諸侯,此帝王之業也。"説得明透。孝公以爲然,使衛鞅將而伐魏。魏使公子卬將而擊之。軍既相距,衛鞅遺魏將公子卬書曰:"吾始與公子驩,補在魏時事。今俱爲兩國將,不忍相攻,可與公子面相見,句。盟,句。樂飲而罷兵以安秦魏。"魏公子卬以爲然。會盟,已飲,而衛鞅伏甲士,而襲虜魏公子卬,因攻其軍,盡破之,以歸秦。魏惠王兵數破於齊秦,雙收,并應還馬陵事,周密。國内空,日以削,句。恐,句。乃使使割河西之地,獻於秦以和。而魏遂去安邑,徙都大梁。梁惠王曰:"寡人恨不用公叔痤之言也。"丨應還公叔痤事。衛鞅既破魏還,秦封之於、商十五邑,號爲商君。丨

商君相秦十年,宗室貴戚多怨望者。趙良見商君。商君曰:

"鞅之得見也，從孟蘭皋，補出孟蘭皋，突。今鞅請得交，可乎？"趙良曰："僕弗敢願也。孔丘有言曰：'推賢而戴者進，聚不肖而王者退。'僕不肖，故不敢受命。僕聞之曰："非其位而居之，曰貪位。非其名而有之，曰貪名。"僕聽君之義，則恐僕貪位貪名也。故不敢聞命。"兩"受命""聞命"作調。商君曰："子不説吾治秦與？"趙良曰："反聽之謂聰，內視之謂明，自勝之謂彊。連三句。虞舜有言曰：'自卑也尚矣。'君不若道虞舜之道，無爲問僕矣。"二颺。虞舜與前"帝道"照。商君曰："始秦，戎翟之教，父子無別，同室而居。今我更制其教，而爲其男女之別，大築冀闕，營如魯衛矣。子觀我治秦也，孰與五羖大夫賢？"趙良曰："千羊之皮，不如一狐之掖；千人之諾諾，不如一士之諤諤。武王諤諤以昌，殷紂墨墨以亡。數語亦一氣連下。君若不非武王乎，則僕請終日正言而無誅，又一頓，武王與前"王道"映。可乎？"商君曰："語有之矣，貌言華也，至言實也，苦言藥也，甘言疾也。又連四句，前段以對比，此以連句，又出一勝。夫子果肯終日正言，鞅之藥也。鞅將事子，子又何辭焉！"趙良曰："夫五羖大夫，荊之鄙人也。聞秦繆公之賢，而願望見，行而無資，自粥於秦客，被褐食牛期年。繆公知之，舉之牛口之下，而加之百姓之上，秦國莫敢望焉。不因嬖人。相秦六七年，而東伐鄭，三置晉君之國，一救荊國之禍。發教封內，而巴人致貢；施德諸侯，而八戎來服。由余聞之，款關請見。服遠以德。五羖大夫之相秦也，勞不坐乘，暑不張蓋，行于國中，不從車乘，不操干戈，不用防衛。功名藏于府庫，德行施于後世。五羖大夫死，秦國男女流涕，童子不歌謠，舂者不相杵。此五羖大夫之德也。今君之見秦王也，因嬖人景監以爲主，非所以爲名也。進因嬖人。相秦，不以百姓爲事，而大築冀闕,非所以爲功也。刑黥太子之師傅,殘傷民以駿刑,是積怨蓄禍也。威民以刑。教之化民也,深於命。民之效上也,捷於令。今君又左建外易,四字不明,《索》解未免牽強。非所以爲教也。君又南面而稱寡人,日繩秦之貴公子。《詩》曰:'相鼠有體,人而無禮,人而無禮,何不遄死。'以《詩》觀之,非所以爲壽也。公子虔杜門不出,已八年矣,君又殺祝懽而黥公孫賈。《詩》曰:'得人者興,失人者崩。'此數事者,非所以得人也。凡作五段,段段變化。君之出也,後車十數,從車載甲,多力而駢脅者爲驂乘,持矛而操闟戟者,旁車而趨。此一物不具,君固不出。盛設防衛,寫商君事事與五羖相反。《書》曰:"恃德者昌,恃力者亡。"君之危若朝露,尚將欲延年益壽乎?一路氣勢,雜引《詩》《書》,磊落振動,此又緊一段,更加激切,文情之妙!則何不歸十五都,灌園於鄙,勸秦王顯巖穴之士,養老存孤,敬父兄,序有功,尊有德,可以少安。君尚將貪商、於之富,寵秦國之教,畜百姓之怨,秦王一旦捐賓客而不立朝,秦國之所以收君者,豈其微哉?亡可翹足而待。"始以正說完。商君弗從。

後五月而秦孝公卒,太子立。公子虔之徒告商君欲反,發吏捕商君。商君亡。至關下,欲舍客舍。客人不知其是商君也,曰:"商君之法,舍人無驗者坐之。"商君喟然嘆曰:"嗟乎,爲法之敝一至此哉!"抽出一閒事,以見商君之法,刻薄操切如此。通篇用法之敝,借此一語結盡。去之魏。魏人怨其欺公子卬而破魏師,弗受。商君欲之他國。魏人曰:"商君,秦之賊。秦彊而賊入魏,弗歸,不可。"遂内秦。商君既復入秦,走商邑,與其徒屬,發邑兵北出擊鄭。秦發兵攻商君,殺之於鄭黽池。秦惠王車裂商君以狥,曰:"莫如商鞅反者!"遂滅商君之家。結得乾淨。

太史公曰:商君,其天資刻薄人也。定案。跡其欲干孝公以帝王術,挾持浮説,非其質矣。勘破。且所因由嬖臣,及得用,刑公子虔,欺魏將卬,不師趙良之言,亦足發明商君之少恩矣。余嘗讀商君《開塞》《耕戰》書,與其人行事相類。卒受惡名於秦,有以也夫!收完。

商君用秦,純于任法,先提刑名之學一句作主,後下乃以“法”字串,故欲變法、定變法、太子犯法、民議令、公子犯約,終之以“爲法之敝”一語,以見法不足恃,徒足以殺其軀而已,所以古人願爲鸑鳳也。〇篇中變法一段,俱用排句。趙良一段,俱用連句。相對作章法。〇商君罪案,借趙良口中序出。而史公即以“天資刻薄”一句結之,闢合甚妙!

蘇秦列傳

蘇秦者,東周雒陽人也。東事師於齊,而習之於鬼谷先生。

出游數歲,大困而歸。兄弟嫂妹妻妾,竊皆笑之,欲寫蘇秦之通顯,先寫其困頓,天道之倚伏如此,文勢之抑揚亦如此。曰:"周人之俗,治産業,力工商,逐什二以爲務。今子釋本而事口舌,句。困,句。不亦宜乎!"一颺。蘇秦聞之而慙,自傷,乃閉室不出,出其書徧觀之。曰:"夫士業已屈首受書,而不能以取尊榮,雖多亦奚以爲!"找一句,見以前讀書已多,不待此時始發憤也。於是得《周書》《陰符》,伏而讀之。期年,以出揣摩,曰:"此可以説當世之君矣。"丨游説六國事,此一句根,吸起通篇。求説周顯王。顯王左右,素習知蘇秦,皆少之。弗信。丨接上"可以説當世之君",以爲一往得志,偏作一颺。

乃西至秦。秦孝公卒。説惠王曰:"秦四塞之國,被山帶渭,東有關河,西有漢中,南有巴蜀,北有代馬,此天府也。説六國,俱以東西南北,序形勢先于此引起。以秦士民之衆,兵法之教,可以吞天下,稱帝而治。"《國策》語尚繁,以下説六國事多,先以此作引子,故不得不簡也。秦王曰:"毛羽未成,不可以高飛;文理未明,不可以并兼。"方誅商鞅,疾辯士,弗用。丨偏又作一颺。

乃東之趙。趙肅侯令其弟成爲相,號奉陽君。奉陽君弗説之。丨臨時又作一颺,凡三颺而後入,文勢頓折。

去游燕,歲餘而後得見。説燕文侯曰:"燕東有朝鮮、遼東,北有林胡、樓煩,西有雲中、九原,南有嘑沱、易水,東西南北二。地方二千餘里,帶甲數十萬,車六百乘,騎六千匹,粟支數年。南有碣石、鴈門之饒,北有棗栗之利,又單出南北變。民雖不佃作,而足於棗栗矣。此所謂天府者也。一折。

"夫安樂無事,不見覆軍殺將,無過燕者。大王知其所以然乎?二折。夫燕之所以不犯寇被甲兵者,以趙之爲蔽其南也。秦趙五戰,秦再勝而趙三勝。秦趙相斃,而王以全燕制其後,此燕之所以不犯寇也。三折。且夫秦之攻燕也,喻[1]雲中、九原,過代、上谷,彌地數千里,雖得燕城,秦計固不能守也。秦之不能害燕亦明矣。四折。今趙之攻燕也,發號出令,不至十日,而數十萬之軍,軍於東垣矣。渡嘑沱,涉易水,不至四五日,而距國都矣。故曰秦之攻燕也,戰于千里之外;趙之攻燕也,戰於百里之内。五折。〇數語明透,文勢亦緊。夫不憂百里之患,而重千里之外,計無過於此者。是故願大王與趙從親,天下爲一,則燕國必無患矣。"説燕,大約以燕近趙而遠秦,秦不能害燕,而趙能害燕,立説。

文侯曰:"子言則可,猶未盡信也,起處正合如此。然吾國小,西迫彊趙,南近齊,齊、趙彊國也。子必欲合從以安燕,寡人請以國從。"六段俱用一樣住法,大同小異。

於是資蘇秦車馬金帛,以至趙。丨説燕事完。而奉陽君已死,

[1] 喻,中華書局本《史記》作"踰"。

點一句接上。即因說趙肅侯曰:"天下卿相人臣,及布衣之士,皆高賢君之行義,皆願奉教陳忠於前之日久矣。雖然,奉陽君妒君而不任事,是以賓客游士,莫敢自盡於前者。應前奉陽君弗悅。今奉陽君捐館舍,君乃今復與士民相親也,臣故敢進其愚慮。

"竊爲君計者,莫若安民無事,一轉。且無庸有事於民也。安民之本,在於擇交,擇交而得則民安,擇交而不得則民終身不安。二轉。突出兩奇峯,虛。請言外患:齊、秦爲兩敵而民不得安,倚秦攻齊而民不得安,倚齊攻秦而民不得安。又突出三奇峯,實。○三轉。故夫謀人之主,伐人之國,常苦出辭斷絕人之交也。願君慎勿出於口。請別白黑,所以異陰陽而已矣。四轉。○以上論大勢。君誠能聽臣,燕必致旃裘狗馬之地,齊必致魚鹽之海,楚必致橘柚之園,韓、魏、中山皆可使致湯沐之奉,而貴戚父兄,皆可以受封侯。五轉。夫割地包利,五伯之所以覆軍禽將而求也;封侯貴戚,湯武之所以放弑而爭也。今君高拱而兩有之,此臣之所以爲君願也。六轉。兩段趁勢一卷,如風如雲。○以上虛序以動趙王。

"今大王與秦,則秦必弱韓、魏;倚秦民不得安。與齊,則齊必弱楚、魏。倚齊民不得安。魏弱則割河外,韓弱則効宜陽,宜陽效則上郡絕,河外割則道不通,楚弱則無援。此三策者,不可不孰計也。

"夫秦下軹道,則南陽危;刦韓包周,則趙氏自操兵;據衛取淇卷,則齊必入朝秦。齊、秦兩敵,民不得安。秦欲已得乎山東,則必舉兵而嚮趙矣。秦甲渡河踰漳,據番吾,則兵必戰於邯鄲之下矣。此臣之所爲君患也。七轉。一句頂一句,逐句瀉下。○以上論事勢。

"當今之時,山東之建國莫彊於趙。趙地方二千餘里,帶甲數十萬,車千乘,騎萬匹,粟支數年。西有常山,南有河漳,東有清河,北有燕國。東西南北三,獨點于後,法變。燕固弱國,不足畏也。找一筆。秦之所害於天下者莫如趙,頓住。○八轉。然而秦不敢舉兵伐趙者,何也? 畏韓、魏之議其後也。然則韓、魏,趙之南蔽也。頂燕弱國句。○九轉。秦之攻韓、魏也,無有名山大川之限,稍蠶食之,傅國都而止。韓、魏不能支秦,必臣入於秦。秦無韓、魏之規,則禍必中於趙矣。此臣之所爲君患也。十轉。以上實説趙事。

"臣聞堯無三夫之分,舜無咫尺之地,以有天下;禹無百人之聚,以王諸侯;湯武之士不過三千,車不過三百乘,卒不過三萬,立爲天子:誠得其道也。是故明主外料其敵之彊弱,內度其士卒賢不肖,不待兩軍相當而勝敗存亡之機固已形於胸中矣,豈掩於眾人之言,而以冥冥決事哉! 十一轉。以上又泛説一段。

"臣竊以天下之地圖案之,諸侯之地五倍於秦,料度諸侯之卒十倍於秦,六國爲一,并力西向而攻秦,秦必破矣。今西面而事之,見臣於秦。十二轉。夫破人之與見破於人也,臣人之與見臣於人也,豈可同日而論哉! 十三轉。

"夫衡人者,皆欲割諸侯之地以予秦。秦成,則高臺榭,美宮室,聽竽瑟之音,前有樓闕軒轅,後有長姣美人,國被秦患而不與其憂。是故夫衡人日夜務以秦權恐愒諸侯,以求割地,故願大王孰計之也。十四轉。以上明敘利害,破衡人之説。

"臣聞明主絕疑去讒,屏流言之迹,塞朋黨之門,故尊主廣地彊兵之計。臣得陳忠於前矣。十五轉。又勾勒一段。故竊爲大王計,莫如一韓、魏、齊、楚、燕、趙以從親,以畔秦。令天下之將相會於洹水之上,通質,刳白馬而盟,要約曰:'秦攻楚,齊、魏各出鋭師以佐之,韓絕其糧道,趙涉河漳,燕守常山之北。秦攻韓、魏,則楚絕其後，齊出鋭師而佐之，趙涉河漳，燕守雲中。秦攻齊，則楚絕其後，韓守城皋，魏塞其道，趙涉河漳、博關，燕出鋭師以佐之。秦攻燕，則趙守常山，楚軍武關，齊涉渤[1]海，韓、魏皆出鋭師以佐之。秦攻趙，則韓軍宜陽，楚軍武關，魏軍河外，齊涉清河，燕出鋭師以佐之。諸侯有不如約者，以五國之兵共伐之。'序法歷落，法嚴而語淨。六國從親以賓秦，則秦甲必不敢出於函谷以害山東矣。如此，則霸王之業成矣。"以上實序從約。○説趙大約以韓、魏，蔽趙不可使其入臣于秦也。從之利害，從之約束，俱于此段敘出。蓋燕固弱國，趙則大而近秦，一得趙柄，天下事便在掌握矣。故見秦之後，即欲見趙肅王也。説詞安得不詳？

趙王曰："寡人年少，立國日淺，未嘗得聞社稷之長計也。今上客有意存天下，安諸侯，寡人敬以國從。"乃飾車百乘，黃金千鎰[2]，白璧百雙，錦繡千純，以約諸侯。丨説趙事完。

是時周天子致文武之胙於秦惠王。惠王使犀首攻魏，禽將龍賈，取魏之雕陰，且欲東兵。蘇秦恐秦兵之至趙也，乃激怒張儀，入之于秦。丨平鋪六段，文便平板，故稍插一段，以間隔之。

於是説韓宣惠王曰："韓北有鞏洛、成皋之固，西有宜陽、商阪之塞，東有宛、穰、洧水，南有陘山，東南西北四。地方九百餘里，帶甲數十萬，天下之彊弓勁弩皆從韓出。谿子、少府，時力距來者，皆射六百步之外。韓卒超足而射，百發不暇止，遠者括蔽洞胸，近者鏑弇心。先説弩，用韓卒射弩者收。韓卒之劍戟，皆出於冥山、棠谿、墨陽、合膊、鄧師、宛馮、龍淵、太阿，皆陸斷牛馬，水截鵠鴈，當

① 渤，中華書局本《史記》作"勃"。

② 鎰，中華書局本《史記》作"溢"。

敵則斬堅甲鐵幕,革抉㕹芮,無不畢具。以韓卒之勇,被堅甲,蹠勁弩,帶利劍,一人當百,不足言也。次說劍,用韓卒帶劍者收,又帶甲與弩陪。○序韓止重其器械,而文調如賦,錦繡錯雜。夫以韓之勁與大王之賢,乃西面事秦,交臂而服,羞社稷而爲天下笑,無大於此者矣。是故願大王孰計之。說韓詞只用氣勢直入。

"大王事秦,秦必求宜陽、成皋。今茲効之,明年又復求割地。與則無地以給之,不與則棄前功而受後禍。且大王之地有盡而秦之求無已,以有盡之地而逆無已之求,此所謂市怨結禍者也,不戰而地已削矣。利害明透,令人心開。臣聞鄙諺曰:'寧爲雞口,無爲牛後。'今西面交臂而臣事秦,何異於牛後乎?夫以大王之賢,挾彊韓之兵,而有牛後之名,臣竊爲大王羞之。"韓則事秦者也,說韓只用直說破以聳動之。

於是韓王勃然作色,攘臂瞋目,按劍,仰天太息,聞蘇秦之言,不覺自愧,將以前抑鬱一齊吊動,故又插此數句以形容之以間,插取致。曰:"寡人雖不肖,必不能事秦。今主君詔以趙王之教,敬奉社稷以從。"|說韓事完。

又說魏襄王曰:"大王之地,南有鴻溝、陳、汝南、許、郾、昆陽、召陵、舞陽、新都、新郪,東有淮、潁、煮棗、無胥,西有長城之界,北有河外、卷、衍、酸棗,東南西北五,獨用長句。地方千里。地名雖小,然而田舍廬廡之數,曾無所芻牧。人民之衆,車馬之多,日夜行不絕,輷輷殷殷,若有三軍之衆。臣竊量大王之國不下楚。魏國止言人民,句亦奇變。然衡人怵王交彊虎狼之秦以侵天下,卒有秦患,不顧其禍。夫挾彊秦之勢以內劫其主,罪無過此者。一頓又起。魏,天下之彊國也;王,天下之賢王也。今乃有意,西面而事秦,稱東藩,築帝宫,受冠帶,祠春秋,臣竊爲大王恥之。二頓又起。

"臣聞越王句踐戰,敝卒三千人,禽夫差於干遂;武王卒三千人,革車三百乘,制紂於牧野。豈其士卒衆哉?誠能奮其威也。今竊聞大王之卒,武士二十萬,蒼頭二十萬,奮擊二十萬,厮徒十萬,車六百乘,騎五千匹。亦只說人民之衆。此其過越王句踐、武王遠矣,今乃聽於群臣之說,而欲臣事秦。夫事秦必割地以効實,故兵未用而國已虧矣。三頓又起。凡群臣之言事秦者,皆姦人,非忠臣也。夫爲人臣,割其主之地以求外交,偷取一時之功,而不顧其後,破公家而成私門,外挾彊秦之勢,以内劫其主,以求割地,願大王孰察之。

"《周書》曰:'緜緜不絕,蔓蔓柰何?毫氂不伐,將用斧柯。'前慮不定,後有大患,將柰之何?用成語入,法變。大王誠能聽臣,六國從親,專心并力,壹意,則必無彊秦之患。故敝邑趙王,使臣効愚計,奉明約,在大王之詔詔之。"韓、魏近秦,畏秦實甚,故一則感愧其心,一則含糊其說。事勢如此。

魏王曰:"寡人不肖,未嘗得聞明教。今主君以趙王之詔詔之,敬以國從。"|說魏事完。

因東說齊宣王曰:"齊南有泰山,東有琅邪,西有清河,北有渤[①]海,東西南北六。此所謂四塞之國也。齊地方二千餘里,帶甲數十萬,粟如丘山。三軍之良,五家之兵,進如鋒矢,戰如雷霆,解如風雨。即有軍役,未嘗倍泰山,絕清河,涉渤海也。臨菑之中七萬戶,臣竊度之,不下戶三男子,三七二十一萬,不待發於遠縣,而

---

① 渤,中華書局本《史記》作"勃"。

臨菑之卒固已二十一萬矣。臨菑甚富而實,其民無不吹竽鼓瑟,彈琴擊筑,鬭雞走狗,六博蹋鞠者。臨菑之塗,車轂擊,人肩摩,連衽成帷,舉袂成幕,揮汗成雨,家殷人足,志高氣揚。齊亦止說其民眾,語亦用賦調,而氣勢更好。夫以大王之賢與齊之彊,天下莫能當。今乃西面而事秦,臣竊爲大王羞之。一側即下。

“且夫韓、魏之所以重畏秦者,爲與秦接境壤界也。兵出而相當,不出十日而戰勝存亡之機決矣。韓、魏戰而勝秦則兵半折,四境不守;戰而不勝,則國已危亡隨其後。是故韓、魏之所以重與秦戰,而輕爲之臣也。又一側。今秦之攻齊則不然。倍韓、魏之地,過衛晉陽[①]之道,徑乎亢父之險,車不得方軌,騎不得比行,百人守險,千人不敢過也。秦雖欲深入,則狼顧,恐韓、魏之議其後也。是故恫疑虛喝,驕矜而不敢進,則秦之不能害齊亦明矣。

“夫不深料秦之無柰齊何,而欲西面而事之,是群臣之計過也。今無臣事秦之名,而有彊國之實,臣是故願大王少留意計之。”說齊只說齊之遠秦,秦不能害,文亦明甚。

齊王曰:“寡人不敏,僻遠守海,窮道東境之國也,未嘗得聞餘教。今足下以趙王詔詔之,敬以國從。”丨說齊事完。

乃西南說楚威王曰:“楚,天下之彊國也。王,天下之賢王也。西有黔中、巫郡,東有夏州、海陽,南有洞庭、蒼梧,北有陘塞、郇陽,東西南北七。地方五千餘里,帶甲百萬,車千乘,騎萬匹,粟支十年。此霸王之資也。說楚之富彊獨簡,蓋楚之富彊不待言也。○緊接一。夫以楚之彊與王之賢,天下莫能當也。今乃欲西面而事秦,則諸

① 晉陽,中華書局本《史記》作“陽晉”。

侯莫不西面而朝於章臺之下矣。緊接二。

“秦之所害莫如楚,楚彊則秦弱,秦彊則楚弱,其勢不兩立。兩句明透。故爲大王計,莫如從親以孤秦。大王不從,秦必起兩軍,一軍出武關,一軍下黔中,則鄢郢動矣。

“臣聞治之其未亂也,爲之其未有也。患至而後憂之,則無及矣。故願大王早孰計之。緊接三。

“大王誠能聽臣,臣請令山東之國,奉四時之獻,以承大王之明詔,委社稷,奉宗廟,練士厲兵,在大王之所用之。緊接四。大王誠能用臣之愚計,又要勒一段更緊。則韓、魏、齊、燕、趙、衛之妙音美人必充後宫,燕、代橐駝良馬必實外廄。故從合則楚王,衡成則秦帝。今釋霸王之業,而有事人之名,臣竊爲大王不取也。緊接五。

“夫秦,虎狼之國也,有吞天下之心。秦,天下之仇讎也。衡人皆欲割諸侯之地以事秦,此所謂養仇而奉讎者也。夫爲人臣,割其王之地以外交,彊虎狼之秦,以侵天下,卒有秦患,不顧其禍。夫外挾彊秦之威以内劫其主,以求割地,大逆不忠,無過此者。緊接六①。故從親則諸侯割地以事楚,衡合則楚割地以事秦,兩句更明透。此兩策者相去遠矣,二者大王何居焉?故敝邑趙王使臣效愚計,奉明約,在大王詔之。”秦楚敵國也,故説楚止明其不兩立之勢,句句緊入,不放一鬆,故自能動人。

楚王曰:“寡人之國西與秦接境,一段。秦有舉巴蜀并漢中之心。二段。秦,虎狼之國,不可親也。三段。而韓、魏迫於秦患,不可與深謀,與深謀恐反人以入于秦,故謀未發而國已危矣。四段。

① 底本作“緊接五”,據上文改。

寡人自料以楚當秦,不見勝也;內與群臣謀,不足恃也。寡人臥不安席,食不甘味,心搖搖然如懸旌而無所終薄。五段。群臣不足恃,正答其割地外交云云也。今主君欲一天下,收諸侯,存危國,寡人謹奉社稷以從。”|說楚事完。楚是結末一國,故多一段,以收束之。

於是六國從合而并力焉。|一句收上六段。蘇秦爲從約長,并相六國。

北報趙王,乃行過雒陽,車騎輜重,諸侯各發使送之甚眾,擬於王者。周顯王聞之,恐懼,除道,使人郊勞。爲周顯王弗用吐氣。蘇秦之昆弟妻嫂側目不敢仰視,俯伏侍取食。蘇秦笑謂其嫂曰:“何前倨而後恭也?”嫂委蛇蒲服,以面掩地而謝曰:“見季子位高金多也。”爲昆弟妻嫂竊笑吐氣。蘇秦喟然嘆曰:“此一人之身,富貴則親戚畏懼之,貧賤則輕易之,況眾人乎!且使我有雒陽負郭田二頃,吾豈能佩六國相印乎!”兩“乎”字作兩歎,文致跌蕩,情事躍然。於是散千金以賜宗族朋友。初,蘇秦之燕,貸百錢爲資,及得富貴,以百金償之。徧報諸所嘗見德者。其從者有一人獨未得報,乃前自言。蘇秦曰:“我非忘子。子之與我至燕,再三欲去我易水之上,方是時,我困,故望子深,是以後子,子今亦得矣。此段應前,人固知之,乃于空處又補出二事以陪之。若不,專爲應前者,虛實相參之妙。

蘇秦既約六國從親,歸趙,間接。趙肅侯封爲武安君,乃投從約書于秦。秦兵不敢闚函谷關十五年。|其實從約未幾即解,故虛寫一筆,以爲蘇秦之功,緊接犀首一句,以紀其實也。

其後秦使犀首欺齊、魏,與共伐趙,欲敗從約。敗從約只畧說,爲蘇秦諱也。齊、魏伐趙,趙王讓蘇秦。伐趙讓秦事虛寫,一路實寫,至此用虛也。蘇秦恐,請使燕,必報齊。蘇秦去趙,而從約皆解。|蘇

秦說六國,一篇數千言,而從約之解,一句即了。如水①消瓦解,蓋親昆弟尚有爭財如忌者,欲六國一心原爲難事也。

秦惠王以其女爲燕太子婦。|此亦敗從約之一端,故附入,然已爲後少壻一句伏脉。是歲,文侯卒,太子立,是爲燕易王。易王初立,齊宣王因燕喪伐燕,取十城。易王謂蘇秦曰:"往日先生至燕,而先王資先生見趙,遂約六國從。今齊先伐趙,次至燕,以先生之故,爲天下笑,心機用盡,功業中隳,兜頭一提,使人浩歎。先生能爲燕得侵地乎?"蘇秦大慙,曰:"請爲王取之。"蘇秦末路,抑鬱甚矣,再爲一揚。

蘇秦見齊王,再拜,俯而慶,仰而吊。做作好看,固是策士家風。齊王曰:"是何慶弔相隨之速也?"蘇秦曰:"臣聞饑人所以饑而不食烏喙者,爲其愈充腹而與餓死同患也。今燕雖弱小,即秦王之少壻也。應前女爲太子婦。大王利其十城而長與彊秦爲仇。今使弱燕爲鴈行而彊秦敝其後,以招天下之精兵,是食烏喙之類也。"初欲六國困秦,後即借秦以恐喝六國。極寫蘇秦反覆處,然當時事勢,不得不然也。齊王愀然變色曰:"然則柰何?"蘇秦曰:"臣聞古之善制事者,轉禍爲福,因敗爲功。大王誠能聽臣計,即歸燕之十城。主意欲得十城,他所不顧矣。燕無故而得十城,必喜;秦王知以己之故而歸燕之十城,亦必喜。此所謂棄仇讎而得石交者也。一轉。流利。夫燕、秦俱事齊,則大王號令天下,莫敢不聽。是王以虛辭附秦,以十城取天下。此霸王之業也。"一氣而下,筆如轉圜。王曰:"善。"於是乃歸燕之十城。|

人有毀蘇秦者曰:"左右賣國反覆之臣也,將作亂。"頂上節,反

① 水,底本作"末",疑誤,據校本改。

覆實,作亂虛。蘇秦恐得罪,句。歸,句。而燕王不復官也。蘇秦見燕王曰:"臣,東周之鄙人也,無有分寸之功,而王親拜之於廟,而禮之於庭①。今臣爲王卻齊之兵,而攻得十城,宜以益親。今來而王不官臣者,人必有以不信傷臣於王者。一轉。臣之不信,王之福也。二轉。臣聞忠信者,所以自爲也;進取者,所以爲人也。三轉。且臣之說齊王,曾非欺之也。四轉。臣棄老母於東周,固去自爲而行進取也。五轉。今有孝如曾參,廉如伯夷,信於尾生。得此三人者以事大王,何若?"句句轉,句句圓,詞意俱妙。王曰:"足矣。"蘇秦曰:"孝如曾參,義不離其親一宿于外,王又安能使之步行千里而事弱燕之危王哉?一段。廉如伯夷,義不爲孤竹君之嗣,不肯爲武王臣,不受封侯,而餓死首陽山下。有廉如此,王又安能使之步行千里,而行進取於齊哉?二段。信如尾生,與女子期於梁下,女子不來,水至不去,抱柱而死。有信如此,王又安能使之步行千里却齊之彊兵哉?三段"信"是主,"孝"與"廉"是陪。臣所謂以忠信得罪於上者也。"上列三段,一句即收,文法矯健。燕王曰:"若不忠信耳,豈有以忠信而得罪者乎?"又作一泛,不即住,更好。蘇秦曰:"不然。臣聞客有遠爲吏,而其妻私于人者,一喻未明,又作一喻。波瀾疊出,娓娓不窮。其夫將來,其私者憂之,妻曰'勿憂,吾已作藥酒待之矣'。居三日,其夫果至,妻使妾舉藥酒進之。妾欲言酒之有藥,則恐其逐主母也,欲勿言乎,則恐其殺主父也。於是乎詳僵而棄酒。主父大怒,笞之五十。閨房瑣事,以折宕之筆出之,寫來如親見。故妾一僵而覆酒,上存主父,下存主母,然而不免于笞,惡在乎忠信之無

① 庭,中華書局本《史記》作"廷"。

罪也?後喻亦只一句收,與前一樣。夫臣之過,不幸而類是乎!”燕王曰:“先生復就故官。”益厚遇之。|

易王母,文侯夫人也,與蘇秦私通。燕王知之,而事之加厚。蘇秦恐誅,乃說燕王曰:“臣居燕,不能使燕重,而在齊則燕必重。”燕王曰:“唯先生之所爲。”於是蘇秦詳爲得罪於燕而亡走齊,齊宣王以爲客卿。

齊宣王卒,湣王即位,說湣王厚葬以明孝,高宮室大苑囿以明得意,欲破敝齊而爲燕。|首用蘇秦者,燕也。爲蘇秦之所感。首伐趙而敗從約者,齊也,爲蘇秦之所恨。故前之出趙入燕,今之出燕入齊,所以報齊者甚深,爲燕者甚切。燕易王卒,燕噲立爲王。其後齊大夫多與蘇秦爭寵者,而使人刺蘇秦,不死,殊而走。齊王使人求賊,不得。蘇秦且死,乃謂齊王曰:“臣即死,車裂臣以徇於市,曰‘蘇秦爲燕作亂於齊’,如此則臣之賊必得矣。”於是如其言,而殺蘇秦者果自出,齊王因而誅之。至死而行詐,極寫蘇秦之反覆可畏。燕聞之曰:“甚矣,齊之爲蘇生報仇也!”插燕人一句,不說明妙,情事逼透。

蘇秦既死,其事大泄。齊後聞之,乃恨怒燕。燕甚恐。|蘇秦一傳,摭其死後事,作不了語結。蘇秦之弟曰代,蘇代附傳。代弟蘇厲,蘇厲虛序。見兄遂,亦皆學。及蘇秦死,接上。代乃求見燕王,欲襲故事。曰:“臣,東周之鄙人也。竊聞大王義甚高,鄙人不敏,釋鉏耨而干大王。本意欲至燕也。至於邯鄲,所見者絀於所聞,至趙而所見不及所聞。於東周,臣竊負其志。至東周而未遂其志。及至燕廷,聞兩國然後至燕也。觀王之群臣下吏。王,天下之明王也。”頓住。燕王曰:“子所謂明王者何如也?”起一峯。對曰:“臣聞明王務聞其過,不欲聞其善,臣請謁王之過。前一頓,此借勢直入。夫齊、趙者,

燕之仇讎也;楚、魏者,燕之援國也。今王奉仇讎以伐援國,非所以利燕也。語亦明快。王自慮之,此則計過,無以聞者,非忠臣也。”又找兩句,蓋曰出于王意則過矣,而群臣之不言者,非忠也,調好。王曰:“夫齊者,固寡人之讎,所欲伐也,直患國敝,力不足也。子能以燕伐齊,則寡人舉國委子。”對曰:“凡天下戰國七,燕處弱焉。獨戰,則不能,有所附,則無不重。南附楚,楚重;西附秦,秦重;中附韓、魏,韓、魏重。且苟所附之國重,此必使王重矣。連六“重”字,歷落可聽。今夫齊,長主而自用也。南攻楚五年,畜聚竭;西困秦三年,士卒罷敝;北與燕人戰,覆三軍,得二將。然而以其餘兵,南面舉五千乘之大宋,而包十二諸侯。此其君欲得,其民力竭,惡足取乎!且臣聞之,數戰則民勞,久師則兵敝矣。”又頓住。燕王曰:“吾聞齊有清濟、濁河可以爲固,長城、鉅防足以爲塞,誠有之乎?”又起一峯。對曰:“天時不與,雖有清濟、濁河,惡足以爲固!民力罷敝,雖有長城、鉅防,惡足以爲塞!且異日濟西不師,所以備趙也;河北不師,所以備燕也。今濟西、河北盡已役矣,封内敝矣。應民力竭。夫驕君必好利,而亡國之臣必貪於財。應君欲得。王誠能無羞寵子母弟以爲質,寶珠玉帛以事左右,彼將有德燕而輕亡宋,則齊可亡已。”燕王曰:“吾終以子受命於天矣。”句法俊。燕乃使一子質於齊。而蘇厲因燕質子而求見齊王。前言蘇代,此言蘇厲,蓋代、厲同往也。蘇厲附序。齊王怨蘇秦,欲囚蘇厲。燕質子爲謝,已遂委質爲齊臣。|

燕相子之與蘇代婚,而欲得燕權,乃使蘇代侍質子於齊。于質子前插出一事,前忙不及敘,此因報燕事,提起,接入。齊使代報燕,燕王噲問曰:“齊王其霸乎?”曰:“不能。”曰:“何也?”曰:“不信其臣。”

只一句,煩簡相參。於是燕王專任子之,已而讓位,燕大亂。齊伐燕,殺王噲、子之。燕立昭王,而蘇代、蘇厲遂不敢入燕,皆終歸齊,齊善待之。|燕噲係傳外事,故只畧序。

蘇代過魏,魏爲燕執代。齊使人謂魏王曰:"齊請以宋地封涇陽君,秦必不受。一轉。秦非不利有齊而得宋地也,不信齊王與蘇子也。二轉。今齊魏不和如此其甚,則齊不欺秦。三轉。秦信齊,齊秦合,涇陽君有宋地,非魏之利也。四轉。故王不如東蘇子,秦必疑齊而不信蘇子矣。五轉。齊秦不合,天下無變,伐齊之形成矣。"數行中,多少轉折,句法亦陗。於是出蘇代。|代之宋,宋善待之。

齊伐宋,宋急,蘇代乃遺燕昭王書曰:

夫列在萬乘,而寄質於齊,名卑而權輕;奉萬乘助齊伐宋,民勞而實費;夫破宋,殘楚淮北,肥大齊,讎彊而國害:先列三句作主,其實只兩句,仇彊即說助齊伐宋事也。此三者皆國之大敗也。然且王行之者,將以取信於齊也。齊加不信于王,而忌燕愈甚,是王之計過矣。一轉。夫以宋加之淮北,彊萬乘之國也,而齊并之,是益一齊也。北彝方七百里,加之以魯、衛,彊萬乘之國也,而齊并之,是益二齊也。一齊、二齊,文法奇俊。夫一齊之彊,燕猶狼顧而不能支,今以三齊臨燕,其禍必大矣。二轉。

雖然,知者舉事,因禍爲福,轉敗爲功。齊紫,敗素也,而賈十倍;蓋齊紫乃敗素之所染,而價倍也,調峭。越王句踐棲於會稽,復殘彊吳而霸天下:兩譬,一虛一實,一物一人,奇甚。此皆因禍爲福,轉敗爲功者也。三轉。

今王若欲因禍爲福,轉敗爲功,則莫若挑霸齊而尊之,使使盟于周室,焚秦符,曰“曰”字,乃設爲使盟周室之詞也,從人餘術。‘其大上計,破秦;其次,必長賓之’。秦挾賓以待破,秦王必患之。秦五世伐諸侯,今爲齊下,秦王之志,苟得窮齊,不憚以國爲功。苟得破齊,不憚以國狗之也?句陗。○四轉。然則王何不使辯士以此言說秦王曰:又設一段,奇。‘燕、趙破宋肥齊,尊之爲之下者,燕、趙非利之也。燕、趙不利而勢爲之者,以不信秦王也。五轉,下以“然則”二字緊接。然則王何不使可信者接收燕、趙,令涇陽君、高陵君先於燕、趙?秦有變,因以爲質,則燕、趙信秦。秦爲西帝,燕爲北帝,趙爲中帝,立三帝以令於天下。韓、魏不聽則秦伐之,齊不聽則燕、趙伐之,天下孰敢不聽?六轉。天下服聽,因驅韓、魏以伐齊,曰又設詞,一段奇。“必反宋地,歸楚淮北”。反宋地,歸楚淮北,燕、趙之所利也;並立三帝,燕、趙之所願也。夫實得所利,尊得所願,燕、趙棄齊如脫躧矣。七轉。今不收燕、趙,齊霸必成。諸侯贊齊而王不從,是國伐也;諸侯贊齊而王從之,是名卑也。八轉。今收燕、趙,國安而名尊;不收燕、趙,國危而名卑。夫去尊安而取危卑,智者不爲也。’九轉。秦王聞若說,必若刺心。然則王何不使辯士以此若[①]言說秦?秦必取,齊必伐矣。多少轉折,一轉緊于一轉。

夫取秦,厚交也;伐齊,正利也。尊厚交,務正利,聖主[②]之事也。此用正收。

燕昭王善其書,曰:“先人嘗有德蘇氏,子之之亂,而蘇氏去

① 若,底本作“苦”,疑誤,據中華書局本《史記》改。

② 主,中華書局本《史記》作“王”。

燕。燕欲報仇於齊,非蘇氏莫可。”乃召蘇代,復善待之,與謀伐齊。竟破齊,湣王出走。|敘一筆以爲代功,與蘇秦傳一樣。

久之,秦召燕王,燕王欲往,蘇代約燕王曰:“楚得枳而國亡,齊得宋而國亡,齊、楚不得以有枳、宋而事秦者,何也?陡然而起,一折便入。則有功者,秦之深讎也。秦取天下,非行義也,暴也。秦之行暴,正告天下。以行暴出告天下,奇。先提一句,下列告楚、告韓、告魏、委齊、委楚五詞不删一筆,文以煩爲妙者,此類是也。

“告楚曰:‘蜀地之甲,乘船浮於汶,乘夏水而下江,五日而至郢。漢中之甲,乘船出於巴,乘夏水而下漢,四日而至五渚。寡人積甲宛東下隨,一軍下江,一軍下漢,王親將而下隨也,文法雄肆。智者不及謀,勇士不及怒,寡人如射隼矣。“射隼”字奇。王乃欲待天下之攻函谷,不亦遠乎!’楚王爲是故,十七年事秦。

“秦正告韓曰:‘我起乎少曲,一日而斷大行。我起乎宜陽而觸平陽,二日而莫不盡繇。我離兩周而觸鄭,五日而國舉。’前用“五日”“四日”,此用“一日”“二日”“五日”以取勢,下乃變。韓氏以爲然,故事秦。

“秦正告魏曰:‘我舉安邑,塞女戟,韓氏太原卷。我下軹,道南陽,封冀,包兩周。陸兵。乘夏水,浮輕舟,彊弩在前,錟戈在後,舟上之兵器也。決滎口,魏無大梁;決白馬之口,魏無外黄、濟陽;決宿胥之口,魏無虚、頓丘。水兵。陸攻則擊河内,頂舉“安邑”“下軹”。水攻則滅大梁。’頂決滎口、決白馬、決宿胥。魏氏以爲然,故事秦。

“秦欲攻安邑,恐齊救之,則以宋委於齊。曰:‘宋王無道,爲木人以寫寡人,射其面。寡人地絶兵遠,不能攻也。王苟能破宋有之,寡人如自得之。’已得安邑,塞女戟,秦乃乘勢而得安邑、塞女戟也。因以破宋爲齊罪。因以爲齊罪,深文變詐。

“秦欲攻韓,恐天下救之,則以齊委於天下。曰:‘齊王四與寡人約,四欺寡人,必率天下以攻寡人者三。有齊無秦,有秦無齊,必伐之,必亡之。’已得宜陽、少曲,致藺、石,同上。因以破齊爲天下罪。

“秦欲攻魏重楚,則以南陽委於楚。曰:‘寡人固與韓且絕矣。殘均陵,塞鄳阨,苟利於楚,寡人如自有之。’魏棄與國而合於秦,因以塞鄳阨爲楚罪。

“兵困於林中,加一句,變。重燕、趙,以膠東委於燕,以濟西委於趙。趙得講於魏,燕、趙事又虛序,閒插之,妙。至公子延,因犀首屬行而攻趙。

“兵傷於譙石,遇敗於陽馬,而重魏,則以葉、蔡委於魏。已得講於趙,則劫魏,不爲割。前數段虛事實序,今劫魏實事虛序,文法變化。困,則使太后弟穰侯爲和;嬴,則兼欺舅與母。

“適燕者曰‘以膠東’,適趙者曰‘以濟西’,適魏者曰‘以葉、蔡’,適楚者曰‘以塞鄳阨’,適齊者曰‘以宋’,前“告楚曰”“告韓曰”,多少“曰”字長段,此多少“曰”字促節,相映成致。此必令言如循環,用兵如刺蜚,母不能制,舅不能約。

“龍賈之戰,岸門之戰,封陵之戰,高商之戰,趙莊之戰,連五戰,字奇陗。秦之所殺三晉之民數百萬,今其生者,皆死秦之孤也。一句更陗而透。西河之外,上雒之地,三川晉國之禍,三晉之半,秦禍如此其大也。而燕、趙之秦者,皆以爭事秦說其主,此臣之所大患也。”

燕昭王不行。蘇代復重於燕。

燕使約諸侯從親，如蘇秦時，或從或不，而天下由此宗蘇氏之從約。|只虛序，作餘波。代、厲皆以壽死，名顯諸侯。

太史公曰：蘇秦兄弟三人，皆游說諸侯以顯名，其術長於權變。而蘇秦被反間以死，天下共笑之，諱學其術。然世言蘇秦多異，異時事有類之者，皆附之蘇秦。夫蘇秦起閭閻，連六國從親，此其智有過人者。吾故列其行事，次其時序，毋令獨蒙惡聲焉。

諸老師先生皆以說秦一段，不全載《國策》，不知山川綿渺，必有空天；文繡爛施，必有素地。故頭重者脚必輕，腹大者首必小，行文之法也。若一味排比，成何節奏！此史公刪簡之意乎？不特此也，即中間說燕畧而趙詳，說齊濃而韓淡，正相參相配之妙。豈賣菜乎，而求益哉！〇說六國處，一段是一樣文法，必不雷同，細心讀之，當自見耳。〇蘇秦說六國，是一篇掀天揭地文章，宜乎窮矣。末後又出蘇代一篇，另出一奇，如觀洛邑者不知更有鎬京，望終南者不知其又連少室也。奇哉！

張儀列傳

張儀者,魏人也。始嘗與蘇秦俱事鬼谷先生,學術,蘇秦自以不及張儀。|儀、秦兩人,千古並稱,故先提出。秦自以不及張儀,爲激之入秦,先伏一筆。

張儀已學,頂上。而游說諸侯。游說諸侯先虛伏。嘗從楚相飲,已而楚相亡璧,門下意張儀,曰:"儀貧無行,必此盜相君之璧。"共執張儀,掠笞數百,不服,醳之。"醳",作釋字解,是。其妻曰:"嘻!子毋讀書游說,安得此辱乎?"張儀謂其妻曰:"視吾舌尚在不?"奇語。蓋以一身已笞壞,舌固無恙也。其妻笑曰:"舌在也。"儀曰:"足矣。"只此,不說明,妙!

蘇秦已說趙王,而得相約從親,間接。然恐秦之攻諸侯,敗約後負,念莫可使用於秦者,乃使人微感張儀曰:"子始與蘇秦善,今秦已當路,子何不往游,以求通子之願?"張儀於是之趙,上謁,求見蘇秦。蘇秦乃誡門下人,不爲通又使不得去者數日。已而見之,坐之堂下,賜僕妾之食。因而數讓之曰:"以子之材能,乃自令困辱至此。吾寧不能言而富貴子,子不足收也。"謝去之。於辱張儀處,極力摹寫。張儀之來也,自以爲故人,求益,反見辱,句。怒,句。念諸侯莫可事,獨秦能苦趙,乃遂入秦。又於張儀寫一段,兩邊照耀。

蘇秦已而告其舍人曰:“張儀,天下賢士,吾殆弗如也。應“自以不及”。今吾幸先用,而能用秦柄者,獨張儀可耳。然貧,無因以進。吾恐其樂小利而不遂,故召辱之,以激其意。子爲我陰奉之。”至此始說明。乃言趙王,發金幣車馬,使人微隨張儀,與同宿舍,稍稍近就之,奉以車馬金錢,所欲用,爲取給,而弗告。頓住,妙入情事。張儀遂得以見秦惠王。惠王以爲客卿,與謀伐諸侯。

蘇秦之舍人乃辭去。張儀曰:“賴子得顯,方且報德,何故去也?”舍人曰:“臣非知君,知君乃蘇君。一路疑團,至此剔破,使人爽然。蘇君憂秦伐趙,敗從約,以爲非君莫能得秦柄,故感怒君,使臣陰奉給君資,盡蘇君之計謀。今君已用,請歸報。”張儀曰:“嗟乎,此吾在術中而不悟,吾不及蘇君明矣!一轉。與前對照。吾又新用,安能謀趙乎?二轉。爲吾謝蘇君,蘇君之時,儀何敢言。三轉。且蘇君在,儀寧渠能乎!”|以三轉跌落而出,極寫儀心服。○寧渠能,蓋曰“亦何能爲也”。張儀既相秦,爲文檄告楚相曰:“始吾從若飲,我不盜而璧,若笞我。若善守汝國,我顧且盜而城!”|先提蘇秦,頓住,插入楚相事。正接楚相事又頓住,插入蘇秦事。蘇秦事完,又接楚相事。繳完穿插之妙。○作不了語結。

苴蜀相攻擊,各來告急於秦。秦惠王欲發兵以伐蜀,以爲道險狹,難至,而韓又來侵秦,先提一案。秦惠王欲先伐韓,後伐蜀,恐不利;欲先伐蜀,恐韓襲秦之弊。猶豫未能決。又設一疑,下乃挑剔而出。司馬錯與張儀爭論於惠王之前,司馬錯欲伐蜀,欲伐蜀且虛說,後乃實序,虛實相參之妙。張儀曰:“不如伐韓。”王曰:“請聞其說。”

儀曰:“親魏善楚,下兵三川,塞斜谷之口,當屯留之道,魏絕南陽,楚臨南鄭,親魏善楚,借爲犄角也。秦攻新城、宜陽,以臨二周之郊,誅周王之罪,侵楚、魏之地。周自知不能救,九鼎寶器必出。據九鼎,按圖籍,挾天子以令于天下,天下莫敢不聽,此王業也。一段伐韓之利。今夫蜀,西僻之國,而戎翟之倫也,敝兵勞衆不足以成名,得其地不足以爲利。一段伐蜀之不利。臣聞爭名者于朝,爭利者于市。今三川、周室,天下之朝市也,而王不爭焉,顧爭于戎翟,去王業遠矣。”又以韓、蜀雙結。

司馬錯曰:“不然。臣聞之,欲富國者務廣其地,欲彊兵者務富其民,欲王者務博其德,三資者備而王隨之矣。今王地小民貧,故臣願先從事于易。伐蜀先立一冒,三段平説,其實止重富彊,“王”字陪説,故後竟不提起。夫蜀,西僻之國也,而戎翟之長也,有桀紂之亂。以秦攻之,辟如使豺狼逐群羊。得其地足以廣國,頂彊。取其財足以富民,頂富。繕兵不傷衆,而彼已服焉。拔一國而天下不以爲暴,利盡西海而天下不以爲貪,是我一舉而名實附也,而又有禁暴止亂之名。一段伐蜀之利。今攻韓,劫天子,惡名也,而未必利也,又有不義之名,而攻天下所不欲,危矣。伐韓,亦先立一冒。臣請論其故:周,天下之宗室也;齊韓之與國也。齊韓不應斷,蓋曰周爲齊韓等之與國也,連上句,故下接齊趙楚魏等語,讀作兩句,非是。周自知失九鼎,韓自知亡三川,將二國并力合謀,以因乎齊、趙,而求解乎楚、魏,以鼎與楚,以地與魏,王弗能止也。此臣之所謂危也。一段伐韓之不利。不如伐蜀完。”又勾勒一句,意足。

惠王曰:“善,寡人請聽子。”儀傳也,欲爲儀發揮,而劈頭先寫張儀

一詘。文法變換。卒起兵伐蜀,十月,取之,遂定蜀,貶蜀王更號爲侯,而使陳莊相蜀。蜀既屬秦,秦益以彊,富厚,輕諸侯。|結完富彊本旨。

秦惠王十年,使公子華與張儀圍蒲陽,降之。儀因言秦,復與魏,而使公子繇質于魏。儀因説魏王曰:"秦王之遇魏甚厚,魏不可以無禮。"後有游説諸國一段大文,故此處只作一點。欲繁先簡,文章家數。魏因入上郡、少梁,謝秦惠王。惠王乃以張儀爲相,更名少梁曰夏陽。|

儀相秦四歲,立惠王爲王。|居一歲,爲秦將,取陜。築上郡塞。|

其後二年,序歲數,句法佳。使與齊、楚之相會齧桑。東還而免相,相魏以爲秦,欲令魏先事秦而諸侯效之。魏王不肯聽儀。欲寫秦王用儀,先寫伐蜀之不聽。欲寫六國從儀,先寫魏王之不聽。欲揚先抑,欲合故離,文家之妙。秦王怒,伐取魏之曲沃、平周,復陰厚張儀益甚。張儀慚,無以歸報。留魏四歲而魏襄王卒,哀王立。張儀復説哀王,哀王不聽。復寫哀王不聽,又一逼。於是張儀陰令秦伐魏。魏與秦戰,敗。

明年,齊又來敗魏於觀津。秦復欲攻魏,先敗韓申差軍,斬首八萬,諸侯震恐。先伏一句,爲游説六國之根。而張儀復説魏王曰:至此方入。"魏地方不至千里,卒不過三十萬。地四平,諸侯四通輻輳,無名山大川之限。從鄭至梁二百餘里,車馳人走,不待力而至。句法峭。梁南與楚境,西與韓境,北與趙境,東與齊境,四"境"字,句法奇。卒戍四方,守亭鄣者不下十萬。梁之地勢,固戰場也。梁南與楚而不與齊,則齊攻其東;東與齊而不與趙,則趙攻其北;

不合於韓,則韓攻其西;不親於楚,則楚攻其南:此所謂四分五裂之道也。東西南北,與前意同,而詳畧異,作兩層結。〇一段言魏之形勢。

"且夫諸侯之爲從者,將以安社稷,尊主彊兵,顯名也。今從者一天下,約爲昆弟,刑白馬以盟洹水之上,以相堅也。而親昆弟同父母,尚有爭錢財,而欲恃詐僞反覆蘇秦之餘謀,其不可成亦明矣。一段破從之難成。

"大王不事秦,秦下兵攻河外,據卷、衍、酸棗,刼衛取陽晉,則趙不南,趙不南而梁不北,梁不北則從道絕,從道絕則大王之國欲毋危不可得也。秦折韓而攻梁,韓怯於秦,秦韓爲一,梁之亡可立而須也。此臣之所爲大王患也。一段不事秦之害。

"爲大王計,莫如事秦。事秦則楚、韓必不敢動;無楚、韓之患,則大王高枕而臥,國必無憂矣。

"且夫秦之所欲弱者莫如楚,而能弱楚者莫如梁。楚雖有富大之名而實空虛;其卒雖多,然而輕走易北,不能堅戰。悉梁之兵,南面而伐楚,勝之必矣。割楚而益梁,虧楚而適秦,嫁禍安國,此善事也。一段事秦之利。大王不聽臣,秦下甲士而東伐,雖欲事秦不可得矣。又申言不事秦之害以要之。

"且夫從人多奮辭而少可信,說一諸侯而成封侯,是故天下之游談士,莫不日夜搤腕,瞋目切齒,以言從之便,以說人主。人主賢其辯而牽其說,豈得無眩哉。又申言從人之反覆以明之。

"臣聞之,積羽沉舟群輕折軸,衆口鑠金,積毀銷骨,故願大王審定計議,又以譬喻結,多少反覆。且賜骸骨辟魏。"

哀王於是乃倍從約,而因儀請成於秦。丨張儀歸,復相秦。三歲而魏復背秦爲從。秦攻魏取曲沃。明年,魏復事秦。丨作數反覆,乃定衡約。諸侯事秦,不得已也。

秦欲伐齊,齊楚從親,於是張儀往相楚。楚懷王聞張儀來,虛上舍而自館之。曰:"此僻陋之國,子何以教之?"儀説楚王曰:"大王誠能聽臣,閉關絶約于齊,臣請獻商、於之地六百里,使秦女得爲大王箕箒之妾,秦楚娶婦嫁女,長爲兄弟之國。此北弱齊而西益秦也,計無便此者。"比《楚世家》簡淨。楚王大説而許之。群臣皆賀,陳軫獨弔之。一賀一弔,借作姿致。楚王怒曰:"寡人不興師發兵,得六百里地,群臣皆賀,子獨弔,何也?"陳軫對曰:"不然,以臣觀之,商、於之地不可得,而齊秦合,齊秦合則患必至矣。"楚王曰:"有説乎?"陳軫對曰:"夫秦之所以重楚者,以其有齊也。今閉關絶約於齊,則楚孤。秦奚貪夫孤國,而與之商、於之地六百里?句法緊陗。張儀至秦,必負王,是北絶齊交,西生患于秦也,而兩國之兵必俱至。明淨而矯健。善爲王計者,不若陰合而陽絶於齊,使人隨張儀。苟與吾地,絶齊未晚也;不與吾地,陰合謀計也。"楚王曰:"願陳子閉口毋復言,以待寡人得地。"一縱。乃以相印授張儀,厚賂之。於是遂閉關絶約於齊,使一將軍隨張儀。

張儀至秦,詳失綏墮車,不朝三月。楚王聞之,曰:"儀以寡人絶齊未甚邪?"乃使勇士至宋,借宋之符,北罵齊王。又作一頓。齊王大怒,折節而下秦。秦齊之交合,張儀乃朝,謂楚使者曰:"臣有奉邑六里,願以獻大王左右。"楚使者曰:"臣受令于王,以商、於之地六百里,不聞六里。"還報楚王,楚王大怒,發兵而攻秦。陳軫曰:"臣可發口言乎?"閉口""發口",借作姿致。攻之,不如割地,反以賂秦,與之并兵而攻齊,是我出地於秦,取償于齊也,王國尚可存。"楚王不聽,卒發兵。而使將軍屈匄擊秦。秦齊共攻楚,斬首八萬,殺屈匄,遂取丹陽、漢中之地。楚又復益發兵而襲秦,至藍田,大戰,楚大敗,於是楚割兩城以與秦平。

秦要楚,欲得黔中地,欲以武關外易之。楚王曰:"不願易地,願得張儀而獻黔中地。"又作一縱。秦王欲遣之,口弗忍言。故作一頓。張儀乃請行。此乃直入。惠王曰:"彼楚王,怒子之負以商、於之地,是且甘心於子。"張儀曰:"秦彊楚弱,是請行主意。臣善靳尚,尚得事楚夫人鄭袖,袖所言皆從。一轉。且臣奉王之節使楚,楚何敢加誅。二轉。假令誅臣而爲秦得黔中之地,臣之上願。"數語轉折盡致。遂使楚。楚懷王至則囚張儀,將殺之。靳尚謂鄭袖曰:"子亦知子之賤于王乎?"突入靳尚應上。鄭袖曰:"何也?"靳尚曰:"秦王甚愛張儀,而不欲出之,今將以上庸之地六縣賂楚,以美人聘楚,以宮中善歌、謳者爲媵。三"以"字,疊作致。楚王重地尊秦,秦女必貴,而夫人斥矣。不若爲言而出之。"於是鄭袖日夜言懷王曰:"人臣各爲其主用。只一句爲張儀出脱,下俱以秦恐嚇楚王,應張儀"秦疆楚弱"主意。今地未入秦,秦使張儀來,至重王。王未有禮而殺張儀,秦必大怒攻楚。妾請子母俱遷江南,毋爲秦所魚肉也。"懷王後悔,赦張儀,厚禮之如故。

張儀既出,未去,聞蘇秦死,結完蘇秦,應同學,應激入秦,終以蘇秦作一篇綰合。〇從人約六國一齊伐秦,故一時游説,總作一篇。衡人不妨逐國先後事秦,故説魏後,又插欺楚一段。乃説楚王曰:"秦地半天下,兵敵四國,被險帶河,四塞以爲固。虎賁之士百餘萬,車千乘,騎萬匹,積粟如丘山。法令既明,士卒安難樂死,主明以嚴,將智以武,雖無出甲,席卷常山之險,必折天下之脊,天下有後服者先亡。中作一轉。且夫爲從者,無以異于驅群羊而攻猛虎,虎之與羊,不格明矣。今王不與猛虎而與群羊,臣竊以爲大王之計過也。一段稱秦之彊。

"凡天下彊國,非秦而楚,非楚而秦,兩國交爭,其勢不兩立。大王不與秦,秦下甲據宜陽,韓之上地不通。下河東,取成皋,韓必入臣,梁則從風而動。秦攻楚之西,韓、梁攻其北,社稷安得毋危?中作一轉,與上同。

"且夫從者,聚群弱而攻至彊,不料敵而輕戰,國貧而數舉兵,危亡之術也。臣聞之,兵不如者勿與挑戰,粟不如者勿與持久。夫從人飾辯虛辭,高主之節,言其利,不言其害,卒有秦禍,無及爲已。是故願大王之熟計之。一段言楚之不敵。

"秦西有巴蜀,大船積粟,起于汶山,浮江以[1]下,至楚三千餘里。舫船載卒,一舫載五十人,與三月之食,下水而浮,一日行三百餘里,里數雖多,然而不費牛馬之力,不至十日而距扞關。扞關驚,則從境以東,盡城守矣,黔中、巫郡非王之有。秦舉甲出武關,南面而伐,則北地絕。秦兵之攻楚也,危難在三月之內,而楚待諸侯之救,在半歲之外,此其勢不相及也。語語明透。夫待弱國之救,忘彊秦之禍,此臣所以爲大王患也。一段言秦破楚之易。

"大王嘗與吳人戰,五戰而三勝,陣卒盡矣;偏守新城,存民苦矣。臣聞功大者易危,而民敝者怨上。夫守易危之功,而逆彊秦之心,臣竊爲大王危之。中作一折。

"且夫秦之所以不出兵函谷十五年以攻齊、趙者,陰謀有合天下之心。楚嘗與秦搆[2]難,戰于漢中,楚人不勝,列侯執珪,死者七

---

① 以,中華書局本《史記》作"已"。

② 搆,中華書局本《史記》作"構"。

十餘人,遂亡漢中。楚王大怒,興兵襲秦,戰于藍田。此所謂兩虎相搏者也。夫秦楚相敝,而韓魏以全制其後,計無危於此者矣。願大王熟計之。一段言楚破秦之難。

"秦下甲攻衛陽晉,必大關天下之匈。大王悉起兵以攻宋,不至數月而宋可舉,舉宋而東指,則泗上十二諸侯,盡王之有也。中作一折。

"凡天下而以信約從親相堅者,蘇秦,封武安君,相燕,即陰與燕王謀伐破齊而分其地;乃詳有罪,出走入齊,齊王因受而相之;居二年而覺,齊王大怒,車裂蘇秦於市。夫以一詐僞之蘇秦,而欲經營天下,混一諸侯,其不可成亦明矣。一段事秦之利,凡作數段,將從人之難信,插入夾說,另是一格,住句"所以爲大王患""爲大王危之""願大王熟計之",語語變換。

"今秦與楚,接境壤界,固形親之國也。大王誠能聽臣,臣請使秦太子入質於楚,楚太子入質於秦,請以秦女爲大王箕箒之妾,效萬室之都,以爲湯沐之邑,長爲昆弟之國,終身無相攻伐。臣以爲計無便於此者。"正說一段收。

於是楚王已得張儀,而重出黔中地與秦,點還應上。欲許之。屈原曰:"前大王見欺于張儀,張儀至,臣以爲大王烹之;今縱勿忍殺之,又聽其邪說,不可。"懷王曰:"許儀而得黔中,美利也。後而倍之,不可。"故卒許張儀與秦親。|完楚事。

張儀去楚,因遂之韓,說韓王曰:"韓地險惡,山居,五穀所生,非菽而麥,民之食,大抵飯菽藿羹。飯羹二字,顛倒成文。一歲不收,民不饜糟糠。地不過九百里,無二歲之食。料大王之卒,悉之不過三十萬,而厮徒負養在其中矣。除守徼亭鄣塞,見卒不過二十萬而已矣。秦帶甲百餘萬,車千乘,騎萬匹,虎賁之士,跿跔科頭貫頤奮戟者,句法奇。至不可勝計。秦馬之良,戎兵之衆,探前趹後蹄間三尋騰者,句法奇。不可勝數。山東之士,被甲蒙胄以會戰,秦人捐甲徒裼以趨敵,左挈人頭,右挾生虜。夫秦卒與山東之卒,猶孟賁之與怯夫;以重力相壓,猶烏獲之與嬰兒。句法奇。夫戰孟賁、烏獲之士,以攻不服之弱國,無異垂千鈞之重,於烏卵之上,必無幸矣。一段不事秦之害,説韓秦不敵處,字句奇俊濃郁。

"夫群臣諸侯,不料地之寡,而聽從人之甘言好辭,比周以相飾也,皆奮曰'聽吾計,可以彊霸天下'。夫不顧社稷之長利,而聽須臾之説,詿誤人主,無過此者。

"大王不事秦,秦下甲據宜陽,斷韓之上地,東取成皋、滎陽,則鴻臺之宫、桑林之苑,非王之有也。夫塞成皋,絶上地,則王之國分矣。先事秦則安,不事秦則危。夫造禍而求其福報,計淺而怨深,逆秦而順楚,雖欲毋亡,不可得也。

"故爲大王計,莫如爲秦。秦之所欲,莫如弱楚,而能弱楚者,莫如韓。非以韓能彊于楚也,其地勢然也。今王西面而事秦,以攻楚,秦王必喜。夫攻楚以利其地,轉禍而説秦,計無便于此者。"一段事秦之利。

韓王聽儀計。張儀歸報,秦惠王封儀五邑,號曰武信君。|完説韓事。使張儀東説齊湣王曰:"天下彊國,莫[①]過齊者,大臣父兄,殷衆富樂。然而爲大王計者,皆爲一時之説,不顧百世之利。從人説大王者,必曰'齊西有彊趙,南有韓與梁。齊負海之國也,地

① 莫,中華書局本《史記》作"無"。

廣民眾,兵彊士勇,雖有百秦,將無柰齊何’。反起,又一法。大王賢其說而不計其實。夫從人朋黨比周,莫不以從爲可。臣聞之,齊與魯三戰而魯三勝,國以危亾隨其後,雖有戰勝之名,而有亡國之實。是何也?齊大而魯小也。今秦之與齊也,猶齊之與魯也。頓住。秦趙戰於河漳之上,再戰而趙再勝秦;戰于番吾之下,再戰又勝秦。四戰之後,趙之亡卒數十萬,邯鄲僅存,雖有戰勝之名,而國已破矣。是何也?秦彊而趙弱。中忽作兩節,引喻,法變。兩“是何也”對轉,而省“秦與齊”句,文法脱化,不然,拘板極矣,何以爲文?

“今秦楚嫁女娶婦,爲昆弟之國。韓獻宜陽;梁効河外;趙入朝澠池,割河間以事秦。大王不事秦,秦驅韓梁攻齊之南地,悉趙兵渡清河,指博關,臨菑、即墨非王之有也。國一日見攻,雖欲事秦,不可得也。是故願大王孰計之也。”此段只說不事秦之害,而事秦之利,止反掉一語即收,又是一法。

齊王曰:“齊僻陋,隱居東海之上,未嘗聞社稷之長利也。”乃許張儀。|完說齊事。

張儀去,西說趙王曰:“敝邑秦王,使使臣効愚計於大王。大王收率天下以賓秦,秦兵不敢出函谷關十五年。大王之威行於山東,敝邑恐懼慴[①]伏,繕甲厲兵,飾車騎,習馳射,力田積粟,守四封之內,愁居懾處,不敢動搖,唯大王有意督過之也。忽作詞命體,數段之後,詞忌一律,故又翻出一新也。○趙爲從約之主,故先贊揚之,後即以恐喝之也。

“今以大王之力,舉巴蜀,并漢中,包兩周,遷九鼎,守白馬之津。秦雖僻遠,然而心忿含怒之日久矣。今秦有敝甲凋兵,軍於

---

① 慴,中華書局本《史記》作“懾”。

澠池，願渡河踰漳，據番吾，會邯鄲之下，願以甲子合戰，以正殷紂之事，敬使使臣先聞左右。竟是一篇戰書，令天下之從者在趙，散天下之從者亦在趙，故於此加意焉。

"凡大王之所信爲從者，恃蘇秦。蘇秦熒惑諸侯，以是爲非，以非爲是，欲反齊國，而自令車裂于市。夫天下之不可一亦明矣。蘇秦從趙起，故于趙王處提明。今楚與秦爲昆弟之國，而韓梁稱爲東藩之臣，齊獻魚鹽之地，此斷趙之右臂也。夫斷右臂而與人鬭，失其黨而孤居，求欲毋危，豈可得乎？

"今秦發三將軍：其一軍塞午道，告齊使興師，渡清河，軍於邯鄲之東；一軍軍成皋，驅韓梁，軍於河外；一軍軍於澠池。約四國爲一，以攻趙，趙服，必四分其地。張儀說六國，大約即借所下之國以恐愒之，至此四國已約，一齊敘來更覺氣勢。是故不敢匿意隱情，先以聞於左右。臣竊爲大王計，莫如與秦王遇於澠池，面相見而口相結，請案兵無攻。願大王之定計。"一段亦俱是不事秦之害，全用要挾語，局法又別。

趙王曰："先王之時，奉陽君專權擅勢，蔽欺先王，獨擅綰事，寡人居屬師傅，不與國謀計。先王棄群臣，寡人年幼，奉祀之日新，心固竊疑焉，以爲一從不事秦，非國之長利也。乃且願變心易慮，割地謝前過以事秦。方將約車趨行，適聞使者之明詔。"趙王許張儀，|完說趙事。張儀乃去。

北之燕，說燕昭王曰："大王之所親莫如趙。燕趙爲接壤之與國，故抖從趙說起。昔趙襄子嘗以其姊爲代王妻，欲并代，約與代王遇於句注之塞。乃令工人作爲金斗，長其尾，令可以擊人。與代王飲，陰告廚人曰：'即酒酣樂，進熱啜，反斗以擊之。'於是酒酣樂，進熱啜,廚人進斟,因反斗以擊代王,殺之,王腦塗地。其姊聞之,因摩笄以自刺,故至今有摩笄之山。代王之亡,天下莫不聞。燕代亦接壤,故引代事明之。放主請客,文法之變。

"夫趙王之狼戾無親,大王之所明見,且以趙王爲可親乎?趙興兵攻燕,再圍燕都,而劫大王,大王割十城以謝。又即燕事以明之。今趙王已入朝澠池,効河間以事秦。今大王不事秦,秦下甲雲中、九原,驅趙而攻燕,則易水、長城非大王之有也。

"且今時趙之於秦猶郡縣也,不敢妄舉師以攻伐。今王事秦,秦王必喜,趙不敢妄動,是西有彊秦之援,而南無齊趙之患,是故願大王孰計之。"說燕處全以趙刦之,法變。

燕王曰:"寡人蠻彝僻處,雖大男子,裁如嬰兒,言不足以采正計。今上客幸教之,請西面而事秦,獻恒山之尾五城。"燕王聽儀。|完說燕事。儀歸報,未至咸陽,而秦惠王卒,武王立。武王自爲太子時不說張儀,及即位,群臣多讒張儀曰:"無信,左右賣國以取容。口舌之功,到頭與蘇秦一樣,可爲一嘆。秦必復用之,恐爲天下笑。"諸侯聞張儀有郤武王,皆畔衡,復合從。|說完六國,儀歸不知如何尊重,乃積如丘山,消如冰雪,又可爲一嘆。

秦武王元年,群臣日夜惡張儀未已,而齊讓又至。又接一筆,爲張儀一嘆,亦爲古今人一嘆也。張儀懼誅,乃因謂秦武王曰:"儀有愚計,願効之。"王曰:"柰何?"對曰:"爲秦社稷計者,東方有大變,然後王可以多割得地也。今聞齊王甚憎儀,儀之所在,必興師伐之。故儀願乞其不肖之身之梁,齊必興師而伐梁。梁齊之兵連於城下,而不能相去,王以其間伐韓,入三川,出兵函谷而毋伐,以臨周,祭器必出。挾天子,按圖籍,此王業也。"無可柰何,生出此計,與蘇秦一樣，兩傳對看。秦王以爲然，乃具革車三十乘，入儀之梁。齊果興師伐之。梁哀王恐。張儀曰："王勿患也，請令罷齊兵。"乃使其舍人馮喜之楚，借使之齊，謂齊王曰："王甚憎張儀；雖然，亦厚矣王之託儀于秦也！"劈起一峰，戰國長技，長句調好。齊王曰："寡人憎儀，儀之所在，必興師伐之，何以託儀？"對曰："是乃王之託儀也。夫儀之出也，固與秦王約曰：'爲王計者，東方有大變，然後王可以多割得地。今齊王甚憎儀，儀之所在，必興師伐之。故儀願乞其不肖之身之梁，齊必興師伐之。齊梁之兵，連于城下，而不能相去，王以其間伐韓，入三川，出兵函谷而毋伐，以臨周，祭器必出。挾天子，按圖籍，此王業也。'秦王以爲然，故具革車三十乘而入之梁也。重說一遍，以秘計而明出之，又是一樣色澤，故不嫌其複。今儀入梁，王果伐之，是王內罷國而外伐與國，廣鄰敵以內自臨，而信儀於秦王也。此臣之所謂'託儀'也。"應上收。齊王曰："善。"乃使解兵。

張儀相魏一歲，卒於魏也。|

陳軫者，游說之士。與張儀俱事秦惠王，所以爲張儀之附傳。皆貴重，爭寵。張儀惡陳軫於秦王曰："軫重幣輕使秦楚之間，將爲國交也。一轉。今楚不加善於秦，而善軫者，軫自爲厚而爲王薄也。二轉。且軫欲去秦而之楚，王胡不聽乎？"王謂陳軫曰："吾聞子欲去秦之楚，有之乎？"軫曰："然。"一跌。王曰："儀之言果信矣。"軫曰："非獨儀知之也，行道之士盡知之矣。又一跌。昔子胥忠於其君而天下爭以爲臣，曾參孝於其親而天下願以爲子。兩喻。故賣僕妾不出閭巷而售者，良僕妾也；出婦嫁於鄉曲者，良婦也。又疊作兩喻。今軫不忠其君，楚亦何以軫爲忠乎？一轉。忠且見棄，

軫不之楚,何歸乎?”即收,甚捷。王以其言爲然,遂善待之。Ⅰ

居秦期年,秦惠王終相張儀,而陳軫奔楚。接上。楚未之重也,而使陳軫使於秦。過梁,使秦是主,中插梁事。欲見犀首。犀首謝弗見。軫曰:“吾爲事來,公不見軫,軫將行,不得待異日。”矯健。犀首見之。陳軫曰:“公何好飲也?”犀首曰:“無事也。”曰:“吾請令公饜事可乎?”奇。曰:“柰何?”曰:“田需約諸侯從親,楚王疑之,未信也。一節。公謂於王曰:‘臣與燕、趙之王有故,數使人來,曰:“無事,何不相見”,願謁行于王。’二節。王雖許公,公請毋多車,以車三十乘,可陳之於庭,明言之燕、趙。”三節,竟不說明,妙甚。燕、趙客聞之,馳車告其王,使人迎犀首。楚王聞之大怒,曰:“田需與寡人約,而犀首之燕、趙,是欺我也。”怒而不聽其事。齊聞犀首之北,使人以事委焉。犀首遂行,三國相事皆斷於犀首。繳完饜事。軫遂至秦。接上。

韓魏相攻,期年不解。秦惠王欲救之,問於左右。左右或曰救之便,或曰勿救便,先設兩疑案。惠王未能爲之決。陳軫適至,陳軫適至,正欲謀救韓魏事也,偏頓住,下入閒語,正是忙處閒寫,文情之妙。秦惠王曰:“子去寡人之楚,亦思寡人不?”陳軫對曰:“王聞夫越人莊舄乎?”又寫一莊舄,文情更閒。王曰:“不聞。”曰:“越人莊舄,仕楚執珪,有頃而病。楚王曰:‘舄,故越之鄙細人也,今仕楚執珪,貴富矣,亦思越不?’中謝對曰:‘凡人之思故,在其病也。彼思越則越聲,不思越則楚聲。’使人往聽之,猶尚越聲也。今臣雖棄逐之楚,豈能無秦聲哉!”文情在若隱若顯之間,語語閒俊。惠王曰:“善。今韓魏相攻,期年不解,或謂寡人救之便,或曰勿救便,寡人不能決,間接,入正事。願子爲子主計之,餘爲寡人計之。”添兩語不使放過

之楚事。陳軫對曰:"亦嘗有以夫卞莊子刺虎聞于王者乎?先出一莊爲以譬喻起,又出一卞莊子以譬喻結。隱隱相對,文章之妙。莊子欲刺虎,館豎子止之,曰:'兩虎方且食牛,一節。食甘必爭,二節。爭則必鬬,三節。鬬則大者傷,小者死,四節。從傷而刺之,一舉必有雙虎之名。'五節。一句一節,相疊而下,妙。卞莊子以爲然,立須之。有頃,兩虎果鬬,大者傷,小者死。莊子從傷者而刺之,一舉果有雙虎之功。疊上不改,妙。今韓魏相攻,期年不解,是必大國傷,小國亡,從傷而伐之,一舉必有兩實。亦不大改,三遍一律,正以不變爲奇。此猶莊子刺虎之類也。結完卞莊子。臣主與王何異也。"答還一句亦不放過之楚事,針線綿密。惠王曰:"善。"卒勿救。大國果傷,小國亡,秦興兵而伐,大尅之。此陳軫之計也。|只一句收完,不著其後事,法變。

犀首者,魏之陰晉人也,名衍,姓公孫氏。與張儀不善。所以爲張儀附傳也。

張儀爲秦之魏,魏王相張儀。犀首弗利,與陳軫一樣。故令人謂韓公叔曰:"張儀已合秦魏矣,其言曰'魏攻南陽,秦攻三川'。魏王所以貴張子者,欲得韓地也。一轉。且韓之南陽已舉矣,子何不少委焉以爲衍功,則秦魏之交可錯矣。二轉。然則魏必圖秦而棄儀,收韓而相衍。"三轉。不說煞。公叔以爲便,因委之犀首以爲功。果相魏。張儀去。|

義渠君朝於魏。犀首聞張儀復相秦,害之。犀首始終弗利張相。犀首乃謂義渠君曰:"道遠不得復過,請謁事情。"與陳軫說犀首,不得待異日,遙對。曰:"中國無事,秦得燒掇焚杅君之國;有事,秦將輕使重幣事君之國。"兩"君之國"句勁峭,"燒掇焚杅"不可解,大抵義渠是畜牧遷徙之國,焚燒其林艸之意。其後五國伐秦。會陳軫謂秦王曰:"義渠君者,蠻彝之賢君也,不如賂之,以撫其志。"秦王曰:"善。"乃以文繡千純,婦女百人,遺義渠君。義渠君致群臣而謀曰:"此公孫衍所謂邪?"只一點,逸甚。乃起兵襲秦,大敗秦人李伯之下。

張儀已卒之後,帶定張儀,結完本傳。犀首入相秦。嘗佩五國之相印,爲約長。

太史公曰:三晉多權變之士,夫言從衡彊秦者,大抵皆三晉之人也。夫張儀之行事,甚於蘇秦,然世惡蘇秦者,以其先死,而儀振暴其短,以扶其說,成其衡道。要之,此兩人真傾危之士哉!|贊語以層疊勝。

蘇、張是一時人、一流人,俱游說六國,便有六篇文章,接連寫此兩傳,豈不費力!乃蘇傳滔滔滚滚,數千言;張傳滔滔滚滚,又數千言,各盡其致。游說一縱一横,文法亦一縱一横,吾何以測之也哉!〇張儀傳後,即請出陳軫、犀首,俱不說張儀之人,牽作一傳以爲映帶,此附傳意也。〇蘇傳有妻嫂一段,張傳有蘇秦激之入秦一段,極致盡姸,以爲出色。

樗里子甘茂列傳

樗里子者,名疾,樗里子,有官爵,有封號,有名,俱不稱,稱其俗名,又直至篇末點明,是另一種序法。秦惠王之弟也,與惠王異母。母,韓女也。伏後挾韓而議事。樗里子滑稽多智,秦人號曰"智囊"。先立總綱。

秦惠王八年,爵樗里子右更,使將而伐曲沃,盡出其人,取其城,地入秦。|秦惠王二十五年,使樗里子爲將,伐趙,虜趙將軍莊豹,拔藺。|明年,助魏章攻楚,敗楚將屈匄,取漢中地。秦封樗里子,號爲嚴君。|平敘三節。

秦惠王卒,太子武王立,逐張儀、魏章,而以樗里子、甘茂爲左右丞相。|帶伏甘茂一筆,兩人以俱爲丞相合傳。秦使甘茂攻韓,拔宜陽。使樗里子以車百乘入周。周以卒迎之,意甚敬。楚王怒,讓周,以其重秦。客游騰爲周説楚王曰:"智伯之伐仇猶,遺之廣車,因隨之以兵,仇猶遂亡。何則? 無備故也。凡引兩喻,一伐仇猶,一襲蔡也,兩段寫,而無備一句插在中間,文法變化之妙。齊桓公伐蔡,號曰誅楚,其實襲蔡。今秦,虎狼之國,使樗里子以車百乘入周,周以

仇猶、蔡觀焉，句法峭淨。[①] 故使長戟居前，彊弩在後，名曰衛疾，而實囚之。說完正事，下又作一掉，以足之，烟波無隙。且夫周豈能無憂其社稷哉？恐一旦亡國以憂大王。”楚王乃悅。|樗里傳中，忽插周游騰說楚事，如海外奇峯插天而起。

秦武王卒，昭王立，樗里子又益尊重。|虛點一句。

昭王元年，樗里子將伐蒲。蒲守恐，請胡衍。胡衍爲蒲謂樗里子曰："公之攻蒲，爲秦乎？爲魏乎？爲魏則善矣，爲秦則不爲賴矣。先立一說，作四疊句，風韻。夫衛之所以爲衛者，以蒲也。今伐蒲入于魏，衛必折而從之。一段敘衛事。魏亡西河之外，而無以取者，兵弱也。今并衛於魏，魏必彊。魏彊之日，西河之外必危矣。一段魏事。且秦王將觀公之事，害秦而利魏，王必罪公。"一段入樗里子，層層曲入，明晰幽秀。樗里子曰："柰何？"胡衍曰："公釋蒲勿攻，臣試爲公入言之，以德衛君。"樗里子曰："善。"胡衍入蒲，謂其守曰："樗里子知蒲之病矣，其言曰必拔蒲。衍能令釋蒲勿攻。"先一冒。蒲守恐，因再拜曰："願以請。"因効金三百斤，曰："秦兵苟退，請必言子於衛君，使子爲南面。"故胡衍受金於蒲，以自貴於衛。|又點兩句，正與"智囊"二字，相應一笑。夫遠能見泰山，而近不能見眉睫，智亦何足恃哉？於是遂解蒲而去。還擊皮氏，皮氏未降，又去。|攻蒲被詐，擊皮氏又未降，索性爲"智囊"掃興一番。

昭王七年，樗里子卒，葬於渭南章臺之東。曰："後百歲，是當有天子之宮夾我墓。"突出奇語，又爲"智囊"增色，此即史公顛倒英雄處。樗里子疾，室在於昭王廟西渭南陰鄉樗里，故俗謂之樗里子。樗里子之號，直至此始明，環應作章法。至漢興，長樂宮在其東，未央宮在

① 底本作"句法"，疑誤，據校本補。

其西,武庫正直其墓。一序其居,一序其墓,雙結作章法,閒處點序,另自出奇。秦人諺曰:"力[①]則任鄙,智則樗里。"|忽引諺兩句作結,奇甚,畧記中創格。

甘茂者,下蔡人也。事下蔡史舉先生,學百家之説。因張儀、樗里子而求見秦惠王。點樗里子。王見而説之,使將,而佐魏章略定漢中地。

惠王卒,武王立。張儀、魏章去,東之魏。蜀侯煇、相壯反,秦使甘茂定蜀。定蜀事,虛寫。還,而以甘茂爲左丞相,以樗里子爲右丞相。|環應前傳,雙峙作合傳體。

秦武王三年,謂甘茂曰:"寡人欲容車通三川,去"之地"兩字,句益峭。以窺周室,而寡人死不朽矣。"甘茂曰:"請之魏,約以伐韓,而令向壽輔行。"先點,向後有附傳也。甘茂至,謂向壽曰:"子歸,言之於王曰'魏聽臣矣,然願王勿伐'。事成,盡以爲子功。"先劈空作一颺,使人一疑。向壽歸以告王,王迎甘茂於息壤。甘茂至,王問其故。對曰:"宜陽,大縣也,上黨、南陽積之久矣。兩郡之積貯,皆至於此。名曰縣,其實郡也。今王倍數險,函關及三崤五谷。行千里攻之,難。昔曾參之處費,魯人有與曾參同姓名者,殺人,人告其母曰'曾參殺人',其母織自若也。頃之,一人又告之曰'曾參殺人',其母尚織自若也。頃又一人告之曰'曾參殺人',作三頓挫,以不換爲法。其母投杼下機,踰墻而走。夫以曾參之賢,與其母之信也,三人疑之,其母懼焉。今臣之賢,不若曾參,王之信臣又不如曾參之母信曾參也,疑臣者非特三人,臣恐大王之投杼也。即用

---

① 力,底本作"方",疑誤,據校本改。

“投杼”好。○數語如順水放舟,流利活脱。始張儀西并巴蜀之地,北開西河之外,南取上庸,天下不以多張子,而以賢先王。魏文侯令樂羊將而攻中山,三年而拔之。樂羊返而論功,文侯示之謗書一篋。樂羊再拜稽首曰:‘此非臣之功也,主君之力也。’兩事一虚一實,一濃一淡,總是歸功于主,以爲映襯。今臣,羈旅之臣也。樗里子、公孫奭二人者挾韓而議之,王必聽之,又映前傳。是王欺魏王而臣受公仲侈之怨也。”忽出公仲侈,突然。王曰:“寡人不聽也,請與子盟。”卒使丞相甘茂將兵伐宜陽。五月而不拔,樗里子、公孫奭果爭之。武王召甘茂,欲罷兵。甘茂曰:“息壤在彼。”只一句,峭極。王曰:“有之。”只兩字,更妙。因大悉起兵,使甘茂擊之。斬首六萬,遂拔宜陽。韓襄王使公仲侈入謝,方出公仲侈。與秦平。

武王竟至周,而卒於周。|應前窺周室,死不恨。其弟立,爲昭王。王母宣太后,楚女也。楚懷王怨前秦敗楚於丹陽而韓不救,乃以兵圍韓雍氏。韓使公仲侈告急於秦。秦昭王新立,太后楚人,不肯救。公仲因甘茂,茂爲韓言於秦昭王曰:“公仲方有得秦救,故敢扞楚也。今雍氏圍,秦師不下殽,公仲且仰首而不朝,公叔且以國南合於楚。楚、韓爲一,魏氏不敢不聽,然則伐秦之形成矣。不識坐而待伐孰與伐人之利?”末作兩語振起通節,妙甚。秦王曰:“善。”乃下師於殽以救韓。楚兵去。

秦使向壽平宜陽,而使樗里子、甘茂伐魏皮氏。|向壽者,宣太后外族也,向壽附傳。而與昭王少相長,故任用。向壽如楚,楚聞秦之貴向壽,而厚事向壽。向壽爲秦守宜陽,將以伐韓。韓公仲使蘇代謂向壽曰:“禽困覆車。四字佳俊,即窮鼠囓狸之說。公破韓,辱公仲,公仲收國復事秦,自以爲必可以封。今公與楚解口地,封

小令尹以杜陽。秦楚合,復攻韓,韓必亡。韓亡,公仲且躬率其私徒,以閼於秦。願公孰慮之也。”序致楚楚。向壽曰:“吾合秦楚,非以當韓也,子爲壽謁之,公仲曰秦韓之交可合也。”蘇代對曰:“願有謁於公。人曰貴其所以貴者貴。王之愛習公也,不如公孫奭;其智能公也,不如甘茂。語俱以俊健勝。今二人者,皆不得親於秦事,而公獨與王主斷於國者何?彼有以失之也。公孫奭黨於韓,而甘茂黨於魏,故王不信也。今秦楚爭彊,而公黨於楚,是與公孫奭、甘茂同道也,公何以異之?兩崖束泉,一瀉萬丈,文勢如之。人皆言楚之善變也,而公必亡之,是自爲責也。又一曲,巨石承流,一折萬變。公不如與王謀其變也,善韓以備楚,如此則無患矣。韓氏必先以國從公孫奭,而後委國於甘茂。韓,公之讎也。今公言善韓以備楚,是外舉不避[①]讎也。”又一曲,妙。向壽曰:“然,吾甚欲韓合。”對曰:“甘茂許公仲以武遂,反宜陽之民,今公徒收之,甚難。”向壽曰:“然則柰何?武遂終不可得也?”對曰:“公奚不以秦爲韓求潁川於楚?此韓之寄地也。公求而得之,是令行於楚,而以其地德韓也。公求而不得,是韓楚之怨不解,而交走秦也。亦用兩鎖法,應前調。秦楚爭彊,而公徐過楚以收韓,此利於秦。”向壽曰:“柰何?”對曰:“此善事也。甘茂欲以魏取齊,公孫奭欲以韓取齊。今公取宜陽以爲功,收楚韓以安之,而誅齊魏之罪,是以公孫奭、甘茂無事也。”論明晰曲折。

甘茂竟言秦昭王,以武遂復歸之韓。向壽、公孫奭爭之,不能得。向壽、公孫奭由此怨,讒甘茂。茂懼,輟伐魏蒲阪,亡去。樗里

---

① 避,中華書局本《史記》作“僻”。

子與魏講,罷兵。|由向壽交到甘茂,以下入甘茂本傳。○又回樗里子一筆。

甘茂之亡秦奔齊,逢蘇代。代爲齊使於秦。甘茂曰:"臣得罪於秦,懼而遯逃,無所容跡。臣聞貧人女與富人女會績,貧人女曰:'我無以買燭,而子之燭光幸有餘,子可分我餘光,無損子明,而得一斯便焉。'今臣困,而君方使秦而當路矣。茂之妻子在焉,甘茂主意,在此一句。願君以餘光振之。"前即用"投杼"二字,此即用"餘光"二字,妙。蘇代許諾。遂致使於秦。已,因説秦王曰:"甘茂,非常士也。其居於秦,累世重矣。自殽塞及至鬼谷,其地形險易,皆明知之。彼以齊約韓魏反以圖秦,非秦之利也。"秦王曰:"然則柰何?"蘇代曰:"王不若重其贄,厚其禄以迎之,使彼來,則置之鬼谷,終身勿出。"句句若不爲甘茂者,蓋甘茂所托者妻子,而甘茂意不在秦,故不妨過激也。秦王曰:"善。"即賜之上卿,以相印迎之於齊。只要一"迎",妙!甘茂不往。蘇代謂齊滑王曰:"夫甘茂,賢人也。今秦賜之上卿,以相印迎之。甘茂德王之賜,好爲王臣,佳句。故辭而不往。今王何以禮之?"爲甘茂者,齊實秦虚。齊王曰:"善。"即位之上卿,而處之。秦因復甘茂之家,以市於齊。|蘇代爲甘茂説秦王意,亦只在此一句。

齊使甘茂於楚,楚懷王新與秦合婚而驩。而秦聞甘茂在楚,使人謂楚王曰:"願送甘茂於秦。"楚王問於范蜎曰:"寡人欲置相於秦,孰可?"對曰:"臣不足以識之。"楚王曰:"寡人欲相甘茂,可乎?"對曰:"不可。夫史舉,下蔡之監門也,大不爲事君,小不爲家室,以苟賤不廉聞於世,《國策》作"苛廉"是。甘茂事之順焉。前事史舉先生,虚點一筆,此亦虚應一筆。故惠王之明,武王之察,張儀之辯,而甘茂事之,取十官而無罪。亦用兩遍法。茂誠賢者也,總承贊

一句。然不可相於秦。急折轉一句。夫秦之有賢相,非楚國之利也。又緊接一句,下又轉入别事。文法之妙。且王前嘗用召滑於越,而內行章義之難,越國亂,故楚南塞厲門而郡江東。計王之功,所以能如此者,越國亂而楚治也。今王知用諸越,而忘用諸秦,臣以王爲鉅過矣。颺入别事一段,仍兜轉本文。然則王若欲置相於秦,則莫若向壽者可。夫向壽之於秦王,親也,少與之同衣,長與之同車,以聽事。王必相向壽於秦,則楚國之利也。”正與賢相非楚利對,不賢隱然言外。於是使使請秦相向壽於秦。秦卒相向壽。而甘茂竟不得復入秦,卒於魏。|竟以甘茂、向壽,本傳、附傳一齊收結。

甘茂有孫曰甘羅。甘羅附傳。

甘羅者,甘茂孫也。茂既死後,緊接甘茂卒魏句。甘羅年十二,事秦相文信侯呂不韋。

秦始皇帝使剛成君蔡澤於燕,三年,而燕王喜使太子丹入質於秦。秦使張唐往相燕,欲與燕共伐趙,以廣河間之地。張唐謂文信侯曰:“臣嘗爲秦昭王伐趙,趙怨臣,曰:‘得唐者予百里之地。’今之燕必經趙,臣不可以行。”文信侯不快,未有以彊也。先作一頓,欲合故離,正爲甘羅出色。甘羅曰:“君侯何不快之甚也?”緊接不快。文信侯曰:“吾令剛成君蔡澤,事燕三年,燕太子丹已入質矣,吾自請張卿相燕,而不肯行。”甘羅曰:“臣請行之。”文信侯叱曰:“去!我身自請之而不肯,汝焉能行之?”又作一颺。甘羅曰:“夫①項槖生七歲爲孔子師。今臣生十二歲於兹矣,回應十二歲一句。君其試臣,何遽叱乎?”|於是甘羅見張卿曰:“卿之功,孰與武

① 夫,中華書局本《史記》作“大”。

安君?"卿曰:"武安君南挫彊楚,北威燕、趙,戰勝攻取,破城墮邑,不知其數,臣之功不如也。"甘羅曰:"應侯之用於秦也,孰與文信侯專?"張卿曰:"應侯不如文信侯專。"亦用兩逼法,通篇照映。甘羅曰:"卿明知其不如文信侯專與?"又宕一語,妙甚,如聽面談。曰:"知之。"甘羅曰:"應侯欲攻趙,武安君難之,去咸陽七里,而立死於杜郵。今文信侯自請卿相燕,而不肯行,臣不知卿所死處矣。"兩逼一宕,即緊接入。語氣如此,文氣如此。張唐曰:"請因孺子行。"|令裝治行。

行有日,又一頓。甘羅謂文信侯曰:"借臣車五乘,請爲張唐先報趙。"又一颺,别出一峯。文信侯乃入言之於始皇曰:"昔甘茂之孫甘羅,年少耳,應年十二。然名家之子孫,應甘茂。諸侯皆聞之。今者張唐欲稱疾不肯行,甘羅說而行之。今願先報趙,請許遣之。"始皇召見,使甘羅於趙。趙襄王郊迎甘羅。甘羅說趙王曰:"王聞燕太子丹入質秦歟?"曰:"聞之。"曰:"聞張唐相燕歟?"曰:"聞之。"亦用兩逼法。"燕太子丹入秦者,燕不欺秦也。張唐相燕者,秦不欺燕也。燕、秦不相欺者,伐趙,危矣。點得明快。燕、秦不相欺無異故,又緊接一句。欲攻趙而廣河間。直說妙。王不如齎臣五城,以廣河間,請歸燕太子,與彊趙攻弱燕。"趙王立自割五城,以廣河間。秦歸燕太子。趙攻燕,得上谷三十城,令秦有十一。

甘羅還報,秦乃封甘羅以爲上卿,復以始甘茂田宅賜之。|仍挽轉甘茂本傳。

太史公曰:樗里子以骨肉重,固其理,而秦人稱其智,故頗采焉。甘茂起下蔡閭閻,顯名諸侯,重彊齊楚。甘羅年少,然出一奇計,聲稱後世。雖非篤行之君子,然亦戰國之策士也。方秦之彊時,天下尤趨謀詐哉。上排三段,此以一句總收。

樗里子與甘茂合傳,以同爲丞相作關合,而餘事則隨處照映,以爲章法。〇一篇詞調,俱以俊逸娟楚、轉折頓挫爲妙。通篇總用一樣筆法,是戰國文字。〇樗里子、甘茂合傳,而中間附一向壽、一甘羅,處處穿插照應。而甘茂、向壽兩人,又打成一片。孰謂史公數人合傳,何嘗非一篇文字哉!

穰侯列傳

穰侯魏冉者，秦昭王母宣太后弟也。其先楚人，姓芊[1]氏。

秦武王卒，無子，立其弟爲昭王。昭王母故號爲芊八子，武王之弟，故非嫡出也。及昭王即位，芊八子號爲宣太后。宣太后非武王母。武王母號曰惠文后，先武王死。又補武王母，因昭王母一句，故附序一段。宣太后二弟：其異父長弟曰穰侯，姓魏氏，名冉；同父弟曰芊戎，爲華陽君。異父同父處微詞。而昭王同母弟，曰高陵君、涇陽君。因穰侯帶出華陽，囙華陽又帶出高陵、涇陽，提明三君，作案。而魏冉最賢，仍歸到穰侯。自惠王、武王時，任職用事。武王卒，諸弟爭立，唯魏冉力，爲能立昭王。爲宣太后故。昭王即位，以冉爲將軍，衛咸陽。誅季君之亂，而逐武王后，出之魏，昭王諸兄弟不善者，皆滅之，威振秦國。昭王少，宣太后自治，任魏冉爲政。丨前段事略序。

昭王七年，樗里子死，而使涇陽君質於齊。丨點涇陽君。趙人樓緩來相秦，趙不利，乃使仇液之秦，請以魏冉爲秦相。仇液將行，

① 芊，中华书局本《史记》作“芈”。后同。

其客宋公,謂液曰:“秦不聽公,樓緩必怨公。公不若謂樓緩曰‘請爲公毋急秦’。秦王見趙請相魏冉之不急,且不聽公。公言而事不成,以德樓子;事成,魏冉故德公矣。”亦是兩折法。於是仇液從之。而秦果免樓緩,而魏冉相秦。

欲誅呂禮,禮出奔齊。|昭王十四年,魏冉舉白起,使代向壽將,而攻韓、魏,敗之伊闕,斬首二十四萬,鹵魏將公孫喜。|明年,又取楚之宛、葉。魏冉謝病,免相,以客卿壽燭爲相。|其明年,燭免,復相冉①,乃封魏冉於穰,復益封陶,號曰穰侯。|

穰侯封四歲,爲秦將攻魏。魏獻河東方四百里。拔魏之河内,取城大小六十餘。|昭王十九年,秦稱西帝,齊稱東帝。月餘,呂禮來,而齊、秦各復歸帝爲王。|魏冉復相秦,六歲而免。免二歲,復相秦。四歲,而使白起拔楚之郢,秦置南郡。乃封白起爲武安君。白起者,穰侯之所任舉也,相善。於是穰侯之富,富於王室。|以上八節,只略序。

昭王三十二年,穰侯爲相國,將兵攻魏,走芒卯,入北宅,遂圍大梁。先寫得氣勢。梁大夫須賈,說穰侯曰:“臣聞魏之長吏,謂魏王曰:‘昔梁惠王伐趙,戰勝三梁,拔邯鄲;趙氏不割,而邯鄲復歸。齊人攻衛,拔故國,殺子良;衛人不割,而故地復反。先立兩案作兩對。衛、趙之所以國全兵勁而地不并於諸侯者,以其能忍難而重出地也。承上雙收,此是不割地之利。宋、中山數伐割地,而國隨以亡。此割地之害,與上一詳一略。臣以爲衛、趙可法,而宋、中山可爲戒也。兩句收上兩項。秦,貪戾之國也,而毋親。句法連上。蠶食魏氏,又

① 冉,中華書局本《史記》作“冄”。

盡晉國,戰勝暴子,割八縣,地未畢入,兵復出矣。前事是一層。夫秦何厭之有哉!今又走芒卯,入北宅,此非敢攻梁也,且劫王以求多割地。王必勿聽也。近事又一層。今王背楚、趙而講秦,楚、趙怒而去王,與王爭事秦,秦必受之。秦挾楚、趙之兵以復攻梁,則國求無亡不可得也。此亦事秦之害。願王之必無講也。王若欲講,少割而有質;此是主意。不然,必見欺。'此亦不事秦之利,應前兩段。此臣之所聞於魏也,願君之以是慮事也。先設魏詞一段,突起,至此收,合下,又另起,另是一種文法。《周書》曰'惟命不于常',此言幸之不可數也。別起一峯。夫戰勝暴子,割八縣,此非兵力之精也,又非計之工也,天幸爲多矣。應前事一段。今又走芒卯,入北宅,以攻大梁,是以天幸自爲常也。應近事一段。智者不然。一句兜轉,即住下又另起,妙!臣聞魏氏,悉其百縣勝甲以上,戍大梁,臣以爲不下三十萬。以三十萬之衆,守梁七仞之城,臣以爲湯、武復生,不易攻也。一段爲魏計。夫輕背楚、趙之兵,陵七仞之城,戰三十萬之衆,而志必舉之,臣以爲自天地始分,以至于今,未嘗有者也。一段爲秦計。攻而不拔,秦兵必罷,陶邑必亡,則前功必棄矣。從上一氣注下。今魏氏方疑,可以少割收也。應前。願君逮楚、趙之兵未至于梁,亟以少割收魏。魏方疑,而得以少割爲利,必欲之,則君得所欲矣。又說魏一段。楚、趙怒於魏之先己也,必爭事秦,從以此散,而君後擇焉。又逆計楚趙一段。且君之得地,豈必以兵哉!一句宕下折入。割晉國,秦兵不攻,而魏必效絳安邑。又爲陶開兩道,幾盡故宋,衛必效單父。秦兵可全,而君制之,何索而不得,何爲而不成!願君熟慮之,而無行危。"又爲秦計一段,凡作兩段,上是述魏計,下是就魏計,申說,層疊轉折,利害極晰。穰侯曰:"善。"乃罷梁圍。|

明年，魏背秦，與齊從親。秦使穰侯伐魏，斬首四萬，走魏將暴鳶，得魏三縣。穰侯益封。|

明年，穰侯與白起、客卿胡陽，復攻趙、韓、魏，破芒卯於華陽下，斬首十萬，取魏之卷、蔡陽、長社，趙氏觀津。且與趙觀津，益趙以兵，伐齊。齊襄王懼，使蘇代爲齊陰遺穰侯書曰："臣聞往來者言曰'秦將益趙甲四萬以伐齊'，一正，實。臣竊必之敝邑之王曰'秦王明而熟於計，穰侯智而習於事，必不益趙甲四萬以伐齊'。一反，虛，先以作勢。是何也？夫三晉之相與也，秦之深讎也。百相背也，百相欺也，不爲不信，不爲無行。文語跳宕可喜。今破齊以肥趙。趙，秦之深讎，不利于秦。此一也。秦之謀者，必曰'破齊，弊晉、楚，而後制晉、楚之勝'。夫齊，罷國也，以天下攻齊，如以千鈞之弩，決潰癰也，必死，安能弊晉、楚？此二也。秦少出兵，則晉、楚不信也；多出兵，則晉、楚爲制于秦。齊恐，不走秦，必走晉、楚。此三也。秦割齊以啖晉、楚，晉、楚案之以兵，秦反受敵。此四也。是晉、楚以秦謀齊，以齊謀秦也，何晉、楚之智，而秦、齊之愚？此五也。五層，一層緊一層，一層深一層，如入螺房，轉轉入勝。故得安邑以善事之，亦必無患矣。秦有安邑，韓氏必無上黨矣。取天下之腸胃，與出兵而懼其不反也，孰利？數語又緊接緊收。臣故曰秦王明而熟於計，穰侯智而習于事，必不益趙甲四萬以伐齊矣。"又應數語兜轉，文筆矯健。於是穰侯不行，引兵而歸。|

昭王三十六年，相國穰侯言客卿竈，欲伐齊取剛、壽，以廣其陶邑。於是魏人范睢，自謂張祿先生，譏穰侯之伐齊，乃越三晉以攻齊也，以此時奸說秦昭王。昭王於是用范睢。范睢言宣太后專制，穰侯擅權於諸侯，涇陽君、高陵君之屬太侈，收還三君應前。富於王室。於是秦昭王悟,乃免相國,令涇陽之屬皆出關,就封邑。穰侯出關,輜車千乘有餘。

穰侯卒於陶,而因葬焉。秦復收陶爲郡。|范雎之說,已有范傳極佳,故此只用畧序。

太史公曰:穰侯,昭王親舅也。而秦所以東益地,弱諸侯,嘗稱帝於天下,天下皆西鄉稽首者,穰侯之功也。及其貴極富溢,一夫開說,身折勢奪,而以憂死,况於羈旅之臣乎!亦以咏歎作致。

穰侯事,大都備于《范雎傳》中。此只用點次法,以須賈說詞,及蘇代書詞,兩篇出色,前後以簡畧相配,以成章法。○文章只如說話,說得出,說得盡,便是好文章。故孔子曰:"辭達而已矣。"然要說得出,說得盡,自有多少波瀾曲折,原非易事。不然萬語千言,欲明反晦,千頭萬緒,何處說起。所以見作文之難也。看須賈一篇,主爲魏,客爲秦,傍爲楚、趙,處處洗發出來,層層折入進去,利害是非,無不詳盡,自成一篇好文字矣。

白起王翦列傳

白起者，郿人也。善用兵，贊白起只三字，通篇亦只此三字。事秦昭王。白起之事，始終一秦昭王，故起處提明。昭王十三年，而白起爲左庶長，將而擊韓之新城。戰功一。是歲，穰侯相秦，舉任鄙以爲漢中守。後敘應侯爲相，蓋爲構隙故耳，此先插一穰侯爲相以陪之，瞞人耳目也，任鄙則贅。其明年，白起爲左更，攻韓、魏於伊闕，斬首二十四萬，又虜其將公孫喜，拔五城。戰功二。起遷爲國尉。涉河取韓安邑以東，到乾河。｜戰功三。明年，白起爲大良造。攻魏，拔之，取城小大六十一。｜戰功四。明年，起與客卿錯，攻桓城，拔之。｜戰功五。後五年，白起攻趙，拔光狼城。｜戰功六。後七年，白起攻楚，拔鄢、鄧五城。戰功七。其明年，攻楚，拔郢，燒夷陵，遂東至竟陵。楚王亡，去郢，東走，徙陳。秦以郢爲南郡。戰功八。白起遷爲武安君。武安君因取楚，定巫、黔中郡。｜戰功九。昭王三十四年，白起攻魏，拔華陽，走芒卯，而虜三晉將，斬首十三萬。戰功十。與趙將賈偃戰，沉其卒二萬人於河中。｜戰功十一。昭王四十三年，白起攻韓陘城，拔五城，斬首五萬。戰功十二。四十四年，白起攻南陽太行道，絕之。｜戰功十三。

四十五年，伐韓之野王。野王降秦，上黨道絕。其守馮亭與民謀曰："鄭道已絕，韓必不可得爲民。句陗。秦兵日進，韓不能應，不如以上黨歸趙。趙若受我，秦怒，必攻趙。趙被兵，必親韓。韓趙爲一，則可以當秦。"序法簡盡，正見不樂爲秦民也。因使人報趙。趙孝成王與平陽君、平原君計之。平陽君曰："不如勿受。受之，禍大於所得。"一句詳盡，好。平原君曰："無故得一郡，受之便。"趙受之，因封馮亭爲華陽君。|先序一段，爲長平事立案也。

四十六年，秦攻韓緱氏、藺，拔之。|長平事中間又間一節。

四十七年，秦使左庶長王齕攻韓，取上黨。上黨民走趙。前節乃馮亭歸趙之謀，趙君臣受上黨之議虛序至此，秦取上黨，上黨之民始寔走趙也。趙軍長平，以按據上黨民。|"按據"，按其數而據之也，字新始點出長平。四月，齕因攻趙。趙使廉頗將。趙軍士卒犯秦斥兵，秦斥兵斬趙裨將茄。長平一戰，千古大觀，先從小小引起，斥兵斬裨將一。六月，陷趙軍，取二鄣四尉。|取二鄣四尉二。七月，趙軍築壘壁而守之。秦又攻其壘，取二尉，敗其陣，奪西壘壁。取尉，敗陣，奪西壘三。廉頗堅壁以待秦，秦數挑戰，趙兵不出。上三節引起，此又一頓。趙王數以爲讓。而秦相應侯點秦相應侯，所云爲下構隙之地也。又使人行千金於趙，爲反間，曰："秦之所惡，獨畏馬服子趙括將耳，廉頗易與，且降矣。"趙王既怒廉頗軍多失亡，軍數敗，又反堅壁不敢戰，而又聞秦反間之言，承上，三折，意態俱妙。因使趙括代廉頗將以擊秦。秦聞馬服子將，乃陰使武安君白起爲上將軍。而王齕爲尉裨將，趙易將，秦亦易將，一陰一陽，相與對照。令軍中有敢泄武安君將者斬。又增一波更妙。趙括至，則出兵擊秦軍。秦軍詳敗而走，前一頓，此又一颺。張二奇兵以刼之。趙軍逐勝，追造秦壁。壁堅拒不

得入,而秦奇兵二萬五千人,絕趙軍後,又一軍五千騎,絕趙壁間趙軍,分而爲二,糧道絕。而秦出輕兵擊之。趙戰不利,因築壁堅守,以待救至。救事一齊俱起,正匆忙時,分五節,張奇兵一,壁堅拒二,奇兵絕趙後三,又間趙軍絕糧道四,出輕軍擊五,頭緒提清,明如指掌。秦王聞趙食道絕,提一句頂上起下。王自之河内,賜民爵各一級,發年十五以上,悉詣長平,欲寫坑軍,先寫發卒,又點出長平。遮絕趙救及糧食。

至九月,趙卒不得食四十六日,皆内陰相殺食。來攻秦壘,欲出。爲四隊,四五復之,不能出。四五次不能出也。其將軍趙括又特出將軍字,爲趙括揶揄。出鋭卒自搏戰,秦軍射殺趙括。括軍敗,卒四十萬人降武安君。武安君計曰:"前秦已拔上黨,上黨民不樂爲秦,而歸趙。坑趙是主,上黨是根,提明。趙卒反覆。非盡殺之,恐爲亂。"乃挾詐而盡坑殺之,遺其小者二百四十人歸趙。前後斬首鹵四十五萬人。趙人大震。|降者四十萬,通前後斬擄者,則四十五萬也。

四十八年十月,秦復定上黨郡。|長平一事,只爲上黨起釁于此收明,白起戰功十四。秦分軍爲二:王齕攻皮牢,拔之;司馬梗定太原。|長平餘波。韓、趙恐,使蘇代厚幣説秦相應侯,曰:"武安君擒馬服子乎?"曰:"然。"又曰:"即圍邯鄲乎?"曰:"然。"突作兩峯起,下緊接。"趙亡則秦王王矣,武安君爲三公。先斷定,使應侯一驚,說便易入,妙! 武安君所爲秦戰勝攻取者,七十餘城,南定鄢、郢、漢中,北擒[①]趙括之軍,雖周、邵、呂望之功,不益於此矣。今趙亡,秦王王,則武安君必爲三公,一轉。君能爲之下乎? 又一宕。雖無欲爲之

① 擒,中華書局本《史記》作"禽"。

下，固不得已矣。秦嘗攻韓，圍邢丘，困上黨，上黨之民，皆反爲趙，天下不樂爲秦民之日久矣。今亡趙，北地入燕，東地入齊，南地入韓、魏，則君之所得民亡幾何人。又起一峯，是客。故不如因而割之，無以爲武安君功也。”此則是主也，繳上爲三公句。於是應侯言於秦王曰：“秦兵勞，請許韓、趙之割地以和，且休士卒。”王聽之，割韓垣雍、趙六城以和。正月，皆罷兵。武安君聞之，由是與應侯有隙。丨且頓住。

其九月，秦復發兵，使五大夫王陵攻趙邯鄲。是時武安君病，不任行。寫武安之病，亦作數節寫，真病不任行一。四十九年正月，陵攻邯鄲，少利，秦益發兵佐陵。陵兵亡五校。武安君病愈，病愈二。秦王欲使武安君代陵將。武安君言曰：“邯鄲實未易攻也。“實”字妙，正應應侯之言。且諸侯救日至，彼諸侯怨秦之日久矣。今秦雖破長平軍，而秦卒死者過半，此句從白起口中補出，以明功罪。國內空。遠絕河山，而爭人國都，趙應其內，諸侯攻其外，破秦軍必矣。不可。”秦王自命，不行；乃使應侯請之，武安君終辭不肯行，遂稱病。稱病三。

秦王使王齕代陵將，八九月圍邯鄲，不能拔。楚使春申君及魏公子將兵數十萬攻秦軍，秦軍多失亡。武安君言曰：“秦不聽臣計，今如何矣！”秦王聞之，怒，彊起武安君，武安君遂稱病篤。稱病篤四。應侯請之，不起。於是免武安君爲士伍，遷之陰密。武安君病，未能行。真病不能行五，逐層寫入，妙！居三月，諸侯攻秦軍急，秦軍數却，使者日至。秦王乃使人遣白起，不得留咸陽中。武安君既行，出咸陽西門十里，至杜郵。秦昭王與應侯群臣議曰：“白起之遷，其意尚怏怏不服，有餘言。”應前。秦王乃使使者賜之劍，自裁。武安君引劍將自剄，曰："我何罪于天而至此哉？"良久，曰："我固當死。長平之戰，趙卒降者數十萬人，我詐而盡阬之，是足以死。"武安一傳，長平事爲大，故只提長平事結。遂自殺。I武安君之死也，以秦昭王五十年十一月。直應篇首秦昭王起結照應。死而非其罪，秦人憐之，鄉邑皆祭祀焉。以閒事作餘波。

王翦者，頻陽東鄉人也。少而好兵，事秦始皇。I白起事秦昭王，王翦事秦始皇，兩起處句法俱對。始皇十一年，翦將攻趙閼與，破之，拔九城，I戰功一。十八年，翦將攻趙。歲餘，遂拔趙，趙王降，盡定趙地爲郡。I戰功二。明年，燕使荊軻爲賊于秦，秦王使王翦攻燕。燕王喜走遼東，翦遂定燕薊而還。I戰功三。秦使翦子王賁擊荊，荊兵敗。還擊魏，魏王降，遂定魏地。I戰功四。

秦始皇既滅三晉，走燕王，而數破荊師。承上四節，作一總結，并以起下。秦將李信者，年少壯勇，嘗以兵數千逐燕太子丹，至于衍水中，卒破得丹，始皇以爲賢勇。本傳爲王翦也，乃先揚李信，揚李信，正爲襯出王翦也。於是始皇問李信："吾欲攻取荊，於將軍度用幾何人而足？"李信曰："不過用二十萬人。"始皇問王翦，王翦曰："非六十萬人不可。"始皇曰："王將軍老矣，何怯也！李將軍果勢壯勇，其言是也。"又一揚李信，一抑王翦，所以取勢也。遂使李信及蒙恬將二十萬南伐荊。王翦言不用，因謝病，歸老於頻陽。又再抑王翦。李信攻平輿①，蒙恬攻寢，大破荊軍。信又攻鄢郢，破之，又再揚李信，似從此推倒王翦，推出李信矣，孰知正推倒李信，推出王翦哉？文章全用反襯。於是引兵而西，與蒙恬會城父。荊人因隨之，三日三夜，不

① 輿，中華書局本《史記》作"與"。

頓舍,大破李信軍,入兩壁,殺七都尉,秦軍走。

始皇聞之,大怒,一路序來,此一筆掉轉。自馳如頻陽,見謝王翦曰:"寡人以不用將軍計,李信果辱秦軍。今聞荊兵日進而西,將軍雖病,獨忍棄寡人乎!"王翦謝曰:"老臣罷病悖亂,惟大王更擇賢將。"始皇謝曰:"已矣,將軍勿復言!"王翦曰:"大王必不得已用臣,非六十萬人不可。"一路王翦阨塞已甚,此提一句,直應前言,倏快之極。始皇曰:"爲聽將軍計耳。"於是王翦將兵六十萬人,又重點六十萬人,句極揚王翦。始皇自送至灞上。自馳自送寫始皇心服。王翦行,請美田宅園池甚眾。始皇曰:"將軍行矣,何憂貧乎?"王翦曰:"爲大王將,有功終不得封侯,故及大王之嚮臣,臣亦及時以請園池,爲子孫業耳。"始皇大笑。寫始皇已入王翦術中。王翦既至關,使使還請善田者五輩。請田事作兩段寫。或曰:"將軍之乞貸,亦已甚矣。"王翦曰:"不然。夫秦王怚而不信人。今空秦國甲士,而專委於我,我不多請田宅,爲子孫業,以自堅,顧令秦王坐而疑我邪?"請田心事至此說明,極揚王翦也。

王翦果代李信擊荊。荊聞王翦益軍而來,乃悉國中兵以拒秦。王翦至,堅壁而守之,不肯戰。荊兵數出挑戰,終不出。李信偏寫其屢勝,王翦偏寫其不肯戰,通篇全用反勒之法。王翦日休士洗沐,而善飲食撫循之,親與士卒同食。久之,王翦使人問軍中戲乎?對曰:"方投石超距。"於是王翦曰:"士卒可用矣。"內計已定。荊數挑戰而秦不出,乃引而東。外事復湊,此"引而東",正與前李信"引兵而西"相應。翦因舉兵追之,令壯士擊,大破荊軍。至蘄南,殺其將軍項燕,荊兵遂敗走。秦因乘勝略定荊地。城邑歲餘,虜荊王負芻,竟平荊地,爲郡縣。因南征百越之君。戰功五。而王翦子王賁,與李信,破定燕、齊地。終不放過李信,并繳還一筆。

秦始皇二十六年,盡并天下,王氏、蒙氏功爲多,名施于後世。王氏主,蒙氏陪。

秦二世之時,王翦及其子賁皆已死,而又滅蒙氏。陳勝之反秦,秦使王翦之孫王離擊趙,前以蒙氏爲陪王氏耳,孰知借滅蒙氏,引出陳勝,借陳勝以引出王離哉,文章之妙,不可方物。圍趙王及張耳鉅鹿城。或曰:"王離,秦之名將也。今將彊秦之兵,攻新造之趙,舉之必矣。"客曰:"不然。夫爲將三世者必敗。必敗者何也?以其所殺伐多矣,其後受其不祥。今王離已三世將矣。"|王離事乃從空撰出,一段,收完王離,并收王翦,奇文。○語不了有餘韻。居無何,項羽救趙,擊秦軍,果虜王離,王離軍遂降諸侯。

太史公曰:鄙語云"尺有所短,寸有所長"。先立兩句。白起料敵合變,出奇無窮,聲震天下,然不能救患於應侯。王翦爲秦將,夷六國,當是時,翦爲宿將,始皇師之,然不能輔秦建德,固其根本,偷合取容,以至圽身。俱一反一正,用"兩然"不能對轉。及孫王離,爲項羽所虜,不亦宜乎!彼各有所短也。只說所短,單應一句,而所長已見,妙!

此兩傳,俱用一樣筆法相對。前邊戰功,一頓點過,白起只抽長平一事,王翦只抽破楚一事,姿態色澤,抑揚變化,各臻其妙。○白起傳,以逐節寫來,頓挫法勝;王翦傳以兩兩抑揚,反襯法勝,又各有一妙。○世皆知白起長平一阬四十萬耳;而伊闕斬二十四萬;拔華陽,斬十三萬,沉趙卒二萬;拔韓陘城,斬五萬,合長平斬虜四十五萬,共八十九萬。而擊韓新城,拔韓五城,取韓安邑,拔魏六十一城,拔垣城,拔趙光狼城,拔楚鄢、郢五城,拔郢,燒夷陵,定巫黔中郡,攻南陽太行道,所殺者不與焉。一人所殺如此,其餘者復何如哉!吾不能不歎戰國之天道也。

孟子荀卿列傳

太史公曰:余讀《孟子》書,至梁惠王問"何以利吾國",未嘗不廢書而歎也。一部《孟子》,只提起頭一章之起頭一句,而一部《孟子》俱在。曰:嗟乎,利誠亂之始也!夫子罕言利者,常防其原也。故曰"放於利而行,多怨"。自天子至於庶人,好利之弊何以異哉!即提夫子相配。

孟軻,騶人也。受業子思之門人。道既通,論孟子只此三字,然可抵一篇孟子贊。游事齊宣王,不曰"游",而曰"游事",有客卿在內。宣王不能用。適梁,梁惠王不果所言,則見以爲迂遠而濶於事情。游齊適梁實事只用虛寫,作慨歎語。當是之時,秦用商君,富國彊兵;楚、魏用吴起,戰勝弱敵;齊威王、宣王用孫子、田忌之徒,後列淳于髡、慎到、環淵、接子之徒,故先列商君、吴起、孫子、田忌之徒,前後照應。而諸侯東面朝齊。秦楚魏諸國,獨重言齊,以孟子游事宣王故也。天下方務於合從連衡,以攻伐爲賢,戰國時事,只二句說盡。而孟軻乃述唐、虞、三代之德,寫孟子,自然是王佐一流。是以所如者不合。退而與萬章之徒,序《詩》《書》,述仲尼之意,作《孟子》七篇。丨孟子事只此,蓋孟子功愈於禹,止在著書,故以著書終之。其後有騶子之屬。

齊有三騶子。不接上商君、吳起之徒,不即寫下淳于髡、慎到之徒,而于中間幻出三騶子,奇矣,乃三騶子,止出其二,其一人至後乃出,又一奇也。其前騶忌,以鼓琴干威王,因及國政,封爲成侯,而受相印,先孟子。|跟定孟子,以孟子附傳也。

其次騶衍,後孟子。亦跟定孟子,一先序而後點,一先點而後序,變法。騶衍睹有國者益淫侈,不能尚德,若大雅整之於身,施及黎庶矣。乃深觀陰陽消息,而作怪迂之變,終始、大聖之篇,十餘萬言。有《孟子》七篇,故又有此十餘萬言,以爲襯貼。其語閎大不經,必先驗小物,推而大之,至於無垠。先小而及大也。先序今以上至黄帝,孟子斷自唐虞,此則始自黄帝。學者所共術,大竝世盛衰,因載其機祥度制,推而遠之,至天地未生,窈冥不可考而原也。先今而及古也。先列中國,名山大川,通谷禽獸,水土所殖,物類所珍,因而推之,及海外人之所不能睹。先近而及遠也。稱引天地剖判以來,五德轉移,治各有宜,而符應若兹。著書之旨已盡,下則就海外不睹之語,抽出一篇,以概言之。以爲儒者所謂中國者,於天下乃八十一分居其一分耳。中國名曰赤縣神州。赤縣神州內,自有九州,禹之序九州是也,不得爲州數。中國外,如赤縣神州者九,乃所謂九州也。於是有裨海環之,人民禽獸莫能相通者,如一區中者,乃爲一州。如此者九,乃有大瀛海環其外,天地之際焉。極力夸張,乃脱不出"九州"二字,足見其眼猶小,吾讀《華嚴》,見香水海中,一一蓮花,各有一世界,乃至有萬億世界,萬億須彌山,萬億日月,乃爲浩汗耳。其術皆此類也。然要其歸,必止乎仁義節儉,君臣上下六親之施,儼然所謂唐虞三代之德,似是而非,異端假借。始也濫耳。句陗。王公大人,初見其術,懼然顧化,其後不能行之。

是以騶子重於齊。適梁，惠王郊迎，執賓主之禮。適趙，平原君側行襒席。如燕，昭王擁彗先驅，請列弟子之座，而受業，築碣石宫，身親往師之。作主運。又虚出一篇。其游諸侯見尊禮如此，豈與仲尼菜色陳蔡，孟軻困於齊梁同乎哉！又結到孟子，兼以仲尼同之，以見孟子與仲尼一流，不特非三騶、淳于可擬，即商君、吴起豈其倫哉？史公極尊孟子處。故武王以仁義伐紂而王，伯夷餓不食周粟；衛靈公問陳，而孔子不答；梁惠王謀欲攻趙，孟軻稱太王去邠。此豈有意阿世俗苟合而已哉！持方枘欲內圜鑿，其能入乎？忽以回環感歎語作兩層，借騶子以激轉孟子，正見箾韶不作，瓦缶雷鳴，真可爲世道一歎。〇又引出武王、伯夷，孔子，以比孟子，所以尊之也。或曰，伊尹負鼎而勉湯以王，百里奚飰牛車下，而繆公用霸，作先合，然後引之大道。騶衍其言雖不軌，儻亦有牛鼎之意乎？又跌出一段，以假借騶子，并見詭遇之道，固孟子所不爲也。

自騶衍與齊之稷下先生，如淳于髡、慎到、環淵、接子、田駢、騶奭之徒，由孟子説到騶衍，又由騶衍落出稷下、淳于諸人，章法妙。各著書言治亂之事，脉從《孟子》七篇來。以干世主，豈可勝道哉！

淳于髡，齊人也。博聞彊記，學無所主。其諫説，慕晏嬰之爲人也，然而承意、觀色爲務。寫盡淳于髡。客有見髡於梁惠王，惠王屏左右，獨坐而再見之，終無言也。故作一頓。惠王怪之，以讓客曰："子之稱淳于先生，管、晏不及，及見寡人，寡人未有得也。豈寡人不足爲言邪？何故哉？"客以謂髡。髡曰："固也。吾前見王，王志在驅逐；後復見王，王志在音聲：吾是以默然。"又起兩峯應承意觀色。客具以報王，王大駭，曰："嗟乎，淳于先生，誠聖人也！前淳于先生之來，人有獻善馬者，寡人未及視，會先生至。後先生之

來,人有獻謳者,未及試,亦會先生來。寡人雖屏人,然私心在彼,有之。”後淳于髡見,一語連三日三夜,無倦。先引一段,洋洋灑灑,必有一篇大文章在後,乃三日三夜之所陳,竟無一字,實而虛,虛而實,文章之妙,如是如是。惠王欲以卿相位待之,髡因謝去。於是送以安車駕駟,束帛加璧,黃金百鎰。終身不仕。|

慎到,趙人。田駢、接子,齊人。環淵,楚人。四人總序,變法。皆學黃老道德之術,因發明序其指意。故慎到著十二論,環淵著上下篇,而田駢、接子皆有所論焉。應著書,言治亂。

騶奭者,齊諸騶子,亦頗采騶衍之術以紀文。又遙頂騶衍。

於是齊王嘉之,自如淳于髡以下,又應淳于髡。皆命曰列大夫,爲開第康莊之衢,高門大屋,尊寵之。覽天下諸侯賓客,言齊能致,天下賢士也。篇中重言齊者,以孟子游事齊也。

荀卿,趙人。年五十始來游學於齊。騶衍之術又頂騶衍。迂大而閎辯;奭也,文具難施;又應騶奭。淳于髡久與處,又應淳于髡。時有得善言。故齊人頌曰:“談天衍,雕龍奭,炙轂過髡。”田駢之屬又點田駢。皆已死齊襄王時,而荀卿最爲老師。齊尚修列大夫之缺,應前列大夫。而荀卿三爲祭酒焉。齊人或讒荀卿,荀卿乃適楚,而春申君以爲蘭陵令。春申君死而荀卿廢,因家蘭陵。李斯嘗爲弟子,已而相秦。荀卿嫉濁世之政,亡國亂君相屬,不遂大道,而營於巫祝,信禨祥,鄙儒小拘,如莊周等,又猾稽亂俗,於是推儒、墨、道德之行事興壞,序列著數萬言而卒。應著書言治亂。因葬蘭陵。

而趙亦有公孫龍,爲堅白同異之辯,劇子之言;魏有李悝,盡地力之教;楚有尸子、長盧;阿之吁子焉。前列商君等,虛寫;中列三騶、淳于等,實寫;後又列莊周、公孫龍等,虛寫。前後相照,虛寔相參,章法神妙。自如孟子至于吁子,世多有其書,以孟子、吁子,總收,一頂一末,一實一虛。故不論其傳云。

蓋墨翟,宋之大夫,善守禦,爲節用。或曰竝孔子時,或曰在其後。|虛虛實實,寫出多少人,妙盡矣,乃於盡情盡致之後,又出一墨翟,已爲神化,乃借墨翟一掉,復收到仲尼。文章神妙,至此豈可端倪。○史公論贊,倒裝在前矣。

東坡云:"水火難畫,以其無定形也。故江湖之間,風與水遭,波濤重疊。而阿房三月,起于石中之熒熒耳。"吾讀孟子一傳,孟子事只畧寫虛寫,反于中間,出商君、吳起、孫子、田忌之徒,亦偶然借爲感慨耳。孰知借以引三騶子哉!乃騶子之後,又有淳于、慎到、環淵、接子、田駢之徒,前後參錯掩映,文情之妙也。忽于荀卿傳中,插入一莊周,因莊周而又點出公孫龍、劇子、李悝、尸子、長盧、吁子,而以墨翟終焉。其間有虛者、實者、詳者、畧者,如層波疊焰,從空而來,何處使人捉搦?○此文純以一氣旋運,借諸公組織于中,非因事生文,反若因文生事,故並不見其多人也。

孟嘗君列傳

孟嘗君名文，姓田氏。文之父曰靖郭君田嬰。丨孟嘗君世系，只一句，即入田嬰附傳。田嬰者，齊威王少子，而齊宣王庶弟也。田嬰自威王時任職用事，與成侯鄒忌及田忌將而救韓伐魏。田嬰事一①。成侯與田忌爭寵，成侯賣田忌。田忌懼，襲齊之邊邑，不勝，亡走。會威王卒，宣王立，知成侯賣田忌，乃復召田忌以爲將。因田文附序田嬰，又因嬰附序田忌，層層轉觀。宣王二年，田忌與孫臏、田嬰俱伐魏，敗之馬陵，鹵魏太子申而殺魏將龐涓。田嬰事二。宣王七年，田嬰使於韓、魏，韓、魏服于齊。嬰與韓昭侯、魏惠王會齊宣王東阿南，盟而去。田嬰事三。明年，復與梁惠王會甄。是歲，梁惠王卒。田嬰事四。宣王九年，田嬰相齊。齊宣王與魏襄王會徐州而相王也。楚威王聞之，怒田嬰。明年，楚伐敗齊師於徐州，而使人逐田嬰。田嬰使張丑說楚威王，說威王事虛寫。威王乃止。田嬰事五。田嬰相齊十一年，宣王卒，湣王即位。即位三年，而封田嬰於薛。丨總收田嬰頓住，下入田文事。〇田嬰事只略寫、虛寫，蓋下有孟嘗事，

① 底本为“二”，疑誤，據校本改。

恐頭重也,附傳體如是。

初,田嬰有子四十餘人。餘子既多。其賤妾有子名文,其母又賤。文以五月五日生。生時又惡。嬰告其母曰:“勿舉也。”父又忌之,寫得我生不辰,又後翻跌,奇文出來。其母竊舉生之。及長,其母因兄弟而見其子文於田嬰。田嬰怒其母曰:“吾令若去此子,而敢生之,何也?”文頓首,因曰:“君所以不舉五月子者,何故?”劈頭一逼。嬰曰:“五月子者,長與戶齊,將不利其父母。”始序出不舉之故。文曰:“人生受命于天乎?將受命於戶邪?”又作兩逼。嬰默然。中作一頓。文曰:“必受命于天,君何憂焉。必受命于戶,則高其戶耳[①],誰能至者!”上兩跌,此兩翻,明淨簡確,令人一笑。嬰曰:“子休矣。”寫田嬰無詞。

久之,文承間,問其父嬰曰:“子之子爲何?”曰:“爲孫。”“孫之孫爲何?”曰:“爲元(玄)孫。”“元(玄)孫之孫爲何?”曰:“不能知也。”即用前法,亦以一逼起。文曰:“君用事相齊,至今三王矣,齊不加廣,而君私家富累萬金,門下不見一賢者。養客張本。文聞將門必有將,相門必有相。今君後宮蹈綺縠而士不得短褐,僕妾餘粱[②]肉而士不厭糟糠。今君又尚厚積餘藏,欲以遺所不知何人,即繳前語,點得明快乃爾。而忘公家之事日損,文竊恠之。”於是嬰乃禮文,使主家待賓客。賓客日進,一篇養客是主,先從此起。名聲聞于諸侯。諸侯皆使人請薛公田嬰以文爲太子,嬰許之。嬰卒,謚爲靖郭君。完田嬰附傳,上嬰、文夾序,下乃獨序田文,入正[③]傳。而文果代

① 中華書局本《史記》作“則可高其戶耳”。

② 粱,底本作“梁”,疑誤,據中華書局本《史記》改。

③ 正,底本作“王”,疑誤,據校本改。

立于薛,是爲孟嘗君。|

孟嘗君在薛,招致諸侯賓客及亡人有罪者,又點賓客。皆歸孟嘗君。孟嘗君舍業厚遇之,以故傾天下之士。食客數千人,無貴賤一與文等。是好客實事。孟嘗君待客坐語,而屏風後嘗[1]有侍史,主記君所與客語,問親戚居處。客去,孟嘗君已使使存問,獻遺其親戚。|應"舍業厚遇之"。孟嘗君曾待客夜食,有一人蔽火光。客怒,以飯不等,輟食辭去。孟嘗君起,自持其飯比之。客慚,自剄。應"無貴賤一與文等"。士以此多歸孟嘗君。孟嘗君客無所擇,應"亡人有罪"。皆善遇之。人人各自以爲孟嘗君親己。寫好客處,分作兩處寫,中插兩事,而以虛語作前後關鎖,妙!

秦昭王聞其賢,乃先使涇陽君爲質於齊,以求見孟嘗君。孟嘗君將入秦,入秦事,先作一引。賓客莫欲其行,諫不聽。蘇代謂曰:"今旦代從外來,見木偶人與土偶人相與語。奇語奇事,忽從天來。木偶人曰:'天雨,子將敗矣。'土偶人曰:'我生於土,敗則歸土。今天雨,流子而行,未知所止息也。'較《國策》緊綻。今秦,虎狼之國也,而君欲往,如有不得還,君得無爲土偶人所笑乎?"只一點,不必明說,而已明甚。孟嘗君乃止。|

齊湣王二十五年,復卒使孟嘗君入秦,"入秦"作兩節寫,前虛寫,作一頓,此乃實序。昭王即以孟嘗君爲秦相。人或說秦昭王曰:"孟嘗君賢,而又齊族也,今相秦,必先齊而後秦,秦其危矣。"於是秦昭王乃止。囚孟嘗君,謀欲殺之。不用之,即殺之,公叔痤之故智。孟嘗君使人抵昭王幸姬求解。幸姬曰:"妾願得君狐白裘。"此時孟

① 嘗,中華書局本《史記》作"常"。

嘗君有一狐白裘，直千金，天下無雙，入秦獻之昭王，更無他裘。孟嘗君患之，先提明，是作一無可奈何之事，作一逼。徧問客，莫能對。又一逼。最下坐有能爲狗盜者，曰："臣能得狐白裘。"乃夜爲狗，竟爲狗，妙，盗之意致，盗之情形，俱于此想出。以入秦宫藏①中，取所獻狐白裘至，以獻秦王幸姬。幸姬爲言昭王，昭王釋孟嘗君。孟嘗君得出，即馳去，更封傳，變名姓寫得急甚。以出關。三字虚，是孟嘗君意中事也。夜半至函谷關。照後雞未鳴，關不出客。秦昭王後悔出孟嘗君，求之已去，即使人馳傳逐之。後有追者，益寫其急甚。孟嘗君至關，又寫"至關"一句，前有嚴關，後有追者，正寫甚急。關法，雞鳴而出客，孟嘗君恐追至，一邊急則急殺，一邊緩則緩甚。客之居下坐者兩"下坐"妙，正爲"下坐"出色，彼代舍中客何在哉？有能爲雞鳴，而雞盡鳴，遂發傳出。昔如困鱗，去如脱兔。出如食頃，寫得危甚。秦追果至關已後，孟嘗君出，乃還。始孟嘗君列此二人於賓客，賓客盡羞之，及孟嘗君有秦難，卒此二人拔之。自是之後，客皆服。又爲"下坐者"明白暢言之。

孟嘗君過趙，趙平原君客之。趙人聞孟嘗君賢，出觀之，皆笑曰："始以薛公爲魁然也，今視之，乃眇小丈夫耳。"孟嘗君聞之，句。怒。句。客與俱者下，斫擊殺數百人，遂滅一縣以去。|此寫孟嘗諸客之横。

齊湣王不自得，以其遣孟嘗君。間接追序前事。孟嘗君至，則以爲齊相，任政。

孟嘗君怨秦，將以齊爲韓、魏攻楚，因與韓、魏攻秦，而借兵食於西周。攻楚客，攻秦主，借兵食，客之客也，乃反客爲主，從此兜住。蘇

① 藏，中華書局本《史記》作"臧"。

代爲西周謂曰："君以齊爲韓、魏攻楚九年，取宛、葉以北以彊韓、魏，今復攻秦以益之。攻楚實，攻秦虛。韓、魏南無楚憂，西無秦患，雙承。則齊危矣。韓、魏必輕齊畏秦，臣爲君危之。兩"危"字疊。君不如令弊邑深合於秦，而君無攻，又無借兵食。主意先說完，下乃詳作兩層序。君臨函谷而無攻，令弊邑以君之情，謂秦昭王曰'薛公必不破秦以彊韓、魏。其攻秦也，一轉。欲王之令楚王割東國以與齊，而秦出楚懷王以爲和'。二轉。突出楚懷王，後乃補序。君令弊邑以此惠秦，秦得無破，而以東國自免也，秦必欲之。三轉。楚王得出，必德齊。四轉。齊得東國益彊，而薛世世無患矣。五轉。秦不大弱，而處三晉之西，三晉必重齊。"畏秦之伐，故重齊之交也。○段段曲入，文筆俊利。薛公曰："善。"因令韓、魏賀秦，使三國無攻，而不借兵食於西周矣。應還蘇代主意。是時，楚懷王入秦，秦留之，故欲必出之。秦不果出楚懷王。|應出楚懷王。

孟嘗君相齊，其舍人魏子爲孟嘗君收邑入，後有馮驩收責，先有魏子收邑入，遙遙作引。三反而不致一入。孟嘗君問之，對曰："有賢者，竊假與之，以故不致入。"孟嘗君怒，而退魏子。居數年，人或毀孟嘗君於齊湣王曰："孟嘗君將爲亂。"及田甲刼湣王，突出田甲事，只虛寫。湣王意疑孟嘗君，孟嘗君乃奔。魏子所與粟賢者聞之，賢者無名。乃上書言孟嘗君不作亂，請以身爲盟，"以身爲盟"字，法好。遂自刭宮門以明孟嘗君。湣王乃驚，而蹤跡驗問，孟嘗君果無反謀，乃復召孟嘗君。孟嘗君因謝病，歸老於薛。湣王許之。

其後，秦亡將呂禮相齊，欲困蘇代。代乃謂孟嘗君曰："周最於齊，至厚也，又突出周最親弗，亦虛寫。而齊王逐之，而聽親弗，相呂禮者，欲取秦也。齊、秦合，則親弗與呂禮重矣。有用，齊、秦必輕君。秦有用于齊者,則輕孟嘗君也。君不如急北兵趨趙,以和秦、魏,收周最以厚行,且反齊王之信,又禁天下之變。齊無秦,則天下集齊,親弗必走,則齊王孰與爲其國也!”逐句跌下,一步緊一步,妙!於是孟嘗君從其計,而呂禮嫉害于孟嘗君。

孟嘗君懼,乃遺秦相穰侯魏冉書曰:“吾聞秦欲以呂禮收齊,齊,天下之彊國也,子必輕矣。即用蘇代之說。齊秦相取,以臨三晉,呂禮必并相矣,是子通齊以重呂禮也。又添一層,不但輕子,而且重禮。若齊免於天下之兵,其讎子必深矣。又添一層,不但重禮,而且讎子,逐層跌入。子不如勸秦王伐齊。齊破,吾請以所得封子。又跌入一層。齊破,秦畏晉之彊,秦必重子以取晉。二層。晉國獘於齊而畏秦,晉必重子以取秦。三層。是子破齊以爲功,挾晉以爲重;是子破齊,定封,秦、晉交重子。總收三跌。若齊不破,呂禮復用,子必大窮。”反振一句,結以要挾穰侯。於是穰侯言於秦昭王,伐齊,而呂禮亡。Ⅰ

後齊湣王滅宋,益驕,欲去孟嘗君。孟嘗君恐,乃如魏。魏昭王以爲相,西合於秦、趙,與燕共伐破齊。齊湣王亡在莒,遂死焉。Ⅰ爲呂禮而使秦伐齊,怨湣王,而與燕伐齊,爲私計殘宗國,孟嘗殊非人,類死而絕嗣,天也。齊襄王立,而孟嘗君中立爲諸侯,無所屬。Ⅰ齊襄王新立,畏孟嘗君,與連和,復親薛公。文卒,謚爲孟嘗君。諸子爭立,而齊魏共滅薛。孟嘗絕嗣,無後也。Ⅰ完孟嘗君事。

初,馮驩後馮驩附傳。聞孟嘗君好客,躡屩而見之。孟嘗君曰:“先生遠辱,何以教文也?”馮驩曰:“聞君好士,以貧身歸于君。”“貧身”字妙。孟嘗君置傳舍十日,孟嘗君問傳舍長曰:“客何所爲?”答曰:“馮先生甚貧,猶有一劍耳,以劍爲馮生出色。又蒯緱。

以蒯緱爲劍出色，皆于閒處點染。蒯，艸名。緱，劍靶。以草繩纏之耳。彈其劍而歌彈劍之歌又就劍上出色。曰'長鋏歸來乎，食無魚'。""來"音"厘"，與"魚"字叶。孟嘗君遷之幸舍，食有魚矣。一頓。五日，又問傳舍長。答曰："客復彈劍而歌曰'長鋏歸來乎，出無輿'。"孟嘗君遷之代舍，出入乘輿車矣。二頓。五日，孟嘗君復問傳舍長。舍長答曰："先生又嘗彈劍而歌曰'長鋏歸來乎，無以爲家'。""家"音"孤"，與"乎"字叶。孟嘗君不悅。

居朞年，馮驩無所言。|前兩頓，俱以輕清之筆，一樣寫，至此忽作一颺，小小結住。孟嘗君時相齊，封萬戶於薛。其食客三千人。邑入不足以奉客，使人出錢於薛。歲餘不入，貸錢者多不能與其息，客奉將不給。孟嘗君憂之，問左右："何人可使收債於薛者？"傳舍長曰："代舍客馮公，形容狀貌甚辯，形容，儀也。狀貌，表也。四字連得好。長者，無他伎能，應期年無所言。宜可令收債。"孟嘗君乃進馮驩而請之曰："賓客不知文不肖，幸臨文者，三千餘人，邑入不足以奉賓客，故出息錢于薛。薛歲不入，民頗不與其息。今客食恐不給，願先生責之。"馮驩曰："諾。"毛遂自薦，馮驩出自舍長，臨時不露圭角，當勝一倍。辭行，至薛，召取孟嘗君錢者皆會，得息錢十萬。亦粗完收債事，下乃出奇。乃多釀酒，買肥牛，具牛、酒一。召諸取錢者，能與息者皆來，不能與息者亦來，皆持取錢之券書合之。召取錢者二。齊爲會，日殺牛置酒。置酒三。酒酣，乃持券如前合之，合券四。能與息者，與爲期；爲期五。貧不能與息者，取其券而燒之。燒券六。燒券一事，凡①用多少裝點，多少搖曳，方始折入，乃有姿致。曰："孟嘗君

① 凡，底本作"几"，據校本改。

所以貸錢者,爲民之無者,以爲本業也;所以求息者,爲無以奉客也。兩義雙起。今富給者以要期,貧窮者燔券書以捐之。雙承。諸君彊飲食。有君如此,豈可負哉!”坐者皆起,再拜。一時氣槩情事,如在目前。

孟嘗君聞馮驩燒券書,句。怒句。而使使召驩。驩至,孟嘗君曰:“文食客三千人,故貸錢於薛。文奉邑少,而民尚多不以時與其息,客食恐不足,故請先生收責之。重序一遍,足見其怒,若曰:“吾與汝云,何而汝乃違之也?”聞先生得錢,即以多具牛酒,而燒券書,句。何?”句。馮驩曰:“然。只一字,責之若極躁急,應之者極從容。不多具牛酒,即不能畢會,無以知其有餘不足。有餘者,爲要期。不足者,雖守而責之十年,息愈多,句。急,句。即以逃亡自捐之。“自捐之”妙。逃亡則不得不捐矣。下句“若”字轉,當連下。○未與論理,先與論勢,説得極明晰,極有理令人無詞。若急,終無以償,上則爲君好利,不愛士民,下則有離上抵負之名,非所以厲士民,彰君聲也。焚無用虚債之券,捐不可得之虚計,令薛民親君,而彰君之善聲也,君有何疑焉!”此一段方論理。孟嘗君乃拊手而謝之。|理勢俱至,孟嘗君心服。○《國策》有“市義”一段,佳。

齊王惑于秦、楚之毁,以爲孟嘗君名高其主而擅齊國之權,遂廢孟嘗君。諸客見孟嘗君廢,皆去。孟嘗客極不肖。馮驩曰:“借臣車一乘,可以入秦者,必令君重於國,而奉邑益廣,可乎?”孟嘗君乃約車幣而遣之。馮驩乃西説秦王曰:“天下之游士,憑軾結靷,西入秦者,無不欲彊秦而弱齊;憑軾結靷,東入齊者,無不欲彊齊而弱秦。字句不换,作兩對,佳!妙!此雄雌之國也,勢不兩立爲雄,雄者得天下矣。”即“雄雌”兩字接下,作奇致。秦王跽而問之曰:“何

以使秦無爲雌而可?”不接“雄”字,反接“無爲雌”,妙! 馮驩曰:“王亦知齊之廢孟嘗君乎?”秦王曰:“聞之。”馮驩曰:“使齊重于天下者,孟嘗君也。應名高其主。今齊王以毁廢之,其心怨,必背齊;背齊入秦,則齊國之情,人事之誠,盡委之秦,齊地可得也,豈直爲雄也! 君急使使載幣陰迎孟嘗君,不可失時也。如有齊覺悟,復用孟嘗君,則雌雄之所在,未可知也。”又接“雌雄”字作餘波。秦王大悦,乃遣車十乘、黄金百鎰,以迎孟嘗君。馮驩辭以先行,至齊,説齊王曰:“天下之游士,憑軾結靷,東入齊者,無不欲彊齊而弱秦者;憑軾結靷,西入秦者,無不欲彊秦而弱齊者。夫秦齊雄雌之國,秦彊則齊弱矣,此勢不兩雄。又借前兩對不换,再説一遍,即以對前兩扇之中。各有兩扇文法之妙,正陣間容,陣隊間容,隊之法也。○“不兩雄”更妙。今臣竊聞秦遣使,車十乘,載黄金百鎰,以迎孟嘗君。孟嘗君不西則已,西入相秦則天下歸之,秦爲雄而齊爲雌,雌則臨淄、即墨危矣。還用“雌雄”字。王何不先秦使之未到,復孟嘗君,而益與之邑以謝之? 孟嘗君必喜而受之。秦雖彊國,豈可以請人相而迎之哉! 折秦之謀,而絶其霸彊之略。”勢已盡,忽以兩語斷,意收,似住不住,妙! 齊王曰:“善。”乃使人至境,候秦使。秦使車適入齊境,使還馳告之,王召孟嘗君而復其相位,而與其故邑之地,又益以千户。秦之使者,聞孟嘗君復相齊,還車而去矣。|

自齊王毁廢孟嘗君,諸客皆去。加兩句,間接前事。後召而復之,馮驩迎之。未到,孟嘗君太息嘆曰:“文常好客,遇客無所敢失,食客三千有餘人,先生所知也。客見文一日廢,皆背文而去,莫顧文者。今賴先生得復其位,客亦有何面目復見文乎? 如復見文者,必唾其面而大辱之。”即翟公署門之説也。馮驩結轡下拜。孟

嘗君下車接之，先作態①。曰："先生爲客謝乎？"馮驩曰："非爲客謝也，爲君之言失。夫物有必至，事有固然，君知之乎？"先立後解。孟嘗君曰："愚不知所謂也。"曰："生者必有死，物之必至也；富貴多士，貧賤寡友，事之固然也。君獨不見夫朝趨市者乎？明旦，側肩爭門而入；日暮之後，過市朝者，掉臂而不顧。非好朝而惡暮，所期物，忘其中。今君失位，賓客皆去，不足以怨士，而徒絕賓客之路。願君遇客如故。"孟嘗君再拜曰："敬從命矣。聞先生之言，敢不奉教焉。"|忽然竟住，妙，另是一格。

太史公曰：吾嘗過薛，其俗閭里，率多暴桀子弟，與鄒、魯殊。問其故，曰："孟嘗君招致天下任俠，姦人入薛中，蓋六萬餘家矣。"世之傳孟嘗君好客自喜，名不虛矣。

一篇看去，筆勢汪洋，文機清利，步步曲折，引人入勝。所云山陰道上，秋冬之際，更難爲懷。○孟嘗君於中間序，而田嬰、馮驩兩傳，則附在兩頭，環作章法。田嬰傳，因在前，恐其累墜，故只用簡法；而馮驩傳因在後，欲其襯貼，故另出精神，淋漓盡致。取債一段，刪改《國策》，各有佳處。對看自見。○四君傳俱以好客作主，而信陵之客獨勝，次則平原，尚有一毛遂。至孟嘗之客，馮驩差彊人意，餘則盜賊勢利之徒，寫得極其不堪，而千古之下，獨傳孟嘗，何也？○毛遂是英英少年，一味使氣。馮驩則寫來自有雍容長厚氣象，大是不同。

① 態，底本作"能"，據校本改。

平原君虞卿列傳

平原君趙勝者,趙之諸公子也。諸子中,勝最賢,喜賓客,賓客蓋至者數千人。一篇以賓客作主。平原君相趙惠文王,及孝成王,三去相,三復位,封于東武城。丨相業只虛寫。

平原君家樓臨民家。先點樓,後點樓上美人。民家有躄者,槃散行汲。先寫得可笑。平原君美人居樓上,臨見,大笑之。明日,躄者至平原君門,請曰:"臣聞君之喜士,士不遠千里而至者,以君能貴士而賤妾也。"貴士賤妾",亦借以爲說詞耳,孰知已伏後脉。臣不幸有罷癃之病,而君之後宮,臨而笑臣,臣願得笑臣者頭。"奇事,故作奇語,突出便住。平原君笑應曰:"諾。"躄者去,平原君笑曰:"觀此豎子,乃欲以一笑之故,殺吾美人,不亦甚乎!"先作一颺。終不殺。居歲餘,賓客門下舍人,稍稍引去者,過半。平原君怪之,曰:"勝所以待諸君者,未嘗敢失禮,而去者,何多也?"門下一人前對曰:"以君之不殺笑躄者,以君爲愛色而賤士,士即去耳。"應前"貴士賤妾"。於是平原君乃斬笑躄者美人頭,自造門,進躄者,因謝焉。其後門下,乃復稍稍來。吾不知四君之士,成得多少事業,而奉之若是。是時齊有孟嘗,魏有信陵,楚有春申,故爭相傾以待士。閒閒插三公子,照應。

秦之圍邯鄲,趙使平原君求救,合從于楚,約與食客門下,有勇力,文武備具者,二十人偕。平原君曰:“使文能取勝,則善矣。文不能取勝,則歃血于華屋之下,必得定從而還。謂文辭不能,復當以武勝,已伏按劍劫楚王一著。士不外索,取于食客門下足矣。”高待門下客,反襯後文一笑。得十九人,餘無可取者,無以滿二十人。先屬一筆,不知此十九人,如何文武具備?如何得力?反襯後文一笑。門下有毛遂者,前,自贊於平原君曰:“遂聞君將合從於楚,約與食客門下二十人偕,不外索。今少一人,願君即以遂備員而行矣。”說得平淡不露色相,好!平原君曰:“先生處勝之門下,幾年於此矣?”毛遂曰:“三年於此矣。”平原君曰:“夫賢士之處世也,譬若錐之處囊中,其末立見。奇語。今先生處勝之門下,三年於此矣,左右未有所稱誦,勝未有所聞,是先生無所有也。先生不能,先生留。”連用三“先生”作調。毛遂曰:“臣乃今日請處囊中耳。使遂蚤得處囊中,乃穎脫而出,非特其末見而已。”只就錐上解說,不自說一句,而其意已足,固是妙文。平原君竟與毛遂偕。十九人相與目笑之一頓。而未發也。兩頓。先就平原君反覆一段,又就十九人描寫一筆,正于側面寫來,襯出毛遂。

毛遂比至楚,與十九人論議,十九人皆服。先放倒十九人,是省手處。平原君與楚合從,言其利害,日出而言之,日中不決。所謂文不能取勝也。十九人謂毛遂曰:“先生上。”正見十九人皆服。毛遂按劍歷階而上,謂平原君曰:“從之利害,兩言而決耳。先突出兩句,奇峯,劈天而出。今日出而言從,日中不決,何也?”楚王謂平原君曰:“客何爲者也?”正寫毛遂出色處,又借楚一襯,一賓一主,互相激昂。平原君曰："是勝之舍人也。"楚王叱曰："胡不下！吾乃與而君言，汝何爲者也！"兩"何爲"句，鏗鏘歷落，如聞其聲。先言客，此言汝，正爲"舍人"二字，故益其怒也。毛遂按劍而前曰："王之所以叱遂者，以楚國之衆也。今十步之內，王不得恃楚國之衆也，前兩"何爲者也"，此兩"楚國之衆也"，俱作兩疊調寫，怒時急語，氣正勃勃，其妙如此。王之命懸于遂手。應"按劍而前"。吾君在前，叱者何也？又問一句，氣壓楚王。且遂聞湯以七十里之地王天下，文王以百里之壤而臣諸侯，豈其士卒衆多哉，仍就"楚國之衆"立論。誠能據其勢而奮其威。今楚地方五千里，持戟百萬，此霸王之資也。以楚之彊，天下弗能當。先揚之。白起，小豎子耳，率數萬之衆，興師以與楚戰，一戰而舉鄢郢，再戰而燒夷陵，三戰而辱王之先人。後抑之。此百世之怨，而趙之所羞，而王弗知惡焉。說得楚王無辭。合從者爲楚，非爲趙也。所謂兩言而決也。吾君在前，叱者何也？"又點一句，與前句亦作兩疊調，是章法，而氣岸至終不衰。楚王曰："唯唯，誠若先生之言，謹奉社稷而以從。"寫楚王心折氣索。毛遂曰："從定乎？"楚王曰："定矣。"寫楚王心折氣索，更無他言。毛遂謂楚王之左右曰："取雞狗馬之血來。"毛遂奉銅盤而跪進之楚王曰："王當歃血而定從，次者吾君，次者遂。"遂定從於殿上。楚王、平原君、毛遂，原在殿上。毛遂左手持盤血，而右手招十九人又生一波，如見其事。曰："公相與歃此血於堂下。十九人原在堂下，然不必呼上，以公等錄錄也。公等錄錄，所謂因人成事者也。"一段寫毛遂、楚王相對處，堂上有平原君、楚王左右，堂下有十九人，必環視失色，故于此點出收盡，似一幅畫圖。○揶揄十九人處爲目笑吐氣。

平原君已定從而歸，歸至於趙，曰："勝不敢復相士。勝相士，多者千人,寡者百數,應賓客數千人。自以爲不失天下之士,今乃於毛先生而失之也。毛先生一至楚,而使趙重於九鼎大呂。毛先生以三寸之舌,彊於百萬之師。極贊揚中,句句帶愧色,模擬入神。兩"先生",與上"三先生"照。勝不敢復相士。"兩"不敢相士",俱用疊句,亦以見平原決意心服。遂以爲上客。

平原君既返趙,重提一句。楚使春申君將兵赴救趙,魏信陵君亦矯奪晉鄙軍往救趙,皆未至。從定,楚救、破秦必矣,又于中間插出一事。秦急圍邯鄲,邯鄲急,且降,平原君甚患之。邯鄲傳舍吏子李同,說平原君曰:"君不憂趙亡邪?"忙時叫說閒話,妙。平原君曰:"趙亡則勝爲鹵,何爲不憂乎?"李同曰:"邯鄲之民,炊骨易子而食,可謂急矣,而君之後宮以百數,婢妾被綺縠,餘粱肉,而民裼衣不完,糟糠不厭。民困兵盡,或剡木爲矛矢,而君器物鍾磬自若。三比,中用三"而"字,三折,且"而君""而民""而君",錯綜入,妙!使秦破趙,君安得有此?使趙得全,君何患無有?又接兩急語,亦中作兩折。今君誠能令夫人以下,編於士卒之間,分功而作,家之所有,盡散以饗士,士方其危苦之時,易德耳。"又深一層。於是平原君從之,得敢死之士三千人。李同遂與三千人赴秦軍,秦軍爲之却三十里。亦會楚、魏救至,秦兵遂罷,邯鄲復存。先提明,此又將三事揑作一處,分功不得,章法之妙。李同戰死,封其父爲李侯。

虞卿欲以信陵君之存邯鄲,爲平原君請封。閒閒插入,虞卿爲後傳作引。公孫龍聞之,夜駕見平原君曰:"龍聞虞卿欲以信陵君之存邯鄲,爲君請封,有之乎?"平原君曰:"然。"龍曰:"此甚不可。且王舉君而相趙者,非以君之智能,爲趙國無有也。割東武城而封君者,非以君爲有功也,而以國人無勳,二比作兩調,而末句"也"

字,放在中間,略示變法,以避板。乃以君爲親戚故也。君受相印,不辭無能;割地,不言無功者,亦自以爲親戚故也。又作兩調,一短一長,亦作變法。今信陵君存邯鄲而請封,是親戚受城,而國人計功也。又斷一句,明劃之極。此甚不可。兩"甚不可"亦用疊句,通篇用一樣句法,以爲章法。且虞卿操其兩權,事成,操右券以責;事不成,以虛名德君。君必勿聽也。"平原君遂不聽虞卿。|欲取虞卿作合傳,偏先抹倒虞卿,先抑後揚,後主先客,另是一法。

平原君以趙孝成王十五年卒。子孫代,後竟與趙俱亡。

平原君厚待公孫龍。公孫龍善爲堅白之辯,及鄒衍過趙言至道,乃絀公孫龍。|并抹倒公孫龍,妙!

虞卿者,游說之士也。躡蹻擔簦正爲下"金""璧"作觀。說趙孝成王。一見,賜黄金百鎰,白璧一雙;再見,爲趙上卿,"一見""再見",妙!故號爲虞卿。|

秦趙戰於長平,趙不勝,亡一都尉。趙王召樓昌與虞卿曰:"軍戰不勝,尉復死,寡人使束甲而趨之,句法。何如?"樓昌曰:"無益也,不如發重使爲媾。"虞卿曰:"昌言媾者,以爲不媾軍必破也。一反。而制媾者在秦。即正轉,只一句,明甚。且王之論秦也,欲破趙之軍乎,不邪?"一反一正,後即一跌,三數句中,多少曲折。王曰:"秦不遺餘力矣,必且欲破趙軍。"兩句中加一"矣"字,一宕。虞卿曰:"王聽臣,發使出重寶以附楚、魏,楚、魏欲得王之重寶,必内吾使。趙使入楚、魏,秦必疑天下之合從,且必恐。如此,則媾乃可爲也。"與其效之秦,不若捐之楚,且以疑秦,數句亦作幾折。趙王不聽,與平陽君爲媾,發鄭朱入秦。秦内之。趙王召虞卿曰:"寡人使平陽君爲媾於秦,秦已内鄭朱矣,卿以爲奚如?"虞卿對曰:"王不得媾,軍必破矣。先斷一句。天下賀戰勝者，皆在秦矣。一層。鄭朱，貴人也，入秦，秦王與應侯，必顯重以示天下。二層。楚、魏以趙爲媾，必不救王。三層。秦知天下不救王，則媾不可得成也。”四層，層層逼出。應侯果顯鄭朱以示天下賀戰勝者，終不肯媾。長平大敗，遂圍邯鄲，爲天下笑。

秦既解邯鄲圍，而趙王入朝，使趙郝約事於秦，割六縣而媾。虞卿謂趙王曰：“秦之攻王也，倦而歸乎？王以其力尚能進，愛王而勿攻乎？”先發一問逆起，與前一樣。王曰：“秦之攻我也，不遺餘力矣，必以倦而歸也。”虞卿曰：“秦以其力攻其所不能取，倦而歸，王又以其力之所不能取以送之，是助秦自攻也。兩折論事，極明晰。來年，秦復攻王，王無救矣。”又拖一句，作未了。王以虞卿之言告趙郝。趙郝曰：“虞卿誠能盡秦力之所至乎？誠知秦力之所不能進，兩句中加一“乎”字，一宕，與前一樣。此彈丸之地，弗與[①]，令秦來年復攻王，王得無割其內而媾乎？”正與前“來無救”對。王曰：“請聽子割矣，子能必使來年秦之不復攻我乎？”趨勢一反，機鋒尖快。趙郝對曰：“此非臣之所敢任也。他日三晉之交於秦，相善也。今秦善韓、魏而攻王，王之所以事秦，必不如韓、魏也。今臣爲足下解負親之攻，開關通幣，齊交韓、魏，至來年而王獨取攻於秦，此王之所以事秦，必在韓、魏之後也。此非臣之所敢任也。”亦用前後疊句法。

王以告虞卿。虞卿對曰：“郝言‘不媾，來年秦復攻王，王得無割其內而媾乎’。今媾，郝又以不能必秦之不復攻也。即述郝言，作兩折以破之，快便。今雖割六城，何益！一層。來年復攻，又割其力

---

① 與，中華書局本《史記》作“予”。

之所不能取而媾,此自盡之術也,二層。不如無媾。秦雖善攻,不能取六縣;三層。趙雖不能守,終不失六城。四層。秦倦而歸,兵必罷。我以六城收天下以攻罷秦,是我失之於天下,而取償於秦也。吾國尚利,五層。層層折入,詞鋒犀利。孰與坐而割地,自弱以彊秦哉? 今郝曰'秦善韓、魏而攻趙者,必以為韓、魏不救趙也,而王之軍必孤。有以王之事秦,不如韓、魏也',又述郝言,以再破之,段段翻駁,奇快之甚。是使王歲以六城事秦也,即坐而城盡。一層。來年秦復求割地,王將與之乎? 弗與,是棄前功而挑秦禍也;二層。與之,則無地而給之。三層。語曰'彊者善攻,弱者不能守'。今坐而聽秦,秦兵不獘而多得地,是彊秦而弱趙也。四層。以益彊之秦,而割愈弱之趙,其計故不止矣。五層。且王之地有盡,而秦之求無已,以有盡之地而給無已之求,其勢必無趙矣。"又總結一結,明如畫石,一路俱周圓轉,駿快之筆,令人爽然。

趙王計未定,虞卿、趙郝,反覆既多,文字長長則勢緩,故又借此一句閃出一樓緩以間隔之。樓緩從秦來,趙王與樓緩計之,曰:"予秦地,何如毋予,孰吉?"緩辭讓曰:"此非臣之所能知也。"王曰:"雖然,試言公之私。"樓緩對曰:"王亦聞夫公甫文伯毋乎? 一路秦、趙事既多,再說便厭,借一樓緩,又幻出一文伯毋,卸入閒文,一新耳目,無爲所瞞也。公甫文伯仕於魯,病死,女子爲自殺於房中者二人。其母聞之,弗哭也。其相室曰:'焉有子死而弗哭者乎?'其母曰:'孔子,賢人也,逐於魯,而是人不隨也。今死,而婦人爲之自殺者二人,若是者,必其於長者薄,而於婦人厚也。'故從母言之,是爲賢母;從妻言之,是必不免爲妬妻。故其言一也,言者異則人心變矣。文勢已急,故閒序一段以緩之。今臣新從秦來太緩則又忘却本文,故急接入。而言勿予,則非計也;言予之,恐王以臣爲爲秦也:故不敢對。使臣得爲大王計,不如予之。”上兩平,一仄即下,正深于言予之者也。王曰:“諾。”

虞卿聞之,入見王曰:“此飾說也,王昚勿予!”前以緩來,此亦以緩受,故又作一頓。樓緩聞之,往見王。王又以虞卿之言告樓緩。樓緩對曰:“不然。虞卿得其一,不得其二。夫秦趙搆[①]難而天下皆說,何也?曰‘吾且因彊而乘弱矣’。此寫天下之心事。今趙兵困於秦,天下之賀戰勝者,則必盡在於秦矣。故不如亟割地爲和,以疑天下而慰秦之心。不然,天下將因秦之彊怒,乘趙之弊,瓜分之。趙且亡,何秦之圖乎?一掉即轉。故曰虞卿得其一,不得其二。願王以此決之,勿復計也。”

虞卿聞之,往見王曰:“危哉樓子之所以爲秦者,點樓緩心事,故用險語。是愈疑天下,而何慰秦之心哉?獨不言其示天下弱乎?三句作兩折,下即轉。且臣言勿予者,非固勿予而已也。又進一步,始出齊事。秦索六城於王,而王以六城賂齊。二轉。齊,秦之深讐也,得王之六城,并力西擊秦,齊之聽王,不待辭之畢也。三轉。則是王失之於齊而取償於秦也。而齊、趙之深讐,可以報矣,四轉。而示天下有能爲也。五轉。王以此發聲,兵未窺於境,臣見秦之重賂至趙,而反媾於王也。六轉。從秦爲媾,韓、魏聞之,必盡重王;重王,必出重寶以先於王。則是王一舉而結三國之親,而與秦易道也。”中作六轉,實只一氣說下,滚滚不窮,與前半段嘆合。趙王曰:“善。”則使虞卿東見齊王,與之謀秦。虞卿未返,秦使者已在趙矣。樓緩聞

① 搆,中華書局本《史記》作“構”。

之,亡去。趙于是封虞卿以一城。|

居頃之,而魏請爲從。趙孝成王召虞卿謀。過平原君,平原君曰:"願卿之論從也。"只一句,不說盡。○平原傳後,點虞卿;虞卿傳後,點平原,相應作合傳體。虞卿入見王。王曰:"魏請爲從。"對曰:"魏過。"王曰:"寡人固未之許。"對曰:"王過。"王曰:"魏請從,卿曰魏過,寡人未之許,又曰寡人過,然則從終不可乎?"對曰:"臣聞小國之與大國從事也,有利則大國受其福,有敗則小國受其禍。今魏以小國請其禍,而王以大國辭其福,"辭""請"二字,倩甚。臣故曰王過,魏亦過。仍以兩對語收,妙!竊以爲從便。"王曰:"善。"乃合魏爲從。|

虞卿既以魏齊之故,略得好。不重萬戶侯卿相之印,與魏齊閒行,卒去趙,困於梁。魏齊已死,不得意乃著書,上採《春秋》,下觀近世,曰節義、稱號、揣摩、政謀,凡八篇。以刺譏國家得失,世傳之,曰《虞氏春秋》。|閒閒以著書作結,别致。

太史公曰:平原君,翩翩濁世之佳公子也,然未睹大體。鄙語曰"利令智昏",平原君貪馮亭邪說,使趙陷長平兵四十餘萬眾,邯鄲幾亡。傳中不載馮亭事,却于贊中補出,為平原諱也。虞卿料事揣情,爲趙畫策,何其工也!及不忍魏齊,卒困於大梁,庸夫且知其不可,況賢人乎?然虞卿非窮愁,亦不能著書,以自見於後世云。虞卿只以著書作致。

此傳史公剪取戰國之文,故另是一種筆仗,純以姿致風度爲妙,絕無粗疎生矯之態,讀之覺和易近人。○平原傳純用疊句,氣厚而力完;虞卿傳,純用轉折,故氣清而流利。一篇之中,各具一種姿致,乃知飛燕、太真,俱爲國色也。○兩傳最佳者,則毛遂定楚從處,如華岳插天,不堦寸土,而奇峯恠石,劈面相迎。虞卿對郝緩處,如山泉下垂,逐層噴落,而平流容與,曲折駿駛,各成其妙。

信陵君列傳

魏公子無忌者，魏昭王少子，而魏安釐王異母弟也。昭王薨，安釐王即位，封公子爲信陵君。是時范雎亡魏相秦，以怨魏齊故，秦兵圍大梁，破魏華陽下軍，走芒卯。魏王及公子患之。|

公子爲人，仁而下士，士無賢不肖，皆謙而禮交之，不敢以其富貴驕士。士以此方數千里，爭往歸之，致食客三千人。當是時，諸侯以公子賢，多客，客是一篇主意。不敢加兵謀魏十餘年。虛寫一筆，爲公子出色，爲好客出色。

公子與魏王博，而北境傳舉烽，言"趙寇至，且入界"。魏王釋博，欲召大臣謀。先將小事引起。公子止王曰："趙王田獵耳，非爲寇也。"復博如故。王恐，心不在博。"釋傳""復博""心不在博"，點注妙。居頃，復從北方來，傳言曰："趙王獵耳，非爲寇也。"對上不換，與公子言相照。魏王大驚，曰："公子何以知之？"公子曰："臣之客有能探得趙王陰事者，通篇重客，先以客引起。趙王所爲，客輒以報臣，臣以此知之。"是後魏王畏公子之賢能，不敢任公子以國政。一句伏通篇之脉，不待秦間之來，而其不聽公子救趙，使公子留趙，皆半以疑公子也。

魏有隱士曰侯嬴,年七十,家貧,爲大梁夷門監者。入侯嬴作附傳。公子聞之,往請,欲厚遺之。不肯受,曰:"臣修身潔行數十年,終不以監門困故,而受公子財。"先虛寫,作一頓。公子於是乃置酒,大會賓客。滿堂將相也。坐定,待舉酒也。公子從車騎,竊罵侯生者也。虛左,自執轡也,待侯生上坐也。先鋪排一番,後句句應來,更爲生色。自迎夷門侯生。復著"夷門"二字,隆情重禮,下逮"監門",極寫侯生,極寫公子。侯生攝獘衣冠,直上載公子上坐,不讓,車中之坐也,應"虛左"。欲以觀公子。公子執轡愈恭。一段。侯生又謂公子曰:"臣有客,在市屠中,願枉車騎過之。"公子引車入市,應執轡。侯生下見其客朱亥,無意中先一點。俾倪故久立,下五字,極模寫,千載如見。與其客語,微察公子。公子顏色愈和。二段。當是時,魏將相宗室賓客滿堂,待公子舉酒。於坐客傍描一筆,應"大會"。市人皆觀公子執轡。於市人傍描一筆,應"入市"。從騎皆竊罵侯生。於從者傍描一筆,應"從車騎"。侯生視公子色終不變,三段,"愈恭""愈和""色終不變",三番搖曳,將相、賓客、市人、從騎,四面照耀,遂令一時神采,千古如生。乃謝客,就車。至家,公子引侯生坐上坐,此乃家中之坐也。徧贊賓客,賓客皆驚。四段,又傍描一筆,精神直貫至,滿堂待公子,自起迎侯生之時。酒酣,公子起,爲壽侯生前。滿堂將相,皆如無物。侯生因謂公子曰:"今日嬴之爲公子亦足矣。突然一句,反作極力爲公子者,奇文。嬴乃夷門抱關者也,而公子親枉車騎,自迎嬴於眾人廣坐之中,不宜有所過,今公子故過之。然嬴欲就公子之名,故久立公子車騎市中,過客以觀公子,公子愈恭。市人皆以嬴爲小人,而以公子爲長者能下士也。"於侯生口,總序一遍,凡十用"公子"字,點綴錯落。於是罷酒,侯生遂爲上客。

侯生謂公子曰："臣所過屠者朱亥，此子，賢者，世莫能知，故隱屠間耳。"公子往數請之，朱亥故不復謝，公子恠之。丨前序已詳，故落一朱亥，作兩次寫結上文，伏下脉，通體皆靈。

魏安釐王二十年，秦昭王已破趙長平軍，又進兵圍邯鄲。公子姊爲趙惠文王弟平原君夫人，數遺魏王及公子書，請救於魏。魏王使將軍晉鄙，將十萬衆，救趙。秦王使使者告魏王曰："吾攻趙，旦暮且下，而諸侯敢救者，已拔趙，必移兵先擊之。"魏王恐，使人止晉鄙，留軍壁鄴，名爲救趙，實持兩端以觀望。平原君使者，冠蓋相屬於魏，讓魏公子曰："勝所以自附爲婚姻者，以公子之高義，爲能急人之困。今邯鄲旦暮降秦，而魏救不至，安在公子能急人之困也！且公子縱輕勝，棄之降秦，獨不憐公子姊邪？"公子患之，數請魏王，及賓客辨[①]士說王萬端。魏王畏秦，終不聽公子。趙事至急矣，外從魏王寫一筆，必不肯救。公子自度終不能得之於王，計不獨生，而令趙亡，內從公子心上寫一筆，必不能救。乃請賓客，約車騎百餘乘，欲以客往赴秦軍，與趙俱死。上兩路雙通，無可奈何，生出獨赴秦軍，故作一颺。

行過夷門，見侯生，具告所以欲死秦軍狀。辭決而行，侯生曰："公子勉之矣，老臣不能從。"獨赴秦軍是極危之事，公子何以至此，讀至過夷門，見侯生曰，賴有此耳，乃侯生又作一颺，使人加倍驚疑。公子行數里，心不快，曰："吾所以待侯生者備矣，天下莫不聞，今吾且死，而侯生曾無一言半辭送我，我豈有所失哉？"作數折，曲寫文情。復引車還，問侯生。侯生笑曰："臣固知公子之還也。"前一路颺開，此一句收轉，驚疑未定，令人一快。曰："公子喜士，名聞天下。今有

---

① 辨，中華書局本《史記》作"辯"。

難,無他端,而欲赴秦軍,譬若以肉投餒虎,何功之有哉?尚安事客?先說公子心事。然公子遇臣厚,公子往而臣不送,以是知公子恨之復返也。"方說自己心事。公子再拜,因問。文章無直瀉之法,中間又作此一頓。侯生乃屏人間語,曰:"嬴聞晉鄙之兵符,常在王臥內,而如姬最幸,出入王臥內,力能竊之。一快後尚未知何以破秦。驚疑猶在,忽有此奇計,不覺爽然。然何以得此於如姬哉?重使人疑矣。嬴聞如姬父爲人所殺,如姬資之三年,自王以下,欲求報其父讎,莫能得。王之幸姬,何待公子報仇?補一筆圓謊。如姬爲公子泣,公子使客斬其讎頭,敬進如姬。如姬之欲爲公子死,無所辭,顧未有路耳。公子誠一開口請如姬,如姬必許諾,則得虎符,奪晉鄙軍,北救趙而西却秦,此五霸之伐也。"曲曲寫來,則兵符必得,鄙軍必奪,秦必破,趙必可救矣,一路疑團至此始破。滕元發滿,浮一大白,亦何可少?公子從其計,請如姬。如姬果盜晉鄙兵符與公子。

公子行,寫計定謀成,志得意滿,可以萬全矣。侯生曰:"將在外,主令有所不受,以便國家。公子即合符,而晉鄙不授公子兵,而復請之,事必危矣。初以爲萬全,乃復有此,又阧然一驚。臣客屠者朱亥可與俱,遙接。此人力士。晉鄙聽,大善;不聽,可使擊之。"又生出一奇,爲之擊節。於是公子泣。讀至此,驚疑盡釋,心花頓開,公子不知如何歡躍,乃接一"泣"字,何哉?侯生曰:"公子畏死邪?何泣也?"公子曰:"晉鄙嚄唶,宿將,往恐不聽,必當殺之,是以泣耳,豈畏死哉?"於是公子請朱亥。朱亥笑曰:"臣乃市井鼓刀屠者,而公子親數存之,所以不報謝者,以爲小禮無所用。又補明前段。今公子有急,此乃臣效命之秋也。"遂與公子俱。撇脱之甚,此帶寫朱亥。公子過謝侯生。侯生曰:"臣宜從,老不能。請數公子行日,以至晉鄙軍之日，北鄉自剄，以送公子。”至此奇已盡矣，又出侯生自剄送公子，以爲餘波，是亦一奇也。公子遂行。先寫公子行，虚寫，此則一往無滯矣。

至鄴，矯魏王令，代晉鄙。晉鄙合符，疑之，舉手視公子曰：“今吾擁十萬之衆，屯於境上，國之重任，今單車來代之，何如哉？”果不出侯生所料，苟無朱亥，何以處之？回映文情，極妙。欲無聽。朱亥袖四十斤鐵椎，應“力士”。椎殺晉鄙，公子遂將晉鄙軍。勒兵下令軍中曰：“父子俱在軍中，父歸；兄弟俱在軍中，兄歸；獨子無兄弟，歸養。”得選兵八萬人，進兵擊秦軍。秦軍解去，遂救邯鄲，存趙。一段大文，至此結穴。趙王及平原君，自迎公子於界，平原君負韊矢，爲公子先引。趙王再拜曰：“自古賢人，未有及公子者也。”當此之時，平原君不敢自比於人。公子與侯生決，至軍，侯生果北鄉自剄。又回應一筆，收完前段，亦以終侯生附傳。

魏王怒公子之盜其兵符，矯殺晉鄙，間接。公子亦自知也。已却秦存趙，使將將其軍歸魏，而公子獨與客留趙。照“與客赴秦軍”。趙孝成王德公子之矯奪晉鄙兵而存趙，前頓住趙王間接魏王，今又頓住魏王，接入趙王，章法之妙。乃與平原君計，以五城封公子。公子聞之，意驕矜，而有自功之色。客有說公子曰：又出一客，上爲侯生、朱亥，下爲毛公、薛公，作一過接。“物有不可忘，有不可不忘。夫人有德於公子，公子不可忘也；公子有德於人，願公子忘之也。且矯魏王令，奪晉鄙兵，以救趙，於趙則有功矣，於魏則未爲忠臣也。公子乃自驕而功之，竊爲公子不取也。”正承公子自知，又得點染一番，此案方明白。於是公子立自責，似若無所容者。趙王掃除自迎，執主人之禮，引公子就西階。公子側行辭讓，從東階上。自言辠過，以負於魏，無功於趙。趙王侍酒至暮，口不忍獻五城，以公子退讓也。

公子竟留趙。趙王以鄗爲公子湯沐邑,魏亦復以信陵奉公子。小小結住。公子留趙。

公子聞趙有處士毛公,藏於博徒,薛公藏於賣漿家,公子欲見兩人,兩人自匿,不肯見公子。公子聞所在,乃間步往,從此兩人游,甚歡。復點兩人,與侯生、朱亥照映作章法。平原君聞之,謂其夫人曰:"始吾聞夫人弟公子,天下無雙,今吾聞之,乃妄從博徒賣漿者游,公子妄人耳。"夫人以告公子。公子乃謝夫人去,曰:"始吾聞平原君賢,故負魏王而救趙,以稱平原君。平原君之游,徒豪舉耳,不求士也。無忌自在大梁時,常聞此兩人賢,至趙,恐不得見。以無忌從之游,尚恐其不我欲也,今平原君乃以爲羞,其不足從游。"乃裝爲去。夫人具以語平原君。平原君乃免冠謝,固留公子。非必抑平原,借客形主之法也。平原君門下聞之,半去平原君,歸公子,天下士復往歸公子,公子傾平原君客。借平原客,又補天下士,極寫公子。

公子留趙十年不歸。秦聞公子在趙,日夜出兵東伐魏。正應不敢加兵謀魏。魏王患之,應魏王及公子患之。使使往請公子。公子恐其怒之,應公子自知也。乃誡門下:"有敢爲魏王使通者,死。"賓客皆背魏之趙,又點賓客。莫敢勸公子歸。毛公、薛公兩人往見公子曰:"公子所以重於趙,名聞諸侯者,徒以有魏也。今秦攻魏,魏急,而公子不恤,使秦破大梁,而夷先王之宗廟,公子當何面目立天下乎?"簡淨刻入,正不須多。語未及卒,公子立變色,告車趣駕歸救魏。

魏王見公子,相與泣,而以上將軍印授公子,公子遂將。魏安釐王三十年,又補年月,正見十年留趙也。公子使使遍告諸侯。諸侯

聞公子將，各遣將將兵救魏。公子率五國之兵，破秦軍於河外，走蒙驁。遂乘勝逐秦軍至函谷關，抑秦兵，秦兵不敢出。當是時，公子威振天下，|諸侯之客進兵法，公子皆名之，故世俗稱魏公子兵法。終不脱客。

秦王患之，乃行金萬斤於魏，求晉鄙客，令毁公子於魏王有公子客，即有諸侯之客，又有晉鄙之客，幻出數層，以爲照耀。曰："公子亡在外，十年矣，今爲魏將，諸侯將皆屬，諸侯徒聞魏公子，不聞魏王。公子亦欲因此時定南面而王，諸侯畏公子之威，方欲共立之。"秦數使反間，僞賀公子得立爲魏王未也。魏王日聞其毁，不能不信，篇終矣，直應至篇首"畏公子之能，不敢任公子國政也"，篇如一節，節如一句。後果使人代公子將。公子自知再以毁廢，乃謝病不朝，與賓客爲長夜飲，賓客餘波。飲醇酒，多近婦女。日夜爲樂飲者四歲，竟病酒而卒。其歲，魏安釐王亦薨。

秦聞公子死，使蒙驁攻魏，應走蒙驁。拔二十城，初置東郡。其後秦稍蠶食魏，十八歲而虜魏王，屠大梁。|

高祖始微少時，數聞公子賢。及即天子位，每過大梁，常祠公子。高祖十二年，從擊黥布還，爲公子置守冢五家，世世歲以四時奉祠公子。|又以高祖作餘波。

太史公曰：吾過大梁之墟，求問其所謂夷門。夷門者，城之東門也。只就夷門點綴徘徊憑弔，如見其人，令我慨然。天下諸公子，亦有喜士者矣，然信陵君之接巖穴隱者，不耻下交，有以也。名冠諸侯，不虚耳。高祖每過之而令民奉祠不絶也。

一篇好客是主，救趙是大節，而勝處在侯生送公子一段，步步回合，步步逼拶，欲合故離，欲擒故縱，曲曲引人入勝。○侯生、朱亥、毛公、薛公，是客中表表。外如探趙陰事者，萬端說魏王者、與百乘赴秦軍者、斬如姬仇頭者、說公子忘德者、背魏之趙者、進兵法者，與爲長夜飲者，通篇用客串插以成文章。〇行文或重修詞，或重序事。此篇於迎侯生處，過夷門處，趙王封五城處，從毛公、薛公處，極力模寫。而於侯生謂公子處，侯生論救秦處，毛公、薛公說公子處，俱取簡淨達意而止。〇魏王畏公子能是心病，而矯殺晉鄙，是釁端。秦間湊來，遂爾合拍。通篇以此照映。〇范蠡扁舟，信陵醉酒，是英雄末路，猶帶風流。而子房赤松，尉遲雲母，未免假借。

春申君列傳

春申君者，楚人也，名歇，姓黄氏。游學博聞，事楚頃襄王。頃襄王以歇爲辯，使於秦。秦昭王使白起攻韓、魏，敗之于華陽，禽魏將芒卯，韓、魏服而事秦。一層。秦昭王方令白起與韓、魏共伐楚，未行，二層。而楚使黄歇適至於秦，聞秦之計。三層。當是之時，秦已前使白起攻楚，取巫、黔中之郡，拔鄢郢，東至竟陵，楚頃襄王東徙治于陳縣。四層。黄歇見楚懷王之爲秦所誘而入朝，遂見欺，留死於秦。五層。頃襄王，其子也，秦輕之，恐壹舉兵而滅楚。六層。○當時情事東來西湊，一時竝集，若俗手爲之，使難枝梧，看他偏層層序去，一絲不亂，是大手筆。歇乃上書說秦昭王曰：

天下莫彊于秦、楚。天下大勢，一句擒定。今聞大王欲伐楚，一句竟入。此猶兩虎相與鬬。兩虎相與鬬而駑犬受其獘，不如善楚。將一時事勢，開口一齊說完，下邊再敷序。臣請言其說：臣聞物至則反，冬夏是也；致至則危，累棊是也。今大國之地，徧天下有其二垂，此從生民以[①]來，萬乘之地，未嘗有

① 以，中華書局本《史記》作“已”。

也。先說國勢。先帝文王、莊王之身,三世不忘接地於齊,以絕從親之要。又說先王,正爲下今王作勢。○秦之去齊,韓魏間之也,滅韓魏則與齊接地,而中絕天下矣。今王使盛橋守事于韓,盛橋以其地入秦,是王不用甲,不信威,而得百里之地。王可謂能矣。先一贊。王又舉甲而攻魏,杜大梁之門,舉河內,拔燕、酸棗、虛、桃,入邢,魏之兵雲翔而不敢捄。王之功亦多矣。再一贊。王休甲息眾,二年而後復之;又并蒲、衍、首、垣,以臨仁、平丘,黄、濟陽嬰城,而魏氏服;王又割濮磨之北,注齊秦之要,絕楚趙之脊,天下五合六聚而不敢捄。王之威亦單矣。後乃一跌,作三比法,前兩贊虛,此一跌實。○用字俊甚。

王若能持功守威,絀攻取之心,而肥仁義之地,使無後患,三王不足四,五伯不足六也。應前"能"與"功多"兩段。王若負人徒之眾,仗兵革之彊,乘毀魏之威,而欲以力臣天下之主,臣恐其有後患也。應後"威單"一段。《詩》曰"靡不有初,鮮克有終"。易曰"狐涉水,濡其尾"。此言始之易,終之難也。引《詩》《易》應"冬夏""累棋"兩語作一束,是一段。何以知其然也?又泛出一波。昔智氏見伐趙之利,而不知榆次之禍,吳見伐齊之便,而不知干隧之敗。此二國者,非無大功也,沒利於前,而易患於後也。引智氏、吳越兩事,中作一宕,下乃再說。吳之信越也,從而伐齊,既勝齊人於艾陵,還爲越王禽三渚之浦。智氏之信韓、魏也,從而伐趙,攻晉陽城,勝有日矣,韓、魏畔之,殺智伯瑤於鑿臺之下。重說一遍,似注似解,而收束之語,反在中間,事奇語創。今王妬楚之不毀也,而忘毀楚之彊韓、魏也,兩意承吳越、智伯接下,不作別接,妙!臣爲王慮而不取也。

《詩》曰“大武遠宅而不涉”。從此觀之,楚國,援也;鄰國,敵也。《詩》云“趯趯毚兔,遇犬獲之。他人有心,余忖度之”。兩引《詩》詞,重疊作致。今王中道而信韓、魏之善王也,此正吳之信越也。即借吳越作一結,是第二節。臣聞之,敵不可假,時不可失。臣恐韓、魏卑辭除患,而實欲欺大國也。另出一峯,即就中道信韓魏一句,閒閒帶下,而使人不覺。何則?王無重世之德於韓、魏,而有累世之怨焉。夫韓、魏父子兄弟,接踵而死於秦者,將十世矣。本國殘,社稷壞,宗廟毀。刳腹絕腸,折頸摺頤,首身分離,暴骸骨於草澤,頭顱僵仆,相望于境,一是死傷。父子老弱,係脰束手,爲群虜者,相及于路。鬼神孤傷,無所血食。二是係虜。人民不聊生,族類離散流亡,爲僕妾者,盈滿海内矣。三是流亡,說兵禍之慘、形容傷怛,應先帝、今王三段。故韓、魏之不亡,秦社稷之憂也,今王資之與攻楚,不亦過乎!只兩句點明,又即頓住,是第三段。

且王攻楚,將惡出兵?又起一峯。王將借路於仇讎之韓、魏乎?一折,“仇讎”應“累世之怨”。兵出之日,而王憂其不返也,二折。是王以兵資於仇讎之韓、魏也。王若不借路於仇讎之韓、魏,必攻隨水右壤。一折。隨水右壤,此皆廣川大水,山林谿谷,不食之地也,二折。王雖有之,不爲得地。三折。是王有毀楚之名,而無得地之實也。兩對之中,幾層曲折,流水行雲,輕清如此,是第四段。

且王攻楚之日,四國必悉起兵以應王。又起一峯,方始正說,此乃攻楚之害。秦、楚之兵,搆而不離,魏氏將出而攻留、方與、銍、湖陵、碭、蕭、相,故宋必盡。齊人南面攻楚,泗上必舉。此皆平原四達，膏腴之地，應隨水之險阻。而使獨攻。王破楚以肥韓、魏於中國而勁齊。韓、魏之彊，足以校於秦。韓魏既敵。齊南以泗水爲境，東負海，北倚河，而無後患，齊復獨彊。天下之國，莫彊於齊、魏，雙承。齊、魏得地，葆利，而詳事下吏，一年之後，爲帝未能，其於禁王之爲帝，有餘矣。

夫以王壤土之博，人徒之衆，兵革之彊，壹舉事而樹怨于楚，遲令韓、魏歸帝，重於齊，是王失計也。是第五段，一路序來，氣勢蓬勃。臣爲王慮，莫若善楚。此正說善楚之利，與前一正一反。秦、楚合而爲一以臨韓，韓必歛手。王施以東山之險，帶以曲河之利，韓必爲關内之侯。先收韓。若是，而王以十萬戍鄭，梁氏寒心，許、鄢陵嬰城，而上蔡、召陵不往來也，如此而魏亦關内侯矣。次收魏。王壹善楚，而關内兩萬乘之主，注地於齊，齊右壤可拱手而取也。後收齊。王之地，一經兩海，要約天下，應接地于齊，絶從親之要。是燕、趙無齊、楚，齊、楚無燕、趙也。絶天下之腰，則燕、趙、齊、楚不相通矣。然後危動燕、趙，直搖齊、楚，韓、魏已入臣矣，并舉四國而天下已定。此四國者，不待痛而服矣。|是第六段，一篇書詞，或用整齊，或用轉折，或用堆垛，或用流利，段段變法。○言詞詳瞻，利害明晰，是一篇好文字。

昭王曰："善。"於是乃止白起而謝韓、魏。發使賂楚，約爲與國。

黄歇受約歸楚，|楚使歇與太子完入質於秦，秦留之數年。楚頃襄王病，太子不得歸。而楚太子與秦相應侯善，提得明。於是黄歇乃說應侯曰："相國誠善楚太子乎？"反問起。應侯曰："然。"歇曰："今楚王恐不起疾，秦不如歸其太子。太子得立，其事秦必重，

而德相國無窮,是親與國而得儲萬乘也。一正。若不歸,則咸陽一布衣耳;楚更立太子,必不事秦。一反。夫失與國而絶萬乘之和,非計也。願相國孰慮之。"總承。應侯以聞秦王。秦王曰:"令楚太子之傅,先往問楚王之疾,句。返,句。而後圖之。"黄歇爲楚太子計曰:"秦之留太子也,欲以求利也。一句即轉。今太子力未能有以利秦也,歇憂之甚。頓住又起。而陽文君子二人在中,王若卒大命,太子不在,陽文君子必立爲後,太子不得奉宗廟矣。不如亡秦,與使者俱出;臣請止,以死當之。"句亦勁秀。楚太子因變衣服,爲楚使者御,以出關,而黄歇守舍,常爲謝病。度太子已遠,秦不能追,歇乃自言秦昭王曰:"楚太子已歸,出遠矣。歇當死,願賜死。"昭王大怒,欲聽其自殺也。應侯曰:"歇爲人臣,出身以狥其主,太子立,必用歇,故不如無罪而歸之,以親楚。"應"失與國"二句。秦因遣黄歇。

歇至楚三月,楚頃襄王卒,太子完立,是爲考烈王。|考烈王元年,以黄歇爲相,封爲春申君,賜淮北地十二縣。後十五歲,追序。黄歇言之楚王曰:"淮北地邊齊,其事急,請以爲郡便。"因并獻淮北十二縣。請封于江東。考烈王許之。春申君因城故吴墟,以自爲都邑。城吴之盛,于贊中點出,完黄歇歸太子事。

春申君既相楚,是時齊有孟嘗君,趙有平原君,魏有信陵君,方爭下士,招致賓客,以相傾奪,輔國持權。|又以四公子相照應。

春申君爲楚相四年,秦破趙之長平軍四十餘萬。五年,圍邯鄲。邯鄲告急于楚,楚使春申君將兵,往救之,秦兵亦去,春申君歸。|春申君相楚八年,爲楚北伐,滅魯,以荀卿爲蘭陵令。當是時,楚復彊。|

趙平原君使人于春申君，春申君舍之於上舍。趙使欲夸楚，爲瑇瑁簪，刀劍室以珠玉飾之，請命春申君客。春申君客三千餘人，其上客皆躡珠履，以見趙使，趙使大慙。|

春申君相十四年，秦莊襄王立，以呂不韋爲相，封爲文信侯。取東周。|插入秦事，先閒閒點出呂不韋，直照篇末。

春申君相二十二年，諸侯患秦攻伐無已時，乃相與合從，西伐秦，而楚王爲從長，春申君用事。至函谷關，秦出兵攻諸侯兵，皆敗走。楚考烈王以咎春申君，春申君以此益疎。先上秦王書一段太長，故點五短段，以間之。

客有觀津人朱英，謂春申君曰："人皆以楚爲彊，而君用之弱，其於英不然。反起跌轉。先君時善秦，二十年而不攻楚，何也？秦踰黽隘之塞而攻楚，不便；假道于兩周，背韓、魏而攻楚，不可。"不便""不可"，兩調即黃歇借道仇讐之兩喻，前詳此簡。今則不然，又一"不然"，跌轉作勢。魏旦暮亡，不能愛許、鄢陵，其許魏割以與秦。秦兵去陳百六十里，臣之所觀者，見秦、楚之日鬬也。"此爲徙都之案，乃竟不說明，妙。楚於是去陳，徙壽春；而秦徙衛野王，作置東郡。春申君由此就封於吳，行相事。|又歸到封吳事環應。

楚考烈王無子，春申君患之，求婦人宜子者進之，甚衆，卒無子。趙人李園持其女弟，欲進之楚王，聞其不宜子，恐久毋寵。曲寫情事。李園求事春申君，爲舍人，已而謁歸，故失期。還，謁春申君，問之狀，對曰："齊王使使求臣之女弟，與其使者飲，故失期。"先作聲價。春申君曰："娉入乎？"對曰："未也。"春申君曰："可得見乎？"曰："可。"於是李園乃進其女弟，即幸于春申君。知其有身，李園乃與其女弟謀。先虛寫一句，下即其謀也。園女弟承間以說春

申君曰："楚王之貴幸君，雖兄弟不如也。一層。今君相楚二十餘年，而王無子，即百歲後，將更立兄弟，二層。則楚更立君後，亦各貴其故所親，君又安得長有寵乎？三層。非徒然也，君貴，用事久，多失禮于王兄弟，兄弟誠立，禍且及身，何以保相印江東之封乎？四層。寫得必至之勢，令人凛然。今妾自知有身矣，而人莫知。妾幸君未久，誠以君之重，而進妾於楚王，王必幸妾；妾賴天有子男，則是君之子爲王也，楚國盡可得，孰與身臨不測之罪乎？"前四層折，此一反振，意婉語急，情事明盡。春申君大然之，乃出李園女弟，謹舍，而言之楚王。楚王召入幸之，遂生子男，"遂"字，承園妹來。立爲太子，以李園女弟爲王后。|楚王貴李園，園用事。

李園既入其女弟，立爲王后，子爲太子，恐春申君語泄而益驕，陰養死士，欲殺春申君以滅口，而國人頗有知之者。寫春申君之疎，以接入朱英。

春申君相二十五年，楚考烈王病。朱英謂春申君曰："世有毋望之福，又有毋望之禍。今君處無望之世，事毋望之主，安可以無毋望之人乎？"五"毋望"句，一連注下，創語妙法。春申君曰："何謂毋望之福？"曰："君相楚二十餘年矣，雖名相國，實楚王也。今楚王病，旦暮且卒，卒[1]而君相少主，因而代立當國，如伊尹、周公，王長而反政，不即遂南面稱孤，而有楚國？此所謂毋望之福也。"應還一句。春申君曰："何謂毋望之禍？"曰："李園不治國，而君之仇也，不爲兵，而養死士之日久矣，楚王卒，李園必先入據權，而殺君以滅口。此所謂毋望之禍也。"應還二句。春申君曰："何謂毋望之

① 中華書局本《史記》無此"卒"字。

人?"對曰:"君置臣郎中,楚王卒,李園必先入,臣爲君殺李園。此所謂毋望之人也。"應還三句,五句只作三段應,"毋望之主""毋望之世"兩句,已包括在內。若定應五段,便呆板矣。春申君曰:"足下置之,李園,弱人也,僕又善之,且又何至此!"朱英知言不用,恐禍及身,乃亡去。

後十七日,楚考烈王卒,李園果先入,"果"字承朱英來。伏死士於棘門之內。應"養死士"。春申君入棘門,園死士俠刺春申君,斬其頭,投之棘門外。於是遂使吏盡滅春申君之家。而李園女弟初幸春申君有身而入之王所生子者遂立,二十二字作長句,反簡勁恰好。是爲楚幽王。結完春申傳。

是歲也,秦始皇帝立九年矣。嫪毐亦爲亂于秦,覺,夷其三族,而呂不韋廢。末點呂不韋事,忽然而來,其蹤莫尋,忽然而去,其意未盡,妙甚。

太史公曰:吾適楚,觀春申君故城,宮室盛矣哉!借宮室引起每于閒處作致。初,春申君之說秦昭王,及出身遣楚太子歸,何其智之明也!後制于李園,旄矣。語曰:"當斷不斷,反受其亂。"春申君失朱英之謂邪?

一篇精神處,全在上秦王一書,段落曲折,情事詳晰,讀之令人心開目明,文筆極一時之俊。次之朱英一説,字字風稜。而園妹數語,言言宛媚,各臻其勝。〇四公子各以客勝,而春申止得一朱英,而不用也。當時躡珠履者,何在乎?〇初讀春申傳時,因想呂不韋盜秦,黃歇盜楚是一時事,何不以作合傳?乃史公偏不雙序,却于傳後一點,有意無意,眉目得顧盼之神,而筆墨在蹊徑之外,豈可易測乎?

范雎蔡澤列傳

范雎者，魏人也，字叔。游説諸侯，欲事魏王，家貧，無以自資，乃先事魏中大夫須賈。

須賈爲魏昭王使於齊，范雎從。留數月，未得報。齊襄王聞雎辯口，只二字，已提明范雎之爲人。乃使人賜雎金十斤，及牛酒，雎辭謝，不敢受。須賈知之，大怒，以爲雎持魏國陰事告齊，故得此餽，令雎受其牛酒，還其金。既歸，心怒雎，以告魏相。魏相，魏之諸公子，曰魏齊。又註一筆，作態。魏齊大怒，使舍人笞擊雎，折脇摺齒。雎佯死，即卷以簀，置廁中。賓客飲者醉，更溺雎，故僇辱以懲後，令無妄言者。雎從簀中謂守者曰："公能出我，我必厚謝公。"守者乃請出棄簀中死人。就佯死上作波。魏齊醉，曰："可矣。"范雎得出。後魏齊悔，復召求之。復掉一筆，作兩斷寫，爲更名張本耳。魏人鄭安平聞之，乃遂操范雎亡，伏匿，更名姓曰張禄。I頓住。

當此時，又起一峯。秦昭王使謁者王稽於魏。鄭安平詐爲卒，操范雎詐爲卒，極寫鄭安平。侍王稽。王稽問："魏有賢人，可與俱西游者乎？"鄭安平曰："臣里中有張禄先生，欲見君，言天下事。其人有仇，不敢晝見。"王稽曰："夜與俱來。"鄭安平夜與張禄見王稽。語未究，此處序述一番，下便拖沓，只用"語未究"三字，已足動人，極寫范睢，并寫王稽。王稽知范睢賢，謂曰："先生待我於三亭之南。"丨寫范睢動王稽只"語未究"三字，寫王稽傾倒范睢，只"待我"一句。何等撇脱！何等神情！與私約而去。

王稽辭魏去，過載范睢入秦。至湖關，望見車騎從西來。范睢曰："彼來者爲誰？"王稽曰："秦相穰侯東行縣邑。"欲作逐穰侯一篇文字，先借穰侯，閒閒引起。范睢曰："吾聞穰侯專秦權，惡内諸侯客，此恐辱我，我寧且匿車中。"故作一頓，此時不下車者，已下車不及也。有頃，穰侯果至，勞王稽，因立車而語曰："關東有何變？"曰："無有。"又謂王稽曰："謁君得無與諸侯客子俱來乎？無益，徒亂人國耳。"王稽曰："不敢。"即別去。范睢曰："吾聞穰侯，智士也，其見事遲，鄉者疑車中有人，忘索之。"於是范睢下車走，曰："此必悔之。"行十餘里，果使騎還索車中，無客，乃已。丨索客事，作兩段寫，而文情始爲搖曳。王稽遂與范睢入咸陽。緊接一句。

已報使，因言曰："魏有張禄先生，天下辯士也。曰'秦王之國危於累卵，得臣則安。然不可以書傳也'。臣故載來。"突然而來，妙！秦王弗信，使舍食草具。待命歲餘。丨正好處，偏作一頓，令人意思缺然。

當是時，昭王已立三十六年。南拔楚之鄢郢，楚懷王幽死於秦。秦東破齊。湣王常①稱帝，後去之。數困三晉。厭天下辯士，無所信。丨一段言秦王之厭士。

穰侯，華陽君，昭王母宣太后之弟也；而涇陽君、高陵君皆昭王同母弟也。穰侯相，三人者更將，有封邑，以太后故，私家富重

① 常，中華書局本《史記》作"嘗"。

於王室。及穰侯爲秦將，且欲越韓、魏而伐齊綱壽，欲以廣其陶封。|一段言穰侯輩決不能容士，兩路雙逼，逼出范雎。范雎乃上書曰：

臣聞明主立政，有功者不得不賞，有能者不得不官，勞大者其祿厚，功多者其爵尊，能治衆者其官大。故無能者不敢當職焉，有能者亦不得蔽隱。兩句雖爲自己作引，無能當職，已隱指穰侯。使以臣之言爲可，願行而益利其道；以臣之言爲不可[①]，久留臣無爲也。一篇大意已盡，後乃反覆推明。語曰："庸主賞所愛，隱指穰侯。而罰所惡；乃自謂也。明主則不然，賞必加於有功，而刑必斷於有罪。"此二句反用，以起下文。今臣之胷不足以當椹質，而要不足以待斧鉞，豈敢以疑事嘗試於王哉！先作一反振，刑必斷于有罪，故不敢以疑事嘗也。雖以臣爲賤人而輕辱，獨不重任臣者之無反復於王邪？一句已直透入穰侯，正要緊時，又頓住，下復推開，文情妙甚。

且臣聞周有砥砨，宋有結綠，梁有縣藜，楚有和璞[②]，此四寶者，土之所生，良工之所失也，而爲天下名器。然則聖王之所棄者，獨不足以厚國家乎？此段照賤臣之不可辱。

臣聞善厚家者，取之於國；善厚國者，取之於諸侯。天下有明主，則諸侯不得擅厚者，何也？爲其割榮也。此段映重臣之反覆，"擅厚""割榮"，俱指穰侯也。良醫知病人之死生，而聖主明於成敗之事，利則行之，應可則利其道。害則舍之，應"不可則無久留"。疑則少嘗之，"可""不可"，二義已盡，又添中間一層，正是范雎本意。雖舜禹復生，弗能改已。語之至者，臣不敢載之於

① 不可，底本作"乃可"，據校本改。

② 璞，中華書局本《史記》作"朴"。

書,應"所云不可以書傳也"。其淺者又不足聽也。意者臣愚而不概於王心邪?亡其言臣者賤而不可用乎?故作兩閃,以爲姿致。自非然者,臣願得少賜游觀之間,望見顏色。所云疑則少嘗之。一語無効,請伏斧質。應"椹質斧鉞"。

於是秦昭王大說,乃謝王稽,使以傳車召范雎。|

於是范雎乃得見於離宮,詳爲不知永巷而入其中。王來,而宦者怒,逐之,曰:"王至!"范雎繆爲曰:"秦安得王?秦獨有太后、穰侯耳。"大主意已宣明矣,亦作突然而來,先入秦王耳中,故不得不就耳。欲以感怒昭王。昭王至,聞其與宦者爭言,入其術中。遂延迎,謝曰:"寡人宜以身受命久矣,會義渠之事急,寡人旦暮自請太后;足見制于太后。今義渠之事已,寡人乃得受命。竊閔然不敏,敬執賓主之禮。"范雎辭讓。前厭士矣,弗信矣,今何以得此于秦王哉?正有穰侯一語在其耳中也。是日觀范雎之見者,群臣莫不洒然變色易容者。又就旁人形容一筆,非寫范雎之得君,正①寫秦王以前之厭士也。

秦王屏左右,宫中虚無人。秦王跽而請曰:"先生何以幸教寡人?"范雎曰:"唯唯。"有間,秦王復跽而請曰:"先生何以幸教寡人?"范雎曰:"唯唯。"若是者三。秦王跽曰:"先生卒不幸教寡人邪?"昔一言而已明,今三"唯"而終止,有昔之快,以釣其耳,故復作今之緩,以固其心,局勢悠揚,似緩寔急,妙何言喻?范雎曰:"非敢然也。臣聞昔者吕尚之遇文王也,身爲漁父,而釣於渭濱耳。若是者,交疎也。已說而立爲太師,載與俱歸者,其言深也。交疎言深,作反正兩對。故文王遂收功於吕尚,而卒王天下。一轉。鄉使文王疎吕尚

① 正,底本作"王",據校本改。

而不與深言，是周無天子之德，而文武無與成其王業也。二轉。今臣羈旅之臣也，交疏於王，而所願陳者，皆匡君之事，處人骨肉之間，願効愚忠，而未知王之心也。此所以王三問而不敢對者也。前已突入，今又反覆要結，必欲吾之說，千穩萬穩，秦王之心千肯萬肯，而後一說便入，吾畏其人。○三轉。臣非有畏而不敢言也。臣知今日言之於前，而明日伏誅於後，然臣不敢避也。四轉。大王信行臣之言，死不足以爲臣患，亡不足以爲臣憂，漆身爲厲，被髮爲狂，不足以爲臣耻。五轉。且以五帝之聖焉而死，三王之仁焉而死，五霸[1]之賢焉而死，烏獲、任鄙之力焉而死，成荊、孟賁、王慶忌、夏育之勇焉而死。死者人之所必不免也。處必然之勢，可以少有補於秦，此臣之所大願也，臣又何患哉！索性以椹質斧鉞之意暢言之，所以要刼秦王者至矣，文勢一氣而下，浩汗不窮，然又一振即轉。伍子胥槖載而出昭關，夜行晝伏，至於陵水，無以餬其口，膝行蒲伏，稽首肉袒，鼓腹吹篪，乞食於吳市，卒興吳國，闔閭爲伯。使臣得盡謀如伍子胥，加之以幽囚，終身不復見，是臣之說行也，臣又何憂？箕子、接輿，漆身爲厲，被髮爲狂，無益於主。假使臣得同行於箕子，可以有補所賢之主，是臣之大榮也，臣有何耻？｜前已說盡，又引子胥、箕子，一反一正結完上意，千鈞之弩，勁勢未已也。臣之所恐者，獨恐臣死之後，天下見臣之盡忠而身死，因以是杜口裹足，莫肯鄉秦耳。｜兩結已完，再反振一段，收完正意，方始截住。夫以厭士之王，若無以當其心，何敢泛論如是？乃知永巷之一言，必不可少也，極寫范雎權術。足下上畏太后之嚴，下惑於姦臣之態，忽點出"太后""奸臣"二字，駸駸逼人。居深宮之中，不離阿保之手，終身迷惑，無與昭姦。大者宗廟滅覆，小者

[1] 霸，底本作"朝"，據校本改。

身以孤危，此臣之所恐耳。所云"危如累卵""得臣則安"也。若夫窮辱之事，死亡之患，臣不敢畏也。臣死而秦治，是臣死賢於生。"又掉轉一筆，全篇俱動。秦王跽曰："先生是何言也！夫秦國辟遠，寡人愚不肖，先生乃幸辱至於此，是天以寡人慁先生，而存先王之宗廟也。寡人得受命於先生，是天所以幸先王，而不棄其孤也。先生奈何而言若是！事無小大，上及太后，下至大臣，對厭士之主，言人骨肉之間本難啟齒，故一路聳動，一路要挾，直逼出此二句。秦王已受我羈靮，便可深言矣，立說之妙，正行文之妙也。願先生悉以教寡人，無疑寡人也。"范雎拜，秦王亦拜。|又閒寫一筆，見秦王已被范雎籠定。

范雎曰："大王之國，四塞以爲固，北有甘泉、谷口，南帶涇、渭，右隴、蜀，左關、阪，奮擊百萬，戰車千乘，利則出攻，不利則入守，此王者之地也。民怯於私鬬，而勇於公戰，此王者之民也。王并此二者而有之。夫以秦卒之勇，車騎之衆，以治諸侯，譬若馳韓盧而搏蹇兔也，霸王之業可致也，而群臣莫當其位。至今閉關十五年，不敢窺兵於山東者，是穰侯爲秦謀不忠，輕輕點出穰侯不忠四字，傾危可畏。而大王之計，有所失也。"|秦王跽曰："寡人願聞失計。"

然左右多竊聽者，范雎恐，未敢言內，先言外事，舉天下之人，必以爲從此深言矣，乃偏頓住，說外事，妙至於此。以觀秦王之俯仰。奇字。因進曰："夫穰侯越韓、魏而攻齊綱壽，非計也。直接"穰侯爲謀不忠"。少出師則不足以傷齊，多出師則害於秦。折轉。臣意王之計，欲少出師而悉韓、魏之兵也，則不義矣。今見與國之不親也，越人之國而攻，可乎？其於計疎矣。|頓住。且昔齊湣王南攻楚，破軍殺將，再辟地千里，而齊尺寸之地無得焉者，豈不欲得地哉，

形勢不能有也。又宕一筆作勢。諸侯見齊之罷獘,君臣之不和也,興兵而伐齊,大破之。士辱兵頓,皆咎其王,曰:‘誰爲此計者乎?’王曰:‘文子爲之。’隱以文子照定穰侯。大臣作亂,文子出奔。故齊所以大破者,以其伐楚而肥韓、魏也。引齊,見遠攻之失。此所謂借賊兵,齎盜糧者也。|王不如遠交而近攻,一句主意。得寸,則王之寸也;得尺,亦王之尺也。三語中間立柱,一失一得,分前後雙應,奇文。今釋此而遠攻,不亦繆乎!|且昔者中山之國,地方五百里,趙獨吞之,功成名立,而利附焉,天下莫之能害也。引趙見近攻之得。今夫韓、魏,中國之處,而天下之樞也,王其欲霸,必親中國以爲天下樞,以威楚、趙。楚彊則附趙,趙彊則附楚,楚、趙皆附,齊必懼矣。齊懼,必卑辭重幣以事秦。齊附而韓、魏因可虜也。”|論事明白,文氣俊利,終秦之并天下,計不出此,范雎固秦策士之第一人也。昭王曰:“吾欲親魏久矣,而魏多變之國也,寡人不能親。請問親魏奈何?”對曰:“王卑詞重幣①以事之;不可,則割地而賂之;不可,因舉兵而伐之。”用三疊句。王曰:“寡人敬聞命矣。”乃拜范雎爲客卿,謀兵事。卒聽范雎謀,使五大夫綰伐魏,拔懷。後二歲,拔邢丘。|應“舉兵伐之”。

客卿范雎復說昭王曰:“秦韓之地形,相錯如繡。秦之有韓也,譬如木之有蠹也,人之有心腹之病也。天下無變則已,天下有變,其爲秦患者,孰大於韓乎?王不如收韓。”昭王曰:“吾固欲收韓,韓不聽,爲之奈何?”與前法對。對曰:“韓安得無聽乎?王下兵而攻滎陽,則鞏、成皋之道不通;北斷太行之道,則上黨之師不下。

① 幣,底本作“弊”,疑誤,據校本改。

王一興兵而攻滎陽，則其國斷而爲三。夫韓見必亡，安得不聽乎？若韓聽，而霸事因可慮矣。"王曰："善。"且欲發使於韓。｜

范雎日益親，復説用數年矣，"親魏""收韓"，兩對住，故再提范雎一句，以總上，以起下。因請間説曰："臣居山東時，聞齊之有田文，不聞其有王也；一句客。聞秦之有太后、穰侯、華陽、高陵、涇陽，不聞其有王也。永巷之言，至此説破，起處亦突。夫擅國之謂王，能利害之謂王，制殺生之威之謂王。句法跌蕩。今太后擅行不顧，穰侯出使不報，華陽、涇陽等擊斷無諱，高陵進退不請。四貴備而國不危者，未之有也。爲此四貴者下，乃所謂無王也。註明一句，前後應合。然則權安得不傾，令安得從王出乎？臣聞善治國者，乃内固其威而外重其權。穰侯使者操王之重，決制於諸侯，剖符於天下，政適一作"征敵"。伐國，莫敢不聽。戰勝攻取則利歸於陶，國弊御於諸侯；應伐綱壽事。戰敗則結怨於百姓，而禍歸於社稷。《詩》曰'木實繁者披其枝，披其枝者傷其心；大其都者危其國，尊其臣者卑其主'。崔杼、淖齒管齊，射王股，擢王筋，縣之於廟梁，宿昔而死。李兑管趙，囚主父於沙丘，百日而餓死。又以危言惧之。今臣聞秦太后、穰侯用事，高陵、華陽、涇陽佐之，率[1]無秦王，此亦淖齒、李兑之類也。遂爾暢言之。且夫三代所以亡國者，君專授政，縱酒馳騁弋獵，不聽政事。其所授者，妬賢嫉能，御下蔽上，以成其私，不爲主計，而主不覺悟，故失其國。今自有秩以上，至諸大吏，下及王左右，無非相國之人者。見王獨立於朝，臣竊爲王恐，萬世之後，有秦國者非王子孫也。"一路擒縱，至此，露盡無餘，而秦王之心，已

① 率，中華書局本《史記》作"卒"。

不能自主,含處極含,露處極露,豈非妙説?豈非妙文?昭王聞之大懼,曰:"善。"於是廢太后,逐穰侯、高陵、華陽、涇陽君於關外。秦王乃拜范雎爲相。收穰侯之印,使歸陶,因使縣官給車牛以徙,千乘有餘。到關,關閲其寶器,寶器珍怪多於王室。又閒閒點綴一筆,序完穰侯,直應前私家富重於王室。

秦封范雎以應,號爲應侯。當是時,秦昭王四十一年也。結年月作致。

范雎既相秦,直接拜相。秦號曰張禄,而魏不知,以爲范雎已死久矣。遥接魏事。魏聞秦且東伐韓、魏,魏使須賈於秦。范雎聞之,爲微行,敝衣閒步之邸,見須賈。須賈見而驚曰:"范叔固無恙乎!"應以爲已死,初見愕然,神辭俱似。范雎曰:"然。"須賈笑曰:"范叔有説於秦邪?"又進一步。曰:"不也。雎前日得過於魏相,故亡逃至此,安敢説乎!"須賈曰:"今叔何事?"范雎曰:"臣爲人庸賃。"須賈意哀之,留與坐飲食,曰:"范叔一寒如此哉!"乃取其一綈袍以賜之。寫得有姿致,轉折絮語,如親見之。須賈因問曰:"秦相張君,公知之乎?吾聞幸於王,天下之事皆決於相君。今吾事之去留,在張君。孺子豈有客習於相君者哉?"范雎曰:"主人翁習知之。唯雎亦得謁,雎請爲君見①於張君。"須賈曰:"吾馬病,車軸折,非大車駟馬,吾不出②。"奇文奇事,正欲快觀,偏于中作此一頓,妙!范雎曰:"願爲君借大車駟馬於主人翁。"

范雎歸取大車駟馬,爲須賈御之,入秦相府。府中望見,有識者皆避匿。相國御車,豈無指目?若一直到府,絶無文情,故又旁描一筆,

① 君見,中華書局本《史記》作"見君"。

② 吾不出,中華書局本《史記》作"吾固不出"。

妙！須賈恠之。至相舍門，謂須賈曰："待我，我爲君先入通於相君。"須賈待門下，持車良久，承"須賈恠之"，四字中多少傍徨徙倚。問門下曰："范叔不出，何也？"門下曰："無范叔。"須賈曰："鄉者與我載而入者。"門下曰："乃吾相張君也。"須賈大驚，自知見賣，"自知"二字妙，劈頭一喝，直追至魏齊廁中時也。乃肉袒膝行，因門下人謝罪。於是范睢盛帷帳，侍者甚衆，模寫一番，寫范睢得意，正襯敝衣閒步，以爲一笑。見之。須賈頓首言死罪，曰："賈不意君能自致於青雲之上，賈不敢復讀天下之書，不敢復與天下之事。賈有湯鑊之罪，請自屏於胡貉之地，唯君死生之！"數語總一意，而心忙口急，説得雜亂無文，真化工筆。范睢曰："汝罪有幾？"曰："擢賈之髮以續賈之罪，尚未足。"一邊面有驕色，一邊心如死灰，純是乞命之聲，寫來神妙。范睢曰："汝罪有三耳。昔者楚昭王時而申包胥爲楚卻吳軍，楚王封之以荊五千戶，包胥辭不受，爲丘墓之寄於荊也。今睢之先人丘墓，亦在魏，公前以睢爲有外心於齊，而惡睢於魏齊，公之罪一也。當魏齊辱我於廁中，公不止，罪二也。更醉而溺我，公其何忍乎？罪三矣。三住語，三變，"乎""矣"字，呼調更佳。然公之所以得無死者，以綈袍戀戀，有故人之意，故釋公。"乃謝罷。入言之昭王，罷歸須賈。

須賈辭於范睢，范睢大供具，盡請諸侯使，與坐堂上，食飲甚設。而坐須賈於堂下，置莝豆其前，令兩黥徒夾而馬食之。驚須賈處，數須賈處，前已足矣，偏又得意一番，寫小人得志之狀，使人難耐。數曰："爲我告魏王，急持魏齊頭來！不然者，我且屠大梁。"聲驕氣壯，是小人之言。須賈歸，以告魏齊。魏齊恐，亡走趙。匿平原君所。不了，且歇案。

范雎既相，王稽謂范雎曰：王稽亦突然而來，是此篇章法。"事有不可知者三，有不可奈何者亦三。宮車一日晏駕，是事之不可知者一也。君卒然捐館舍，是事之不可知者二也。使臣卒然填溝壑，是事之不可知者三也。宮車一日晏駕，君雖恨於臣，無可奈何。君卒然捐館舍，君雖恨於臣，亦無可奈何。使臣卒然填溝壑，君雖恨於臣，亦無可奈何。"作六段，三正三反俱畧，換數字，而文情變化，詞句駘蕩，耳目爲之一新，然竟不說明，妙！范雎不懌，乃入言於王曰："非王稽之忠，莫能内臣於函谷關；非大王之賢聖，莫能貴臣。今臣官至於相，爵在列侯，王稽之官尚止於謁者，非其内臣之意也。"只反點一句，隱然言表，而詞意已足。昭王召王稽，拜爲河東守，三歲不上計。又任鄭安平，昭王以爲將軍。一恩一怨，前實寫須賈，虛寫魏齊，此寔寫王稽，虛寫鄭安平。范雎於是散家財物，盡以報所嘗困戹者。一飯之德必償，睚眦之怨必報。丨兩句收完王稽、須賈兩段。

范雎相秦二年，秦昭王之四十二年，東伐韓少曲、高平，拔之。實事虛寫，應前收韓。

秦昭王聞魏齊在平原君所，遙接。欲爲范雎必報其讐，乃詳爲好書，遺平原君曰："寡人聞君之高義，願與君爲布衣之友，君幸過寡人，寡人願與君爲十日之飲。"極寫昭王，正極寫范雎也。平原君畏秦，且以爲然，而入秦見昭王。昭王與平原君飲數日，昭王謂平原君曰："昔周文王得吕尚以爲太公，齊桓公得管夷吾以爲仲父，今范君亦寡人之叔父也。范君之仇在君之家，願使人歸取其頭來；不然，吾不出君於關。"平原君曰："貴而爲友者，爲賤也；富而爲友者，爲貧也。夫魏齊者，勝之友也，在，固不出也，今又不在臣所。"極寫平原君。〇正言不在，反先言在，用反跌法。昭王乃遺趙王書曰：

“王之弟在秦,范君之仇魏齊在平原君之家。王使人疾持其頭來;不然,吾舉兵而伐趙,又不出王之弟於關。”正言不出,反先言伐趙,亦用反跌法對照。趙孝成王乃發卒圍平原君家,句。急,句。魏齊夜亡,句。出,句。見趙相虞卿。虞卿度趙王終不可説,乃解其相印,與魏齊亡,間行,念諸侯莫可以急抵者,字新。乃復走大梁,欲因信陵君以走楚。信陵君聞之,畏秦,猶豫未肯見,曰:“虞卿何如人也?”時侯嬴在旁,曰:“人固未易知,知人亦未易也。先以感歎語,突然而來。夫虞卿躡屩擔簦,一見趙王,賜白璧一雙,黄金百鎰;再見,拜爲上卿;三見,卒受相印,封萬戶侯。虞卿事於此補序。當此之時,天下爭知之。夫魏齊窮困過虞卿,虞卿不敢重爵禄之尊,解相印,捐萬戶侯,而間行。急士之窮,而歸公子,公子曰‘何如人’。人固不易知,知人亦未易也!”首尾重語,應轉有味。信陵君大慙,駕如野迎之。魏齊聞信陵君之初難見之,怒而自剄。趙王聞之,卒取其頭予秦。秦昭王乃出平原君歸趙。完魏齊一案。

昭王四十三年,秦攻韓汾陘,拔之,因城河上廣武。應前收韓。

後五年,昭王用應侯謀,縱反間賣趙,趙以其故,令馬服子代廉頗將。秦大破趙於長平,遂圍邯鄲。已而與武安君白起有隙,言而殺之。任鄭安平,使將擊趙。鄭安平爲趙所圍,急,以兵二萬人降趙。應侯席藳請罪。秦之法,任人而所任不善者,各以其罪罪之。於是應侯罪當收三族。秦昭王恐傷應侯之意,乃下令國中:“有敢言鄭安平事者,以其罪罪之。”而加賜相國應侯食物,日益厚,以順適其意。後二歲,王稽爲河東守,與諸侯通,坐法誅。而應侯日益以不懌。前序范雎,得志極矣,今乃寫其敗興事,正爲功成者退,蔡澤從此入也。○寫負恩之人即報恩之人,纔有私意,天必敗之矣。

昭王臨朝歎息，應侯進曰：“臣聞‘主憂臣辱，主辱臣死’。今大王中朝而憂，臣敢請其罪。”昭王曰：“吾聞楚之鐵劍利而倡優拙。妙語亦突然。夫鐵劍利則士勇，倡優拙則思慮遠。夫以遠思慮而御勇士，吾恐楚圖秦也。夫物不素具，不可以應卒，今武安君既死，而鄭安平等畔，内無良將而外多敵國，吾是以憂。”欲以激勵應侯。應侯懼，不知所出。蔡澤聞之，往入秦也。|兩人合傳也，乃正説范雎要緊時，一句即掉入蔡澤，體裁如此獨立千古，不愧矣。

蔡澤者，燕人也。游學干諸侯小大甚衆，不遇。而從唐舉相，曰：“吾聞先生相李兑，曰‘百日之内持國秉政’，有之乎？”曰：“有之。”曰：“若臣者何如？”唐舉熟視而笑曰：“先生曷鼻，巨肩，魋顔，蹙齃，膝攣。書蔡澤處，令人失笑，回想懷印、結綬、揖讓之時，更可觀矣。吾聞聖人不相，殆先生乎？”蔡澤知唐舉戲之，乃曰：“富貴吾所自有，吾所不知者壽也，突出奇語，其氣槩如此。願聞之。”唐舉曰：“先生之壽，從今以往者，四十三歲。”蔡澤笑謝而去，謂其御者曰：“吾持梁[1]刺齒肥，躍馬疾驅，懷黄金之印，結紫綬於要，揖讓人主之前，食肉富貴，四十三年足矣。”貧賤中作得意語，可想見其人。去之趙，見逐。入韓、魏，遇奪釜鬲於塗。|臨期又有二厄，爲富貴自有者，合成一笑，孰知否極而泰，天下事不可料乎？聞應侯任鄭安平、王稽皆負重罪於秦，應侯内慙，遥接。蔡澤乃西入秦。

將見昭王，使人宣言以感怒應侯曰：“燕客蔡澤，天下雄俊弘辨[2]智士也。彼一見秦王，秦王必困君而奪君之位。”突然而來，先令范雎一驚，則其説易入，與永巷之言一明一暗，其用術則同。應侯聞，曰：

① 梁，中華書局本《史記》作“粱”。

② 辨，中華書局本《史記》作“辯”。

“五帝三代之事,百家之説,吾既知之,衆口之辨,吾皆摧之,是惡能困我而奪我位乎?”使人召蔡澤。蔡澤入,則揖應侯。應侯固不快,及見之,又倨,又裝點二句。應侯因讓之曰:“子常①宣言,欲代我相秦,寧有之乎?”對曰:“然。”只一字,作滿溢之語,再挑范雎。應侯曰:“請聞其説。”蔡澤曰:“吁,君何見之晚也! 夫四時之序,成功者去。只四字突入,已全説明,下又颺開,作層折相逼。夫人生百體堅彊,手足便利,耳目聰明而心聖智,豈非士之願與?”一層。應侯曰:“然。”蔡澤曰:“質仁秉義,行道施德,得志於天下,天下懷樂敬愛而尊慕之,皆願以爲君王,豈不辯智之期與?”二層。應侯曰:“然。”蔡澤復曰:“富貴顯榮,成理萬物,使各得其所;性命壽長,終其天年而不夭傷;天下繼其統,守其業,傳之無窮;名實純粹,澤流千里,世世稱之而無絶,與天地終始:豈道德之符,而聖人所謂吉祥善事者與?”三層,是一篇主意。應侯曰:“然。”三“然”字,應還上一“然”字。

蔡澤曰:“若夫秦之商君,楚之吳起,越之大夫種,其卒然亦可願與?”前四字大阧,故衍三段以緩之,三段太緩,故一折即入,所以深動應侯也,孰知應侯反颺開去,重作波瀾,文章樂事。應侯知蔡澤之欲困己以説,復謬曰:“何爲不可? 夫公孫鞅之事孝公也,極身無貳慮,盡公而不顧私;設刀鋸以禁奸邪,信賞②罰以致治;披腹心,示情素,蒙怨咎,欺舊友,奪魏公子卬,安秦社稷,利百姓,卒爲秦禽將破敵,攘地千里。吳起之事悼王也,使私不得害公,讒不得蔽忠,言不取苟合,行不取苟容,不爲危易行,行義不辟難,然爲霸主彊國,不辭

① 常,中華書局本《史記》作“嘗”。
② 賞,底本作“常”,據校本改。

禍凶。大夫種之事越王也，主雖困辱，悉忠而不解，主雖絕亡，盡能而弗離，成功而弗矜，貴富而不驕怠。若此三子者，固義之至也，忠之節也。總一句。是故君子以義死難，視死如歸；生而辱不如死而榮。士固有殺身以成名，唯義之所在，雖死無所恨。何爲不可哉？"蔡澤如此逼去，范雎如此逼來，寫兩人用權術處，各自見奇。○詞氣浩汗，所謂眾口之辨，吾能摧之也？

蔡澤曰："主聖臣賢，天下之盛福也；君明臣直，國之福也；父慈子孝，夫信妻貞，家之福也。故比干忠而不能存殷，子胥智而不能完吳，申生孝而晉國亂。蔡澤見微言不入，故用正論。是皆有忠臣孝子，而國家滅亂者，何也？無明君賢父以聽之，故天下以其君父爲僇辱，而憐其臣子。一層。今商君、吳起、大夫種之爲人臣，是也；其君，非也。故世稱三子致功而不見德，豈慕不遇世死乎？二層。夫待死而後可以立忠，成名是微子不足仁，孔子不足聖，管仲不足大也。三層。實則一意，不用正轉。夫人之立功，豈不期於成全邪？身與名俱全者，上也。名可法而身死者，其次也。名在僇辱而身全者，下也。"於是應侯稱善。|

蔡澤少得間，兩人用智，各不相下，故略推倒一邊，放開一綫，令讀者息肩，說者賈勇。因曰："夫商君、吳起、大夫種，其爲人臣盡忠致功則可願矣，閎夭事文王，周公輔成王也，豈不亦忠聖乎？以君臣論之，商君、吳起、大夫種其可願，孰與閎夭、周公哉？"又進一步，又高一層。應侯曰："商君、吳起、大夫種，弗若也。"蔡澤曰："然則君之主慈仁任忠，惇厚舊故，其賢智，與有道之士爲膠漆，義不倍功臣，孰與秦孝公、楚悼王、越王乎？"又進一步，又下一層。應侯曰："未知何如也。"蔡澤曰："今主親忠臣，不過秦孝公、楚悼王、越王，君之設智能，爲主安危修政，治亂彊兵，批患折難，廣地殖穀，富國，足家，彊主，尊社稷，顯宗廟，天下莫敢欺犯其主，主之威蓋震海內，功彰萬里之外，聲名光輝，傳于千世，十四句作一氣讀。君孰與商君、吳起、大夫種？”又進一步，又切一層。應侯曰：“不若。”蔡澤曰：“今主之親忠臣不忘舊故，不若孝公、悼王、句踐，而君之功績，愛信親幸，又不若商君、吳起、大夫種，然而君之祿位貴盛，私家之富，過於三子，而身不退者，恐患之甚於三子，竊爲君危之。｜總上兩段，歸至本文，令人凜然。語曰‘日中則移，月滿則虧’。物盛則衰，天地之常數也。進退盈縮，與時變化，聖人之常道也。故‘國有道則仕，國無道則隱’。聖人曰‘飛龍在天，利見大人’。‘不義而富且貴，於我如浮雲’。今君之怨已讎應須賈、魏齊。而德已報，應王稽、鄭安平。意欲至矣，而無變計，竊爲君不取也。又將成功者退，反覆以推明之。且夫翠、鵠、犀、象，其處勢非不遠死也，而所以死者，惑於餌也。蘇秦、智伯之智，非不足以辟辱遠死也，而所以死者，惑於貪利不止也。又承上祿位貴盛，私家之富，以危言之。是以聖人制禮節欲，取於民有度，使之以時，用之有止，故志不溢，行不驕，常與道俱而不失，故天下承而不絕。昔者齊桓公九合諸侯，一匡天下，至於葵丘之會，有驕矜之志，畔者九國。吳王夫差，兵無敵於天下，勇彊以輕諸侯，陵齊晉，故遂以殺身亡國。夏育、太史噭，叱呼駭三軍，然而身死於庸夫。此皆乘至盛，而不返道理，不居卑退處儉約之患也。又將成功者去，鋪衍一番，反覆開導，唯恐不盡。夫商君爲秦孝公明法令，禁姦本，尊爵必賞，有罪必罰，平權衡，正度量，調輕重，決裂阡陌，以靜生民之業而一其俗，佳句。勸民耕農利土，一室無二事，奇句。力田稸積，習戰陳之事，是以兵動而地廣，兵休而國富，故秦無敵於天下，立威諸侯，成秦國之業。功已成矣，而遂以車裂。楚地方數千里，持戟百萬，白起率數萬之師以與楚戰，一戰舉鄢郢以燒夷陵，再戰南并蜀漢。又越韓、魏而攻彊趙，北坑馬服，誅屠四十餘萬之衆，盡之于長平之下，流血成川，沸聲若靁，八字佳，下句更佳，想阬卒之時，實有如此。遂入圍邯鄲，使秦有帝業。楚、趙天下之彊國，而秦之仇敵也，排中忽宕。自是之後，楚、趙皆慴伏，不敢攻秦者，白起之勢也。身所服者七十餘城，功已成矣，而遂賜劍，死於杜郵。吳起爲楚悼王立法，卑減大臣之威重，罷無能，廢無用，損不急之官，塞私門之請，一楚國之俗，禁游客之民，精耕戰之士，南收楊越，北并陳、蔡，破橫散從，使馳說之士無所開其口，禁朋黨以厲百姓，定楚國之政，兵震天下，威服諸侯。功已成矣，而卒枝解。大夫種爲越王深謀遠計，免會稽之危，以亡爲存，因辱爲榮，墾草入邑，辟地殖穀，率四方之士，專上下之力，輔句踐之賢，報夫差之讐，卒擒勁吳。令越成霸。功已彰而信矣，句踐終負而殺之。此四子者，功成不去，禍至於身。此所謂信而不能詘，往而不能返者也。商君、吳起、大夫種、應侯已說過一遍，極言閎論，終以慨歎，與應侯句句不同。〇三子之外，添出白起，避板也。范蠡知之，超然辟世，長爲陶朱公。又點出一范蠡以爲襯貼，以爲餘波。君獨不觀夫博者乎？或欲大投，或欲分功，此皆君之所明知也。今君相秦，計不下席，謀不出廊廟，坐制諸侯，利施三川，以實宜陽，決羊腸之險，塞太行之道，又斬范、中行之塗，六國不得合從，棧道千里，通於蜀漢，使天下皆畏秦，秦之欲得矣，君之功極矣，此亦秦之分功之時也。又爲應侯序功，以配四子，前事既長，此不得不略也。如是而不退，則商君、白公、吳起、大夫種是也。又一掉轉，收盡四段。吾

聞之,‘鑒於水者見面之容,鑒於人者知吉與凶’。《書》曰‘成功之下,不可久處’。處處應還“成功”字。四子之禍,君何居焉?君何不以此時歸相印,讓賢者而授之,退而巖居川觀,必有伯夷之廉,長爲應侯。世世稱孤,而有許由、延陵季子之讓,喬松之壽,孰與以禍終哉?即君何居焉?忍不能自離,疑不能自決,必有四子之禍矣。《易》曰‘亢龍有悔’,此言上而不能下,信而不能詘,往而不能自返者也。願君孰計之!”前意已足,言已盡,此段不過反覆開導,以終成功者去之義而已。應侯曰:“善。吾聞‘欲而不知止,失其所以欲;有而不知足,失其所以有’。一篇大文不可寂然便住,故又借范睢二語,以爲餘勢。先生幸教,睢敬受命。’於是乃延入坐,爲上客。|

後數日,入朝,言於秦昭王曰:“客新有從山東來者,曰蔡澤,其人辯士,明於三王之事,五伯之業,世俗之變,足以寄秦國之政。臣之見人甚衆,莫及,臣不如也。臣敢以聞。”秦昭王召見,與語,大説之,拜爲客卿。應侯因謝病請歸相印。昭王彊起應侯,應侯遂稱病篤。范睢免相,昭王新説蔡澤計畫,遂拜爲秦相,東收周室。|

蔡澤相秦數月,人或惡之,懼誅,乃謝病歸相印,號爲綱成君。居秦十餘年,事昭王、孝文王、莊襄王。卒事始皇帝,爲秦使於燕,三年而燕使太子丹入質於秦。

太史公曰:《韓子》稱“長袖善舞,多錢善賈”,信哉是言也!范睢、蔡澤,世所謂一切辯士,一轉。然游説諸侯,至白首無所遇者,非計策之拙,所謂[①]説力少也。二轉。及二人羈旅入秦,繼踵取

① 謂,中華書局本《史記》作“爲”。

卿相，垂功於天下者，固彊弱之勢異也。三轉。然士亦有偶合，賢者多如此二子，不得盡意，豈可勝道哉！四轉。然二子不困戹，惡能激乎？末語尤有情致。

范雎、蔡澤，原是一流人、一時人，其臭味相同，權術學問相同。故范雎說昭王，洋灑數千言，多少層折，一路逼入。蔡澤說范雎，亦洋灑數千言，多少層折，一路逼入。太史公合作一傳，前後對應，以成奇觀。○此篇說詞俱突然而入，後邊翻出奇文，如王稽薦范雎處、范雎入永巷處、范雎請間說昭王處、王稽謂范雎處、侯嬴對平原君處、昭王激范雎處、蔡澤說范雎處，皆以一種句調，合成文章。○讀至范雎待須賈，是爲貧賤受阨①之人，揚眉吐氣。然士詘于不知己，彼齷齪鼠子，何足汙吾刀乎！極寫范雎驕矜得意，純是小人之態，乃知睚眦必報，非君子之言也。○寫范雎說昭王，昭王純受范雎籠絡，雖極爲頓挫，尚無匹敵。至蔡澤說范雎，則各用權術，反覆往來，如兩虎負隅，各不相下，益見其奇。○范雎推倒一穰侯，蔡澤推倒一范雎，便是一生事業。

① 阨，底本作"范"，疑誤，據校本改。

樂毅列傳

樂毅者，其先祖曰樂羊。樂羊爲魏文侯將，伐取中山，魏文侯封樂羊以靈壽。樂羊死，葬於靈壽，其後子孫因家焉。中山復國，至趙武靈王時復滅中山，而樂氏後有樂毅。丨從樂氏入樂毅。

樂毅賢，好兵，趙人舉之。及武靈王有沙丘之亂，乃去趙適魏。丨直接。聞燕昭王以子之之亂而齊大敗燕，燕昭王怨齊，未嘗一日而忘報齊也。宕一句。燕國小，辟遠，力不能制，於是屈身下士，先禮郭隗，以招賢者。樂毅於是爲魏昭王使於燕，燕王以客禮待之。樂毅辭讓，遂委質爲臣，燕昭王以爲亞卿，久之。丨

當是時，用當是時，忽插入齊事，然正爲燕事也。齊湣王彊，南敗楚相唐眛於重丘，西摧三晉於觀津，遂與三晉擊秦，助趙滅中山，破宋，廣地千餘里。與秦昭王爭重爲帝，已而復歸之。以帝爲戲寫得一時可笑。諸侯皆欲背秦而服於齊。湣王自矜，百姓弗堪。丨於是燕昭王問伐齊之事。遥接。樂毅對曰："齊，霸國之餘業也，地大人眾，未易獨攻也。王必欲伐之，莫如與趙及楚、魏。"於是使樂毅約趙惠文王，燕趙合。○應趙人舉之。別使連楚、魏，令趙嚪秦以伐齊之利。因毅及趙，因趙及秦。諸侯害齊湣王之驕暴，遥接上湣王自矜，

并合序燕、趙、楚、魏。皆爭合從,與燕伐齊。樂毅還報,燕昭王悉起兵,使樂毅爲上將軍,趙惠文王以相國印授樂毅。列國獨提趙,以映合始終。樂毅於是并護趙、楚、韓、魏、燕之兵以伐齊,破之濟西。諸侯兵罷歸,而燕軍樂毅獨追,至於臨菑。丨"諸侯罷歸",獨提"燕軍樂毅"一句,以分主客。齊湣王之敗濟西,亡走,保於莒。樂毅獨留狥齊,齊皆城守。樂毅攻入臨菑,盡取齊寶財物祭器輸之燕。燕昭王大説,親至濟上勞軍,行賞饗士,封樂毅於昌國,號爲昌國君。於是燕昭王收齊鹵獲以歸,而使樂毅復以兵平齊城之不下者。丨畧住,下遥接。

樂毅留狥齊,五歲下齊七十餘城,皆爲郡縣以屬燕,唯獨莒、即墨未服。又頓住。會燕昭王死,子立爲燕惠王。惠王自爲太子時,嘗不快於樂毅,及即位,齊之田單聞之,乃縱反間於燕,曰:"齊城不下者兩城耳。然所以不早拔者,聞樂毅與燕新王有隙,欲連兵且留齊,南面而王齊。齊之所患,唯恐他將之來。"删得簡勁,而又詳盡。於是燕惠王固已疑樂毅,又提一句,接前。得齊反間,乃使騎刼代將,而召樂毅。樂毅知燕惠王之不善代之,字奇。畏誅,遂西降趙。趙封樂毅於觀津,號曰望諸君。尊寵樂毅,以警動於燕、齊。丨還歸趙,燕、趙分。○總合燕、齊以完前局。

齊田單後與騎刼戰,完樂毅事,再入騎刼。果設詐誑燕軍,遂破騎刼於即墨下,而轉戰逐燕,北至河上,盡復得齊城,而迎襄王於莒,入於臨菑。丨事省。

燕惠王後悔使騎刼代樂毅,以故破軍亡將失齊;又怨樂毅之降趙,恐趙用樂毅而乘燕之弊以伐燕。補寫燕惠王心事,關鎖前後作三層寫。燕惠王乃使人讓樂毅,且謝之曰:"先王舉國而委將軍,將

軍爲燕破齊,報先王之讎,天下莫不震動,寡人豈敢一日而忘將軍之功哉!一頓。會先王棄群臣,寡人新即位,左右誤寡人。寡人之使騎劫代將軍,爲將軍久暴露於外,故召將軍,且休計事。將軍過聽以與寡人有隙,遂捐燕歸趙。一折。將軍自爲計則可矣,而亦何以報先王之所以遇將軍之意乎?”|此二句是主,遂生出下邊一篇文字也。樂毅報遺燕惠王書曰:

臣不佞,不能奉承王命,以順左右之心,恐傷先王之明,有害足下之義,前書有左右、寡人、先王,故應還左右、先王、足下。故遁逃走趙。今足下使人數之以罪,臣恐侍御者不察先王之所以畜幸臣之理,應遇將軍之意。又不白臣之所以事先王之心,應自爲計。故敢以書對。此起處,已括盡一篇大意。

臣聞賢聖之君,不以祿私親,其功多者賞之,其能當者處之。故察能而授官者,成功之君也;論行而結交者,立名之士也。|“功”“名”二字一篇柱。臣竊觀先王之舉也,見有高世主之心,故假節於魏,以身得察於燕。事先王之心。先王過舉,廁之賓客之中,立之群臣之上,不謀父兄以爲亞卿。畜幸臣之理。臣竊不自知,自以爲奉令承教,可幸無罪,故受令而不辭。事先王之心。

先王命之曰:“我有積怨深怒於齊,不量輕弱,而欲以齊爲事。”畜幸臣之理。臣曰:“夫齊,霸國之餘業,而最勝之遺事也。練於兵甲,習於戰攻。王若欲伐之,必與天下圖之。與天下圖之,莫若結於趙。且又淮北、宋地,楚魏之所欲也,趙若許,而約四國攻之,齊可大破也。”事先王之心。〇使趙事,前只一點,卻於書中序明。先王以爲然,具符節,南使臣於趙。顧反命,起兵擊齊。畜幸臣之意。以天之道,先王之靈,河北之地,隨先王而舉之濟上。濟上之軍,受命擊齊,大敗齊人。輕卒鋭兵,長驅至國。齊王遁而走莒,僅以身免;珠玉財寶,車甲,珍器,盡收入於燕。事先王之心。齊器設於寧臺,大呂陳於元英,故鼎反乎磨室,薊丘之植,植於汶篁,上三句,自齊入燕。薊丘句,自燕及齊。自五霸以來[①],功未有及先王者也。一頓贊先王,正自贊也。先王以爲慊於志,故裂地而封之,使得比小國諸侯。畜幸臣之理。臣竊不自知,自以爲奉命承教,可幸無罪,是以受命不辭。事先王之心。

臣聞賢聖之君,功立而不廢,故著於《春秋》;蚤知之士,名成而不毁,故稱於後世。應"功名"二字。若先王之報怨雪恥,夷萬乘之彊國,收八百歲之蓄積,及至棄群臣之日,餘教未衰,執政任事之臣,修法令,慎庶孽,施及乎萌隸,皆可以教後世。敘完先王事,下始入議論一段。

臣聞之,善作者不必善成,善始者不必善終。昔伍子胥説聽於闔閭,而吴王遠迹至郢;夫差弗是也,賜之鴟夷,而浮之江。吴王不寤先論之可以立功,故沈子胥而不悔;子胥不早見主之不同量,是以至於入江而不化。雙應。

夫免身立功,以明先王之迹,臣之上計也。應遁逃句。離毁辱之誹謗,墮先王之名,臣之所大恐也。應傷先王之明句。臨不測之罪,以幸爲利,義之所不敢出也。應害足下之義句,應還前段。

① 中華書局本《史記》作"自五伯已来"。

臣聞古之君子,交絶不出惡聲;忠臣去國,不潔其名。臣雖不佞,數奉教於君子矣。恐侍御者之親左右之説,不察疎遠之行,故敢獻書以聞,唯君王之留意焉。總結。

於是燕王復以樂毅子樂閒爲昌國君;而樂毅往來復通燕,燕、趙以爲客卿。|燕、趙復合,燕、趙是一篇眼目。樂毅卒於趙。

樂閒居燕三十餘年,燕王喜用其相栗腹之計,欲攻趙,而問昌國君樂閒。樂閒曰:"趙,四戰之國也,其民習兵,伐之不可。"燕王不聽,遂伐趙。趙使廉頗擊之,大破栗腹之軍於鄗,禽栗腹、樂乘。樂乘者,樂閒之宗也。於是樂閒奔趙,趙遂圍燕。燕、趙復分。燕重割地以與趙和,趙乃解而去。|

燕王恨不用樂閒,樂閒既在趙,乃遺樂閒書前有書二篇,此又有書一篇,以爲照應。曰:"紂之時,箕子不用,犯諫不怠,以冀其聽;商容不達,身祇辱焉,以冀其變。及民志不入,獄囚[1]自出,然後二子退隱。故紂負桀暴之累,二子不失忠[2]聖之名。何者?其憂患之盡矣。今寡人雖愚,不若紂之暴也;燕民雖亂,不若殷民之甚也。室有語,不相盡,以告鄰里。二者寡人不爲君取也。"前二書洋灑極矣,再序一書未免拖沓,故只以韻語約畧寫之,而情致躍躍。

樂閒、樂乘,怨燕不聽其計,二人卒留趙。趙封樂乘爲武襄君。|

其明年,樂乘、廉頗爲趙圍燕,燕重禮以和,乃解。|燕趙復合。後五歲,趙孝成王卒。襄王使樂乘代廉頗。廉頗攻樂乘,樂乘走,廉頗亡入魏。其後十六年而秦滅趙。|

---

① 因,底本作"因",疑誤,據校本改。

② 忠,底本作"思",疑誤,據校本改。

其後二十餘年,高帝過趙,問:"樂毅有後世乎?"對曰:"有樂叔。"高帝封之樂鄉,號曰華成君。華成君,樂毅之孫也。借高帝作一餘波。而樂氏之族,有樂瑕公、樂臣公,趙且爲秦所滅,亡之齊高密。樂臣公善修黄帝、老子之言,顯聞於齊,稱賢師。|復出齊作餘波。

太史公曰:始齊之蒯通,及主父偃,讀樂毅之《報燕王書》,未嘗不廢書而泣也。樂臣公學黄帝、老子,其本師號曰河上丈人,不知其所出。河上丈人教安期生,安期生教毛翕公,毛翕公教樂瑕公,樂瑕公教樂臣公,樂臣公教蓋公。蓋公教於齊高密、膠西,爲曹相國師。贊語卻於本傳外,突尋出閒事。借蒯通,借主父偃,借河上丈人,借安期生等,奇肆不可方物。

畫山者,畫其山之大勢,如石石而疊之,樹樹而蘩之,尚安有山哉!故作文者亦取其大勢之所在而已。此文於樂毅伐齊等事,俱不實寫,只就書詞以搏捖前後,反將實事,作點綴,如書詞註脚,是史傳之另一格也。○書詞是一篇大勢,故前用燕昭一書引起,後復有樂閒一書以爲餘波。○書詞宛轉反覆,寫明先王畜幸臣之理,臣所以事先王之心,應還他"將軍自爲計"及所以"報先王之意"兩句。而淋漓曲折,真可廢書而泣也。○一趙、一齊、一燕,是樂毅一生出處功名之地,故首末俱只以三國挽合。

廉頗藺相如列傳

廉頗者，趙之良將也。趙惠文王十六年，廉頗爲趙將伐齊，大破之，取晉陽，拜爲上卿，以勇氣聞於諸侯。丨先提勇氣，伏爭功之根，上卿舍人是爭功之案。藺相如者，趙人也，爲趙宦者令繆賢舍人。丨廉頗、藺相如，雙起，後即撇卻廉頗，直接入相如傳。〇句句以兩人相形對照。

趙惠文王時，得楚和氏璧。秦昭王聞之，使人遺趙王書，願以十五城請易璧。趙王與大將軍廉頗映廉頗。諸大臣謀：欲予秦，秦城恐不可得，徒見欺；欲勿予，即患秦兵之來。計未定，先設一疑案難決以見廉頗不如相如，滿朝大臣不如相如，愧與妬并此爭功之所由來也。求人可使報秦者，未得。宦者令繆賢曰："臣舍人藺相如可使。"王問："何以知之？"欲入報秦，偏放開說閒事，欲合故縱之法也。對曰："臣嘗有罪，竊計欲亡走燕，臣舍人相如止臣，曰：'君何以知燕王？'臣語曰：'臣嘗從大王與燕王會境上，燕王私握臣手，曰"願結交"。以此知之，故欲往。'相如謂臣曰：'夫趙彊而燕弱，而君幸於趙王，故燕王欲結於君。今君乃亡趙走燕，燕畏趙，其勢必不敢留君，而束君歸趙矣。君不如肉袒伏斧質請罪，則幸得脫矣。'臣從其計，

大王亦幸赦臣。一篇大文,必有引起,所謂江河之濫觴,燎原之熒熒也。臣竊以爲其人勇士,照下持璧睨柱,十步濺秦王。有智謀,照完璧歸趙。宜可使。”於是王召見,問藺相如曰:“秦王以十五城請易寡人之璧,可予不?”相如曰:“秦彊而趙弱,不可不許。”王曰:“取吾璧,不予我城,奈何?”相如曰:“秦以城求璧而趙不許,曲在趙。趙予璧而秦不予趙城,曲在秦。均之二策,寧許以負秦曲。”兩議明確,而句法簡勁。王曰:“誰可使者?”相如曰:“王必無人,臣願奉璧往使。城入趙而璧留秦;城不入,臣請完璧歸趙。”|只四字,滿綻之極,一篇文字,俱從此出。趙王於是遂遣相如奉璧西入秦。

秦王坐章臺,見相如,相如奉璧奏秦王。秦王大喜,傳以示美人及左右,左右皆呼萬歲。先裝點一番,寫得秦王極喜,而後翻跌出來,爲下文生色。相如視秦王無意償趙城,乃前曰:“璧有瑕,請指示王。”王授璧,相如因持璧卻立,倚柱,怒髮上衝冠,謂秦王曰:“大王欲得璧,使人發書至趙王,趙王悉召群臣議,皆曰‘秦貪,負其彊,以空言求璧,償城恐不可得’。議不欲予秦璧。臣以爲布衣之交,尚不相欺,況大國乎!且以一璧之故,逆彊秦之驩,不可。已議過兩番,反於對秦王時,淋漓曲盡,而又字字急切,蓋此時不得不急,不得不直也。於是趙王乃齊[①]戒五日,忽入齊戒,奇!是一時匆忙,隨口撰出,玩弄秦王如見。使臣奉璧,拜送書於庭。何者?嚴大國之威以脩敬也。隨口撰出,又即找一句以實之,寫得相如應變之才,敏妙如此。今臣至,大王見臣列觀,禮節甚倨;得璧,傳之美人,以戲弄臣。此應齊戒一段。臣觀大王無意償趙王城邑,故臣復取璧。此應償城一段。

① 齊,中華書局本《史記》作“齋”。下同。

大王必欲急臣，臣頭今與璧俱碎於柱矣！”急節語，有聲有色。相如持其璧睨柱，又描一筆，神色如生。欲以擊柱。“倚柱”“睨柱”“欲擊柱”，妙！秦王恐其破璧，秦王只此四字，已爲相如拿定，上之倚柱，下之齊戒，俱從此出。乃辭謝此秦王辭謝，爲璧故也。固請，此相如固請，爲城故也。召有司案圖，指從此以往十五都予趙。相如度秦王特以詐佯爲予趙城，實不可得，又度一番，頓一頓，妙！乃謂秦王曰：“和氏璧，天下所共傳寶也，趙王恐，不敢不獻。趙王送璧時，齊戒五日，今大王亦宜齊戒五日，設九賓於庭[1]，臣乃敢上璧。”前計無復之，撰出一趙王齊戒，此計無復之，又撰出一秦王齊戒，寫相如心地玲瓏，立刻變化。秦王度之，終不可彊奪，相如之勇，反在秦王眼中看出。遂許齊五日，兩人用術，各不相下，而又默默相喻，神情如見。舍相如廣成傳舍。相如度秦王雖齊，決負約不償城，度秦王第三番，極寫相如。乃使其從者，衣褐，懷其璧，從徑道亡，歸璧於趙。因完璧二字，遂一路寫奉璧、授璧、持璧、得璧、求璧、取璧、送璧、上璧，歸至懷璧、歸璧，而止，多少錯落。

秦王齊五日後，乃設九賓禮於庭，引趙使者藺相如。前一番傳觀萬歲，襯下文之一笑，此齊戒九賓又襯下文之一笑，極寫秦王，正極寫相如也。相如至，謂秦王曰：“秦自繆公以來，二十餘君，未嘗有堅明約束者也。臣誠恐見欺於王而負趙，故令人持璧歸，間至趙矣。所以齊戒必五日也。且秦彊而趙弱，大王遣一介之使至趙，趙立奉璧來。今以秦之彊而先割十五都予趙，趙豈敢留璧而得罪於大王乎？一折更妙，遂令秦王鉗口。臣知欺大王之罪當誅，臣請就湯鑊，唯大王與群臣孰計議之。”秦王與群臣相視而嘻。寫秦王一時不快，無可奈何光景，且連日齊戒引見心事，俱於此四字中現出。左右欲引相如去，秦

① 庭，中華書局本《史記》作“廷”。下同

王因曰:“今殺相如,終不能得璧也,而絶秦趙之驩,不如因而厚遇之,使歸趙,趙王豈以一璧之故欺秦邪!”卒廷見相如,畢禮而歸之。

相如既歸,趙王以爲賢大夫,使不辱於諸侯,拜相如爲上大夫。秦亦不以城予趙,趙亦終不予秦璧。|以上幾許事,只用兩語結盡。

其後秦伐趙,拔石城。明年,復攻趙,殺二萬人。|二事是璧上餘波。

秦王使使者告趙王,欲與王爲好會於西河外澠池。趙王畏秦,欲毋行。廉頗、藺相如計曰:又帶廉頗。“王不行,示趙弱,且怯也。”如許大事,只一句,前璧議多,此不得不畧也。趙王遂行,相如從。廉頗送至境,與王訣曰:“王行,度道里會遇之禮畢還,不過三十日。三十日不還,則請立太子爲王。以絶秦望。只四字寫得堅決。”王許之,遂與秦王會澠池。秦王飲酒酣,曰:“寡人竊聞趙王好音,請奏瑟。”趙王鼓瑟。秦御史前書曰“某年月日,秦王與趙王會飲,令趙王鼓瑟”。先寫秦人得志以反襯相如。藺相如前曰:“趙王竊聞秦王善爲秦聲,請奉[①]盆缻秦王,以相娱樂。”秦王怒,不許。於是相如前進缻,因跪請秦王。秦王不肯擊缻。不許、不肯作兩番寫,逼出下文。相如曰:“五步之內,相如請得以頸血濺大王矣!”左右欲刃相如,應前。相如張目叱之,左右皆靡。前奉璧時,止暗寫相如之勇,至此方明寫。於是秦王不懌,不許、不肯、不懌相照。爲一擊缻。相如顧召趙御史書曰前寫秦御史,今但寫相如。“某年月日,秦王爲趙王擊缻”。一鼓瑟,一擊缻,秦御史書,趙御史書,兩兩相對。秦之群臣

① 奉,中華書局本《史記》作“奏”。

曰:"請以趙十五城,爲秦王壽"。十五城餘波。藺相如亦曰:"請以秦之咸陽,爲趙王壽。"秦王壽,趙王壽,又作兩對。秦王竟酒,終不能加勝於趙。趙亦盛設兵以待秦,秦不敢動。|不予城,不予璧,以秦趙雙結,此亦以秦趙雙結,以兩對終。○盛設兵,補序。

既罷,歸國以相如功大拜爲上卿,位在廉頗之右。廉頗曰:"我爲趙將,有攻城野戰之大功,廉頗事只虛寫。而藺相如徒以口舌爲勞而位居我上,且相如素賤人,宦者舍人。吾羞,不忍爲之下。一頓作勢。"宣言曰:"我見相如必辱之。"相如聞,不肯與會。相如每朝時,常稱病,不欲與廉頗爭列。已而相如出,望見廉頗,相如引車避匿。忽寫其勇,神色俱壯;忽寫其怯,神色俱沮。於是舍人相與諫曰:"臣所以去親戚而事君者,徒慕君之高義也。今君與廉頗同列,廉君宣惡言,而君畏匿之,恐懼殊甚,且庸人尚羞之,況於將相乎! 臣等不肖,請辭去。"藺相如固止之,曰:"公之視廉將軍孰與秦王?"只一句已足。曰:"不若也。"相如曰:"夫以秦王之威,而相如廷叱之,辱其群臣,相如雖駑,獨畏廉將軍哉? 顧吾念之彊秦之所以不敢加兵於趙者,徒以吾兩人在也。今兩虎共鬬,其勢不俱生。吾所以爲此者,以先國家之急而後私讐也。"詞氣俱直,以實心作實語,遂令心折,駕馭武夫止用此法。廉頗聞之,肉袒負荊,因賓客至藺相如門謝罪。曰:"鄙賤之人,不知將軍寬之至此也。"卒相與驩,爲刎頸之交。|

是歲,廉頗東攻齊,破其一軍。居二年,廉頗復伐齊幾,拔之。|後三年,廉頗攻魏之防陵、安陽,拔之。單序廉頗復留未完,插入趙奢、趙括,而廉頗一傳止雜於相如、二趙之間,主客不分,合成奇作。後四年,藺相如將而攻齊,至平邑而罷。|又提相如。其明年,趙奢破秦

軍閼與下。倒提一句,即接入趙奢事。

趙奢者,趙之田部吏也。收租稅而平原君家不肯出,趙奢以法治之[①],殺平原君用事者九人。平原君怒,將殺奢。奢因說曰:"君於趙爲貴公子,今縱君家而不奉公則法削,法削則國弱,國弱則諸侯加兵,諸侯加兵,是無趙也,君安得有此富乎?以君之貴,奉公如法則上下平,上下平則國彊,國彊則趙固,而君爲貴戚,豈輕於天下邪?"一正一反,俱用頂語。平原君以爲賢,言之於王。王用之治國賦,國賦大平,民富而府庫實。丨

秦伐韓,軍於閼與。遙接前閼與事。王召廉頗而問夾序廉頗作客。曰:"可救不?"對曰:"道遠險狹,難救。"又召樂乘而問焉,樂乘對如廉頗言。又請一客,陪廉頗。又召問趙奢,奢對曰:"其道遠險狹,譬之,猶兩鼠鬭於穴中,將勇者勝。"王乃令趙奢將,應將勇句。救之。

兵去邯鄲三十里,始出國門。而令軍中曰:"有以軍事諫者死。"來得突兀,逼出奇文。秦軍軍武安西,秦軍鼓譟勒兵,武安屋瓦盡振。軍中候有一人言急救武安,趙奢立斬之。寫得一急甚,一緩甚。文家作色處。堅壁,留二十八日,不行,復益增壘。堅壁留矣,又找兩句,若萬萬不出者,正史公著色語。秦間來入,趙奢善食而遣之。間以報秦將,秦將大喜曰:"夫去國三十里而軍不行,乃增壘,閼與非趙地也。"趙奢既已遣秦間,方颺開,忽劈頭接入,令人一驚。乃卷甲而趨之,二日一夜至,令善射者去閼與五十里而軍。欲急故緩,欲緩故急,緩則緩極,急則急極,兵法如是,文法如是。軍壘成,照上增壘。秦

① 此句中華書局本《史記》作"收租稅而平原君家不肯出租,奢以法治之"。

人聞之，悉甲而至。軍士許歷，請以軍事諫，正與軍侯相應。趙奢曰："內之。"許歷曰："秦人不意趙師至，此其來氣盛，將軍必厚集其陣[①]以待之。不然，必敗。"趙奢曰："請受令。"許歷曰："請就鈇質之誅。"趙奢曰："胥後令邯鄲。"許歷復請諫，曰："先據北山上者勝，後至者敗。"趙奢許諾，即發萬人趨之。秦兵後至，爭山不得上，趙奢縱兵擊之，大破秦軍。秦軍解而走，遂解閼與之圍而歸。

趙惠文王賜奢號爲馬服君，以許歷爲國尉。趙奢於是與廉頗、藺相如同位。｜又點廉頗、相如，并應爭位事，以成一笑。

後四年，趙惠文王卒，子孝成王立。七年，秦與趙兵相距長平，時趙奢已死，而藺相如病篤，閒閒一筆，結完相如，此後膠柱云云乃相如病篤中語，而從此相如不復見矣。使廉頗將攻秦，因趙奢，復點相如，趁手接入廉頗，後又因廉頗，接入趙括，穿插之妙。秦數敗趙軍，趙軍固壁不戰。秦數挑戰，廉頗不肯。趙王信秦之間。先提明一句，後序。秦之間言曰："秦之所惡，獨畏馬服君趙奢之子趙括爲將耳。"趙王因以括爲將，代廉頗。藺相如曰："王以名使括，若膠柱而鼓瑟耳。括徒能讀其父書傳，不知合變也。"趙王不聽，遂將之。｜正忙時頓住，再序趙括事。

趙括自少時學兵法，言兵事，以天下莫能當。嘗與其父奢言兵事，奢不能難，然不謂善。｜畫出一囂陵少年氣習。括母問奢其故，帶出括母。奢曰："兵，死地也，而括易言之。使趙不將括即已，若必將之，破趙軍者，必括也。"及括將行，其母上書言於王曰："括不可使將。"王曰："何以？"對曰："始妾事其父時，爲將，身所奉飯飲

---

① 陣，底本作"陳"，疑誤，據校本改。

而進食者以十數,所友者以百數,大王及宗室所賞賜者,盡以予軍吏士大夫,受命之日,不問家事。今括一旦爲將,東向而朝,軍吏無敢仰視之者,王所賜金帛,歸藏於家,而日視便利田宅,可買者買之。王以爲何如其父?反問一句,下又找一句,收完父子兩項。父子異心,願王勿遣。"母不述父語,另出見解。王曰:"母置之,吾已決矣。"括母因曰:"王終遣之,即有如不稱,妾得無隨坐乎?"王許諾。|

趙括既代廉頗,悉更約束,易置軍吏。應易言兵。秦將白起聞之,縱奇兵,佯敗走,而絕其糧道,分斷其軍爲二,士卒離心。應軍吏無敢仰視。四十餘日,軍餓,趙括出鋭卒自搏①戰,秦軍射殺趙括。括軍敗,數十萬之衆遂降秦,秦悉阬之。趙前後所亡,凡四十五萬。明年,秦兵遂圍邯鄲,歲餘,幾不得脱。賴楚、魏諸侯來救,乃得解邯鄲之圍。趙王亦以括母先言,竟不誅也。|結完趙括事,復入廉頗,蓋趙奢、趙括原插序於廉頗傳中也。

自邯鄲圍解五年,而燕用栗腹之謀,曰"趙壯者盡於長平,其孤未壯",舉兵擊趙。趙使廉頗將,擊,遙接易將事。大破燕軍於鄗,殺栗腹,遂圍燕。燕割五城請和,乃聽之。趙以尉文封廉頗爲信平君,爲假相國。|

廉頗之免長平歸也,失勢之時,故客盡去。及復用爲將,客又復至。廉頗曰:"客退矣!"客曰:"吁!君何見之晚也?夫天下以市道交,君有勢,我則從君,君無勢則去,此固其理也,有何怨乎?"|入閒事作波。居六年,趙使廉頗伐魏之繁陽,拔之。

---

① 搏,中華書局本《史記》作"博"。

趙孝成王卒,子悼襄王立,使樂乘代廉頗。前插入樂乘,爲此故也。廉頗怒,攻樂乘,樂乘走。廉頗遂奔魏之大梁。|其明年,趙乃以李牧爲將而攻燕,拔武遂、方城。|閒中插入李牧。

廉頗居梁久之,魏不能信用。趙以數困於秦兵,趙王思復得廉頗,廉頗亦思復用於趙。先作兩語,以爲必合,而孰知反開也。趙王使使者視廉頗尚可用否。廉頗之仇郭開,多與使者金,令毁之。趙使者既見廉頗,廉頗爲之一飯斗米,肉十斤,被甲上馬,以示尚可用。趙使還報王曰:"廉將軍雖老,尚善飯,然與臣坐頃之,三遺矢矣。"趙王以爲老,遂不召。

楚聞廉頗在魏,陰使人迎之。廉頗一爲楚將,無功,曰:"我思用趙人。"只一語感慨之極,回望故國,黯然傷神,可抵一篇《恨賦》。廉頗卒死於壽春。|

李牧者,趙之北邊良將也。遥從上攻燕接入。常居代鴈門,備匈奴以便宜置吏,市租皆輸入莫府,爲士卒費。日擊數牛饗士,習射騎,謹烽火,多閒諜,厚遇戰士。爲約曰:"匈奴即入盜,急入收保,有敢捕虜者斬。"與趙奢軍令相照。匈奴每入,烽火謹,輒入收保,不敢戰。如是數歲,亦不亡失。然匈奴以李牧爲怯,雖趙邊兵亦以爲吾將怯。一頓。趙王讓李牧,李牧如故。又一層再一頓。趙王怒,召之,使他人代將。隱照廉頗代將事。

歲餘,匈奴每來,出戰。出戰數不利,失亡多,應"亦不失亡"。邊不得田畜。復請李牧。牧杜門不出,固稱疾。趙王乃復彊起使將兵。牧曰:"王必用臣,臣如前,乃敢奉令。"王許之。

李牧至,如故約。應前。匈奴數歲無所得。終以爲怯。又一頓。凡作三層,極力搖曳,以爲下文生色。邊士日得賞賜應"市租擊牛"。

而不用，應"不得捕鹵"。此句束上起下。皆願一戰。於是乃具選車得千三百乘，選騎得萬三千匹，百金之士五萬人，彀者十萬人，悉勒習戰。覺士馬精強，旌旗改色，讀至此，耳目爲之一新。大縱畜牧，人民滿野。匈奴小入，佯北不勝，以數千人委之。終以示怯。單于聞之，大率衆來入。李牧多爲奇陳，張左右翼擊之，大破殺匈奴十餘萬騎。滅襜襤，破東胡，降林胡，單于奔走。其後十餘歲，匈奴不敢近趙邊城。|上三"以爲怯"逼至此收完。

趙悼襄王元年，廉頗既亡入魏，趙使李牧攻燕，拔武遂、方城。又提廉頗接前事。居二年，龐煖破燕軍，殺劇辛。後七年，秦破趙殺將扈輒於武遂城，斬首十萬。趙乃以李牧爲大將軍，擊秦軍於宜安，大破秦軍，走秦將桓齮。封李牧爲武安君。居三年，秦攻番吾，李牧擊破秦軍，南距韓、魏。

趙王遷七年，秦使王翦攻趙，趙使李牧、司馬尚禦之。秦多與趙王寵臣郭開金，爲反間，言李牧、司馬尚欲反。應郭開間廉頗事。趙王乃使趙葱，及齊將顔聚代李牧。又應廉頗代將事。李牧不受命，趙使人微捕得李牧，斬之。廢司馬尚。後三月，王翦因急擊，趙大破，殺趙葱，虜趙王遷及其將顔聚，遂滅趙。李牧死後三月而趙滅。

太史公曰：知死必勇，非死者難也，處死者難。三句三轉。方藺相如引璧睨柱，易璧事。及叱秦王左右，澠池事。勢不過誅，妙語！千古英雄，止於此處看得破耳。然士或怯懦而不敢發。相如一奮其氣，威信敵國，退而讓頗，名重太山，其處智勇，可謂兼之矣！

廉頗、藺相如，正傳也。趙奢、趙括、李牧，則附傳。乃廉頗、藺相如雙起，相如正寫，而廉頗虛寫，雜序於中，與相如、二趙相終始，穿插極佳，主客莫辨,此又史公之另一格也。○寫藺相如易璧一事,會秦王一事,讓廉頗一事。文章極妙,然猶整段寫。至入趙奢以後,則縱横變化,忽而趙括、忽而廉頗,組織之妙,真無轍跡可尋。○李牧一傳,所以附於廉頗後,以牧亦趙將,且郭開之間,與廉頗一樣耳。夫有一郭開,遂令廉頗亡、李牧斬,而趙亦以滅。《詩》曰:"讒人罔極,交亂四國。"又曰:"豈弟君子,毋信讒言。"夫"毋信讒言"者,烏得不謂之君子哉!

田單列傳

田單者,齊諸田疏屬也。湣王時,單爲臨淄[1]市掾,不見知。畧序。及燕使樂毅伐破齊,齊湣王出奔,已而保莒城。燕師長驅平齊,而田單走安平,令其宗人,盡斷其車軸末,而傅鐵籠。已而燕軍攻安平,城壞,齊人走,爭塗,以轊折車敗,爲燕所鹵,唯田單宗人,以鐵籠故得脱,東保即墨。先借鐵籠事,表田單,已具奇想,乃即順手帶入即墨。燕既盡降齊城,唯獨莒、即墨不下。燕軍聞齊王在莒,并兵攻之。淖齒既殺湣王於莒,因堅守,距燕軍,數年不下。燕引兵東圍即墨,即墨大夫出與戰,敗死。城中相與推田單曰:"安平之戰,田單宗人,以鐵籠得全,習兵。"間接鐵籠事,且加"習兵"字,蓋至此而始知其習兵也,應前"不見知"。立以爲將軍,以即墨距燕。|

頃之,燕昭王卒,惠王立,與樂毅有隙。田單聞之,乃縱反間於燕,宣言曰:宣言一。"齊王已死,城之不拔者二耳。去一"城"字,比樂傳更勝。○一層。樂毅畏誅而不敢歸,二層。以伐齊爲名,實欲連兵南面而王齊。三層。齊人未附,故且緩攻即墨,以待其事。四

① 臨淄,中華書局本《史記》作"臨菑"。下同。

層。齊人所懼，唯恐他將之來，即墨殘矣。”五層。凡作五層而曲折始盡。燕王以爲然，使騎劫代樂毅。

樂毅因歸趙，燕人士卒忿。丨燕士卒忿，則齊可乘矣，故下文接一“而”字，直貫至“怒氣十倍”。而田單乃令城中人食必祭其先祖於庭，飛鳥悉翔舞城中下食。翔舞下食盡矣，必下“城中”二字，蓋從城外燕軍目中看出耳。燕人怪之。丨連寫四節，“飛鳥”“神師”，是一對，“劓卒”“掘壟”是一對，燕人怪之，正爲龍文火光，先爲揎染耳。田單因宣言曰：宣言二。“神來下教我。”乃令城中人曰：“當有神人爲我師。”有一卒曰：“臣可以爲師乎？”因反走。田單乃起，引還，東鄉坐，師事之。卒曰：“臣欺君，誠無能也。”田單曰：“子勿言也！”因師之。每出約束，必稱神師。丨若兒戲之極，而必爲出色描寫，正爲火牛一襯也。上兩節，是外事，先駭燕人之耳目；下兩節，是內事，以激齊卒之心。乃宣言曰：宣言三。“吾唯懼燕軍之劓所得齊卒，置之前行，與我戰，即墨敗矣。”燕人聞之，如其言。城中人見齊諸降者，盡劓，皆怒，堅守，唯恐見得。丨此節是激之堅守。單又縱反間，曰：反間四。“吾懼燕人掘吾城外冢墓，僇先人，可爲寒心。”燕軍盡掘壟墓，燒死人。即墨人從城上望見，皆涕泣，其欲出戰，怒自十倍。此節是激之出戰。

田單知士卒之可用，上突起四節，逼至此處，可以一戰矣，又頓住，再出六節。乃身操版牐，與士卒分功，一節。妻妾編於行伍之間，二節。盡散飲食饗士。三節。上三節，再以結內。令甲卒皆伏，使老弱女子乘城，四節。遣使約降於燕，燕軍皆呼萬歲。五節。田單又收民金，得千溢，令即墨富豪，遺燕將，曰反間五。：“即墨即降，願無鹵掠吾族家妻妾，令安堵。”燕將大喜，許之。六節。下三節，再以愚外。燕軍由此益懈。丨上士卒可用，內事備矣。此燕軍益懈，外可乘矣。兩路雙逼，逼出火牛。

田單乃收城中得千餘牛，爲絳繒衣，畫以五采龍文，偏作此閒事，作此奇想。束兵刃於其角，而灌脂束葦於尾，燒其端。鑿城數十穴，夜縱牛，壯士五千人隨其後。牛尾熱，怒而奔燕軍，此半段是城中裝就。燕軍夜大驚。兩"夜"字，正爲火光照耀。牛尾炬火光明炫燿，燕軍視之皆龍文，所觸盡死傷。下半段是燕軍看出。五千人因銜枚擊之，寂處極寂。而城中鼓譟從之，老弱皆擊銅器爲聲，聲動天地。喧處極喧，又添鼓噪聲、銅器聲，兼火光龍文，照耀滿目。燕軍大駭，敗走。齊人遂夷殺其將騎刦。燕軍擾亂奔走，齊人追亡逐北，所過城邑，皆畔燕而歸田單，兵日益多，乘勝，燕日敗亡，卒至河上，而齊七十餘城，皆復爲齊。前火牛一段，極其淋漓照耀，故趁勢一卷，筆不留行，直掃長驅，俱以收盡。乃迎襄王於莒，入臨淄而聽政。

襄王封田單，號曰安平君。

太史公曰：兵以正合，以奇勝。田單一傳，不過一"奇"字，史公已明言之。善之者，出奇無窮。奇正還相生，如環之無端。夫始如處女，適人開戶；後如脫兔，適不及距：奇語，似《易林》。其田單之謂邪！

初，淖齒之殺湣王也，莒人求湣王子法章，得之太史嬓之家，爲人灌園。嬓女憐而善遇之。後法章私以情告女，女遂與通。及莒人共立法章爲齊王，以莒距燕，而太史氏女遂爲后，所謂"君王后"也。

燕之初入齊，聞畫邑人王蠋賢，令軍中曰"環畫邑三十里，無入"，以王蠋之故。倒點一句。已而使人謂蠋曰："齊人多高子之義，吾以子爲將，封子萬家。"蠋固謝。燕人曰："子不聽，吾引三軍而屠晝邑。”王蠋曰:“忠臣不事二君,貞女不更二夫。齊王不聽吾諫,故退而耕於野。國既破亡,吾不能存;今又刼之以兵爲君將,是助桀爲暴也。與其生而無義,固不如烹!”遂經其頸於樹枝,自奮絶脰而死。齊亡大夫聞之,亡大夫,逃亡之大夫也。曰:“王蠋,布衣也,義不北面於燕,況在位食禄者乎!”乃相聚如莒,昔亡,故相聚也。求諸子,立爲襄王。因迎襄王一句,故追序襄王避難之事,則在太史嬓之家也,亦因迎襄王句,故追序齊大夫迎立襄王之故,則感王蠋之義也,拈此二段,是迎襄王注脚,然入田單傳不得,故附於此。

田單,是戰國一奇人。火牛,是戰國一奇事,遂成太史公一篇奇文。其聲色氣勢,如風車雨陣①,拉雜而來,幾令人棄書下席。〇只用即墨一事,聚做一處寫,節節團簇可觀。如再入一二閒事,一長便懈矣。故後幅一齊卷收,而田單别事,且姑置之,作文之法也。〇田單事事俱奇,如飛鳥神師,純是疑鬼疑神之筆,然後逼出火牛一節,龍文照耀,亦若鬼駕神驅。乃知文人筆端,亦自有鬼神之妙也。

① 陣,底本及校本均作“陳”,疑誤,據文意改。

魯仲連鄒陽列傳

魯仲連者,齊人也。好奇偉俶儻之畫策,照下不肯帝秦,射書燕將。而不肯仕宦任職,好持高節。丨照下辭平原,逃隱海上,已收完全傳。游於趙。只三字頓住,下入趙事。

趙孝成王時,而秦王使白起破趙長平之軍,前後四十餘萬,秦兵遂東圍邯鄲。趙王恐,諸侯之救兵,莫敢擊秦軍。先頓一句,以爲帝秦之根。魏安釐王使將軍晉鄙救趙,畏秦,止於蕩陰不進。又頓一句,以仲帝秦之說。魏王使客將軍新垣衍間入邯鄲,因平原君請趙王曰:"秦所爲急圍趙者,前與齊湣王爭彊爲帝,已而復歸帝;今齊湣王已益弱,方今唯秦雄天下,此非必貪邯鄲,其意欲復求爲帝。趙誠發使尊秦昭王爲帝,秦必喜,罷兵去。"以上一段,序趙事。平原君猶預,未有所決。前序趙事,爲仲連也,然難於插入,故借平原君作一頓,變可撇入仲連矣。

此時魯仲連適游趙,遙接前游趙。會秦圍趙,聞魏將欲令趙尊秦爲帝,前一段文,歸至此處入。乃見平原君曰:"事將奈何?"平原君曰:"勝也何敢言事!先颺一句。前亡四十萬之眾於外,今又內圍邯鄲而不能去。應前。魏王使客將軍新垣衍令趙帝秦,今其人在是。勝也何敢言事!”又一頓,兩“何感言事”,非謙詞也,正寫猶預未决,莫可如何,以爲仲連之地耳。魯仲連曰:“魯始以君爲天下之賢公子也,吾乃今然後知君非天下之賢公子也。一反一正,一跌就轉,一轉就住,文法佳勝,“非賢公子”,正指其帝秦猶預也。梁客新垣衍安在?應其人在此。吾請爲君責而歸之。”平原君曰:“勝請爲紹介,而見之於先生。”序得文。平原君遂見新垣衍曰:“東國有魯仲連先生者,今其人在此,勝請爲紹介,交之於將軍。”新垣衍曰:“吾聞魯仲連先生,齊國之高士也。衍,人臣也,使事有職,吾不願見魯仲連先生。”故作一頓一縱,以爲態耳。平原君曰:“勝既已泄之矣。”新垣衍許諾。

魯連見新垣衍而無言。先無言,反待新垣衍開言,妙!新垣衍曰:“吾視居此圍城之中者,皆有求於平原君者也;今吾觀先生之玉貌,非有求於平原君者也,亦一反一正,兩宕應前,文法佳妙。曷爲久居此圍城之中而不去?”魯仲連曰:“世以鮑焦爲無從頌而死者,皆非也。衆人不知,則爲一身。此亦是一反一正,句法跌宕而出,云世以鮑焦不能從容自愛而死者固非,即以爲其自爲一身者,亦非也,正對其在“圍城之中”,不爲身謀,又隱照其排難解紛也。彼秦者,棄禮義而上首功之國也,權使其士,虜使其民。彼即肆然而爲帝,過而爲政於天下,即易大臣、奪憎、予愛諸事。則連有蹈東海而死耳,吾不忍爲之民也。所爲見將軍者,欲以助趙也。”“帝秦”二字,反放開,見原無此理。我見將軍,止爲助趙耳,一句跌轉,又深一層,詞令之妙。

新垣衍曰:“先生助之將奈何?”魯連曰:“吾將使梁及燕助之,齊、楚則固助之矣。”又用跌宕法,作兩層寫。新垣衍曰:“燕則吾請以從矣;若乃梁者,則吾乃梁人也,先生惡能使梁助之?”又折轉,真水盡山窮，曲曲引人入勝。魯連曰："梁未睹秦稱帝之害故耳。使梁睹秦稱帝之害，則必助趙矣。"又頓住。

新垣衍曰："秦稱帝之害何如？"魯連曰："昔者齊威王嘗爲仁義矣，率天下諸侯而朝周。周貧且微，諸侯莫朝，而齊獨朝之。居歲餘，周烈王崩，齊後往，周怒，赴於齊曰：'天崩地坼，天子下席。東籓之臣因齊後至，則斮。'齊威王勃然怒曰：'叱嗟，而母婢也！'卒爲天下笑。故生則朝周，死則叱之，誠不忍其求也。彼天子固然，其無足怪。"不忍其求，直貫下變易大臣、奪憎與愛諸事，且曰其爲天子，理應如是，以見權之不可假人也。然不說出，不說盡。

新垣衍曰："先生獨不見夫僕乎？十人而從一人者，寧力不勝而智不若耶[①]？畏之也。"衍口中脱出一"畏"字，本懷已露，故使仲連得入。魯仲連曰："嗚呼！梁之比於秦，若僕邪？"新垣衍曰："然。"仲連"若僕"一語，著力打入，而新垣衍直任不辭，反颺開一層，覺兩人機鋒相照處，毫不放鬆。魯仲連曰："吾將使秦王烹醢梁王。"前作險語打不入，故又進一步，作險語，使人不堪遂逼出奇文，妙至于此！新垣衍怏然不悅，曰："噫嘻，亦太甚矣先生之言也！倒句。先生又惡能使秦王烹醢梁王？"使新垣衍不得不應，妙！魯仲連曰："固也，吾將言之。昔者九侯、鄂侯、文王，紂之三公也。九侯有子而好，獻之於紂，紂以爲惡，醢九侯。鄂侯爭之彊[②]，辯之疾，故脯鄂侯。文王聞之，喟然而嘆，故拘之羑里之庫，百日，欲令之死。曷爲與人俱稱王，卒就脯醢之地？忽爾頓住，故不了了，蓋曰俱稱王者也，何爲就脯醢哉？帝則足以脯醢之矣，隱然言外，篇中俱作含蓄蘊藉語，妙！"脯醢"應還"烹醢"句。齊

① 耶，中華書局本《史記》作"邪"。

② 彊，底本作"疆"，疑誤，據校本改。

湣王將之魯,夷維子爲執策而從,謂魯人曰:‘子將何以待吾君?’魯人曰:‘吾將以十太牢待子之君。’夷維子曰:‘子安取禮而來吾君?彼吾君者,天子也。天子巡狩,諸侯辟舍,納筦籥,攝衽抱機,視膳於堂下,天子已食,乃退而聽朝也。’魯人投其籥,不果納。不得入於魯,將之薛,假途於鄒。當是時,鄒君死,湣王欲入弔,夷維子謂鄒之孤曰:‘天子弔,主人必將倍殯棺,設北面於南方,然後天子南面弔也。’鄒之群臣曰:‘必若此,吾將伏劍而死。’固不敢入於鄒。鄒、魯之臣,生則不得事養,死則不得賻襚,然且欲行天子之禮於鄒、魯,鄒、魯之臣不果納。又以鄒魯之不肯帝,齊以反形之,下乃直入。今秦萬乘之國也,梁亦萬乘之國也。俱據萬乘之國,各有稱王之名,應“俱爲王”。睹其一戰而勝,欲從而帝之,是使三晉之大臣不如鄒、魯之僕妾也。此應鄒魯,其意已足,而下又轉折入勝。且秦無已而帝,則且變易諸侯之大臣。彼將奪其所不肖而與其所賢,奪其所憎而與其所愛。彼又將使其子女讒妾爲諸侯妃姬。處梁之宫。梁王安得晏然而已乎?前猶泛論,此乃一轉入梁王,其詞乃緊。而將軍又何以得故寵乎?”又轉一句入新垣衍,正頂變易大臣,又緊入一步,不作多詞,令衍自悟,含蓄蘊藉,終不説盡。

於是新垣衍起,再拜謝曰:“始以先生爲庸人,吾乃今日知先生爲天下之士也。又作兩宕語對住,遂以終篇,妙甚。吾請出,不敢復言帝秦。”秦將聞之,爲卻軍五十里。適會魏公子無忌,奪晉鄙軍以救趙,擊秦軍,秦軍遂引而去。秦軍聞之而退五十里,不必然也。無忌擊之而去,此其實也,故竝序之。初爲仲連,後存故實也。

於是平原君欲封魯連,魯連辭讓使者三,終不肯受。平原君乃置酒,酒酣,起,前以千金爲魯連壽。魯連笑曰:“所貴於天下之

士者,爲人排患釋難,解紛亂而無取也。即有取者,是商賈之事也,而連不忍爲也。"遂辭平原君而去,終身不復見。|完帝秦一段。

其後二十餘年,燕將攻下聊城,聊城人或讒之燕,燕將懼誅,因保守聊城,不敢歸。齊田單攻聊城歲餘,士卒多死,而聊城不下。魯連乃爲書,約之矢,以射城中,遺燕將。書曰:

吾聞之,智者不倍時而棄利,勇士不怯死而滅名,忠臣不先身而後君。智、勇、忠先立案。今公行一朝之忿,不顧燕王之無臣,非忠也;殺身亡聊城,而威不信於齊,非勇也;功敗名滅,後世無稱焉,非智也。應還"智""勇""忠"倒應三者雖平,其實側重"智"字,次重"勇"字,蓋"智"勸其降,"勇"勸其死,"忠"字陪說。豈欲其忠燕而固守哉?玩下文語意自見。三者世主不臣,說士不載,故智者不再計,勇士不怯死。故獨提"智""勇"二字。今死生榮辱,貴賤尊卑,此時不再至,應"不再計"也。願公詳計而無與俗同。此一段是泛論。

且楚攻齊之南陽,魏攻平陸,而齊無南面之心,以爲亡南陽之害小,不如得濟北之利大,故定計審處之。此一段是引證,言事必權利害而審處之,則南陽不如濟北爲重,故在所必爭,此齊之已事也。濟北,即聊城地。今秦人下兵,魏不敢東面;衡秦之勢成,楚國之形危;齊棄南陽,斷右壤,定濟北,計猶且爲之也。此言今衡秦之勢已成矣,昔以棄南陽、斷右壤,而猶爲之者,今且不必則聊城在所必攻也。右壤即平陸。且夫齊之必決於聊城,公勿再計。此收上兩段,以明齊之必攻。今楚魏交退於齊,則齊必攻。而燕救不至。則聊城必不保。以全齊之兵,無天下之規,與聊城共據期年之敝,則臣見公之不能得也。且燕國大亂,君臣失計,上下

迷惑,栗腹以十萬之眾,五折於外,以萬乘之國,被圍於趙,壤削主困,爲天下僇笑。國敝而禍多,民無所歸心。此段言燕之不足恃。今公又以敝聊之民,距全齊之兵,是墨翟之守也。食人炊骨,士無反外之心,是孫臏之兵也。能見於天下。此段言處于必攻無救之中,而猶能堅守,以少揚之。雖然,一折即轉。爲公計者,不如全車甲以報於燕。車甲全而歸燕,燕王必喜;身全而歸於國,士民如見父母,交游攘臂而議於世,功業可明。上輔孤主以制群臣,下養百姓以資說士,矯國更俗,功名可立也。此段勸不如歸燕,是客。亡意兩字妙。亦捐燕棄世,東游於齊乎?裂地定封,富比乎陶、衛,世世稱孤,與齊久存,又一計也。此段勸其降齊,是主。此兩計者,顯名厚實也,願公詳計而審處一焉。|一結總收歸"與降"兩段。

且吾聞之,規小節者不能成榮名,惡小恥者不能立大功。正序已完復發議論,突豎兩峯,後應兩段。昔者管夷吾射桓公,中其鉤,篡也;遺公子糾,不能死,怯也;束縛桎梏,辱也。若此三行者,世主不臣,而鄉里不通。鄉使管子幽囚而不出,身死而不反於齊,則亦名不免爲辱人賤行矣。臧獲且羞與之同名矣,調好。況世俗乎!故管子不恥身在縲絏之中,而恥天下之不治,不恥不死公子糾,而恥威之不信於諸侯,故兼三行之過,即前"篡也""怯也""辱也"。而爲五霸首,名高天下而光燭鄰國。一段管子,應規小節者,不能成榮名,是捐燕降齊者也。曹子爲魯將,三戰三北,而亡地五百里。鄉使曹子計不反顧,議不還踵,刎頸而死,則亦名不免爲敗軍禽將矣。曹子棄三北之恥,而退與魯君計。桓公朝天下,會諸侯,曹子以一劍之任,枝桓公之心，於壇坫之上，顏色不變，辭氣不悖，三戰之所亡，一朝而復之，天下震動，諸侯驚駭，威加吳、越。一段曹沫，應"惡小恥者不能成大功"，是全車甲而歸燕者也。若此二士者，非不能成小廉而行小節也，以爲殺身亡軀，絶世滅後，功名不立，非智也。前立"智""忠""勇"三者，此獨歸到"智"字，是本旨。故去感忿之怨，立終身之名；棄忿悁之節，定累世之功。是以業與三王爭流，而名與天壤相弊也。願公擇一而行之。丨應前番處，此書分兩半，前本正論，後半反以譬喻終，不另作一語收束，亦文家脱胎法也。

燕將見魯連書，泣三日，猶預①不能自決。欲歸燕，已有隙，恐誅；欲降齊，所殺虜於齊甚眾，恐已降而後見辱。喟然歎曰："與人刃我，寧自刃。"乃自殺。所謂智者不再計，勇者不怯死也。聊城亂，田單遂屠聊城。歸而言魯連，欲爵之。魯連逃隱於海上，曰："吾與富貴而詘於人，寧貧賤而輕世肆志焉。"丨"帝秦"與"射書"對，"田單"與"平原君"對，"逃爵"與"辭封""辭金"對，於此遂住，另是一樣章法。

鄒陽者，齊人也。游於梁，與故吳人莊忌夫子、淮陰枚生之徒交。上書而介於羊勝、公孫詭之間。勝等嫉鄒陽，惡之梁孝王。孝王怒，下之吏，將欲殺之。鄒陽客游，以讒見禽，恐死而負累，是上書主意，書中不明說，故先點出。乃從獄中上書曰：

臣聞忠無不報，信不見疑，臣常以爲然，徒虚語耳。丨突發兩語以反調起。昔者荊軻慕燕丹之義，白虹貫日，太子畏之；衛先生爲秦畫長平之事，太白蝕昴，而昭王疑之。譬喻一。夫精變天地，而信不喻兩主，豈不哀哉！今臣盡忠竭誠，畢議願

① 預，中華書局本《史記》作"豫"。

知,左右不明,卒從吏訊,爲世所疑,序事止此數語。是使荊軻、衛先生復起,而燕、秦不悟也。願大王孰察之。丨一段是信而見疑。

昔卞和獻寶,楚王刖之;李斯竭忠,胡亥極刑。譬喻二。是以箕子佯狂,接輿辟世,恐遭此患也。譬喻三。願大王孰察卞和、李斯之意,而後楚王、胡亥之聽,無使臣爲箕子、接輿所笑。丨即前意變調。○一段是忠而無報。臣聞比干剖心,子胥鴟夷,譬喻四。臣始不信,乃今知之。前兩議已明,至此又接"忠而無報""信而見疑",突出二語,前是反説,此是順説也。願大王孰察,少加憐焉。丨

諺曰:"有白頭如新,傾蓋如故。"何則?知與不知也。"知與不知",是一篇之主。故昔樊於期逃秦之燕,藉荊軻首,以奉丹之事;王奢去齊之魏,臨城自剄,以卻齊而存魏。譬喻五。夫王奢、樊於期非新於齊、秦,而故於燕、魏也,"新""故"二字,用得新奇。所以去二國、死兩君者,行合於志,而慕義無窮也。頂"知"字來。是以蘇秦不信於天下,而爲燕尾生;白圭戰亡六城,爲魏取中山。譬喻六。何則?誠有以相知也。丨又闡明"知"字。蘇秦相燕,燕人惡之於王,王按劍而怒,食以駃騠;白圭顯于中山,中山人惡之魏文侯,文侯投之以夜光之璧。譬喻七。何則?兩主二臣,剖心折[①]肝相信,豈移於浮辭哉!丨又接"知"字,以申言之,此三段,皆言知之者,所以臣主俱泰,功名得立也。

故女無美惡,入宫見妒;士無賢不肖,入朝見嫉。昔者司馬喜髕腳於宋,卒相中山;范雎摺脅折齒於魏,卒爲應侯。譬

① 折,中華書局本《史記》作"坼"。

喻八。此二人者，皆信必然之畫，捐朋黨之私，挾孤獨之位，故不能自免於嫉妬之人也。|是以申徒狄自沈於河，徐衍負石入海。不容於世，譬喻九。義不苟取，比周於朝，以移主上之心。|此段見嫉見妬，方明言之，暢言之，指目詭勝之徒，洗發自己心跡，然又不自說，只借古人應點而其意自足。故百里奚乞食於路，繆公委之以政；甯戚飯牛車下，而桓公任之以國。譬喻十。此二人者，豈借宦於朝，假譽於左右，然後二主用之哉？感於心，合於行，親於膠漆，昆弟不能離，豈惑於衆口哉？|此段言知之者不必假借于左右，隱指詭勝。故偏聽生姦，獨任成亂。昔者魯聽季孫之說而逐孔子，宋信子罕之計而囚墨翟。譬喻十一。夫以孔、墨之辨，不能自免於讒諛，而二國以危。何則？衆口鑠金，積毁銷骨也。|此段言不知者，則不免於讒諛，隱指詭勝。是以秦用戎人由余而霸中國，齊用越人蒙而彊威、宣。譬喻十二。此二國，豈拘於俗，牽於世繫阿偏之辭哉？公聽竝觀，垂名當世。故意合則胡越爲昆弟，由余、越人蒙是矣；不合，則骨肉出逐不收，朱、象、管、蔡是矣。譬喻十三。今人主誠能用齊、秦之義，桓公之于甯戚，繆公之于百里奚。後宋、魯之聽，季孫之逐孔子，子罕之囚墨翟。則五霸不足稱，三王易爲也。|此段總結知與不知，俱不必拘牽於世俗也，隱指詭勝。

是以聖王覺悟，捐子之之心，而能不說於田常之賢；封比干之後，修孕婦之墓，譬喻十四。故功業復就於天下。何則？欲善無厭也。|此段言過之可改，指梁王之見囚也。夫晉文公親其讎，彊霸諸侯；齊桓公用其仇，而一匡天下。譬喻十五。何則，慈仁殷勤，誠加於心，不可以虛辭借也。|此段言知之者、有罪者

可使有功,王不妨改過而釋己也。

至夫秦用商鞅之法,東弱韓、魏,兵彊天下,而卒車裂之;越用大夫種之謀,禽勁吳,霸中國,而卒誅其身。譬喻十六。是以孫叔敖三去相而不悔,於陵子仲辭三公,爲人灌園。|譬喻十七。○此段言不知者、則有功者反致有罪,己不能見機而致囚也。今人主誠能去驕傲之心,懷可報之意,披心腹,見情素,墮肝膽,施德厚,終與之窮達,無愛於士,則桀之狗可使吠堯,而蹠之客可使刺由;譬喻十八。況因萬乘之權,假聖王之資乎?然則荊軻之湛七族,要離之燒妻子,豈足道哉!譬喻十九。○多少譬喻,至此方歸到梁王,歸到自己。一篇之中,正說止此數句,下又推開,又引喻,出奇無窮矣。

臣聞明月之珠,夜光之璧,以闇投人於道路,人無不按劍相眄者。何則?無因而至前也。蟠木根柢,輪囷離詭,而爲萬乘器者。何則?以左右先爲之容也。譬喻二十。故無因至前,雖出隋侯之珠,夜光之璧,猶結怨而不見德。故有人先談,則以枯木朽株樹功而不忘。又足兩句,以作色澤。今夫天下布衣窮居之士,身在貧賤,雖包堯、舜之術,挾伊、管之辯,懷龍逢、比干之意,欲盡忠當世之君,而素無根柢之容,雖竭精思,欲開忠信,輔人主之治,則人主必有按劍相眄之跡,是使布衣不得爲枯木朽株之資也。|此段又極言根柢見容,其權如此,而無奈入宮見妬,入朝見嫉,則明珠夜投矣。吾其如勝詭何哉?

是以聖王制世御俗,獨化於陶鈞之上,而不牽於卑亂之語,不奪於眾多之口。故秦皇帝任中庶子蒙嘉之言,以信荊軻之說,而匕首竊發;周文王獵涇、渭,載呂尚而歸,以王天下。故秦信左右而殺,周用烏集而王。譬喻二十一。何則?以其能越攣拘之語,馳域外之議,獨觀於昭曠之道也。|此段言先

容者每多匪人,無因者或得王佐,則左右亦烏可信哉?亦在人主之知與不知而已。

今人主沈於諂諛之辭,牽於帷裳之制,使不羈之士與牛驥同皁,此鮑焦所以忿於世譬喻二十二。而不留富貴之樂也。|到此又歸到梁王,歸到自己之下獄,亦只數語,不明說,不直言,下又推開矣,豈非奇作!

臣聞盛飾入朝者不以利汙義,砥礪名號者不以欲傷行,故縣名勝母,而曾子不入,邑號朝歌,而墨子廻車。譬喻二十三,即刳胎破卵之說。今欲使天下寥廓之士,攝於威重之權,主於位勢之貴,故回面汙行,以事諂諛之人,而求親近於左右,則士伏死堀穴巖巖之中耳,安肯有盡忠,信而趨闕下者哉!|一篇引喻,至此段正收,以天下之士,見機遠遁,不爲左右屈跡,終焉。不作一乞憐之語,不作一暴白之辭。史公所以美其抗直不撓也,豈非一時傑作。○"忠信"二字,直挽至篇首"忠無不報,信不見疑"二句。

書奏梁孝王,孝王使人出之,卒爲上客。

太史公曰:魯連其指意雖不合大義,然余多其在布衣之位,蕩然肆志,不詘於諸侯,談說於當世,折卿相之權。鄒陽辭雖不遜,然其比物連類,有足悲者,亦可謂抗直不撓矣,吾是以附之列傳焉。

魯仲連、鄒陽二傳,絕無連貫,止爲魯仲連有聊城一書,鄒陽有獄中一書,詞氣瑰奇,足以相比,遂合爲一傳耳。觀贊語可見。○魯仲連一傳,是兩半篇,一半是說新垣衍,一半是說燕將,而以平原君、田單對結,屹然兩截。○魯仲連聊城一書,亦是兩半篇,前半是正論,後半反是譬喻,亦屹然兩截。史公即取書體以作傳體乎?○鄒陽書詞,絕無一句正說,止用譬喻二十三段,古人五十餘人,而多少峯巒、多少起伏、多少曲折排蕩!讀之不嫌其煩。蓋驅古遣今,猶之將多將少,各係其才,高帝之十萬,固不如韓信之多多也。○鄒陽書詞,體局似《淮南鴻烈》,蓋當時漢人之文如是也。然此書神理則勝。